Quellen zum Bau- und Enteignungsrecht (1940-1958)

Rechtshistorische Reihe

Band 464

Zur Qualitätssicherung und Peer Review der vorliegenden Publikation

Die Qualität der in dieser Reihe erscheinenden Arbeiten wird vor der Publikation durch den einen Herausgeber der Reihe geprüft.

Notes on the quality assurance and peer review of this publication

Prior to publication, the quality of the work published in this series is reviewed by one of the editors of the series.

Quellen zum Bau- und Enteignungsrecht (1940-1958)

Entwürfe zu einem Reichsbaugesetz (1940/41)
Vorentwurf zu einem Deutschen Baugesetzbuch von 1942
Entwürfe zu einem Baugesetzbuch (1949/50)
Baulandbeschaffungsgesetz vom 3.8.1953
Entwurf zu einem Bundesenteignungsgesetz von 1958

Eingeleitet und herausgegeben von Werner Schubert

PL ACADEMIC RESEARCH

Bibliografische Information der Deutschen Nationalbibliothek
Die Deutsche Nationalbibliothek verzeichnet diese Publikation in der Deutschen Nationalbibliografie; detaillierte bibliografische Daten sind im Internet über http://dnb.d-nb.de abrufbar.

Umschlagabbildung:
Justitia. Allegorie der Gerechtigkeit.
Druck aus dem 17. Jahrhundert.

ISSN 0344-290X
ISBN 978-3-631-64390-7 (Print)
E-ISBN 978-3-653-03488-2 (E-Book)
DOI 10.3726/978-3-653-03488-2

PL Academic Research ist ein Imprint der Peter Lang GmbH.

Peter Lang – Frankfurt am Main · Bern · Bruxelles · New York · Oxford · Warszawa · Wien

Diese Publikation wurde begutachtet.

www.peterlang.com

Inhaltsverzeichnis

Einleitung

I. Übersicht über den Inhalt des Bandes

Der Vorentwurf des Reichsarbeitsministeriums (RAM) vom 21.3.1942 zu einem Deutschen Baugesetzbuch wurde wiederholt als wichtiges Bindeglied zwischen den Bestrebungen zur Reform des Baurechts der späten NS-Zeit und der frühen Bundesrepublik gekennzeichnet. Mit der vorliegenden Edition wird dieser Entwurf zusammen mit weiteren Quellentexten zur Geschichte des Baurechts sowie des Enteignungsrechts erstmals vollständig wiedergegeben. Dem Entwurf von 1942 waren zwei Entwürfe zu einem Reichsbaugesetz vorausgegangen, an denen das Reichsarbeitsministerium sieben Jahre unter dem Ministerialrat Georg Heilmann gearbeitet hatte. Der bisher, soweit ersichtlich, unbeachtet gebliebene Entwurf von 1940 war auf scharfe Kritik insbesondere bei den Ländern gestoßen, die jedoch nur für Hamburg und Bayern überliefert ist. Leider sind Aufzeichnungen über die Besprechungen des RAM mit den Ländern und den Bauverwaltungen der Großstädte nur zum Teil überliefert. Der abgeänderte Entwurf vom Juli 1941 berücksichtigt zu einem großen Teil die zwischenzeitlich geäußerten Wünsche der Länder und Reichsressorts. Wohl als Reaktion auf die Kritik an den Entwürfen von 1940/41 wurde die Gesetzgebungsabteilung des RAM unter Heilmann Ende 1941 reorganisiert und Wilhelm Dittus sowie Ludwig Wambsganz (unter Mitarbeit von Zinkahn)[1] mit den Arbeiten zu einem Reichsbaugesetz beauftragt. Hierbei wurden die Entwürfe 1940/41 ebenso berücksichtigt wie die hier erstmals wiedergegebenen Teile zu einer Reichsbauordnung vom Dezember 1941.

Der Vorentwurf zu einem Deutschen Baugesetzbuch vom März 1942 war Ausgangspunkt und Vorbild für die Baugesetzentwürfe für Berlin, Bayern und den Bund (1949/50), die von Dittus und teilweise auch von Wambsganz stammen. Der Berliner Entwurf liegt bereits im Druck vor; mitgeteilt wird die Inhaltsübersicht über diesen Entwurf.

1 Über *Dittus, Wambsganz* und *Zinkahn* unten unter IX 1 a.

Der unveröffentlichte bayerische Entwurf von 1950 ist als Arbeit von Wambsganz und Dittus nicht ohne Interesse, so dass es gerechtfertigt erscheint, die Kernbestimmungen dieses Entwurfs wiederzugeben. Das Gleiche gilt auch für den Entwurf von Dittus zu einem Baugesetz für die Bundesrepublik Deutschland, der die Entwürfe zum Bundesbaugesetz von 1960 beeinflusst haben dürfte. Für alle Entwürfe ist kennzeichnend, dass für das Baurecht ein „organisches Gesamtsystem“ geschaffen werden sollte[2]. Insbesondere sollten Städtebau und Baupolizei zur „einheitlichen Angelegenheit“ zusammengefasst werden. Während das Bauordnungsrecht im Entwurf von 1942 noch vollständig enthalten sein sollte, beschränkten sich die Entwürfe für Berlin und den Bund auf Bestimmungen für die Baugestaltung, die Anforderungen an Bauwerke, die Bauleitung und die bestehenden Bauten, während der bayerische Entwurf in dieser Beziehung unvollständig ist.

Ein umfassendes Baurecht brachte erst das Bundesbaugesetz von 1960, allerdings ohne eine Bauordnung, die in Anlehnung an die Musterbauordnung von 1959 der Gesetzgebung der Bundesländer unterfällt. Eine Teilregelung des Baurechts erfolgte durch das *Baulandbeschaffungsgesetz vom 3.8.1953*, das dem Mangel an geeignetem Bauland abhelfen sollte und damit nach Dittus „mit einer der allerwichtigsten sozialen Fragen zu tun habe, so dass man vielleicht auch aus der Bestimmung des Art. 20 GG: ‚Die Bundesrepublik Deutschland ist ein demokratischer und sozialer Rechtsstaat‘ einige Konsequenzen ableiten müsse“[3]. In Teil 3 der Edition werden die wichtigsten Quellen zu diesem Gesetz wiedergegeben, das mit der Regelung des Enteignungsrechts aus damaliger Sicht als grundlegend für den Aufbau und für den Städtebau überhaupt angesehen werden kann. Ediert werden zunächst die Vorentwürfe und die Materialien über die Beratungen unter den beteiligten Bundes- und Länderministerien sowie mit den Interessenverbänden (September-Dezember 1950). Es folgen dann der

2 *Dittus* am 9.10.1942 unten S. 174.

3 *Dittus* in der Sitzung des Bundestagsausschusses für Rechtswesen und Verfassungsrecht vom 25.4.1952 (Protokoll dieser Sitzung im Parlamentsarchiv des Deutschen Bundestags, Berlin, Materialien zum Bodenbeschaffungsgesetz vom 3.8.1953).

Regierungsentwurf von 1949/50 und die wichtigsten Quellen zu den Verhandlungen des Bundesrats. Nicht wiedergegeben werden aus Platzgründen die Protokolle über die erste und zweite Lesung der vereinigten Bundestagsausschüsse für Bau- und Bodenrecht sowie für Wiederaufbau und Wohnungswesen (2.7.1941–29.2.1952) und des Ausschusses für Rechtsfragen und Verfassungsrecht (7.3.-11.11.1952; 9 Sitzungen)[4]. Das umfangreiche Protokoll der Tagung des Bau- und Bodenrechtsausschusses in Berlin vom 3.-6.3.1952 gibt einen umfassenden Überblick über die Wiederaufbauprobleme Berlins. Wiedergegeben werden sodann die Beschlüsse der vereinigten baurechtlichen Ausschüsse sowie des Rechtsausschusses, gefolgt von den fast vollständig wiedergegebenen Protokollen der abschließenden Beratung in den vereinigten baurechtlichen Ausschüssen zwischen dem 8.1. und dem 21.5.1953. Eine Zusammenstellung vom 12.2.1953 gibt die Beschlüsse der baurechtlichen Ausschüsse zu den Vorschlägen des Rechtsausschusses wieder. Die Beratungen dieser Ausschüsse mit dem Wiederaufbauausschuss des Bundesrates werden durch ein Protokoll vom 19.3.1953 erschlossen. Abgeschlossen wird der dritte Quellenteil mit dem Text des Baulandbeschaffungsgesetzes vom 3.8.1953, aus dessen Vergleich mit dem Regierungsentwurf und den weiteren Zwischenfassungen sich die Änderungen gegenüber der Regierungsvorlage ergeben.

Als letztes bringt die Edition den Entwurf des BMI zu einem Bundesenteignungsgesetz (Fassung vom Februar/Dezember 1958), das grundsätzlich auf alle nach Reichs- oder Bundesrecht zulässigen Enteignungen (u.a. nach dem Energiewirtschaftsgesetz, dem Flurbereinigungsgesetz, der Wasserverbandsordnung, des Bundeswasserstraßengesetzes, des Bundesfernstraßengesetzes, des Personenbeförderungsgesetzes, des Luftverkehrsgesetzes und des Postverwaltungsgesetzes, des Baulandbeschaffungsgesetzes bzw. des Baugesetzbuchs), nicht jedoch auf Enteignungen nach dem Landbeschaffungsgesetz Anwendung finden sollte. Nicht wiedergegeben werden die Vorentwürfe (insbesondere der Entwurf des

4 Sämtliche Ausschussprotokolle finden sich im Parlamentsarchiv, aaO. (Fn. 3).

BMI vom 27.10.1955), die Niederschriften über die Beratungen des Unterausschusses „Enteignungsrecht" des Arbeitskreises I der Innenminister der Länder von 1956/57, und über die Ressortbesprechungen des BMI sowie die umfangreiche Begründung zum Entwurf von 1958.

Die Einleitung wird abgeschlossen mit biografischen Daten über Dittus, Wambsganz und Zinkahn, über die Bundesminister für Wohnungsbau und über die wichtigsten Parlamentarier, die am Zustandekommen des Baulandbeschaffungsgesetzes beigetragen haben. Am ausführlichsten wird auf die Biografie von Wilhelm Dittus eingegangen, des maßgeblichen Autors bzw. Mitautors der Baugesetzentwürfe von 1942 sowie von 1949/50 sowie des Baulandbeschaffungsgesetzes. Wiedergegeben werden auch Auszüge aus einem Schreiben von Dittus vom 18.6.1962 an den damaligen Minister für Wohnungswesen, Städtebau und Raumordnung, das für die Persönlichkeit von Dittus überaus kennzeichnend ist.

II. Die Baugesetzentwürfe Preußens und des Deutschen Reichs (1925–1931)

Das Vorhaben eines Reichsbaugesetzes (Reichsstädtebaugesetz, Reichsbaugesetzbuch) lässt sich bis in die Kaiserzeit zurückverfolgen[5]. Erst 1930 erschien im Reichsarbeitsblatt der Referentenentwurf eines „Gesetzes über die Erschließung und Beschaffung von Baugelände (Baulandgesetz)", an dessen Stelle 1931 der Referentenentwurf des Reichsarbeitsministeriums für ein Reichsstädtebaugesetz trat. Von den Ländern verfügte nur Sachsen über „eine geschlossene Kodifikation" des Baurechts mit dem „Allgemeinen Baugesetz" vom 1.7.1900[6].

Das preußische Baurecht[7], dessen Aufgaben teils durch die Gemeinden, teils durch die staatliche Baupolizei wahrgenommen wurde,

---

5 Hierzu *Ekke Feldmann*, Bauordnungen und Baupolizei. Zur Entwicklungsgeschichte zwischen 1850 und 1950, Frankfurt a.M. 2011, 317 ff.

6 Hierzu: 100 Jahre Allgemeines Baugesetz Sachsen, hrsg. von *H. Bauer, R. Breuer, Chr. Degenhard* und *M. Oldiges*, Stuttgart 2000, bes. 209 ff. (*Rüdiger Breuer*).

7 Zur hist. Entwicklung *Michael Krautzberger*, in: Bundesbaugesetz (von 1965 bis 1976, danach: Baugesetzbuch), Kommentar, begr. 1965 von Willy Zinkahn und W.

war zersplittert und in mehreren Einzelgesetzen geregelt, insbesondere im Fluchtliniengesetz vom 2.7.1875, in der sog. lex Adickes vom 28.7.1902[8], im Wohnungsgesetz vom 28.3.1918 und in der Einheitsbauordnung der Städte von 1919. Preußen bereitete im Wohlfahrtsministerium ab 1922 ein Städtebaugesetz vor[9], dessen 1. Entwurf 1925 erschien und in überarbeiteter Fassung dem Staatsrat und dem Preußischen Landtag 1926 vorgelegt wurde. Der 118 Bestimmungen umfassende Entwurf von 1925 hat folgende Gliederung: I. Zustandekommen der Pläne und ihr Einfluss auf die bauliche Ausnutzbarkeit des Plangebietes (Flächenaufteilungs-, Baustufen-, Baufluchtlinienpläne, zwischengemeindliche Regelung), II. Bauvorschriften (Baulastenbücher, Bauvorschriften für die äußere Gestaltung des Straßen-, Platz, Orts- und Landschaftsbildes, Baudispense), III. Enteignung, Grenzberichtigung, Umlegung von Grundstücken, IV. Entschädigung u. Anliegerbeiträge.

Nach der Begründung waren es zwei „Gesichtspunkte", die sich durchzusetzen beginnen[10]: „Grüngebiete müssen in die Städte eingeführt werden." – „Feldbau und Wiesenkultur sowie Kleingärten muss im Weichbild der Stadt und in den Wirtschaftszentren erhalten werden". Nach den Leitsätzen des Arbeitsausschusses des Internationalen Städtebaukongresses in Amsterdam (1924) waren „Überlandplanungen" in der Umgebung von Großstädten besonders notwendig; die Überlandpläne sollten keine „einheitlichen Bebauungspläne sein, sondern vielmehr die Überdeckung ganzer Bezirke mit zusammenhängenden Bebauungsplänen verhindern"[11]. Derartige Pläne bezeichnete der Entwurf von 1925 als Flächenaufteilungsprobleme, die es den Gemeinden ermöglichen sollten, „sich ein Bild davon zu machen, wie

Bielenberg, ab 1970 Mitarbeit auch von Werner Ernst), fortgeführt von Michael Krautzberger, München ab 1965, Stand 1.2.2015, Rdn. 2 ff.; *Feldmann,* aaO. (Fn. 5), 115 ff.

8 Preuß. GS 1902, 273 (Gesetz betreffend die Umlegung von Grundstücken in Frankfurt am Main; Preuß. Abgeordnetenhaus, Session 1902, Anlagenbde., Ds. 26 und 271). Vorangegangen war ein Gesetzentwurf von 1892/93 betr. Stadterweiterungen und Zonenenteignungen.

9 Hierzu die Quellen im HStA Berlin-Dahlem, Rep. 120 A I 1, Bde. 1–4.

10 Entwurf eines Städtebaugesetzes nebst Begründung, 2. Aufl. Berlin 1925, 48 f.

11 Entwurf 1925, 49, das folgende Zitat 51.

sich die Erschließung ihrer Feldmark für die Besiedlung vollziehen wird". Daneben sollte es weiterhin Baufluchtlinienpläne (Baupläne) geben, die auch Erholungsflächen umfassen sollten. § 65 des Entwurfs regelte das Recht der Gemeinde, Grundflächen nach Maßgabe des Bebauungsplans zu enteignen. Auch zur Befriedigung des Bedürfnisses „nach Mittel- und Kleinwohnungen und zur Gesundung von Wohnvierteln und Häuserblocks" konnte der „erforderliche Grund und Boden im Enteignungswege in Anspruch genommen werden" (§ 66). Die Entschädigungen sollten sich im Wesentlichen nach den Vorschriften des Baufluchtliniengesetzes von 1875 (i.V.m. dem Wohnungsgesetz 1918) richten.

Der aufgrund der zahlreichen Stellungnahmen umgearbeitete Entwurf wurde am 11.6.1926 dem Staatsrat und am 4.11.1926 dem Landtag vorgelegt. Der neue Entwurf behielt die Grundzüge der Vorlage von 1925 im Wesentlichen bei. Neu war der Abschnitt über „Zuständigkeiten und Verfahren" (§§ 141–147). Nach der „Begründung" des Entwurfs müsse die jetzige Generation den Standpunkt des Baufluchtliniengesetzes in zweifacher Hinsicht verlassen[12]: „Erstens müssen wir in der Erkenntnis, dass richtiger Städtebau die Voraussetzung für das Wohlergehen unseres ganzen Volkes ist, mehr als bisher betonen, dass er eine Aufgabe der öffentlichen Hand ist, und dass die Arbeit der Privatunternehmer sich in ihrem Plane unter allen Umständen einzugliedern hat. Zweitens dürfen wir uns dem nicht verschließen, dass es notwendig ist, bevor man das Bauen gestattet, sich zunächst klarzuwerden, welche Flächen *unbebaut* zu bleiben haben. Die Festsetzung der Fluchtlinien ist auf den zweiten Platz gedrängt; für die Planung im Großen hat sie keine maßgebliche Bedeutung mehr." In dritter Hinsicht war zu berücksichtigen, dass es in manchen Gegenden „kaum eine isoliert liegende Gemeinde" mehr gab[13]. Hieraus ergebe sich die Notwendigkeit einer „zwischengemeindlichen Planung nach vielen Richtungen, und es erweist sich auch gleichzeitig, von welcher Bedeutung der Städtebau im modernen Sinne

12 Drucksachen des Preußischen Landtags, 2. Wahlperiode, Bd. 11, Drucksache 8950, 5625.

13 Drucksache des Preuß. Landtags, aaO. (Fn. 12), 5625; hieraus auch das folgende Zitat.

für das Gesamtproblem der menschlichen Siedlung ist, an dem nicht nur die Gemeinde in ihrer Verwaltung und Vertretung, sondern auch die Wirtschaft in allen ihren Zweigen und letzten Endes der Staat Preußen und das Reich in vollem Umfange interessiert sind". Für die Enteignungsentschädigung sollten die Grundsätze des Enteignungsgesetzes von 1874 gelten mit der Maßgabe, dass die „Enteignung gegen eine angemessene Entschädigung" erfolgen sollte (§ 120 Abs. 1 des Entwurfs): „Als angemessene Entschädigung gilt diejenige Summe, die der letzten Einschätzung nach dem Reichsbewertungsgesetz entspricht, soweit sie auf dem gemeinen Werte beruht".

Nach der gutachtlichen Äußerung des Staatsrats vom 8.10.1926 erschien die für die Flächenaufteilungspläne vorgesehene Regelung nicht geeignet, zu dem gewünschten Ziel zu führen[14]: „Sie schränkt den Einfluss der Gemeinde, die in erster Linie Trägerin der städtebaulichen Entwicklung im Interesse der Sache sein muss, auf ein Minimum ein; sie verhindert dadurch auch eine verständige Bodenpolitik der Gemeinden, ohne die eine städtebauliche Entwicklung überhaupt nicht möglich ist". Nach Meinung des Staatsrats war die Anwendung der §§ 1 ff. auf die Gemeinden zu beschränken, „für die sie nötig und bestimmt ist, nämlich auf die größeren und die in lebhafter Entwicklung befindlichen". Für die Festsetzung des Flächenaufteilungsplanes sollte ein Gemeindebeschluss (nicht Ortssatzung) genügen. Die Aufstellung von Flächenaufteilungsplänen über die Grenzen einer oder mehrerer Gemeinden sollte nicht der Bezirksausschuss entscheiden, sondern ein neues Kollegium mit drei Personen. Die Baulastenbücher sollten anders als nach dem Entwurf vollständig sein. Abgelehnt wurde die Erteilung der Enteignungsbefugnis an gemeinnützige Unternehmen zum Zweck der Schaffung von Bau- und Gartenland für Mittel- und Kleinwohnungen. Für die Wertbemessung und die Höhe der Entschädigung sollte der Tag der Offenlegung des Planes maßgebend sein; Zukunftswerte sollten nicht berücksichtigt werden.

Die dem preußischen Landtag überwiesene Vorlage wurde dem 29. Ausschuss (Städtebau) überwiesen und dort von Dezember 1926

14 Das Gutachten des Staatsrats, aao. (Fn. 12), 5651 ff., Zitate 5651 f.

bis Februar 1928 in über 70 Sitzungen in zwei Lesungen beraten. In den Beratungen waren zwei Fragen vorrangig zu entscheiden[15]. Die Freiheit, Flächenaufteilungspläne aufzustellen, sollte eingeschränkt werden. Nach den Anträgen der DVP sollte dies nur möglich sein, soweit dies das Staatsministerium mit Zweidrittelmehrheit anerkannt hatte. Im Übrigen sollte der Flächennutzungsplan nach Meinung der DVP mit einem Wertzonenplan verbunden werden, der für eine evtl. Entschädigung maßgeblich sein sollte. Durchsetzen konnte sich der Zentrumsantrag, wonach ein Flächenaufteilungsplan nur festgesetzt werden sollte, wenn dies „zur Befriedigung eines öffentlichen Bedürfnisses" notwendig war[16]; ein solches Bedürfnis sollte nur anerkannt werden „bei Großstädten und Gemeinden und Gemeindeverbänden, wo eine starke industrielle oder bauliche Entwicklung vorliegt oder in Kürze erwartet wird". Der Flächenaufteilungsplan sollte – anders als nach dem Entwurf – entsprechend einem Antrag der DNVP einer Genehmigung oder Überprüfung nicht mehr unterliegen. Kamen zwischengemeindliche Flächenaufteilungspläne auf freiwilliger Basis nicht zustande, so setzte der Ausschuss auf Antrag der DNVP ein gegenüber der Vorlage geändertes Verfahren durch, das die Selbstverwaltung der Kommunen stärker berücksichtigte (vgl. § 11, 2. Lesung).

Die Fluchtlinienpläne sollten nach den Wünschen mehrerer Ausschussmitglieder auch sog. Verkehrsbänder umfassen. Die Bestimmungen über Umlegung von Grundstücken (§§ 69 ff. des Entwurfs) wurden gestrichen, da es sich insoweit um eine Übereignung i.S. der Reichsverfassung handelte und deshalb der ordentliche Rechtsweg nicht ausgeschlossen werden konnte, der nach dem Entwurf nicht gegeben sein sollte. Ein Reichsgesetz hierzu war geplant, ist jedoch nicht zustande gekommen.

Nach § 62 des Entwurfs sollten durch den Gemeindevorstand „im Bedürfnisfalle" Baulastenbücher geführt werden, die bereits in Württemberg, Baden und Sachsen existierten. Baulasten waren nach dem Entwurf „vom Eigentümer eines Baugrundstücks der Baupolizei

15 Der Ausschussbericht ist enthalten in Bd. 18 der Drucksachen, aaO. (Fn. 12), Nr. 8950.
16 Bericht aaO. (Fn. 15), 10281 (Beschluss zu § 1).

gegenüber" übernommene dingliche, öffentlich-rechtliche, dauernd oder zeitlich begrenzte Beschränkungen des Rechts, „sein Baugrundstück insbesondere zu Bauzwecken, aber auch zu anderen Zwecken in dem Umfang voll auszunutzen, wie ihm dies nach dem Gesetzesbestimmungen und nach den Vorschriften der Bauordnungen gestattet sein würde"[17]. Die Eintragungen sollten konstitutive Wirkung haben. In der langen Debatte über das Baulastenbuch wurde von einem Ausschussmitglied gefordert, dessen Führung entweder dem Grundbuchamt oder dem Katasteramt zu übertragen. Beides wurde abgelehnt und im Übrigen die Notwendigkeit von Baulastenbüchern auch im Hinblick auf § 426 BGB a.F.[18] bestritten. Gleichwohl wurde die Regelung des Entwurfs trotz zahlreicher Bedenken im Wesentlichen gebilligt. Sehr umstritten waren auch die Details des Abschnitts über die Enteignungen (§§ 112 ff.). Abgelehnt wurde die Möglichkeit einer Enteignung unmittelbar zugunsten eines gemeinnützigen Unternehmens für den Fall, dass für Klein- und Mittelwohnungen „Bau- und Gartenland in passender Lage zu angemessenem Preise" nicht zur Verfügung stand (§ 116 des Entwurfs). Der Ausschuss machte die Enteignung in diesem Fall von einem Beschluss des Staatsministeriums abhängig und ließ die Übertragung der enteigneten Grundstücke an Dritte zu (§ 116). Neu war die Regelung des § 117 Abs. 3: „Ist das Land nach 5 Jahren nach der Enteignung dem Enteignungszweck nicht zugeführt, so ist es ... demjenigen zu überlassen, welcher bereit und in der Lage ist, es dem Enteignungszwecke entsprechend zu verwenden."

Soweit durch das Städtebaugesetz eine Einschränkung der Bau- und Benutzungsfreiheit eintrat, sollte „eine Entschädigung nur insoweit"[19] gewährt werden, als sie in diesem Gesetze vorgesehen war. Für die Entziehung des Eigentums sollte Entschädigung nach den gesetzlichen Vorschriften gewährt werden. Hinsichtlich der Entschädigungsgrundsätze verwies die Vorlage auf die Gesetze vom

17 Begründung des Entwurfs in der Ds. 4360, 5642; zur konstitutiven Wirkung, Ds. 8950, 10115, 10303.

18 Bericht (Fn. 5), 8950, 10109, 10115, 10303.

19 § 119 der Vorlage.

11.6.1874 und vom 26.7.1922 (GS 1922, 211: Gesetz über ein vereinfachtes Enteignungsverfahren) mit der Abweichung, dass die Enteignung „gegen eine angemessene Entschädigung" erfolgen sollte. Die Anträge mehrerer Abgeordneter, volle Entschädigung zu gewähren, wurden abgelehnt. Der abgeänderte Entwurf, der vom Ausschuss unter dem 15.3.1928 zur Annahme empfohlen wurde, wurde im Abgeordnetenhaus nicht mehr beraten.

Der Entwurf zu einem Städtebaugesetz wurde in abgeänderter und verkürzter Fassung am 17.7.1929 zusammen mit einer Stellungnahme des Staatsrats im Abgeordnetenhaus wieder eingebracht[20], nachdem die Vorlage mit den Interessentengruppen eingehend besprochen worden war. Ein Flächenaufteilungsplan sollte nur dann erfolgen, „wenn in der betreffenden Gemeinde oder in ihrer Umgebung eine industrielle oder bauliche Entwicklung vorliegt oder in Kürze erwartet wird oder der Verkehr die Festsetzung des Planes oder Planteiles erfordert" (§ 4 Abs. 1). Hinsichtlich der Aufstellung von zwischengemeindlichen Flächenaufteilungsplänen wurde die vom Ausschuss beanstandete Dominanz der großen Städte vermieden. Nicht erweitert wurde entgegen den Wünschen des Ausschusses die Erwerbspflicht der Gemeinden hinsichtlich der einem Flächenaufteilungsplan unterliegenden Grundstücke. Nicht übernommen wurden auch die im Ausschuss geäußerten Wünsche zur Einrichtung eines Baulastenbuches. Die Enteignungen zum Zweck des Baues von Klein- und Mittelwohnungen wurden entsprechend den Beschlüssen des Ausschusses geregelt (§ 79 des Entwurfs)[21]. Offen blieb die Frage, inwieweit Baubeschränkungen durch einen Flächenaufteilungsplan entschädigungspflichtig waren. Die Begründung der Vorlage war im Ganzen präziser und ausführlicher als diejenige von 1926. Für den Staatsrat waren die Flächenaufteilungspläne weiterhin „unannehmbar" vor allem vom Standpunkt des Städtebaus und der Selbstverwaltung[22]. In der 1. Lesung des Entwurfs im Landtag am 26. und

20 Drucksachen des Preuß. Landtags, 3. Wahlperiode, Bd. 4 der Ds. Nr. 3014 (S. 2572 ff.).
21 Drucksache Nr. 3014 (Fn. 20), 2613 ff.
22 Drucksache Nr. 3014 (Fn. 20), 2619.

27.11.1929[23] sprachen sich die Fraktionen des Zentrums, der SPD und der DDP für den Entwurf aus. Abgeordnete der DVP bezweifelten die Notwendigkeit der Aufstellung von Flächennutzungsplänen und die mit diesen verbundene entschädigungslose Einschränkung des Nutzungsrechts. *Lüdecke* (DNVP) forderte, dass die Baulastenbücher vollständig und mit der Führung des Grundbuchs verbunden sein sollten.

Die Beratungen über den preußischen Entwurf wurden nicht weitergeführt, da das Reichsarbeitsministerium bereits im August 1930 einen Referentenentwurf zu einem Baulandgesetz und in erweiterter Fassung im November 1931 als Referentenentwurf für ein Reichsstädtebaugesetz veröffentlichte[24]. Der Entwurf von 1931 entsprach hinsichtlich der Regelungsmaterie in etwa der preußischen Vorlage. Der „Wirtschaftsplan" des Entwurfs entsprach dem Flächenaufteilungsplan des preußischen Entwurfs: „Der Wirtschaftsplan hat die Grundzüge der Geländenutzung darzustellen; er grenzt entsprechend dem wirtschaftlichen Bedürfnis für die Zwecke des Verkehrs, der Industrie, der Bebauung und der Erholung zu bestimmenden Flächen von den Flächen ab, die der land- und forstwirtschaftlichen Nutzung vorbehalten sind" (§ 2 des Entwurfs). Was der preußische Entwurf als „Fluchtlinienplan" bezeichnete, ist im Entwurf des RAM der Bebauungsplan: „Der Bebauungsplan hat die Grenzen der Verkehrs- und Grünflächen, der sonstigen Straßen, Wege und Plätze sowie der Bebaubarkeit der Grundstücke rechtsverbindlich durch Fluchtlinien mit der Wirkung festzusetzen, dass die Nutzung der Grundstücke nur gemäß dem Bebauungsplan erfolgen darf." (§ 13 Abs. 1 S. 1). Grundstücke, die im Bereich eines Bebauungsplans lagen, konnten für die im Plan bestimmten Zwecke enteignet werden (§ 43). Für Beschränkungen des Eigentums konnte nach § 20 eine Entschädigung nur verlangt werden, „soweit eine bei Eintritt der Beschränkung des Eigentums tatsächlich ausgeübte oder nach Lage der Verhältnisse

23 Sitzungsberichte des Preuß. Landtags, 3. Wahlperiode, Bd. 7, 8936 ff.

24 Reichsarbeitsblatt I 1930, 299 ff. (Entwurf eines Gesetzes über die Erschließung und Beschaffung von Baugelände). Der Entwurf von 1931, ebd. 1931, 266 ff.; hierzu *Feldmann* (Fn. 5), 342 ff.

mögliche und zulässige Nutzungsart eines Grundstücks oder Grundstücksteils eingeschränkt oder unmöglich" gemacht wurde. Bis zu einer reichsrechtlichen Regelung sollten die landesrechtlichten Vorschriften über die Enteignung von Grundstücken maßgebend sein. Bei Streit über die Höhe der Entschädigung für eine Enteignung sollten die Verwaltungsgerichte entscheiden; eine Ausschließung des obersten Verwaltungsgerichts eines Landes sollte nicht zulässig sein. Nach § 84 war für die Entziehung oder Beschränkung des Eigentums oder sonstiger Rechte eine angemessene Entschädigung zu leisten. Bei der Festsetzung der Entschädigung durfte jedoch die „Möglichkeit eines Spekulationsgewinns oder eine Wertsteigerung, die durch die Aussicht auf die Durchführung von Maßnahmen i.S. dieses Gesetzes begründet" war, nicht berücksichtigt werden. Bei der Ermittlung des Wertes eines Grundstücks für die Festsetzung der Entschädigung war der Wert nach den Vorschriften des Reichsbewertungsgesetzes zugrunde zu legen. – Der Entwurf wurde vom RAM nicht weiter verfolgt, jedoch im VI. und VII. Reichstag (1932) von der Reichstagsfraktion der SPD als Vorlage eingebracht, jedoch nicht mehr beraten[25]. Eine Verordnung des Reichspräsidenten vom 5.6.1931 sah für die Ausweisung von Grundstücken zum „Zweck des öffentlichen Gebrauchs vorwiegend aus Gründen der Volksgesundheit oder Volkserholung" eine Entschädigung nach Art. 153 WRV vor, eine Regelung, die ausdrücklich erst durch das Bundesbaugesetz außer Kraft gesetzt wurde (§ 186)[26].

III. Das Baurecht und die Baugesetzentwürfe der NS-Zeit

In der NS-Zeit begnügte man sich mit Einzelmaßnahmen, denen ein System von festen Grundsätzen und Regeln nicht zugrunde lag[27]. Zunächst erging am 22.9.1933 das *Gesetz über die Aufschließung von*

25 Drucksachen des Reichstags VI/127 und VII/125 (kleinere Abweichungen im Abschnitt „Entschädigungen".

26 RGBl. I 1931, 309 f.

27 Zum Folgenden *Krautzberger* (Fn. 7), Einl. Rdn. 39 ff.; *Feldmann* (Fn. 5), 342 ff.

Wohnsiedlungsgebieten[28]. Hiernach konnte die oberste Landesbehörde oder der Reichsarbeitsminister Gebiete, in denen eine starke Wohnsiedlungstätigkeit bestand oder zu erwarten war, zu Wohnsiedlungsgebieten erklären. In diesem Fall musste ein Wirtschaftsplan aufgestellt werden, der als ein „teilweiser Ersatz für den Planungsteil des Entwurfs"[29] von 1931 angesehen werden kann. Das *Gesetz über „einstweilige Maßnahmen zur Ordnung des deutschen Siedlungswesens"* vom 3.7.1934 (RGBl. I 568) ermächtigte den Reichsarbeitsminister, „bis zur reichsrechtlichen Regelung des Planungs-, Siedlungs- und öffentlichen Baurechts alle Maßnahmen zu treffen, die erforderlich sind, um das deutsche Siedlungswesen zu überwachen und zu ordnen"; mit dem Erlass über das Wohnungs- und Siedlungswesen vom 4.12.1934 (RGBl. I 1225) gingen die Befugnisse des Reichsinnenministers auf den Reichsarbeitsminister über. Die auf das Gesetz von 1934 gestützte *Verordnung über die Regelung der Bebauung* vom 15.2.1936 (RGBl. I 104) brachte als eine „das bisherige Landesrecht ergänzende Regelung über die Ausweisung von Baugebieten, die Möglichkeit der Beschränkung der Geschosszahl und die Festsetzung einer Mindestgröße von Baugrundstücken, vor allem aber über die Ordnung der Bebauung in den sog. Außengebieten"[30]. Von Wichtigkeit war ferner die *Verordnung vom 15.11.1936 über die „Regelung der Bebauung"* (RGBl. I 104), wonach durch Landespolizeiverordnung Kleinsiedlungsgebiete, Wohngebiete, Geschäftsgebiete und Gewerbegebiete als Baugebiete ausgewiesen werden konnten[31]. Nach der *Verordnung über Baugestaltung vom 10.11.1936* (RGBl. I 938) waren bauliche Anlagen und Änderungen „so auszuführen, dass sie Ausdruck anständiger Baugesinnung und werkgerechter Durchbildung sind und sich der Umgebung einwandfrei einfügen"[32]. Auf die „Eigenart oder beabsichtigte Gestaltung des Orts-, Straßen- oder Landschaftsbildes, auf Denkmale und bemerkenswerte

28 RGBl. I 1933; 659.

29 *Krautzberger* (Fn. 7), Rdn. 39 ff.; *Feldmann* (Fn. 5), 342 ff.

30 *Krautzberger* (Fn. 7), Rdn. 40 (S. 27).

31 *Krautzberger* (Fn. 7), Rdn. 40 (S. 27).

32 Der Ausdruck „anständige Bebauung" stammt vom Münchener Stadtbaumeister Theodor Fischer aus dem Jahre 1918 und wurde von Wambsganz (über diesen unten S. ...) für die genannte Verordnung verwendet (*Günther Schulz,* Wiederaufbau in

Naturgesetze" war Rücksicht zu nehmen. Weitgehende Eingriffsbefugnisse brachte das *Gesetz vom 4.10.1937 über die Neugestaltung deutscher Städte* (RGBl. I 1054), das jedoch kein allgemeines Städtebaugesetz darstellte.

Im Reichsarbeitsministerium (RAM) wurde zwischen 1933 und Mitte 1940 unter dem Ministerialrat *Georg Heilmann* ein Entwurf zu einem Reichsbaugesetz ausgearbeitet, der am 16.9.1940 an die Länderverwaltungen übersandt wurde[33]. Gleichzeitig lud das RAM zu einer Besprechung für die Zeit vom 8.-10.10.1940 in Berlin ein. Der Entwurf regelte im I. Teil die Baubehörden, das Baulastenbuch, im II. die städtebauliche Ordnung des Gemeindegebiets. Im 1. Abschnitt ging es um die städtebaulichen Pläne (Flächennutzungspläne, Bebauungsvorschriften, Fluchtlinienpläne), im 2. Abschnitt um sonstige Vorschriften zur städtebaulichen Ordnung des Gemeindegebiets und im 3. Abschnitt um Bausperre und Genehmigung von Grundstücksteilungen. Der III. Teil befasste sich mit der Grundstücksübernahme, der Entschädigung und der Enteignung. Es folgten noch Teile über die Bebauung der Grundstücke, über Rechtsmittel, Zwangsbefugnisse und Strafvorschriften. Der Entwurf ist zwar nicht wesentlich umfangreicher als die Vorlage von 1931, enthält aber einen größeren Regelungsbereich, der sich aus der umfassenden Gesetzgebungszuständigkeit des Reichs ergab.

An der Berliner Besprechung vom 8.-10.10.1940 nahmen Vertreter der Länder Bayern, Württemberg, Baden, Sachsen, Thüringen, Hamburg, der Stadt Wien und der Präsident des Ruhrsiedlungsverbandes teil[34]. Von Seiten des RAM nahmen teil Ministerialrat Heilmann und Oberregierungsrat Goldammer sowie zeitweise Ministerialrat Scholz,

---

Deutschland. Die Wohnungsbaupolitik in den Westzonen und der Bundesrepublik von 1945 bis 1957, Düsseldorf 1994, 327, Fn. 32).

33 Die einschlägigen Akten des Reichsarbeitsministeriums sind nicht auffindbar. Der Entwurf von 1940 in der Akte des StA Hamburg Rep. 141–1 II, Senatskanzlei Nr. 6041. – *Heilmann* (geb. 1892 in Staffelstein/Oberfranken; gest. 1981) kam 1929 an das Reichsarbeitsministerium (1936 Ministerialrat). 1941 Abteilungsdirigent (Leiter des Instituts für Wohnungs- und Siedlungswesen Berlin). Ab 1947 im Bayr. Wirtschaftsministerium (zuletzt MinDir.); *Quelle:* Wikipedia.

34 Hierzu der Bericht, unten S. 45 f.

Oberregierungsrat Kuhn und Oberregierungsrat Dittus (Mitglieder der Abt. IV b des RAM). Im bayerischen Sitzungsvermerk[35] wird darauf hingewiesen, dass der Entwurf von der Abteilung Verwaltung und Recht im RAM angefertigt worden sei: „Wie sich gegen Ende der Verhandlungen herausstellte, war die Bauabteilung (Abt. IV b) bei der Aufstellung des Entwurfs nicht weiter beteiligt und bekam den Entwurf erst zu dem Zeitpunkt, als die Ländervertreter zu der Besprechung eingeladen wurden." Von dem in der Hauptsache fertiggestellten Entwurf einer Reichsbauordnung hatte die Abt. Verwaltung und Recht bislang keine Kenntnis erhalten. Der württembergische Vertreter fragte, „ob es eigentlich notwendig sei, zwei Gesetze, nämlich ein Reichsbaugesetz und eine Reichsbauordnung, nebeneinander zu erlassen und ob es sich nicht aus praktischen Gründen empfehle, beide Materien in *ein* Gesetz zu verschmelzen". Aus der Antwort des RAM war zu entnehmen[36], dass diese Zweiteilung auf einem äußerlichen Grund, nämlich dass beide Materien von verschiedenen Abteilungen vorbereitet würden, beruhe.

In der Besprechung wurden nicht näher erörtert das Enteignungsrecht, das in einem Reichsenteignungsgesetz geregelt werden sollte, und die Grundzüge des Bebauungsrechts, das der Bauordnung vorbehalten bleiben sollte. Von Hamburg wurde zu § 42 auf die Notwendigkeit hingewiesen[37], „dass das Verbot des Anbaues an unfertigen Straßen nicht fallen dürfe und es ist dies eine Forderung, welche von Hamburg aus nochmal mit allem Nachdrucke gestellt werden muss." Anderenfalls werde man keine Handhabe besitzen, „die so unheilvollen Streusiedlungen zu vermeiden, wie sie in den früher preußischen Gebieten üblich waren und die eine Ordnung in den Baugebieten so außerordentlich erschweren". § 62 (Grundstücksteilungen) enthielt nach Hamburg nur „letzten harmlosen Rest des Wohnsiedlungsgesetzes". Es sollte § 4 dieses Gesetzes[38] beibehalten werden, der die

35 Bayr. HStA München, OBB-Akten, 12700.

36 Vgl. den Vermerk des Stuttgarter Vertreters über die Besprechung, StA Ludwigsburg, E 165 II Bü 85.

37 HStA Stuttgart (Fn. 33), Bl. 90 ff.

38 § 4 Abs. 1 dieses Gesetzes lautet: „Die Teilung eines Grundstücks, die Auflassung eines Grundstücks oder Grundstücksteiles sowie jede Vereinbarung, durch

Genehmigungspflicht in bester Weise regele und dessen Wegfall „zum schweren Verhängnis für die Städte" werde müsse. Es sei ganz „unverständlich, wie man den Städten diese wertvolle Handhabe nehmen kann". Gleiches sollte für § 7 des Wohnsiedlungsgesetzes gelten, der nicht entbehrt werden könnte. Für Hamburg würde der Wegfall dieser Norm „insofern sehr schwerwiegend sein, als schon nach dem vorzüglichen hambg. Bebauungsplangesetz von 1923 Auflagen gemacht werden könnten, namentlich Landabtretungen gefordert werden konnten". Ferner wurde von Hamburg vergeblich der Wegfall des § 69 Ziff. 1 gefordert; § 71 Ziff. 2 wurde als „völlig untragbar" bezeichnet.

Von Hamburger Seite (Senator Toepffer, Konstanty Gutschow) fanden Besprechungen in Berlin am 13.12.1940 und am 12.2.1941 über den Entwurf statt[39]. Am 13.12.1940 wurden folgende Wünsche geäußert[40]: Erhaltung der Bestimmungen des Gesetzes über die Aufschließung von Wohnsiedlungsgebieten, insbesondere auch der Vorschriften über die unentgeltliche Abtretung von Gelände für öffentliche Zwecke, Untersagungsmöglichkeit für das Bauen an unfertigen Straßen, Erweiterung der Bestimmung über die Schließung von Baulücken und Stärkung der Verantwortung größerer Stadtverwaltungen (§§ 5, 8, 12,

---

die einem Anderen ein Recht zur Nutzung der Bebauung eines Grundstücks oder Grundstücksteiles eingeräumt wird, bedarf zu ihrer Wirksamkeit der Genehmigung der zuständigen Behörde."

39 Am 18.11.1940 hatte in Hamburg noch eine interne Besprechung stattgefunden u.a. mit dem Bürgermeister Carl Vincent Krogmann (1889–1978), dem Oberbaurat Erwin Ockert (1885–1968) und dem „Baurat" (Titel von Hitler 1939 verliehen) Konstanty Gutschow (über diesen *Sylvia Necker,* K.G.:1902–1978, Modernes Denken und volksgemeinschaftliche Utopie eines Architekten, München 2012) stattgefunden mit folgenden Ergebnissen: Überprüfung der Verteilung der Zuständigkeiten i.S. einer Stärkung der Verantwortung größerer Stadtbauverwaltungen, Übernahme wesentlicher Bestimmungen des Reichssiedlungsgesetzes. Zwang zur Bebauung von Grundstücken, nicht nur von Baulückengrundstücken, sondern für alle bebaubaren Grundstücke sollte ermöglicht werden. Nach Krogmann sollte von einem grundsätzlichen Bauverbot ausgegangen werden und es müsse vermieden werden, irgendein Recht zum Bauen anzuerkennen. Statt der §§ 41, 42 sollte bestimmt werden: „Eine Baugenehmigung darf nur erteilt werden, wenn das Vorhaben mit der städtebaulichen Entwicklung vereinbar ist." (StA Hamburg, s. Fn. 32).

40 Der Inhalt der Besprechung am 13.12.1940 ergibt sich aus einem Schreiben Toepffers an das Reichsarbeitsministerium (StA Hamburg, aaO.).

14 Abs. 2, 23, 33, 39, 44, 54 f., 60, 74 f., 81, 83 und 95). Am Tage vor der Besprechung am 12.2.1941 hatte die Hamburger Durchführungsstelle für die Neugestaltung der Hansestadt Hamburg an Toepffer geschrieben[41], der Versuch, ein Reichsbaurecht zu schaffen, das in gleicher Weise für die Großstädte wie für das flache Land gelte, sei ein „unmögliches Beginnen". Der Entwurf räume „ganz im Gegenteil" dem Grundstückseigentümer erhebliche und größere Rechte ein, als ihm bisher zugestanden hätten. In seinem offensichtlichen Bestreben, das Grundeigentum zu schützen, sei der Entwurf kein Fortschritt. Außerdem bedeuteten die Bestimmungen über die Entschädigungspflicht und über die Verpflichtungen der Übernahme von Grundstücken durch die Gemeinde „finanziell eine erhebliche Mehrbelastung". Die Verfasser des Entwurfs seien offensichtlich der Ansicht, die Fluchtlinienfestsetzung begründe ein Recht zum Ausbau (§§ 41, 42) und der Grundeigentümer könne die Aufschließung des Grundstücks verlangen (§ 64). Es bestehe offensichtlich die Gefahr einer erheblichen Beschneidung der gemeindlichen Selbstverwaltung durch Schaffung eines Reichsbauministeriums.

Aus einem Vermerk über die Besprechung am 12.2.1941 ist zu entnehmen, dass das RAM sich entschieden hatte, das Wohnsiedlungsgesetz „im Wesentlichen" aufrecht zu erhalten. Ferner wollte das RAM auf die Hamburger Anregung eingehen, „wonach an einer Straße nur gebaut werden darf, wenn die Gemeinde diese Straße für den Anbau freigegeben hat". Diese Bestimmung sollte nicht, wie von Hamburg vorgesehen, beschränkt sein auf Gebiete mit starker Wohnsiedlungstätigkeit, sondern ganz allgemein gelten. Einen breiten Raum in der Besprechung nahm die Frage ein, „ob die sog. Baufreiheit völlig zu beseitigen ist". Die Vertreter des RAM waren der Ansicht, „dass man dem nicht entsprechen kann, weil man jegliche private Initiative ertöten würde". Sie erkannten aber an, „dass sich jedes Bauvorhaben den städtebaulichen Planungen unterzuordnen hat" und waren bereit, „die demnach erforderlichen Bestimmungen zu schaffen".

41 StA Hamburg, aaO. (Fn. 33).

Der Deutsche Gemeindetag, mit dem Toepffer in Verbindung getreten war, hatte diesem nach einer Besprechung mit den Sachbearbeitern des RAM unter dem 24.1.1941 geschrieben, dass insbesondere „die als zu weitgehende Einschaltung der *höheren* Baubehörde in zahlreichen Paragraphen des Gesetzentwurfs auf ein annehmbares Maß zurückgeführt“ würden[42]. Ebenso werde sich der Gesetzgeber der „Notwendigkeit einer Erhaltung der Bestimmungen des Gesetzes über die Aufschließung von Siedlungsgebieten in dem Reichsbaugesetz nicht verschließen“. Insbesondere solle auch die Möglichkeit, „die Wohnsiedlungsgenehmigung von Auflagen über die Abtretung des zur Anlegung von Straßen und zur Schaffung von Freiflächen erforderlichen Geländes abhängig zu machen, aufrecht erhalten werden“. Bei der Umarbeitung in dem Gesetzentwurf solle „noch stärker der Gedanke niedergelegt werden, dass es keine allgemeine Baufreiheit mehr gibt, dass vielmehr jedes Bauvorhaben sich den städtebaulichen Planungen der Gemeinde unterordnen muss“. Bei der Regelung der Baulücken im Rahmen des Reichsbaugesetzes wolle der Gesetzgeber den Begriff „Baulücken“ weit ausgelegt wissen. Man werde aber nicht soweit gehen können, die gleichen Bestimmungen, die für die Inanspruchnahme von Baulücken gelten sollen, für alle baureifen Grundstücke einzuführen. Am 11.2.1941 teilte der Deutsche Gemeindetag Toepffer mit, auch der Präsident des Gemeindetages Fiehler sei gegen eine allgemeine Baufreiheit. Vielmehr solle sich jedes Bauvorhaben den städtebaulichen Belangen der Gemeinde unterordnen. Eine „straffe Lenkung“, nicht aber eine „Entmündigung oder Drosselung der Baufreudigkeit durch ein absolutes Bauverbot“ liege „nationalsozialistisch gesehen im öffentlichen Interesse“. Ein absolutes Bauverbot sei nicht geboten.

Nach mehreren Umarbeitungen lag im Juli 1941 eine Neufassung des Entwurfs zu einem Reichsbaugesetz vor[43]. Im Übersendungsschreiben

---

42 StA Hamburg, aaO. (Fn. 33).

43 BA Berlin, NS 6/310. – Zu einer Vorfassung der Überarbeitung merkte Toepffer unter dem 11.4.1941 an, allgemein habe er den Eindruck, dass der Entwurf immer noch zuviel Misstrauen gegen die selbstverantwortliche Arbeit der Städte hege. Es seien zu viele Genehmigungen vorgeschrieben, wodurch die städtebauliche Arbeit erschwert werde.

vom 18.7.1941 an den Reichskommissar für den sozialen Wohnungsbau heißt es: „Die Neuregelung der außerordentlich umfangreichen und schwierigen baurechtlichen Materie wird von mir ... in mehreren selbständigen Gesetzentwürfen (Reichsbaugesetz, Reichsbauordnung, Gesetz über Anliegerbeiträge, städtebauliches Enteignungsgesetz, städtebauliches Umlegungsgesetz usw.) vorbereitet, da eine gleichzeitige Aufstellung und Verabschiedung des gesamten Gesetzgebungswerks, besonders in der Form eines Gesetzes, jetzt im Kriege nicht möglich ist. Ich beabsichtige aber die verschiedenen Einzelgesetze am Ende zu einem einheitlichen Gesetz dem Deutschen Baugesetzbuch zusammenzufassen, das nicht nur eine lose Zusammenfügung der einzelnen Teilentwürfe, sondern auch eine zweckmäßigere, für die Praxis leicht zu handhabende Verbindung des gesamten, in den einzelnen Entwürfen geregelten Stoffes nach einheitlichen zusammenfassenden Gesichtspunkten bringen soll." Neben dem Gesetzentwurf über Anliegerbeiträge[44] sei der anliegende Entwurf eines Reichsbaugesetzes als „zunächst erster Teil des geplanten Reichsbaugesetzes" fertiggestellt worden.

In der Präambel zum Gesetzentwurf heißt es, mit der Verantwortlichkeit des Einzelnen gegenüber der Volksgemeinschaft sei eine Anschauung, „wie sie ein überwundenes Zeitalter in dem Begriff der Baufreiheit für den Einzelnen entwickelte, unvereinbar". Es gehe darum, die „städtebauliche Entwicklung und Gestaltung der deutschen Städte und Dörfer unter der Führung und Aufsicht des Reichs planvoll, zweckmäßig und großzügig zu ordnen und zu fördern und hierbei die Belange der Gemeinschaft mit den Interessen des Einzelnen soweit als möglich in Einklang zu bringen". Nach § 19 Abs. 2 sollten die Städte und Dörfer „Ausdruck deutschen Gemeinsinns und deutscher Baugesinnung sein", nach § 91 die Bebauung der Grundstücke „allen Erfordernissen deutscher Städtebaukunst und deutscher Baukultur entsprechen". Die Bestimmungen über die Baugenehmigung und die Beaufsichtigung der Bauten sowie über Teile des Enteignungsrechts waren im Entwurf nicht mehr enthalten. Geregelt

44 Unten S. 30 ff. wiedergegeben.

war nur noch die Grundstücksübernahme und die damit verbundene Entschädigung (§§ 73 ff.). Neu gefasst wurde die Bestimmung des § 42 des Entwurfs von 1940 durch § 44 n.F., wonach „die Errichtung baulicher Anlagen an einer für den Anbau bestimmten, jedoch noch nicht hergestellten Straße erst erfolgen darf, wenn die Straße für den Ausbau freigegeben ist". Die Freigabe sollte erst erfolgen, „wenn die Straße mindestens vorläufig fertiggestellt ist und die Anlagen für die Wasserversorgung sowie die Entwässerung hergestellt sind". Eine Erweiterung der Bestimmungen über die Schließung von Baulücken wurde nicht auf alle baureifen Grundstücke, die an einer ausgebauten Straße lagen, erweitert. Dagegen wurde in den §§ 66 ff. das Wohnsiedlungsrecht weitgehend eingearbeitet.

Neu eingefügt wurde die Regelung des § 72, wonach, wenn die Parzellierung einer Fläche zum Zwecke künftiger Bebauung beabsichtigt war, die Genehmigung zur Teilung eines Grundstücks davon abhängig gemacht werden konnte, „dass der Grundstückseigentümer die für öffentliche Straßen, Plätze, Wege, Freiflächen oder den sonstigen öffentlichen Bedarf erforderlichen Flächen in angemessenem Umfang, jedoch höchstens bis zu 20 v.H. der Gesamtfläche des Grundstücks bei offener, bis zu 30 v.H. bei geschlossener Bauweise, schulden-, lasten- und kostenfrei an die Gemeinde" zu übereignen hatte. Hinsichtlich der Entschädigungsregelung (§§ 78 ff.) wurde in § 80 Abs. 1 Nr. 1 nicht die restriktivere Regelung des § 13 Abs. 1 Nr. 2 des preuß. Fluchtliniengesetzes übernommen. Die Klage im verwaltungsgerichtlichen Verfahren gegen Beschwerdeentscheidungen der höheren Verwaltungsbehörde war in Streitigkeiten über die Übernahme eines Grundstücks oder die zu zahlende Entschädigung nach den §§ 73–82 und in Streitigkeiten über die Rückübertragung eines Baulückengrundstücks (§ 94 Abs. 1) die Klage vor dem Reichsverwaltungsgericht gegeben, das im ersten und letzten Rechtszug entscheiden sollte (§ 94 Abs. 2). Gegen eine mit der Klage im verwaltungsrechtlichen Verfahren nicht anfechtbare Entscheidung der höheren Verwaltungsbehörde sollte der Reichsarbeitsminister „zur grundsätzlichen Entscheidung" angerufen werden können, wenn die höhere Baubehörde die Anrufung des Reichsarbeitsministers wegen der grundsätzlichen Bedeutung der zur

Entscheidung stehenden Frage zugelassen hatte. Dies sollte nicht gelten für Beschwerdeentscheidungen im Fluchtlinienverfahren. Nach *Jörg-Detlev Kühne* brachte der Entwurf eine erhebliche Verstärkung des Pflichtgedankens gegenüber der Gemeinschaft und „mündete konkret in ein Siedlungsprogramm, das jedenfalls zunächst als ein Herzstück nationalsozialistischer Anliegen gelten kann und baupolitisch in mehrere Stoßrichtungen wies: Neusiedlung zur Verstärkung des Bauerntums, bevölkerungspolitisch begründete Auflockerung der Großstädte verbunden mit Volkswohnungs- und ländlichem Kleinsiedlungsbau sowie nach der Annexion von Gebieten nichtdeutscher Zunge Ansiedlung zwecks sog. Eindeutschung“[45].

Der Entwurf vom Juli 1941 wurde in der Folgezeit nicht mehr weiter verfolgt, wie einer Mitteilung der Hamburger Vertretung in Berlin vom 10.12.1941 zu entnehmen ist[46]. Heilmann sei „in diesen Tagen“ ausgeschieden. Die Gesetzgebung werde in andere Bahnen gehen, als bisher beabsichtigt gewesen sei. Weiteren Aufschluss – am 21.3.1942 lag bereits ein „Vorentwurf“ zu einem „Deutschen Baugesetzbuch“[47] vor – bringt ein vertrauliches Schreiben der Hamburger Vertretung über eine „Unterredung“ mit dem „neuen Referenten“ Dittus.

45 *Jörg-Detlev Kühne,* in: Deutsche Verwaltungsgeschichte, hrsg. von Kurt G.A. Jeserich und Georg-Christoph v. Unruh, Bd. 4, Stuttgart 1985, 823 f., 829; Zitat 823; zu dem Entwurf von 1941 auch *Fred Magin,* Die VO über Baugestaltung vom 10. November 1936 – Ein Beitrag zur Entwicklung des Baurechts in der Zeit von 1933–1945 unter besonderer Berücksichtigung des Berliner Wohnungsbaues, Diss. TU Berlin 2006, 273 ff.

46 Schreiben der Berliner Vertretung im StA Hamburg, aaO., Heilmann sei in diesen Tagen ausgeschieden. Die von ihm bearbeiteten Angelegenheiten seien „zum größten Teil auf technische Referenten“ übergegangen. Oberregierungsrat Zimmer habe mitgeteilt, dass voraussichtlich die Gesetzgebung in andere Bahnen gehen werde als bisher beabsichtigt gewesen sei. Geplant sei anscheinend ein allgemeines Bauerschließungsgesetz.

47 Unten vollständig wiedergegeben nach dem Exemplar im BA Berlin, R 3901/20882 (mit den handschriftlichen Vermerken). Der Hrsg. dankt Herrn Prof. Dr. Bernd H. Schulte für die Überlassung einer Kopie des Entwurfs aus dem Besitz von Wilhelm Dittus, den dieser 1945 aus den Trümmern des Reichsarbeitsministeriums rettete. Zu diesem Entwurf *Bernd H. Schulte,* in: Handbuch Bauordnungsrecht, hrsg. von Gerhard Reich und Bernd H. Schulte, München 2004, Rdn. 247 ff. (50 ff.); *ders.,* Rechtsgüterschutz durch Bauordnungsrecht (Schriften zum Öffentlichen Recht, Bd. 404, Berlin 1982, 43 ff.; *Krautzberger* (Fn. 7), Einl. Rdn. 45.

Hiernach war die frühere Gesetzgebungsabteilung unter Heilmann „vollständig aufgehoben" worden[48]. Der „alte Entwurf" sei „von zahlreichen hohen Stellen stark kritisiert und beanstandet worden, und zwar besonders nach der Richtung hin, dass das Prinzip der Planung und die Durchführung der Planung von oben nach unten nicht in Ordnung gewesen sei. Ferner seien im Widerspruch zur Präambel die Rechte und besonders auch die Pflichten des Einzelnen der Allgemeinheit gegenüber nicht klar herausgestellt gewesen". Hierin liege also der Vorwurf einer „allzu individualistischen Regelung". Er, Dittus, habe den Auftrag erhalten, zusammen mit einem Techniker einen neuen Entwurf aufzustellen.

Der Entwurf ist mit 550 Bestimmungen fast dreimal so umfangreich wie die Vorlage von 1941, wobei zu berücksichtigen ist, dass der Entwurf von 1942 auch die Bauordnung enthält. Die Vorlage umfasste mithin nahezu alle Materien des Baurechts einschließlich der noch nicht formulierten Bestimmungen über den Bau und seine Teile. Als Mittel der „städtebaulichen Planung" waren nach dem Entwurf vorgesehen der Flächennutzungsplan, der Ortsbauvorbereitungsplan (Vorplan für größere Gemeinden) und der Bebauungsplan, vor dessen Aufstellung eine „Veränderungssperre" sollte angeordnet werden können. Ausführlich geregelt werden die Baulandumlegung (einschließlich evtl. Geldentschädigung), die Grenzregelung und die Baulandbeschaffung (unter Vermeidung des Ausdrucks „Enteignung"; §§ 52 ff.) sowie die Erschließung. Neu gegenüber dem bisherigen Entwurf war der Vorschlag, die Erschließungskosten durch eine Baukosten-, Bauland- und Wertsteigerungsabgabe zu finanzieren, ein Vorschlag, den Dittus bereits im Dezember 1941 in einem Gutachten erwogen hatte. Der Entwurf von 1942 enthielt auch Regelungen über das Nachbarrecht und vor allem eine Bauordnung, deren besondere Teile (Bau und seine Teile, besondere Baukonstruktionen, bauliche Anlagen und Einrichtungen für besondere Zwecke, Baustelle, Einrichtung und Betrieb, Gerüstbau) noch nicht ausformuliert waren.

---

48 Unten S. 173 ff. vollständig wiedergegeben. – Das im Folgenden genannte Gutachten von *Dittus* zur Reform der sog. Anliegerleistungen befindet sich im Parlamentsarchiv Berlin (Materialien zum Baulandbeschaffungsgesetz).

Im Abschnitt über die „behördliche Behandlung der Bauvorhaben“ waren geregelt die Genehmigungspflicht der Bauvorhaben, der Bauantrag, die vorläufige Baugenehmigung und die Befreiung von den nicht zwingenden Bauvorschriften und die Bauüberwachung. Ein weiterer Abschnitt befasste sich mit den bestehenden Bauten und Anlagen (Unterhaltung, Gebäudeaufsicht, planmäßige Ortsverschönerung und Sanierung). Die Entscheidungen der Aufsichtsbehörde oder der höheren Behörde über Beschwerden waren nach § 414 Abs. 2 des Entwurfs „endgültig, es sei denn, dass die Behörde die Anrufung des Reichsarbeitsministers wegen der grundsätzlichen Bedeutung einer zur Entscheidung stehenden Frage oder wegen sonstiger Umstände des Einzelfalles die Zulassung der Anrufung für geboten erachtete.

Der federführend von Dittus bearbeitete Entwurf ist nicht ganz leicht einzuordnen. Insgesamt ist der Entwurf ideologisch weniger festgelegt als die Vorlage von 1941. § 1 spricht von „kulturell und weltanschaulich deutscher Gesamthaltung“. Nüchterner ist auch § 101 über den Bau in der Landschaft formuliert. In § 103 ist von „anständiger und würdiger Baugesinnung“, in § 105 ist von einem „Ausdruck deutscher Städtebaukunst“ und einem „geordneten Gemeinschaftsleben“ die Rede. Er sollte den „unteren Behörden“ weitgehende Ermessensfreiheit“ gewährleisten, auf der anderen Seite sollte aber auch „starke Aufsicht über die unteren Behörden eingeführt werden“. Das Ziel sei – so Dittus „die Schaffung einer lebendigen Organisation von oben nach unten“ [unten S. 174 f.]. Die Baulandbeschaffungsmöglichkeit sollte „großzügig“ gestaltet werden und damit das „Enteignungsverfahren in der bisherigen Form“ beseitigt werden. Man brauche „keine Enteignungsbehörde und gerichtliche Entscheidungen“. Die Enteignung müsse „wesentlich einfacher gestaltet werden und auch in der Einspruchsinstanz von Sachverständigen entschieden werden“. Die letzteren Vorschläge zeigen, dass eine solche Regelung, wenn überhaupt, nur unter dem Nationalsozialismus hätte ergehen können, wenn auch Dittus sich wohl nicht von ideologischen Gesichtspunkten leiten ließ, sondern ihm primär an einen schnellen und geordneten Wiederaufbau der zerstörten Städte gelegen war. Auf Widerstand wären wohl auch die vorgesehenen hohen Erschließungsabgaben und die geplante unentgeltliche und lastenfreie Abgabe von bis zu 35% der bebaubaren Grundstücke gestoßen. Inwieweit der Entwurf bis Kriegsende intern noch diskutiert und weitergeführt worden ist, lässt sich nicht mehr feststellen.

Anfang 1944 wies Dittus im Reichsarbeitsblatt (Teil V) darauf hin[49], dass den „im vorletzten Jahrzehnt gemachten Anläufen Preußens und des Reichs zu einer städtebaugesetzlichen Kodifikation" kein Erfolg beschieden gewesen sei. Dies beweise „zur Genüge die Erkenntnis der Notwendigkeit einer solchen Maßnahme, die leider auch im letzten Jahrzehnt trotz der dahingehenden Erwartungen keine Verwirklichung gefunden hat": „Das Wohnsiedlungsgesetz vom 22. September 1933, das auf städtebaulichem Gebiet den Bruch mit dem vorausgegangenen liberalistischen Bau- und Bodenrecht anbahnte, ist wegen der in ihm enthaltenen Möglichkeiten zur Betätigung einer städtebaulichen Gestaltung und Lenkung mit Beifall aufgenommen worden". Es habe bestimmt viele Schäden verhindern geholfen und damit segensreich gewirkt. Es sei jedoch nur ein Anfang gewesen. Es liege aber auf der Hand, „dass man damit allein nicht wesentlich weiter kommen und vor allem die Aufgaben der Zukunft damit nicht wird meistern können". Vielmehr bedürfe es „vor allem einmal einer reichseinheitlichen umfassenden und erschöpfenden Regelung der städtebaulichen Planung, worin angefangen von den programmatischen Allgemeinplänen bis zum verbindlichen Detailplan mit den ihn zukommenden Rechtsfolgen alle wichtigen einschlägigen Fragen behandelt sind. Eine solche Regelung würde die späteren großen städtebaulichen Planungen nicht nur in keiner Weise behindern, sondern im Gegenteil unter weitgehender Freilassung der konkreten Gestaltungsmöglichkeiten die Wege zu ihrer Ausführung und Verwirklichung überhaupt erst in genügend wirkungsvoller Weise eröffnen. Man müsste sodann dieser Planung gemäß die Grundstücksgrößen und Grundstücksgrenzen in einem rechtlich geordneten, aber zügig verlaufenden Verfahren neugestalten können; Behandlungsarten für

49 *Dittus*, Reichsarbeitsblatt V 1944, 39 f.

diese Aufgaben, deren Durchführung 10 bis 15 Jahre in Anspruch nimmt, scheiden natürlich für eine praktische Anwendung aus. Für kleinere Grenzberichtigungen wird ein vereinfachtes Verfahren bei genügender Wahrung der Belange der Beteiligten vorzusehen sein."

Auch die „Überführung des Baugeländes in die Hand der Baubewerber, die Aufbringung der für den Gemeinbedarf nötigen Flächen, die von den Grundeigentümern zu bewirkenden Leistungen (sog. Anliegerrecht) und das gesamte Erschließungswesen dürften, um bloß einige wichtige Punkte zu nennen, bei einer solchen Regelung nicht übergangen werden". Das dabei die vom Wohnsiedlungsgesetz „eingeleitete Abkehrung von einer mit vielen Schäden behafteten Anschauungsweise einer zurückliegenden überwundenen Zeit zugrunde gelegt werden muss, und dass bei der neuen Ordnung auf ein organisches, in sich geschlossenes und umfassendes bau- und bauordnungsmäßiges Gesamtsystem aufgebaut" werden müsse, werde wohl als „selbstverständlich betrachtet werden können". Für die „nach dem Krieg folgende Zeit" werde es „Aufgabe der dann nicht mehr länger aufzuschiebenden Gesetzgebung sein, durch eine Rechtsordnung der städtebaulichen Verwaltung das für ein wirkungs- und sinnvolles bauliches Schaffen unentbehrliche Rüstzeug zu geben, ohne das die kommenden umfangreichen Aufgaben, vor allem auch die mit dem Wiederaufbau verbundenen bodenordnungsmäßigen Schwierigkeiten wohl kaum zu bewältigen wären".

Der Entwurf von 1942 ist sehr positiv beurteilt worden. *Albert Buff* stellte 1970 in seiner Dissertation fest[50], erstmalig für das deutsche Reichsgebiet werde „der *Bebauungsplan* als hauptsächliches Mittel städtebaulicher Planung festgelegt. Er ist von der Gemeinde aufzustellen. Vorbereitende Flächennutzungspläne sind als Voraussetzung für eine geordnete Nutzung des Bodens und die bauliche oder wirtschaftliche Entwicklung der Gemeinde und – bis heute

---

50 *Albert Buff*, Die bestimmenden Faktoren der deutschen Bauordnungen im Wandel der Zeit, Diss. TU Hannover 1970, 176 ff.; hieraus die Zitate. Die Diss. ist 1971 unter dem Titel: Bauordnung im Wandel. Historisch-politische, soziologische und technische Aspekte, 1971 in München erschienen (S. 149 ff. zur Deutschen Bauordnung der DDR vom 2.10.1958).

noch nicht allgemein durchgesetzt – benachbarter Grundstücke. Beide Planungsbegriffe sind inzwischen feste Bestandteile der Gesetzgebung in beiden Teilen Deutschlands geworden". Ferner hebt Buff die Regelung einer Veränderungssperre, eine Umlegungsordnung, Grundsätze über die Baulandbeschaffung und Erschließung hervor. Als „kühnen, ja revolutionären Gedanken" bezeichnet Buff die Verpflichtung zur unentgeltlichen und lastenfreien Abtretung von bis zu 35% der Fläche der Baugrundstücke. Mit „viel Phantasie" habe der Entwurf zur Deckung der städtebaulichen Aufgaben eine Baukostenabgabe sowie weitere Abgaben vorgesehen. Anders als alle anderen Baurechtskodifikationen enthielt nach Buff der Entwurf einen technischen und formalen Bauordnungsteil, die Sanierung sei ebenso wie die Gebäudeaufsicht berücksichtigt worden.

Nach *Bernhard Schulte* war der Entwurf „nahezu frei von nationalsozialistischem Gedankengut[51]. Er neige allerdings bisweilen zu Deutschtümeleien: „Das ‚Deutsche Baugesetzbuch' ist – soweit es für den vorliegenden Untersuchungszusammenhang [Bauordnungsrecht] von Interesse ist – ein Musterbeispiel moderner Baugesetzgebung. Es verbindet bauplanerische, bodenordnende und bauordnende Regelungen zu einer organischen Einheit, die das Bauen in all seinen Voraussetzungen und Einzelheiten lenkt. Die Qualität des Gesetzes gewinnt sichtlich dadurch, dass zusammengehörige Materien gemeinsam geregelt und nicht auseinandergerissen werden, weil vermeintlich der eine Teil der Wohlfahrtspflege, der andere Teil der Abwehr von Gefahren dient, die der öffentlichen Sicherheit und Ordnung dienen."

Nach ausführlichen Hinweisen auf die Entwürfe von 1941 und 1942 durch *Fred Magin* in seiner Dissertation von 2006 befasste sich zuletzt *Ekke Feldmann* mit dem Entwurf von 1942 besonders im Hinblick auf die von dieser Vorlage stark beeinflussten Baugesetzentwürfe von Berlin, Bayern und des Bundesministeriums für Wohnungsbau, bei

---

51 *Bernd H. Schulte,* Rechtsgüterschutz durch Bauordnungsrecht, Berlin 1982, 43; vgl. auch *ders.,* in: Bauordnungsrecht (Fn. 46), 50 ff.

denen Dittus und Wamsganz die Vorlage aus dem Reichsarbeitsministerium benutzten[52].

Exkurs: Anfang 1941 versandte der Reichsarbeitsminister Teile einer geplanten *Reichsbauordnung* (3. Abschnitt I: Allgemeine Sicherheits- und Schutzbestimmungen, u.a. Feuerschutz, Schallschutz. – 2. Baustoffe und Bauarten. Gründung der Bauwerke; Wände; Decken) an den Ausschuss für einheitliche technische Baubestimmungen – DIN-Ausschuss (ETB-Ausschuss) – mit der Bitte um Stellungnahme[53]. Dieser Entwurf wurde zwischen April und Oktober 1941 ausführlich beraten. Das Reichsarbeitsministerium war durch Bernhard Wedler vertreten. Im Dezember 1941 übersandte der DIN-Ausschuss eine aufgrund der Beratung abgeänderte, in diesem Band wiedergegebene Fassung des Teilentwurfs, über dessen weiteres Schicksal nichts Näheres bekannt ist. Die in diesem Teilentwurf behandelten Materien sollten im Deutschen Baugesetzbuch geregelt werden (vgl. den Entwurf von 1942, §§ 151 ff.).

Nach 1945 forderten Städtebauer zumindest die Einbeziehung des Bauwerkrechts in seinen Grundzügen und Leitsätzen in ein Baugesetz, wie es der Entwurf von 1942 vorgesehen hatte[54]. Bereits seit dem Frühjahr 1950 arbeitete der sog. Bauordnungsausschuss (bis Januar 1955 25 ein- bis dreitägige Sitzungen) mit der Erstellung einer neuen einheitlichen Bauordnung. Nachdem das Bundesverfassungsgericht in einem Gutachten vom 16.6.1954 festgestellt hatte, dass das Bauaufsichtsrecht „überwiegend“ in die Gesetzgebungszuständigkeit der Länder“ fällt, kamen der Bund und die Länder am 21.10.1955[55] in Bad Dürkheim überein, „zur Vereinheitlichung und Neugestaltung des Bauaufsichtsrechts unter Abstimmung mit dem neuen Städtebaurecht eine *Musterbauordnung* auszuarbeiten, die als Unterlage für die Neufassung der Landesbauordnungen dienen soll“. Die sog.

52 Zu *Feldmann* und *Magin* oben in Fn. 5 und 45.

53 Hierzu und zum Folgenden HStA Stuttgart E 151/05 Bü 316 der Teilentwurf in der Fassung vom Dezember 1941 (unten S. 30 ff. wiedergegeben).

54 Zum Folgenden Musterbauordnung für die Länder des Bundesgebietes einschließlich des Landes Berlin. Aufgestellt von der Musterbauordnungskommission (Schriftenreihe des BMWohn, Bd, 16).

55 Zu diesem Gutachten unten bei Fn. 145, 146.

„Musterbauordnungskommission" arbeitete bis Oktober 1959 eine „Musterbauordnung für die Länder des Bundesgebietes einschließlich des Landes Berlin"[56] aus, die den Ländern als Grundlage für ihre Bauordnungen diente. Vorsitzender war der Hamburger Senatssyndikus *Andrew W. Grapengeter* (1889–1976) und der stellv. Vorsitzende *Wedler* (zuletzt Ministerialdirigent im Wohnungsbauministerium, gest. 1989). Vom Wohnungsbauministerium nahm an den Beratungen teil Ministerialrat *Zinkahn*, während Bayern durch *Wamsganz* vertreten wurde, der auch den Arbeitsausschuss und den „Begründungsausschuss" der Kommission leitete. Im Vorwort zur Musterbauordnung 1959 war festgestellt, dass „wesentliche Vorarbeiten für den technischen Teil einer Bauordnung" bereits „während des zweiten Weltkrieges im Zusammenhang mit dem damals beabsichtigten Erlass eines Deutschen Baugesetzes der Ausschuss für Einheitliche Technische Baubestimmungen (ETB-Ausschuss)" geleistet habe.

IV. Entwürfe zu Baugesetzen (1949–1950)

Seit 1946 setzte sich eine Vielzahl von Baurechtlern für ein möglichst einheitliches Wiederaufbaurecht und umfassende Baugesetze[57] ein. Schon im Juli 1946 forderte *Dittus* ein umfassendes einheitliches Baurecht[58], das auf „alle vorkommenden Verhältnisse (z.B. zerstörte Gebiete, Neubaugebiete, Instandsetzung oder dgl.) anwendbar" sein sollte. Es sollte „eine Erreichung der angestrebten städtebaulichen Ziele gewährleisten und auf alle neuzeitlichen Bedürfnisse, technischen Bedingtheiten, Rationalisierungsnotwendigkeiten u.a.m. zugeschnitten sein". Das neue Baurecht sollte „ferner alle zum Planen, Bauen und zum städtebaulichen Grundstückswesen gehörigen Sachgebiete *in einer erschöpfenden Abrundung* in sich schließen, so

---

56 Musterbauordnung (Fn. 54), VI ff.

57 Die wichtigsten Abhandlungen hierzu bei *W. Dittus,* Baurecht im Werden, München 1951 vgl. auch die Nachweise bei *dems.,* Baugesetz für Berlin. Entwurf, 1949, 89 f.; *ders.,* Entwurf zu einem Baugesetz für die Bundesrepublik Deutschland, Kassel 1950, 104–108 (2. Aufl., Hamburg 1951). Zum Wiederaufbau aus sozialhistorischer und politikgeschichtlicher Sicht *Klaus von Beyme,* Der Wiederaufbau. Architektur und Städtebaupolitik in beiden deutschen Staaten, München 1987, bes. S.114 ff.; *Schulz* (Fn.32), 175 ff.

58 *Dittus,* Baurecht im Werden, 4 f. (zur Autorenschaft *Feldmann,* Fn. 5, 382 Fn. 7).

dass die aus einem Guss zu schaffende Neukodifikation an die Stelle der unzähligen, unübersehbaren und untereinander nicht im nötigen Einklang stehenden bisherigen Teil- und Splittergesetze treten kann". Das neue Baurecht sollte schließlich „nicht bloß eine Summe von Bestimmungen sein, sondern ein logisches, nach zwingenden Gesichtspunkten gegliedertes, *in sich abgestimmtes Rechtssystem* darstellen, in dem alle sich ergebenden Zusammenhänge, Verpflichtungen und Rückwirkungen so berücksichtigt sind, dass keine Widersprüche verbleiben und damit die Grundvoraussetzungen für ein leichtes Verständnis, für eine reibungslose Anwendung und für die Auslegung der Rechtsordnung für die in ihr nicht besonders erwähnten Einzelfälle geschaffen werden". Nach Wambsganz[59] war das Reichssiedlungsgesetz 1933 ein „hoffnungsvoller Anfang", im Übrigen aber die Teilgesetzgebung ein „fragwürdiges Flicksystem" gewesen. Alle Enteignungsrechte, so Dittus 1949[60], seien „im Grunde nichts anderes als ein Mittel zur Verlegung und zum Austausch, zur Vereinigung der Grundstücke oder, sagen wir richtig und allgemein, zur Überführung des Bodens in die Hand dessen, der ihn zur Verwirklichung einer der behördlichen Planung entsprechenden Benutzung erhalten muss". Hier liege „der Schlüssel zum Aufbau und zum Städtebau überhaupt".

Nach 1945 setzten die Besatzungsmächte die Trennung von Polizei- und Verwaltungsaufgaben durch[61]. Dies bedeutete für das Baurecht, dass die Aufgaben der bisherigen Baupolizei Verwaltungsbehörden übertragen wurden. Von den westdeutschen Ländern wurden zunächst *Trümmergesetze* erlassen[62], welche die Räumung, Beseitigung und Verwertung von Trümmern regelten. Im April 1946 lag bereits der von Johannes Luhbahn und weiteren Baurechtlern aufgestellte Entwurf zu einem „Gesetz zur Schaffung billigen Bodens und zur Schaffung von Volksheimstätten" vor[63]. Der Entwurf wurde von dem „Süddeutschen Länderrat" unter dem bayerischen

59 *Ludwig Wambsganz,* Die Erneuerung unserer Baugesetzgebung als Voraussetzung für den Wiederaufbau, in: Dittus, Baurecht im Werden, 33 ff.

60 *Dittus,* Baurecht im Werden (Fn. 57), 122 f. (August 1949).

61 Hierzu *Feldmann* (Fn. 7), 372 ff.

62 Nachweise bei *Krautzberger* (Fn. 7), Rdn. 47 (S. 31); *Reichelt/Schulte* (Fn. 46), 53 f.

63 Hierzu *Feldmann* (Fn. 7), 383.

Ministerpräsidenten Hoegner angenommen, fand jedoch nicht die Billigung der Militärregierung. Für die Britische Zone stellte 1947 ein Sachverständigenausschuss des Deutschen Städtetags den *Entwurf zu einem Aufbaugesetz* auf[64], der nach Überarbeitung durch das Zentralamt für Arbeit in Lemgo den westdeutschen Ländern die Möglichkeit geben sollte, „auf dem Wege der Koordination zu einer Baurechtseinheit zu kommen“[65], ein Wunsch, der nur teilweise in Erfüllung ging. Hessen und Württemberg-Baden benutzten den Entwurf nur in geringem Maße, während ihn die Aufbaugesetze von Niedersachsen, Hamburg, Nordrhein-Westfalen, Schleswig-Holstein berücksichtigten. Der sog. *Lemgoer Entwurf* von 1947 eines Gesetzes über den Aufbau der deutschen Gemeinden (Aufbaugesetz)[66] ist gegliedert in die Teile: Planung des Aufbaus (Aufbaugebiete, Durchführungspläne), die „Ordnung des Grund und Bodens“ (Grenzausgleich, Gemeinbedarf, Umlegung, Zusammenlegung, Entziehung und Beschränkung von Grundeigentum, Entschädigung und „Ordnung der Bebauung“), gleichzeitige Bebauung (Baugebote, Bauverbote, Sondermaßnahmen). In der Folgezeit erließen fast alle Länder sog. Aufbaugesetze, die das Instrumentarium für den Wiederaufbau der zerstörten Städte bereitstellten. Relativ eng an diesen Entwurf hielt sich das *niedersächsische Gesetz vom 9.5.1949 „zur Durchführung der Ortsplanung und des Aufbaues in den Gemeinden (Aufbaugesetz)*[67]“. Der „Aufbauplan“ des Entwurfs wurde als „Erklärung zum Aufbaugebiet“, der Durchführungsplan als „Flächennutzungsplan“ bezeichnet. Die weiteren Bestimmungen folgten im Wesentlichen dem Lemgoer Entwurf, wobei für Klagen gegen die Feststellung der Höhe von Entschädigungen, Abfindungen, Ablösungsbeträgen und Beiträgen sowie gegen die Regelung der Rechte an den einbezogenen Grundstücken im Umlegungs-, Zusammenlegungs- und Enteignungsverfahren die Verwaltungsgerichte ausschließlich zuständig waren.

---

64 *Johannes Göderitz/Wilhelm Blunck,* Das Aufbaugesetz von Niedersachsen, Göttingen 1950, 15 ff.

65 *Göderitz/Blunck* (Fn. 63), 15.

66 Übersicht bei *Schulte* (Schulte/Reichel, Fn. 46), Rdn. 260 ff. (S. 54 f.); *Krautzberger* (Fn. 7).

67 Text mit Erläuterungen bei *Göderitz/Blunck* (Fn. 63), 27 ff.

Dittus, der ebenso wie Wamsganz, bereits Mitte 1945 bei der Stadt Berlin, Abt. für Bau- und Wohnungswesen, als Referent für Städtebau- und Baupolizeirecht beschäftigt war, veröffentlichte im April 1949 den „*Entwurf zu einem Bau-Gesetz für Berlin.* Der *Abteilung für Bau- und Wohnungswesen des Magistrats von Berlin* als einen das gesamte Fachgebiet umfassenden Vorschlag zu einem neuen Planungs-, Bau- und Bodenrecht vorgelegt“[68]. Der Entwurf wies zahlreiche Übereinstimmungen mit dem Entwurf von 1942 auf. Der erste Teil über „Planung“ umfasst mit terminologischen Änderungen als Stufen der „Bauleitplanung“ den Gebietsplan als vorbereitenden überörtlichen Plan, den Flächennutzungsplan, den Generalbebauungsplan als vorbereitende örtliche Pläne und den Bebauungsplan als endgültigen örtlichen Plan. Neu gegenüber dem E 1942 sind die §§ 19, 20 über „Entschädigung“. Der zweite Teil über die „Baulandumlegung“ sah in Erweiterung des E 1942 einen „Umlegungsplan“ vor. Neu war der Abschnitt über die „Zusammenlegung von Grundstücken“, der die Schaffung von Grundstücksverbänden vorsah: „Das Bezirksamt kann das Verfahren zur Errichtung eines Grundstücksverbands auf Antrag einzelner Beteiligter oder von Amts wegen einleiten, wenn für mehrere nebeneinanderliegende Baugrundstücke im Bebauungsplan eine Bebauung festgesetzt ist, die zweckmäßig nur von einem einzigen Bauherrn ausgeführt werden kann, oder wenn überwiegende Gründe anderer Art für eine Zusammenlegung vorliegen“ (§ 43 Abs. 1). Die Errichtung eines Grundstücksverbands war beschlossen, „wenn mindestens die Hälfte der Grundeigentümer, denen zugleich mindestens die Hälfte der für den Grundstücksverband nötigen Grundfläche gehörte, der Errichtung des Verbandes zugestimmt hat“ (§ 43 Abs. 7). Der Grundstücksverband sollte eine juristische Person des Privatrechts sein.

Im dritten Teil des Entwurfs war die Landbeschaffung (Enteignung) geregelt. Neu war der Abschnitt über „Bodenbewertung und

68 *Dittus*, Baugesetz für Berlin (Fn. 57); hierzu *Schulte* (Reichelt/Schulte, Fn. 47); zu den im Folgenden genannten Grundstücksverbänden *Dittus* (Fn. 57), 114 ff.; Arbeitsgemeinschaft Bodenordnung Stuttgart (Hrsg.), Die Bodengenossenschaft. Ein Beitrag zur Bodenrechtsfrage, Stuttgart 1948.

Bodenverkehr" (§§ 101 ff.). Im Abschnitt über die „Erschließung" war wie im E 1942 eine Baukosten- und Wertsteigerungsabgabe vorgesehen. Der Abschnitt über die „Bebauung" umfasst wie im E 1942 Bestimmungen über die Baugestaltung, die Anforderung an Bauwerke, die Bauausführung und über bestehende Bauten und Anlagen. Eine ausführliche Regelung hierzu war in einer Bauordnung vorgesehen (im Entwurf 1942 durch Paragraphenüberschriften zu den geplanten §§ 152–329 ausgefüllt). Ferner war in dem Abschnitt „Bebauung" noch die Baugenehmigung behandelt. Wie im Entwurf 1942 war im Berliner Entwurf auch das bauliche Nachbarrecht und die Verfahrensregelung enthalten. Nicht vergessen worden sind Abschnitte über Beschwerden (§§ 181 ff.) und über die Baulastenbücher (§§ 78 ff.); nicht übernommen wurden Bestimmungen über die Sanierung. Anders als nach dem E 1942 sollte „gegen nicht weiter anfechtbare Entscheidungen" der Verwaltungsbehörden die Klage bei den Verwaltungsgerichten zulässig sein. Für Klagen auf Anfechtung von verwaltungsbehördlichen Entscheidungen sollten besondere Kammern gebildet werden mit zwei Beisitzern. Der eine Beisitzer sollte „Erfahrung im höheren bautechnischen Verwaltungsdienst" besitzen, während der andere Beisitzer „aus dem Kreise besonders erfahrener Sachverständiger auf dem Gebiete des Bauwesens oder der Grundstücksbewertung" entnommen werden sollte.

In der *Präambel zum Entwurf* heißt es[69], Aufgabe „einer neuen, umfassenden, in sich ausgeglichenen und wirksamen Rechtsordnung des Planens, des Bauens und der baulichen Bodenbenutzung" sei es, „von dem obersten Grundsatz des Gemeinwohl geleitet, eine planvolle Gestaltung der baulichen Entwicklung zu gewährleisten, um die später nicht mehr wieder gutzumachenden, mit einer planlosen Bautätigkeit verbundenen Schäden zu verhüten, die in einer Zeit noch lange anhaltender Armut und Not am wenigsten zu rechtfertigen wären". Die „überlieferte Einrichtung des Privateigentums an Bau und Boden" bleibe aufrecht erhalten: „Der Grundeigentümer muss sich aber mit den Einschränkungen abfinden, die aus sozialen Gründen

69 *Dittus*, Baugesetz für Berlin (Fn. 59), 8.

und zur Ermöglichung eines planvollen, zweckmäßigen und wirtschaftlichen Bauens unabweisbar sind. Die Möglichkeit unverdienten Bodengewinns ist zu beseitigen. Die Lasten für den städtebaulichen Aufwand sind gerechter und einfacher als bisher, dabei außerdem auf breitere Schultern zu verteilen."

Der Abschnitt über die „Landbeschaffung" verfolgte nach Dittus das Ziel[70], „der von der bestehenden Grundeigentumsverteilung ausgehenden Behinderung einer bebauungsplanmäßigen Bebauung entgegenzuwirken, eine vor allem für den Wiederaufbau unentbehrliche Umsetzung der Grundeigentümer und die Ausschaltung nichtbauwilliger Grundeigentümer zu ermöglichen, den Bauwilligen den Zugang zu dem für die Bebauung oder Wiederbebauung bestimmten Boden zu eröffnen und eine aus Gründen der Wirtschaftlichkeit wie der Baugestaltung gleichermaßen wichtige, stärkere räumliche und zeitlichen Zusammenfassung des Baugeschehens zu erreichen". Hingewiesen sei noch auf die Landabgabe (§ 126). Durch ein Berliner Gesetz vom 20.9.1948 wurden die Bestimmungen des Entwurfs über die Bauleitplanung (§§ 1–17) und über den Einfluss der Bauleitplanung auf die Bebauung (§§ 141 ff. des Entwurfs) in Kraft gesetzt[71]. Das Berliner „Bauumlegungsgesetz" vom 3.3.1950 setzte die §§ 21–40 des Entwurfs von 1949 in Kraft.

Im *Januar 1950* lag der *Entwurf zu einem Baugesetz aus dem Bayerischen Staatsministerium des Innern (Oberste Baubehörde)*[72] vor, der von Wambsganz unter Mitwirkung von Dittus ausgearbeitet worden war. Der 211 Bestimmungen umfassende Entwurf entspricht – unter Anpassung an die bayerischen Gegebenheiten – dem Berliner Entwurf. Nicht enthalten war ein Abschnitt über die Bebauung und das Bauliche Nachbarrecht. Wie im Berliner Entwurf war auch ein Abschnitt über Grundstücksverbände vorgesehen (Art. 37 ff.). Über die Beschwerde gegen baurechtliche Entscheidungen sollten die bei den Regierungen gebildeten Baugerichte (besondere Verwaltungsgerichte) entscheiden, die bestehen sollten aus einem Vorsitzenden

70 *Dittus,* Baugesetz für Berlin (Fn. 57), 97.
71 VO-Blatt für Groß-Berlin 1949, 301 ff., 1950, 711 ff.
72 BayHSt München, StK-GuV, 0802

und zwei weiteren Beamten, die aus den „planmäßigen höheren Verwaltungsbeamten mit juristischer oder technischer Vorbildung“ kommen sollten, sowie mit zwei ehrenamtlichen Mitgliedern aus dem Kreise „besonders erfahrener Sachverständiger auf dem Gebiete des Bauwesens oder der Grundstücksbewertung“ (Art. 155 des E.). Zur Geltendmachung des Anspruchs auf Erhöhung oder Herabsetzung einer Entschädigung war nach Ausschöpfung der Beschwerdemöglichkeiten Klage vor den ordentlichen Gerichten zulässig.

Nach den Plänen des Innenministeriums sollte der Entwurf eine „umfassende und endgültige Regelung“ bringen[73], „mit der der viele Jahre beanspruchende Wiederaufbau und das sonstige Bauen tatsächlich durchgeführt werden können, ohne dass in kurzer Zeit noch einmal eine wesentliche Änderung der Rechtsgrundlagen notwendig werde“. Man war der Überzeugung, „dass sowohl die aus dem bestehenden Recht übernommenen Regelungen, wie z. B. die unentgeltliche Grundabtretung, als auch die neuen Vorschläge, wie z. B. für die Baulandzusammenlegung oder für die Erfassung der städtebaulichen Wertsteigerung durchaus mit der Bayer. Verfassung und mit dem Grundgesetz vereinbar sind“. Es bestand allerdings keine Aussicht, dass der bayer. Landtag den Entwurf innerhalb der bald ablaufenden Legislaturperiode noch behandeln werde. Deshalb wurde auf Drängen der Städte München, Nürnberg, Augsburg und Würzburg ein Gesetzentwurf[74] ausgearbeitet, der vor allem die für die Gemeinden wichtige Bodenbeschaffung für die Straßen und öffentlichen Grünflächen ermöglichen sollte. Das Gesetz scheiterte bereits im Oktober 1950 im Ministerrat, der die vorgesehene unentgeltliche Grundabtretung für nicht vereinbar mit Art. 14 GG hielt. Auch ein vom Innenministerium vorgelegter Entwurf zu einem Gesetz über die Enteignung von Grundstücken und Rechten an Grundstücken (Grundenteignungsgesetz) scheiterte aus den gleichen Gründen im Oktober 1950 im Ministerrat.

---

73 Zum Folgenden *Wambsganz,* Bundesbaublatt 1952, 99 ff., Zitate 100; zum Entwurf auch *Schulte* (Reichelt/Schulte, Fn. 47), Rdn. 267 ff. (S. 56 f.).

74 Hierzu *Oliver Braun,* Die Protokolle des Bayr. Ministerrats 1945–1954, Bd. 3, München 2010, 385 f., 601, 611.

Schon im Sommer 1950 lag der (Referenten-)Entwurf zu einem „Baugesetz für die Bundesrepublik Deutschland“[75] vor, den Dittus (seit Anfang 1950 Oberregierungsrat, seit Herbst 1953 Ministerialrat) im Bonner Wohnungsbauministerium ausgearbeitet hatte. Der Entwurf entsprach unter Anpassung an die Erfordernisse eines von den Ländern durchzuführenden Gesetzes in der Gliederung und inhaltlich dem an der Vorlage von 1942 ausgerichteten Berliner Entwurf. Wie in diesem und im Bayerischen Entwurf vorgesehen, war eine Grundstücksabgabepflicht bis zu 35% von nach Maßgabe des Bebauungsplans bebaubaren Grundstücken (§ 126), eine Baukostenabgabe (§ 131) und eine Wertsteigerungsabgabe von 80% der Steigerung des Bodenwertes, die dadurch eintrat, dass durch Festsetzung des Bebauungsplanes „Art und Maß der baulichen Nutzung erstmalig bestimmt oder zugunsten des Eigentümers verändert“ wurden (§ 135 Abs. 1 des Entwurfs). Die Entscheidungen der Baubehörden sollten der Berufung an die „Bauberufungskammer“ unterliegen (§ 190 Abs. 1), die aus fünf Mitgliedern bestehen sollte (Vorsitzender mit der Befähigung zum Richteramt, ein Mitglied mit der Befähigung zum Richteramt oder zum höheren Verwaltungsdienst, ein Mitglied mit der Befähigung zum höheren bautechnischen Verwaltungsdienst und zwei weitere Mitglieder, von denen eines den Kreisen des Haus- und Grundbesitzes zu entnehmen war, § 193 Abs. 2). Gegen die Entscheidungen der Bauberufungskammern sollte die Revision an den (Bundes-)Baugerichtshof zulässig sein, für den die Vorschriften über das Bundesverwaltungsgericht maßgebend sein sollten. Die Schaffung der von Dittus vorgesehenen Sondergerichtsbarkeit für Bausachen machte eine Änderung des Art. 14 GG notwendig, wozu er einen Gesetzentwurf beifügte.

Nach Dittus war ein in sich geschlossenes, einheitliches (Städte-) Baurecht notwendig, welches das ganze Planungs-, Bau- und Bodenrecht enthielt. Für ein einheitliches Städtebaurecht führte Dittus folgende Gründe an[76]:

---

75 *Dittus* (Fn. 57); hierzu *Schulte* (Reichelt/Schulte, Fn. 47), 48 ff.; *Krautzberger* (Fn. 7), *Feldmann* (Fn. 7), 407 ff.

76 *Dittus* (Fn. 57), 89.

„a) Alles grundlegende Recht [...] muss um der Rechts- und Wirtschaftseinheit willen und zur Wahrung der Einheitlichkeit der Lebensverhältnisse in der Bundesrepublik gleich sein.
b) Das Städtebaurecht ist in so starkem Maße mit dem bürgerlichen Recht, mit dem Wirtschafts- und Steuerrecht verwachsen, dass partikulare Regelungen ungünstig sind. Allein die Fragen des Inhalts des Eigentumsrechts fordern eine gleiche Behandlung.
c) Nur ein gleiches Städtebaurecht ergibt die nötige Freizügigkeit in der Bauwirtschaft und mit Bezug auf die Fachkräfte.
d) Es darf nicht übersehen werden, dass Vergleiche, Meinungs- und Erfahrungsaustausche, die Auswertung von Statistiken und dgl. mehr über Ländergrenzen hinweg mehr oder minder in Frage gestellt sind, wenn man über die Landesdifferenzen in der grundlegenden Rechtsgestaltung nicht hinwegkommt.
e) Das Bodenrecht, das mit dem Städtebaurecht sich weithin deckt, kann keinen Unterschied nach Ländern ertragen.
f) Die Landesgesetzgebung hat sich bis jetzt den überaus schwierigen Problemen des Städtebaurechts und des damit zusammenhängenden städtischen Bodenrechts gegenüber nicht gewachsen gezeigt.
g) Die Vereinbarkeit des Baurechts, namentlich des Enteignungsrechts, mit dem Grundgesetz wird besser in einfacher, als in 12facher Auflage beraten und erledigt.
h) Vor allem aber wird eine einheitliche Praxis und Judikatur, eine einheitliche Auslegung und Weiterbildung des Städtebaurechts benötigt, die ein einheitliches Recht voraussetzt.
i) Und es kann nicht stark genug betont werden, wie wichtig es ist, dass das Städtebaurecht auf Hochschulen und sonstigen allgemeinen und fachlichen Ausbildungsinstituten gelehrt und gelernt werden kann, was nur zu erreichen ist, wenn es sich nicht in partikularen Bahnen bewegt." Fasse man all das zusammen, so sei der Ausspruch: „Es wird in Deutschland *ein* Städtebaurecht geben, oder es wird keines geben!" kaum übertrieben[77].

---

77 *Dittus* (Fn. 57), 95 (nach den Ergebnissen der Tagung des Deutschen Verbandes für Wohnungswesen, Städtebau und Raumplanung, Mai 1950).

In dem Aufbau zerstörter Städte ließ sich nach Dittus „eine Fehlentwicklung“ (Liegenbleiben der Trümmergrundstücke in den zerstörten Stadtkernen) erkennen, die mit den Aufbaugesetzen allein nicht zu lösen sei. Das Gesetz sollte nach Dittus nicht Städtebaugesetz genannt werden, weil sonst der Eindruck erweckt würde, als ob das „Baugeschehen in Landorten und sonstigen nichtstädtischen Gemeinden nicht betroffen werden sollte“. In Wirklichkeit sei das Bauen in Stadt und Land „von gleichem Gewicht, was auch in der Benennung seinen Ausdruck finden müsse“. Die „materiellen Leitgedanken“ des Entwurfs waren „die Forderung nach Planmäßigkeit, die Umgestaltung des Eigentums und die Erfassung der Wertsteigerung“[78]. Das Prinzip der Planmäßigkeit bedeute auch, dass das „Netz der Grundstücksgrenzen keine unabänderliche Gegebenheit“ darstelle, sondern der Planung anzupassen sei (durch Umlegung, Zusammenlegung usw.) und dass die „Besitzverteilung dem Plan gemäß sich Veränderungen gefallen lassen“ müsse, „indem der Boden an die zu überführen ist, die ihn zur planmäßigen Nutzung erhalten müssen“. Der Entwurf erhielt das „Privateigentum an Grund und Boden aufrecht“, bereinigte und läuterte jedoch nach Dittus „den Grundeigentumsinhalt“, indem er diejenigen Korrekturen vornehme, die aus sozialen Gründen, im Interesse des Gemeinwohls und zur Wahrung einer wirklichen Gerechtigkeit und Gleichheit unerlässlich sind.

Die drei Entwürfe von 1949/50 lehnen sich in den Kernbereichen eng an den Entwurf von 1942 an. Der Entwurf von Dittus glich „in seinem Aufbau, in seinen Grundgedanken, zum Teil auch in seinem Wortlaut dem Bayer. Baugesetzentwurf und dem Berliner Baugesetz“. Hierzu merkte Wambsganz 1952[79] an: „Um dem Verdacht des Abschreibens und Diebstahls geistigen Eigentums von vornherein zu begegnen, muss ich hier eine persönliche Bemerkung einfließen lassen. Ministerialrat *Dr. Dittus,* jetzt im Bundesministerium für Wohnungsbau, hat mit mir zusammen in langjähriger gemeinsamer Arbeit Programm und Inhalt der angestrebten Erneuerung des Baurechts gestaltet. Wir haben während

---

78 *Dittus* (Fn. 57), 95 ff.

79 *Wambsganz,* Bundesbaublatt 1952, 101.

des Krieges im Reichsarbeitsministerium miteinander das Deutsche Baugesetzbuch entworfen und dann von 1945 bis 1948 den Baugesetzentwurf der Stadt Berlin aufgestellt. Im Frühjahr 1949 wurde *Dittus* vom Bayr. Staatsministerium des Innern für einige Zeit nach München berufen, und hat hier wieder mit mir zusammen an dem Entwurf für das Bayr. Baugesetz maßgeblich mitgewirkt. Den Entwurf für das Bundesbaugesetz hat er dann allein ausgearbeitet, selbstverständlich unter Verwertung der in mehr als zehnjähriger Gesetzgebungstätigkeit gewonnenen Erkenntnisse. Das mag die an sich verwunderliche Tatsache erklären, dass Berlin, München und Bonn z.Zt. auf dem Gebiete des Baurechts die gleichen sachlichen Lösungen anstreben."

V. Das Baulandbeschaffungsgesetz vom 3.8.1953

Das im September 1949 errichtete Bundesbauministerium stand vom 20.9.1949 bis 3.3.1952 unter der Leitung von *Eberhard Wildermuth* und vom 19.7.1952 bis zum 20.10.1953 von *Fritz Neumayer.* Staatssekretär von 1949 bis 1959 war *Hermann Wandersleb.* Zuständige Referenten für das Baurecht waren *Wilhelm Dittus* (ab Januar 1950) und *Willy Zinkahn.*

Nach den Plänen des Wohnungsbauministeriums sollte das geplante Wohnungsbaugesetz, das am 24.4.1950[80] erging, auch Enteignungsvorschriften bringen, die in den Entwürfen vom 25.11. und 10.12.1949 enthalten waren[81]. Grundsätzlich sollten nach diesen Entwürfen nur unbebaute Grundstücke zur Landbeschaffung enteignet werden, und zwar zugunsten einer Körperschaft oder eines Einzelnen sowie eines Wohnungsunternehmens. Die Enteignung sollte gegen angemessene Entschädigung erfolgen (ortsüblicher Preis, höchstens jedoch der Preis vom 17.10.1936). Gegen einen Enteignungsbeschluss sollte der Betroffene Klage beim Landgericht erheben können, die Zulässigkeit der Enteignung jedoch nur dann angefochten werden können, „wenn

80 BGBl. I 1950, 83.
81 Die vorgesehenen Enteignungsvorschriften unten S. 269 ff. (BA Koblenz B 106/4391). Im Dez. 1949 verzichtete das Wohnungsbauministerium auf Anraten des BMI und BMJ auf die Regelung des Enteignungsrecht im Wohnungsbaugesetz.

eine Verletzung des geltenden Rechts oder Ermessensmissbrauch oder Ermessensüberschreitung" geltend gemacht wurde (§ 25 Abs. 3 des Entwurfs vom 10.12.1949).

Im § 12 des *1. Wohnungsbaugesetzes*, das keine enteignungsrechtlichen Bestimmungen enthielt, wurde Folgendes bestimmt: „Bund, Länder, Gemeinden, Gemeindeverbände, sonstige Körperschaften des öffentlichen Rechts und die von ihnen wirtschaftlich abhängigen Gesellschaften haben die Aufgabe, geeignete Grundstücke als Bauland für den Wohnungsbau, namentlich für den sozialen Wohnungsbau, zu angemessenen Preisen zu Eigentum oder im Erbbaurecht zu überlassen. Gemeinden und Gemeindeverbände haben darüber hinaus die Aufgabe, nötigenfalls als Bauland geeignete Grundstücke zu beschaffen." Nach Abs. 2 des § 12 sollten Rechtsansprüche aus dieser Regelung nicht hergeleitet werden können. Der Bundestag hatte am 28.3.1950 einstimmig folgende Entschließung angenommen[82]: „Um die Durchführung des Wohnungsbauprogramms zu ermöglichen, wird die Bundesregierung ersucht, 1. bis zum 30.9.1950 einen Gesetzentwurf über die Enteignung von Grundstücken zugunsten des Wohnungsneubaues und für den Wiederaufbau vorzulegen, 2. in diesem Gesetzentwurf die Bestimmungen zu treffen, die ggf. unter Änderung von Bestimmungen des Grundgesetzes die schnelle, wirksame, endgültige und zu günstigen Preisen mögliche Enteignung von Grundstücken vorsehen." *Dittus,* mit dieser Aufgabe betraut, hielt es für zweckmäßig[83], ein „Gesamtbild eines Baurechts zu entwerfen", damit das zukünftige Baulandbeschaffungsgesetz in die Gesamtkonzeption des künftigen Baurechts eingearbeitet werden könne. Der Entwurf zu einem Bundesbaugesetz, der am 10.6.1950 bereits vorlag, wurde im September 1950 zusammen mit dem Entwurf eines Gesetzes zur Baulandbeschaffung veröffentlicht.

Am 28.8.1950 wurde der Entwurf zu einem Gesetz über die vorläufige Regelung der Baulandbeschaffung an die Bundesministerien für

82 Zitiert nach *W. Dittus/W. Zinkahn,* Baulandbeschaffungsgesetz, Kommentar, München 1954, 35; die BT-Sitzung 2.3. 8 Uhr bis zum 23.3.1950, 5 Uhr.
83 Hierzu BA Koblenz, B 134/153.

Landwirtschaft, Wirtschaft und Justiz übersandt[84]. Nach § 1 konnte zur Bereitstellung von Bauland für die Errichtung von Wohngebäuden das Eigentum an Grundstücken nach den Bestimmungen des Baulandbeschaffungsgesetzes zugunsten eines Anderen entzogen werden. Die Beschaffung sollte zugunsten jedes Bauwilligen zulässig sein, der in der Lage war, das enteignete Grundstück alsbald zu bebauen. Bei der Bemessung der Enteignungsentschädigung sollte der Betrag zugrunde gelegt werden, „der im gewöhnlichen Geschäftsverkehr bei einer Veräußerung zu erzielen wäre" (§ 6 Abs. 1). Der Betrag für Grund und Boden sollte jedoch nicht höher sein als der nach den Preisbildungsvorschriften zulässige Preis. War eine Gemeinde zur Entschädigung verpflichtet, so sollte diese die Möglichkeit haben, den Betrag in Teilzahlungen zu entrichten oder auch vom Land verbürgte verzinsliche Schuldscheine auszugeben. Das Landbeschaffungsverfahren sollte durch ein bei der Baugenehmigungsbehörde eingerichtetes Landbeschaffungsamt durchgeführt werden. Gegen die Entscheidung dieses Amtes war die Berufung an eine Berufungskammer vorgesehen, die bei der für das Bauwesen zuständigen höheren Verwaltungsbehörde zu errichten war (§ 23). Die Berufungskammer sollte als Verwaltungsgericht entscheiden; ihre Mitglieder sollten unabhängig und nur dem Gesetz unterworfen sein.

Der Entwurf wurde am 6.9.1950 von einer „kleinen Ministerialkommission" (Ministerien für Wohnungsbau, Justiz und Landwirtschaft sowie Bundesinnenministerium), am 8.9.1950 auch unter Beteiligung des Finanz-, Wirtschafts-, Arbeits- und Vertriebenenministeriums beraten[85]. Die Besprechungen ergaben, dass anstelle des Ausdrucks „Baulandbeschaffung" der Ausdruck „Enteignung" verwendet werden sollte. Die Voraussetzungen der Enteignung sollten restriktiver

84 Der Entwurf ist unten S. 275 ff. wiedergegeben. Zum Folgenden BA Koblenz, B 134/152, und B 141/6790–6792; zum Baulandbeschaffungsgesetz vom 28.1.1953 *G. Schulz,* aaO. (Fn. 32), 247 ff.

85 Die Niederschriften sind unten, S. 287 ff. wiedergegeben; vgl. auch die Vermerke des Sachbearbeiters des BMJ (v. Spreckelsen) in der Akte B 141/6790. – Heinrich v. Spreckelsen (geb. 31.12.1905 in Bremen; gest. 31.12.1997); 1931 Assessor, 1932 LG-Rat (später OLG-Rat); im Reichsjustizministerium tätig; seit 1949 im BMJ (zuletzt als MinDirg.).

formuliert werden. Ferner sollte eine Bestimmung über die Rückübereignung aufgenommen werden, wodurch der Enteignete die Möglichkeit erhalten sollte, das Grundstück wieder zu erwerben, wenn es innerhalb von zwei Jahren nach der Enteignung nicht in Benutzung genommen worden sei. Bedenken wurden dagegen erhoben, dass die Enteignung durch die untere Verwaltungsbehörde (Baugenehmigungsbehörde) durchgeführt werden sollte. Stattdessen sollte eine Stelle der staatlichen Verwaltung (Regierungspräsident) zuständig sein. Die Regelung über die Höhe der Entschädigung blieb so gut wie unbeanstandet. Allgemein abgelehnt wurde der Vorschlag, die Entschädigung auch durch gemeindliche Schuldverschreibungen zuzulassen. Gegen die vorgeschlagene Änderung des Grundgesetzes sowie gegen die Beschränkung des Rechtsweges im Anfechtungsverfahren wurden erhebliche Bedenken geäußert. Die überwiegende Meinung ging dahin, zweigleisig zu fahren: Anfechtung des Enteignungsbeschlusses vor den Verwaltungsgerichten, Beanstandung der Höhe der Entschädigung vor den ordentlichen Gerichten (eventuell sogleich vor den Oberlandesgerichten).

In einer Besprechung beim Wohnungsbauminister und dessen Staatssekretär am 11.9.1950[86] ordnete ersterer an, dass im Gesetzentwurf Bestimmungen über Baulandumlegung und Zusammenlegung aufzunehmen seien. „Unter allen Umständen" war die Regelung beizubehalten, dass die „Entschädigungsleistung bei Gemeinden" durch Hergabe vom Land (evtl. Bund) verbürgter Kommunalobligationen sollte erfolgen können. Das Enteignungsverfahren sei einfach zu gestalten; eine gerichtliche Nachprüfung sollte weder „durch die ordentlichen noch durch die Verwaltungsgerichte" stattfinden. Mit den von *Wildermuth* angeordneten Vorgaben wurde der Entwurf umgearbeitet, dessen Neufassung bereits am 15.9.1950 vorlag[87]. Dieser enthielt in den §§ 1–21 Bestimmungen über die Umlegung, die Grenzregelung und über die Zusammenlegung von Grundstücken. Im Abschnitt über die Baulandbeschaffung war in § 30 auch vorgesehen, dass die Entschädigung in Form einer Rente sollte gewährt werden können. Neu

86 Vermerk in der Akte BA Koblenz, B 134/152.
87 Unten S. 299 ff. wiedergegeben ohne die §§ 1–22.

war § 31 (Baulanderschließung), wonach der Eigentümer insbesondere von bebaubaren Grundstücken zur Bereitstellung von Flächen des Gemeinbedarfs (Straßen, Parkflächen, bis zu 35% seines Grundstücks) an die Gemeinde unentgeltlich und lastenfrei abzutreten hatte. Das Enteignungsverfahren sollte vor dem Landbeschaffungsamt durchgeführt werden, in dessen Bezirk das zu enteignende Grundstück lag. Gegen die Entscheidungen des Landbeschaffungsamts sollte die Beschwerde eingelegt werden können, über die „als Beschwerdestelle die für das Bauwesen zuständige höhere Verwaltungsbehörde" entscheiden sollte. Die Beschwerdeentscheidung, die in einem straffen Verfahren durchzuführen war, sollte „unanfechtbar sein".

Am 22.9.1950[88] fand eine Besprechung des Wohnungsbauministeriums mit Vertretern der beteiligten Bundesressorts sowie mit Vertretern der Länder (Baden, Rheinland-Pfalz, Württemberg-Baden, Württemberg-Hohenzollern, Niedersachsen und Schleswig-Holstein) statt. Diese hielten eine Regelung der Zusammen- und Umlegung zumindest im Rahmen des Baulandbeschaffungsgesetzes für nicht notwendig. Enteignungsbehörde sollte die höhere Verwaltungsinstanz sein; die Gemeinde war lediglich zu dem Enteignungsantrag zu hören. Eine unentgeltliche Abtretung von Grundflächen von bis zu 35% wurde abgelehnt, ebenfalls die Möglichkeit einer Entschädigung durch Kommunalobligationen. Fast alle Ländervertreter sprachen sich dafür aus, den Verwaltungsrechtsweg unter Änderung des Art. 14 GG vorzusehen.

Am 28.9.1950 fand eine Besprechung[89] des Wohnungsbauministers Wildermuth mit den Vertretern der Spitzenverbände statt. Allgemein war man der Meinung, dass eine Überprüfung des Enteignungsbescheids zumindest durch die Verwaltungsgerichte erforderlich sei. Abgelehnt wurde die in § 31 vorgesehene Landabgabe hinsichtlich der für den Gemeinbedarf erforderlichen Flächen. Die Bestimmung über die Höhe der Enteignungsentschädigung (§ 32) wurde weitgehend

88 Niederschrift über die Besprechungen vom 22. u. 28.9.1950 unten S. 315 ff.; 337 ff, (BA Koblenz B 134/152).

89 Am 20.9.1950 hatte noch eine Besprechung mit Wambsganz stattgefunden, in der dieser für die Möglichkeit einer Landabgabe von bis zu 35% eingetreten war.

gebilligt. Vom Deutschen Städtetag wurde jedoch darauf hingewiesen, dass nicht eine volle Entschädigung, sondern nur eine angemessene Entschädigung in Betracht komme. Es dürfe – so der Deutsche Gemeindetag – nicht dazu kommen, „dass Grundstücke wohl angeboten werden, aber zu übersetzten Preisen. Diese „Gegenwilligen" zu erfassen, dazu dient der Entwurf dieses Gesetzes". Verschiedentlich wurde auf den Einheitswert im Rahmen des Stopp-Preises von 1936 hingewiesen.

Bereits am 19.9.1950 hatte Wildermuth zu einer Chefbesprechung (Justiz-, Innen- und Finanzminister) am 27.9.1950[90] eingeladen. In dieser wiesen *Dehler* (BMJ) und *Heinemann* (BMI) auf die „rechtsinstitutionelle Garantie" hin, die dem Eigentumsbegriff im Grundgesetz eingeräumt werde, und baten um „nochmalige sorgfältige Prüfung, ob der mit dem Baulandbeschaffungsgesetz verfolgte Zweck nicht auf andere Weise" zu erreichen sei. Die Zuständigkeit der unteren Verwaltungsbehörde als Enteignungsbehörde hielt Heinemann für bedenklich. Im Übrigen waren die Minister der Auffassung, „dass aus rechtsstaatlichen Erwägungen der Rechtsweg tunlichst nicht ausgeschlossen werden solle", wozu der Justizminister Vorschläge unterbreiten sollte, die dieser unter dem 12.10.1950 dem Wohnungsbauminister übersandte[91]. Nach Erörterung der in Betracht kommenden Möglichkeiten sprach sich Dehler für ein ordnungsmäßig durchgeführtes Entschädigungsverfahren vor den ordentlichen Gerichten aus mit der Möglichkeit einer Revisionsentscheidung grundsätzlich durch die Oberlandesgerichte. Diese sollten den BGH anrufen, sofern sie in Fragen des materiellen Entschädigungsrechts von der Entscheidung eines anderen Oberlandesgerichts abweichen wollten.

Am 20.11.1950 fand eine Vorberatung des Entwurfs in der Fassung vom 3.11.1950 in einem vom Bundesratsausschuss für Wiederaufbau

90 Niederschrift unten S. 329 ff.

91 Das Schreiben unter S. 333 ff. – In einer Besprechung v. 30.10.1950 präzisierte der Wohnungsbauminister seine Meinung dahin, dass eine Ausschließung der ordentlichen Gerichtsbarkeit nur für bestimmte Sachgebiete (Wohnungs- und Städtebau) in Betracht komme (BA Koblenz B 134/152).

eingesetzten „Unterausschuss" statt[92]. Der Ausschuss beantragte, vorzusehen, „dass die Entscheidung über die Höhe der Entschädigung nicht nur durch Bundesgesetz, sondern auch durch Landesgesetz der Verwaltungsgerichtsbarkeit übertragen werden kann". In der Zulässigkeit der Revision gegen Urteile der Verwaltungsgerichte 1. Instanz sah der Ausschuss eine „Gefahr für die beschleunigte Durchführung der Enteignungsverfahren" und schlug deshalb vor, die Revisionsmöglichkeit auszuschließen. Dies solle durch eine Grundgesetzänderung erreicht werden. Zu § 2 schlug der Ausschuss vor, „die Aufnahme einer gesetzlichen Vorschrift" vorzusehen, dass die „landesrechtlichen Bestimmungen über die unentgeltliche Abtretung von Gemeindebedarfsflächen unberührt bleibe". Zur Entschädigungsregelung (§ 7) bedauerte es der Ausschuss, dass die Bundesressorts nicht „‚den Mut' bewiesen haben, die Möglichkeiten des Art. 14 Abs. 3 auszuschöpfen": „Die Entschädigungsregelung des Entwurfs besage nichts anderes als die bisher üblich gewesene ‚angemessene Entschädigung'. Sie sei sogar schlechter, da die Enteignungsbehörden ohne Zweifel in der Regel den Höchstbetrag (Stopp-Preis, gemeiner Wert) gewähren würden. Damit werde der soziale Wohnungsbau aus den Innenstädten in die Außenbezirke verwiesen, weil die Grundstücke in der Innenstadt teuer seien und der Entwurf keine Handhabe biete, den geringeren Ertragswert bei der Bemessung des Bodenpreises zu berücksichtigen". Ferner hielt es der Ausschuss für verfehlt, die Entschädigung in Land von einem Antrag abhängig zu machen. Die Einrichtung einer Kammer für Baulandsachen wurde abgelehnt; der Bund solle sich von „Einflussnahme auf die Organisation der Verwaltungsgerichte Abstand nehmen".

Am 29.11.1950 wurde der Entwurf zu einem Baulandbeschaffungsgesetz (40 Bestimmungen) dem Bundeskabinett zugeleitet[93], nachdem kurz vorher in fünf Sitzungen, die letzte bis Mitternacht, die Neufassung des Entwurfs im Wohnungsbauministerium in

92 Protokoll über diese Sitzung im Parlamentsarchiv des Bundestages; die folgenden Zitate aus dem Vermerk von Zinkahn in der Akte des BA Koblenz, B 134/152.

93 Unten S. 349 ff. ist der Entwurf in der Fassung der endgültigen Regierungsvorlagen zusammen mit den Abweichungen gegenüber dem Entwurf vom 29.11.1950 wiedergegeben.

Ressortbesprechungen beraten worden war. Als Rechtsmittel gegen den Enteignungsbescheid sollten weiterhin die Verwaltungsgerichte zuständig sein; die Revision vor dem Bundesverwaltungsgericht war zuzulassen, wenn die Sache grundsätzliche Bedeutung hatte. Am 1.12.1950 fand eine nicht mehr verschiebbare Sitzung des Ausschusses des Bundestages für Wiederaufbau und Wohnungswesen[94] statt, in der Dittus ein Referat über die „Probleme der städtebaulichen Enteignung und ihre gesetzgeberische Behandlung" erstattete. Behandelt wurden insbesondere deren Verzahnung mit dem Städtebaurecht und die Grundzüge des Entwurfs zu einem Baulandbeschaffungsgesetz. Dittus stellte fest, dass „bei Enteignungen auf dem Gebiet des Wohnungs- und Siedlungswesens – in die letztere Bezeichnung wäre auch das Städtebaurecht eingeschlossen – die Entscheidung über die Entschädigungshöhe durch Bundesgesetz einem Verwaltungsgericht zugewiesen" werden könne.

Am 15.12.1950 schrieb *Dittus* an *Spreckelsen* (BMJ)[95], er „komme aber aus den Missverständnissen und Missdeutungen nicht heraus. Ich sehe die Sache völlig unpolitisch, und es handelt sich nicht darum, aus irgendwie subjektiven Gründen den Dingen einen irgendwie gerichteten politischen Anspruch zu geben. Ich möchte die Angelegenheit im Gegenteil auf das sachliche Geleise bringen und zu erkennen geben, dass ohne Bereinigung der Grundfragen aus den Unstimmigkeiten niemals herauszukommen ist." Er möchte von der „Konstituierung eines neuen Sach- und Rechtsgebietes nicht abgehen". Es seien aber bereits jetzt wieder Bestrebungen im Gange, „die meine Vorschläge wieder in Stücke auflösen wollen". In der zurückliegenden Zeit (1933–1945) sei ein System von festen Grundsätzen und Regeln nicht gefragt gewesen und so sei auch in der damaligen Zeit kein Wert auf die Ergebnisse „unserer Arbeit" gelegt worden. Im heutigen Staat müsse dies anders sein: „Geschieht eine Lösung nicht, so wird der bauliche Sektor eine Domäne werden, auf der zwar viel gestritten, aber nichts geleistet wird".

94 Parlamentsarchiv des Bundestages. Hier auch das Referat von *Dittus* (26 S.), Zitat S. 21.

95 BA Koblenz, B 141/6793 Bl. 31 f.

Spreckelsen antwortete unter dem 13.12.1950[96], es sei ihm sehr zweifelhaft, „ob gegenwärtig die innerpolitischen Voraussetzungen dafür gegeben sind, Ihre Bestrebungen in die Wirksamkeit umzusetzen. Haupthindernis scheint mir die Verteilung der Gesetzgebungskompentenz im Grundgesetz."

Unter dem 12.12.1950 hatte Dehler sich gegen eine Grundgesetzänderung ausgesprochen und diese als „unnötig und politisch unzweckmäßig" bezeichnet. Vielmehr sollte es bei der Zweigleisigkeit des Rechtswegs verbleiben[97], wozu das BMJ Vorschläge unterbreitete, die eine schnelle Entscheidung der Zivilgerichte ermöglichen sollte. Gegen eine Entscheidung des Landgerichts sollte beim OLG Revision eingelegt werden können, das diese unter bestimmten Voraussetzungen dem BGH zur Entscheidung sollte vorlegen können. Am 19.12.1950 beschloss das Kabinett, es hinsichtlich der Entschädigungsfrage bei dem ordentlichen Rechtsweg zu belassen[98]. Die Federführung für die Umarbeitung des Entwurfs übernahm das BMJ. Dieses berief zum 10.1.1951 eine Besprechung mit Vertretern des BMI, des BM für Ernährung und Landwirtschaft, des Wohnungsbauministeriums und des Wiederaufbauministeriums NRW ein[99]. Der Beratung zugrunde lag ein Vorschlag des BMJ, einer Zivilkammer des Landgerichts die Landbeschaffungsfragen (Zulässigkeit und Entschädigungshöhe) zur Entscheidung zu überweisen und diese durch zwei Verwaltungsrichter zu erweitern. Hierzu erklärte das BMI, „dass die Nachprüfung der Zulässigkeit unbedingt den Verwaltungsrichtern verbleiben müsse, andererseits eine Änderung des Grundgesetzes nicht in Frage komme. Hieraus ergibt sich, dass das Innenministerium die Zweigleisigkeit der Verfahren fordert". Ferner legte der Vertreter des BMI „eingehend" dar, „dass dem Zivilrichter die Befähigung, Fragen des öffentlichen Rechts zu behandeln, im Durchschnitt nicht zukomme". *Petersen* stellte für das BMJ „klar heraus, dass es

96 BA Koblenz, B 141/6793 Bl. 32.

97 BA Koblenz, B 141/6792 Bl. 53 ff., 73 f.

98 Die Kabinettsprotokolle der Bundesregierung, Bd. 1 (1950), hrsg. v. *Hans Booms*, Boppard 1984, 896.

99 Aktennotiz über diese Besprechung im BA Koblenz, B 134/152.

nur folgende Möglichkeiten gibt: Entweder Zweigleisigkeit mit den damit verbundenen Nachteilen oder Eingleisigkeit a) bei den Verwaltungsgerichten, was eine Änderung des Grundgesetzes erfordert oder b) bei den Zivilgerichten, was zwar in die im Innenmin. betonte Rechtssystematik nicht hineinpasse, jedoch ausführbar sei und den Beschleunigungseffekt gewährleiste". Der Vertreter des Wohnungsbauministeriums hob hervor, „dass im Falle der Zweigleisigkeit eine rechtzeitige Betreibung rechtlich und praktisch undenkbar ist, die Zweigleisigkeit stets das Hintereinander mit sich bringe und sonach beim Durchlaufen der Instanzen bis zu fünf Jahren dauere".

Das BMJ legte dem Kabinett zu dessen Sitzung am 16.1.1950 seine Vorschläge vor, die erneut vom BMI abgelehnt wurden. Dieser Standpunkt konnte aus Sicht des Wohnungsbauministerium aus nicht gebilligt werden aus folgenden Gründen[100]: Im Falle der Zweigleisigkeit sei eine gleichzeitige Durchführung der Verfahren rechtlich und praktisch unmöglich. Es bestehe die Gefahr, dass ein Enteignungsbegehren bis zu fünf Jahren dauere. Durch eine Verzögerung der endgültigen Entscheidung über die Entschädigungshöhe könne „die Finanzierung eines Bauvorhabens in Frage gestellt werden". Das „Nebeneinander der beiden Rechtsbehelfe" bedinge „doppelte Gerichtskosten, Schwierigkeiten bei der richterlichen Bearbeitung und überflüssigen Verwaltungsaufwand". Aus den gleichen Gesichtspunkten sei die Behebungsverordnung vom 9.12.1919 abgeändert worden: „Die gleichen Rechts- und wirtschaftspolitischen Erwägungen, die nach dem 1. Weltkrieg die Inanspruchnahme zur Beseitigung der Wohnungsnot in einem beschleunigten vereinfachten Verfahren notwendig" gemacht hätten, müssten „im Hinblick auf die weit größeren Zerstörungen, die der 2. Weltkrieg zur Folge hatte, bei einer bundesrechtlichen Regelung des Enteignungsrechts für Bauland in verstärktem Maße Beachtung finden". Das Kabinett billigte die Vorschläge des BMJ gegen die Stimme des Bundesinnenministers. Dessen Wunsch, den Bausenat des OLG zusätzlich mit zwei Verwaltungsrichtern zu

100 Kabinettsprotokolle der Bundesregierung, hrsg. von *U. Hüllbusch*, Bd. 2, S.82 und des Bundesrats 1949.

besetzen, sollte Rechnung getragen werden[101]. Der damit „grundsätzlich verabschiedete Gesetzentwurf“ wurde mit einer Änderung in § 48 am 9. Februar 1951 endgültig gebilligt[102].

Im Bundesrat befasste sich mit dem Entwurf vom 29.11.1950 zunächst der Unterausschuss „Baulandbeschaffung“ des Ausschusses für Wiederaufbau (Wohnungswesen) am 14.12.1950[103], der eine Streichung der §§ 14 ff. empfahl mit dem Hinweis, dass Verfahrensangelegenheiten „eindeutig eine Sache der Länder“ seien (für Klagen gegen die Entscheidungen der Enteignungsbehörde sollte das Verwaltungsgericht auch insoweit zuständig sein, als sie sich gegen die Entschädigung richteten). Man war sich darüber einig, „dass der Erlass eines Bundesgesetzes der vorgesehenen Art ohne Änderung des Art. 14 GG zu keiner Beschleunigung der Bereitstellung von Bauland führen, im Gegenteil gegenüber dem bestehenden Rechtszustand eine Verschlechterung darstellen würde“. In der Sitzung des Unterausschusses am 29.1.1951 waren die Ausschussmitglieder „einmütig der Auffassung, dass die Eingleisigkeit beim Verwaltungsgericht die zweckmäßigste ist. Sie entspricht dem Wunsche des Bundestags und garantiert eine schnelle Erledigung des Verfahrens“. Auch der Ausschuss für Wiederaufbau lehnte am 1.2.1951 die Kammer für Baulandsachen ab und war der Auffassung, dass der vorliegende Gesetzentwurf nur dann voll wirksam werde, „wenn in Abweichung von Art. 14 (3) des Grundgesetzes der erste Rechtszug einheitlich bei den Verwaltungsgerichten belassen wird“. Nach Beratungen dieser Frage in den Landeskabinetten kam der Wohnungsbauausschuss zu dem Ergebnis, dass eine Einzeländerung des Art. 14 GG nicht durchsetzbar und es auch nicht opportun sei, „nur diese eine Bestimmung zu ändern“[104]. Der Rechtsausschuss trat ebenfalls für den Wegfall des

101 Vgl. § 38 Abs. 2 S. 2 der Regierungsvorlage.

102 Die Änderung des § 48 Abs. 3 des Entwurfs beruht auf Besprechungen des Wohnungsbauministers mit dem Landwirtschaftsminister (Kabinettsprotokolle Bd. 2, 5).

103 Protokolle/Niederschriften über diese Sitzungen im Parlamentsarchiv des Bundestages. Eine weitere Sitzung fand am 29.1.1951 statt.

104 Sitzungsberichte des Bundesrats 1950, 194 (2.3.1951).

3. und 4. Abschnittes des Entwurfs (§§ 13–39) ein und erklärte sich schließlich auch gegen die landgerichtlichen Baulandkammern[105].

Das Bundesratsplenum, das am 2.3.1951 unter dem Vorsitz des bayerischen Ministerpräsidenten Ehard zur 51. Sitzung zusammengetreten war[106], stimmte mit 39 gegen 4 Stimmen dafür, dass die §§ 13–44 der Regierungsvorlage nicht aufrecht erhalten werden sollten. Das Enteignungsverfahren sollten vielmehr den Ländern überlassen bleiben (hierfür 39 Stimmen). Entgegen einem Wunsch Hamburgs[107] sollten bundesgesetzlich nicht die Möglichkeit geschaffen werden, Baulandkammern einzurichten (33 Nein-Stimmen). Gebilligt wurde der Wunsch des Wohnungsbauausschusses, dass bei der Festsetzung der Enteignungsentschädigung insbesondere die Interessen der Allgemeinheit „an der Förderung des Wohnungsbaues" mit zu berücksichtigen sein sollten. Die Bundesregierung lehnte es in ihrer

---

105 Unten S. 391 ff. die Vorschläge der Bundesratsausschüsse.

106 Sitzungsbericht aaO. (Fn. 104), 183 ff.

107 Unter dem 30.1.1951 hatte Hamburg den Ländern und dem BMJ einen Entwurf zu einem Gesetz zur Ausführung des Art. 14 GG übersandt, wonach dem durch eine Enteignung Betroffenen grundsätzlich eine angemessene Entschädigung zu leisten sei (§ 2 Abs. 1). Angemessen sei die Entschädigung, durch die der Wert des durch die Enteignung eintretenden Rechtsverlustes ersetzt werde. Bei der Bemessung der Entschädigung sei 1. der objektive Wert zu berücksichtigen; volkswirtschaftlich nicht gerechtfertigte Werte sowie Werterhöhungen, die durch die Aussicht auf die Durchführung des Unternehmens entstanden seien, sollten nicht berücksichtigt werden. Maximal sollten aber nur ... % des objektiven Werts und nicht mehr als der ...-fache des Jahresgewinns aus der letztjährigen Nutzung des Enteignungsgegenstandes zu ersetzen. Die Entschädigung sei niedriger zu bemessen (Abs. 3), „wenn andernfalls die Erfüllung der Aufgaben gefährdet wird, deren Durchführung im Interesse der Allgemeinheit dringend erforderlich ist und daher eine herabgesetzte Entschädigung unter Abwägung der Interessen der Beteiligten gerecht erscheint". Zu berücksichtigen war insbesondere das Interesse der Allgemeinheit an der Durchführung genehmigter städtebaulicher Pläne, an der Verbesserung der Verkehrsverhältnisse, an der Bereitstellung von Flächen zur Förderung des sozialen Wohnungsbaus und der Erfüllung der durch Gesetz auferlegten öffentlichen Aufgaben. – Am 19.2.1951 hielt das Hamburger Rechtsamt fest, der Entwurf kehre zum klassischen Eigentumsbegriff zurück und folge der „Schutzwürdigkeitstheorie" der Hamburger Gerichte (vgl. Hamb. G. OVG, Urteil vom 14.10.1950, MDR 1950, 758 ff.). Die durch das Grundgesetz nach h.M. geschaffene Möglichkeit, anstelle der „angemessenen Entschädigung" eine geringere, nämlich eine „gerechte Entschädigung" vorzusehen, werde durch das Baulandbeschaffungsgesetz verbaut (StA Hamburg, Rep. 131–1 II/9233; LA Schleswig).

Stellungnahme vom 23.5.1951[108] ab, im § 7 als Verwendungszweck für die Bemessung der Enteignungsentschädigung die Belange des Wohnungsbaues besonders hervorzuheben. Auf den Streichungsantrag des 3. Teils (§§ 13–27) ging die Bundesregierung nur teilweise ein. Im Übrigen bestand sie auf der Beibehaltung der von ihr vorgeschlagenen landgerichtlichen Baukammern und auf den für diese vorgesehenen Verfahrensvorschriften (§§ 28–39 des Entwurfs).

Der Gesetzentwurf zum Baulandbeschaffungsgesetz wurde am 28.5.1951[109] in den Bundestag eingebracht und vom Plenum nach kurzer Beratung an die Ausschüsse für Bau- und Bodenrecht sowie für Wiederaufbau und Wohnungswesen und an den Ausschuss für Rechtswesen und Verfassungsrecht überwiesen[110]. Der federführende Bau- und Bodenrechtsausschuss tagte regelmäßig gemeinsam mit dem Wiederaufbauausschuss. Die Vorlage wurde in 1. und 2. Lesung vom 2.7.1951 bis zum 29.2.1952 unter dem Vorsitz von *Heinz Meyer* (SPD) oder des stellvertretenden Vorsitzenden *Wirths* (FDP) beraten. Zeitweilig nahm auch *Lücke* (CDU) den Vorsitz wahr[111]. Die Ausschussdebatten befassten sich insbesondere mit den §§ 1–12 sowie mit § 30 (Kammer für Bausachen bei den Landgerichten)[112]. In der Sitzung vom 24.10.1951 erklärte *Jacobi* (SPD), dass seine Fraktion „keine Grundgesetzänderung beantragen möchte, wenn die Voraussetzungen für die Annahme dieses Antrages im Plenum nicht gegeben sind": „Grundsätzlich würde es für besser gehalten, den Art. 14 des Grundgesetzes zu ändern". Am 30.1.1952 bat Jacobi zu erwägen, ob es nicht möglich sei, „die Kammer mit 2 Zivilrechtlern und 3 Verwaltungsrichtern zu besetzen", wozu er eine „wissenschaftlich fundierte Stellungnahme" des BMJ wünschte. Unter dem 17.3.1952 antwortete der Staatssekretär des RJM *Strauß*, „dass eine solche Besetzung der durch Art. 14 Abs. 3 S. 3 des Grundgesetzes zwingend

108 Unten S. 410.
109 BT-Ds. 1/2281 (28.5.1951, Bd. 11 der Ds.).
110 Prot. BT, Bd. 7, S. 6081.
111 Zu diesen Abgeordneten unten S. CIII f.
112 Die Kurzprotokolle der Ausschüsse finden sich im Parlamentsarchiv des Bundestages (Materialien zum Gesetz vom 3.8.1953).

vorgeschriebenen Zuständigkeit der ordentlichen Gerichte ... widersprechen würde".

Unter dem 3.1.1952 übersandten der 36. und 18. Ausschuss die gemeinsam beschlossene Fassung des Entwurfs nach der 2. Lesung[113], welche die Voraussetzungen für eine Enteignung teils verschärfte, teils an detailliertere Voraussetzungen knüpfte, an den Rechtsausschuss. Für die Höhe der Entschädigung sollten grundsätzlich die Wertverhältnisse vom 17.10.1936 (Zeitpunkt des Inkrafttretens des Preisstopps) maßgebend sein. Keine Mehrheit hatte der Antrag der SPD-Abgeordneten gefunden, die Entschädigung „unter gerechter Abwägung der Interessen der Allgemeinheit insbesondere an der Förderung des Wohnungsbaues und der Beteiligten festzusetzen".

Zwischen den Beratungen hatten die Ausschüsse *Besuchsfahrten*[114] unternommen, und zwar vom 11.-12.5.1951 nach Duisburg (wo zweigeschossige Vierspänner- und dreigeschossige Dreispännerwohnungen besichtigt wurden), nach Wesel, wo Familienreihenhäuser im Duplex-Typ und zweigeschossige Reihenhäuser besucht wurden, nach Recklinghausen (Überblick über den Bergarbeiterwohnungsbau) und nach Dortmund, wo sie drei Familienreihenhäuser im Duplex-Typ besichtigten. In Recklinghausen zeigte der Vorsitzende des dortigen Bauausschusses die Schwierigkeiten bei der Durchführung der Bauvorhaben auf: Hürdenlauf der Bewilligungen, lange Dauer der Bausparverträge und Mangel an ersten Hypotheken. Am 12.5.1951 ging es nach Osnabrück, wo die Neunorm-Häuser des Architekten Kissing[115] besichtigt wurden, und nach Emsdetten, wo der dortige Amtsdirektor den Neubau der Bezirke mit familiengerechten Einfamilienhäusern vorstellte. In der Sitzung der Ausschüsse vom 30.5.1951 beschlossen die Ausschüsse, den Begriff „Schlichtwohnungen" nicht mehr zu verwenden. Vom 13.-14.7.1951 besuchte der Ausschuss die Constructa-Bauausstellung in Hannover. Eine längere Besichtigungsfahrt vom 17.-23.7.1951 ging nach Mannheim, Stuttgart, Esslingen, Reutlingen, Freudenstadt, Zürich, nach Dornbirn und Bregenz

113 Unten S. 417 ff. wiedergegeben.

114 Hierzu die Protokolle im Parlamentsarchiv des Bundestages.

115 Hierzu „Der Spiegel" vom 20.2.1952.

(Vorarlberg/Österreich), nach Lindau, Friedrichshafen, Kaufbeuren und Laubheim. Für Zürich stellt das Ausschussprotokoll fest: „Die für Zürich charakteristischen Wohnwege, welche eine sehr schöne und ruhige Wohnlage ermöglichen, da die Häuser nicht parallel, sondern quer zur Straße stehen, finden den Beifall aller Beteiligten. Man ist tief beeindruckt von Zürich als einer unzerstörten und wohnungsmäßig vollkommen gesunden Stadt, die in weiten Gebieten mehr einem Garten gleicht als einer Ansammlung von Wohnblöcken". Vom 3.-5.3.1952 fand noch in Berlin eine Sitzung des Ausschusses für Bau- und Bodenrecht[116] statt mit Vertretern des Wohnungsbauministeriums (Dittus, Zinkahn, Wedler), des BMJ (Spreckelsen) sowie mit Vertretern des Berliner Abgeordnetenhauses und der Berliner Senatsverwaltung für Bau- und Wohnungswesen.

Die Beratungen des Ausschusses für Rechtswesen und Verfassungsrecht fanden zwischen dem 17.3. und 11.11.1952[117] statt. Vorsitzender des Ausschusses war Prof. Laforet (CDU/CSU), der zur Erleichterung der Problemerörterung eine „Skizze" mit 12 Punkten aufgestellt hatte. Sehr umstritten war die Frage, ob und inwieweit die Enteignung zugunsten eines Privaten zulässig sein sollte. Teilweise wurde darauf hingewiesen, dass eine solche Enteignung nicht im öffentlichen Interesse liege, sondern nur einem privaten Wohnungsbedürfnisse Rechnung trage. Um diese Bedenken auszuräumen, sollte die zuständige oberste Landesbehörde im Einzelfall feststellen, dass die Enteignung zum Wohle der Allgemeinheit erforderlich sei, d.h. wenn es um die Beseitigung der Wohnungsnot ging. Dieser Feststellung sollte es nicht bedürfen, „wenn ein größeres zusammenhängendes Bauvorhaben durchgeführt werden soll, an dem sich eine Mehrheit von zwei Dritteln der Grundeigentümer, die zugleich auch mehr als die Hälfte der zu dem Bauvorhaben erforderlichen Fläche innehat, beteiligen will". Hinsichtlich der Entschädigungsregelung hielt der Ausschuss die Anknüpfung an den Wert vom 17.10.1936 für verfehlt. Lange Diskussionen gab es über die Einrichtung von landgerichtlichen Baulandkammern. Deren Verfassungsgemäßheit

116 Das umfangreiche Protokoll unten S. 437 ff.
117 Protokolle im Parlamentsarchiv des Bundestages.

wurde bezweifelt, jedoch in Übereinstimmung mit einem Gutachten von Arndt (SPD) und den Ausführungen des Staatssekretärs des BMJ Strauß bejaht. Von Ewers (DP), der alternativ auch eine völlige Übertragung der Bausachen auf die ordentlichen Gerichte für erwägenswert hielt, wurde ein zweigleisiges Verfahren (Verwaltungsgerichte und Zivilgerichte) gewünscht, das zeitlich eng miteinander verzahnt sein sollte. Auch wurde gerügt, dass das Verfahren vor den Baukammern am Verfahren der freiwilligen Gerichtsbarkeit ausgerichtet und der Rechtsschutz verkürzt sei.

Der Ausschuss überwies diese Problematik einem Unterausschuss, der die „Problemstellung und die sich daraus ergebenden Fragen und Einwände“ insbesondere mit dem BMJ besprach. Aufgrund dieser Beratungen legte das BMJ einen Vorschlag zur Änderung der §§ 28 ff. des Entwurfs vor, der vom Ausschuss mit Mehrheit zur Annahme empfohlen wurde[118]. Statt „Einspruch“ sollte es in § 28 Abs. 1 des Entwurfs heißen, dass die „Entscheidungen der Enteignungsbehörde durch Antrag auf gerichtliche Entscheidung“ sollten „angefochten“ werden können. Für das Verfahren sollte grundsätzlich die ZPO maßgebend sein, also auch Anwaltszwang bestehen. Allerdings sollte es dabei verbleiben, dass Ermittlungen und Beweise auch von Amts wegen erfolgen könnten. Über den Antrag auf gerichtliche Entscheidung war durch Urteil zu erkennen, gegen das die Berufung gegeben sein sollte. Darüber hinaus sollte im Rahmen der ZPO-Regeln auch die Revision zulässig sein, allerdings nur soweit sie eine Geldentschädigung, eine Ersatzleistung oder eine Ausgleichszahlung betraf (§ 38 Abs. 3 der Vorschläge). Die weiteren Ausschussberatungen befassten sich mit der Rückübereignung (§ 45 des Entwurfs).

Der Rechtsausschuss übersandte seine Empfehlungen[119] am 20.11.1952 an den 36. und 18. Ausschuss, welche die Beratungen am 14.1.1953 wieder aufnahmen. In dieser Sitzung nahmen auch der Bundeswirtschaftsminister Erhard, Ministerialrat Ernst (Nordrhein-Westfalen) und Ministerialdirektor Müller-Armack (BMW) zu § 7 des Entwurfs Stellung. Zu § 31 wurde beschlossen, keinen Anwaltszwang

118 Vgl. Ausschussprotokoll vom 19.9.1952.

119 Unten S. 469 ff. wiedergegeben.

vor den Kammern für Bausachen vorzusehen. Entsprechend einem Wunsch des Bundeswohnungsbauministers wurde in § 38 statt der Bezeichnung „Berufung“ die Bezeichnung „Revision“ gewählt. Die Möglichkeit einer dritten Instanz wurde im Grundsatz abgelehnt. Allerdings sollte das OLG „bei der Auslegung einer Bestimmung des Gesetzes eine Rechtsfrage von grundsätzlicher Bedeutung“ zu entscheiden haben, so hatte es die Revision unter Darlegung seiner Rechtsauffassung dem Bundesgerichtshof zur Entscheidung vorzulegen.

Am 15.-29.1. und am 10. und 11.2.1953 wurde über die Wünsche der Evangelischen Kirche und des Erzbistums Köln beraten, die eine Sonderbehandlung des Grundbesitzes von Religionsgesellschaften des öffentlichen Rechts und zum Teil auch der freien Wohlfahrtsverbände wünschten[120]. Als Teilerfolg konnten die Kirchen eine Änderung des § 12 des Entwurfs erreichen, nach der Grundbesitz von Körperschaften des öffentlichen Rechts (nicht nur von Gebietskörperschaften) nicht der Enteignung als Ersatzland unterliegen sollte, wenn dieser zur Erfüllung der ihnen obliegenden Aufgaben benötigt wurde. Ferner wurde den Religionsgesellschaften ein Anspruch auf Ersatzland an geeigneter Stelle gewährt, wenn ein im Eigentum einer Religionsgesellschaft des öffentlichen Rechts stehendes Trümmergrundstück enteignet wurde und das früher vorhanden gewesene Gebäude bis zur Zerstörung unmittelbar kirchlichen Zwecken gedient hatte (§ 16 Abs. 3 des Gesetzes).

Die Ausschüsse verabschiedeten die Vorlage in 3. Lesung am 12.2.1953 und stellten die Beschlüsse zu den Vorschlägen des Rechtsausschusses[121] zusammen. In einer gemeinsamen Sitzung des 36. und 18. Ausschusses mit dem Wiederaufbauausschuss des Bundesrates berichtete MinRat Ernst (NRW), dass nach Ansicht einiger Länder die landesrechtlichen Enteignungsvorschriften „völlig ausreichend“ seien. Falls die Bundestagsausschüsse nicht bereit seien, die §§ 13–27 und 40–44 zu streichen, sollte den Landesregierungen gestattet werden,

---

120 Hierzu die hier nicht abgedruckten Ausschussprotokolle vom 29.1. und vom 10., 11. sowie 12.2.1953.

121 Unten S. 501 ff.

anstelle der „bundesrechtlichen Vorschriften die landesrechtlichen Vorschriften in Kraft zu setzen und zu ändern“. Diesen Vorschlag nahmen die Bundestagsausschüsse am 14.4.1953 an.

Hinsichtlich des Rechtsmittelwegs war in einer Sitzung des Unterausschusses des Wiederaufbauausschusses des Bundesrats am 12.3.1953 „keine Klarheit“ erzielt worden[122]: „Die anwesenden Ländervertreter waren überwiegend der Ansicht, dass der Bundesrat nur dann den Baulandkammern nicht zustimmen kann, wenn er bereits vorher das Hamburger Initiativgesetz zur Änderung des Art. 14 GG verabschiedet habe. Gegebenenfalls bestehe auch die Möglichkeit, im Wege der Novelle das Baulandbeschaffungsgesetz zu ändern. Möglicherweise wird allerdings im Bundesrat die Mehrheit für Zweigleisigkeit des Rechtswegs eintreten, wenn der Verwaltungsrechtsweg nicht möglich gemacht werden kann.“ Ein Hamburger Initiativantrag vom 8.10.1952 sah folgende Fassung des Art. 14 Abs. 3 S. 4 GG vor[123]: „Über die Zulässigkeit der Enteignung und die Höhe der Entschädigung entscheiden die Verwaltungsgerichte.“ Dieser Antrag, zu dem eine Vorlage des Rechtsausschusses vom 11.2.1953 vorlag, wurde jedoch im Bundesrat nicht beraten und auch später nicht mehr verfolgt.

Gleichzeitig hatte Hamburg eine Initiativvorlage zu einem *Gesetz über das Eigentum an Grundstücken im Planungs- und Baurecht* (15 Bestimmungen) im Bundesrat eingebracht[124]. Mit dem Gesetz sollten Teile des künftigen Bundesbaugesetzes vorweggenommen werden: Es bestehe ein „unabweisbares Bedürfnis dafür, dass die nach Art. 14 Abs. 1 S. 2 GG dem Gesetzgeber vorbehaltene Bestimmung des Inhalts und der Grenzen des Eigentums auf dem Gebiete des Bau- und Bodenrechts unverzüglich erfolgt. Die ungestörte Arbeit des Wiederaufbaues der kriegsbetroffenen Städte ist bedroht, wenn die bestehende Unsicherheit über die zulässigen Eingriffsmöglichkeiten durch Maßnahmen der städtebaulichen Planung nicht alsbald beseitigt wird.“ Der Entwurf enthält Bestimmungen über die Planung, die Bodenordnung, die Bebauung und über die öffentlich-rechtlichen

122 Hierzu der Sitzungsvermerk in der Akte des BA Koblenz, B 134/159.
123 Hierzu unten S. 513 ff. der vollständige Antrag mit Begründung (BR-Ds. 402/53).
124 BR-Ds. 403/53.

Schranken und Inhaltsbindungen des Eigentums (§ 6 des Entwurfs mit 17 Untergruppen). Breit geregelt waren der Tatbestand der Enteignung bei der städtebaulichen Planung, bei der Ordnung von Grund und Boden sowie bei der Regelung der Bebauung (§ 7 mit 12 Untergruppen), die Bewertung der Grundstücke und die Arten und Höhe der Entschädigung. § 11 Abs. 3 sollte lauten: „Bei der Anordnung der Übereignung von Flächen für den Gemeingebrauch besteht die Vermutung dafür, dass die Entschädigung durch die von dem Bebauungsplan verursachten Vorteile angemessen abgegolten ist, wenn unter Anrechnung früherer unentgeltlicher Übereignungen von dem Grundstück für den gleichen Zweck bei für die Bebauung erschlossenen Grundstücken nicht mehr als 10 v.H., bei nicht erschlossenen Grundstücken nicht mehr als 35 v.H. der in den Bebauungsplan einbezogenen Grundflächen des Eigentümers zu übereignen sind." In der Begründung wurde auf den Referentenentwurf von Dittus hingewiesen, der für ein Bundesbaugesetz „Lösungsmöglichkeiten auf breitester Grundlage" bringe. Dieser Entwurf werfe „in sachlicher Hinsicht eine so große Fülle von schwierigen rechtlichen Problemen auf, dass in absehbarer Zeit mit der Verabschiedung eines derartigen, alle Probleme regelnden, umfassenden Bundesbaugesetzes kaum gerechnet" werden könne. Auch dieser zweite Initiativgesetzentwurf wurde nicht weiter verfolgt.

Die Ausschüsse des Bundestags für Baurecht und Wiederaufbau fassten in den Sitzungen vom 14.4. sowie vom 20. und 21.5.1953 zum Bodenbeschaffungsgesetz letzte Beschlüsse, zu denen auch das Einverständnis mit der Ausnahmeregelung für die Länder hinsichtlich der §§ 13–27 sowie 40–44 gehörte. Diese im § 52 des Gesetzes enthaltene Regelung war in der vorletzten Sitzung auf Antrag von Jacobi neu gefasst worden. Von einigen Abgeordneten wurde in der Sitzung vom 14.4.1953 das Weisungsrecht der zuständigen obersten Fachaufsichtsbehörde gegenüber der Enteignungsbehörde (§ 13 Abs. 3 des Entwurfs) in Frage gestellt, es jedoch abgelehnt, stattdessen folgende Regelung zu treffen: „Die Entscheidungen der Enteignungsbehörde unterliegen der Nachprüfung der Obersten Fachaufsichtsbehörde."

Zum Abschluss der Beratungen legte der Ausschuss für Bau- und Bodenrecht dem Bundestags-Plenum am 22.5.1953 einen schriftlichen Bericht des Berichterstatters Jacobi mit den Änderungsvorschlägen vor[125]. Das Baulandbeschaffungsgesetz wurde mit den vorgeschlagenen Änderungen am 11.6.1953 nach kurzer Debatte in 2. und 3. Lesung vom Bundestag „mit erheblicher Mehrheit" angenommen. Ein Antrag von Kopf, Weber, Ewers (SPD) und der DP-Fraktion, auf die bei den Gerichten anhängigen Enteignungssachen „die bei Klagen in bürgerlichen Rechtsstreitigkeiten geltenden Vorschriften anzuwenden, die Berufung an das OLG (Senat für Baulandsachen) vorzusehen" sowie die Revision an den BGH zuzulassen, soweit die angefochtene Entscheidung eine Geldentschädigung betrifft, wurde abgelehnt.

Der Bundesrat stimmte am 26.6.1953 der vom Bundestag verabschiedeten Vorlage bei Stimmenthaltung Bayerns[126] zu. Für Bayern hatte der Staatssekretär im Finanzministerium Richard Ringelmann (Staatssekretär von 1950–1964) die Ablehnung der Vorlage mit verfassungsrechtlichen und rechtspolitischen Bedenken hinsichtlich der Baulandkammern, des § 10 Abs. 1 S. 2 (Nichtberücksichtigung von bestimmten Werterhöhungen), des § 6 Abs. 1 (Enteignungen zugunsten von Privatpersonen) und wegen Verwendung von unbestimmten Rechtsbegriffen („üblich" in § 2 Buchst. b und „ernsthaft" in § 5 Abs. 1 des Entwurfs, ferner Hinweis auf die §§ 10 und 16 Abs. 1). Das Baulandgesetz wurde am 3.8.1953 verkündet und trat am 19.8.1953 in Kraft.

Zur Praxis des Bodenbeschaffungsgesetzes: Den Akten des Wohnungsbauministeriums ist zu entnehmen[127], dass die Auslegung des § 10 Abs. 1 des Gesetzes umstritten war. Unter dem 14.6.1951 teilte der Minister den für das Bau-, Wohnungs- und Siedlungswesen zuständigen Ministern (Senatoren) der Länder Folgendes mit:

---

125 BT-Ds. 1/4364.

126 BR-Sitzungsberichte 1953, 310 f. Nach einem Vermerk des Hamburger Rechtsamtes wurde die verabschiedete Fassung des Gesetzes den „Hamburger Anregungen" im Wesentlichen gerecht. Die Regelung des § 52 sei als Kompromiss zu akzeptieren (StA Hamburg, Rep. 131–1 II, Nr. 9233).

127 Zum Folgenden die Akte des BA Koblenz, B 134/163. Zur Entschädigung *Jens Schulthes,* Die Höhe der Enteignungsentschädigung vom Preußischen Enteignungsgesetz bis zum Bundesbaugesetz, Diss. iur. Köln 1965, bes. S. 53 ff., 76 ff.

„Die Enteignungsentschädigung nach dem BauLBG besteht entsprechend § 9 Abs. 1 aus der Entschädigung für den Rechtsverlust (§ 10) und aus der Entschädigung für andere durch die Enteignung eintretende Vermögensnachteile (§ 11). Zweifel sind bisher lediglich bei der Bemessung der Entschädigung für den Rechtsverlust eingetreten." Um die Entschädigung für den Rechtsverlust zu bestimmen, sei „nach § 10 Abs. 1 S. 1 ein Wert, nicht ein Preis zu ermitteln. Es kommt also nicht ausschließlich darauf an, welcher Preis zu einem bestimmten Stichtag erzielt werden konnte, sondern welchen Wert das Grundstück damals tatsächlich hatte. Die gelegentlich vertretene Ansicht, dass die Entschädigung nach § 10 dem Stopp-Preis vom 17.10.1936 – modifiziert durch einen Zuschlag – entsprechen müsse, trifft also in dieser Form nicht zu". Um den Wert des Grundstücks zu ermitteln, sei nach der gesetzlichen Formulierung von den Wertverhältnissen am 17.10.1936 und deren Änderung auszugehen. Unter Berücksichtigung dieser Umstände werde man Zuschläge bis zu 50% zu den nominellen, gegebenenfalls zu den bereinigten Preisen von 1936 im Einzelfall „nicht als unangemessen hoch bezeichnen" können.

Am 29.7.1955 übersandte das Ministerium den Ländern eine Zahlenübersicht über die „bislang" nach dem Baulandbeschaffungsgesetz eingeleiteten Enteignungsverfahren. Nach den Mitteilungen der Länder waren zum 1.12.1954 379 Anträge auf Enteignung eingegangen (in Nordrhein-Westfalen 160, in Niedersachsen 101, insgesamt 379 Anträge). Die Zahl der förmlich eingeleiteten Verfahren betrug 196; bei den Kammern für Baulandsachen waren 39 Verfahren anhängig, in fünf Verfahren lag eine gerichtliche Entscheidung vor. In den Erfahrungsberichten war die Frage „überwiegend" bejaht worden, „ob das Baulandbeschaffungsgesetz allein durch sein Vorhandensein die Baulandbeschaffung erleichtert und die Einleitung von Enteignungsverfahren im Allgemeinen entbehrlich macht". Allerdings bestanden nach den Länderberichten oft „innere Hemmungen der Bauwilligen und auch der Gemeinden, Enteignungsanträge zu stellen, um den örtlichen Frieden nicht zu gefährden".

Konkreter war ein Schreiben des Gesamtverbandes gemeinnütziger Wohnungsunternehmen vom 4.7.1956, das zunächst darauf hinwies, dass die Baulandpreise seit 1950 um 50–100% gestiegen seien. Das Festhalten an den gebundenen Preisen erscheine als unzumutbar, so dass dort, wo die Preisüberwachung straffer gehandhabt werde, als Kaufpreis nur ein Teilbetrag des „echten Erwerbspreises" beurkundet würde. Das „charakteristischste Merkmal der Erfahrungen mit dem Baulandbeschaffungsgesetz" sei die Tatsache, „dass es nur in verschwindend wenigen Fällen angewandt wird". Die Verfahrensabwicklung sei außerordentlich „langwierig", „so dass das mit einem Enteignungsantrag verbundene Ziel – nämlich die Bebauung – meist auf mehrere Jahre bis zum Abschluss des Verfahrens unmöglich ist". Für den Verfahrensausgang bis zur rechtskräftigen Entscheidung werde allgemein mit einer Laufzeit von mindestens 2 Jahren gerechnet. Teilweise würde die Auffassung vertreten, der Hinweis auf Enteignungsmöglichkeiten wirke auf viele Grundstückseigentümer „wie ein rotes Tuch". Aus mehreren kleinen Gemeinden werde berichtet, „dass die Anwendung des Gesetzes im Gemeindebereich aus Gründen der Rücksichtnahme auf die Gemeindebürger unerwünscht sei oder sogar strikt abgelehnt werde". Wo „Gemeinden planmäßige Wohnwirtschaft in verhältnismäßig seltenen Fällen trieben und selbst unter Anwendung des Gesetzes die für eine geordnete Entwicklung des gemeindlichen Wohnungsbaues notwendigen Flächen selbst beschaffen", seien die Erfahrungen mit dem Gesetz „eindeutig positiv". Die Erfahrungen der Wohnungsunternehmen gingen dahin, „dass das Baulandbeschaffungsgesetz als Instrument in der Hand eines einzelnen Bauwilligen nur schlecht geeignet ist, seinen Zweck zu erfüllen". Um die Aufgabe der Wohnversorgung erfüllen zu können, sollte das Gesetz „zweckmäßigerweise von den Gemeinden angewandt werden, die die Baulandbeschaffung nach städtebaulichen Gesichtspunkten vornehmen sollten".

Das Baulandbeschaffungsgesetz, das auch in den folgenden Jahren keine größere Bedeutung mehr gehabt haben dürfte, wurde 1960 durch das Enteignungsrecht des Bundesbaugesetzes ersetzt.

VI. Das Landbeschaffungsgesetz vom 23.2.1957

Das Gesetz über die Landbeschaffung für Aufgaben der Verteidigung (LBG)[128] löste das nicht mehr „ohne Schwierigkeiten anwendbare" Gesetz über die Landbeschaffung zum Zwecke der Wehrmacht vom 29.3.1935[129] ab. Ein erster Referentenentwurf des BMI lag bereits am 18.3.1952 vor[130]; jedoch erst am 28.9.1955 verabschiedete das Kabinett die inzwischen abgeänderte Vorlage. Anschließend befasste sich der Bundesrat, an den der Entwurf am 7.10.1955 gelangte, mit der Vorlage und gab seine Empfehlungen ab, zu denen die Bundesregierung am 14.12.1955 Stellung nahm. Der Entwurf ging am 17.12.1955 an den Bundestag, der nach Beratungen des Innenausschusses (Bericht vom 28.11.1956) das Landbeschaffungsgesetz am 5.12.1956 verabschiedete. Dieses erging unter dem 23.12.1956 und trat bereits am 1.7.1957 in Kraft. Nach § 18 sollte sich die Entschädigung für den durch die Enteignung eintretenden Rechtsverlust „nach dem gemeinen Wert des enteigneten Grundstückes oder sonstigen Gegenstandes der Enteignung" bemessen. Eine Rechtsmittelbeschränkung, die der Entwurf in § 56 Abs. 3 vorsah, wurde vom Bundestagsausschuss für Angelegenheiten der Inneren Verwaltung abgelehnt. Für die Anfechtung der Verwaltungsakte waren die Verwaltungsgerichte zuständig, für Klagen auf Festsetzung einer Geldentschädigung war der Rechtsweg vor den ordentlichen Gerichten gegeben (§§ 58, 59 des Gesetzes). Die Klage war allerdings erst zulässig, wenn der Beschluss hinsichtlich des Gegenstandes und des Umfangs der Enteignung unanfechtbar geworden war. Eine vergleichbare Regelung war im *Bundesleistungsgesetz vom 19.10.1956*[131] enthalten, welches das Reichsleistungsgesetz (Gesetz über die Sachleistungen für Reichsaufgaben) von 1935 ablöste. Während das Reichsleistungsgesetz eine gerichtliche Kontrolle

---

128 BGBl. 1957, 1073. Über dieses Gesetz *Bernhard Danckelmann/Hans Kerst,* Landbeschaffungsgesetz vom 23.2.1957. Kommentar, Frankfurt a.M. 1959.

129 RGBl. I 1935, 467.

130 Zum Folgenden die Akte des Landesarchivs Schleswig, Rep. 786/2260.

131 BGBl. I 1956, 815; Kommentar zum Bundesleistungsgesetz von *Ernst Oestreicher,* München 1957 und von *Botho Banch/Bernhard Danckelmann,* Stuttgart 1959, 2. Aufl. 1965.

ausgeschlossen hatte, konnte nach § 58 Abs. 1 wegen der Festsetzung der Entschädigung oder der Ersatzleistung binnen einer Frist von zwei Monaten nach Zustellung der Beschwerdeentscheidung Klage vor dem Landgericht ohne Rücksicht auf den Wert des Streitgegenstandes erhoben werden. Dasselbe galt auch für das *Schutzbereichsgesetz* (Gesetz über die Beschränkung von Grundeigentum für die militärische Verteidigung) *vom 7.12.1956*[132] (Vorläufer: Gesetz über die Beschränkung von Grundeigentum aus Gründen der Reichsverteidigung [Schutzbereichsgesetz] vom 24.1.1935), nach dessen § 25 wegen der Festsetzung der Entschädigung ein Beteiligter innerhalb einer Frist von zwei Monaten nach Zustellung der Beschwerdeentscheidung Klage vor dem Landgericht erheben konnte.

VII. Der Entwurf zu einem Bundesenteignungsgesetz von 1958

In der NS-Zeit hatte sich gegenüber der Weimarer Zeit die Rechtszersplitterung und Unübersichtlichkeit des Enteignungsrechts noch verschärft[133]. Das allgemeine Enteignungsrecht blieb weiterhin landesrechtlich geregelt, während neue reichsrechtliche Enteignungstatbestände, die auf das Landesrecht verwiesen, hinzugekommen waren. Der nationalsozialistische Staat setzte bereits durch Gesetz vom 28.2.1933 den Art. 153 WV außer Kraft[134] und erließ in der Folgezeit eine Vielzahl von Gesetzen und Verordnungen, die sich über die Garantien des Art. 153 WV hinwegsetzten. Ab 1935 unternahm das Reichsministerium des Innern den Versuch, ein Reichsenteignungsgesetz zustande zu bringen. Über den vom RMI aufgestellten Entwurf fanden vom 19.-21.4.1937 kommissarische Beratungen mit

132 BGBl. 1956, 898; Kommentar zu diesem Gesetz von *Botho Baum/Rudolf Schmidt*, Stuttgart 1957.

133 Zur Entwicklung des Enteignungsrechts in der NS-Zeit *Jan Schleusener*, Eigentumspolitik im NS-Staat. Der staatliche Umgang mit Handlungs- und Verfügungsrechten über privates Eigentum 1933–1939, Frankfurt a.M. 2009, 103 ff. *W. Schubert*, in: SZ für Rechtsgeschichte, Germ. Abt. Bd. 111 (1994), 482, 493 ff.; *ders.*, Akademie für Deutsches Recht, Protokolle der Ausschüsse, Bd. III, 7 der Reihe, Berlin 1995, S. XXXVI ff.

134 VO des Reichspräsidenten zum Schutz für Volk und Reich, RGBl. I 1933, 83.

Vertretern der beteiligten Ministerien statt. In § 1 des Entwurfs war bestimmt[135], dass zur Bereitstellung von Land für übergeordnete Zwecke des gemeinen Wohles das Grundeigentum, „soweit erforderlich, nach den Bestimmungen dieses Gesetzes gegen angemessene Entschädigung entzogen oder beschränkt werden“ konnte. Nach § 7 des Entwurfs war eine „angemessene Entschädigung“ zu gewähren, die in § 17 näher erläutert wurde. In den Beratungen wurde Einigkeit darüber erzielt, lediglich den Grundsatz aufzustellen, „dass die Entschädigung angemessen sein müsse, und von einer Festlegung nach objektiven Merkmalen abzusehen“. Über Streitigkeiten über die Höhe der Entschädigung sollten die Verwaltungsgerichte entscheiden, ein Vorschlag, dem alle Minister mit Ausnahme des Justizministers zustimmten. Gürtner sprach sich in einem Schreiben vom 26.5.1937 an die beteiligten Ressorts[136] für die Beibehaltung des Rechtswegs aus, wofür „schon für sich allein und ausschlaggebend der Rechtsgedanke, die Erwägung“ spreche, „dass wenigstens in *einem Punkte*, ‚nämlich in der Frage der Höhe der Entschädigung, die normalen Rechtsgarantien des ordentlichen Rechtswegs gegeben sind“. Das Vorhaben des Innenministeriums scheiterte im Dezember 1937 am Widerspruch des Reichsernährungsministers Darré, der dem Entwurf aus „grundsätzlichen Erwägungen“ nicht zustimmen konnte. Inzwischen war am 4.10.1937 das Gesetz über die Neugestaltung deutscher Städte[137] ergangen, nach welchem die für die Enteignung von Grundeigentum die bestehenden Gesetze bis zum Inkrafttreten eines Enteignungsgesetzes Anwendung finden sollten. Nach § 10 erfolgte die Enteignung „gegen angemessene Entschädigung“, die ganz oder teilweise auch in Land oder in wiederkehrenden Leistungen gewährt werden konnte, „wenn diese Art der Entschädigung unter Abwägung der Belange des Enteigneten und des Enteignungsberechtigten billig ist“. Bei der Beurteilung der Angemessenheit der Entschädigung war der Einheitswert zu würdigen.

---

135 Das Folgende nach *Friedrich Hartmannsgruber*, Akten der Reichskanzlei. Regierung Hitler, Bd. IV, München 2005, 252 ff.

136 Das Schreiben Gürtners bei *Hartmannsgruber*, aaO. (Fn. 134), 301; Zitat 302.

137 RGBl. I 1937, 1054.

Da die Aussichten auf eine Einigung der Ressorts nahezu ausgeschlossen war, dürfte das Reichsinnenministerium die Einsetzung eines Ausschusses der Akademie für Deutsches Recht für Enteignungsrecht unter dem Vorsitz des zuständigen Sachbearbeiters Werner Hoche angeregt haben, um auf diese Weise einem allseits akzeptierten Entwurf zu einem Reichsenteignungsgesetz näher zu kommen. Der Ausschuss legte seinen Beratungen von 1941/42 die letzte Fassung des Entwurfs zu einem Reichsenteignungsgesetz aus dem Reichsinnenministerium zugrunde[138]. Hinsichtlich der Entschädigung kam der Ausschuss zu dem Ergebnis, dass der durch die Gesetze der letzten Jahre eingeführte Begriff der angemessenen Entschädigung im Entwurf beibehalten werden sollte. Grundlage für eine angemessene Entschädigung sollte der Wert des zu enteignenden Grundeigentums bilden. Die Frage, ob die ordentlichen Gerichte oder die Verwaltungsgerichte endgültig über die Höhe der Entschädigung entscheiden sollten, wurde in der dritten Arbeitssitzung ausführlich erörtert. Für die Zuständigkeit der Zivilgerichte sprachen sich Pritsch (Ministerialrat im RJM) und Reichsgerichtsrat Oesterheld[139] aus.

Der Entwurf zu einem Baugesetzbuch von 1942 sah für die Inanspruchnahme von Grundflächen, die nach dem Bebauungsplan für Bebauung bestimmt sind oder die sonst im öffentlichen Interesse der Bebauung zugeführt werden sollen, eine Entschädigung nach „dem Wert (Verkehrswert) im Zeitpunkt des Eigentumsübergangs“ vor, wobei die „nur durch das Bevorstehen der Bebauung eintretenden Erhöhungen oder Minderungen des Wertes“ außer Betracht bleiben sollten. Auch im Rahmen einer Sanierung war eine Entschädigung vorgesehen (§ 394 Abs. 5). Gegen Entscheidungen der Aufsichtsbehörde sollte kein weiteres Rechtsmittel gegeben sein. Ob dies auch hinsichtlich der Höhe der Enteignungsentschädigung gelten sollte, wurde nicht ausdrücklich geregelt.

138 Zum Folgenden *W. Schubert,* Akademie für Deutsches Recht, Bd. III, 7, 523 ff.
139 *Schubert,* aaO., 531.

Im BMI wurde ab 1952 an dem Entwurf zu einem Bundesenteignungsgesetz gearbeitet[140]. Eine erste Referentenvorlage wurde im Oktober 1954 fertiggestellt, eine weitere am 27.10.1955[141] an die Länder übersandt. Beide Entwürfe sahen eine Zweigleisigkeit des gerichtlichen Verfahrens vor (Zuständigkeit des Landgerichts nur für Anträge hinsichtlich der Festsetzung der Enteignungsentschädigung). Der Arbeitskreis der Arbeitsgemeinschaft der Innenminister beschloss am 7.2.1956, zur Vorbereitung des Bundesenteignungsgesetzes einen Unterausschuss einzusetzen mit dem Auftrag, in den grundsätzlichen Fragen möglichst eine Koordinierung der Stellungnahmen der Länder herbeizuführen. Der Entwurf müsse so ausgestaltet sein, dass er von den Ländern durch Landesgesetze für den sachlichen Zuständigkeitsbereich der Länder übernommen werden könne. Nur insoweit bestehe ein Bedürfnis für eine bundeseinheitliche Regelung. Die Organisation der Beratungen der Arbeitsgemeinschaft übernahm das Land Rheinland-Pfalz. In den Beratungen im April 1957 bestand Einigkeit darüber, dass ein einheitlicher Gerichtsweg angestrebt werden müsse. Das BMI wollte das System des Baulandbeschaffungsgesetzes zur Grundlage des Entwurfs machen, aber gleichzeitig als Alternative ein Verfahren entwerfen, das eine Änderung des Art. 14 Abs. 3 GG voraussetzte. Nach den Beschlüssen im Juni 1957 sollten die verfahrensrechtlichen Vorschriften auch für die Enteignungsfälle nach Länderrecht gelten. Im August 1957 legte das BMI der Arbeitsgemeinschaft eine Neufassung der Bestimmungen über das gerichtliche Verfahren vor, die in den Entwurf von 1958 übernommen wurden. Für eine Zweigleisigkeit hatte sich Bayern ausgesprochen unter Beibehaltung der Regelung des Bodenbeschaffungsgesetzes. Hamburg und Nordrhein-Westfalen traten für eine Änderung des Art. 14 ein, welche die volle Zuständigkeit der Verwaltungsgerichte ermöglichen sollte.

---

140 Hierzu die Akten des BA Koblenz, B 106/44117–44119 (hier auch die Niederschriften über die Beratungen der Arbeitsgemeinschaft von 1956/57). Vgl. auch die im Bundestag eingebrachten Initiativgesetzentwürfe (Ds. 2/1426, Bd. 35 der Ds. und Ds. 3/436, Bd. 57 der Ds.).

141 Zu den Entwürfen von 1955 und 1958 *Willi Blümel,* Die Planfeststellung. Zweiter Teil. Die Planfeststellung im geltenden Recht. – Habilitationsschrift aus dem Jahre 1967 – Bd. 1, Speyer 1994, 169 ff., 400 ff.

Nach den Vorschlägen der Arbeitsgemeinschaft vom November 1957 sollte die Festsetzung der Enteignungsentschädigung aufgrund einer Abwägung der Interessen der Allgemeinheit, des Begünstigten und des Pflichtigen nach folgenden Grundsätzen erfolgen: Grundsätzlich war der Verkehrswert zu ersetzen. Wenn das enteignete Grundstück einer „sozial vernünftigen Nutzung" zugeführt werden sollte, wenn also eine „soziale Umschichtung" gewollt war, dann sollte eine Minderung des Verkehrswertes erfolgen. Wenn eine Minderung des Verkehrswertes in Betracht komme, sei die Nutzung des Gegenstandes der Enteignung in der Hand des Pflichtigen und die Zweckbestimmung in der Hand des Begünstigten zu berücksichtigen. Auch der Nutzen, der dem Enteigneten durch das Vorhaben alsbald oder später entstehen könne, sollte mindernd wirken. Ferner waren zu berücksichtigen der wirtschaftliche Vorteil des Begünstigten sowie die Interessen der Allgemeinheit. Nicht zu berücksichtigen seien die Vermögensverhältnisse der Beteiligten. Der Vorschlag, nur drei Viertel des Vermögenswertes zu ersetzen (außer bei Existenzgefährdung) wurde nicht weiter verfolgt. Angeregt wurde noch, eine Minderung davon abhängig zu machen, dass das allgemeine Wohl die Enteignung in besonderem Maße erfordere.

Nach Abschluss der Beratungen des Unterausschusses wurde nach einer Ressortbesprechung der Entwurf unter Berücksichtigung der Beschlüsse der Arbeitsgemeinschaft vom Bundesinnenministerium umgearbeitet und den Ländern übersandt. Zu dem im vorliegenden Band veröffentlichten Entwurf arbeitete das BMI eine umfangreiche Begründung aus[142]. Nicht übernommen wurde der Vorschlag des Unterausschusses, eine Minderung der Enteignungsentschädigung für den Fall einer sozial vernünftigen Nutzung des enteigneten Grundstücks. Die Verwaltungsbehörden sollten die Interessenbewertung vornehmen, ohne dass im Gesetz hierfür ein Kriterienkatalog vorgegeben werden sollte. Ein Vermerk aus dem zuständigen Referat des BMI vom 12.6.1961 stellte fest[143], dass mehrere Fragen noch nicht

142 Der Entwurf und die Begründung (559 und 56 Seiten) in der Akte des BA Koblenz, B 106/44123–44124 (auch im Landesarchiv Schleswig, Rep. 786/2262–2263).

143 Zum Folgenden BA Koblenz, B 106/44123.

geklärt seien (Wünsche des Bundesverkehrsministeriums; Geltung des Gesetzes auch für landesrechtliche Enteignungen; Einbeziehung des Bergbaues [vom Bundeswirtschaftsministerium abgelehnt]; Beibehaltung der Enteignungsbestimmungen des Baugesetzbuchs; Frage der Zuständigkeit der Verwaltungsgerichte bei Änderung des Art. 14 GG). Ferner war für das BMI, das Gesetzesvorhaben nicht weiter zu verfolgen, maßgebend, dass bisher nur wenige Länder zum Entwurf Stellung genommen hatten.

VIII. Das Bundesbaugesetz vom 23.6.1960

Mit Beschluss vom 13.9.1951 forderte der Bundestag die Vorlage eines Bundesbaugesetzes[144], zu dem das Wohnungsbauministerium zur gleichen Zeit einen Entwurf veröffentlichte. Im Juni 1952 lag ein Gutachten der Deutschen Akademie für Städtebau und Landesplanung zur Baugesetzgebung, ferner 1952 der Entwurf eines Städtebaugesetzes vom Zentralverband der deutschen Haus- und Grundbesitzer vor[145]. Unter dem 16.6.1954 erstattete das Bundesverfassungsgericht auf Antrag des Bundesrates, des Bundestags und der Bundesregierung ein Rechtsgutachten, nach welchem dem Bund unter den Voraussetzungen des Art. 72 Abs. 2 GG die Zuständigkeit zur Regelung des Rechts der baulichen Planung, der Baulandumlegung, der Zusammenlegung von Grundstücken, des Bodenverkehrs, der Erschließung sowie der Bodenbewertung zustand, soweit sie sich auf diese Gebiete bezieht[146]. Nicht zur Zuständigkeit des Bundes gehörte die Regelung des „Baupolizeirechts im bisher gebräuchlichen Sinne". Zwei Jahre vorher, unter dem 30.4.1952, war ein vom Wohnungsbauministerium und den

144 Der Beschluss des Bundestages lautet: „Die Bundesregierung wird ersucht, dem Bundestag den Entwurf eines Baugesetzes, das das Bau-, Boden-, Planungs-, Anlieger- und Umlegungsrecht im Zusammenhang bundeseinheitlich regeln soll, bis zum 31. Dezember 1951 vorzulegen" (Antrag der Fraktionen der CDU/CSU, SPD und FDP, Ds. 1/2442; Verhandlungen des Deutschen Bundestages, Sten. Berichte, Bd. 9, 6583 ff.).

145 Zur Entstehung des Bundesbaugesetzes die Akten des BA Koblenz, B 134/19057, 19067, 19071; *Krautzberger* (Fn. 7), Rdn. 59 ff. (S. 41 ff.).

146 Das Gutachten ist veröffentlicht in Bd. 5 der Schriftenreihe des Bundesministers für Wohnungsbau, Bonn 1954, 9 ff.

zuständigen Landesministern eingesetzter Gutachterausschuss zu dem Ergebnis gekommen, dass die Gesetzgebungszuständigkeit des Bundes für die Gebiete der Raumordnung, der Planung, der Bodenordnung und der Enteignung gegeben sei; sie bestehe nicht für das Gebiet der Baupolizeiordnung (Weinheimer Gutachten)[147]. Die Anpassung des neuen Baurechts an die Erfordernisse des neuzeitlichen Städtebaues mache keine materiell-rechtliche Änderung des Art. 14 GG erforderlich. Die Rückkehr zu einem übersteigerten Eigentumsschutz i.S. der Rechtsprechung zu Art. 153 WV sei unmöglich.

Im Dezember 1952 kamen der Bund und die Länder dahin überein, eine „Hauptkommission" und sechs Kommissionen zu bilden[148], die einen Baugesetzentwurf ausarbeiten sollten. Vorsitzender der Hauptkommission war Zinkahn, stellvertretende Vorsitzende der Senatssyndikus Grapengeter (Hamburg) und Ministerialdirektor Wambsganz (München), der auch den Vorsitz in der Kommission I (Bauleitplanung und Bodenverkehr) übernahm. Eine Vorfassung des geplanten Entwurfs lag bereits im Oktober 1954 vor, der einem Initiativentwurfs von Bundestagsabgeordneten[149] vom 26.10.1955 zugrunde lag. Die Hauptkommission verabschiedete den Entwurf zu einem Baugesetz am 2.3.1956 und legte ihn am 23.5.1956 dem Wohnungsbauminister vor. Die Vorlage umfasst 13 Teile: Bauleitplanung, Sicherung der Bauleitplanung, Regelung der baulichen und sonstigen Nutzung, Bodenordnung (u.a. Umlegung, Grenzregelung, Zusammenlegung), Enteignung, Erschließung, Bodenschätzung, Wertausgleich, bauliches Nachbarrecht, allgemeine Vorschriften, Baulastenbuch, Verwaltungs- und Rechtsmittelverfahren sowie Übergangs- und Schlussbestimmungen. Der Vorlage beigefügt war noch der Entwurf zu einer Änderung der Art. 14, 105, 106 GG, da in der Vorlage Bestimmungen über den

---

147 Das Gutachten ist veröffentlicht in der Schriftenreihe (Fn. 145), Heft 1, S. 81 f. das „Ergebnis".

148 Zum Folgenden das Vorwort, in: Entwurf eines Baugesetzes vom 2. März 1956, Schriftenreihe des Bundesministers für Wohnungsbau, Bd. 7, Köln 1956, S. V ff.; der sogleich genannte Entwurf ebd., 272 Bestimmungen; Begründung in Bd. 8 der Schriftenreihe, 226.

149 Ds. des Bundestages, 2/1812; Beratung der Vorlage vom März 1956–30.1.1957 im 32. und 33. Ausschuss des BT.

Wertausgleich und über die ausschließliche Zuständigkeit der Verwaltungsgerichte vorgesehen waren.

Am 25.9.1956 kam der vom Wohnungsbauministerium unter weitgehender Berücksichtigung der Kommissionsvorlage aufgestellte Entwurf zu einem Bundesbaugesetz[150] an den Bundesrat. Entgegen den Vorschlägen der Baugesetzgebungskommission hielt der Entwurf der Bundesregierung in Anlehnung an das Bodenbeschaffungsgesetz an der Zuständigkeit der landgerichtlichen Baukammern zur Entscheidung der enteignungsrechtlichen Streitigkeiten fest. Hierzu hatte sich die Bundesregierung „im Interesse der Vereinfachung, Beschleunigung und Verbilligung des Verfahrens", das sich in der Praxis bewährt habe, entschieden. Nicht geregelt im Entwurf waren die Zusammenlegung, das bauliche Nachbarrecht, der Planungswertausgleich und das Baulastenbuch, das in der Musterbauordnung von 1959 geregelt wurde. Im Bundesratsplenum lagen in der Sitzung vom 19.10.1956 206 Änderungsanträge vor[151]. Der Bundesrat lehnte am 19.10.1956 den Entwurf mit 29 gegen 6 Stimmen ab, u.a. mit der Begründung, dass die Abänderungsvorschläge erkennen ließen, dass der Entwurf einer „weiteren Überarbeitung bedarf und deshalb in seiner augenblicklichen Fassung" nicht gebilligt werden könne[152]. Der Regierungsentwurf enthalte „an zahlreichen Stellen Regelungen über die Zuständigkeit von Landesbehörden", wogegen „schwerwiegende verfassungspolitische Bedenken" bestünden, „weil nach dem Grundgesetz die Regelung der Organisation und der Zuständigkeit der staatlichen Behörden sowie die Regelung des Verwaltungsverfahrens des Gemeinderechts als Landessache anzusehen sind". Der Entwurf wurde am 13.12.1956 mit einer Stellungnahme der Bundesregierung in den Bundestag eingebracht, der die Vorlage in seiner Sitzung vom 11.1.1957 an die Ausschüsse überwies[153], die jedoch bis zum Ablauf der 2. Legislaturperiode des Bundestages die Vorlage nicht berieten.

150 Ds. des Bundesrates 326/1 von 1956.
151 Ds. des Bundesrates 326/1/56.
152 Sitzungsbericht des Bundesrats 1956, 348 ff.
153 Ds. des Bundestages, 2/3028; Sten. Berichte Bd. 34, 10160.

Die neue Bundesregierung von 1957 brachte den teilweise nach den Vorschlägen der Bundesratskommission überarbeiteten Entwurf am 21.2.1958 im Bundesrat wieder ein, der ihn am 14.3.1958 mit Änderungsempfehlungen verabschiedete[154]. Mit einer Stellungnahme der Bundesregierung kam der Entwurf am 16.4.1958 an den Bundestag, der ihn am 20.6.1958 in 1. Lesung beriet und an den Ausschuss für Wohnungswesen, Bau- und Bodenrecht (federführend) überwies. Dieser Ausschuss beriet die Vorlage bis zum 25.2.1960 in 56 Sitzungen. Mit beraten wurde die Vorlage vom Rechtsausschuss, vom Ausschuss für Kommunalpolitik, vom Finanzausschuss und vom Ausschuss für Ernährung, Landwirtschaft und Forsten. Der Bericht des Ausschusses für Wohnungsrecht datiert vom 12./22.4.1960[155]. Das Bundestagsplenum beriet am 18.5.1960 über die Vorlage und verabschiedete sie am 20.5.1960 mit 192 gegen 160 Stimmen (6 Enthaltungen). Der Bundesrat stimmte dem Entwurf in der vom Bundestag beschlossenen Fassung am 20.6.1960 zu, nachdem er die von mehreren Ländern befürwortete Anrufung des Vermittlungsausschusses abgelehnt hatte.

Das Bundesbaugesetz erging unter dem 23.6.1960[156] und trat teils in vier Monaten, teils in einem Jahr nach der Verkündung in Kraft. Nicht übernommen wurden in das Bundesbaugesetz die Abschnitte des Entwurfs über die Zusammenlegung, das bauliche Nachbarrecht und das allgemeine Erschließungsrecht. Das Gesetz hielt an den Gerichtszuständigkeiten des Bodenbeschaffungsgesetzes fest und übertrug den Baulandkammern zusätzlich noch die Entscheidungen in Umlegungs- und Grenzregulierungsverfahren. Gegen die Urteile der landgerichtlichen Baukammern sollte nunmehr die Berufung an das OLG (Bausenat) gegeben sein. Gegen die Urteile des OLG-Senats

154 Ds. des Bundesrates 47/58, Sitzungsbericht 1958 S. 62 ff. Zum Folgenden Ds. des Bundestags 3/336 und Prot. des Bundestags, Bd. 41, S. 1838 ff.

155 Ds. des Bundestages 3/1794; Prot., Bd. 46 S. 6413 ff., 6454 ff., 6634 ff.

156 BGBl. I 1960, 341. Zum Bundesbaugesetz auch *Dittus*, DVBl. 1960, 537 ff.; *ders.*, Einführung in das Bundesbaugesetz mit Gesetzestexten und Sachverzeichnissen, Frankfurt/M., Berlin 1961. Unter dem 26.6.1962 erging als Ergänzung des Bundesbaugesetzes die Baunutzungsverordnung (BGBl. I 1962, 429) – Eine Baulandsteuer wurde nur 1961/62 erhoben (§ 172 BundesbauG i.V.m. dem Grundsteuergesetz §§ 12 a ff.)

sollte unter den allgemeinen Zulässigkeitsvoraussetzungen der ZPO die Revision stattfinden. Neben der Einführung des 3-Instanzen-Zuges bestand nunmehr auch für die erste Instanz Anwaltszwang; die Pflicht zur Ermittlung von Amts wegen und das Verbot, Versäumnisurteile zu erlassen, blieben bestehen.

Das *Städtebauförderungsgesetz vom 27.7.1971*[157] vervollständigte das Bundesbaurecht durch die Aufnahme des Sanierungsrechts und die Möglichkeit von „Entwicklungsmaßnahmen". In § 14 waren Sanierungsgemeinschaften vorgesehen, die bereits in den Baugesetzentwürfen von 1949/50 geregelt waren, zu denen jedoch keine besondere Regelung erging[158]. Durch die *Novelle von 1976 zum Bundesbaugesetz* wurde das Enteignungsrecht (Planungsverfahren) grundlegend neu gestaltet (§§ 39 j – 44 c)[159]. Eine Wertzuwachsabgabe war in den §§ 135 ff. des Regierungsentwurfs vorgesehen, scheiterte jedoch im Vermittlungsausschuss. *1987* wurden das Bundesbaugesetz und das Städtebauförderungsgesetz im *Baugesetzbuch* zusammengefasst[160]. Das Verfahren vor den Baukammern ist nunmehr in den §§ 217–232 enthalten. Seit einem Gesetz vom 11.1.1993[161] entscheiden die Baulandkammern bzw. die Baulandsenate in der Besetzung von zwei Richtern des Landgerichts bzw. des Oberlandesgerichts und einem Richter eines Verwaltungs- bzw. eines Oberverwaltungsgerichts.

IX. Kurzbiografien der an der Baugesetzgebung beteiligten Personen

Hier darf wohl auch kurz derer gedacht werden, die vor und während des letzten Krieges in der Stille an der Vervollkommnung und Weiterentwicklung des 1932 untergegangenen Reichsstädtebaugesetzentwurfs weitergearbeitet und gleich nach

---

157 BGBl. I 1971, 1125. Separate Kommentierung von *Walter Bielenberg*, München, ab 1972.

158 Das hierzu geplante Gesetz über Sanierungs- und Entwicklungsgemeinschaften (BT-Ds. 7/764, Bd. 177), verh. im Bundestag am 13.9.1973 (Prot. des Bundestags, Bd. 84) wurde nicht weiter verfolgt.

159 BGBl. 1976, 2221.

160 BGBl. 1987, 2191. Neubekanntmachung am 3.9.1997 (BGBl. I 1997, 2081). Weitere Änderungen durch das Europaanpassungsgesetz vom 24.4.2004 (BGBl. 2004, 1359).

161 BGBl. I 1993.

der Katastrophe von 1945 sich für eine dementsprechende Gesetzgebung eingesetzt haben. Ihnen kommt ein nicht zu unterschätzender Anteil daran zu, dass es jetzt zu einem Bundesbaurecht gekommen ist. – Dittus, DVBl. 1960, S. 538.

1. Ministerialbeamte

a) *Wilhelm Dittus*[162] – seit 1945 bis Ende 1949 Referent in der Abteilung für Bau- und Wohnungswesen des Magistrats von Berlin – hatte in seinem Bewerbungsschreiben vom September 1949 an den Bundesminister für Wohnungsbau geschrieben, sein „Entwurf zu einem Bau-Gesetz für Berlin" stelle „einen Vorschlag zu einem neuen Planungs-, Bau- und Bodenrecht dar, welcher auf mehr als 12jährigen Vorarbeiten beruht. Er verwendet die Regeln und Erfahrungen, die seit Jahrzehnten bis heute in allen deutschen Gebietsteilen gesammelt wurden und will in Weiterführung und Ergänzung der Städtebauentwürfe der 20er Jahre die gerade heute so notwendige Grundlage für einen Wiederaufbau geben". Dittus kam zum 1.1.1950 als Angestellter (Oberregierungsrat z. Wiederverwendung) an das Bonner Wohnungsbauministerium und hatte dort als Unterabteilungsleiter die Arbeiten dieser Abteilung „ideenmäßig fundiert".

Dittus, geb. am 22.10.1900 in Wart (heute zur Stadt Altensteig/Landkreis Calw) als Sohn eines im Staatsdienst stehenden Forstbeamten, hatte nach Besuch der Gymnasien in Schwäbisch-Hall, Maulbronn und Blaubeuren 1918 das Notabitur abgelegt. Nach dem Studium der Rechtswissenschaft in München und Tübingen legte er 1923 die erste Staatsprüfung ab (1923 Promotion über: „Die passive Stellvertretung im bürgerlichen Recht"). Nach der zweiten juristischen Staatsprüfung 1926/27 war er zunächst Regierungsassessor beim Oberamt Münsingen (ab 1928 Regierungsrat in Laupheim) und ab April 1932 in der Abteilung für Städtebau und Baupolizei im württembergischen Innenministerium tätig (zum 1.5.1933 Eintritt in die NSDAP). Von

162 Über Dittus die Personalakten im BA Berlin, R 3901/102368; im HStA Stuttgart EA 2/150 Büschel 235; Landesarchiv Berlin, Rep. 031-01-05/2271 und im BA Koblenz, Pers. 101/63948. Zur Personalpolitik des Wohnungsbauministeriums (Übernahme der Fachleute aus der ehemaligen Bauverwaltung insbesondere des Reichsarbeitsministeriums) *Schulz* (Fn. 32), 193 ff.

Februar 1934 bis Juli 1937 war er zunächst kommissarischer Landrat des Saulgaukreises, später ab Oktober 1936 kommissarischer Landrat des Kreises Schorndorf.

Über seine Tätigkeit im Saulgau gab Dittus in seinem Antrag auf Wiedergutmachung des nationalsozialistischen Unrechts nach dem Gesetz vom 11.5.1951 folgende Stellungnahme ab[163]: „Die Tätigkeit im Saulgau habe ich erst nach dreimaliger Aufforderung durch das Personalreferat des Innenministeriums angetreten, als mir eröffnet wurde, dass eine weitere Ablehnung als Gehorsamsverweigerung aufgefasst würde. Ich rechnete mit politischen Schwierigkeiten, die auch tatsächlich eingetreten sind. Schon in den Jahren 1934 und 1935 kam es zu Spannungen zwischen mir als kommissarischem Landrat und dem Kreisleiter [der NSDAP]. Ich sah mich genötigt, gegen Günstlinge des Kreisleiters, die im Dienste des Kreisverbandes standen, wegen begangener Straftaten, die ich der Strafverfolgungsbehörde angezeigt hatte, mit Dienstentlassung einzuschreiten. Auch habe ich andererseits Personen, die der politischen Leitung missliebig waren, in Schutz genommen. So habe ich insbesondere den Leiter der Allgemeinen Ortskrankenkasse, den der Kreisleiter mit dem Vorwand früherer Zugehörigkeit zur Sozialdemokratischen Partei aus dem Amte entfernen wollte, unter Hinweis auf dessen korrekte Amtsführung so nachdrücklich gedeckt, dass dieser Mann heute noch auf seinem Posten ist. Ich habe mir dadurch aber die unversöhnliche Feindschaft des Kreisleiters zugezogen, der unter der allerdings zutreffenden Beschuldigung, ich hätte mich geweigert, den Personalfragebogen des NS-Kreisamtes für Beamte auszufüllen, ein parteigerichtliches Verfahren gegen mich anhängig machte, durch das ich im Herbst 1936 wegen ‚Schädigung der Interessen der NSDAP' zu Strafe verurteilt und mit Beförderungssperre belegt wurde [...] Ich wurde außerdem von einem Tag zum anderen von der Stelle in Saulgau weggenommen und auf die Stelle in Schorndorf versetzt. Auch dort ergaben sich sofort Schwierigkeiten mit der politischen Leitung, weil ich mehrfach bei Stellenbesetzungen geeignetere und würdigere Nichtparteigenossen

163 Zitiert nach einem Schreiben des Wohnungsbauministeriums vom 29.6.1951 an das Innenministerium von Württemberg-Baden (HStA Stuttgart, aaO.).

den parteiangehörigen Mitbewerbern vorgezogen hatte. Das Ergebnis dieser wiederholten Spannungen war, dass ich auf Befehl des Gauleiters aus dem Lande Württemberg weichen musste."[164]

Vom 13.7. bis 31.12.1937 wurde Dittus an das Reichsarbeitsministerium abgeordnet und arbeitete vom 1.1. bis 16.10. wieder in seiner alten Dienststelle (Abteilung Hochbau) im württembergischen Innenministerium. Anschließend war Dittus wieder im Reichsarbeitsministerium tätig (1.8.1939 Oberregierungsrat bei der württembergischen Innenverwaltung) und erhielt nach Entlassung aus dem Wehrdienst (16.2.-31.7.1940) eine Planstelle als Oberregierungsrat im Reichsarbeitsministerium. Hier arbeitete er zunächst in der baurechtlichen Abteilung unter Leitung von Heilmann, die Ende 1941 als Abteilung IV b (Städtebau und Baupolizei) unter der Leitung des Ministerialrats Werner Scholtz. Hier gehörte Dittus den Referaten 6 (baupolizeiliche Fragen) und 10 (Baugesetzbuch) an[165].

In Berlin betreute Dittus von Juni 1945 bis Dezember 1949 als Angestellter beim dortigen Magistrat das baurechtliche Referat und veröffentlichte im April 1949 den Entwurf zu einem Bau-Gesetz für Berlin, von dem Teile 1949/50 als Gesetz in Kraft traten. 1949 war er zeitweilig nach Bayern abgeordnet worden, um dort sich an der Ausarbeitung eines Baugesetzes für Bayern unter Wambsganz zu beteiligen.

Zu Beginn seiner Tätigkeit im Wohnungsbauministerium arbeitete Dittus den „Entwurf zu einem Baugesetz für die Bundesrepublik Deutschland" und, davon abgetrennt den Entwurf zum

---

164 In dem von Dittus unter dem 23.11.1946 abgegebenen Fragebogen der Militärregierung heißt es u.a.: „Ich hatte es gewagt, die Entfernung eines Kreisamtsleiters, der wegen Widerstand gegen die Staatsgewalt bestraft worden war, aus dem Dienste des Kreisverbandes zu veranlassen. Ich habe den wegen seiner früheren Mitgliedschaft bei der Sozialdemokratischen Partei verfolgten, für unzuverlässig erklärten Geschäftsführer der All. Ortskrankenkasse in Saulgau, der vom Amte entfernt werden sollte, gedeckt u. gehalten mit dem Ergebnis, dass er heute noch im Amte ist. Ich hatte meinen Austritt aus dem Nat.soz. Juristenbund erklärt."

165 Veröffentlichungen bis 1945: zusammen mit *Paul-Friedrich Willert,* Die baupolizeiliche Behandlung der öffentlichen Bauten, Eberswalde 1939; Die Bauordnung für den Sudetengau und die übrigen wichtigeren Baubestimmungen, Eberswalde 1939; Abhandlungen im Reichsarbeitsblatt.

Baulandbeschaffungsgesetz aus, den er ab September 1950 zusammen mit Zinkahn betreute. Zum 23.9.1951 wurde er zum Oberregierungsrat[166] (1953 zum Ministerialrat) ernannt und baute im Ministerium das baurechtliche Referat (ab 1953 Unterabteilung I B) auf[167]. Aus nicht bekannten Gründen war er nicht Mitglied der Ende 1952 eingesetzten Hauptkommission für die Baugesetzgebung beim Bundesminister für Wohnungsbau, die bis Ende März 1956 den Entwurf zu einem Baugesetz erarbeitete[168]. Zum 1.10.1953 wurde er, ebenfalls aus nicht mehr aufklärbaren Gründen nach Berlin als Leiter des Sonderreferats zur Vereinfachung des Verfahrens im Städtebau und im Wohnungsbau mit Sitz in Berlin versetzt. Dort wurde er bereits zum 21.12.1953 Honorarprofessor an der TH Berlin. Bei der Akademie für Raumordnung und Landesplanung war er Mitglied der Forschungsgruppe „Raumordnungspolitik“[169]. Am 13.6.1962 verfügte sein Ministerium die Rückkehr von Dittus nach Bonn. Für Dittus war es jedoch „unmöglich“, wieder als einfacher Referent in der Abteilung I B zu

---

166 Der Personalrat gab zur Beförderung von Dittus eine Stellungnahme ab, in der es am Ende heißt, es seien alle Sachkenner darüber einig, dass bis jetzt der große Baugesetzentwurf von Dittus eine mögliche und brauchbare Grundlage bilde; ohne ihn sei das Vorhaben nicht voranzutreiben (BA Koblenz, aaO.).

167 Vgl. unten das Schreiben von *Dittus* vom 18.6.1962.

168 Vgl. oben S. ...

169 Außer den bereits genannten Veröffentlichungen von Dittus sind noch zu nennen: Die Problematik des künftigen Bau- und Bodenrechts (unter besonderer Berücksichtigung der Aufbaugemeinschaften), in: Aufbauförderungsgemeinschaften in deutschen Städten, Frankfurt a.M. 1950, 39 ff., 82 ff.; Baulandumlegung, Vortrag auf der 6. Arbeitstagung des Deutschen Verbandes für Wohnungswesen Städtebau und Raumplanung 1949, hrsg. von *J. Fokko Jansen*, Frankfurt a.M. 1950; Zur Forderung des Bundestags nach einem Bundesbaugesetz, in: Mitteilungen des Bundesministers für Wohnungsbau 1951; Baurechtliche Entwicklung im Jahre 1951, Neue Bauwelt Heft 1/1952; Grundgedanken für eine Beurteilung des Bonner Baugesetzentwurfs, Vortrag am 21.1.1952, in: Deutsches Volksheimstättenwerk, Wiss. Untersuchungen und Vorträge, Folge 5, Bielefeld 1992; Zum Für und Wider des Bebauungsplans, Bauwelt 1956, 73 ff.; Baupolizei?, DVBl. 1956, 249 ff., 320 ff.; Städtebauliche Planungen am Scheideweg, Bauwelt 1959, 148 ff.; DVBl. 1960, Zum Erscheinen des Bundesbaugesetzes, NJW 1960, 537 ff.; Die Enteignungsentschädigung nach heutigem Recht, NJW 1965, 2179 ff.; Enteignung und Städtebau in Deutschland, Vortrag, in: Mitteilungen der Deutschen Akademie für Städtebau und Landesplanung, Bd. 11 (1967), 43 ff.; weitere Abhandlungen und Urteilsrez. Nachgewiesen in der Karlsruher Jurist. Bibliographie ab 1960.

arbeiten, und bat deshalb um Versetzung in den Ruhestand. Dieses Gesuch wurde genehmigt; zugleich arbeitete er aushilfsweise als Angestellter in seiner ehemaligen Dienststelle bis 1967. Am 9.11.1980 verstarb Dittus in Berlin.

Anhang: Schreiben von Dittus vom 18.6.1962 an den Bundesminister für Wohnungsbau (Auszüge)[170]

... Seit meiner Verbannung nach Berlin im Jahre 1953 ist diese Zurückbeorderung nun der erste an mich ergehende Appell zur unmittelbaren und aktiven Mitarbeit, den der zuständige Ressortchef an mich richtet. Meine damalige Entfernung aus dem Hause durch Abstellung auf einem abseitigen und zunächst überaus eigenartigen Nebengeleise – dem sog. Sonderreferat -, später dann bei der Vertretung Berlin Ihres Hauses, mit deren aushilfsweiser Geschäftsführung ich seit dem 8. Juni 1959 (IV Z 4 – 3042) interimistisch beauftragt bin, erfolgte unter dem Motto, dass ich nicht ministerialtauglich sei, dass man auf meine Mitarbeit nicht nur nicht angewiesen sei, sondern dass sie sogar als schädlich angesehen werden müsste, und dass ich überzeugt davon sein könnte, dass ich niemals wieder zu einer Fortsetzung meiner Tätigkeit im Hause zugelassen werden würde. Was mir hinsichtlich der Aufrechterhaltung dieser Einstellung durch Ihren Herrn Amtsvorgänger zuverlässig übermittelt worden ist, lässt an Deutlichkeit nichts zu wünschen übrig. [...]

Die Zeiten vor 12 Jahren, hochgeehrter Herr Bundesminister, die uns im Ringen um ein gemeinsames Anliegen im damaligen Bundestagsausschuss zusammengeführt haben, sind unwiederbringlich in die Vergangenheit versunken, und von meinem Idealismus, von meinem Glauben und meinen so festen Hoffnungen ist inzwischen vieles, ach gar so vieles abgebröckelt und dahingeschwunden.

[...] Die Versetzungsverfügung bestimmt, dass ich zu der Abteilung I B als Referent übertrete. Diese Position ist für mich unannehmbar, da sie mich kleiner und bescheidener wieder beginnen ließe, als ich am 2. Januar 1950 angefangen habe. Ich muss mich außerdem darauf berufen, dass ich meine Arbeit 1953 als Unterabteilungsleiter

170 Wiedergegeben nach dem Original in der Personalakte (BA Koblenz).

verlassen habe und daher nicht wieder in anderer Position arbeiten kann, wenn meine Zurückberufung nicht eine erneute Bestätigung und Verstärkung der einstigen Degradierung sein soll. Dass mein 1953 verlassener Arbeitsbereich damals noch „Großreferat" hieß und erst ein paar Monate später die Bezeichnung „Unterabteilung" erhielt, ändert daran umso weniger, als diese Umbenennung ohne personelle Erweiterung vor sich ging und bereits am November 1952 – wie die Akten ausweisen – vorbereitet wurde. Diese heutige Unterabteilung I B ist

a) durch mich von 1950–1953 gegen den hartnäckigen Widerstand maßgeblichster Kräfte innerhalb und außerhalb des Hauses aufgebaut worden,
b) von mir unter Überwindung von Intrigen, Hintertreibungsversuchen und größten Erschwerungen, die mir bereitet wurden, personell zusammengestellt worden, indem diese Unterabteilung nicht einen einzigen von 1950–1953 hinzugekommenen Herrn aufzuweisen hat, der nicht von mir unter eigenes Risiko und unter Grollanhäufung auf meinem Haupt herbeigeholt worden ist,
c) von mir ideenmäßig fundamentiert worden, was allein schon damit zu belegen ist, dass

der baugesetzliche Reichsentwurf von 1943 [recte: 1942],
der bayerische Baugesetzentwurf vom Febr. 1949 [recte: 1950],
der Berliner Baugesetzentwurf vom April 1949 und
des Bundesentwurf von 1950
auf meiner Initiative und Arbeit beruhen.

Ich kann bei dieser Sachlage nicht verhehlen, dass ich es als eine Unmöglichkeit empfinde, in dieser Abteilung als Referent eingesetzt zu werden. Ich kann nicht, um es bildlich zu veranschaulichen, dort als Unteroffizier wieder anfangen, wo ich vordem als Portepeeträger dem Haufen vorangeschritten war. Die unmittelbare Unterstellung unter den Herrn Staatssekretär und das Vortragsrecht bei ihm versucht das zwar zu mildern, aber es ist eben doch nur ein Versuch.

Um nicht missverstanden zu werden: Ich bemühe mich meinerseits keineswegs um die Arbeitsstelle eines Abteilungsleiters I B. Ich habe lediglich aufzeigen wollen, welche Stelle einzig und allein für mich im Falle meiner Wiedereingliederung in Betracht kommt, und auf die ich nicht verzichten kann, wenn ich nicht den letzten Rest meiner seit 1953 ohnehin schwer angeschlagenen Reputation verlieren will. Ich lehne es meinerseits vielmehr ab, den jetzigen Inhaber dieser Arbeitsstelle[171], der sie in 9 Jahren saurer Arbeit redlich verdient hat, zu verdrängen, da er nach meiner Ansicht nicht das Opfer desselben Unrechts werden kann, das mir vor 9 Jahren zugefügt worden ist. Andererseits ist er aber ca. 10 Jahre jünger und fachlich mein Schüler – ein ausgezeichneter und einer meiner besten Schüler -, zugleich von mir einst unter Gefährdung der eigenen Stellung ins Ministerium hereingebracht, was es wohl ausschließen dürfte, dass ich jetzt als Referent in seine Abteilung eintrete.

[...] Sie haben mir, hochgeehrter Herr Bundesminister, „große Erfahrungen und Kenntnisse auf dem Gebiet des Bau- und Bodenrechts“ zugesprochen. Nun werden Sie allerdings nicht leicht jemanden finden, der 10 Jahre an der untersten Front der Verwaltung gekämpft hat, nicht nur im Bau-, Wohnungs- und Siedlungswesen, sondern auf der ganzen Breite der gesamten inneren Verwaltung, der Wirtschaftsverwaltung, des Landwirtschaftswesens, des Verkehrswesens und all der unzähligen hier nicht wiederzugebenden Dinge, mit denen sich der Staatsapparat früher befasst hat und noch heute befassen muss; der dann in allen möglichen Sätteln von obersten Landesbehörden gesessen hat, der im Reichs- und im Bundesdienst stand und dabei immer bewusst bestrebt war, das Intellektuelle mit natürlichem Instinkt und mit praktischem Sinne zu durchdringen und zu verbinden. Gleichwohl möchte ich dahingestellt sein lassen, ob ich das große Lob, das Sie mir freundlicherweise zuerkannt haben, wirklich in vollem Umfange verdiene. Denn je älter man wird, umso selbstkritischer wird man und desto mehr tritt einem die in der Unvollkommenheit alles Menschlichen liegende eigene Unzulänglichkeit vor die Augen. Aber selbst wenn ich einräume, einige Einsicht in Bau- und Bodenangelegenheiten zu besitzen, so liegt gerade darin eine große Gefahr. Wer durch 40 Dienstjahre hindurch

171 Willy Zinkahn (Anm. des Hrsg.).

beobachtet und nach Erkenntnissen gerungen hat, wird meist auch zu mehr oder weniger festen Ergebnissen gelangt sein, die sich in eigenen überzeugungsgetragenen Anschauungen niedergeschlagen haben, und von denen abzugehen ein Arbeiten ohne oder gar gegen die eigene Überzeugung bedeutet. [...] Ich muss in diesem Zusammenhang nochmals auf meine betrüblichen Erlebnisse in der Zeit von 1950–1953 zurückkommen. Ich bin mir bewusst, dass dabei unterschieden werden muss zwischen den sichtbaren, äußeren Ereignissen auf der einen Seite und den tiefer liegenden Ursachen, Umständen und Anlässen auf der anderen Seite, aus denen die äußeren Ereignisse herausgewachsen sind. Die letzteren waren eine vom ersten bis zum letzten Tag mir entgegengesetzte Aversion, ein ständiges Werfen von Prügeln zwischen die Beine und ein Intrigenspiel, das sich zuletzt zu einem bewussten Irreführen und zu offener Obstruktion steigerte. Die urkundlichen Nachweise darüber liegen noch vor. Über die tieferen Ursachen sehe ich heute noch nicht klar und bin auch jetzt noch auf Vermutungen angewiesen. Was soll ich etwa dazu sagen, dass mir bereits an Ostern 1950 von einem Vorgesetzten der wohlgemeinte, freundschaftliche und rein persönliche Rat erteilt worden ist, den Auftrag von Herrn Bundesminister Wildermuth zur Erstellung eines Baugesetzentwurfes nicht zu befolgen, sondern ihn auf dilatorischem Wege zu sabotieren, „da ich andernfalls in kürzester Zeit mit den größten Nachteilen für mich und meine Familie zu rechnen hätte". Ich bin gleichwohl dem Auftrag des Ministers und nach seinem Tode dem Bundestagsbeschluss vom 13. September 1951 treu geblieben. [...] Mein Eindruck ist aber heute, dass ich damals deshalb aus dem Hause weichen musste, weil ich mich mit größtem Nachdruck für eine Bau- und Bodenrechtsentwicklung eingesetzt habe, die auf meiner ehrlichen und fundierten Überzeugung beruhte, oder – um es mit Ihren Worten auszudrücken – sich auf meine „großen Erfahrungen und Kenntnisse auf dem Gebiete des Bau- und Bodenrechts" stützte. Ich bin nicht allein mit meiner Meinung, dass ich damals das Opfer meiner eigenen, nur dem Wohle der Allgemeinheit dienenden Arbeit geworden bin. Dass meine damalige Überzeugung nicht als abwegig bezeichnet werden kann, ist allein damit zu belegen, dass ihr nachher die 50 sorgfältig ausgesuchten, hochqualifizierten Baurechtskommissionsmitglieder im Grundsatz beigetreten sind."

b) Ludwig Wambsganz[172]. Wambsganz war von 1934–1945 Referent für „technische Fragen der Baupolizei" zunächst beim Reichskommissar für das Siedlungswesen, anschließend im Reichsarbeitsministerium. Wambsganz wurde am 27.6.1897 in Zweibrücken als Sohn des Oberregierungsrats Friedrich W. (Strafanstaltsdirektor, zuletzt in Bayreuth) geboren und legte 1916 die Abiturprüfung in Amberg ab. Ab dem Wintersemester 1918/19 studierte er bis zum Sommersemester 1922 an der TH München Architektur (1922 Diplomprüfung). Zum Abschluss seiner Ausbildung am Landbauamt Amberg bestand Wambsganz 1925 die große Staatsprüfung. Anschließend war er Hochbaureferent bei der Regierung von Mittelfranken in Amberg (1928 Titel und Rang eines Regierungsbaurats, 1933 Ernennung zum Regierungsbaurat). Mitte 1934 wurde er gegen seinen Willen an das Kommissariat für das Siedlungswesen in Berlin versetzt, dessen Aufgaben Ende 1934 auf das Reichsarbeitsministerium übergingen. 1938 wurde Wambsganz zum Oberregierungsbaurat ernannt – eine weitere Beförderung war ausgeschlossen, da er nicht Mitglied der NSDAP war. Federführend war er an mehreren Verordnungen des Reichsarbeitsministeriums zwischen 1937 und 1944 tätig (1939 für die Reichsgaragenordnung). Nach dem Geschäftsplan des Ministeriums vom 1.1.1942 unterstand ihm das Referat 4 der Abt. IV b des Arbeitsministeriums (Baugesetzbuch, Baupolizeirecht). Als umfangreichste und wichtigste Arbeit bezeichnete er den zusammen mit Dittus erarbeiteten Baugesetzbuch-Entwurf von 1942. Dieser Entwurf konnte – so Wambsganz – wegen der Abneigung Hitlers gegen eine Rechtsordnung im Bauwesen und wegen der widerstreitenden Interessen der einzelnen Ressorts nicht verwirklicht werden.

Wie Dittus kam er im Juli 1945 zum Magistrat der Stadt Berlin (Hauptreferent für die Baugesetzgebung der Abt. „Bau- und

172 Über Wambsganz die PA im BA Berlin, R 3901/64543; Bayr. HStA München, OPP 18129, und 125 Jahre Oberste Bayr. Baubehörde, München 1955, 11. – Vgl. auch *dessen* Schrift: Die Bauleitplanung im künftigen Bundesbaugesetz, Köln 1959, 5 ff.

Wohnungswesen"), wo es zunächst um die Rekonstruktion des verloren gegangenen Entwurfs für die Bauordnung von 1942 ging. An der Bearbeitung des Berliner Baugesetzentwurfs war er „wesentlich" beteiligt. Zum 1.7.1948 kehrte er nach München zurück, wo er die Leitung der neu gebildeten Arbeitsgruppe „Planung und Bauordnung" bei der Obersten Baubehörde beim Innenministerium übernahm. Anfang 1950 wurde er Ministerialrat und mit der Leitung der Gruppe „Staatlicher Hochbau" betraut. Am 1.7.1954 wurde er unter Beförderung zum Ministerialdirigenten zum Leiter der Obersten Baubehörde ernannt (ab 1.10.1955 Ministerialdirektor). Nach seiner Ernennung zum Honorarprofessor an der TH München 1959 (ab 1953 bereits Abhaltung von Lehrveranstaltungen) trat Wambsganz am 1.7.1962 in den Ruhestand. Der Entwurf zu einem bayerischen Baugesetz ist unter zeitweiliger Mitarbeit von Dittus in der Arbeitsgruppe „Planung und Bauordnung" entstanden. Ferner war er als Mitglied der Hauptkommission für die Bundesbaugesetzgebung stellvertretender Vorsitzender dieser Kommission und Leiter der Unterkommission I (Bauleitplanung und Bodenverkehr) an der Ausarbeitung des Entwurfs eines Baugesetzes von 1956. Maßgeblich war er an der Entstehung der bayr. Bauordnung beteiligt. Auch „im Tiefbau" waren „während seiner Amtszeit neue Akzente gesetzt" worden: „So die verstärkten Bemühungen im Wasserbau durch Errichten von Talsperren und Freihalten der Retensionsräume, die Hochwasser am Rande der Einzugsgebiete zurückhalten und damit das Wasserdargebot über einen längeren Zeitraum zu verteilen."

c) Willy Zinkahn[173]. Nachfolger von Dittus war Willy Zinkahn. Geboren als Sohn eines Reichsbahninspektors in Bruchsal verbrachte Zinkahn seine Schulzeit in Krefeld-Uerdingen, wo er am dortigen Realgymnasium 1927 die Reifeprüfung bestand. Nach dem Studium der Rechtswissenschaften in Heidelberg, Berlin und Bonn legte er im Dezember 1930 die erste juristische Staatsprüfung ab. Seine Promotion erfolgte an der Universität Bonn 1934 über das Thema: „Neue Grundlagen der Zwangszusammenschlüsse im

173 Über Zinkahn BA Koblenz, B 101/64643; *Hans-Jürgen v. d. Heide,* in: Juristen im Portrait, München 1988, 708–714.

Wirtschaftsrecht". Nach dem Assessorexamen im August 1934 trat nach zweijähriger Tätigkeit bei einem Wirtschaftsverband Zinkahn 1936 in das Reichsarbeitsministerium ein und war zunächst tätig bei den Versorgungsämtern in Wuppertal-Barmen, anschließend in Münster. Ab 1.1.1938 bearbeitete er in der Abt. IV c unter Ministerialrat Scholtz Fragen des Baupolizeirechts und der Regelung des Bebauungs- und Baugestaltungsrechts. Im März 1941 erfolgte seine Abordnung an die Zivilverwaltung in Krakau (Abt. Wohnungs- und Siedlungsbau). Nach dem Geschäftsplan des RAM vom 1.11.1942 war er dem Referat 6 unter Regierungsrat Willert und Dittus zugeteilt. Inwieweit er an den Entwürfen zu einem Baugesetzbuch mitarbeitete, ließ sich nicht feststellen. Im September 1942 wurde er zur Wehrmacht eingezogen und geriet am 9.10.1943 bei Melitopel (Ukraine) in sowjetische Kriegsgefangenschaft, aus der er im April 1950 zurückkehrte.

Zum 1.8.1950 wurde Zinkahn als Angestellter vom Wohnungsbauministerium übernommen, wo er sich „mit erstaunlicher Schnelligkeit in sein früheres Sachgebiet" einarbeitete. Ende 1950 erfolgte seine Ernennung zum Regierungsrat, im November 1951 zum Oberregierungsrat, im Juli 1952 zum Regierungsdirektor und 1953 zum Ministerialrat (Leiter der Unterabteilung II B für Bau-, Planungs- und Bodenrecht). Mit Dittus betreute er bis 1953 die Arbeiten am Baulandbeschaffungsgesetz. Von Januar 1953 bis März 1956 war er Vorsitzender der Hauptkommission des Wohnungsbauministeriums für die Baugesetzgebung, gleichzeitig war er Mitglied der Kommission zur Musterbauordnung.

Von 1953 bis zum Eintritt in den Ruhestand zum 1.8.1974 leitete er die Arbeiten des Wohnungsbauministeriums an allen bis 1974 ergangenen baurechtlichen Gesetzen. Im August 1955 wurde er Mitglied der Deutschen Akademie für Städtebau und Landesplanung. 1969 erfolgte die Ernennung zum Honorarprofessor a. d. Universität Bonn (ab 1964 dort Vorlesungen zum Bau- und Bodenrecht). 1960 begründete er zusammen mit *Werner Ernst* und *Walter Bielenberg* den bald führenden Kommentar zum Bundesbaugesetz. 1988 schrieb

Hans-Jürgen von der Heide in einer Kurzbiografie[174]: „Mit wachem Geist und großer geistiger Beweglichkeit bemühte er sich, während der jahrelangen Beratungen des Bundesbaugesetzes innerhalb der Bundesressorts und in den Ausschüssen des Bundesrats und des Bundestages den Intentionen der Fachressorts, der Länder und des Bundestages gerecht zu werden und sie so in das Gesetz einzufügen, dass die Grundprinzipien der Regelungen erhalten blieben. Bei der Schwierigkeit der Rechtsmaterien des Bundesbaurechts setzte das eine ungewöhnliche Kenntnis aller diffizilen Einzelheiten voraus." Zinkahn verstarb am 25.12.1992 in Bad Godesberg.

d) Werner Ernst[175] (geb. 28.1.1910 in Gumbinnen; gest. 26.8.2000 in Bonn). Nach dem Studium der Rechtswissenschaften in Göttingen, Kiel, Berlin und Rostock legte Ernst 1932 beim Landgericht Rostock das Referendarexamen ab (1933 Promotion in Rostock über das Thema: „Verzicht auf öffentliche Rechte"). Nach Bestehen des Assessorexamens kam er 1936 an das Reichsarbeitsministerium (1937 Regierungsrat), wo er ab 1938 in der Abt. IV a (Wohnungs- und Siedlungsbau) tätig war. Ab 1942 war er zum Baustab-Ost (später zur Organisation Todt gehörig) eingezogen. Ab 1948 im Wohnungsbauministerium von Nordrhein-Westfalen tätig (1953 Ministerialrat), vertrat er die Interessen seines Landes im Bundesrat insbesondere bei den Beratungen des Bodenbeschaffungsgesetzes. 1953–1956 war er Mitglied der Hauptkommission für die Baugesetzgebung. Von 1953–1958 gehörte er dem 1. Senat des Bundesverwaltungsgerichts (zuständig für das Bau- und Bodenrecht) an. Von 1959–1965 war er Staatssekretär im Bundesministerium für Wohnungsbau und damit an der Schlussphase der Beratungen zum Bundesbaugesetz beteiligt. Während seiner Zeit als Staatssekretär wurde 1965 das Raumordnungsgesetz verabschiedet und das Städtebauförderungsgesetz vorbereitet. 1968 erhielt Ernst eine Honorarprofessur an der Universität Münster (Rechts- und Staatswissenschaftliche Fakultät). 1969 wurde er in die Deutsche Akademie für Städtebau und Landesplanung berufen, deren Präsident er von 1971–1975 war.

---

174 In: Juristen im Portrait, 1988, 708 ff., Zitat 714.
175 v.d. Heide (aaO.), 289 ff.

2. Die Bundesminister für Wiederaufbau (ab 1950 Wohnungsbau)

Eberhard Wildermuth (geb. 23.10.1890 in Stuttgart; gest. 9.3.1952 in Tübingen). Bundesminister für Wiederaufbau (1950: Wohnungsbauminister) vom 20.9.1949 bis 9.3.1952. Nach dem Abitur 1908 studierte Wildermuth von 1909 bis 1914 Rechtswissenschaften in Tübingen, Leipzig und Berlin (1921 2. juristische Staatsprüfung). 1919 Eintritt in die DDP. 1928 Direktor der Deutschen Bau- und Bodenbank (1930 Vorstandsmitglied), Präsident der Deutschen Gesellschaft für öffentliche Arbeiten. 1946 Eintritt in die DVP (FDP). 1947–1950 Mitglied des Landtags von Württemberg-Hohenzollern; 1947–1949 Wirtschaftsminister. 1949–1952 Mitglied des Bundestages. In seiner Ministerzeit wurde das Wohnungsbaugesetz erlassen und das Baulandbeschaffungsgesetz parlamentarisch eingebracht. – *Quellen: F. Raberg,* in: Kempf, Udo (Hrsg.), Kanzler und Minister 1949–1998, Wiesbaden 2001; *Wilhelm Kohlhaas,* Eberhard Wildermuth. Ein aufrechter Bürger. Ein Lebensbild, Bonn 1967.

Fritz Neumayer (geb. 27.7.1884 in Kaiserslautern, gest. 12.4.1973 in München). Wohnungsbauminister vom 19.7.1952–20.10.1953. 1910 Studium der Rechtswissenschaften in Würzburg, Berlin, Leipzig und Straßburg. 2. jur. Staatsexamen. 1911–1945 Rechtsanwalt in Kaiserslautern. 1946 Eintritt in die FDP. 1947–1951 Mitglied des Landtags von Rheinland-Pfalz, dort 1947/48 Minister für Wirtschaft und Verkehr. 1949–1957 Mitglied des Bundestags. 1953–1956 Bundesminister der Justiz. 1956 Austritt aus der FDP, Mitglied der neu gegründeten FVP (Freie Volkspartei). In seiner Ministerzeit ergingen das Baulandbeschaffungsgesetz und eine Novelle zum ersten Wohnungsbaugesetz. – *Quellen: H.-B. Merz,* in: U. Kempf (Hrsg.), Kanzler und Minister 1949–1998, 2001, S. 498 ff.; *Munzinger-Archiv.*

Victor-Emanuel Preusker (geb. 25.2.1913 in Berlin; gest. 13.5.1991 in Bonn). Wohnungsbauminister vom 20.10.1953–29.10.1957. Nach einer Banklehre Studium der Volks- und Betriebswirtschaftslehre (1937 Dipl.-Kaufmann). 1940 Promotion zum Dr. rer.pol. 1932–1940 bei der Dresdner Bank, ab 1938 bei der Deutschen Bank in Wien. 1947 Eintritt in die FDP (Generalsekretär des Landesverbandes

Hessen). 1949–1961 Mitglied des Bundestages. 1956 Austritt aus der FDP, Mitbegründer der FVP; 1960 Eintritt in die CDU, 1970 Wiedereintritt in die FDP. In seiner Ministerzeit wurde der Entwurf zu einem Bundesbaugesetz in den Bundesrat und den Bundestag eingebracht. – *Quellen: Chr. Hausmann,* in: U. Kempf (Hrsg.), Kanzler und Minister 1949–1998, Wiesbaden 2001, S. 529 ff.; NDB, Bd. 20, Berlin 2001, S. 707 f.

Paul Lücke (geb. 13.11.1914 in Schöneborn/Marienheide; gest. 10.8.1966 in Erlangen). Wohnungsbauminister vom 29.10.1957–25.10.1965). Während seiner Ministerzeit erging das Bundesbaugesetz vom 23.6.1960, das Gesetz über den Abbau der Wohnungszwangswirtschaft und über ein soziales Miet- und Wohnrecht vom 23.6.1960 und das Raumordnungsgesetz vom 8.4.1965. 1965–1968 Bundesminister des Innern. 1969–1976 Leiter der Deutschen Wohnungsbaugesellschaft in Köln. – *Quellen: E. Jesse,* in: U. Kempf (Hrsg.), Kanzler und Minister 1949–1998, Wiesbaden 2010, S. 454 ff.; NDB, Bd. 15, S. 449; *J. Aretz,* in: Zeitgeschichte in Lebensbildern, Münster 2004, S. 195 ff.; *Wilhelm Born,* Weg in die Verantwortung. Paul Lücke, Recklinghausen 1965.

3. Staatssekretär des Wohnungsbauministeriums war von 1949–1959

Hermann Wandersleb (geb. 22.8.1895 in Meiningen; gest. 19.5.1977 in Bonn). Studium der Rechtswissenschaften in Halle/Saale, Berlin und Heidelberg (hier 1922 Promotion über: „Der Präsident in den Vereinigten Staaten von Nordamerika, in Frankreich und im Deutschen Reiche“, Berlin, Leipzig 1922). 1923 Eintritt in das preuß. Innenministerium unter Carl Severing (1927 Landrat). 1946 Chef der Staatskanzlei von Nordrhein-Westfalen. – *Quellen:* Munzinger-Archiv; Festschrift für Hermann Wandersleb, hrsg. von V.-E. Preusker, Bonn 1970, S. 649 ff. (Lebenslauf); *Günther Schulz,* Wiederaufbau in Deutschland. Die Wohnungsbaupolitik in den Westzonen und der Bundesrepublik von 1945–1957. Düsseldorf 1994, 189 f.

4. Die Vorsitzenden der für das Baulandbeschaffungsgesetz zuständigen Ausschüsse des Bundestages

Werner Jacobi (geb. 18.1.1907 in Dortmund; gest. 5.3.1970 in Köln). Studium der Rechtswissenschaften in Freiburg, Berlin, Heidelberg und Bonn (1931 Assessorexamen, danach LG-Rat). 1933 Entlassung aus dem Staatsdienst aufgrund des Gesetzes zur Wiederherstellung des Berufsbeamtentums von 1933 (Jacobi war 1923 in die SPD eingetreten). 1937 zu zweieinhalb Jahren Zuchthaus wegen Vorbereitung zum Hochverrat verurteilt (ab 1940 in Konzentrationslagern). 1946–1948 Oberbürgermeister von Iserlohn. 1946–1950 Mitglied des Landtags von Nordrhein-Westfalen, 1949–1970 des Bundestages für die SPD. 1953–1957 Vorsitzender des BT-Ausschusses für Bau- und Bodenrecht. Verfasser des Berichts dieses Ausschusses für das Baulandbeschaffungsgesetz. – *Quellen: Rudolf Vierhaus/L. Herbst,* Biographisches Handbuch der Mitglieder des Deutschen Bundestages 1949–2002, 379 f., München 2002, 2003.

Wilhelm Laforet (geb. 19.11.1877 in Edenkoben; gest. 14.9.1959 in Würzburg). 1896–1900 Studium der Rechts- und Staatswissenschaften in München und Berlin. Promotion 1910 über: „Das Zwangsabtretungsgesetz vom 17.11.1837...", München 1910. Nach dem 2. Staatsexamen von 1908–1927 bayr. Ministerialbeamter (Innenministerium, ab 1923 Ministerialrat). 1927–1951 Prof. für Staats- und Verwaltungsrecht a. d. Universität Würzburg. Mitglied der Bayerischen Volkspartei von 1918–1933; 1945 Mitbegründung der CSU in Unterfranken. Mitglied des Bundestages von 1949–1953. Vorsitzender des Ausschusses für Rechtswesen und Verfassungsrecht. – *Quellen:* Verfassung und Verwaltung in Theorie und Wirklichkeit. Festschrift für W. Laforet, hrsg. von A. Süsterhenn, München 1952; *R. Vierhaus/L. Herbst,* Biographisches Handbuch, S. 476.

Heinrich Meyer (geb. 6.1.1897 in Bremen; gest. 14.10.1959 ebd.). Ausbildung zum Großhandelskaufmann. 1925 Sekretär und stellv. Syndicus der Angestelltenkammer Bremen. Mitglied der DDP 1922–1924, der SPD ab 1924. 1933 entlassen, 1935/36 in Haft; danach kaufmännischer Angestellter (Abteilungsleiter). 1947/48 Mitglied des Bremer

Abgeordnetenhauses. Ab 1951 Vorsitzender des Ausschusses für Bau- und Bodenrecht. Von 1945–1959 Geschäftsführer der Bremer Bau- und Siedlungsgesellschaft. – *Quellen: R. Vierhaus/L. Herbst,* Biographisches Handbuch, S. 561.

Carl Wirths (geb. 10.12.1897 in Elberfeld; gest. 16.6.1955 in Wuppertal). Nach Absolvierung der Oberrealschule Ausbildung im Baugewerbe. 1924 Gründer und (Mit-)Inhaber des Bauunternehmens Carl Wirths & Co. 1946 Eintritt in die FDP. Mitglied des Landtags von Nordrhein-Westfalen vom Okt. 1946 bis zum 1.9.1949. Mitglied des Bundestages von 1949–1955. Stellv. Vorsitzender des Ausschusses für Bau- und Bodenrecht. – *Quellen: F. Henning,* Carl Wirths und das Wohnungseigentumsgesetz von 1951, in: Geschichte im Westen, Bd. 9, 1994, S. 183 ff.; *R. Vierhaus/L. Herbst,* Biographisches Handbuch, S. 961.

Über die Zusammensetzung der Ausschüsse und die Biografien der Abgeordneten unterrichtet das Biographische Handbuch der Mitglieder des Deutschen Bundestags 1949–2002, hrsg. von Rudolf Vierhaus/Ludolf Herbst, München 2002.

Quellen zum Bau- und Enteignungsrecht

Erster Teil. Arbeiten des Reichsarbeitsministeriums an einem Reichsbaugesetz (1940–1942)

I. Entwurf eines Reichsbaugesetzes vom 16.9.1940

Präambel [noch offen]

I. Teil. Allgemeine Vorschriften (§§ 1–17)

Baurechtliche Vorschriften. § 1. Baurechtliche Vorschriften sind:

a) das Reichsbaugesetz, die Reichsbauordnung und die hierzu ergangenen Durchführungsvorschriften des Reichs,
b) die Bauordnungen und Bausatzungen,
c) die in sonstigen Gesetzen oder Verordnungen enthaltenen Vorschriften baurechtlichen Inhalts, soweit deren Vollzug nicht anderen als den in § 3 genannten Behörden übertragen ist.

Bauordnungen und Bausatzungen. § 2. Durch Bauordnungen und Bausatzungen können von anderen baurechtlichen Vorschriften abweichende oder sie ergänzende Bestimmungen getroffen werden, sofern und soweit diese anderen Vorschriften hierzu ermächtigen. Durch Bauordnungen werden ferner Bebauungsvorschriften (§§ 25 ff.) erlassen.

Vollzug. § 3. (1) Der Vollzug der baurechtlichen Vorschriften ist Aufgabe der Baubehörden und der höheren Baubehörden, soweit nichts anderes bestimmt ist.
(2) Der Vollzug untersteht der Führung und Lenkung durch das Reich; sie erfolgt durch die Aufsichtsbehörden.

Aufsichtsbehörden. § 4. (1) Oberste Aufsichtsbehörde ist der Reichsarbeitsminister.
(2) Der Reichsarbeitsminister kann seine Aufsichtsbefugnisse auf die oberen Aufsichtsbehörden übertragen. Welche Behörden obere Aufsichtsbehörden sind, bestimmt der Reichsarbeitsminister.
(3) Aufsichtsbehörden sind die höheren Verwaltungsbehörden. Für kreisangehörige Gemeinden, denen die Aufgaben der Baubehörde ganz oder teilweise übertragen sind (§ 5 Abs. 3 und 4), ist der Landrat Aufsichtsbehörde.

Baubehörden. § 5. (1) Baubehörde ist der Landrat, in Stadtkreisen der Oberbürgermeister.
(2) Höhere Baubehörde ist die höhere Verwaltungsbehörde.

(3) Inwieweit die Aufgaben der Baubehörde kreisangehörigen Gemeinden übertragen werden können, bestimmt der Reichsarbeitsminister. Die Übertragung erfolgt durch die höhere Baubehörde; sie ist jederzeit widerruflich.

(4) Der Reichsarbeitsminister kann hinsichtlich einzelner baurechtlicher Aufgaben eine abweichende Regelung treffen.

§ 6. Der Reichsarbeitsminister kann den in § 5 genannten Behörden weitere in dem im § 1 genannten Vorschriften nicht vorgesehene Aufgaben auf dem Gebiete des Bauwesens übertragen.

Erlass von Bauordnungen. § 7. (1) Bauordnungen können erlassen:

a) der Reichsarbeitsminister für das Reich oder für Teile des Reichsgebiets,

b) die oberen Aufsichtsbehörden mit Zustimmung des Reichsarbeitsministers für das Gebiet eines Landes (Reichsgaues) oder für Teile dieser Gebiete, die über den Bezirk einer höheren Verwaltungsbehörde hinausgehen,

c) die höheren Baubehörden für ihre Bezirke oder für Teile dieser Gebiete, die über den Bezirk einer Baubehörde hinausgehen,

d) die Baubehörden für ihre Bezirke oder Teile dieser Gebiete,

e) die Gemeinden zum Zweck des Erlasses von Bebauungsvorschriften (§§ 25 ff.).

(2) Die Vorschriften der Verordnung über die Polizeiverordnungen der Reichsminister vom 14. November 1938 (RGBl. I S. 1582) bleiben unberührt.

(3) Mehrere Baubehörden können mit Zustimmung der gemeinsamen Aufsichtsbehörde auch eine gemeinsame Bauordnung erlassen.

§ 8. (1) Die Bauordnungen der Baubehörden und Gemeinden bedürfen der Genehmigung der höheren Baubehörde, die der höheren Baubehörden und der oberen Aufsichtsbehörden der Genehmigung des Reichsarbeitsministers.

(2) Der Reichsarbeitsminister kann seine Genehmigungsbefugnis allgemein oder im Einzelfall auf andere Behörden übertragen.

§ 9. (1) Die Bauordnungen müssen eine ihren Inhalt kennzeichnende Überschrift tragen, den örtlichen Geltungsbereich bezeichnen und, falls zum Erlass der beabsichtigten Regelung die Zustimmung anderer Behörden erforderlich ist, auch die Zustimmungen dieser Behörden angeben.

(2) Die Bauordnungen sind mit dem Vermerk über die erfolgte Genehmigung, soweit dieser erforderlich ist, ortsüblich bekanntzumachen.

(3) Bauordnungen treten, sofern in ihnen nichts anderes bestimmt ist, eine Woche nach ihrer Bekanntmachung (Abs. 2) in Kraft.

§ 10. (1) Die Bauordnungen dürfen keine Bestimmungen enthalten, die mit Gesetzen oder anderen Vorschriften des Reichs oder mit Rechtsverordnungen einer übergeordneten Behörde im Widerspruch stehen.

(2) Ist eine Angelegenheit durch Vorschriften des Reichs oder durch eine Rechtsverordnung einer übergeordneten Behörde geregelt, so darf sie nur noch insoweit ergänzend geregelt werden, als dies in den Vorschriften des Reichs oder in den Bestimmungen der Bauordnung der übergeordneten Behörde ausdrücklich zugelassen ist.

§ 11. Die Aufsichtsbehörden (§ 4) können den Erlasse, die Änderung sowie die Aufhebung von Bauordnungen nachgeordneter Behörden verlangen.

Erlass von Bausatzungen. § 12. (1) Bausatzungen werden von den Gemeinden erlassen. Für ihren Erlass finden die für gemeindliche Satzungen geltenden Vorschriften nach Maßgabe der Abs. 2 und 3 Anwendung.

(2) Die Bausatzung bedarf der Genehmigung der höheren Baubehörde.

(3) Die Vorschriften in §§ 9 bis 11 gelten entsprechend.

Befreiungen von baurechtlichen Vorschriften. § 13. (1) Von den zwingenden Vorschriften der im § 1 Buchst. a und b genannten Vorschriften kann Befreiung erteilt werden:

a) wenn die öffentlichen Belange die Abweichung erfordern,

b) wenn die Durchführung der Vorschriften zu einer unbilligen Härte führen würde, öffentliche Belange nicht entgegenstehen und Belange Dritter nicht in einer unzumutbaren Weise beeinträchtigt werden.

(2) Die Befreiung kann unter dem Vorbehalt des Widerrufs erteilt sowie von der Leistung eines angemessenen Ausgleichs an den durch die Befreiung Benachteiligten abhängig gemacht werden.

§ 14. (1) Zuständig für die Erteilung einer Befreiung ist die Baubehörde.

(2) In den Fällen des § 42 Abs. 1 Satz 1, § 43, § 51 Abs. 2, § 54 Abs. 3, des § 56 Abs. 3 und der dazu erlassenen örtlichen Bestimmungen bedarf die Erteilung der Befreiung der Zustimmung der höheren Baubehörde.

(3) Die Erteilung einer Befreiung durch die Baubehörde bedarf der Zustimmung der Aufsichtsbehörde, wenn die Gemeinde selbst der Träger der Baumaßnahmen ist, für die Befreiung erteilt wird. Dieser Zustimmung bedarf es nicht, wenn eine Zustimmung nach Abs. 2 erforderlich ist.

(4) Die besondere Regelung für die Behandlung von öffentlichen Bauten bleibt unberührt.

§ 15. Zur Erteilung einer Befreiung bedarf es keines ausdrücklichen Antrags. Es gilt vielmehr mit der Einreichung des Baugesuchs als gestellt, soweit der Wille zur Abweichung von den baurechtlichen Vorschriften nach den eingereichten Unterlagen angenommen werden kann.

Baurechtliche Grundstückslasten. § 16. (1) Die Verpflichtung zu Beiträgen der Grundstückseigentümer (§ 112) und sonstige baurechtliche Verpflichtungen zu einer Leistung, Duldung oder Unterlassung, die Grundstückseigentümern durch Gesetz oder von der Baubehörde aufgrund gesetzlicher Vorschriften auferlegt oder von ihnen freiwillig übernommen werden, sind öffentlich-rechtliche Lasten des Grundstücks und gehen beim Eigentumswechsel auf den Rechtsnachfolger im Eigentum über.

(2) Die Erklärung, durch welche eine Verpflichtung zu einer baurechtlichen Grundstückslast (Abs. 1) übernommen wird, muss zur Niederschrift der Baubehörde oder des Bürgermeisters abgegeben werden; sie kann auch in einer öffentlichen oder öffentlich beglaubigten Urkunde erfolgen. Die Rechtsgültigkeit und

Anfechtbarkeit einer solchen Erklärung bestimmt sich nach den Vorschriften des bürgerlichen Rechts.

§ 17. (1) Für die Eintragung von baurechtlichen Grundstückslasten können öffentliche Baulastenbücher angelegt werden. Die Anlegung des Baulastenbuchs wird durch Bauordnung angeordnet. Die Anlegung und Führung der Baulastenbücher ist Aufgabe der Gemeinden.

(2) Einträge im Baulastenbuch liefern für das Bestehen baurechtlicher Grundstückslasten, soweit diese nicht ausdrücklich als bestritten bezeichnet sind, und für deren Erlöschen vollen Beweis, solange und soweit nicht das Gegenteil nachgewiesen ist.

(3) Im Baulastenbuch eingetragene Verpflichtungen zu baurechtlichen Grundstückslasten unterliegen nicht der Verjährung, sofern sie nicht ausdrücklich als bestritten bezeichnet sind.

II. Teil. Die städtebauliche Ordnung des Gemeindegebiets (§§ 18–57)

1. Abschnitt: Die städtebaulichen Pläne

Die städtebauliche Planung. § 18. (1) In jeder deutschen Gemeinde muss die Nutzung des Bodens so geordnet sein, wie es das Gemeinwohl erfordert. Namentlich muss die bauliche Entwicklung der Gemeinde vorausschauend und so geordnet werden, dass eine diese Entwicklung beeinträchtigende Nutzung des Grund und Bodens, besonders durch Bebauung, verhindert wird. Die auf die Erreichung dieses Ziels gerichteten Maßnahmen bilden die städtebauliche Planung.

(2) Die städtebauliche Planung muss allen Lebensbedürfnissen der Gemeinschaft Rechnung tragen. Der Bestand an land- und forstwirtschaftlicher Fläche muss nach Möglichkeit erhalten und gesichert, der notwendige Landbedarf für staatliche, wirtschaftliche und kulturelle Zwecke befriedigt werden. Die Städte und Dörfer müssen Ausdruck deutschen Gemeinsinns und deutscher Baugesinnung sein; in ihnen muss Volksgesundheit und gesundes Wohnen der Volksgenossen gewährleistet sein.

(3) Die städtebauliche Planung muss auf die Planungsabsichten und die allgemeinen Erfordernisse der übergeordneten Planung und der Reichssonderplanung Rücksicht nehmen.

§ 19. (1) Die Absichten und allgemeinen Erfordernisse der städtebaulichen Planung werden, soweit nach den örtlichen Verhältnissen ein Bedürfnis hierfür besteht, nach Maßgabe der Vorschriften dieses Gesetzes und der Durchführungsverordnung in Bebauungsvorschriften und städtebaulichen Plänen festgelegt.

(2) Die Gemeinde ist zur Aufstellung der städtebaulichen Pläne und zum Erlass von Bebauungsvorschriften, im Besonderen zur Ausweisung genügender Baugebiete verpflichtet, wenn und soweit das öffentliche Interesse, namentlich die bauliche und wirtschaftliche Entwicklung der Gemeinde oder die Bedürfnisse des Verkehrs, es erfordern.

Flächennutzungspläne. § 20. Der Flächennutzungsplan stellt in den Grundzügen dar, wie sich künftig die geordnete Nutzung des Bodens und die städtebauliche Entwicklung des Gemeindegebiets, insbesondere im Hinblick auf die Erfordernisse der Land- und Forstwirtschaft, der Industrie, des Gewerbes und des Bergbaues, des Verkehrs, der Bebauung und Besiedlung, der Landesverteidigung, im Besonderen des Luftschutzes, der Wasserwirtschaft, der Erholung und des Schutzes des Landschaftsbildes, vollziehen soll. Er macht vor allem ersichtlich, welche Flächen des Gemeindegebiets planmäßig der Bebauung erschlossen werden und welche Flächen aus Gründen des öffentlichen Wohls unbebaut oder in der Bebauung beschränkt bleiben sollen.

§ 21. (1) Im Flächennutzungsplan können folgende Arten von Flächen vorgesehen werden:

1. der land- und forstwirtschaftlichen Nutzung vorbehaltene Flächen,
2. Verkehrsflächen von besonderer Bedeutung, vor allem die Verkehrsbänder, das sind Geländestreifen für Reichsstraßen und Landstraßen I. Ordnung, Eisenbahnen und Kleinbahnen, Autobahnen, Schifffahrtsstraßen und Flughäfen, einschl. der Flächen für die zugehörigen Nebenanlagen und der anschließend unbebaubaren Flächen;
3. für die Bebauung bestimmte Flächen, vor allem Flächen für den Wohnungsbau- und Siedlungsbau, den Industrie- und gewerblichen Bau;
4. von der Bebauung ausgeschlossene oder in der Bebauung beschränkte Flächen, vor allem die im öffentlichen Interesse von der Bebauung freizuhaltenden Flächen wie: öffentliche Freiflächen (das sind öffentliche Park- und Gartenanlagen, Spiel- und Sportplätze, Freiluftbäder und ähnliche Einrichtungen), Dauerkleingartengebiete, Friedhöfe und Urnenhaine, Naturschutzgebiete, Flächen für wasserwirtschaftliche Anlagen, Überschwemmungsgebiete und Streifen zur Führung ober- und unterirdischer Leitungen;
5. Bergbauflächen, das sind Flächen für den bergbaulichen Tagebau oder für die Gewinnung anderer Bodenschätze.

(2) Der Flächennutzungsplan kann sich auf einzelne Arten dieser Flächen beschränken.

(3) Mit dem Flächennutzungsplan können, soweit notwendig, Planerläuterungen verbunden werden.

§ 22. Der Flächennutzungsplan wird für das Gemeindegebiet oder Teile desselben, erforderlichenfalls auch für das Gebiet mehrerer Gemeinden oder Teile dieses Gebiets, aufgestellt.

§ 23. (1) Der Flächennutzungsplan wird von der Gemeinde aufgestellt. Bei Bedarf kann für mehrere Gemeinden ein gemeinsamer Plan aufgestellt werden.

(2) Wird die Aufstellung eines Flächennutzungsplans für ein bestimmtes Gebiet erforderlich, so kann die Aufsichtsbehörde die Planaufstellung verlangen. Sie kann auf Kosten der Gemeinde oder der beteiligten Gemeinden den Plan selbst aufstellen oder die Planaufstellung einer anderen geeigneten Behörde oder Stelle übertragen.

(3) Bei der Planfeststellung sind die beteiligten Behörden und Stellen, deren Belange von dem Plan berührt werden, zu beteiligen.

(4) Der Flächennutzungsplan bedarf der Prüfung und Billigung durch die höhere Baubehörde. Sind mehrere höhere Baubehörden beteiligt, so bestimmt die Zuständigkeit der Reichsarbeitsminister.

§ 24. Flächennutzungspläne sind zu ändern oder aufzuheben, sobald die wirtschaftliche Entwicklung des Plangebiets oder das Fortschreiten der förmlichen Planfestsetzung für dieses Gebiet dies erfordert; ungeachtet dessen sind sie laufend in Zeiträumen von höchstens drei Jahren nachzuprüfen und erforderlichenfalls zu ändern.

Bebauungsvorschriften. § 25. Die Bebauungsvorschriften bestimmen, wo innerhalb des Gemeindegebiets eine Nutzung der Grundstücke durch Bebauung zulässig ist und in welcher Art und Weise sowie in welchem Umfang die Bebauung erfolgen darf.

§ 26. Durch Bebauungsvorschriften können insbesondere bestimmt werden:

1. die Baugebiete, nach der zulässigen überwiegenden Nutzungsart vor allem eingeteilt in Wohngebiete, Kleinsiedlungsgebiete, Geschäftsgebiete und Gewerbegebiete;
2. die Bauweisen,
3. die Baustufen,
4. die bauliche Ausnutzbarkeit der einzelnen Grundstücke,
5. die Zulässigkeit von Seiten-, Hinter- oder Nebengebäuden,
6. die Stellung der Gebäude auf den einzelnen Grundstücken.

§ 27. (1) Mit den Bebauungsvorschriften können Planzeichnungen (Bebauungspläne) verbunden werden; sie sind Bestandteile der Bebauungsvorschriften.

(2) In gleicher Weise können mit den Bebauungsvorschriften Aufbaupläne verbunden werden. Aufbaupläne sind Pläne, die die Anforderungen hinsichtlich der Gestaltung der baulichen Anlagen, insbesondere durch Massenverteilung der Gebäude, durch die Ausbildung, Behandlung und farbige Gestaltung der Außenflächen der Gebäude, zeichnerisch darstellen. Das Nähere hierüber bestimmen die Durchführungsvorschriften.

§ 28. (1) Die Bebauungsvorschriften werden von der Gemeinde durch Bauordnung erlassen (§ 7 Abs. 1 Buchst. e).

(2) § 23 Abs. 2 gilt sinngemäß.

Fluchtlinienpläne. § 29. (1) Die Fluchtlinienpläne bestimmen die Grenzen für den Gemeinbedarf benötigter und in Anspruch zu nehmender Flächen sowie die Grenzen, über die hinaus eine Bebauung von Grundstücken nicht stattfinden darf.

(2) Durch Fluchtlinien können danach begrenzt werden:

a) Verkehrsflächen, einschl. Erweiterungsstreifen und Flächen für zugehörige Nebenanlagen,

b) öffentliche Freiflächen (§ 21 Abs. 1 Nr. 4),
c) Dauerkleingartengebiete.

§ 30. (1) Die Fluchtlinien sind entweder Baufluchtlinien, Straßenfluchtlinien oder Freiflächengrenzen.

(2) Baufluchtlinien bestimmen die Grenzen, bis zu denen die Bebauung einer Fläche erfolgen darf oder muss. Sie sind entweder Gebäudefluchtlinien oder vordere, seitliche oder hintere Bebauungsgrenzen. Die Gebäudefluchtlinie hat die rechtliche Wirkung, dass die Gebäudeflucht unmittelbar auf dieser Linie verlaufen muss; Gebäudefluchtlinien können in den verschiedenen Höhen eines Gebäudes verschieden verlaufen. Bebauungsgrenzen haben die rechtliche Wirkung, dass Gebäude entweder an diese Grenzen gestellt oder in einem beliebigen Abstand hinter diesen Grenzen errichtet werden dürfen. Durch Gebäudefluchtlinien oder Bebauungsgrenzen können auch Eckübersichtsflächen abgegrenzt werden, die von allen die Verkehrsübersicht hemmenden Aufbauten und Pflanzungen freizuhalten sind.

(3) Straßenfluchtlinien sind die Grenzen zwischen den Verkehrsflächen und den Flächen anderer Nutzung, insbesondere den für die Bebauung bestimmten Flächen, den öffentlichen Freiflächen und den Dauerkleingartengebieten.

(4) Freiflächengrenzen trennen die öffentlichen Freiflächen und die Dauerkleingartengebiete von den Verkehrsflächen oder den Flächen anderer Nutzung.

§ 31. (1) Baufluchtlinien und Straßenfluchtlinien sowie Baufluchtlinien und Freiflächengrenzen können zusammenfallen.

(2) Fällt eine Baufluchtlinie nicht mit einer neben ihr verlaufenden Straßenfluchtlinie der Freiflächengrenze zusammen, so ist die zwischen diesen Linien liegende Fläche Vorgartenfläche.

§ 32. Der Fluchtlinienplan besteht aus Planzeichnungen und den erforderlichen Erläuterungen; er muss vor allem eine genaue zeichnerische Darstellung der Grundstücke und die zu ihrer Kennzeichnung erforderlichen Eintragungen und Angaben über die Art der Verkehrsflächen und ihre Höhenlage sowie die Darstellung etwa durch die Höhenlage bedingter Maßnahmen (Zufahrtsrampen, Böschungen usw.), ferner Angaben über beabsichtigte Entwässerungen enthalten.

§ 33. (1) Der Fluchtlinienplan wird von der Gemeinde aufgestellt und nach vorheriger entsprechender Bekanntmachung einen Monat lang öffentlich ausgelegt. Betrifft der Fluchtlinienplan nur einzelne Grundstücke und werden Rechte Dritter nicht berührt, so genügt statt der Offenlegung und Bekanntmachung eine Mitteilung an die beteiligten Grundstückseigentümer; die Mitteilung hat eine angemessene Frist für die Erhebung von Einsprüchen zu enthalten. § 23 Abs. 2 gilt sinngemäß.

(2) Innerhalb der im Abs. 1 bestimmten Frist kann gegen den Fluchtlinienplan bei der Baubehörde Einspruch eingelegt werden; die Baubehörde hat die Einsprüche mit den Beteiligten zu erörtern.

(3) Nach Ablauf der Einspruchsfrist entscheidet die Baubehörde, bei Stadtkreisen die höhere Baubehörde über den Fluchtlinienplan; sie entscheidet dabei zugleich über die erhobenen Einsprüche, soweit sie nicht im Wege der Erörterung erledigt worden sind.

(4) Gegen die Entscheidung der Baubehörde ist binnen zwei Wochen vom Tage der Zustellung ab die Beschwerde an die höhere Baubehörde zulässig.

(5) Die Entscheidungen der höheren Baubehörde nach Abs. 3 und 4 sind endgültig.

(6) Mit dem Tage der Rechtskraft der Entscheidung (Abs. 3 und 5) gilt der Fluchtlinienplan als festgestellt. Die Gemeinde hat die Feststellung öffentlich bekanntzumachen oder den Beteiligten mitzuteilen.

§ 34. Durch die Feststellung des Fluchtlinienplans wird eine Verpflichtung, Grundstücke den im § 29 Abs. 2 genannten Zwecken zuzuführen, nicht begründet. Die Vorschriften des III. Teils dieses Gesetzes werden hiervon nicht berührt.

Gemeinsame Vorschriften. § 35. Die näheren an die Flächennutzungspläne, die Bebauungsvorschriften und die Fluchtlinienpläne zu stellenden Anforderungen bestimmen die Durchführungsvorschriften.

§ 36. (1) Bebauungsvorschriften und Fluchtlinienpläne müssen sich im Einklang mit dem für das Plangebiet aufgestellten Flächennutzungsplan befinden.

(2) Soweit für das Plangebiet Bebauungsvorschriften erlassen sind, haben sie die Grundlage für den aufzustellenden Fluchtlinienplan zu bilden.

§ 37. Sind Bebauungsvorschriften erlassen oder ist ein Fluchtlinienplan festgestellt, so ist die Nutzung eines Grundstücks, vor allem durch Bebauung, nur nach Maßgabe der Bebauungsvorschriften oder des Fluchtlinienplans zulässig. Inwieweit hiervon abgewichen werden kann, bestimmen die Durchführungsvorschriften.

§ 38. (1) Sind in einem Gebiet, für das Bebauungsvorschriften erlassen sind oder ein Fluchtlinienplan festgestellt ist, Erdbewegungen, Abgrabungen oder Aufschüttungen größeren Umfangs beabsichtigt, so ist dies der Baubehörde rechtzeitig, spätestens zwei Wochen vor der Inangriffnahme, anzuzeigen. Sind die beabsichtigten Vorhaben geeignet, die Durchführung der Vorschriften oder Pläne erheblich zu erschweren oder unmöglich zu machen und besteht keine Möglichkeit, die beabsichtigten Maßnahmen mit den Vorschriften oder Plänen in Einklang zu bringen, so kann die Ausführung durch die Baubehörde untersagt werden. Werden durch die Untersagung die Belange des Anzeigenden in einer unzumutbaren Weise geschädigt, insbesondere bestehende Betriebe dadurch unwirtschaftlich, so ist eine angemessene Entschädigung zu gewähren. Die Entschädigung trägt die Gemeinde; erfolgt die Untersagung jedoch zur Sicherstellung der Durchführung einer nichtgemeindlichen öffentlichen Maßnahme, so hat der Träger dieser Maßnahme die Entschädigung zu leisten.

(2) Diese Vorschrift gilt nicht für Halden bergbaulicher Betriebe. Sie findet ferner keine Anwendung während der Dauer der Bausperre (§§ 58 bis 61).

§ 39. Zur Vorbereitung und Durchführung der städtebaulichen Planung sind die für die Planung zuständigen Stellen oder deren Beauftragte befugt, Grundstücke zu betreten und auf ihnen die erforderlichen Vorarbeiten vorzunehmen. Ein dabei entstandener Schaden ist alsbald zu ersetzen. Streitigkeiten, auch über die Höhe der Entschädigung, entscheidet die Baubehörde, bei Stadtkreisen die höhere Baubehörde. § 33 Abs. 4 und 5 finden entsprechende Anwendung.

§ 40. (1) Die Vorschriften über die Aufstellung von Flächennutzungsplänen und Fluchtlinienplänen sowie über den Erlass von Bebauungsvorschriften gelten sinngemäß auch für ihre Ergänzung, Änderung oder Aufhebung.

(2) Bebauungsvorschriften oder festgestellte Fluchtlinienpläne sind zu ändern oder aufzuheben, wenn keine Aussicht besteht, dass die Pläne in größerer Ausdehnung und in angemessener Zeit durchgeführt werden können; im Übrigen sollen sie nur geändert oder aufgehoben werden, wenn wichtige öffentliche Belange dies erfordern. Ist nach den Plänen schon gebaut, so ist auf die errichteten Bauten Rücksicht zu nehmen; die Eigentümer der bebauten Grundstücke sind zu hören.

(3) Bei festgestellten Fluchtlinienplänen kann jedoch die zur Entscheidung nach § 33 Abs. 2 zuständige Behörde unwesentliche Änderungen (geringfügige Veränderungen der Höhenlagen und Fluchtlinien, Einfügungen, Streichungen oder Verlegung einzelner Wohnstraßen usw.) ohne förmliches Verfahren genehmigen, wenn die betroffenen Grundstückseigentümer einwilligen.

2. Abschnitt: Sonstige Vorschriften zur städtebaulichen Ordnung des Gemeindegebiets

Das Bauen außerhalb von Baugebieten oder im Zusammenhang gebauter Ortsteile. § 41. (1) Außerhalb von Baugebieten (§§ 25, 26) oder, sofern solche nicht bestimmt sind, außerhalb eines im Zusammenhang gebauten Ortsteils ist die Errichtung von genehmigungspflichtigen baulichen Anlagen zu untersagen, wenn sie dem öffentlichen Interesse, insbesondere der geordneten Entwicklung des Gemeindegebiets oder einer ordnungsgemäßen Bebauung, zuwiderlaufen würde.

(2) Danach sind namentlich bauliche Anlagen zu untersagen, deren Ausführung unwirtschaftliche Aufwendungen für Straßen und andere Verkehrseinrichtungen, Versorgungsleitungen, Entwässerungsanlagen, Schulversorgung, Polizei- und Feuerschutz oder sonstige öffentliche Aufgaben erfordern oder deren Benutzung besondere wirtschaftliche Schwierigkeiten für die Bewohner ergeben würde.

Erfordernis der Fluchtlinie. § 42. (1) Die Errichtung genehmigungspflichtiger baulicher Anlagen auf einem Grundstück, für welches ein Fluchtlinienplan nicht festgestellt ist, ist erst zulässig, wenn für das Grundstück die erforderlichen Fluchtlinien nach § 33 festgestellt worden sind. Die Errichtung einzelner baulicher Anlagen in freier Feldlage kann von der Baubehörde jedoch ausnahmsweise auch ohne Fluchtlinienfeststellung zugelassen werden.

(2) Die Aufstellung von Fluchtlinien ist zu versagen, wenn eine Bebauung aus den im § 41 genannten Gründen nicht zugelassen werden kann, ferner, wenn das

Grundstück weder unmittelbar an einen öffentlichen Fahrweg grenzt, noch einen rechtlich dauernd gesicherten eigenen Zugang von angemessener Breite und Befestigung von einem öffentlichen Fahrweg aus hat, noch die Herstellung eines solchen Zugangs sichergestellt ist.

Gebäudehöhe, Bauweise, Grundstücksgröße. § 43. (1) Ist auf einem Grundstück die Errichtung von Gebäuden zulässig und durch Bauordnung nicht eine andere Regelung getroffen, so darf es nur mit Einzel- oder Doppelhäusern mit nicht mehr als zwei Vollgeschossen – in offener Bauweise – bebaut werden.

(2) Durch Bauordnung kann jedoch für das Gemeindegebiet oder Teile desselben vorgeschrieben werden, dass Gebäude mit mehr als einem Vollgeschoss und ausgebautem Dachgeschoss nicht errichtet werden dürfen.

(3) Ebenso kann vorgeschrieben werden, dass die Errichtung von Gebäuden, die dem dauernden Aufenthalt von Menschen oder bestimmten wirtschaftlichen Zwecken dienen sollen, nur auf Grundstücken mit einer bestimmten Mindestgröße zugelassen werden darf.

Bestimmung des Bauplatzes. § 44. (1) Für öffentliche Bauten und solche größeren Bauten, deren Erstellung an einer bestimmten Stelle des Gemeindegebiets im Hinblick auf ihren Verwendungszweck und aus städtebaulichen Gründen, insbesondere wegen ihrer baukünstlerischen Bedeutung, erforderlich ist, kann die Baubehörde den Bauplatz bestimmen. Die Gemeinde ist, falls sie nicht Baubehörde ist, zu hören. Die Bestimmung des Bauplatzes bedarf der Zustimmung der höheren Baubehörde.

(2) Bei Bauten des Reichs, der Nationalsozialistischen Deutschen Arbeiterpartei oder eines Landes (Reichsgaues) trifft die Bauplatzbestimmung auf Antrag des Reichsarbeitsministers im Einvernehmen mit dem beteiligten Reichsminister.

Schließung von Baulücken. § 45. (1) Liegt ein unbebautes, nach den Bebauungsvorschriften oder den festgesetzten Plänen zur Bebauung bestimmtes Grundstück an einer fertig gestellten, zum Anbau bestimmten Straße und sind die Grundstücke seiner näheren Umgebung bereits überwiegend bebaut oder in der Bebauung begriffen (Baulückengrundstück), so kann der Eigentümer zur Bebauung des Grundstücks verpflichtet werden, wenn diese für die geordnete bauliche Entwicklung der Gemeinde notwendig ist.

(2) Abs. 1 gilt auch für ein bebautes Grundstück, das baulich nur so gering ausgenutzt ist, dass ein grobes Missverhältnis zwischen der vorhandenen Bebauung und einer nach den bestehenden Vorschriften und Bestimmungen an dieser Stelle möglichen Bebauung besteht. Dies gilt jedoch nicht, wenn die Bebauung zur Zeit ihrer Ausführung einer dieser Örtlichkeit angemessenen Bauweise entsprach.

(3) Einem Grundstück steht ein Grundstücksteil gleich, der eine selbständige Baustelle darstellt.

§ 46. (1) Die Verpflichtung zur Bebauung des Grundstücks entsteht, sofern die Voraussetzungen des § 45 erfüllt sind, durch die schriftliche Aufforderung der Baubehörde, das Grundstück innerhalb einer von ihr zu bestimmenden Frist zu bebauen.

Die Bebauung muss den allgemeinen baurechtlichen Vorschriften entsprechen und den für das Baugebiet erlassenen Bebauungsvorschriften Rechnung tragen.

(2) Die für die Bebauung zu stellende Frist muss angemessen sein und mindestens drei Jahre betragen. Die Frist kann verlängert werden, wenn ein Umstand, der nicht auf schuldhaftes Verhalten oder auf wirtschaftlicher Leistungsunfähigkeit des Eigentümers beruht, den rechtzeitigen Beginn oder die rechtzeitige Beendigung der Bauarbeiten verhindert. In besonderen Fällen kann mit Zustimmung der höheren Baubehörde eine kürzere Frist als drei Jahre bestimmt werden.

(3) Die Verpflichtung zur fristgemäßen Bebauung geht auf den Rechtsnachfolger im Eigentum über.

§ 47. (1) Der Grundstückseigentümer kann sich von der Verpflichtung zur Bebauung befreien, wenn er das Grundstück (den Grundstücksteil) innerhalb der ihm nach § 46 Abs. 1 gesetzten Frist der Gemeinde rechtsverbindlich zu einem angemessenen Preise zum Kauf anbietet. Der Grundstückseigentümer ist für die Dauer von drei Monaten an das Angebot gebunden.

(2) Kommt innerhalb der drei Monate (Abs. 1 Satz 2) ein Kaufvertrag zwischen dem Grundstückseigentümer und der Gemeinde oder einem von ihr bezeichneten Dritten, der zur alsbaldigen Bebauung des Grundstücks bereit und in der Lage ist, nicht zustande, so wird der Grundstückseigentümer endgültig von der Verpflichtung zur Bebauung frei, wenn die Gemeinde nicht binnen weiteren drei Monaten Antrag auf Enteignung des Grundstücks stellt (§ 77 Abs. 2).

(3) Erwirbt ein Dritter (Abs. 2) das Grundstück, so wird dieser mit dem Erwerb zur alsbaldigen Bebauung verpflichtet; er kann sich von der Verpflichtung nicht nach Abs. 1 befreien. § 36 Abs. 2 Satz 2 und Abs. 3 gelten sinngemäß.

§ 48. (1) Als Baulücke im Sinne des § 45 gelten auch mehrere Grundstücke oder Grundstücksteile, die wegen ihres geringen Flächeninhalts oder ihrer ungünstigen Form für sich allein nicht ordnungsgemäß bebaut werden können, die aber zusammen eine angemessene Baustelle bilden würden. Die Baubehörde kann die Eigentümer der Grundstücke (Grundstücksteile) nach § 46 auffordern, gemeinsam eine Bebauung herbeizuführen. Die Eigentümer der Grundstücke (Grundstücksteile) können sich nach § 47 von der Verpflichtung zur Bebauung nur durch ein gemeinsames Angebot befreien.

Schutz von Flächen für wasserwirtschaftliche Anlagen. § 49. (1) Flächen, die für den Schutz wasserwirtschaftlicher Anlagen der öffentlichen Wasserversorgung notwendig sind, sind vor der Bebauung zu schützen, soweit diese die Aufnahme oder den ordnungsgemäßen Gebrauch der Anlagen verhindern oder wesentlich erschweren würden.

(2) Ist ein genehmigungspflichtiges Bauvorhaben auf einer solchen Fläche beabsichtigt, so trifft die Baubehörde die Entscheidung, ob das Bauvorhaben nach Abs. 1 zu untersagen oder ob die Baugenehmigung unter besonderen Bedingungen zu erteilen ist. In der Baugenehmigung kann insbesondere auch bestimmt werden,

dass der Bau nur für eine vorübergehende Zeit oder nur mit dem Vorbehalt des Widerrufs zugelassen wird.

(3) Bei Bedarf können Flächen der im Abs. 1 bezeichneten Art durch die Baubehörde mit Zustimmung der höheren Baubehörde bestimmt werden. Die Gemeinde, falls sie nicht Baubehörde ist, und die beteiligten Grundstückseigentümer sind zu hören. Ist nach den gesetzlichen Vorschriften eine andere Behörde für die Bestimmung einer solchen Fläche zuständig, so trifft diese Behörde die Bestimmung im Einvernehmen mit der Baubehörde.

(4) Will die Baubehörde ein Bauvorhaben auf einer nach Abs. 3 bestimmten Fläche genehmigen, so bedarf sie hierzu der Zustimmung der höheren Baubehörde und im Falle des Abs. 3 Satz 3 der Zustimmung der zuständigen Behörde.

Bauten in der Nähe gefährlicher Anlagen. § 50. (1) In der Nähe einer gewerblichen Anlage, welche für die Umgebung, namentlich für die Bewohner und Benutzer der Grundstücke, eine erhebliche Gefahr bildet, ist die Bebauung zu untersagen. Dies gilt auch, wenn sich die gewerbliche Anlage noch im Bau befindet.

(2) Der Reichsarbeitsminister kann für Anlagen der in Abs. 1 bezeichneten Art im Einvernehmen mit den beteiligten Reichsministern allgemein Zonen bestimmen, innerhalb deren Bauten nicht oder nur unter besonderen Bedingungen zugelassen werden dürfen.

Anbau an Verkehrsstraßen. § 51. (1) Zur Sicherung des Verkehrs können Straßen außerhalb von Baugebieten oder, soweit solche nicht ausgewiesen sind, außerhalb der im Zusammenhang gebauten Ortsteile vom Anbau freigehalten werden. Die freizuhaltenden Straßenstrecken sind in Verzeichnisse aufzunehmen; in diesen sind die Grenzen der freizuhaltenden Straßenstrecken und die Geländestreifen beiderseits der Straßen, auf denen eine Bebauung nicht zugelassen werden soll, festzulegen. Die Verzeichnisse werden von der höheren Baubehörde aufgestellt, soweit die Durchführungsvorschriften nichts anderes bestimmen.

(2) Die Genehmigung zur Ausführung baulicher Anlagen an den in die Verzeichnisse aufgenommenen Straßenstrecken ist zu untersagen:

a) auf Grundstücken, die zu der Straße einen unmittelbaren Zugang haben,

b) auf den in den Verzeichnissen festgelegten Geländestreifen beiderseits der Straße.

Sicherung der Gewinnung von Bodenschätzen. § 52. (1) Flächen, die für Zwecke der Gewinnung von Bodenschätzen in Anspruch genommen und vor einer dem künftigen Verwendungszweck widersprechenden Bebauung geschützt werden sollen, können durch die höhere Baubehörde im Einvernehmen mit der mittleren Landesbergbehörde und, wenn eine solche nicht vorhanden ist, der obersten Landesbergbehörde bestimmt werden. Die Bestimmung bedarf der Genehmigung der obersten Aufsichtsbehörde, die im Einvernehmen mit den beteiligten Reichsministern entscheidet.

(2) Die oberste Aufsichtsbehörde kann im Einvernehmen mit den beteiligten Reichsministern die Bestimmung auch von sich aus treffen.

(3) Die Bestimmung ist unter Angabe des Zeitpunkts, von dem ab sie wirksam werden soll, bekanntzumachen.

§ 53. (1) Auf den nach § 52 geschützten Flächen kann die Errichtung genehmigungspflichtiger Bauten untersagt werden, wenn das Bauvorhaben die Durchführung der bergbaulichen Maßnahmen erschweren würde.

(2) Eine Versagung nach Abs. 1 ist ausgeschlossen bei Bauten, die bestimmt sind, die landwirtschaftliche Erzeugung bis zur Inanspruchnahme der Flächen durch den Bergbau zu sichern und zu steigern.

(3) Ob und inwieweit auf den nach § 52 geschützten Flächen bis zu deren Inanspruchnahme durch den Bergbau die Anlegung von Verkehrsflächen, öffentlichen Freiflächen oder von Dauerkleingärten zuzulassen ist, entscheidet die höhere Baubehörde im Benehmen mit der mittleren Landesbergbehörde und wenn eine solche nicht vorhanden ist, der obersten Landesbergbehörde. Ist eine Übereinstimmung zwischen diesen Behörden nicht zu erzielen, so entscheidet der Reichsarbeitsminister im Einvernehmen mit den beteiligten Reichsministern.

Schutz von Baumbeständen, Grünflächen und Gewässern. § 54. (1) Aus Gründen der Volksgesundheit und zum Schutze des Orts- und Landschaftsbildes kann bestimmt werden, dass Baumbestände, Strauchbestände, Grünflächen und Gewässer sowie einzelne Bäume in ihrem Bestand zu erhalten sind, sofern nicht andere gesetzliche Vorschriften diesen Schutz regeln. Die zu schützenden Baumbestände, Strauchbestände, Grünflächen und Gewässer sind in ein Verzeichnis aufzunehmen.

(2) Das Verzeichnis wird von der höheren Baubehörde aufgestellt und auszugsweise den Eigentümern der betroffenen Grundstücke zugestellt.

(3) Von der Zustellung ab dürfen wesentliche Änderungen an den eingetragenen Bäumen, Sträuchern, Flächen oder Gewässern nicht vorgenommen werden.

§ 55. Soweit erhaltenswerter Baumbestand nicht aufgrund des § 54 geschützt ist, ist er bei Errichtung von Gebäuden und anderen baulichen Anlagen zu schonen. Die Baubehörde kann zu diesem Zwecke die Erteilung der Baugenehmigung davon abhängig machen, dass der Eigentümer sich verpflichtet, den Baumbestand zu erhalten oder ihn nur mit Zustimmung der Baubehörde zu ändern.

Freigabe von Wanderwegen. § 56. (1) Aus Gründen der Volksgesundheit kann bestimmt werden, dass bestehende nichtöffentliche Wege und Uferstreifen an Seen und anderen Gewässern für den allgemeinen Wanderverkehr freizugeben sind. Die freizugebenden Wege und Uferstreifen sind in ein Verzeichnis aufzunehmen. § 54 Abs. 2 findet entsprechende Anwendung.

(2) Von der Zustellung des Verzeichnisses oder eines Auszuges des Verzeichnisses ab hat der Grundstückseigentümer den Weg bzw. Uferstreifen freizugeben. Die Gemeinde hat Maßnahmen zu treffen, die erforderlich sind, um den Weg für den Wanderverkehr gangbar zu machen und um eine unverhältnismäßige Erschwerung der Nutzung der Grundstücke durch die Grundstückseigentümer zu verhindern; sie hat ferner den Weg gangbar zu erhalten.

(3) Von der Zustellung des Verzeichnisses ab dürfen ferner auf der Wasserseite der Wege bauliche Anlagen, abgesehen von geringfügigen Anlagen wie Bootsschuppen, Badehäuschen, Anlegestegen und ähnlichen Bauten, nicht errichtet und Hecken von mehr als einem Meter Höhe nicht angelegt werden.

Duldung öffentlicher Einrichtungen. § 57. (1) Die Eigentümer von Grundstücken sind verpflichtet, an Gebäuden, Einfriedigungen oder sonst auf ihren Grundstücken die Anbringung von Vorrichtungen für die öffentliche Straßenbeleuchtung sowie von Schildern und Nummern, die zur Straßenbezeichnung, für Zwecke der Gas-, Elektrizitäts- und der Wasserversorgung, der Entwässerung, des Feuerlöschwesens, der öffentlichen Verkehrseinrichtungen und der Verkehrsregelung sowie für ähnliche Zwecke erforderlich sind, zu dulden. Dies gilt nicht, wenn die Anbringung oder die Benutzung der Einrichtung die bestimmungsgemäße Nutzung des Grundstücks unmöglich machen würde.

(2) Der Eigentümer kann verlangen, dass Nachteile, die sich aus der Anbringung oder Benutzung der im Abs. 1 bezeichneten Einrichtungen ergeben, beseitigt werden, sofern das Grundstück oder seine Nutzung in unzumutbarem Maße beeinträchtigt wird.

(3) Der durch die Anbringung oder die Benutzung der Einrichtungen entstehende Schaden ist von demjenigen, zu dessen Gunsten die Einrichtung erfolgt, zu ersetzen. Bei Streit über den Anspruch und über die Höhe des Schadens entscheidet auf Antrag die Baubehörde.

3. Abschnitt: Bausperre und Genehmigungspflicht von Grundstücksteilungen

Bausperre. § 58. (1) Für Flächen, die für Zwecke des Gemeinbedarfs (§ 29 Abs. 2) in Anspruch genommen oder in der Nutzung beschränkt oder die in eine Baulandumlegung einbezogen werden sollen oder für die der Erlass von Bebauungsvorschriften oder die Aufstellung eines Fluchtlinienplans vorbereitet wird, kann eine befristete Bausperre angeordnet werden, wenn die Durchführung der beabsichtigten Maßnahme durch die Ausführung oder Änderung baulicher Anlagen erschwert oder unmöglich gemacht werden würde. Als bauliche Anlagen im Sinne dieser Vorschrift gelten auch Erdbewegungen, Abgrabungen oder Aufschüttungen größeren Umfangs.

(2) Die Bausperre soll nur angeordnet werden, wenn eine Bebauung aufgrund anderer Vorschriften nicht oder nicht rechtzeitig verhindert werden kann.

§ 59. (1) Soweit die Ausführung oder Änderung baulicher Anlagen dem Zweck der Bausperre entgegenstehen würde, hat die Baubehörde während der Bausperre bei genehmigungspflichtigen Vorhaben die Baugenehmigung zu versagen, bei nicht genehmigungspflichtigen Vorhaben die Durchführung innerhalb zweier Wochen nach Eingang der Anzeige (Abs. 2) zu verbieten.

(2) Nicht genehmigungspflichtige Vorhaben, die im Bausperrgebiet während der Bausperre durchgeführt werden sollen, sind rechtzeitig, spätestens zwei Wochen vor der Inangriffnahme, der Baubehörde anzuzeigen.

§ 60. (1) Die Bausperre wird durch die Baubehörde angeordnet. Die Anordnung bedarf der Genehmigung der höheren Baubehörde; diese kann auch von sich aus die Bausperre anordnen.

(2) Die Anordnung der Bausperre ist, sobald die Entscheidung der höheren Baubehörde vorliegt, durch die Gemeinde öffentlich bekanntzumachen oder den betroffenen Grundstückseigentümern oder Erbbauberechtigten bekanntzugeben.

(3) Gegen die Anordnung einer Bausperre ist die Beschwerde (§ 95) nicht zulässig.

§ 61. (1) Die Bausperre wird mit ihrer Bekanntgabe (§ 60 Abs. 2) wirksam. Sie tritt nach Ablauf von zwei Jahren nach ihrer Bekanntgabe außer Kraft. Sie ist schon vorher außer Kraft zu setzen, sobald die Voraussetzungen für ihre Anordnung weggefallen sind; die höhere Baubehörde kann auch eine von der Gemeinde angeordnete Bausperre außer Kraft setzen.

(2) Die Bausperre kann nach Ablauf der zwei Jahre erforderlichenfalls um ein weiteres Jahr verlängert werden. Die oberste Aufsichtsbehörde kann in Ausnahmefällen eine weitere Verlängerung zulassen.

Genehmigungspflicht von Grundstücksteilungen. § 62. Während der Bausperre sowie nach Erlass von Bebauungsvorschriften oder nach der Feststellung eines Fluchtlinien- oder eines Umlegungsplans ist eine Teilung der im Gebiet der Bausperre, des Geltungsbereichs der Bebauungsvorschriften oder in dem Plangebiet gelegenen Grundstücke nur mit Genehmigung der Baubehörde zulässig. Die Genehmigung ist zu versagen, wenn die Teilung die Durchführung der Maßnahme, wegen deren die Bausperre angeordnet wurde, die Durchführung des Fluchtlinien-, des Umlegungsplans oder das Einhalten der baurechtlichen Vorschriften bei der Bebauung der Grundstücke erschweren, unbebaubare Grundstücksteile ergeben oder wenn sonst ein erhebliches öffentliches Interesse entgegenstehen würde.

III. Teil. Grundstücksübernahme, Entschädigung und Enteignung (§§ 63–84)

1. Abschnitt: Grundstücksübernahme, Entschädigung

§ 63. (1) Wird die Ausübung eines Eigentumsrechts oder eines sonstigen Rechts an einem Grundstück durch eine Maßnahme aufgrund der im § 1 Buchst. a und b genannten Vorschriften eingeschränkt oder unmöglich gemacht, so kann die Übernahme des Grundstücks oder eine Entschädigung wegen einer solchen Maßnahme nur verlangt werden, soweit dies in den baurechtlichen Vorschriften des Reichs vorgesehen ist. Für die Entziehung oder Beschränkung des Eigentums oder eines sonstigen Rechts an einem Grundstück im Wege der Enteignung gelten die Vorschriften der §§ 74 ff.

(2) Die Übernahme von Grundstücken erfolgt gegen Entschädigung.

(3) Die nach Abs. 1 und 2 zu zahlenden Entschädigungen müssen angemessen sein.

(4) Zur Übernahme eines Grundstücks und zur Zahlung einer Entschädigung ist, soweit die gesetzlichen Vorschriften nichts anderes bestimmen, die Gemeinde verpflichtet.

§ 64. (1) Ist ein Grundstück (Grundstücksteil) in einem festgestellten Fluchtlinienplan als Verkehrsfläche, öffentliche Freifläche oder Dauerkleingartengebiet bestimmt, so kann der Grundstückseigentümer die Übernahme des Grundstücks (Grundstücksteils) verlangen, sobald und insoweit das Grundstück (der Grundstücksteil) nach der baulichen Entwicklung des Gebiets ohne die Baubeschränkung bebaut werden könnte.

(2) Ist ein Grundstück (Grundstücksteil) im Fluchtlinienplan als Verkehrsfläche bestimmt, so trifft die Verpflichtung zur Übernahme des Grundstücks den Träger der Straßenbaulast.

§ 65. Wird ein Grundstücksteil, der in einem Fluchtlinienplan für eine Verkehrsfläche, öffentliche Freifläche oder ein Dauerkleingartengebiet bestimmt ist, für diese Zwecke erworben oder ihnen tatsächlich zugeführt, so kann der Eigentümer des Restgrundstücks die Übernahme durch den nach § 64 zur Übernahme Verpflichteten verlangen, wenn das Restgrundstück nach seiner bisherigen Bestimmung nicht mehr wirtschaftlich genutzt werden kann.

§ 66. Wird aufgrund eines Fluchtlinienplans eine bestehende öffentliche Verkehrsfläche beseitigt oder in ihrer Richtung geändert und verliert dadurch ein an der Verkehrsfläche gelegenes bebautes oder unbebautes Grundstück seinen bisherigen Zugang, so kann der Eigentümer von der Gemeinde die Beschaffung ausreichenden Ersatzes und, wenn dieser nicht geboten wird, die Übernahme des Grundstücks verlangen.

§ 67. Wird ein Grundstück (Grundstücksteil), das nach den städtebaulichen Plänen weder für die Bebauung noch für Zwecke des Gemeinbedarfs (§ 29 Abs. 2) bestimmt ist, das aber nach seiner Beschaffenheit für eine Bebauung oder für eine andere wirtschaftliche Nutzung geeignet wäre, durch die sich nach den Bebauungsvorschriften oder festgesetzten Fluchtlinienplänen vollziehende Ausnutzung der Grundstücke der Umgebung in seiner Ausnutzbarkeit so beschränkt, dass das Grundstück (der Grundstücksteil) als wirtschaftlich unverwertbar anzusehen ist, so kann der Eigentümer die Übernahme des Grundstücks (Grundstücksteils) verlangen. Die Vorschrift des § 65 wird hierdurch nicht berührt.

§ 68. Wird nach einem Fluchtlinienplan die Höhenlage einer bestehenden Verkehrsfläche oder ein Wasserlauf geändert und wird dadurch die Benutzung eines Grundstücks beeinträchtigt oder seine Benutzung nur durch bauliche Änderungen möglich, so kann der Eigentümer Entschädigung verlangen. Die Entschädigung hat der Träger der Straßenbaulast oder der wasserbaulichen Maßnahme zu tragen. Dieser ist berechtigt, soweit der Schaden durch bauliche Änderungen beseitigt werden kann, diese selbst vorzunehmen. Kann der Schaden durch bauliche Änderungen nicht beseitigt werden und würde die Gewährung lediglich einer

Geldentschädigung eine unzumutbare Härte bedeuten, so kann der Eigentümer die Übernahme des Grundstücks von dem zur Entschädigung Verpflichteten verlangen.

§ 69. (1) Die Eigentümer von Grundstücken können von der Gemeinde Entschädigung verlangen:
1. wenn eine nicht mit einer Straßenfluchtlinie zusammenfallende Baufluchtlinie ein vorhandenes Gebäude trifft und das Grundstück bis zur Baufluchtlinie freigelegt wird, wegen der Nichtbebaubarkeit des freigelegten Grundstücksteils und ferner, falls nichts anderes vereinbart ist, für den Abbruch des Gebäudeteils und den dadurch entstehenden Schaden;
2. wenn infolge von Wiederaufbaubeschränkungen aufgrund eines festgestellten Fluchtlinienplans die Reste eines durch elementare Ereignisse zerstörten oder beschädigten Gebäudes nicht mehr als Bauteile bei der Wiederherstellung des Gebäudes oder sonst nicht mehr wirtschaftlich verwendet werden können;
3. wenn die Bebauung eines Grundstücks, das nach den baurechtlichen Vorschriften zur Bebauung bestimmt ist, nach § 49 untersagt oder erschwert wird;
4. wenn die Bebauung eines Grundstücks, das nach den baurechtlichen Vorschriften zur Bebauung bestimmt ist, nach § 50 Abs. 1 untersagt oder erschwert oder durch eine Bestimmung nach § 50 Abs. 2 ausgeschlossen oder erschwert wird; im letzteren Fall entsteht der Anspruch auf Entschädigung mit dem Zeitpunkt des Eintritts der Unbebaubarkeit des Grundstücks;
5. für Schäden, die dadurch entstehen, dass die Bewirtschaftung der Grundstücke infolge einer nach §§ 54, 55 oder 56 getroffenen Maßnahme erheblich erschwert wird;
6. für die durch die Freigabe eines Wanderweges (§ 56) entstandenen Schäden, insbesondere Ersatz der Kosten der Herstellung einer die übrigen Teile des Grundstücks gegen den Wanderweg abschließenden zweckentsprechenden Einfriedigung, sofern das Grundstück bereits eingezäunt war;
7. wenn ein Gebäude, das unter Beachtung eines festgestellten Fluchtlinienplans zu bauen begonnen worden ist, infolge einer Änderung, Ergänzung oder Aufhebung des Plans verändert vollendet werden muss oder der Bau überhaupt nicht vollendet werden kann. Er kann daneben auch die Übernahme des Grundstücks verlangen, wenn die Voraussetzungen der §§ 64 bis 68 für die Übernahme gegeben sind.

(2) Zur Zahlung der Entschädigung ist in den Fällen des Abs. 1 Nummern 3 und 4 der Unternehmer verpflichtet.

§ 70. War ein Grundstück in einem Fluchtlinienplan für Zwecke des Gemeinbedarfs (§ 28 Abs. 2) bestimmt und wird diese Zweckbestimmung aufgehoben, so kann der Eigentümer insoweit eine Entschädigung verlangen, als er während der Dauer der Zweckbestimmung in der zur Zeit des Eintritts der Grundstücksbeschränkung tatsächlich ausgeübten oder nach Lage der Verhältnisse möglichen Benutzungsart beschränkt worden ist. Erstreckt sich die Beschränkung bei einer nur teilweisen Beanspruchung des Grundstücks auf das Restgrundstück, so kann die Entschädigung auch für das Restgrundstück verlangt werden.

§ 71. (dient nur als Grundlage für die Erörterung des Problems!) (1) Wird für ein Gebiet, das durch Bebauungsvorschriften bisher als Baugebiet ausgewiesen war, infolge Änderung der Planung bestimmt, dass eine Bebauung künftig nicht stattfinden darf, so können die Eigentümer der hiervon betroffenen unbebauten Grundstücke für den dadurch entstehenden Schaden Entschädigung verlangen, wenn sie das Grundstück im Hinblick auf seine Eigenschaft als Bauland und im guten Glauben an die Beibehaltung dieser Eigenschaft für die Zukunft zu einem dem Baulandwert entsprechenden Preis erworben oder in einer diesem Wert entsprechenden Höhe belastet haben.

(2) Das Gleiche gilt in dem Falle, dass ein Baugebiet, für das bisher eine höhere Baustufe festgesetzt war, durch eine Änderung der Bebauungsvorschriften auf eine niedere Baustufe herabgezont wird.

§ 72. (1) Der Eigentümer eines Grundstücks, dessen Bebauung nach § 53 beschränkt wird, kann Entschädigung verlangen, wenn durch die Baubeschränkungen ein bestehender Wirtschaftsbetrieb unwirtschaftlich wird oder wenn die Baubeschränkung für den Eigentümer sonst eine unzumutbare Härte bedeuten würde.

(2) Eine Entschädigung kommt nicht in Betracht, wenn die beabsichtigte Bauausführung schon aus anderen als den im § 53 genannten Gründen unzulässig wäre oder untersagt werden könnte und nach den hierfür maßgebenden gesetzlichen Vorschriften eine Entschädigung nicht zu gewähren ist.

(3) Zur Entschädigung sind die durch die Beschränkung begünstigten Bergwerksunternehmer verpflichtet.

Verfahren. § 73. Über die Übernahme eines Grundstücks oder eine zu zahlende Entschädigung entscheidet, soweit nichts anderes bestimmt ist, unter sinngemäßer Anwendung der Vorschriften in §§ 81, 83 und 84 die Behörde, die im Falle der Enteignung über die Enteignungsentschädigung zu entscheiden hat.

2. Abschnitt: Enteignung

Zulässigkeit der Enteignung. § 74. (1) Soweit es zur Durchführung städtebaulicher Maßnahmen (Abs. 3 bis 5) erforderlich ist, kann das Grundeigentum nach Maßgabe der nachstehenden Vorschriften entzogen oder beschränkt werden.

(2) Unter Grundeigentum sind auch die sonstigen dinglichen Rechte an Grundstücken sowie solche anderen Rechte zu verstehen, die zum Besitz oder zur Nutzung von Grundstücken berechtigen oder die Nutzung von Grundstücken beschränken.

(3) Städtebauliche Maßnahmen, zu deren Durchführung das Enteignungsrecht gegeben ist, sind:

1. die Anlegung, Verbreiterung oder sonstige Veränderung von öffentlichen Verkehrsflächen einschl. der dazugehörigen Nebenanlagen,
2. die Anlegung oder Veränderung von öffentlichen Freiflächen (§ 21 Abs. 1 Nr. 4),
3. die Errichtung oder Veränderung von Dauerkleingärten,
4. die Errichtung wasserwirtschaftlicher Anlagen der öffentlichen Wasserversorgung,

5. die Errichtung öffentlicher Bauten und solcher größerer Bauten, die im Hinblick auf ihren Verwendungszweck und aus städtebaulichen Gründen, insbesondere wegen ihrer baukünstlerischen Bedeutung, an einer bestimmten Stelle des Gemeindegebiets erstellt werden sollen,

6. die Schließung von Baulücken,

7. die Beseitigung von Baumasken und Schaffung angemessener Baustellen,

8. die Niederlegung von Gebäuden aus Gründen des Verkehrs oder der Gesundung von Wohnvierteln und Häuserblöcken, ferner die zweckmäßige Wiederbebauung eines Geländes, dessen Gebäude durch Naturgewalt zerstört worden sind;

9. die Anlage von Friedhöfen und Urnenhainen.

(4) Das Enteignungsrecht ist ferner gegeben für die Bereitstellung von Bau- und Gartenland für den Volkswohnstättenbau. Der Reichsarbeitsminister bestimmt, welche Bau- und Siedlungsvorhaben hierunter fallen.

(5) Der Reichsarbeitsminister kann auch für Vorhaben, die nicht unter Abs. 3 oder 4 fallen, die Enteignung zulassen, wenn ohne diese ein bestimmtes städtebauliches Ziel nicht erreicht werden könnte.

§ 75. (1) Die Enteignung wird in den Fällen des § 74 Abs. 3 Nrn. 4 bis 9, Abs. 4 und 5 im Einzelfalle durch den Reichsarbeitsminister zugelassen.

(2) In den Fällen des § 74 Abs. 3 Nrn. 1 bis 3 gilt die Enteignung mit der Feststellung des Fluchtlinienplans (§ 33 Abs. 6) als zugelassen.

Enteignung für Verkehrs-, Freiflächen- und Dauerkleingartenzwecke. § 76. (1) Der Enteignungsberechtigte (§ 82) ist in den Fällen des § 74 Abs. 3 Nrn. 1 bis 3 nicht verpflichtet, die gesamten in dem Fluchtlinienplan für die städtebaulichen Zwecke bestimmten Flächen gleichzeitig in Anspruch zu nehmen.

(2) Die im Abs. 1 bezeichneten Flächen sind jedoch spätestens bis zum Ablauf von 10 Jahren seit der Planfeststellung in Anspruch zu nehmen. Dies gilt nicht, wenn außergewöhnliche Gründe die Durchführung des Fluchtlinienplans nicht geboten erscheinen lassen; in diesem Falle muss der Fluchtlinienplan alsbald nach Entstehung dieser Gründe, spätestens mit Ablauf der Zehnjahresfrist, aufgehoben werden, soweit er die nicht bereits in Anspruch genommenen Flächen betrifft.

(3) Die Vorschriften der §§ 64 bis 68 werden nicht berührt.

(4) Im Falle der ganzen oder teilweisen Aufhebung des Fluchtlinienplans gilt *§ 70* entsprechend.

Enteignung von Baulückengrundstücken. § 77. (1) Hat der Eigentümer eines Baulückengrundstücks (§ 45 Abs. 1) das Grundstück innerhalb der ihm oder seinem Rechtsvorgänger im Eigentum nach § 46 Abs. 2 gesetzten Frist nicht bebaut, so kann das Grundstück zum Zwecke der Bebauung enteignet werden.

(2) Das Gleiche gilt im Falle des § 47 Abs. 2, wenn innerhalb der Frist eine Einigung über den Erwerb des Grundstücks mit der Gemeinde oder dem von der Gemeinde bezeichneten Dritten nicht zustande kommt.

(3) Der Enteignungsberechtigte (§ 82) hat sich vor Stellung des Enteignungsantrags der Aufsichtsbehörde gegenüber zu verpflichten, das Grundstück alsbald zu bebauen, weiter zu bebauen oder bebauen zu lassen.

§ 78. Sollen dingliche Rechte sowie solche anderen Rechte, die zum Besitz oder zur Nutzung des Grundstücks berechtigen oder seine Nutzung beschränken, aufgehoben werden (§ 74 Abs. 2), so ist die Enteignung erst zulässig, wenn die Bebauung des Grundstücks gesichert ist und unmittelbar bevorsteht.

§ 79. (1) Der Enteignungsberechtigte (§ 82) hat alsbald nach dem Erwerb des Eigentums an dem Grundstück oder dem Erlöschen der im § 78 genannten Rechte das Baulückengrundstück zu bebauen oder weiterzubebauen. Diese Verpflichtung geht auch auf den Rechtsnachfolger im Eigentum über.

(2) Ist die Bebauung des Grundstücks nicht binnen zwei Jahren nach Erwerb des Eigentums oder des Enteignungsrechts (Abs. 1 Satz 1) erfolgt, so kann der enteignete Grundstückseigentümer oder sein Rechtsnachfolger innerhalb eines weiteren Jahres die Rückübertragung des Eigentums am Grundstück gegen Rückzahlung der Entschädigungssumme, auf die in der Zwischenzeit gemachte notwendige Aufwendungen für das Grundstück anzurechnen sind, verlangen. Nach der Rückübertragung kann der Eigentümer nicht erneut aufgrund der §§ 45, 46 zur Bebauung verpflichtet werden; sonstige baurechtliche Vorschriften, die eine Verpflichtung zur Bebauung oder zur Fortsetzung einer bereits begonnenen Bebauung des Grundstücks begründen, werden hierdurch nicht berührt.

Enteignung zur Beseitigung von Baumasken und Schaffung angemessener Baustellen. § 80. (1) Aufgrund eines festgestellten Fluchtlinienplans können enteignet werden:

a) an Verkehrsflächen, öffentlichen Freiflächen oder Dauerkleingartenflächen angrenzende Grundstücke, die lediglich wegen ihrer Größe oder Gestalt nach den baurechtlichen Vorschriften nicht bebaubar sind und die Bebauung dahinterliegender Grundstücke, die nicht an diese Flächen grenzen, hindern (Baumasken);

b) die hinter einer Baumaske liegenden Grundstücke, wenn diese für sich allein nicht bebaubar sind, oder Teile hinter einer Baumaske liegender Grundstücke, sofern diese Teile von den Grundstücken abgetrennt werden können, ohne dass diese dadurch in ihrer Bebaubarkeit oder in ihrer sonstigen wirtschaftlichen Ausnutzbarkeit in unzumutbarer Weise beschränkt werden. Die Enteignung ist nur zulässig, soweit die zu enteignenden Grundstücke (Grundstücksteile) zur Bildung einer angemessenen Baustelle zusammen mit der Baumaske oder mit noch anderen Grundstücken (Grundstücksteilen) benötigt werden.

(2) Die Enteignung ist erst zulässig, wenn die Bebauung der Baustelle gesichert ist und unmittelbar bevorsteht.

Durchführung der Enteignung. § 81. Für die Durchführung der Enteignung finden die bestehenden Gesetze, nach Inkrafttreten des Reichsenteignungsgesetzes die Vorschriften dieses Gesetzes, nach Maßgabe der §§ 75, 82 bis 84, 100 Anwendung. Bestehen Vorschriften über ein vereinfachtes Enteignungsverfahren, so sind diese anzuwenden. Bei Zweifel bestimmt der Reichsarbeitsminister, welche Vorschriften anzuwenden ist.

Enteignungsberechtigter. § 82. (1) Die Enteignung erfolgt zugunsten der Gemeinde, in den Fällen des § 74 Abs. 3 Nr. 1 zugunsten des Trägers der Straßenbaulast.

(2) Bei Dauerkleingartenflächen kann die Gemeinde von dem Enteignungsrecht zugunsten einer öffentlichrechtlich anerkannten Vereinigung der Kleingärtner Gebrauch machen.

(3) In den Fällen der §§ 77, 78 kann die Enteignung auf Antrag der Gemeinde auch zugunsten eines anderen, von der Enteignungsbehörde zu bezeichnenden Berechtigten erfolgen. Die Gemeinde kann in diesen Fällen auch zur Weiterübertragung des Eigentums oder der sonstigen Rechte an einen geeigneten Dritten ermächtigt oder verpflichtet werden.

(4) Die Enteignung erfolgt im Falle des § 80 Abs. 1 Buchst. a zugunsten des Eigentümers des hinter der Baumaske liegenden Grundstücks, im Falle des § 80 Abs. 1 Buchst. b zugunsten der Gemeinde oder eines der von dieser zu bezeichnenden Grundstückseigentümer.

§ 83. Für die Durchführung des Enteignungsverfahrens ist die höhere Baubehörde zuständig.

§ 84. (1) Die Enteignung erfolgt gegen angemessene Entschädigung. Diese kann in geeigneten Fällen ganz oder teilweise auch in Land (bebauten oder unbebauten Grundstücken) oder in wiederkehrenden Leistungen gewährt werden, wenn diese Art der Entschädigung unter Abwägung der Belange des Enteigneten und des Enteignungsberechtigten billig ist. War das enteignete Grundstück bebaut, so soll die Gemeinde dem bisherigen Eigentümer auf Verlangen Gelegenheit geben, in der Nähe ein anderes geeignetes Baugrundstück oder bebautes Grundstück zu angemessenem Preise zu erwerben. Bei Erbhöfen ist die Entschädigung in Land zu leisten, soweit die Inanspruchnahme die Lebensfähigkeit des Erbhofs beeinträchtigt; auf Vorschlag der Enteignungsbehörde kann die oberste Aufsichtsbehörde im Einvernehmen mit dem Reichsminister für Ernährung und Landwirtschaft ausnahmsweise eine andere Entschädigungsregelung zulassen. Steht das erforderliche Ersatzland nicht zur Verfügung, so kann auch dieses enteignet werden.

(2) Sind durch die Aussicht auf die Durchführung der städtebaulichen Maßnahme, für die die Enteignung erfolgt, Wertsteigerungen entstanden, so dürfen diese nicht berücksichtigt werden.

(3) Sind mit Rücksicht auf die Verwendung des Grundstücks zu dem Zwecke, für den die Enteignung erfolgt, Wertminderungen eingetreten, so bleiben diese bei der Festsetzung der Entschädigung außer Betracht.

(4) Wird nur ein Teil eines Grundstücks enteignet, so ist die Werterhöhung, die dem Restgrundstück aus der Durchführung des städtebaulichen Plans erwächst, auf die Entschädigung anzurechnen.

IV. Teil. Die Bebauung der Grundstücke (§§ 85–94)

Allgemeine Grundsätze. § 85. (1) Die Bebauung der Grundstücke muss allen Erfordernissen deutscher Städtebaukunst und deutscher Baukultur entsprechen. Sie muss auf das Wohl der Allgemeinheit und auf die berechtigten Belange der Nachbarn Rücksicht nehmen. Alle Bauten müssen in einem Zustand erhalten werden, der weder die öffentlichen Belange noch die Sicherheit und Gesundheit einzelner gefährdet.

(2) Hiernach an die Bauten zu stellende Anforderungen bestimmt die Reichsbauordnung. Diese wird von der Reichsregierung erlassen.

Die Genehmigung der Bauten. § 86. (1) Alle Bauten, Änderungen von Bauten und Abbrüche von Bauten bedürfen der Genehmigung (Baugenehmigung).

(2) Die Baugenehmigung erteilt die Baubehörde.

(3) Vor Erteilung der Baugenehmigung oder einer vorläufigen Genehmigung darf mit dem Bauen oder mit dem Abbruch nicht begonnen werden.

§ 87. (1) Die Baugenehmigung wird in der Regel dem Grundstückseigentümer oder dem Erbbauberechtigten (Bauwerber) erteilt.

(2) Die Baugenehmigung kann unter Bedingungen erteilt werden.

(3) Die Baugenehmigung gilt auch für den Rechtsnachfolger des Bauwerbers.

(4) Rechte Dritter werden durch die Baugenehmigung nicht berührt.

Einsprüche. § 88. (1) Über Einsprüche gegen ein Bauvorhaben entscheidet die Baubehörde nach Gehör des Bauwerbers. Diese kann die Erteilung der Baugenehmigung aussetzen, bis über den Einspruch endgültig entschieden ist; ist die Baugenehmigung bereits erteilt, der Bau jedoch noch nicht begonnen, so kann sie den Baubeginn solange untersagen.

(2) Einsprüche, die auf Privatrecht beruhen, sind zur Austragung auf den ordentlichen Rechtsweg zu verweisen, wenn eine gütliche Einigung unter den Beteiligten nicht zu erzielen ist. Die Baubehörde kann jedoch die Erteilung der Baugenehmigung vorläufig aussetzen oder den Beginn des Baues vorläufig untersagen, wenn der Widersprechende sein Recht glaubhaft macht und ein berechtigtes dringendes Interesse an der vorläufigen Unterlassung des Baues nachweist. Die Baubehörde kann diese Maßnahme auch von einer Sicherheitsleistung abhängig machen.

Rücknahme der Baugenehmigung. § 89. Haben sich die bei Erteilung der Baugenehmigung bestehenden Verhältnisse nachträglich wesentlich geändert, so kann die Baubehörde die Baugenehmigung zurücknehmen, wenn das öffentliche Interesse dies erfordert und mit dem Bau noch nicht begonnen worden ist.

Erlöschen der Baugenehmigung. § 90. (1) Die Baugenehmigung erlischt, wenn der Bau nicht innerhalb eines Jahres begonnen ist oder wenn der begonnene Bau über ein Jahr lang unvollendet ruht. Die Baubehörde kann diese Fristen um höchstens zwei Jahre verlängern.

(2) Ist die Baugenehmigung erloschen, so bestimmt die Baubehörde nach Gehör des Bauwerbers, was mit dem angefangenen Bau zu geschehen hat, um Gefahren, die sich durch das unvollendete Bauwerk ergeben können, zu verhindern und eine Störung des Orts-, Straßen- und Landschaftsbildes nach Möglichkeit zu beseitigen. Der Bauwerber ist verpflichtet, die hierfür von der Baubehörde geforderten Maßnahmen innerhalb einer von ihr zu stellenden angemessenen Frist zu treffen.

(3) Ist der Bauwerber oder im Falle der Rechtsnachfolge der Erwerber nicht in der Lage, den Bau innerhalb der gestellten Frist (Abs. 2) zu vollenden, so kann der Bauwerber und, falls dieser nicht der Grundstückseigentümer ist, der Grundstückseigentümer nach Ablauf dieser Frist zur Weiterbebauung des Grundstücks verpflichtet werden. Die Vorschriften der §§ 45 bis 48, 77 bis 79 finden entsprechende Anwendung mit der Maßgabe, dass die nach § 46 Abs. 2 Satz 1 zu bestimmende Frist ein Jahr beträgt.

Beaufsichtigung der Bauten. § 91. Genehmigungspflichtige Bauten (§ 86) unterliegen während ihrer Ausführung der Beaufsichtigung durch die Baubehörde und die Gemeinde, falls diese nicht selbst Baubehörde ist. Diese haben darüber zu wachen, dass kein Bau ohne die erforderliche Baugenehmigung begonnen und vor der Abnahme durch die Baubehörde in Benutzung genommen wird.

Unzulässiges Bauen. § 92. (1) Wird ein Bau ohne die erforderliche Baugenehmigung oder abweichend von der Baugenehmigung ausgeführt, so kann die Baubehörde die Fortsetzung des Baues im Wege des Verwaltungszwangs verhindern. Bei Gefahr im Verzuge steht dieses Recht auch dem Bürgermeister zu, wenn die Gemeinde nicht selbst Baubehörde ist.

(2) Abs. 1 gilt bei dem Abbruch von Bauten entsprechend.

§ 93. (1) Bauten, die ohne die erforderliche Baugenehmigung oder plan- oder vorschriftswidrig errichtet worden sind, sind zu beseitigen oder zu ändern, wenn die Baubehörde es verlangt.

(2) Der Bauwerber ist verpflichtet, der Baubehörde innerhalb der von ihr zu bestimmenden Frist den Bauantrag und die erforderlichen Unterlagen für die ohne Genehmigung oder plan- oder vorschriftswidrig aufgeführten Bauten einzureichen. Die Baubehörde kann den Bau oder die abweichende Bauausführung nachträglich genehmigen. § 87 Abs. 2 findet Anwendung.

(3) Kommt der Bauwerber der Aufforderung der Baubehörde, den Bau zu beseitigen oder zu ändern, nicht nach, so kann diese das Erforderliche auf seine Kosten vornehmen.

§ 94. Die näheren Bestimmungen zu den Vorschriften der §§ 86 bis 93 trifft die Reichsbauordnung. Sie kann Ausnahmen von diesen Vorschriften zulassen und ergänzende Bestimmungen treffen.

V. Teil. Rechtsmittel, Zwangsbefugnisse, Strafvorschriften (§§ 95–106)

1. Abschnitt: Rechtsmittel

Beschwerde. § 95. (1) In Bausachen ist gegen Entscheidungen und Maßnahmen der Bürgermeister, der Baubehörden und der höheren Baubehörden die Beschwerde zulässig, soweit in diesem Gesetz keine abweichende Regelung getroffen ist. Gegen Entscheidungen und Maßnahmen aufgrund der §§ 18 bis 34 ist eine Beschwerde nur zulässig, soweit sie in diesen Vorschriften vorgesehen ist.

(2) Es entscheiden über Beschwerden gegen Entscheidungen und Maßnahmen

a) der Bürgermeister, soweit die Gemeinde nicht Baubehörde ist: die Landräte,

b) der Baubehörden: die höheren Baubehörden,

c) der höheren Baubehörden: die oberen Aufsichtsbehörden, sofern die Entscheidung nicht der obersten Aufsichtsbehörde übertragen ist.

(3) Beschwerde kann erheben, wer durch die behördliche Entscheidung oder die Maßnahme unmittelbar betroffen wird oder zu den am Verfahren Beteiligten gehört.

(4) Die Beschwerde ist binnen zwei Wochen von dem Zeitpunkt ab zulässig, in dem die Entscheidung zugestellt oder die Maßnahme dem Betroffenen sonst zur Kenntnis gebracht ist. Sie ist schriftlich oder zur Niederschrift bei der Behörde zu erheben, deren Entscheidung oder Maßnahmen angefochten werden; in jedem Falle genügt zur Wahrung der Frist die Erhebung der Beschwerde bei der Baubehörde.

Weitere Beschwerde. § 96. (1) Gegen die Beschwerdeentscheidungen der Landräte (§ 95 Abs. 2 Buchst. a) ist die weitere Beschwerde zulässig. Über diese entscheidet die höhere Baubehörde.

(2) § 95 Abs. 3 und 4 gelten entsprechend.

Rechtskraft. § 97. Die Beschwerdeentscheidungen der höheren Baubehörden (§ 95 Abs. 2 Buchst. b, § 96 Abs. 1) und der oberen Aufsichtsbehörden (§ 95 Abs. 2 Buchst. c) sind endgültig, soweit dagegen nicht die Klage im verwaltungsgerichtlichen Verfahren zugelassen ist (§ 100).

Aufschiebende Wirkung. § 98. Die Beschwerde, die weitere Beschwerde und die Klage im verwaltungsgerichtlichen Verfahren haben aufschiebende Wirkung.

Zustimmung einer übergeordneten Baubehörde. § 99. (1) Ist in Bausachen die Entscheidung einer Behörde an die Zustimmung einer übergeordneten Baubehörde gebunden, so ist deren Entschließung nicht selbständig anfechtbar.

(2) Die Stellungnahme der übergeordneten Baubehörde im Zustimmungsverfahren (Abs. 1) bindet diese nicht bei ihrer Entscheidung in einem Rechtsmittelverfahren.

Verwaltungsgerichtliches Verfahren. § 100. (1) Die Klage im verwaltungsgerichtlichen Verfahren ist zulässig gegen die Beschwerdeentscheidungen der höheren Baubehörden und der oberen Aufsichtsbehörden (§ 97), soweit diese betreffen:

1. Streitigkeiten über die Übernahme eines Grundstücks oder über die zu zahlende Entschädigung in den Fällen der §§ 38, 64 bis 72 und des § 76 Abs. 4;
2. Streitigkeiten über die Höhe der zu zahlenden Enteignungsentschädigung;
3. Streitigkeiten über die Verpflichtung zur Bebauung von Baulückengrundstücken (§§ 45 bis 48) und im Falle des § 79 Abs. 2 Satz 1.

(2) Über die Klage entscheidet bis zur Errichtung des Reichsverwaltungsgerichts das zuständige oberste Verwaltungsgericht im ersten und letzten Rechtszuge.

(3) Die Klage ist binnen eines Monats von der Zustellung der Beschwerdeentscheidung ab bei der Behörde, welche die angefochtene Entscheidung eröffnet hat, einzureichen. Sie hat die Beschwerdepunkte zu bezeichnen und muss eine Begründung enthalten. Sie soll ferner die neuen Tatsachen und Beweismittel enthalten, die der Kläger geltend zu machen beabsichtigt. Die Frist gilt auch als gewahrt, wenn die Klage rechtzeitig bei der Behörde eingereicht wird, deren Entscheidung angefochten wird.

Rechtsmittelbelehrung. § 101. Jede Verfügung der Baubehörden und jede Rechtsmittelentscheidung hat eine Belehrung über das dagegen zulässige Rechtsmittel zu enthalten.

2. Abschnitt: Zwangsbefugnisse

§ 102. Die Baubehörden und die höheren Baubehörden sind, unbeschadet der Verfolgung strafbarer Handlungen im Strafverfahren, befugt, die Durchführung ihrer Anordnungen oder die Unterlassung von Handlungen, die den baurechtlichen Vorschriften zuwiderlaufen, im Verwaltungswege zu erzwingen. Die Vorschrift des § 93 wird nicht berührt.

3. Abschnitt: Strafvorschriften [§§ 103–105, weggelassen]

§ 106. Eine Bestrafung nach den §§ 103 bis 105 befreit nicht von der Verpflichtung, die unzulässigen Bauten oder baulichen Veränderungen, für die nicht nachträglich eine Baugenehmigung erteilt wird, zu beseitigen oder zu ändern.

VI. Teil. Schluss- und Übergangsvorschriften [§§ 107–110; weggelassen]

Baulandumlegung. § 111. Der Reichsarbeitsminister wird ermächtigt, das Recht der Baulandumlegung im Verordnungswege zu regeln. Diese Verordnung ist eine baurechtliche Vorschrift im Sinne des § 1 des Gesetzes.

Anliegerbeiträge. § 112. Die Beiträge, die die Grundstückseigentümer zu den Kosten, welche den Trägern der Straßenbaulast aus der Herstellung und Unterhaltung der zum Ausbau bestimmten öffentlichen Straßen und Plätze im Gemeindegebiet entstehen, zu entrichten haben, regelt das Gesetz über Anliegerbeiträge vom ...

(Reichsgesetzbl. ...). Dieses ist eine baurechtliche Vorschrift im Sinne des § 1 des Gesetzes.

Übergangsvorschriften und Inkrafttreten des Gesetzes [§§ 113–117; weggelassen]

Anhang

I. Einladungsschreiben des Reichsarbeitsministeriums (Dr. Heilmann) vom 16.9.1940 an die Reichsstatthalter

... Den Entwurf bitte ich vertraulich zu behandeln und ihn namentlich keiner anderen Stelle zugehen zu lassen.

Bei der Durchsicht und Besprechung des Entwurfs darf ich bitten, sich auf die grundsätzlichen in den einzelnen Vorschriften behandelten Fragen zu beschränken und reine Formulierungsvorschläge, soweit sie nicht für Sinn und Zweck der Vorschrift grundsätzliche Bedeutung haben, hintanzustellen. Den IV. Teil (§§ 85–94) des Entwurfs bitte ich jedoch überhaupt auszuschalten, da die Beratungen hierüber bei mir noch nicht abgeschlossen sind.

Ganz allgemein möchte ich zu Ihrer Unterrichtung schon jetzt darauf hinweisen, dass das Reichsbaugesetz die ihm vorbehaltenen Fragen nur in den Grundzügen regeln soll und dass alle Einzelheiten, besonders die zahlreichen zur Durchführung notwendigen Einzelvorschriften, soweit als möglich in eine Durchführungsverordnung aufgenommen werden sollen.

Zu den §§ 25–34 werde ich bei der Besprechung noch einen zweiten Vorschlag zur Erörterung stellen. Der Vorschlag sieht als wesentliches Instrument der städtebaulichen Planung den Ortsbauplan nebst den Planergänzungsbestimmungen vor. Der Flächennutzungsplan ist lediglich vorbereitende Planung. Der Ortsbauplan umfasst alle Planfeststellungen, für welche die Gemeinden bzw. die Baubehörden zuständig sind. Im Ortsbauplan wären demnach festzusetzen:

a) die Baugebiete und die Abstufung der Bebauung,

b) die Straßenfluchtlinien, Freiflächengrenzen und die Baufluchtlinien,

c) die besonderen Anforderungen an die Gestaltung der baulichen Anlagen nebst Zubehör.

Die Planergänzungsbestimmungen enthalten die zusätzlichen für eine zeichnerische Festlegung nicht geeigneten Bestimmungen.

Der Ortsbauplan könnte als Gesamtbebauungsplan oder in Teilabschnitten (Teilbebauungsplan) oder in seinen einzelnen Bestandteilen (Fluchtlinienplan, Baunutzungsplan, Baugestaltungsplan) festgesetzt werden. Im letzteren Falle wäre gleichzeitige Aufstellung und Festsetzung der Pläne zu fordern.

In den Ortsbauplan könnten ferner die nach einem besonderen Verfahren zu schützenden Flächen (die Bergbauflächen, Flächen für wasserwirtschaftliche Ablagen und gegebenenfalls weitere Flächen, z.B. Verkehrsbänder, Flughäfen u. dgl.) eingetragen werden.

Das Verfahren ist in allen Fällen grundsätzlich das gleiche. Zu klären bliebe, ob die Offenlegung mit Einspruchsrecht auf die Festsetzung von Fluchtlinien beschränkt bleiben soll.

Die neben den Planergänzungsbestimmungen erforderlichen allgemeinen Bestimmungen zur Regelung der Bebauung sollen durch Bauordnung erlassen werden.

Die Wahl eines solchen Planungsschemas würde, worauf ich im Einzelnen hier nicht näher hinzuweisen brauche, naturgemäß entsprechende Auswirkungen und Änderungen auch an anderen Stellen des Entwurfs nach sich ziehen. Ich wäre jedenfalls dankbar, wenn Sie in Ihre Stellungnahme auch das vorbezeichnete Plansystem mit einbeziehen würden.

Von der vorherigen Übersendung einer schriftlichen Stellungnahme bitte ich abzusehen.

II. Neuer Vorschlag von MinRat Dr. Heilmann zu den §§ 20 ff. des Entwurfs

Die städtebaulichen Pläne

I. Flächennutzungspläne (§§ 20 bis 24 des Entwurfs),

II. Bebauungspläne (§§ 25 des Entwurfs, neu gegliedert)

1. Der Bebauungsplan besteht aus:

a) dem *Baunutzungsplan* (andere Bezeichnung noch vorbehalten!). Dieser bestimmt: 1. die Baugebiete, – 2. die Baustufen (Bauweise, Gebäudehöhe, bebaubare Grundstücksfläche, die Zulässigkeit von Seiten-, Hinter- und Nebengebäuden)

b) dem *Fluchtlinienplan.* Dieser bestimmt: 1. die Grenzen der für den Gemeinbedarf in Anspruch zu nehmenden Flächen (Straßen, Plätze und Wege einschließlich Erweiterungsstreifen und Nebenanlagen; öffentliche Freiflächen [§ 21 Abs. 1 Nr. 4]; Dauerkleingartengebiete; Friedhöfe und Urnenhaine) – 2. die Grenzen, über die hinaus eine Bebauung der Grundstücke nicht stattfinden darf

c) dem *Gestaltungsplan:* Dieser bestimmt die an die einzelnen Bauwerke zu stellenden Anforderungen in Bezug auf Stellung der Gebäude auf dem Grundstück, Ausbildung der Schauseiten, Dachformen, Gliederung der Baumassen, Baustoffe, Anstrich, Einfriedigungen, Anordnung und Bepflanzung der Gärten usw.

2. Der Bebauungsplan (entsprechend auch die etwaigen Einzelpläne) besteht aus Planzeichnungen und den Planergänzungsbestimmungen. Er kann für das gesamte Gemeindegebiet (Gesamtbebauungsplan) oder in Teilabschnitten (Teilbebauungsplan) oder in seinen einzelnen Bestandteilen (Baunutzungsplan, Fluchtlinienplan, Gestaltungsplan) je nach den städtebaulichen Erfordernissen aufgestellt werden.

Ausnahmsweise braucht auch nur ein Fluchtlinienplan aufgestellt zu werden, wenn dieser Plan nach den örtlichen Verhältnissen als ausreichend anzusehen ist.

Die Verbindung der einzelnen Pläne untereinander ist möglich und erfolgt ebenfalls nach den örtlichen Erfordernissen und Bedürfnissen, soweit es die Klarheit der zeichnerischen Darstellung zulässt.

3. In den Bebauungsplänen können (nachrichtlich!) auch eingetragen werden:

1. die nach einem besonderen Verfahren zu schützenden Flächen, wie Bergbauflächen usw.,

2. die zu schützende Baum- und Strauchbestände und Gewässer,

3. freizugebende Wanderwege,

Flächen, die für eine Bestimmung nach § 44 des Entwurfs benötigt werden (Bauplätze).

4. Die Fluchtlinien sind entweder Baufluchtlinien, Straßenfluchtlinien oder Freiflächengrenzen usw. wie §§ 30 und 31 des Entwurfs.

5. Aufstellung der Pläne durch die Gemeinde (für Gemeinden, die dazu nicht in der Lage sind, gilt § 23 Abs. 2 des Entwurfs entsprechend).

Die höhere Baubehörde genehmigt den Baunutzungsplan und den Gestaltungsplan und entscheidet über den Fluchtlinienplan. Nur letzterer wird im Feststellungsverfahren offengelegt und auch Einwendungen sind nur gegen den Fluchtlinienplan zulässig (Verfahren wie § 33 des Entwurfs). Die Pläne werden nach Genehmigung bzw. Feststellung durch die Gemeinde bekanntgemacht.

III. Entwurf zu einem Gesetz über Anliegerbeiträge (Juni 1940)

I. Abschnitt. Allgemeine Vorschriften

§ 1. (1) Zu den Kosten, welche den Gemeinden oder den sonstigen Trägern der Straßenbaulast aus der Herstellung und Unterhaltung der zum Anbau bestimmten öffentlichen Straßen entstehen, werden Beiträge nach Maßgabe der Vorschriften dieses Gesetzes erhoben (Anliegerbeiträge). Die Beiträge werden entweder nach Herstellung der Straße (Straßenkostenerstattung, oder vor Herstellung der Straße (Straßenkostenvorausleistung) erhoben.

(2) Als Straßen im Sinne des Gesetzes gelten auch die zum Anbau bestimmten öffentlichen Plätze.

§ 2. Der Anspruch auf die Anliegerbeiträge steht, soweit die Durchführungsbestimmungen nichts anderes vorschreiben, der Gemeinde zu, in deren Bezirk die Straßen hergestellt werden.

§ 3. (1) Verpflichtet zur Leistung der Anliegerbeiträge sind die Eigentümer derjenigen Baugrundstücke, die nach dem Fluchtlinienplan an die Straße angrenzen und von der Straße aus ihren Zugang haben oder die, ohne an eine Straße anzugrenzen, von der Straße aus ihren Zugang haben (Anlieger). Baugrundstücke im Sinne dieser Vorschrift sind solche Grundstücke, die nach den örtlichen baurechtlichen Bestimmungen für eine Bebauung vorgesehen sind.

(2) Als Baugrundstücke gelten nicht:

a) Grundstücke, die wegen ihrer Beschaffenheit oder Lage unbebaubar sind,

b) unbebaute Grundstücke, die zu einem land- oder forstwirtschaftlichen oder erwerbsgärtnerischen Betrieb gehören, soweit sie entsprechend genutzt werden,

c) Grundstücke, die kleingärtnerisch genutzt werden.

(3) Die in Abs. 2 genannten Grundstücke gelten jedoch als Baugrundstücke, sobald die in Abs. 2 unter a)-c) genannten Voraussetzungen wegfallen.

(4) Die Verpflichtung zur Leistung von Anliegerbeiträgen erlischt, sobald die Möglichkeit der Bebauung eines Grundstücks wegen seiner Beschaffenheit oder Lage oder aus öffentlich-rechtlichen Gründen nicht nur vorübergehend wegfällt. In diesen Fällen sind bereits gezahlte Anliegerbeiträge zurückzuzahlen; die Beiträge sind dabei zum üblichen Zinssatz zu verzinsen.

§ 4. Die Anlieger dürfen mit den Kosten der Herstellung der Wege oder Plätze und Unterhaltung der Straße (im Falle des § 14 der Mehrheit der Straßen, Wege oder Plätze) nur soweit belastet werden, als diese Aufwendungen durch die voraussichtliche künftige Nutzung der Grundstücke, vor allem den durch sie veranlassten Verkehr bedingt sind. Daher dürfen insbesondere die Kosten, die durch den Durchgangsverkehr oder einen nicht durch die künftige Grundstücksnutzung erforderten aufwendigen Straßenausbau verursacht sind, den Anliegern nicht angerechnet werden.

§ 5. Im Rahmen der durch § 4 getroffenen Einschränkung gehören zu den Kosten der Herstellung und Unterhaltung der Straße:

a) die Kosten des Grunderwerbs einschl. der Vermessung,

b) die Kosten der Freilegung und Einebnung,

c) die Kosten des Ausbaues der Fahrbahn und der Gehwege einschl. der Herstellung der notwendigen Böschungen, Futtermauern, Geländer und dgl., sowie der Bepflanzung,

d) die Kosten der Anlagen zur Entwässerung der Straße und der zur Aufnahme der Grundstücksentwässerung nötigen Einrichtungen,

e) die Kosten der Anlage der Straßenbeleuchtung,

f) die Kosten der Unterhaltung während der ersten fünf Jahre nach der Fertigstellung,

g) die Zinsen einer Bauanleihe von dem Beginn der Herstellung der Straße bis zur Fertigstellung oder, wenn die Gemeinde von der Kostenspaltung (§ 10) Gebrauch macht, bis zu dem Zeitpunkt, an dem die abspaltbare Teileinrichtung fertiggestellt ist.

§ 6. Mit den nach den §§ 4 und 5 anrechenbaren Kosten der Herstellung und Unterhaltung der Straße dürfen bei zweiseitig bebaubaren Straßen die Anlieger jeder Straßenseite nur zur Hälfte belastet werden; bei Plätzen oder bei einseitig bebaubaren Straßen dürfen die Anlieger nur bis zu zwei Dritteln belastet werden.

§ 7. (1) Die Verpflichtung zu Anliegerbeiträgen ist öffentliche Last des Grundstücks und geht auf den Nachfolger im Eigentum über. Der Anlieger haftet mit seinem gesamten Vermögen. In der Zwangsversteigerung gewährt der Anspruch auf Anliegerbeiträge ein Recht auf Befriedigung im Range des § 10 Abs. 1 Nr. 3 des ZVG, soweit der geschuldete Betrag nicht länger als vier Jahre rückständig ist; jedoch stehen laufende Leistungen (§ 17 und §§ 19 ff.) wiederkehrenden Leistungen gleich und genießen demnach nur mit den laufenden Teilbeträgen sowie mit den Rückständen

aus den letzten zwei Jahren vor der Beschlagnahme das Vorrecht des § 10 Abs. 1 Nr. 3 ZVG.

§ 8. Sofern durch dieses Gesetz oder die Durchführungsvorschriften keine besondere Regelung getroffen wird, gelten für das Verfahren zur Erhebung von Anliegerbeiträgen und für die Verjährung bis zur reichsrechtlichen Regelung des Gemeindeabgabenrechts die entsprechenden landesgesetzlichen Vorschriften.

§ 9. Wenn für die Kosten der Herstellung und Unterhaltung der Straße ein Anspruch auf Anliegerbeiträge entstanden ist, ist die Erhebung weiterer Abgaben für dasselbe Grundstück zu Kosten derselben Straße, auch wegen einer Verbesserung, Verbreiterung oder weiteren Unterhaltung, ausgeschlossen.

II. Abschnitt. Straßenkostenerstattung

§ 10. Wenn Anliegerbeiträge nach Herstellung der Straße erhoben werden (Straßenkostenerstattung), so entsteht der Anspruch auf Anliegerbeiträge vorbehaltlich der §§ 11 und 14, sobald die fluchtlinienmäßig festgelegte Straße dem Straßenbauplan entsprechend fertiggestellt ist. Stellt sich ein Teil der Straßenanlage nach Plan und Ausführung und durch äußere Teilung erkennbar, als selbständiger Längsabschnitt dar, so genügt die dem Straßenbauplan entsprechende Fertigstellung dieses Längsabschnittes.

§ 11. (1) Die Beiträge können auch nach Fertigstellung eines jeden oder mehrerer der in Abs. 2 genannten Teilabschnitte der Herstellung erhoben werden (Kostenspaltung). In diesem Falle entsteht der Anspruch auf Anliegerbeiträge, sobald der Teilabschnitt der fluchtlinienmäßig festgelegten Straße dem Straßenbauplan entsprechend fertiggestellt ist.

(2) Die Kostenspaltung kann nur für folgende Abschnitte vorgenommen werden:
a) Grunderwerb einschl. Vermessung, Freilegung und Einebnung,
b) Ausbau der Fahrbahn ohne Gehwege,
c) Ausbau der Gehwege,
d) Entwässerung,
e) Beleuchtung.

§ 12. Die Gemeinde hat die Kosten der gesamten Anlage jeder Straße oder im Falle der Kostenspaltung (§ 11) der einzelnen Teilabschnitte der Herstellung, soweit sie als Anliegerbeiträge umzulegen sind (§ 5), vor Herstellung der Straße aufgrund der Erfahrung zu schätzen und festzulegen. Dies soll in der Regel anschließend an die endgültige Festsetzung der Fluchtlinien geschehen. Die Gemeinde bestimmt gleichzeitig den Maßstab, welcher der späteren Heranziehung der Anlieger zugrundegelegt wird, und berechnet, welcher Teilbetrag der festgelegten Kosten auf die Einheit des gewählten Maßstabes entfällt. Der Betrag der festgelegten Gesamtkosten oder der Kosten der einzelnen Teilabschnitte, der Heranziehungsmaßstab und der auf die Maßstabseinheit entfallende Kostenteil ist sodann den Anliegern mitzuteilen.

§ 13. Maßstab für die Heranziehung zu Anliegerbeiträgen ist die Länge der die Straße entlang verlaufenden Grenze oder der Flächeninhalt oder der Verkehrswert der anliegenden Grundstücke oder eine andere die wirtschaftlichen Vorteile berücksichtigende Größe. Zulässig ist auch eine Verbindung mehrerer dieser Maßstäbe.

§ 14. (1) Soll eine Mehrheit von Straßen, Wegen oder Plätzen hergestellt werden, die im Hinblick auf die Erschließung der anliegenden Grundstücke und den Anliegerverkehr eine Einheit bildet, so können abweichend von den Vorschriften der §§ 12 und 13 die voraussichtlichen Gesamtkosten aller Straßen, Wege oder Plätze oder jedes einzelnen Teilabschnitts (§ 11) zusammengerechnet werden und die sich danach ergebende Gesamtsumme zur Erzielung eines Ausgleichs nach Maßgabe des Interesses der einzelnen Grundstücke an der Gesamtheit der Straßen, Wege oder Plätze auf die einzelnen Anlieger angemessen umgelegt werden. § 12 Satz 4 findet Anwendung.

(2) Im Falle des Abs. 1 entsteht der Anspruch auf Anliegerbeiträge, sobald alle Straßen oder, im Falle der Kostenspaltung (§ 11) die einzelnen Teilabschnitte in allen Straßen, dem Straßenbauplan entsprechend fertiggestellt sind.

§ 15. Ist ein anliegendes Grundstück schon vor Beginn der Straßenherstellung bebaut, so ist der Anlieger von der Verpflichtung zur Zahlung des Anliegerbeitrages zu befreien, wenn er nachweist, dass das Grundstück durch die Straßenherstellung eine wesentliche Wertsteigerung nicht erfahren hat.

§ 16. (1) Der Anspruch auf den Anliegerbeitrag wird mit der Heranziehung fällig.

(2) Heranzuziehen ist der jeweilige Anlieger. Hat der Anlieger nach Entstehung des Anspruchs auf den Anliegerbeitrag, aber vor der Heranziehung gewechselt, so kann nur der neue Anlieger herangezogen werden. Hat der Anlieger nach der Heranziehung gewechselt, so bleibt der bisherige Anlieger persönlich haftbar. Außer ihm kann auch der neue Anlieger herangezogen werden. Beide haften als Gesamtschuldner.

§ 17. Auf Antrag des Anliegers ist der Anliegerbeitrag in Form einer Rente (Anliegerrente) zu stunden. Dabei kann vorbehalten werden, dass der ganze Betrag fällig wird, sobald das Grundstuck bebaut wird. Die Stundung kann nach dem Erlöschen des Vorrechts (§ 7) nicht mehr vorgenommen werden.

§ 18. Soll die Baugenehmigung für die Errichtung von Bauten auf Grundstücken erteilt werden, die an Straßen anliegen, welche noch nicht gemäß den polizeilichen Bestimmungen für den öffentlichen Verkehr und den Anbau fertiggestellt sind, so ist sie auf Verlangen des Trägers der Straßenbaulast unter der Bedingung zu erteilen, dass der voraussichtlich auf das Grundstück entfallende Anliegerbeitrag sichergestellt wird.

III. Abschnitt. Straßenkostenvorausleistung

§ 19. (1) Sollen Anliegerbeiträge vor Herstellung der Straße erhoben werden (Straßenkostenvorausleistung), um den Anliegern die Erfüllung ihrer Beitragspflicht zu erleichtern und den Ausbau der Straßen zu fördern, so haben die Gemeinden durch Satzung Straßenbaukassen zu errichten.

(2) Straßenbaukassen dürfen nur für solche bestimmt umgrenzte Teilgebiete einer Gemeinde errichtet werden, die als Wohngebiete mit höchstens zweigeschossiger Bebauung oder als Kleinsiedlungsgebiete ausgewiesen und für die Fluchtlinienpläne festgesetzt sind.

[§§ 20–28, weggelassen]

IV. Teil-Entwurf zu einer Reichsbauordnung (Dezember 1941)

3. Abschnitt: Der Bau und seine Teile

I. Allgemeine Sicherheits- und Schutzbestimmungen

Vorbemerkung: Die allgemeinen Sicherheits- und Schutzvorschriften der Reichsbauordnung sind nur in den Fällen anzuwenden, für die in den besonderen Sicherheits- und Schutzvorschriften keine bestimmten Forderungen gestellt werden.

§ 1. Grundsatz

Bauwerke, ihre Teile und Nebenanlagen, ihr Zubehör und ihre Einrichtungen sind so herzustellen, zu benutzen und zu unterhalten, wie es den Lebensnotwendigkeiten von Volk und Staat entspricht und zur Sicherheit der Menschen, zum Schutze ihrer Gesundheit und zur Wahrung des Gemeinschaftsfriedens nötig ist. Dieser Schutz erstreckt sich auch auf das Stallvieh und die beweglichen Sachgüter, soweit dies im öffentlichen Interesse geboten ist.

§ 2. Standsicherheit und Dauerhaftigkeit

(1) Jedes Bauwerk muss seinem Zweck entsprechend im Ganzen und in allen seinen Teilen standsicher und dauerhaft nach den anerkannten Regeln der Baukunst und der Standsicherheitslehre hergestellt und in diesem Zustand erhalten werden. Kein Bauwerk darf anders als bei der Planung vorgesehen benutzt werden, wenn dadurch seine Standsicherheit oder die seiner Teile beeinträchtigt wird.

(2) Die Standsicherheit eines Bauwerkes darf nicht von derjenigen eines Nachbarbauwerkes abhängen, soweit nicht in dieser Reichsbauordnung Ausnahmen gestattet sind. Gemeinsame Bauteile an der Berührungsfläche sind zulässig, wenn diese Bauteile bei einem späteren Abbruch eines der aneinander stoßenden Bauwerke stehen bleiben (z. B. gemeinschaftliche Brandwände von Nachbarhäusern).

(3) Die Stabilität eines Bauwerks als Ganzem muss jederzeit, also auch während der Errichtung, beim Umbau und Abbruch, ausreichend gesichert sein.

(4) Durch Ausführungsverordnung wird bestimmt, in welchen Fällen kein Standsicherheitsnachweis erbracht zu werden braucht und welche Lastannahmen, Berechnungsverfahren und zulässigen Beanspruchungen der Baustoffe dem Standsicherheitsnachweis zugrunde zu legen sind. Auch können durch Ausführungsverordnung Vorschriften für die Auswahl der Baustoffe, die bauliche Ausbildung und die Ausführung gegeben werden, ebenso für die Form und den Inhalt des Standsicherheitsnachweises und für die Anwendung einheitlicher Bezeichnungen.

§ 3. Erschütterungsschutz

(1) Jedes Bauwerke ist so herzustellen oder zu schützen, dass es durch die zu erwartenden Verkehrserschütterungen nicht in seiner Standfestigkeit, Benutzbarkeit oder Dauerhaftigkeit beeinträchtigt wird.

(2) Bauwerke, auf die Maschinen mit freien Massenkräften einwirken oder in denen sonst Schwingungen entstehen können, sind so auszubilden und zu gründen, dass durch die entstehenden Schwingungen die Standsicherheit und Benutzbarkeit des Bauwerkes nicht beeinträchtigt und keine nachteiligen Schwingungen auf andere Bauwerke übertragen werden können.

§ 4. Baulicher Feuerschutz

(1) Jedes Bauwerk muss so angeordnet, gestaltet und unterhalten werden, dass der Entstehung von Schadenfeuern und ihrer gefahrdrohenden Ausbreitung vorgebeugt wird. Im Brandfalle muss die Möglichkeit der Rettung von Personen und des Vortragens eines Löschangriffs gewährleistet sein.

(2) Sofern nicht für besonders feuergefährdete Gebäude (Theater, Lichtspieltheater, Warenhäuser, Garagen, Lager für Zellhorn, brennbare Flüssigkeiten usw.) besondere Bestimmungen erlassen sind, kann die Baugenehmigungsbehörde für Gebäude oder Räume, die leicht brennbar sind oder in denen leicht brennbare Stoffe erzeugt, gelagert oder verarbeitet oder in denen feuergefährliche Handlungen vorgenommen werden, besondere Forderungen stellen (z.B. kann sie feuerbeständige Abschlüsse gegen Nachbarräume und besondere Zugänge fordern und besondere Anforderungen an Heizungs- und Beleuchtungsanlagen stellen).

(3) Brennbare Bauteile müssen auf Verlangen der Baugenehmigungsbehörde gegen Feuereinwirkung geschützt werden. Wird ein Schutz durch Behandlung mit einem Feuerschutzmittel als ausreichend angesehen, so dürfen nur solche Feuerschutzmittel verwendet werden, die allgemein zugelassen sind (vgl. § 23).

(4) Die Baugenehmigungsbehörde kann für solche Bauwerke eine Blitzschutzanlage fordern, bei denen es nach Lage, Größe, Höhe, Benutzung oder Brandgefahr geboten ist. Blitzschutzanlagen müssen nach den anerkannten Regeln der Technik ausgeführt und unterhalten werden. – Die Forderung von Blitzschutzanlagen kann auch für alle oder bestimmte Bauwerke eines Bezirks gefordert werden.

§ 5. Verkehrssicherheit

(1) Alle Bauwerke, ihre Teile und Nebenanlagen, ihr Zubehör und ihre Einrichtungen müssen so angeordnet und gestaltet werden, dass die Verkehrssicherheit innerhalb und außerhalb der Bauwerke gewahrt ist.

(2) Bauwerke an öffentlichen Verkehrsflächen müssen so angeordnet und ausgebildet werden, dass dadurch die Sicherheit und Ordnung des öffentlichen Verkehrs nicht über das zulässige und notwendige Maß hinaus beeinträchtigt werden.

§ 6. Schutz gegen Feuchtigkeit, Rost und andere Korrosionen

(1) Bauwerke sind so anzuordnen, auszuführen oder zu schützen, dass sie oder ihre Teile nicht durch Grundwasser, Oberflächenwasser, Regenwasser, Feuchtigkeit aus dem Boden oder der Außenluft durchfeuchtet oder überschwemmt werden. Die Schutzmaßnahmen sind den örtlichen Verhältnissen des Untergrundes, des Grundwassers, der Abflussverhältnisse des Grundstückes und der Witterung anzupassen.

(2) Bodenschichten, Grundwasser und andere Wässer, die mit Bauteilen in Berührung kommen und verdächtig sind, Baustoffe anzugreifen, sind chemisch zu untersuchen; die Baumaßnahmen sind den Ergebnissen dieser Untersuchungen anzupassen. Von anderen Grundstücken herrührende Wässer sind hierbei zu berücksichtigen.

(3) Bauteile, die dauernd der schädlichen Einwirkung von Gebrauchswasser oder feuchter Innenluft ausgesetzt sind, sind hiergegen zu schützen.

(4) Die Baustoffe sind so zu wählen und zusammenzufügen, dass sie sich nicht gegenseitig chemisch oder elektrolytisch schädigen.

§ 7. Holzschutz gegen pflanzliche und tierische Schädlinge

Holz ist gegen pflanzliche und tierische Schädlinge zu schützen, soweit es die Verwendung erfordert. Der Umfang und die Art des Schutzes wird durch Ausführungsverordnung bestimmt.

§ 9. Wetterschutz

Alle dem Wetter ausgesetzten Bauteile müssen für sich allein oder in Verbindung mit Putz oder anderen Schutzbekleidungen oder –behandlungen dem Einfluss des Wetters (Wind, Regen, Schnee, Frost, Sonnenbestrahlung) genügend widerstehen.

§ 10. Wärmeschutz

(1) Bauteile, die Wohnräume und andere zum dauernden Aufenthalt von Menschen bestimmte Räume gegen die Außenluft oder gegen offene Räume mit Außenlufttemperaturen abschließen, müssen einen ausreichenden Wärmeschutz bieten. Für gewerbliche Räume gilt dies nur, soweit ein Wärmeschutz nach Art der Benutzung notwendig ist.

(2) Bauteile, die verschiedene Wohnungen voneinander oder Arbeitsräume von fremden Wohnungen oder von fremden Arbeitsräumen trennen, müssen ebenfalls einen ausreichenden Wärmeschutz bieten. Das Gleiche gilt für Bauteile, die Wohn- oder Arbeitsräume von dauernd unbeheizten fremden Räumen, wie Treppenhäusern, Hausfluren, Keller- und Bodenräumen usw. trennen.

(3) Bauteile, die Viehställe gegen die Außenluft oder gegen in der Regel nicht beheizte Räume abschließen, müssen einen ausreichenden Wärmeschutz bieten.

(4) Durch Ausführungsverordnung können in den einzelnen Teilen des Reiches je nach ihren klimatischen Verhältnissen verschieden hohe Forderungen nach (1) bis (3) an den Wärmeschutz gestellt werden.

§ 11. Schallschutz

(1) Gebäude mit Wohnungen, Arbeitsräumen und anderen Räumen zum dauernden Aufenthalt von Menschen sind so durchzubilden, dass nicht zumutbare Belästigungen der Bewohner bzw. Benutzer durch Schall vermieden werden. Besonders müssen Bauteile, die verschiedene Wohnungen voneinander oder Arbeitsräume von fremden Wohnungen oder fremden Arbeitsräumen trennen, einen ausreichenden Schutz gegen die Übertragung von störendem Luft- oder Trittschall bieten. Das Gleiche gilt für Bauteile zwischen Wohn- oder Arbeitsräumen und fremden Räumen, wie Treppenhäusern, Hausfluren, Keller- und Dachräumen, wenn nicht bei Arbeitsräumen gewerblicher Betriebe mit Rücksicht auf die Art der Benutzung hierauf verzichtet werden kann.

(2) Die für den Schallschutz erforderlichen Maßnahmen müssen sich nicht nur auf die zweckmäßige Durchbildung der einzelnen Bauteile, sondern auch auf die gesamte Planung und Anordnung der Räume und ihrer technischen Einrichtungen erstrecken.

(3) Bauwerke, deren Benutzung mit stärkeren Geräuschen verbunden ist, sind so durchzubilden, dass das Arbeiten und Wohnen, die Ruhe und Erholung in ihrer Nachbarschaft nicht durch Lärm über das nach Lage und Umgebung zumutbare Maß hinaus gestört werden.

(4) Durch Ausführungsverordnung können die Anforderungen an den Schallschutz der einzelnen Bauteile je nach Verwendung und Lage der Gebäude gestaffelt werden.

§ 12. Betriebseinrichtungen

Betriebseinrichtungen (z. B. Heizungs-, Be- und Entwässerungsanlagen), deren Benutzung zur Entstehung von Geräuschen führen kann, sind in Gebäuden mit Wohnungen oder anderen Räumen zum dauernden Aufenthalt von Menschen so auszubilden, zu führen, zu befestigen und zu unterhalten, dass sie ein Mindestmaß an Geräuschen erzeugen und weder die eigenen Betriebsgeräusche noch die aus den Räumen aufgenommenen fremden Geräusche auf andere Räume übertragen.

§ 13. Baulicher Luftschutz (folgt später)

§ 14. Besonders zu schützende Gebäude

In der Nähe von Gebäuden, die wegen ihrer Zweckbestimmung oder Benutzung eines besonderen Schutzes gegen ungewöhnliches Geräusch, Erschütterungen, Feuer, Rauch oder üble Dünste und Gerüche bedürfen, wie Erholungsstätten, Krankenhäuser, Heilanstalten, öffentliche Gebäude, Theater, Lichtspielhäuser, Versammlungsräume, Schulen, Kirchen usw., kann die Baugenehmigung für derart störende Anlagen versagt oder von besonderen Auflagen abhängig gemacht werden.

§ 15. Besonders gefährdete Gebäude

(1) An Gebäude, in denen viele Menschen verkehren, wie Fabriken, Geschäftshäuser, öffentliche Versammlungsräume, Schulen, Kirchen und dgl., können Anforderungen gestellt werden, die durch die Wesensart und die besonderen Gefahrenquellen des betreffenden Gebäudes bedingt sind.

(2) Das Gleiche gilt für Bauwerke, die in ihrer Zweckbestimmung, Benutzungsart und Lage besonders gefährdet sind, wie Industriebauten, größere Lager brennbarer Stoffe, Dampfkessel- und Motorenanlagen und dgl.

(3) Das Gleiche gilt für Bauwerke, die im Gefahrenbereich der unter (1) und (2) genannten Gebäude und Anlagen liegen oder errichtet werden sollen.

II. Baustoffe und Bauarten. Begriffe

Baustoff: Als Baustoff gilt jeder Werkstoff, der zur Herstellung von Bauteilen oder Bauwerken verwendet werden soll. Hierzu zählen auch Bauhilfsstoffe, wie Mittel gegen die Einwirkung von Feuer, Holzschädlingen und dgl.

Bauart: ist die bauliche Zusammensetzung von Baustoffen zu Bauteilen und Bauwerken.

Neue Baustoffe und Bauarten: Alle Baustoffe und Bauarten, die noch nicht allgemein gebräuchlich und bewährt sind.

§ 21. Grundsatz

Zur Ausführung von Bauwerken oder Bauwerksteilen dürfen nur gebräuchliche und bewährte Baustoffe und Bauarten oder nach § 23 Abs. 2 zugelassene neue Baustoffe und Bauarten verwendet werden,

a) die der besonderen Zweckbestimmung entsprechen;

b) die den Allgemeinen Sicherheits- und Schutzbestimmungen der §§ 1 bis 15 entsprechen;

c) deren Anwendung keine nachteiligen Folgen für das Bauwerk oder seine Teile befürchten lässt;

d) die den Anforderungen des Arbeiterschutzes entsprechen;

e) deren Herstellung, Vertrieb und Verwendung für ihren jeweiligen Zweck keine Gründe der allgemeinen Wirtschaftspolitik oder des öffentlichen Interesses entgegenstehen.

§ 22. Gebräuchliche und bewährte Baustoffe und Bauarten

Durch Ausführungsverordnung kann bestimmt werden, welche Baustoffe und Bauarten als gebräuchlich und bewährt anzusehen und welche Anforderungen an die Güte, Brauchbarkeit und Zuverlässigkeit sowie an die Herstellung, den Vertrieb und die Verwendung dieser Baustoffe und Bauarten zu erfüllen sind. Durch Ausführungsverordnung kann außerdem bestimmt werden, wie die Güte der Baustoffe geprüft wird. Ferner kann auch die dauernde Überwachung der Güte von Baustoffen in den Herstellungswerken verlangt werden.

§ 23. Allgemeine Zulassung neuer Baustoffe und Bauarten

1) Die Verwendung neuer Baustoffe und Bauarten für die Ausführung von Bauteilen und Bauwerken kann für das ganze Reichsgebiet allgemein zugelassen werden, wenn sie die Forderungen des § 21 a bis e erfüllen, und wenn

a) ihre Brauchbarkeit und Zuverlässigkeit für ihren jeweiligen Zweck nachgewiesen ist;

b) sie den gebräuchlichen Baustoffen nicht nur gleichwertig, sondern entweder in technischer oder in allgemein wirtschaftlicher Beziehung überlegen sind;

c) der Hersteller die erforderliche Zuverlässigkeit und Sachkunde besitzt. [Abs. 2–4 weggelassen.]

§ 24. Probeweise Verwendung neuer Baustoffe und Bauarten

Die Baugenehmigungsbehörden können gestatten, dass noch nicht allgemein zugelassene neue Baustoffe und Bauarten für einzelne Bauteile oder Bauwerke probeweise verwendet werden, wenn sich die Baugenehmigungsbehörde in geeigneter Weise von der Güte, Brauchbarkeit und Zuverlässigkeit überzeugt hat. Hierbei notwendige Prüfungen richten sich nach der einschlägigen Ausführungsverordnung zu § 23. Örtliche allgemeine Zulassungen dürfen nicht erteilt werden.

§ 25. Rechtsanspruch

Es besteht kein Rechtsanspruch auf allgemeine Zulassung von Baustoffen oder Bauarten oder auf Genehmigung zur probeweisen Ausführung.

§ 26. Baugestaltung und Heimatschutz

(1) Aus Gründen der Baugestaltung oder des Heimatschutzes können in den örtlichen Bauordnungen weitere Bestimmungen für die Verwendung von Baustoffen und Bauarten erlassen werden.

(2) Wenn weder in den Bauordnungen noch in dem Aufbauplan die Wahl der Baustoffe geregelt ist, kann die Baugenehmigungsbehörde beim Vorliegen besonderer Umstände aus Gründen der Baugestaltung oder des Heimatschutzes auch im einzelnen Fall die Verwendung bestimmter Baustoffe oder Bauarten fordern oder untersagen (vgl. auch § 23 Abs. 3).

IV. Gründung der Bauwerke

§ 41. Gründung der Bauwerke

(1) Bauwerke sind so zu gründen und durchzubilden, dass ihre Standfestigkeit und Dauerhaftigkeit nicht durch Setzungen, Verschiebungen, Frosthebungen, Verkehrs- oder Betriebserschütterungen, Unterspülungen, Grundwasserströmungen, Änderungen des freien Wasserspiegels oder der Grundwasserstände, chemische Angriffe des Bodens oder Wassers oder durch Faulen von Holzteilen beeinträchtigt werden kann.

(2) Durch die Gründung eines Bauwerkes und ihre Ausführung darf die Standsicherheit eines anderen Bauwerkes nicht verringert werden.

(3) Die für die Beurteilung der Gründung wichtigen Eigenschaften des Baugrundes müssen vor der Baugenehmigung ausreichend bekannt sein. In schwierigen Fällen kann die Baugenehmigungsbehörde die Vorlage des Gutachtens einer anerkannten Versuchsanstalt oder eines anerkannten Fachmannes fordern. Durch Ausführungsverordnung kann bestimmt werden, welche Stellen und Personen hierfür in Betracht kommen.

§ 42. Belastung des Baugrundes

Die zulässige Belastung des Baugrundes hängt von der Nachgiebigkeit der Bodenschichten, der Form und Größe der Gründungskörper und der Setzungsempfindlichkeit des Bauwerks ab.

§ 43. Untersuchung des Baugrundes und des Grundwassers

Die Baubehörde kann im Einzelfall verlangen, dass der Baugrund, dessen Schichtung, Zusammensetzung oder Tragfähigkeit nicht bekannt oder zweifelhaft sind, untersucht und das Ergebnis ihr zur Beurteilung der gewählten Gründungsart vorgelegt wird. Dasselbe gilt auch für die Beschaffenheit und den Stand des Grundwassers. In schwierigen Fällen kann die Baubehörde ein Gutachten eines anerkannten Sachverständigen fordern.

§ 44. Grundwassersenkung und Entwässerung des Bauplatzes [weggelassen]

V. A. Wände. Begriffe. [weggelassen]

§ 50. Ausführung und Beanspruchung der Wände, Wanddicken

(1) Wände müssen in allen ihren Teilen ausreichend standsicher sein (vgl. § 2) und handwerksgerecht nach den anerkannten Regeln der Baukunst ausgeführt werden.

(2) Die Standsicherheit von Wänden darf durch Schlitze, Stemmarbeiten usw. nicht gefährdet werden.

(3) Die Stabilität der Wände ist durch aussteifende Querwände und Verankerung der Wände mit den Decken und der Giebeldreiecke mit dem Dachstuhl zu sichern.

(4) Der Standsicherheitsnachweis der Wände und ihrer Teile und die Mindestmaße für die Wanddicken werden durch Ausführungsverordnung geregelt.

§ 51. Wetterschutz

(1) Außenwände, die aus nicht frostbeständigen oder stark wassersaugenden Baustoffen bestehen, müssen auf der Außenseite stets einen wasserabweisenden Putz oder einen anderen ausreichenden Wetterschutz erhalten. Bei Außenwänden mit Holzfachwerk, das mit derartigen Baustoffen ausgemauert ist, kann das Holzwerk selbst ohne Putz bleiben.

Bei Bauten, bei denen das Fehlen eines Wetterschutzes unbedenklich ist, können Ausnahmen gestattet werden.

(2) Gemauerte Außenwände ohne Außenputz sind vollfugig aus frostbeständigen Vollsteinen herzustellen. Auf der Außenseite sind die Mauerwerksfugen sorgfältig dicht zu verfugen.

(3) Der Witterung ausgesetzte Holz- und Stahlteile von Außenwänden sind gegen die Einwirkungen der Witterung (Fäulnis und Rost) ausreichend zu schützen (vgl. §§ 6 und 7).

§ 52. Wärmeschutz

(1) Außenwände von Wohnräumen oder anderen zum dauernden Aufenthalt von Menschen bestimmten Räumen müssen einen den klimatischen Verhältnissen entsprechenden ausreichenden Wärmeschutz bieten. Der Wärmeschutz muss an allen Stellen der Wand, auch in Fensternischen, bei Rohrkanälen usw. sowie im Bereich von Wandträgern (Randbalken) vorhanden sein. – Auch die Fenster müssen einen ausreichenden Wärmeschutz bieten. – Welcher Wärmeschutz im Einzelnen erforderlich ist, wird durch Ausführungsverordnung bestimmt.

(2) Wände, die verschiedene Wohnungen voneinander oder Arbeitsräume von fremden Wohnungen oder von fremden Arbeitsräumen trennen, müssen gleichfalls einen ausreichenden Wärmeschutz bieten. Das Gleiche gilt für Wände, die Wohn- oder Arbeitsräume von fremden dauernd unbeheizten Räumen, wie Treppen, Hausfluren, Keller- und Bodenräumen, Scheunen, Lagerräumen usw., trennen. – Der in beiden Fällen erforderliche Wärmeschutz wird durch Ausführungsverordnung bestimmt.

(3) Außenwände von Viehställen und Wände, die Viehställe von dauernd unbeheizten Räumen trennen, müssen einen ausreichenden Wärmeschutz bieten.

§ 53. Schallschutz für Wände

(1) Wände, die verschiedene Wohnungen voneinander oder Arbeitsräume von fremden Wohnungen oder von fremden Arbeitsräumen trennen, müssen einen ausreichenden Schutz gegen die Übertragung von Luftschall bieten. Das Gleiche gilt für Wände zwischen Wohn- oder Arbeitsräumen und fremden Räumen, wie Treppenhäuser, Hausflure, Keller- und Bodenräume, soweit nicht bei Arbeitsräumen gewerblicher Betriebe mit Rücksicht auf die Benutzung hierauf verzichtet werden kann.

(2) Außenfenster von Aufenthaltsräumen müssen einen ausreichenden Schallschutz bieten.

§ 54. Grundkörper von Wänden und Pfeilern und Kellerwände

(1) Grundkörper von Wänden und Pfeilern (Fundamente, Bankette) sind auf ausreichend tragfähigem Baugrund unter Frosttiefe standsicher zu errichten. Dasselbe gilt für sonstige Wände, wie z. B. von Einfriedigungen, die das Gelände mehr als 1 m überragen. Bei Bauten zu vorübergehenden Zwecken kann von der frostfreien Gründung abgesehen werden, wenn ihre Verwendung dies gestattet. Für den Baugrund gilt § 41. [Abs. 2–4 weggelassen]

§ 55. Außenwände aus nicht brennbaren Baustoffen

(1) Außenwände von Gebäuden, die Aufenthaltsräume oder Feuerstätten enthalten, sind aus nicht brennbaren Baustoffen herzustellen, soweit nicht für Gebäude bis zu zwei Vollgeschossen andere Bauarten gemäß § 56 zugelassen sind. Die gleiche Bauart ist auch für tragende Pfeiler, Säulen und Stützen erforderlich. Wegen der

besonderen Anforderungen des baulichen Luftschutzes siehe § 13. – Kleine An- und Vorbauten aus Holz, wie Schutzdächer über Türen, Windfänge, Erker, Balkone u.a., sind zulässig (Grenzabstände vgl. § ...). [Abs. 2–4 weggelassen]

§ 56. Außenwände aus brennbaren Baustoffen

(1) Abweichend von der Vorschrift des § 55 Abs. 1 können Außenwände von Gebäuden, die zwar Aufenthaltsräume oder Feuerstätten enthalten, aber höchstens zwei Vollgeschosse haben, aus Holzfachwerk zugelassen werden. Dieses muss mindestens 12 cm dick ausgemauert oder ausbetoniert sowie innen mindestens 1,5 cm dick verputzt werden. Wegen des Wetterschutzes vgl. § 51 Abs. 2, wegen des Wärmeschutzes § 52 und wegen der Grenzabstände § ... – Anstelle der Ausmauerung kann auch eine äußere und eine innere mindestens feuerhemmende Bekleidung zugelassen werden. [Abs. 2–3 weggelassen]

§ 57. Belastete Innenwände

Belastete Innenwände und ihre Teile und alle anderen tragenden inneren Bauteile, wie Stützen und Unterzüge, müssen den Anforderungen entsprechen, die in § 55 bzw. § 56 an die Außenwände gestellt werden.

§ 58. Nicht belastete Innenwände [weggelassen]

§ 59. Treppenhauswände [weggelassen]

§ 60. Erfordernis der Brandwände

(1) Brandwände sind herzustellen zum Abschluss von Gebäuden, die unmittelbar an der Nachbargrenze oder in einem Abstand von weniger als 2,50 m von ihr errichtet werden. [Abs. 2–7 weggelassen]

§ 61. Beschaffenheit der Brandwände

(1) Brandwände sind so auszuführen, dass sie bei einem Brande in ihrer Standfestigkeit nicht gefährdet werden und die Ausbreitung von Feuer und Rauch hindern.

(2) Brandwände müssen von Grund auf feuerbeständig und einschalig hergestellt werden. [Abs. 3–8 weggelassen]

§ 62. Öffnungen in Brandwänden

(1) In Brandwände dürfen im Kellergeschoss die in § 13 vorgesehenen Mauerdurchbrüche angeordnet werden. Im Übrigen sind Öffnungen in Brandmauern unzulässig. [Abs. 2–5 weggelassen]

§ 63. Gestaltung der Brandwände

(1) Längere Zeit unverdeckt bleibende Brandwände können nur zugelassen werden, wenn nach dem Ermessen der Baugenehmigungsbehörde keine städtebaulichen Belange entgegenstehen und sie den Vorschriften für Außenwände genügen. Wenn das Orts- oder Straßenbild es erfordert, sind solche Brandwände in der Flächenbehandlung und durch Fortführung wesentlicher architektonischer Gliederungen, z. B. Gesimse, Dachüberstände, Traufen und dgl., wie die zugehörigen Außenwände zu gestalten. Dies gilt auch, wenn bisher verdeckte Brandwände freigelegt werden.

Der Eigentümer des bebauten Nachbargrundstücks muss die Anbringung derartiger von der Baugenehmigungsbehörde geforderter Ergänzungen ohne Ansprüche auf Entschädigung dulden.

Dies gilt auch für die Fälle, in denen auf Brandwände verzichtet wird oder in denen anstelle von Brandwänden feuerbeständige Wände zugelassen werden, wie z.B. bei Garagen. [Abs. 2 weggelassen]

V. B. Decken. Begriffe

Decken sind die über oder unter Räumen gespannten Raumabschlüsse; sie bestehen im Allgemeinen aus:

a) der Tragdecke (Rohdecke), das ist der tragende Teil der Decke,

b) der Zwischendecke, das ist die bei Holzbalkendecken zwischen den Balken angebrachte Unterstützung für die Auffüllung sowie die Auffüllung,

c) der Unterdecke, das ist die untere Verkleidung der Tragdecke,

d) dem Fußboden, das ist der über der Tragdecke befindliche begehbare Belag.

§ 160. Standsicherheit und Festigkeit

Decken müssen ihre ständige Last und die Verkehrslasten sicher auf die tragenden Wände, Unterzüge oder Stützen übertragen und die Bauwerke ausreichend in waagerechter Richtung aussteifen. Die Decken müssen so unterstützt werden, dass alle lotrechten und waagerechten Auflagekräfte, z.B. auch der Schub von Gewölben, sicher aufgenommen und in den Baugrund abgeleitet werden. Für Decken, die außergewöhnlichen Beanspruchungen oder Gefahren ausgesetzt sind, z.B. durch Erschütterungen, Feuer oder Luftangriffe, können besondere Anforderungen gestellt werden.

§ 161. Wetter- und Wärmeschutz

(1) Decken, die Wohn- oder Arbeitsräume und andere Räume zum dauernden Aufenthalt von Menschen unmittelbar gegen die Außenluft abschließen, wie z.B. Decken, die zugleich das Dach bilden, Decken über Durchfahrten oder dgl., müssen selbst oder in Verbindung mit Schutzschichten einen ausreichenden Wetter- und Wärmeschutz bieten. – Für Decken, die der Witterung ausgesetzt sind, gelten hinsichtlich des Wetterschutzes die gleichen Anforderungen wie für Dächer (vgl. § ...). [Abs. 2–5 weggelassen]

II. Vorbericht des Reichsarbeitsministeriums über die Besprechung in Berlin betr. Entwurf eines Reichsbaugesetzes vom 8.-10.10.1940

Eingeladen waren Vertreter der Länder und des Ruhrsiedlungsverbandes. Eine Besprechung mit den „Städtebauern" einer Reihe von Großstädten war bereits vorangegangen. Die Verhandlungen, die sehr eingehend waren (täglich 6 Stunden), wurden von Ministerialrat Heilmann geleitet. Dieser erklärte einleitend:

Das Reichsbaugesetz soll neben einer Reichsbauordnung die Grundlage bilden; sie werden in dem vorgesehenen Rahmen durch örtliche Bestimmungen und Pläne ergänzt; Ländergesetze wird es nicht mehr geben. Die bisher über das Bauwesen ergangenen Reichsgesetze sollen in der Hauptsache eingearbeitet werden; bleiben wird im Wesentlichen als Sondergesetz nur das Neugestaltungsgesetz. Daneben wird das Anliegerrecht reichsgesetzlich geregelt – ist bereits in Vorbereitung -, ferner das Reichsenteignungsrecht, das möglichst beweglich gestaltet werden soll.

Hierzu warfen die Vertreter von Bayern und Hamburg die Frage auf, ob nicht das Wohnsiedlungsgesetz als Spezialgesetz erhalten bleiben soll. Dies wurde verneint, worüber sich im Laufe der Besprechung noch eine längere Aussprache entwickelte. Als Rest des Wohnsiedlungsgesetzes soll nur bleiben die Bestimmung, dass im Baugebiet die Teilung von Grundstücken der Genehmigung bedarf. Der Unterzeichnete wies wiederholt darauf hin,

1. dass die Teilungsgenehmigung gerade außerhalb des Baugebiets von Bedeutung sei,
2. dass die Genehmigung jeder Verfügung über ein Grundstück in Wohnsiedlungsgebieten notwendig sei, und besonders
3. dass die Möglichkeit, Teilungsgenehmigung von der Auflage der Abtretung von Grund und Boden abhängig zu machen, gewahrt bleiben müsse.

Während eine Erweiterung der Teilungsgenehmigung (zu 1) nicht ausgeschlossen ist, war keine Geneigtheit festzustellen, die Bestimmungen zu 2 und 3 bestehen zu lassen.

Von den weiteren Verhandlungspunkten ist hervorzuheben:

1. Der Behördenaufbau. Der alte Begriff der Bau*polizei* wird verlassen; die Tätigkeit der Baubehörden soll nicht den polizeilichen Charakter hervortreten lassen. – Der Aufbau der Behörden bedarf noch der näheren Prüfung. Es steht noch nicht fest, wer Reichsmittelbehörde sein wird (ob Regierungspräsident oder Reichsstatthalter). Was Hamburg anlangt, so erklärte Ministerialrat H., dass die Zuständigkeiten der Baubehörde (Gemeindeverwaltung) und der höheren Baubehörde besonderer Erörterung vorbehalten bleiben würden.
2. Die Einrichtung von Baulastenbüchern wird allgemein als erwünscht bezeichnet. Es kann natürlich nur die Anlegung von nun an in Frage kommen; die schon bestehenden Baulasten müssen allmählich aufgearbeitet werden.

3. Die städtebauliche Planung. Hierzu wurde ein neuer Vorschlag [von MinRat Heilmann] vorgelegt, wonach vorgesehen werden: I. Flächennutzungspläne, II. Bebauungspläne, zerfallend in a) Baunutzungspläne, b) Fluchtlinienpläne, c) Gestaltungspläne. (Die Forderung gleichzeitiger Aufstellung wird fallen gelassen. Durch den Gestaltungsplan können Abweichungen von der Fluchtlinie vorgesehen werden.) Der Vorschlag fand allgemein grundsätzliche Zustimmung.
4. Die Bedeutung des Fluchtlinienplans wurde eingehend erörtert. Nach dem Entwurf (§ 42) soll nach Feststellung des Fluchtlinienplans der Anbau zulässig sein, wenn nur ein befestigter Fahrweg vorhanden ist. Der Unterzeichnete wies nachdrücklich darauf hin, dass das Verbot des Anbaues an unfertigen Straßen nicht fallen dürfe, allenfalls sei – wie in Hamburg – eine nach dem Ermessen der Baubehörde genügende *vorläufige* Befestigung ausreichend. MinRat Heilmann war nicht geneigt, darauf einzugehen. Auf den Hinweis, dass nach dem Entwurf nicht einmal die Regelung der Abwasserbeseitigung vorausgesetzt sei, erklärte MinRat Heilmann, dass die Regelung der Abwasserbeseitigung durch Ortssatzung zur Voraussetzung des Anbaues gemacht werden könne.
5. Die Bestimmungen über Grundstücksübernahme und Entschädigungen (§§ 63 ff.)
   a) Der Unterzeichnete widersprach der Übernahmepflicht nach § 64. MinRat Heilmann erklärte, es seien die Fälle gemeint, wo das umliegende Land bebaut sei, so dass es unbillig sei, zu verlangen, dass der Eigentümer Freiflächen usw. ohne Übernahme weiter vorhalte. Die Übernahme komme auch nur in Betracht, *soweit* ein derartiger Fall eintrete, z. B. bei abzweigenden Fluchtlinien nur bezüglich des Bauplatzes, der durch die abzweigende geplante Straße in Anspruch genommen werde, nicht die ganze Fläche der abzweigenden Straße. Dies bedarf der Klärung.
   b) § 67 soll „schikanöse“ Beschränkungen einzelner Grundeigentümer verhindern.
   c) § 68. Erreicht wurde, dass durch Einschränkung des Wortes „wesentlich“ die Anwendung beschränkt wird.
   d) § 69 Z. 1. Die Pflicht, Entschädigung für den Abbruch zu leisten, wurde vergeblich bekämpft.
   e) § 70 wird gestrichen, § 71 soll beschränkt werden. (Keine Entschädigung bei Herabzonung oder wegen Beleihung.) Dies soll noch näher geprüft werden.

Im Übrigen wurden noch zahlreiche Einzelheiten besprochen, die weniger wichtig sind. Eine nähere Darstellung der Ergebnisse der Besprechung werde ich noch bearbeiten.

Es wird zu prüfen sein, ob und in welcher Form erneut der Versuch gemacht werden soll, die Punkte, denen Widerspruch entgegengesetzt werden muss, erneut beim Ministerium zur Sprache zu bringen, insbesondere die Aufhebung der Bestimmungen des Wohnsiedlungsgesetzes und die Aufhebung des Bauverbots an unfertigen Straßen, vielleicht auch die teilweise reichlich weitgehenden Entschädigungsverpflichtungen der Gemeinde.

III. Leitsätze der Deutschen Akademie für Städtebau, Reichs- und Landesplanung für ein künftiges Reichs-Planungs- und Baurecht (Fassung März 1941; Teilabdruck)

Einleitung

I. Planungs- und Bauhoheit, Verwaltungsorganisation
II. Die Planung und ihre Durchführung
A. Raumordnungsplan
B. Flächennutzungsplan: 1. Inhalt, 2. Verfahren, 3. Rechtswirkungen
C. Bebauungsplan: 1. Allgemeines, 2. Planarten, 3. die Pläne im besonderen, Rechtswirkungen und Verfahren: a) Grenzlinienplan, b) Aufbauplan, c) Umlegungsplan; 4. Bereichserklärung: a) Baubereich, b) Umgestaltungsbereich; 5. Bodenrechtliche Regelungen und Aufbringung der Mittel zur Durchführung des Bebauungsplanes: a) Baubereichsabgabe (Vorteilsausgleich), b) Liegenschaftsbewertungsamt und Liegenschaftsgericht, c) Liegenschaftspreisregelung, d) Entschädigung: (1) für unbebauten Boden, (2) für bereits bebauten Boden, (3) allmähliche Senkung der Richtpreise, (4) Preisfeststellung für Gebäude.
Anhang 1. Zusammenstellung der Rechte und Pflichten der Gemeinde und der Eigentümer
Anhang 2. Zusammenstellung der Möglichkeiten der Enteignung; Entschädigung
III. Bauausführung und Bauverfahren
IV. Gebäudepflege und Gebäudebewirtschaftung Zusammenfassung

Einleitung: Das Ziel, das die Deutsche Akademie für Städtebau, Reichs- und Landesplanung im Jahre 1936 in ihren „Leitsätzen für die rechtliche Verfassung des deutschen Raumes und Bodens“ aufgestellt hat, wird hier bei den Vorschlägen für die rechtliche Regelung des Planungs- und Bauwesens weiter verfolgt. Die Grenzen sind fließend, eins folgt aus dem anderen. Es wäre verlockend gewesen, gleich die rechtlichen Grundlagen für das gesamte Arbeitsgebiet zu schaffen, das in den letzten Jahren als „Raumordnung“ zu einem – allerdings teils enger, teils weiter gefassten – Begriff geworden ist. Es wird auch notwendig werden, hier so bald wie möglich zur vollen Klarheit vorzustoßen. Zu dem vorliegenden Zweck erschien es aber ausreichend, aus den umfassenden Aufgaben der Raumordnung den Sektor des Bauens herauszunehmen. Mit Raumordnung in diesem Sinne, die den Ausgangspunkt und den Rahmen für diese Arbeit bildet, ist aus der Praxis heraus das bezeichnet, was bisher im größeren Raum „Landesplanung“, im kleineren „Städtebau“ genannt wird. In bestehende behördliche Zuständigkeiten will die Akademie bei ihrer wissenschaftlichen Arbeit damit keineswegs eingreifen.

Wie das Bodenrecht – beispielsweise bei der landwirtschaftlichen Nutzung und bei der bergbaulichen Gewinnung von Bodenschätzen – nur die Zwecksatzung bringen kann, die Zweckdurchführung aber besonderen Gesetzen überlässt, so ist für die Regelung jeder Art baulicher Verwertung des Bodens mit den sich daraus ergebenden Rückwirkungen und Folgeerscheinungen ein Sondergesetz notwendig, das hier, wiederum nur unter dem Gesichtspunkt der Praxis, als „Planungs- und Baurecht" bezeichnet ist.

Wesentlich war, ob, entsprechend der von der Akademie bereits vertretenen „Bodenhoheit", außer der Planung auch die Lenkung des Bauens als eine Hoheitsaufgabe des Reiches angesehen werden sollte. Die Frage wurde bejaht. Bei dichterer Besiedelung, insbesondere beim Bau von Städten, entstehen tiefgreifende Gemeinschaftsbeziehungen, die nur durch obrigkeitliche Machtbefugnisse geregelt werden können. Die deutsche Baugeschichte zeigt seit dem Mittelalter, dann besonders in den Zeiten der landesfürstlichen Bautätigkeit, eine weitgehende Beeinflussung der Stadtanlage und der Einzelbauten durch die jeweiligen Machthaber. Erst das preußische Landrecht und die weitere Entwicklung in Preußen haben unter dem Einfluss der aus England kommenden manchesterlichen Wirtschaftstheorien und der politisch-liberalen Gesichtspunkte der Französischen Revolution die Baufreiheit gebracht. Sie ist zunächst nur beschränkt durch polizeiliche Aufsicht zur Wahrung der Sicherheit von Leben und Gesundheit. So hat sich das Recht der Baufreiheit als folgerichtige Fortentwicklung des spätrömischen Eigentumsbegriffs herausgebildet. Demgegenüber haben die süddeutschen Länder den alten Grundgedanken der hoheitlichen Lenkung des Bauens noch viel länger, in manchen Punkten sogar bis heute gewahrt. Sie sind daher auch von den Schäden einer ungezügelten Bauentwicklung wesentlich mehr verschont geblieben als z.B. Preußen.

Ein neues deutsches Planungs- und Baurecht muss an die gesunde frühere Entwicklung anschließen und sie zeitgemäß fortbilden; im nationalsozialistischen Staat muss die Planungs- und Bauhoheit die Ordnung und Gestaltung des Raumes maßgeblich beeinflussen und das Bauen nicht mehr unter den privatrechtlichen Gesichtspunkt des Grundstückseigentums, sondern unter den öffentlich-rechtlichen der Gemeinde und des Staates, d.h. der Volksgemeinschaft stellen.

Ringt man sich zu dieser Anschauung durch und schafft praktische rechtliche Handhaben für die notwendigen Maßnahmen, so ist es überraschend, wie durchsichtig und einfach die meisten der heutigen Probleme werden; sie sind nur dann noch verwickelt, wenn man dem Eigennutz und der individuellen Willkür Vorteile und Freiheiten einräumt, die dann mit ebensoviel beschränkenden Eingriffen auf ein erträgliches Maß zurückgeführt werden müssen – sehr oft mit unbefriedigendem Ergebnis.

Gewiss setzt die Durchführung bei den Organen der Planungs- und Bauhoheit ein besonders hohes Maß von Verantwortungsbewusstsein, Wissen und Können voraus. Ist die Aufgabe aber erst einmal in diesem Umfange gestellt, so wird der notwendige Stab von geeigneten Fachkräften in angemessener Zeit ausgewählt und herangebildet werden können. Dabei muss sich dann allerdings auch in den

Volksgenossen, die mit der baulichen Nutzung des Bodens oder mit der Benutzung von Baulichkeiten zu tun haben – das sind also alle – eine Sinnesart entwickeln, die gerade auf diesem Gebiet die Unterordnung unter die Forderungen der Gemeinschaft als eine selbstverständliche Pflicht ansieht und es trotzdem nicht an der für allen Fortschritt nötigen Initiative fehlen lässt, auch wenn die Triebfeder nicht mehr die Aussicht auf spekulativer übermäßige Gewinne ist. Gegen etwaige obrigkeitliche Willkür und Reglementierung würde sich das Leben auf die Dauer selbst zur Wehr setzen: im Leistungswettbewerb der Gaue und Gemeinden werden diejenigen an die Spitze kommen, die die natürlichen Kräfte nicht ersticken, sondern sie wecken und zur vollen Entfaltung bringen.

Die folgenden Leitsätze erstreben keineswegs die Fassung eines fertigen Gesetzes; sie wollen nur die Grundgedanken herausarbeiten und die Richtung zeigen. Dabei wurde weniger auf Vollständigkeit aller in einem künftigen Gesetz notwendigen Einzelheiten Wert gelegt als auf Hervorhebung dessen, was sich von den bisherigen Auffassungen unterscheidet. Da ferner eine klare Darlegung der behördlichen Zuständigkeiten zu Fragen der Verwaltungsorganisation führen und dies über den Rahmen der vorliegenden Aufgabe hinausgehen würde, beschränken sich die entsprechenden Abschnitte nur auf einige wenige Hinweise.

Die vorliegende Fassung ist die Neubearbeitung eines Entwurfs, der 1937–1938 in einer Arbeitsgruppe der Akademie beraten wurde. Die Grundgedanken sind beibehalten; einige Teile sind gekürzt. Dafür sind andere Abschnitte, namentlich die über die Bereichserklärung, die bodenrechtlichen Regelungen und über die Aufbringung der Mittel zur Durchführung des Bebauungsplanes vom Hauptsachbearbeiter aufgrund neuerer Untersuchungen hinzugefügt.

Die Akademie will hiermit aus ihrem Arbeitsgebiet vor allem die wesentlichen Unterlagen für eine Lösung der grundsätzlichen Fragen des Städtebaues und der Landesplanung von der Seite der Rechtsgestaltung her geben. Die gewaltigen Aufgaben der nächsten Zukunft lassen jede Zwischenlösung als unzulänglich erscheinen, erfordern vielmehr eine Aufdeckung aller Zusammenhänge bis an die Wurzel der Probleme und dann den Mut zur entscheidenden Tat. [...]

Zusammenfassung: Durch die vorliegenden Leitsätze soll zunächst die Grundlage für eine *Planungsarbeit* gegeben werden, die nicht nur auf dem Papier bleibt, sondern wirklich durchführbar sein wird. Die Sprache des Technikers ist nach Möglichkeit der gezeichnete *Plan,* der nach Bedarf durch Vorschriften und erläuternden Text ergänzt wird.

Die grundlegenden Ideen werden in einem *Raumordnungsplan* niedergelegt.

Der hierauf fußende *Flächennutzungsplan* ist kein „Schubkastenplan", sondern eine vorbereitende Maßnahme – zwar mit der notwendigen Anpassungsfähigkeit an die stets im Fluss befindlichen Verhältnisse, aber mit Verbindlichkeit für die staatlichen und gemeindlichen Behörden hinsichtlich weiterer Planungen und der Erteilung von Baugenehmigungen. Darüber hinaus bringt er für die Grundstückseigentümer bestimmte Nutzungsbeschränkungen, damit das Ziel der Planung ohne Störung erreicht werden kann. Natürlich muss zur richtigen Zeit die

Feststellung durch den Bebauungsplan folgen, damit keine Unsicherheit oder gar Willkür entsteht.

Der *Bebauungsplan* selbst ist in die Teile aufgegliedert, die sich begrifflich und in der praktischen Arbeit voneinander abheben, wobei die wechselseitigen Beziehungen nicht übersehen werden dürfen.

Der *Grenzlinienplan* scheidet nur das öffentliche und private Bodeneigentum und macht damit dem bisherigen Neben- und Durcheinander von Bau- und Straßenfluchtlinien – wozu noch Freiflächenabgrenzungen kommen – ein Ende.

Durch den *Aufbauplan* werden alle Baugestaltungsvorschriften zusammengefasst. Mit voller Absicht sollen erst in diesem Plan die Bebauungsart, die Grundstücksausnutzung und die Baufluchtlinien – hier Baulinien genannt – jeweils kurz vor der tatsächlichen Bebauung förmlich festgesetzt werden. In Verbindung damit ist die Bildung der Baugrundstücke, die Blockaufteilung und nötigenfalls eine weitere Beeinflussung der baulichen Gestaltung im Einzelnen vorzunehmen, wobei zu beachten ist, wie umfassend der „Aufbau" und die „Baugestaltung" hier angesehen werden. Von vornherein muss an die Stelle von beschränkenden und verhütenden Vorschriften die positive Gestaltung treten, die im Großen nur in der Hand des Städtebauers liegen kann, im Einzelnen natürlich weitgehend befähigten Architekten überlassen werden sollte.

Endlich gehören *Umlegung* und *Grenzberichtigung* mit einfachen Verfahren zu den Selbstverständlichkeiten neuzeitlicher städtebaulicher Planung.

Die Verfahrensvorschriften sind absichtlich nur in einigen wesentlichen Punkten angedeutet.

Dagegen ist als eine wichtige Neuordnung die *Bereichserklärung* eingeführt; hierdurch erhält die Regelung der Bebauung als Hoheitsaufgabe eine eindeutige, feste Form. Nur in den festgesetzten *Baubereichen* kann gebaut werden und werden Baugenehmigungen erteilt; in den Baubereichen *muss* aber auch gebaut werden, so dass wirklich abgeschlossene Baugebiete entstehen. Ein Bauverbot, z.B. in sog. Außengebieten erübrigt sich auf diese Weise.

Unter den gleichen Gesichtspunkten wird die Festsetzung von *Umgestaltungsbereichen* vorgeschlagen. Zur Kennzeichnung der Umgestaltungsmaßnahmen kann auf einen von der Deutschen Akademie für Städtebau im Jahre 1935 ausgearbeiteten Vorschlag eines Gesetzes über städtebauliche Gesundungsmaßnahmen (veröffentlicht in den Monatsheften für Baukunst und Städtebau 2/1935) sowie teilweise auf die inzwischen getroffenen Regelungen nach dem Gesetz für die „Neugestaltung deutscher Städte" hingewiesen werden.

Im Anschluss hieran werden die bodenrechtlichen *Regelungen* zur Durchführung des Bebauungsplanes aufgeführt. Hierin sind die sehr wichtigen Regelungen zur *Aufbringung der Mittel* für die Durchführung der Planung, damit also zur Finanzierung der Planungsmaßnahmen in einer Weise gegeben, die an die Quelle geht, aus der die Mittel fließen: die Bodenwertsteigerung, die „städtische Grundrente". Bisher hat man nur mit unzulänglichen Mitteln einen Teil davon für die öffentlichen Aufgaben zurückzugewinnen versucht. Wesentlich für die Durchführung ist eine amtliche Liegenschaftsbewertung.

Damit sind grundlegend die Handhaben gegeben, die für die *Planung* und ihre reibungslose Verwirklichung nach nationalsozialistischen Gesichtspunkten notwendig sind. Durchführungs- und Übergangsbestimmungen werden aus den Schwierigkeiten der heute noch bestehenden Verwirrung herausführen. Wesentlich ist, dass bei den notwendigen Eingriffen in das Grund- und Gebäudeeigentum niemandem eine unverdiente Schädigung zugefügt werden soll. Es ist aber notwendig, den entscheidenden Schritt zur Erfassung unverdienter Gewinne zu tun, damit nicht immer wieder die gleichen Unzuträglichkeiten und Schwierigkeiten in der Stadtentwicklung entstehen, die dann durch gesetzliche Maßnahmen und meist mit erheblichen öffentlichen Mitteln beseitigt werden müssen.

In dem folgenden Hauptabschnitt III ist nur kurz und ohne Anspruch auf Vollständigkeit erwähnt, dass zu einem Baugesetz die Fragen der Bauausführung und des Bauverfahrens gehören.

Wesentlicher ist es jedoch, dass im letzten Hauptabschnitt die Aufgaben der Gebäudepflege und Gebäudebewirtschaftung – wenn auch wiederum nur kurz – mit in die Leitsätze zum Baurecht aufgenommen worden sind. Hierbei musste auf eine neue Forschungsarbeit der Akademie über die wirtschaftlichen und rechtlichen Grundlagen der Stadtgesundung Bezug genommen werden, deren Studium zum vollen Verständnis dieser Fragen notwendig erscheint. Damit rundet sich das Bild ab: von der Planung des großen und kleinen Raumes bis zur Pflege und Bewirtschaftung des Gebauten, schließlich auch bis zur Erneuerung des Baufälligen und nicht mehr Zeitgemäßem fügt sich alles zu einer sinnvollen Ordnung in einem dann nicht mehr unterbrochenen Kreislauf. [...]

IV. Entwurf eines Reichsbaugesetzes (Juli 1941)*

Der deutsche Boden ist heiliger deutscher Besitz, für dessen Erhaltung in allen Generationen deutsche Menschen gekämpft und geblutet haben. Er ist die Grundlage des Lebens des deutschen Volkes. Auf ihm lebt und schafft der deutsche Mensch, hat er seine und seiner Familie Wohnstätte, sucht er Erholung und Erbauung.

Wer deutschen Boden besitzt oder nutzt, vor allem wer ihn baulich gestaltet, muss sich daher seiner besonderen Pflichten und seiner Verantwortung gegenüber der Volksgemeinschaft bewusst sein. Wer auf diesem Boden baut, muss eingedenk sein, dass er nicht nur für sich und die Gegenwart baut, sondern dass er für die Dauer, für Geschlechter, oft für Jahrhunderte schafft und für eine weite Zukunft das Schicksal von Grund und Boden und das Bild der Landschaft und der deutschen Heimat bestimmt.

Mit dieser Verantwortlichkeit des Einzelnen gegenüber der Volksgemeinschaft ist eine Anschauung, wie sie ein überwundenes Zeitalter in dem Begriff der Baufreiheit für den Einzelnen entwickelte, unvereinbar. Die Freiheit des Grundeigentums findet vielmehr ihre Grenze an dem Grundsatz, dass der deutsche Boden kein Gegenstand ist, den der Einzelne zum Nachteil der Allgemeinheit und zum Schaden anderer Volksgenossen gebrauchen darf.

Ob und wie ein Grundstück bebaut wird, kann somit nicht allein von dem Ermessen und den Interessen des Einzelnen abhängen, sondern muss sich vor allem nach den Belangen der Allgemeinheit richten. Es ist die Aufgabe einer verantwortungsbewussten städtebaulichen Planung, die städtebauliche Entwicklung und Gestaltung der deutschen Städte und Dörfer unter der Führung und Aufsicht des Reichs planvoll, zweckmäßig und großzügig zu ordnen und zu fördern und hierbei die Belange der Gemeinschaft mit den Interessen des Einzelnen soweit als möglich in Einklang zu bringen.

Jedes einzelne Bauwerk soll wieder zum Wahrzeichen echter deutscher Baukultur werden; es soll anständige Baugesinnung, beste handwerkliche Überlieferung und den Willen zur sozialen Einordnung zum Ausdruck bringen. Das Bild der deutschen Städte und Dörfer soll Schönheit, Heimatliebe und echten Gemeinsinn verkörpern. Die Schönheit der Natur muss erhalten werden. Den Eigenarten der deutschen Landschaft soll durch eine bodenständige Bauweise entsprochen werden.

In schönen und gesunden Wohnungen soll der deutsche Mensch wohnen, die Familie ihr Heim finden und ein starkes, tüchtiges Geschlecht heranwachsen.

Mit der Neuordnung dieses Rechtsgebiets wird dem deutschen Volke nach der Zersplitterung und Unzulänglichkeit des geltenden Baurechts erstmalig ein einheitliches, den Forderungen der Gegenwart und den Aufgaben der Zukunft

* In eckigen Klammern sind Änderungswünsche Hamburgs hinzugefügt worden.

entsprechendes Baurecht gegeben. Diese wird zusammen mit den anderen Gesetzen, insbesondere dem Reichserbhofgesetz, die rechtlichen Handhaben gewähren, die Nutzung des gesamten deutschen Bodens nach nationalsozialistischer Auffassung sicherzustellen und jeglichen Missbrauch mit dem Boden zu verhindern. Vor allem aber werden damit die rechtlichen Voraussetzungen für die bauliche Gestaltung des Großdeutschen Reichs, im Besonderen für die Durchführung der kommenden großen städtebaulichen Aufgaben, geschaffen. Zu ihrer Erfüllung ist der Schöpferwille, die Tatkraft und das Verantwortungsbewusstsein aller, die an der Durchführung dieser Aufgaben mitzuwirken berufen sind, Erfordernis.

Die Reichsregierung hat zu diesem Zwecke beschlossen, *Das Deutsche Baugesetzbuch* zu schaffen, als dessen erster Teil das folgende Reichsbaugesetz erlassen und hiermit verkündet wird:

Erster Teil. Allgemeine Vorschriften (§§ 1–18)

Recht des Städtebaus. § 1. (1) Die baurechtlichen Vorschriften sind die rechtlichen Handhaben zur Ordnung der städtebaulichen Entwicklung und der baulichen Gestaltung der deutschen Gemeinden.

(2) Die baurechtlichen Vorschriften und Bestimmungen sind so anzuwenden, dass eine gesunde und großzügige städtebauliche Entwicklung und Gestaltung der deutschen Gemeinden gewährleistet ist, echte Baukultur [Hamburg: unter Wahrung der geschichtlichen und heimatlichen Eigenart] gefördert und den vorgehenden Belangen der Allgemeinheit wie auch den berechtigten Belangen des einzelnen Rechnung getragen wird.

Vollzug der baurechtlichen Vorschriften. § 2. Der Vollzug der baurechtlichen Vorschriften untersteht der Führung und Lenkung durch das Reich.

§ 3. Der Vollzug der baurechtlichen Vorschriften obliegt, soweit nichts anderes bestimmt ist, den Baubehörden (§ 6) und wird durch die Aufsichtsbehörden (§ 8) überwacht.

§ 4. Als baurechtliche Vorschriften im Sinne dieses Gesetzes gelten alle Vorschriften und Bestimmungen baurechtlichen Inhalts, deren Vollzug den Baubehörden § 6 obliegt.

§ 5. Zu den baurechtlichen Vorschriften des Reichs können bei Bedarf ergänzende oder von ihnen abweichende Regelungen getroffen werden, sofern diese Vorschriften hierzu ermächtigen. Diese Regelungen heißen Bauordnungen.

Baubehörden. § 6. (1) Baubehörde ist der Landrat, in Stadtkreisen der Oberbürgermeister.

(2) Höhere Baubehörde ist die höhere Verwaltungsbehörde.

(3) Unter welchen Voraussetzungen die Aufgaben der Baubehörde kreisangehörigen Gemeinden übertragen werden können, bestimmt der Reichsarbeitsminister. Die Übertragung erfolgt durch die höhere Baubehörde; sie ist jederzeit widerruflich.

(4) Der Reichsarbeitsminister kann hinsichtlich einzelner baurechtlicher Aufgaben eine abweichende Regelung treffen.

(5) Die Baubehörden können sich zur Durchführung ihrer Aufgaben der Mitwirkung der Gemeindebehörden bedienen.

§ 7. Der Reichsarbeitsminister kann den im § 6 genannten Behörden weitere in den im § 4 genannten Vorschriften nicht vorgesehene Aufgaben auf dem Gebiete des Bauwesens übertragen.

Aufsichtsbehörden. § 8. (1) Oberste Aufsichtsbehörde ist der Reichsarbeitsminister.

(2) Aufsichtsbehörden sind:

a) für die höheren Baubehörden der Reichsarbeitsminister,

b) für die Baubehörden, soweit sie nicht unter Buchst. c) fallen, die höheren Verwaltungsbehörden,

c) für die Bürgermeister kreisangehöriger Gemeinden, auch wenn ihnen die Aufgaben der Baubehörde übertragen sind (§ 6 Abs. 3 und 4), die Landräte.

(3) Der Reichsarbeitsminister kann seine Aufsichtsbefugnisse auf obere Aufsichtsbehörden übertragen. Welche Behörden obere Aufsichtsbehörden sind, bestimmt der Reichsarbeitsminister.

Erlass von Bauordnungen. § 9. (1) Bauordnungen können erlassen:

a) der Reichsarbeitsminister für das Reich oder für Teile des Reichsgebiets,

b) die Baubehörden für ihre Bezirke oder für Teile dieser Gebiete,

c) die Gemeinden zum Zwecke des Erlasses von Bebauungsvorschriften im Falle des § 33.

(2) Der Reichsarbeitsminister kann seine Befugnis zum Erlass von Bauordnungen übertragen:

a) auf die oberen Aufsichtsbehörden, soweit eine Bauordnung für das Gebiet eines Landes (Reichsgaues) oder für Teile dieses Gebiets, die über den Bezirk einer höheren Baubehörde hinausgehen, erlassen werden soll,

b) auf die höheren Baubehörden, soweit eine Bauordnung für deren Bezirke oder für Teile dieser Gebiete, die über den Bezirk einer Baubehörde hinausgehen, erlassen werden soll.

(3) Die Vorschriften der Verordnung über die Polizeiverordnungen der Reichsminister vom 14. November 1938 (Reichsgesetzbl. I S. 1582) bleiben unberührt.

(4) Mehrere Baubehörden können mit Zustimmung der gemeinsamen Aufsichtsbehörde (§ 8) auch eine gemeinsame Bauordnung erlassen.

§ 10. (1) Die Bauordnungen der Baubehörden und Gemeinden bedürfen der Genehmigung der höheren Baubehörde.

(2) Die Bauordnungen der höheren Baubehörden und der oberen Aufsichtsbehörden (§ 9 Abs. 2) bedürfen der Genehmigung des Reichsarbeitsministers. Der Reichsarbeitsminister kann seine Genehmigungsbefugnis für Bauordnungen der höheren Baubehörden allgemein oder im Einzelfall auf die oberen Aufsichtsbehörden übertragen.

§ 11. (1) Die Bauordnungen müssen eine ihren Inhalt kennzeichnende Überschrift tragen, den örtlichen Geltungsbereich bezeichnen und, falls zum Erlass der beabsichtigten Regelung die Zustimmung anderer Behörden erforderlich ist, auch die Zustimmung dieser Behörden angeben.

(2) Die Bauordnungen des Reichsarbeitsministers werden im Reichsgesetzblatt, die Bauordnungen der oberen Aufsichtsbehörden in den für die Veröffentlichung dieser Behörden bestimmten Verordnungsblättern bekanntgemacht. Die Bauordnungen der höheren Baubehörden, der Baubehörden und der Gemeinden (§ 9 Abs. 1 Buchst. c) werden ortsüblich öffentlich bekanntgemacht. Der Vermerk über die erfolgte Genehmigung, soweit diese erforderlich ist, ist mit bekanntzumachen.

(3) Bauordnungen treten, sofern in ihnen nichts anderes bestimmt ist, eine Woche nach ihrer Bekanntmachung (Abs. 2) in Kraft.

§ 12. (1) Die Bauordnungen dürfen keine Bestimmungen enthalten, die mit Gesetzen oder anderen Vorschriften des Reichs oder mit Rechtsverordnungen einer übergeordneten Behörde im Widerspruch stehen.

(2) Ist eine der Regelung durch Bauordnung überlassene Angelegenheit (§ 5) durch Bauordnung einer übergeordneten Behörde geregelt, so darf sie durch Bauordnung einer nachgeordneten Behörde nur noch insoweit ergänzend geregelt werden, als dies in der Bauordnung der übergeordneten Behörde ausdrücklich zugelassen ist.

(3) Die Vorschriften über den Erlass von Bauordnungen gelten entsprechend auch für ihre Ergänzung, Änderung oder Aufhebung.

§ 13. Die Aufsichtsbehörden (§ 8) können den Erlass, die Ergänzung, Änderung sowie die Aufhebung von Bauordnungen nachgeordneter Behörden verlangen.

Befreiungen. § 14. (1) Befreiungen können erteilt werden, sofern im einzelnen Fall die Voraussetzungen des Abs. 2 vorliegen:

a) von baurechtlichen Vorschriften des Reichs und von den in den Bauordnungen getroffenen Regelungen, sofern diese Vorschriften ausdrücklich hierzu ermächtigen;

b) von den in einem festgestellten Bebauungsplan getroffenen Bestimmungen. § 43 Abs. 2 und 3 bleiben unberührt.

(2) Eine Befreiung darf nur erteilt werden:

a) wenn die öffentlichen Belange die Abweichung erfordern oder

b) wenn die Durchführung der Vorschriften zu einer unbilligen Härte führen würde, öffentliche Belange nicht entgegenstehen und Belange Dritter nicht in einer unzumutbaren Weise beeinträchtigt werden.

(3) Die Befreiung kann unter dem Vorbehalt des Widerrufs erteilt sowie von der Leistung eines angemessenen Ausgleichs an den durch die Befreiung Benachteiligten abhängig gemacht werden.

§ 15. (1) Zuständig für die Erteilung einer Befreiung ist, vorbehaltlich der Regelung in Abs. 2, die Baubehörde. Im Rechtsmittelverfahren kann die Befreiung auch von der höheren Baubehörde erteilt werden.

(2) Die höhere Baubehörde ist für die Erteilung einer Befreiung zuständig:

a) wenn von einer Bestimmung eines festgestellten Bebauungsplans über die bauliche Ausnutzbarkeit eines Grundstücks abgewichen werden soll (§ 27 Nr. 2),

b) wenn ein Gebäude über die festgestellte Gebäudefluchtlinie (§ 29 Abs. 2 Buchst. a) vorgerückt werden soll,

c) in den Fällen der §§ 56 Abs. 3 und 59 Abs. 3,

d) in anderen Fällen, sofern die Reichsbauordnung oder die sonstigen baurechtlichen Vorschriften dies bestimmen.

(3) Die Erteilung einer Befreiung durch die Baubehörde bedarf der Zustimmung der Aufsichtsbehörde, wenn die Gemeinde selbst der Träger der Baumaßnahmen ist, für welche die Befreiung erteilt wird. Dieser Zustimmung bedarf es nicht, wenn die höhere Baubehörde für die Erteilung der Befreiung zuständig ist (Abs. 2).

(4) Die besondere Regelung für die Behandlung von öffentlichen Bauten bleibt unberührt.

§ 16. Die Befreiung wird auf Antrag gewährt. Dieser gilt mit der Einreichung des Baugesuchs als gestellt, soweit die eingereichten Unterlagen den Willen zur Abweichung von den baurechtlichen Vorschriften erkennen lassen. [*Hamburg*: Der stillschweigende Antrag auf Erteilung ist untragbar. Begründung notwendig, Versagung, wenn keine triftigen Gründe vorliegen.]

Baulasten und Baulastenbücher. § 17. (1) Die Verpflichtung zu Beiträgen der Grundstückseigentümer und sonstige baurechtliche Verpflichtungen zu einer Leistung, Duldung oder Unterlassung, die Grundstückseigentümern durch Gesetz oder von der Baubehörde aufgrund gesetzlicher Vorschriften auferlegt oder von ihnen freiwillig übernommen werden, sind öffentliche Lasten des Grundstücks (Baulasten) und gehen beim Eigentumswechsel auf den Rechtsnachfolger im Eigentum über.

(2) Die Erklärung, durch welche eine Verpflichtung zu einer Baulast (Abs. 1) übernommen wird, muss zur Niederschrift der Baubehörde oder des Bürgermeisters abgegeben werden; sie kann auch in einer öffentlichen oder öffentlich beglaubigten Urkunde erfolgen. Die Rechtsgültigkeit und Anfechtbarkeit einer solchen Erklärung bestimmt sich nach den Vorschriften des bürgerlichen Rechts.

§ 18. (1) Für die Eintragung von Baulasten und des Vorbehalts des Widerrufs einer Baugenehmigung werden öffentliche Baulastenbücher angelegt. Kleinere Gemeinden, bei denen kein Bedürfnis zur Anlegung eines Baulastenbuchs besteht, können durch den Reichsarbeitsminister widerruflich von dieser Verpflichtung ausgenommen werden. Der Reichsarbeitsminister kann diese Befugnis im Einzelfall auf andere Behörden übertragen. Die Anlegung des Baulastenbuchs ist durch die Gemeinde ortsüblich bekanntzugeben.

(2) Die Anlegung und Führung der Baulastenbücher ist Aufgabe der Gemeinden.

(3) Einträge im Baulastenbuch liefern für das Bestehen von Baulasten, soweit diese nicht ausdrücklich als bestritten bezeichnet sind, und für deren Erlöschen vollen Beweis, solange und soweit nicht das Gegenteil nachgewiesen ist. Im Baulastenbuch eingetragene Baulasten unterliegen nicht der Verjährung, sofern sie nicht ausdrücklich als bestritten bezeichnet sind oder soweit gesetzlich nichts anderes bestimmt ist.

Zweiter Teil. Die städtebauliche Ordnung des Gemeindegebiets (§§ 19–72)

Die städtebauliche Planung. § 19. (1) In jeder deutschen Gemeinde muss die Nutzung des Bodens so geregelt sein, wie es das Gemeinwohl erfordert. Namentlich muss die bauliche Entwicklung der Gemeinde vorausschauend unter diesem Gesichtspunkt geordnet und eine diese Entwicklung fördernde Nutzung des Grund und Bodens sichergestellt werden. Die auf die Erreichung dieses Zieles gerichteten Maßnahmen bilden die städtebauliche Planung.

(2) Die städtebauliche Planung muss den Lebensbedürfnissen der Gemeinschaft Rechnung tragen. Der Bestand an land- und forstwirtschaftlicher Fläche muss nach Möglichkeit erhalten und gesichert, der notwendige Landbedarf für staatliche, wirtschaftliche, kulturelle und hygienische Zwecke befriedigt werden. Die Städte und Dörfer müssen Ausdruck deutschen Gemeinsinns und deutscher Baugesinnung sein; in ihnen muss Volksgesundheit und gesundes Wohnen der Volksgenossen, vor allem der deutschen Familie, gewährleistet sein.

(3) Die städtebauliche Planung muss mit den Absichten und den allgemeinen Erfordernissen der übergeordneten Planung und der Reichssonderplanung im Einklang stehen.

§ 20. (1) Die Absichten und allgemeinen Erfordernisse der städtebaulichen Planung werden nach Maßgabe der Vorschriften dieses Gesetzes und der Durchführungsverordnung in städtebaulichen Plänen und anderen Bestimmungen zur städtebaulichen Ordnung des Gemeindegebiets festgelegt.

(2) Die Aufstellung der städtebaulichen Pläne, namentlich die Ausweisung genügender Baugebiete, und der Erlass der anderen Bestimmungen (Abs. 1) hat zu erfolgen, wenn und soweit das öffentliche Interesse, namentlich die bauliche und wirtschaftliche Entwicklung der Gemeinde oder die Bedürfnisse des Verkehrs, es erfordern. Soweit es ohne Beeinträchtigung einer vorausschauenden Planung geschehen kann, ist jedes Übermaß in der Aufstellung von Plänen, die in absehbarer Zeit nicht verwirklicht werden können, zu vermeiden.

1. Abschnitt: Die städtebaulichen Pläne

1. Der Flächennutzungsplan

§ 21. Der Flächennutzungsplan ist die Richtschnur für die Aufstellung des Bebauungsplans. Er stellt in den Grundzügen dar, wie sich die geordnete Nutzung des Bodens und die städtebauliche Entwicklung des Gemeindegebiets, insbesondere im Hinblick auf die Erfordernisse der Land-, Forst- und Wasserwirtschaft, der Industrie, des Gewerbes und des Bergbaues, des Verkehrs, der Bebauung und Besiedlung, der Bepflanzung, der Landesverteidigung, im Besonderen des Luftschutzes, des Feuerschutzes, der Gesundheit, der Erholung und des Schutzes des Orts- und Landschaftsbildes, vollziehen soll. Er macht vor allem ersichtlich, welche Flächen

planmäßig der Bebauung erschlossen werden und welche Flächen aus Gründen des öffentlichen Wohls unbebaut oder in der Bebauung beschränkt bleiben sollen.

§ 22. (1) Im Flächennutzungsplan können vor allem folgende Arten von Flächen vorgesehen werden:

1. der land- und forstwirtschaftlichen Nutzung vorbehaltene Flächen;
2. Verkehrsbänder und andere Verkehrsflächen von besonderer Bedeutung, sowie Flughäfen; Verkehrsbänder sind Geländestreifen für Reichsstraßen und Landstraßen 1. Ordnung, Eisenbahnen und Kleinbahnen, Autobahnen, Schifffahrtsstraßen einschl. der Flächen für die zugehörigen Nebenanlagen und der anschließenden unbebaubaren Flächen;
3. für die Bebauung bestimmte Flächen, vor allem Flächen für den Wohnungs- und Siedlungsbau, den gewerblichen Bau und den landwirtschaftlichen Bau;
4. von der Bebauung ausgeschlossene oder in der Bebauung beschränkte Flächen, vor allem die im öffentlichen Interesse von der Bebauung freizuhaltenden Flächen wie: öffentliche Freiflächen (das sind öffentliche Park- und Gartenanlagen, Spiel- und Sportplätze, Freiluftbäder und ähnliche Einrichtungen), Dauerkleingartengebiete, Naturschutzgebiete und sonstige geschützte Landschaftsteile, Friedhöfe und Urnenhaine, Flächen für wasserwirtschaftliche Anlagen, Überschwemmungsgebiete und Streifen zur Führung ober- und unterirdischer Leitungen;
5. Flächen, die öffentlichen Zwecken von besonderer Bedeutung vorbehalten werden (Vorbehaltsflächen), im Besonderen Flächen für öffentliche Gebäude, Denkmalsanlagen und dergl.;
6. Flächen für den Bergbau und die Gewinnung anderer Bodenschätze.

(2) Der Flächennutzungsplan kann sich auf einzelne Arten dieser Flächen beschränken.

(3) Die im Gebiet des Flächennutzungsplans beabsichtigten, für die Plangestaltung maßgeblichen städtebaulichen Maßnahmen sollen in einem Erläuterungsbericht, der mit dem Plan zu verbinden ist, begründet werden.

§ 23. Der Flächennutzungsplan wird für das Gemeindegebiet oder Teile desselben, erforderlichenfalls auch für das Gebiet mehrerer Gemeinden oder Teile dieses Gebiets, aufgestellt.

§ 24. (1) Der Flächennutzungsplan wird von der Gemeinde aufgestellt. Bei Bedarf kann für mehrere Gemeinden ein gemeinsamer Plan aufgestellt werden.

(2) Der Flächennutzungsplan bedarf der Prüfung und Billigung durch die höhere Baubehörde. Sind mehrere höhere Baubehörden beteiligt, so bestimmt die Zuständigkeit der Reichsarbeitsminister.

(3) Bei der Planaufstellung sind die beteiligten Behörden und Stellen, deren Belange von dem Plan berührt werden, zu beteiligen.

(4) Die an der Planaufstellung beteiligten Behörden und Stellen, namentlich auch die für die übergeordnete Planung und die Reichssonderplanung (§ 19 Abs. 3) zuständigen Behörden und Stellen, sind bei der Durchführung von Maßnahmen, die den Plan berühren, an den gebilligten Flächennutzungsplan gebunden.

§ 25. Flächennutzungspläne sind zu ergänzen, ändern oder aufzuheben, sobald die Entwicklung des Plangebiets oder das Fortschreiten der förmlichen Planfeststellung für dieses Gebiet dies erfordert.

2. Der Bebauungsplan

§ 26. (1) Der Bebauungsplan bestimmt nach Maßgabe der §§ 27 bis 31 für die durch die bevorstehende städtebauliche Entwicklung bestimmte Zeit die Flächen innerhalb des Gemeindegebiets, für welche eine Nutzung der Grundstücke durch Bebauung zulässig sein soll und ferner die Flächen, die ganz oder teilweise von der Bebauung ausgeschlossen sein sollen. Er bestimmt ferner, in welcher Art und Weise und in welchem Umfang die Bebauung bebaubarer Flächen erfolgen darf.

(2) Der Bebauungsplan hat zum Inhalt:

a) den Baunutzungsplan, [*Hamburg*: 3-Baustufenplan]

b) den Fluchtlinienplan,

c) den Gestaltungsplan.

(3) Im Bebauungsplan sind ferner Flächen, die besonderen Verwendungszwecken zugeführt werden sollen, darzustellen (z. B. Bauplatzbestimmungen nach § 47, Anpflanzungen nach § 58, Laubengänge nach § 60, Einstellplätze, Garagen und Gemeinschaftsanlagen nach §§ 8, 9, 10, 13 RGaO, Anlagen des Luftschutzes). Die Bestimmung und Inanspruchnahme dieser Flächen erfolgt nach den dafür vorgesehenen besonderen Vorschriften.

Der Baunutzungsplan. § 27. Der Baunutzungsplan bestimmt:

1. die Baugebiete, nach der zulässigen überwiegenden Nutzungsart eingeteilt vor allem in Wohngebiete, Kleinsiedlungsgebiete, landwirtschaftliche Baugebiete, Geschäftsgebiete und Gewerbegebiete;

2. die Baustufen, die sich aus dem Maße der baulichen Ausnutzbarkeit der Grundstücke (in Bezug auf Bauweise, Baumasse oder bebaubare Fläche und Gebäudehöhe) ergeben.

[*Hamburg.* § 27: Der Baustufenplan setzt die Baustufen fest. Hieraus ergeben sich: die zulässige Nutzungsart (Baugebiete, Außengebiet), die Bauweise, die Ausnutzbarkeit der Grundstücke nach bebaubarer Fläche und Gebäudehöhe, sowie die Zulässigkeit von Seiten-, Hinter- und Nebengebäuden.]

Der Fluchtlinienplan § 28 (1) Der Fluchtlinienplan bestimmt die Grenzen, über die hinaus eine Bebauung der Grundstücke nicht stattfinden darf.

(2) Der Fluchtlinienplan bestimmt ferner die Grenzen der für den Gemeinbedarf in Anspruch zu nehmenden Flächen, und zwar:

a) der Straßen, Plätze und Wege einschl. von Erweiterungsstreifen und Flächen für zugehörige Nebenanlagen,

b) der öffentlichen Freiflächen (§ 22 Abs. 1 Nr. 4),

c) der Dauerkleingartengebiete,

d) der Friedhöfe und Urnenhaine.

§ 29. (1) Die Fluchtlinien sind entweder Baufluchtlinien, Straßenfluchtlinien oder Freiflächengrenzen.

(2) Baufluchtlinien bestimmen die Grenzen, bis zu denen die Bebauung einer Fläche erfolgen darf oder muss. Sie sind entweder vordere, seitliche oder hintere Gebäudefluchtlinien oder vordere, seitliche oder hintere Bebauungsgrenzen mit folgender rechtlicher Bedeutung:

a) Die Gebäudefluchtlinie hat die rechtliche Wirkung, dass die Gebäudeflucht unmittelbar auf dieser Linie verlaufen muss. Der Gestaltungsplan kann jedoch für das einzelne Grundstück auch eine hiervon abweichende Stellung der Gebäude bestimmen. Gebäudefluchtlinien können in den verschiedenen Höhen des Gebäudes verschieden verlaufen.

b) Die Bebauungsgrenze hat die rechtliche Wirkung, dass Gebäude bis an diese Grenze gestellt oder nur in einem von der Baubehörde bestimmten Abstand hinter dieser Grenze errichtet werden dürfen.

(3) Straßenfluchtlinien sind die Grenzen zwischen den Verkehrsflächen und den Flächen anderer Nutzung.

(4) Freiflächengrenzen trennen die öffentlichen Freiflächen, Dauerkleingartenbetriebe und Friedhofsflächen von den Flächen anderer Nutzung.

(5) Baufluchtlinien und Straßenfluchtlinien sowie Baufluchtlinien und Freiflächengrenzen können zusammenfallen. Verläuft eine Gebäudefluchtlinie neben einer Straßenfluchtlinie oder Freiflächengrenze, so ist die zwischen diesen Linien liegende Fläche Vorgartenfläche.

§ 30. Der Fluchtlinienplan muss eine genaue zeichnerische Darstellung der Grundstücke und die zu ihrer Kennzeichnung erforderlichen Eintragungen und Angaben über die Art der Verkehrsflächen und ihrer Höhenlage sowie die Darstellung etwa durch die Höhenlage bedingter Maßnahmen (Zufahrtsrampen, Böschungen usw.) enthalten; er soll ferner Angaben über beabsichtigte Entwässerungen enthalten.

Der Gestaltungsplan. § 31. (1) Der Gestaltungsplan bestimmt, welche Anforderungen an die einzelnen Bauwerke mit Rücksicht auf die Forderungen der Baukultur und des Schutzes des Straßen-, Orts- und Landschaftsbildes zu stellen sind, namentlich in Bezug auf die Stellung der Gebäude auf den Grundstücken, die Ausbildung der Schauseiten, der Gliederung der Baumassen, die Art der Baustoffe, die Dachformen, den Anstrich, die Zulässigkeit und die Art und Weise einer Außenwerbung, die Traufhöhe, die Grundstückseinfriedigung und die Bepflanzung der Vorgärten. Ergänzende Bestimmungen im Baugenehmigungsverfahren werden durch den Plan nicht ausgeschlossen.

(2) Anforderungen nach Abs. 1 sind nur insoweit zulässig, als die durch sie entstehenden Aufwendungen in einem angemessenen Verhältnis zu den Kosten des Bauwerks bleiben.

Aufstellung und Feststellung des Bebauungsplans. § 32.

(1) Der Bebauungsplan besteht aus Planzeichnungen und den Planergänzungsbestimmungen. Planzeichnungen können jedoch auch ohne Planergänzungsbestimmungen aufgestellt werden.

(2) Der Bebauungsplan wird je nach den örtlichen städtebaulichen Erfordernissen entweder als Gesamtplan für das ganze Gemeindegebiet (Gesamtbebauungsplan) oder als Teilplan für einen Teil des Gemeindegebiets (Teilbebauungsplan) aufgestellt. Es können ferner auch einzelne Bestandteile eines Bebauungsplans als Einzelpläne (Baunutzungspläne, Fluchtlinienpläne, Gestaltungspläne) aufgestellt werden; sie sind in diesem Fall entsprechend zu bezeichnen. Der Bebauungsplan ist grundsätzlich als einheitlicher Plan aufzustellen, sofern nicht zwingende städtebauliche Notwendigkeiten die Aufstellung von Einzelplänen erfordern; auch in diesem Falle sollen grundsätzlich Baunutzungsplan und Fluchtlinienplan zusammen aufgestellt werden. Für die Teil- und Einzelpläne gilt Abs. 1 entsprechend.

(3) Ausnahmsweise können anstelle eines Fluchtlinienplans einzelne Fluchtlinien (§ 44) festgestellt werden, wenn dies nach den örtlichen Verhältnissen ausreichend ist.

§ 33. Ist nach den örtlichen Verhältnissen die Aufstellung eines Baunutzungsplans oder eines Gestaltungsplans nicht erforderlich, so kann die Gemeinde die nach §§ 27, 31 zulässigen Bestimmungen durch Bauordnung treffen (§ 9 Abs. 1 Buchst. c). Diese gilt insoweit als Bebauungsplan im Sinne dieses Gesetzes.

§ 34. (1) Der Bebauungsplan wird von der Gemeinde aufgestellt. Er bedarf der Genehmigung der höheren Baubehörde, soweit für den Fluchtlinienplan oder einzelne Fluchtlinien im § 35 Abs. 3 und 5 nichts anderes bestimmt ist. Der Bebauungsplan ist, vorbehaltlich der Regelung im § 35 Abs. 3 und 5, mit der Genehmigung festgestellt.

(2) Der festgestellte Bebauungsplan ist von der Gemeinde mit dem Vermerk über die erfolgte Genehmigung, soweit eine solche zu erteilen war, öffentlich bekanntzumachen. Im Falle des § 35 Abs. 1 S. 2 genügt die Mitteilung der Feststellung des Fluchtlinienplans an die Beteiligten.

§ 35. (1) Der Fluchtlinienplan wird von der Gemeinde nach vorheriger entsprechender Bekanntmachung zwei Wochen [*Hamburg*: 1 Monat] lang öffentlich ausgelegt. Betrifft der Plan nur einzelne Grundstücke, so genügt statt der Offenlegung und Bekanntmachung eine Mitteilung an die betroffenen Grundstückseigentümer und die Inhaber von grundstücksgleichen Rechten; die Mitteilung hat eine angemessene Frist für die Erhebung von Einwendungen zu enthalten.

(2) Innerhalb der im Abs. 1 bestimmten Frist können gegen den Fluchtlinienplan bei der Gemeinde oder der Baubehörde Einwendungen erhoben werden. Die Baubehörde soll die Einwendungen mit den Beteiligten erörtern.

(3) Werden Einwendungen nicht erhoben, so gilt der Plan mit Ablauf der Frist (Abs. 1) als festgestellt. Werden die Einwendungen nach Ablauf dieser Frist zurückgenommen, so gilt der Plan als festgestellt, sobald alle Einwendungen zurückgenommen sind.

(4) Über die Einwendungen entscheidet die Baubehörde. Gegen die Entscheidung der Baubehörde ist binnen zwei Wochen vom Tage der Zustellung ab die Beschwerde an die höhere Baubehörde zulässig. Die höhere Baubehörde entscheidet über die erhobenen Beschwerden und zugleich über den Fluchtlinienplan (§ 34 Abs. 1 Satz 2).

(5) Wird keine Beschwerde erhoben, so gilt der Plan mit der Rechtskraft der Entscheidung der Baubehörde (Abs. 4 Satz 1) als festgestellt. Im Falle der Rücknahme der Beschwerden gilt Abs. 3 Satz 2 sinngemäß.

§ 36. Durch die Feststellung des Fluchtlinienplans wird eine Verpflichtung, Grundstücke den im § 28 Abs. 2 genannten Zwecken zuzuführen, nicht begründet. Die Vorschriften des Dritten Teils dieses Gesetzes über die Verpflichtung zur Grundstücksübernahme und Entschädigung werden hiervon nicht berührt.

3. Gemeinsame Vorschriften

Planerfordernisse. § 37. Die näheren an die städtebaulichen Pläne zu stellenden Anforderungen bestimmen die Durchführungsvorschriften.

Planaufstellung. § 38. Wird die Aufstellung eines städtebaulichen Plans für ein bestimmtes Gebiet erforderlich, so kann die Aufsichtsbehörde die Planaufstellung verlangen. Sie kann auf Kosten der Gemeinde oder der beteiligten Gemeinden den Plan selbst aufstellen oder die Planaufstellung einer anderen geeigneten Behörde oder Stelle übertragen.

Einheit der Pläne. § 39. Der Bebauungsplan muss sich im Einklang mit dem für das Plangebiet aufgestellten Flächennutzungsplan befinden.

Verbindlichkeit des Bebauungsplans, zwischenzeitliche Nutzung. § 40. (1) Ist ein Bebauungsplan festgestellt, so ist die Nutzung eines Grundstücks, vor allem durch Bebauung, nur nach Maßgabe des Plans zulässig. Inwieweit hiervon abgewichen werden kann, bestimmen die Durchführungsvorschriften.

(2) Die Baubehörde ist bei der Erteilung von Baugenehmigungen an den festgestellten Bebauungsplan gebunden. Ihre Befugnis, im Einzelfall bei Vorliegen der gesetzlichen Voraussetzungen Befreiungen von den Bestimmungen des Plans zu erteilen (§ 14), wird hierdurch nicht berührt; jedoch darf der Bebauungsplan dadurch nicht in seinen Wesenszügen verändert werden.

Anzeigepflicht. § 41. Sind in dem Gebiet eines festgestellten Bebauungsplans Erdbewegungen, Abgrabungen oder Aufschüttungen größeren Umfangs beabsichtigt oder soll die Nutzung eines Grundstücks, das nach dem Plan für die Bebauung bestimmt oder ganz oder teilweise von der Bebauung ausgeschlossen ist, wesentlich geändert werden, so ist dies der Baubehörde rechtzeitig, spätestens zwei Wochen vor der Inangriffnahme, anzuzeigen. Sind die beabsichtigten Vorhaben geeignet, die Durchführung der Vorschriften oder Pläne erheblich zu erschweren oder unmöglich zu machen und besteht keine Möglichkeit, die beabsichtigten Maßnahmen mit den

Vorschriften oder Plänen in Einklang zu bringen, so kann die Ausführung durch die Baubehörde untersagt werden. § 63 bleibt unberührt.

Vorarbeiten auf Grundstücken. § 42. Zur Vorbereitung und Durchführung der städtebaulichen Planung sind die für die Planung zuständigen Stellen oder deren Beauftragte befugt, Grundstücke zu betreten und auf ihnen die erforderlichen Vorarbeiten vorzunehmen. Ein dabei entstandener Schaden ist alsbald zu ersetzen. Streitigkeiten, auch über die Höhe der Entschädigung, entscheidet die Baubehörde.

Planänderung und –aufhebung. § 43. (1) Die Vorschriften über die Aufstellung von Flächennutzungsplänen gelten für ihre Ergänzung, Änderung oder Aufhebung entsprechend.

(2) Festgestellte Bebauungspläne sind zu ändern oder aufzuheben, wenn keine Aussicht besteht, dass die Pläne in angemessener Zeit durchgeführt werden können; im Übrigen sollen sie nur geändert oder aufgehoben werden, wenn wichtige öffentliche Belange dies erfordern. Ist nach den Plänen schon gebaut, so ist auf die errichteten Bauten Rücksicht zu nehmen; die Eigentümer der bebauten Grundstücke sind in diesem Falle zu hören.

(3) Bei festgestellten Fluchtlinienplänen kann jedoch die Baubehörde unwesentliche Änderungen (geringfügige Veränderungen der Höhenlagen und Fluchtlinien, Einfügungen, Streichungen oder Verlegung einzelner Wohnstraßen usw.) ohne förmliches Verfahren genehmigen, wenn die betroffenen Grundstückseigentümer einwilligen.

2. Abschnitt: Sonstige Vorschriften zur städtebaulichen Ordnung des Gemeindegebiets

Erfordernis der Fluchtlinie, Freigabe von Straßen für den Anbau. § 44. (1) Die Errichtung genehmigungsbedürftiger baulicher Anlagen auf einem Grundstück, für welches ein Fluchtlinienplan nicht festgestellt ist, ist erst zulässig, wenn für das Grundstück die erforderlichen Fluchtlinien nach § 35 festgestellt worden sind.

(2) Die Baubehörde kann bestimmen, dass die Errichtung baulicher Anlagen an einer für den Anbau bestimmten, jedoch noch nicht hergestellten Straße erst erfolgen darf, wenn die Straße für den Anbau freigegeben ist. Die Freigabe erfolgt durch die Baubehörde im Einvernehmen mit der Gemeinde, sofern diese nicht selbst Baubehörde ist. Die Freigabe soll erfolgen, wenn die Straße mindestens vorläufig fertig gestellt ist und die Anlagen für die Wasserversorgung sowie die Entwässerung hergestellt sind.

(3) Die Errichtung einzelner baulicher Anlagen in freier Feldlage kann von der Baubehörde ausnahmsweise auch ohne Fluchtlinienaufstellung zugelassen werden. Ausnahmsweise kann auch in sonstigen Fällen nach Gehör des Grundstückseigentümers von der Aufstellung von Fluchtlinien abgesehen werden, wenn das öffentliche Interesse diese nicht erfordert. Die Baubehörde bestimmt in diesen Fällen Stellung und Abstand der Gebäude von den öffentlichen Straßen, Plätzen oder Wegen; sie

hat dabei vor allem auf die Belange des Verkehrs und die Möglichkeit einer späteren Fluchtlinienfeststellung Rücksicht zu nehmen.

(4) Fluchtlinien sind nicht aufzustellen, wenn eine Bebauung des Grundstücks aus den im § 45 genannten Gründen nicht zugelassen werden kann.

Das Bauen außerhalb von Baugebieten oder im Zusammenhang gebauter Ortsteile. § 45. Außerhalb von Baugebieten (§ 27) oder, sofern solche nicht bestimmt sind, außerhalb eines im Zusammenhang gebauten Ortsteils ist die Errichtung von genehmigungsbedürftigen baulichen Anlagen zu untersagen, wenn es das öffentliche Interesse, insbesondere im Hinblick auf eine geordnete Entwicklung des Gemeindegebiets, die Freihaltung von Straßen vom Anbau zur Sicherung des Verkehrs oder eine ordnungsgemäße Bebauung, erfordert.

§ 46. Bauliche Anlagen sind danach namentlich zu untersagen:

a) wenn das Grundstück weder unmittelbar an einen öffentlichen Fahrweg grenzt, noch einen rechtlich dauernd gesicherten eigenen Zugang von angemessener Breite und Befestigung von einem öffentlichen Fahrweg aus hat, noch die Herstellung eines solchen Zugangs sichergestellt ist, oder

b) wenn ihre Ausführungen unwirtschaftliche Aufwendungen für Straßen und andere Verkehrseinrichtungen, Versorgungsleitungen, Entwässerungsanlagen, Schulversorgung, Polizei und Feuerschutz oder sonstige öffentliche Aufgaben erfordern oder ihre Benutzung besondere wirtschaftliche Schwierigkeiten für die Bewohner ergeben würde.

Bestimmung des Bauplatzes. § 47. (1) Für größere Bauten, deren Erstellung an einer bestimmten Stelle des Gemeindegebiets im Hinblick auf ihren Verwendungszweck und aus städtebaulichen Gründen, insbesondere wegen ihrer baukünstlerischen Bedeutung, erforderlich ist, kann die Baubehörde den Bauplatz bestimmen. Die Gemeinde ist, falls sie nicht Baubehörde ist, zu hören.

(2) Handelt es sich um Bauten des Reichs, der Nationalsozialistischen Deutschen Arbeiterpartei oder eines Landes und ist eine der an dem Verfahren nach Abs. 1 beteiligten Behörden oder Stellen mit der von der Baubehörde getroffenen Bestimmung nicht einverstanden, so hat die höhere Baubehörde durch Verhandlung mit den Beteiligten eine Einigung über den Bauplatz anzustreben. Kommt diese nicht zustande, so trifft die Bauplatzbestimmung der Reichsarbeitsminister im Einvernehmen mit dem beteiligten Reichsminister.

Schließung von Baulücken. § 48. (1) Liegt ein unbebautes, nach dem festgestellten Bebauungsplan oder den Bebauungsvorschriften zur Bebauung bestimmtes Grundstück an einer fertiggestellten, zum Anbau bestimmten Straße und sind die Grundstücke seiner näheren Umgebung bereits überwiegend bebaut oder in der Bebauung begriffen (Baulückengrundstück), so kann der Eigentümer zur Bebauung des Grundstücks verpflichtet werden, wenn diese für die geordnete bauliche Entwicklung der Gemeinde notwendig ist.

(2) Abs. 1 gilt auch für ein bebautes Grundstück, das baulich nur so gering ausgenutzt ist, dass ein grobes Missverhältnis zwischen der vorhandenen Bebauung und einer nach den bestehenden Vorschriften und Bestimmungen an dieser Stelle möglichen Bebauung besteht. Dies gilt jedoch nicht, wenn die Bebauung zur Zeit ihrer Ausführung einer dieser Örtlichkeit angemessenen Bauweise entsprach.

(3) Einem Grundstück steht ein Grundstücksteil gleich, der eine selbständige Baustelle darstellt.

§ 49. (1) Die Verpflichtung zur Bebauung des Grundstücks entsteht, sofern die Voraussetzungen des § 48 erfüllt sind, durch die schriftliche Aufforderung der Baubehörde, das Grundstück innerhalb einer von ihr zu bestimmenden Frist zu bebauen. Die Bebauung muss den allgemeinen baurechtlichen Vorschriften entsprechen und den für das Baugebiet erlassenen Bestimmungen über die Bebauung Rechnung tragen.

(2) Die für die Bebauung zu stellende Frist muss angemessen sein und mindestens zwei Jahre betragen. Die Frist kann verlängert werden, wenn ein Umstand, der nicht auf schuldhaftem Verhalten oder auf wirtschaftlicher Leistungsunfähigkeit des Eigentümers beruht, den rechtzeitigen Beginn oder die rechtzeitige Beendigung der Bauarbeiten verhindert. In besonderen Fällen kann mit Zustimmung der höheren Baubehörde die Frist bis auf ein Jahr abgekürzt werden.

(3) Die Verpflichtung zur fristgemäßen Bebauung geht auf den Rechtsnachfolger im Eigentum über.

(4) Handelt es sich um ein Grundstück des Reichs, der Nationalsozialistischen Deutschen Arbeiterpartei oder eines Landes, so erlässt die Aufforderung (Abs. 1) die höhere Baubehörde. Kommt aufgrund dieser Aufforderung eine Einigung der beteiligten Behörden oder Stellen über die Bebauung des Grundstücks nicht zustande, so entscheidet auf Antrag der Reichsarbeitsminister im Einvernehmen mit dem beteiligten Reichsminister, ob das Grundstück innerhalb einer zu bestimmenden Frist von dem Eigentümer zu bebauen oder der Bebauung durch einen anderen zuzuführen ist. Die Vorschriften in den §§ 50, 86 bis 88 finden für ein solches Grundstück keine Anwendung.

§ 50. (1) Der Grundstückseigentümer kann sich von der Verpflichtung zur Bebauung befreien, wenn er das Grundstück (den Grundstücksteil) innerhalb der ihm nach § 49 Abs. 1 gesetzten Frist [*Hamburg*: 6 Monate] der Gemeinde rechtsverbindlich zu einem angemessenen Preise zum Kauf anbietet. Der Grundstückseigentümer ist für die Dauer von drei Monaten an das Angebot gebunden.

(2) Kommt innerhalb der drei Monate (Abs. 1 Satz 2) ein Kaufvertrag zwischen dem Grundstückseigentümer und der Gemeinde oder einem von ihr bezeichneten Dritten, der zur alsbaldigen Bebauung des Grundstücks (des Grundstücksteils) bereit und in der Lage ist, nicht zustande, so wird der Grundstückseigentümer von der Verpflichtung zur Bebauung frei, wenn die Gemeinde nicht binnen weiteren drei Monaten Antrag auf Enteignung des Grundstücks (Grundstücksteils) stellt (§ 86 Abs. 2). Der Grundstückseigentümer oder sein Rechtsnachfolger kann innerhalb

von fünf Jahren seit Ablauf der Frist (Satz 1) nicht erneut aufgrund der Vorschriften der §§ 48, 51 zur Bebauung des Grundstücks verpflichtet werden.

(3) Erwirbt ein Dritter (Abs. 2) das Grundstück (den Grundstücksteil), so wird dieser mit dem Erwerb zur alsbaldigen Bebauung verpflichtet; er kann sich von der Verpflichtung nicht nach Abs. 1 befreien. § 49 Abs. 2 Satz 2 und Abs. 3 gelten sinngemäß.

§ 51. Als Baulücke im Sinne des § 48 gelten auch mehrere Grundstücke oder Grundstücksteile, die wegen ihres geringen Flächeninhalts oder ihrer ungünstigen Form für sich allein nicht ordnungsgemäß bebaut werden können, die aber zusammen eine angemessene Baustelle bilden würden. Die Baubehörde kann die Eigentümer der Grundstücke (Grundstücksteile) nach § 49 auffordern, gemeinsam eine Bebauung herbeizuführen. Die Eigentümer der Grundstücke (Grundstücksteile) können sich nach § 50 von der Verpflichtung zur Bebauung nur durch ein gemeinsames Angebot befreien.

Schutz von Flächen für wasserwirtschaftliche Anlagen. § 52.

(1) Flächen, die für den Schutz wasserwirtschaftlicher Anlagen der öffentlichen Wasserversorgung notwendig sind, sind vor der Bebauung zu schützen, soweit diese die Aufnahme oder den ordnungsgemäßen Gebrauch der Anlagen verhindern oder erheblich erschweren würden.

(2) Ist ein genehmigungsbedürftiges Bauvorhaben auf einer solchen Fläche beabsichtigt, so trifft die Baubehörde die Entscheidung, ob das Bauvorhaben nach Abs. 1 zu untersagen oder ob die Baugenehmigung unter besonderen Bedingungen zu erteilen ist. In der Baugenehmigung kann insbesondere auch bestimmt werden, dass der Bau nur für eine vorübergehende Zeit oder nur mit dem Vorbehalt des Widerrufs zugelassen wird.

(3) Bei Bedarf können Flächen der im Abs. 1 bezeichneten Art durch die Baubehörde mit Zustimmung der höheren Baubehörde bestimmt werden. Die Gemeinde, falls sie nicht Baubehörde ist, und die beteiligten Grundstückseigentümer sind zu hören. Ist nach den gesetzlichen Vorschriften eine andere Behörde für die Bestimmung einer solchen Fläche zuständig, so trifft diese Behörde die Bestimmung im Einvernehmen mit der Baubehörde.

(4) Will die Baubehörde ein Bauvorhaben auf einer nach Abs. 3 bestimmten Fläche genehmigen, so bedarf sie hierzu der Zustimmung der höheren Baubehörde und im Falle des Abs. 3 Satz 3 der Zustimmung der zuständigen Behörde.

Bauten in der Nähe gefährlicher Anlagen. § 53. (1) In der Nähe gefährlicher Anlagen (Munitions-, Sprengstofffabriken, Pulverlagern und ähnl. Anlagen), welche für die Umgebung, namentlich für die Bewohner und Benutzer der Grundstücke, eine erhebliche Gefahr bilden, ist die Bebauung zu untersagen oder nur unter besonderen Bedingungen zu gestatten. Dies gilt auch, wenn sich die gewerbliche Anlage noch im Bau befindet oder wenn zwar mit dem Bau noch nicht begonnen, die gewerbliche Anlage aber bereits genehmigt ist.

(2) Der Reichsarbeitsminister kann für Anlagen der im Abs. 1 bezeichneten Art im Einvernehmen mit den beteiligten Reichsministern allgemein Zonen bestimmen,

innerhalb deren Bauten nicht oder nur unter besonderen Bedingungen zugelassen werden dürfen.

Sicherung der Gewinnung von Bodenschätzen. § 54. (1) Flächen, die für Zwecke der Gewinnung von Bodenschätzen in Anspruch genommen und vor einer dem künftigen Verwendungszweck widersprechenden Bebauung geschützt werden sollen, können durch die höhere Baubehörde im Einvernehmen mit der mittleren Landesbergbehörde und, wenn eine solche nicht vorhanden ist, der obersten Landesbergbehörde bestimmt werden. Die Bestimmung bedarf der Genehmigung des Reichsarbeitsministers, der im Einvernehmen mit den beteiligten Reichsministern entscheidet.

(2) Der Reichsarbeitsminister kann im Einvernehmen mit den beteiligten Reichsministern die Bestimmung auch von sich aus treffen.

(3) Die Bestimmung ist unter Angabe des Zeitpunkts, von dem ab sie wirksam werden soll, bekanntzumachen.

§ 55. (1) Auf den nach § 54 geschützten Flächen kann die Errichtung genehmigungsbedürftiger Bauten untersagt werden, wenn das Bauvorhaben die Durchführung der bergbaulichen Maßnahmen erschweren würde. § 52 Abs. 2 gilt entsprechend.

(2) Eine Versagung nach Abs. 1 ist ausgeschlossen bei Bauten, die bestimmt sind, die landwirtschaftliche Erzeugung bis zur Inanspruchnahme der Flächen durch den Bergbau zu sichern oder zu steigern.

(3) Ob und inwieweit auf den nach § 54 geschützten Flächen bis zu deren Inanspruchnahme durch den Bergbau die Anlegung von Verkehrsflächen, öffentlichen Freiflächen oder von Dauerkleingärten zuzulassen ist, entscheidet die höhere Baubehörde im Benehmen mit der mittleren Landesbergbehörde, und wenn eine solche nicht vorhanden ist, der obersten Landesbergbehörde. Ist eine Übereinstimmung zwischen diesen Behörden nicht zu erzielen, so entscheidet der Reichsarbeitsminister im Einvernehmen mit den beteiligten Reichsministern.

Schutz von Baumbeständen, Grünflächen und Gewässern. § 56.

(1) Aus Gründen der Volksgesundheit und zum Schutze des Orts- und Landschaftsbildes kann bestimmt werden, dass Baumbestände, Strauchbestände, Grünflächen und Gewässer sowie einzelne Bäume in ihrem Bestand zu erhalten sind, sofern deren Schutz nicht bereits durch andere gesetzliche Vorschriften möglich ist. Die zu schützenden Baumbestände, Strauchbestände, Grünflächen und Gewässer sind in ein Verzeichnis aufzunehmen.

(2) Das Verzeichnis wird von der Baubehörde aufgestellt und auszugsweise den Eigentümern der betroffenen Grundstücke zugestellt. Die Eintragung in das Verzeichnis bedarf der Zustimmung der höheren Baubehörde.

(3) Von der Zustellung ab dürfen wesentliche Änderungen an den eingetragenen Bäumen, Sträuchern, Flächen oder Gewässern nicht vorgenommen werden. Von dieser Vorschrift kann Befreiung erteilt werden.

§ 57. Soweit erhaltenswerter Baumbestand nicht aufgrund des § 56 geschützt ist, ist er bei Errichtung von Gebäuden und anderen baulichen Anlagen zu schonen. Die Baubehörde kann zu diesem Zwecke die Erteilung der Baugenehmigung davon abhängig machen, dass der Eigentümer sich verpflichtet, den Baumbestand zu erhalten oder ihn nur mit Zustimmung der Baubehörde zu ändern.

Duldung von Anpflanzungen. § 58. (1) Zur Verbesserung des Straßen-, Orts- und Landschaftsbildes, insbesondere zur Beseitigung oder Verbesserung der Wirkung einer vorhandenen unschönen oder verunstaltenden Bebauung von Straßenzügen, Hinterhausfronten, gewerblichen Anlagen und dergl., kann die Baubehörde im Einvernehmen mit der Gemeinde, falls diese nicht selbst Baubehörde ist, die Anpflanzung von Bäumen, Sträuchern und Hecken anordnen, sofern eine städtebaulich befriedigende Lösung in anderer Weise nicht oder nur unter wesentlichen Schwierigkeiten zu erreichen ist. Dies gilt nicht, wenn durch die Anpflanzung die nach den städtebaulichen Plänen zulässige Nutzung des Grundstücks unmöglich gemacht oder erheblich erschwert würde.

(2) Der Grundstückseigentümer und sein Rechtsnachfolger im Grundstückseigentum sind verpflichtet, die Anpflanzung und die notwendigen laufenden Maßnahmen zur Erhaltung der Bäume, Sträucher und Hecken auf dem Grundstück zu dulden.

(3) Die Verpflichtung zur Duldung der Anpflanzung und der zur Erhaltung der Bäume, Sträucher und Hecken notwendigen laufenden Maßnahmen entsteht, sofern die Voraussetzungen des Abs. 1 erfüllt sind, durch schriftliche Anordnung der Baubehörde gegenüber dem Grundstückseigentümer. Die Anordnung muss die näheren Angaben über die Art und den Umfang der vorgesehenen Anpflanzung enthalten.

(4) Die Kosten der Anpflanzung und der Erhaltung der Bäume, Sträucher und Hecken trägt die Gemeinde, sofern nicht durch Vereinbarung der Beteiligten eine andere Regelung getroffen wird.

Freigabe von Wanderwegen. § 59. (1) Aus Gründen der Volksgesundheit kann bestimmt werden, dass bestehende nichtöffentliche Wege an Seen und anderen Gewässern für den allgemeinen Wanderverkehr freizugeben sind. Die freizugebenden Wege sind in ein Verzeichnis aufzunehmen. § 56 Abs. 2 findet entsprechende Anwendung.

(2) Von der Zustellung des Verzeichnisses oder eines Auszuges des Verzeichnisses ab hat der Grundstückseigentümer den Weg freizugeben. Die Gemeinde hat die Maßnahmen zu treffen, die erforderlich sind, um den Weg für den Wanderverkehr gangbar zu machen und um eine unverhältnismäßige Erschwerung der Nutzung der Grundstücke durch die Grundstückseigentümer zu verhindern; sie hat ferner den Weg gangbar zu erhalten.

(3) Von der Zustellung des Verzeichnisses ab dürfen ferner auf der Wasserseite der Wege die Aussicht störende bauliche Anlagen nicht errichtet und die Aussicht störende Anpflanzungen nicht vorgenommen werden. Hecken dürfen eine Höhe von einem Meter nicht überragen. Von dieser Vorschrift kann Befreiung erteilt werden.

Anlegung von Laubengängen auf bebauten Grundstücken. § 60.

(1) Soll aus Gründen des Verkehrs oder aus anderen zwingenden städtebaulichen Gründen eine öffentliche Straße oder ein öffentlicher Platz durch Anlegung von Laubengängen auf den angrenzenden bebauten Grundstücken verbreitert werden, so haben die Grundstückseigentümer die Herstellung des Laubengangs auf ihren Grundstücken durch die Gemeinde zu dulden, sofern sie sich nicht selbst zur Herstellung des Laubengangs verpflichten und diesen nicht innerhalb der von der Gemeinde bezeichneten Frist herstellen. Dies gilt nicht, wenn die Anlegung eines Laubengangs die Nutzung des Grundstücks unmöglich machen oder sonst unzumutbare Verhältnisse schaffen würde.

(2) Die Verpflichtung zur Duldung der Herstellung des Laubengangs und aller hierfür erforderlichen Maßnahmen und Vorkehrungen auf dem Grundstück entsteht, sofern die Voraussetzungen des Abs. 1 erfüllt sind, durch schriftliche Anordnung der Baubehörde gegenüber dem Grundstückseigentümer. Die Anordnung muss die näheren Angaben über die Art und den Umfang der auf dem Grundstück beabsichtigten baulichen Veränderungen enthalten.

(3) Die Kosten der Herstellung des Laubengangs und der damit verbundenen sonstigen Arbeiten auf dem Grundstück trägt die Gemeinde. Erfolgt die Anlegung des Laubengangs aus Gründen des Verkehrs auf Verlangen des Trägers der Straßenbaulast, so hat dieser die Kosten zu tragen.

(4) Die Befugnis zur Enteignung der Grundstücke aus den im Abs. 1 genannten Gründen bleibt unberührt.

Duldung öffentlicher Einrichtungen. § 61. (1) Die Eigentümer von Grundstücken sind verpflichtet, an Gebäuden, Einfriedigungen oder sonst auf ihren Grundstücken die Anbringung von Vorrichtungen für die öffentliche Straßenbeleuchtung sowie von Schildern und Nummern, die zur Straßenbezeichnung, für Zwecke der Gas-, Elektrizitäts- und der Wasserversorgung, der Entwässerung, des Luftschutzes, des Feuerlöschwesens, der öffentlichen Verkehrseinrichtungen und der Verkehrsregelung sowie für ähnliche Zwecke erforderlich sind, zu dulden. Dies gilt nicht, wenn die Anbringung oder die Benutzung der Einrichtung die bestimmungsgemäße Nutzung des Grundstücks unmöglich machen oder wenn die bauliche Anlage dadurch verunstaltet würde.

(2) Der Eigentümer kann verlangen, dass Nachteile, die sich aus der Anbringung oder Benutzung der im Abs. 1 bezeichneten Einrichtungen ergeben, beseitigt werden, sofern das Grundstück oder seine Nutzung in unzumutbarem Maße beeinträchtigt wird.

(3) Der durch die Anbringung oder die Benutzung der Einrichtungen entstehende Schaden ist von demjenigen, zu dessen Gunsten die Einrichtung erfolgt, zu ersetzen. Streitigkeiten, auch über die Höhe der Entschädigung, entscheidet die Baubehörde.

3. Abschnitt: Bausperre

Zulässigkeit. § 62. (1) Für Flächen, die für Zwecke des gemeinen Wohls in Anspruch genommen oder in der Nutzung beschränkt oder die in eine Baulandumlegung einbezogen werden sollen oder für welche die Aufstellung oder Änderung eines Bebauungsplans vorbereitet wird, kann eine befristete Bausperre angeordnet werden, wenn die Durchführung der beabsichtigten Maßnahme durch die Ausführung oder Änderung baulicher Anlagen erschwert oder unmöglich gemacht werden würde. Als bauliche Anlagen im Sinne dieser Vorschrift gelten auch Erdbewegungen, Abgrabungen oder Aufschüttungen größeren Umfangs.

(2) Die Bausperre soll nur angeordnet werden, wenn eine Bebauung aufgrund anderer Vorschriften nicht oder nicht rechtzeitig verhindert werden kann.

Bauuntersagung. § 63. (1) Soweit die Ausführung oder Änderung baulicher Anlagen dem Zweck der Bausperre entgegenstehen würde, hat die Baubehörde während der Bausperre bei genehmigungsbedürftigen Vorhaben die Baugenehmigung zu versagen, bei nicht genehmigungsbedürftigen Vorhaben die Durchführung innerhalb zweier Wochen nach Eingang der Anzeige (Abs. 2) zu verbieten.

(2) Nicht genehmigungsbedürftige Vorhaben, die im Bausperrgebiet während der Bausperre durchgeführt werden sollen, sind rechtzeitig, spätestens zwei Wochen vor der Inangriffnahme, der Baubehörde anzuzeigen.

Anordnung. § 64. (1) Die Bausperre wird durch die Baubehörde angeordnet. Die Anordnung bedarf der Genehmigung der höheren Baubehörde; diese kann auch von sich aus die Bausperre anordnen.

(2) Die Anordnung der Bausperre ist, sobald die Genehmigung (Abs. 1) erfolgt ist, durch die Gemeinde öffentlich bekanntzumachen oder den betroffenen Grundstückseigentümern bekanntzugeben.

(3) Gegen die Anordnung einer Bausperre ist die Beschwerde (§ 92) nicht zulässig.

Geltungsdauer. § 65. (1) Die Bausperre wird mit ihrer Bekanntgabe (§ 64 Abs. 2) wirksam. Sie tritt nach Ablauf der von der Baubehörde bestimmten Frist, jedoch spätestens zwei Jahre nach ihrer Bekanntgabe außer Kraft. Sie ist schon vorher außer Kraft zu setzen, sobald die Voraussetzungen für ihre Anordnung weggefallen sind; die höhere Baubehörde kann auch eine von der Baubehörde angeordnete Bausperre außer Kraft setzen.

(2) Die Bausperre kann nach Ablauf der zwei Jahre (Abs. 1 Satz 2) erforderlichenfalls um ein weiteres Jahr verlängert werden. Der Reichsarbeitsminister kann in Ausnahmefällen eine weitere Verlängerung zulassen.

4. Abschnitt: Grundstücksverkehr, Wohnsiedlungsgebiete

Bestimmungen von Wohnsiedlungsgebieten. § 66. (1) Der Reichsarbeitsminister kann Gebiete, in denen eine starke Wohnsiedlungstätigkeit besteht oder zu erwarten ist, zu Wohnsiedlungsgebieten erklären, wenn anzunehmen ist, dass ohne besondere Ordnung der Besiedlung das allgemeine Interesse beeinträchtigt würde.

(2) Für das Wohnsiedlungsgebiet ist ein Flächennutzungsplan aufzustellen.

(3) Der Reichsarbeitsminister kann die Befugnis nach Abs. 1 auf die oberen Aufsichtsbehörden übertragen.

Genehmigung von Rechtsvorgängen. § 67. In Wohnsiedlungsgebieten (§ 66) bedarf die Teilung eines Grundstücks, die Auflassung eines Grundstücks oder Grundstückteiles sowie jede Vereinbarung, durch die einem anderen ein Recht zur Nutzung oder Bebauung eines Grundstücks oder Grundstückteils eingeräumt wird, zu ihrer Wirksamkeit der Genehmigung der Baubehörde.

§ 68. (1) Bedarf ein nach § 67 genehmigungsbedürftiges Rechtsgeschäft auch der Genehmigung nach der Grundstücksverkehrsbekanntmachung vom 26. Januar 1937 (RGBl. I S. 35), so müssen die Voraussetzungen für die Genehmigung auch nach dieser Bekanntmachung, die dann nicht gesondert erteilt zu werden braucht, erfüllt sein.

(2) Rechtsvorgänge, an denen das Reich, die Länder, die Nationalsozialistische Deutsche Arbeiterpartei, die Reichsbank, die Deutsche Reichsbahn oder das Unternehmen „Reichsautobahnen“ beteiligt sind, bedürfen keiner Genehmigung. Der im § 67 genannten Behörde ist jedoch rechtzeitig Gelegenheit zur Äußerung zu geben. Hat die Behörde Bedenken und kommt eine Einigung nicht zustande, so entscheidet der Reichsarbeitsminister.

§ 69. Die Genehmigung nach § 67 ist nicht erforderlich:

1. wenn das Grundstück oder der Grundstücksteil dem Inhaber eines landwirtschaftlichen, forstwirtschaftlichen oder gärtnerischen Betriebes oder einer Kleinsiedlung zu Zwecken des Betriebs oder der Kleinsiedlung, nicht aber zum Zwecke der Bebauung überlassen werden soll;

2. wenn für das Grundstück oder den Grundstücksteil bereits früher eine Teilungsgenehmigung nach §§ 67, 71 erteilt war;

3. bei Rechtsgeschäften, die im Rahmen eines Siedlungsverfahrens im Sinne des Reichssiedlungsgesetzes vom 11. August 1919 (RGBl. S. 1429) und des Gesetzes über die Neubildung deutschen Bauerntums vom 14. Juli 1933 (RGBl. I S. 517) vorgenommen werden.

§ 70. Die Genehmigung ist zu versagen:

1. wenn anzunehmen ist, dass Grundstücke oder Grundstücksteile bebaut werden sollen und wenn die Bebauung dem Flächennutzungsplan widersprechen würde;

2. wenn der Flächennutzungsplan noch nicht aufgestellt ist und anzunehmen ist, dass Grundstücke oder Grundstücksteile, die für die Besiedlung ungeeignet sind (§ 46 Buchst. b), bebaut werden sollen;

3. wenn sonst ein erhebliches öffentliches Interesse entgegensteht.

Grundstücksteilungen außerhalb von Wohnsiedlungsgebieten.
§ 71. (1) Während der Bausperre sowie nach der Bekanntmachung eines festgestellten Bebauungs- oder Umlegungsplans ist eine Teilung der im Gebiet der Bausperre,

des Bebauungsplans oder des Umlegungsplans gelegenen Grundstücks nur mit Genehmigung der Baubehörde zulässig.

(2) Die Genehmigung ist zu versagen, wenn die Teilung die Durchführung der Maßnahme, wegen deren die Bausperre angeordnet wurde, die Durchführung des Bebauungsplans oder des Umlegungsplans oder das Einhalten der baurechtlichen Vorschriften bei der Bebauung der Grundstücke erschweren, unbebaubare Grundstücksteile ergeben oder wenn sonst ein erhebliches öffentliches Interesse entgegenstehen würde.

(3) § 68 Abs. 2 findet entsprechende Anwendung.

Landabgabe bei Grundstücksteilungen. § 72. (1) Wird die Parzellierung einer Fläche zum Zwecke künftiger Bebauung beabsichtigt, so kann die Genehmigung nach §§ 67, 71 davon abhängig gemacht werden, dass der Grundstückseigentümer die für öffentliche Straßen, Plätze, Wege Freiflächen oder den sonstigen öffentlichen Bedarf erforderlichen Flächen in angemessenem Umfang, jedoch höchstens bis zu 20 v.H. [*Hamburg*: 25%] der Gesamtfläche des Grundstücks bei offener, bis zu 30 v.H. bei geschlossener Bauweise, schulden-, lasten- und kostenfrei an die Gemeinde übereignet. Die Gemeinde darf das übereignete Land nur zu den bezeichneten Zwecken verwenden.

(2) Ein Verlangen nach Abs. 1 ist nur insoweit zulässig, als der Bedarf an Flächen für die genannten öffentlichen Zwecke aus dem zu teilenden Grundstück entnommen werden muss.

(3) Die Gemeinde ist verpflichtet, dem Grundstückseigentümer oder seinem Rechtsnachfolger im Grundstückseigentum den Wert der ihr hiernach für öffentliche Straßen, Plätze und Wege unentgeltlich übereigneten Flächen auf Leistungen, zu denen er oder sein Rechtsnachfolger für dasselbe Grundstück aufgrund des Gesetzes über Anliegerbeiträge vom ... (RGBl. I S. ...) herangezogen wird, in Anrechnung zu bringen.

Dritter Teil. Grundstücksübernahme, Entschädigung; Städtebauliche Umlegung und Enteignung (§§ 73–90)

1. Abschnitt: Grundstücksübernahme, Entschädigung

§ 73. (1) Wird die Ausübung eines Eigentumsrechts oder eines sonstigen Rechts an einem Grundstück durch eine aufgrund der baurechtlichen Vorschriften (§§ 4, 5) ergehende Maßnahme eingeschränkt oder unmöglich gemacht, so kann die Übernahme des Grundstücks oder eine Entschädigung wegen eines durch die Maßnahme entstehenden Schadens nur verlangt werden, soweit dies in den baurechtlichen Vorschriften des Reichs vorgesehen ist. Für die Entziehung oder Beschränkung des Eigentums oder eines sonstigen Rechts an einem Grundstück im Wege der Enteignung gelten die Vorschriften §§ 85 bis 90.

(2) Die Übernahme von Grundstücken erfolgt gegen Entschädigung.

(3) Die nach Abs. 1 und 2 zu zahlenden Entschädigungen müssen angemessen sein.

(4) Bei der Festsetzung der Entschädigung ist der Wert der sich aus der städtebaulichen Maßnahme für das Grundstück ergebenden Vorteile, soweit diese feststellbar sind, zu berücksichtigen. [*Hamburg*: für Vorteilsausgleich]

(5) Zur Übernahme eines Grundstücks und zur Zahlung einer Entschädigung ist, soweit die gesetzlichen Vorschriften nichts anderes bestimmen, die Gemeinde verpflichtet.

(6) Der Grundstückseigentümer oder sein Rechtsnachfolger im Grundstückseigentum verliert einen Anspruch auf Übernahme des Grundstücks oder Zahlung der Entschädigung nach §§ 74 bis 82, wenn er ihn nicht innerhalb 10 Jahren [*Hamburg*: 1–2 Jahre wäre noch reichlich bemessen.] von dem Zeitpunkt ab, in dem die den Übernahme- oder Entschädigungsanspruch begründenden Tatsachen eingetreten sind, bei der nach § 83 zuständigen Behörde geltend macht.

Grundstücksübernahme. § 74. (1) Ist ein Grundstück (Grundstücksteil) in einem festgestellten Bebauungsplan als öffentliche Straße, öffentlicher Platz oder öffentlicher Weg, öffentliche Freifläche, Dauerkleingartengebiet oder für Friedhofszwecke (§ 28 Abs. 2 Buchst. d) bestimmt, so kann der Grundstückseigentümer die Übernahme des Grundstücks (Grundstücksteils) verlangen, sobald und insoweit das Grundstück (der Grundstücksteil) nach der baulichen Entwicklung der näheren Umgebung ohne die Baubeschränkung bebaut werden könnte. [*Entwurf April/Mai* 1941: Anspruch auf Übernahme des Grundstücks oder auf Entschädigung wird frühestens 3 Jahre nach Inkrafttreten dieses Gesetzes fällig.]

(2) Ist ein Grundstück (Grundstücksteil) im Bebauungsplan als Verkehrsfläche bestimmt, so trifft die Verpflichtung zur Übernahme des Grundstücks (Grundstücksteils) den Träger der Straßenbaulast.

§ 75. Wird ein Grundstücksteil, der in einem Bebauungsplan für einen der im § 74 Abs. 1 bezeichneten Zwecke des Gemeindebedarfs bestimmt ist, für diesen Zweck erworben oder diesem tatsächlich zugeführt, so kann der Eigentümer des Restgrundstücks die Übernahme durch den nach § 74 zur Übernahme Verpflichteten verlangen, wenn das Restgrundstück nicht mehr nach seiner bisherigen Bestimmung oder in einer ähnlichen Weise genutzt werden kann.

§ 76. Wird aufgrund eines Bebauungsplans eine bestehende öffentliche Verkehrsfläche beseitigt oder in ihrer Richtung geändert und verliert dadurch ein an der Verkehrsfläche gelegene bebautes oder unbebautes Grundstück seinen bisherigen Zugang, so kann der Eigentümer von der Gemeinde die Beschaffung eines ausreichenden Ersatzzugangs und, wenn dieser nicht geboten wird, die Übernahme des Grundstücks verlangen.

§ 77. Wird ein Grundstück (Grundstücksteil), das nach den städtebaulichen Plänen weder für die Bebauung noch für Zwecke des Gemeinbedarfs (§ 28 Abs. 2) bestimmt ist, das aber nach seiner Beschaffenheit für eine Bebauung oder für eine andere

wirtschaftliche Nutzung geeignet wäre, durch die sich nach dem Bebauungsplan vollziehende Ausnutzung der Grundstücke der Umgebung in seiner Ausnutzbarkeit so beschränkt, dass das Grundstück (der Grundstücksteil) als wirtschaftlich unverwertbar anzusehen ist, so kann der Eigentümer die Übernahme des Grundstücks (Grundstücksteils) verlangen. Die Vorschrift des § 75 wird hierdurch nicht berührt.

Entschädigung. § 78. Der Grundstückseigentümer kann in dem Falle des § 60 für den durch die Anlegung eines Laubengangs auf seinem Grundstück entstehenden Schadens Entschädigung verlangen. Würde die Gewährung lediglich einer Geldentschädigung eine unzumutbare Härte bedeuten, so kann der Eigentümer die Übernahme des Grundstücks durch den zur Entschädigung Verpflichteten verlangen.

§ 79. (1) Wird nach einem Bebauungsplan die Höhenlage einer bestehenden Verkehrsfläche geändert und wird dadurch die Benutzung eines Grundstücks erheblich beeinträchtigt, so kann der Eigentümer Entschädigung verlangen. Der Träger der Straßenbaulast ist jedoch berechtigt, geeignete bauliche Änderungen vorzunehmen, um den Schaden zu beseitigen oder zu mindern. Kann der Schaden durch bauliche Änderungen nicht beseitigt oder so gemindert werden, dass ein für den Grundstückseigentümer erträglicher Zustand entsteht, und würde die Gewährung lediglich einer Geldentschädigung eine unzumutbare Härte bedeuten, so kann der Eigentümer die Übernahme des Grundstücks verlangen.

(2) Zur Zahlung der Kosten der baulichen Änderungen und der Entschädigung sowie zur Übernahme des Grundstücks ist der Träger der Straßenbaulast verpflichtet.

§ 80. (1) Die Eigentümer von Grundstücken können Entschädigung verlangen:

1. wenn eine nicht mit einer Straßenfluchtlinie zusammenfallende Baufluchtlinie ein vorhandenes Gebäude trifft und das Grundstück bis zur Baufluchtlinie freigelegt wird, wegen der Nichtbebaubarkeit des freigelegten Grundstücksteils und ferner, falls nichts anderes vereinbart ist, für den Abbruch des Gebäudeteils und den dadurch entstehenden Schaden; [*Hamburg für die Regelung des § 13 preuß. FllG:* Eine Entschädigung kann wegen der nach den Bestimmungen des § 12 eintretenden Beschränkung der Baufreiheit überhaupt nicht, und wegen Entziehung oder Beschränkung des von der Festsetzung neuer Fluchtlinien betroffenen Grundeigenthums nur in folgenden Fällen gefordert werden: 1. wenn die zu Straßen und Plätzen bestimmten Grundflächen auf Verlangen der Gemeinde für den öffentlichen Verkehr abgetreten werden; 2. wenn die Straßen- oder Baufluchtlinie vorhandene Gebäude trifft und das Grundstück bis zur neuen Fluchtlinie von Gebäuden freigelegt wird; 3. wenn die Straßenfluchtlinie einer neu anzulegenden Straße ein unbebautes, aber zur Bebauung geeignetes Grundstück trifft, welches zur Zeit der Feststellung dieser Fluchtlinie an einer bereits bestehenden und für den öffentlichen Verkehr und den Anbau fertig gestellten anderer Straße belegen ist, und die Bebauung in der Fluchtlinie der neuen Straße erfolgt. – Die Entschädigung wird in allen Fällen wegen der zu Straßen und Plätzen bestimmten Grundfläche für Entziehung des Grundeigenthums gewährt. Außerdem wird in denjenigen Fällen der Nr. 2, in welchen es sich um eine Beschränkung des Grundeigenthums in Folge

der Festsetzung einer von der Straßenfluchtlinie verschiedenen Baufluchtlinie handelt, für die Beschränkung des bebaut gewesenen Theiles des Grundeigenthums (§ 12 des Gesetzes über Enteignung von Grundeigenthum vom 11. Juni 1874) Entschädigung gewährt. – In allen obengedachten Fällen kann der Eigenthümer die Übernahme des ganzen Grundstücks verlangen, wenn dasselbe durch die Fluchtlinie entweder ganz oder soweit in Anspruch genommen wird, dass das Restgrundstück nach den baupolizeilichen Vorschriften des Ortes nicht mehr zur Bebauung geeignet ist. – Bei den Vorschriften dieses Paragraphen ist unter der Bezeichnung Grundstück jeder im Zusammenhange stehende Grundbesitz des nämlichen Eigenthümers begriffen.]

2. wenn die Bebauung eines Grundstücks, das nach den baurechtlichen Vorschriften oder Bestimmungen zur Bebauung bestimmt ist, nach § 52 untersagt oder erheblich erschwert wird;

3. wenn die Bebauung eines Grundstücks, das nach den baurechtlichen Vorschriften oder Bestimmungen zur Bebauung bestimmt ist, nach § 53 Abs. 1 untersagt oder erheblich erschwert oder durch eine Bestimmung nach § 53 Abs. 2 ausgeschlossen oder erheblich erschwert wird; im letzteren Fall entsteht der Anspruch auf Entschädigung mit dem Zeitpunkt des Eintritts der Unbebaubarkeit des Grundstücks;

4. für Schäden, die dadurch entstehen, dass die bisherige oder eine ähnliche Nutzung der Grundstücke infolge einer nach §§ 56 bis 59 getroffenen Maßnahme unmöglich gemacht oder erheblich erschwert wird; bei Freigabe eines Wanderweges (§ 59) kann der Eigentümer insbesondere Ersatz der Kosten der Herstellung einer die übrigen Teile des Grundstücks gegen den Wanderweg abschließenden zweckentsprechenden Einfriedigung verlangen, sofern das Grundstück bereits eingezäunt war;

5. wenn ein Gebäude, das unter Beachtung eines festgestellten Bebauungsplans zu bauen begonnen worden ist, infolge einer Änderung, Ergänzung oder Aufhebung des Plans verändert vollendet werden muss oder der Bau überhaupt nicht vollendet werden kann. Der Eigentümer kann anstelle der Entschädigung die Übernahme des Grundstücks verlangen, wenn die Voraussetzungen der §§ 74 bis 79 für die Übernahme gegeben sind.

(2) Zur Zahlung der Entschädigung ist in den Fällen des Abs. 1 Nrn. 2, 3 der Unternehmer verpflichtet.

§ 81. Wird für unbebaute Grundstücke, die durch einen festgestellten Bebauungsplan als Baugebiet ausgewiesen sind, infolge Änderung der Planung bestimmt, dass eine Bebauung künftig nicht stattfinden darf, so können die Eigentümer für den dadurch entstehenden Schaden Entschädigung nur verlangen, wenn sie das Grundstück im Hinblick auf seine Eigenschaft als Bauland und im guten Glauben an die Beibehaltung dieser Eigenschaft für die Zukunft zu einem dem Baulandwert entsprechenden Preis erworben haben. [*Hamburg:* nur sofern Entschädigung der Billigkeit entspricht und statt „Bauland“ „Bauplatz“ zu setzen.]

§ 82. (1) Der Eigentümer eines Grundstücks, dessen Bebauung nach § 55 beschränkt wird, kann Entschädigung verlangen, wenn durch die Baubeschränkungen ein bestehender Wirtschaftsbetrieb unwirtschaftlich wird oder wenn die Baubeschränkung für den Eigentümer sonst eine unzumutbare Härte bedeuten würde.

(2) Eine Entschädigung kommt nicht in Betracht, wenn die beabsichtigte Bauausführung schon aus anderen als den im § 55 genannten Gründen unzulässig wäre oder untersagt werden könnte und nach den hierfür maßgebenden gesetzlichen Vorschriften eine Entschädigung nicht zu gewähren ist.

(3) Zur Entschädigung sind die durch die Beschränkung begünstigten Bergwerksunternehmer verpflichtet.

Verfahren. § 83. Über die Übernahme eines Grundstücks oder eine zu zahlende Entschädigung entscheidet, soweit nichts anderes bestimmt ist, unter sinngemäßer Anwendung der Vorschriften der §§ ... des Gesetzes über städtebauliche Enteignungen vom ... (RGBl. I S. ...) die Behörde, die im Falle der Enteignung über die Enteignungsentschädigung zu entscheiden hat.

2. Abschnitt: Städtebauliche Umlegung und Enteignung

Umlegung. § 84. Soweit zur Durchführung städtebaulicher Maßnahmen, namentlich zur zweckmäßigen Gestaltung von Baugrundstücken und zur Bereitstellung des für den Gemeinbedarf benötigten Landes, die Neueinteilung oder die Grenzänderung von Grundstücken erforderlich ist, regelt sich diese nach dem Gesetz über die Umlegung von Bauland vom ... (RGBl. I S. ...).

Enteignung. § 85. Soweit zur Durchführung städtebaulicher Maßnahmen die Entziehung oder Beschränkung von Grundeigentum erforderlich ist, regelt sich diese nach dem Gesetz über städtebauliche Enteignungen vom ... (RGBl. I S. ...) und den Sondervorschriften in den §§ 86 bis 90.

Enteignung von Baulückengrundstücken. § 86. (1) Hat der Eigentümer eines Baulückengrundstücks (§ 48, § 51 Satz 1) das Grundstück innerhalb der ihm oder seinem Rechtsvorgänger im Eigentum nach § 49 Abs. 2 gesetzten Frist nicht bebaut, so kann das Grundstück zum Zwecke der Bebauung enteignet werden.

(2) Das Gleiche gilt im Falle des § 50, wenn innerhalb der im § 50 Abs. 1 Satz 2 bezeichneten Frist eine Einigung zwischen dem Grundstückseigentümer und der Gemeinde oder dem von der Gemeinde bezeichneten Dritten über den Erwerb des Baulückengrundstücks nicht zustande gekommen ist und die Gemeinde binnen drei Monaten (§ 50 Abs. 2 Satz 1) Antrag auf Enteignung stellt.

§ 87. Sollen dingliche Rechte sowie solche anderen Rechte, die zum Besitz oder zur Nutzung des Baulückengrundstücks berechtigen oder seine Nutzung beschränken, aufgehoben werden, so ist die Enteignung erst zulässig, wenn die Bebauung des Grundstücks gesichert ist und alsbald bevorsteht.

§ 88. (1) Der Enteignungsberechtigte (§ 90) hat alsbald nach dem Erwerb des Eigentums an dem Grundstück oder dem Erlöschen der im § 87 genannten Rechte das Baulückengrundstück zu bebauen oder weiterzubebauen. Diese Verpflichtung geht auch auf den Rechtsnachfolger im Eigentum über.

(2) Ist die Bebauung des Baulückengrundstücks nicht binnen zwei Jahren nach Erwerb des Eigentums oder der Verleihung des Enteignungsrechts (Abs. 1 Satz 1) erfolgt, so kann der enteignete Grundstückseigentümer oder sein Rechtsnachfolger innerhalb eines weiteren Jahres die Rückübertragung des Eigentums am Grundstück gegen Rückzahlung der Entschädigungssumme, auf die in der Zwischenzeit gemachte notwendige Aufwendungen für das Grundstück anzurechnen sind, verlangen. Nach der Rückübertragung kann der Eigentümer oder sein Rechtsnachfolger vor Ablauf von 20 Jahren nicht erneut aufgrund der §§ 48, 49 zur Bebauung verpflichtet werden; sonstige baurechtliche Vorschriften, die eine Verpflichtung zur Bebauung oder zur Fortsetzung einer bereits begonnenen Bebauung des Grundstücks begründen, werden hierdurch nicht berührt.

Enteignung zur Beseitigung von Baumasken und Grundstücksstreifen und Schaffung angemessener Baustellen. § 89. Aufgrund eines festgestellten Fluchtlinienplans können enteignet werden:

a) an Verkehrsflächen, öffentlichen Freiflächen, Dauerkleingartenflächen oder Friedhofsflächen angrenzende Grundstücke, die lediglich wegen ihrer Größe oder Gestalt nach den baurechtlichen Vorschriften oder Bestimmungen nicht bebaubar sind und die Bebauung dahinterliegender Grundstücke, die nicht an diese Flächen grenzen, hindern (Baumasken);

b) Grundstücke, die zwischen für die Bebauung bestimmten Grundstücken liegen und lediglich wegen ihrer Größe, Lage oder Gestalt nicht bebaubar sind (zwischengelagerte Grundstücksstreifen);

c) die hinter einer Baumaske liegenden oder an einen zwischengelagerten Grundstücksstreifen angrenzenden Grundstücke, wenn diese für sich allein nicht bebaubar sind, oder Teile angrenzender Grundstücke, sofern diese Teile von den Grundstücken abgetrennt werden können, ohne dass diese dadurch in ihrer Bebaubarkeit oder in ihrer sonstigen wirtschaftlichen Ausnutzbarkeit in unzumutbarer Weise beschränkt werden (Ergänzungsflächen). Die Enteignung ist nur zulässig, soweit die zu enteignenden Grundstücke (Grundstücksteile) zur Bildung einer angemessenen Baustelle zusammen mit der Baumaske, dem zwischengelagerten Grundstücksstreifen oder mit noch anderen Grundstücken (Grundstücksteilen) benötigt werden und wenn die Bebauung der Baustelle alsbald bevorsteht.

Enteignungsberechtigter. § 90. (1) Die Enteignung erfolgt, sofern die im § 85 bezeichneten Vorschriften nichts anderes bestimmen, zugunsten der Gemeinde.

(2) In den Fällen des § 89 erfolgt die Enteignung zugunsten der Gemeinde oder eines der beteiligten Grundstückseigentümer, der zur alsbaldigen Bebauung der neuen Baustelle (§ 89 Abs. 1 Buchst. c) bereit und in der Lage und von der Gemeinde zu bezeichnen ist.

(3) In den Fällen der §§ 86 bis 89 kann die Enteignung auf Antrag der Gemeinde auch zugunsten eines anderen, von der Enteignungsbehörde zu bezeichnenden Berechtigten erfolgen. Die Gemeinde kann in diesen Fällen auch zur Weiterübertragung des Eigentums oder der sonstigen Rechte an einen geeigneten Dritten ermächtigt oder verpflichtet werden.

(4) Der Enteignungsberechtigte hat sich in den Fällen der §§ 86, 87 vor Stellung des Enteignungsantrags der für die enteignungsberechtigte Gemeinde zuständigen Aufsichtsbehörde gegenüber zu verpflichten, das Grundstück alsbald zu bebauen, weiterzubebauen oder bebauen zu lassen. Im Falle der Enteignung von Ergänzungsflächen (§ 89 Buchst. c) gilt dies sinngemäß.

Vierter Teil. Die Bebauung des Grundstücks (§ 91)

Allgemeine Grundsätze. § 91. (1) Die Bebauung der Grundstücke muss allen Erfordernissen deutscher Städtebaukunst und deutscher Baukultur entsprechen. Sie muss auf das Wohl der Allgemeinheit und auf die berechtigten Belange der Nachbarn Rücksicht nehmen. Alle Bauten müssen den Anforderungen in Bezug auf Sicherheit und auf Gesundheit der Bewohner entsprechen und in einem Zustand erhalten werden, der weder die öffentlichen Belange noch die Sicherheit und Gesundheit einzelner gefährdet. [*Hamburg*: Außenwerbung und Einfriedigungen sollen der Genehmigung bedürfen.]

(2) Die zur Erreichung dieser Ziele erforderlichen Vorschriften stellt die Reichsbauordnung auf.

Anmerkung: Die näheren Vorschriften dieses Teils sind bis zum Vorliegen des Entwurfs einer Reichsbauordnung, in der der Fragenbereich zusammengefasst geregelt werden soll, zurückgestellt. [In den Vorentwürfen waren noch enthalten die §§ 92, 93 (Baugenehmigung), § 94 (Einsprüche), § 95 (Rücknahme der Baugenehmigung), §§ 96–99 (Beaufsichtigung der Bauten).]

Fünfter Teil. Rechtsmittel, Zwangsbefugnisse, Strafvorschriften (§§ 92–103)

1. Abschnitt: Rechtsmittel

Beschwerde und weitere Beschwerde. § 92. (1) In Bausachen ist gegen Entscheidungen und Maßnahmen der Bürgermeister, der Baubehörden und der höheren Baubehörden die Beschwerde zulässig, soweit durch Gesetz keine abweichende Regelung getroffen ist. Gegen Entscheidungen und Maßnahmen aufgrund der §§ 19 bis 39, 43 ist eine Beschwerde nur zulässig, soweit sie in diesen Vorschriften vorgesehen ist.

(2) Es entscheidet über Beschwerden gegen Entscheidungen und Maßnahmen

a) des Bürgermeisters, soweit er nicht Baubehörde ist: die Baubehörde,

b) der Baubehörde: die höhere Baubehörde,

c) der höheren Baubehörde: der Reichsarbeitsminister; dieser kann seine Entscheidungsbefugnisse auf die oberen Aufsichtsbehörden übertragen,

d) der oberen Aufsichtsbehörde: der Reichsarbeitsminister.

(3) Gegen die Beschwerdeentscheidung der Baubehörden (Abs. 2 Buchst. a) ist die weitere Beschwerde zulässig. Über diese entscheidet die höhere Baubehörde.

(4) Die Entscheidung der höheren Baubehörde über die Beschwerde (Abs. 2 Buchst. b) und über die weitere Beschwerde (Abs. 3) ist endgültig, soweit dagegen nicht die Klage im verwaltungsgerichtlichen Verfahren (§ 94) zulässig oder die Anrufung des Reichsarbeitsministers zur grundsätzlichen Entscheidung (§ 95) zugelassen ist.

§ 93. (1) Beschwerde kann erheben, wer durch die behördliche Entscheidung oder die Maßnahme unmittelbar betroffen wird.

(2) Die Beschwerde ist binnen zwei Wochen von dem Zeitpunkt ab zulässig, in dem die Entscheidung zugestellt oder die Maßnahme dem Betroffenen sonst zur Kenntnis gebracht ist. Sie ist schriftlich oder zur Niederschrift bei der Behörde zu erheben, deren Entscheidung oder Maßnahmen angefochten werden; in jedem Fall genügt zur Wahrung der Frist die Erhebung der Beschwerde bei der Baubehörde.

(3) Abs. 1 und 2 gelten für die Erhebung der weiteren Beschwerde (§ 92 Abs. 3) entsprechend.

Klage im verwaltungsgerichtlichen Verfahren. § 94. (1) Die Klage im verwaltungsgerichtlichen Verfahren ist zulässig gegen die Beschwerdeentscheidungen der höheren Baubehörden (§ 92 Abs. 4), soweit diese betreffen:

1. Streitigkeiten über die Übernahme eines Grundstücks oder die zu zahlende Entschädigung in den Fällen der §§ 73 bis 82,

2. Streitigkeiten über die Rückübertragung eines Baulückengrundstücks im Falle des § 88 Abs. 2.

(2) Über die Klage entscheidet das Reichsverwaltungsgericht im ersten und letzten Rechtszuge.

(3) Die Klage ist binnen einem Monat von der Zustellung der Beschwerdeentscheidung ab bei der höheren Baubehörde schriftlich oder zur Niederschrift dieser Behörde einzureichen. Sie hat die Beschwerdepunkte zu bezeichnen und muss eine Begründung enthalten. Sie soll ferner die neuen Tatsachen und Beweismittel angeben, die der Kläger geltend zu machen beabsichtigt. Die Frist gilt als gewahrt, wenn die Klage rechtzeitig bei der Behörde eingereicht wird, welche die angefochtene Entscheidung eröffnet hat.

Anrufung des Reichsarbeitsministers zur grundsätzlichen Entscheidung. § 95. (1) Gegen eine mit der Klage im verwaltungsgerichtlichen Verfahren nicht anfechtbare Entscheidung der höheren Baubehörde über eine Beschwerde oder eine weitere Beschwerde (§ 92 Abs. 2 Buchst. b und Abs. 3) kann der Reichsarbeitsminister zur grundsätzlichen Entscheidung angerufen werden, wenn die höhere Baubehörde in ihrer Entscheidung die Anrufung des Reichsarbeitsministers wegen der grundsätzlichen Bedeutung der zur Entscheidung stehenden Frage zugelassen hat. Dies gilt nicht für Beschwerdeentscheidungen im Fluchtlinienverfahren (§ 35 Abs. 4).

(2) Für den Antrag auf grundsätzliche Entscheidung des Reichsarbeitsministers gelten die Vorschriften über die Beschwerde (§ 93) entsprechend.

Aufschiebende Wirkung. § 96. Die Beschwerde, die weitere Beschwerde, die Klage im verwaltungsgerichtlichen Verfahren und der Antrag auf grundsätzliche Entscheidung des Reichsarbeitsministers haben aufschiebende Wirkung.

Zustimmung einer übergeordneten Baubehörde. § 97. (1) Ist in Bausachen die Entscheidung einer Behörde an die Zustimmung einer übergeordneten Baubehörde oder einer Aufsichtsbehörde (§§ 6, 8) gebunden, so ist deren Entschließung nicht selbständig anfechtbar.
(2) Die Stellungnahme der übergeordneten Baubehörde oder der Aufsichtsbehörde im Zustimmungsverfahren (Abs. 1) bindet diese nicht bei ihrer Entscheidung in einem Rechtsmittelverfahren.

Rechtsmittelbelehrung. § 98. Jede Entscheidung der Baubehörden und jede Entscheidung über ein Rechtsmittel hat eine Belehrung über das dagegen zulässige Rechtsmittel zu enthalten.

2. Abschnitt: Zwangsbefugnisse

§ 99. Die Baubehörden und die höheren Baubehörden sind, unbeschadet der Verfolgung strafbarer Handlungen im Strafverfahren, befugt, die Durchführung ihrer Anordnungen oder die Unterlassung von Handlungen, die den baurechtlichen Vorschriften oder Bestimmungen zuwiderlaufen, im Verwaltungswege zu erzwingen.

3. Abschnitt: Strafvorschriften

§ 100. Die Zuwiderhandlung gegen baurechtliche Vorschriften wird, soweit sie nicht durch die §§ 101, 102 unter Strafe gestellt ist, nach den Vorschriften der bestehenden Strafgesetze bestraft.

§ 101. (1) Mit Geldstrafe oder mit Gefängnis wird bestraft:

1. wer als Bauherr, Bauleiter, Baumeister oder Bauhandwerker einen Bau, eine bauliche Änderung oder einen Abbruch von Bauten, wozu die Baugenehmigung erforderlich ist, ohne rechtskräftige oder vorläufige Baugenehmigung oder mit eigenmächtiger Abweichung von der Genehmigung einschließlich der dazugehörigen Zeichnungen und Pläne ausführt oder ausführen lässt;
2. wer ein zu Wohn- oder gewerblichen Zwecken bestimmtes Gebäude errichtet oder niederlegt, ohne die nach der Durchführungsverordnung zum Gesetz über einstweilige Maßnahmen zur Ordnung des deutschen Siedlungswesens vom 5. Juli 1934 (RGBl. I S. 582)/23. Oktober 1935 (RGBl. I S. 1253) erforderliche Anzeige erstattet zu haben oder obwohl ihm die Vornahme der Arbeiten aufgrund dieser Vorschriften verboten war;
3. wer in den Fällen des § 56 Abs. 3, des § 57 und des § 58 Abs. 2 eine wesentliche Änderung des Baum- oder Strauchbestandes vornimmt;

4. wer in den Fällen des § 41 Erdbewegungen, Abgrabungen oder Aufschüttungen größeren Umfangs oder eine wesentliche Änderung der Nutzung ohne die erforderliche Anzeige oder trotz der Untersagung durch die Baubehörde vornimmt;

5. wer es trotz Aufforderung der Baubehörde unterlässt, Gebäude, die einzustürzen drohen, auszubessern oder abzubrechen;

6. wer Bauten oder Ausbesserungen von Bauwerken aller Art vornimmt, ohne die von der Baubehörde oder der Polizeibehörde angeordneten oder sonst erforderlichen Sicherheitsmaßnahmen zu treffen;

7. wer ohne die hierzu erforderliche Genehmigung eine neue Feuerstätte errichtet oder eine bereits vorhandene an einen anderen Ort verlegt;

8. wer es unterlässt, dafür zu sorgen, dass die Feuerstätten in seinem Hause in baulichem und brandsicherem Zustand unterhalten werden.

(2) Wer fahrlässig eine der im Abs. 1 bezeichneten Taten begeht, wird mit Geldstrafe, mit Gefängnis bis zu zwei Jahren oder mit Haft bestraft.

Anmerkung zu §§ 109, 110: Endgültiger Wortlaut erst nach Vorliegen des Entwurfs einer Reichsbauordnung.

§ 102. Mit Geldstrafe oder mit Haft wird bestraft:

1. wer Bauten oder Teile davon benutzt oder anderen zur Benutzung überlässt, bevor die Erlaubnis zur Ingebrauchnahme erteilt oder nachdem die Erlaubnis zur Ingebrauchnahme zurückgezogen ist;

2. wer vorhandene Räume in veränderter Weise ohne die hierfür erforderliche Genehmigung benutzt oder anderen zur Benutzung überlässt;

3. wer in den Fällen des § 59 Abs. 2 und 3 die Freimachung des Weges für den Wanderverkehr verhindert oder erschwert oder auf der Wasserseite des Uferweges unzulässige bauliche Anlagen errichtet, die Aussicht störende Anpflanzungen vornimmt oder Hecken nicht in der vorgeschriebenen Höhe hält.

§ 103. Eine Bestrafung nach den §§ 100 bis 102 befreit nicht von der Verpflichtung, die unzulässigen Bauten oder baulichen Veränderungen, für die nicht nachträglich eine Baugenehmigung erteilt wird, zu beseitigen oder zu ändern.

Sechster Teil. Schluss- und Übergangsvorschriften (§§ 104–114)

Erbbauberechtigte. § 104. In baurechtlichen Angelegenheiten steht der Erbbauberechtigte, soweit durch Gesetz nicht anderes bestimmt ist, dem Grundstückseigentümer gleich.

Neugestaltung deutscher Städte. § 105. (1) Das Gesetz über die Neugestaltung deutscher Städte vom 4. Oktober 1937 (RGBl. I S. 1054) und die dazu ergangenen Durchführungsvorschriften bleiben unberührt, soweit nichts anderes bestimmt wird.

(2) Der Reichsarbeitsminister wird ermächtigt, die für die Neugestaltung deutscher Städte geltenden Vorschriften den baurechtlichen Vorschriften im Sinne dieses Gesetzes anzupassen.

Erfassung von Wertsteigerungen. § 106. (1) Der Reichsarbeitsminister wird ermächtigt, durch Verordnung Bestimmungen über die Erfassung der Wertsteigerung zu treffen, die das Grundeigentum aus der Durchführung einer städtebaulichen Maßnahme erfährt.

(2) Die erfassten Beträge fließen der Gemeinde zu und sind für städtebauliche Zwecke zu verwenden. Ist die Wertsteigerung nicht durch eine Maßnahme der Gemeinde veranlasst, so kann der Reichsarbeitsminister auf Antrag bestimmen, dass die Beträge dem Träger der Maßnahme zum Zwecke ihrer Finanzierung zufließen.

Kosten und Gebühren. § 107. (1) Der Reichsarbeitsminister wird ermächtigt, eine Reichsgebührenordnung für Bausachen im Verordnungswege zu erlassen.

(2) Bis zum Erlass dieser Verordnung finden für die Erhebung von Kosten und Gebühren die geltenden Vorschriften Anwendung.

Inkrafttreten des Gesetzes. § 108. Das Reichsbaugesetz tritt am ... in Kraft.

Außerkrafttreten bisheriger Vorschriften. § 109. (1) Mit dem im § 108 bezeichneten Zeitpunkt treten die baurechtlichen Vorschriften der Länder und die aufgrund dieser Vorschriften erlassenen Bestimmungen außer Kraft, soweit sich aus den §§ 107, 110 bis 113 nichts anderes ergibt.

(2) Mit dem im § 108 bezeichneten Zeitpunkt treten ferner die folgenden reichsrechtlichen Vorschriften außer Kraft: ... usw.

Übergangsvorschriften. § 110. (1) Die beim Inkrafttreten des Reichsbaugesetzes und der Reichsbauordnung geltenden örtlichen baurechtlichen Vorschriften (Bauordnungen, Baupolizeiverordnungen, Ortssatzungen u.ä.) bleiben, auch soweit sie mit den Vorschriften des Reichsbaugesetzes im Widerspruch stehen, bis zu einem vom Reichsarbeitsminister zu bestimmenden Zeitpunkt in Kraft.

(2) Die beim Inkrafttreten des Reichsbaugesetzes und der Reichsbauordnung geltenden städtebaulichen Pläne (Wirtschaftspläne, Flächenaufteilungspläne, Bebauungspläne, Ortsbaupläne, Ortserweiterungspläne, Baustufenpläne, Aufbaupläne, Fluchtlinienpläne, Baulinienpläne und ähnliche Pläne) gelten weiter, solange sie nicht nach den baurechtlichen Vorschriften im Sinne dieses Gesetzes geändert oder aufgehoben werden. Der Reichsarbeitsminister kann einen Zeitpunkt bestimmen, bis zu dem diese Pläne den genannten baurechtlichen Vorschriften anzupassen oder aufzuheben sind.

§ 111. Anhängige Verfahren aufgrund der bisherigen baurechtlichen Vorschriften werden nach den bisherigen Vorschriften zu Ende geführt. Der Reichsarbeitsminister kann einen Zeitpunkt bestimmen, von dem ab auch insoweit das neue Recht Anwendung zu finden hat.

§ 112. (1) Ein Anspruch auf Übernahme des Grundstücks nach § 74 oder auf Gewährung einer Entschädigung nach § 81 wird frühestens drei Jahre nach Inkrafttreten dieses Gesetzes (§ 108) fällig.

(2) Ein Anspruch auf Übernahme eines Grundstücks oder auf Gewährung einer Entschädigung kann, wenn die die Übernahme oder Entschädigungspflicht begründende Maßnahme bereits vor dem Inkrafttreten dieses Gesetzes endgültig angeordnet oder bereits durchgeführt worden ist, aufgrund dieses Gesetzes nur insoweit geltend gemacht werden, als das bisherige Recht einen Anspruch dieser Art oder dieses Umfangs gewährte.

(3) In diesem Gesetz nicht vorgesehene Ansprüche auf Übernahme eines Grundstücks oder Entschädigung wegen Entziehung oder Beschränkung von Grundeigentum können aufgrund der Vorschriften des bisherigen Rechts nur geltend gemacht werden, wenn die den Anspruch begründende Maßnahme bereits vor Inkrafttreten dieses Gesetzes endgültig angeordnet oder durchgeführt worden ist.

§ 113. Soweit aufgrund landesrechtlicher Vorschriften für den den Gemeinden, Gemeindeverbänden oder Kreisen durch die Aufstellung von städtebaulichen Plänen, Umlegungs- oder Enteignungsplänen oder den durch die Durchführung städtebaulicher Maßnahmen (Beschaffung und Herstellung öffentlicher Verkehrsflächen, Freiflächen, Brücken, Entwässerungsanlagen oder ähnliche Maßnahmen) entstehende Aufwand von den Grundstückseigentümern, denen aus den bezeichneten Maßnahmen ein entsprechender Vorteil erwächst, Beiträge oder Abgaben erhoben werden, die in den baurechtlichen Vorschriften im Sinne dieses Gesetzes nicht vorgesehen sind, kann der Reichsarbeitsminister genehmigen, dass diese Leistungen noch bis zu einem von ihm zu bestimmenden Zeitpunkt erhoben werden.

Durchführungsvorschriften. § 114. Die zur Durchführung und Ergänzung dieses Gesetzes erforderlichen Rechts- und Verwaltungsvorschriften erlässt der Reichsarbeitsminister.

[Fassung vom 4./5.1941: *§ 113.* Das Neugestaltungsgesetz vom 4.10.1937 bleibt in Kraft, soweit nichts anderes bestimmt ist. Das Reichsministerium wird ermächtigt zur Anpassung an dieses Gesetz.

§ 114. Der Reichsarbeitsminister wird ermächtigt, durch Verordnung Bestimmungen über die Erfassung der Wertsteigerung zu treffen, die das Grundstück aus der Durchführung einer städtebaulichen Maßnahme erfährt.

Die erfassten Beträge fließen der Gemeinde zu und sind für städtebauliche Zwecke zu verwenden ...]

V. Vorentwurf vom 21.3.1942 zu einem Deutschen Baugesetzbuch (Reichsarbeitsministerium)*

Vorbemerkung

1. Es ist vorgesehen, dass dem Gesetz noch eine Präambel vorausgeschickt werden soll.
2. Es bleibt vorbehalten, bei der städtebaulichen Planung am Anfang das Verhältnis zur Raumordnung noch deutlicher zu bringen.
3. Wesentliche Teile des fünften Teils „Bauordnung" sind, weil noch in Bearbeitung, nur durch Überschriften vertreten. Es wird angenommen, dass durch diese Lücke die Beurteilung der übrigen Teile nicht nennenswert behindert wird.
4. Die Ausführungsbestimmungen liegen bis jetzt nur bruchstückweise vor, soweit sie bei der Erarbeitung des Gesetzes schon mit entstanden sind. Sie sind insoweit im Anhang beigefügt, als sie der Erläuterung des Vorentwurfes dienen.
5. Einzelne nicht besetzte Nummern bei dem Paragraphen bedeuten nicht, dass dort etwas ausgelassen ist, sondern sind nur die äußerliche Folge davon, dass aus bearbeitungstechnischen Gründen von einer durchlaufenden Neunummerierung Abstand genommen werden musste.

Erster Teil: Planungsordnung (§§ 1–21)

I. Aufgabe und Mittel der städtebaulichen Planung

§. 1. Aufgabe der städtebaulichen Planung

(1) Die gesamte städtebauliche Bautätigkeit ist durch eine den Erfordernissen des Volks- und Reichsinteresses entsprechende und nach den allgemeinen und besonderen Zielen der Staatsführung ausgerichtete städtebauliche Planung zu ordnen und zu lenken.

(2) Die Aufgaben der städtebaulichen Planung sind nach kulturell und weltanschaulich deutscher Gesamthaltung in Anpassung an die wohnungs-, arbeits- und verkehrsmäßigen Lebensbedingungen der Bevölkerung und im Sinne einer

* Wiedergegeben nach dem Exemplar in der Akte des Bundesarchivs Berlin, NS R 3901/20882. Die handschriftlichen Änderungen aus der Zeit vor 1945, die nicht zugeordnet werden können, werden – soweit lesbar – in eckigen Klammern hinzugefügt. Wenn in wenigen Fällen Anmerkungen und Hinzufügungen aus der Zeit nach 1945 aus dem Handexemplar des Entwurfs von Dittus wiedergegeben werden, ist dies vermerkt.

gesunden organischen Gestaltung der Gemeinwesen wirtschaftlich und zweckmäßig zu lösen.

(3) Das Reich sorgt durch seine damit beauftragen Behörden dafür, dass diese Forderungen erfüllt werden und dass dabei die wichtigeren und höheren Gesichtspunkte den erforderlichen Vorrang vor den untergeordneten Belangen erhalten.

§ 2. Mittel der städtebaulichen Planung

(1) Als hauptsächliches Mittel der städtebaulichen Planung dient der Bebauungsplan, der rechtsverbindlich festsetzt, wo und wie gebaut werden soll und wie Ortsstraßen und sonstige mit der Bebauung zusammenhängende Einrichtungen entstehen sollen.

(2) Der Bebauungsplan hat alle diejenigen Festsetzungen zu enthalten, die zur städtebaulichen Beurteilung und Behandlung des Einzelbauvorhabens erforderlich sind.

(3) Die Aufstellung der Bebauungspläne bedarf, von einfacheren Fällen abgesehen, umfangreicher Vorbereitungen und eingehender Erwägungen, deren Auswertung ihren Niederschlag in den vorbereitenden städtebaulichen Plänen, vor allem im Flächennutzungsplan, findet.

(4) Die vorbereitenden Pläne haben alles das zu enthalten, was zur Erarbeitung und Aufstellung des Bebauungsplans erforderlich ist.

§ 3. Aufstellung der städtebaulichen Pläne

(1) Die städtebaulichen Pläne sind von der Baubehörde aufzustellen. Ist die Gemeinde nicht Baubehörde, so ist sie bei der Aufstellung zu beteiligen.

(2) Bei der Aufstellung, Änderung oder Aufhebung eines Planes sind die Behörden und Stellen zu beteiligen, deren Belange von der Aufstellung oder Änderung berührt werden.

(3) Die Aufsichtsbehörde hat die Baubehörde bei der Bearbeitung und Aufstellung der Pläne nach Bedarf zu beraten und zu unterstützen.

(4) Die durch die Aufstellung der städtebaulichen Pläne entstehenden Kosten sind von den Gemeinden zu tragen.

II. Vorbereitende städtebauliche Pläne

A. Der Flächennutzungsplan

§ 4. (1) Der Flächennutzungsplan stellt die flächenmäßige Gliederung des Plangebietes in den Grundzügen dar und zeigt, wie die geordnete Nutzung des Bodens und die bauliche Entwicklung innerhalb eines Gemeindegebietes oder innerhalb mehrerer benachbarter Gemeindegebiete gedacht ist, und gibt damit eine Richtschnur für die Aufstellung der Bebauungspläne. Er hat entsprechend den landschaftlichen, klimatischen, geologischen und sonstigen örtlichen Gegebenheiten und in Berücksichtigung aller dafür in Betracht kommenden Bedürfnisse, wie namentlich denen der Land-, Forst- und Wasserwirtschaft, der Industrie, des Gewerbes und des Bergbaues, des Verkehrs, der Erholung der Bevölkerung, des Schutzes des Orts- und

Landschaftsbildes und der Landesverteidigung, vor allem ersichtlich zu machen, welche Flächen im Laufe der Zeit voraussichtlich der Bebauung zugeführt werden können und welche Flächen aus Gründen des öffentlichen Wohles unbebaut oder in der Bebauung beschränkt bleiben sollen.

(2) Der Flächennutzungsplan ist aufzustellen, wenn es die bauliche oder wirtschaftliche Entwicklung der Gemeinde oder andere öffentliche Belange erfordern. Bei seiner Bearbeitung ist von den Verhältnissen und Bedürfnissen auszugehen, die in einem größeren Zeitabschnitt mit Wahrscheinlichkeit zu erwarten sind. Unwahrscheinliche Erwartungen bleiben außer Betracht.

(3) Der Flächennutzungsplan ist keine starre Festlegung, sondern eine der Veränderlichkeit [der Bedürfnisse] des Lebens unterliegende Darstellung der Gestaltungsabsichten und deshalb jeweils darauf nachzuprüfen, ob er der gegenwärtigen Sachlage noch entspricht. Er ist zu ergänzen, zu ändern oder aufzuheben, wenn die Entwicklung des Plangebietes dies erfordert.

§ 5. (1) Im Flächennutzungsplan sollen namentlich dargestellt werden:

1. Verkehrsflächen von besonderer Bedeutung: Autobahnen, Reichsstraßen, Landstraßen 1. und 2. Ordnung, sonstige Verkehrsstraßen, Eisenbahnen, Straßenbahnen und Flughäfen einschließlich der Flächen für die zugehörigen Nebenanlagen und der anschließenden unbebaubaren und beschränkt bebaubaren Flächen,

2. öffentliche Freiflächen (Park- und Erholungsflächen, Dauerkleingartengebiete, Friedhöfe und Urnenhaine, Flächen für Wasserversorgungs- und Abwasserbeseitigungsanlagen),

3. für die Bebauung bestimmte Flächen (Bauflächen), namentlich Flächen für Wohngebiete, Kleinsiedlungsgebiete, landwirtschaftliche Siedlungsgebiete und Gewerbegebiete, mit Darlegung der Zusammenhänge zwischen Wohn- und Arbeitsstätten,

4. der land- und forstwirtschaftlichen Nutzung vorbehaltene Flächen,

5. sonstige Flächen mit besonderer Zweckbestimmung oder mit besonderen Verhältnissen wie Flächen für den Bergbau und die Gewinnung anderer Bodenschätze, Naturschutzgebiete, sonstige besonders zu schützende Landschaftsteile, Überschwemmungsgebiete, Exerzierplätze, Einzugsgebiete für Wasserversorgungsanlagen.

(2) Dem Flächennutzungsplan soll ein Erläuterungsbericht beigegeben werden, in welchem die wesentlichen Verhältnisse und Erwägungen dargelegt sind, die bei der Bearbeitung des Plans zugrunde lagen.

§ 6. Der Flächennutzungsplan bedarf der Billigung durch die Aufsichtsbehörde. Die Billigung setzt voraus, dass mit den nach § 3 Abs. 2 zu beteiligenden Stellen eine Einigung erzielt ist.

B. Der Ortsbauvorbereitungsplan. (abgekürzt: Ortsbauvorplan, Vorplan)

§ 7. In größeren Gemeinden sind die in Weiterführung des Flächennutzungsplans und zur näheren Vorbereitung der Bebauungspläne zu erarbeitenden städtebaulichen

Absichten, wenn sie im Flächennutzungsplan keine Aufnahme finden können, in einem größermaßstäblichen, auf den Gesamtbaubereich der Gemeinde sich beschränkenden Plan – Ortsbauvorbereitungsplan – darzustellen. Er zeigt das Gesamtbild der künftigen Stadt, die Gliederung ihrer Masse und ihres Raumes.

§ 8. Im Ortsbauvorbereitungsplan sollen nach Bedarf namentlich ersichtlich gemacht werden:

1. Die für die einzelnen Neubaugebiete in Aussicht genommene Wohndichte,
2. das System der öffentlichen Verkehrsflächen unter Erkenntlichmachung ihres Zwecks und ihrer Bedeutung wie Hauptverkehrsstraßen, Wohnsammelstraßen, Wohnstraßen und dergl., die Gestaltung des Nahverkehrs und sein Anschluss an den Fernverkehr, sowie die sonstigen Grundzüge der Erschließung,
3. die bestehenden und die in Aussicht genommenen öffentlichen Verkehrsmittel (Eisenbahn, U-Bahn, Straßenbahn, Omnibus),
4. das System der öffentlichen Freiflächen und ihrer Verbindungen (Grünanlagen, Sport- und Spielplätze, Friedhöfe, Promenaden und Fußwege),
5. die Verteilung der dem Gemeinwohl dienenden Gebäude auf das Gemeindegebiet (Verwaltungsgebäude, Gemeinschaftseinrichtungen, Schulen, Krankenhäuser, Theater u. dgl.),
6. die Grundzüge für die Verteilung der einzelnen Geschäfts- und Handwerksbetriebe in den Wohngebieten,
7. die Versorgung mit Gas, Wasser und Strom,
8. die Beseitigung der Abfallstoffe (Kanäle, Kläranlagen, Rieselfelder, Müllplätze),
9. der vorhandene Bestand, soweit er für die Beurteilung des Planes notwendig ist,
10. die geplanten Altstadtsanierungen.

§ 9. Im Übrigen gelten für den Ortsbauvorbereitungsplan die für den Flächennutzungsplan getroffenen Bestimmungen entsprechend.

III. Der Bebauungsplan

§ 10. (1) Der Bebauungsplan ist die rechtsförmliche Darstellung der städtebaulichen Gestaltung und ihre rechtsverbindliche Festsetzung zur Durchführung der in § 2 Abs. 1 genannten Aufgabe.

(2) Jede im Rahmen einer geordneten baulichen Entwicklung demnächst bevorstehende Bautätigkeit in einer Gemeinde ist durch vorherige Aufstellung des Bebauungsplans zu regeln, soweit diese Bautätigkeit nicht nach Umfang oder Bedeutung geringfügig ist. Die Festsetzung von Bebauungsplänen darf den Umfang des zuverlässig abzusehenden Bedarfs nicht übersteigen und ist daher grundsätzlich nicht weiter [nur soweit; Streichung von „dass"] auszudehnen, als dass die in den unmittelbar bevorstehenden Jahren zu erwartende Bautätigkeit von dem Gebiet der Bebauungspläne aufgenommen werden kann. In überwiegend bebauten Gebieten ist der Bebauungsplan außerdem auch dann aufzustellen, wenn es notwendig ist, durch den Bebauungsplan [statt: wenn ... Bebauungsplan: „wenn durch ihn] eine Verbesserung des bestehenden städtebaulichen Zustandes anzubahnen [angebahnt

werden soll]. Auf die Änderung des Bebauungsplans finden diese Bestimmungen entsprechende Anwendung.

(3) Der einzelne Bebauungsplan erstreckt sich meist nur auf einen in sich möglichst geschlossenen Teil des Gemeindebaubereichs. Die Summe der Festsetzungen in allen Bebauungsplänen einer Gemeinde heißt Ortsbauplan.

§ 11. (1) Der Bebauungsplan hat in Berücksichtigung der örtlichen Verhältnisse und Bedürfnisse einer in jeder Hinsicht einwandfreien städtebaulichen Gestaltung und im Einzelnen allen Anforderungen dieses Gesetzes Rechnung zu tragen.

(2) Bei Aufstellung des Bebauungsplans sind die im Plangebiet in Betracht kommenden Vorhaben, die auf den Inhalt des Bebauungsplans von Einfluss sind, unter sich sowie mit den sonstigen maßgebenden Gesichtspunkten abzustimmen und in Einklang zu bringen.

(3) Künftige Umstände sind insoweit in Betracht zu ziehen, als ihre Verwirklichung in absehbarer Zeit mit Bestimmtheit zu erwarten ist.

(4) Werden bestehende oder beabsichtigte bauliche Anlagen oder Verkehrsanlagen des Reichs, eines Landes [Reichsgaues] oder der NSDAP oder die Belange der Forst- oder der Landwirtschaft nach Auffassung der Fachdienststelle bei Aufstellung eines Bebauungsplans nicht oder nicht genügend berücksichtigt und vermag auch die Aufsichtsbehörde mit der ihr entsprechenden Fachdienststelle keinen Ausgleich herbeizuführen, so entscheidet darüber der Reichsarbeitsminister im Einvernehmen mit der beteiligten obersten Reichsstelle.

§ 12. Der Bebauungsplan setzt gemäß § 2 Abs. 2 fest:

1. die öffentlichen Verkehrsflächen nach Begrenzung, Ausmaß und Höhenlage, sowie ihren Anschluss an die Baugrundstücke,

2. die öffentlichen Freiflächen und die Grundzüge ihrer Gestaltung. Öffentliche Freiflächen sind die für öffentliche Zwecke bestimmten und dafür zu erwerbenden Flächen, wie namentlich Park- und Erholungsflächen, Dauerkleingärten, Friedhöfe, Wasserversorgungs- und Abwasserbeseitigungsanlagen [die von der Bebauung ausgeschlossen sind],

3. die bebaubaren und die unbebaubaren Flächen auf den Grundstücken, den auf ihnen zur Verkehrssicherheit freizuhaltenden Raum, sowie die privaten Freiflächen,

4. die Art der baulichen Nutzung nach Planergänzungsbestimmungen oder nach Baustaffeln (Kleinsiedlungsgebiete, Wohngebiete, Gewerbegebiete, Geschäftsgebiete),

5. das Maß der baulichen Ausnutzung und die Bauweise, sowie die Gebäudehöhe und die Gebäude- und Grenzabstände, soweit diese von den allgemeinen Vorschriften (Reichs[Orts]bauordnung oder Baustaffel) abweichen,

6. die Sicherheits- und Schutzabstände, soweit Flächen zur Errichtung von solchen baulichen Anlagen festgesetzt werden, bei denen Sicherheits- oder Schutzabstände in Betracht kommen (§ 142),

7. die Stellung, Richtung und Gestaltung der Bauwerke, sowie erforderlichenfalls die Höhenlage der Bauwerke und Vorgärten,

8. die Zweckbestimmung einzelner Grundstücke oder Grundstücksteile (z. B. für Rathaus, Schule, Gaststätte; Garage oder Einstellplatz, Luftschutzbauten u. dergl.) (§ 127 Abs. 2),

9. die zu schützenden oder anzulegenden Bepflanzungen (§ 104),

10. die Grundzüge der Entwässerung und der örtlichen oberirdischen Stromversorgung,

11. die Grenzen des Plangebiets.

(2) Die Festsetzungen können auf einem oder mehreren Blättern dargestellt werden.

(3) Zur Ergänzung des Bebauungsplans können Planergänzungsbestimmungen aufgestellt werden. Sie gelten als Bestandteile des Bebauungsplans.

(4) Statt der Beifügung von Planergänzungsbestimmungen zu jedem einzelnen Bebauungsplan können diese Vorschriften auch durch Ortsbauvorschrift allgemein aufgestellt werden. Sie werden dadurch für ein Grundstück, für mehrere Grundstücke oder für das ganze Plangebiet wirksam, da sie im Bebauungsplan mit festgesetzt werden (Baustaffeln).

§ 13. (1) Im Bebauungsplan sind der vorhandene Bestand und wichtige künftige Umstände insoweit darzustellen, als es für die Beurteilung des Plans notwendig ist. Einzutragen sind namentlich:

1. Form des Geländes und seiner Bewachsung (Höhenschichtlinien, bei ebenem Gelände Höhenzahl an den Straßenkreuzungen und an den Gefällbrechpunkten, Halden, Steinbrüche, Sandgruben, Sumpf, Baumbestand usw.),

2. die Grundstücksgrenzen und die vermessungsmäßige Bezeichnung der Grundstücke,

3. die Gemeindegrenzen,

4. die vorhandenen Bauwerke und sonstigen Anlagen, Verkehrs- und Freiflächen,

5. Bedeutsame Vorhaben wie Verkehrsvorhaben, wichtige Bauvorhaben,

6. Gewässer, Hochwassergrenzen,

7. die Grenzen von Bergbaugebieten, Wassereinzugsgebieten, Schutzbereichen u. dgl.,

8. die Natur- und Baudenkmale,

9. frühere und anschließende Planfestsetzungen.

(2) Ein Verzeichnis der Grundstücke im Plangebiet nach vermessungsmäßiger Bezeichnung, Größe, Kulturart und Eigentümer ist beizugeben.

§ 14. (1) Für einzelne bauliche Anlagen, namentlich in Gebieten, in denen ein Bebauungsplan nicht aufgestellt werden soll (§ 125) können einzelne Festsetzungen nach § 12 Abs. 1 in dem für Bebauungspläne geltenden Verfahren getroffen werden, wenn sie zur Regelung des Bauvorhabens oder aus sonstigen Gründen erforderlich sind.

(2) Das Maß der baulichen Ausnutzung und die Bauweise dürfen jedoch nur zusammen mit der Festsetzung der öffentlichen Verkehrsfläche oder nachher festgesetzt werden.

§ 15. (1) Der Bebauungsplan, der [soll mit dem] Ortsbauvorbereitungsplan und der Flächennutzungsplan sollen miteinander [Wegfall von „sollen miteinander"] im

Einklang stehen. Werden im Bebauungsplan Festsetzungen getroffen, die in nicht wesentlichen Punkten von dem Flächennutzungsplan oder dem Ortsbauvorbereitungsplan abweichen, so sind die anderen Pläne nach Festsetzung des Bebauungsplans entsprechend zu ändern.

(2) Wird beabsichtigt, im Bebauungsplan von den vorbereitenden Plänen wesentlich abzuweichen, so sind diese vorher zu überarbeiten.

§ 16. (1) Der aufgestellte Bebauungsplan wird von der Baubehörde nach vorheriger entsprechender Bekanntmachung 14 Tage lang öffentlich aufgelegt. In eiligen Fällen kann die Frist bis auf 3 Tage abgekürzt werden. Die Offenlegung kann durch die Anhörung der Beteiligten ersetzt werden. Die Offenlegung ist den amtsbekannten Beteiligten durch besondere Zuschrift mitzuteilen. Die Gemeinde, die nicht Baubehörde ist, kann verlangen, dass vor der Offenlegung die Entscheidung der Aufsichtsbehörde darüber eingeholt wird, ob der Plan offenzulegen ist.

(2) Innerhalb der Offenlegungsfrist oder bei der Anhörung können gegen den Bebauungsplan Einwendungen erhoben werden. Die Einwendungen sollen mit den Beteiligten erörtert werden.

(3) Einwendungen, die nicht zurückgenommen oder durch Berücksichtigung erledigt werden, sind von der Baubehörde mit ihrer Stellungnahme der Aufsichtsbehörde mit dem Bebauungsplan vorzulegen, die über die Einwendungen zusammen mit der Genehmigung des Bebauungsplans endgültig entscheidet.

§ 17. (1) Der Bebauungsplan wird mit der Genehmigung durch die Aufsichtsbehörde wirksam. Die Erteilung der Genehmigung setzt voraus, dass die Aufsichtsbehörde den Plan und sein Zustandskommen vorschriftsmäßig und seinen Inhalt zweckmäßig und den Bestimmungen dieses Gesetzes entsprechend befunden hat.

(2) Die Genehmigung ist öffentlich bekannt zu machen.

§ 18. (1) Änderung oder Aufhebung eines Bebauungsplans sind wie die Neuaufstellung zu behandeln.

(2) Unwesentliche Änderungen kann die Baubehörde ohne förmliches Verfahren und ohne dass es einer Genehmigung bedarf vornehmen, wenn die betroffenen Grundstückseigentümer und die sonstigen Beteiligten einwilligen.

IV. Veränderungssperre

§ 20. (1) Für Gebiete, für welche die Aufstellung oder Änderung eines Bebauungsplanes in Bearbeitung oder beabsichtigt ist, kann eine Veränderungssperre angeordnet werden, wenn andernfalls die Durchführung des Bebauungsplanes erschwert oder unmöglich gemacht würde.

(2) Die Veränderungssperre bewirkt, dass Wert steigernde Veränderungen, Veränderungen der Erdoberfläche und nicht genehmigungspflichtige Bauvorhaben im Sperrgebiet nur mit Genehmigung der Baubehörde ausgeführt werden dürfen.

(3) Die Genehmigung ist nur zu erteilen, wenn feststeht, dass der in Aussicht genommene Bebauungsplan dem Vorhaben nicht entgegensteht. [Anm.: Entschädigungsausschluss bei Genehmigungsversagung, § 421.]

§ 21. (1) Die Veränderungssperre wird durch die Baubehörde angeordnet und ist den amtsbekannten Eigentümern der betroffenen Grundstücke mitzuteilen. Sie läuft nach 2 Jahren ab, wenn sie nicht vorher aufgehoben wird.

(2) Die Veränderungssperre entfällt [endet] mit der Genehmigung des Bebauungsplans.

(3) Die Veränderungssperre kann, wenn sich die Zweijahresfrist nicht als ausreichend erweist, um ein weiteres Jahr verlängert werden. Weitere Verlängerung ist nur mit Billigung der Aufsichtsbehörde zulässig.

Anmerkung: Entschädigung hier wohl zu vermeiden. Bausperre dürfte entbehrlich sein. [Anm.: ist doch ein Ziel der Veränderungssperre.]

[Die §§ 22–29 sind nicht belegt.]

Zweiter Teil: Umlegungsordnung (§§ 30–49)

I. Baulandumlegung

A. Notwendigkeit, Wesen und Anordnung der Baulandumlegung

§ 30. (1) Das der Bebauung zuzuführende Gelände ist von der Baubehörde zur Erreichung von raumökonomisch und bebauungsmäßig zweckmäßig geformten Grundstücken einer Neuordnung der Eigentumsgrenzen [-verhältnisse] (Baulandumlegung) zu unterwerfen. Von der Umlegung ist nur abzusehen, wenn zweckmäßige Grundstücksgrenzen für eine Bebauung nach dem Bebauungsplan schon vorhanden oder auf andere Weise erreichbar sind.

(2) Durch die Baulandumlegung werden die betroffenen Grundstücke zu einer Masse vereinigt und unter gemeinschaftlicher Aufbringung der für den Gemeinbedarf erforderlichen Flächen in zweckmäßig geformten Neu[Ersatz]grundstücken wieder [Wegfall von „wieder"] an die Eigentümer zugeteilt.

§ 31. (1) Bereits bei Aufstellung und Genehmigung des Bebauungsplans ist die Frage der Notwendigkeit und der Art der Ausführung einer Baulandumlegung mitzuerwägen. Bebauungsplan und Baulandumlegung sollen nach Möglichkeit in Verbindung miteinander bearbeitet und vorbereitet werden.

(2) Die Durchführung von Umlegungen soll so beschleunigt werden, dass zwischen Anordnung und Inkrafttreten der Umlegung nicht mehr Zeit liegt als ein Jahr.

§ 32. (1) Die Anordnung der Umlegung, in der die Grenzen des Umlegungsgebietes zu bezeichnen sind, wird von der Baubehörde erlassen. Sie bedarf der Zustimmung der Aufsichtsbehörde, wenn der Bebauungsplan noch nicht festgesetzt [genehmigt] ist. Von der Anordnung ist den amtsbekannten Beteiligten der betroffenen Grundstücke Mitteilung zu machen. [Anm.: Genehmigung aber nicht als Wirksamwerden des Bebauungsplans, § 45 Abs. 2.]

(2) Steht das Eigentum an einem Grundstück mehreren zu oder besteht Streit darüber, wem das Eigentum zusteht, so hat die Baubehörde für das Umlegungsverfahren einen Vertreter des Eigentümers zu bestellen.

§ 33. (1) Die Vorbereitung und Durchführung der Umlegung obliegt der Baubehörde, die erforderlichenfalls die nötigen sachverständigen Kräfte beizuziehen hat.

(2) Bei der Bearbeitung der Baulandumlegung ist den Beteiligten Gelegenheit zu geben, Anregungen und Anträge vorzubringen, die nach Möglichkeit berücksichtigt werden sollen. Letzteres gilt auch von Vereinbarungen unter den Beteiligten, auch wenn sie nicht rechtsförmlich abgeschlossen sind, sofern sie den Zwecken der Umlegung nicht zuwiderlaufen und sich auf die Umlegung beziehen.

§ 34. (1) Das Umlegungsgebiet ist zweckentsprechend zu begrenzen. Grundstücke aus Nachbargemeinden können einbezogen werden. Das Umlegungsgebiet soll nur so groß sein, dass man es übersehen und bei der Durchführung zurechtkommen kann. Gegebenenfalls sind zwei oder mehrere Umlegungsgebiete zu bilden.

(2) Private Freiflächen sind in das Umlegungsgebiet nicht einzubeziehen, soweit sie nicht in bebaubaren Neugrundstücken aufgehen können. Das Umlegungsgebiet darf nicht aus Teilstücken bestehen, die eine größere Entfernung voneinander haben.

(3) Freilassungswünschen hinsichtlich bebauter Grundstücke, Industriebetrieben, Gärtnereien oder ähnlicher Betriebe ist nach Möglichkeit stattzugeben.

§ 35. Im Umlegungsverfahren kann eine Grenzregelung zwischen den Grundstücken im Umlegungsgebiet und den an es anstoßenden Grundstücken festgesetzt werden.

§ 36. (1) Mit der Anordnung der Umlegung tritt von selbst [Anm.: als zwangsläufig, anders § 22] die Wirkung einer Veränderungssperre [Hinweis auf § 20] ein, worauf in der Mitteilung nach § 32 Abs. 1 hinzuweisen ist. Sie endigt im Zeitpunkt des Inkrafttretens der Umlegung.

(2) Mit der Anordnung ist dem Grundbuchamt ein Verzeichnis der Grundstücke im Umlegungsgebiet zu übermitteln. Das Grundbuchamt benachrichtigt die Baubehörde von allen Eintragungen, die nach dem Zeitpunkt der Anordnung bei diesen Grundstücken im Grundbuch gemacht wurden und noch gemacht werden. Es ist verpflichtet, dem Beauftragten der Baubehörde die Fertigung und die erforderlichen Auszüge aus dem Grundbuch und den Grundakten zu gestatten und der Baubehörde auf Verlangen Auszüge oder Auskünfte über die betroffenen Grundstücke zu erteilen.

B. Vereinigung und Neuzuteilung der Grundstücke

§ 37. (1) Zur Gesamtmasse gehören alle im Umlegungsgebiet gelegenen Grundstücke. Hat ein Grundeigentümer vor der Umlegung Flächen zum Gemeinbedarf unentgeltlich an die Gemeinde abgetreten oder die Kosten für die Erwerbung von Verkehrsflächen [solcher Flächen] durch die Gemeinde an diese bezahlt oder

erstattet, so sind diese Flächen als von ihm in die Umlegung [ein]gebracht anzusehen; sie sind in das Umlegungsgebiet einzubeziehen.

(2) Flächen, die von der Gemeinde als bestehende [oder aus eigenen Mitteln aufgebracht] Verkehrs- oder Freiflächen in die Umlegung eingebracht werden, sind von der Gesamtmasse und vom Gemeinbedarf in Abzug zu bringen [auszuscheiden].

(3) Der restliche Gemeinbedarf ist der Masse zu entnehmen und fällt der Gemeinde zu. Die Entnahme darf 35% der Masse nicht übersteigen. Die nach dem Gemeinbedarfsabzug verbleibende Masse (Verteilungsmasse) ist an die Beteiligten nach Billigkeit und Zweckmäßigkeit zuzuteilen.

§ 38. (1) Die zuzuteilenden Neugrundstücke sollen flächenmäßig der Größe der Altgrundstücke nach Abzug des Gemeinbedarfsanteils gleich- oder nahekommen.

(2) Mehr- oder Minderzuteilungen sind in Geld [oder Land] nach einem von der Baubehörde nach Anhörung der Preisbildungsstelle für das Umlegungsgebiet festzusetzenden Durchschnittspreis für den qm auszugleichen. [entspr. Vorschrift wie § 58 II hier einfügen.] Zuschläge oder Abzüge am Durchschnittspreis richten sich nach § 39 Abs. 2.

(3) Der Eigentümer eines Grundstücks, das nach Abzug des Gemeinbedarfsanteils so klein ist, dass eine Bauplatzzuteilung dafür billigerweise nicht in Betracht kommt (Kleinstück), ist, wenn nicht eine Zusammenlegung möglich ist, nach Abs. 2 mit Geld abzufinden.

§ 39. (1) Die Neugrundstücke sollen möglichst in der gleichen Lage wie die Altgrundstücke zugeteilt werden. Dies gilt besonders dann, wenn auf der Fläche des Altgrundstücks bauliche oder sonstige Anlagen vorhanden sind, die nicht oder nur mit Schwierigkeiten auf einen anderen Platz verlegt werden können.

(2) Bei der Zuteilung nicht zu vermeidende Vergünstigungen oder Benachteiligungen sind, wenn sie offensichtlich und nicht nur geringfügig sind, in Geld auszugleichen.

(3) Die Neugrundstücke müssen nach dem Bebauungsplan und den Bauvorschriften bebaubar sein. Ihre Größe und Form muss bebauungsmäßig und raumökonomisch zweckmäßig gestaltet werden.

§ 40. (1) Lasten und Dienstbarkeiten, die durch die Umlegung gegenstandslos werden, erlöschen ohne Entschädigung. Im Übrigen können Grunddienstbarkeiten nach Bedarf aufgehoben, geändert oder neu begründet werden. Vorhandene Grundstückslasten sind nach Billigkeit neu zu verteilen.

(2) Pfandrechtliche Belastungen sind [tunlichst] unverändert auf die Neugrundstücke überzuführen. Grundstücke, die verschieden belastet sind, sollen nicht ohne Herbeiführung einer vereinbarungsmäßigen Bereinigung zusammengelegt werden. Sind Teile desselben Grundstückes verschieden belastet, so ist Bereinigung oder getrennte Zuteilung anzustreben. Notfalls können solche Grundstücke oder Grundstücksteile als Kleinstück nach § 38 Abs. 3 behandelt werden.

C. Geldentschädigungen

§ 41. (1) Geldentschädigungen sind nur vom Zahlungspflichtigen an die Gemeinde und von der Gemeinde an den Entschädigungsberechtigten zu leisten.

(2) Zur Empfangnahme von Geldentschädigungen bis zum Betrag von 50 RM ist der Eigentümer auch beim Vorhandensein von Grundpfandrechten allein berechtigt. Bei höheren Beträgen ist die Zahlung an den Eigentümer dem Grundpfandgläubiger gegenüber nur wirksam, wenn ihm die Zahlung vorher angekündigt wurde und er binnen einer Woche nach Erhalt der Ankündigung der Zahlung nicht widersprochen hat. Erhebt er Ein[Wider]spruch, so ist die Zahlung an den Eigentümer und den Grundpfandgläubiger gemeinsam zu leisten oder der Betrag zugunsten beider gerichtlich zu hinterlegen.

§ 42. Geldentschädigung ist zu leisten:

1. von der Gemeinde an den abzufindenden Eigentümer eines Kleinstückes, § 38 Abs. 3,
2. von der Gemeinde bei flächenmäßiger Minderzuteilung, § 38 Abs. 2,
3. an die Gemeinde bei flächenmäßiger Mehrzuteilung, § 38 Abs. 2,
4. von der Gemeinde oder an sie, wenn dem Neugrundstück Anlagen oder Zubehör fehlen, die auf dem Altgrundstück vorhanden sind oder umgekehrt, ebenso wenn das Neugrundstück Nachteile aufweist, die beim Altgrundstück nicht vorhanden waren, vgl. § 39,
5. von der Gemeinde an Nicht[Nebenberechtigte, vgl. § 57] beteiligte, wie Mieter, Pächter, Inhaber von Rechten, wenn sie offensichtlich und nicht nur geringfügig benachteiligt werden, soweit nicht der Gegenwert dafür bereits in dieser Entschädigung an einen Beteiligten einbezogen ist und dieser die Abfindung des Nichtbeteiligten mit übernommen hat.

D. Zuteilung, Inkraftsetzung, Kosten

§ 43. Die Baubehörde hat den von ihr erarbeiteten und in Aussicht genommenen Neuzustand in einem Umlegungsplan niederzulegen, welcher besteht aus:

a) einem Lageplan über den Altzustand, in dem die Grenzen des Umlegungsgebietes, die Parzellengrenzen und -nummern und sonstige für die Umlegung bedeutungsvollen Verhältnisse und Gegebenheiten einzutragen sind,

b) einem Lageplan über den Neuzustand, der vor allem die neuen Grundstücksgrenzen und -nummern enthält; er kann, wenn dadurch die Übersichtlichkeit nicht leidet, mit a) auf dem gleichen Blatt dargestellt werden,

c) einem Verzeichnis der Grundeigentümer, in dem ihre Grundstücke nach Lage, Größe, Benutzungsart und Benummerung sowohl nach dem alten wie nach dem neuen Bestand übersichtlich gegenübergestellt sind; Grundpfandrechte, Lasten und sonstige Rechtsverhältnisse sind darin aufzuführen; in einer besonderen Spalte ist die Größe des Verkehrsflächenabzuges anzugeben (Umlegungsübersicht),

d) einem Verzeichnis der abzufindenden Kleinstücke,

e) einem Verzeichnis der Grunddienstbarkeiten, Lasten und sonstigen Rechte, die erlöschen, geändert oder neu begründet sind (Lastenverzeichnis),

f) einem Verzeichnis der Geldentschädigungen.

§ 44. (1) Der aufgestellte Umlegungsplan wird von der Baubehörde nach vorheriger entsprechender Bekanntmachung 14 Tage lang öffentlich aufgelegt. In eiligen Fällen kann die Frist bis auf 3 Tage abgekürzt werden. Die Offenlegung kann durch die Anhörung der Beteiligten ersetzt werden. Die Offenlegung ist den amtsbekannten Beteiligten durch besondere Zuschrift mitzuteilen.

(2) [Nur] Innerhalb der Offenlegungsfrist oder bei der Anhörung können gegen den Umlegungsplan Einwendungen erhoben werden. Die Einwendungen sollen mit den Beteiligten erörtert werden.

(3) Einwendungen, die nicht zurückgenommen oder durch Berücksichtigung erledigt werden, sind von der Baubehörde mit ihrer Stellungnahme der Aufsichtsbehörde mit dem Umlegungsplan vorzulegen [Kenntnisgabe an den Beteiligten], die über die Einwendungen zusammen mit der Genehmigung des Umlegungsplans endgültig entscheidet.

§ 45. (1) Der Umlegungsplan wird mit der Genehmigung durch die Aufsichtsbehörde endgültig; § 17 Abs. 1 Satz 2 gilt auch hier [statt: „auch hier" entsprechend]. Die Genehmigung darf nur erteilt werden, wenn der Bebauungsplan aufgestellt ist und spätestens gleichzeitig genehmigt wird.

(2) Die Genehmigung ist öffentlich bekanntzumachen und den amtsbekannten Beteiligten unter Übersendung eines Umlegungsplanauszuges mitzuteilen, aus welchem der betroffene Eigentümer, Entschädigungsberechtigte oder –verpflichtete oder der sonst vom Umlegungsplan Berührte den ihn betreffenden Altzustand und die aus der Umlegung für ihn sich ergebenden Auswirkungen ersehen kann.

§ 46. (1) Sobald der Aufsichtsbehörde nachgewiesen ist, dass die nach dem Umlegungsplan zu leistenden Geldentschädigungen bezahlt, gestundet oder hinterlegt und die neuen Grenzen vermarkt oder mindestens verpflockt sind, setzt sie den Zeitpunkt fest, in dem der Umlegungsplan in Kraft tritt. Die Festsetzung ist öffentlich bekanntzumachen und den amtsbekannten Beteiligten mitzuteilen. Die Festsetzung des Zeitpunktes des Inkrafttretens kann zusammen mit der Genehmigung ausgesprochen werden, wenn die Voraussetzungen dazu in diesem Zeitpunkt schon vorliegen.

(2) Durch das Inkrafttreten wird der Altzustand rechtlich durch den im Umlegungsplan niedergelegten Neuzustand ersetzt und bewirkt, dass das Eigentum mit allen Lasten und Beschränkungen an den Altgrundstücken erlöschen [erlischt] und an den Neugrundstücken, soweit solche zugewiesen sind, entstehen [entsteht]. Die Gemeinde erwirbt die Flächen des entnommenen Gemeinbedarfs unentgeltlich und lastenfrei. Im Übrigen bestimmen sich die Rechtsverhältnisse nach dem Inkrafttreten nach dem Umlegungsplan. Miet- und Pachtverhältnisse erlöschen, soweit nichts anderes in ihm bestimmt wird. Die Geldentschädigungen haften anstelle oder neben

den Neugrundstücken für die Ansprüche Dritter unbeschadet der Bestimmung in § 41 Abs. 2.

(3) Die Erteilung von Grundbuchauszügen an die Baubehörde, die durch die Umlegung eintretenden Rechtsänderungen [Hinweis auf § 36 II] und die dadurch bedingten Berichtigungen öffentlicher Bücher und Nachweisungen sowie die notwendige Eintragungen auf den Hypotheken-, Grundschuld- und Rentenschuldbriefen unterliegen keinerlei Steuern, Gebühren oder Abgaben.

(4) Dem Grundbuchamt ist ein Stück der Verzeichnisse nach § 43 c, d und e zur Bewirkung der Neueintragung zuzustellen.

(5) Die der Gemeinde zugefallenen Verkehrsflächen sind soweit nötig für den Verkehr zur Verfügung zu stellen und im Bedarfsfalle für Ermöglichung des Zugangs alsbald wenigstens behelfsmäßig herzurichten.

§ 47. (1) Die Kosten der Herstellung und Vollziehung des Umlegungsplans sowie die ungedeckten Geldentschädigungen sind von der Gemeinde vorzuschießen und mindestens zu einem Viertel selbst zu tragen. Die Aufsichtsbehörde kann genehmigen, dass ein Anteil von höchstens 3/4 der ihr nachzuweisenden Kosten und ungedeckten Entschädigungen auf die [Eigentümer] Besitzer der Neugrundstücke nach deren Fläche umgelegt wird (Umlegungsbeitrag). Der Umlegungsbeitrag ruht als öffentliche Last auf dem zugeteilten Neugrundstück. Seine Beitreibung geschieht nach den über Gemeindeabgaben geltenden Bestimmungen.

(2) Kosten, die durch unbegründete Einwendungen verursacht sind, können demjenigen auferlegt werden, der die Einwendung erhoben hat.

II. Grenzregelung

§ 48. Ist zur Gewinnung eines oder mehrerer zweckmäßig geformter Bauplätze nur hinsichtlich einer kleineren Zahl von Grundstücken ein Austausch oder einseitiger Erwerb von Flächen erforderlich, so wird diese Verbesserung in sinngemäßer Anwendung der Umlegungsvorschriften im Wege der Grenzregelung vorgenommen. Die Anwendung der Grenzregelung ist auch zulässig zur Erlangung beiderseitiger Verbesserungen in der Benutzung bebauter Grundstücke [und zur Erlangung einseitiger Verbesserungen von bebauten Grundstücken], sowie zur Beseitigung unvorschriftsmäßiger Zustände, namentlich zur Beseitigung eines nach den bestehenden Vorschriften vorhandenen Flächenmangels. Voraussetzung ist hierbei, dass die Veränderung dem anderen Beteiligten zuzumuten ist.

§ 49. (1) Die Baubehörde erörtert die Neuregelung der Grenzen mit den Eigentümern der betroffenen Grundstücke.

(2) Wird über die neuen Grenzen, etwaige Geldausgleichungen und die Tragung der Kosten unter den Beteiligten eine Einigung erzielt, so setzt die Baubehörde nach Bezahlung oder Stundung der Geldleistungen den Grenzregelungsplan alsbald in Kraft.

§ 50. (1) Kommt keine Einigung zustande, so setzt die Baubehörde den Grenzregelungsplan von sich aus fest und eröffnet dies sowie seinen Inhalt an die Beteiligten.

(2) Der Grenzregelungsplan enthält eine lageplanmäßige Darstellung des Alt- und des Neustandes, die Angabe der Besitz- und Rechtsverhältnisse vor und nach der Grenzregelung, die Entschädigungsleistungen und die nach Billigkeit zu treffende Verteilung der Kosten auf die Beteiligten nach Verhältnisanteilen.

§ 51. (1) Der Grenzregelungsplan wird, wenn er nicht binnen 14 Tagen nach der Eröffnung von den Beteiligten mit Beschwerde an die Aufsichtsbehörde angefochten wird, endgültig. Dies tritt auch durch Abweisung der Beschwerde ein. Wird einer Beschwerde stattgegeben, so setzt die Baubehörde den Grenzregelungsplan entsprechend der Beschwerdeentscheidung endgültig fest.

(2) Der endgültig gewordene Grenzregelungsplan wird von der Baubehörde, nachdem sie die Bewirkung oder Stundung der Geldzahlungen veranlasst hat, in Kraft gesetzt.

(3) Die Inkraftsetzungsverfügung gibt den Zeitpunkt an, in welchem die Wirkungen des Grenzregelungsplans eintreten. Sie ist allen Beteiligten zuzustellen und unterliegt keiner Anfechtung.

(4) Die Inkraftsetzungsverfügung und ein Auszug aus dem Grenzregelungsplan sind dem Grundbuchamt zwecks Bewirkung der nötigen Eintragungen im Grundbuch mitzuteilen.

Dritter Teil: Baulandbeschaffungsordnung (§§ 50–68)

I. Grundsatz

§ 52. Grundflächen, die nach dem Bebauungsplan für Bebauung bestimmt sind oder die sonst im öffentlichen Interesse der Bebauung zugeführt werden sollen, sind von den Baubehörden und den Aufsichtsbehörden nach Bedarf in das Eigentum von Bauwilligen durch Einzelerwerbung oder Gebietserweiterung zu überführen.

II. Einzelerwerbung

§ 53. (1) Die Eigentumsüberführung an einzelnen Grundstücken (Einzelerwerbung) setzt voraus, dass der Bebauungsplan festgesetzt und das Grundstück nach § 124 Abs. 1 bebaubar oder dass der Bauplatz nach § 127 Abs. 2 bestimmt ist.

(2) Der Erwerbung unterliegen nur unbebaute Grundstücke. Eine nur geringfügige Bebauung schließt die Erwerbung nicht aus. Auch können bebaute Grundstücke dann erworben werden, wenn die vorhandene Bebauung stark beschädigt ist, oder mit dem Bebauungsplan wesentlich im Widerspruch steht und in beiden Fällen die Erwerbung zur Herbeiführung einer dem Bebauungsplan entsprechenden Bebauung dient. [Anm.: Umänderung oder Instandsetzung.]

§ 54. (1) Der Eigentümer kann die Erwerbung dadurch abwenden, dass er glaubhaft macht, dass er die Bebauung binnen 2 Jahren selbst ausführen wird, es sei denn,

dass im Bebauungsplan eine bauliche Zweckbestimmung festgelegt ist, die für den Eigentümer nicht [?] in Betracht kommt.

(2) Die Abwendung erlischt, wenn binnen der Zweijahresfrist mit dem Bau nicht ernsthaft begonnen wird oder der begonnene Bau aus vom Eigentümer zu vertretenden Gründen länger als ein Jahr ins Stocken gerät.

§ 55. (1) Die Erwerbung ist zugunsten eines Bauwilligen vorzunehmen, der glaubhaft gemacht hat, dass er mit dem Bau demnächst beginnen wird. Wird von ihm der Bau nicht binnen zwei Jahren nach der Erwerbung begonnen, oder gerät der begonnene Bau aus vom Bauwilligen zu vertretenden Gründen länger als ein Jahr ins Stocken, so kann eine neue Erwerbung stattfinden. Die Auswahl unter mehreren zum Erwerb eines Grundstücks bereiten Bauwilligen trifft die Baubehörde. Die Gemeinde kann Vorschläge für die Auswahl machen.

(2) Die Erwerbung kann auf Antrag der Gemeinde zu ihren Gunsten vorgenommen werden. Sie ist, wenn sie nicht selbst baut, verpflichtet, das erworbene Grundstück in Bälde zum gleichen oder zu einem Preise, der nur durch von ihr auf dieses Grundstück gemachte bauvorbereitende Aufwendungen erhöht ist, an einen Bauwilligen weiterzugeben. Wer als Grundpfandgläubiger, Mieter, Pächter oder dergl. ein Recht an dem erworbenen Grundstück bis zur Erwerbung hatte oder noch hat, soll, wenn keine besonderen Gründe entgegenstehen, bei der Auswahl der Bauwilligen vorzugsweise berücksichtigt werden. Für die Weitergabe durch die Gemeinde an einen Bauwilligen wird keine Grunderwerbssteuer erhoben. Die Gemeinde darf die von ihr entrichtete Grunderwerbssteuer dem Weiterveräußerungspreis zuschlagen.

§ 56. Wer ein nach §§ 53 ff. erworbenes Grundstück vor oder während der Ausführung der Bebauung veräußert, bedarf dazu der Genehmigung der Baubehörde. Die Beschränkung der Preishöhe nach § 55 Abs. 2 findet Anwendung.

§ 57. (1) Dem Eigentümer des zu erwerbenden Grundstücks und den Nebenberechtigten ist angemessene Entschädigung, und zwar vorbehaltlich des § 59 in Geld zu gewähren. Eine Entschädigung des Nebenberechtigten entfällt, soweit sein Recht im Erwerbsbescheid aufrecht erhalten wird.

(2) Nebenberechtigte sind Grundpfandgläubiger, Inhaber von Dienstbarkeiten oder Erwerbsberechtigungen an dem Grundstück, Inhaber sonstiger Rechte an dem Grundstück, Mieter und Pächter sowie Gläubiger öffentlich rechtlicher Verbindlichkeiten, die auf dem Grundstück ruhen.

(3) Ist zwischen dem Eigentümer und einem Nebenberechtigten oder unter den Nebenberechtigten streitig, ob und wie die Entschädigung zwischen ihnen zu teilen ist, so ist an die streitenden Teile gemeinsam zu zahlen oder der Betrag für beide gerichtlich zu hinterlegen.

§ 58. (1) Die Entschädigungen sind nach dem Wert (Verkehrswert) im Zeitpunkt des Eigentumsübergangs zu bemessen. [Stopppreis! Preisregelungsstelle.]

(2) Die nur durch das Bevorstehen der Bebauung eintretenden Erhöhungen oder Minderungen des Wertes bleiben außer Betracht. Die Entschädigung darf den Betrag keinesfalls übersteigen, der nötig wäre, um ein anderes Grundstück in ähnlicher Lage zu kaufen und so einzurichten, dass es in gleicher Weise und mit demselben Ertrag benützt werden kann.

§ 59. (1) Statt oder neben Geld kann Ersatzland als Entschädigung gewährt werden. Wenn der Eigentümer des zu erwerbenden Grundstücks mit seiner Berufs- oder Erwerbstätigkeit ganz oder zum Teil auf sein bisheriges Grundstück angewiesen war, soll nach Möglichkeit auf Antrag Ersatzland gewährt werden.

(2) Als Ersatzland kann zugewiesen werden, was der Erwerbende an geeigneten Grundstücken zur Verfügung stellt oder was zur Verwendung als Ersatzland nach den Bestimmungen §§ 53 ff. erworben wird. Eine solche Erwerbung ist nur zulässig, soweit sie dem Betroffenen zumutbar ist.

§ 60. (1) Die Baubehörde hat dem Eigentümer und den amtsbekannten Nebenberechtigten die Absicht des zwangsweisen Erwerbs durch Zustellung eines Ankündigungsschreibens mitzuteilen, in welchem der Sachverhalt dargelegt ist, die Beteiligten aufgefordert werden, sich mit dem Erwerber zu einigen oder ihre Einwendungen und Anträge binnen 14 Tagen der Behörde mitzuteilen, und den Hinweis enthält, dass nach Ablauf dieser Frist über die Erwerbung und über die zu gewährende Entschädigung entschieden wird. Die Frist von 14 Tagen kann in eiligen Fällen bis auf drei Tage abgekürzt werden. Die Ankündigung ist öffentlich bekanntzumachen. Von der Bekanntmachung kann in einfachen und abschließend übersehbaren Fällen abgesehen werden.

(2) Die Ankündigung hat die Wirkung, dass wertsteigernde Veränderungen, die der Eigentümer nach ihrem Erhalt vornimmt, bei der Bemessung der Entschädigung außer Betracht bleiben; es sei denn, dass die Baubehörde der Veränderung zugestimmt hat.

(3) Auf Antrag hat die Baubehörde vermittelnd einzugreifen. Sie kann, wenn es Aussicht auf Erfolg hat, die Beteiligten zu einem Verständigungstermin laden. Die über eine Einigung aufgenommene Niederschrift hat die Wirkung und Gültigkeit wie eine notarielle oder gerichtliche Beurkundung.

§ 61. (1) Wird die Abwendung (§ 54) anerkannt, so läuft die Zweijahresfrist vom Ablauf der in § 60 Abs. 1 genannten Frist ab. Die Frist wird durch Eigentumswechsel nicht unterbrochen; sie wirkt für [läuft gegen] die Nachfolger im Eigentum. Andernfalls erlässt die Baubehörde, wenn alle gesetzlichen Voraussetzungen als erfüllt befunden werden, den Erwerbungsbescheid und stellt ihn den Beteiligten zu.

(2) Der Erwerbungsbescheid hat die Beteiligten, die vermessungsmäßige Bezeichnung des Grundstücks sowie seine Größe und alle diejenigen Rechtswirkungen zu bezeichnen, die mit der Inkraftsetzung des Erwerbungsbescheides wirksam werden sollen. Bei Erwerbung von Grundstücksteilen muss auf die Messurkunde eines Messungsamtes oder eines öffentlich bestellten Landmessers [Vermessungsingenieurs] Bezug genommen werden. Der Erwerbungsbescheid enthält außerdem alle

Entschädigungen mit der Angabe, von wem und an wen sie zu leisten sind. Kommt Erwerbung von Ersatzland in Frage, so ist die Erwerbung des Baugrundstückes und die des Ersatzlandes in einem Erwerbungsbescheid vorzunehmen.

(3) Im Erwerbungsbescheid ist nach Billigkeit und Zweckmäßigkeit in tunlichster Berücksichtigung der Anträge und Belange der Beteiligten Festsetzung darüber zu treffen, welche Rechte von Nebenberechtigten am Grundstück erlöschen und ob die weiterbestehenden Rechte unverändert bleiben oder wie sie geändert werden. Im Bedarfsfall können neue Rechte begründet werden.

§ 62. (1) Auf die Endgültigkeit des Erwerbungsbescheides, seine Inkraftsetzung und seinen Vollzug ist § 51 entsprechend anzuwenden.

(2) Die Kosten sind von dem zu tragen und zu erstatten, zu dessen Gunsten die Erwerbung vorgenommen wird. Die Zuteilung von Ersatzland unterliegt nicht der Grunderwerbssteuer.

§ 63. (1) Wie [wenn] aus Gründen des öffentlichen Wohls eine unverzügliche Inbesitznahme des zu erwerbenden Grundstücks durch den Erwerber erforderlich ist, kann die Baubehörde oder die Aufsichtsbehörde die sofortige Besitzeinweisung verfügen.

(2) Ein durch die sofortige Besitzeinweisung entstehender besonderer Schaden ist in die Entschädigungsfestsetzung einzubeziehen, die im Verfahren nach §§ 41 ff. zu ergehen hat.

Bemerkung: Eine ähnliche Beschleunigungsklausel muss vielleicht auch bei der Planung gebracht werden. Möglich wäre auch im letzten Buch des DBG [Deutschen Baugesetzes] alle diese Beschleunigungen zu einem Universalschnellverfahren zusammenzufassen, das vom RAM auf Antrag zugelassen werden kann.

III. Gebietserwerbung

§ 64. (1) Eine Mehrheit von beieinander liegenden Grundstücken, ein größeres Grundstück oder ein größerer Teil eines umfangreichen Grundstücks können, wenn sie demnächst der Bebauung im öffentlichen Interesse zugeführt werden sollen, mit Genehmigung der Aufsichtsbehörde zugunsten der Gemeinde erworben werden.

(2) Falls der Bebauungsplan noch nicht festgesetzt ist, muss mindestens die Eignung des Gebiets zur Bebauung, [sowie] die planungsmäßige Zweckmäßigkeit dieser Verwendung erwiesen und die entwurfsmäßige Bearbeitung des Bebauungsplans sowie des Plans über die Aufteilung der Bauplätze, wenn eine solche in Frage kommt, so weit fortgeschritten sein, dass eine zur Entscheidung der Erwerbungsfrage ausreichende Beurteilung möglich ist. Über die beabsichtigte Erschließung und deren Kosten sind der Aufsichtsbehörde alle zur Beurteilung der Bebauung und zur Überschlagung des Weiterveräußerungspreises nötigen Angaben zu machen.

§ 65. Auf die Gebietserwerbung finden die Bestimmungen über die Einzelerwerbung entsprechende Anwendung.

§ 66. (1) Nach der Festsetzung des Bebauungsplans und der Aufteilung des Gebiets in zweckmäßige Bauplätze sowie nach Ausführung der Erschließung, hat die Gemeinde, soweit sie nicht alsbald selbst baut, die gewonnenen Bauplätze in Bälde an Bauwillige abzugeben.

(2) Der Verkaufspreis ist so zu bemessen, dass der Erlös für die Bauplätze oder, wenn diese weniger als 65% des Gebietes ausmachen, der Erlös für 65% der Gebietsflächen die Kosten der Erwerbung des ganzen Gebietes, der Vermessung und einer etwa vorgenommenen Verbesserung der Bauplätze deckt.

(3) § 56 findet Anwendung.

§ 67. (1) Der Verkaufspreis darf auch um die entstandenen Kosten der Vermessung, Vermarktung und Herstellung der Gemeinbedarfsflächen – umgelegt auf die Bauplätze, mindestens aber auf 65% der Gebietsfläche – erhöht werden, wenn für das erworbene Gebiet von der Erhebung der Baukostenabgabe (§§ 91 ff.) abgesehen wird. Die Befreiung von der Bauabgabe erlischt nach 30 Jahren, vgl. § 91 Abs. 3 a.

(2) Statt des Preises nach Absatz 1 kann der Baulandpreis (§ 96 Abs. 3) erhoben werden.

(3) Der Verkaufspreis nach Abs. 1 und nach Abs. 2 bedarf der Genehmigung durch die Aufsichtsbehörde.

§ 68. (1) Eine Gebietserwerbung ist auch zugunsten öffentlich rechtlicher oder gemeinnütziger Bau- oder Wohnungsträger zulässig, wenn ein größeres städtebauliches Vorhaben ausgeführt werden soll.

(2) Der Erwerber hat alsbald nach Festsetzung des Bebauungsplans die für den Gemeinbedarf bestimmten Flächen, und zwar bis zum Ausmaß von 35% des Gebietes unentgeltlich, lastenfrei an die Gemeinde abzutreten.

(3) Werden für das geplante Vorhaben besondere Regelungen für die Erschließung erforderlich, so sind diese bei der Genehmigung der Gebietserwerbung festzusetzen. [Anm.: Ist auch zulässig, um Ersatzland zu gewähren.]

Vierter Teil: Erschließung (§§ 70–98)

I. Erschließungspflicht, Träger, Zeit und Grundsätze der Erschließung

§ 70. (1) Der Gemeinde obliegt es, für die Erschließung der Baugebiete und für die ordnungsgemäße Unterhaltung aller Erschließungsanlagen zu sorgen.

(2) Zur Erschließung gehören:
1. die Herstellung der Ortsstraßen,
2. die Herstellung der öffentlichen Freiflächen,
3. die Herstellung der Anlagen zur Beseitigung der Abwässer und Abfallstoffe,
4. die Versorgung mit Wasser, Gas und Strom.

(3) Wenn für die Versorgung mit Wasser, Strom oder Gas besondere Unternehmen vorhanden sind, so hat die Gemeinde die Versorgung durch diese Unternehmen zu veranlassen und zu ermöglichen.

§ 71. (1) Will der Gebietserwerber im Falle des § 68 im Einverständnis mit der Gemeinde anstatt der Bezahlung der Baukostenabgabe die Erschließung selbst ausführen, so ist in der Gebietserwerbsgenehmigung festzusetzen, welche Maßnahmen er auszuführen hat.

(2) Auf Antrag der Gemeinde ist dem Gebietserwerber die Selbstausführung auch gegen seinen Willen aufzugeben.

§ 72. (1) Die Ortsstraßen, die Abwasserbeseitigungsanlagen und die Versorgungsanlagen für Wasser und Strom sind bis zur Gebrauchsabnahme der Gebäude, die an sie angeschlossen werden sollen, fertig zu stellen.

(2) Die öffentlichen Freiflächen sollen dann hergestellt werden, wenn sie nach dem Stand der Bebauung in der Umgebung zur Erfüllung ihres Zweckes notwendig sind.

§ 73. (1) Die Erschließung soll den nach der Art und der Bebauungsdichte der Baugebiete zu erwartenden Beanspruchungen genügen. Die einzelnen Anlagen sollen sinnvoll ineinandergreifen und sich gegenseitig ergänzen.

(2) Die Erschließung richtet sich nach dem Bebauungsplan. Die Herstellung der Ortsstraßen und der öffentlichen Freiflächen sowie die Verlegung von Versorgungs- oder Abwasserleitungen, an die Gebäude oder Grundstücke angeschlossen werden sollen, sind erst zulässig, nachdem der Bebauungsplan festgesetzt [genehmigt] ist.

§ 74. (1) Die Ortsstraßen sind nach den Regeln der Baukunst so zu bauen, dass sie den gesamten fließenden und ruhenden Verkehr aufnehmen können und dass eine reibungslose und sichere Abwicklung dieses Verkehrs gewährleistet ist.

(2) Die Ortsstraßen sind mit Entwässerungs- und Beleuchtungsanlagen sowie mit dem erforderlichen sonstigen Zubehör zu versehen, wie Bepflanzung, Geländer u. dgl.

(3) Die öffentlichen Plätze sind, soweit sie nicht schon im Bebauungsplan als Parkplätze bestimmt sind, so anzulegen, dass sie zeitweise auch als Parkplätze verwendet werden können, wenn es mit ihrer übrigen Zweckbestimmung zu vereinbaren ist.

§ 75. (1) Regelungen, nach denen dem öffentlichen Verkehr dienende Verkehrsflächen von Anliegern, Genossenschaften oder dergl. zu unterhalten sind (sog. Privatstraßen), sind künftig nicht mehr zu treffen. Hierunter fallen solche Flächen nicht, die für bis zu drei Grundstücke als gemeinschaftliche Zufahrt oder beim Zeilenbau als Zugang oder Wirtschaftsweg dienen.

(2) Bestehende Privatstraßen sollen in Gemeindeunterhaltung übergeführt werden. Kommt hierüber oder über dabei billigerweise zu leistende Ausgleichszahlungen eine Einigung nicht zustande, so hat darüber auf Antrag der Gemeinde die Baubehörde Entscheidung zu treffen.

§ 76. Die öffentlichen Freiflächen sind so anzulegen und zu bepflanzen, wie es zur Erholung der Bevölkerung und zur Gestaltung des Orts- und Landschaftsbildes geboten ist.

§ 77. (1) Die Baugebiete sollen Sammelanlagen für die Beseitigung der Abwässer und der Abfallstoffe erhalten.

(2) Auf die Sammelanlage kann nur verzichtet werden, wenn die einzelnen Baugrundstücke so groß und der Untergrund derart beschaffen ist, dass die Abwässer und Abfallstoffe ohne Schaden vom Boden aufgenommen werden können oder wenn die Beseitigung der Abwässer und der Abfallstoffe in anderer Weise dauernd gesichert ist.

§ 77 a. (1) Vor der Ausführung, Änderung oder Beseitigung einer Sammelanlage für die Beseitigung der Abwässer und Abfallstoffe hat die Gemeinde dazu die Billigung der Aufsichtsbehörde einzuholen.

(2) Vor Erteilung der Billigung ist zu prüfen, ob die beabsichtigte Anlage oder Änderung in Anbetracht der gesamten Sachlage und entsprechend den vorhandenen Verhältnissen und Bedürfnissen richtig und zweckmäßig entworfen und mit den gesundheitlichen, wasserwirtschaftlichen und gemeindeökonomischen Notwendigkeiten vereinbar ist.

(3) An der Prüfung sind die für Medizinalwesen, Wasserwirtschaft und für die allg. Gemeindeaufsicht zuständigen Dienststellen zu beteiligen. Werden von dem Vorhaben noch andere Dienststellen berührt, so ist ihnen Gelegenheit zur Stellungnahme zu geben.

(4) Die Billigung ersetzt die nach dem Wasserrecht und noch sonstigen Vorschriften erforderliche Genehmigung oder Erlaubnis.

(5) Mit der Billigung können die erforderlichen Anordnungen für die Herstellung, den Betrieb und die Benutzung der Anlage festgesetzt werden.

§ 78. (1) Die Baugebiete sollen Sammeldruckwasserversorgung erhalten.

(2) Die Menge des zuzuführenden Wassers hat sich auch nach dem Bedarf für die Feuerbekämpfung zu richten, wenn nicht dafür in Feuerlöschteichen oder Tiefbrunnen ausreichend Wasser zur Verfügung steht.

(3) Ein Baugebiet darf nur dann ohne Sammeldruckwasserversorgung bleiben, wenn für jedes Baugrundstück ausreichende und einwandfreie Einzelwasserversorgung dauernd gesichert ist und nicht mehr als zwei Vollgeschosse gebaut werden.

§ 79. (1) Die Baugebiete sollen mit Strom versorgt werden.

(2) Ob neben der Stromversorgung noch Gasversorgung vorzusehen ist, richtet sich nach dem Nutzen für den Verbraucher.

[Handschriftlicher Vermerk im Exemplar Dittus: § 79 a. Durch die Bestimmungen der §§ 70–79 werden keine Rechtsansprüche des Einzelnen auf Ausführung der Erschließung begründet.]

II. Erwerbung der Flächen

§ 80. (1) Die im Bebauungsplan festgesetzten Gemeinbedarfflächen sind in das Eigentum der Gemeinde zu überführen. Dies hat spätestens dann zu geschehen, wenn sie zur Bewirkung der in den §§ 70 bis 79 geregelten Herstellung erforderlich wird.

§ 81. (1) Der Eigentümer eines nach § 124 Abs. 1 bebaubaren Grundstücks ist verpflichtet, bis zu 35% der Fläche seines Grundstücks für den Gemeinbedarf unentgeltlich und lastenfrei an die Gemeinde abzutreten.

(2) Liegen bei der abzutretenden Fläche Umstände vor, die nach § 39 als Vergünstigung zu berücksichtigen wären, so ist insoweit Entschädigung zu gewähren. [Anm.: Sinn?]

(3) Die Entschädigung für eine Abtretung, soweit sie das Maß von 35% übersteigt, richtet sich nach §§ 57 ff.

(4) Flächen, die früher unentgeltlich abgetreten wurden oder für deren Erwerbung die Kosten vom Grundeigentümer entrichtet wurden, sind für die Bemessung der 35%igen Begrenzung dem Grundstück wieder zuzuschlagen.

(5) Wertsteigernde Veränderungen, die an oder auf den abzutretenden Flächen nach ihrer bebauungsplanmäßigen Festsetzung ohne Zustimmung der Gemeinde vorgenommen sind, bleiben bei der Bemessung der Entschädigung außer Betracht.

[von Dittus eingefügt: § 81.

(1) Der Eigentümer eines nach § 18 des Planungsgesetzes bebaubaren Grundstückes ist verpflichtet, bis zu 35% der Fläche seines Grundstückes für den Gemeinbedarf unentgeltlich u. lastenfrei an die Stadt abzutreten. Nebeneinanderliegende Grundstücke desselben Eigentümers werden als ein Grundstück behandelt, wenn sie für sich allein eine selbständige Bebauung nicht aufnehmen können.

(2) Liegen bei der abzutretenden Fläche Umstände vor, die nach § 8 Abs. 5 des Umlegungsgesetzes zu berücksichtigen wären, so ist insoweit Entschädigung zu gewähren.

(3) Die Entschädigung für eine Abtretung, soweit sie das Maß der unentgeltlichen Abtretung übersteigt, richtet sich nach § ... des Baulandbeschaffungsgesetzes.

(4) Flächen, die früher unentgeltlich abgetreten wurden oder für deren Erwerbung die Kosten vom Eigentümer oder seinem Rechtsvorgänger entrichtet wurden, sind für die Bemessung der 35%igen Begrenzung dem Grundstück wieder zuzuschlagen. Ist die Fläche einer früheren unentgeltlichen Abtretung nicht mehr feststellbar, so wird vermutet, dass die vor dem Grundstück liegende Straßenfläche bis zur Straßenachse unentgeltlich abgetreten wurde.

(5) Ist auf dem Grundstück eine die zulässige Bebauung ganz oder annähernd erreichende Bebauung vorhanden, so darf eine zweite unentgeltliche Abtretung nur aus Anlass einer Änderung des Bebauungsplans gefordert werden. Sie darf unbeschadet der Begrenzung der unentgeltlichen Abtretungspflicht nach den Abs. 1 und 4 10% der nunmehrigen Grundstücksfläche nicht übersteigen.

(6) Als vorhanden gilt auch eine durch Kriegs- oder Naturereignisse beschädigte oder zerstörte Bebauung, jedoch nur bis zum Ablauf von 10 Jahren nach dem Friedensschluss oder nach dem schädigenden Naturereignis.

(7) Wertsteigernde Änderungen, die an oder auf den abzutretenden Flächen nach ihrer bebauungsplanmäßigen Festsetzung als Gemeinbedarf ohne Zustimmung der Stadt vorgenommen sind, bleiben bei der Bemessung der Entschädigung außer Betracht.]

§ 82. Soweit ein freiwilliger Eigentumsübergang nicht zu erzielen ist, und die Gemeinde das Eigentum nicht schon durch Umlegung (§ 46 Abs. 2), durch Gebietserwerbung (§ 66) oder durch Abtretung (§ 68 Abs. 2) erhält, hat auf Antrag die Baubehörde die Erwerbung zugunsten der Gemeinde nach den Vorschriften der §§ 53 bis 63 und 83 vorzunehmen.

§ 83. (1) Bei Erwerbung eines Grundstücksteils ist der Wertverlust mit zu entschädigen, der bei dem Restgrundstück durch die Erwerbung des Grundstücksteils eintritt. Eine für das Restgrundstück eintretende Werterhöhung ist bei der Bemessung der Entschädigung abzusetzen.

(2) Wird im Falle des Abs. 1 ein Grundstücksrest ganz oder zum Teil unverwertbar, oder kann er nicht mehr zweckmäßig benutzt werden, so kann der Eigentümer verlangen, dass der Grundstücksrest oder der benachteiligte Teil davon bei der Erwerbung ihm mit übernommen wird.

(3) Geht bei der Erwerbung eines Grundstücksteils die Trennungslinie durch ein Bauwerk, so kann die Übernahme des ganzen Bauwerks verlangt werden, es sei denn, dass durch die Erwerbung nur eine [für] die Weiterbenutzung und Wiederinstandsetzung des Bauwerks unerhebliche Beeinträchtigung stattfindet.

§ 84. Erleidet der Eigentümer eines im Bebauungsplan ganz oder zum Teil als Gemeinbedarffläche bestimmten Grundstücks dadurch einen wesentlichen Schaden, dass er infolge der fortschreitenden Bebauung das Grundstück ganz oder zum Teil nicht mehr in der bisherigen Weise benutzen kann, so kann er die alsbaldige Übernahme des Grundstücks oder Grundstücksteils verlangen. Über den Antrag entscheidet die Baubehörde, die nötigenfalls auch den Übernahmepreis und alles Nähere festsetzt.

Die Vorschriften in §§ 53–62 sind dabei sinngemäß anzuwenden.

[Die §§ 85–89 sind nicht belegt; in seinem Handexemplar des Entwurfs hat Dittus hier als §§ 85, 86 die späteren §§ 98, 99 des Berliner Entwurfs unter dem 10.11.1947 eingefügt:

§ 85. Beschränkung des Eigentums

(1) Bei den Geh-, Fahr- und Leitungsrechten sowie in den anderen in § 16 Abs. 1 Nr. 8 des Planungsgesetzes genannten Fällen ist, soweit keine anderweitige Einigung stattfindet, die Benutzung des Grundstückes durch den Berechtigten erst zulässig, wenn der Bebauungsplan festgesetzt und eine entsprechende Dienstbarkeit begründet worden ist.

(2) Für die Begründung der Dienstbarkeit gelten §§ 57, 58, 60–62 der Beschaffungsordnung. Die Entschädigung ist in Geld festzusetzen; sie kann in Form wiederkehrender Leistungen gewährt werden. Für kleine Zahlungen gilt § 10 Abs. 2 des Umlegungsgesetzes und für die Besitzeinweisung § 63 der Beschaffungsordnung.

§ 86. Duldungspflicht des Eigentümers

(1) Die Grundstückseigentümer und Erbbauberechtigten haben auf ihren Grundstücken und an den darauf befindlichen Bauwerken und Einfriedungen zu dulden

a) die Aufstellung von Masten und die Anbringung von Befestigungen für die öffentliche Straßenbeleuchtung und die Oberleitung von öffentlichen elektrischen Verkehrsmitteln,

b) die Anbringung von Straßenbezeichnungen, Postbriefkästen, Schildern der Versorgungsbetriebe (Wasser, Gas und Strom) und der Entwässerung (Hydranten?),

c) die Anbringung von Warn-, Hinweis- und ähnlichen Zeichen und Einrichtungen, die im Interesse der Verkehrs- und Feuersicherheit nötig sind,

d) die Einlegung von Leitungen aller Art durch die Gemeinde und andere Träger des Verkehrs oder der Versorgung unter der Erdoberfläche, soweit dadurch keine oder nur eine unwesentliche Beeinträchtigung verbunden ist.

(2) Dem Verpflichteten ist die Benutzung seines Grundstücks nach Abs. 1 a-d mindestens 2 Wochen vorher durch einen Bescheid anzukündigen, aus welchem ersichtlich sein muss, wann, wozu und wie eine Benutzung stattfinden wird. Bei Änderungen und Beseitigung der Benutzungseinrichtung genügt die vorherige formlose Benachrichtigung des Verpflichteten durch die mit der Ausführung Beauftragten.

(3) Nach Anbringung und nach der Beseitigung ist die Stelle der Benutzung wieder instandzusetzen. Entstehende Schäden sind zu ersetzen. Über ihre Höhe entscheidet im Streitfall die Baupolizeibehörde.

(4) Im Falle des Abs. 1 d kann der Verpflichtete binnen der 2wöchigen Frist Widerspruch einlegen mit der Folge, dass, soweit keine anderweitige Einigung erzielt wird, die Benutzung nach Festsetzung im Bebauungsplan durch Begründung einer Dienstbarkeit nach § 85 zulässig wird.]

III. Aufbringung der Mittel

1. Grundsatz

§ 90. (1) Die Gemeinden erheben zur Deckung des ihnen durch die Erschließung sowie durch ihre sonstigen städtebaulichen Aufgaben entsprechenden [entstehenden] Aufwandes nach näherer Maßgabe der folgenden Vorschriften:

a) eine Baukostenabgabe,

b) eine Abgabe aus der Wertsteigerung bei der Überführung von Rohland zu Bauland (Baulandabgabe),

c) eine Abgabe aus der Wertsteigerung bei städtebaulichen Maßnahmen (Wertsteigerungsabgabe),

d) einen Realsteuerzuschlag.

(2) Beim Vorhandensein einer gemeindlichen Baubehörde fallen der Gemeinde auch die von ihrer Behörde zu erhebenden Gebühren und Kosten zu, soweit nichts anderes bestimmt ist.

(3) Der Aufwand für Erstellung und Betrieb von Anlagen für die Versorgung mit Wasser, Gas und Strom, sowie für die Beseitigung der Abwässer und Abfallstoffe wird durch tarifmäßige Leistungen für Anschluss und Benutzung aufgrund der

Gemeindeordnung, soweit die Gemeinde die Anlagen betreibt, im Übrigen aufgrund der privatrechtlichen und sonst dafür geltenden Vorschriften gedeckt.

(4) Die in Abs. 1 genannten Abgaben ruhen als öffentliche Last auf dem Grundstück.

2. *Baukostenabgabe*

§ 91. (1) Die Gemeinden erheben von den Kosten der Bauausführungen eine einmalige Abgabe.

(2) Die Abgabe beträgt 1% der Baukosten. Sie kann durch Haushaltssatzung bis zu 2% erhöht werden. [Es handelt sich hier und im Folgenden zunächst um angenommene Zahlen, die im Näheren der Nachprüfung in einigen Städten bedürfen.]

(3) Die Baukostenabgabe wird nicht erhoben

a) [Anm.: Wenn? Solange?, § 98 Schlusssatz.] bei Bauausführungen auf Grundstücken, für die Anliegerleistungen nach bisherigen Vorschriften oder gleichwertige Leistungen in der Zeit nach dem 1. Januar 1924 entrichtet worden sind, wenn seit der Entrichtung noch keine 30 Jahre vergangen sind,

b) bei Bauausführungen, deren Kosten den Betrag von 500 RM nicht übersteigen,

c) bei den Betriebsbauten der Reichsbahn (§ ... des Reichsbahngesetzes),

4) bei den Betriebsbauten des Unternehmens Reichsautobahnen (...),

e) bei Bauten, die unmittelbar der Landesverteidigung dienen (dazu vielleicht auch Fliegerhorste, Truppenübungsplätze und Munitionsdepots u. ähnl.),

f) bei Tiefbauten der Verwaltungen der öffentlichen Straßen, Wasserstraßen und Energieversorgung.

§ 92. (1) Die Bau[kosten]abgabe wird auch bei bestehenden Gebäuden, die nach dem 1. Januar 1924 erstellt wurden und für die noch keine Anliegerleistungen oder gleichwertige Leistungen entrichtet wurden, in dem Zeitpunkt erhoben, in welchem das Grundstück an das hergestellte Straßennetz angeschlossen wird.

(2) Die Erhebung der Baukostenabgabe nach Abs. 1 entfällt, wenn in der Gemeinde zur Zeit der Erstellung des Gebäudes eine Verpflichtung zur Bewirkung von Anliegerleistungen oder gleichwertigen Leistungen nicht bestand oder wenn die Gemeinde auf diese Leistungen verzichtet hatte.

§ 93. (1) Bei unbebauten oder nur geringfügig bebauten Grundstücken, die nach § 124 Abs. 1 bebaubar sind, ist auf die Baukostenabgabe eine Vorauszahlung in dem Zeitpunkt zu entrichten, in welchem ein bebaubares Grundstück an das hergestellte Straßennetz angeschlossen wird oder ein angeschlossenes Grundstück nach § 124 Abs. 1 bebaubar wird.

(2) Die Vorauszahlung wird nach der Zahl der cbm umbauten Raumes, die nach der bebauungsplanmäßig oder sonst festgesetzten zulässigen Bebauung möglich ist und unter Zugrundelegung eines nach den Verhältnissen in den Gemeinden abgestuften Preises je cbm bemessen. Sie beträgt 80 v.H. dessen, was die Baukostenabgabe nach dieser Ausnutzung und Preislage betragen würden.

(3) Bei der späteren Erhebung der Bauabgabe ist die Vorauszahlung anzurechnen und, soweit sie höher ist als die Abgabe, zurückzuerstatten.

§ 94. Die Vorauszahlung ist auf Antrag zu stunden. Im Falle der Stundung ist die Vorauszahlung zu einem vom Reichsarbeitsminister zu bestimmenden Zinssatz zu verzinsen (Baukostenzins). Für die Entrichtung der Zinsen ist die Höhe der Vorauszahlung endgültig maßgebend.

§ 95. Die Höhe der Vorauszahlung und eine etwaige Stundung sind bei jedem betroffenen Grundstück im Bauabgabenbuch [Baulastenbuch] einzutragen. Die Vermerkung der Vorauszahlung im Bauabgabenbuch [Baulastenbuch] ist zulässig, sobald der Bebauungsplan genehmigt ist.

3. Baulandabgabe

§ 96. (1) Wenn ein bisher überwiegend unbebautes Gelände durch Festsetzung des Bebauungsplans erstmals zur Bebauung bestimmt wird, so kann die Gemeinde anordnen, dass anstelle der Baukostenabgabe die Baulandabgabe erhoben wird.

(2) Die Anordnung ist den amtsbekannten Eigentümern mitzuteilen. Sie bedarf der Genehmigung der Aufsichtsbehörde. Die Genehmigung muss spätestens gleichzeitig mit der Genehmigung des Bebauungsplans erteilt sein. Die Anordnung hat die Grenzen des Geländes, auf das sie sich bezieht, zu bezeichnen; die genaue Bezeichnung kann bis nach der Beendigung einer etwaigen Umlegung aufgeschoben werden.

(3) Die Baulandabgabe beträgt 80% des Unterschieds zwischen dem Wert, den das Gelände infolge seiner gewonnenen Eigenschaft als Bauland in Anbetracht der bebauungsplanmäßig festgesetzten Bebauung nach den in der Gemeinde für die in Betracht kommende Lage üblichen Preisverhältnissen erhalten hat (Baulandpreis), und dem Wert, den es zu der Zeit hatte, als die Möglichkeit einer späteren Behauptung noch nicht auf die Bewertung eingewirkt hatte (Ausgangspreis).

(4) Von jedem nach § 124 Abs. 1 bebaubaren Grundstück in dem nach Abs. 2 bezeichneten Gebiet werden durch die Baubehörde unter Mitwirkung der Preisbildungsstelle der Baulandwert und der Ausgangswert ermittelt und durch Bescheid der Baubehörde festgesetzt. Gegen den Bescheid ist binnen 14 Tagen Beschwerde an die Aufsichtsbehörde zulässig, welche im Benehmen mit der höheren Preisbehörde endgültig entscheidet. Die endgültig festgesetzten Werte sind für die Erhebung der Wertsteigerungsabgabe bindend.

(5) Für die Stundung, Verzinsung (Baulandzins) und Eintragung ins Bauabgabenbuch gelten §§ 94 und 95 entsprechend. [Hierzu Vermerk im Exemplar von D.: Wenn nicht getilgt, sondern nur verzinst wird, tritt eine Annäherung an den Erbbauzins für den Bauzusatzwert des Grundstücks ein.]

4. Wertsteigerungsabgabe

§ 97. (1) Vor der Durchführung städtebaulicher Maßnahmen kann die Gemeinde mit Genehmigung der Aufsichtsbehörde anordnen, dass von der durch die Maßnahmen entstehenden Wertsteigerung eine Wertsteigerungsabgabe erhoben wird. Die Anordnung muss vor Beginn der Durchführung der Maßnahme genehmigt sein.

(2) In der Anordnung sind die Grundstücke oder das Gebiet zu bezeichnen, in welchem die Abgabe erhoben werden soll. Die genehmigte Anordnung ist den amtsbekannten betroffenen Eigentümern mitzuteilen.

(3) Die Abgabe beträgt 80 v.H. des Unterschiedes zwischen dem Wert vor (Ausgangswert) und dem Wert nach (erhöhter Wert) der städtebaulichen Maßnahme.

(4) In dem nach Abs. 2 bezeichneten Gebiet sind bei den Grundstücken der Ausgangswert und der erhöhte Wert von der Baubehörde unter Mitwirkung der Preisbildungsstelle zu ermitteln und durch Bescheid der Baubehörde festzusetzen. Gegen den Bescheid ist binnen 14 Tagen Beschwerde an die Aufsichtsbehörde zulässig, welche im Benehmen mit der höheren Preisbehörde endgültig entscheidet. Die endgültig festgelegten Werte sind für die Erhebung der Wertsteigerungsabgabe bindend.

(5) An den Grundstücken dürfen Änderungen zwecks Durchführung der städtebaulichen Maßnahmen erst vorgenommen werden, wenn der Wert endgültig festgesetzt ist.

(6) Für die Stundung, Verzinsung (Wertsteigerungszins) und Eintragung im Bauabgabenbuch gelten die §§ 94 und 95.

5. *Realsteuerzuschlag*

Vorbemerkung: Der Realsteuerzuschlag bezweckt eine Verteilung des Aufkommens auf möglichst breite Schultern, um damit vor allem die Baukostenabgaben auf einem niedrigen Prozentsatz halten zu können, da sich diese nicht allzu sehr bauhemmend auswirken sollten. Gleichzeitig ist der Realsteuerzuschlag ein Äquivalent, das der Hausbesitz und insbesondere die gewerblichen Betriebe dafür leisten, dass sie das Straßennetz laufend benützen. Der Realsteuerzuschlag muss jedoch so niedrig gehalten sein, dass er als Mehrbelastung des Hausbesitzes und der gewerblichen Wirtschaft nicht ins Gewicht fällt.

§ 98. (1) Die Gemeinden erheben einen Zuschlag zu der Grundsteuer bei bebauten Grundstücken und zu der Gewerbesteuer. Bebaut in diesem Sinne ist jedes Grundstück, auf dem zur nicht bloß vorübergehenden Benutzung bestimmte Wohn- oder Arbeitsräume erstellt sind.

(2) Der Zuschlag beträgt 1/20 der Einzelsteuerschuld. Er kann durch die Haushaltssatzung auf 1/15 oder 1/10 erhöht werden. Der Zuschlag kann auch durch die Haushaltssatzung auf einen Zuschlag zum Hebesatz festgesetzt werden. Der Zuschlag zum Hebesatz beträgt 10% und kann bis zu 20% erhöht werden.

(3) Vom Grundsteuerzuschlag sind solche Grundstücke befreit, die vom 1.1.1924 ab einen Anliegerbeitrag nach Maßgabe bestehender Vorschriften oder eine dementsprechende andere gleichwertige Leistung entrichtet haben. Die Befreiung dauert 30 Jahre und beginnt mit dem Ablauf des Jahres, in dem die Leistung oder ihr letzter Teilbetrag entrichtet worden ist.

Fünfter Teil: Bauordnung (§§ 101–374)

I. Allgemeine Vorschriften

A. Gestaltung

§ 101. Der Bau in der Landschaft

(1) Alles bauliche Geschehen ist mit der Landschaft und Natur in Einklang zu bringen. Städte und Dörfer, Baugruppen und einzelne bauliche Anlagen sind so anzuordnen und zu gestalten, dass durch bewusste und planvolle Umgestaltung ein neues einheitliches und ausgeglichenes Landschaftsbild entsteht oder aber die ursprüngliche Eigenart und Schönheit der Landschaft durch rücksichtsvolle und schonende Einpassung erhalten bleibt.

(2) Städte und Dörfer, Baugruppen und einzelne bauliche Anlagen sollen mit dem Heimatboden organisch verbunden werden. Es kann verlangt werden, dass zwischen Bauwerk und Landschaft ein befriedigender Übergang geschaffen wird, sei es durch bauliche Nebenanlagen, durch Veränderung der Erdoberfläche, durch Gewässer oder Bepflanzung.

(3) Auf bemerkenswerte Naturgebilde ist besondere Rücksicht zu nehmen.

§ 102. Der Bau in der Gemeinschaft mit anderen Bauten

(1) Bauwerke sollen mit den benachbarten Bauten und den anliegenden unbebauten Flächen sowie mit dem Orts- und Straßenbild in Einklang stehen. Die einzelnen Baukörper sollen mit ihren Außenräumen einen wohl abgewogenen und städtebaulichen Zusammenhang bilden. Es muss verlangt werden, dass bauliche Anlagen sich nach Stellung, Richtung, Größe, Form, Farbe, Baustoffen, Oberflächengestaltung und Verwendungszweck ihrer Umgebung einfügen oder dass sie sich ihrer Umgebung unterordnen oder überordnen.

Anbauten und Nebengebäude sind immer dem Hauptgebäude unterzuordnen.

(2) Zur Schaffung eines befriedigenden Überganges oder Anschlusses zu Nachbargrundstücken, namentlich zu höheren oder niederen, können Forderungen gestellt werden, die sich auch auf die Nachbargebäude erstrecken; es können auch Maßnahmen der in § 101 Abs. 2 genannten Art verlangt werden.

§ 103. Der Bau an sich

(1) Jeder Bauende ist zur verantwortungsvollen Mitarbeit am kulturellen Aufbau verpflichtet. Bauliche Anlagen sind daher in Erfüllung der durch den Bauplatz, seine Umgebung und durch den Bauzweck bedingten Forderungen nach den schönheitlichen Regeln der Baukunst zu gestalten und werkgerecht durchzubilden. Sie sollen einen klar gegliederten und als Ganzes zu erfassenden Aufbau haben und nach Form, Farbe und Baustoff mit ihren Teilen ebenso in Einklang stehen wie die Teile unter sich. Sie sollen Ausdruck anständiger und würdiger Baugesinnung sein. Die Haltung der Bauwerke soll ihrem Zweck entsprechen; sie sollen nicht nur technische, sondern zugleich auch kulturelle Schöpfungen darstellen.

(2) Das Bauen soll die aus der Landschaft und der Geschichte gewachsene Baukultur der deutschen Stämme pflegen und lebendig fortentwickeln. Dabei ist Rücksicht zu nehmen auf die durch Klima und ortsübliche Baustoffe bedingte und überlieferte Eigenart der Siedlungsweise, der Baugestaltung und des Handwerks.

(3) Die Vorschriften der Abs. 1 und 2 gelten auch für die Innenräume. Den Forderungen der Wohnkultur und der Schönheit der Arbeit [Wer bringt diese Forderungen im Einzelfall zur Geltung, die DAF?] ist zu entsprechen.

§ 104. Die Freiflächen und Gewässer

(1) Öffentliche und private Freiflächen sowie Gewässer, die mit baulichen Anlagen in Berührung oder Zusammenhang stehen, sollen Ausdruck heimatgebundener Landschaftspflege und Gartenkultur sein. Sie sollen ihrem Zweck entsprechend so angeordnet und gestaltet, genutzt und unterhalten werden, dass sie unter sich, mit der Natur und mit der Bebauung im Einklang stehen. Auch innerhalb und am Rande der Baugebiete sind die landschaftlichen und pflanzlichen Werte zu pflegen und zu schützen.

(2) Die Baubehörde kann verlangen, dass private Freiflächen und die unbebaubaren Flächen auf den Baugrundstücken im Sinne des Abs. 1 in gärtnerische Nutzung genommen und eingefriedigt werden.

(3) Aus Gründen der Volksgesundheit, zum Schutze des Orts- und Landschaftsbildes, zur Erhaltung der heimischen Tier- oder Pflanzenwelt, zum Zwecke des Windschutzes oder zur Tarnung kann verlangt werden, dass auf den in Abs. 2 genannten Flächen Bäume, Sträucher, Hecken und Gewässer in ihrem Bestande zu erhalten sind.

(4) Aus den gleichen Gründen kann die Baubehörde Neupflanzungen im Sinne des Abs. 3 anordnen.

§ 105. Städtebauliche Gestaltung

Die Bauten, die Straßen und Plätze, die Freiflächen und Gewässer sind zu harmonischen, von Gemeinsinn zeugenden und die örtliche Gemeinschaft stärkenden Städten, Dörfern oder Siedlungen künstlerisch zusammenzufassen und nach einer einheitlichen städtebaulichen Idee zu gestalten. Die Städte, Dörfer und Siedlungen müssen als Ganzes ein würdiger Ausdruck deutscher Städtebaukunst und eines geordneten Gemeinschaftslebens sein. Die Gesamtheit muss mehr sein als nur die Summe der einzelnen Teile.

§ 106. Pflege und Schutz des Orts-, Straßen- und Landschaftsbildes

(1) Das Orts-, Straßen- und Landschaftsbild ist zu pflegen und darf nicht verunstaltet werden.

(2) Die Vorschrift des Abs. 1 gilt auch für von öffentlichen Verkehrsflächen aus sichtbare Schriften, Darstellungen und Zeichen sowie für ortsfeste oder ortsveränderliche Gegenstände oder Einrichtungen. Die Baubehörde kann verlangen, dass bei der Aufstellung oder Anbringung solcher Gegenstände oder Einrichtungen auf oder an öffentlichen Straßen oder Plätzen ein einheitlicher, vorher von ihr aufgestellter Plan eingehalten wird. Sie kann ferner verlangen, dass solche einzelnen

Gegenstände oder Einrichtungen nachträglich in angemessener Frist zu einer einheitlichen Gesamtanlage zusammengefasst werden.

§ 107. Beseitigung von Verunstaltungen

(1) Alles Unschöne und Unsaubere, jede Verunstaltung und Unordnung im Orts- und Landschaftsbild ist zu beseitigen.

(2) Die Baubehörde kann die Änderung oder auch die Beseitigung von Verunstaltungen des Orts- und Landschaftsbildes fordern (Entschandelung), wenn die Kosten der Beseitigung nicht zu Härten führen würden. Es kann auch eine Verbesserung des bestehenden Zustandes durch entsprechenden Anstrich, Verputz oder durch Maßnahmen der in den §§ 101 Abs. 2 und 104 Abs. 4 genannten Art verlangt werden.

§ 108. Pflege und Schutz der Baudenkmale

(1) Das uns mit den Baudenkmalen überkommende Baukulturgut des deutschen Volkes ist zu pflegen und ohne Minderung oder Schädigung an die Nachwelt weiterzugeben.

(2) Baudenkmale sind bauliche Anlagen, Erinnerungsmale oder –stätten, die wegen ihres künstlerischen, wissenschaftlichen (geschichtlichen oder kulturgeschichtlichen) oder heimatlichen Wertes oder wegen ihrer sonstigen Eigenart dem deutschen Volke erhalten werden müssen.

(3) Der Schutz der Baudenkmale erstreckt sich insoweit auch auf ihre Umgebung, als deren Veränderung den Bestand, die Eigenart des Baudenkmals oder den Eindruck, den es hervorruft, zu beeinträchtigen vermag.

B. Allgemeine Anforderungen an Bauwerke und Baugrundstücke

§ 109. Öffentliche Belange, Volksgesundheit, Sachwerterhaltung

Bauwerke, ihre Teile und Nebenanlagen, ihr Zubehör und ihre Einrichtungen sowie die unbebaubaren Flächen der Baugrundstücke sind nach den anerkannten Regeln der Baukunst so herzustellen, dass sie in einer den Belangen der Allgemeinheit entsprechenden zweckmäßigen Weise ohne Missstände benutzbar sind. Vor allem muss den Erfordernissen der Volksgesundheit entsprochen werden. Auf die Erhaltung des Sachwertes der Gebäude und den Schutz der darin unterzubringenden Güter ist Rücksicht zu nehmen. Soweit es zur Erfüllung dieser und der nachfolgenden Bestimmungen auf die Eigenschaften des Baugrundstückes ankommt, muss auch dieses den gestellten Anforderungen genügen.

§ 110. Standsicherheit und Dauerhaftigkeit

(1) Jedes Bauwerk muss seinem Zweck entsprechend im Ganzen und in allen seinen Teilen standsicher und dauerhaft nach der Standsicherheitslehre hergestellt werden.

(2) Die Standsicherheit eines Bauwerkes darf nicht von derjenigen eines Nachbarbauwerkes abhängen, soweit dies nicht ausdrücklich zugelassen ist.

(3) Standsicherheit, Benutzbarkeit und Dauerhaftigkeit müssen auch gegenüber zu erwartenden Erschütterungen gewähleistet sein.

(4) Die Standsicherheit muss auch während der Errichtung, des Umbaus und des Abbruchs, sowie bei den zur Bauausführung notwendigen Anlagen und Einrichtungen und auch bei Veränderungen der Erdoberfläche (§ 143) ausreichend gewahrt sein.

§ 111. Baulicher Luftschutz

Bauwerke, ihre Teile und Nebenanlagen, ihr Zubehör und ihre Einrichtungen, sowie die unbebaubaren Flächen der Baugrundstücke sind so anzuordnen, zu gestalten und auszustatten, dass sie den Anforderungen des Luftschutzes entsprechen und auf Verlangen zu tarnen.

§ 112. Baulicher Feuerschutz

Jedes Bauwerk muss so angeordnet, gestaltet und eingerichtet werden, dass der Entstehung von Schadenfeuern und ihrer Gefahr drohenden Ausbreitung vorgebeugt wird und im Brandfalle die Möglichkeit zur Rettung von Personen und Gütern und zur wirksamen Löschtätigkeit gewährleistet ist.

§ 113. Verkehrssicherheit

Bauwerke, ihre Teile und Nebenanlagen, ihr Zubehör und ihre Einrichtungen sowie die unbebaubaren Flächen der Baugrundstücke müssen so angeordnet und gestaltet werden, dass die Sicherheit innerhalb und außerhalb der Bauwerke gewahrt ist und dass die Sicherheit, die Ordnung und der Verkehr auf den öffentlichen Flächen nicht über das erträgliche Maß hinaus beeinträchtigt werden.

§ 114. Schutz gegen Feuchtigkeit, Rost und andere Korrosionen

(1) Bauwerke dürfen, soweit sich nicht aus ihrer Zweckbestimmung etwas anderes ergibt, nicht einer Schädigung durch Grundwasser, Oberflächenwasser, Regenwasser, Feuchtigkeit aus dem Boden oder aus der Außenluft eingesetzt sein.

(2) Bauteile, die der Einwirkung von Wasser oder Feuchtigkeit nicht entzogen werden können, sind so herzustellen oder zu schützen, dass sie dadurch ihre Dauerhaftigkeit und Brauchbarkeit nicht verlieren.

(3) Die Baustoffe sind so zu wählen und zusammenzufügen, dass sie sich nicht gegenseitig chemisch oder elektrolytisch schädigen.

§ 115. Grundwasser

Durch bauliche Anlagen und durch die mit ihrer Benutzung verbundenen Auswirkungen, durch Veränderungen der Erdoberfläche oder durch sonstige Maßnahmen [Wasserwerke?] dürfen die Grundwasserverhältnisse nicht nachteilig verändert werden.

§ 116. Holzschutz gegen pflanzliche und tierische Schädlinge

Bauteile aus Holz müssen, soweit für die Verwendung erforderlich ist oder ausdrücklich verlangt wird, gegen pflanzliche und tierische Schädlinge geschützt werden.

§ 117. Wetterschutz

Die dem Wetter ausgesetzten Bauteile müssen für sich allein oder in Verbindung mit Putz oder anderen Schutzbekleidungen oder –behandlungen dem Einfluss des Wetters (Wind, Regen, Schnee, Frost, Sonnenbestrahlung) genügend widerstehen.

§ 118. Wärmeschutz

Warmzuhaltende Räume müssen den nötigen Wärmeschutz erhalten.

§ 119. Schallschutz

Gebäude mit Wohnungen, Arbeitsräumen und anderen Räumen zum dauernden Aufenthalt von Menschen sind so herzustellen und einzurichten, dass nicht zumutbare Belästigungen der Bewohner oder Benutzer durch ortsüblichen Schall vermieden werden.

§ 120. Belichtung und Belüftung

Die zum Aufenthalt von Menschen oder zur Unterbringung von Tieren und Pflanzen bestimmten Räume sind mit den notwendigen Belichtungs- und Belüftungseinrichtungen zu versehen. Auch andere Räume müssen derartige Einrichtungen erhalten, wenn es wegen der darin sich aufhaltenden Personen oder zum Schutze des Bauwerkes oder der in den Räumen lagernden Güter notwendig ist.

§ 121. Nachbarschaftsschutz, Gemeinschaftsfrieden

(1) Bei der Erstellung von Gebäuden ist auf die Wahrung des Gemeinschaftsfriedens und namentlich darauf Bedacht zu nehmen, dass den Angrenzern und Nachbarn weder eine Gefahr, noch durch irgendwelche Einwirkungen erkennbare Nachteile gesundheitlicher, wirtschaftlicher oder ideeller Art in einem das ortsübliche oder tragbare Maß übersteigendem Umfange entstehen.

(2) Eine erhöhte Rücksicht verdienen Gebäude, deren Schonung vor nachbarlichen Einwirkungen im besonderen öffentlichen Interesse liegt, wie Krankenhäuser, Heilanstalten, Erholungsstätten, Schulen und dergl.

§ 122. Benutzung

(1) Eine Änderung der bei Erstellung eines Bauwerkes vorausgesetzten Benutzung ist insoweit zulässig, als nicht die neue Benutzung im Widerspruch mit den Bauvorschriften steht.

(2) Eine Änderung der bei Festsetzung des Bebauungsplans bestehenden Nutzung der Grundstücke ist insoweit zulässig, als nicht die neue Nutzung im Widerspruch mit dem Bebauungsplan und den Bauvorschriften steht.

§ 123. Anwendung der allgemeinen Anforderungen

Wenn zur Erreichung der in den allgemeinen Anforderungen genannten Ziele in diesem Gesetz in den nach ihm erlassenen oder in sonstigen Vorschriften nähere Regelungen gegeben sind, dürfen Forderungen aufgrund der §§ 109 bis 122 nur gestellt werden, wenn es wegen der besonderen Art, Zweckbestimmung, Größe, Benutzung oder Lage des Bauvorhabens oder aus besonderen Gründen des Einzelfalles gerechtfertigt ist.

C. Das Baugrundstück und seine bauliche Ausnutzung

§ 124. Bebaubarkeit von Grundstücken nach Maßgabe des Bebauungsplans

(1) Bauliche Anlagen dürfen, abgesehen von den Fällen des § 125, nur zugelassen werden

1. wenn der Bebauungsplan festgesetzt und das Grundstück nach ihm bebaubar ist,
2. wenn zur Ausführung des Bauvorhabens weder Umlegung noch Grenzregelung notwendig ist und das Bauvorhaben einer Umlegung oder Grenzregelung nicht entgegensteht.

(2) Ausnahmsweise kann die Baubehörde mit Zustimmung der Gemeinde und der für die Genehmigung des Bebauungsplans zuständigen Behörde zulassen, dass auch Grundstücke bebaut werden, für die der Bebauungsplan noch nicht festgesetzt oder geändert ist oder für die das Umlegungs- oder Grenzregelungsverfahren noch nicht abgeschlossen ist, wenn feststeht, dass das Bauvorhaben den in Aussicht genommenen Plänen (Bebauungsplan und Umlegungsplan oder Grenzregelungsplan) nicht widerspricht und dass der Bauantragsteller sich diesen unterwirft.

§ 125. Bebaubarkeit von Grundstücken, für die kein Bebauungsplan festgesetzt werden soll

(1) Auf Grundstücken, für die kein Bebauungsplan festgesetzt oder in Aussicht genommen ist, dürfen nur solche baulichen Anlagen zugelassen werden, die mit öffentlichen oder erheblichen privaten Belangen nicht in Widerspruch stehen, Bestandteile eines land- oder forstwirtschaftlichen oder gärtnerischen Betriebes oder eines ortsgebundenen gewerblichen Betriebes (Wassertriebwerksanlagen, Steinbrüche, Flughäfen u. dgl.) sind und einen geringen Bruchteil der Grundstücksfläche des Betriebes einnehmen.

(2) § 124 Abs. 2 gilt auch hier. Die Vorschriften des § 125 gelten auch, wenn bestehende bauliche Anlagen für andere Zwecke umgewandelt werden sollen.

§ 126. Bebaubarkeit von öffentlichen Verkehrs- und Freiflächen

(1) Auf öffentlichen Verkehrs- und Freiflächen sind bauliche Anlagen nur mit Zustimmung der Gemeinde und nur dann zulässig, wenn sie dem öffentlichen Interesse dienen und den Verkehr nicht beeinträchtigen (Bedürfnisanstalten, Transformatorenhäuschen u. dgl.).

(2) Die Zulässigkeit der baulichen Nutzung öffentlicher Verkehrs- und Freiflächen zu privaten Zwecken wird für Bauteile, die die Baulinie überschreiten, wie Arkaden, Balkone, Überbauten, Haustreppen, Markisen, Antennen und dergl. durch Ortsbauvorschrift oder Bebauungsplan, für Anlagen und Einrichtungen, wie Verkaufskioske, Litfaß[Anschlag]säulen, Reklameschilder, Automaten u. dgl. durch Ortsbauvorschrift oder durch den Plan gemäß § 106 geregelt. Soweit solche Regelungen nicht getroffen sind, richtet sich die Bebaubarkeit von öffentlichen Verkehrs- und Freiflächen nach dem Ermessen der Baubehörde.

§ 127. Auswahl des Baugrundstücks

(1) Bei der Auswahl des Baugrundstücks ist zu prüfen, ob das Bauvorhaben nach dem Bebauungsplan, nach in diesem Gesetz enthaltenen oder nach ihm erlassenen

Bestimmungen oder nach sonstigen Vorschriften, sowie nach Lage, Größe, Form, Beschaffenheit und Umgebung des in Aussicht genommenen Baugrundstücks und nach der anliegenden öffentlichen Verkehrsfläche an der gewünschten Stelle verwirklicht werden kann.

(2) Für Bauten, deren Errichtung an einer bestimmten Stelle des Gemeindegebietes aus städtebaulichen Gründen oder im Hinblick auf ihren Verwendungszweck erforderlich ist, kann die Baubehörde die Genehmigung des Bauvorhabens an anderer Stelle ablehnen und auf [wessen?] Antrag [des Bauherrn] die von ihr in Aussicht genommene Stelle als Baugrundstück bestimmen, soweit dies nicht schon im Bebauungsplan geschehen ist.

§ 128. Beschaffenheit des Baugrundstücks

Baugrundstücke müssen die für das Bauvorhaben geeignete Beschaffenheit haben; spätestens bei Ingebrauchnahme der baulichen Anlagen müssen sie den Forderungen dieses Gesetzes entsprechen und in diesem Zustande erhalten werden.

§ 129. Größe und Form der Baugrundstücke

(1) Baugrundstücke müssen so groß und so geformt sein, dass sie die darauf zu errichtenden baulichen Anlagen nebst den notwendigen unbebauten Flächen in zweckmäßiger Weise aufnehmen können.

(2) Durch Ortsbauvorschrift können für einzelne Baugebiete oder auch für die verschiedenartigen Bauvorhaben Baugrundstücksmindestgröße vorgeschrieben werden.

§ 130. Anschluss an die öffentlichen Verkehrsflächen

(1) Jedes Baugrundstück muss auf eine angemessene Breite an einer öffentlichen Verkehrsfläche liegen oder dorthin eine jederzeit offene und benutzbare Verbindung haben (Zufahrt, Zugang, Wasserstraße). Auch die baulichen Anlagen und die unbebauten Flächen der Baugrundstücke müssen eine angemessene Verbindung zu den öffentlichen Verkehrsflächen haben.

(2) Mehrere Baugrundstücke können eine gemeinsame Verbindung zu den öffentlichen Verkehrsflächen haben.

§ 131. Überbauung von Grundstücksgrenzen

Bauwerke dürfen nicht auf Gemeinde-, Landes- oder Reichsgrenzen und nicht auf Grundstücksgrenzen errichtet werden, es sei denn, dass im letzteren Fall die Grundstücke im Eigentum desselben Eigentümers sich befinden und durch Zuschreibung nach § 890 Abs. 1 BGB [oder durch eine der Zuschreibung entsprechende Maßnahme] vereinigt worden sind [wie in Österreich, Elsass-Lothringen, Warthegau?]. Baugrundstücke, die von der Gemeinde-, Landes- oder Reichsgrenze durchschnitten werden, dürfen nur bebaut werden, wenn der diesseits der politischen Grenze liegende Teil geeignet ist, eine wirtschaftlich selbständige Bebauung mit den dazu notwendigen unbebauten Flächen aufzunehmen. Die politische Grenze darf nicht überbaut werden.

§ 132. Selbständige Gutsbezirke

Baugrundstücke innerhalb eines selbständigen Gutsbezirks dürfen in der Regel nur dann bebaut werden, wenn es sich um bauliche Anlagen zu Wohn-, Dienst- oder Wirtschaftszwecken des Gutsherrn, seiner Beamten, Bediensteten oder Arbeiter handelt. In anderen Fällen soll vor Erteilung der Baugenehmigung oder vor Beginn der Bebauung das Baugrundstück einer Gemeinde einverleibt werden.

§ 133. Art der baulichen Nutzung

(1) Die Art der baulichen Ausnutzung richtet sich, soweit sie nicht im Bebauungsplan (§ 12 Abs. 1 Nr. 4 und Abs. 4) geregelt ist, nach § 121. Dabei sind die Verhältnisse nicht nur des einzelnen Baugrundstücks und der Nachbargrundstücke, sondern auch der weiteren Umgebung zu würdigen.

§ 134. Maß der baulichen Ausnutzung

(1) Auf jedem Baugrundstück müssen unbebaute Flächen in dem Umfange verbleiben, als es zur Erfüllung der Anforderungen dieses Gesetzes notwendig ist.

(2) Das Maß der baulichen Ausnutzung § 12 Abs. 1 Nr. 5 und Abs. 4 wird durch Festsetzung der zulässigen Baumasse nach Kubikmeter umbauten Raumes auf 1 qm Grundfläche des Baugrundstücks bestimmt.

(3) Bei mehreren Grundstücken gilt das festgesetzte Ausnutzungsmaß auch dann als eingehalten, wenn die Gesamtbebauung das Ausnutzungsmaß für die Gesamtfläche nicht übersteigt und wenn die Beteiligten einverstanden sind.

(4) Private Freiflächen innerhalb eines Baublocks können im Einverständnis des Eigentümers als unbebaute Flächen den Eckgrundstücken zugerechnet werden.

(5) Bei der Berechnung der zulässigen Baumaße bleiben außer Ansatz:

1. der Raum unter offenen Schutzdächern, deren Baumaße nicht mehr als die Hälfte der für das Gebäude zulässigen Baumaße beträgt,

2. der Raum unter einem Glasdach eines Hofraumes bei Gebäuden, in denen alle Erdgeschossräume Geschäftszwecken dienen,

3. bauliche Anlagen, deren Oberkante nicht mehr als 1 m über der Erdoberfläche liegt.

§ 135. Die unbebauten Flächen des Baugrundstücks

(1) Die unbebaute Fläche des Baugrundstücks soll in sich zusammenhängen und eine dem umgebenden Gelände entsprechende Höhenlage haben.

(2) Die Baubehörde kann zulassen

1. dass die unbebaute Fläche geteilt wird, wenn jeder Teil die nach den sonstigen Vorschriften erforderlichen Mindestabmessungen und einen Flächeninhalt von wenigstens 60 qm hat,

2. dass die unbebaute Fläche eine dem umgebenden Gelände nicht entsprechende Höhenlage hat, wenn dadurch die Geschosse mit Aufenthaltsräumen nicht vermehrt werden.

(3) Auf den unbebauten Flächen dürfen bauliche Anlagen die Zugänglichkeit dieser Flächen und die Bewegungsfreiheit auf ihnen nicht beeinträchtigen und die Einheitlichkeit der Flächen nicht stören.

§ 136. Die Bauweisen

(1) Als Bauweisen sind offene, halboffene oder geschlossene Bauweisen festzusetzen (§ 12 Abs. 1 Nr. 5).

(2) Wenn die Bauweise nicht im Bebauungsplan festgesetzt ist, richtet es sich nach dem Ermessen der Baubehörde.

§ 137. Stellung, Richtung und Höhenlage der Gebäude

(1) Die Baulinien dürfen weder nach oben noch nach unten von Bauwerken, Werbeeinrichtungen, Automaten oder dergl. überschritten werden.

(2) Die Höhenlage der Gebäude und der Vorgärten muss sich abgesehen von den sonstigen Forderungen dieses Gesetzes namentlich nach der endgültigen Straßenhöhe und den Anforderungen der Grundstücksentwässerung richten.

(3) Stellung und Richtung der Gebäude sowie die Höhenlage der Gebäude und der Vorgärten richten sich nach dem Bebauungsplan. Soweit dort keine Regelung getroffen ist, werden Stellung und Richtung der Gebäude sowie der Höhenlage der Gebäude und der Vorgärten von der Baubehörde bestimmt.

§ 138. Gebäudehöhe

(1) Die Gebäudehöhe wird bestimmt durch Festsetzung der Geschosszahl oder der Traufhöhe und des Winkels für die Dachneigung.

(2) Wenn die Gebäudehöhe nicht im Bebauungsplan festgesetzt ist, richtet sie sich nach dem Ermessen der Baubehörde.

§ 139. Das Bauen an oder in der Nähe der Grundstücksgrenze

(1) Der Anbau von Umfassungswänden mit Fensteröffnungen an die Grundstücksgrenze ist nur zulässig:

1. wenn es im Bebauungsplan vorgesehen ist,

2. wenn der Nachbar sich durch Eintragung in das Oblastenbuch verpflichtet, den für das Bauvorhaben notwendigen Abstand unbeschadet der Einhaltung seiner eigenen Abstandsverpflichtung zur Verfügung zu stellen oder

3. wenn das benachbarte Grundstück infolge seiner öffentlich rechtlichen Zweckbestimmung als dauernd unbebaubar anzusehen ist.

(2) Der Anbau von Umfassungswänden ohne Fenster an die Grenze ist unter den Bedingungen des Abs. 1 nur zulässig bei untergeordneten Bauvorhaben mit nicht mehr als 3 m Traufhöhe.

(3) Der Anbau von Haustrennwänden an die Grundstücksgrenze oder die Errichtung von Gemeinschaftshaustrennwänden auf der Grenze ist nur zulässig:

1. wenn es im Bebauungsplan vorgesehen ist, oder

2. wenn der Nachbar gleichzeitig ebenfalls an die Grenze baut oder sich durch Eintragung in das Oblastenbuch verpflichtet, binnen einer Frist von drei Jahren an der Grenze ein Gebäude zu errichten, das die Haustrennwand verdeckt.

(4) Einfriedungen können an oder auf der Grundstücksgrenze errichtet werden.

§ 140. Grenzabstände

(1) Für die Grenzabstände gelten folgende Mindestmaße:

1. Die Abstände der Gebäude von den seitlichen und rückwärtigen Grenzen des Grundstücks müssen, sofern nicht unmittelbar an der Grenze gebaut werden darf, die Hälfte der Gebäudehöhe, mind. aber 2,50 m betragen. Der Abstand kann unter den Voraussetzungen des § 139 Abs. 1 auf einer Seite der Grenze bis auf 1,25 m verringert werden, wenn dafür der Abstand auf der anderen Seite der Grenze entsprechend größer wird.

2. Soll zwischen einer unbebauten Grundstücksgrenze und einem untergeordneten Bauwerk mit nicht mehr als 3 m Traufhöhe auf die Länge von höchstens 12 m ein Durchgang bleiben, so darf der Grenzabstand bis auf 1,25 m verringert werden, wenn an dem Durchgang keine notwendigen Fenster zu Aufenthaltsräumen liegen, wenn die Grundstückseinfriedung höchstens bis 1 m Höhe massiv ist und wenn keine Forderungen des Luft- oder Feuerschutzes, der Gesundheitspflege und der Sauberkeit entgegenstehen.

(2) Aus Gründen der städtebaulichen Gestaltung kann im Bebauungsplan für Grenzabstände ein geringes Maß vorgesehen werden, wenn keine Forderungen des Luft- oder Feuerschutzes, der Gesundheitspflege oder der Sauberkeit entgegenstehen. Notwendige Fenster dürfen dann im Bauwich nicht angebracht werden.

§ 141. Gebäudeabstände

(1) Die Gebäudeabstände werden bestimmt durch Festsetzung von Verhältnismaßen zur mittleren Gebäudehöhe oder durch Festsetzung von Lichteinfallswinkeln, wo dies aus besonderen Gründen, wie z.B. im Hanggelände, notwendig ist.

(2) Für die Gebäudeabstände gelten folgende Mindestmaße:

1. Das Zweifache der mittleren Gebäudehöhe für Gebäude, die durch eine öffentliche Straße voneinander getrennt sind. Dies entspricht einem Lichteinfallswinkel von ...°,

2. das 1 1/2fache der mittleren Gebäudehöhe zwischen Umfassungswänden, die notwendige Fenster zu Aufenthaltsräumen haben und gleichen oder anderen Gebäuden. Dies entspricht einem Lichteinfallswinkel von ...°.

3. Das Einfache der mittleren Gebäudehöhe

a) zwischen Umfassungswänden, die notwendige Fenster zu Aufenthaltsräumen haben und gleichen oder anderen Gebäuden, wenn die Gebäude mit ihren Schmalseiten zueinander stehen. Als Schmalseiten gelten Umfassungswände bis auf eine Länge von 12 m,

b) zwischen Umfassungswänden, die keine notwendigen Fenster zu Aufenthaltsräumen haben, und gleichen Gebäuden. Dies entspricht einem Lichteinfallswinkel von 45°.

4. Allgemein darf der Abstand zwischen Gebäuden nicht kleiner sein als 5 m. – Bei untergeordneten Bauwerken nicht mehr als 3 m Traufhöhe kann der Gebäudeabstand auf demselben Grundstück auf das Einfache der mittleren Gebäudehöhe, aber nicht unter 2,50 m ermäßigt werden, wenn die Belichtung notwendiger Fenster von

Aufenthaltsräumen nicht beeinträchtigt wird und wenn eine der Umfassungswände gegen die Übertragung von Feuer ausreichend deckend hergestellt wird.

(3) Aus Gründen der städtebaulichen Gestaltung kann im Bebauungsplan für Gebäudeabstände ein geringeres Maß vorgesehen werden, wenn die Voraussetzungen des § 140 Abs. 2 gegeben sind.

(4) Von freistehenden Mauern, undurchsichtigen Zäunen, Stütz- oder Futtermauern, Schutzdächern, Felsen u. dergl. ist ein der Höhe dieser Anlagen im Sinne des Abs. 1 entsprechender Abstand zu halten.

(5) Bei der Festlegung der Gebäudemauern sind jenseits der Straße und auf Nachbargrundstücken nicht nur die vorhandenen Gebäude zu berücksichtigen, sondern auch die Gebäude, die dort nach den bestehenden Vorschriften noch errichtet werden dürfen.

§ 142. Sicherheits- und Schutzabstände

(1) Zwischen baulichen Anlagen und Anlagen, Betrieben oder Einrichtungen, die die Nachbarschaft gefährden oder die selbst durch die Nähe von baulichen Anlagen gefährdet oder beeinträchtigt werden können, sind angemessene Sicherheits- und Schutzabstände zu halten.

(2) Bauliche Anlagen, die die Nachbarschaft gefährden können, haben auch einen angemessenen Abstand von öffentlichen Verkehrsflächen und von Arbeitsplätzen zu halten.

(3) Zwischen Wohngebäuden und baulichen Anlagen oder Einrichtungen, die die Gesundheit schädigen oder die Ruhe oder die Erholung der Bewohner erheblich stören können, ist ein angemessener Schutzabstand zu halten. Dies gilt namentlich für gewerbliche Betriebe, die Lärm, Gerüche oder Erschütterung verbreiten. Auch im Rauchschatten solcher Betriebe sollen keine Wohngebäude errichtet werden.

(4) Für bauliche Anlagen von größerer Ausdehnung und mit größerer Feuers- oder Verkehrsgefahr, sowie für bauliche Anlagen, die Gefahren oder ungewöhnliche Belastungen für die Allgemeinheit, die Nachbarn, die Besucher oder die Gefolgschaft ergeben können, kann die Baubehörde bei der Behandlung des Bauantrages die Gebäude- und Grenzabstände über das im Bebauungsplan oder in der Bauordnung festgesetzte Maß hinaus erhöhen.

(5) Sind die Sicherheits- und Schutzabstände nicht im Bebauungsplan oder durch Ortsbauvorschrift festgesetzt, so richten sie sich nach dem Ermessen der Baubehörden.

§ 143. Veränderung der Erdoberfläche

(1) Veränderungen der Erdoberfläche innerhalb der Baugebiete haben sich nach dem Bebauungsplan, und soweit sich aus diesem nichts anderes ergibt, nach den Grundformen des natürlichen Geländes und nach den Geländeverhältnissen der Nachbargrundstücke zu richten.

(2) Ein Grundstück darf nicht in der Weise vertieft werden, dass der Boden des Nachbargrundstücks die erforderliche Stütze verliert, es sei denn, dass für eine genügende anderweitige Befestigung gesorgt ist.

(3) Erdbauten, Sand- und Kiesgruben, Geländeabtrag- und Aufschüttungsflächen, Wälle, Dämme, Gruben und ähnliche Anlagen dürfen nur an solchen Stellen angelegt werden, die nicht für die Bebauung und die Anlage von Verkehrseinrichtungen vorgesehen sind.

§ 144. Grundstücksteilung und Änderung der Grenzen

Grundstücks- und Eigentumsgrenzen dürfen nicht so geändert werden, dass dadurch die Durchführung der im Bebauungsplan vorgesehenen Bebauung erschwert oder verhindert wird oder dass den Bauvorschriften widersprechende Zustände entstehen. [Anm.: Programm. Weitere Ausführung in § 371 à la Wohnsiedlungsgesetz.]

D. Baustoffe und Bauarten, Haus- und Grundstückseinrichtungen sowie sonstiger Baubedarf

§ 145. Allgemein brauchbare Baustoffe und Bauarten

Zur Ausführung von Bauwerken dürfen nur solche Baustoffe und Bauarten verwendet werden,

1. die eine den Bestimmungen dieses Gesetzes, namentlich den §§ 109–123 entsprechende Bauausführung ermöglichen,
2. die den Anforderungen des Arbeiterschutzes entsprechen und
3. deren Herstellung, Vertrieb und Verwendung für ihren jeweiligen Zweck keine Gründe der allgemeinen Wirtschaftspolitik oder des öffentlichen Interesses entgegenstehen. (Allgemein brauchbare Baustoffe und Bauarten.)

§ 146. Geeignete Baustoffe und Bauarten

Durch Ausführungsverordnung werden an bestimmte Baustoffe und Bauarten für bestimmte Verwendungszwecke bestimmte Anforderungen gestellt und für die Herstellung, Verwendung, Kennzeichnung und Herstellungsüberwachung die nötigen Vorschriften erlassen. (Geeignete Baustoffe und Bauarten.)

§ 147. Zugelassene Baustoffe und Bauarten

(1) Baustoffe und Bauarten, die den Eignungsbestimmungen oder sonstigen bestimmten Anforderungen nicht entsprechen, können durch Zulassung den geeigneten Baustoffen und Bauarten gleichgestellt werden

1. wenn die Voraussetzungen des § 145 Nr. 2 und 3 erfüllt sind,
2. wenn sie eine den §§ 109–123 entsprechende Bauausführung ermöglichen,
3. wenn sie den vorschriftsmäßigen Baustoffen und Bauarten technisch oder wirtschaftlich überlegen (mindestens gleichwertig?) sind und
4. wenn eine zuverlässige sachkundige Herstellung gewährleistet ist. (Zugelassene Baustoffe und Bauarten.)

(2) In der Zulassung werden festgelegt:

1. der Verwendungszweck des Baustoffes bzw. der Bauart,
2. die Anforderungen und Herstellungsauflagen,
3. Verwendungsauflagen,
4. etwaige Kennzeichnung,

5. Regelung der Herstellungsüberwachung,
6. der Zeitpunkt des Ablaufs der Zulassung,
7. der räumliche Geltungsbereich der Zulassung, wenn sie sich nicht auf das ganze Reichsgebiet bezieht.

(3) Die Zulassung kann aus wichtigen Gründen zurückgenommen werden.

§ 148. Prüfung durch die Baubehörde

Bei geeigneten und allgemein zugelassenen Baustoffen und Bauarten entfällt die der Baubehörde obliegende Prüfung auf Einhaltung der Vorschriften des § 145; sie hat jedoch auf einwandfreie und vorschriftsmäßige Verwendung sowie darauf zu achten, ob es sich überhaupt um geeignete oder allgemein zugelassene Baustoffe und Bauarten sowie um den bestimmten Verwendungszweck handelt, und ob der Verwendung nicht andere Vorschriften, z. B. der Baugestaltung, entgegenstehen.

§ 149. Probeweise Verwendung

Die Baubehörde kann gestatten, dass noch nicht allgemein zugelassene Baustoffe und Bauarten für einzelne Bauwerke probeweise verwendet werden, wenn sich die Baubehörde in geeigneter Weise von der Güte, Brauchbarkeit und Zuverlässigkeit in einer für die probeweise Verwendung ausreichenden Weise überzeugt hat.

§ 150. Sonstiger Baubedarf

(1) Die §§ 145–149 gelten auch für den gesamten Baubedarf, namentlich für Gegenstände, die als Einrichtung von Gebäuden oder Grundstücken eingebaut oder verwendet werden (Haus- und Grundstückseinrichtungsgegenstände), für Gerüste und ähnliche Bauhilfevorrichtungen, sowie für Schutzmittel gegen pflanzliche und tierische Schädlinge.

(2) Die Ausführungsverordnung kann bestimmen, dass bestimmte Arten von Baubedarf und Schutzmittel nur eingebaut oder verwendet werden dürfen, wenn sie allgemein zugelassen sind.

II. Der Bau und seine Teile

A. Gründung der Bauwerke

§ 151 Gründung der Bauwerke
§ 152 Untersuchung des Baugrundes

B. Wände

§ 153 Ausführung und Beanspruchung der Wände, Wanddicken
§ 154 Wetterschutz
§ 155 Wärmeschutz
§ 156 Schallschutz für Wände
§ 157 Grundkörper von Wänden und Pfeilern und Kellerwände
§ 158 Außenwände aus nicht brennbaren Baustoffen
§ 159 Außenwände aus brennbaren Baustoffen
§ 160 Belastete Innenwände
§ 161 Nicht belastete Innenwände

§ 162 Treppenhauswände
§ 163 Erfordernis der Brandwände
§ 164 Beschaffenheit der Brandwände
§ 165 Öffnungen in Brandwänden
§ 166 Gestaltung der Brandwände

C. Decken
§ 167 Standsicherheit und Festigkeit
§ 168 Wetter- und Wärmeschutz
§ 169 Schallschutz für Decken
§ 170 Feuchtigkeitsschutz
§ 171 Dunst- und gassichere Decken
§ 172 Feuerschutz
§ 173 Holzbalkendecken
§ 174 Massivdecken und Drahtputzdecken
§ 175 Öffnungen in Decken

D. Schornsteine
§ 176 Abführung der Verbrennungsgase
§ 177 Baustoffe und Ausführung
§ 178 Lage und Führung
§ 179 Anschlüsse und Querschnitte
§ 180 Reinigung
§ 181 Schornsteine für Gasfeuerstätten
§ 182 Schornsteine und Kanäle für Verbrennungsmotoren
§ 183 Entlüftungsschornsteine (Dunstschlote, Mauerkanäle)

E. Dächer
§ 184 Wetterschutz
§ 185 Dachumriss
§ 186 Dachaufbauten
§ 187 Eindeckung
§ 188 Schutzvorrichtungen
§ 189 Dachentwässerung

F. Treppe und Treppenhaus
§ 190 Erfordernis
§ 191 Belichtung und Belüftung
§ 192 Treppenhäuser
§ 193 Bauart der Treppen
§ 194 Freitreppen
§ 195 Treppen in Einfamilien- und Kleinhäusern
§ 196 Innere Verbindungstreppen

G. Öffnungen in Wänden, Decken und Dächern
§ 197 Verschluss- und Sicherheitsvorrichtungen

§ 198 Türen und Fenster
§ 199 Licht- und Luftschächte

H. Heizung und Lüftung

1. Häusliche Feuerstätten
   a) Einzelheizung: Öfen, Herde, Kamine, Hausbacköfen, Räucherkammern, Obstdarren, Gasfeuerungen, Feuerstätten besonderer Art, häusliche Feuerstätten im Freien;
   b) Mehrzimmerheizung: Strahlungsöfen, Warmluftheizung;
   c) Sammelheizung: Niederdruckdampf- und Warmwasserheizung, Hochdruckdampf- und Warmwasserheizung, Luftheizung.
2. Gewerbliche Feuerstätten: Kesselfeuerungen, Herde zur Erwärmung von Leim, Lack oder Firnis, Lötöfen und Schweißeinrichtungen, Schmiedefeuerungen, Schmelz-, Glüh- und Brennöfen, Malz- und Hopfendarren, Trockenräume, Niederdruckdampf- und Warmwasserheizung, Hochdruckdampf- und Heißwasserheizung, Luftheizung, Gewerbliche Backöfen, Räucherkammern, Gasfeuerungen, Feuerstätten besonderer Art.
3. Schutz der Wände
4. Schutz sonstiger brennbarer Bauteile
5. Rauchrohre
6. Rauchfänge
7. Abgasrohre
8. Abluftkanäle
9. Motorische Lüftung

J. Versorgungsanlagen und –einrichtungen

1. Wasser
   a) Einzelanlage: Brunnen, Wasserversorgungsanlage
   b) Sammelanlage: Grundleitungen, Hausleitungen, Zapfstelle
2. Strom
   a) Einzelanlage
   b) Sammelanlage: Grundleitungen, Hausleitungen, Brennstelle
3. Gas
   a) Einzelanlage
   b) Sammelanlage: Grundleitungen, Hausleitungen, Schlauchverbindungen
4. Zählerraum

K. Beseitigung der Abwässer und Abfallstoffe

1. Grundstücksentwässerungsanlagen: Gräben, Grundleitungen, Hausleitungen, Sickereinrichtungen, Gruben, Schächte, Abläufe, Schlammfänge, Geruchsverschlüsse, Ausgüsse
2. Reinigung der Abwässer
3. Schädliche Abwässer
4. Benzinabscheider: Einbau, Größe, Betrieb, Herstellung.

5. Fettabscheider: Einbau, Größe, Betrieb, Herstellung, Sonderbestimmungen
6. Aborte: Trockenaborte, Wasserspülung
7. Abortgrube, Jauchegrube, Düngerstätte
8. Asche- und Müllbehälter
9. Gemeinschaftliche Anlagen
10. Unbenützte Anlagen

L. Aufenthaltsräume

1. Begriff
   a) Aufenthaltsräume, b) Nebenräume
2. Lage
   a) in Hauptgeschossen, b) in Dachgeschossen, c) in Kellergeschossen, d) über Ställen, Werkstätten, Dunggruben
3. Schutz gegen Feuchtigkeit, Witterung, Wärme und Kälte, störende Einwirkungen
4. Zugang
5. Größe
   a) Rauminhalt, b) Raumhöhe
6. Belichtung und Lüftung

M. Die Wohnung

1. Begriff der selbständigen Wohnung
2. Grundsatz
   a) entsprechend den Voraussetzungen für ein gesundes Leben kinderreicher Familien;
   b) gehobene Wohnkultur, Gesundheit, Wohlfahrt, Gemeinschaftsfriede
3. Wohnungsarten
   a) Heimstätte, b) Miet-(Geschoss-)Wohnung, c) Einliegerwohnung, d) Dreispännertyp
4. Lage
   a) in Vordergebäuden, b) in Hinter- und Nebengebäuden, c) in Dachgeschossen, d) in Kellergeschossen
5. Zugang und Abschluss
6. Belichtung, Lüftung und Besonnung
7. Umfang und Raumzahl
   a) für kinderreiche Familien, b) für Vollfamilien, c) für kinderarme und kinderlose Familien, d) für Einzelpersonen
8. Die einzelnen Räume
   a) Aufenthaltsräume, b) Nebenräume

N. Die Arbeitsstätte

1. Grundsatz
2. Die Arbeitsräume
   a) Belichtung, Lüftung, Heizung, b) Größe, c) Decken, Wände, Fußböden

O. Luftschutzräume
1. Erfordernis
2. Bestandteile
   a) Luftschutzraum, b) Gasschleuse, c) Abort, e) Sanitätsraum
3. Lage und Zugang
4. Größe
5. Sicherheit
   a) gegen Bombensplitter, b) gegen Gebäudetrümmerlast, c) gegen chemische Kampfstoffe
6. Wände, Decken, Maueröffnungen
7. Lüftung
8. Versorgungsanlagen
   a) Leucht-, Koch- Heizstrom, b) Trinkwasser
9. Zweckfremde Benutzung

F. Nebenanlagen
1. Nebengebäude
2. Hof und Garten
3. Zubehöranlagen: Einfriedigungen, Einfahrten, Durchfahrten, Hofkeller, Fahnen, Antennen, Hydranten u. dgl.

III. Besondere Konstruktionen

A. Beton- und Stahlbetonbau
B. Stahlbau, Metallbau
C. Holzbau
D. Fachwerk- oder Gerippebau
E. Lehmbau

IV. Bauliche Anlagen und Einrichtungen für besondere Zwecke oder von besonderer Art

A. Landwirtschaftliche Gebäude und Anlagen
1. Dorf- und Hofanlagen
   a) Anordnung der Hofanlagen und Gebäude
   b) Bauen an oder in der Nähe der Grundstücksgrenze
   c) Grenz- und Gebäudeabstände
      aa) Stallgebäude, bb) Scheunen, cc) Nebenanlagen, dd) Gebäude mit weicher Bedachung
2. Der landwirtschaftliche Bau und seine Teile
   a) Außenwände, b) Innenwände, c) Erfordernis der Brand- und Trennwände
3. Versorgungsanlagen: a) Wasser, b) Strom
4. Viehställe

a) Allgemeines: aa) Einzelställe, bb) Stand-, Liegeplätze und Buchten, cc) Stallhöhe, dd) Türen, ee) Tröge, Krippen und Tränkebecken, ff) Anstrich, gg) Viehkupplung
b) Besondere Baugrundsätze: aa) Pferdeställe, bb) Rindviehställe, cc) Schweineställe, dd) Ziegenställe, ee) Geflügelställe
c) Belichtung und Belüftung
d) Entwässerung und Beseitigung der Abfallstoffe: aa) Jaucheabfluss, bb) Düngerstätte und Jauchegrube
5. Scheunen
6. Nebenanlagen und Zubehör: a) Futterküche, b) Milchkammer, c) Vorratsräume, d) Silos, e) Unterstellräume für Traktoren u. dgl., f) Schuppen, g) Darren und Trockenkammern

B. Industrie- und Gewerbebau
1. Anordnung der Bauwerke
2. Zugänglichkeit, Werkstraßen, Werkbahnen, Notausgänge
3. Hygienische und sanitäre Anlagen
4. Gemeinschaftsräume
5. Speicher- und Silobauten
6. Freistehende Schornsteine
7. Dampfkesselräume

C. Garagen: Ausführungsverordnung; die zu ändernde Reichsgaragenordnung vom 17. Februar 1939 RGBl. I S. 219

D. Baulich-maschinelle Anlagen und Einrichtungen:
1. Aufzüge und Förderanlagen; Ausführungsverordnung: die umzuarbeitende Aufzugsordnung
2. Tankstellen
3. Krane

E. Theater und Lichtspieltheater: Ausführungsverordnung: die zusammenzulegenden und umzuarbeitenden Theater- und Lichtspieltheaterbauordnungen

F. Geschäftshäuser: Ausführungsverordnung: die umzuarbeitende Warenhausordnung

G. Andere bauliche Anlagen mit starkem Personenverkehr
1. Versammlungsräume aller Art
2. HJ-Heime und Jugendherbergen
3. Schul- und Erziehungsbauten, Kindergärten
4. Sportanlagen
5. Kirchen
6. Vergnügungsbauten
7. Hotels und Gasthäuser
8. Massenunterkünfte

9. Hochhäuser

H. Sanitäre Bauten und Einrichtungen
1. Krankenhäuser, Sanatorien, Säuglings- und Kinderheime
2. Friedhöfe, Krematorien
3. Öffentliche Bedürfnisanstalten

J. Bauliche Anlagen mit besonderer Brand- oder Explosionsgefahr
1. Bauwerke zur Lagerung leicht brennbarer Stoffe
2. Bauwerke zur Lagerung leicht brennbarer Flüssigkeiten
3. Bauwerke zur Lagerung von Munition oder Sprengstoffen

K. Wochenendhäuser und Wohnlauben

L. Bauliche Anlagen in besonderen Gebieten
1. Bauten im Hochgebirge
2. Bauten auf Inseln und an der See

M. Bauliche Anlagen für vorübergehende Zwecke
1. Fliegende Bauten
2. Baracken

N. Luftschutzbauten (Bunker)

V. Die Baustelle

A. Die Baustelle
B. Unfallverhütung
C. Arbeiterschutz und Arbeiterfürsorge
D. Einrichtung und Betrieb
E. Gerüstbau: Dazu als Ausführungsverordnung eine Gerüstordnung

VI. Bau- und andere Vorhaben und ihre behördliche Behandlung

A. Entstehung der Bauvorhaben

§ 330. Bauherr und Eigentümer

(1)Dem Bauherrn kommt es zu, das Bauprogramm namentlich nach Zweckbestimmung, Standplatz, Größe und Ausführung, so aufzustellen, wie es bei vernünftiger Beurteilung seinen Interessen in Anpassung an die übergeordneten Belange der Allgemeinheit entspricht.

(2) Dafür, dass auf einem Grundstück die Forderungen dieses Gesetzes eingehalten werden, hat der Baubehörde gegenüber der Eigentümer einzustehen.

(3) Überlässt der Eigentümer sein Grundstück einem anderen zur Ausführung eines Bauwerkes und tritt dieser der Baubehörde gegenüber als Bauherr auf, so hat zunächst dieser einzustehen. Das Gleiche gilt, soweit ein Bauwerk zu gewerblicher

Benutzung überlassen wird. Die Baubehörde kann auf die Verantwortlichkeit des Eigentümers zurückgreifen.

(4) Soweit Ordnungswidrigkeiten durch sonstige Personen verursacht werden, kann die Baubehörde auch gegen diese vorgehen.

§ 331. Entwurfsfertiger

Dem Fertiger des Bauentwurfs obliegt die Aufgabe, die Bauabsichten des Bauherrn entsprechend den von diesem geäußerten berechtigten Wünschen zu einem ausführungsreifen Bauentwurf zu gestalten. Der Entwurfsfertiger hat sich nicht als ausschließlichen Wahrer der einseitigen Interessen des Bauherrn, sondern gleichzeitig als Sachwalter der allgemeinen baulichen Belange zu betrachten. Er muss über die Erfüllung des Wortlautes der Bauvorschriften hinaus, deren Inhalt ihm vertraut sein muss, ihren Sinn und Zweck, wie überhaupt die Bedeutung und Zielsetzung des deutschen Bauschaffens erkennen und ihnen gerecht zu werden bemüht sein in der Erkenntnis, dass seine Unzulänglichkeit und Versäumnis letztlich weder durch Vorschriften noch durch irgendwelche Maßnahmen wieder gut gemacht werden können. Seine Arbeit muss vor der Gegenwart und vor der Zukunft bestehen können.

§ 332. Bauberatung durch die Baubehörde

(1) Die Baubehörde erteilt über Vorentwürfe oder einzelne Fragen bezüglich einer ernsthaft beabsichtigten Bauausführung Auskunft und wirkt durch Beratung der Bauantragsteller dahin, dass der Bauantrag so ausgearbeitet wird, dass er ohne Reibung und Aufenthalt genehmigt werden kann.

B. Die behördliche Behandlung der Bauvorhaben

1. Genehmigungspflicht

§ 333. Der Baugenehmigung bedürfen nach näherer Maßgabe der AVO:

1. die Erstellung, Änderung, Erweiterung oder Abbruch von baulichen Anlagen [Bauwerken], ihres Zubehörs oder ihrer Nebenanlagen,
2. wesentliche Änderungen in der Benützung von baulichen Anlagen,
3. die nicht nur vorübergehend angebrachten Mittel der Außenwerbung.

§ 335. (1) Der Umfang der Genehmigungspflicht kann auf Ortsbauvorschrift erweitert werden.

(2) Die Baubehörde kann bestimmte künftige Bauarbeiten, bei denen aus besonderen Gründen eine vorherige baubehördliche Prüfung notwendig erscheint, im Einzelfall durch Bekanntgabe an den Gebäudebesitzer für genehmigungspflichtig erklären.

§ 336. Die Baubehörde kann in der Genehmigung vorschreiben, dass zur Erstellung der zur Ausführung eines Bauvorhabens nötigen Hilfsmaßnahmen wie Gerüstbauten, Abstützungen, Genehmigung einzuholen ist.

§ 337. Die Genehmigung kann auch für solche Bauarbeiten beantragt werden, für die eine Genehmigung nicht vorgeschrieben ist.

§ 338. Die sachlichen Bauvorschriften finden auch auf Bauwerke Anwendung, die nicht der Genehmigung bedürfen.

2. Der Bauantrag

§ 339. (1) Dem Antrag auf Erteilung der Baugenehmigung (Bauantrag) sind die zur baubehördlichen Beurteilung nötigen, vom Entwurfsfertiger und vom Bauantragsteller unterzeichneten Bauvorlagen beizugeben.

(2) Die Baubehörde kann verlangen, dass die Ausmaße des Bauvorhabens an Ort und Stelle ausgesteckt oder behelfsmäßig dargestellt werden; sie kann Muster von Baustoffen und Proben der Ausführung fordern.

§ 340. (1) Die Baubehörde kann die Einreichung von Bauvorlagen verlangen und das Baugenehmigungsverfahren ohne Antragstellung führen, wenn Bauarbeiten im Widerspruch mit den Bauvorschriften ausgeführt wurden oder wenn zweifelhaft ist, ob und welche baulichen Veränderungen an einem Bauwerk vorgenommen worden sind, oder ob sie der Genehmigung bedürfen.

(2) Auch in anderen streitigen Fällen kann die Vorlage von Plänen gefordert werden.

§ 341. (1) Die Baubehörde kann die Behandlung eines Bauantrags ablehnen, wenn die Bauvorlagen offensichtlich erkennen lassen, dass der Verfertiger die dafür erforderliche Eignung und Befähigung nicht besitzt oder wenn die Bauvorlagen sonstige Mängel aufweisen.

(2) Ein mehrmals nach Abs. 1 abgewiesener Planfertiger kann von der Baubehörde auf eine bestimmte Zeit von der Einreichung von Plänen ausgeschlossen werden.

§ 342. Die Baubehörde kann die Behandlung eines Bauantrages vorläufig zurückstellen, wenn zur Beurteilung des Bauvorhabens der Abschluss eines anderen Verfahrens abgewartet werden muss oder wenn andere nicht demnächst zu behebende Hindernisse der Behandlung entgegenstehen.

3. Behandlung des Bauantrages

§ 343. (1) Die beteiligten Nachbarn des Baugrundstücks erhalten die Gelegenheit, zu dem Bauantrag sich zu äußern.

(2) Bei Bauvorhaben, die für die weitere Umgebung oder die Allgemeinheit mit erheblichen Gefahren, Belästigungen oder sonstigen Nachteilen verbunden sind, sind die Bauvorlagen offen zu legen.

§ 344. (1) Über Einwendungen kann die Baubehörde mit dem Bauantragsteller und dem, der die Einwendungen erhoben hat, eine Einigungsverhandlung vornehmen.

(2) Wer im baubehördlichen Verfahren ordnungsgemäß gehört worden ist, ist, wenn das Bauvorhaben endgültig genehmigt ist, mit solchen Einwendungen ausgeschlossen, welche die Einhaltung baulicher Vorschriften oder die Berücksichtigung sonstiger im baubehördlichen Verfahren zu prüfender Gesichtspunkte betreffen.

§ 345. Werden in einem Bauvorhaben Belange berührt, die von anderen Behörden oder Dienststellen zu wahren sind, so ist diesen erforderlichenfalls von der Baubehörde Gelegenheit zur Äußerung zu geben.

§ 346. Die Baubehörde hat den Bauantrag durch ein Prüfamt für Baustatik oder durch einen Prüfingenieur für Baustatik in statischer Hinsicht prüfen zu lassen, wenn sie diese Prüfung nicht selbst vorzunehmen vermag.

§ 347. Ergibt die Prüfung des Bauantrages Verstöße gegen bestehende Vorschriften oder sonstige der Genehmigung entgegenstehende Mängel, die behoben werden können, so soll die Baubehörde in mündlicher Beratung oder durch einen der Anfechtung nicht unterliegenden Zwischenbescheid, in dem die Verstöße und Mängel bezeichnet sind, den Antragsteller zu deren Beseitigung unter Fristsetzung auffordern. Bei Nichtbefolgung oder Fristablauf ist über den Bauantrag in der vorliegenden Form zu entscheiden.

4. Entscheidung über den Bauantrag

§ 348. (1) Die Baugenehmigung wird von der Baubehörde erteilt, wenn das Bauvorhaben mit den Vorschriften dieses Gesetzes und mit den sonstigen von der Baubehörde zu berücksichtigenden Vorschriften des öffentlichen Rechts nicht im Widerspruch steht.

(2) Die Baugenehmigung wirkt sich auf privatrechtliche Verhältnisse nur insoweit aus, als es im Gesetz ausdrücklich bestimmt ist.

(3) Die Genehmigung erstreckt sich nicht auf die Benützung des genehmigten Bauwerkes oder den darin zu beginnenden Betrieb, wenn die Benützung oder der Betrieb eine besondere Bauerlaubnis, Genehmigung oder dgl. voraussetzt.

(4) Über den Bauantrag, über Einwendungen und Auflagen ist gleichzeitig zu entscheiden.

§ 349. (1) Mit der Genehmigung können diejenigen Auflagen festgesetzt werden, die nötig sind, um eine den bestehenden Vorschriften entsprechende Beschaffenheit oder Ausführung des Bauwerkes oder eine dementsprechende Benützung zu gewährleisten.

(2) Die Baubehörde kann unwesentliche Änderungen der Bauvorlagen von sich aus vornehmen. Im Übrigen ist nach § 147 zu verfahren.

§ 350. Liegen Beanstandungen vor, die sich nicht auf die von der Baubehörde zu wahrenden Vorschriften des öffentlichen Rechts stützen, namentlich solche privatrechtlicher Art, so hat die Baubehörde nach pflichtmäßigem Ermessen entweder den Nachweis zu verlangen, dass die rechtliche Möglichkeit zur Verwirklichung der Bauabsichten besteht (AVO zu § 341 Abs. 1 b) oder die Beanstandungen bei Erteilung der Genehmigung für im baubehördlichen Verfahren unbeachtlich zu erklären.

§ 351. Von der Baugenehmigung darf erst dann Gebrauch gemacht werden, wenn über sie ein Bauschein ausgestellt und dem Bauantragsteller ausgehändigt ist.

§ 352. Ist bei einer gemeindlichen Baubehörde eine Einwendung gegen ein Bauvorhaben der Gemeinde erhoben oder macht die Gemeinde eine Einwendung gegen ein Bauvorhaben, so geht die Zuständigkeit zur Entscheidung an die Aufsichtsbehörde über. Dasselbe gilt entsprechend bei einer Kreisbaubehörde, wenn der Kreisverband beteiligt ist.

§ 353. (1) Die Baugenehmigung erlischt, wenn binnen zwei Jahren nach der Ausfolgung des Bauscheins mit den Bauarbeiten nicht begonnen wird.

(2) Die Gültigkeit kann vor ihrem Erlöschen um höchstens zwei Jahre verlängert werden.

§ 354. Die erteilte Baugenehmigung kann zurückgenommen werden:

1. wenn sie durch unrichtige Zeichnungen oder Angaben herbeigeführt worden ist;

2. wenn sie wegen entgegenstehender gesetzlicher Bestimmungen nicht hätte erteilt werden dürfen;

3. wenn der Bauherr die begonnenen Bauarbeiten innerhalb eines Zeitraumes von zwei Jahren nicht oder nur unbedeutend weiterführt;

4. wenn eine solche Änderung der bestehenden Vorschriften eintritt, dass das Bauvorhaben nach den neuen Vorschriften nicht mehr genehmigt werden dürfte und wenn seine Ausführung noch nicht so weit vorgeschritten ist, dass das Bauvorhaben nicht mehr nach den neuen Vorschriften geändert werden kann.

5. Vorläufige Baugenehmigung, widerrufliche Baugenehmigung und allgemeine Vorgenehmigung

§ 355. (1) Die Baubehörde kann, wenn bestimmte Aussicht auf die Erteilung des Bauscheins besteht, schon vorher die Ausführung des zur Genehmigung eingereichten Bauvorhabens oder von Teilen desselben vorläufig gestatten und darüber einen „Vorläufigen Bauschein“ ausstellen.

(2) Die vorläufige Genehmigung ist stets widerruflich und verpflichtet den Bauantragsteller, ohne Anspruch auf Entschädigung den Zustand herzustellen, der der späteren Genehmigung entspricht oder den die Baubehörde, wenn die Genehmigung versagt wird, vorschreibt. Hierauf ist im vorläufigen Bauschein hinzuweisen.

(3) In den Fällen des § 64 Abs. 2 kann die Aufsichtsbehörde aussprechen, dass für alle oder einen Teil der im Erwerbsgebiet in Aussicht genommenen Bauten gemäß den in § 64 Abs. 2 genannten Planunterlagen vorläufige Baugenehmigung erteilt werden kann.

§ 356. Nur mit Widerrufsvorbehalt können genehmigt werden

1. bauliche Anlagen, die den bestehenden Vorschriften nicht entsprechen, wenn sie nur für vorübergehende Zwecke und nur für kürzere Zeit errichtet werden sollen, sofern wegen ihres vorübergehenden Charakters keine Bedenken gegen die Nichteinhaltung der Vorschriften bestehen;

2. die auf vorhandenen oder bebauungsplanmäßig festgesetzten Verkehrsflächen, Freiflächen und Vorbehaltsvorgärten zu erstellenden Bauwerke;

3. bauliche Anlagen oder Bauteile, die nur aufgrund einer Befreiung genehmigt werden können, wenn die Befreiung mit Widerrufsvorbehalt erteilt ist;
4. Werbemittel;
5. Markisen ...

§ 357. (1) Müssen aus Gründen des öffentlichen Interesses Bauvorhaben an zahlreichen Stellen des Reichsgebietes nach demselben Entwurf ausgeführt werden, so kann der Reichsarbeitsminister hierfür eine allgemeine Vorgenehmigung aussprechen.

(2) Im Einzelgenehmigungsverfahren werden dann nur noch Standplatz, Stellung des Gebäudes, Gründung und diejenigen Fragen geprüft, die in der Vorgenehmigung den Einzelgenehmigungsverfahren vorbehalten worden sind.

6. Befreiung

§ 358. (1) Die Baubehörde kann Ausnahmen von den nicht zwingenden Vorschriften dieses Gesetzes und des nach ihm erlassenen Reichsrechts oder der Ortsbauvorschrift gewähren. Als nicht zwingende Vorschriften sind die Vorschriften anzusehen, die nur als Regel oder Sollvorschriften aufgestellt sind oder bei denen die Zulässigkeit von Ausnahmen ausdrücklich vorgesehen ist.

(2) Von den durch Reichsrecht und von den durch Ortsbauvorschrift aufgestellten zwingenden sachlichen Anforderungen an Bauvorhaben oder andere Vorhaben kann Befreiung erteilt werden, wenn die öffentlichen Belange die Abweichung erfordern oder wenn die Durchführung der Vorschriften im Einzelfall zu einer offenbar nicht beabsichtigten Härte führen würden, die Abweichung mit den öffentlichen Belangen, namentlich mit den allgemeinen Anforderungen der §§ 109–123 vereinbar ist und keine wesentliche Beeinträchtigung der Belange Beteiligter mit sich bringt.

(3) Die Befreiung kann auf eine bestimmte zeitliche Dauer beschränkt, mit dem Vorbehalt des Widerrufs belastet oder unter Auflagen erteilt werden. Die Auflagen können sich auch auf Bauteile beziehen, die nicht von der Vorschrift betroffen werden, von der Befreiung beantragt wird.

§ 359. Ist mit einer Befreiung eine wesentliche Beeinträchtigung Beteiligter verbunden, so darf sie nur mit Zustimmung der Betroffenen bewilligt werden. Diese Zustimmung ist entbehrlich, wenn überwiegende öffentliche Belange die Befreiung rechtfertigen und wenn der Antragsteller den Betroffenen Ersatz für den entstehenden Schaden leistet. Die Höhe dieses Ersatzes setzt, wenn keine Einigung erzielt wird, die Baubehörde fest. Die Geltendmachung eines weiteren Schadens ist damit ausgeschlossen.

§ 360. (1) Zur Befreiung von Reichsvorschriften und von solchen Ortsvorschriften, die sich auf die bauliche Ausnutzung der Grundstücke beziehen, ist die Aufsichtsbehörde, im Übrigen die Baubehörde zuständig.

(2) Die Zuständigkeit geht auf die Aufsichtsbehörde über, wenn es sich bei Kreisbaubehörden um Bauten des Landkreises, bei Gemeindebaubehörden um Bauten der Gemeinde handelt.

C. Bauüberwachung

§ 361. Der Bauüberwachung unterliegen alle Arbeitsvorgänge zur Ausführung von Bauvorhaben, soweit sie mit der Einhaltung der bestehenden Bauvorschriften im Zusammenhang stehen. Sie umfasst auch die Ausführung von Gerüsten, Abstützungen und ähnlicher Hilfsmaßnahmen, sowie die Einhaltung der zum Schutz von Menschen, insbesondere zum Schutz der Bauarbeiter erlassenen Bestimmungen.

§ 362. (1) Der Baubehörde ist anzuzeigen

a) der bevorstehende Beginn der Ausführung genehmigter Bauarbeiten und die Wiederaufnahme der Bauarbeiten, wenn diese mehr als zwei Monate geruht hatten,

b) die Aufstellung des Schnurgerüstes,

c) die Fertigstellung des Rohbaues,

d) die Gebrauchsfertigkeit des Bauwerkes.

(2) In der Baugenehmigung kann auf die Anzeigen a) bis c) oder auf einzelne von ihnen verzichtet werden, wenn sie nach Art und Bedeutung der Bauausführung nicht in Betracht kommen oder die Baubehörde sie für entbehrlich hält.

(3) Wenn es zur Überwachung nötig ist, können in der Baugenehmigung weitere als die in Abs. 1 genannten Anzeigen vorgeschrieben werden.

§ 363. (1) Die Fortführung der Bauarbeiten nach der Fertigstellung des Rohbaues und die Ingebrauchnahme des Bauwerkes sind erst zulässig, wenn die ausgeführten Arbeiten von der Baubehörde abgenommen sind, der Abnahmeschein erteilt ist und die etwa vorgefundenen im Abnahmeschein verzeichneten Mängel behoben sind.

§ 364. (1) Hat ein Bauvorhaben die Erstellung oder Veränderung eines Schornsteins oder einer Feuerungsanlage zum Gegenstand, so ist zur Rohbauabnahme eine Bescheinigung des Bezirksschornsteinfegermeisters über die vorschriftsmäßige Ausführung dieser Anlage beizubringen.

(2) Auf Verlangen der Baubehörde ist eine solche Bescheinigung auch zur Gebrauchsabnahme vorzulegen.

§ 365. (1) Ordnungswidrige Bauvorhaben sind von der Baubehörde einzustellen. Bauarbeiten sind ordnungswidrig, wenn für sie die nötige Genehmigung nicht eingeholt ist oder wenn sie mit den geltenden sachlichen Baubestimmungen in Widerspruch stehen.

(2) Die Baubehörde kann Bauarbeiten einstellen, wenn zweifelhaft ist, ob die Bauarbeiten genehmigt sind oder ob sie der Genehmigung bedürfen. Dasselbe gilt, wenn die Einstellung nötig ist, um der Entstehung oder Weiterentwicklung einer sonstigen ungeklärten Lage vorzubeugen.

(3) Bei bereits in Benützung genommenen Bauwerken, die ordnungswidrig erstellt sind, kann die Räumung angeordnet werden.

§ 366. (1) Ohne die nötige Genehmigung oder in Abweichung von den genehmigten Plänen ausgeführte Bauarbeiten sind, wenn sie in ihrem bestehenden Zustand nicht

genehmigt werden können (§ 340), so zu ändern, dass sie der bereits erteilten oder einer vom Bauherrn einzuholenden Genehmigung entsprechen.

(2) Bei sonstigen Verstößen gegen die Bauvorschriften sind die Bauwerke so zu ändern, dass sie den Bauvorschriften entsprechen.

(3) Bauwerke oder Bauteile, die nicht nach Abs. 2 oder 2 in Ordnung gebracht werden können, sind nach Anordnung der Baubehörde abzubrechen oder in den von der Baubehörde angeordneten Zustand zu versetzen.

(4) Die Baubehörde hat außerdem die nötigen einstweiligen Maßnahmen anzuordnen.

D. Bauvorhaben der öffentlichen Hand

§ 367. (1) Bauten des Reiches, der Länder [Reichsgaue], des Unternehmens „Reichsautobahnen" und der NSDAP, ihrer Gliederungen und angeschlossenen Verbände bedürfen keiner Baugenehmigung, wenn sie unter Leitung von Beamten des höheren bautechnischen Verwaltungsdienstes vorbereitet und ausgeführt werden. Die allgemeinen Bauvorschriften finden auch auf diese Bauten Anwendung.

(2) Nach näherer Bestimmung des Reichsarbeitsministers können die in Abs. 1 genannten Personen mit entsprechender Vorbildung gleichgestellt werden.

§ 368. (1) Die in § 367 genannten Bauten sind unter Angabe der für die Planung und für die Ausführung verantwortlichen Beamten der höheren Baubehörde anzuzeigen. Der Anzeige sind alle für die Beurteilung notwendigen Unterlagen beizufügen; der Vorlage statischer Nachweise bedarf es nicht.

(2) Mit der Ausführung darf erst nach Zustimmung der höheren Baubehörde begonnen werden. Wird die Zustimmung nicht gegeben und kommt eine Einigung auch zwischen der obersten Landesbehörde und der den Bauherrn vertretenen Dienststelle nicht zustande, so führt der Reichsarbeitsminister eine Übereinstimmung mit dem zuständigen Fachminister herbei.

(3) Mit der Erteilung der Zustimmung übernimmt die Baubehörde keine Verantwortung für das Bauvorhaben; es unterliegt nicht der Bauüberwachung durch die Baubehörde. Der öffentliche Bauherr hat dafür einzustehen, dass seine Bauten allen Anforderungen der Sicherheit und Ordnung, insbesondere den allgemeinen Bauvorschriften genügen.

§ 369. Von Bauten, die unmittelbar der Landesverteidigung dienen, ist der höheren Baubehörde vor Beginn der Ausführung in geeigneter Weise Kenntnis zu geben; im Übrigen findet bei ihnen eine Mitwirkung der Baubehörden nicht statt.

§ 370. Die für Reichseisenbahnbetriebsanlagen [nach dem Reichseisenbahngesetz] und für Reichsautobahnen in §§ 23 und 24 des Reichsbahngesetzes [allgemeine Fassung] vom 4.7.1939 (RGBl. I S. 1205) und in § 8 des Gesetzes [statt „in § 8": „nach dem Gesetz] über die Errichtung eines Unternehmens „Reichsautobahnen" vom 27.6.1933 (RGBl. II S. 509) getroffenen Bestimmungen bleiben unberührt.

E. Andere genehmigungspflichtige Vorhaben

§ 371. (1) Der vorherigen Genehmigung durch die Baubehörde bedarf:

a) innerhalb des Gebietes eines Bebauungsplans oder in einem mit Veränderungssperre belegten Gebiet

1. eine wesentliche Veränderung der Erdoberfläche,

2. eine Veränderung der Nutzungsart unbebauter Grundstücke, soweit sich nicht die neue Nutzungsart aus dem Bebauungsplan als zulässig ergibt,

3. eine wesentliche Änderung der Grundwasserverhältnisse,

4. eine Teilung von Grundstücken und eine Änderung der Eigentumsgrenzen von Grundstücken,

b) außerhalb der unter a) genannten Gebiete

5. eine Teilung von bebauten Grundstücken und eine Änderung der Eigentumsgrenzen bebauter Grundstücke, wenn die neuen Grenzen nicht mehr als 30 m von einem Gebäude entfernt sind,

6. eine Teilung von Grundstücken zum Zwecke der Bebauung oder zum Zwecke der kleingärtnerischen Nutzung,

7. der Eigentumserwerb an Grundstücken zum Zwecke der Bebauung (oder der kleingärtnerischen Nutzung?).

(2) Genehmigungspflichtige Vorgänge dürfen im Grundbuch nur eingetragen werden, wenn die endgültige Genehmigung nachgewiesen ist. Im Zweifel erteilt die Baubehörde eine Bescheinigung darüber, dass es keiner Genehmigung bedarf.

(3) Bedarf der Eigentumserwerb einer Genehmigung nach anderen Vorschriften, so ersetzt die Genehmigung nach Abs. 1 auch die andere Genehmigung. Die Genehmigung darf nur im Einvernehmen mit der anderen Genehmigungsbehörde erteilt werden.

§ 372. (1) Die Genehmigung ist zu versagen, wenn das Vorhaben oder der mit ihm verfolgte Zweck den Bestimmungen oder Absichten dieses Gesetzes, dem Bebauungsplan oder den vorbereitenden städtebaulichen Plänen oder der Ortsbauvorschrift zuwiderläuft, einer zweckmäßigen geordneten Bebauung abträglich ist oder bauvorschriftliche Zustände herbeiführen würde.

(2) Die Genehmigung kann mit Auflagen, die der Sicherstellung der gesetzlichen Absichten zu dienen bestimmt sind, erteilt werden.

§ 374. (1) Dem Genehmigungsantrag sind die zu seiner Beurteilung nötigen Unterlagen und eine Erläuterung beizugeben.

(2) Auf die Behandlung der Genehmigungsanträge finden die Vorschriften über die Behandlung von Bauanträgen entsprechende Anwendung.

Sechster Teil: Bestehende Bauten und Anlagen (§§ 375–398)

I. Unterhaltung, Gebäudeaufsicht

§ 375. (1) Alle Bauwerke, ihr Zubehör und die unbebaubaren Flächen der Baugrundstücke sind unbeschadet der Vornahme zulässiger Änderungen entsprechend der für sie erteilten Genehmigung oder entsprechend ihrem rechtmäßigen Bestand gemäß den Bestimmungen dieses Gesetzes ordnungsmäßig zu unterhalten und zu benutzen.

(2) Einsturzgefahr oder Baufälligkeit eines Bauwerks oder Bauteils ist der Baubehörde anzuzeigen.

§ 376. (1) Die Baubehörde hat bei den bestehenden Bauten auf die Einhaltung der Bauvorschriften zu achten. Sie sorgt dafür, dass die bestehenden Bauten den in diesem Gesetz enthaltenen und nach ihm erlassenen Bestimmungen gemäß unterhalten, geändert und benützt werden.

(2) Die Baubehörde erlässt die dazu nötigen Auflagen. Sie ordnet erforderlichenfalls die Räumung und, wenn eine andere Abhilfe nicht in Frage kommt, den Abbruch an und trifft die sonstigen zur Verhütung von Gefahren nötigen Maßnahmen.

(3) Die Baubehörde hat in regelmäßigen Abständen eine Besichtigung der Bauten ihres Bezirks vorzunehmen.

§ 377. Von der Gebäudeaufsicht sind die Bauwerke ausgenommen, die von einer Dienststelle der in § 367 genannten Körperschaften verwaltet werden, sofern die Dienststelle mit einer den Anforderungen des § 367 Abs. 1 und 2 oder entsprechenden Person besetzt ist.

II. Anwendung der Bauvorschriften

§ 378. Bauliche Anlagen, die rechtmäßig bestehen, oder mit deren Ausführung nach einer erteilten Genehmigung bereits begonnen ist, sind entsprechend den neuen Bauvorschriften herzustellen oder im Sinne der neuen Bauvorschriften zu verbessern, wenn es aus Gründen der Sicherheit, des Feuerschutzes, der Gesundheit oder des öffentlichen Verkehrs aus sonstigen dringenden Gründen des öffentlichen Interesses notwendig ist.

§ 379. Wenn an einem Bauwerk An- oder Aufbauten, bauliche Veränderungen oder Ausbesserungen ausgeführt werden, so kann auch für die von diesen Bauarbeiten nicht berührten Bauteile die Herstellung nach den neuen Bauvorschriften oder eine hinreichende Verbesserung im Sinne der neuen Bauvorschriften gefordert werden, wenn die Bauteile mit den beabsichtigten Bauarbeiten im Zusammenhang stehen oder wenn durch die Einhaltung der neuen Bauvorschriften keine unverhältnismäßigen Mehrkosten entstehen.

III. Wirkung eines Bebauungsplans auf bestehende Verhältnisse

§ 380. (1) An einem Gebäude oder Gebäudeteil, dessen Grundfläche nach dem Bebauungsplan als öffentliche Verkehrsfläche oder als öffentliche oder private Freifläche bestimmt ist, oder das sonst mit dem Bebauungsplan im Widerspruch steht, dürfen abgesehen von den laufenden Unterhaltungsarbeiten keine Bauarbeiten vorgenommen werden, durch die die Durchführung des Bebauungsplanes erschwert oder verteuert wird.

(2) Diese Beschränkung erstreckt sich auch auf die dem Bebauungsplan nicht widersprechenden Teile des Gebäudes, wenn sie für sich allein nicht verwertbar sind oder wenn ihre Übernahme nach § 83 Abs. 3 verlangt werden kann.

(3) Von der Ablehnung der Baugenehmigung nach Abs. 1 kann abgesehen werden, wenn die Gemeinde den Bauarbeiten zustimmt oder wenn der Eigentümer für den Fall der Durchführung des Bebauungsplans auf Ersatz der eintretenden Werterhöhung oder auf die Übernahme verzichtet.

(4) Wird infolge der Unzulässigkeit von Bauarbeiten nach Abs. 1 die Benutzbarkeit eines Gebäudes, dessen Grundfläche ganz oder zum Teil nach dem Bebauungsplan als öffentliche Verkehrsfläche oder als öffentliche oder private Freifläche bestimmt ist, aufgehoben oder wesentlich herabgesetzt, so kann der Eigentümer die Übernahme des Gebäudes verlangen. Auf das Übernahmeverlangen sind §§ 60–62 sinngemäß anzuwenden.

§ 381. (1) Die zur Durchführung eines Bebauungsplans notwendige Erwerbung von Flächen richtet sich nach §§ 80 bis 84.

(2) Soweit eine Erwerbung von Flächen nicht in Betracht kommt, sind bei der Durchführung des Bebauungsplanes gegenüber bestehenden Gebäuden den Betroffenen die dadurch entstehenden Aufwendungen und Einbußen zu ersetzen, wobei die aus der Durchführung für den Betroffenen sich ergebenden Vorteile in Abzug zu bringen wird.

(3) Der Ersatzanspruch wird von der Baubehörde nach der Durchführung auf Antrag festgesetzt. Vor der Durchführung ist der vorhandene Bestand aufzunehmen.

(4) Die Vorschriften über Sanierung bleiben unberührt.

§ 382. (1) Werden nach Inkrafttreten dieses Gesetzes unbebaute Flächen, die nach früheren rechtsverbindlichen städtebaulichen Festsetzungen als bebaubar anzusehen waren, als unbebaubar festgesetzt, so ist dem Eigentümer neben dem Ersatz für wertlos gewordene bauvorbereitende Aufwendungen Entschädigung für den dadurch eintretenden Wertverlust zu leisten. Die Entschädigung beträgt die Hälfte des Unterschiedes zwischen dem Wert der Grundstücke vor und nach der Festsetzung der Unbebaubarkeit. An die Stelle des Wertes vor der Festsetzung der Unbebaubarkeit tritt der Erwerbspreis beim letzten Eigentumsübergang vor Inkrafttreten dieses Gesetzes, wenn er niedriger ist.

(2) Über die Entschädigung entscheidet die Baubehörde.

§ 383. (1) Werden Grundstücke, die aufgrund eines Bebauungsplanes nach Maßgabe dieses Gesetzes bebaubar waren, durch Änderung oder Aufhebung des Bebauungsplans unbebaubar oder in der baulichen Ausnutzung mehr als bisher beschränkt, so ist neben dem Ersatz für wertlos gewordene bauvorbereitende Aufwendungen das zu erstatten, was an Baukostenzins, Baulandabgabe, Baulandzins, Wertsteigerungsabgabe und Wertsteigerungszins entrichtet worden ist.

(2) Bei einer Beschränkung der baulichen Ausnutzbarkeit ist Erstattung nur insoweit zu leisten, als die bewirkten Leistungen die Beträge übersteigen, die zu leisten gewesen wären, wenn die beschränkte Ausnutzung von Anfang an festgesetzt worden wäre.

(3) Über den Ersatz für bauvorbereitende Aufwendungen entscheidet die Baubehörde. Die Erstattung richtet sich nach den Bestimmungen, die für die Erhebung dieser Abgaben getroffen sind.

IV. Planmäßige Ortsverschönerung

§ 384. Zur Erreichung einer planmäßigen Ortsverschönerung kann die Baubehörde im Einverständnis mit der Gemeinde für bestehende Ortschaften oder Ortschaftsteile einen Ortsverschönerungsplan festsetzen. Die Durchführung des Planes obliegt der Gemeinde.

§ 385. Im Ortsverschönerungsplan sollen nur solche Maßnahmen vorgesehen werden, die keinen wesentlichen Eingriff in die Belange der Betroffenen bedeuten.

§ 386. (1) Vor der Festsetzung des Planes ist den Betroffenen in einer Erörterungsverhandlung Gelegenheit zur Äußerung zu geben.

(2) Die Durchführung des Ortsverschönerungsplans setzt voraus, dass er von der höheren Baubehörde genehmigt worden ist. Die Entscheidung über die Genehmigung ist endgültig. Die Genehmigung ist den Beteiligten bekannt zu machen.

§ 387. (1) Die Änderungen an Versorgungseinrichtungen werden von den Versorgungsunternehmen auf ihre Kosten ausgeführt. Die Gemeinde, der Kreis und die höhere Baubehörde (vgl. § 80) leisten nach Möglichkeit einen Beitrag zu den Durchführungskosten. Der Rest der Durchführungskosten ist von den Betroffenen aufzubringen.

(2) Die Leistungen der Betroffenen sind auf Verlangen der Gemeinde vorzuschießen. Ein Überschuss fällt an sie zurück.

(3) Das Kostenverteilungsverzeichnis ist mit dem Plan aufzustellen und festzusetzen.

§ 388. (1) Jedem betroffenen Grundeigentümer sind solche Ausführungsarbeiten, die er selbst zu besorgen in der Lage ist, oder die er vermöge besonderer Berufskenntnisse ausführen kann, zur eigenen Ausführung binnen einer Frist unter Anrechnung des eingesparten Betrages zuzuweisen.

(2) Die Ausführung der nicht fristgemäß ausgeführten und alle übrigen im Ortsverschönerungsplan vorgesehenen Arbeiten veranlasst die Gemeinde. Sie kann sich zur Ausführung eines Ortsbeauftragten bedienen.

V. Sanierung

§ 389. Wesen und Zweck der Sanierung

(1) Wo wegen zu dichter Bebauung, Mangel an Licht und Luft, verwahrlosten oder Gefahr drohenden Bauzustandes, wegen ungesunder oder unwürdiger Beschaffenheit der Wohn- oder Arbeitsräume, wegen ungünstiger Verkehrsverhältnisse oder aus anderen Gründen, ein abhilfebedürftiger Zustand vorhanden ist, soll durch Sanierung die nötige Verbesserung herbeigeführt werden.

(2) Die Sanierung soll, abgesehen von der Behebung der Missstände, die zu ihr Veranlassung gegeben haben, auch die anderen Anforderungen dieses Gesetzes soweit als notwendig und möglich erfüllen und namentlich auch ein städtebaulich vorteilhaftes Ergebnis erzielen.

§ 390. Sanierungsplanung und ihre Rechtsfolgen

(1) Im Rahmen der städtebaulichen Planung ist zu prüfen, in welchem Ausmaß in der ganzen Gemeinde auf lange Sicht Sanierung notwendig ist. Die Grundzüge der Sanierung im Ganzen, die Grenzen der Sanierungsbereiche [-gebiete] und ihre voraussichtliche Unterteilung in Sanierungsgebiete [-bereiche] (§ 392) sind im Ortsbauvorbereitungsplan (vgl. § 8 Nr. 10) darzustellen.

(2) In den Sanierungsbereichen eines gebilligten Ortsbauvorbereitungsplans kann die Genehmigung zur Ausführung von Bauarbeiten abgelehnt werden, wenn zu besorgen ist, dass durch die Bauarbeiten die Ausführung der Sanierung erschwert oder verteuert würde. Anstelle der Ablehnung kann der Vorbehalt ausgesprochen werden, dass bei der Bewertung des Gebäudes im Sanierungsverfahren der durch die Bauarbeiten eintretende Mehrwert unberücksichtigt bleibt.

(3) An den Grundstücken des Sanierungsbereiches [-gebietes] dürfen von der Billigung des Ortsbauvorbereitungsplans ab Grundpfandrechte bis zur Durchführung der Sanierung nicht mehr bestellt werden. Entgegen dieser Vorschrift getätigte Rechtsgeschäfte sind unwirksam.

(4) Die Gläubiger bestehender Grundpfandrechte sind berechtigt, von dem genannten Zeitpunkt ab Tilgung zu verlangen, auch wenn dies in der Pfandbestellung nicht vorgesehen ist. Die Gemeinde entscheidet, ob die zwischen dem Grundbesitzer und den Gläubigern vereinbarte Tilgung ausreichend ist und setzt erforderlichenfalls den Tilgungsplan für beide Teile verbindlich fest. Tilgungsbeträge, die länger als ein Jahr rückständig sind, ohne rechtshängig geworden zu sein, werden im Sanierungsverfahren als bezahlt angesehen.

§ 391. Trägerschaft, Kosten

(1) Die Aufgabe und die Trägerschaft der Sanierung obliegt der Gemeinde. Sie trägt deren Kosten, soweit diese nicht durch Beiträge gedeckt sind.

(2) Die Vorbereitung der Sanierung und Durchführung der Baumaßnahmen obliegt der Baubehörde, welche in geeigneten Fällen die Durchführung bestimmter Baumaßnahmen einem Betroffenen überlassen kann.

§ 392. Sanierungsgebiet [-bereich]

Die räumliche Ausdehnung, innerhalb der eine Sanierung vorbereitet und ausgeführt wird (Sanierungsgebiet), ist zweckentsprechend abzugrenzen. Das Sanierungsgebiet soll nur so groß sein, dass man es übersehen und bei der Durchführung zurechtkommen kann. Gegebenenfalls sind zwei oder mehrere Sanierungsgebiete zu bilden.

§ 393. Die beteiligten Grundeigentümer

(1) Die Eigentümer der im Sanierungsgebiet gelegenen Grundstücke haben sich eine Verminderung des vorhandenen Gebäudebestandes auf das neue Ausnutzungsmaß höchstens [bis zu einem] um 1/3 des bestehenden umbauten Raumes ohne Entschädigung gefallen zu lassen, soweit es sich nicht um eine überwiegend durch Verkehrsgründe bedingte Sanierung handelt.

(2) Sieht das Sanierungsvorhaben eine weitere Beschränkung des Gebäudebestandes vor, so hat die Gemeinde das Grundstück nach den Bestimmungen der §§ 57–63 zu erwerben, oder dem Grundeigentümer für die weitergehende Beschränkung Entschädigung zu gewähren.

(3) Dem Eigentümer eines bebauten Grundstücks, der durch die Sanierung besondere Vorteile erlangt, die nicht durch Beschränkungen nach Abs. 1 aufgewogen sind, ist die Leistung eines angemessenen Beitrages zu den Kosten der Sanierung aufzuerlegen.

§ 394. Bewertung und Entschädigung

(1) Bei der Bewertung von [der] im Sanierungsgebiet gelegenem Grund und Boden [der Grundstücksflächen] ist die bauliche Ausnutzbarkeit nach Maßgabe des für die Sanierung maßgebenden Bebauungsplans (§ 396) und der vom Zeitpunkt der Genehmigung des Sanierungsplans ab geltenden Bauvorschriften zugrunde zu legen. Die nach dem Bebauungsplan als öffentliche Verkehrs- oder Freiflächen bestimmten Grundstücke oder Grundstücksteile sind wie die benachbarten Bauflächen zu bewerten.

(2) Gebäude sind nach dem Bauwert unter Berücksichtigung des Nutzungszweckes, der öffentlichen Abgaben, der Abschreibungen, des Alters und der voraussichtlichen Lebensdauer sowie des Unterhaltungszustandes des Gebäudes zu bewerten. Ein Wert aus Überbelegung oder aus Nutzungen, die den sozialen oder gesundheitlichen Anforderungen oder den guten Sitten widersprechen, bleibt außer Betracht.

(3) Die Bewertung darf nicht höher sein, als sich aus der bisherigen tatsächlichen Nutzung ergibt.

(4) Gebäude oder Gebäudeteile, die die Baubehörde nach § 365 Abs. 3 oder § 376 Abs. 2 für unbenutzbar erklärt oder geräumt hat, bleiben für die Bewertung und für die Bemessung der vom Eigentümer zu tragenden Beschränkung an unbebautem Raum außer Betracht.

(5) Entschädigungsleistungen in Geld können von der Gemeinde durch Hingabe von auf den Inhaber ausgestellten Schuldverschreibungen der Gemeinde oder anderer öffentlich-rechtlicher Körperschaften bewirkt werden.

§ 395. Grenzregelung und Eigentumsüberführung

Mit der Sanierung sind gleichzeitig die Formung zweckmäßiger Grundstücke durch Grenzregelung [Anm.: Nicht auch Umlegung?] nach §§ 48–51 und die erforderlichen Eigentumsüberführungen durch Einzelerwerbung nach §§ 53–63 sowie nach § 393 Abs. 2 vorzunehmen.

§ 396. Der Sanierungsplan

(1) Der Neuzustand ist von der Baubehörde im Benehmen mit der Gemeinde und nach Anhörung der Betroffenen zu erarbeiten.

(2) Die für das Sanierungsvorhaben vorgesehenen Maßnahmen und Änderungen und der angestrebte Neuzustand sind als Bebauungsplan mit Aufbauzeichnungen (§ 12 Abs. 1 Nr. 7) festzusetzen und im Übrigen in einer Darstellung (Sanierungsplan) niederzulegen.

(3) Der Sanierungsplan besteht aus:

a) einem Lageplan, der die Grenzen des Sanierungsgebiets, die Grenzen, die amtliche Bezeichnung und die Eigentümer der bisherigen Grundstücke und deren Bebauung enthält,

b) einer Darstellung des Gebäudebestandes vor der Sanierung (Grundriss, Aufriss, Ansichten),

c) einem Lageplan, der die Grenzen, amtliche Bezeichnung und die künftigen Eigentümer der neuen oder veränderten Grundstücke enthält,

d) Bauvorlagen (§ 339) und die zur Darstellung der Sanierungsmaßnahmen etwa noch erforderlichen Ergänzungen,

e) einem Verzeichnis der betroffenen Grundeigentümer, in dem ihre Grundstücke nach Größe und amtlicher Bezeichnung nach dem alten und nach dem neuen Bestand übersichtlich gegenübergestellt sind; die vorgesehenen Maßnahmen sind anzugeben, ebenso die Grundpfandrechte, Lasten und sonstigen Rechtsverhältnisse und die darin eintretenden Änderungen,

f) einem Verzeichnis der von der Sanierung betroffenen Nebenberechtigten (§ 57 Abs. 2) unter Angabe des alten Bestandes und der durch die Sanierung eintretenden Änderungen,

g) einem Verzeichnis der durch Eigentumsüberführung (§ 396), durch [Umlegung oder] Grenzregelung und der nach § 393 Abs. 2 bedingten Entschädigungen sowie der nach § 393 Abs. 3 auferlegten Beiträge,

h) einer Aufstellung der der Gemeinde durch das Sanierungsvorhaben erwachsenden voraussichtlichen Ausgaben und Einnahmen unter Angabe der Aufbringung der Mehrausgaben und unter Antragstellung auf Gewährung eines Reichsbeitrages,

i) einem Terminplan, aus dem zu ersehen ist, wie die zeitliche Abwicklung der Durchführung vorgesehen ist.

(2) Über Offenlegung, Einwendungen und Genehmigung gelten für den Sanierungsplan die über die Behandlung des Bebauungsplans getroffenen Bestimmungen entsprechend. Gleichzeitig mit der Genehmigung ist über die Verwilligung des Reichsbeitrages Entscheidung zu treffen.

§ 397. Wirkung des genehmigten Sanierungsplans

(1) Die im Sanierungsplan enthaltenen Grenzregelungen und Eigentumsüberführungen sowie die damit zusammenhängenden Festsetzungen werden durch die Genehmigung endgültig; §§ 62 Abs. 1 und 51 finden entsprechende Anwendung. § 46 Abs. 3 gilt auch für die Überführung des Eigentums.

(2) Die im Sanierungsplan nach § 393 Abs. 2 vorgesehenen Entschädigungen für weitergehende Beschränkungen und nach § 393 Abs. 3 vorgesehenen Beiträge gelten als endgültig festgesetzt.

§ 398. Durchführung des Sanierungsplans

(1) Die Baubehörde hat den Sanierungsplan nach der Genehmigung zu vollziehen und namentlich die in ihm niedergelegten Bauarbeiten auszuführen.

(2) Die Baubehörde kann Miet-, Pacht- und sonstige Rechtsverhältnisse, sofern nicht eine kürzere vertragliche Kündigung in Betracht kommt, zum Schluss eines Vierteljahres kündigen; die Kündigung muss spätestens am dritten Werktag des Vierteljahres vorgenommen werden. Mit der gleichen Fristsetzung kann Personen, die aufgrund dinglicher Berechtigung Räume im Sanierungsgebiet innehaben, die Räumung aufgegeben werden, wenn es zur Durchführung der Sanierung erforderlich ist. Nach Ablauf der Fristen ist der Zwangsvollzug der Räumung zulässig.

Siebenter Teil: Gemeinsame Bestimmungen (§§ 400–450)

I. Behörden

A. Organisation der Behörden

§ 400. (1) Baubehörde ist bis zum Eintritt einer anderen Regelung die Behörde, die bisher die Stellung als Baugenehmigungsbehörde innehatte.

(2) Aufsichtsbehörde im Sinne dieses Gesetzes ist bis zum Eintritt einer anderen Regelung die Behörde, die bisher die Stellung der höheren Baupolizeibehörde oder der höheren Verwaltungsbehörde innehatte.

(3) Hinsichtlich der Befassung höherer Landesbehörden mit dem Vollzug dieses Gesetzes bleibt es bis zum Eintritt einer anderen Regelung bei dem bestehenden Zustand. Jedoch ist in diesen die Behandlung der Angelegenheiten dieses Gesetzes in eine Abteilung zusammenzulegen (Generalreferent?).

(4) Oberste Reichsbehörde und zugleich oberste Aufsichtsbehörde in Angelegenheiten dieses Gesetzes ist der Reichsarbeitsminister.

§ 401. (1) Die Baubehörden, die nicht bei einer Gemeinde errichtet sind, können sich zur Durchführung ihrer Aufgaben der Mitwirkung der Gemeindebehörden bedienen.

(2) Den Baubehörden ist von den anderen Behörden auf Ersuchen die erforderliche Rechts- und Verwaltungshilfe zu leisten. Die Polizeibehörden teilen ihnen bekannt werdende Verstöße oder Ordnungswidrigkeiten, die in die Zuständigkeit der Baubehörden fallen, diesen zur weiteren Veranlassung mit.

§ 402. Besetzung der Baubehörden?

B. *Tätigkeit und Befugnisse*

§ 403. (1) Die Tätigkeit der Baubehörden hat sich nach dem Ziel zu richten, das gesamte städtebauliche Baugeschehen nach Maßgabe dieses Gesetzes zu führen, zu lenken und zu fördern [Anm.: aber nicht selbst bauen, wie in § 398 I vorgesehen.].

(2) Der Beurteilung und Entscheidung der Baubehörden unterliegen alle auf ihre gesetzlichen Aufgaben, namentlich auf die Zulässigkeit eines bestehenden oder geplanten Bauzustandes sich beziehenden Fragen einschließlich der Vorfragen.

§ 404. (1) Zur Vorbereitung und Durchführung der in diesem Gesetz geregelten Maßnahmen sind die Baubehörden und die von ihnen zugezogenen Stellen oder Beauftragten befugt, Grundstücke, Baustellen und offene Räume zu betreten und dort die erforderliche Betätigung auszuüben. Zu bewohnten und verschlossenen Räumen ist ihnen der Zutritt zu gestatten.

(2) Ein dabei den Betroffenen entstehender Schaden ist alsbald zu ersetzen. Streitigkeiten über Grund und Höhe einer Entschädigung entscheidet die Baubehörde.

§ 405. Ist ein Beamter einer Baubehörde oder eine Person, die mit ihm in gerader Linie verwandt oder verschwägert oder in der Seitenlinie bis zum dritten Grade verwandt oder bis zum zweiten Grade verschwägert ist, Bauherr, Bauleiter oder beteiligter Nachbar, so darf dieser Beamte bei der Behandlung einer Angelegenheit nicht mitwirken.

C. *Aufsicht*

§ 406. (1) Die den Behörden gegenüber ihren nachgeordneten Behörden in Angelegenheiten dieses Gesetzes zustehende Aufsicht schließt neben der Möglichkeit der Einsichtnahme und Berichtsanforderung vor allem auch die Befugnis zu allen erforderlichen Anweisungen über vorzunehmende oder aufzuhebende Maßnahmen und die Befugnis in sich, die Ausübung von Aufgaben an sich zu ziehen.

(2) Diesen Befugnissen steht die aus der Aufsicht sich ergebende Verpflichtung gegenüber, über den richtigen Vollzug und die zweckmäßige Handhabung zu wachen und den nachgeordneten Behörden beratend und fördernd zur Seite zu stehen.

II. Verfahren

§ 407. (1) Soweit das Verfahren nicht besonders geregelt ist, kommt die Entscheidung in Angelegenheiten dieses Gesetzes der Baubehörde zu. Auf Verfügungen sind die für Entscheidungen geltenden Bestimmungen entsprechend anzuwenden.

(2) Soweit die Anhörung der Beteiligten nicht schon besonders geregelt ist, ist ihnen vor der Entscheidung Gelegenheit zur Äußerung zu geben, wenn dies geboten oder zweckmäßig erscheint.

(3) Die nicht bei einer Gemeinde errichteten Baubehörden haben in allen Fällen die Gemeinde zu hören, wenn die Entscheidung eine Angelegenheit betrifft, von der die Gemeinde berührt wird.

§ 408. (1) Ablehnende oder belastende Entscheidungen sind in der Regel unter Angabe der angewendeten Bestimmung zu begründen.

(2) Die Entscheidungen sind den Betroffenen schriftlich bekannt zu geben. Der Zeitpunkt der Bekanntgabe ist ersichtlich zu machen.

§ 409. (1) Soweit eine Entscheidung nicht nach dem Gesetz endgültig ist, kann gegen die Entscheidung einer Baubehörde binnen 14 Tagen nach ihrer Bekanntgabe Beschwerde an die Aufsichtsbehörde erhoben werden.

(2) Voraussetzung für die Erhebung der Beschwerde ist, dass der Beschwerdeführer durch die angefochtene Entscheidung belastet wird.

(3) Wer sich bei einer Anhörung oder Offenlegung mit einer beabsichtigten Entscheidung einverstanden erklärt oder innerhalb der gestellten Frist keine Äußerung abgegeben hat, ist insoweit nicht beschwerdeberechtigt.

(4) Die Einlegung einer Beschwerde hat aufschiebende Wirkung, wenn diese Wirkung nicht wegen der Notwendigkeit sofortiger Vollziehung ausgeschlossen wird.

§ 410. (1) Die Beschwerde ist bei der Behörde, die die Entscheidung eröffnet hat, schriftlich und mit Begründung einzulegen. Durch Einreichung bei der zuständigen höheren Behörde wird die Beschwerdefrist gewahrt.

(2) Die Behörde, deren Entscheidung angefochten ist, kann der Beschwerde von sich aus abhelfen.

§ 411. (1) Die Beschwerdebehörde stellt die etwa erforderlichen Ermittlungen an. Sie hört, soweit notwendig, die Behörden und Stellen, die den in erster Instanz Gehörten vorgesetzt sind.

(2) Bei örtlichen Besichtigungen ist, wenn es nach der Sachlage geboten erscheint, den Beteiligten Gelegenheit zur Anwesenheit und Abgabe von Äußerungen zu geben.

(3) Vom Inhalt der Beschwerde ist den an der Aufrechterhaltung der Entscheidung Interessierten Kenntnis zu geben. Von Gutachten und wichtigen Unterlagen ist den Beteiligten Gelegenheit zur Stellung zu geben.

§ 412. (1) Gegen eine Entscheidung der Aufsichtsbehörde kann Antrag auf mündliche Verhandlung vor der voll besetzten Aufsichtsbehörde gestellt werden. Auf den Antrag finden die Bestimmungen über Beschwerde entsprechende Anwendung. [Anm.: 2 Verfahren?]

(2) Bei Genehmigung eines Bebauungsplans, eines Umlegungsplans, einer Gebietserweiterung oder eines Sanierungsplans findet die Entscheidung durch die vollbesetzte Aufsichtsbehörde aufgrund mündlicher Verhandlung dann statt, wenn ein Beteiligter bei seiner Einwendung oder Gegenäußerung einen dahingehenden Antrag gestellt hat.

§ 413. Geht die Zuständigkeit nach §§ 352, 360 Abs. 2 oder § 406 auf die Aufsichtsbehörde über, so tritt für Rechtsmittel an die Stelle der Aufsichtsbehörde die nächst höhere Behörde.

§ 414. (1) Die Aufsichtsbehörde oder die höhere Behörde kann in der Entscheidung aussprechen, dass gegen die Entscheidung die Anrufung des Reichsarbeitsministers zulässig ist. Hiervon ist Gebrauch zu machen, wenn wegen der grundsätzlichen Bedeutung einer zur Entscheidung stehenden Frage oder wegen sonstiger besonderer Umstände des Einzelfalles die Zulassung der Anrufung für geboten erachtet wird. Die für die Beschwerdeverfahren geltenden Bestimmungen sind entsprechend anzuwenden.

(2) Im Übrigen sind die Entscheidungen der Aufsichtsbehörde und der höheren Behörde endgültig.

III. Ortsbauvorschrift

§ 415. (1) Die nach den örtlichen Verhältnissen gebotenen baulichen Bestimmungen zum Vollzug dieses Gesetzes sind von der Baubehörde durch Ortsbauvorschrift zu erlassen.

(2) Die Geltung der Ortsbauvorschrift erstreckt sich auf den örtlichen Zuständigkeitsbereich der Baubehörde, soweit sie nicht auf Teile dieses Bereichs beschränkt wird.

§ 416. Die Ortsbauvorschrift darf von den Bestimmungen dieses Gesetzes und anderen Reichsvorschriften nur abweichen, wenn eine Abweichung darin ausdrücklich vorgesehen ist. Zusätzliche Bestimmungen müssen den Grundgedanken der Reichsvorschriften entsprechen.

§ 417. Die Ortsbauvorschrift bedarf der Genehmigung durch die Aufsichtsbehörde. Sie tritt nach Erteilung dieser Genehmigung mit ihrer öffentlichen Bekanntmachung in Kraft.

§ 418. Soll eine Angelegenheit im Bereich einer Aufsichtsbehörde oder in einem mehrere Baubehördenbezirke umfassenden Teil des Bereichs einheitlich geregelt werden, so kann die Aufsichtsbehörde mit Zustimmung der ihr vorgesetzten Behörde (RAM) die nötigen Bestimmungen aufstellen. Sie sind von den Baubehörden wie

eine Ortsbauvorschrift öffentlich bekannt zu machen und der bestehenden Ortsbauvorschrift als Bestandteil einzufügen. Sie treten mit ihrer Bekanntmachung in Kraft.

IV. Baurechtsbücher

§ 419. (1) Die Baubehörde führt über die Grundstücke, bei denen eine Eintragung notwendig wird, ein Baulastenbuch.

(2) In das Baulastenbuch sind Beschränkungen oder Verpflichtungen in baulicher Hinsicht einzutragen, die ein Grundbesitzer [Eigentümer] für sein Grundstück gegenüber der Baubehörde übernommen hat. Die Übernahme muss schriftlich erklärt sein. Die Gültigkeit der Übernahmeerklärung richtet sich nach den privatrechtlichen Bestimmungen über Willenserklärungen. Bei Streit über Bestehen oder Inhalt einer Baulast entscheidet, auch wenn er nicht innerhalb eines Genehmigungsverfahrens auftritt, die Baubehörde.

(3) Die Eintragung im Baulastenbuch bewirkt, dass die Baulast auf den jeweiligen Eigentümer des betroffenen Grundstücks übergeht.

(4) Vermerkungen im Baulastenbuch können eingetragen werden über die Widerruflichkeit einer Genehmigung oder einer Befreiung, über langfristige Auflagen oder sonstige Umstände, bei denen das Bedürfnis der Kundbarmachung besteht.

§ 420. (1) Die Gemeinde führt über Grundstücke, bei denen eine Eintragung notwendig wird, ein Bauabgabenbuch.

(2) In das Bauabgabenbuch einzutragen sind die Baukostenabgabe, die Baukostenabgabevorauszahlung, die Baulandabgabe, die Wertsteigerungsabgabe und andere nach diesem Gesetz auf dem Grundstück ruhenden öffentlichen Lasten. Voraussetzung der Eintragung ist, dass ein Abgabebescheid erteilt ist. Der Eintritt der Rechtskraft des Abgabebescheides ist im Bauabgabenbuch ersichtlich zu machen. Das Bevorstehen eines Abgabebescheides kann im Bauabgabenbuch vermerkt werden.

(3) Die Eintragung im Bauabgabenbuch bewirkt, das der jeweilige Eigentümer mit dem Grundstück und persönlich für die Abgabe und die seit zwei Jahren rückständigen Leistungen haftet. Die persönliche Haftung des früheren Eigentümers für die während seiner Besitzzeit fällig gewordenen Leistungen bleibt unberührt.

V. Entschädigung

§ 421. (1) Für die Auswirkung der Durchführung dieses Gesetzes wird Entschädigung nur insoweit geleistet, als es darin ausdrücklich vorgesehen ist.

(2) Das Gesetz begründet keine Amtspflicht, die einem Beamten gegenüber einem Einzelnen obliegt.

VI. Vollzug

§ 422. Behördliche Anordnungen, die nicht anfechtbar sind, oder bei denen die aufschiebende Wirkung der Beschwerde ausgeschlossen ist, sind bis zur reichseinheitlichen Regelung des Verwaltungszwangsvollzuges nach §§ 423 bis 426 zu vollziehen.

§ 423. (1) Zur Erzwingung der Befolgung einer Anordnung kann eine Zwangsstrafe ausgesprochen werden. Die Zwangsstrafe ist Geldstrafe von 1 bis 1000 RM oder Haftstrafe von 1 Tag bis 6 Wochen.

(2) Die Verhängung einer Zwangsstrafe setzt voraus, dass sie unter Setzung einer Frist für die Vornahme der verlangten Handlung oder für den Fall der Zuwiderhandlung gegen eine verlangte Unterlassung angedroht worden ist und dass bis zur Verhängung der Strafe die Handlung nicht ausgeführt oder die Zuwiderhandlung begangen ist.

(3) Die Zwangsstrafe kann nach neuer Festsetzung oder bei neuer Zuwiderhandlung wiederholt werden.

§ 424. (1) Statt oder nach einer Zwangsstrafe kann eine verlangte Handlung durch Ersatzvornahme bewirkt werden, wenn dies unter Fristsetzung angedroht worden ist.

(2) Die Kosten der Ersatzvornahme hat der Pflichtige zu tragen. Er ist zur Leistung eines entsprechenden Vorschusses verpflichtet.

§ 425. Zur Vollziehung einer Anordnung kann nach vorheriger Androhung unmittelbarer Zwang angewendet werden.

§ 426. Für die Bewirkung von Geldleistungen gelten die Bestimmungen für die Beitreibung von Gemeindeabgaben.

VII. Strafvorschriften

§ 427. (1) Mit Geldstrafe bis zu 150 RM oder mit Haft bis 6 Wochen wird bestraft

1. ein Bauherr, Bauleiter oder Bauhandwerker, der genehmigungspflichtige Bauarbeiten ohne Genehmigung oder in Abweichung von der Genehmigung ausführt oder ausführen lässt,
2. ein Bauherr, Bauleiter oder Bauhandwerker, der die bestehenden oder besonders angeordneten Sicherheitsmaßregeln bei der Ausführung von Bauarbeiten unterlässt, oder den Bauvorschriften zuwiderhandelt,
3. wer andere nach diesem Gesetz der Genehmigung bedürfende Maßnahmen ohne Genehmigung oder in Abweichung von der Genehmigung ausführt oder ausführen lässt,
4. wer bei der Leitung oder Ausführung von Bauarbeiten eine Gefahr für Leben oder Gesundheit von Menschen herbeiführt,
5. wer Wohn- oder Arbeitsräume vor der Gebrauchsabnahme oder von dem bei der Gebrauchsabnahme bestimmten Termin eigenmächtig benutzt oder anderen zur Benutzung überlässt,

6. wer Pfähle, Pflöcke oder andere Gegenstände, die als Bezeichnung einer Stelle oder Höhe zum Zweck der Durchführung dieses Gesetzes von amtlicher oder amtlich beauftragter Seite angebracht worden sind, unbefugt entfernt, verändert oder fälschlich setzt.

(2) In schweren Fällen kann auf Geldstrafe [Höhe?] und auf Gefängnis bis zu einem Jahr oder auf beide Strafen erkannt werden.

(3) Die Verhängung einer Strafe im Wege der polizeilichen Strafverfügung kommt der Baubehörde zu.

VIII. Gebühren

§ 428. Die bei Durchführung dieses Gesetzes in Betracht kommenden Gebühren und Kosten werden in einer vom RAM zu erlassenden Gebührenordnung geregelt.

IX. Schluss- und Übergangsbestimmungen

A. Nachbarrechtliche Bestimmungen

1. Gemeinschaftliche Wände

§ 430. Erstellung der Wände

Wenn nach den Bauvorschriften von beiden Seiten auf die Grenze gebaut werden darf und die Erstellung einer gemeinschaftlichen Wand zulässig ist, hat der zuerst Bauende das Recht, seine Wand so auf die Grenze zu stellen, dass die Grenzlinie durch die Mitte der Wand verläuft.

Die Wand steht bis zum Anbau im Eigentum des zuerst Bauenden. [Abs. 2: Änderungen des BGB.]

§ 431. Anbau an die gemeinschaftliche Wand

(1) Der Angrenzer hat das Recht, an eine Wand anzubauen, die auf oder unmittelbar an der Grenze errichtet ist, sofern die Voraussetzungen des § 430 zutreffen.

(2) Durch den Anbau geht die Wand in das Miteigentum der beiden Nachbarn über. Das Verhältnis der Anteile bestimmt sich nach § 432 Abs. 1.

(3) Ein Anbau liegt auch dann vor, wenn die Wand lediglich als Raumabschluss verwendet wird.

§ 432. Rechtsfolgen des Anbaues

(1) Der Anbauende hat dem zuerst Bauenden die Hälfte der Kosten zu ersetzen, die im Zeitpunkt des Anbaues für die gemeinschaftliche Wand aufgewendet werden müssten. Erstreckt sich der Anbau nicht auf die ganze Wand, so mindert sich der Ersatzbetrag in dem Verhältnis der Anbaufläche zur Fläche der ganzen Wand.

(2) Steht die Wand ganz auf dem Grund des zuerst Bauenden, so hat der Anbauende außerdem Ersatz dafür zu leisten, dass er nicht die halbe Grundfläche der Wand zur Verfügung stellen brauchte. Der Ersatz beschränkt sich, wenn der Anbau sich nicht auf die ganze Länge der Wand erstreckt, auf die Länge des Anbaues.

(3) Die Ansprüche nach Abs. 1 und 2 werden mit der Fertigstellung des Rohbaues fällig.

§ 433. Erhöhung der gemeinschaftlichen Wand

(1) Eine gemeinschaftliche Wand darf von jedem Miteigentümer auf seine Kosten erhöht werden. Der Erhöhende muss eine durch die Erhöhung notwendig gewordene Wiederinstandsetzung des Nachbargebäudes gleichzeitig mit der Erhöhung vornehmen lassen. Verbreiterungen, Verstärkungen oder ähnliche die Erhöhung bezweckende Zusatzbauarbeiten dürfen nur auf der Seite des Erhöhenden vorgenommen werden.

(2) Durch die Erhöhung ändern sich die Miteigentumsanteile nach dem Grundsatz des § 432 Abs. 1 Satz 2.

§ 434. Anbauen an die erhöhte Wand

(1) Der Angrenzer ist berechtigt, an die Erhöhung der Wand anzubauen.

(2) Er hat dafür die Hälfte der Kosten zu erstatten, die im Zeitpunkt des Anbaues an die Erhöhung für die Erhöhung einschließlich der etwa nötig gewesenen Zusatzbauarbeiten aufgewendet werden mussten.

(3) Im Übrigen findet § 432 entsprechend Anwendung.

§ 435. Inhalt der Anordnung und Aufbauberechtigung

(1) Gegenstand der in den §§ 430–434 geregelten Rechtsbeziehungen ist immer nur eine nach den Bauvorschriften ordnungsmäßige Bauausführung.

§ 436. Wirkung der Baugenehmigung

(1) In der Erteilung des Bauscheins ist die Feststellung mit enthalten, dass in den Fällen der §§ 430 und 431 Abs. 1 die beiderseitige Grenzbebauung und die Erstellung einer gemeinschaftlichen Wand zulässig ist, im Übrigen, dass die beabsichtigte Bauausführung ordnungsmäßig ist (§ 435).

(2) Diese Feststellung bindet Verwaltungsbehörden und Gerichte.

2. Bauliche Grenzverwirrung

§ 437. (1) Wenn bei einem Gebäude oder Gebäudekomplex, der ganz oder zum Teil im getrennten Eigentum zweier oder mehr Personen steht, die Eigentumsgrenze in einem Stockwerk anders als die Eigentumsgrenze in einem anderen Stockwerk oder als die Eigentumsgrenze des Bodens verläuft, oder wenn sonst keine von oben nach unten durchgehende Abscheidung vorhanden ist, und wenn dadurch die Vornahme nötiger baulicher Veränderungen oder Ausbesserungen erschwert wird, so kann die Baubehörde in Berücksichtigung der Belange der Beteiligten zur Erreichung einer nach Lage der Verhältnisse zweckmäßigen Regelung eine neue senkrecht durchgehende Grenzziehung vornehmen und das zu ihrer Verwirklichung Erforderliche festsetzen, auch die zur Herbeiführung einer billigen Lösung erforderlichen Ausgleichszahlungen anordnen.

(2) Ist eine befriedigende Lösung nach Abs. 1 nicht möglich, so können die Rechte der Beteiligten gegen angemessene Geldabfindungen einem anderen Beteiligten oder einem Dritten überwiesen werden.

(3) Im Falle des Abs. 1 sind die Vorschriften über Grenzregelung, im Falle des Abs. 2 die über Einzelerwerbung entsprechend anzuwenden.

3. Einfriedigungen

§ 438. Vorgeschriebene Einfriedigungen

(1) Wenn die Anbringung von seitlichen oder rückwärtigen Einfriedigungen zwischen Grundstücken vorgeschrieben ist, sind sie von beiden Angrenzern auf der Grenze gemeinschaftlich zu erstellen und zu unterhalten; sie stehen im Miteigentum der Angrenzer.

(2) Dies gilt nicht, wenn ein Angrenzer zur Erfüllung der Einfriedigungspflicht eine eigene Einfriedigung auf seinem Grundstück erstellt hat oder erstellt und solange er sie unterhält.

§ 439. Gemauerte Einfriedigungen

(1) Will ein Grundstückseigentümer eine ganz oder teilweise gemauerte Einfriedigung so auf die Grenze stellen, dass die Grenze durch die Mitte der Mauer verläuft, so bedarf er dazu der Einwilligung des Nachbarn. Durch die Erteilung der Einwilligung erlangt der Nachbar das Recht, die Einfriedigung wie ein Miteigentümer mitzubenutzen.

(2) Bei derartigen auf der Grenze bestehenden Einrichtungen wird die Erteilung der Einwilligung vermutet.

(3) Die Möglichkeit der Entfernung der Einfriedigung ist dem Eigentümer der Einfriedigung durch das Mitbenutzungsrecht nicht genommen.

4. Fenster- und Lichtrecht

§ 440. Privatrechtliche Vorschriften, durch die die Anbringung von Fenstern im Interesse des Anliegers oder die Erstellung von Bauwerken zum Schutze der Belichtung oder der Aussicht des Nachbarbauwerks beschränkt werden, werden aufgehoben. Vorschriften, nach welchen ein Fenster in Grenznähe Vergitterungen oder ähnliche Vorrichtungen anzubringen sind, finden auf Fenster, die nach dem Inkrafttreten dieses Gesetzes genehmigt werden, keine Anwendung. Rechtsgeschäftlich begründete Beschränkungen bleiben unberührt.

5. Hammerschlags- und Leiterrecht

§ 441. (1) Zur Erstellung eines Bauwerks an oder auf der Eigentumsgrenze, sowie zur Vornahme von Ausbesserungen, Änderungen oder Unterhaltungsarbeiten ist der Eigentümer des benachbarten Grundstücks verpflichtet, das Betreten und das Aufstellen von Gerüsten, Leitern oder sonstigen Gerätschaften auf seinem Grundstück zu dulden, wenn ohne die Benutzung seines Grundstücks die Ausführung der Arbeiten erheblich erschwert wäre.

(2) Der auf dem Nachbargrundstück entstehende Schaden ist zu ersetzen.

(3) Über das Vorliegen der Voraussetzungen des Abs. 1, über Art und Dauer der Benutzung sowie über die Höhe des Schadensersatzes entscheidet die Baubehörde unter Ausschluss des Rechtsweges endgültig.

6. Dachgesimse, Fensterläden

§ 442. (1) Wenn nach den Bauvorschriften das Bauen auf der Grenze vorgeschrieben oder zulässig ist, darf an den Gebäuden ein in das Nachbargrundstück hineinragende Dachgesims angebracht werden. Das Dachgesims muss vom Boden mindestens 2 m entfernt sein. An ihm darf eine Dachrinne angebracht werden. Auf Verlangen des Nachbars muss eine Dachrinne angebracht und das Dachwasser ohne Inanspruchnahme des Nachbars abgeleitet werden.

(2) Werden auf oder an der Grenze Fenster von der Baubehörde zugelassen, so darf das Aufschlagen von Fensterflügeln und Fensterläden nicht verboten oder verhindert werden. Eine erhebliche Beeinträchtigung des Lichteinfalls zu den auf der Grenze zugelassenen Hauptfenstern von Räumen zum dauernden Aufenthalt von Menschen durch Bäume oder ähnliche Gegenstände ist unzulässig.

7. Duldung von Leitungen

§ 442 a. (1) Wenn die Verlegung einer Versorgungsleitung oder einer Abwasserleitung zu einem Grundstück ohne Benutzung eines fremden Grundstücks nicht oder nur unter unverhältnismäßigen Kosten oder Schwierigkeiten möglich ist, und die Benutzung des fremden Grundstücks für seinen Eigentümer keine unzumutbare Beeinträchtigung mit sich bringt, kann die Baubehörde den Eigentümer des fremden Grundstücks verpflichten, gegen Ersatz des vollen ihm entstehenden Schadens die Verlegung einer dauerhaften Leitung in hinreichender Tiefe auf seinem Grundstück zu dulden.

(2) Ergibt sich später eine unzumutbare Beeinträchtigung, so kann die Baubehörde dem Eigentümer des Grundstücks aufgeben, die Leitung auf seine Kosten zu verlegen oder sonstige Veränderungen oder Vorkehrungen vorzunehmen und den dadurch entstehenden Schaden dem Eigentümer des fremden Grundstücks zu ersetzen.

(3) Über die Höhe des zu leistenden Schadensersatzes sowie über die Duldungs- oder Veränderungspflicht entscheidet die Baubehörde unter Ausschluss des Rechtsweges endgültig.

8. Ausschluss des Beseitigungsanspruchs

§ 443. Gegenüber einem mit Bauerlaubnis erstellten Bauwerk kann nur Anspruch auf Herstellung von Einrichtungen zur Verhütung oder Abschwächung benachteiligender Einwirkungen, auf Unterlassung von Einwirkungen, die mit der bestimmungsgemäßen Benutzung nicht unvermeidbar verbunden sind, oder auf Schadloshaltung, nicht aber auf Beseitigung des Bauwerks oder Einstellung der Benutzung überhaupt erhoben werden. [Anm.: Wie BGB und Grundbuchordnung]

[Im Handexemplar von Dittus ist hier eingefügt:

9. Ablösung von privatrechtlichen Rechtsverhältnissen

§ 443 a. (1) Fenster-, Licht-, Aussichts-, Auflagerungs- und sonstige in baulicher Hinsicht sich auswirkende private Nachbarrechte ohne Rücksicht, ob sie dinglicher oder schuldrechtlicher Natur sind, unterliegen der Ablösung, wenn sie entbehrlich geworden sind oder ihre Innehaltung mit dem Bebauungsplan oder den baurechtlichen Bestimmungen im Widerspruch stünde.

(2) Die Ablösung kann von Amts wegen oder auf Antrag des Nachbarn eingeleitet werden. Im Übrigen finden auf sie die Bestimmungen über Baulandbeschaffung entsprechende Anwendung.

(3) Hat die Ablösung für die verpflichtete Person oder das belastete Grundstück eine offensichtliche und nicht nur unbedeutende Verbesserung oder Vergünstigung zur Folge, so ist eine dementsprechende Entschädigung an den bisherigen Berechtigten zu leisten.

(4) Die Ablösung kann auch im Umlegungsverfahren vorgenommen werden. In diesem Fall entfällt die Entschädigungsleistung, wenn das abgelöste Recht infolge der veränderten Eigentumsgrenzen ohnehin nicht mehr, oder nur noch in wesentlich veränderter Weise erfüllbar wäre.]

B. Aufhebung bisheriger Vorschriften

§ 444. Mit dem Inkrafttreten dieses Gesetzes werden aufgehoben:

1. Das Gesetz über die Aufschließung von Wohnsiedlungsgebieten vom 22.9.1933 (RGBl. I S. 659)

2. die Verordnung zur Ausführung des Gesetzes über die Aufschließung von Wohnsiedlungsgebieten vom 25.2.1935 (RGBl. I S. 293)

3. das Gesetz über einstweilige Maßnahmen zur Ordnung des deutschen Siedlungswesens vom 3.7.1934 (RGBl. I S. 568)

4. die Durchführungsverordnung zum Gesetz über einstweilige Maßnahmen zur Ordnung des deutschen Siedlungswesens vom 5.7.1934 (RGBl. I S. 582)

5. die Verordnung über die Regelung der Bebauung vom 15.2.1936 (TGBl. I S. 104)

6. die Verordnung über die Zulässigkeit befristeter Bausperren vom 29.10.1936 (RGBl. I S. 933)

7. die Verordnung über Baugestaltung vom 10.11.1936 (RGBl. I S. 938)

8. die Verordnung über den Abbruch von Gebäuden vom 3.4.1937 (RGBl. I S. 440)

9. die Verordnung über die allgemeine baupolizeiliche Zulassung neuer Baustoffe und Bauarten vom 8.11.1937 (RGBl. I S. 1177)

10. die Verordnung über baupolizeiliche Maßnahmen zur Einsparung von Baustoffen vom 30.6.1937 (RGBl. I S. 728)

11. die Verordnung über baupolizeiliche Erleichterungen für Signalhochbauten der Landesaufnahme vom 19.1.1937 (RGBl. I S. 22)

12. die Verordnung über die baupolizeiliche Behandlung von öffentlichen Bauten vom 20.11.1938 (RGBl. I S. 1677)

13. die Verordnung über Grundstückseinrichtungsgegenstände vom 27.1.1942 (RGBl. I S. 53)

14. die Verordnung über die statische Prüfung genehmigungspflichtiger Bauvorhaben vom ... (RGBl. I S. ...)

15. die Verordnung über Baubeschränkungen zur Sicherung der Gewinnung von Bodenschätzen vom 28.2.1939 (RGBl. I S. 381)

16. die Verordnung über Fettabscheider vom 10.4.1940 (RGBl. I S. 634)

17. die Zweite Verordnung des Reichspräsidenten zur Sicherung von Wirtschaft und Finanzen vom 5.6.1931; Sechster Teil Kap. III (RGBl. I S. 279, 309) in der Fassung des Gesetzes zur Änderung der Notverordnung über Enteignungen auf dem Gebiete des Städtebaus vom 31.3.1939 (RGBl. I S. 649)

18. das Gesetz über die Zahlung und Sicherung von Anliegerbeiträgen vom 30.9.1936 (RGBl. I S. 854)

19. die Verordnung zur Behebung der dringendsten Wohnungsnot vom 9.12.1919 (RGBl. S. 1968)

20. die Dritte Verordnung des Reichspräsidenten zur Sicherung von Wirtschaft und Finanzen vom 6.10.1931 Vierter Teil Kap. II (RGBl. I S. 537, 551) §§ 11 und 12

21. die Verordnung über die Landbeschaffung für Kleinsiedlungen vom 17.10.1936 (RGBl. I S. 896

22. die Verordnung über die Belichtung und Belüftung von Stallungen landwirtschaftlicher Betriebe vom 19.1.1938 (RGBl. I S. 37)

23. die §§ 330, 367 Nr. 13, 14, 15 u. 368 Nr. 3 des Reichsstrafgesetzbuches.

§ 445. (1) Aufgehoben werden weiter die landesgesetzlichen Vorschriften, die sich auf die städtebauliche Planung, auf die Umlegung oder Veränderung der Grenzen von Baugrundstücken, auf die zwangsweise Überführung des Eigentums an Grundstücken zum Zwecke oder im Zusammenhang mit der Bebauung, auf die Erschließung, auf die Entrichtung von Abgaben im Zusammenhang mit der Erstellung von Bauwerken oder im Zusammenhang mit städtebaulichen Maßnahmen und auf die Erstellung, Veränderung oder Beseitigung von Bauwerken sich beziehen.

(2) Dasselbe gilt für alle örtlichen, bezirklichen und sonstigen regionalen Bestimmungen auf dem Gebiete dieses Gesetzes.

C. Übergangsvorschriften

§ 447. Festsetzungen über die Bebauung durch bisherige rechtsverbindliche Pläne oder durch Polizeivorschriften oder durch Satzungen verlieren mit Ablauf von drei Jahren nach dem Inkrafttreten dieses Gesetzes ihre Gültigkeit, soweit sie nicht schon vorher außer Kraft gesetzt werden. Bis zu diesem Zeitpunkt gelten sie nach Maßgabe der bisherigen Vorschriften weiter.

§ 448 Anhängige Verfahren in Angelegenheiten dieses Gesetzes sind nach den bisherigen Verfahrensvorschriften zu Ende zu führen. Die bisherigen sachlichen Vorschriften sind insoweit anzuwenden, als sie nicht ihren Grundgedanken nach mit diesem Gesetz im Widerspruch stehen.

D. Vollzugsvorschriften

§ 449. Die zur Durchführung dieses Gesetzes notwendigen Vollzugsbestimmungen, sowie sonstige auf dem Gebiete dieses Gesetzes erforderlich werdenden Rechts- und Verwaltungsvorschriften erlässt der Reichsarbeitsminister im Einvernehmen mit den beteiligten Reichsministern.

E. Inkrafttreten

§ 450. Dieses Gesetz tritt am 1. Oktober 1943 in Kraft. Es gilt auch in den eingegliederten Ostgebieten.

Berlin, den ... 1942

Anhang: Die bis jetzt entworfenen Ausführungsbestimmungen

Erster Teil

Zu § 3: Näheres über Beteiligung der berührten Stellen bei den verschiedenen Plänen. Beteiligte Stelle ist auch eine berührte Nachbargemeinde.

Zu § 4: Als größerer Zeitraum, der bei der Aufstellung zugrunde zu legen ist, ist in der Regel ein Zeitraum von etwa zehn Jahren anzusehen.

Zu § 6: Näheres über Ausgleich mit anderen Stellen.

Zu § 10: (1) Eine dem Umfang nach geringfügige Bautätigkeit liegt nur vor, wenn die in der Gemeinde im Verlauf der nächsten Jahre zu erwartende Zahl und Art von Bauvorhaben so gering ist, dass sie nicht zum Gegenstand einer bebauungsplanmäßigen Regelung gemacht werden muss. Dabei ist davon auszugehen, dass es in der Regel nicht angängig ist, auch nur kleinere Gruppen von Gebäuden oder einen kleinen Gebäudezuwachs in einer Gemeinde planlos entstehen zu lassen.

(2) Ein der Bedeutung nach geringfügiges Bauvorhaben ist dann nicht gegeben, wenn gerade durch dieses Bauvorhaben Fragen der baulichen Entwicklung der Gemeinde berührt werden, die ihre Behandlung nur durch Aufstellung eines Bebauungsplans finden können.

Zu § 11: (Bei Abs. 1 handelt es sich um eine Grundsatzanforderung, ähnlich wie bei den allgemeinen Forderungen der §§ 109 bis 123 in der BauO. Die näheren sachlichen Planungsgrundsätze bringt die AusfVO. Auch etwaige Richtlinien für Planung können auf diese Stelle gestützt werden.)

Zu § 12: Als AVO wird ein Blatt mit Planzeichen gebracht, in dem zugleich die rechtliche Wirkung und die Bezeichnung angegeben sind.

Private Freiflächen bleiben ihrer bisherigen, in der Regel landwirtschaftlichen oder gärtnerischen Nutzung erhalten.

Zu § 14: Es gibt hier keine in Aussicht genommene Baulinie.

Zu § 18: (1) Unwesentliche Änderungen sind namentlich geringfügige Veränderungen der Höhenlagen und Fluchtlinien, Einführungen, Streichungen oder Verlegung einzelner Wohnstraßen usw.

(2) Die Notwendigkeit zu wesentlicher Änderung eines Bebauungsplans soll nach Möglichkeit vermieden werden.

Zweiter Teil

Zu § 30: 1. Die Umlegung ist auszuführen, wenn sie notwendig ist, um

a) zweckmäßig geformte Grundstücke für die Bebauung zu erhalten,

b) die Flächen des Gemeinbedarfs zu gewinnen, zu verlegen oder ihre Aufbringung auf die Betroffenen gleichmäßig zu verteilen

c) die in Betracht kommenden Grundstücke an die durch Bauplatzbestimmung festgelegte Stelle zu verlegen,

d) oder wenn es sonst zur Verwirklichung des Bebauungsplans im Interesse des Gemeinwohls notwendig ist.

2. Der Gemeinbedarf umfasst die Ortsstraßen und die öffentlichen Freiflächen (§ 12 Abs. 1 Nr. 2). Als Ortsstraßen gelten die öffentlichen Verkehrsflächen, soweit sie nicht in der Unterhaltung eines anderen Trägers als der Gemeinde stehen.

Zu § 32: Als beteiligte Grundstückseigentümer sind auch die an das Umlegungsgebiet angrenzenden Grundstückseigentümer anzusehen. Die Grundstückseigentümer haben ihre Mieter, Pächter oder sonstigen Nebenberechtigten (§ ...) zu verständigen.

Zu § 33: Bei jeder Umlegung hat ein städtebaulicher, ein vermessungstechnischer, ein rechtskundiger und ein in der Bewertung von Grundstücken erfahrener Sachverständiger mitzuwirken. Soweit die Kräfte nicht bei der Baubehörde vorhanden sind, ist ihre Beiziehung zu veranlassen. In der Anordnung der Umlegung sind die Sachverständigen, die zur Mitwirkung berufen werden und ihre Vertreter zu bezeichnen und festzulegen, welchem von ihnen die Leitung der Ausführung übertragbar ist.

Zu § 38: Es kann sowohl eine Zusammenlegung mit einem anderen Kleinstück oder mit einem Grundstück des gleichen Eigentümers als auch mit einem oder mehreren Kleinstücken oder mit dem Grundstück eines anderen Eigentümers in Betracht kommen, wenn mit dem letzteren eine entsprechende Vereinbarung getroffen wird.

Zu § 39: 1. Als Vergünstigung oder Benachteiligung kommt in der Regel der Erhalt oder Verlust solcher Flächen in Betracht, auf denen

a) Bauwerke, Bestandteile oder Zubehör zu solchen wie Brunnen, Wasserleitungen oder dergl. vorhanden sind; Holz- und Drahtzäune sind als solche Bestandteile nicht anzusehen,

b) sonstige wertsteigernde Aufwendungen wie Planierung, Grundstücksentwässerungsanlagen, Bepflanzung und dergl. gemacht worden sind,

c) besondere Nutzungen gegeben sind wie Wassernutzungsrechte, Mineralquellen, Sand- oder Lehmgruben [Kiesgrube],

d) besondere Nachteile, wie Uferunterhaltungspflicht, vorhanden sind, oder vorhandene Anlagen, wie z.B. ein alter Straßenkörper unter Kostenaufwand entfernt werden müssen,

e) Lasten oder Rechte geändert oder neu begründet werden.

2. Die Größe der Neugrundstücke muss, soweit erforderlich, dem Bebauungsplan angepasst sein.

Zu § 47: Der Umlegungsbeitrag soll auf Antrag bis zur Bebauung oder bis zum Übergang des Eigentums auf einen anderen, jedoch nicht länger als zwei Jahre gestundet werden.

Zu § 51: Die Veranlassung der Geldzahlungen und die Einhebung der Kostenschulden erfolgt nötigenfalls im Wege des Verwaltungszwangsvollzuges.

Dritter Teil

Zu § 56: Vor der Genehmigung ist zu prüfen, ob die Preisbeschränkung eingehalten ist und der Käufer die Bebauung beabsichtigt. Die Genehmigung ist abzulehnen, wenn der Erwerber nicht glaubhaft macht, dass er mit dem Bau demnächst beginnen wird.

Zu § 66: Als Verbesserung ist es insbesondere anzusehen, wenn die Gemeinde vor der Weiterveräußerung eine Planung der Bauplätze, die Herbeischaffung von Humusboden für die Bauplätze, eine Entwässerung der Bauplätze oder dergl. vorgenommen hat. Die Kosten für die Herstellung der Gemeinbedarfsflächen dürfen hier nicht eingerechnet werden.

Vierter Teil

Zu § 70: (1) Als Baugebiete gelten die im Bebauungsplan neu festgesetzten Baugebiete und die bestehenden alten Baugebiete.

(2) Ortsstraßen sind die von der Gemeinde zu unterhaltenden öffentlichen Verkehrsflächen.

Zu § 71: Umfang, Ausführungsart und der Zeitpunkt, in dem das Ausgeführte fertig und mängelfrei der Gemeinde zu übergeben ist, sind in der Erwerbsgenehmigung genau zu bezeichnen. Im Einverständnis der Gemeinde und des Erwerbers kann die Festsetzung der Einzelheiten des Auszuführenden auf einen späteren Zeitpunkt verschoben werden. Die Auferlegung der Selbstausführung kommt namentlich in Betracht, wenn die Ausführung durch die Gemeinde dieser Schwierigkeiten verursachen würde.

Zu § 90: (1) Zu den sonstigen städtebaulichen Aufgaben gehören namentlich alle in diesem Gesetz behandelten und den Gemeinden zufallenden Aufgaben wie Planung, Umlegung, Sanierung u. dergl. ausschließlich des persönlichen und sächlichen Amtsaufwandes dafür. Als städtebaulicher Aufwand ist der durch den Gemeindehochbau entstehende Aufwand nicht anzusehen (Errichtung von Schulen, Gemeindebädern, Gemeindeverwaltungsgebäuden usw.).

(2) Die Gemeinden sollen erforderlichenfalls einen Teil des städtebaulichen Aufwandes aus allgemeinen Mitteln, den verbleibenden Teil mit den Einnahmen nach Abs. 1 decken. Die Höhe des Zuschusses aus allgemeinen Mitteln wird bei der Behandlung des Haushaltsplans geregelt, wobei das bisherige Verhältnis zwischen Aufwendungen einerseits und Einkünften, wie Anliegerbeiträgen u. dergl., sowie die sonstigen bisherigen und örtlichen Umstände einschlägiger Art und das Bevorstehen etwaiger besonderer städtebaulicher Absichten zu berücksichtigen sind. Von den bei den Einnahmen nach § 90 Abs. 1 zulässigen Erhöhungen darf nur Gebrauch gemacht werden, wenn der Aufwand auf das unerlässliche Maß vermindert ist und die Gemeinde einen höheren als den bisherigen Zuschuss aus allgemeinen Mitteln nicht zu leisten vermag.

(3) Die Verwendung der Einkünfte nach Abs. 1 für andere als die den Gemeinden nach diesem Gesetz obliegenden städtebaulichen Aufgaben ist unstatthaft. Würden die Einkünfte mehr ergeben als der Bedarf erfordert, so sind vorbehaltlich des Abs. 5 die Baukostenabgabe und der Realsteuerzuschlag zu senken, wobei eine Unterschreitung der gesetzlichen Mindestsätze zulässig ist.

(4) Nach § 90 Abs. 3 sind auch sonstige gemeindliche Einrichtungen, die zum städtebaulichen Aufgabengebiet gehören oder mit ihm in Zusammenhang stehen, zu behandeln, wenn bei ihnen Einnahmen in dem Maße erhoben werden können, dass sie die Veranstaltungen ganz oder überwiegend selbst tragen. (z. B. Müllabfuhr, Straßenreinigung).

(5) Wenn die Einnahmen nach § 100 Abs. 1 zum städtebaulichen Aufwand nicht voll benötigt werden, ist ihre Verwendung als Zuschuss zu den Kosten der Wasserversorgung und der Beseitigung der Abwässer zulässig.

(6) Die zur Durchführung der §§ 90 bis 97 nötigen Vorschriften erlässt der Reichsarbeitsminister im Einvernehmen mit dem Reichsminister des Innern und dem Reichsminister der Finanzen (Abs. 6 kann in den allgemeinen Teil übernommen werden).

Zu § 91. (1) Ist die Leistung eines Anliegerbeitrages oder eine gleichwertige Leistung noch nicht abgewickelt (z.B. gestundet, verrentet oder dergl.), so entscheidet die Baubehörde auf Antrag nach Anhörung des Pflichtigen und der Gemeinde nach Zweckmäßigkeit und Billigkeit, ob und wie die Abwicklung vollendet werden soll oder ob sie unter Anrechnung von Teilleistungen rückgängig zu machen ist. Bei Rückgängigmachung wird die Baukostenabgabe erhoben.

(2) Als Baukosten sind nicht anzusehen
1. Kosten für den Grunderwerb,
2. Kosten für laufende Instandsetzungs-Unterhaltungsarbeiten,
3. Kosten für die Beschaffung einzubauender gewerblicher Maschinen,
4. Kosten für Abbruchtätigkeit.

(3) Steuerpflichtige Bauausführungen sind vor Beginn der Gemeindesteuerstelle anzuzeigen. Der Antrag auf Erteilung der etwa erforderlichen Baugenehmigung gilt im Falle der Genehmigung zugleich als Steueranzeige; die Baubehörde verständigt die Gemeindesteuerstelle vom Anfang der Baubeginnsanzeige.

(4) Über die in der Zeit vom 1. Dezember bis 30. November jeweils entstandenen Baukosten hat der Bauherr eine Baukostenabgabeerklärung an die Gemeindesteuerstelle einzureichen, in der die im Laufe des Jahres entstandenen Baukosten aufzuführen sind. Die Gemeindesteuerstelle erlässt die Abgabebescheide und zwar, wenn der Baufall abgeschlossen ist, als Baukostenabgabeendbescheid oder, wenn der Baufall noch nicht abgeschlossen ist, als Teilbescheid über die bis jetzt entstandenen Teilkosten.

Zu § 93: Als Baukostenpreis gilt bis auf weiteres: in Gemeinden der Sonderklasse 36 RM; in Gemeinden der Klasse A 33 RM; in Gemeinden der Klasse B 30 RM; in Gemeinden der Klasse C 25 RM; in Gemeinden der Klasse D 20 RM.

Zu § 94: Die Verzinsung wird bis auf weiteres auf 4% festgesetzt.

Zu § 96: (1) Zur Gewinnung des Ausgangswertes ist von den Verhältnissen auszugehen, die den Wert des Geländes bedingten, als noch keine Aussicht auf Umwandlung in Bauland vorhanden war, Werterhöhungen, die durch zulässige Aufwendungen und die Arbeitskraft der Eigentümer bis zum Zeitpunkt der Veranlagung entstanden sind, sind nicht abzusetzen. Gewerbliche Verwertung ist nur zu berücksichtigen, wenn sie seit zehn Jahren bestanden hat oder dem Eigentümer das notwendige Auskommen gebracht hatte.

(2) Die Baubehörde übermittelt die endgültigen Werte der Gemeindesteuerstelle zwecks Erlass der Abgabebescheide.

Zu § 97: (1) Als städtebauliche Maßnahmen gelten bestimmte, mit öffentlichem Aufwand vorgenommene Veränderungen wie Sanierung, Straßendurchbruch, Straßenverbreiterung, Erstellung von Brücken, Eisenbahnen, Erstellung von Gebäuden durch die öffentliche Hand.

(2) Als städtebauliche Maßnahme ist auch eine nicht bloß unwesentliche Erhöhung der baulichen Ausnutzbarkeit anzusehen. In diesem Falle sind beide Bewertungen zusammen vorzunehmen.

(3) Die Baubehörde übermittelt die endgültigen Werte der Gemeindesteuerstelle zwecks Erlass der Abgabebescheide.

Zu § 98: Darüber, ob ein Grundstück als ein bebautes anzusehen ist und darüber, ob ein Anliegerbeitrag oder eine gleichwertige Leistung entrichtet wurde und in welchem Zeitpunkt, entscheidet die Baubehörde. Im Übrigen findet die AusfVO

Abs. 1 zu § 95 entsprechende Anwendung. Die endgültigen Entscheidungen der Baubehörden sind für die Erhebung des Zuschlags bindend.

Fünfter Teil

Zu § 104: Der Grundstückseigentümer ist verpflichtet, die Anpflanzung und die notwendigen laufenden Maßnahmen zur Erhaltung der Bäume, Sträucher und Hecken auf dem Grundstück zu dulden. Die Kosten der Anpflanzung und Erhaltung trägt die Gemeinde, sofern nicht durch Vereinbarung der Beteiligten eine andere Regelung getroffen wird. Forderungen für die Anlage der Vorgärten werden dadurch nicht berührt.

Zu § 145: Zu den Baustoffen gehören auch Anstriche, Imprägnierungsstoffe und dergl., die den Bauteilen eine erhöhte Widerstandsfähigkeit verleihen sollen.

Zu § 146: Geeignet sind die nachgenannten Baustoffe für den angegebenen Zweck bei Einhaltung der Anforderungen, die sich aus dem beigesetzten DIN-Blatt ergeben:

Baubedarf	*Verwendungszweck*	*Anforderungen*
	I. Mauer- und Deckensteine	
1. Mauerziegel	für statisch oder feuersicherheitsmäßig beanspruchtes Mauerwerk	DIN 105 Ausg. Februar 1936
2. Lochziegel	für tragendes Mauerwerk	D 4151 Ausg. Februar 1941
3. Lochziegel usw.	für Decken usw.	DIN 4160 usw.

Zu § 147: Zulassungsverfahren, Zulassungsinstanz usw.

Zu § 149: a) Besondere Auflagen oder Beschränkung der Genehmigung.
b) Erforderlichenfalls Erteilung einer Befreiung, wenn bestimmte Vorschriften nicht eingehalten sind.

Zu § 150: Zulassungsinstanzen (Prüfausschüsse), Zulassungsverfahren usw. etwa nach Art der I. Bekanntmachung.

Zu § 330: (1) Verschwenderische und unzweckmäßige Verwendung von Bodenflächen und Baustoffen in einem volkswirtschaftlich schädlichen Umfang kann untersagt werden.
(2) Liegt Erbbaurecht vor, so tritt, soweit es sich um die Ordnungsmäßigkeit von Bauwerken handelt, die Verantwortlichkeit des Erbbauberechtigten an die Stelle der des Eigentümers.

Zu § 331: Die mit der Architektenordnung zusammenhängenden Erlasse und dergl. können hier aufgenommen werden.

Zu § 332: 1. Die Fragen können sich sowohl auf die Bebaubarkeit eines Grundstücks als auch auf die Art der Bebauung u.ä. Dinge, wie Art und Maß der baulichen Nutzung, Erteilung einer Befreiung, oder auf bautechnische, bauwirtschaftliche oder baustoffliche Angelegenheiten beziehen. Voraussetzung für die Beantwortung der Anfragen ist, dass sie aufgrund eines hinreichenden Interesses gestellt werden.

2. Die Auskunft ist in der Regel mündlich zu erteilen. Eine zusagende Auskunft bedeutet nur, dass Aussicht auf eine entsprechende Entscheidung vorhanden ist, eine Gewähr dafür, wie die Entscheidung bei Einreichung eines Bauantrages ausfallen wird, ist in ihr nicht enthalten. Der Anfragende ist hierauf hinzuweisen.

3. Abgesehen von der vom Bauherrn gewünschten Beratung hat die Beratungstätigkeit der Baubehörde auch sonst einzusetzen, wenn dazu Anlass und Gelegenheit vorhanden ist, wie z.B. bei der Ausführung von Abnahmen, von sonstigen Nachprüfungen auf der Baustelle und bei Einigungsverhandlungen.

Zu § 333: die AVO bringt

1. Aufzählung der genehmigungspflichtigen Maßnahmen im Einzelnen.
2. Aufzählung bestimmter nicht genehmigungspflichtiger Maßnahmen.
3. Abgrenzung bei Bergbehörden.
4. Abgrenzung gegenüber Wasserbehörden.
5. Sonderregelung für einmalige Tribünen und fliegende Bauten.

Zu § 335: Die Fälle des Abs. 2 sollen im Baulastenbuch vermerkt werden.

Zu § 339: Die AVO bringt die Aufzählung der erforderlichen Bauvorlagen wie Lageplan eines beamteten Geometers, Lageplanskizzen, Bauzeichnungen, Lichtbilder, Modelle, Berechnungen und Erläuterungen.

Zu § 341. 1. Als Mangel gilt es, wenn der Bauantragsteller es binnen einer ihm gestellten Frist unterlässt,

a) unvollständige Bauvorlagen zu ergänzen,

b) darzutun, dass in tatsächlicher und rechtlicher Hinsicht die Möglichkeit zur Verwirklichung des Bauvorhabens und die ernsthafte Absicht dazu vorhanden ist,

c) darzutun, dass er die nach anderen gesetzlichen Vorschriften nötige Erlaubnis zum Beginn des Betriebes, zu dem das geplante Bauwerk ausschließlich oder vorzugsweise geeignet ist, besitzt oder voraussichtlich erhalten wird,

d) sofern er als Stellvertreter eines anderen handelt, eine schriftliche Vollmacht beizubringen,

e) oder wenn ein in den letzten drei Jahren abgelehnter Bauantrag unverändert oder nur unwesentlich verändert zur Genehmigung eingereicht wird, ohne dass Vorschriften, die auf die Ablehnung von Einfluss waren oder wesentliche tatsächliche Verhältnisse sich geändert haben.

2. Als Betriebserlaubnis nach Abs. 1 c kommen in Betracht: Erlaubnis zum Betriebe eines Theaters, einer Gast- oder Schankwirtschaft, eines Privatkrankenhauses, Erlaubnis nach dem Einzelhandelsgesetz, nach den Bestimmungen über die Beschränkung des Tankstellennetzes u. dgl.

Zu § 343: 1. Unter Nachbarn sind diejenigen Grundstücksbesitzer zu verstehen, die an das Baugrundstück angrenzen oder ihm über eine öffentliche Straße hinweg gegenüberliegen, sowie Grundstücksbesitzer, deren Grundstücke in der näheren Umgebung gelegen sind, ohne dass sie an das Baugrundstück anstoßen oder ihm gegenüberliegen. Eine Beteiligung des Nachbarn im Sinne des § 343 Abs. 1 ist gegeben, wenn sich das Bauvorhaben auf sein Grundstück auswirkt.

2. Der Anhörung bedarf es nicht, soweit die Zustimmung der Anzuhörenden vom Bauantragsteller als Unterschrift auf den Bauvorlagen beigebracht wird. Wird von einem Anzuhörenden keine mündliche Äußerung abgegeben, oder bleibt er auf ordnungsmäßige Vorladung zur Anhörung unentschuldigt aus, oder lässt er eine Aufforderung zu fristgemäßer schriftlicher Äußerung unbeantwortet, so gilt dies als Verzicht auf die Geltendmachung von Einwendungen.

Zu § 344: 1. Von der Einigungsverhandlung kann abgesehen werden, wenn ihrer Vornahme erhebliche Hindernisse entgegenstehen oder wenn offenkundig ist, dass sie erfolglos sein wird.

2. Die Baubehörde befindet darüber, ob der Erörterung eine gemeinsame Ortsbesichtigung vorauszugehen hat.

3. Das Ergebnis der Verhandlung ist in einer Niederschrift festzuhalten, aus der ersichtlich ist, inwieweit eine Verständigung stattgefunden hat und welche Einsprachen strittig geblieben sind.

Zu § 345: 1. Hiernach kommt in den geeigneten Fällen namentlich die Anhörung des Gewerbeaufsichtsbeamten, der Straßenbaubehörde, des Gesundheitsamtes, des beamteten Tierarztes, des Forstamtes, der Naturschutzbehörde, der Wasserbaubehörde, der Kulturbaubehörde, der Bergbehörde, der Reichsbahnbehörde u. dgl. in Betracht.

2. Die Anhörung muss stets erfolgen, wenn die Erteilung der Baugenehmigung durch besondere gesetzliche Bestimmungen von der Zustimmung einer anderen Behörde abhängig gemacht ist (z.B. wie das Luftverkehrsgesetz, das Reichsautobahngesetz, Reichszollgesetz).

3. Wenn zur Mitwirkung im baubehördlichen Verfahren besondere sachverständige Beamte oder Behörden bestellt sind, oder wenn die Begutachtung durch besondere Sachverständige in Betracht kommt, ist deren Stellungnahme, soweit notwendig, einzuholen. *Anmerkung:* Hier muss u.U. noch näher geregelt werden, dass und wie die Baubehörde bei gewerblichen Bauten mit dem Gewerberat, in den betr. Fällen mit Berg- und Wasserbehörden, bei Dampfkesseln, Tankstellen, Aufzügen, Sprinkleranlagen usw. mit den bes. Sachverständigen zusammenzuarbeiten hat.

Zu § 346: 1. Welche Stellen als Prüfamt für Baustatik gelten, wird von den Landesregierungen (Reichsstatthaltern) mit Bestimmung des RAM bestimmt.

2. Prüfingenieur für Baustatik ist, wer als solcher vom RAM anerkannt ist. Die Anerkennung und der Wegfall der Anerkennung werden im Reichsarbeitsblatt bekannt gemacht. Personen, die die Anerkennung nicht besitzen, dürfen die Bezeichnung „Prüfingenieur für Baustatik" nicht führen.

3. Die Prüfingenieure für Baustatik erhalten für ihre Tätigkeit von der Baubehörde, die sie mit der Vornahme einer statischen Prüfung betraut hat, eine Vergütung nach Maßgabe einer Gebührenordnung, die der Reichsarbeitsminister erlässt. Die Vergütung der Prüfämter für Baustatik richtet sich nach den für diese bestehenden Gebührenordnungen.

4. Die Vergütung ist von dem, der die Genehmigung beantragt hat, der Baubehörde als bare Auslage zu ersetzen.

5. Zur statischen Beratung der Baubehörden, der Prüfämter für Baustatik und der Prüfingenieure für Baustatik sowie zur Überwachung der Tätigkeit der Prüfingenieure für Baustatik und zur Durchführung allgemeiner Aufgaben auf dem Gebiet für Baustatik wird eine Reichsstelle für Baustatik in Berlin errichtet, die dem RAM untersteht.

Zu § 347. Ebenso ist zu verfahren, wenn statt unwiderruflicher Genehmigung nur widerrufliche Genehmigung in Frage kommt oder wenn es zur Genehmigung einer noch nicht beantragten Befreiung bedarf.

Zu § 348: 1. Auf die Tatsache oder auf die Möglichkeit, dass das Bauwerk oder der darin beabsichtigte Betrieb einer besonderen Erlaubnis, Genehmigung oder dgl. bedarf, ist der Bauantragsteller spätestens bei Aushändigung des Bauscheins hinzuweisen. Wird die Baugenehmigung erteilt, so liegt in ihr keine Anwartschaft auf die Erlangung der besonderen Genehmigung, Erlaubnis oder dgl.

2. Kann über einen Bauantrag binnen eines Monats nach dessen Einreichung noch keine Entscheidung getroffen werden, so ist dem Bauantragsteller eine Nachricht über den Stand seines Antrages zu geben.

Zu § 350: Sind die Einwendungen für unbeachtlich erklärt, so bleibt es dem Einwendenden anheimgestellt, die ordentlichen Gerichte oder die sonst zuständigen Stellen anzurufen.

Zu § 351: 1. Vor der Aushändigung ist mit dem Bauschein das für den Bauantragsteller bestimmte, mit Genehmigungsvermerk versehene Stück der Bauvorlagen zu verbinden. Der Bauschein ist auf der Baustelle und später beim Gebäude bereitzuhalten, soweit er nicht vorübergehend an anderem Orte benötigt wird.

2. Soll ein Bauvorhaben, gegen das keine Einwendungen vorliegen, genehmigt werden, so wird der Bauschein alsbald ausgefertigt und ausgehändigt.

3. Will der Bauantragsteller gegen festgesetzte Auflagen Beschwerde erheben, so ist der Bauschein der Baubehörde mit der Einlegung der Beschwerde zurückzugeben. Macht er von der Baugenehmigung auch nur z.T. Gebrauch, so gilt dies als

Verzicht auf Beschwerde, soweit er nicht aufgrund einer vorläufigen Genehmigung baut. Nach der endgültigen Entscheidung ist der Bauschein – gegebenenfalls mit entsprechender Änderung oder in Neuausfertigung – wieder auszuhändigen.

4. Soll ein Bauvorhaben abgelehnt oder trotz erhobener Einwendungen genehmigt werden, so ist darüber ein Bescheid mit Begründung und Rechtsmittelbelegung zu erlassen und dem Antragsteller sowie dem Einsprechenden zuzustellen. Der Bauschein wird erst ausgestellt und ausgehändigt, wenn die Genehmigung unanfechtbar geworden ist. Aus dem Ausspruch des Bescheides muss ersichtlich sein, ob der Antrag abgelehnt oder ob er genehmigt wird und mit welchen Auflagen, sowie ob die Einwendungen als unbegründet oder als unbeachtlich abgewiesen werden. In der Begründung des Bescheides ist anzugeben, welche Vorschriften in den streitigen Punkten angewendet wurden und warum sie als verletzt oder als eingehalten erachtet wurden.

Zu § 355: (1) Die vorläufige Genehmigung darf, wenn eine Beschwerde anhängig ist, nicht ohne Zustimmung der Beschwerdebehörde, wenn ein Bebauungsplan in Bearbeitung ist, nicht ohne Zustimmung der zur Genehmigung des Plans zuständigen Behörde und, wenn die Baugenehmigung von der Beibringung bestimmter Bescheinigungen, Zustimmungen oder dergl. abhängig gemacht ist, nicht vor deren Beibringung erteilt werden.

(2) Die vorläufige Genehmigung kann von der vorherigen Leistung einer Sicherheit abhängig gemacht werden.

(3) Auf den vorläufigen Bauschein findet AVO § 351 Abs. 1 Satz 2 Anwendung.

(4) Von der vorläufigen Baugenehmigung ist nur insoweit Gebrauch zu machen, als die Voraussetzungen der Notwendigkeit gegeben sind. Die vorläufige Baugenehmigung ist nicht weiter als erforderlich auszudehnen. Sie kann sich daher meist auf das Untergeschoss oder das Erdgeschoss beschränken.

(5) Von der Möglichkeit des § 355 Abs. 3 ist in der Regel nur Gebrauch zu machen, wenn es sich um Fälle handelt, die aus staatspolitischen Gründen eilig sind.

Zu § 356. 1. Die Gründe, aus denen der Widerruf vorbehalten wurde, sollen im Bauschein kurz bezeichnet werden.

2. Soweit ein Widerrufsvorbehalt zulässig ist, kann die Genehmigung auch befristet erteilt werden.

3. Die Ausübung des Widerrufs steht im pflichtmäßigen Verwaltungsermessen.

4. Widerruflich genehmigte Bauwerke sind nach Ausübung des Widerrufs, befristet genehmigte nach Ablauf der Genehmigungsfrist zu beseitigen. Von der widerruflichen oder befristeten Genehmigung ist nur insoweit Gebrauch zu machen, als die spätere Beseitigung ohne Schwierigkeiten ausführbar oder besonders sichergestellt ist.

Zu § 358: (1) Gewährte Ausnahmen sind in der Genehmigung ausdrücklich zu bezeichnen. Zur Erteilung einer Befreiung bedarf es einer besonderen Verfügung. Wird diese nicht zusammen mit der Genehmigung getroffen, so muss auf sie in der Genehmigung Bezug genommen werden.

(2) Befreiung von anderen Vorschriften als solchen, die eine sachliche Anforderung an Bauvorhaben oder andere Vorhaben bedeuten, ist ausgeschlossen. Unzulässig ist sonach eine Befreiung von Verfahrensvorschriften, auch von § 124 Abs. 1 u. dergl.

Zu § 360: In der Ortsbauvorschrift kann bei weiteren Bestimmungen vorgesehen werden, dass die Aufsichtsbehörde zur Erteilung der Befreiung zuständig ist.

Zu § 361: 1. Die Überwachung der Baumaschinen und der Unterbringung der Bauarbeiter durch die Gewerbeaufsichtsbehörden bleibt unberührt.

2. Die Überwachung durch die Baubehörde entfällt insoweit als

a) Baustoffe und Bauarten vom RAM allgemein zugelassen sind,

b) Haus- und Grundstückseinrichtungen durch einen anerkannten Ausschuss geprüft sind und ein Prüfzeugnis erhalten haben, und

c) Baustoffe in Erzeugungsstätten hergestellt sind, die einem amtlichen oder amtlich anerkannten Überwachungsverfahren angeschlossen sind.

3. Durch die Bauüberwachung werden die am Bau beteiligten Personen der ihnen obliegenden Verantwortung nicht enthoben.

Zu § 362: Der Rohbau ist als fertig anzusehen, wenn der Bau in seinen Mauern, Gewölben, Eisenkonstruktionen (einschl. der in Eisenkonstruktion ausgeführten Treppen), sowie in Balkenlagen und in mindestens vorläufiger Dacheindeckung vollendet ist. Für die Abnahme müssen alle Teile des Baues sicher zugänglich sein, und es müssen alle für die Standsicherheit wesentlichen Konstruktionen so weit offen liegen, dass die Abmessungen und die Einhaltung der bestehenden Vorschriften nachgeprüft werden können.

Zu § 363: 1. Bei den Abnahmen ist von der Baubehörde zu prüfen, ob die Ausführung den bestehenden Vorschriften entspricht, bei der Gebrauchsabnahme außerdem, ob das Bauwerk genügend ausgetrocknet ist und keine der Benutzung entgegenstehenden Hindernisse vorhanden sind.

2. Einer Aufforderung der Baubehörde, bei der Abnahme zugegen zu sein, haben der Bauleiter, der Bauherr und der Bauunternehmer oder Bauhandwerker Folge zu leisten. Der Bauleiter hat auf Verlangen bei der Abnahme die einzelnen Teile des Bauwerkes zugänglich zu machen. Bis zur Rohbauabnahme sind das Äußere der Untergeschossumfassungen, der Durchtritt der Schornsteine durch die Decken ... so offen zu halten, dass die Ausführung der Bauarbeiten ersichtlich bleibt.

3. Im Rohbauabnahmeschein kann ein Zeitpunkt festgesetzt werden, vor dem die Gebrauchsabnahme nicht stattfinden darf.

4. Außer den in § 82 vorgeschriebenen förmlichen Abnahmen sind die Bauarbeiten im Rahmen der laufenden Überwachung von Zeit zu Zeit nach Bedarf an Ort und Stelle nachzuprüfen. Vor allem kommt eine solche Nachprüfung nach Erstattung der Anzeige nach § 82 b und nach der Herstellung der Umfassungsmauern bis zur Höhe der Untergeschossdecke in Betracht.

Zu § 364: 1. Bei jedem Bauvorhaben, bei dessen Ausführung eine Bescheinigung des Bezirksschornsteinfegermeisters nötig wird, ist dieser von der Baubehörde über die Erteilung des Bauscheins zu benachrichtigen. In der Benachrichtigung ist anzugeben, ob eine Bescheinigung nach Abs. 2 vorgeschrieben wurde.

2. Eine Bescheinigung zur Gebrauchsabnahme soll nur dann verlangt werden, wenn nach Art und Umfang des Bauvorhabens anzunehmen ist, dass bei der Gebrauchsabnahme ohne die Nachprüfung durch den Bezirksschornsteinfegermeister die Vorschriftsmäßigkeit der Anlage nicht ausreichend beurteilt werden kann.

3. Die Höhe der dem Bezirksschornsteinfegermeister für die Ausstellung der Bescheinigung zustehenden Gebühren werden durch den RAM festgesetzt. Im Übrigen gelten für diese Gebühren die Bestimmungen über die Kehrgebühren; bei Streitigkeiten über die Gebühr für die Bescheinigung hat die Aufsichtsbehörde vor der Entscheidung die Baubehörde zu hören.

Zu § 365: 1. Steht ein Teil der Bauarbeiten mit der Genehmigung oder mit den sachlichen Baubestimmungen im Widerspruch, so sind auch alle weiteren sich daran anschließenden Bauarbeiten ordnungswidrig, wenn die weiteren Bauarbeiten beseitigt werden müssen, um den Widerspruch zu beheben.

2. Die Räumung kommt vor allem in Frage, wenn sie aus Sicherheitsgründen nötig ist oder eine in Aussicht zu nehmende Abbruchsanordnung vorbereiten soll. Vor der Ingebrauchnahme kann diese untersagt werden.

Zu § 366: 1. Als unerlaubt ausgeführt sind auch diejenigen Bauten anzusehen, bei denen eine Baugenehmigung zwar erteilt, aber wieder zurückgenommen worden ist.

2. Um Härten zu vermeiden, die im öffentlichen Interesse unerwünscht sind, kann die Baubehörde, wenn die sofortige Änderung oder Abtragung einer ordnungswidrigen Bauausführung nicht geboten ist, Aufschub bewilligen. (Jährliche Abgabe siehe Kosten). Die Bewilligung soll nicht erteilt werden, wenn gerade die beanstandete Ausführung vorher von der Baubehörde ausdrücklich missbilligt worden ist und dies dem Bauherrn oder Bauleiter bekannt war.

3. Bei ordnungswidrigem Abbruch kann die Baubehörde einen den Verhältnissen entsprechenden Wiederaufbau verlangen.

Zu § 371: 1. Eine wesentliche Veränderung der Erdoberfläche liegt vor, wenn die Erdoberfläche um mehr als 1 m gehoben oder gesenkt wird und die Erdbewegung mehr als 20 cbm ausmacht.

2. Eine Veränderung der Nutzungsart liegt vor, wenn von der landwirtschaftlichen oder gärtnerischen Nutzung zur gewerblichen oder von einer gewerblichen zu einer anderen gewerblichen Nutzung übergegangen werden soll.

3. Eine wesentliche Veränderung des Grundwassers liegt vor, wenn ...

4. Ein Eigentumswechsel an sich ist nicht genehmigungspflichtig, ist es aber dann, wenn der Veräußerer oder Erwerber mit einem anderen ihm gehörigen Grundstück an das zu veräußernde Grundstück anstößt.

5. Eine die Genehmigungspflicht begründende Teilung zur Bebauung oder zur kleingärtnerischen Nutzung ist stets dann anzunehmen, wenn aus der Lage, Größe

oder Zahl der angestrebten Neugrundstücke oder nach Lage der Verhältnisse des Einzelfalles und vor allem beim Fehlen einer anderen einleuchtenden Zweckbestimmung mit der Möglichkeit des Vorliegens oder späteren Eintretens der baulichen oder kleingärtnerischen Zweckbestimmung zu rechnen ist.

6. Die Genehmigungspflicht nach Nr. 7 entfällt, wenn in dem Veräußerungsgeschäft oder bei der Auflassung die beiderseitige Erklärung abgegeben wird, dass die Veräußerung nicht zur Bebauung (und nicht zur kleingärtnerischen Nutzung) stattfindet.

Zu § 374. 1. Näheres über die dem Antrag beizugebenden Unterlagen.

2. Der Eintritt der Unanfechtbarkeit eines Genehmigungsbescheides wird von der Baubehörde von diesem beurkundet.

Sechster Teil

Zu § 375: 1. Die Anzeigepflicht obliegt dem Unterhaltspflichtigen. Auch andere Dienststellen oder Personen, die durch ihr Amt oder ihren Beruf von einem solchen Zustand Kenntnis erlangen, vor allem die allgemeinen Polizeibehörden, sind zu dieser Anzeige verpflichtet.

2. Der Baubehörde sind auch eingetretene Einstürze oder Unfälle bei Bauausführungen anzuzeigen.

Zu § 376: 1. Auch bei unvollendeten oder bei teilweise zerstörten Bauwerken sind die nötigen Maßnahmen zu treffen.

2. Die Gebäudebesichtigung soll längstens alle fünf Jahre vorgenommen werden.

Zu § 378: (1) Als rechtmäßig bestehende bauliche Anlagen sind solche anzusehen, die den sachlichen und verfahrensmäßigen Bestimmungen entsprechen, die z.Zt. ihrer Erstellung bestanden haben.

(2) Anstelle der vollständigen Durchführung der neuen Vorschriften kann eine diesen Vorschriften nicht ganz genügende Ausführung dann zugelassen oder gefordert werden, wenn die nicht ganz genügende Ausführung den Zweck der neuen Vorschrift annähernd erfüllt, wenn die volle Erfüllung erhebliche Mehrkosten verursachen würde und gegen die nicht ganz genügende Ausführung keine Bedenken bestehen.

(3) Nach Abs. 2 kann namentlich die Änderung von Feuerungsanlagen, Aborten, Abwasserbeseitigungsanlagen, Düngerstätten, Jauchebehältern, Abfall-Lagerstätten, von Türen und Fenstern, die in einer Höhe bis zu 2,50 m unmittelbar in den öffentlichen Verkehrsraum aufschlagen, von Kellerhälsen, Treppenstufen oder ähnlichen Anlagen, die auf dem öffentlichen Verkehrsraum sich befinden, gefordert werden.

(4) Umgestaltung vorhandener Brandmauern, die nach den neuen Vorschriften nicht mehr erforderlich sind.

Zu § 379: (1) Der Zusammenhang zwischen den Bauarbeiten und den den neuen Bauvorschriften nicht entsprechenden Bauteilen kann in gestalterischer, standsicherheitsmäßiger, feuersicherheitlicher oder sonstiger Hinsicht gegeben sein.

(2) Bei veränderter Benutzung können die Forderungen gestellt werden, die sich aus der neuen Benutzung ergeben ohne Rücksicht darauf, ob und in welchem Ausmaß bauliche Änderungen beabsichtigt sind.

(3) Für die Frage der Verhältnismäßigkeit kommt es nicht allein auf die Höhe der Baukosten und der Mehrkosten, sondern auch darauf an, welche Werterhöhung oder Nutzungssteigerung durch die Bauarbeiten bewirkt wird.

Zu § 380: Nach § 380 ist namentlich auch dann zu verfahren, wenn ein Bauwerk durch Naturereignisse oder dergl. beschädigt oder zerstört worden ist. Für die Frage der Aufhebung oder Herabsetzung der Benutzbarkeit ist der Zustand vor dem Ereignis mit dem zu vergleichen, der nach Absatz 1 bis 3 zulässig ist.

Zu § 382: 1. Als rechtsverbindliche städtebauliche Festsetzungen der Bebaubarkeit gelten die Festsetzungen durch Bebauungspläne, Ortsbaupläne nach Landesrecht, die Ausweisung als Baugebiete durch die PolizeiVO oder Ortssatzung u. dgl.

2. Die Festsetzung der Unbebaubarkeit nach diesem Gesetz besteht darin, dass nach einem neuen Bebauungsplan die fragliche Fläche als öffentliche Freifläche, private Freifläche oder als öffentliche Verkehrsfläche bestimmt wird oder darin, dass die früheren Festsetzungen aufgehoben und durch keinen neuen Bebauungsplan ersetzt werden.

Zu § 384: Der Durchführung des Ortsverschönerungsplans soll die ordnungsmäßige Herstellung der Ortsstraßen und der in Betracht kommenden unterirdischen Versorgungsleitungen vorausgehen. Besteht kein Bebauungsplan, so ist vor der Aufstellung des Ortsverschönerungsplans zu prüfen, ob nicht die vorherige Festsetzung des Bebauungsplans erforderlich ist.

Zu § 385: (1) Als Maßnahmen im Sinne des § 385 sind anzusehen:

a) Die Anlegung oder Veränderung von Gärten vor oder neben den Gebäuden einschließlich deren Bepflanzung,

b) die Erstellung oder Änderung von Einfriedigungen an Gärten, Höfen oder Grundstücken und die Art der Ausführung der Einfriedigung einschließlich der zugehörigen Stützmauern und die Gestaltung von Böschungen,

c) die Anbringung von bestimmten Anstrichen, Putz oder dergl. an den Außen seiten der Gebäude,

d) die Entfernung oder Veränderung von geringfügigen Gebäuden oder von unbedeutenden Gebäudeteilen,

e) die Entfernung, Veränderung oder Anbringung von Beschriftungen, Werbezeichen und dergl.,

f) die Anbringung von Fensterläden,

g) die Entfernung von vortretenden Treppenstufen, Kellerhälsen und dergl.,

h) die Veränderung der Dacheindeckung und von Dachausbauten,

i) die Veränderung oder Entfernung von Masten und Drahtleitungen der elektrischen Ortsversorgung,

k) die Veränderung, Beseitigung oder Verlegung der Bauwerke auf öffentlichen Straßen und Plätzen.

(2) Bei der Bemessung des Ausmaßes der Verschönerungsmaßnahmen ist auf die Leistungsfähigkeit der Betroffenen angemessene Rücksicht zu nehmen.

Zu § 386: (1) Vor der Festigung des Planes ist jedem Beteiligten eine Aufzeichnung zuzustellen, aus der ersichtlich ist, welche Arbeiten auf seinem Grundstück vorgesehen sind, wie sie veranschlagt sind, welcher Betrag von ihm für die einzelnen Arbeiten zu entrichten ist und welche Arbeiten zur Ausführung durch den Grundbesitzer selbst vorgesehen sind. In der Aufzeichnung ist anzugeben, dass jeder Betroffene in der bevorstehenden Erörterungsverhandlung Gelegenheit hat, Wünsche, Anliegen und Fragen vorzubringen.

(2) Die Festsetzung des Planes ist jedem Betroffenen mitzuteilen. Gleichzeitig erhält er eine dem Abs. 1 entsprechende Aufzeichnung, die dem Inhalt des festgesetzten Planes entspricht.

Zu § 387: 10% der Durchführungskosten werden auf die beteiligten Grundbesitzer nach Kopfzahl (oder evtl. nach Flächengröße) umgelegt. Den ungedeckten Teil der Durchführungskosten tragen die beteiligten Grundbesitzer im Verhältnis der Kosten, die auf dem einzelnen Grundstück entstehen. Kosten, deren Tragung durch den betroffenen Grundeigentümer unbillig wäre, können insgemein getragen werden.

Zu § 389: Im Wege der Sanierung können und sollen alle diejenigen Maßnahmen durchgeführt werden, die zur Erreichung des in Abs. 2 genannten Ziels erforderlich sind. Hierzu gehören namentlich die Herabsetzung der Baudichte durch Niederlegung von Gebäuden oder Gebäudeteilen, durch Auskernung der Höfe, durch Beseitigung von Flügel- und Hintergebäuden und durch Verringerung der Stockwerke. Die Instandsetzung und Umgestaltung der bestehen bleibenden Gebäude und Gebäudeteile die Schaffung von nach Größe und Beschaffenheit einwandfreien Wohnungen oder Arbeitsräume nebst den dazu gehörigen Einrichtungen einschl. der Versorgungsleitungen, Abwässerbeseitigungsanlagen, die Herstellung eines anständigen äußeren Aussehens der Gebäude und die Verbesserung oder Neuanlegung von Verkehrsflächen. Die Sanierung kann namentlich auch zur Auflockerung zu eng gebauter Dörfer angewendet werden.

Zu § 390: (1) Nach der Billigung eines Sanierungsbereichs enthaltenden Ortsbauvorbereitungsplans teilt die Baubehörde dem Grundbuchamt die im Sanierungsbereich belegenen Grundstücke mit. Das Grundbuchamt vermerkt im Grundbuch, dass und von welchem Tag ab das Grundstück zum Sanierungsbereich gehört.

(2) Als ausreichende Tilgung gilt es, wenn jährlich etwa 1/50 der Gesamtbelastung abgetragen wird. Die Tilgung soll vorwiegend dem letztstelligen oder den Gläubigern der zweiten Bewertungshälfte zufallen. Eine vertragliche Tilgung früherrangiger Pfandrechte ist nach Möglichkeit beizubehalten. Die Verzinsung kann bis auf 3% herabgesetzt werden. Im Übrigen regelt der Tilgungsplan die Verhältnisse

zwischen Gläubiger und Grundeigentümer in billiger Berücksichtigung der Verhältnisse der Beteiligten so, wie es der Zweck der Sanierung erfordert.

(3) Ist die Gemeinde am Tilgungsplan beteiligt, so bedarf er der Zustimmung der Baubehörde, wenn die Gemeinde selbst Baubehörde ist, der Aufsichtsbehörde.

Zu § 391: (1) Die Gemeinde hat die Sanierung entsprechend der Notwendigkeit und Dringlichkeit und nach Maßgabe ihrer Leistungsfähigkeit zu verwirklichen.

(2) Bei der Vorbereitung der Sanierung und bei der Durchführung hat die Baubehörde im Einvernehmen mit der Gemeinde zu handeln.

(3) Zu den Kosten sollen die am Zustandekommen der Sanierung interessierten Stellen, wie Brandversicherungsträger u.ä. Beiträge leisten. Das Reich gibt Beiträge nach Maßgabe näherer Vorschriften.

(4) Die Überlassung der Durchführung kommt besonders dann in Betracht, wenn auf gewonnenen Bauplätzen neue Gebäude zu errichten sind.

Zu § 393: Der Beitrag nach § 393 Abs. 3 ist eine öffentlich-rechtliche auf dem Grundstück haftende Verpflichtung. Sie entsteht durch die Genehmigung des Sanierungsplans und wird durch Leistungsverbot [gebots?] der Gemeinde unter Setzung einer mindestens dreimonatigen Frist nach deren Ablauf fällig. Die Beitragsverpflichtung ist nach ihrer Entstehung auf Anordnung der Gemeinde im Bauabgabenbuch einzutragen. Beiträge nach § 393 Abs. 3 werden wie Gemeindeabgaben beigetrieben. Auf Antrag ist eine auf ein an Zeitraum bis zu 10 Jahren verteilte Ratenzahlung unter üblicher Verzinsung zu gestatten.

Zu § 395: Einer förmlichen Ankündigung nach § 47 bedarf es neben der in § 3 Abs. 3 vorgeschriebenen Anhörung nicht. Der Inhalt des Grenzregelungsplans und des Erwerbungsbescheides sind in den Sanierungsplan aufzunehmen.

Zu § 396: (1) Der Bebauungsplan muss spätestens gleichzeitig mit der Genehmigung des Sanierungsvorhabens genehmigt werden. Offenlegung des Bebauungsplans und des Sanierungsplans können verbunden werden.

(2) Beim Antrag auf einen Reichsbeitrag ist darzutun, zu welchen Zeitpunkten in Übereinstimmung mit dem Terminplan die Auszahlung oder die Teilauszahlungen benötigt werden.

(3) Zur Vermeidung von Unzuträglichkeiten bei der Beitragsverbilligung hat die Baubehörde schon vor Beginn der Arbeiten zur Vorbereitung des Sanierungsvorhabens unter Vorlage des Ortsbauvorbereitungsplanes die Verbindung mit der Aufsichtsbehörde aufzunehmen und dies dann zu wiederholen, wenn die Vorbereitungsarbeiten soweit vorgeschritten sind, dass sich die finanzielle Auswirkung im Wesentlichen übersehen lässt.

(4) Die Darstellung des alten Gebäudebestandes nach Abs. 2 b hat durch Bauzeichnungen (Grundrisse, Aufrisse, Ansichten) zu geschehen. Erforderlichenfalls ist die nötige Beschreibung beizugeben. Die Verwendung von Lichtbildern ist zu empfehlen.

(5) Der Lageplan nach Abs. 3 c kann, wenn dadurch die Übersichtlichkeit nicht leidet, mit dem Lageplan nach Abs. 3 a auf dem gleichen Blatt dargestellt werden.

Zu § 398: (1) Die Durchführung ist von der Baubehörde gemäß dem Sanierungsplan und vor allem unter Einhaltung des Terminplans vorzunehmen. Privatrechtliche Haftungs- und Gewährleistungsansprüche des Grundbesitzers gegen die Gemeinde oder die Baubehörde aus der Durchführung des Sanierungsvorhabens sind ausgeschlossen.

(2) Soweit erforderlich, ist dafür Vorsorge zu treffen, dass die Mieter, Pächter usw. ein anderweitiges ihren persönlichen und beruflichen Verhältnissen entsprechendes und den sozialen Erfordernissen Rechnung tragendes Unterkommen erhalten. Dies gilt auch bei denen, die infolge Erwerbung ihres Grundstücks durch die Gemeinde oder auf sonstige Weise durch die Sanierung ihr Unterkommen verlieren. Auch bei der Auswahl der aus dem Sanierungsgebiet herauszunehmenden Bewohner ist vor allem auf deren Berufs- und Erwerbsverhältnisse, Familienverhältnisse, persönliche Eigenschaften und auf soziale Erfordernisse Rücksicht zu nehmen.

(3) Von der Genehmigung der Durchführung ist der Aufsichtsbehörde unter Anschluss eines Stückes der Abrechnung und unter Erwähnung der bei der Durchführung gemachten besonderen Beobachtungen und Erfahrungen Anzeige zu machen.

(4) Alle Mieten sind mit Wirkung von der Beendigung der Durchführung ab neu festzusetzen.

Siebenter Teil

Zu § 401: (1) Die Eigenschaft von Behörden, die demnach nicht Baubehörden sind, als Baupolizeibehörden, kommt in Wegfall. Die Aufgabe des örtlichen Polizeiverwalters zu Notmaßnahmen in Eilfällen bleibt unberührt.

(2) Die Polizeibehörden achten vor allem darauf, dass keine Bauarbeiten ohne die erforderliche Baugenehmigung ausgeführt werden.

Zu § 403: (1) Die positive Aufgabe der städtebaulichen Führung durch die Baubehörden bringt es mit sich, dass die Tätigkeit der Baubehörden sich nicht auf die bloße Unterdrückung unerwünschten Bauens und auf die Behandlung der an sie herangebrachten Fragen beschränken darf. Zwischen widerstreitenden gleichwertigen Interessen ist ein sachgemäßer Ausgleich anzustreben. Die vom Standpunkt des Allgemeinwohles aus wichtigeren Interessen haben den Vorrang vor den weniger wichtigen und vor den Interessen, die den Einzelnen berühren.

(2) Die Baubehörde ist nicht auf die Wahrnehmung baupolizeilicher und bautechnischer Belange beschränkt. Sie hat vielmehr bei ihren Maßnahmen den Schutz der öffentlichen Interessen in vollem Umfang wahrzunehmen. Sie vereinigt daher insoweit in sich die Zuständigkeit aller derjenigen Behörden, deren Belange durch den Vollzug dieses Gesetzes mittelbar oder unmittelbar berührt werden. (OVG Bd. 100 S. 255 v. 6.2.1941 IV C 160, 39).

(3) Zum städtebaulichen Baugeschehen gehört die Planung, Vorbereitung und Ausführung von Bauwerken, wie sie in diesem Gesetz und den nach ihm ergehenden

Vorschriften behandelt sind. Ausgenommen davon sind der Eisenbahnbetriebsbau, der Reichsautobahn, der Reichsstraßenbau und Reichswasserbau.

Zu § 404: Als Schaden kommt beispielsweise die Beschädigung von Bepflanzungen in Betracht, die anlässlich der Messungen für den Bebauungsplan oder anlässlich der Bodenuntersuchung gemacht werden müssen. Als Schade ist nicht anzusehen der Nachteil, der durch Beanstandungen von Bauausführungen u. dgl. entsteht.

Zu § 409: Als Belastung ist es nicht anzusehen, wenn jemand von einer Entscheidung nur in der Weise betroffen wird, wie es bei einer Mehrheit anderer Personen auch der Fall ist.

Zu § 412: Für mündliche Verhandlungen ist die Aufsichtsbehörde mit einem Vorsitzenden und je einem technischen und juristischen Sachbearbeiter zu besetzen.

Zu § 415: 1. In der Ortsbauvorschrift sind alle zum Vollzug dieses Gesetzes erlassenen lokalen Bestimmungen zusammenzufassen.

2. Inhalt und Einteilung richten sich nach einem vom Reichsarbeitsminister zu erlassenden Ortsbauvorschriftsmuster.

Zu § 416: Die AVO bezeichnet die Paragraphen des Gesetzes, bei denen Abweichungen zulässig sind. Von der Möglichkeit zur Erlassung von Ortsbauvorschriften soll kein über den wirklichen Bedarf hinausgehender Gebrauch gemacht werden.

Zu § 418: Will die Aufsichtsbehörde ein Muster zu einer Ortsbauvorschrift herausgeben, so ist das Muster zuvor der ihr vorgesetzten Behörde vorzulegen.

Zu § 430: Bis zum Anbau kann der Nachbar vom Zuerstbauenden weder die Beseitigung der Wand verlangen noch verbieten.

Zu § 435: (1) Es besteht daher beispielsweise nach § 4 nur ein Recht zur Vornahme einer Erhöhung, die statisch einwandfrei ist, die Anforderungen der Baugestaltung erfüllt, mit der Regelung der Geschosszahl in Einklang steht usw.

(2) Der Miteigentümer kann die Erwirkung eines Bauscheins und die Einsicht in den Bauschein verlangen, auch wenn eine Baugenehmigung nicht vorgeschrieben ist.

Zu § 439: § 12 gilt sowohl dann, wenn überhaupt keine Einfriedigung vorgeschrieben ist, als auch dann, wenn zwar eine Einfriedigung vorgeschrieben ist, aber die in § 12 Ausführungsart nicht gefordert wird. Ist Letzteres der Fall, so gelangt ausdrücklich § 11 zur Anwendung.

Anhang: Schreiben der Vertretung Hamburgs in Berlin vom 9.10.1942 über die Arbeiten von Wilhelm Dittus

Sehr geehrter Herr Bürgermeister [Krogmann],

aufgrund der vielen Gerüchte, dass der bisherige Entwurf eines Reichsbaugesetzes, zu dem sich auch Hamburg ausführlich mit Schreiben vom 10. Januar 1942 geäußert hatte, nicht mehr weiter verfolgt werden solle, hatte ich heute im Reichsarbeitsministerium eine mehrstündige Unterredung mit dem neuen Referenten für das Reichsbaugesetz, Oberregierungsrat *Dittus*. Die frühere Gesetzgebungsabteilung unter Leitung von Ministerialrat *Prof. Dr. Heilmann* ist vollständig aufgehoben worden. Dr. Heilmann hatte den früheren Reichsbaugesetzentwurf mit einem großen Stab ausgearbeitet. Der alte Entwurf war jedoch von zahlreichen hohen Stellen stark kritisiert und beanstandet worden, und zwar besonders nach der Richtung hin, dass das Prinzip der Planung und die Durchsetzung der Planung von oben nach unten nicht in Ordnung gewesen sei. Ferner seien im Widerspruch zur Präambel die Rechte und besonders auch die Pflichten des Einzelnen der Allgemeinheit gegenüber nicht klar herausgestellt gewesen. Hierin liegt also der Vorwurf einer allzu individualistischen Regelung. Weiter sei der alte Entwurf lediglich eine Zusammenstellung bestehender, insbesondere sächsischer, Bestimmungen gewesen, ohne dass er wesentlich Neues gebracht habe. An dem Entwurf sei fast sieben Jahre gearbeitet worden, so dass also damit auch eine ziemliche Zeitvergeudung erfolgt sei. Er, Oberregierungsrat Dittus, habe jetzt zusammen mit einem Techniker den Auftrag erhalten, einen neuen Entwurf aufzustellen. Zur Zeit seien ihm die Hände noch sehr gebunden. Er sei auch nur aufgrund meiner offiziellen schriftlichen Anfrage an seinen Abteilungsleiter ausdrücklich ermächtigt worden, mir die erforderlichen Auskünfte zu geben. Er müsse dringend bitten, diese Auskünfte noch streng vertraulich zu behandeln. Dies habe ich ihm zugesagt.

Oberregierungsrat Dittus arbeitet seit etwa einem Vierteljahr an der Aufstellung des neuen Entwurfes, der über den Rahmen eines Vorentwurfs noch nicht hinausgekommen zu sein scheint.

Zu dem neuen Entwurf erklärte mir Oberregierungsrat Dittus Folgendes:

Der Entwurf sei auf eine völlig neue Grundlage anhand völlig neuer Auffassungen gestellt worden. Im Augenblick seien die Vorarbeiten noch nicht soweit gediehen, dass schon mit den größeren Ländern Fühlung genommen werden könne.

Man sei jetzt von der Auffassung ausgegangen, dass es nicht angehe, fünf bis sechs einzelne Gesetze zu bringen, vielmehr müsse ein *organisches Gesamtsystem* geschaffen werden. Alles Bestehende, was gut ist, soll auch weiter verwendet werden. Weiter sei zu überlegen, was an dem Bestehenden falsch sei und ausgemerzt werden müsse. Was sachlich notwendig sei, müsse geschaffen und in eine brauchbare Gesetzesform gebracht werden. Notwendig erscheine es insbesondere, dass die unteren Behörden weitgehende Ermessensfreiheit erhalten. Das Gesetz muss deshalb mehr in Grundprinzipien arbeiten, so dass auftretende Lücken aus der Praxis heraus gelöst werden können. Andererseits müsse aber auch eine starke Aufsicht über die unteren Behörden eingeführt werden, die aber nicht kritisieren und kontrollieren, sondern auch beraten soll. Das Ziel sei die Schaffung einer lebendigen Organisation von oben nach unten. Was im neuen Entwurf vorgeschlagen werde, sei höchstens die Hälfte derjenigen Bestimmungen des alten Entwurfs. Hierin liege schon eine wesentliche Vereinfachung.

Städtebau und Baupolizei sollen zu einer einheitlichen Angelegenheit zusammengefasst werden, im Gegensatz zu den Wünschen des Preußischen

Finanzministeriums, welches für jedes Bauvorhaben zwei Baugenehmigungen, nämlich eine städtebauliche (gemeindliche) und eine baupolizeiliche (staatliche) Genehmigung, mit verschiedenen Rechtsmittelzügen vorgeschlagen hatte.

Die *Bautätigkeit* soll sich weitgehend auf dem Boden der Privatinitiative abwickeln, wobei natürlich zu bedenken ist, dass in der Zeit unmittelbar nach dem Kriege Einengungen dieses Grundsatzes nötig sein werden. Da aber das Reichsbaugesetz auf lange Sicht geschaffen werden solle, müsse doch der eben genannte Grundsatz im Vordergrund stehen. In diesem Zusammenhang war auch der Gedanke, der schon des Öfteren genannt wurde, interessant, dass vielleicht der Reichskommissar für den sozialen Wohnungsbau auch das gesamte Bausparwesen übernehmen wird. Entscheidungen nach dieser Richtung sind jedoch noch nicht getroffen.

Der Entwurf soll das *gesamte Bauvorhaben* von der Planung bis zur Schlussabnahme einschließlich auch der Sanierung und Unterhaltung erfassen, und zwar ausgerichtet auf das öffentliche Interesse. Man will versuchen, mit möglichst wenig Rechtsquellen auszukommen, nämlich mit Reichsrecht und Ortsrecht.

Vorgesehen ist ferner eine organische Verbindung der Neuregelung des Baurechts mit den Preisvorschriften in Verbindung mit dem Parteiprogramm (Punkt 17).

Weiter will man die Neubildung der städtischen Grundrente erfassen und diese zur städtebaulichen Aufschließung verwenden (Reform der Anliegerbeiträge). Man hofft, damit auch der Grundstücksspekulation einen Riegel vorzuschieben. Wenn z.B. ein neuer Stadtteil entsteht, dann hatte diese Tatsache immer ein Ansteigen der Grundstückspreise zur Folge. Soweit ich verstanden habe, will man die Differenzbeträge zwischen dem reellen und dem erhöhten Preis für Zwecke der Allgemeinheit abschöpfen und den Gemeinden zur Verfügung stellen.

Oberregierungsrat Dittus erklärte hierzu, dass diese Absicht sicher noch einen erheblichen Kampf bei den weiteren Besprechungen hervorrufen werde. Ähnliche Gedanken seien im Übrigen auch von der Akademie für Städtebau geäußert worden. Oberregierungsrat Dittus hat seine Gedanken kürzlich auch im Reichsarbeitsblatt bei der Besprechung einer im Verlag Müller-Eberswalde erschienenen Schrift „Grundrentenstop statt Baulandstop“ niedergelegt.

Die *Baulandbeschaffungsmöglichkeit* soll großzügig gestaltet werden. Damit wird das Enteignungsverfahren in der bisherigen Form beseitigt. Man braucht keine Enteignungsbehörde und gerichtliche Entscheidungen. Die Enteignung müsse wesentlich einfacher gestaltet werden und auch in der Einspruchsinstanz vom Sachverständigen entschieden werden.

Im Einzelnen soll sich der neue Entwurf wie folgt aufbauen:

1. Abschnitt: Städtebauliche Planung.

2. Abschnitt: Baulandumlegung nebst Grenzberichtigung. Hierbei wird der Grundsatz vertreten, dass Eigentumsgrenzen sich künftig nach der Nutzungsart bzw. nach dem Bebauungsplan zu richten haben.

3. Abschnitt: Baulandbeschaffungsordnung (zwangsweise Erwerbung einzelner Grundstücke sowie Zonenenteignung für größere Anlagen wie z.B. für Industrieunternehmen oder für den sozialen Wohnungsbau).

4. Abschnitt: Erschließungsordnung (bisher Anliegerbeiträge. Aufbringung der Mittel zur Erschließung, Erfassung der Wertsteigerungen).

5. Abschnitt: Bauvorschriften (Bauordnung).

6. Abschnitt: Bestehende Bauten (Auswirkung der Planung auf bestehende Bauten, Altstadtsanierung, Gebäudeunterhaltung, Ortsverschönerung, Abbruch).

7. Abschnitt: Behördenorganisation und Verfahrensvorschriften *allgemeiner Art.* Einzelne Verfahrensvorschriften sollen auch schon in den einzelnen Abschnitten vorgesehen sein.

Abschließend bemerkte Oberregierungsrat Dittus, dass nach seiner Ansicht sich an den grundlegenden Gedanken, wie er sie mir entwickelt hat, wohl nichts mehr wesentlich ändern werde. Er hoffe, in nächster Zeit eine bindende Entscheidung in seinem Hause darüber herbeiführen zu können. Andererseits sei er sich durchaus darüber im Klaren, dass über einzelne Bestimmungen noch heftige Kämpfe, vielleicht sogar in seinem Hause, entbrennen könnten. Wenn der Entwurf feste Form angenommen habe, dann sei mit Wahrscheinlichkeit damit zu rechnen, dass die größeren Länder, zu denen dann auch Hamburg gezählt werde, Gelegenheit zur Stellungnahme erhielten [...]

Wenn auch abzuwarten bleibt, inwieweit sich Oberregierungsrat Dittus, der früher Landrat in Württemberg gewesen ist, zunächst in seinem Hause mit seinen Gedankengängen durchsetzen wird, so scheint es mir doch mit Rücksicht auf das große Interesse, das Hamburg an der ganzen Angelegenheit hat, empfehlenswert zu sein, dass sich der Hamburger Sachreferent in absehbarer Zeit – vielleicht unter meiner Beteiligung – mit Oberregierungsrat Dittus in Verbindung setzt. Ich warte zunächst Ihre weiteren Weisungen ab.

Heil Hitler!
gez. Dr. Zellmann

Zweiter Teil. Projekte zu einem Baugesetzbuch (1949–1950)

I. Entwurf zu einem Bau-Gesetz für Berlin der Abteilung für Bau- und Wohnungswesen des Magistrats von Berlin als ein das gesamte Sachgebiet umfassender Vorschlag zu einem neuen Planungs-, Bau- und Bodenrecht, vorgelegt von Dr. Wilhelm Dittus (April 1949; Inhaltsübersicht).

Inhaltsübersicht

II. Entwurf der Obersten Baubehörde im Staatsministerium des Inneren von 1950 für ein Bayerisches Baugesetz

Erster Teil: Planung

I. Allgemeine Vorschriften für die Bauleitplanung

Art. 1. Aufgabe der Bauleitplanung.

(I) Der Aufbau im Lande Bayern, das gesamte Baugeschehen und die sonstige Nutzung des Bodens sind durch eine von übergeordneten Gesichtspunkten herkommende, immer mehr ins Einzelne gehende Planung vorzubereiten und zu leiten (Bauleitplanung).

(II) Aufgabe der Bauleitplanung ist es, die für sie maßgeblichen Gegebenheiten zu ermitteln, die baulichen Zielsetzungen zu erarbeiten, daraus die jeweiligen Forderungen für die geordnete Nutzung des Bodens sowie für die Ordnung und Gestaltung des Bauens zu gewinnen und das Ergebnis zur Sicherung der Durchführung in Plänen niederzulegen (Bauleitpläne).

(III) Die Bauleitplanung muss dem Gemeinwohl dienen. Sie hat sich nach dem Gebot der Wirtschaftlichkeit und Zweckmäßigkeit sowie nach den sozialen und kulturellen Erfordernissen zu richten. Sie soll die Grundlage für den Aufbau bilden und namentlich durch die Vorbereitung des Bauens vorbildlicher neuer Wohnungen und Arbeitsstätten die baulichen Voraussetzungen für ein gesundes Volkslebens schaffen.

Art. 2. Stufen der Bauleitplanung

Mittel der Bauleitplanung sind:

1. der Landesplan als vorbereitender überörtlicher Plan,
2. der Flächennutzungsplan und der Generalbebauungsplan als vorbereitende örtliche Pläne und
3. der Bebauungsplan als endgültiger örtlicher Plan.

Art. 3. Aufstellung der Bauleitpläne

(I) Bei der Aufstellung der Bauleitpläne sind die Bauausschüsse (Art. 158 ff.), sowie die Behörden und Dienststellen zu beteiligen, deren Belange berührt werden.

(II) Die Vorschriften für die Aufstellung eines Bauleitplanes gelten auch für seine Änderung oder Aufhebung.

Art. 4. Sicherung der Bauleitplanung

(I) Anlagen von überörtlicher Bedeutung im Sinne des Art. 7 und Anlagen von örtlicher Bedeutung im Sinne der Art. 11 Abs. II und 14 Abs. I, sowie eine wesentliche Änderung von solchen dürfen, soweit für sie keine Genehmigung, Zustimmung oder Unbedenklichkeitserklärung durch die Bauordnungsbehörden (Art. 147 ff.) erforderlich ist, nur ausgeführt werden, wenn das Staatsministerium des Innern (Oberste Baubehörde) oder die zuständige Regierung als obere Bauordnungsbehörde (Art. 148 Abs. IV) erklärt, dass diese Anlagen in der Bauleitplanung vorgesehen sind oder mit ihr im Einklang stehen.

(II) Setzt die Ausführung oder Änderung einer solchen Anlage ein Verfahren nach anderen gesetzlichen Vorschriften voraus, so darf in diesem eine Entscheidung erst getroffen werden, nachdem die Bedingung des Abs. I erfüllt ist. Liegen die entsprechenden Bauleitpläne nicht vor, so müssen vor Abgabe der Erklärung die in Art. 3 Abs. I genannten Behörden und Dienststellen beteiligt werden.

Art. 5. Gemeinsame Vorschriften für die vorbereitenden Bauleitpläne

(I) Die vorbereitenden Bauleitpläne haben alles zu enthalten, was zur Aufstellung des Bebauungsplanes erforderlich ist.

(II) Die vorbereitenden Bauleitpläne sind zu ändern oder aufzuheben, wenn die Entwicklung im Plangebiet es erfordert.

(III) Jedermann kann in die vorbereitenden Bauleitpläne nach ihrer Billigung Einsicht nehmen oder über ihren Inhalt Auskunft verlangen.

II. Überörtlicher Bauleitplan

Art. 6. Aufgabe des Landesplanes

(I) Die Landesplanung soll im Einklang mit der Raumordnung die einzelnen baulichen Fachplanungen zusammenfassen, bei sonstigen Fachplanungen beratend mitwirken und bei Überschneidungen für den notwendigen Ausgleich sorgen.

(II) Im Landesplan sind die übergeordneten, für das ganze Land Bayern in Betracht kommenden und auch über die Landesgrenze hinausgreifenden baulichen Planungsaufgaben in ihren Grundzügen zu lösen. Er ist das Strukturprogramm für das bevorstehende Baugeschehen.

Art. 7. Inhalt des Landesplanes

Der Landesplan soll in schriftlicher, erforderlichenfalls in ergänzender zeichnerischer Darstellung namentlich enthalten:

1. die Grundzüge der Siedlungsbewegung,
2. die Grundzüge des Wirtschaftsaufbaues,
3. die Grundzüge der Verkehrserschließung großer Räume,
4. die Grundzüge der Energieversorgung,
5. die Grundzüge der landwirtschaftlichen, forstwirtschaftlichen und wasserwirtschaftlichen Entwicklung und
6. die Standorte einzelner besonders wichtiger Großanlagen.

Art. 8. Aufstellung des Landesplanes

(I) Der Landesplan wird vom Bayer. Staatsministerium des Innern (Oberste Baubehörde) im Benehmen mit den anderen Ministerien und dem Landesbauausschuss (Art. 158) ausgearbeitet. Er bedarf bei seiner Aufstellung und bei seiner ständigen Weiterentwicklung der Billigung der Staatsregierung.

(II) Bei der Ausarbeitung des Landesplanes wirken die Regierungen als Bezirksplanungsstellen mit.

III. Örtliche Bauleitpläne

Art. 9. Aufstellung der örtlichen Bauleitpläne

(I) Die örtlichen Bauleitpläne sind von der unteren Bauordnungsbehörde (Art. 148) unter Beteiligung ihres Bauausschusses aufzustellen. Ist eine Gemeinde nicht Bauordnungsbehörde, so ist sie bei der Aufstellung zu beteiligen.

(II) Die Regierungen haben die unteren Bauordnungsbehörden bei der Bearbeitung und Aufstellung der örtlichen Bauleitpläne nach Bedarf zu beraten und zu unterstützen. Sie können erforderlichenfalls unter Fristsetzung die Aufstellung von örtlichen Bauleitplänen anordnen, wenn nötig, selbst vornehmen.

(III) Die durch die Aufstellung von örtlichen Bauleitplänen entstehenden Kosten sind von den Gemeinden zu tragen.

(IV) Werden örtliche Bauleitpläne auf Antrag privater Grundeigentümer aufgestellt oder geändert, so haben diese die Kosten zu tragen.

A. Der Flächennutzungsplan

Art. 10. Aufgabe des Flächennutzungsplanes

Der Flächennutzungsplan stellt die flächenmäßige Gliederung des Gemeindegebietes in den Grundzügen dar und zeigt, wie die geordnete Nutzung des Bodens und die bauliche Entwicklung gedacht ist. Er macht vor allem ersichtlich, welche Flächen im Laufe der Zeit der Bebauung zugeführt werden und welche Flächen aus Gründen des öffentlichen Wohls unbebaut oder in der Bebauung beschränkt bleiben sollen.

Art. 11. Inhalt des Flächennutzungsplanes

(I) Der Flächennutzungsplan übernimmt aus dem Landesplan die dort für überörtliche Zwecke vorgesehenen und nunmehr weiter zu entwickelnden und genauer abzugrenzenden Widmungen und gestaltet aus ihnen unter Hinzunahme der Flächen für gleichartige örtliche Zwecke sowie für den sonstigen örtlichen Bedarf eine zweckmäßig gegliederte Aufteilung des Gemeindegebietes.

(II) Im Flächennutzungsplan sollen namentlich vorgesehen werden:

1. Die Bauflächen, wie die Wohnbauflächen, die Geschäftsbauflächen, die Industriebauflächen und die landwirtschaftlichen Siedlungsbauflächen mit Unterscheidung der kanalisierten und der nichtkanalisierten Bauflächen,

2. die öffentlichen Vorbehaltsflächen (Art. 17 Abs. I Nr. 6 B), nämlich

a) die überörtlichen Verkehrsflächen (Art. 17 Abs. I Nr. 6 Ba),

b) die örtlichen Schnellverkehrsflächen (Art. 17 Abs. I Nr. 6 Bb),

c) die öffentlichen Sonderzweckflächen (Art. 17 Abs. I Nr. 6 Bc),
3. die landwirtschaftlichen und erwerbsgärtnerischen Flächen,
4. die forstwirtschaftlichen Flächen,
5. die Wasserflächen,
6. die Naturschutzgebiete, die zu schützenden Baumbestände und Gewässer, sowie die Schutzgebiete für die Wasserversorgung,
7. sonstige Flächen mit besonderer privater Zweckbestimmung oder mit besonderen Verhältnissen wie private Spiel-, Sport- und Badeplätze, Lagerplätze oder andere gewerblich zu benutzende Flächen, Abbaugelände z.B. von Ziegeleien, Steinbrüchen, Kies- und Sandgruben, Schutthalden oder ähnliche Aufschüttungsflächen (private Sonderzweckflächen), und
8. Starkstromleitungen.

(III) Dem Flächennutzungsplan soll ein Erläuterungsbericht beigegeben werden.

Art. 12. Billigung des Flächennutzungsplanes

(I) Die Flächennutzungspläne der kreisunmittelbaren Städte bedürfen der Billigung des Staatsministeriums des Innern (Oberste Baubehörde).

(II) Die Flächennutzungspläne der kreisangehörigen Gemeinden bedürfen der Billigung der Regierung.

(III) Die Billigung setzt voraus, dass mit den nach Art. 3 Abs. I zu beteiligenden Behörden und Dienststellen eine Einigung erzielt ist.

(IV) Kommt keine Einigung zwischen der Regierung und den beteiligten Behörden und Stellen zustande, so entscheidet darüber das Staatsministerium des Innern (Oberste Baubehörde) im Einvernehmen mit den beteiligten obersten Fachbehörden.

(V) Kommt keine Einigung zwischen dem Staatsministerium des Innern (Oberste Baubehörde) und den beteiligten obersten Fachbehörden zustande, so entscheidet darüber die Staatsregierung.

(VI) Ein Flächennutzungsplan, der nach Art. IV oder V die Billigung des Staatsministeriums des Innern (Oberste Baubehörde) oder der Staatsregierung gefunden hat, darf nur mit Zustimmung dieser Stellen geändert oder aufgehoben werden.

(VII) Wenn das Gemeinwohl es erfordert, können die Regierungen im Einvernehmen mit dem Regierungsbauausschuss (Art. 158) bestimmen, dass für mehrere benachbarte Gemeinden ein gemeinsamer Flächennutzungsplan aufgestellt wird.

(VIII) Einzelne Teile des Flächennutzungsplanes z.B. die Bauflächen, die Verkehrsflächen oder dgl. können im Voraus gebilligt werden (Vorläufiger Flächennutzungsplan).

B. Der Generalbebauungsplan

Art. 13. Aufgabe des Generalbebauungsplanes

(I) In größeren Gemeinden sind die gestalterischen Absichten, wenn sie im Flächennutzungsplan keine Aufnahme finden können oder zur Zeit seiner Aufstellung noch nicht genügend übersehbar sind, in einem auf den Gesamtbaubetrieb (Art. 110) der Gemeinde sich beschränkenden Plan (Generalbebauungsplan) darzustellen.

Er zeigt das Gesamtbild der künftigen Stadt, die Gliederung ihrer Masse und ihres Raumes, sowie die Grundzüge ihrer städtebautechnischen Einrichtungen.

(II) Im Übrigen gelten für den Generalbebauungsplan die für den Flächennutzungsplan getroffenen Vorschriften entsprechend.

Art. 14. Inhalt des Generalbebauungsplanes

(I) Der Generalbebauungsplan soll nach Bedarf aufzeigen und vorsehen:

1. die Art und das Maß der in Aussicht genommenen baulichen Nutzung,
2. die überörtlichen Verkehrsflächen (Art. 17 Abs. I Nr. 6 Ba) und das System der örtlichen Verkehrsflächen (Art. 17 Abs. I Nr. 6 Aa), letztere unter Kenntlichmachung ihres Zweckes und ihrer Bedeutung wie Autoschnellstraßen, Hauptverkehrsstraßen, Geschäftsstraßen, Parkplätze, Wohnsammelstraßen, Wohnstraßen und Wohnwege,
3. das System der örtlichen Schnellverkehrsmittel (Art. 17 Abs. I Nr. 6 Bb),
4. das System der öffentlichen Grünflächen (Art. 17 Abs. I Nr. 6 Ab) und der Flächen für öffentliche Sonderzwecke (Art. 17 Abs. I Nr. 6 Bc) sowie ihre Verbindungen untereinander,
5. das System der Wasser-, Gas- und Energieversorgung sowie der Entwässerung,
6. die Verteilung der der Allgemeinheit dienenden Einrichtungen, Gebäude und Anlagen auf das Gemeindegebiet (Verwaltungsgebäude, Kirchen, Schulen, Krankenhäuser, Theater u. dgl.) und
7. die geplanten Sanierungsgebiete.

(II) Wenn in einer Gemeinde wesentliche Gebäudeschäden entstanden sind, so soll dem Generalbebauungsplan eine Schadenskarte beigegeben werden, in der die Schäden nach Art und Ausmaß dargestellt sind.

C. Der Bebauungsplan

Art. 15. Aufgabe des Bebauungsplanes

(I) Der Bebauungsplan ist die rechtsförmliche Darstellung und die rechtsverbindliche Festsetzung der endgültigen Bauleitplanung.

(II) Der Bebauungsplan prägt die bauliche Gestaltungsabsichten. Die Bautätigkeit, die Nutzung der Grundstücke, die Erschließung und die sonstigen in diesem Gesetz genannten Vorgänge haben sich nach ihm zu richten. Er bildet die Grundlage für eine nachfolgende Ziehung neuer Grundstücksgrenzen, für die Eigentumsüberführung und für sonstige Regelung von Rechten an Grundstücken.

Art. 16. Einklang des Bebauungsplanes mit den vorbereitenden Bauleitplänen

(I) Der Bebauungsplan geht vom Inhalt der vorbereitenden Pläne aus.

(II) Wird beabsichtigt, im Bebauungsplan von den vorbereitenden Bauleitplänen wesentlich abzuweichen, so sind diese vorher nachzuprüfen und gegebenenfalls entsprechend zu ändern.

(III) Werden im Bebauungsplan Regelungen getroffen, die von den vorbereitenden Bauleitplänen unwesentlich abweichen, so sind diese nach Festsetzung des Bebauungsplans entsprechend zu berichtigen.

(IV) Bei Bedarf kann der Bebauungsplan bereits vor dem Zustandekommen der vorbereitenden Bauleitpläne festgesetzt werden. Voraussetzung ist, dass änderungsbedingende Einflüsse von den vorbereitenden Plänen nicht zu erwarten sind.

Art. 17. Inhalt des Bebauungsplanes

(I) Der Bebauungsplan hat sich auf diejenigen Festsetzungen und Bindungen zu erstrecken, die zur Verwirklichung einer einheitlichen städtebaulichen Idee notwendig sind.

Er setzt fest:

1. das Bauland und auf ihm die überbaubaren und unüberbaubaren Flächen sowie den zur Verkehrssicherheit freizuhaltenden oder zur besonderen Nutzung vorgesehenen Raum,

2. die Art der baulichen und sonstigen Nutzung,

3. die Bestimmung einzelner Bauplätze für besondere öffentliche oder private Zwecke z. B. für Rathaus, Kirche, Schule, Markthalle, Theater, Gaststätte oder Garage (Vorbehaltspläne),

4. das Maß der baulichen Nutzung und die Bauweise, ferner die Gebäudehöhe und die Gebäude- und Grenzbestände, wenn sie von den sonst geltenden Regelungen abweichen,

5. die Gestaltung, Stellung und Richtung der Bauwerke, sowie die Höhenlage der Bergwerke und der Baugrundstücke,

6. die öffentlichen Frei- und Verkehrsflächen:

A) Die Flächen des Gemeinbedarfs (Gemeinbedarfsflächen), nämlich

a) die Ortsstraßen und –wege einschließlich der Plätze und auch die Parkplätze nebst den zu ihnen gehörigen Bauwerken, Anlagen und Einrichtungen, wie Straßenbahnen, Brücken, Stützmauern, Böschungen oder Treppen, die Höhenlagen, sowie den Anschluss der Grundstücke an die Straßen und Wege (örtliche Verkehrsflächen)

b) die öffentlichen Grünflächen und die Grundzüge ihrer Gestaltung

B) die von einem Unternehmensträger gegen Entgelt zu erwerbenden Flächen (öffentliche Vorbehaltsflächen), nämlich

a) Flächen für den überörtlichen Verkehrsbedarf wie Autobahnen, Reichsstraßen, Landstraßen I. und II. Ordnung, Gemeindestraßen, Reichsbahnen, Kleinbahnen, Feldbahnen, Wasserstraßen, Häfen und Flugplätze (überörtliche Verkehrsflächen)

b) Flächen für den weitergehenden örtlichen Verkehrsbedarf wie Autoschnellstraßen, Schnellbahnen auf besonderem Bahnkörper, z. B. U-Bahnen und Straßenbahnen auf besonderem Bahnkörper (örtliche Schnellverkehrsflächen)

c) Flächen für öffentliche Sonderzwecke, wie zusätzliche öffentliche Grünflächen, Friedhöfe und Urnenhaine, Spiel- und Sportplätze, sowie Dauerkleingärten im Eigentum der Gemeinde oder anderer Unternehmensträger, wasserwirtschaftliche Anlage[n] ohne Sammel- und Verteilernetz (öffentliche Sonderzweckflächen)

7. die privaten Freiflächen und die Grundzüge ihrer Gestaltung

8. die Geh-, Fahr- und Leitungsrechte (Berechtigungen an Grundstücken zugunsten der Gemeinde oder eines Unternehmensträgers), wie Ufer- und Wanderwege,

Zufahrten oder Streifen für Versorgungsleitungen über und unter der Erde, und andere Nutzungsbeschränkungen

9. die Ausführungsart der Entwässerung und der örtlichen oberirdischen Energieversorgung

10. die Sicherheits- und Schutzabstände für gefährdete und von gefahrdrohenden Anlagen

11. die zu schützenden Flächen, Bepflanzungen und Gewässer, sowie die neu anzulegenden Bepflanzungen (Art. 107 Abs. II und III)

12. die Grenzen seines Geltungsbereiches.

(II) Zur Ergänzung eines einzelnen Bebauungsplanes können für die Baugestaltung, für Einfriedungen, Werbeeinrichtungen und dgl. besondere Regelungen getroffen werden (Planergänzungsbestimmungen). Sie gelten als Bestandteil des Bebauungsplanes.

(III) Planergänzungsbestimmungen, die für eine Mehrzahl von Bebauungsplänen in Betracht kommen, können durch Ortsbauvorschrift allgemein festgelegt werden (Art. 157). Sie werden für ein Grundstück oder für mehrere Grundstücke oder auch für den ganzen Planbereich durch ihre Festsetzung im Bebauungsplan wirksam (Staffelbauordnung).

Art. 18. Aufstellungs- und Festsetzungsverfahren

(I) Der Bebauungsplan ist aufzustellen, wenn es die Bedürfnisse des Bauens, der Erschließung oder des Verkehrs erfordern.

(II) Der Bebauungsplan wird für die Dauer von vier Wochen öffentlich aufgelegt. Dies ist vorher öffentlich bekanntzumachen. Die Auflegung kann durch die Anhörung der Beteiligten ersetzt werden.

(III) Die Auflegung ist den amtsbekannten Beteiligten durch besondere Zuschrift mitzuteilen.

(IV) Die Gemeinde, die nicht Bauordnungsbehörde und mit dem Bebauungsplan nicht einverstanden ist, kann verlangen, dass vor der Auflegung die Entscheidung der Regierung darüber eingeholt wird, ob der Bebauungsplan aufzulegen ist.

(V) Innerhalb der Auflegungsfrist oder bei der Anhörung können gegen den Bebauungsplan Einwendungen erhoben werden. Die Einwendungen sollen mit den Beteiligten erörtert werden. Wer keine Einwendung erhebt, gilt als zustimmend.

(VI) Der Bebauungsplan und die Einwendungen, die nicht zurückgenommen oder nicht durch Berücksichtigung erledigt werden, sind von der Bauordnungsbehörde mit ihrer Stellungnahme der Regierung vorzulegen. Die Regierung entscheidet über die Einwendungen zusammen mit der Festsetzung des Bebauungsplanes (Abs. VII).

(VII) Die Regierung setzt den Bebauungsplan fest. Der Bebauungsplan wird mit Eintritt der Rechtskraft des Festsetzungsbescheides wirksam.

(VIII) Der Festsetzungsbescheid ist öffentlich bekanntzumachen und den amtsbekannten Beteiligten zuzustellen.

(IX) Unwesentliche Änderungen kann die Bauordnungsbehörde ohne formelles Verfahren und ohne dass es einer Festsetzung bedarf, vornehmen, wenn die betroffenen Grundstückseigentümer und sonstige Beteiligte einwilligen.

Art. 19. Wahrung der Belange anderer Verwaltungszweige

Werden bestehende oder beabsichtigte bauliche Anlagen oder Verkehrsanlagen des Staates oder die Belange der Forst- oder der Landwirtschaft nach Auffassung der unteren Fachdienststelle bei Aufstellung eines Bebauungsplanes nicht oder nicht genügend berücksichtigt und vermag auch die Regierung mit der ihr entsprechenden höheren Fachbehörde keinen Ausgleich herbeizuführen, so entscheidet darüber das Staatsministerium des Innern (Oberste Baubehörde) im Einvernehmen mit der beteiligten Obersten Fachbehörde.

IV. Wirkungen des Bebauungsplanes

Art. 20. Bebaubarkeit von Grundstücken nach Maßgabe des Bebauungsplanes

(I) Genehmigungen dürfen nur erteilt werden

1. wenn der Bebauungsplan gemäß Art. 18 Abs. VI festgesetzt und das Grundstück nach ihm bebaubar ist und

2. wenn zur Ausführung des Bauvorhabens weder eine Baulandumlegung noch eine Baulandzusammenlegung, noch ein anderes baugesetzlich geregeltes Verfahren notwendig ist oder das Bauvorhaben einem solchen Verfahren nicht entgegensteht.

(II) Ist die Änderung des Bebauungsplanes in Aussicht genommen, so ist die Entscheidung über Bauanträge, auf die sich die Änderung voraussichtlich auswirken wird, bis zur Festsetzung des geänderten Bebauungsplanes zurückzustellen.

(III) Die Bauordnungsbehörde kann ausnahmsweise zulassen, dass auch Grundstücke bebaut werden, für die der in Aussicht genommene Bebauungsplan noch nicht festgesetzt oder ein vorhandener Bebauungsplan noch nicht geändert ist oder für die eine Baulandumlegung, eine Baulandzusammenlegung oder ein anderes baugesetzlich geregeltes Verfahren noch nicht abgeschlossen ist, wenn das Bauvorhaben den in Aussicht genommenen Regelungen nicht widerspricht und der Bauwerber sich diesen unterwirft.

Art. 21. Bebaubarkeit von öffentlichen Frei- und Verkehrsflächen

(I) Auf öffentlichen Frei- und Verkehrsflächen dürfen nur solche bauliche Anlagen zugelassen werden, die mit der Flächenbestimmung des Bebauungsplanes im Einklang stehen, dem Gemeinwohl dienen und den Verkehr nicht beeinträchtigen (z.B. Straßenbahnwartehäuschen, Tankstellen, Leichenhäuser auf den Friedhöfen, Verkaufshäuschen, Bedürfnisanstalten oder Transformatorenhäuschen). Sind die Voraussetzungen nicht erfüllt, so ist Befreiung durch die Regelung erforderlich.

(II) Soweit die Zulässigkeit der baulichen Nutzung von öffentlichen Frei- und Verkehrsflächen für private Zwecke durch Bauteile oder Einrichtungen, die die Baulinie überschreiten, nicht durch den Bebauungsplan oder durch Bauvorschriften geregelt ist, richtet sich die Bebaubarkeit nach dem Ermessen der Bauordnungsbehörde.

(III) Auf öffentlichen Frei- und Verkehrsflächen kann die Bauordnungsbehörde in der Zeit bis zur bebauungsplanmäßigen Verwendung bauliche Anlagen zu vorübergehenden Zwecken für die bisherige oder eine übergangsweise andere Nutzungsart mit Zustimmung des Unternehmensträgers zulassen. Das Gleiche gilt für eine übergangsweise Abweichung von der bisherigen Art der Nutzung solcher Flächen.

Art. 22. Bebaubarkeit von Grundstücken, für die kein Bebauungsplan festgesetzt werden soll

(I) Auf Grundstücken, für die kein Bebauungsplan festgesetzt oder in Aussicht genommen ist, kann die Bauordnungsbehörde einzelne bauliche Anlagen zulassen, die einem land- oder forstwirtschaftlichen oder gärtnerischen Betriebe oder einem ortsgebundenen gewerblichen Betriebe dienen (z.B. Wassertriebswerksanlagen, Ziegeleien, Ausflugsgaststätten) oder die wegen ihrer erhöhten Anforderungen an die Umgebung (z.B. Heilstätten) oder wegen ihrer nachteiligen Wirkung auf die Umgebung (z.B. Tierkörperverwertungsanlagen oder besonders gefährdende Anlagen, wie Flughäfen oder Sprengstoffwerke) innerhalb der Baugebiete nicht errichtet werden können oder dürfen.

(II) Die Vorschrift des Abs. I gilt sinngemäß für die Errichtung von Kirchen, Kapellen sowie für die Anlage von Friedhöfen, Gedächtnisstätten und dgl. außerhalb des Gesamtbaubereiches einer Gemeinde oder außerhalb der im Zusammenhang bebauten Ortsteile.

(III) Die Erteilung der Baugenehmigung setzt voraus, dass diese Anlagen mit öffentlichen oder erheblichen privaten Belangen nicht im Widerspruch stehen. Die Genehmigung ist namentlich zu versagen, wenn dies notwendig ist, um eine Bebauung zu verhindern, deren Ausführung unwirtschaftliche Aufwendungen für Straßen und andere Verkehrseinrichtungen, Versorgungsleitungen, Entwässerungsanlagen, Schulversorgung, Polizei und Feuerschutz oder sonstige öffentliche Aufgaben erfordern oder deren Benutzung besonders wirtschaftliche Schwierigkeiten für die Bewohner ergeben würde.

(IV) Die Vorschriften der Abs. I und II gelten auch, wenn bestehende bauliche Anlagen für andere Zwecke als der in Abs. I genannten Art umgewandelt werden sollen.

(V) Sind die Voraussetzungen der Abs. I und III nicht erfüllt, so ist Befreiung durch die Regierung erforderlich.

V. Die Veränderungssperre

Art. 23. Voraussetzung der Veränderungssperre

Für Gebiete, für die die Aufstellung oder Änderung eines Bebauungsplanes, eine Baulandumlegung oder eine Baulandzusammenlegung bearbeitet wird oder beabsichtigt ist, kann eine Veränderungssperre angeordnet werden, wenn sonst die Durchführung dieser Maßnahmen erschwert oder unmöglich gemacht würde.

Art. 24. Rechtswirkung der Veränderungssperre

(I) Die Veränderungssperre bewirkt, dass in den Sperrgebieten Veränderungen der Erdoberfläche und Abbrüche beschädigter Gebäude oder Bauteile sowie wertsteigernde Veränderungen der Genehmigung bedürfen.

(II) Die Genehmigung ist nur zu erteilen, wenn feststeht, dass das Vorhaben dem neuen Bebauungsplan, der Baulandumlegung oder der Baulandzusammenlegung nicht entgegensteht.

Art. 25. Anordnung und Aufhebung der Veränderungssperre

(I) Die Veränderungssperre wird durch die Bauordnungsbehörde unter Beteiligung ihres Bauausschusses angeordnet und mit ihrer Veröffentlichung wirksam. Die Anordnung ist den amtsbekannten Eigentümern der betroffenen Grundstücke und den Erbbauberechtigten zuzustellen.

(II) Die Veränderungssperre wird nach drei Jahren unwirksam. Sie kann verlängert werden, wenn die Frist nicht ausreicht. Sie ist aufzuheben, wenn die Voraussetzungen für ihre Anordnung entfallen sind.

(III) Die Veränderungssperre wird mit der rechtskräftigen Festsetzung des Bebauungsplanes oder mit dem Abschluss des Baulandumlegungs- oder Zusammenlegungsverfahrens unwirksam.

(IV) Für die Verlängerung, die Aufhebung und den Eintritt der Unwirksamkeit gilt die Vorschrift in Abs. I entsprechend.

Zweiter Teil: Baulandumlegung

I. Notwendigkeit, Wesen und Anordnung der Baulandumlegung

Art. 26. Aufgabe der Baulandumlegung

(I) In dem vom Bebauungsplan erfassten Gelände sollen die Grundstücke eine raumökonomisch und für die Bebauung zweckmäßige Lage, Form und Größe erhalten. Dies hat bei Bedarf durch eine Neuordnung der Eigentumsgrenzen (Baulandumlegung) zu geschehen. Von der Baulandumlegung ist dann abzusehen, wenn geeignete Grundstücksgrenzen schon vorhanden, oder durch freiwillige Vereinbarung der Grundeigentümer (Art. 41 Abs. VI) oder auf andere Weise erreichbar sind oder wenn die Grundstücksgrenzen durch Baulandzusammenlegung oder auf andere Weise entfallen.

(II) Durch die Baulandumlegung werden die betroffenen Grundstücke gewissermaßen zu einer Masse vereinigt und unter gemeinschaftlicher Aufbringung der für den Gemeinbedarf erforderlichen Flächen in zweckmäßig geformten Neugrundstücken wieder an die Eigentümer zugeteilt.

Art. 27. Vorbereitung der Baulandumlegung

Bebauungsplan und Umlegung sollen nach Möglichkeit in Verbindung miteinander vorbereitet und bearbeitet werden.

Art. 28. Zuständigkeit, Anhörung der Beteiligten

(I) Die Vorbereitung und Durchführung der Umlegung obliegen der Bauordnungsbehörde, die dabei ihren Bauausschuss zu beteiligen hat.

(II) Im Umlegungsverfahren ist den Beteiligten Gelegenheit zu geben, Anregungen und Anträge vorzubringen, die nach Möglichkeit berücksichtigt werden sollen. Letzteres gilt auch für Vereinbarungen und Abreden unter den Beteiligten, sofern sie sich auf die Umlegung beziehen und ihren Zwecken nicht zuwiderlaufen.

(III) Beteiligte sind außer der Gemeinde die Eigentümer der von der Umlegung betroffenen Grundstücke, Erbbauberechtigte, Inhaber von dinglichen Vorkaufsrechten und sonstigen dinglichen Rechten, mit Ausnahme der Grundpfandgläubiger, Pächter und Mieter, wenn sich für sie keine Änderung ihrer Rechtsstellung ergibt. Bei herrenlosen Grundstücken gilt der Staat als beteiligt.

(IV) Steht das Eigentum oder ein die Beteiligung am Umlegungsverfahren begründendes Recht an einem Grundstück mehreren zu und ist ein gesetzlicher oder rechtsgeschäftlich bestellter Vertreter nicht vorhanden, so hat das Amtsgericht, in dessen Bezirk das Grundstück liegt, für das Umlegungsverfahren einen Vertreter zu bestellen, der die Stellung eines gesetzlichen Vertreters hat. Das Gleiche gilt, wenn infolge eines Rechtsstreites, eines sonstigen Verfahrens oder aus anderen Gründen zweifelhaft ist, wer von mehreren Personen als verfügungsberechtigt anzusehen ist und keine Einigung über die Aufstellung eines Vertreters erzielt wird.

Art. 29. Anordnung der Baulandumlegung

Die Einleitung des Umlegungsverfahrens wird von der Bauordnungsbehörde angeordnet. Die Zustimmung der Regierung ist erforderlich, wenn der Bebauungsplan noch nicht festgesetzt ist. Die Anordnung ist öffentlich bekanntzumachen und den amtsbekannten Eigentümern der betroffenen Grundstücke zuzustellen.

Art. 30. Das Umlegungsgebiet

(I) Das Umlegungsgebiet ist zweckentsprechend zu begrenzen. Es darf nicht aus Teilstücken bestehen, die eine größere Entfernung voneinander haben. Grundstücke aus angrenzenden Gemeinden und ausmärkischen Bezirken können einbezogen werden.

(II) Im Umlegungsgebiet gelegene private Freiflächen sind von dem Umlegungsverfahren auszunehmen, soweit sie nicht in bebaubaren Neugrundstücken aufgehen können.

(III) Einzelne im Umlegungsgebiet gelegene Grundstücke, deren hoher Wert einen Ausgleich durch andere Grundstücke wesentlich erschweren würde, z.B. bebaute Grundstücke, Industrieanlagen oder hochwertige Gärtnereien, können von dem Umlegungsverfahren ganz oder teilweise ausgenommen werden.

(IV) Im Umlegungsverfahren kann eine Grenzregelung (Art. 43–45) zwischen den Grundstücken im Umlegungsgebiet und daran anstoßenden Grundstücken vorgenommen werden.

Art. 31. Wirkung der Umlegung

Dem Grundbuchamt ist die Anordnung der Umlegung mit einem Verzeichnis der Grundstücke im Umlegungsgebiet zu übermitteln. Das Grundbuchamt benachrichtigt die Bauordnungsbehörde von allen Eintragungen, die nach dem Zeitpunkt der Anordnung bei diesen Grundstücken im Grundbuch gemacht wurden und noch gemacht werden. Es ist verpflichtet, den Beauftragten der Bauordnungsbehörde die Fertigung der erforderlichen Auszüge aus dem Grundbuch und den Grundakten zu gestatten und der Bauordnungsbehörde auf Verlangen Auszüge oder Auskünfte über die betroffenen Grundstücke zu erteilen.

II. Vereinigung und Neuzuteilung der Grundstücke

Art. 32. Gesamtmasse und Gemeinbedarf

(I) Zur Gesamtmasse rechnen alle im Umlegungsgebiet gelegenen Grundstücke, soweit sie nicht vom Verfahren ausgenommen sind (Art. 30). Hat ein Grundeigentümer vor der Umlegung Flächen zum Gemeinbedarf nachweislich entweder unentgeltlich an die Gemeinde abgetreten oder die Kosten für die Erwerbung von Gemeinbedarfsflächen durch die Gemeinde an diese bezahlt oder erstattet, so sind diese Flächen als von ihm in die Umlegung eingebracht anzusehen, sie sind in das Umlegungsgebiet einzubeziehen. Das Gleiche gilt, wenn diese Voraussetzungen nicht nachgewiesen, aber nach Lage der Verhältnisse als sicher angenommen werden können.

(II) Flächen, die von der Gemeinde als bestehende Gemeinbedarfsflächen in die Umlegung eingebracht werden, sind von der Gesamtmasse und vom Gemeinbedarf in Abzug zu bringen.

(III) Der im Bebauungsplan festgesetzte restliche Gemeinbedarf ist der Masse zu entnehmen und fällt der Gemeinde zu. Die Entnahme darf 35% der nach Abs. II verminderten Gesamtmasse (Verteilungsmasse) nicht übersteigen.

Art. 35. Grundsätze für die Neueinteilung

(I) Die Wiederzuteilung aus der Verteilungsmasse hat nach Billigkeit und Zweckmäßigkeit zu geschehen.

(II) Die zuzuteilenden Neugrundstücke sollen flächenmäßig der Größe der Altgrundstücke nach Abzug des Gemeinbedarfsanteils gleich- oder nahekommen.

(III) Mehr- oder Minderzuteilungen sind in Geld angemessen auszugleichen.

(IV) Die Neugrundstücke sollen möglichst in der gleichen Lage wie die Altgrundstücke zugeteilt werden. Dies gilt besonders dann, wenn auf der Fläche des Altgrundstücks bauliche oder sonstige Anlagen oder brauchbare Reste von solchen vorhanden sind, die nicht oder nur mit Schwierigkeiten auf einen anderen Platz verlegt werden können.

(V) Bei der Zuteilung nicht zu vermeidende Vergünstigungen oder Benachteiligungen sind, wenn sie offensichtlich und nicht nur geringfügig sind, durch angemessene Geldentschädigung auszugleichen.

(VI) Die Neugrundstücke müssen nach dem Bebauungsplan und den Bauvorschriften bebaubar sein.

(VII) Ein Grundstück, das nach Abzug des Gemeinbedarfsanteils so klein ist, dass eine Bauleitplanung dafür billigerweise nicht in Betracht kommt (Kleinstück), ist in die Verteilungsmasse einzulegen. Der Wert eines solchen Grundstücks ist durch Geld zu entschädigen, soweit anderweitiger Ausgleich nicht möglich ist.

Art. 34. Lasten und Dienstbarkeiten

(I) Die Rechte an den alten Grundstücken sind unverändert auf die neuen Grundstücke zu übertragen, soweit in den Absätzen II-IV nichts anderes bestimmt ist.

(II) Öffentliche und privatrechtliche Lasten, Dienstbarkeiten sowie zugunsten solcher Rechte eingetragene Vormerkungen und Widersprüche sind ohne Entschädigung aufzuheben, wenn sie durch die Umlegung gegenstandslos werden. Im Übrigen können Dienstbarkeiten nach Bedarf neu begründet, geändert oder aufgehoben werden. Verbleibende Lasten im Sinne des Satzes 1 sind, wenn nötig, nach Billigkeit neu zuzuteilen.

(III) Mehrere Grundstücke, die grundpfandmäßig verschieden belastet sind, sollen erst nach einer vereinbarungsmäßigen Bereinigung als ein einziges Grundstück zugeteilt werden. Sind Teile desselben Grundstücks verschieden belastet, so ist Bereinigung oder getrennte Zuteilung anzustreben. Notfalls können solche Grundstücke oder Grundstücksteile als Kleinstück nach Art. 33 Abs. VII behandelt werden.

(IV) Miet- und Pachtverhältnisse an Räumen im Umlegungsgebiet sind stets, solche an Grundstücksflächen sind dann aufrecht zu erhalten, wenn der Vermieter oder Verpächter seine Vertragsleistung auch nach dem neuen Besitzstand ganz oder zu einem wirtschaftlich zweckvollen Teil zu erfüllen vermag.

III. Geldentschädigungen

Art. 35. Zahlung und Empfang der Geldentschädigung

(I) Geldentschädigungen sind nur vom Zahlungspflichtigen an die Gemeinde und von der Gemeinde an den Entschädigungsberechtigten zu leisten.

(II) Zur Empfangnahme von Geldentschädigungen bis zum Betrage von 50 DM ist der Grundeigentümer auch beim Vorhandensein von Grundpfandrechten allein berechtigt. Bei höheren Beträgen ist die Zahlung an den Grundeigentümer den Grundpfandgläubigern gegenüber nur wirksam, wenn ihnen die Zahlung vorher angekündigt wurde und sie binnen einem Monat nach Erhalt der Ankündigung der Zahlung nicht widersprochen haben. Erhebt ein Grundpfandgläubiger Einwendungen, so ist der Betrag zugunsten der Beteiligten gerichtlich zu hinterlegen.

Art. 36. Fälle der Geldentschädigung

Geldentschädigung ist zu leisten:

1. von der Gemeinde bei Erwerb eines Kleinstückes (Art. 33 Abs. VII),
2. von der Gemeinde bei flächenmäßiger Minderzuteilung (Art. 33 Abs. III),
3. an die Gemeinde bei flächenmäßiger Mehrzuteilung (Art. 33 Abs. III),
4. von der Gemeinde, wenn dem Neugrundstück Anlagen oder Zubehör fehlen, die auf dem Altgrundstück vorhanden sind; ebenso, wenn das Neugrundstück Nachteile aufweist, die beim Altgrundstück nicht vorhanden waren (Art. 33 Abs. V),
5. an die Gemeinde, wenn auf dem Neugrundstück Anlagen oder Zubehör vorhanden sind, die auf dem Altgrundstück fehlen (Art. 33 Abs. I),

6. von der Gemeinde an sonstige Beteiligte, wenn sie offensichtlich und nicht nur geringfügig benachteiligt werden, soweit nicht der Gegenwert dafür bereits in die Entschädigung an einen Grundeigentümer einbezogen ist und dieser die Abfindung des Beteiligten mit übernommen hat.

IV. Der Umlegungsplan

Art. 37. Inhalt des Umlegungsplanes

Der angestrebte Neuzustand ist in einem Umlegungsplan niederzulegen, welcher besteht aus:

1. einem Lageplan über den Altzustand, in dem die Grenzen des Umlegungsgebiets, die Grundstücksgrenzen, die Plannummern und sonstige für die Umlegung bedeutungsvolle Verhältnisse und Gegebenheiten einzutragen sind,
2. einem Lageplan über den Neuzustand, der insbesondere die neuen Grundstücksgrenzen und Plannummern enthält,
3. einem Verzeichnis der Grundeigentümer, in dem ihre Grundstücke nach Lage, Größe, Benutzungsart und Benummerung sowohl nach dem alten wie nach dem neuen Bestand übersichtlich gegenübergestellt sind. Öffentliche und privatrechtliche Lasten und alle übrigen Rechte an Grundstücken in ihrem alten und neuen Stand, sowie die aufrecht erhaltenen Miet- und Pachtverhältnisse sind darin aufzuführen. In einer besonderen Spalte ist die Größe des Gemeinbedarfsanteils anzugeben (Umlegungsübersicht),
4. einem Verzeichnis der Grunddienstbarkeiten und der öffentlichen Lasten, die neu begründet, geändert, aufgehoben oder neu zugeteilt sind (Lastenverzeichnis),
5. einem Verzeichnis der abzufindenden Kleinstücke,
6. einer Zusammenstellung der Geldentschädigungen (Entschädigungsliste).

Art. 38. Auflegung des Umlegungsplanes

(I) Der Umlegungsplan wird für die Dauer von vier Wochen öffentlich aufgelegt. Dies ist vorher öffentlich bekanntzumachen. Die Auflegung kann durch die Anhörung der Beteiligten ersetzt werden.

(II) Die Auflegung ist den amtsbekannten Beteiligten durch besondere Zuschrift mitzuteilen.

(III) Innerhalb der Auflegungsfrist oder bei der Anhörung können gegen den Umlegungsplan Einwendungen erhoben werden. Die Einwendungen sollen mit den Beteiligten erörtert werden. Wer keine Einwendung erhebt, gilt als zustimmend.

(IV) Der Umlegungsplan und die Einwendungen, die nicht zurückgenommen oder nicht durch Berücksichtigung erledigt werden, sind von der Bauordnungsbehörde mit ihrer Stellungnahme der Regierung vorzulegen. Die Regierung entscheidet über die Einwendungen zusammen mit der Festsetzung des Umlegungsplanes (Art. 39 Abs. I).

Art. 39. Festsetzung des Umlegungsplanes

(I) Die Regierung setzt den Umlegungsplan fest. Die Festsetzung darf nur ausgesprochen werden, wenn der Bebauungsplan aufgestellt ist und spätestens gleichzeitig festgesetzt wird.

(II) Die Festsetzung des Umlegungsplans ist öffentlich bekanntzumachen und den im Umlegungspan genannten Beteiligten unter Übersendung eines Umlegungsplanauszuges (Art. 37 Nr. 3 und 6) mitzuteilen, aus welchem der betroffene Grundeigentümer, Entschädigungsberechtigte oder -verpflichtete oder der sonst vom Umlegungsplan Betroffene den ihn betreffenden Altzustand und die aus der Umlegung für ihn sich ergebenden Auswirkungen ersehen kann.

Art. 40. Inkraftsetzung des Umlegungsplanes

(I) Sobald die Festsetzungsentschließung rechtskräftig geworden und der Regierung nachgewiesen ist, dass die nach dem Umlegungsplan zu leistenden Geldentschädigungen bezahlt, gestundet oder hinterlegt und die neuen Grenzen vermarkt oder mindestens verpflockt sind, setzt sie den Umlegungsplan mit Wirkung von einem von ihr zu bestimmenden Zeitpunkt an in Kraft. Die Inkraftsetzung ist öffentlich bekannzumachen und den Beteiligten mitzuteilen.

(II) Durch das Inkrafttreten wird der Altzustand rechtlich durch den im Umlegungsplan niedergelegten Neuzustand ersetzt und damit bewirkt, dass das Eigentum an den Altgrundstücken mit allen Lasten, Rechten und Beschränkungen erlischt und an den Neugrundstücken mit den unveränderten, neu begründeten oder geänderten Lasten, Rechten und Beschränkungen (Art. 34 Abs. III) entsteht. Die Gemeinde wird unentgeltlich, pfand-, lasten- und kostenfrei Eigentümerin der Flächen des entnommenen Gemeinbedarfs (Art. 34 Abs. III). Im Einzelnen ist für die Rechtsverhältnisse nach dem Inkrafttreten der Umlegungsplan maßgebend. Die Geldentschädigungen haften anstelle oder neben den Neugrundstücken für die Ansprüche Dritter, unbeschadet der Bestimmung in Art. 35 Abs. II.

(III) Dem Grundbuchamt ist ein Stück der Verzeichnisse nach Art. 37 Nr. 3, 4 und 5 unter Beifügung der erforderlichen Katasterunterlagen mit dem Ersuchen zu übermitteln, den neuen Zustand in das Grundbuch einzutragen.

Art. 41. Vorläufige Besitzeinweisung

(I) Wenn aus Gründen des Gemeinwohls die unverzügliche Inbesitznahme der Neugrundstücke durch die nach dem Umlegungsplan dafür vorgesehenen Grundeigentümer erforderlich ist, kann auf Antrag der Gemeinde die Bauordnungsbehörde im Einvernehmen mit ihrem Bauausschuss und im Beschwerdefall die Regierung die vorläufige Besitzeinweisung verfügen.

(II) Tritt der vorgesehene Umlegungsplan nicht in Kraft, so ist der durch die vorläufige Besitzeinweisung entstehende Schaden angemessen zu entschädigen.

Art. 42. Gebühren, Kosten, Beitreibung

(I) Geschäfte und Verhandlungen, die der Durchführung der Umlegung dienen oder durch sie hervorgerufen werden, einschließlich der Berichtigung der öffentlichen Bücher und der notwendig werdenden Nachträge auf Hypotheken-,

Grundschuld- und Rentenschuldbriefen sind frei von allen Gebühren, Steuern, Kosten und Abgaben.

(II) Die Gebühren-, Steuern-, Kosten- und Abgabenfreiheit ist von der zuständigen Behörde ohne Nachprüfung anzuerkennen, wenn die Bauordnungsbehörde bescheinigt, dass ein Geschäft oder eine Verhandlung der Durchführung der Umlegung dient oder durch sie hervorgerufen wird.

(III) Die durch das Umlegungsverfahren, insbesondere für die Herstellung und den Vollzug des Umlegungsplanes entstehenden Kosten sind von den beteiligten Eigentümern nach dem Verhältnis der Fläche der zugeteilten Grundstücke zu tragen.

(IV) Die an die Gemeinde zu leistenden Geldentschädigungen können, wenn der Umlegungsplan rechtskräftig geworden ist, wie Gemeindeabgaben beigetrieben werden.

(V) Die nach Art. 114 und sonst für den Grundstücksverkehr gesetzlich vorgeschriebenen Genehmigungen und Bescheinigungen sind für das Umlegungsverfahren nicht erforderlich.

(VI) Die Befreiung von Gebühren, Steuern, Kosten und Abgaben gilt auch für Umlegungen, die die beteiligten Grundeigentümer durch freiwillige Vereinbarung vornehmen, wenn die Bauordnungsbehörde bescheinigt, dass die Umlegung für die Durchführung des Bebauungsplanes zweckmäßig ist.

V. Grenzregelung

Art. 43. Aufgabe der Grenzregelung

(I) Ist zur Gewinnung eines oder mehrerer zweckmäßig geformter Bauplätze nur ein Austausch oder einseitiger Erwerb von Flächen bei einer kleineren Zahl von Grundstücken erforderlich, so kann diese Verbesserung durch Grenzregelung vorgenommen werden. Die Grenzregelung ist auch zulässig zur Erlangung von Verbesserungen in der Benutzung bebauter Grundstücke, sowie zur Beseitigung unvorschriftsmäßiger Zustände, namentlich zur Gewinnung der durch die bestehenden Vorschriften geforderten unüberbauten Flächen; Voraussetzung ist hierfür, dass die Veränderung den Beteiligten zuzumuten ist.

(II) Die Umlegungsvorschriften sind entsprechend anzuwenden, soweit nicht in den nachfolgenden Vorschriften etwas anderes bestimmt wird.

Art. 44. Grenzregelungsverfahren

(I) Die Bauordnungsbehörde erörtert die Neuregelung der Grenzen mit den Eigentümern der betroffenen Grundstücke und strebt eine freiwillige Grenzregelung an.

(II) Wird über die neuen Grenzen und etwaige Geldausgleichungen, sowie über die Kostenantragung unter den Beteiligten eine Einigung erzielt, so setzt die Bauordnungsbehörde nach Bezahlung oder Stundung der Geldleistungen den Grenzregelungsplan alsbald fest.

(III) Kommt keine Einigung zustande, so setzt die Bauordnungsbehörde den Grenzregelungsplan unter Beteiligung ihres Bauausschusses fest und stellt den Beschluss samt einem Auszug aus dem Grenzregelungsplan den Beteiligten zu. In der Festsetzung sind die Kosten auf die beteiligten Grundeigentümer angemessen zu verteilen.

Art. 45. Grenzregelungsplan

(I) Der Grenzregelungsplan enthält eine lageplanmäßige Darstellung des Alt- und Neuzustandes, die Angabe der Besitz- und Rechtsverhältnisse vor und nach der Grenzregelung und die Entschädigungsleistungen.

(II) Sobald der Festsetzungsbeschluss rechtskräftig geworden ist, setzt die Bauordnungsbehörde, nachdem sie die Zahlung oder Stundung der Geldentschädigungen veranlasst hat, den Grenzregelungsplan mit Wirkung von einem von ihr zu bestimmenden Zeitpunkt an in Kraft. Der Inkraftsetzungsbescheid ist den Beteiligten zuzustellen.

(III) Eine Abschrift der Inkraftsetzungsverfügung und des Grenzregelungsplanes sind unter Beifügung der erforderlichen Katasterunterlagen dem Grundbuchamt mit dem Ersuchen zu übermitteln, den neuen Zustand in das Grundbuch einzutragen.

Dritter Teil: Baulandzusammenlegung [Art. 46–82; weggelassen]

Vierter Teil: Baulandbeschaffung

I. Grundsatz

Art. 83 (1)Jedem, der willens und wirtschaftlich in der Lage ist, ein baupolitisch erwünschtes Bauvorhaben durchzuführen, ist durch Beschaffung eine geeigneten Bauplatzes der Zugang zum Bauboden zu eröffnen.

(II) Die Eigentümer der vom Bebauungsplan erfassten Grundstücke sind berechtigt und im Rahmen der baulichen Entwicklung des Baugebiets verpflichtet, ihre Grundstücke nach Maßgabe des Bebauungsplanes und der Bauvorschriften zu bebauen und zu nutzen. Grundstücke, deren Eigentümer nicht willens und wirtschaftlich in der Lage sind, sie demgemäß zu bebauen oder zu nutzen, sind von der Bauordnungsbehörde nach Bedarf in das Eigentum derer zu überführen, die auf diesen Grundstücken den Bebauungsplan verwirklichen wollen und können.

(III) Wer hierdurch nur gegen angemessene Geldentschädigung ohne Zuteilung von Ersatzland sein Grundstück verliert, hat Anspruch darauf, später als Bauwilliger bei der Zuteilung eines Bauplatzes bevorzugt berücksichtigt zu werden.

II. Einzelbeschaffung

Art. 84. Zulässigkeit der Beschaffung

(I) Die Eigentumsübertragung zu einzelnen Grundstücken (Einzelbeschaffung) setzt voraus, dass der Bebauungsplan festgesetzt und das Grundstück gemäß Art. 20 bebaubar ist.

(II) Der Beschaffung unterliegen nur unbebaute Grundstücke. Eine geringfügige Bebauung schließt die Beschaffung nicht aus.

(III) Unter der Voraussetzung, dass die Beschaffung zur Herbeiführung einer dem Bebauungsplan entsprechenden Bebauung erforderlich ist, können auch bebaute Grundstücke der Beschaffung unterworfen werden, wenn die Bauwerke zerstört oder stark beschädigt sind oder mit dem Bebauungsplan wesentlich in Widerspruch stehen.

Art. 85. Abwendung der Beschaffung

(I) Der Eigentümer kann die Beschaffung abwenden,

1. durch den Nachweis, dass er die im Bebauungsplan vorgesehene Bebauung oder Nutzung binnen zweier Jahre selbst ausführt, es sei denn, dass der Bebauungsplan eine Zweckbestimmung vorsieht, für deren Erfüllung dem Eigentümer die Voraussetzungen fehlen,

2. durch den Abschluss eines Erbbauvertrages mit einem Bauwilligen (Art. 83 Abs. 1) oder

3. bei nur widerruflich zu genehmigenden baulichen Anlagen durch Abschluss eines Pachtvertrages mit einem Bauwilligen (Art. 83 Abs. I).

(II) Das Recht der Abwendung erlischt, wenn binnen der Zweijahresfrist aus [von] dem Eigentümer zu vertretenden Gründen mit dem Bau nicht ernsthaft begonnen wird oder der begonnene Bau aus solchen Gründen länger als ein Jahr ins Stocken gerät oder wenn binnen eines Jahres kein Vertrag nach Abs. I Nr. 2 oder 3 vorgelegt wird.

(III) Die Fristen können verlängert werden. Sie müssen verlängert werden, wenn es aus Gründen der Baustofflage oder des Arbeitsmarktes erforderlich erscheint.

(IV) Die Abwendung kann ausgeschlossen werden, wenn die Beschaffung der Erstellung von Klein- oder Mittelwohnungen dient und der Eigentümer diese nicht selbst sofort bauen kann oder sofort ein Erbbaurecht nach Abs. I Nr. 2 begründet.

Art. 86. Erwerbsberechtigung

(I) Die Beschaffung kann zugunsten eines Bauwilligen vorgenommen werden, der nachgewiesen hat, dass er die Voraussetzungen des Art. 83 Abs. I erfüllt und mit dem Bau demnächst beginnen werde. Wird der Bau von dem Bauwilligen, aus von ihm zu vertretenden Gründen nicht binnen zweier Jahre nach dem Erwerb begonnen oder gerät der begonnene Bau aus solchen Gründen länger als ein Jahr ins Stocken, so kann entweder eine neue Beschaffung zugunsten eines Dritten stattfinden oder das Grundstück ist dem früheren Eigentümer zurückzugeben.

(II) Die Auswahl unter mehreren zum Erwerb eines Grundstückes geeigneten Bauwilligen trifft die Bauordnungsbehörde im Einvernehmen mit der Gemeinde. Wer ein dingliches Recht oder ein Erbbau-, Miet- oder Pachtrecht an dem ausgewählten Grundstück hat, soll, wenn keine besonderen Gründe entgegenstehen, bei der Auswahl der Bauwilligen noch vor den in Art. 63 Abs. III genannten Personen berücksichtigt werden.

(III) Die Beschaffung kann auf Antrag der Gemeinde zu ihren Gunsten vorgenommen werden. Sie ist, wenn sie nicht selbst binnen zweier Jahre baut, verpflichtet, das erworbene Grundstück an einen Bauwilligen weiterzugeben.

Art. 87. Veräußerung beschaffter Grundstücke

Wer ein nach den Art. 84 ff. erworbenes Grundstück vor oder während der Ausführung der Bebauung veräußern muss, bedarf dazu der Genehmigung der Bauordnungsbehörde. Die Genehmigung darf nur bei triftigen Gründen erteilt werden. Dem früheren Eigentümer ist ein Vorkaufsrecht einzuräumen.

Art. 88. Entschädigungsberechtigte

(I) Dem Eigentümer des zu beschaffenden Grundstückes und den Nebenberechtigten, soweit diese ihre Rechte verlieren, ist angemessene Entschädigung und zwar vorbehaltlich des Art. 91 in Geld zu gewähren.

(II) Nebenberechtigte sind die Inhaber von dinglichen Rechten am Grundstück, Erbbauberechtigte, Mieter und Pächter.

(III) Ist zwischen dem Eigentümer und einem Nebenberechtigten oder unter den Nebenberechtigten streitig, ob und wie die Entschädigung zwischen ihnen zu teilen ist, so ist der Betrag gerichtlich zu hinterlegen.

Art. 89. Höhe der Entschädigung

(I) Die Entschädigung für die Grundstücke darf nicht höher sein als der Ausgangswert (Art. 111 Abs. 1). Zum Ausgleich für die auf dem Grundstück vorhandenen baulichen Anlagen oder Teile davon, Einrichtungen oder Bepflanzungen oder für wertmindernde Umstände und Eigenschaften sind nach dem Wert im Zeitpunkt des Eigentumsüberganges (Verkehrswert) entsprechende Vorschläge oder Abzüge zu machen.

(II) Entschädigung ist nicht zu gewähren für bauliche Anlagen oder Teile davon, welche die vorgeschriebene Baugenehmigung nicht oder nur widerruflich erhalten haben.

Art. 90. Leistung der Entschädigung

(I) Der Anspruch auf Entschädigung entsteht in dem Zeitpunkt, in dem der Beschaffungsbescheid (Art. 93) rechtskräftig wird.

(II) Die Entschädigung soll innerhalb eines Jahres nach Entstehung des Anspruchs geleistet werden.

(III) Die Geldentschädigung kann ganz oder teilweise in wiederkehrenden Leistungen gewährt werden, wenn diese Art der Entschädigung unter Abwägung der Belange des Entschädigungsberechtigten und des Entschädigungspflichtigen zumutbar ist. Kommt keine Einigung zustande, entscheidet die Regierung.

Art. 91. Ersatzland

(I) Statt oder neben Geld kann unbebautes oder bebautes Ersatzland als Entschädigung gewährt werden. Wenn der Eigentümer eines der Beschaffung unterliegenden Grundstücks mit seiner Berufs- oder Erwerbstätigkeit ganz oder zum Teil auf sein bisheriges Grundstück angewiesen war, ist nach Möglichkeit auf Antrag Ersatzland zu gewähren.

(II) Als Ersatzland kann zugewiesen werden, was der Erwerbende an geeignetem Land besitzt, was die Gemeinde aus ihrem Grundbesitz an geeigneten Grundstücken zur Verfügung stellen kann oder was zur Verwendung als Ersatzland in sinngemäßer

Anwendung der Vorschriften der Art. 84 ff. beschafft wird. Die Beschaffung von Ersatzland ist nur zulässig, soweit sie ihrem bisherigen Eigentümer zumutbar ist und die beabsichtigte Nutzung des Ersatzlandes mit den Bauleitplänen im Einklang steht. [Art. 92–95 weggelassen]

III. Gebietsbeschaffung

Art. 96. Zulässigkeit der Gebietsbeschaffung

(I) Ein größeres Gelände, das im Vollzug der Bauleitplanung in nächster Zeit der Bebauung erschlossen werden soll, kann von der Bauordnungsbehörde unter Beteiligung ihres Bauausschusses mit Genehmigung der Regierung zugunsten der Gemeinde beschafft werden.

(II) Falls der Bebauungsplan noch nicht festgesetzt ist, muss mindestens der Eignung des Geländes zur Bebauung erwiesen und ein Vorentwurf zum Bebauungsplan sowie zum Plan über die Aufteilung der Bauplätze soweit fortgeschritten sein, dass eine zur Entscheidung der Beschaffungsfrage ausreichende Beurteilung möglich ist.

Art. 97. Beschaffungsverfahren

Für das Beschaffungsverfahren gelten die für die Einzelbeschaffung in Art. 84 bis 95 getroffenen Vorschriften entsprechend.

Art. 98. Veräußerung der Bauplätze

(I) Nach der Festsetzung des Bebauungsplanes und der Aufteilung des Gebietes in zweckmäßige Bauplätze, sowie nach Ausführung der Erschließung hat die Gemeinde, soweit sie nicht alsbald selbst baut, die gewonnenen Bauplätze an Bauwillige abzugeben.

(II) Der Verkaufspreis ist so bemessen, dass der Erlös für die Bauplätze die Kosten für die Erwerbung des ganzen Gebietes und die bauvorbereitenden Aufwendungen deckt; jedoch dürfen die Kosten nicht auf weniger als 65% des gesamten Geländes umgelegt werden.

(III) Art. 87 findet Anwendung.

(IV) Der Verkaufspreis darf auch um die entstehenden Kosten für die Herstellung der Gemeinbedarfsflächen – umgelegt auf die Bauplätze, mindestens aber auf 65% der Gebietsfläche – erhöht werden, wenn für das erworbene Gebiet von der Erhebung der Baukostenabgabe (Art. 138) abgesehen wird.

(V) Der Verkaufspreis nach Abs. I bedarf der Zustimmung der Regierung.

Art. 99. Gebietsbeschaffung für Bau- und Wohnungsträger

(I) Eine Gebietsbeschaffung nach Art. 96 ist auch zugunsten öffentlich rechtlicher oder gemeinnütziger Bau- oder Wohnungsträger zulässig, wenn ein größeres städtebauliches Vorhaben ausgeführt werden soll.

(II) Der Erwerber hat alsbald nach Festsetzung des Bebauungsplans die für den Gemeinbedarf bestimmten Flächen, und zwar höchstens 35% des Gebietes, unentgeltlich und lastenfrei an die Gemeinde abzutreten.

(III) Werden für das geplante Vorhaben besondere Regelungen für die Erschließung erforderlich, so sind diese bei der Genehmigung der Gebietsbeschaffung festzusetzen.

IV. Sonstige Fälle der Beschaffung und der Eigentumsbeschränkung

Art. 100. Öffentliche Vorbehaltsflächen

(I) Öffentliche Vorbehaltsflächen (Art. 17 Abs. I Nr. 6 B) unterliegen im Bedarfsfall ebenfalls der Beschaffung nach Art. 84–95 zugunsten des nach ihrer Zweckbestimmung in Betracht kommenden Unternehmensträgers.

(II) Der Grundeigentümer kann die Übernahme durch den Unternehmensträger verlangen, wenn die bisherige Nutzung seines Grundstücks durch eine von ihm nicht zu vertretende Änderung der städtebaulichen Verhältnisse, namentlich durch fortschreitende Bebauung in der Umgebung wesentlich erschwert oder unmöglich geworden ist. Bestehen Zweifel über den in Betracht kommenden Unternehmensträger, so richtet sich das Übernahmeverlangen gegen die Gemeinde.

(III) Auf das Übernahmeverlangen finden die Vorschriften für die Beschaffung sinngemäß Anwendung.

Art. 101. Erbbaurecht statt Beschaffung

(I) Statt der Beschaffung kann die Bauordnungsbehörde die Belastung des Grundstückes mit einem Erbbaurecht aussprechen. Kommt zwischen den Beteiligten keine Einigung zustande, so setzt sie den Erbbauvertrag, insbesondere einen angemessenen Erbbauzins fest.

(II) Die Vorschriften für die Beschaffung gelten sinngemäß. Anstelle der Entschädigung tritt der Erbbauzins. Der Erbbauvertrag gilt mit der Zustellung der Mitteilung über die Rechtskraft des Festsetzungsbescheides an den Eigentümer als geschlossen.

Art. 102. Zwangspacht statt Beschaffung

(I) Statt der Beschaffung kann die Bauordnungsbehörde für die Errichtung nur widerruflich zu genehmigender baulicher Anlagen eine Zwangspacht für die Dauer bis zu dreißig Jahren gegen Zahlung eines angemessenen jährlichen Pachtzinses aussprechen. Kommt zwischen den Beteiligten keine Einigung zustande, so setzt sie den Pachtvertrag fest.

(II) Die Vorschriften für die Beschaffung gelten sinngemäß. Anstelle der Entschädigung tritt der Pachtzins. Der Pachtvertrag gilt mit der Zustellung der Mitteilung über die Rechtskraft des Festsetzungsbescheides an den Eigentümer als geschlossen.

Art. 103. Nutzungsänderung

(I) Die Bauordnungsbehörde kann im Einverständnis mit der Gemeinde anordnen, dass die bisherige Nutzung eines Grundstückes nicht oder nur nach Maßgabe besonderer Aufgaben weitergeführt werden darf, wenn die Nutzung mit dem Flächennutzungsplan oder dem Bebauungsplan im Widerspruch steht und zu schweren, auf andere Art nicht zu beseitigende Schädigungen der Umgebung geführt hat. Eine erteilte gewerberechtliche Genehmigung schließt eine solche Anordnung nicht aus.

(II) Der den Betroffenen entstehende Schaden ist von der Gemeinde zu ersetzen. Im Falle der Betriebsverlegung gehören zu dem Schaden auch die Kosten der Betriebsverlegung.

(III) Für das Verfahren zur Geltendmachung des Entschädigungsanspruches gelten sinngemäß die Vorschriften für das Beschaffungsverfahren (Art. 92–94).

Art. 104. Geh-, Fahr- und Leitungsrechte

(I) Bei den Geh-, Fahr- und Leitungsrechten, sowie in den anderen in Art. 17 Abs. I Nr. 8 genannten Fällen ist, soweit keine anderweitige Einigung stattfindet, die Benutzung des Grundstückes durch den Berechtigten erst zulässig, wenn der Bebauungsplan festgesetzt und eine entsprechende Dienstbarkeit begründet worden ist. Diese Voraussetzung gilt auch für den Eintritt der Nutzungsbeschränkungen.

(II) Für die Begründung der Dienstbarkeit ist das Verfahren der Baulandbeschaffung entsprechend anzuwenden. Die Entschädigung ist in Geld festzusetzen; sie kann in Form wiederkehrender Leistungen gewährt werden. Für kleine Zahlungen gilt Art. 35 Abs. II. Für eine unverzügliche Inanspruchnahme ist Art. 95 sinngemäß anzuwenden.

Art. 105. Duldungspflicht des Eigentümers

(I) Die Grundeigentümer und Erbbauberechtigten haben auf ihren Grundstücken und an den darauf befindlichen Bauwerken und Einfriedigungen zu dulden

1. die Aufstellung von Masten und die Anbringung von Befestigungen für die öffentliche Straßenbeleuchtung und die Oberleitung von öffentlichen elektrischen Verkehrsmitteln,
2. die Anbringung von Straßenbezeichnungen, Postbriefkästen, Schildern und Einrichtungen der Versorgungsbetriebe und der Entwässerung,
3. die Anbringung von Warn-, Hinweis- und ähnlichen Zeichen und Einrichtungen, die im Interesse der Verkehrs- und Feuersicherheit nötig sind,
4. die Einlegung von Leitungen aller Art durch die Gemeinde und andere Träger des Verkehrs oder der Versorgung unter der Erdoberfläche, soweit damit keine oder nur eine unwesentliche Beeinträchtigung verbunden ist.

(II) Dem Verpflichteten ist die Benutzung seines Grundstücks nach Abs. I mindestens zwei Wochen vorher durch einen Bescheid anzukündigen, aus welchem ersichtlich sein muss, wann, wozu und wie eine Benutzung stattfinden wird. Bei Änderungen und Beseitigung der in Abs. I Nr. 1–3 genannten Benutzungseinrichtungen genügt die vorherige formlose Benachrichtigung des Verpflichteten durch die mit der Ausführung Beauftragten.

(III) Nach der Anbringung und nach der Beseitigung ist die Stelle der Benutzung wieder instand zu setzen. Entstehende Schäden sind zu ersetzen.

Art. 106. Betretungsrecht

Zur Vorbereitung und Durchführung der in diesem Gesetz geregelten Maßnahmen sind die Bauordnungsbehörden und ihre Beauftragten gegen Vorzeigung ihres Dienstausweises befugt, Grundstücke, Baustellen und offene Räume zu betreten und dort die erforderlichen Betätigungen wie z. B. Vermessung, Boden- und Grundwasseruntersuchung oder Bauüberwachung auszuüben. In bewohnten und verschlossenen Räumen ist ihnen an Werktagen zwischen 7 und 16 Uhr der Zutritt zu gestatten.

Art. 107. Naturschutz

(I) Die Bauordnungsbehörde kann verlangen, dass private Freiflächen und unbebaubare Flächen auf den Baugrundstücken in gärtnerische Nutzung genommen und eingefriedigt werden.

(II) Aus Gründen der Volksgesundheit, zum Schutze des Orts- und Landschaftsbildes, zur Erhaltung der heimischen Tier- und Pflanzenwelt oder zum Zwecke des Windschutzes oder der Klimaverbesserung kann verlangt werden, dass die in Abs. I genannten Flächen samt ihrer Bepflanzung und ihren Gewässern im bisherigen Bestand [zu] erhalten sind.

(III) Aus denselben Gründen kann die Bauordnungsbehörde Neupflanzungen im Sinne des Abs. II anordnen.

V. Gebühren und Kosten. Art. 108. [weggelassen]

Fünfter Teil: Bodenbewertung und Bodenverkehr

Art. 109. Grundsatz

Zur Vermeidung von Missbräuchen im Sinne des Art. 161 Abs. 1 der Bayerischen Verfassung, zur Erleichterung der Durchführung des Bebauungsplanes und der damit verbundenen Eigentumsänderungen und zur Nutzbarmachung der ohne Arbeits- oder Kapitalaufwand des Eigentümers entstandenen Bodenwertsteigerungen (Art. 161 Abs. 2 der Verfassung) ist der bebaute und für die Bebauung in Aussicht genommene Boden einer Bewertung zu unterziehen.

Art. 110. Umfang der Bewertung

Für den Gesamtbaubereich jeder Gemeinde (Art. 13) sind die Bodenwerte festzusetzen. Ist der Gesamtbaubereich noch nicht durch einen gebilligten Flächennutzungsplan festgesetzt, so gelten die innerhalb der zusammenhängend bebauten Ortsteile liegenden Grundstücke als Gesamtbereich. Die Festsetzung geschieht nach Wertklassen.

Art. 111. Bemessung der Bewertung

(I) Die Werte sind nach dem Verkehrswert vor Aufstellung des Flächennutzungsplanes zu bemessen (Ausgangswert).

(II) Die Werte sind für den Boden ohne Berücksichtigung der darauf vorhandenen baulichen Anlagen oder Teilen davon, Einrichtungen, Bepflanzungen und der besonders wertmindernden oder wertsteigernden Umstände und Eigenschaften einzelner Grundstücke zu ermitteln.

(III) Die Ausgangswerte dürfen nicht höher sein, als die Stopppreise mit dem Stichtag vom 17.10.1936 (die gemeinen Werte am 1.1.1935; der Einheitswert vom 1.1.1935 zuzüglich eines Zuschlages von ...%?). Wertsteigerungen, die infolge später aufgetretener Umstände namentlich durch städtebauliche Maßnahmen der Gemeinde entstanden sind, dürfen nicht berücksichtigt werden.

(IV) Zur Ausgleichung der Werthöhe zwischen den Gemeinden kann die Regierung für einzelne Gemeinden die höchste und die niederste Wertklasse bestimmen, die angewendet werden darf.

Art. 112. Ausgangswertplan

(I) Die Ausgangswerte sind von der Gemeinde zu ermitteln, und von der Bauordnungsbehörde in einem Plan einzutragen (Ausgangswertplan).

(II) Der Ausgangswert bedarf der Zustimmung der Regierung.

(III) Wird der Flächennutzungsplan geändert, so ist der Ausgangswertplan zu überprüfen und erforderlichenfalls zu berichtigen.

Art. 113. Wirkung des Ausgangswertplanes

(I) Die Ausgangswerte sind die verbindliche Grundlage für die Gewährung von Entschädigungen, für die Festsetzung des zulässigen Preises (Art. 117 Abs. III) und für die Erhebung der Wertsteigerungsabgabe (Art. 142).

(II) Im Einzelfall sind für vorhandene bauliche Anlagen und Teile davon, für Einrichtungen und Bepflanzungen, sowie für besonders wertsteigernde oder wertmindernde Umstände und Eigenschaften Zuschläge oder Abzüge zu machen. Das Gleiche gilt für Wertsteigerungen, die der Eigentümer durch Aufwendung von Arbeit oder Kapital erzielt hat, soweit dies nicht gesetzlich ausgeschlossen ist. Die Zuschläge und Abzüge dürfen nur im Ausmaße einer volkswirtschaftlich gerechtfertigten Wertbemessung gemacht werden.

(III) Ist eine Wertsteigerungsabgabe (Art. 141) entrichtet worden, so ist sie bei der Wertbemessung zuzuschlagen.

(IV) Art. 89 Abs. II gilt entsprechend.

Art. 114. Genehmigungspflicht für den Bodenverkehr

(I) Der Genehmigung durch die Bauordnungsbehörde bedürfen:

1. innerhalb des Gesamtbaubereiches einer Gemeinde (Art. 110)

a) die Teilung eines Grundstückes und die Änderung der Grenzen von Grundstücken

b) der Erwerb oder die Auflassung eines Grundstückes oder Grundstücksteilen, sowie jede Vereinbarung, durch die einem anderen ein Recht zur Nutzung oder zur Bebauung eines Grundstückes oder Grundstücksteiles eingeräumt wird;

2. außerhalb des Gesamtbaubereiches einer Gemeinde

a) die Teilung von bebauten Grundstücken und die Änderung der Grenzen bebauter Grundstücke, wenn die neuen Grenzen nicht mehr als 30 m von einem Gebäude entfernt sind

b) die Teilung von Grundstücken zum Zwecke der Bebauung oder zum Zwecke der kleingärtnerischen Nutzung

c) der Erwerb oder die Auflassung eines Grundstückes oder Grundstücksteiles zum Zwecke der Bebauung oder zum Zwecke der kleingärtnerischen Nutzung

d) die Begründung eines Erbbaurechtes;

3. die Fälle des Art. 87 und des Art. 98 Abs. III.

(II) Genehmigungspflichtige Vorgänge dürfen im Grundbuch nur eingetragen werden, wenn die endgültige Genehmigung nachgewiesen ist. In Zweifelsfällen erteilt die Bauordnungsbehörde eine Bescheinigung darüber, dass es keiner Genehmigung bedarf.

(III) Bedarf ein Eigentumserwerb einer Genehmigung nach anderen Vorschriften, so ersetzt die Genehmigung nach Abs. I auch die andere Genehmigung. Die Genehmigung darf nur im Einvernehmen mit der anderen Genehmigungsbehörde erteilt werden.

Art. 115. Gesetzliches Vorkaufsrecht

(I) Den Gemeinden steht an den Grundstücken des Gemeindegebietes bei allen nach Art. 114 Abs. I genehmigungspflichtigen Vorgängen ein gesetzliches Vorkaufsrecht zu. Das Vorkaufsrecht hat den Vorrang vor allen anderen Vorkaufsrechten, gleichviel welchen Entstehungsgrundes und wird ohne Eintrag in das Grundbuch wirksam.

(II) Das Vorkaufsrecht kann von der Gemeinde allgemein oder im Einzelfall ihrem Landkreis oder an öffentlich rechtliche oder gemeinnützige Bau- oder Wohnungsträger übertragen werden. Anträge des Landkreises auf Übertragung des Vorkaufsrechtes gehen den übrigen Anträgen vor.

(III) Das Vorkaufsrecht kann geltend gemacht werden, sobald der Grundeigentümer mit einem Dritten einen nach Art. 114 Abs. 1 genehmigungspflichtigen Vertrag abgeschlossen hat. Bei Ausübung des Vorkaufsrechtes hat die Gemeinde ältere Vorkaufsberechtigte angemessen zu entschädigen, wenn durch die Ausübung des gesetzlichen Vorkaufsrechtes ein unmittelbarer Vermögensschaden entstanden ist.

(IV) Der Verkäufer hat bei der Ausübung des Vorkaufsrechtes nach Abs. I-III nur Anspruch auf einen Übernahmepreis, der den Vorschriften dieses Gesetzes über die Bewertung entspricht, ungeachtet von abweichenden Vereinbarungen in dem genehmigungspflichtigen Vertrag.

Art. 116. Rechtsgeschäfte des Staates

Rechtsgeschäfte im Sinne des Art. 114, bei denen das Land Bayern, die Bundesverwaltung, die Hauptverwaltung der Eisenbahn, die Post oder die Hauptverwaltung für Binnenschifffahrt als Vertragsparteien beteiligt sind, bedürfen nicht der Genehmigung durch die Bauordnungsbehörde, sondern der Zustimmung der Regierung. Vermag die Regierung die Zustimmung nicht zu erteilen, so entscheidet darüber das Staatsministerium des Innern (Oberste Baubehörde) im Einvernehmen mit der beteiligten obersten Fachbehörde.

Art. 117. Versagungsgründe

(I) In den Fällen des Art. 114 Abs. I Nr. 1 und 2 ist die Genehmigung zu versagen, wenn das Vorhaben oder der damit verfolgte Zweck den Vorschriften dieses Gesetzes, den Bauleitplänen oder den Ortsbauvorschriften zuwiderläuft, einer zweckmäßigen geordneten Bebauung abträglich ist oder bauvorschriftswidrige Zustände herbeiführen würde. Art. 22 Abs. III gilt sinngemäß.

(II) In den Fällen des Art. 114 Abs. I Nr. 3 ist die Genehmigung zu versagen, wenn der Erwerber nicht nachweist, dass er willens und wirtschaftlich in der Lage ist, die im Bebauungsplan vorgesehene Bebauung auszuführen.

(III) Die Genehmigung ist immer zu versagen, wenn ein höheres Entgelt vereinbart wurde, als sich aus den Vorschriften dieses Gesetzes über die Bewertung ergibt.

(IV) Die Genehmigung kann mit Auflagen erteilt werden.

Art. 118. Verfahren

(I) Dem genehmigungspflichtigen Vertrag sind die zur Beurteilung notwendigen Unterlagen beizugeben.

(II) Für die Anträge auf Genehmigung sind die Vorschriften über die Behandlung von Bauanträgen entsprechend anzuwenden.

Art. 119. Rechtsfolgen der Versagung

(I) Wird die Genehmigung versagt, so ist das Rechtsgeschäft nichtig.

(II) Das Rechtsgeschäft behält jedoch seine Gültigkeit, wenn die Versagung nach Art. 117 Abs. III wegen Überschreitung der zulässigen Höhe des Entgeltes ausgesprochen ist und die Vertragsparteien sich auf die zulässige Höhe des Entgeltes einigen. Die Bauordnungsbehörde hat bei der Versagung der Genehmigung wegen Überschreitung der zulässigen Höhe des Entgeltes dasjenige Entgelt zu bezeichnen, für welches die Genehmigung noch erteilt werden kann.

(III) Haben die Vertragsschließenden ein geringeres als das vereinbarte Entgelt beurkunden lassen, so gilt das beurkundete Entgelt als vereinbart (§ 117 Abs. 2 BGB). Die erteilte Genehmigung bleibt solange schwebend unwirksam, bis die Vertragsschließenden sich entweder auf das genehmigte Geschäft geeinigt haben oder die Genehmigung auch für das verdeckte Geschäft erteilt ist.

Sechster Teil: Erschließung

I. Ausführung der Erschließung

Art. 120. Erschließung durch die Gemeinde

(I) Der Gemeinde obliegt es, in ihrem Gesamtbaubereich für die Erschließung und für die ordnungsgemäße Unterhaltung aller Erschließungsanlagen zu sorgen. Außerhalb des Gesamtbaubereichs hat der Grundeigentümer selbst im Einverständnis mit der Gemeinde für die durch seine baulichen Anlagen bedingte Erschließung zu sorgen.

(II) Zur Erschließung gehören:

1. die Herstellung der Gemeindebedarfsflächen (Art. 17 Abs. I Nr. 6 A)

2. die Herstellung der Anlagen zur Beseitigung und Verwertung der Abwasser und Abfallstoffe und

3. die Versorgung mit Wasser, Gas und elektrischer Energie.

Die Erschließung umfasst den Flächenerwerb, die Herstellung und die Unterhaltung.

(III) Wenn für die Versorgung mit Wasser, Gas und elektrischer Energie besondere Unternehmen vorhanden sind, so hat die Gemeinde die Versorgung durch diese Unternehmen zu veranlassen und zu ermöglichen.

(IV) Wenn sich aus Anlass der Errichtung oder Benutzung von Anlagen, die von einer großen Anzahl Menschen regelmäßig besucht oder benützt werden, wie z. B. Sportanlagen, Versammlungsräume oder Ausstellungsgebäude, Banken, Hotels oder Lichtspieltheater die Notwendigkeit ergibt, die örtlichen Verkehrsflächen und namentlich die Parkplätze außergewöhnlich aufwendig anzulegen, so kann verlangt werden, dass die dadurch entstehenden Mehrkosten nach Maßgabe einer von der Gemeinde zu erlassenden Satzung vom Eigentümer derartiger Anlagen getragen werden.

Art. 121. Erschließung durch den Gebietserwerber

(I) Will bei der Gebietsbeschaffung nach den Art. 96 ff. der Erwerber im Einverständnis mit der Gemeinde die Erschließung selbst ausführen, so hat die Regierung bei der Genehmigung der Gebietsbeschaffung nach Art. 99 Abs. III festzusetzen, welche Maßnahmen auszuführen sind. Dabei bestimmt die Regierung, welche Beträge für die Ausführung der Erschließung an den nach Art. 31 zu leistenden Abgaben abgezogen werden dürfen.

(II) Auf Antrag der Gemeinde ist dem Gebietserwerber die Ausführung der Erschließung auch gegen seinen Willen aufzuerlegen.

Art. 122. Zeit der Erschließung

(I) Die örtlichen Verkehrsflächen (Art. 17 Abs. I Nr. 6 A a), die Abwasseranlagen und die Versorgungsanlagen für Wasser und elektrische Energie sind bis zur Gebrauchsabnahme der baulichen Anlagen, die daran angeschlossen werden sollen, fertig zu stellen.

(II) Die öffentlichen Grünflächen (Art. 17 Abs. I Nr. 6 A b) sollen spätestens dann hergestellt werden, wenn sie nach dem Stand der Bebauung in der Umgebung zur Erfüllung ihres Zweckes notwendig sind.

Art. 123. Grundsätze der Erschließung

(I) Die Erschließung soll den nach der Art und der Bebauungsdichte der Baugebiete, sowie infolge des Verkehrs zu erwartenden Beanspruchungen genügen. Die einzelnen Anlagen sollen sinnvoll ineinandergreifen und sich gegenseitig ergänzen.

(II) Die Erschließung richtet sich nach dem Bebauungsplan; ihre Ausführung ist erst nach seiner Festsetzung zulässig.

Art. 124. Örtliche Verkehrsflächen

(I) Die örtlichen Verkehrsflächen sind nach den Regeln der Baukunst so herzustellen, dass sie den gesamten fließenden und ruhenden Verkehr aufnehmen können und dass eine reibungslose und sichere Abwicklung dieses Verkehrs gewährleistet ist.

(II) Die örtlichen Verkehrsflächen sind mit Entwässerungsanlagen sowie mit dem erforderlichen sonstigen Zubehör zu versehen, wie Beleuchtung, Bepflanzung, Geländer und dergleichen.

Art. 125. Privatstraßen

(I) Regelungen, nach denen dem öffentlichen Verkehr dienende örtliche Verkehrsflächen von Anliegern, Genossenschaften oder dergl. zu unterhalten sind (sog. Privatstraßen), sind künftig nicht mehr zu treffen. Hierunter fallen solche Flächen nicht, die für höchstens drei Bauplätze als gemeinschaftliche Zufahrt oder beim Zeilenbau als Zugang oder Wirtschaftsweg dienen.

Art. 126. Öffentliche Grünflächen

(I) Die öffentlichen Grünflächen (Art. 17 Abs. I Nr. 6 Ab und Bc) sind so anzulegen und zu bepflanzen, wie es zur Erholung der Bevölkerung und zur Gestaltung des Orts- und Landschaftsbildes geboten ist.

(II) Öffentliche Grünflächen müssen dem Gemeingebrauch dienen und allgemein zugänglich sein.

Art. 127. Wasser- und elektrische Energieversorgung

(I) Die Baugebiete müssen zentrale Wasserversorgungsanlagen erhalten und mit elektrischer Energie versorgt werden.

(II) Ein Baugebiet darf nur solange ohne zentrale Wasserversorgungsanlage bleiben, als für jedes Baugrundstück ausreichende und einwandfreie Einzelwasserversorgung dauernd gesichert ist und das Gemeinwohl nicht die zentrale Versorgung fordert.

Abs. 128. Abwasserbeseitigung

(I) Die Baugebiete sollen Sammelanlagen für die Beseitigung der Abwässer und der Abfallstoffe erhalten.

(II) Auf die Sammelanlage kann nur verzichtet werden, wenn die einzelnen Baugrundstücke so groß und der Untergrund derart beschaffen ist, dass die Abwässer und Abfallstoffe ohne Schaden vom Boden und vom Grundwasser aufgenommen werden können, oder wenn die Beseitigung der Abwässer und der Abfallstoffe in anderer Weise dauernd gesichert ist.

(III) Die Ausführung, die wesentliche Änderung oder der Abbruch einer Sammelanlage für die Beseitigung der Abwässer und Abfallstoffe bedürfen der Genehmigung der Regierung.

(IV) Ist außerdem eine Genehmigung oder Erlaubnis nach dem Wasserrecht oder nach sonstigen Vorschriften erforderlich, so sind diese mit dem Genehmigungsverfahren der Regierung zu verbinden.

(V) Mit der Genehmigung können die erforderlichen Anordnungen für die Herstellung, den Betrieb und die Benutzung der Anlage festgesetzt werden.

Art. 129. Unterirdische Anlagen

(I) Anlagen zur Benutzung des unterirdischen Raums, besonders unter den örtlichen Verkehrsflächen für Zwecke des Verkehrs, der Erschließung, des Fernsprech- und Fernmeldeverkehrs oder ähnlicher Art sind nach den Grundsätzen technischer und wirtschaftlicher Zweckmäßigkeit und in billigem Ausgleich für Belange der beteiligten Unternehmensträger zu errichten.

(II) Die Herstellung, wesentliche Änderung oder die Beseitigung solcher Anlagen ist nur zulässig, wenn die Bauordnungsbehörde die Unbedenklichkeit des Vorhabens schriftlich ausgesprochen hat. Art. 123 Abs. I ist zu beachten.

(III) Lässt sich zwischen widerstreitenden Forderungen der beteiligten Stellen oder zwischen den Forderungen dieser Stellen und dem Gemeinwohl kein Ausgleich erzielen oder muss mit späteren Gegensätzlichkeiten gerechnet werden, so kann die Bauordnungsbehörde über die Benutzung des unterirdischen Raums einen Plan (U-Plan) aufstellen, aus dem sich Art und Umfang der Benutzung für jede beteiligte Stelle ergeben.

(IV) Der Plan ist den beteiligten Stellen zuzuleiten. Werden binnen vier Wochen keine Einwendungen erhoben, so entscheidet über die Verbindlichkeit des Planes die Regierung.

Art. 130. Ausnahmen

Von der Einhaltung zwingender Vorschriften über die Ausführung der Erschließung kann mit Genehmigung der Regierung abgesehen werden, wenn triftige Gründe dafür vorliegen und weder das Gemeinwohl noch Rechte oder Belange anderer beeinträchtigt worden.

II. Erwerbung der Flächen

Art. 131. Zeit der Erwerbung

Die im Bebauungsplan festgesetzten Gemeinbedarfsflächen sind in das Eigentum der Gemeinde zu überführen. Dies hat spätestens dann zu geschehen, wenn es die Ausführung der Erschließung gemäß Art. 120–130 verlangt.

Art. 132. Abtretungspflicht

(I) Der Eigentümer eines nach Art. 20 Abs. I bebaubaren Grundstücks ist verpflichtet, bis zu 35% der Fläche seines Grundstücks für den Gemeinbedarf unentgeltlich und lastenfrei an die Gemeinde abzutreten. Nebeneinander liegende Grundstücke desselben Eigentümers, die für sich allein nicht bebaubar sind, werden als ein Grundstück behandelt.

(II) Für wertsteigernde Umstände gemäß Art. 113 Abs. II ist angemessene Entschädigung zu gewähren.

(III) Die Entschädigung für eine Abtretung, soweit sie 35% der Grundstücksfläche übersteigt, richtet sich nach Art. 113.

(IV) Früher unentgeltlich abgetretene Flächen (Art. 32 Abs. I) sind bei der Berechnung der 35%igen Abtretung wieder einzubeziehen.

(V) Bei Grundstücken an ausgebauten örtlichen Verkehrsflächen kann eine nachträgliche 10%ige Abtretung unentgeltlich und lastenfrei verlangt werden, wenn im Bebauungsplan eine Verbreiterung der Verkehrsflächen festgesetzt ist und die nachweisbare oder als sicher anzunehmende Gesamtabtretung 35% der Grundstücksfläche nicht übersteigt. Andernfalls gilt Abs. III.

(VI) Wertsteigernde Veränderungen, die an oder auf den abzutretenden Flächen nach ihrer bebauungsplanmäßigen Festsetzung ohne Zustimmung der Gemeinde vorgenommen sind, bleiben bei der Bemessung der Entschädigung außer Betracht.

Art. 133. Anwendung des Beschaffungsverfahrens

Soweit die Gemeinde das Eigentum an den Gemeinbedarfsflächen noch nicht im Verfahren einer Baulandumlegung (Art. 40 Abs. II) oder einer Gebietsbeschaffung (Art. 98 und 99 Abs. II) erhalten hat und der Eigentümer die freiwillige Abtretung verweigert, hat auf Antrag der Gemeinde die Bauordnungsbehörde die Beschaffung der Gemeinbedarfsflächen zugunsten der Gemeinde nach den Vorschriften der Art. 88–95 und 97 vorzunehmen.

Art. 134. Entschädigung und Übernahme bei Grundstücksteilen

(I) Bei der Abtretung oder Beschaffung eines Grundstücksteiles ist auch der Verlust mit zu entschädigen, der bei dem Restgrundstück durch die Abtretung des Grundstücksteils eintritt. Eine für das Restgrundstück eintretende Werterhöhung ist bei der Bemessung der Entschädigung abzusetzen.

(II) Wird im Falle des Abs. I ein Grundstücksrest baulich unverwertbar oder kann er nicht mehr zweckmäßig genutzt werden, so kann der Eigentümer verlangen, dass der Grundstücksrest mit übernommen wird.

(III) Geht bei der Abtretung oder Beschaffung eines Grundstücksteils die neue Grundstücksgrenze durch ein Bauwerk, so kann die Übernahme des ganzen Bauwerks verlangt werden, es sei denn, dass die Weiterbenutzung und Wiederinstandsetzung des Bauwerks nur unerheblich beeinträchtigt wird.

Art. 135. Pflicht zur Übernahme

(I) Der Grundeigentümer kann die Übernahme von Gemeinbedarfsflächen durch die Gemeinde verlangen, wenn die bisherige Nutzung seines Grundstücks durch eine von ihm nicht zu vertretende Änderung der städtebaulichen Verhältnisse, namentlich durch fortschreitende Bebauung in der Umgebung, wesentlich erschwert oder unmöglich geworden ist.

(II) Auf das Übernahmeverfahren sind die Vorschriften für die Beschaffung sinngemäß anzuwenden.

III. Aufbringung der Mittel

Art. 136. Arten der Abgaben

(I) Die Gemeinden sind zur Deckung des ihnen durch die Erfüllung städtebaulicher Aufgaben entstehenden Aufwandes, namentlich für die Erschließung und für zu leistende Entschädigungen, berechtigt, nach Maßgabe der folgenden Vorschriften zu erheben:

1. eine nach einem Hundertsatz zu bemessende Abgabe aus den Kosten der Herstellung oder Änderung baugenehmigungspflichtiger baulicher Anlagen (Baukostenabgabe),

2. eine Abgabe, welche die ohne besonderen Arbeits- oder Kapitalaufwand des Eigentümers entstehende Steigerung des Bodenwertes erfasst (Wertsteigerungsabgabe).

(II) Der Aufwand für Errichtung, Betrieb und Unterhaltung von Anlagen für die Versorgung mit Wasser, Gas und elektrischer Energie sowie für die Beseitigung der Abwässer und Abfallstoffe wird durch tarifmäßige Leistungen für Anschluss und Benutzung aufgrund der Gemeindeordnung, soweit die Gemeinde die Anlagen betreibt, im Übrigen aufgrund der privatrechtlichen oder dafür geltenden Vorschriften gedeckt. Für die Fälle ungewöhnlicher Beanspruchung kann eine Sonderregelung vorgesehen werden.

(III) Die in Absatz I genannten Abgaben sind öffentliche Abgaben im Sinne des Gemeindeabgabengesetzes. Ihr Ertrag darf zu anderen als den in Abs. I genannten Zwecken nicht verwendet werden.

(IV) Bei Baugrundstücken mit der Zufahrt von Straßen aus, für die der Gemeinde die Baulast nicht obliegt, hat die Gemeinde die in Abs. I genannten Abgaben ebenso zu erheben wie bei Baugrundstücken an örtlichen Verkehrsflächen und an den Träger der Straßenbaulast abzuführen.

A. Baukostenabgabe

Art. 137. Voraussetzung und Umfang der Abgabenpflicht

(I) Die Baukostenabgabe ist eine einmalige Abgabe zu den reinen Baukosten der nach Inkrafttreten dieses Gesetzes zur Ausführung gelangenden Bauvorhaben.

(II) Der Hundertsatz für die Abgabe ist durch gemeindliche Satzung festzulegen, die der Genehmigung der Regierung bedarf.

(III) Die Baukostenabgabe wird nicht erhoben

1. bei Baumaßnahmen auf Grundstücken, für die Anliegerleistungen oder gleichwertige Leistungen nach bisherigen Vorschriften in der Zeit vom 1. Januar 1924 ab entrichtet worden sind, wenn seit der Entrichtung noch keine 30 Jahre vergangen sind,

2. bei Baumaßnahmen, deren reine Baukosten 500 DM nicht übersteigen,

3. bei den Betriebsbauten der Reichsbahn,

4. bci baulichen Anlagen, die der Erschließung dienen und

5. bei Tiefbauten der Verwaltungen der öffentlichen Straßen, Wasserstraßen und der elektrischen Energieversorgung.

(IV) Für Instandsetzung und Wiederaufbau beschädigter und zerstörter Gebäude ist ein ermäßigter Hebungssatz festzusetzen.

Art. 138. Erhebung der Baukostenabgabe

(I) Die Baukostenabgabe wird nach Ausführung eines abgabenpflichtigen Bauvorhabens fällig. Der Bauherr hat der Erhebungsstelle die Schlussabrechnung vorzulegen, aus der die erwachsenen reinen Baukosten der Bemessung der Abgabe zugrunde gelegt werden.

(II) Ist trotz Ausführung eines abgabenpflichtigen Bauvorhabens das Grundstück an das Straßennetz noch nicht angeschlossen, so ist die Zahlung bis zum Anschluss zinslos zu stunden.

Art. 139. Abgabepflicht bei bestehenden Gebäuden

(I) Die Baukostenabgabe ist auch bei bestehenden baulichen Anlagen zu leisten, die nach dem 1. Januar 1924 erstellt und für die noch keine Anliegerleistungen oder gleichwertige Leistungen entrichtet wurden. Sie wird jedoch erst in dem Zeitpunkt fällig, in welchem das Grundstück an das Straßennetz angeschlossen wird.

(II) Die Erhebung der Baukostenabgabe nach Abs. I entfällt, wenn in der Gemeinde zur Zeit der Errichtung des Gebäudes Anliegerleistungen oder gleichwertige Leistungen nicht zu bewirken waren oder wenn die Gemeinde auf diese Leistungen verzichtet hatte.

Art. 140. Vorauszahlung

(I) Bei unbebauten oder nur geringfügig bebauten Grundstücken, die nach Art. 20 Abs. I bebaubar sind, ist auf die Baukostenabgabe eine Vorauszahlung in dem Zeitpunkt zu entrichten, in welchem sie an das Straßennetz abgeschlossen werden oder angeschlossene Grundstücke nach Art. 20 Abs. I bebaubar werden.

(II) Die Vorauszahlung wird nach der Zahl der Kubikmeter umbauten Raumes, die nach der im Bebauungsplan oder sonst festgesetzten zulässigen Bebauung möglich ist, und unter Zugrundelegung ortsüblichen Kubikmeterpreises bemessen. Sie beträgt 80 v.H. des Betrages, der sich nach dieser Ausnutzung und Preislage errechnet.

(III) Bei der späteren Erhebung der Baukostenabgabe ist die Vorauszahlung anzurechnen und, soweit sie höher ist als die Abgabe, zurückzuerstatten.

B. Wertsteigerungsabgabe

Art. 141. Voraussetzung und Umfang der Abgabepflicht

(I) Die Wertsteigerungsabgabe erfasst 80% der Steigerung des Bodenwertes, die dadurch eintritt, dass durch Festsetzung des Bebauungsplanes oder durch Erteilung einer Baugenehmigung oder einer Befreiung Art und Maß der baulichen Ausnutzung erstmalig bestimmt oder zugunsten des Eigentümers verändert werden.

(II) Der Steigerungsbetrag ergibt sich aus dem Unterschied des Ausgangswertes (Art. 111–113) vom Baulandwert. Der Baulandwert ist derjenige Bodenwert, der nach der in Abs. I genannten Nutzungsveränderung entstanden ist. Er ist durch Vergleich mit dem Wert von Grundstücken gleichartiger Nutzung und gleichwertiger Lage innerhalb der Gemeinde zu ermitteln. Für die Bemessung des Baulandwertes ist das Grundstück ohne den unentgeltlich abgetretenen oder abzutretenden Gemeinbedarfsflächenanteil zugrunde zu legen.

Art. 142. Erhebung der Wertsteigerungsabgabe

(I) Der Baulandwert ist auf Antrag der Gemeinde und nach Anhörung des Eigentümers von der Bauordnungsbehörde in einem dem Betroffenen zuzustellenden Bewertungsbescheid festzusetzen. Die Wertsteigerungsabgabe wird nach Eintritt der Rechtskraft des Bewertungsbescheides von der gemeindlichen Hebungsstelle erhoben.

(II) Wird eine Änderung im Sinne des Art. 141 Abs. I zugunsten des Eigentümers ein zweites oder ein weiteres Mal vorgenommen, so ist es jedes Mal zulässig, den erhöhten Wert festzusetzen und die Abgabe vom Zusatzwert zu erheben.

Art. 143. Aussetzung der Wertsteigerungsabgabe

Die Zahlung der Wertsteigerungsabgabe ist zinslos bis zum Anschluss des Grundstücks an das Straßennetz und nach dem Anschluss gegen Verzinsung bis zur Durchführung der Bebauung zu stunden. Als Zinssatz ist der für laufende Konten bei Banken übliche zu berechnen.

Art. 144. Wertsteigerungsrente

(I) Die Gemeinde kann die Wertsteigerungsabgabe durch eine an den Beitragschuldner gerichtete Verfügung in der Weise stunden, dass sie als wiederkehrende Leistung (Wertsteigerungsrente) zu entrichten ist. Der gestundete Anspruch auf die Wertsteigerungsabgabe bleibt ein einmaliger einheitlicher Anspruch.

(II) In der Verfügung sind die Laufzeit der Wertsteigerungsrente sowie die Höhe und der Zeitpunkt der Fälligkeit der wiederkehrenden Leistungen zu bestimmen.

(III) Für die wiederkehrenden Leistungen gilt Rangklasse 3 des § 10 Abs. I des Zwangsversteigerungsgesetzes.

(IV) Tritt nach Bewilligung einer Wertsteigerungsrente eine Änderung in der Person des Beitragsschuldners ein, so wird die Heranziehung des neuen Beitragsschuldners zu den wiederkehrenden Leistungen durch die Verjährungsvorschriften nicht ausgeschlossen, wenn die Leistung noch nicht länger als ein Jahr fällig ist.

Art. 145. Rückerstattung

Ändert sich der Grundstückswert gemäß Art. 141 Abs. I zum Nachteil des Eigentümers so ist, wenn eine Wertsteigerungsabgabe geleistet wurde, der verminderte Wert festzusetzen und die geleistete Wertsteigerungsabgabe insoweit samt Verzinsung zurückerstatten. Art. 143 Satz 2 gilt auch hier.

Art. 146. Wertbestandsplan

Die Bauordnungsbehörde hat alle Änderungen der Ausgangswerte, die durch Bewertungsbescheid gem. Art. 142 und 145 eintreten, in einem dem Ausgangswertplan entsprechenden Plan fortlaufend darzustellen (Wertbestandsplan).

Siebenter Teil: Gemeinsame Vorschriften

I. Bauordnungsbehörden und ihre Aufgaben [Art. 147–151; weggelassen]

II. Rechtsschutz

Art. 152. Entscheidungen

Bescheide der Bauordnungsbehörden in Angelegenheiten dieses Gesetzes und der Bauordnungen sind mit Begründung und Rechtsmittelbelehrung den Betreffenden bekanntzugeben oder zuzustellen, soweit letzteres im Gesetz vorgeschrieben ist. Der Zeitpunkt der Bekanntgabe oder Zustellung ist aktenkundig zu machen.

Art. 153. Beschwerde

(I) Wer sich durch einen Bescheid zu Unrecht belastet glaubt, kann binnen zwei Wochen nach Bekanntgabe oder Zustellung Beschwerde an die nächst höhere Bauordnungsbehörde erheben. Die Beschwerde ist schriftlich mit Begründung einzureichen oder zur Niederschrift zu geben. Die Beschwerde ist bei der Bauordnungsbehörde einzulegen, die den angefochtenen Bescheid erlassen hat. Durch die Einreichung der Beschwerde bei der höheren Bauordnungsbehörde wird die Beschwerdefrist gewahrt.

(II) Die Beschwerde hat aufschiebende Wirkung. Die entscheidende und die höhere Bauordnungsbehörde haben die Befugnis, unter Aufhebung der aufschiebenden Wirkung die alsbaldige Vollziehbarkeit der Entscheidung insoweit auszusprechen, als es zur Vermeidung schwerer Schäden für Beteiligte oder für die öffentlichen Belange unabweisbar ist.

Art. 154. Weitere Beschwerde

(I) Wenn wegen der grundsätzlichen Bedeutung einer Frage oder wegen sonstiger besonderer Umstände eine Entscheidung durch das Staatsministerium des Innern (Oberste Baubehörde) notwendig scheint, kann die Regierung in ihrer ablehnenden Beschwerdeentscheidung aussprechen, dass gegen ihre Entscheidung weitere Beschwerde an das Staatsministerium des Innern (Oberste Baubehörde) zulässig ist.

(II) Auf die weitere Beschwerde sind Art. 152 und 153 entsprechend anzuwenden. Die Beschwerdefrist beginnt mit der Zustellung der Entscheidung.

Art. 155. Verwaltungsgerichtliches Verfahren

(I) Die Beschwerde an die Regierung tritt nach Art. 48 des Gesetzes Nr.39 über die Verwaltungsgerichtsbarkeit vom 25.9.1946 (GVBl. S. 281) an die Stelle des Einspruchs bei der unteren Bauordnungsbehörde.

(II) Bei den Regierungen werden Baugerichte gebildet. Sie bestehen aus einem Vorsitzer, zwei beamteten und zwei ehrenamtlichen Mitgliedern und Stellvertretern. Der Vorsitzer und die beiden beamteten Mitglieder samt ihren Stellvertretern werden aus den planmäßigen höheren Verwaltungsbeamten mit juristischer oder technischer Vorbildung, die ehrenamtlichen Mitglieder samt ihren Stellvertretern aus dem Kreise besonders erfahrener Sachverständiger auf dem Gebiete des Bauwesens oder der Grundstücksbewertung vom Staatsministerium des Innern ernannt.

(III) Die Baugerichte sind besondere Verwaltungsgerichte im Sinne des § 22 des Gesetzes Nr. 39 über die Verwaltungsgerichtsbarkeit vom 25. September 1946 (GVBl. S.281). Soweit nach den Vorschriften des Verwaltungsgerichtsgesetzes im Vollzug dieses Gesetzes die Zuständigkeit der Verwaltungsgerichte begründet wäre, treten an ihre Stelle die Baugerichte.

(IV) Auf die Bildung der Baugerichte und auf das Verfahren vor ihnen werden die Vorschriften des Verwaltungsgerichtsgesetzes entsprechend angewendet.

Art. 156. Klage vor den ordentlichen Gerichten

(I) Zur Geltendmachung des Anspruchs auf Erhöhung oder Herabsetzung einer Entschädigung ist nach Erschöpfung der Beschwerdemöglichkeiten nach Art. 153 bis 155 Klage vor den ordentlichen Gerichten zulässig. Die Klage kann nur binnen eines Monats von der Bekanntgabe oder Zustellung der Entscheidung der Bauordnungsbehörden an erhoben werden.

(II) Die Klage hat keine aufschiebende Wirkung.

III. Ortsbauvorschriften [Art. 157; weggelassen]

IV Bauausschüsse [Art. 158–161; weggelassen]

V. Entschädigungsansprüche [Art. 162; weggelassen]

VI. Zwangsbefugnisse [Art. 163; weggelassen]

VII. Strafbestimmungen [Art. 164–165; weggelassen]

VIII. Überleitungs- und Schlussvorschriften [Art. 166–171; weggelassen]

III. Wilhelm Dittus: Entwurf zu einem Baugesetz für die Bundesrepublik Deutschland (1950)

Erster Teil: Die Planung

I. Allgemeine Vorschriften für die Bauleitplanung (§§ 1–4)
II. Vorbereitende Bauleitpläne (§§ 5–21)
  A. Die Landesplanung und der Landesplan (§§ 6–11)
  B. Der Flächennutzungsplan (§§ 12–19)
  C. Der Generalbebauungsplan (§§ 20–21)
III. Endgültiger Bauleitplan: Der Bebauungsplan (§§ 22–38)
IV. Entschädigungen (§§ 29–30)

Zweiter Teil: Die Baulandumlegung [weggelassen]

I. Notwendigkeit, Wesen und Anordnung der Baulandumlegung (§§ 31–36)
II. Vereinigung und Neuzuteilung der Grundstücke (§§ 37–39)
III. Geldentschädigungen (§§ 40–41)
IV. Der Umlegungsplan (§§ 42–45)
V. Grenzregelung (§§ 46–48)
VI. Kosten, Steuern und Abgaben (§§ 49–50)

Dritter Teil: Die Zusammenlegung von Grundstücken [weggelassen]

I. Aufgabe und Arten der Zusammenlegung (§ 51)
II. Grundstücksverbände
  A. Errichtung von Grundstücksverbänden (§§ 52–54)
  B. Rechtsverhältnisse der Grundstücksverbände (§§ 55–59)
  C. Rechtsverhältnisse der Mitglieder (§§ 60–63)
  D. Vermögensrecht und Geschäftsführung (§§ 64–69)
  E. Behördliche Aufsicht über die Grundstücksverbände § 70
  F. Auflösung des Grundstücksverbandes (§§ 71–73)
III. Sonstige Arten der Zusammenlegung (§§ 74–75)
IV. Aufbaugenossenschaften (§ 76)
V. Vereinte Bauausführung (§§ 77–80)

Vierter Teil: Die Landbeschaffung

I. Zweck und Zulässigkeit der Baulandbeschaffung (§ 81)
II. Einzelbeschaffung (§§ 82–92)
III. Gebietsbeschaffung (§§ 93–95)

IV. Sonstige Fälle der Landbeschaffung und der Eigentumsbeschränkung (§§ 96–99)
V. Gebühren und Steuern (§ 100)

Fünfter Teil: Bodenbewertung und Bodenverkehr
I. Grundsatz (§ 101)
II. Bodenbewertung (§§ 102–105) [weggelassen]
III. Bodenverkehr (§§ 106–110) [weggelassen]

Sechster Teil: Erschließung
I. Ausführung der Erschließung (§§ 111–124)
II. Erwerbung der Flächen (§§ 125–127)
III. Aufbringung der Mittel (§§ 128–130)
A. Baukostenabgabe (§§ 131–134)
B. Wertsteigerungsabgabe (§§ 135–139)
C. Abgabenkartei (§ 140)

Siebenter Teil: Die Bebauung
I. Einfluss der Bauleitplanung auf die Bebauung (§§ 141–145)
II. Baugestaltung (§§ 146–150)
III. Anforderungen an Bauwerke (§§ 151–154)
IV. Baugenehmigung (§§ 155–162)
V. Bauausführung (§§ 163–165)
VI. Bestehende Bauten (§§ 166–169)
VII. Bauordnung (§ 170)

Achter Teil: Bauliches Nachbarrecht [weggelassen] (§§ 171–180)

Neunter Teil: Gemeinsame Vorschriften
I. Behörden (§§ 181–188)
II. Verfahren und Rechtsschutz (§§ 189–194)
III. Baulastenbuch (§§ 195–198)
IV. Einfluss der Eigentumsverhältnisse (§ 199)
V. Eigentumsinhalt und Entschädigung (§ 200) [weggelassen]
VI. Ortsbauvorschrift (§§ 201–205) [weggelassen]
VII. Vollzug (§§ 206–208) [weggelassen]
VIII. Strafbestimmungen (§§ 209–216) [weggelassen]
IX. Baugebühren (§ 217) [weggelassen]

Zehnter Teil: Übergangs- und Schlussbestimmungen
(§§ 218–225) [weggelassen]

Erster Teil: Die Planung

I. Allgemeine Vorschriften für die Bauleitplanung

§ 1. Aufgabe der Bauleitplanung

(1) Die gesamte Bebauung in Stadt und Land, die zu ihr gehörigen baulichen Anlagen und Einrichtungen, sowie die mit der Bebauung in Verbindung stehende Nutzung des Bodens sind durch eine von übergeordneten Gesichtspunkten herkommende, immer mehr ins Einzelne gehende Planung vorzubereiten und zu leiten (Bauleitplanung).

(2) Aufgabe der Bauleitplanung ist es, die für sie maßgeblichen Gegebenheiten zu ermitteln, die baulichen Zielsetzungen zu erarbeiten, daraus die jeweiligen Forderungen für die geordnete Nutzung des Bodens sowie für die Gestaltung allen baulichen Geschehens zu gewinnen und das Ergebnis zur Sicherung der Durchführung in Plänen niederzulegen (Bauleitpläne).

(3) Maßgebend für die Bauleitplanung ist das Gemeinwohl. Sie hat sich nach dem Gebot der Wirtschaftlichkeit und der Zweckmäßigkeit, sowie nach den sozialen, gesundheitlichen und kulturellen Erfordernissen zu richten. Die Bauleitplanung hat namentlich auch die wirtschaftlichen Bedürfnisse zu berücksichtigen, die günstigsten Möglichkeiten für einen reibungslosen Ablauf der Produktion, des Verkehrs und der sonstigen Lebensvorgänge zu eröffnen, durch die Vorbereitung des Bauens vorbildlicher neuer Wohnungen und Arbeitsstätten zur Erreichung eines gesunden Wirtschafts-, Volks- und Familienlebens beizutragen und damit die Voraussetzungen für einen allgemeinen Wiederaufbau zu schaffen. Das Orts- und Landschaftsbild ist zu pflegen.

§ 2. Stufen der Bauleitplanung

Als Mittel der Bauleitplanung dienen:

1. der Landesplan als vorbereitender örtlicher Plan,
2. der Flächennutzungsplan und
3. der Generalbebauungsplan als vorbereitende örtliche Pläne,
4. der Bebauungsplan als endgültiger örtlicher Plan.

§ 3. Aufstellung der Bauleitpläne

(1) Bei der Aufstellung der Bauleitpläne sind die Behörden und Dienststellen zu beteiligen, deren Belange berührt werden.

(2) Die Vorschriften für die Aufstellung der Bauleitpläne gelten auch für ihre Änderung oder Aufhebung.

(3) Die Bauleitpläne benachbarter Länder, Bezirke und Gemeinden sind aufeinander abzustimmen.

§ 4. Sicherung der Bauleitplanung

(1) Anlagen von überörtlicher Bedeutung im Sinne des § 7 sowie eine wesentliche Änderung von solchen dürfen, soweit für sie keine Genehmigung oder sonstige behördliche Zustimmung nach diesem Gesetz erforderlich ist, nur ausgeführt werden,

wenn die nach §§ 8 und 11 Abs. 2 zuständige Behörde erklärt hat, dass diese Anlagen in der Bauleitplanung vorgesehen sind oder mit ihr im Einklang stehen.

(2) Setzt die Ausführung oder Änderung einer solchen Anlage ein Verfahren nach anderen gesetzlichen Vorschriften voraus, so darf dort eine Entscheidung erst getroffen werden, nachdem die Bedingung des Satzes 1 erfüllt ist.

(3) Liegen die entsprechenden Bauleitpläne noch nicht vor, so müssen vor Abgabe der Erklärung die in § 3 Abs. 1 genannten Behörden und Dienststellen beteiligt werden.

II. Vorbereitende Bauleitpläne

§ 5. Gemeinsame Vorschriften für die vorbereitenden Bauleitpläne

(1) Die vorbereitenden Bauleitpläne haben alles das zu enthalten, was zur Aufstellung des Bebauungsplanes erforderlich ist.

(2) Die vorbereitenden Bauleitpläne sind zu ändern oder aufzuheben, wenn die Entwicklung im Plangebiet dies erfordert.

(3) Jedermann kann in die vorbereitenden Bauleitpläne nach ihrer Billigung (§ 8, § 11 und § 12 Abs. 2) Einsicht nehmen oder Auskunft verlangen.

A. Die Landesplanung und der Landesplan

§ 6. Aufgabe der Landesplanung

Die Landesplanung hat in Auswertung der Ergebnisse der allgemeinen Raumforschung und Raumpolitik gemäß der von der Staatsregierung gewiesenen allgemeinen Entwicklungsrichtung die einzelnen baulichen Fachplanungen zusammenzufassen, bei der Überschneidung verschiedener Vorhaben eine ausgeglichene organische Gesamtgestaltung herbeizuführen und bei sonstigen Fachplanungen beratend mitzuwirken.

§ 7. Inhalt des Landesplanes

(1) Der Landesplan hat für den Bereich eines Landes unter Berücksichtigung des angestrebten regionalen Wirtschaftsaufbaues die übergeordneten baulichen Vorhaben in ihren Grundzügen zu enthalten.

(2) Er soll, soweit überörtliche Bedeutung gegeben ist, namentlich vorsehen:

1. Anlagen des Fernverkehrs, wie Autobahnen, Bundesstraßen, Landstraßen I. und II. Ordnung, Gemeindestraßen, Bundesbahnen, Kleinbahnen, Feldbahnen, Wasserstraßen, Häfen, Flughäfen (überörtliche Verkehrsflächen), sowie Anlagen des örtlichen Schnellverkehrs (§ 23 Abs. 1 Nr. 6 B b),

2. Anlagen der Wasserwirtschaft, wie Wassergewinnungs-, Wasserkraft-, Wassernutzungs- und Abwasserverwertungsanlagen,

3. Versorgungsfernleitungen für Strom, Wasser, Gas und Wärme,

4. Flächen zur Gewinnung und Nutzung von Bodenschätzen,

5. öffentliche Erholungsflächen,

6. Naturschutzgebiete und geschützte Landschaftsgebiete sowie Flächen für Landschafts-, Kultur- und Klimaverbesserung,

7. Standorte für Neusiedlungen und für andere Anlagen, die eine größere Fläche beanspruchen oder aus anderen Gründen von überörtlicher Bedeutung sind.

(3) Der Landesplan besteht aus den notwendigen textlichen und zeichnerischen Darstellungen.

§ 8. Zuständigkeit zur Landesplanung

(1) Die geschäftsführende Bearbeitung der Landesplanung liegt bei der Landesbaubehörde (§ 181 Abs. 7) in Unterstellung unter den Ministerpräsidenten oder den von ihm hierfür zu bestellenden Vertreter. Entschließungen auf dem Gebiet der Landesplanung werden von einem vom Ministerpräsidenten zu berufenden interministeriellen Ausschuss (Landesplanungsrat) unter dem Vorsitz des Vertreters des Ministerpräsidenten getroffen. Der Vorsitzer des Landesplanungsrats kann die Beschlussfassung einer Entschließung der Landesregierung vorbehalten.

(2) Dem Landesplanungsrat gehört auch je ein Vertreter der Bundesverwaltungsbehörden im Landesbereich an. Sie haben kein Stimmrecht, können aber eine Behandlung nach § 10 Abs. 1 veranlassen.

(3) Die Landesbaubehörde und die höhere Baubehörde (§ 9 Abs. 3) können zu ihrer Beratung sich der Mitwirkung von Ausschüssen aus Kreisen der Wirtschaft, der Gemeindeverwaltung und von sonstigen geeigneten Persönlichkeiten bedienen. Die Zusammensetzung und Arbeitsweise werden beim Landesplanungsausschuss von der Landesbaubehörde, beim Bezirksplanungsausschuss von der höheren Baubehörde geregelt.

(4) Die Erklärung nach § 4 kann von der höheren Baubehörde abgegeben werden, wenn die Bedeutung des Vorhabens sich auf ihren Bereich beschränkt.

(5) Die Länder können über die Zuständigkeit zur Landesplanung bestehende abweichende Regelungen aufrechterhalten oder abweichende Regelungen treffen.

§ 9. Aufstellung des Landesplans

(1) Der Landesplan wird von der Landesbaubehörde im Benehmen mit den anderen Obersten Landesbehörden und den für den Landesbereich zuständigen Bundesverwaltungsbehörden aufgestellt. Er unterliegt der Beschlussfassung nach § 8.

(2) Vor der Beschlussfassung ist der Landesplan mit der Landesplanung des Bundes unter den Gesichtspunkten des § 10 Abs. 1 abzustimmen.

(3) Bei der Ausarbeitung des Landesplans wirken die höheren Baubehörden (§ 181 Abs. 6) mit, die sich dabei mit den ihnen gleichstehenden Behörden der beteiligten Verwaltungszweige ins Benehmen setzen.

(4) Im Falle des § 8 Abs. 5 sind die landesrechtlichen Vorschriften maßgebend.

§ 10. Landesplanung des Bundes

(1) Die Landesplanung des Bundes befasst sich mit Landesplanungsfragen,

a) die das Gebiet der Deutschen Bundesrepublik im Ganzen betreffen,

b) die vom Gebiet eines Landes auf das Gebiet eines anderen oder mehrerer anderer Länder Rückwirkungen haben und

c) die die Grenzgebiete zweier oder mehrerer Länder berühren, wenn eine Einigung derselben nicht zustande kommt.

(2) Die Bundesregierung kann allgemeine Richtlinien für die Landesplanung, die sich aus ihrer Planungstätigkeit nach Abs. 1 a ergeben, erlassen.

(3) Im Übrigen bleibt die innerhalb der Länder zu bearbeitende Landesplanung dem Ermessen der Länder überlassen.

§ 11. Zuständigkeit zur Landesplanung des Bundes

(1) Die geschäftsführende Bearbeitung der Landesplanung des Bundes liegt beim Bundesminister für Wohnungsbau in Unterstellung unter den Bundeskanzler oder den von ihm hierfür zu bestellenden Vertreter. Entschließungen auf dem Gebiet der Landesplanung (§ 10 Abs. 1) werden von einem vom Bundeskanzler zu berufenden interministeriellen Ausschuss (Bundesplanungsrat) unter dem Vorsitz des Vertreters des Bundeskanzlers getroffen. Der Vorsitzer des Bundesplanungsrats kann die Beschlussfassung einer Entschließung der Bundesregierung vorbehalten.

(2) Der Bundesminister für Wohnungsbau kann zu seiner Beratung sich der Mitwirkung eines Ausschusses aus Kreisen der Wirtschaft, der Gemeindeverwaltung und von sonstigen geeigneten Persönlichkeiten bedienen (Bundesplanungsausschuss). Er regelt die Zusammensetzung und Arbeitsweise des Bundesplanungsausschusses.

(3) Die Abgabe der Erklärung nach § 4 durch die nach § 8 zuständige Stelle setzt das Einvernehmen mit der für die Landesplanung des Bundes zuständigen Stelle voraus, sofern das Vorhaben eine Abstimmung nach § 10 Abs. 1 erfordert.

B. Der Flächennutzungsplan

§ 12. Aufgabe des Flächennutzungsplanes

Der Flächennutzungsplan stellt die flächenmäßige Gliederung des Gemeindegebietes nach der grundsätzlichen Zweckbestimmung der Flächenteile dar und zeigt, wie die bauliche Entwicklung und die geordnete Nutzung des Bodens gedacht sind. Er macht vor allem ersichtlich, welche Flächen im Laufe der Zeit voraussichtlich der Bebauung zugeführt werden können, welche Flächen aus Gründen des öffentlichen Wohles unbebaut oder in der Bebauung beschränkt bleiben und welche Flächen einer sonstigen Zweckbestimmung vorbehalten bleiben sollen.

§ 13. Inhalt des Flächennutzungsplanes

(1) Der Flächennutzungsplan übernimmt aus dem Landesplan die für überörtliche Zwecke vorgesehenen Flächen und formt aus ihnen unter Hinzunahme der Flächen für gleichartige örtliche Zwecke sowie für den weiteren örtlichen Bedarf eine zweckmäßig gegliederte Aufteilung des Gemeindegebietes.

(2) Im Flächennutzungsplan sollen namentlich vorgesehen werden:

1. die Bauflächen, wie Wohnbauflächen, Geschäftsbauflächen, Industriebauflächen und landwirtschaftliche Siedlungsbauflächen mit Unterscheidung der kanalisierten und der nicht kanalisierten Bauflächen,
2. die öffentlichen Vorbehaltsflächen (§ 23 Abs. 1 Nr. 6 B),
3. die landwirtschaftlichen und erwerbsgärtnerischen Flächen,
4. die forstwirtschaftlichen Flächen,

5. die Wasserflächen und die für die Wasserkraftausnutzung benötigten Flächen, sowie die Schutzgebiete für die Wasserversorgung,

6. die Naturschutzgebiete und sonstige für die Erhaltung des Landschaftsbildes bedeutsame Flächen, die zu schützenden Baumbestände und Gewässer,

7. sonstige Flächen mit besonderer privater Zweckbestimmung oder mit besonderen Verhältnissen wie private Spiel-, Sport- und Badeplätze, Lagerplätze oder andere gewerblich zu benutzende Flächen, Abbaugelände z. B. von Ziegeleien, Steinbrüchen, Kies- und Sandgruben, Schutthalden oder ähnliche Aufschüttungsflächen (private Sonderzweckflächen), und

8. Hauptleitungen für Wasser, Strom und Gas.

(3) Dem Flächennutzungsplan soll ein Erläuterungsbericht beigegeben werden.

§ 14. Aufstellung des Flächennutzungsplanes

(1) Ein Flächennutzungsplan ist aufzustellen, wenn die bauliche oder wirtschaftliche Entwicklung der Gemeinde oder andere öffentliche Belange es erfordern.

(2) Der Flächennutzungsplan ist von der Gemeindevertretung aufzustellen. Ist die Gemeinde nicht Baubehörde (§ 181 Abs. 3), so kommt die Aufstellung des Flächennutzungsplanes der Vertretung des Landkreises zu.

(3) Die Baubehörde und die höhere Baubehörde (§ 181 Abs. 6) haben die Gemeinde und den Landkreis bei der Aufstellung zu beraten und zu unterstützen.

§ 15. Billigung des Flächennutzungsplanes

(1) Der Flächennutzungsplan bedarf der Billigung durch die höhere Baubehörde. Die Länder können bestimmen, dass die Billigung des Flächennutzungsplanes bei bestimmten Städten der Billigung durch die Landesbaubehörde (§ 181 Abs. 7), oder dass bei bestimmten Gemeinden die Billigung durch die Baubehörde ausgesprochen werden kann.

(2) Die Billigung setzt voraus, dass mit den nach § 3 Abs. 1 zu beteiligenden Behörden und Dienststellen eine Einigung erzielt ist. Kommt auch zwischen der höheren Baubehörde und der widersprechenden Stelle keine Einigung zustande, so entscheidet die Landesbaubehörde im Einvernehmen mit der beteiligten Obersten Landesbehörde und, wenn es sich um den Widerspruch einer für den Landesbereich zuständigen Bundesverwaltungsbehörde handelt, im Einvernehmen mit dem Bundesminister für Wohnungsbau und dem für die Bundesverwaltungsbehörde zuständigen Bundesminister; der Bundesminister für Wohnungsbau kann die Entscheidung an sich ziehen.

(3) Die Änderung eines nach Abs. 2 gebilligten Flächennutzungsplanes in den Punkten, die bestritten waren, darf nur mit Zustimmung der Behörden gebilligt werden, die bei der Billigung nach Abs. 2 mitgewirkt haben.

§ 16. Vorläufiger Flächennutzungsplan

Einzelne Elemente des Flächennutzungsplanes, z. B. die Verkehrsflächen oder Bauflächen, können vorab gebilligt werden (vorläufiger Flächennutzungsplan).

§ 17. Gemeinsamer Flächennutzungsplan

(1) Stehen zwei oder mehrere Gemeinden in so enger Wechselwirkung oder so nahem Zusammenhang, dass die Aufstellung eines einzigen, gemeinsamen Flächennutzungsplans erforderlich ist, so sollen diese Gemeinden einen gemeinsamen Flächennutzungsplan aufstellen. Die höhere Baubehörde kann anordnen, dass ein gemeinsamer Plan aufgestellt wird.

(2) Die von der Anordnung betroffenen Gemeinden können zu einem Planungsverband sich zusammenschließen oder nach den für gemeindliche Zweckverbände geltenden Vorschriften zusammengeschlossen werden.

§ 18. Erzwingung der Planung

(1) Kommen Gemeinden trotz Aufforderung durch die höhere Baubehörde ihren Verpflichtungen zur Aufstellung eines Flächennutzungsplanes nicht nach, so kann die höhere Baubehörde unter Fristsetzung die Aufstellung des Flächennutzungsplans anordnen und nach ergebnislosem Ablauf der Frist selbst vornehmen.

(2) Das Gleiche gilt, wenn der aufgestellte Flächennutzungsplan den anerkannten Regeln der Planung oder den aus der Sachlage sich ergebenden Erfordernissen nicht entspricht und die Mängel nicht binnen einer zu setzenden angemessenen Frist behoben werden.

§ 19. Kosten der Planung

(1) Die durch die Aufstellung von Flächennutzungsplänen entstehenden Kosten sind von den Gemeinden zu tragen.

(2) Wird der Flächennutzungsplan auf Antrag privater Grundeigentümer aufgestellt oder geändert, so können die dadurch erwachsenden Kosten dem Antragsteller auferlegt werden, wenn die Aufstellung oder Änderung vorzugsweise ihm zugutekommt.

C. Der Generalbebauungsplan

§ 20. Aufgabe und Aufstellung des Generalbebauungsplanes

(1) Der Generalbebauungsplan hat die grundsätzlichen gestaltenden Absichten für die künftige Bebauung darzustellen. Er zeigt somit die Gliederung des Stadtraumes, die Verteilung und Anordnung der Baumassen einschließlich der rohen Form der in Aussicht genommenen Bauten.

(2) Er dient der Vorbereitung aller Bebauungspläne und hat das Zusammenpassen der in den Teilen des Baubereichs nach und nach festzusetzenden einzelnen Bebauungspläne zu gewährleisten.

(3) Der Generalbebauungsplan ist aufzustellen, wenn es die in Abs. 2 genannte Zweckbestimmung erfordert und der in Abs. 1 genannte Darstellungsinhalt nicht bereits im Flächennutzungsplan hinreichenden Ausdruck finden kann.

(4) Der Generalbebauungsplan erstreckt sich auf die im Flächennutzungsplan enthaltenen Bauflächen (§ 13 Abs. 2 Nr. 1), sowie auf die in ihm enthaltenen öffentlichen Frei- und Verkehrsflächen (§ 23 Abs. 1 Nr. 6), soweit ihre Einbeziehung in den Generalbebauungsplan erfolgt (Gesamtbaubereich). Eine Zerlegung des

Generalbebauungsplanes in räumliche Teile kann nur dann in Betracht kommen, wenn die einzelnen Teile eine hinreichende städtebauliche Selbständigkeit besitzen.

(5) Für den Generalbebauungsplan gelten die für den Flächennutzungsplan getroffenen Vorschriften entsprechend.

§ 21. Inhalt des Generalbebauungsplanes

(1) Der Generalbebauungsplan soll nach Bedarf aufzeigen und vorsehen:

1. Die Art und das Maß der in Aussicht genommenen baulichen Nutzung,

2. die überörtlichen Verkehrsflächen (§ 23 Abs. 1 Nr. 6 Ba) und das System der örtlichen Verkehrsflächen (§ 23 Abs. 1 Nr. 6 Aa), letztere unter Kenntlichmachung ihres Zwecks und ihrer Bedeutung wie Hauptverkehrsstraßen, Geschäftsstraßen, Parkplätze, Wohnsammelstraßen, Wohnstraßen und Wohnwege,

3. das System der örtlichen öffentlichen Schnellverkehrsflächen (§ 23 Abs. 1 Nr. 6 Bb),

4. das System der öffentlichen Grünflächen (§ 23 Abs. 1 Nr. 6 Ab) und der Flächen für öffentliche Sonderzwecke (§ 23 Abs. 1 Nr. 6 Bc) sowie ihre Grünverbindungen untereinander,

5. das System der Versorgung mit Wasser, Strom und Gas sowie der Entwässerung,

6. die Verteilung der die Allgemeinheit dienenden Einrichtungen, Gebäude und Anlagen auf das Gemeindegebiet (Verwaltungsgebäude, Kirchen, Schulen, Krankenhäuser, Theater u. dgl.) und

7. die Gebiete, die der baulichen oder verkehrstechnischen Erneuerung bedürfen (Sanierungsgebiete).

(2) Wenn in einer Gemeinde wesentliche Gebäudeschäden entstanden sind, soll dem Generalbebauungsplan eine Schadenskarte beigegeben werden, in der Schäden nach Art und Ausmaß dargestellt sind.

III. Endgültiger Bauleitplan: Der Bebauungsplan

§ 22. Aufgabe des Bebauungsplanes

(1) Der Bebauungsplan ist die rechtsverbindliche Darstellung und Festlegung der endgültigen Bauleitplanung. Er erstreckt sich in der Regel nur auf einzelne Teile des Gesamtbaubereichs.

(2) Der Bebauungsplan gibt in seinem Geltungsbereich allen Gestaltungsabsichten ihr Gepräge. Die Bautätigkeit, die Nutzung der Grundstücke und die Erschließung haben sich nach ihm zu richten. Er bildet die Grundlage für neue Grundstücksgrenzen sowie für die Überführung und sonstige Regelung des Eigentums an den Grundstücken.

§ 23. Inhalt des Bebauungsplanes

(1) Der Bebauungsplan setzt nach Bedarf fest:

1. die Baugebiete und auf dem Bauland die überbaubaren Flächen und die unüberbaubaren Flächen (z. B. Vorgarten, Bauwich, Hof oder Garten) sowie den zur

Verkehrsabwicklung freizuhaltenden oder zur besonderen Nutzung vorgesehenen Raum (z. B. Wageneinstellplatz oder Lagerplatz),

2. die Art der baulichen und sonstigen Nutzung,

3. die Bestimmung einzelner Bauplätze für besondere öffentliche oder private Zwecke, z. B. für Rathaus, Kirche, Schule, Markthalle, Theater, Gaststätte, Garage (Vorbehaltsbauplätze),

4. das Maß der baulichen Nutzung und die Bauweise sowie die Gebäudehöhe, die Gebäude- und Grenzabstände, wenn sie von den sonst geltenden Regelungen abweichen,

5. die Gestaltung, Stellung und Richtung der Bauwerke, sowie erforderlichenfalls die Höhenlage der Bauwerke und Baugrundstücke,

6. die öffentlichen Frei- und Verkehrsflächen:

A) die Flächen des Gemeindebedarfs (Gemeindebedarfsflächen), nämlich

a) die Ortsstraßen und Ortswege einschließlich der Plätze und Parkflächen nach Begrenzung, Ausmaß und Höhenlage nebst den zu ihnen gehörigen Bauwerken, Anlagen und Einrichtungen (wie Straßenbahnen, Brücken, Stützmauern, Böschungen, Treppen usw.), sowie erforderlichenfalls den Anschluss der Grundstücke an die Straßen und Wege (örtliche Verkehrsfläche),

b) die öffentlichen Grünflächen und die Grundzüge ihrer Gestaltung,

B) die durch einen Unternehmensträger gegen Entgelt zu erwerbenden Flächen (öffentliche Vorbehaltsflächen), nämlich

a) Flächen für den überörtlichen Verkehrsbedarf wie Autobahnen, Bundesstraßen, Landstraßen I. und II. Ordnung, Gemeindestraßen, Bundesbahnen, Kleinbahnen, Feldbahnen, Wasserstraßen, Häfen, Flughäfen (überörtliche Verkehrsflächen),

b) die Flächen für den über Nr. 6 Aa hinausgehenden örtlichen Verkehrsbedarf wie Autoschnellstraßen, Schnellbahnen auf besonderem Bahnkörper, z. B. U-Bahnen, Hochbahnen und Straßenbahnen auf besonderem Bahnkörper (örtliche Schnellverkehrsflächen),

c) die öffentlichen Sonderzweckflächen, d.h. die im Eigentum der Gemeinde oder von Unternehmensträgern stehenden oder von diesen entgeltlich zu erwerbenden Flächen mit besonderer, im öffentlichen Interesse gelegenen Zweckbestimmung wie zusätzliche öffentliche Grünflächen, Friedhöfe und Urnenhaine, Sport-, Spiel- und Badeplätze sowie Dauerkleingärten,

7. die privaten Freiflächen und die Grundzüge ihrer Gestaltung,

8. die Geh-, Fahr- und Leitungsrechte (Berechtigungen an Grundstücken zugunsten der Gemeinde oder eines Unternehmensträgers, wie Ufer- und Wanderwege, Zufahrten, Streifen für Fernversorgungsleitungen über und unter der Erde) und andere Nutzungsberechtigungen,

9. die Ausführungsart der Entwässerung und der örtlichen oberirdischen Stromversorgung,

10. die Sicherheits- und Schutzabstände für gefährdete und von gefahrdrohenden Anlagen,

11. die zu schützenden Flächen, Gebäude und Baumbestände und Gewässer, die Naturschutzgebiete sowie die neu anzulegenden Bepflanzungen (§ 150),

12. die Grenzen seines Geltungsbereichs.

(2) Zur Ergänzung des Bebauungsplanes können Planergänzungsbestimmungen für solche Regelungen aufgestellt werden, die im Bebauungsplan nicht dargestellt werden können oder sollen. Sie gelten als Bestandteil des Bebauungsplanes.

(3) Statt der Beifügung von Planergänzungsbestimmungen zu jedem einzelnen Bebauungsplan können diese Bestimmungen auch durch Ortsbauvorschrift (§ 201 ff.) allgemein erlassen werden. Sie werden für ein Grundstück, für mehrere Grundstücke oder für den ganzen Geltungsbereich des Bebauungsplans dadurch wirksam, dass sie ganz oder zum Teil im Bebauungsplan mit festgesetzt werden.

§ 24. Einklang des Bebauungsplans mit den vorbereitenden Bauleitplänen

(1) Der Bebauungsplan hat sich an den Inhalt der vorbereitenden Bauleitpläne zu halten, wobei es nicht auf nebensächliche Einzelheiten, sondern auf die Wahrung der Wesenszüge der vorbereitenden Pläne ankommt.

(2) Ergibt sich eine zwingende Notwendigkeit, im Bebauungsplan von den vorbereitenden Bauleitplänen wesentlich abzuweichen, so sind diese vorher nachzuprüfen und gegebenenfalls entsprechend zu ändern.

(3) Werden im Bebauungsplan Bestimmungen getroffen, die von den vorbereitenden Bauleitplänen unwesentlich abweichen, so sind diese nach Festsetzung des Bebauungsplanes entsprechend zu berichtigen.

§ 25. Bebauungspläne ohne vorbereitende Pläne

(1) Im Bedarfsfall kann der Bebauungsplan bereits vor dem Zustandekommen der vorbereitenden Bauleitpläne festgesetzt werden, sofern änderungsbedingende Einflüsse von den vorbereitenden Plänen nicht zu erwarten sind.

(2) In ländlichen Gemeinden können die Bebauungspläne ohne vorbereitende Bauleitpläne aufgestellt werden, wenn die Verhältnisse auch ohne diese leicht übersehbar sind und Besorgnisse wegen unzweckmäßiger Flächenverwendung oder wegen des Nichtzusammenpassens der einzelnen Bebauungspläne nicht begründet sind.

§ 26. Aufstellung des Bebauungsplanes

(1) Jede planerisch bedeutsame Bautätigkeit ist durch vorherige Aufstellung eines Bebauungsplanes zu regeln. Die Festsetzung von Bebauungsplänen darf den Umfang des zuverlässig abzusehenden Bedarfs nicht übersteigen. Künftige Bedürfnisse sind daher nur insoweit in Betracht zu ziehen, als ihre Befriedigung in absehbarer Zeit mit Bestimmtheit zu erwarten ist. Auch in überwiegend bebauten Gebieten ist der Bebauungsplan dann aufzustellen, wenn er notwendig ist, um eine Verbesserung des bestehenden baulichen Zustandes anzubahnen.

(2) Festgesetzte Bebauungspläne sollen nur dann geändert oder aufgehoben werden, wenn es durch eine nicht vorausgesehene Veränderung der Verhältnisse dringend erforderlich ist. Die Änderung soll sich auf das unerlässliche Maß beschränken.

(3) Auf den Bebauungsplan sind die §§ 14 Abs. 2 und 3, 17 Abs. 1, 18 und 19 entsprechend anzuwenden.

(4) Ist eine Stadt in selbständige Verwaltungsbezirke gegliedert, so wird die Zuständigkeitsverteilung für die Aufstellung und Festsetzung des Bebauungsplanes wie auch für die vorbereitenden Pläne durch Landesgesetz geregelt.

§ 27. Offenlegung des Bebauungsplanes

(1) Der aufgestellte Bebauungsplan ist 1 Monat lang in der Gemeinde öffentlich auszulegen. Die Offenlegungsfrist kann in Einzelfällen bis auf 10 Tage abgekürzt werden. Die Abkürzung ist in den Beschluss über die Aufstellung aufzunehmen.

(2) Ist der Bebauungsplan durch Beschluss der Vertretung des Landkreises aufgestellt worden, so kann die Gemeindevertretung unter Darlegung ihrer Einwendungen die Entscheidung der Festsetzungsbehörde (§ 26) darüber verlangen, ob der aufgestellte Plan öffentlich auszulegen oder zu ändern ist.

(3) Die bevorstehende Offenlegung, ihre Dauer und der genaue Ort, wo sie stattfindet, sind unter Hinweis auf die Folgen der Versäumung der Einspruchsfrist durch ortsübliche Bekanntmachung oder in der für amtliche Bekanntmachungen dienenden Presse zu veröffentlichen und soll außerdem den amtsbekannten Eigentümern der vom Plan erfassten Grundstücke durch besondere Zuschrift mitgeteilt werden.

(4) Die Offenlegung kann, wenn der Kreis der Beteiligten klein ist und die Personen einwandfrei feststehen, durch die Anhörung der Beteiligten ersetzt werden.

(5) Während der Offenlegung oder bei der Anhörung können gegen den Bebauungsplan von den Beteiligten Einwendungen schriftlich oder zur Niederschrift erhoben werden. Wer keine Einwendung erhebt, gilt als zustimmend. Die Einwendungen sollen mit den Beteiligten erörtert werden. Zu den nichterledigten Einwendungen hat die Gemeinde- oder die Kreisvertretung durch Beschluss Stellung zu nehmen.

§ 28. Festsetzung des Bebauungsplanes

(1) Der Bebauungsplan wird durch die höhere Baubehörde festgesetzt. § 15 Abs. 1 Satz 2 gilt hier entsprechend.

(2) Über die Festsetzung des Bebauungsplanes und über die nicht erledigten Einwendungen wird gleichzeitig entschieden.

(3) Die Festsetzung ist öffentlich bekanntzumachen und soll den amtsbekannten Beteiligten durch besondere Zuschrift mitgeteilt werden. Den Einsprechenden ist außerdem der auf ihre Einwendung sich beziehende Teil des Festsetzungsbescheides zuzustellen.

(4) Der Bebauungsplan wird mit dem Eintritt der Unanfechtbarkeit des Festsetzungsbescheides wirksam. Dieser Tag ist auf dem Plan zu beurkunden. Die Einsichtnahme in den festgesetzten Bebauungsplan steht jedermann frei.

(5) Die Gemeinde- oder Kreisvertretung kann unwesentliche Änderungen des festgesetzten Bebauungsplans ohne förmliches Verfahren und ohne dass es einer Festsetzung bedarf vornehmen, wenn die betroffenen Grundstückseigentümer und sonstige Beteiligte einwilligen.

IV. Entschädigungen

§ 29. Entschädigung bei Änderung oder Aufhebung eines Bebauungsplanes

Werden Grundstücke, die aufgrund eines Bebauungsplanes nach Maßgabe dieses Gesetzes bebaubar waren, durch Änderung oder Aufhebung des Bebauungsplanes unbebaubar, so ist dem Betroffenen für von ihm vorgenommene wirtschaftlich gerechtfertigte und durch die Änderung oder Aufhebung wertlos gewordene bauvorbereitende Aufwendungen von der Gemeinde eine dem eintretenden Nachteil entsprechende billige Entschädigung zu leisten.

§ 30. Planungsschäden bei Ruinengrundstücken

(1) Wird bei Grundstücken, deren Aufbauten durch Kriegsereignisse beschädigt oder zerstört wurden, durch Festsetzung eines Bebauungsplanes die Wiederherstellung der ehemaligen Bebauung oder die Ausführung einer Wiederbebauung im ehemaligen Ausmaß oder auf der früheren Stelle ganz oder teilweise unzulässig, so ruht der Entschädigungsanspruch wegen der dadurch eingetretenen Bodenwertminderung und wegen der durch die Unverwertbarkeit an sich noch brauchbarer Bauteile entstandenen Nachteile auf die Dauer von 2 Jahren nach Inkrafttreten dieses Gesetzes.

(2) Soweit die Bodenwerte allgemein niedriger geworden sind oder eine übermäßige bauliche Ausnutzung bestand, ist kein Entschädigungsanspruch gegeben. Übermäßig ist diejenige Bebauung, die bei Unterstellung der am 1.9.1939 gültigen planerischen Festsetzungen über das nach den Bauordnungsvorschriften im Zeitpunkt des Ablaufs der Zweijahresfrist zulässige Maß der Bebauung hinausgeht.

(3) Nach Ablauf der 2jährigen Frist besteht ein Entschädigungsanspruch gegen die Gemeinden nur, wenn nicht inzwischen für die Fälle des Abs. 1 eine anderweitige Ersatzleistungspflicht durch Gesetz bestimmt worden ist. [...]

Vierter Teil: Die Landbeschaffung

I. Zweck und Zulässigkeit der Baulandbeschaffung

§ 81.

(1) Im Wege des Beschaffungsverfahrens kann das Eigentum an Grundstücken und Grundstücksteilen auf einen anderen überführt werden, wenn es erforderlich ist,

1. um den vorhandenen Bedarf an Bauland (§ 23 Abs. 1 Nr. 1) geeigneter Lage und Nutzungsart, vor allem für Wohnbauten, zu befriedigen und damit zugleich jedem Bauwilligen durch Bereitstellung eines passenden Bauplatzes den für die Ausführung seiner Bauabsichten unerlässlichen Zugang zum Bauboden zu eröffnen oder

2. um eine im Bebauungsplan festgesetzte bauliche oder sonstige Nutzung herbeizuführen oder zu ermöglichen, sofern der Eigentümer zu einer solchen Nutzung nicht Willens oder in der Lage ist, oder wenn die festgesetzte Nutzung ihrer Art nach für den bisherigen Eigentümer gemäß § 23 Abs. 1 Nr. 3 und nach § 145 nicht in Betracht kommt.

(2) Der Umfang der Übereignungen soll sich nach dem vorhandenen Bedarf richten und auf die Verhältnisse der Betroffenen sowie auf die Wirtschaftslage und die bauwirtschaftlichen Möglichkeiten Rücksicht nehmen.

(3) Der Durchführung der Beschaffung kann ein Zeitplan zugrunde gelegt werden, aus dem sich die Abschnitte in der Verwirklichung der planmäßigen baulichen oder sonstigen Entwicklung ergeben. Er bildet eine allgemeine Richtschnur, von der Ausnahmen gemacht werden sollen, wenn es nötig ist, um Härten im Einzelfall zu vermeiden.

(4) Im Wege des Beschaffungsverfahrens können ferner ungenutzte Erbbaurechte sowie Dienstbarkeiten, Reallasten und sonstige dingliche oder nichtdingliche Rechte, die zum Besitz oder zur Nutzung von Grundstücken berechtigen oder die Nutzung von Grundstücken beschränken, zugunsten eines anderen entzogen, aufgehoben, geändert oder neu begründet werden. Die Abs. 1–3 gelten dabei entsprechend.

II. Einzelbeschaffung

§ 82. Voraussetzung der Einzelbeschaffung

(1) Die Veränderung des Eigentums oder sonstiger Rechte an einzelnen Grundstücken oder Grundstücksteilen gemäß § 81 (Einzelbeschaffung) setzt voraus, dass der Bebauungsplan festgesetzt ist.

(2) Der Beschaffung unterliegen nur unbebaute Grundstücke.

(3) Eine nur geringfügige Bebauung schließt die Beschaffung nicht aus. Auch können bebaute Grundstücke der Beschaffung dann unterworfen werden, wenn

1. die vorhandene Bebauung zerstört oder stark beschädigt ist, oder
2. mit dem Bebauungsplan wesentlich im Widerspruch steht und wenn die Beschaffung zur Herbeiführung einer dem Bebauungsplan entsprechenden Bebauung erforderlich ist.

(4) Die Erforderlichkeit nach Abs. 3 Nr. 2 ist namentlich auch dann gegeben, wenn Auflagen nach § 166 und § 168 Abs. 2 nicht in angemessener Frist erfüllt werden. Sie liegt ferner dann vor, wenn der Eigentümer den Möglichkeiten einer Bauausführung nach den §§ 76 oder 77 ff. sich ohne ausreichenden Grund entzieht.

§ 83. Abwendung der Einzelbeschaffung

(1) Der Eigentümer kann die Beschaffung dadurch abwenden, dass er glaubhaft macht, er werde die im Bebauungsplan vorgesehene Bebauung oder Nutzung binnen 2 Jahren selbst herbeiführen. Als Selbstausführung gilt auch, wenn der Eigentümer die Bebauung durch Vergebung im Erbbaurecht bewirkt oder die festgesetzte Nutzung in sonstiger Weise durch einen anderen herbeiführt.

(3) Die Abwendung erlischt, wenn binnen der Zweijahresfrist aus vom Eigentümer zu vertretenden Gründen mit einem Bau nicht ernsthaft begonnen wird, der begonnene Bau aus solchen Gründen länger als 1 Jahr ins Stocken gerät oder wenn die geforderte andere Nutzung nicht binnen 2 Jahren herbeigeführt wird.

Die Frist kann verlängert werden. Sie soll verlängert werden, wenn es aus Gründen der bauwirtschaftlichen Lage erforderlich erscheint.

(4) Die Abwendung kann nicht geltend gemacht werden,

1. wenn nach § 23 Abs. 1 Nr. 3 oder § 145 eine Zweckbestimmung festgesetzt ist, die für den Eigentümer nicht in Betracht kommt,
2. wenn das beanspruchte Grundstück für ein größeres zusammenhängendes Bauvorhaben benötigt wird,
3. wenn die Beschaffung der Erstellung von Klein- oder Mittelwohnungen dient und der Eigentümer diese nicht sogleich selbst bauen kann oder will,
4. wenn Bauausführungen nach § 76 oder nach den §§ 77 ff. betrieben werden und der Eigentümer ohne ausreichenden Grund sich daran nicht beteiligt.

§ 84. Erwerbsberechtigung

(1) Die Beschaffung ist zugunsten eines Bauwilligen vorzunehmen, der glaubhaft gemacht hat, dass er mit dem Bau demnächst beginnen werde. Wird der Bau von dem Bauwilligen aus von ihm zu vertretenden Gründen nicht binnen zweier Jahre nach der Erwerbung begonnen oder gerät der begonnene Bau aus solchen Gründen für länger als 1 Jahr ins Stocken, so kann eine neue Beschaffung zugunsten eines anderen stattfinden.

(2) Die Auswahl unter mehreren zum Erwerb eines Grundstückes bereiten Bauwilligen trifft die Baubehörde nach Anhörung der Gemeinde. Bevorzugt ist zu berücksichtigen,

1. wer das Grundstück früher besessen hatte und es durch Beschaffungsverfahren an einen anderen abgegeben hat,
2. wer als Grundpfandgläubiger, Mieter, Pächter oder dgl. ein Recht an dem zu erwerbenden Grundstück hat,
3. wer durch ein Beschaffungsverfahren ein Grundstück ohne Erhalt entsprechenden Ersatzlandes verloren hat,
4. wer als Heimatvertriebener oder Ausgebombter oder wer wegen zahlreicher Familie, aus beruflichen oder persönlichen Gründen auf eine baldige Bauplatzerlangung angewiesen ist,
5. wer sich für die Zuteilung eines Bauplatzes hat vormerken lassen.

(3) Wird eine Vormerkungsliste (Abs. 2 Nr. 5) geführt, so ist sie nach Größe und Art der Bebauung (z. B. für Kleinsiedlung, für Reihenhausbau, Einfamilienhäuser, Doppelhäuser usw.) zu gliedern. Von anderen Voraussetzungen, als dass der Bewerber willig und demnächst in der Lage ist zu bauen, darf die Vormerkung nicht abhängig gemacht werden. Die Zuteilung eines Bauplatzes wider den Willen des Vorgemerkten findet nicht statt.

(4) Die Übereignung kann auf Antrag der Gemeinde an sie erfolgen. Bei Erwerbung von Bauplätzen ist sie, wenn sie nicht selbst baut, verpflichtet, das erworbene Land demnächst an einen Bauwilligen weiterzugeben. § 94 gilt entsprechend.

§ 85. Entschädigungsberechtigte

(1) Dem Eigentümer des zu übereignenden Grundstücks und den Nebenberechtigten sowie sonstigen Inhabern von Rechten (§ 81 Abs. 4) soweit sie ihre Rechte verlieren,

ist von dem durch die Beschaffung Begünstigten Entschädigung nach § 86, § 87 und § 87 a zu leisten.

(2) Nebenberechtigte sind Grundpfandgläubiger, Inhaber von Dienstbarkeiten oder Erwerbsberechtigungen an dem Grundstück, Inhaber sonstiger Rechte, Mieter und Pächter sowie Gläubiger öffentlich-rechtlicher auf dem Grundstück ruhender Verbindlichkeiten.

§ 86. Höhe der Entschädigung

(1) Die Höhe der Entschädigung für das entzogene Grundstück oder Recht richtet sich nach §§ 105 und 127 Abs. 3.

(2) Ansprüche auf Entschädigung weiterer durch die Übereignung eintretender Nachteile sind nur zu berücksichtigen, soweit sie bei gerechter Abwägung der Interessen sowohl des Entschädigungsberechtigten als des Entschädigungsverpflichteten der Billigkeit entsprechen. Forderungen, die als Missbrauch einer Rechtsstellung zu erachten sind, dürfen nicht berücksichtigt werden.

(3) Bei der Beschaffung eines Teiles eines Grundstückes ist der Wertverlust mit zu entschädigen, der bei dem Restgrundstück durch die Beschaffung des Grundstücksteils eintritt. Eine für das Restgrundstück durch die Beschaffung eintretende Werterhöhung ist bei der Bemessung der Entschädigung abzusetzen.

(4) Wird im Falle des Abs. 3 ein Grundstücksrest baulich unverwertbar oder kann er nicht mehr zweckmäßig genutzt werden, so kann der Eigentümer verlangen, dass der Grundstücksrest oder der benachteiligte Teil davon bei der Beschaffung mit übernommen wird.

(5) Geht bei der Beschaffung eines Grundstücksteils die senkrechte Trennungsebene durch ein Bauwerk, so kann die Übernahme des ganzen Bauwerks verlangt werden, es sei denn, dass durch die Beschaffung die Weiterbenutzung nach Wiederinstandsetzung des Bauwerks nur eine unerhebliche Beeinträchtigung erleidet.

(6) Für die Bemessung der Entschädigung ist der Zeitpunkt des Beschaffungsbescheids, im Falle einer früheren Inbesitznahme des Grundstücks dieser Zeitpunkt maßgebend.

(7) Der durch die Beschaffung Begünstigte hat die von ihm zu zahlende Entschädigung von dem Tage ab, an dem der Beschaffungsbescheid dem Beeinträchtigten zugestellt wird, zu verzinsen.

§ 87. Ersatzland

(1) Die Entschädigung kann ganz oder teilweise in Land gewährt werden (Ersatzland). Ist der Eigentümer eines der Beschaffung unterliegenden Grundstücks mit seiner Berufs- oder Erwerbstätigkeit ganz oder zum Teil auf das Grundstück angewiesen, so soll auf Antrag nach Möglichkeit Ersatzland zugewiesen werden. Ein Minderwert des Ersatzlandes ist durch eine zusätzliche Geldentschädigung, ein Mehrwert durch eine Ausgleichszahlung auszugleichen.

(2) Als Ersatzland kann zugewiesen werden, was der Erwerbende an geeignetem Land besitzt, was die Gemeinde aus ihrem Grundbesitz an geeigneten Grundstücken zur Verfügung stellt oder was zur Verwendung als Ersatzland nach Abs. 3 beschafft wird.

(3) Die Beschaffung von Ersatzland ist nur zulässig, wenn die beabsichtigte Nutzung des Ersatzlandes mit den Bauleitplänen im Einklang steht. Bei der Auswahl von Gelände, das zum Zweck der Verwendung als Ersatzland beschafft werden soll, ist vornehmlich auf den Grundbesitz solcher Personen, Personenvereinigungen, Körperschaften oder sonstiger Vermögensträger zurückzugreifen, die mit dem Grund und Boden nicht durch ihren Beruf, ihre Tätigkeit, ihre Aufgaben oder in anderer Weise verbunden sind oder die den Grundbesitz überwiegend aus Gründen erworben haben, die volkswirtschaftlich nicht gerechtfertigt sind. Auch kann auf solchen Grundbesitz zurückgegriffen werden, der nicht nach den Gesichtspunkten des allgemeinen Wohls genutzt wird. Gelände, dessen Entziehung dem Eigentümer aus besonderen Gründen nicht zumutbar ist, soll als Ersatzland nicht herangezogen werden. Das Ersatzland kann auch in einem anderen Gemeindebezirk liegen. Die Beschaffung von Land als Ersatzland darf den unmittelbar bevorstehenden Bedarf nicht übersteigen.

(4) Soll Land, das außerhalb des Gesamtbaubereichs liegt und landwirtschaftlich genutzt ist, als Ersatzland beschafft werden, so ist dabei die für die Landwirtschaftsverwaltung zuständige Behörde zu beteiligen.

(5) Eine Zuteilung von Ersatzland soll nicht erfolgen, wenn die Landgewährung als solche oder die Lage des Ersatzlandes in unbilligem Missverhältnis zu den Verhältnissen des Entschädigungsberechtigten stünde.

§ 87 a. Entschädigungsleistung durch Gemeinden

(1) Ist eine Gemeinde zur Zahlung von Geldentschädigungen verpflichtet, so können diese Entschädigungen durch Hingabe vom Land verbürgter Schuldscheine oder Schuldverschreibungen der Gemeinde geleistet werden. Durch Verordnung der Bundesregierung können auch andere Wertpapiere zur Erfüllung von Entschädigungsleistungen zugelassen werden.

(2) Der Gemeinde kann auf Antrag gestattet werden, die Geldentschädigung in Teilzahlungen zu leisten. Die Bezahlung der Entschädigung muss spätestens 20 Jahre nach dem Zeitpunkt des Inkrafttretens des Beschaffungsbescheides (§ 89) bewirkt sein. Höhe und Zeitpunkt der Teilzahlungen sind im Beschaffungsbeschluss festzusetzen.

(3) Von der Bewilligung der Teilzahlung ist abzusehen, wenn sie für den Entschädigungsberechtigten eine unbillige Härte bedeuten würde. Macht der Entschädigungsberechtigte glaubhaft, dass er den Entschädigungsbetrag für demnächst beginnende Bauarbeiten verwenden will, so kann die Zahlung in Teilbeträgen nach Maßgabe des Fortschreitens der Bauarbeiten und die Leistung der Zahlung an die Bauhandwerker oder sonstige Baugläubiger festgesetzt werden.

§ 87 b. Gemeinsame und gesonderte Entschädigung

(1) Hypotheken-, Grundschuld- und Rentenschuldgläubiger, sowie Reallastberechtigte, ferner Gläubiger von Rückständen öffentlicher Lasten und als öffentliche Last auf dem Grundstück ruhender Renten sind auf die Entschädigung für das Eigentum am Grundstück angewiesen.

(2) Gesondert zu entschädigen sind Altenteilsberechtigte, sowie Inhaber von Dienstbarkeiten oder Erwerbsrechten an dem Grundstück oder von dinglichen oder persönlichen Rechten, die zum Besitz oder zur Nutzung des Grundstücks berechtigen oder die Nutzung des Grundstücks beschränken. Die gesonderte Entschädigung kann in wiederkehrenden Leistungen festgesetzt werden.

(3) Soweit das gesondert zu entschädigende Recht den Wert des Eigentums am Grundstück gemindert hat, ist dies bei der Bemessung der Entschädigung für das Eigentum am Grundstück zu berücksichtigen.

(4) Bei der Gewährung der Entschädigung in Land kann die Baubehörde bestimmen, dass Berechtigte, die nach Abs. 1 auf die Entschädigung für das Eigentum am Grundstück angewiesen sind, gesondert zu entschädigen und Berechtigte, die nach Abs. 2 gesondert zu entschädigen sind, auf die Entschädigung für das Eigentum am Grundstück angewiesen sind.

§ 88. Einleitung des Beschaffungsverfahrens

(1) Die Baubehörde hat dem Eigentümer und den amtsbekannten Nebenberechtigten die Absicht der Einzelbeschaffung durch Zustellung eines Ankündigungsschreibens mitzuteilen, in welchem der Sachverhalt dargelegt ist und der Eigentümer aufgefordert wird, sich mit dem in Aussicht genommenen Erwerber, oder wenn mehrere Erwerber in Betracht kommen, mit einem derselben zu einigen, oder seine Einwendungen binnen 2 Wochen der Baubehörde schriftlich mitzuteilen. In dem Ankündigungsschreiben ist darauf hinzuweisen, dass nach Ablauf dieser Frist über die Eigentumsüberführung und über die zu gewährende Entschädigung entschieden werden wird. § 36 Abs. 3 gilt auch hier.

(2) Die Ankündigung hat die Wirkung, dass wertsteigernde Veränderungen, die der Eigentümer nach ihrem Erhalt vornimmt, bei der Bemessung der Entschädigung außer Betracht bleiben, sofern nicht die Baubehörde der Veränderung zugestimmt hat.

(3) Die Zustellung der Ankündigung bewirkt ein gesetzliches Verbot, über das Grundstück ohne Erlaubnis der Baubehörde zu verfügen. Der rechtsgeschäftlichen Verfügung steht eine Verfügung gleich, die im Wege der Zwangsvollstreckung oder der Arrestvollziehung erfolgt. Persönliche Rechte, die zum Besitz oder zur Nutzung des Grundstücks berechtigen, sind dem Erwerber gegenüber unwirksam, wenn sie nach der Zustellung der Ankündigung begründet werden.

(4) Die Ankündigung ist abschriftlich dem Grundbuchamt mitzuteilen, das sie im Grundbuch vermerkt. § 34 Abs. 1 Satz 3 und 4 und Abs. 2 gelten entsprechend. Die Baubehörde hat das Grundbuchamt um Löschung des Vermerks zu ersuchen, wenn die Wirkungen nach Abs. 2 und 3 entbehrlich geworden sind; sie entfallen mit der Löschung.

(5) Auf Antrag hat die Baubehörde bei den Unterhandlungen zwischen dem Grundeigentümer und dem Erwerber vermittelnd einzugreifen. Sie soll die Beteiligten zu einer Verständigungsverhandlung laden.

(6) Wird eine Einigung zwischen den Beteiligten erzielt, so kann das Beschaffungsverfahren durch Beurkundung der Einigung erledigt werden. Eine Einigung

ist auch in der Weise möglich, dass sich die Beteiligten über den Übergang oder die Beschränkung des von der Beschaffung betroffenen Rechts über den Besitzübergang oder eine sonstige Rechtsänderung einigen, sich im Übrigen jedoch, namentlich hinsichtlich der Entschädigung die Weiterführung des Verfahrens vorbehalten.

(7) Die Beurkundung der Einigung muss die Angabe des Ortes, des Tages, sowie der anwesenden Beteiligten enthalten und ist von dem Vorsitzenden, den Beteiligten und einem Schriftführer zu unterzeichnen. Aus der Beurkundung muss ersichtlich sein, dass ihr Inhalt den Beteiligten vorgelesen oder zur Durchsicht vorgelegt und von ihnen genehmigt worden ist. Die Beurkundung der Einigung muss den Erfordernissen eines Beschaffungsbescheids entsprechen (§ 89). Sie hat die Wirkungen eines rechtskräftigen Beschaffungsbescheids.

§ 89. Beschaffungsbescheid

(1) Wird die Abwendung der Beschaffung anerkannt, so läuft die Zweijahresfrist vom Ende der in § 88 Abs. 1 genannten Frist an. Sie wird durch Eigentumswechsel nicht unterbrochen. Wird die Abwendung nicht geltend gemacht oder nicht anerkannt, so erlässt die Baubehörde, wenn sie alle gesetzlichen Voraussetzungen als gegeben erachtet, einen Beschaffungsbescheid und stellt ihn den Beteiligten zu.

(2) Der Beschaffungsbescheid muss die Beteiligten, die Grundstücke nach ihrer Größe, ihrer grundbuchmäßigen, katastermäßigen und sonst üblichen Bezeichnung, die Angabe der Eigentums- und sonstigen Rechtsverhältnisse vor und nach der Beschaffung sowie Art und Höhe der Entschädigungen mit der Angabe, von wem und an wen sie zu leisten ist, enthalten. Bei der Beschaffung eines Grundstücksteils ist auf die Messurkunde eines Vermessungsamts oder eines vereidigten Landmessers Bezug zu nehmen.

(3) Wird Entschädigung in Land gewährt, so soll die Beschaffung des zu übereignenden Grundstückes und die des Ersatzlandes, sowie seine Zuteilung in *einem* Beschaffungsbescheid vorgenommen werden. Getrennte Beschaffungsbescheide sind zu erlassen, wenn es aus Gründen besserer Übersicht nötig ist.

(4) Örtlich zuständig ist die Baubehörde, in deren Bereich das zu übereignende Grundstück liegt. Dies gilt auch, wenn das Ersatzland im Bezirk einer anderen Baubehörde liegt und seine Beschaffung in demselben Beschaffungsbescheid ausgesprochen wird; doch darf der Bescheid dann nur mit dem Einverständnis der für die Lage des Ersatzlandes zuständigen Baubehörde erlassen werden. Verweigert diese ihr Einverständnis, so kann es durch das Einverständnis der gemeinsamen übergeordneten Behörde ersetzt werden.

(5) Im Beschaffungsbescheid ist nach Billigkeit und Zweckmäßigkeit in möglichster Berücksichtigung der Anträge und Belange der Beteiligten Entscheidung darüber zu treffen, ob die Rechte von Nebenberechtigten am Grundstück weiter bestehen sollen, erlöschen oder verändert werden. Im Bedarfsfall können neue Rechte begründet werden. Die Vorschriften über die Behandlung von Baulandumlegungen sind erforderlichenfalls sinngemäß anzuwenden.

§ 90. Inkraftsetzung des Beschaffungsbescheids

(1) Der unanfechtbar gewordene Beschaffungsbescheid wird von der Baubehörde, nachdem sie die Zahlung, Stundung oder Hinterlegung der Geldleistungen veranlasst hat, in Kraft gesetzt.

(2) Der Inkraftsetzungsbescheid gibt den Zeitpunkt an, in welchem die Wirkungen des Beschaffungsbescheides eintreten. Er ist allen Beteiligten zuzustellen und unterliegt keiner Anfechtung.

(3) Durch das Inkrafttreten des Beschaffungsbescheides wird der vorherige Rechtszustand durch den im Beschaffungsbescheid niedergelegten neuen Rechtszustand ersetzt und bewirkt, dass die bisherigen Rechte, soweit sie nicht aufrechterhalten werden, erlöschen und die neuen Rechte entstehen. Im Einzelnen ist für die Rechtslage nach dem Inkrafttreten der Inhalt des Beschaffungsbescheides maßgebend. Die Geldentschädigungen haften anstelle der früheren Grundstücke oder Rechte allein oder neben dem Ersatzland für die Ansprüche Dritter vorbehaltlich des § 40 Abs. 2.

(4) Der unanfechtbar gewordene Beschaffungsbescheid und der Inkraftsetzungsbescheid sind in beglaubigter Abschrift dem Grundbuchamt mit dem Ersuchen zu übermitteln, den neuen Zustand in das Grundbuch einzutragen. § 45 Abs. 4 gilt auch hier.

§ 91. Vorläufige Besitzeinweisung

(1) Der Erwerber kann auf Antrag vorläufig in den Besitz des von der Beschaffung vorläufig in den Besitz des von der Beschaffung betroffenen Grundstücks eingewiesen werden, wenn dies aus Gründen der Dringlichkeit erforderlich ist. Die vorläufige Besitzeinweisung berechtigt den Antragsteller, auf dem Grundstück die zur Ausführung des Bauvorhabens erforderlichen Maßnahmen auszuführen. Der Betroffene ist vorher zu hören.

(2) Die Baubehörde kann die vorläufige Besitzeinweisung von der Leistung einer Sicherheit in Höhe der voraussichtlichen Entschädigungen und der Erfüllung anderer Bedingungen abhängig machen. Ersteres muss geschehen, wenn der Besitzer Sicherheitsleistung verlangt.

(3) Der Bescheid über die vorläufige Besitzeinweisung ist dem Antragsteller, dem Eigentümer und einem etwaigen anderen Besitzer oder Nutzungsberechtigten zuzustellen.

(4) Eine die vorläufige Besitzeinweisung ablehnende Entscheidung ist nicht anfechtbar.

(5) Der Antragsteller hat für die durch die vorläufige Besitzeinweisung entstehenden besonderen Nachteile eine Entschädigung zu leisten. Art und Höhe der Entschädigung werden spätestens in dem Beschaffungsbescheid oder der in einer die Beschaffung ablehnenden Entscheidung festgesetzt. War der Eigentümer bis zur vorläufigen Besitzeinweisung selbst im Besitz des Grundstücks, so ist ihm mindestens die für die Beschaffung zu gewährende Entschädigung vom Tage der vorläufigen Besitzeinweisung an zu verzinsen.

(6) Die Baubehörde hat auf Antrag eines Beteiligten den Zustand des Grundstücks in einer Niederschrift festzuhalten, soweit er für die spätere Ermittlung des Wertes oder für die Bemessung der Entschädigung von Bedeutung ist.

(7) Die Berufung gegen die vorläufige Besitzeinweisung hat keine aufschiebende Wirkung.

§ 91 a. Hinterlegung

(1) Die Geldentschädigung ist zu hinterlegen, wenn die Entschädigung mehreren Berechtigten haftet und eine Einigung der Beteiligten über die Auszahlung nicht nachgewiesen wird.

(2) Sonstige Vorschriften, nach denen die Hinterlegung geboten oder statthaft ist, werden hierdurch nicht berührt.

(3) Die Hinterlegung hat bei dem Amtsgericht zu erfolgen, in dessen Bezirk das von der Beschaffung betroffene Grundstück liegt. Liegen von der Beschaffung betroffene Grundstücke in den Bezirken verschiedener Amtsgerichte, so hat das nächsthöhere Gericht eines der Amtsgerichte als Hinterlegungsstelle zu bestimmen. § 37 ZPO findet entsprechende Anwendung.

§ 91 b. Verteilungsverfahren

(1) Jeder Beteiligte kann sein Recht an der hinterlegten Summe gegen einen Mitbeteiligten, der dieses Recht bestreitet, vor den ordentlichen Gerichten geltend machen oder die Einleitung eines gerichtlichen Verteilungsverfahrens beantragen.

(2) Für das Verteilungsverfahren ist das Amtsgericht zuständig, bei dem die Entschädigungssumme hinterlegt ist.

(3) Für das Verteilungsverfahren gelten die Vorschriften über die Verteilung des Erlöses im Falle der Zwangsversteigerung sinngemäß mit folgenden Abweichungen:

a) als Beschlagnahme im Sinne des § 13 des Gesetzes über die Zwangsversteigerung und Zwangsverwaltung gilt die Zustellung des Beschaffungsbescheides, im Falle der vorläufigen Einweisung des Antragstellers in den Besitz die Entscheidung über die vorläufige Besitzeinweisung,

b) das Verteilungsgericht hat bei der Eröffnung des Verfahrens von Amts wegen um die im § 19 Abs. 2 des Gesetzes über die Zwangsversteigerung und Zwangsverwaltung bezeichneten Mitteilungen zu ersuchen.

§ 92. Übereignung durch Zwangsversteigerung

(1) Muss ein Grundstück aus wichtigen städtebaulichen Gründen der Bebauung oder einer anderen Zweckbestimmung zugeführt werden, so kann die Überführung des Eigentums, wenn kein Bewerber vorhanden ist, oder wenn ein vorhandener Bewerber das Grundstück wegen seiner pfandrechtlichen Überbelastung nicht zu übernehmen vermag, auf einen die Zweckbestimmung erfüllenden anderen durch Zwangsversteigerung bewirkt werden.

(2) Die Absicht der Anwendung des Zwangsversteigerungsverfahrens ist von der Baubehörde in einem Beschluss niederzulegen, der dem Eigentümer und den Inhabern dinglicher Rechte an dem Grundstück zuzustellen ist. Der Antrag auf Anordnung der Zwangsversteigerung an das zuständige Amtsgericht darf von der

Baubehörde erst gestellt werden, wenn der Beschluss unanfechtbar geworden ist. In dem Beschluss kann ausgesprochen werden, dass mehrere Grundstücke nur zusammen ausgeboten werden dürfen.

(3) Auf den Antrag der Baubehörde ist das Zwangsversteigerungsverfahren anzuordnen und durchzuführen, ohne dass es eines vollstreckbaren Titels bedarf. Das Erfordernis des geringsten Gebots entfällt. Es ist nur ein volles Bargebot zulässig.

III. Gebietsbeschaffung

§ 93. Voraussetzungen der Gebietsbeschaffung

(1) Ein größeres Gelände, das in nächster Zeit der Bebauung zugeführt werden soll, kann von der Baubehörde durch Beschaffungsverfahren auf die Gemeinde übereignet werden (Gebietsbeschaffung).

(2) Falls der Bebauungsplan noch nicht festgesetzt ist, ist die Zustimmung der höheren Baubehörde erforderlich. Die Zustimmung kann nur erteilt werden, wenn der Generalbebauungsplan sowie der Plan über eine etwaige Aufteilung in Bauplätze soweit fortgeschritten und die übrigen Fragen des Vorhabens soweit geklärt sind, dass eine ausreichende Beurteilung der Landbeschaffung möglich ist. Sie soll erteilt werden, wenn die Eignung des Geländes zur Bebauung erwiesen ist.

(3) Die §§ 85–92 sind entsprechend anzuwenden.

(4) Wer als Wiedererwerber (§ 94 Abs. 1, § 84 Abs. 2 Nr. 1) auftreten will, muss sich eine Stundung der Beschaffungsentschädigung gefallen lassen. Über die Abhängigmachung der Stundung von entsprechender Sicherheitsleistung hat die Baubehörde nach Maßgabe der Verhältnisse des Entschädigungsverpflichteten (§ 95) zu entscheiden.

§ 94. Veräußerung der Bauplätze

(1) Die Gemeinde soll, soweit sie nicht selbst baut, nach der Festsetzung des Bebauungsplans und, wenn nötig, nach der Aufteilung des Geländes in zweckmäßig geformte Bauplätze die gewonnenen Bauplätze an Bauwillige abgeben. Vor der Wiederveräußerung soll nach Möglichkeit das Gelände durch die Ausführung geeigneter Maßnahmen sowie der erforderlichen Erschließung baureif gemacht werden.

(2) Wird als Verkaufspreis der Baulandwert (§ 135 Abs. 2) erhoben, so gilt damit die Erhebung einer Wertsteigerungsabgabe als erfolgt.

§ 95. Gebietsbeschaffung für Bau- und Wohnungsträger

(1) Eine Gebietsbeschaffung ist auch zugunsten öffentlich-rechtlicher oder gemeinnütziger Bau- oder Wohnungsträger zulässig, wenn ein größeres Bauvorhaben ausgeführt werden soll.

(2) Der Erwerber hat alsbald nach Festsetzung des Bebauungsplans die für den Gemeinbedarf bestimmten Flächen, und zwar bis zum Ausmaß von 35% des Gebietes, unentgeltlich und lastenfrei an die Gemeinde gemäß § 126 abzutreten. Ist der Bebauungsplan im Zeitpunkt der Erlassung des Gebietsbeschaffungsbescheides bereits festgesetzt, so sind im Beschaffungsbescheid die abzutretenden Flächen unmittelbar in das Eigentum der Gemeinde zu überführen.

(3) Werden für das geplante Vorhaben besondere Regelungen für die Erschließung erforderlich (§ 112), so sind diese bei der Zustimmung zur Gebietsbeschaffung festzulegen.

IV. Sonstige Fälle der Landbeschaffung und der Eigentumsbeschränkung

§ 96. Beschaffung der öffentlichen Frei- und Verkehrsflächen

(1) Soweit ein freiwilliger Eigentumsübergang an den als Gemeindebedarfsflächen festgesetzten Flächen nicht zu erzielen ist und die Gemeinde das Eigentum an ihnen nicht schon durch Baulandumlegung (§ 45 Abs. 2) durch Gebietserwerbung (§ 95 Abs. 2 Satz 2) oder durch Abtretung (§ 95 Abs. 2 Satz 1 und § 126) erhält, hat die Baubehörde auf Antrag die Beschaffung der Gemeinbedarfsflächen nach den Vorschriften der §§ 85–92 zugunsten der Gemeinde vorzunehmen.

(2) Soweit eine Verpflichtung zur unentgeltlichen Abtretung besteht, ist ein Anspruch auf eine besondere Entschädigung für den Bodenwert nicht gegeben.

(3) Soweit ein freiwilliger Eigentumsübergang an den als öffentliche Vorbehaltsflächen festgesetzten Flächen nicht zu erzielen ist, kann die Baubehörde auf Antrag die Beschaffung dieser Flächen nach den Vorschriften der §§ 85–92 zugunsten der Gemeinde oder des nach ihrer Zweckbestimmung in Betracht kommenden Unternehmensträgers vornehmen.

(4) Der Grundeigentümer kann die Übernahme durch den Erwerbsberechtigten verlangen, wenn die bisherige Nutzung seines Grundstücks durch die vom Grundeigentum nicht zu vertretende Änderung der städtebaulichen Verhältnisse, namentlich durch fortschreitende Bebauung in der Umgebung wesentlich erschwert oder unmöglich geworden ist. Bestehen Zweifel über den in Betracht kommenden Unternehmensträger, so richtet sich das Übernahmeverlangen gegen die Gemeinde. Auf das Übernahmeverlangen sind die Vorschriften für die Beschaffung sinngemäß anzuwenden.

(5) Das in Abs. 4 genannte Recht steht auch dem Grundeigentümer zu, für dessen Grundstück oder Grundstücksteil nach § 23 Abs. 1 oder § 125 eine für ihn nicht in Betracht kommende Zweckbestimmung festgesetzt worden ist.

§ 97. Nutzungsänderung

(1) Die Baubehörde kann im Einverständnis mit der Gemeinde im Einzelfall anordnen, dass die bisherige Nutzung eines Grundstücks oder bestehender Gebäude nicht oder nur nach Maßgabe besonderer Auflagen weitergeführt werden darf, oder dass die Wiedererstellung zerstörter und die Instandsetzung beschädigter Gebäude zwecks Wiederaufnahme der früheren Nutzung derselben Einschränkung unterliegen, wenn die Nutzung mit dem Bebauungsplan in Widerspruch steht und zu erheblichen, auf andere Art nicht zu beseitigenden Schädigungen der Umgebung geführt hat und weiterhin führen würde. Eine erteilte gewerberechtliche Genehmigung schließt eine solche Anordnung nicht aus.

(2) Der dem Betroffenen entstehende Schaden ist von der Gemeinde zu ersetzen. Im Falle der Betriebsverlegung gehören zu dem Schaden auch die Kosten der Betriebsverlegung. Auf Antrag soll nach Möglichkeit Ersatzland an einer für den Betrieb in Betracht kommenden Stelle gewährt werden.

§ 98. Geh-, Fahr- und Leitungsrechte

(1) Bei den Geh-, Fahr- und Leitungsrechten sowie in den sonstigen Fällen des § 23 Abs. 1 Nr. 8 ist, soweit keine anderweitige Einigung stattfindet, die Benutzung des Grundstücks durch den Berechtigten erst zulässig, wenn eine entsprechende Dienstbarkeit begründet worden ist.

(2) Für die Begründung der Dienstbarkeit gelten die §§ 85, 86, 88–91. Die Entschädigung ist in Geld festzusetzen; sie kann auch in Form wiederkehrender Leistungen gewährt werden.

§ 99. Duldungspflicht des Eigentümers

(1) Die Grundeigentümer und die Inhaber von Erbbaurechten haben auf ihren Grundstücken und an den darauf befindlichen Bauwerken und Einfriedigungen zu dulden

1. die Aufstellung von Masten und die Anbringung von Befestigungen für die öffentliche Straßenbeleuchtung und für die Oberleitung von öffentlichen elektrischen Verkehrsmitteln,
2. die Anbringung von Straßenbezeichnungen, Postbriefkästen, Schildern und Einrichtungen der Versorgungsbetriebe (Wasser, Gas, Strom und Entwässerung),
3. die Anbringung von Warn-, Hinweis- und ähnlichen Zeichen oder Einrichtungen, die im Interesse der Verkehrs- oder Feuersicherheit nötig sind,
4. die Einlegung von Leitungen aller Art durch die Gemeinde oder andere Träger des Verkehrs oder der Versorgung unter der Erdoberfläche, soweit dadurch keine erhebliche Beeinträchtigung entsteht.

(2) Dem Verpflichteten ist die Benutzung seines Grundstücks nach Abs. 1 mindestens 2 Wochen vorher durch einen Bescheid anzukündigen, aus welchem ersichtlich sein muss, wann, wozu und wie eine Benutzung stattfinden wird. Bei Änderungen und Beseitigung der Benutzungseinrichtung genügt die vorherige formlose Benachrichtigung des Verpflichteten durch die mit der Ausführung Beauftragten.

(3) Nach der Anbringung, nach einer Änderung oder Beseitigung ist die Stelle der Benutzung wieder instandzusetzen.

(4) Für Schäden, die durch die Ausführung der Anbringung, Änderung oder Beseitigung entstehen, ist dem Betroffenen ein seiner Benachrichtigung entsprechender Ersatz in Geld zu leisten, dessen Höhe im Streitfall von der Baubehörde festgesetzt wird.

V. Gebühren und Steuern

§ 100.

(1) In den Fällen des § 96 Abs. 1, 3 und 4 ist die Abgabenfreiheit nach § 50 Abs. 1 und 2 gegeben. Im Übrigen sind die durch den Vollzug des Beschaffungsverfahrens

entstehenden Kosten und Gebühren von dem zu tragen, zu dessen Gunsten das Verfahren dient.

(2) Von der Grunderwerbsteuer befreit sind

a) die Zuteilung von Ersatzland,

b) der Eigentumserwerb zum Zwecke der Wiederveräußerung in den Fällen der §§ 84 Abs. 4 und 94.

(3) Wer als natürliche oder juristische Person ein unbebautes Grundstück erworben hat, um es in Ausübung eines Berufs oder Gewerbes oder der Betätigungsart der juristischen Person zu bebauen und in bebautem Zustand wieder zu veräußern, hat, wenn der Erwerber des bebauten Grundstücks die von ihm zu entrichtende Grunderwerbsteuer entrichtet hat, Anspruch auf Erstattung der von ihm bei Erwerbung des unbebauten Grundstücks gezahlten Grunderwerbsteuer, sofern zwischen den beiden Eigentumsübergängen kein längerer Zeitraum liegt als 3 Jahre. Die Vorschrift des § 76 Abs. 4 bleibt unberührt.

Fünfter Teil: Bodenbewertung und Bodenverkehr

I. Grundsatz

§ 101. Zur Verhütung der gemeinschädlichen Folgen eines ungeregelten Bodenverkehrs, zur Nutzbarmachung der ohne Arbeits- oder Kapitalaufwand entstehenden Bodenwertsteigerungen zur Herbeiführung eines Ausgleichs der allein schon durch die Planung eintretenden Bodenwertunterschiede, sowie zur Erleichterung der Durchführung des Bebauungsplans und der mit ihr verbundenen Eigentumsveränderungen unterliegen der bebaute und der für die Bebauung in Aussicht genommene oder mit ihr in Verbindung stehende Boden einer Bewertung nach den §§ 102 bis 105 und der Verkehr mit ihm einer Überwachung nach den §§ 106 bis 110 [...].

Sechster Teil: Erschließung

I. Ausführung der Erschließung

§ 111. Erschließung durch die Gemeinden

(1) Den Gemeinden obliegt es, im Gesamtbaubereich (§ 20 Abs. 4) für die Ausführung der Erschließungsmaßnahmen zu sorgen, soweit nicht ein anderer Träger der Erschließung in Betracht kommt. Soweit ein gebilligter Generalbebauungsplan nicht besteht, gilt dies für die bereits bisher erschlossenen oder bereits überwiegend bebauten Gebiete.

(2) Außerhalb des Gesamtbaubereichs hat der Grundeigentümer oder Bauherr selbst für die durch seine baulichen Anlagen bedingte Erschließung zu sorgen. Dies gilt auch für die Gebiete innerhalb des Gesamtbaubereichs, für die der Bebauungsplan noch nicht festgesetzt ist, soweit sie nicht unter Abs. 1 Satz 2 fallen.

(3) Zur Erschließung gehören:

a) die Herstellung der Gemeinbedarfsflächen (§ 23 Abs. 1 Nr. 6 A),

b) die Herstellung der Anlagen zur Beseitigung und Verwertung der Abwasser und Abfallstoffe,

c) die Versorgung mit Wasser, Gas und Energie.

Außer der Herstellung umfasst die Erschließung auch den Erwerb der für sie erforderlichen Flächen sowie die Unterhaltung der Anlagen.

(4) Sind für die in Abs. 3 b und c genannten Aufgaben besondere Unternehmen vorhanden, so soll die Gemeinde die Ausführung der Erschließung durch diese Unternehmen nach Bedarf veranlassen und ermöglichen.

§ 112. Erschließung durch den Gebietserwerber

(1) Will der Gebietserwerber im Falle des § 95 im Einverständnis mit der Gemeinde die Erschließung oder Teile von ihr selbst ausführen, so hat die höhere Baubehörde bei Erteilung der Zustimmung zur Gebietsbeschaffung nach § 95 Abs. 3 festzusetzen, welche Maßnahmen im Einzelnen auszuführen sind. Dabei wird gleichzeitig bestimmt, welche Beträge für Ausführung der Erschließung an den nach den §§ 131–134 zu leistenden Baukostenabgaben abgezogen werden dürfen oder ob von der Erhebung ganz abgesehen wird.

(2) Soweit nichts anderes bestimmt wird, hat der Gebietserwerber die Erschließungsanlagen nach ihrer Erstellung in ordnungsgemäßem Zustand unentgeltlich der Gemeinde zu übergeben. Für die Übereignung der Flächen gilt § 95 Abs. 2.

(3) Auf Verlangen der Gemeinde ist einem Gebietserwerber die Selbstausführung der Erschließung oder von Teilen derselben auch gegen seinen Willen aufzugeben.

§ 113. Zeit der Erschließung

(1) Die Abwasseranlagen und die Versorgungsanlagen für Wasser und Energie sollen bis zur Gebrauchsabnahme der Bauten, die an sie angeschlossen werden sollen, fertiggestellt sein.

(2) Das Gleiche ist für die örtlichen Verkehrsflächen anzustreben. Ein Rückstand im Ortsstraßenbau ist nach und nach im Zusammenhang mit einer planmäßigen Auffüllung lückenhaft bebauter Gebiete (§ 81 Abs. 3) aufzuholen.

(3) Die öffentlichen Grünflächen und die öffentlichen Sonderzweckflächen sollen spätestens dann hergestellt werden, wenn sie nach dem Stand der Bebauung in der Umgebung oder mit Rücksicht auf das vorhandene Bedürfnis zur Erfüllung ihres Zweckes notwendig sind.

§ 114. Grundsätze der Erschließung

(1) Die Erschließung ist nach den Erfahrungen und nach den anerkannten Regeln des Städtebaues, namentlich auch nach den Gesichtspunkten der Wirtschaftlichkeit und Zweckmäßigkeit zu planen und auszuführen.

(2) Die Erschließung muss den nach der Art und nach der Dichte der Bebauung oder in sonstiger Hinsicht zu erwartenden Beanspruchungen genügen. Die einzelnen Anlagen sollen sinnvoll ineinandergreifen und sich gegenseitig ergänzen.

§ 115. Maßgeblichkeit des Bebauungsplans

(1) Die Erschließung hat sich nach den Festsetzungen des Bebauungsplans zu richten.

(2) Die Herstellung oder Änderung der örtlichen Verkehrsflächen (§ 23 Abs. 1 Nr. 6 Aa), der Ausbau oder die Änderung von örtlichen Schnellverkehrsflächen, die Ausführung oder Änderung der bei öffentlichen Sonderzweckflächen in Betracht kommenden baulichen Anlagen und der Leitungen für Wasser, Gas und Abwasser sind vor Festsetzung des Bebauungsplans nur mit Zustimmung der höheren Baubehörde oder der nach § 15 Abs. 1 zuständigen Behörde zulässig.

§ 116. Örtliche Verkehrsflächen

(1) Die örtlichen Verkehrsflächen (§ 23 Abs. 1 Nr. 6 Aa und Nr. 6 Bb) müssen den in Aussicht zu nehmenden fließenden und ruhenden Verkehr aufnehmen können und eine reibungslose und sichere Abwicklung des Verkehrs gewährleisten.

(2) Die örtlichen Verkehrsflächen sind, soweit erforderlich, mit Entwässerungsanlagen und mit dem notwendigen Zubehör, wie Beleuchtung, Bepflanzung, Geländer u. dgl. zu versehen.

(3) Sieht der Bebauungsplan eine Änderung der Verkehrsflächen vor, so bedarf es zur Herstellung der neuen Verkehrsflächen keiner Einziehung, Entwidmung oder dgl. nach wegerechtlichen Vorschriften, wenn dabei Flächen dem öffentlichen Verkehr entzogen werden, die ihm seither gedient hatten. Doch ist dafür Sorge zu tragen, dass in der Übergangszeit ausreichende Zugangsmöglichkeiten zu den Grundstücken zur Verfügung stehen.

§ 117. Privatstraßen

(1) Regelungen, nach denen dem öffentlichen Verkehr dienende Verkehrsflächen von Anliegern, Vereinigungen oder dgl. zu unterhalten sind (sog. Privatstraßen), sollen künftig nicht mehr getroffen werden. Hierunter sind solche Fälle nicht zu verstehen, in denen Flächen als gemeinschaftliche Zufahrt für bis zu 3 Grundstücken oder beim Zeilenbau als Zugang oder Wirtschaftsweg dienen.

(2) Bestehende Privatstraßen können auch gegen den Willen der Beteiligten in die Unterhaltung und das Eigentum der Gemeinde überführt werden. Kommt eine Einigung nicht zustande, so hat auf Antrag der Gemeinde die Baubehörde die Entscheidung darüber zu treffen, wobei die der Billigkeit entsprechenden Ausgleichszahlungen festgesetzt werden können.

§ 118. Öffentliche Freiflächen

(1) Die öffentlichen Grünflächen (§ 23 Abs. 1 Nr. 6 Ab und Bc) sind so anzulegen und zu bepflanzen, wie es zur Erholung der Bevölkerung und zur Gestaltung des Orts- und Straßenbildes geboten ist. Sie müssen dem Gemeingebrauch dienen und allgemein zugänglich sein.

(2) Bei der Anlegung der öffentlichen Sonderzweckflächen sind die aus ihrer Zweckbestimmung sich ergebenden Erfordernisse zu berücksichtigen.

§ 119. Abwasserbeseitigung

(1) Für die Baugebiete sollen Sammelanlagen für die Beseitigung der Abwässer und Abfallstoffe vorgesehen und hergestellt werden.

(2) Auf die Sammelanlagen kann verzichtet werden, wenn die einzelnen zu bebauenden Grundstücke so groß sind oder gemacht werden und der Untergrund derart beschaffen ist, dass die Abwässer vom Boden und vom Grundwasser ohne schädliche Auswirkungen aufgenommen werden können. Der Verzicht auf die Sammelanlage ist auch dann möglich, wenn eine andere einwandfreie Art der Abwasserbeseitigung dauernd sichergestellt ist.

§ 120. Wasser- und Energieversorgung

(1) Für die Baugebiete sollen Sammeldruckwasserversorgung und Energiezuleitung vorgesehen und hergestellt werden.

(2) Ein Baugebiet darf nur dann ohne Sammeldruckwasserversorgung bleiben, wenn für jedes Grundstück ausreichende und einwandfreie Einzelwasserversorgung möglich ist und nicht mehr als 2 Vollgeschosse gebaut werden.

§ 121. Rechtsansprüche der Begünstigten

Aus den §§ 111–120 können einzelne, zu deren Gunsten sich diese Vorschriften auswirken, keine Rechtsansprüche herleiten.

§ 122. Wasserwirtschaftliche Bewilligung

(1) Zur Ausführung, Änderung oder Beseitigung einer Sammelanlage für die Beseitigung von Abwässern oder eines selbständigen Teils einer solchen Anlage ist die vorherige Einholung einer Bewilligung durch die höhere Baubehörde erforderlich.

(2) Vor Erteilung der Bewilligung ist zu prüfen, ob die beabsichtigte Maßnahme in Anbetracht der gesamten Sachlage und bei Berücksichtigung der vorhandenen Verhältnisse und Bedürfnisse richtig und zweckmäßig, mit den gesundheitlichen, wasserwirtschaftlichen, land- oder gartenwirtschaftlichen, sonstigen volkswirtschaftlichen und städtebaulichen Notwendigkeiten in Einklang stehen.

(3) Bei der Prüfung sind die für das Medizinalwesen, die Wasserwirtschaft und die anderen für die maßgebenden Gesichtspunkte zuständigen Behörden und Dienststellen zu beteiligen. Werden von dem Vorhaben noch andere Dienststellen berührt, so ist auch ihnen Gelegenheit zur Stellungnahme zu geben.

(4) Die Bewilligung ersetzt die nach dem Wasserrecht oder nach sonstigen Vorschriften erforderlichen Genehmigungen oder Erlaubnisse.

(5) In der Bewilligungsurkunde können die nötigen Auflagen für die Herstellung, den Betrieb und die Benutzung der Anlage festgesetzt werden.

(6) Die ständige Wasserentnahme mit ortsfesten Einrichtungen aus Gewässern oder aus dem Untergrund sowie ihre Änderung oder Einstellung können von der nach Landesrecht zuständigen Behörde im Einzelfall oder für bestimmt zu bezeichnende Gebiete untersagt, dem Erfordernis einer Genehmigung unterstellt oder an Auflagen gebunden werden, wenn durch eine solche Betätigung erhebliche Nachteile für die Allgemeinheit eingetreten sind oder von ihr befürchtet

werden müssen. Handelt es sich um Nachteile für die bauliche Nutzung, so ist die Baubehörde zu beteiligen. Im Übrigen bleiben die Vorschriften des Wasserrechts unberührt.

§ 123. Unterirdische Anlagen

(1) Anlagen zur Benutzung des Raums unter den Ortsstraßen oder des sonstigen unterirdischen Raums im Gesamtbaubereich für Zwecke der Erschließung, des Fernsprech- und Fernmeldeverkehrs oder für ähnliche Anlagen sind nach den Grundsätzen technischer und wirtschaftlicher Zweckmäßigkeit und in billigem Ausgleich der Belange der beteiligten Unternehmensträger zu errichten.

(2) Die Herstellung oder wesentliche Änderung solcher Anlagen ist nur zulässig, wenn die Baubehörde die Unbedenklichkeit des Vorhabens schriftlich ausgesprochen hat. Die §§ 114 und 115 sind zu beachten. Vor der Erteilung der Unbedenklichkeitserklärung sind die beteiligten Stellen zu hören, soweit dies nicht schon im Verfahren zur Festsetzung des Bebauungsplans geschah.

§ 124. Plan für unterirdische Anlagen

(1) Lässt sich zwischen widerstrebenden Forderungen der beteiligten Stellen oder anderen, namentlich städtebaulichen Belangen der Allgemeinheit keine Einigung erzielen, oder muss mit späteren Interessengegensätzen gerechnet werden, so kann die Baubehörde über die Benutzung des unterirdischen Raums einen Plan (U-Plan) aufstellen, aus dem sich ergibt, welche Art der Benutzung jeder beteiligten Stelle zukommen soll. Die Aufstellung des Planes kann auch erfolgen, um wiederholte Anhörungen nach § 123 Abs. 2 vorweg zu nehmen.

(2) Der Plan ist den beteiligten Stellen in Abzeichnung zuzustellen. Wird von diesen binnen 2 Wochen Gegenvorstellung erhoben, so entscheidet über die Verbindlichkeit des Plans die höhere Baubehörde nach Anhörung der Behörden, aus deren Geschäftsbereich die Gegenvorstellung erhoben wurde.

(3) Der unangefochtene oder verbindliche Plan ist bei der Erteilung von Unbedenklichkeitsbescheinigungen zugrunde zu legen.

(4) Die Baubehörde und auf erhobene Gegenvorstellungen die höhere Baubehörde können die Änderung eines solchen Planes im gleichen Verfahren wie bei der Aufstellung zulassen, vor allem dann, wenn eine Änderung der tatsächlichen Verhältnisse eingetreten ist.

II. Erwerbung der Flächen

§ 125. Zeit und Ausführung der Erwerbung

(1) Die im Bebauungsplan festgesetzten Gemeinbedarfsflächen sind gemäß § 96 spätestens dann in das Eigentum der Gemeinde überzuführen, wenn es zur Bewirkung der Herstellung nach den §§ 111 bis 120 erforderlich ist.

(2) Die Ausführung der Erwerbung vollzieht sich nach § 96.

§ 126. Abtretungspflicht

(1) Der Eigentümer eines bebauten oder nach § 142 bebaubaren Grundstücks ist verpflichtet, die für den Gemeinbedarf erforderliche Fläche bis zu 35% seines Grundstücks unentgeltlich und lastenfrei an die Gemeinde abzugeben. Nebeneinander liegende Grundstücke desselben Eigentümers werden als ein Grundstück behandelt, soweit sie im Geltungsbereich des Bebauungsplans liegen.

(2) Früher unentgeltlich abgetretene Flächen (§ 37 Abs. 1) sind für die Bemessung der 35%igen Begrenzung dem Grundstück wieder zuzurechnen.

(3) Ist in den Fällen des § 142 eine Baugenehmigung erteilt, so darf eine den Abs. 1 und 2 entsprechende Abtretung gefordert werden, sobald die abzutretende Fläche zur Herstellung als Verkehrsfläche benötigt wird. Der Errechnung der 35% unentgeltlich abzutretender Fläche ist das Siebenfache der gesamten überbauten Gebäudegrundfläche zugrunde zu legen.

§ 127. Entschädigung

(1) Sind auf der abzutretenden Fläche Bauwerke, Bauwerksteile, Einrichtungen oder Bepflanzungen vorhanden, für die nach § 105 Abs. 2 ein Zuschlag zu gewähren ist, so ist insoweit Entschädigung zu leisten.

(2) Die Entschädigung für eine Abtretung, soweit sie das Maß von 35% übersteigt, richtet sich nach § 105 Abs. 1 und 2.

(3) Wertsteigernde Veränderungen, die an oder auf den abzutretenden Flächen nach der bebauungsplanmäßigen Festsetzung ihres Gemeinbedarfszwecks ohne Zustimmung der Gemeinde vorgenommen sind, bleiben bei der Bemessung einer Entschädigung außer Betracht. Das Gleiche gilt für nicht oder nur widerruflich genehmigte Bauwerke. Bei befristet genehmigten Bauwerken beschränkt sich die Entschädigung auf die Vergütung für den Nutzungsausfall der restlichen Genehmigungsdauer, wenn sie niedriger ist als der Wert des Bauwerks.

III. Aufbringung der Mittel

§ 128. Arten der Abgaben

(1) Die Gemeinden erheben zur Deckung des ihr durch ihre städtebaulichen Aufgaben, namentlich durch die Erschließung und durch die Zahlung von Entschädigungen entstehenden Aufwandes nach Maßgabe der folgenden Vorschriften:

a) eine nach einem Hundertsatz zu bemessende Abgabe aus den Kosten der Herstellung oder Erweiterung baugenehmigungspflichtiger Bauwerke (Baukostenabgabe),

b) eine die Steigerung des Bodenwerts, die ohne besonderen Arbeits- oder Kapitalaufwand entsteht, erfassende Abgabe (Wertsteigerungsabgabe).

(2) Die in Abs. 1 genannten Abgaben ruhen als öffentliche Last auf dem Grundstück. Das Aufkommen aus ihnen darf zu anderen als den in Abs. 1 genannten Zwecken nicht verwendet werden. Die Abführung von Teilbeträgen aus dem Aufkommen an öffentliche Verwaltungsstellen, die die Kosten der Herstellung und

Unterhaltung von Ortsstraßen tragen, an denen abgabepflichtige Grundstücke liegen, bleibt besonderer Regelung vorbehalten.

(3) Auf die Erhebung und auf die Rückerstattung der Abgaben sind, soweit sich aus dem Folgenden nichts anderes ergibt, die Bestimmungen über Gemeinausgaben entsprechend anzuwenden. Für das Rechtsmittelverfahren gelten die Vorschriften der §§ 190 ff.

§ 129. Außergewöhnlicher Erschließungsaufwand

Wenn sich Anlass der Errichtung von Bauwerken, die von einer großen Anzahl von Menschen regelmäßig besucht oder benutzt werden, wie namentlich Versammlungsräume, Ausstellungsgebäude oder Sportanlagen, oder aus der Benutzung von Grundstücken zu solchen Veranstaltungen die Notwendigkeit ergibt, die Verkehrsflächen in außergewöhnlichem Umfang oder mit besonderem Aufwand anzulegen, so kann die Gemeinde verlangen, dass die dadurch entstehenden Mehrkosten vom Grundeigentümer oder vom Veranstalter getragen oder ersetzt werden.

§ 130. Aufwand der Versorgungsbetriebe

(1) Der Aufwand für Erstellung und Betrieb von Anlagen für die Versorgung mit Wasser, Gas und Energie sowie für die Beseitigung der Abwässer wird durch tarifmäßige Leistungen für Anschluss und Benutzung nach Maßgabe der Gemeindeordnung, soweit die Gemeinde die Anlagen betreibt, im Übrigen nach Maßgabe der privatrechtlichen oder sonst dafür geltenden Vorschriften gedeckt.

(2) Den Regelungen über die Benutzung und die zu entrichtenden Leistungen bleibt es überlassen, über Fälle ungewöhnlicher Beanspruchung und über die Gegenleistungen für eine solche besondere Bestimmungen zu treffen.

(3) Abs. 1 gilt entsprechend für den Aufwand, für Erstellung und Betrieb von Anlagen des öffentlichen Verkehrs.

A. Baukostenabgabe

§ 131. Voraussetzung und Umfang der Abgabepflicht

(1) Die Baukostenabgabe ist eine einmalige Abgabe von den reinen Baukosten jeder nach Inkrafttreten dieses Gesetzes an hergestellter Straße begonnenen Ausführung eines Bauvorhabens. Von der Erhebung der Abgabe kann in Gemeinden abgesehen werden, in denen die Kosten für Herstellung und Unterhaltung der Erschließungsanlagen aus allgemeinen Steuermitteln gedeckt werden können.

(2) Der Hundertsatz für die Abgabe ist durch die Haushaltssatzung festzulegen. Für bestimmte Arten von Gebäuden kann ein ermäßigter oder ein erhöhter Hundertsatz festgelegt werden.

(3) Die Baukostenabgabe wird nicht erhoben,

1. bei Bauausführungen auf Grundstücken, für die Anliegerleistungen nach bisherigen Vorschriften oder gleichwertige Leistungen in der Zeit nach dem 1. Januar 1924 entrichtet worden sind und wenn seit der Entrichtung noch keine 30 Jahre vergangen sind,

2. bei Bauausführungen, deren Kosten den Betrag von 500 DM nicht überschreiten,

3. bei Bauausführungen, die der Baugenehmigung nicht bedürfen,

4. bei Umbauten, die keine Vergrößerung und keine Veränderung des Charakters des vorhandenen Bauwerks mit sich bringen,

5. bei den Betriebsbauten der Bundesbahn,

6. bei Bauten, die dem Betrieb der öffentlichen Verkehrseinrichtungen oder der Erschließung dienen,

7. bei Tiefbauten der Verwaltungen der öffentlichen Straßen, Wasserstraßen und Energieversorgung,

8. in den Fällen des § 111 Abs. 2; bei einem Übertritt des Grundstücks in den Gesamtbaubereich fällt die Befreiung fort; der Wert der vom Grundeigentümer selbst hergestellten Anlagen, die für die bebauungsplanmäßige Erschließung verwendbar sind, darf von der Baukostenabgabe abgesetzt werden.

(4) Ist wegen einer Bauausführung im Sinn des Abs. 1 auf einem an hergestellter Straße gelegenen Grundstück, auf dem sich ein Gebäude befindet, für das Anliegerleistungen oder gleichwertige Leistungen entrichtet wurden, oder für das solche Leistungen nur deshalb nicht entrichtet wurden, weil zur Zeit seiner Erstellung solche Leistungen überhaupt nicht oder an dieser Stelle nicht zu entrichten waren, eine Bauabgabe zu entrichten, so ist an ihr der Betrag abzusetzen, welcher dem Wert der Fläche entspricht, die nach den Bestimmungen dieses Gesetzes zu Gemeinbedarfszwecken an die Gemeinde abgetreten wurde oder nach dem zur Zeit der Bauausführung geltenden Bebauungsplan abzutreten ist. Das Gleiche gilt, wenn auf dem Grundstück früher ein solches Gebäude vorhanden war. Ein die Bauabgabe übersteigender Teil des genannten Wertes wird nicht erstattet, bleibt aber auf künftig für dieses Grundstück anfallende Bauabgaben anrechenbar.

§ 132. Erhebung der Baukostenabgabe

(1) Zur Entrichtung der Baukostenabgabe ist unbeschadet des § 128 Abs. 2 Satz 1 der Bauherr verpflichtet. Sie wird mit der Fertigstellung des Bauvorhabens fällig.

(2) Nach Erteilung der Baugenehmigung zur Ausführung eines abgabepflichtigen Bauvorhabens auf einem Grundstück, das an das Straßennetz angeschlossen ist, kann eine Vorschusszahlung in Höhe von 75% der Baukostenabgabe, berechnet aus den nach den Bauvorlagen zu erwartenden Baukosten, erhoben werden.

(3) Nach der Ausführung eines abgabepflichtigen Bauvorhabens ist der Bauherr verpflichtet, der Baubehörde eine Zusammenstellung aller erwachsenen Baukosten mit der Versicherung der Vollständigkeit und Richtigkeit vorzulegen. Die Baubehörde gibt die Zusammenstellung nach Prüfung mit ihrer Stellungnahme der gemeindlichen Hebungsstelle weiter, welche den Abgabebescheid erlässt. Eine bereits geleistete Vorschusszahlung ist vom Abgabebetrag abzusetzen.

(4) Ist das Grundstück an das Straßennetz noch nicht angeschlossen, so ist die Zahlung bis zum Anschluss zinslos zu stunden.

§ 133. Abgabepflicht bei bestehenden Gebäuden

(1) Die Baukostenabgabe wird auch bei bestehenden Bauten, die nach dem 1. Januar 1924 gebrauchsfertig geworden sind und für die noch keine Anliegerleistungen oder gleichwertige Leistungen entrichtet wurden, erhoben, jedoch nur, wenn das

Grundstück an das Straßennetz angeschlossen ist oder erst in dem Zeitpunkt, in welchem das Grundstück an das Straßennetz angeschlossen wird. Die Verpflichtung nach § 132 Abs. 3 entsteht bei Inkrafttreten dieses Gesetzes oder im Zeitpunkt des Anschlusses.

(2) Die Erhebung der Baukostenabgabe nach Abs. 1 entfällt, wenn z.Zt. der Erstellung des Gebäudes eine Verpflichtung zur Bewirkung von Anliegerleistungen oder gleichwertigen Leistungen nicht bestand oder wenn auf diese Leistungen verzichtet worden ist.

§ 134. Vorauszahlung bei unbebauten Grundstücken

(1) Bei unbebauten oder nur geringfügig bebauten Grundstücken, die nach § 141 Abs. 1 bebaubar sind, ist auf die Baukostenabgabe eine Vorauszahlung in dem Zeitpunkt zu errichten, in welchem das bebaubare Grundstück an das Straßennetz angeschlossen wird oder das angeschlossene Grundstück nach § 141 Abs. 1 bebaubar wird.

(2) Die Vorauszahlung wird nach der Zahl der m^3 umbauten Raumes, die nach der im Bebauungsplan oder sonst festgesetzten zulässigen Bebauung möglich ist und unter Zugrundelegung eines durch die Haushaltssatzung für das jeweilige Jahr festgesetzten Preises je m^3 umbauten Raumes bemessen. Die Vorauszahlung beträgt 75% dessen, was die Baukostenabgabe nach dieser Ausnutzung und Preislage betragen würde.

(3) Bei der späteren Erhebung der Baukostenabgabe ist die Vorauszahlung anzurechnen und, wenn sie höher ist als die Abgabe, zurückzuerstatten.

(4) Die Vorauszahlung ist auf Antrag bis zur Durchführung der Bebauung zu stunden und während der Stundung mit 4% zu verzinsen. Für die Entrichtung der Zinsen ist die Höhe der Vorauszahlung endgültig maßgebend.

B. Wertsteigerungsabgabe

§ 135. Voraussetzung und Umfang der Abgabepflicht

(1) Die Wertsteigerungsabgabe erfasst 80% der Steigerung des Bodenwertes, die dadurch eintritt, dass durch Festsetzung des Bebauungsplanes oder durch Erteilung einer Baugenehmigung oder einer Befreiung Art und Maß der baulichen Nutzung erstmalig bestimmt oder zugunsten des Eigentümers verändert werden.

(2) Der Steigerungsbetrag ergibt sich aus der Absetzung des Ausgangswertes (§§ 103, 105 Abs. 2) vom Baulandwert. Der Baulandwert ist derjenige Bodenwert, der nach und aufgrund der in Abs. 1 genannten Nutzungsänderung vorhanden ist. Er ist durch Vergleich mit dem Wert von Grundstücken gleichartiger Nutzung und gleichwertiger Lage innerhalb derselben oder ähnlicher Gemeinden, bei Städten innerhalb desselben oder ähnlicher Stadtteile, zu ermitteln und nach den Grundsätzen des § 105 Abs. 2 zu berichtigen. Für die Bemessung des Baulandwertes ist das Grundstück ohne den unentgeltlich abgetretenen oder abzutretenden Gemeinbedarfsflächenanteil zugrundezulegen.

§ 136. Erhebung der Wertsteigerungsabgabe

(1) Der Baulandwert und der Ausgangswert werden von der Baubehörde in einem mit Gründen versehenen Bewertungsbescheid festgesetzt, der dem Grundeigentümer zuzustellen ist und der der Anfechtung nach diesem Gesetz unterliegt. Zuvor ist eine Äußerung der Gemeinde beizuziehen; dem Grundeigentümer ist unter Bekanntgabe der Äußerung Gelegenheit zur Stellungnahme zu geben.

(2) Nach Eintritt der Rechtskraft des Bewertungsbescheids wird die Wertsteigerungsabgabe von der Hebungsstelle durch einen Wertsteigerungsabgabenbescheid festgesetzt.

(3) Wird eine Änderung im Sinne des § 135 Abs. 1 zugunsten des Eigentümers ein zweites oder weiteres Mal vorgenommen, so ist es jedesmal zulässig, den erhöhten Wert festzusetzen und die Abgabe von dem erneuten Steigerungsbetrag zu erheben.

§ 137. Stundung der Wertsteigerungsabgabe

(1) Die Wertsteigerungsabgabe ist zinslos bis zum Anschluss des Grundstücks an das Straßennetz und von da an unter Verzinsung in Höhe von 4% bis zur Durchführung der die höhere Nutzbarkeit ausschöpfenden Bebauung zu stunden.

(2) Die Bundesregierung ist ermächtigt, durch Rechtsverordnung nähere Vorschriften über Stundung und Niederschlagung der Wertsteigerungsabgabe für den öffentlich geförderten sozialen Wohnungsbau sowie über die Abschöpfung von Veräußerungsgewinnen zu erlassen.

§ 138. Rückerstattung

(1) Wird eine nach dem § 135 Abs. 1 verliehene Nutzbarkeit, namentlich durch Änderung oder Aufhebung des Bebauungsplans, zu Ungunsten des Eigentümers verändert oder aufgehoben, so ist, wenn eine Wertsteigerungsabgabe entrichtet oder festgesetzt wurde, auf Antrag des Eigentümers der verminderte Wert in sinngemäßer Anwendung des § 136 Abs. 1 festzusetzen.

(2) Die geleistete Wertsteigerungsabgabe ist, soweit sie nach dem verminderten Wert nicht mehr gerechtfertigt ist, zurückzuerstatten. Der Erstattungsanspruch kann nur geltend gemacht werden, wenn die die höhere Nutzbarkeit ausschöpfende Bebauung noch nicht ausgeführt oder wieder beseitigt worden ist. Auch die auf den Erstattungsbetrag sich beziehende Verzinsung ist zurückzugewähren, jedoch nicht für die Zeit; während der eine die höhere Nutzbarkeit ausschöpfende Bebauung vorhanden war.

§ 139. Wertbestandskarte

Die Baubehörde hat alle Veränderungen der Ausgangswerte, die durch Bewertungsbescheide gemäß §§ 136 und 138 eintreten, in einer mit der Ausgangswertkarte vergleichbaren Karte fortlaufend darzustellen (Wertbestandskarte).

C. Abgabenkartei

§ 140.

(1) Die Hebungsstelle führt über jedes Grundstück, für das Baukosten- oder Wertsteigerungsabgaben anfallen, ein Karteiblatt. Wer ein rechtliches Interesse dartut,

kann Einsicht in die Abgabenkartei nehmen oder sich eine beglaubigte Abschrift des Karteiblattes geben lassen.

(2) Auf dem Karteiblatt sind ersichtlich zu machen:

a) die Veranlagung für eine Baukostenabgabe oder zu einer Vorauszahlung, der Eintritt der Rechtskraft oder eine Änderung der Veranlagung, sowie die Zahlung, Stundung und Zinsverpflichtung bei Baukostenabgabeleistungen,

b) das Ergehen und Rechtskräftigwerden von Bewertungsbescheiden, Wertsteigerungsbescheiden und Erstattungsbescheiden, sowie die Zahlung, Stundung und Zinsverpflichtung bei Wertsteigerungsabgaben und Rückerstattungen.

Siebenter Teil: Die Bebauung

I. Einfluss der Bauleitplanung auf die Bebauung

§ 141. Bebaubarkeit von Grundstücken nach Maßgabe des Bebauungsplans

(1) Eine Baugenehmigung (§ 155) darf nur erteilt werden, wenn

a) der Bebauungsplan gemäß § 28 endgültig festgesetzt und das Grundstück nach ihm bebaubar ist und wenn

b) zur Ausführung des Bauvorhabens keine Um- oder Zusammenlegung notwendig ist oder wenn das Bauvorhaben diesen Verfahren nicht entgegensteht.

(2) Ist die Änderung eines Bebauungsplanes in Aussicht genommen, so soll die Entscheidung über solche Bauvorhaben, auf die sich die Änderung voraussichtlich auswirken wird, bis zur Festsetzung des geänderten Bebauungsplanes zurückgestellt werden.

(3) Die Baubehörde kann ausnahmsweise mit Zustimmung der höheren Baubehörde die Baugenehmigung auch für ein Bauvorhaben auf einem Grundstück erteilen, für das ein Bebauungsplan oder eine in Aussicht genommene Änderung des Bebauungsplans noch nicht festgesetzt und für das ein Um- oder Zusammenlegungsverfahren noch nicht abgeschlossen ist, wenn das Vorhaben den in Aussicht genommenen Regelungen nicht widerspricht und der Bauantragsteller sich diesen unterwirft. § 26 Abs. 1 Satz 1 bleibt unberührt.

(4) Wenn öffentlich bekannt gemacht worden ist, dass für ein bestimmtes Gebiet die Aufstellung oder Änderung des Bebauungsplans in Aussicht genommen ist, so bleiben wertsteigernde Veränderungen, die nach der Bekanntmachung ohne Einwilligung der Baubehörde an den von der Bekanntmachung betroffenen Grundstücken vorgenommen werden, in den Fällen des § 105 Abs. 2 Satz 2 unberücksichtigt.

§ 142. Bebaubarkeit von Grundstücken, für die ein Bebauungsplan nicht festgesetzt werden soll

(1) Für genehmigungspflichtige Vorhaben auf Grundstücken, für die ein Bebauungsplan nicht festgesetzt werden soll, darf keine Baugenehmigung erteilt werden. Doch kann die Erstellung einzelner Bauwerke zugelassen werden, die

1. einem land- oder forstwirtschaftlichen oder gärtnerischen Betrieb angehören,

2. einem ortsgebundenen gewerblichen Betrieb dienen (z. B. Wassertriebwerksanlagen, Ziegeleien, Ausfluggaststätten),

3. wegen ihrer erhöhten Anforderungen an die Umgebung (z. B. Heilstätten) oder wegen ihrer nachteiligen Wirkung auf die Umgebung (z. B. besonders gefährliche Anlagen, Flughäfen) innerhalb der Baugebiete nicht entrichtet werden können oder dürfen, oder

4. besonderer Umstände wegen nur an der in Aussicht genommenen Stelle ausgeführt werden können, z. B. Transformatoren, Friedhöfe, Feldkapellen u.ä.

(2) Die Erteilung der Baugenehmigung setzt voraus, dass diese Anlagen mit öffentlichen oder erheblichen privaten Belangen (§ 108 Abs. 2) nicht in Widerspruch stehen.

(3) Die Vorschriften der Abs. 1 und 2 gelten auch, wenn bestehende Bauanlagen für andere Zwecke als der in Abs. 1 genannten Art umgewandelt werden sollen.

(4) Das Vorhandensein von Regelungen des früheren Rechts, die zum Inhalt eines Bebauungsplanes nach § 23 gemacht werden können, namentlich von früheren Fluchtlinien, schließt die Anwendung der Abs. 1 bis 3 nicht aus.

§ 143. Bebaubarkeit von öffentlichen Frei- und Verkehrsflächen

(1) Auf öffentlichen Frei- und Verkehrsflächen (§ 25 Abs. 1 Nr. 6) dürfen nur solche Vorhaben genehmigt werden, die mit der Flächenbestimmung des Bebauungsplanes vereinbar sind, dem öffentlichen Interesse dienen und den Verkehr nicht beeinträchtigen (z. B. Straßenbahnwartehäuschen, Tankstellen, Friedhofsgebäude, Verkaufshäuschen, Bedürfnisanstalten, Transformatorenhäuschen).

(2) Soweit die Zulässigkeit der baulichen Nutzung von öffentlichen Frei- und Verkehrsflächen für private Zwecke durch Bauteile oder Einrichtungen, die in die Gemeindebedarfsfläche übergreifen, nicht durch den Bebauungsplan, die Vorschriften der Bauordnung oder durch andere Bestimmungen geregelt ist, richtet sich die Bebaubarkeit nach dem Ermessen der Baubehörde.

(3) Auf öffentlichen Frei- und Verkehrsflächen können in der Zeit bis zu ihrer bebauungsplanmäßigen Verwendung Bauwerke zu vorübergehenden Zwecken für die bisherige oder eine übergangsweise andere Nutzungsart mit Zustimmung des Unternehmensträgers widerruflich oder befristet zugelassen werden.

(4) Eine Abweichung von der bisherigen Art der Nutzung solcher Flächen in der Zeit bis zu ihrer bebauungsplanmäßigen Nutzungsart kann von der Baubehörde untersagt werden, wenn sie die Verwirklichung des festgesetzten Verwendungszwecks erschweren oder für die Zwischenzeit zu Unzuträglichkeiten führen würde.

§ 144. Einhaltung der Bauleitplanung durch die Bauvorhaben

(1) Die im Bebauungsplan getroffenen Festsetzungen müssen beim Entwerfen von Bauten und bei der Ausführung von Bauarbeiten eingehalten werden. Bauvorhaben, die von diesen Festsetzungen abweichen, können – vorbehaltlich der Bestimmungen des § 162 – nicht genehmigt werden. Auch für Veränderungen der Erdoberfläche ist der Bebauungsplan maßgebend.

(2) In gleicher Weise sind frühere Festsetzungen zu beachten, solange sie in Geltung geblieben sind.

(3) Die Beachtung der vorbereitenden Pläne ist nur insoweit geboten, als es in diesem Gesetz besonders bestimmt ist.

§ 145. Bestimmung des Bauplatzes durch die Baubehörde

Für Bauten, deren Errichtung an einer bestimmten Stelle des Gemeindegebietes aus städtebaulichen Gründen oder im Hinblick auf ihren Verwendungszweck erforderlich ist, kann die Baubehörde die Genehmigung des Bauvorhabens an anderer Stelle ablehnen und auf Antrag die von ihr in Aussicht genommene Stelle als Bauplatz bestimmen, soweit darüber nicht schon im Bebauungsplan Bestimmung getroffen worden ist.

II. Baugestaltung

§ 146. Bauwerk und Umgebung

(1) Alles bauliche Geschehen ist mit der Umgebung mit anderen Bauten und mit der Natur des Geländes derart in Einklang zu bringen, dass ein einwandfreies, harmonisches Orts-, Straßen- und Landschaftsbild erzielt wird.

(2) Auf Baudenkmäler oder auf die sonstige erhaltenswerte Eigenart der Umgebung ist besondere Rücksicht zu nehmen.

(3) Vorhandene Verunstaltungen sollen nach Möglichkeit gemildert oder beseitigt werden.

§ 147. Gestaltung der Bauwerke

Alle Bauten sind als Werke bauschöpferischen und bauschaffenden Könnens zu entwerfen und auszuführen. Sie müssen Ausdruck einer anständigen Baugesinnung sein und eine nach Form, Baustoff und Ansicht befriedigende werkgerechte Durchbildung aufweisen.

§ 148. Außenwerbung

(1) Die Forderungen der §§ 146 und 147 gelten auch für Schriften, Darstellungen, Zeichen, Wandbekleidungen, Anstriche und für sonstige Gegenstände oder Einrichtungen, die am Äußeren von Bauten jeder Art oder im Freien angebracht oder aufgestellt werden sollen. Störende, verunstaltende, schreiende, durch Häufung oder sonst wie beunruhigende oder mit amtlichen Schildern oder Hinweisen verwechselbare Anlagen zur Außenwerbung sind unzulässig.

(2) Die Beseitigung oder Veränderung von bestehenden Anlagen der Außenwerbung kann von der Baubehörde gefordert werden, wenn es zur Bereinigung eines sonst guten Orts- oder Straßenbildes oder im Zuge einer durchgreifenden Verbesserung des gesamten Orts- oder Straßenbildes erforderlich ist.

§ 149. Kleinbauten auf Plätzen

(1) Bei den auf Plätzen oder sonstigen Verkehrs- und Freiflächen aufzustellenden Kleinbauten, wie Litfaßsäulen, freistehenden Uhren oder Schaukästen, Telefonhäuschen und dgl., darf nicht durch ihre Häufung oder durch eine ungeeignete oder wahllose Stellung eine Beeinträchtigung des Straßen- oder Platzbildes entstehen.

Bei solchen Kleinbauten kann eine geeignete Stellung oder eine Zusammenfassung mit anderen, neuen oder bestehenden Kleinbauten gefordert werden.

(2) Bei bestehenden Anlagen dieser Art kann eine Veränderung der Stellung oder eine Zusammenfassung verlangt werden, wenn es zur Bereinigung eines sonst guten Straßen- oder Platzbildes oder im Zuge einer durchgreifenden Verbesserung desselben erforderlich ist. Den Verpflichteten ist eine den entstehenden Kosten angemessene Frist zur Umgestaltung einzuräumen. Bei Nichtbefolgung kann die früher erteilte Baugenehmigung für erloschen erklärt und wie bei nicht genehmigten Bauwerken eingeschritten werden.

§ 150. Verpflichtung zur Baumpflege

(1) Die Baubehörde kann verlangen, dass private Freiflächen und unbebaubare Flächen auf den bebauten Grundstücken in gärtnerische Nutzung genommen und eingefriedigt werden. Dies gilt namentlich dort, wo in der Nachbarschaft eine ähnliche Behandlung schon ausgeführt ist.

(2) Aus Gründen der Volksgesundheit zur Verbesserung des Orts- und Landschaftsbildes, zur Erhaltung der heimischen Tier- und Pflanzenwelt sowie zum Zwecke des Windschutzes oder der Klimaverbesserung kann verlangt werden, dass die in Abs. 1 genannten Flächen samt ihrer Bepflanzung und ihren Gewässern in ihrem Bestand zu erhalten sind.

(3) Aus denselben Gründen können Neupflanzungen im Sinne des Abs. 2 gefordert werden.

III. Anforderungen an Bauwerke

§ 151. Bauwerk und Mensch

(1) Die Bauwerke sind so zu entwerfen und auszuführen, dass sie geeignet sind, dem Menschen zu dienen und seine Bedürfnisse zu befriedigen.

(2) Sie müssen ein in seelischer und körperlicher Hinsicht gefahrloses Wohnen und Arbeiten gewährleisten, den Familien ein ungestörtes und menschenwürdiges Heim bieten und auch in sonstiger Beziehung eine Benutzung ohne Missstände gestatten.

(3) Die Bauten haben demgemäß volle Sicherheit für Leben und Gesundheit, die nötige Wärmehaltung, Trockenheit, Belichtung, Belüftung, Besonnung und Schallschutz aufzuweisen und die Erhaltung des Nachbarschaftsfriedens zu ermöglichen.

§ 152. Bauwerk und Volkswirtschaft

(1) Die Bauwerke sind so zu entwerfen und auszuführen, dass sie geeignet sind, ihre Aufgaben einer wirtschaftlichen Benutzung auf lange Sicht zu erfüllen, und dass der Bestand der darin investierten Werte gesichert ist.

(2) Sie müssen für die beabsichtigte Benutzungsart des Gebäudes zweckmäßig, mit den nötigen Einrichtungen ausgestattet und so beschaffen sein, dass die Erhaltung ihrer Substanz und der in ihnen untergebrachten Sachgüter erreicht wird.

(3) Die Bauten müssen demgemäß eine ausreichende Standsicherheit und eine lange Lebensdauer bei niederem Unterhaltungsaufwand erhalten, eine ausreichende

Widerstandsfähigkeit gegen Witterungseinflüsse und gegen Zerstörung durch Feuer besitzen und gegen die nachteiligen Einwirkungen von Feuchtigkeit, Korrosion und von Schädlingen geschützt sein.

§ 153. Bauwerk und Technik

(1) Die Bauwerke sind gemäß den Bestimmungen dieses Gesetzes, der Bauordnung und der sonstigen Bauvorschriften im Übrigen nach dem neuesten Stand der Baukonstruktionslehre, nach den wissenschaftlichen Ergebnissen und praktischen Erfahrungen der Bautechnik, sowie nach den anerkannten bauhandwerklichen Regeln zu entwerfen, auszuführen und zu unterhalten.

(2) Soweit den Baubehörden nach den §§ 151–153 und den dazu erlassenen Ausführungsvorschriften, Bauordnungen oder sonstigen Bauvorschriften ein Ermessensspielraum gelassen ist, haben sie sich an die Richtlinien zu halten, die die Bundesregierung mit Zustimmung des Bundesrats erlässt.

§ 154. Bauwerk und Baustoff

(1) Als Baustoffe dürfen nur Stoffe verwendet werden, die eine den §§ 146 bis 148, 151 bis 153 entsprechende Bauausführung gewährleisten.

(2) Die Zulassung von Baustoffen und Bauarten, sowie die Anwendung von Normen des Deutschen Normenausschusses richtet sich allgemein nach § 6 Abs. 2 des ersten Wohnungsbaugesetzes vom 28. März 1950.

(3) Art und Menge der zur Verwendung kommenden Baustoffe müssen sich im Rahmen der durch den Zweck des Gebäudes bedingten Notwendigkeiten halten. Eine Verschwendung von Baustoffen ist unzulässig.

(4) Die Auswahl der Baustoffe und Bauarten muss mit der Baustofflage vereinbar sein. Die Verwendung bestimmter Baustoffe, Bauteile oder Bauarten kann verlangt werden, wenn es zu einer rationelleren Bauausführung erforderlich ist und der Bauzweck mit der verlangten ebenso gut erreichbar ist.

§ 154 a. Baulenkung

(1) Aus Gründen der Baustofflage, des Arbeitseinsatzes oder wegen der Vordringlichkeit anderer Bauvorhaben kann die Erteilung von Baugenehmigungen abgelehnt, an Auflagen gebunden oder bis auf weiteres zurückgestellt werden.

(2) Die gleiche Behandlung ist bei solchen Bauvorhaben zulässig, die nach Lage des Falles volkswirtschaftlich oder sozialpolitisch nicht vertretbar sind.

IV. Baugenehmigung

§ 155. Baugenehmigungspflicht

(1) Der Genehmigung durch die Baubehörde (Baugenehmigung) bedürfen nach näherer Maßgabe der Bauordnung (§ 170 Abs. 2, 9):

1. die Erstellung, Änderung, Erweiterung und der Abbruch von Bauwerken,
2. wesentliche Änderungen in der Benutzung von Bauwerken,
3. die nicht nur vorübergehende Anbringung von Mitteln der Außenwerbung.

(2) In der Baugenehmigung kann bestimmt werden, dass für die Ausführung größerer Bauhilfsmaßnahmen, wie Abstützungen, Gerüstbauten, Schalungen und dgl. ebenfalls vorherige Baugenehmigung einzuholen ist.

(3) Die Baugenehmigung wird durch die Ausführung des genehmigten Bauvorhabens verbraucht; zu einer nochmaligen Erstellung desselben Bauwerks nach Abbruch, Zerstörung oder Beschädigung ist erneute Baugenehmigung erforderlich, soweit die dazu nötigen Bauarbeiten baugenehmigungspflichtig sind.

(4) Die Baugenehmigung ist ein auf sachliche Verhältnisse abgestellter Verwaltungsakt. Sie kann nur zusammen mit dem Grundeigentum oder unter Einräumung eines Benutzungsrecht auf einen anderen übertragen werden; der Rechtsnachfolger tritt in die zwischen der Baubehörde und dem Vorgänger bestehende Rechtslage ein.

(5) Die sachlichen Bauvorschriften gelten auch für Bauarbeiten, die wegen ihres geringen Umfanges nicht der Genehmigung bedürfen.

(6) Die Baugenehmigung kann auch für solche Bauarbeiten beantragt werden, für die eine solche nicht vorgeschrieben ist.

(7) Die Baubehörde kann bestimmte künftige Bauarbeiten, bei denen aus besonderen Gründen eine vorherige baubehördliche Prüfung notwendig erscheint, im Einzelfall durch eine an den Grundeigentümer zu richtende Verfügung für genehmigungspflichtig erklären.

§ 156. Bauvorhaben der öffentlichen Hand

(1) Bauvorhaben einer Gemeinde, eines Gemeindeverbandes, eines Landes oder des Bundes bedürfen einer Baugenehmigung nach § 155. Für die Behandlung der Genehmigungsanträge gilt § 107 entsprechend.

(2) Werden Bauvorhaben eines Landes oder des Bundes unter Leitung von Beamten des höheren bautechnischen Verwaltungsdienstes vorbereitet und ausgeführt, so kann der Baugenehmigungsantrag an die höhere Baubehörde gerichtet werden, die nach Anhörung der Baubehörde die Genehmigung selbst erteilt oder die Erteilung durch die Baubehörde veranlasst. Lassen sich aufgetretene Beanstandungen nicht beheben, so ist nach § 107 Abs. 2 und 3 zu verfahren.

(3) Die Bauten des Abs. 2 unterliegen nicht dem Abnahmeverfahren. Die Baubehörde ist nicht verpflichtet, sie zu überwachen. Statische Nachweise sind zum Baugenehmigungsantrag nicht erforderlich. Im Übrigen gelten die bestehenden Bauvorschriften auch für diese Bauten. Der öffentliche Bauherr hat für die Einhaltung dieser Vorschriften zu sorgen. Ergeben sich hierbei Beanstandungen, so sind diese in sinngemäßer Anwendung des § 107 Abs. 2 und 3 zu erledigen.

(4) Die Landesbaubehörde kann andere Personen mit entsprechender Ausbildung den in Abs. 2 genannten Beamten gleichstellen. Diese Befugnis steht auch dem Bundesminister für Wohnungsbau zu.

(5) Die Vorschriften über die Zulässigkeit der Betriebsbauten der Bundesbahn, der Bundespost, der Bundesstraßenverwaltung, der Bundeswasserstraßenverwaltung bleiben vorbehaltlich des § 4 unberührt. Hinsichtlich der Bauwerke für Zwecke der Erschließung bewendet es bei der Vorschrift des § 115.

§ 157. Mangelhafte Bauanträge

(1) Die Baubehörde kann die Behandlung eines Bauantrages ablehnen, wenn die Bauvorlagen offensichtlich erkennen lassen, dass ihr Verfertiger die dafür erforderliche Eignung oder Befähigung nicht besitzt oder wenn die Bauvorlagen sonstige erhebliche Mängel aufweisen.

(2) Ein mehrmals nach Abs. 1 abgewiesener Planverfertiger kann von der höheren Baubehörde auf eine bestimmte Zeit von der Einreichung von Plänen ausgeschlossen werden.

§ 158. Entscheidung über den Bauantrag

(1) Die Baugenehmigung wird von der Baubehörde erteilt, wenn das Bauvorhaben mit den Vorschriften dieses Gesetzes und mit den sonstigen von der Baugenehmigungsbehörde zu berücksichtigenden Vorschriften des öffentlichen Rechts nicht im Widerspruch steht.

(2) Die Behandlung eines Baugenehmigungsantrages kann zurückgestellt oder abgelehnt werden, wenn Zweifel bestehen, ob der Antragsteller nach Privatrecht die Befugnis zur Ausführung des Bauvorhabens besitzt und entsprechende Nachweise auf Erfordern nicht beibringt.

(3) Die Baugenehmigung wirkt sich auf privatrechtliche Verhältnisse nur insoweit aus, als es gesetzlich ausdrücklich bestimmt ist.

(4) Die Baugenehmigung erstreckt sich nicht auf die Benutzung des genehmigten Bauwerkes oder den darin zu beginnenden Betrieb, wenn die Benutzung oder der Betrieb nach anderen Vorschriften eine besondere Erlaubnis, Genehmigung oder dgl. voraussetzt.

(5) Über die Zulässigkeit der Ausführung von Bauwerken kann nur im Baugenehmigungsverfahren Entscheidung getroffen werden. Bauliche Auflagen, auch außerhalb eines Baugenehmigungsverfahrens, können nur durch die Baubehörde erlassen werden.

(6) Die Baugenehmigung gilt erst dann als erteilt, wenn über sie ein Bauschein ausgestellt und dem Bauantragsteller ausgehändigt ist.

§ 159. Auflagen

(1) Mit der Genehmigung können diejenigen Auflagen festgesetzt werden, die nötig sind, um eine den bestehenden Vorschriften entsprechende Beschaffenheit oder Ausführung des Bauwerkes oder Grundstückes oder eine dementsprechende Benutzung zu gewährleisten.

(2) Bei künstlerisch, kultur- oder heimatgeschichtlich wertvollen Baudenkmälern und bei Bauvorhaben in ihrer Nähe können auch Auflagen festgesetzt werden, die der Erhaltung der Baudenkmäler oder des ihnen innewohnenden schutzwürdigen Wertes dienen oder ihre Verlegung und Aufstellung an einer anderen Stelle bezwecken.

(3) Rechtskräftig festgesetzte Auflagen sind auch gegen die Rechtsnachfolger der zunächst Verpflichteten wirksam.

§ 160. Vorläufige Baugenehmigung

(1) Die Baubehörde kann, wenn bestimmte Aussicht auf Erteilung der Baugenehmigung besteht, schon vorher die Ausführung des zur Genehmigung eingereichten Bauvorhabens oder von Teilen desselben vorläufig gestatten und darüber einen „Vorläufigen Bauschein" ausstellen; § 158 Abs. 6 gilt auch hier.

(2) Die vorläufige Baugenehmigung ist stets widerruflich und verpflichtet den Bauantragsteller, ohne Anspruch auf Entschädigung, den Zustand herzustellen, der der späteren Genehmigung entspricht oder den die Baugenehmigungsbehörde, wenn die Genehmigung versagt wird, vorschreibt. Hierauf ist im vorläufigen Bauschein hinzuweisen.

§ 161. Widerrufliche Baugenehmigung

(1) Mit Widerrufsvorbehalt oder mit Befristung können Bauvorhaben, die nur für vorübergehende Zwecke und nur für kürzere Zeit errichtet werden sollen, genehmigt werden, auch wenn sie den bestehenden Vorschriften nicht entsprechen, sofern wegen ihres vorübergehenden Charakters keine Bedenken gegen die Nichteinhaltung der Vorschriften bestehen und auf ihre Beseitigung nach Ausübung des Widerrufs oder nach dem Ablauf der Frist mit Bestimmtheit zu rechnen ist.

(2) Bauwerke oder Bauteile, die nur zufolge einer Befreiung genehmigt werden können, sind, wenn die Befreiung widerruflich oder befristet erteilt ist, nur mit der gleichen Einschränkung zu genehmigen.

(3) Bei den Bauwerken des § 143 Abs. 1 kann, bei denen des § 143 Abs. 3 muss ein Widerrufsvorbehalt oder eine Befristung beigefügt werden.

(4) Anlagen der Außenwerbung (§ 148) sind nur befristet oder widerruflich zu genehmigen.

(5) § 159 Abs. 3 gilt entsprechend.

§ 162. Ausnahmen und Befreiung

(1) Die Baubehörde kann Ausnahmen von den in diesem Gesetz enthaltenen und nach ihm erlassenen, nicht zwingenden Bauvorschriften gewähren. Als nicht zwingende Vorschriften sind die Vorschriften anzusehen, die nur als Regel- oder Sollvorschriften aufgestellt sind oder bei denen die Zulässigkeit von Ausnahmen ausdrücklich vorgesehen ist.

(2) Von den zwingenden sachlichen Einzelanforderungen an Bauwerke oder andere Vorhaben kann die Baubehörde Befreiung erteilen, wenn

a) die öffentlichen Belange die Abweichung erfordern oder wenn

b) die Durchführung der Vorschrift im Einzelfall zu einer offenbar nicht beabsichtigten Härte führen würde, die Abweichung mit den öffentlichen Belangen vereinbar ist und keine wesentliche Beeinträchtigung der Belange Beteiligter mit sich bringt.

(3) Die höhere Baubehörde kann sich die Erteilung einzelner Befreiungen oder bestimmter Arten von Befreiungen vorbehalten und über die Erteilung von Befreiungen allgemeine Anweisung erlassen.

(4) Die Befreiung kann auf eine bestimmte zeitliche Dauer beschränkt, mit dem Vorbehalt des Widerrufs belastet oder unter Auflagen erteilt werden. Die Auflagen

können sich auch auf Bauteile beziehen, die nicht von der Vorschrift betroffen werden, von der Befreiung beantragt ist.

(5) Ist mit einer Befreiung eine wesentliche Beeinträchtigung Beteiligter verbunden, so darf sie nur mit Zustimmung der Betroffenen bewilligt werden. Die Zustimmung ist entbehrlich, wenn überwiegende öffentliche Belange die Befreiung rechtfertigen und wenn der Antragsteller den Betroffenen Ersatz für den entstehenden Schaden leistet. Die Höhe dieses Ersatzes setzt, wenn keine Einigung erzielt wird, die Baubehörde fest. Die Geltendmachung eines weiteren Schadens ist damit ausgeschlossen.

V. Bauausführung

§ 163. Bauüberwachung

(1) Der Bauüberwachung unterliegen alle Arbeitsvorgänge zur Ausführung von Bauvorhaben, soweit sie mit der Einhaltung der bestehenden Bauvorschriften im Zusammenhang stehen. Sie umfasst auch die Ausführung von Gerüsten, Abstützungen und ähnlichen Hilfsmaßnahmen, sowie die Beachtung der zum Schutz von Menschen, namentlich der Bauarbeiter, erlassenen Bestimmungen.

(2) Die Bauüberwachung wird von Beauftragten der Baugenehmigungsbehörde durch unangekündigte Besichtigungen an Ort und Stelle, sowie durch Abnahmen in bestimmten Stadien der Bauausführung ausgeübt. Der Baubehörde sind der bevorstehende Beginn der Ausführung genehmigter Bauarbeiten und die Wiederaufnahme von Bauarbeiten nach einer Pause von mehr als 2 Monaten, außerdem jeder für Abnahmen bestimmte Zeitpunkt anzuzeigen.

(3) Werden bei der Bauüberwachung Mängel oder Verstöße vorgefunden, so ist alsbald das Erforderliche zu deren Beseitigung zu veranlassen. Anstände, die überwiegend in den Geschäftskreis anderer Stellen oder Behörden, etwa des Arbeitsschutzes fallen, sind diesen unverzüglich zu übermitteln.

§ 164. Baustelle

(1) Die Baustelle ist so einzurichten, dass ein reibungsloser, zweckmäßiger und vorschriftsmäßiger Ablauf des Bauvorganges erzielt wird.

(2) Gegen Unfälle ist jede mögliche Vorkehrung zu treffen. Insbesondere ist jeder Gefahr, auch für Unbeteiligte, zu begegnen. Erforderlichenfalls ist dafür zu sorgen, dass Unbeteiligte – besonders auch zwischen den Arbeitsschichten – keinen Zutritt haben. Die Anbringung eines Bauzaunes kann gefordert werden.

(3) Die erforderlichen Einrichtungen zugunsten der beim Bau Beschäftigten sind bereitzustellen.

(4) Gerüste, Geräte, Maschinen und sonstige Einrichtungen müssen gebrauchsfähig, betriebssicher und mit den nötigen Schutzvorrichtungen versehen sein.

(5) Bei Erdbewegungen ist die Muttererde zu erhalten.

§ 165. Bauleiter

(1) Der Bauherr hat zur Leitung und Überwachung der Ausführung eines genehmigten Bauvorhabens einen verantwortlichen Bauleiter zu bestellen und spätestens

mit der Baubeginnsanzeige (§ 163 Abs. 2 Satz 2) der Baubehörde namhaft zu machen. Die Aufgabe als Bauleiter endet, solange die Arbeiten nicht fertig sind, nur, wenn der Bauleiter dem Bauherrn gegenüber die Niederlegung seines Auftrages erklärt hat oder wenn der Bauherr Kenntnis bekommen hat, dass der Bauleiter an der weiteren Erfüllung seiner Aufgabe nicht nur vorübergehend verhindert ist. Nach Ausscheiden eines Bauleiters hat der Bauherr alsbald einen Nachfolger zu bestellen und der Baubehörde zu benennen.

(2) Als Bauleiter kann nur bestellt werden, wer außer der erforderlichen persönlichen Zuverlässigkeit für die von ihm zu leitenden und zu beaufsichtigenden Arbeiten die nötige Sachkunde und Erfahrung besitzt. Wenn die Baubehörde diese Voraussetzungen nicht als gegeben ansieht, hat sie durch eine an den Bauherrn zu richtende, abschriftlich auch dem Benannten zu eröffnende Verfügung die Bestellung als Bauleiter zurückzuweisen. Solange ein Bauleiter nicht bestellt ist, darf mit den Bauarbeiten nicht begonnen oder fortgefahren werden. Das Gleiche gilt, wenn eine Zurückweisung der Bestellung ausgesprochen worden ist.

(3) Der Bauleiter hat neben seinen sonstigen Aufgaben der Baubehörde gegenüber in erster Linie dafür einzustehen, dass die gesetzlichen Bestimmungen, der Bauschein mit seinen Anlagen und die Anordnungen der Baubehörde eingehalten werden. Bei vorkommenden Verstößen und Unfällen trifft zunächst ihn die strafrechtliche Verantwortung.

(4) Der Bauleiter hat dafür zu sorgen, dass er, solange er auf der Baustelle nicht anwesend ist, durch einen geeigneten Vertreter ersetzt ist. Er hat für die Handlungen und Unterlassungen seines Vertreters einzustehen.

(5) Bei größeren Baustellen können mehrere Bauleiter bestellt werden, doch muss ihr Verantwortungsbereich räumlich oder fachlich eindeutig abgegrenzt sein.

(6) Bei Bauvorhaben, bei denen die Bestellung eines Bauleiters nicht erforderlich erscheint, kann diese im Bauschein nachgelassen werden.

VI. Bestehende Bauten

§ 166. Bauunterhaltung

(1) Alle Bauwerke, ihr Zubehör und die unbebaubaren Flächen der Grundstücke sind – unbeschadet der Vornahme zulässiger Änderungen – entsprechend der für sie erteilten Genehmigung oder entsprechend ihrem rechtsmäßigen Bestand gemäß den gesetzlichen Bestimmungen ordnungsmäßig zu unterhalten und zu benutzen. Beschädigungen sind instandzusetzen, unfertige genehmigte Bauwerke sind zu vollenden.

(2) Einsturzgefahr oder Baufälligkeit eines Bauwerks oder Bauteils sind der Baubehörde anzuzeigen.

(3) Die Baubehörde erlässt die nötigen Auflagen im Sinne des Abs. 1. Sie ordnet erforderlichenfalls die Räumung und, wenn eine andere Abhilfe nicht in Frage kommt, den Abbruch an. Sie trifft auch sonst alle zur Beseitigung von Gefahren nötigen Maßnahmen.

(4) Werden Instandsetzungsauflagen und Vollendungsauflagen nicht in angemessener Frist befolgt, so gilt dies als Erfüllung der Voraussetzung einer Übereignung nach § 82 Abs. 3 und 4.

(5) Die Pflichten aus Abs. 1–3 obliegen dem Grundeigentümer und neben ihm demjenigen, der als Nießbraucher, Verwalter oder in sonstiger Eigenschaft die tatsächliche Gewalt über ein Grundstück oder Bauwerk ausübt. Ist eine Ordnungswidrigkeit durch das Verhalten anderer Personen veranlasst oder zu befürchten, so unterliegen insoweit auch diese Personen den behördlichen Abhilfemaßnahmen.

§ 167. Wirkung des Bebauungsplanes auf bestehende Bauwerke

(1) An einem Bauwerk oder Bauwerksteil, dessen Grundfläche nach dem Bebauungsplan als Gemeinbedarfsfläche, öffentliche Vorbehaltsfläche oder als private Freifläche (§ 23 Abs. 1 Nr. 6 A, B und Nr. 7) bestimmt ist oder das sonst mit dem Bebauungsplan im Widerspruch steht, dürfen außer den laufenden Unterhaltungsarbeiten nur solche Bauarbeiten vorgenommen werden, welche die Durchführung des Bebauungsplanes nicht erschweren oder verteuern.

(2) Diese Beschränkung erstreckt sich auch auf die dem Bebauungsplan nicht widersprechenden Teile des Bauwerkes, wenn sie für sich allein nicht verwertbar sind oder wenn bei einer Beschaffung der nach Abs. 1 zweckbestimmten Fläche die Übernahme ihrer Grundfläche verlangt werden kann.

(3)Wird infolge der Unzulässigkeit von Bauarbeiten nach Abs. 1 die Benutzbarkeit eines Bauwerkes, dessen Grundfläche ganz oder zum Teil die in Abs. 1 genannte Bestimmung erhalten hat, aufgehoben oder wesentlich herabgesetzt, so kann der Eigentümer die Übernahme der Grundfläche samt dem Bauwerk (§ 86 Abs. 5) verlangen.

(4) Von der Versagung einer Baugenehmigung nach Abs. 1 und 2 kann abgesehen werden, wenn der für die Flächenzweckbestimmung in Betracht kommende Unternehmensträger zustimmt oder wenn der Eigentümer für den Fall der Durchführung des Bebauungsplanes auf den Ersatz der eintretenden Werterhöhung oder auf die Übernahme verzichtet.

§ 168. Durchführung des Bebauungsplanes gegenüber bestehenden Bauwerken

(1) Die zur Durchführung eines Bebauungsplanes gegenüber bestehenden Bauwerken notwendige Erwerbung von Flächen richtet sich nach den Bestimmungen über den Flächenerwerb für Erschließungszwecke.

(2) Soweit eine Erwerbung von Flächen nicht in Betracht kommt, kann die Durchführung des Bebauungsplanes gegenüber bestehenden Bauwerken, namentlich die Änderung bestehender Bauwerke gemäß dem Bebauungsplan, dem Eigentümer von der Baubehörde im Einverständnis mit der Gemeinde auferlegt werden. Dieser kann Ersatz der ihm dadurch entstehenden Aufwendungen und Einbußen, gekürzt um die aus der Durchführung für ihn erwachsenden Vorteile, verlangen.

(3) Die Höhe des Ersatzanspruchs wird von der Baubehörde nach der Durchführung auf Antrag festgesetzt. Vor der Durchführung ist der vorhandene Zustand aufzunehmen.

§ 169. Anwendung der Bauvorschriften auf bestehende Bauten

(1) Rechtmäßig bestehende Bauwerke und Bauwerke, mit deren Ausführung nach einer erteilten Baugenehmigung bereits begonnen ist, sind gemäß den neuen Bauvorschriften abzuändern oder herzustellen, wenn es aus Gründen der Sicherheit, des Feuerschutzes, der Gesundheit, des öffentlichen Verkehrs oder aus sonstigen dringenden Gründen des öffentlichen Interesses notwendig ist.

(2) Sollen an einem Bauwerk An- oder Aufbauten, bauliche Veränderungen oder Ausbesserungen ausgeführt werden, so kann auch für die von diesen Bauarbeiten nicht berührten Bauteile die Herstellung nach den neuen Bauvorschriften gefordert werden,

a) wenn die jetzt nicht mehr vorschriftsmäßigen Bauteile mit den beabsichtigten Bauarbeiten in konstruktivem Zusammenhang stehen,

b) wenn die beabsichtigten Bauarbeiten einzeln oder zusammengenommen das bestehende Bauwerk erheblich umgestalten, oder

c) wenn die Durchführung der neuen Bauvorschriften in den nicht berührten Bauteilen keine unverhältnismäßigen Mehrkosten verursacht.

(3) Statt der vollständigen Durchführung der neuen Vorschriften kann es bei einer wirksamen Verbesserung des bestehenden Zustandes im Sinne der neuen Vorschriften bewenden, wenn dadurch dem öffentlichen Interesse hinreichend Genüge getan wird.

VII. Bauordnung

§ 170.

(1) Die ausführliche Regelung zum Inhalt der §§ 151–169 geschieht durch die Bauordnung. Selbständige Teilgebiete sind in Anlagen zur Bauordnung zu behandeln, z.B. der Gerüstbau in einer Gerüstordnung.

(2) Die Bauordnung regelt namentlich

1. die näheren Anforderungen an Beschaffenheit, Größe, Form und Zugänglichkeit der Bauplätze,

2. die näheren Anforderungen an Bauwerke, Bauwerksteile, Nebenanlagen und Zubehör, sowie an die unbebaubaren Flächen der Bauplätze,

3. die Anforderungen in Bezug auf die Haus- und Grundstückseinrichtungen,

4. die Anforderungen an Wohnungen, Aufenthaltsräume, Arbeitsräume, Versammlungsräume und die sonstigen Räume und Anlagen mit besonderer Zweckbestimmung,

5. die Gebäude- und Grenzabstände sowie die Sicherheits- und Schutzabstände,

6. die Benutzung der Bauwerke und der Betrieb in ihnen, soweit diese baulich bedingt sind oder sich in baulicher Hinsicht auswirken,

7. den Abbruch von Gebäuden,

8. die Einbeziehung der Veränderung der Erdoberfläche in die Genehmigungspflicht, soweit sie im Gesamtbaubereich liegt und die an eine solche Veränderung zu stellenden Forderungen,

9. das Genehmigungsverfahren einschließlich der Abgrenzung oder Erweiterung der Genehmigungspflicht,

10. die Bauüberwachung.

(3) Die Bauordnung wird als Landesgesetz erlassen. Als Bauordnung gelten bis auf weiteres die noch in Geltung befindlichen reichs- oder bundesrechtlichen Vorschriften, sowie die in den Ländern geltenden Bauvorschriften.

(4) Der Bundesminister für Wohnungsbau kann eine Musterbauordnung aufstellen. Ihre Inkraftsetzung ist Sache der Länder.

(5) Der Bundesminister für Wohnungsbau wird ermächtigt, die Erstellung von Garagen, Aufzügen, Lichtspieltheatern, Warenhäusern, Theatern und Versammlungsräumen durch Rechtsverordnung zu regeln. Das Gleiche gilt für andere Arten bestimmter Bauwerke oder für bestimmte Bauarten, die bisher einheitlich geregelt waren oder die aus bauwirtschaftlichen oder sonstigen wichtigen Gründen eine einheitliche Regelung im Bundesgebiet erfordern. [...]

Neunter Teil: Gemeinsame Vorschriften

I. Behörden

§ 181. Einrichtung und Gliederung der Baubehörden

(1) Die Durchführung dieses Gesetzes obliegt, soweit nichts anderes bestimmt ist, den Baubehörden. Die Aufgaben der Baubehörden dürfen nicht auf verschiedene Behörden verteilt werden.

(2) Die Baubehörden sind so zu besetzen, dass sie in der Lage sind, die ihnen obliegenden Aufgaben zu erfüllen.

(3) Die Baubehörde der unteren Stufe (die Baubehörde) ist bei der Gemeinde einzurichten, soweit die Gemeinde die Voraussetzung des Abs. 2 zu erfüllen vermag. Soweit dies nicht der Fall ist, ist die Baubehörde bei der Kreisverwaltungsbehörde einzurichten. Die höhere Baubehörde ordnet die Ausübung der Befugnisse der Baubehörde durch die Kreisverwaltungsbehörde an, wenn eine Gemeinde der Aufforderung der höheren Baubehörde im Sinne des Abs. 2 in angemessener Frist nicht nachkommt. Sie ordnet den Übergang der Befugnisse der Baubehörde auf die Gemeinde an, wenn diese die Erfüllung der Voraussetzungen nach Abs. 2 nachweist.

(4) Bis zu einer Regelung nach Abs. 3 ist die Behörde Baubehörde, welche bei Inkrafttreten dieses Gesetzes als Baugenehmigungsbehörde tätig war. Anstelle einer Regelung nach Abs. 3 kann die Landesbaubehörde eine anderweitige bestehende Regelung aufrecht erhalten; Abs. 1 Satz 2 und Abs. 2 bleiben unberührt.

(5) Ist eine Stadt in selbständige Verwaltungsbezirke gegliedert, so wird die Ein richtung und Gliederung der Baubehörden durch Landesgesetz geregelt. Abs. 1 Satz 2 und Abs. 2 gelten auch in diesem Fall.

(6) Höhere Baubehörden sind die Regierungspräsidenten oder die von der Landesbaubehörde als höhere Baubehörden zu bestimmenden sonstigen Landesmittelbehörden. Sind Mittelbehörden nicht vorhanden, so ist die Landesbaubehörde zugleich höhere Baubehörde.

(7) Landesbaubehörde ist diejenige Oberste Landesbehörde, zu deren Geschäftsbereich nach bestehenden oder künftigen Regelungen die Aufgaben dieses Gesetzes gehören.

(8) In der Bundesinstanz gehören die Aufgaben dieses Gesetzes zum Geschäftsbereich des Bundesministers für Wohnungsbau.

§ 182. Mitwirkung von Beisitzern

(1) Bei den Entscheidungen der Baubehörden unterster Stufe, soweit es sich um die Angelegenheiten der Teile drei und vier dieses Gesetzes und um die Fälle der §§ 102 Abs. 2, 104 Abs. 1, Abs. 2, 127, 129 handelt, wirken 2 Beisitzer mit. Durch Verordnung (§ 223) kann die Mitwirkung der Beisitzer auf weitere Fälle erstreckt werden. Ein Beisitzer soll dem Kreis der Grundbesitzer, ein Beisitzer dem Kreis der Bauverständigen angehören.

(2) Die Beisitzer und je 3 Stellvertreter werden von der Gemeindevertretung, bei den in der Kreisinstanz gebildeten Baubehörden von der Kreisvertretung auf die Dauer von 3 Jahren gewählt. Wiederwahl ist zulässig. Sie erhalten für ihre Tätigkeit die gleichen Vergütungen wie die Mitglieder der Gemeindevertretung oder der Kreisvertretung.

(3) Bei der Durchführung des Teils 2 dieses Gesetzes wirken 2 Angehörige der Baubehörde, von denen einer die Befähigung zum höheren bautechnischen Verwaltungsdienst und der andere die Befähigung zum Richteramt oder zum höheren Verwaltungsdienst besitzen muss, sowie außer den Beisitzern nach Abs. 1 und 2 ein von der Baubehörde berufener oder ihr beigeordneter Landmesser mit. Den Vorsitz regelt der Leiter der Baubehörde.

§ 183. Örtliche Zuständigkeit

(1) Örtlich zuständig ist, soweit nichts anderes bestimmt ist, die Baubehörde, in deren Bereich das betroffene Grundstück liegt.

(2) Liegt ein Grundstück im Bereich zweier Baubehörden, oder sind mehrere Grundstücke betroffen, so wird, wenn sich die beteiligten Baubehörden nicht einigen, die zuständige Baubehörde von der höheren Baubehörde, erforderlichenfalls durch die Landesbaubehörde bestimmt.

§ 184. Ausschluss wegen Beteiligung

(1) An einer Entscheidung der Baubehörde darf nicht mitwirken, wer selbst Beteiligter ist, oder von der Entscheidung begünstigt würde.

(2) Eine Mitwirkung ist auch unzulässig, wenn der Ausschließungsgrund beim Ehegatten oder bei einer Person zutrifft, mit der der Mitwirkende in gerader Linie verwandt oder verschwägert, in der Seitenlinie bis zum dritten Grade verwandt oder bis zum zweiten Grade verschwägert ist.

§ 185. Rechtshilfe

(1) Den Baubehörden ist von den anderen Behörden auf Anfordern die erforderliche Rechts- und Verwaltungshilfe zu leisten.

(2) Die anderen Behörden, namentlich die Polizeibehörden, teilen die ihnen bekannt werdenden Verstöße oder Ordnungswidrigkeiten, die in den Aufgabenkreis der Baubehörden fallen, diesen zur weiteren Veranlassung mit.

(3) Ist die Baubehörde nicht bei der Gemeindebehörde eingerichtet, so kann sie sich der Mitwirkung durch die Gemeinde bedienen. Eine Anhörung der Gemeinde soll, auch wenn es nicht ausdrücklich vorgeschrieben ist, erfolgen, wenn es nach der Sachlage zweckmäßig erscheint.

§ 186. Befugnisse der Behörden

(1) Zur Vorbereitung und Durchführung der in diesem Gesetz geregelten Maßnahmen sind die dafür zuständigen Behörden und ihre Beauftragten befugt, Grundstücke, Baustellen und offene Räume zu betreten und dort die erforderlichen Betätigungen wie Bauüberwachung, Boden- und Grundwasseruntersuchungen, Vermessung und dgl. auszuüben. In bewohnte oder verschlossene Räume ist ihnen der Zutritt zu gestatten.

(2) Entstehende Schäden sind zu ersetzen. Über ihre Höhe entscheidet im Streitfall die Baubehörde.

§ 187. Betätigung der Behörden

(1) Die Baubehörden sollen nicht nur unerwünschte und nachteilige Vorgänge durch Anwendung des Gesetzes verhindern, sondern hauptsächlich auch durch positive, eigener Initiative entspringende Maßnahmen die Verwirklichung der Bauleitpläne betreiben, entgegenstehende Hindernisse überwinden und durch jede nur mögliche Förderung der künftigen Bautätigkeit die Wege zu ebnen.

(2) Zur Erreichung der Ziele dieses Gesetzes wirken die Selbstverwaltung der Gemeinden und Kreise und die Staatsverwaltung nach den Bestimmungen dieses Gesetzes zusammen.

§ 188. Aufsicht

(1) Die höheren Baubehörden sorgen für die rechtmäßige und zweckentsprechende Ausführung des Gesetzes und der zu seinem Vollzug ergangenen und ergehenden Vorschriften. Sie haben die nachgeordneten Behörden zu beraten und zu unterstützen.

(2) Die höheren Behörden können sich über den Sachstand in Einzelfällen oder im Ganzen Einsicht oder Auskunft geben lassen und Weisungen erteilen.

(3) Jedermann kann die höheren Behörden um aufsichtsmäßige Überprüfung angehen. Die Aufsichtsbehörden können unanfechtbar gewordene Entscheidungen der nachgeordneten Behörden nicht abändern, durch die einem Beteiligten ein Recht oder ein Vorteil erwachsen ist, es sei denn, dass sie durch falsche Angaben herbeigeführt oder mit sonstigen Gültigkeitsmängeln behaftet sind.

(4) Für die Aufsicht durch die Bundesinstanz gilt Art. 84 des Grundgesetzes.

II. Verfahren und Rechtsschutz

§ 189. Entscheidungen

(1) Alle Entscheidungen ergehen schriftlich und sind den Betroffenen bekanntzugeben. Der Zeitpunkt der Bekanntgabe soll aktenkundig gemacht werden. Als Entscheidungen gelten auch Auflagen, Anordnungen oder andere Verwaltungsakte. Soweit besondere Bestimmungen getroffen sind, hat es bei diesen sein Bewenden.

(2) Ablehnende und belastende Entscheidungen sind mit einer Begründung, aus der die angewandten Gesetzesvorschriften ersichtlich sind und mit einer Rechtsmittelbelehrung zu versehen.

(3) Vor dem Erlass einer Entscheidung soll, auch wo es nicht ausdrücklich vorgeschrieben ist, geprüft werden, ob nicht die vorherige Anhörung von Beteiligten oder weitere Ermittlungen über den Sachverhalt angezeigt sind. Ist die Baubehörde nicht bei der Gemeinde eingerichtet, so ist auch die Erforderlichkeit ihrer Anhörung zu prüfen.

(4) In allen Angelegenheiten dieses Gesetzes ist bei der Geltendmachung von Ansprüchen und Rechten gegen die Gemeinde zunächst die Entscheidung der Baubehörde herbeizuführen.

(5) Bei der Genehmigung von Rechtsgeschäften gilt jeder Vertragsteil als Antragsteller, auch wenn der Antrag auf Genehmigung nur von einem der Vertragsteilnehmer gestellt worden ist.

§ 190. Berufung

(1) Die Entscheidungen der Baubehörden unterliegen, soweit nichts anderes bestimmt ist, der Berufung an die Bauberufungskammer.

(2) Zur Einlegung der Berufung ist jeder Beteiligte befugt, der durch die Entscheidung eine Ablehnung oder Beschwernis erfahren hat. Ist durch die Entscheidung den gestellten Anträgen uneingeschränkt entsprochen worden, so besteht für den Antragsteller kein Recht zur Einlegung der Berufung. Dasselbe gilt für denjenigen, der bei einer Anhörung sich einverstanden erklärt, oder bei einer Offenlegung oder auf eine unter angemessener Fristsetzung ergangene Aufforderung zur Äußerung geschwiegen hat.

§ 191. Einlegung der Berufung

(1) Die Berufung ist binnen 2 Wochen nach Bekanntgabe der anzufechtenden Entscheidung bei der Stelle, die sie erlassen hat, schriftlich einzulegen. Durch Einlegung bei der Bauberufungskammer wird die Frist gewahrt.

(2) Die Berufung soll einen bestimmten Antrag enthalten und mit einer Begründung versehen sein.

(3) Die Berufung hat aufschiebende Wirkung, soweit nichts anderes bestimmt ist. Die Baubehörde kann unter Aufhebung der aufschiebenden Wirkung die alsbaldige Vollziehbarkeit der Entscheidung insoweit aussprechen, als es zur Vermeidung schwerer Schäden für Beteiligte oder für die öffentlichen Belange unabweisbar ist. Die Bauberufungskammer kann diesen Ausspruch selbst erlassen oder den Ausspruch der Baubehörde aufheben oder ändern.

§ 192. Behandlung der Berufung

(1) Die Entscheidung über die Berufung ergeht aufgrund einer mündlichen Verhandlung, sofern die Beteiligten nicht auf diese verzichten.

(2) Die Bauberufungskammer kann durch Zurückweisung der Berufung oder durch Abänderung der angefochtenen Entscheidung selbst entscheiden oder unter Aufhebung der angefochtenen Entscheidung an die Behörde zu erneuter Entscheidung zurückverweisen.

§ 193. Bauberufungskammer

(1) Bei jeder höheren Baubehörde wird eine Bauberufungskammer eingerichtet. Sind in einem Land mehrere höhere Baubehörden vorhanden, so kann die Bauberufungskammer durch Landesgesetz bei der Landesbaubehörde eingerichtet werden.

(2) Die Bauberufungskammer besteht aus 5 Mitgliedern, nämlich:

a) einem Vorsitzenden, der die Befähigung zum Richteramt besitzt,

b) einem Mitglied, das die Befähigung zum Richteramt oder zum höheren Verwaltungsdienst besitzt,

c) einem Mitglied, das die Befähigung zum höheren bautechnischen Verwaltungsdienst besitzt,

d) 2 weiteren Mitgliedern, von denen eines den Kreisen des Haus- oder Grundbesitzes zu entnehmen ist.

Bestellung und Amtsdauer der Mitglieder der Bauberufungskammer richten sich nach den bestehenden landesrechtlichen Vorschriften über die Mitglieder der Verwaltungsgerichte.

(3) Die Bauberufungskammer entscheidet als Verwaltungsgericht; ihre Mitglieder sind unabhängig und nur dem Gesetz unterworfen.

(4) Der Vorsitzende der Bauberufungskammer kann durch Vorentscheidung allein und ohne mündliche Verhandlung entscheiden. Hiergegen kann der Antrag auf Entscheidung durch die Bauberufungskammer gestellt werden; für diesen Antrag gelten die Vorschriften über die Berufung entsprechend. Im Übrigen gelten bis zum Erlass des in § 194 Abs. 5 genannten Gesetzes für die Bauberufungskammer und ihr Verfahren die Bestimmungen über die Verwaltungsgerichte und ihr Verfahren.

§ 194. Baugerichtshof

(1) Gegen die Entscheidungen der Bauberufungskammern ist die Revision an den Baugerichtshof zulässig. Die Revision ist ferner zulässig gegen die Entscheidungen nach den §§ 28 und 44, sowie in sonstigen Fällen, in denen die höhere Baubehörde oder die Landesbaubehörde in erster Instanz entschieden hat. Die Revision hat keine aufschiebende Wirkung, doch kann der Baugerichtshof die Vollziehbarkeit der angefochtenen Entscheidung aussetzen. Im Übrigen findet auf die Revision § 191 Abs. 1 und 2 entsprechende Anwendung.

(2) Die Revision kann nur darauf gestützt werden, dass die angefochtene Entscheidung auf der Nichtanwendung oder auf der unrichtigen Anwendung des bestehenden Rechts beruhe oder dass das Verfahren an wesentlichen Mängeln leide.

(3) In den Fällen des Abs. 1 Satz 1 findet eine Revision nicht statt,

a) wenn es sich um die Verletzung landesrechtlicher Vorschriften handelt,

b) wenn eine durch Verordnung nach § 223 festzusetzende Höhe des Streitwerts nicht erreicht wird, es sei denn, dass die Bauberufungskammer die Revision wegen grundsätzlicher Bedeutung in ihrer Entscheidung als zulässig erklärt hat.

(4) Der Baugerichtshof wird als oberes Bundesgericht für das Gebiet der Verwaltungsgerichtsbarkeit in Bausachen innerhalb der Bundesrepublik Deutschland errichtet.

(5) Auf den Baugerichtshof und das Verfahren vor ihm finden bis zum Erlass eines Gesetzes über die Errichtung eines Baugerichtshofs und den Rechtsschutz in Bausachen die Vorschriften über das Bundesverwaltungsgericht entsprechende Anwendung. Soweit darin der Bundesminister des Innern genannt wird, tritt an seine Stelle der Bundesminister für Wohnungsbau.

III. Baulastenbuch

§ 195. Anlegung des Baulastenbuchs

(1) Die Baubehörde führt über die Grundstücke, bei denen Eintragungen oder Vermerkungen nötig werden, ein Baulastenbuch.

(2) Wer ein berechtigtes Interesse dartut, kann in das Baulastenbuch Einsicht nehmen oder sich beglaubigte Abschriften der Baulastenblätter geben lassen.

(3) Jedes Grundstück erhält, wenn eine Eintragung oder Vermerkung erstmalig anfällt, ein besonderes Blatt (Baulastenblatt), das in Abt. B (Baulasten) und Abt. V (Vermerkungen) eingeteilt ist.

§ 196. Baulasten

(1) Eine Willenserklärung, mit der der Eigentümer eines Grundstücks der Baubehörde gegenüber eine nur kraft dieser Erklärung zustande kommende, auch seine Rechtsnachfolger bindende Verpflichtung zu einem baurechtlich bedeutsamen Handeln, Dulden oder Unterlassen hinsichtlich seines Grundstücks übernimmt (Baulast), bedarf der Schriftform. Die Unterschrift muss öffentlich beglaubigt werden oder vor der Baubehörde vollzogen oder anerkannt sein. Die Gültigkeit der Erklärung richtet sich nach den privatrechtlichen Bestimmungen über Willenserklärungen.

(2) Die Übernahme einer Baulast bedarf der Zustimmung derer, für die ein Recht an dem betroffenen Grundstück im Grundbuch eingetragen ist, sofern das Recht von der Baulast betroffen wird. Die Formerfordernisse nach Abs. 1 gelten auch für die Zustimmung. Die Zustimmung ist nicht erforderlich, wenn die Baubehörde bescheinigt, dass die Baulast keine Beeinträchtigung für den Berechtigten bedeutet.

(3) Durch die Eintragung einer Baulast im Baulastenbuch wird diese für jeden Rechtsnachfolger im Eigentum wirksam. Die Eintragungen erfolgen auf Anordnung der Baubehörde.

(4) Bei Streit über das Bestehen oder den Inhalt einer Baulast entscheidet, auch wenn er nicht innerhalb eines Baugenehmigungsverfahrens auftritt, die Baubehörde.

§ 197. Erlöschen von Baulasten

(1) Eine Baulast kann auf Antrag des belasteten Grundstückseigentümers oder von Amts wegen gelöscht werden, wenn die Baubehörde sie für entbehrlich erachtet und der Eigentümer des begünstigten Grundstücks mit Zustimmung der dinglich Berechtigten einverstanden ist. Die Zustimmung der Berechtigten kann nach § 196 Abs. 2 ersetzt werden.

(2) Durch die Löschung im Baulastenbuch geht die Baulast unter.

(3) Baulasten, deren Nichtbestehen nach § 196 Abs. 4 festgestellt worden ist, sind von Amts wegen zu löschen.

§ 198. Vermerkungen

(1) Nachrichtlich im Baulastenbuch zu vermerken sind

a) Befristungen und Widerrufsvorbehalte oder sonstige Beschränkungen von Baugenehmigungen und Baubefreiungen, soweit diese Einschränkungen nicht schon gesetzlich allgemein vorgeschrieben sind,

b) Auflagen der Baubehörden, die nicht alsbald ausgeführt werden, namentlich solche, deren Vollziehung auf längere Zeit aufgeschoben ist.

(2) Voraussetzung für die Vermerkung ist, dass die in Abs. 1 genannten Beschränkungen dem Eigentümer gegenüber unanfechtbar geworden sind.

(3) Von der Vermerkung ist der Eigentümer des Grundstücks zu benachrichtigen.

IV. Einfluss der Eigentumsverhältnisse

§ 199.

(1) Der Anwendung dieses Gesetzes unterliegen alle Grundstücke ohne Rücksicht auf die Person des Eigentümers.

(2) Erbbauberechtigte stehen, soweit nichts Besonderes bestimmt ist, den Grundeigentümern gleich.

(3) Unterliegen Grundstücke nach besonderer gesetzlicher Vorschrift der Verfügung eines Verwalters oder sonstigen Bindungen, so steht dies der Anwendung dieses Gesetzes nicht entgegen. Der eingesetzte Verwalter übt in Ansehung dieses Gesetzes die Verfügungsbefugnis für den Eigentümer aus. Tritt durch den Vollzug des Gesetzes ganz oder zum Teil ein Geldanspruch oder ein anderes Grundstück an die Stelle des gebundenen Grundstücks, so unterliegt das neue Grundstück, der Geldanspruch oder das zu seiner Erfüllung Geleistete an Stelle des ursprünglichen Grundstückes in die bestehende gesetzliche Bindung ein. [...]

§§ 200–225 weggelassen.

Dritter Teil. Quellen zum Baulandbeschaffungsgesetz vom 3.8.1953

I. Enteignungsvorschriften im Entwurf vom 10.12.1949 zum (1.) Wohnungsbaugesetz

[...]

Teil IV. Enteignungsvorschriften

§ 17. (1) Zur Landbeschaffung für den Bau von Kleinwohnungen im Sinne des § 10 der Verordnung zur Durchführung des Gesetzes über die Gemeinnützigkeit im Wohnungswesen vom 23.7.1940 (RGBl. I S. 1012) können nach Maßgabe der folgenden Vorschriften unbebaute Grundstücke enteignet werden.

(2) Als unbebaut gelten Grundstücke, die nur geringfügig bebaut sind, und Trümmergrundstücke. Trümmergrundstücke sind Grundstücke, auf denen durch Kriegsgeschehnisse Bauwerke oder Anlagen zerstört oder so schwer beschädigt sind, dass ihre Wiederherstellung aus Gründen der Bausicherheit, der Städteplanung und der Gesundung der baulichen Verhältnisse untersagt werden würde. Die Eigenschaft als Trümmergrundstück ist auch dann gegeben, wenn auf dem Grundstück Restbauwerke ganz oder teilweise wieder hergestellt oder Bauwerke neu errichtet sind, die nicht oder befristet oder auf Widerruf genehmigt wurden.

(3) ... (Begriffsbestimmung der Enteignung wird noch formuliert).

§ 18. (1) Die Enteignung ist nur zulässig, wenn in passender Lage Bauland für die Errichtung von Wohnungsbauten im Sinne des § 17 Abs. 1 zu den dem Verwendungszweck angemessenen Bedingungen in ausreichendem Umfang nicht anderweitig beschafft werden kann. Durch Enteignung ist zunächst auf geeignetes Land der Körperschaften des öffentlichen Rechts zurückzugreifen, soweit es nicht für dringenden öffentlichen Bedarf benötigt wird.

(2) Sollen zum Zwecke der Errichtung von Wohnungsbauten im Sinne des § 17 Abs. 1 Baulücken geschlossen oder mehrere Trümmergrundstücke gleichzeitig wieder aufgebaut werden, so brauchen für die Enteignung die Voraussetzungen nach Abs. 1 nicht vorzuliegen.

(3) Planungs- und baurechtliche Vorschriften der Länder, die die Zulässigkeit der Enteignung für Wohnungen im Sinne von § 17 Abs. 1 von weitergehenden Anforderungen abhängig machen, bleiben unberührt.

§ 19. (1) Der Eigentümer kann die Enteignung dadurch abwenden, dass er glaubhaft macht, er werde die Bebauung mit Wohnungen im Sinne von § 17 Abs. 1 binnen zwei Jahren herbeiführen. Der Beginn der Frist ist von der Enteignungsbehörde

frühestens auf den Monatsersten des auf die Antragstellung folgenden Kalendervierteljahres festzusetzen. Nach fruchtlosem Ablauf dieser Frist kann die Enteignung durchgeführt werden, sofern die Frist nicht von der Enteignungsbehörde verlängert wird.

(2) Der Eigentümer kann die Enteignung nicht abwenden, wenn sie der Durchführung eines Bauvorhabens, das eine Mehrheit von räumlich zusammenhängenden Wohngebäuden zum Gegenstand hat, dienen soll.

§ 20. (1) Die Enteignung kann zugunsten einer Körperschaft des öffentlichen Rechts oder zugunsten eines Wohnungsunternehmens erfolgen. Als Wohnungsunternehmen im Sinne dieser Bestimmung gilt auch eine Vereinigung von Eigentümern von Trümmergrundstücken, wenn der Zweck der Vereinigung darin besteht, auf den Trümmergrundstücken Wohngebäude mit Wohnungen im Sinne des § 17 Abs. 1 wieder aufzubauen.

(2) Die Enteignung kann auch zugunsten eines anderen Bauwilligen erfolgen, wenn er den Nachweis erbringt, dass die Durchführung des Bauvorhabens finanziell sichergestellt ist.

§ 21. (1) Die Enteignung erfolgt gegen angemessene Entschädigung. Eine Entschädigung ist für das Grundstück angemessen, wenn die ortsüblichen Preise, höchstens jedoch die Preise am 17. Oktober 1936, für Grundstücke ähnlicher Art und Lage der Entschädigung zugrunde gelegt werden. Die ortsüblichen Preise für Bauland dürfen nur zugrunde gelegt werden, wenn das Grundstück steuerlich als solches veranlagt ist.

(2) Für die Entziehung oder Beschränkung von Rechten an dem Grundstück und von Ansprüchen, die zum Besitz oder zur Nutzung von Grundstücken berechtigen oder die Nutzung von Grundstücken beschränken, ist den Berechtigten angemessene Entschädigung zu leisten, soweit sie nicht in der dem Grundstückseigentümer zu leistenden Entschädigungssumme einbegriffen ist.

(3) Soweit für bauliche Anlagen auf dem Grundstück eine Entschädigung zu leisten ist, ist deren gemeiner Wert im Zeitpunkt der Entschädigungsfeststellung maßgebend. Bei baulichen Anlagen, für die die Baugenehmigung nicht oder nur unter dem Vorbehalt des Widerrufs erteilt hat, kann von einer Entschädigung abgesehen werden. Ist die Baugenehmigung befristet erteilt und die Frist noch nicht abgelaufen, so kann die Entschädigung nach Maßgabe der bereits abgelaufenen Zeit gemindert werden.

§ 22. (1) Die Entschädigung kann in geeigneten Fällen ganz oder teilweise auch in Land oder in wiederkehrenden Leistungen gewährt werden, wenn diese Art der Entschädigung unter Abwägung der Belange des Entschädigungsberechtigten und des Entschädigungspflichtigen billig ist. Auf Antrag des Entschädigungsberechtigten ist die Entschädigung durch Gewährung von Ersatzland zu leisten, sofern nicht überwiegende Gründe des öffentlichen Interesses entgegenstehen.

(2) Kommen für die Gewährung von Ersatzland geeignete Grundstücke des Entschädigungspflichtigen nicht in Betracht und können sie weder aus geeignetem,

nicht anderweitig benötigtem Eigenbesitz der öffentlichen Hand noch freihändig zu den dem Verwendungszweck angemessenen Bedingungen beschafft werden, so können unbebaute Grundstücke solcher Personen enteignet werden, die mit dem Grund und Boden durch ihren Beruf, ihre Tätigkeit, ihre Aufgaben oder in anderer Weise nicht verbunden sind oder die den Grundbesitz überwiegend aus Gründen erworben haben, die volkswirtschaftlich nicht gerechtfertigt sind. Auch kann auf solchen Grundbesitz zurückgegriffen werden, der nicht nach den Gesichtspunkten des allgemeinen Wohles genutzt wird.

§ 23. Wird nur ein Teil eines Grundstücks enteignet, so kann der Eigentümer auch für die Wertminderung des Restgrundstücks Entschädigung verlangen. In diesem Falle kann er auch die Übernahme des Restgrundstückes verlangen, soweit dieses nach seiner bisher tatsächlich ausgeübten oder nach Lage der Verhältnisse möglichen Nutzung nicht mehr wirtschaftlich genutzt werden kann.

§ 24. (1) Die Enteignungsbehörde hat zunächst einen Termin zur mündlichen Verhandlung mit den Beteiligten festzusetzen, in dem die Einwendungen und Entschädigungsansprüche zu erörtern sind.

(2) Soll der Enteignete mit Ersatzland abgefunden werden und das Ersatzland im Enteignungswege beschafft werden, so sind beide Verfahren miteinander zu verbinden.

(3) Auf Ersuchen der Enteignungsbehörde hat das Grundbuchamt in das Grundbuch des von dem Enteignungsverfahren betroffenen Grundstücks einzutragen, dass das Enteignungsverfahren angeordnet ist (Enteignungsvermerk).

(4) Bis zur Löschung des Enteignungsvermerk kann der Grundstückseigentümer und sein Rechtsnachfolger nur mit Zustimmung der Enteignungsbehörde über das Grundstück verfügen.

(5) Enteignungsbehörde ist die für den Wohnungsbau zuständige oberste Landesbehörde oder die von ihr ermächtigte Behörde.

§ 25. (1) Kommt in dem mündlichen Verhandlungstermin eine Einigung unter den Beteiligten nicht zustande, so entscheidet die Enteignungsbehörde durch Beschluss über die Enteignung und die Entschädigung. Die Enteignung von Ersatzland ist in demselben Beschluss auszusprechen. Der Beschluss ist den Beteiligten zuzustellen.

(2) Gegen den Enteignungsbeschluss steht den Betroffenen binnen eines Monats nach Zustellung die Klage bei dem ordentlichen Gericht zu. Zuständig ist das Landgericht, in dessen Bezirk sich das zu enteignende Grundstück befindet.

(3) Mit der Klage bei dem ordentlichen Gericht kann die Zulässigkeit der Enteignung nur angefochten werden, wenn eine Verletzung des geltenden Rechts oder Ermessensmissbrauch oder Ermessensüberschreitung geltend gemacht wird.

§ 26. (1) Der Enteignungsbeschluss wird rechtskräftig, wenn innerhalb der zulässigen Frist ein Rechtsmittel nicht eingelegt worden ist. Wird ein Rechtsmittel nur gegen die Entschädigung eingelegt, so wird der Beschluss hinsichtlich der Enteignung

nach Ablauf der Rechtsmittelfrist rechtskräftig. Wird ein Rechtsmittel nur gegen die Enteignung eingelegt, so wird der Beschluss auch hinsichtlich der Entschädigung erst rechtskräftig, wenn die Entscheidung über die Enteignung Rechtskraft erlangt hat.

(2) Ist der Enteignungsbeschluss hinsichtlich der Enteignung rechtskräftig geworden, so hat die Enteignungsbehörde ihn in Kraft zu setzen, wenn die Zahlung oder Hinterlegung der Entschädigungssumme nachgewiesen ist. Ist das Grundstück mit einem Recht belastet und in dem Enteignungsbeschluss nicht ausgesprochen, dass die Belastung vom Enteignungsbegünstigten zu übernehmen ist, so ist die Entschädigungssumme zu hinterlegen.

(3) Die Inkraftsetzungsverfügung ist den Beteiligten zuzustellen und unterliegt keiner Anfechtung.

§ 27. (1) Die Inkraftsetzung der Enteignung bewirkt:

a) das Eigentum an dem Grundstück geht auf den im Beschluss genannten Enteignungsbegünstigten über;

b) der Enteignungsbegünstigte wird in den Besitz des Grundstücks eingewiesen, soweit nicht bereits eine vorläufige Besitzeinweisung erfolgt ist.

c) Die privaten Rechte, sowie die Miet-, Pacht- und ähnlichen Nutzungsrechte an dem enteigneten Grundstück erlöschen, soweit sie der Enteignungsbegünstigte nicht in öffentlicher oder öffentlich beglaubigter Urkunde, insbesondere zu Protokoll der Enteignungsbehörde übernommen hat oder ihr Bestehenbleiben nicht im Beschluss angeordnet ist.

d) Hinsichtlich der dinglichen Rechte an dem Grundstück, die nicht gem. Ziff. c) bestehen bleiben, tritt an die Stelle des Grundstücks die von der Enteignungsbehörde festgesetzte Entschädigung.

§ 28. Die Enteignungsbehörde führt den rechtskräftig gewordenen Enteignungsbeschluss aus. Sie hat insbesondere das Grundbuchamt um die Berichtigung des Grundbuchs und die Löschung des Enteignungsvermerks zu ersuchen.

§ 29. (1) Die Enteignungsbehörde kann den Enteignungsbegünstigten vorläufig in den Besitz des zu enteignenden Grundstücks einweisen. Die vorläufige Besitzeinweisung ist nicht zulässig, bevor ein mündlicher Verhandlungstermin gem. § 24 Abs. 1 stattgefunden hat.

(2) Die Anordnung über die vorläufige Besitzeinweisung ist den Beteiligten zuzustellen. Eine Anfechtung findet nicht statt.

(3) Die vorläufige Besitzeinweisung berechtigt den Enteignungsbegünstigten, über die Bestandteile des Grundstücks zu verfügen, soweit in der Anordnung nichts anderes bestimmt ist.

(4) Der Enteignungsbegünstigte hat dem Grundeigentümer den durch die vorläufige Besitzeinweisung entstehenden Schaden zu ersetzen. War der Eigentümer bis zur vorläufigen Besitzeinweisung selbst im Besitze des Grundstücks, so ist ihm mindestens die für die Enteignung zu gewährende Entschädigung vom Tage der Besitzeinweisung an angemessen zu verzinsen.

§ 30. (1) Die Enteignungsbehörde kann das Enteignungsverfahren bis zur Rechtskraft des Enteignungsbeschlusses einstellen und das Grundbuchamt um die Löschung des Enteignungsvermerks ersuchen. Sie hat zuvor den Beteiligten Gelegenheit zur Stellungnahme zu geben.

(2) Die Kosten des Enteignungsverfahrens trägt der Enteignungsbegünstigte. Für die Kosten des Rechtsmittelverfahrensgelten die allgemeinen Kostenvorschriften für das Verfahren vor den ordentlichen Gerichten.

§ 31. Ist das Grundstück innerhalb von 2 Jahren nach der Inkraftsetzung der Enteignung nicht dem Enteignungszweck zugeführt, so kann der Enteignete den Rückerwerb gegen Erstattung der erhaltenen Entschädigung verlangen. Die Frist kann auf Antrag des Erwerbers von der Enteignungsbehörde in besonderen Fällen um 1 Jahr verlängert werden. Die Verlängerung ist dem Enteigneten schriftlich mitzuteilen. Der Anspruch auf Rückerwerb erlischt 1 Jahr nach seiner Entstehung. [...]

II. Entwurf zu einem Gesetz über die vorläufige Regelung der Baulandbeschaffung (August 1950)

I. Zulässigkeit der Beschaffung

§ 1. Zweck der Beschaffung

(1) Zur Bereitstellung von Bauland für die Errichtung von Gebäuden, die ausschließlich oder zu einem erheblichen Teil Wohnzwecken dienen (Wohngebäude), kann das Eigentum an Grundstücken, soweit erforderlich, nach den Bestimmungen dieses Gesetzes zugunsten eines anderen entzogen oder beschränkt werden (Beschaffung).

(2) Dem Eigentum an Grundstücken stehen die sonstigen dinglichen Rechte an Grundstücken, sowie andere Rechte gleich, die zum Besitz oder zur Nutzung von Grundstücken berechtigen oder die Nutzung von Grundstücken beschränken.

(3) Die Beschaffung ist auch zulässig für die Bereitstellung von Ersatzland (§ 8), sowie von Flächen für öffentliche Gebäude, Einrichtungen oder Anlagen, die mit den in Aussicht genommenen Wohngebäuden in Zusammenhang stehen und für die Bedürfnisse der Bewohner erforderlich sind.

§ 2. Gegenstand der Beschaffung

(1) Der Beschaffung unterliegen

a) Grundstücke, die aufgrund vorhandener Fluchtlinienpläne, Bebauungspläne oder ähnlicher städtebaulicher Pläne für die Bebauung mit Wohngebäuden vorgesehen oder geeignet sind,

b) Grundstücke an hergestellten, anbaufähigen Straßen, wenn eine Planfestsetzung nicht erfolgt ist, die in Aussicht genommene Errichtung von Wohngebäuden jedoch mit einer geordneten baulichen Entwicklung des Gemeindegebietes vereinbar ist,

c) sonstige Grundstücke, wenn sie im Rahmen einer geordneten baulichen Entwicklung als Bauland in Betracht kommen,

d) Grundstücke, auf denen die früher vorhandenen gewesenen Gebäude zerstört sind (Trümmergrundstücke),

e) Grundstücke mit unvollendeten Gebäuden, wenn ihre Fertigstellung in absehbarer Zeit nicht zu erwarten ist,

f) Grundstücke, die erforderlich sind, um ein Grundstück zu einem zweckmäßigen Bauplatz zu vergrößern oder zu verändern.

(2) Unter den Voraussetzungen des Abs. 1 unterliegen auch Teile von Grundstücken der Beschaffung.

§ 3. Ausnahmen

(1) Ein Grundstück soll zur Beschaffung nicht herangezogen werden

a) wenn der Eigentümer glaubhaft macht, dass er es in nächster Zeit selbst bebauen wird,

b) wenn es bereits bebaut ist, sofern es sich nicht nur um eine geringfügige Bebauung handelt; als geringfügig ist namentlich eine Bebauung anzusehen, die erheblich unter dem Maß der zulässigen oder üblichen Bebauung liegt, ohne Leistung von Anliegerbeiträgen ausgeführt und in einfachster Bauart errichtet ist.

(2) Eine Beschaffung ist auch im Falle des Abs. 1 a) zulässig, wenn sie zu einem für den Eigentümer nicht in Betracht kommenden Zweck erfolgen soll oder das Grundstück für ein größeres zusammenhängendes Bauvorhaben benötigt wird.

§ 4. Erwerbsberechtigung

(1) Die Beschaffung ist zugunsten jedes Bauwilligen zulässig, der in der Lage ist, das Grundstück alsbald zu bebauen.

(2) Die Beschaffung ist zugunsten der Gemeinde oder des Kreises auch zulässig, wenn die Voraussetzungen des Abs. 1 nicht vorliegen. Die Gemeinde und der Kreis sind in diesem Fall verpflichtet, das beschaffte Land alsbald als Ersatzland oder an Bauwillige zu Eigentum, in Erbbaurecht oder in sonstiger Rechtsform weiterzugeben. Sie können vor der Weitergabe Maßnahmen zur Baureifmachung, wie Aufteilung in geeignete Bauplätze, Einebnung, Erschließung durchführen. Die Beschaffung von Land als Ersatzland darf den mittelbar bevorstehenden Bedarf nicht übersteigen.

II. Entschädigung

§ 5. Entschädigungsberechtigte

Der durch die Beschaffung Begünstigte hat an die durch die Beschaffung in ihren Rechten Beeinträchtigten eine Entschädigung in Geld oder Land nach Maßgabe der §§ 6 bis 9 zu leisten.

§ 6. Höhe der Entschädigung

(1) Bei der Bemessung der Entschädigung ist der Betrag zugrunde zu legen, der im gewöhnlichen Geschäftsverkehr bei einer Veräußerung zu erzielen wäre.

(2) Der Betrag für Grund und Boden darf nicht höher sein als der nach den Preisbildungsvorschriften zulässige Preis.

(3) Eine Entschädigung für sonstige Nachteile der Beschaffung ist dem Beeinträchtigten zu gewähren, wenn sie bei gerechter Abwägung der Interessen des Begünstigungen und des Beeinträchtigten der Billigkeit entspricht.

(4) Bei der Beschaffung eines Teils eines Grundstücks ist auch der Wertverlust zu entschädigen, der für das Restgrundstück durch die Beschaffung des Grundstücksteils entsteht. Erwächst dem Restgrundstück durch die Ausführung des Bauvorhabens ein Vorteil, so ist dieser auf die Entschädigung anzurechnen. Entsprechendes gilt, wenn ein Teil des örtlich oder wirtschaftlich zusammenhängenden Grundbesitzes desselben Eigentümers zur Beschaffung herangezogen wird.

(5) Der Eigentümer kann die Übernahme auch des Restgrundstücks verlangen, wenn dieses baulich unverwertbar wird oder nicht mehr zweckmäßig genutzt werden kann. Trifft die Benachteiligung nur einen Teil des Restgrundstücks, so kann nur die Übernahme dieses Teils verlangt werden.

(6) Wertsteigernde Veränderungen, die nach Zustellung des Eröffnungsbeschlusses vorgenommen werden, sind bei der Bemessung der Entschädigung nicht zu berücksichtigen, wenn das Landbeschaffungsamt der Veränderung nicht zugestimmt hat.

(7) Eine Entschädigung entfällt für Bauwerke oder bauliche Veränderungen, die ohne die vorgeschriebene behördliche Genehmigung durchgeführt oder nur widerruflich zugelassen sind. In diesem Falle hat der Eigentümer oder der Inhaber des Rechts bis zum Übergang des Eigentums auf den Begünstigten die Befugnis, die Anlagen auf seine Kosten fortzunehmen. Ist die Genehmigung befristet erteilt und die Frist noch nicht abgelaufen, so ist die Entschädigung nach Maßgabe der bereits abgelaufenen Zeit zu mindern.

(8) Für die Bemessung der Entschädigung nach Abs. 1, 3–7 ist der Zeitpunkt des Beschaffungsbescheids, im Falle einer früheren Inbesitznahme des Grundstücks dieser Zeitpunkt maßgebend.

(9) Der durch die Beschaffung Begünstigte hat die von ihm zu zahlende Entschädigung von dem Tage ab, an dem der Beschaffungsbeschluss dem Beeinträchtigten zugestellt wird, zu verzinsen.

§ 7. Entschädigungsleistung durch Gemeinden

(1) Ist eine Gemeinde zur Zahlung von Geldentschädigungen verpflichtet, so können diese Entschädigungen durch Hingabe vom Land verbürgter verzinslicher Schuldscheine oder Schuldverschreibungen der Gemeinde geleistet werden.

(2) Der Gemeinde kann auf Antrag gestattet werden, die Geldentschädigung in Teilzahlungen zu leisten. Die Bezahlung der Entschädigung muss spätestens 5 Jahre nach dem Zeitpunkt des Inkrafttretens des Beschaffungsbescheides (§ 17) bewirkt sein. Höhe und Zeitpunkt der Teilzahlungen sind im Beschaffungsbescheid festzusetzen.

(3) Von der Bewilligung der Teilzahlung ist abzusehen, wenn sie für den Entschädigungsberechtigten eine unbillige Härte bedeuten würde. Macht der Entschädigungsberechtigte glaubhaft, dass er den Entschädigungsbetrag für demnächst beginnende Bauarbeiten verwenden will, so kann die Zahlung in Teilbeträgen nach Maßgabe des Fortschreitens der Bauarbeiten und die Leistung der Zahlung an die Bauhandwerker oder sonstige Baugläubiger festgesetzt werden.

§ 8. Ersatzland

(1) Die Entschädigung kann ganz oder teilweise in Land gewährt werden (Ersatzland). Ist der Eigentümer eines der Beschaffung unterliegenden Grundstücks mit seiner Berufs- oder Erwerbstätigkeit ganz oder zum Teil auf das Grundstück angewiesen, so soll auf Antrag nach Möglichkeit Ersatzland zugewiesen werden.

(2) Ein Minderwert des Ersatzlandes ist durch eine zusätzliche Geldentschädigung, ein Mehrwert durch eine Ausgleichszahlung auszugleichen.

(3) Als Ersatzland kann zugewiesen werden, was der Begünstigte an geeignetem Land besitzt, was die Gemeinde aus ihrem Grundbesitz an geeigneten Grundstücken zur Verfügung stellt oder was zur Verwendung als Ersatzland gemäß Abs. 4 beschafft wird. Das Ersatzland kann auch in einem anderen Gemeindebezirk liegen.

(4) Bei der Beschaffung von Ersatzland ist vornehmlich zurückzugreifen auf den Grundbesitz

a) von Personen, Vereinigungen, Stiftungen oder sonstigen Vermögensträgern, die mit dem Grund und Boden nicht durch ihren Beruf, ihre Tätigkeit oder ihre Aufgaben verbunden sind, die den Grundbesitz überwiegend aus Gründen erworben haben, die volkswirtschaftlich nicht gerechtfertigt sind oder den Grundbesitz nicht nach den Gesichtspunkten des Allgemeinwohls nutzen,

b) von Körperschaften, Anstalten und Stiftungen des öffentlichen Rechts, soweit das Land nicht zur Erfüllung der ihnen obliegenden Aufgaben dringend benötigt wird.

(5) Die Beschaffung von Ersatzland ist nur zulässig, wenn es für die Nutzung geeignet ist, die der Entschädigungsberechtigte in Aussicht genommen hat oder die für Entschädigungsberechtigte voraussichtlich in Betracht kommen wird. Land, dessen Entziehung für den Eigentümer eine unbillige Härte mit sich bringen würde, soll als Ersatzland nicht herangezogen werden.

(6) Soll Land, das außerhalb eines im Zusammenhang bebauten Ortsteils liegt und landwirtschaftlich genutzt wird, als Ersatzland beschafft worden, so ist die für die Landwirtschaftsverwaltung zuständige Behörde zu beteiligen.

(7) Eine Zuweisung von Ersatzland soll nicht erfolgen, wenn die Entschädigung in Land als solche oder wegen der Lage des Ersatzlandes für den Entschädigungsberechtigten eine Unbilligkeit bedeuten würde.

§ 9. Gemeinsame und gesonderte Entschädigung

(1) Hypotheken-, Grundschuld- und Rentenschuldgläubiger, sowie Reallastberechtigte, ferner Gläubiger von Rückständen öffentlicher Lasten und als öffentliche Last auf dem Grundstück ruhende Renten sind auf die Entschädigung für das Eigentum am Grundstück angewiesen.

(2) Gesondert zu entschädigen sind Altenteilsberechtigte, sowie Inhaber von Dienstbarkeiten oder Erwerbsrechten an dem Grundstück oder von dinglichen oder persönlichen Rechten, die zum Besitz oder zur Nutzung des Grundstücks berechtigten oder die Nutzung des Grundstücks beschränken. Die gesonderte Entschädigung kann in wiederkehrenden Leistungen festgesetzt werden.

(3) Soweit das gesondert zu entschädigende Recht den Wert des Eigentums am Grundstück gemindert hat, ist dies bei der Bemessung der Entschädigung für das Eigentum am Grundstück zu berücksichtigen.

(4) Bei der Gewährung der Entschädigung in Land kann das Landbeschaffungsamt bestimmen, dass Berechtigte, die nach Abs. 1 auf die Entschädigung für das Eigentum am Grundstück angewiesen sind, gesondert zu entschädigen und Berechtigte, die nach Abs. 1 gesondert zu entschädigen sind, auf die Entschädigung für das Eigentum am Grundstück angewiesen sind.

III. Verfahren vor dem Landbeschaffungsamt

§ 10. Landbeschaffungsamt

(1) Das Beschaffungsverfahren wird durch das bei der Baugenehmigungsbehörde eingerichtete Landbeschaffungsamt durchgeführt.

(2) Örtlich zuständig ist das Landbeschaffungsamt, in dessen Bezirk das zu beschaffende Grundstück liegt. Das gilt auch, wenn Ersatzland im Bezirk eines anderen Landbeschaffungsamts liegt und die Beschaffung in demselben Beschaffungsbescheid ausgesprochen wird. Der Beschaffungsbescheid darf in diesem Falle nur mit Einwilligung des anderen Landbeschaffungsamts erlassen werden. Wird die Einwilligung verweigert, so kann sie durch die Einwilligung der gemeinsamen übergeordneten Behörde ersetzt werden.

(3) Das Landbeschaffungsamt entscheidet im Beschaffungsverfahren in der Besetzung mit einem Vorsitzenden und zwei Beisitzern. Der Vorsitzende muss entweder die Befähigung zum Richteramt oder die Befähigung zum höheren Verwaltungsdienst besitzen. Die Beisitzer und ihre Stellvertreter werden von der Gemeindevertretung, bei den für den Landkreis gebildeten Baugenehmigungsbehörden von der Kreisvertretung gewählt. Ein Beisitzer und sein Stellvertreter müssen dem Kreis der Haus- und Grundbesitzer angehören.

(4) Das Landbeschaffungsamt hat von Amts wegen den Baulandbedarf für das kommende Jahr und die weiteren Jahre, sowie die zur Deckung dieses Bedarfs in Betracht kommenden Flächen zu ermitteln.

(5) Das Landbeschaffungsamt hat Bauwillige bei der Auswahl und dem Erwerb geeigneten Baulands zu beraten und zu unterstützen.

§ 11. Antrag auf Einleitung des Beschaffungsverfahrens

(1) Der Antrag auf Einleitung des Beschaffungsverfahrens ist von einem Bauwilligen, der Gemeinde oder dem Kreis unter Beifügung erforderlicher Unterlagen bei dem Landbeschaffungsamt einzureichen. Der Nachweis, dass der Antragsteller in der Lage ist, das Grundstück alsbald zu bebauen, kann bei einem Wohnungsunternehmen, das sich satzungsgemäß und tatsächlich mit dem Bau von Wohnungen in eigenem Namen befasst, vereinfacht oder erlassen werden.

(2) In dem Antrag ist die Bezeichnung eines bestimmten Grundstücks nicht erforderlich; die Einleitung des Beschaffungsverfahrens setzt jedoch voraus, dass sich der Antragsteller mit einem ihm von dem Landbeschaffungsamt bezeichneten Grundstück einverstanden erklärt hat.

§ 12. Eröffnung des Beschaffungsverfahrens

(1) Das Landbeschaffungsamt entscheidet über die Eröffnung des Beschaffungsverfahrens.

(2) Der Eröffnungsbeschluss ist zuzustellen

a) dem Antragsteller,

b) dem Eigentümer und den sonstigen Berechtigten (§ 9),

c) dem Bürgermeister der Gemeinde, in deren Bezirk das von der Beschaffung betroffene Grundstück liegt.

(3) Der Eröffnungsbeschluss ist nicht anfechtbar.

(4) Der Eröffnungsbeschluss ist öffentlich bekanntzumachen mit der Aufforderung an alle Beteiligten, ihre Rechte in der mündlichen Verhandlung wahrzunehmen. Bestehen keine Zweifel über die vollständige Erfassung der Beteiligten, so kann von einer öffentlichen Bekanntmachung abgesehen werden.

(5) Steht das Eigentum oder ein die Beteiligung am Beschaffungsverfahren begründendes Recht mehreren zu und ist ein gesetzlicher oder rechtsgeschäftlich bestellter Vertreter nicht vorhanden, so hat das Amtsgericht, in dessen Bezirk das Grundstück liegt, für das Beschaffungsverfahren auf Ersuchen des Landbeschaffungsamts einen Vertreter zu bestellen, der die Stellung eines gesetzlichen Vertreters hat. Das Gleiche gilt, wenn infolge eines Rechtsstreits oder sonstigen Verfahrens zweifelhaft ist, wer von mehreren Personen als verfügungsberechtigt anzusehen ist oder wenn der Eigentümer unbekannt oder unerreichbar ist.

§ 13. Wirkungen der Eröffnung des Beschaffungsverfahrens

(1) Die Zustellung des Eröffnungsbeschlusses bewirkt ein gesetzliches Verbot, über das Grundstück ohne Erlaubnis des Landbeschaffungsamts zu verfügen. Der rechtsgeschäftlichen Verfügung steht eine Verfügung gleich, die im Wege der Zwangsvollstreckung oder der Arrestvollziehung erfolgt. Persönliche Rechte, die zum Besitz oder zur Nutzung des Grundstücks berechtigen, sind dem Erwerber gegenüber unwirksam, wenn sie nach der Zustellung des Eröffnungsbeschlusses begründet werden.

(2) Das Landbeschaffungsamt ersucht das Grundbuchamt unverzüglich um Eintragung eines Vermerks in das Grundbuch über die Eröffnung des Beschaffungsverfahrens. Das Grundbuchamt benachrichtigt das Landbeschaffungsamt von allen Eintragungen, die nach dem Zeitpunkt des Antrages auf Einleitung des Beschaffungsverfahrens bei dem betroffenen Grundstück im Grundbuch gemacht wurden. Es hat dem Beauftragten des Landbeschaffungsamts die Fertigung der erforderlichen Auszüge aus dem Grundbuch und den Grundakten zu gestatten und dem Landbeschaffungsamt auf Verlangen Auszüge oder Auskünfte über das betroffene Grundstück zu erteilen.

(3) Ist im Grundbuch die Anordnung der Zwangsversteigerung oder der Zwangsverwaltung eingetragen, so gibt das Grundbuchamt dem Vollstreckungsgericht von der Einleitung des Beschaffungsverfahrens Kenntnis. Die Anordnung einer Zwangsversteigerung oder Zwangsverwaltung steht der Durchführung des Beschaffungsverfahrens nicht entgegen.

(4) Das Landbeschaffungsamt ersucht das Grundbuchamt um Löschung des Beschaffungsvermerks, wenn seine Wirkungen entbehrlich geworden sind; sie entfallen mit der Löschung.

§ 24. Ladung zur mündlichen Verhandlung

(1) Das Beschaffungsverfahren ist beschleunigt durchzuführen. Der Vorsitzende des Landbeschaffungsamts hat schon vor der mündlichen Verhandlung alle Anordnungen zu treffen, die erforderlich sind, um das Verfahren tunlichst in einer mündlichen Verhandlung zu erledigen.

(2) Die Ladung zur mündlichen Verhandlung ist mit dem Eröffnungsbeschluss zuzustellen. In der Ladung ist darauf hinzuweisen, dass auch bei Nichterscheinen über den Beschaffungsantrag entschieden werden kann. Die Beteiligten sind ferner aufzufordern, etwaige Einwendungen gegen den Beschaffungsantrag bereits vor der mündlichen Verhandlung bei dem Landbeschaffungsamt schriftlich einzureichen oder zur Niederschrift zu geben.

§ 15. Ermittlung des Sachverhalts

(1) Das Landbeschaffungsamt hat den gesamten Sachverhalt, soweit er für das Beschaffungsverfahren von Bedeutung ist, zu ermitteln. Es hat in der mündlichen Verhandlung den Antrag und die etwaigen Einwendungen nötigenfalls an Ort und Stelle mit den Beteiligten zu erörtern. Es kann Sachverständige hinzuziehen und Zeugen vernehmen.

(2) Über den Gang der Verhandlung ist eine Niederschrift aufzunehmen.

§ 16. Einigung

(1) Das Landbeschaffungsamt hat auf eine Einigung zwischen den Beteiligten hinzuwirken.

(2) Wird eine Einigung zwischen den Beteiligten erzielt, so kann das Beschaffungsverfahren durch Beurkundung der Einigung beendet werden. Eine Einigung ist auch in der Weise möglich, dass sich die Beteiligung über den Übergang oder die Beschränkung des von der Beschaffung betroffenen Rechts, über den Besitzübergang oder eine sonstige Rechtsänderung einigen, sich im Übrigen jedoch, namentlich hinsichtlich der Entschädigung, die Weiterführung des Verfahrens vorbehalten.

(3) Die Beurkundung der Einigung muss den Erfordernissen eines Beschaffungsbescheids (§ 17) entsprechen. Sie muss die Angabe des Ortes, des Tages sowie der anwesenden Beteiligten enthalten und ist von dem Vorsitzenden, den Beteiligten und einem Schriftführer zu unterzeichnen. Aus der Beurkundung muss ersichtlich sein, dass ihr Inhalt den Beteiligten vorgelesen oder zur Durchsicht vorgelegt und von ihnen genehmigt worden ist. Sie hat die Wirkung eines rechtskräftigen Beschaffungsbescheides.

(4) Einc Einigung kann auch außerhalb der mündlichen Verhandlung und ohne Anwesenheit der Beisitzer herbeigeführt und beurkundet werden.

§ 17. Beschaffungsbescheid

(1) Das Landbeschaffungsamt entscheidet aufgrund der mündlichen Verhandlung darüber, ob die Voraussetzungen der Beschaffung vorliegen. Gibt es dem Antrag auf Beschaffung statt, so erlässt es einen mit Gründen versehenen Beschaffungsbescheid.

(2) Der Beschaffungsbescheid muss die Beteiligten, das Grundstück nach seiner Größe, seiner grundbuchmäßigen, katastermäßigen und sonst üblichen Bezeichnung, die Angabe der Eigentums- und sonstigen Rechtsverhältnisse vor und nach der Beschaffung, sowie Art und Höhe der Entschädigung mit der Angabe, von wem und an wen sie zu leisten ist, enthalten. Bei der Beschaffung eines Grundstücksteils

ist auf die Messurkunde eines Vermessungsamts oder eines vereidigten Landmessers Bezug zu nehmen.

(3) In dem Beschaffungsbescheid ist unter Berücksichtigung der Anträge und der Verhältnisse der Beteiligten über das Fortbestehen, die Änderung oder Neubegründung von dinglichen Rechten und solchen persönlichen Rechten an dem Grundstück zu entscheiden, die zum Besitz oder zur Nutzung des Grundstücks berechtigen oder dessen Nutzung beschränken.

(4) Wird Entschädigung im Land gewährt, so ist in dem Beschaffungsbescheid auch die Zuweisung des Ersatzlandes auszusprechen. Ein besonderer Bescheid über die Beschaffung und Zuweisung des Ersatzlandes soll nur ergehen, wenn es aus Gründen besserer Übersicht erforderlich ist.

§ 18. Zustellung des Beschaffungsbescheids

(1) Der Beschaffungsbescheid ist mit einer Rechtsmittelbelehrung zu versehen und zuzustellen

a) dem Antragsteller,

b) den von der Beschaffung betroffenen Beteiligten,

c) denjenigen, die gegen die Beschaffung Einwendungen erhoben oder Ansprüche auf Entschädigung geltend gemacht haben.

(2) Abschrift des Beschaffungsbescheides ist dem Bürgermeister der Gemeinde, in deren Bezirk das von der Beschaffung betroffene Grundstück liegt, zu übersenden.

§ 19. Vorläufige Besitzeinweisung

(1) Das Landbeschaffungsamt kann aufgrund einer mündlichen Verhandlung den Antragsteller auf seinen Antrag vorläufig in den Besitz des von der Beschaffung betroffenen Grundstücks einweisen, wenn dies aus Gründen der Dringlichkeit erforderlich ist. Die vorläufige Besitzeinweisung berechtigt den Antragsteller, auf dem Grundstück die zur Ausführung des Bauvorhabens erforderlichen Maßnahmen durchzuführen.

(2) Das Landbeschaffungsamt kann die vorläufige Besitzeinweisung von der Leistung einer Sicherheit in Höhe der voraussichtlichen Entschädigungen und der Erfüllung anderer Bedingungen abhängig machen. Dies muss geschehen, wenn der Besitzer Sicherheitsleistung verlangt.

(3) Der Bescheid über die vorläufige Besitzeinweisung ist dem Antragsteller, dem Eigentümer und einem anderen Besitzer oder Nutzungsberechtigten zuzustellen.

(4) Eine die vorläufige Besitzeinweisung ablehnende Entscheidung ist nicht anfechtbar.

§ 20. Entschädigung bei Besitzeinweisung

(1) Der Antragsteller hat für die durch die vorläufige Besitzeinweisung entstehenden besonderen Nachteile eine Entschädigung zu leisten. Art und Höhe der Entschädigung werden von dem Landbeschaffungsamt spätestens in dem Beschaffungsbescheid oder der eine Beschaffung ablehnenden Entscheidung festgesetzt. War der Eigentümer bis zur vorläufigen Besitzeinweisung selbst im Besitz des

Grundstücks, so ist ihm mindestens die für die Beschaffung zu gewährende Entschädigung vom Tage der vorläufigen Besitzeinweisung an zu verzinsen.

(2) Das Landbeschaffungsamt hat auf Antrag eines Beteiligten den Zustand des Grundstücks in einer Niederschrift festzuhalten, soweit er für die spätere Ermittlung des Wertes oder für die Bemessung der Entschädigung von Bedeutung ist.

IV. Rechtsmittel

§ 21. Berufung.

(1) Gegen die Entscheidungen des Landbeschaffungsamts ist die Berufung an die Berufungskammer (§ 23) zulässig, soweit die Entscheidungen nicht unanfechtbar sind. Zur Einlegung der Berufung ist jeder Beteiligte berechtigt.

(2) Die Berufung ist binnen 2 Wochen nach Zustellung der Entscheidung bei dem Landbeschaffungsamt einzulegen. Die Frist für die Einlegung der Berufung gegen die vorläufige Besitzeinweisung beträgt eine Woche. Durch Einlegung bei der Berufungskammer wird die Berufungsfrist gewahrt.

(3) Die Berufung muss einen bestimmten Antrag enthalten und mit einer Begründung versehen sein. Neue Tatsachen und Beweismittel sind in der Berufungsschrift anzugeben.

(4) Die Berufung gegen die vorläufige Besitzeinweisung hat keine aufschiebende Wirkung.

§ 22. Behandlung der Berufung

(1) Das Berufungsverfahren ist beschleunigt durchzuführen.

(2) Der Vorsitzende der Berufungskammer kann die Berufung, wenn sie unzulässig oder offenbar unbegründet ist, durch Vorentscheidung ohne mündliche Verhandlung abweisen. Jeder Beteiligte kann binnen 2 Wochen den Antrag auf Entscheidung durch die Berufungskammer stellen.

(3) Der Vorsitzende der Berufungskammer hat schon vor der mündlichen Verhandlung alle Anordnungen zu treffen, die erforderlich sind, um das Verfahren tunlichst in einer mündlichen Verhandlung zu erledigen. Der Termin zur mündlichen Verhandlung ist unmittelbar nach Eingang der Berufung oder des Antrags nach Abs. 2 auf einen Zeitpunkt innerhalb der nächsten 3 Wochen anzuberaumen. Der Vorsitzende hat zu der mündlichen Verhandlung Zeugen und Sachverständige, deren Vernehmung ihm erforderlich erscheint, zu laden.

(4) Die Berufungskammer kann Tatsachen und Beweismittel, die in der Berufungsschrift hätten vorgebracht werden können, zurückweisen, wenn durch deren Zulassung die Erledigung des Verfahrens verzögert werden würde.

(5) Die Berufungskammer kann unter Aufhebung der angefochtenen Entscheidung die Sache an das Landbeschaffungsamt zur erneuten Prüfung und Entscheidung zurückverweisen.

(6) Die Berufungskammer soll ihre Entscheidungen tunlichst in der mündlichen Verhandlung verkünden. Zwischen dem Eingang der Berufung und dem Endurteil der Berufungskammer soll kein längerer Zeitraum als 6 Wochen liegen.

(7) Im Übrigen gelten für das Verfahren die landesrechtlichen Vorschriften über die Verwaltungsgerichtsbarkeit.

(8) Die Entscheidungen der Berufungskammer sind unanfechtbar.

§ 23. Berufungskammer

(1) Die Berufungskammer wird bei der für das Bauwesen zuständigen höheren Verwaltungsbehörde errichtet. Die Landesregierungen werden ermächtigt, durch Rechtsverordnung für den Bezirk mehrerer höherer Verwaltungsbehörden eine gemeinsame Berufungskammer zu errichten.

(2) Die Berufungskammer entscheidet als Verwaltungsgericht. Ihre Mitglieder sind unabhängig und nur dem Gesetz unterworfen.

(3) Die Berufungskammer entscheidet in der Besetzung mit

a) einem Vorsitzenden, der die Befähigung zum Richteramt besitzt,

b) einem Mitglied, das die Befähigung zum Richteramt oder zum höheren Verwaltungsdienst besitzt,

c) einem Mitglied, das die Befähigung zum höheren bautechnischen Verwaltungsdienst besitzt,

d) zwei ehrenamtlichen Mitgliedern, von denen eines dem Kreise der Haus- und Grundbesitzer angehören muss.

Die Bestellung und Amtsdauer der Mitglieder der Berufungskammer regelt sich nach dem für die Mitglieder der Verwaltungsgerichte in den Ländern geltenden Vorschriften.

V. Inkraftsetzungsbescheid

§ 24. Inhalt und Wirkungen des Inkraftsetzungsbescheids

(1) Der unanfechtbar gewordene Beschaffungsbescheid wird von dem Landbeschaffungsamt in Kraft gesetzt, wenn der Begünstigte nachgewiesen hat, dass die Entschädigung, soweit im Beschaffungsbescheid nicht eine spätere Erfüllung zugelassen ist, geleistet ist.

(2) In dem Inkraftsetzungsbescheid ist der Zeitpunkt anzugeben, in welchem die Wirkungen des Beschaffungsbescheids eintreten.

(3) Mit diesem Zeitpunkt wird der bisherige Rechtszustand durch den im Beschaffungsbescheid niedergelegten neuen Rechtszustand ersetzt. Die bisherigen Rechte erlöschen, soweit sie nicht aufrecht erhalten werden; die neuen Rechte entstehen. Im Einzelnen ist für die Rechtslage nach dem Inkrafttreten der Inhalt des Beschaffungsbescheides maßgebend. An die Stelle des Eigentums am Grundstück tritt die Entschädigung für das Eigentum am Grundstück. An die Stelle der Rechte, für die eine gesonderte Entschädigung zu leisten ist (§ 9 Abs. 2–4) tritt nur diese Entschädigung.

(4) Der Inkraftsetzungsbescheid schließt die Besitzeinweisung in sich.

(5) Der unanfechtbar gewordene Beschaffungsbescheid und der Inkraftsetzungsbescheid sind in beglaubigter Abschrift dem Grundbuchamt mit dem Ersuchen zu übermitteln, den neuen Rechtszustand in das Grundbuch einzutragen.

Hypotheken-, Grundschuld- und Rentenschuldbriefe sind erforderlichenfalls zu ändern oder neu auszustellen.

§ 25. Zustellung des Inkraftsetzungsbescheids

(1) Der Inkraftsetzungsbescheid ist zuzustellen

a) dem Antragsteller,

b) den von der Beschaffung betroffenen Beteiligten.

(2) Abschrift des Inkraftsetzungsbescheides ist dem Bürgermeister der Gemeinde zu übersenden, in deren Bezirk das von der Beschaffung betroffene Grundstück liegt.

(3) Der Inkraftsetzungsbescheid ist nicht anfechtbar.

VI. Hinterlegung und Verteilungsverfahren

§ 26. Voraussetzungen der Hinterlegung

(1) Die Geldentschädigung ist zu hinterlegen, wenn die Entschädigung mehreren Berechtigten haftet und eine Einigung der Beteiligten über die Auszahlung nicht nachgewiesen ist.

(2) Bestehende Vorschriften, nach denen die Hinterlegung geboten oder statthaft ist, werden hierdurch nicht berührt.

§ 27. Hinterlegungsstelle

Die Hinterlegung hat bei dem Amtsgericht zu erfolgen, in dessen Bezirk das von der Beschaffung betroffene Grundstück liegt. Liegen von der Beschaffung betroffene Grundstücke in den Bezirken verschiedener Amtsgerichte, so hat das gemeinsame höhere Gericht eines der Amtsgerichte als Hinterlegungsstelle zu bestimmen. § 37 ZPO findet entsprechende Anwendung.

§ 28. Verteilungsverfahren

(1) Jeder Beteiligte kann sein Recht an der hinterlegten Summe gegen einen Mitbeteiligten, der dieses Recht bestreitet, vor den ordentlichen Gerichten geltend machen oder die Einleitung eines gerichtlichen Verteilungsverfahrens beantragen.

(2) Für das Verteilungsverfahren ist das Amtsgericht zuständig, bei dem die Entschädigungssumme hinterlegt ist.

(3) Für das Verteilungsverfahren gelten die Vorschriften über die Verteilung des Erlöses im Falle der Zwangsversteigerung sinngemäß mit folgenden Abweichungen:

a) Als Beschlagnahme im Sinne des § 13 des Gesetzes über die Zwangsversteigerung und Zwangsverwaltung gilt die Zustellung des Beschaffungsbescheides, im Falle der vorläufigen Einweisung des Antragstellers in den Besitz die Entscheidung über die vorläufige Besitzeinweisung.

b) Das Verwaltungsgericht hat bei der Eröffnung des Verfahrens von Amts wegen um die in § 19 Abs. 2 des Gesetzes über die Zwangsversteigerung und Zwangsverwaltung bezeichneten Mitteilungen zu ersuchen.

VII. Schlussbestimmungen

§ 29. Gebühren und Kosten

(1) Das nach diesem Gesetz durchgeführte Verfahren vor dem Landbeschaffungsamt ist gebühren- und kostenfrei. Das Gleiche gilt für die Beibringung von Grundbuchauszügen und sonstigen für das Beschaffungsverfahren notwendigen Unterlagen.

(2) Zeugen und Sachverständige erhalten die gleichen Gebühren wie die im Verfahren vor den Amtsgerichten geladenen oder vernommenen Zeugen und Sachverständigen. Die Gebühren eines Zeugen oder Sachverständigen, dessen Ladung auf Antrag eines Beteiligten erfolgt ist, können dem Beteiligten auferlegt werden, wenn das Zeugnis oder das Gutachten einen wesentlichen Beitrag zur Klärung des Sachverhalts nicht erbracht hat.

(3) Für das Verfahren vor der Berufungskammer werden Gebühren und Kosten nach den in den Ländern geltenden Vorschriften über die Verwaltungsgerichtsbarkeit erhoben.

(4) Die beim Grundbuchamt entstehenden Gebühren und Kosten für die Eintragung der im Beschaffungsbescheid enthaltenen Rechtsänderungen sind von dem Begünstigten zu tragen.

§ 30. Inkrafttreten und Geltungsdauer des Gesetzes

Das Gesetz tritt am Tage nach der Verkündung in Kraft.

Es tritt am ... außer Kraft.

Gesetz zur Änderung des Grundgesetzes:

§ 1. An Art. 14 Abs. 3 des Grundgesetzes werden nach einem Komma die Worte angefügt: „soweit die Entscheidung nicht durch Bundesgesetz der Verwaltungsgerichtsbarkeit zugewiesen ist".

§ 2. An Art. 74 Nr. 18 werden nach einem Komma die Worte angefügt: „sowie die Befreiung von Steuern, Beiträgen, Gebühren und Abgaben auf dem Gebiet des Wohnungs- und Siedlungswesens, auch bezüglich der in Art. 105 Abs. 2 Nr. 1 ausgenommenen Steuerarten".

§ 3. In Art. 105 Abs. 1 wird hinter 3. als weitere Nummer eingefügt: „4. die Abgaben zur Deckung des städtebaulichen Aufwands der Gemeinden mit Ausnahme der Festsetzung der Hebesätze."

III. Protokoll der Sitzung der kleinen Ministerialkommission im Bundeswohnungsbauministerium vom 6.9.1950

Die für heute, 10 Uhr, anberaumte Sitzung des sog. Enteignungsausschusses (kleine Kommission) wurde um 10.15 Uhr durch Herrn Baudirektor *Döscher*, der auch den Vorsitz führte, eröffnet. Erschienen waren vom Bundesministerium des Innern Herr Prof. Dr. *Köttgen* sowie Herr Reg. Direktor *Dr. Schultheiß*, vom Justizministerium Herr MinRat *Dr. von Spreckelsen*, vom Bundesministerium für Ernährung, Landwirtschaft und Forsten Herr MinRat *Nonhoff*. Aus unserem Hause waren neben Herrn Baudirektor Döscher Herr ORR *Dr. Zinkahn*, Herr *Dr. Schwender*, sowie der *Unterzeichnete* anwesend. Der Vertreter des Bundesministeriums für Wirtschaft, der auch noch mal telefonisch an die Sitzung erinnert wurde, war nicht erschienen, da er durch anderweitige Dienstgeschäfte verhindert war.

Nach der Begrüßung und einführenden Worten durch Herrn Baudirektor Döscher ging in Vertretung des erkrankten Herrn ORR Dr. Dittus Herr ORR Dr. Zinkahn zur Tagesordnung über. Der Vertreter des Bundesinnenministeriums (Prof. Dr. Köttgen) stellte den Antrag, zunächst das Problem der Änderung des Grundgesetzes zu besprechen, da es ihm sehr wesentlich erschiene und er am Nachmittage anderweitig in Anspruch genommen sei. Das Für und Wider dieses Antrages wurde besprochen mit dem Ergebnis, dass man der Meinung war, dass es doch zweckmäßiger sei, hierüber später zu beraten. Als 1. Punkt wurde die *Zulässigkeit der Enteignung* auf die Tagesordnung gesetzt. Herr ORR Dr. Zinkahn begründete den Entwurf, worauf folgende Einwendungen gemacht wurden:

BMfELF: Die Enteignung müsse sich auf den sozialen Wohnungsbau beschränken, da es sonst einem Fabrikanten, der finanziell dazu in der Lage sei, sich eine Villa zu bauen, ermöglicht werde, sich das ihm genehme Grundstück auf dem Wege der Enteignung zu beschaffen. Hierin erblicke man aber kein Allgemeinwohl. Irgendwo müsse daher eine Grenze der Enteignungsmöglichkeit gezogen werden.

Herr Baudirektor *Döscher*, sowie Herr *Dr. Schwender* führten auf diesen Einwand hin aus, dass durch dieses vorl. Baulandbeschaffungsgesetz erreicht werden solle, dass die Baulücken in den Städten, sowie die Trümmergrundstücke, die schließlich aufgeschlossenes Bauland darstellten, nicht weiterhin brachliegen sollen und Baulustige, da sie hier kein Grundstück zu erwerben in der Lage wären, gezwungen seien, immer weiter aus der Stadt heraus zu bauen. Es entstehe so immer wieder das Bild, dass an der Peripherie der Stadt gebaut werde und der Stadt durch die Aufschließung neue Kosten entständen, während der Stadtkern als solcher gar nicht genügend ausgenutzt wäre.

Herr MinRat *Nonhoff* meinte daraufhin, dass es schließlich doch da andere Wege geben müsse, als das Land gerade durch Enteignung zu beschaffen. Er dachte hier evtl. an Steuern etc. Aber diesem Gedankengange konnten die Erfahrungen aus der Praxis entgegengehalten werden.

Der *Vertreter des BMJ* äußerte Bedenken gegen die Bezeichnung „Baulandbeschaffung". Seiner Ansicht nach führe das Gesetz in der beabsichtigten Form schließlich dazu, dass niemand mehr Interesse an einer freien Beschaffung von Baugrundstücken habe, sondern sich alle der durch das Gesetz geschaffenen Möglichkeit der Enteignung bedienen würden. Grundsätzliche Bedenken äußerte er gegen das Wort *„erforderlich"* im § 1 des Gesetzentwurfs. Nach seiner Meinung müsse Voraussetzung für die Zulassung des Enteignungsverfahrens der konkrete Nachweis darüber sein, dass keine andere Möglichkeit im Rahmen des freien Ankaufs bestehe, Bauland zu bekommen. Das setze wiederum voraus, dass die von Herrn Baudirektor Döscher erwähnte Planung (= Bebauungsplan) groß genug und nicht zu klein sei, denn sonst würde es schließlich dazu führen, dass die Stadt oder die Gemeinde einen zu großen und nicht beabsichtigten Einfluss auf das Baugeschehen bekäme. Schließlich sei es doch Sinn und Zweck des Wohnungsbaugesetzes, Menschen unter Dach zu bringen und nicht, komfortabel zu wohnen. Die Wohnungsnot solle beseitigt werden und er sehe nicht ein, dass private Bestrebungen, die über diesen Rahmen hinausgingen, durch das Enteignungsgesetz gefördert würden. Dies bedeute auch eine Entfernung vom Grundgesetz, und es müsse unter allen Umständen eine Abgrenzung der Möglichkeit der Baulandbeschaffung gefunden werden.

Hierauf führte Herr ORR *Dr. Zinkahn* aus, dass mit dem Gesetz der Bau von Wohnungen, aber auch der Aufbau der Stadtkerne erreicht werden solle. Er denke hier z.B. an Köln. Hier müssten doch Geschäfts- und Bürohäuser entstehen, wobei es sich selbstverständlich nicht um den soz. Wohnungsbau handle. Schaffe man aber bei diesen Trümmergrundstücken nicht endlich eine Handhabe, dem Eigentümer, sofern er nicht selbst aufbauen will, das Grundstück zu enteignen und demjenigen zugänglich zu machen, der aufbauen will, so würde sich das Leben einer Großstadt demnächst am Rande der Stadt, aber nicht mehr im Stadtkern abspielen, wodurch wiederum eine unmögliche städtebauliche Entwicklung sich anbahne, der unter allen Umständen ein Riegel vorgeschoben werden müsse.

Herr *Dr. Schwender* führte aus, dass die Preisforderungen in den Stadtkern-Trümmmergrundstücken so unverschämt seien, dass sich dort eben kein Käufer fände. Der Vertreter des BMJ erwiderte daraufhin, dass kürzlich in einer Sitzung über Preisstoppvorschriften genau das Gegenteil gesagt worden sei, nämlich dass das Angebot an Trümmergrundstücken zu angemessenen Preisen die Nachfrage übersteige.

Herr Baudirektor *Döscher* erklärte dann, dass die Größe und die Lage der Parzellen in den zerstörten Gebieten häufig derartig seien, dass sich ein Wiederaufbau im alten Stile mit einer modernen Städteplanung nicht vereinbaren lasse. Es sei unter allen Umständen notwendig, hier ganze Flächen zu erwerben, neu zu vermessen und dann erst zur Bebauung freizugeben. Es müsse an eine Verbreiterung der Straßen gedacht werden u.ä.

Diesem Gedankengange schloss sich Herr *Dr. von Spreckelsen* an, jedoch konnte er sich mit der Enteignung einzelner Grundstücke, wie er sagte, nicht befreunden. Er betonte immer wieder, dass es doch vor allem der Bekämpfung der Wohnungsnot gälte, was hier zu geschehen habe, wobei er die städteplanerischen Gedanken nicht von der Hand weisen wolle.

Vom *Innenministerium* wurde eingewandt, dass der Rahmen des Gesetzentwurfs zu weit gespannt sei. Es wurde der Antrag gestellt und seitens des BMJ befürwortet, dass die Behandlung der Trümmergrundstücke im Gesetz mehr nach vorne gerückt werden möge. Der § 4 Abs. 2 sei zu weit gefasst. Es tauche die Frage auf, wozu Ersatzland, wenn doch immer wieder im Wege der Enteignung neues Bauland beschafft werden könne. Der Grundsatz des § 4 werde anerkannt, jedoch müsse eine nähere Umgrenzung stattfinden, soweit es sich um Geld handle, auch möge man eine Rückübertragung, evtl. mit einer Zweijahresfrist in Erwägung ziehen. Sodann wurde eine Vorverlegung des § 8 beantragt.

Zusammenfassend einigte man sich darüber, dass keine Generalvollmacht für eine Enteignung erteilt werden könne, weil dadurch der freie Ankauf gehemmt werde. Es müsse eine genaue Abgrenzung stattfinden, sowie der Nachweis gefordert werden, dass keine Möglichkeit des Ankaufs in der freien Vereinbarung gegeben war. Der § 2 müsse den Zusatz erhalten „mit Rechtswirkung förmlich festgestellter städtebaulicher Pläne".

Punkt 2 der Tagesordnung: Landbeschaffungsamt

Dr. Zinkahn: Begründung [zu §§ 10 ff.].

BMI: Wer Landbeschaffungsbehörde werden soll, möge den Ländern überlassen bleiben, denn hier stoße man zweifellos auf Widerstand. Wenn aber schon mal in das Privatrecht eingegriffen werden soll, so möge die Entscheidung bei Behörden liegen, die selbst nicht an der Enteignung interessiert seien. Man denke hier evtl. an eine Anlehnung an die ehemalige preuß. Regelung, wo die Regierungspräsidenten mit der Aufgabe betraut waren. Eine Übertragung auf die Gemeinden würde zweifellos Unwillen hervorrufen. Auch dürften die Entscheidungen nicht dahingehend getroffen werden, dass das öffentliche Interesse in den Vordergrund gestellt werde, während sie andererseits zu unbilligen und ungerechten Härten führen würden. Es sei unbedingt erforderlich, dass die Entscheidung in die Hand des Staates gelegt werde, zumal bei der schwierigen Verfassungslage in der britischen Zone, wo ein Kollegium die Verwaltung führt.

BM f. Ern., Landwirt. u. Forsten: Im Gesetz müsse festgelegt werden, dass hier nicht die untere Instanz entscheide, da hier doch wohl der persönliche Einfluss, sei es im positiven oder negativen Sinne, gegeben sei. Es sei auf jeden Fall die Gefährdung einer objektiven Behandlung nicht von der Hand zu weisen. Frage, ob das Verfahren nicht in Anlehnung an die Behebungsverordnung stattfinden kann. Hierbei ergebe sich aber vielleicht genaue gegenteilige Tendenz, denn das Parlament führt die Verwaltung und kann dem Landbeschaffungsamt Weisungen erteilen, wodurch letzterem wiederum die Hände gebunden wären.

Frage und Vorschlag, ob nicht grundsätzlich die Einigung zwischen Interessent und Eigentümer zu erstreben ist und erst dann, wenn dies nicht möglich ist, seitens des Landbeschaffungsamtes der Antrag auf Zulassung des Enteignungsverfahrens – evtl. beim Regierungspräsidenten – gestellt werden kann.

BMJ: Warum heute von einer bisher gut florierenden Einrichtung aufgrund der Behebungsverordnung abweichen und neue Behörden schaffen?

Diese Frage wurde z.T. schon durch vorhergehende Ausführungen beantwortet, so vor allem durch den Hinweis auf die derzeitige Verfassung in der britischen Zone.

Zusammenfassend wurde Einigung darüber erzielt, die Frage vorläufig bis zur Besprechung mit den Ländern zurückzustellen, wobei jedoch der Vorschlag des BMfELF für durchaus diskutabel angesehen wurde.

Die Sitzung wurde von 13.45 bis 15.00 Uhr unterbrochen.

Punkt 3: Rechtsmittel

Dr. Zinkahn: Begründung [§§ 21 ff.].

BMJ: Bei Anerkennung des Bedürfnisses der Beschleunigung des Verfahrens kann jedoch nicht zugestimmt werden, dass die Entscheidung in einer Instanz endgültig sein soll. Eine derartige Handhabung wäre zu brutal und findet keine Parallele. Überall seien wenigstens zwei Instanzen vorgesehen. Diese Handhabung beruhe auf langjährigen Erfahrungen und habe sich durchaus als zweckmäßig erwiesen. Ein Zweiinstanzenzug sei unbedingt notwendig, da es sich bei der Enteignung um große und schwerwiegende Eingriffe, auch finanzieller Art, in das Privatrecht handle. Man habe den Eindruck, dass das Verfahren gepeitscht werden soll. Hiergegen habe man jedoch große Bedenken. Es sei doch durchaus besser, eine Beschleunigung im Wege einer besseren Organisation zu erreichen. Es werde daher vorgeschlagen, den Instanzenzug auf zwei zu beschränken, und zwar sei hierbei an die Landgerichte und Oberlandesgerichte gedacht. Nur für den Fall, dass zwei Oberlandesgerichte in ihren Urteilen voneinander abweichen würden, müsse es noch eine dritte Instanz geben. Es sei daran gedacht, evtl. eine Kammer zu errichten, die sich nur mit diesen Dingen zu befassen habe. Dadurch sei keine Änderung oder Neueinrichtung von Gerichten erforderlich, die Beschleunigung des Verfahrens und damit das von hier erstrebte Tempo aber durchaus gewährleistet. Schließlich solle doch das, was im Verwaltungsverfahren übereilt wurde, in der Rechtsmittelinstanz überprüft werden. Aus diesem Grunde könne dem Richter nicht vorgeschrieben werden, bis wann er das Urteil zu fällen habe. Was möglich sei, würde hier gewiss getan und es seien doch andere Wege möglich, hier eine Beschleunigung herbeizuführen, als es im Gesetzentwurf erstrebt sei. Es könne ja wohl nicht behauptet werden, dass diese Enteignungsfälle nun die wirklich einzig eilbedürftigen Fälle seien. Wenn ein Verfahren durchgepeitscht werden solle, so sehe auch das Ergebnis entsprechend aus. Es werden daher auch Einwendungen gegen den § 22 Abs. 3 erhoben, da es der jeweiligen Geschäftslage überlassen bleiben muss, wann ein Termin anberaumt wird. Dass eine Sache eilbedürftig ist, darauf kann auch im Verwaltungswege besonders hingewiesen werden. Es müsse vor allem vermieden werden, dass das Ganze ein Hastverfahren werde. Der § 22 Abs. 4 sei zu rigoros. Es wurde auf den

§ 279 ZPO verwiesen. Gegen den § 22 Abs. 5 wurden Bedenken erhoben. In diesem Zusammenhange wurde der § 16 Abs. 3 behandelt, wozu vorgeschlagen wurde, das Widerspruchsrecht, wie es im Reichsenteignungsgesetz, § 66, vorgesehen ist, in diesem Gesetz zu übernehmen. Es werden keine Bedenken erhoben gegen die evtl. Einrichtung von Sonderkammern bei den bestehenden Verwaltungsgerichten, dagegen wohl gegen die beabsichtigte Regelung.

BMI: Die beabsichtigte Regelung erwecke den Eindruck, als ob ein Gericht in eine Verwaltung hineingebaut werden solle. Diese Regelung widerspräche aber der Verfassung, wonach ein Gericht unabhängig sein müsse. Es genüge auch nicht die Befähigung zum Richteramte, sondern der mit der Aufgabe eines Richters Betraute müsse aus der Verwaltung herausgelöst werden und dürfe kein Verwaltungsbeamter sein, sondern er müsse Richter werden. Es werde daher vorgeschlagen, die allgemeinen Verwaltungsgerichte hier in Anspruch zu nehmen. Für die Frage der Zulässigkeit der Enteignung werde eine Instanz für ausreichend gehalten, dagegen nicht für die Frage der Höhe der Entschädigung. Im Übrigen werde beantragt, den Abschnitt V wegzulassen und inhaltmäßig vorne einzubauen.

BMfELF: Es werden zwei Instanzen für erforderlich gehalten, wobei es dem Betroffenen überlassen bleiben möge, ob er das ordentliche oder das Verwaltungsgericht anruft. Es werde im Übrigen beantragt, festzulegen, wann der Enteignungsbeschluss wirksam werde und wann Eigentum und Gefahr an den Erwerber übergeht. Es müsse da z. B. heißen: „Der Enteignungsbeschluss wird wirksam mit der Zustellung. Die Zustellung erfolgt erst, wenn ... geleistet ist."

Nach wiederholten Einwendungen seitens des Herrn *Dr. Zinkahn*, wurde abschließend *Folgendes vereinbart:* Für den Fall, dass der Bundestag der Änderung des Grundgesetzes nicht zustimmt, wird Folgendes erwogen: Es wird zugelassen die Klage gegen die Entschädigung in *zwei* Instanzen, nämlich beim Landgericht oder Oberlandesgericht.

Dagegen ist die Klage gegen die Zulässigkeit des Enteignungsverfahrens beim Verwaltungsgericht anzubringen, welches endgültig entscheidet. Hierbei tauchte die Frage der Gerichtskosten auf, vor allem auch das Problem, dass evtl. zwei Verfahren nebeneinander laufen. Wer die Gerichtskosten zu tragen hat, ist später noch zu regeln. Bezüglich des Nebeneinanderlaufens von zwei Verfahren war man der Meinung, dass der Betroffene beim ordentlichen Gericht die Aussetzung des Verfahrens beantragen könne, solange das Verwaltungsgericht über die Zulässigkeit noch nicht entschieden habe. Man sei aber der Meinung, dass es wohl auch so nicht vorkommen würde, dass die Erledigung des Entschädigungsverfahrens schneller ginge als die des Zulassungsverfahrens. Endgültig wurde der Punkt 3 der Tagesordnung nicht geklärt, da dies in Anbetracht der gegebenen Verhältnisse noch nicht möglich war.

Punkt 4: Entschädigung. Döscher: Begründung [§§ 5 ff.].

BMfELF: Man kann bei der Bemessung der Entschädigung nicht vom derzeitigen Zustand des Grundstückes ausgehen. Jeder, der ein Grundstück erwirbt, macht sich irgendwelche Zukunftsvorstellungen und bewertet das Grundstück auch dementsprechend verschieden. Es müssten daher Richtpreise (Höchstpreise), ausgehend vom Stadtkern, festgesetzt werden, um so einen gerechten Maßstab zu finden. Den Einheitswert etwa zugrunde zu legen, sei durchaus nicht richtig. Evtl. sei es auch möglich, einen Zuschlag zum Einheitswert zu erwägen, wobei das Land allerdings als „Bauland“ bewertet und auch steuerlich als solches erfasst sein müsse. Der § 6 Abs. 2 möge fallen gelassen werden.

BMJ: In Bezug auf die Entschädigung wurde auf § 6 Abs. 2 des Reichsenteignungsgesetzes [wohl § 6 des Entwurfs von 1937; W. Schubert, Akademie für Deutsches Recht, Bd. III 7, 1995, S. 535] verwiesen.

Gegen § 7 des Gesetzentwurfs wurden große Bedenken erhoben, da es hier keine Bremse gebe und die Gemeinden leicht dazu neigen würden, von den Enteignungsbestimmungen in gesteigertem Maße Gebrauch zu machen. Eine derartige Entwicklung sei aber sehr gefährlich. Entweder sei aber auch die Gemeinde kreditwürdig, dann könne sie sich das Geld auch beschaffen oder sie sei es nicht, dann stehe alles nur auf dem Papier, und das würde dem Grundgesetz in Bezug auf die Entschädigung widersprechen. Im Übrigen glaube man kaum, dass sich heute jemand mit Schuldscheinen zufrieden gebe, da man doch mit den einstigen Reichsschuldverschreibungen trübe Erfahrungen gemacht habe. Es seien gegen diese Regelung jedoch keinerlei Einwendungen zu erheben, wenn a) der Beteiligte zustimmt und b) die Frist der Obligation befristet ist.

Vor allem denke man an die Wahrung der Rechte Drittbeteiligter. Hier müsse man bereits beim Enteignungsverfahren entsprechende Vorkehrungen, evtl. durch Aufstellung eines Teilungsplanes, treffen. Bei Fällen, wo die Gemeinde nicht nur Durchgangsstelle ist, könne die Entschädigung evtl. auch durch 1/3-Anzahlung und 2/3-Sicherheitsleistung durch Hypothek – dingliche Sicherung – geleistet werden.

Abschließend war man sich darüber einig, dass dieser Punkt besser in der nächsten Ressortbesprechung, vor allem auch in Anwesenheit des Vertreters des Bundeswirtschaftsministeriums, behandelt werde. Der Vertreter des Bundesjustizministeriums und auch der des Innenministeriums führten aus, dass sie noch verschiedene Wünsche und Vorschläge hätten, die sie aber lieber in einer Einzelbesprechung geklärt wissen möchten, da sich die Sitzung sonst doch wohl bis in den späten Abend hinein erstrecken würde.

Nach allseitigem Einverständnis schloss Herr Baudirektor Döscher um 18.40 Uhr die Sitzung.

IV. Protokoll der Sitzung der näher interessierten Bundesministerien vom 8.9.1950 im Bundeswohnungsbauministerium

Die für heute 10 Uhr angesetzte Sitzung wurde um 10.25 Uhr durch Herrn Baudirektor *Döscher* eröffnet.

Punkt 1: Begriff der Beschaffung

Dr. Zinkahn trug das Ergebnis der Sitzung vom 6. Sept. 1950 und die sich daraus ergebende Änderung des Entwurfs vor. Die Ressorts nahmen dazu wie folgt Stellung:

BMI: Es wird gebeten, das in der Neufassung stehende Wort „erforderlich", möge durch das Wort „überwiegend" ersetzt werden. – Es bestehe ein großes Angebot von Trümmergrundstücken. Der Begriff von Trümmergrundstücken müsse aber näher umschrieben werden.

BMW: Die vom Bundesministerium für Wirtschaft angestellten Erhebungen für das ganze Bundesgebiet hätten zu dem Ergebnisse geführt, dass der Grundstückswechsel in der Peripherie der Städte stark, im Stadtkern dagegen schwach sei. Diese Entwicklung werde vor allen Dingen hervorgerufen durch die hohen Enttrümmerungskosten, sowie den Lastenausgleich. Das Angebot an Trümmergrundstücken sei zwar groß, aber die Nachfrage gering.

BMJ: Es müsse vor allen Dingen eine nähere Umschreibung der zu enteignenden Grundstücke stattfinden. Die Baulandbeschaffung müsse sich auf die eigentlichen Zerstörungsgebiete beschränken, wogegen Einzelgrundstücke nicht davon berührt werden sollen. Die Enteignung solle durch schließlich ein ultimum refugium sein. Derjenige, der sein Grundstück behalten wolle und nachweisen könne, dass innerhalb desselben Stadtviertels ein gleichartiges Grundstück im freien Ankauf erworben werden könne, solle nicht enteignet werden. Das bedeute wiederum nicht, dass der Eigentümer, dessen Grundstück für eine Enteignung vorgesehen sei, auf ein Grundstück an der Peripherie verweisen könne; es müsse also schon ein gleichartiges Grundstück innerhalb desselben Stadtviertels sein. Der Begriff „Trümmergrundstücke" müsse näher definiert werden, da die Länder durch ihre Gesetzgebung den Begriff näher umgrenzt hätten und in der Gesetzgebung hierin voneinander abwichen. Es wurden ferner Bedenken gegen den Begriff „Baulandbeschaffung" erhoben. Man sehe nicht ein, dass der bisherige Begriff „Enteignung" durch ein neues Wort ersetzt werden solle, während es im Endeffekt schließlich doch Enteignung sei. Man laufe durch die Verwendung der Bezeichnung „Baulandbeschaffung" Gefahr, dass die Enteignung zur Regel würde.

BMI und BMJ: Der Begriff „öffentliche Anlage" müsse näher umgrenzt werden, da hiermit leicht Missbrauch getrieben werden könne.

BMfELF [Bundesmin. f. Landwirtschaft]: Gegen den letzten Antrag wurde Widerspruch erhoben, da die Gemeinden im Großen und Ganzen doch kein Geld hätten und daher die Möglichkeit eines Missbrauchs weitgehend ausgeschlossen sei. Nach Ansicht des BMfELF sei die Fassung noch zu eng, da man vor Ausbruch des Krieges auf diesem Gebiete mit der Altstadtsanierung trübe Erfahrungen gemacht habe.

BM f. Vertriebene: Im Hinblick auf das Kleinsiedlungsland, welches z.T. erheblich aus Gartenland bestände, erscheine es für angebracht, dass das Wort „erforderlich" durch ein anderes ersetzt werde, denn ob das als Kleinsiedlungsland aufgeschlossene Gelände immer als erforderlich anzusehen sei, sei doch in diesem Zusammenhang sehr zweifelhaft.

BMfELF: Es erscheine angebracht, die Aufgaben des Landbeschaffungsamtes in den Vordergrund des Gesetzes zu stellen. Man müsse irgendwie eine Erklärung hierüber voranstellen, z.B. „Erst wenn das Bauland nicht im freien Ankauf zu erwerben ist, dann ..." – Damit werde herausgestellt, dass die freiwillige Baulandbeschaffung immer noch im Vordergrund stände, während die Enteignung erst als letztes Mittel angewandt werde.

BMJ: Es wurden nochmals erhebliche Bedenken gegen die Einführung eines neuen Begriffs (Baulandbeschaffung) erhoben, da das Wort Enteignung doch weitgehend eingeführt sei.

BMF: Der Ansicht des Justizministeriums wurde beigepflichtet, da die Bezeichnung „Enteignung" ein seit eh und je eingeführter Begriff sei. Es ginge nicht an, dass nur auf einem Gebiete, nämlich der Baulandbeschaffung, für Enteignung ein anderes Wort geprägt würde, während es auf allen anderen Gebieten bei der alten Bezeichnung verbliebe. Vom Innenministerium wurde beantragt, dass bei der Neufassung evtl. der Zusatz „sofern sich die Bedürfnisse mit den Belangen der Allgemeinheit decken", Verwendung finden möge. Die Ersatzlandbeschaffung könne nur gestattet werden, wenn ein öffentliches Interesse hierfür gegeben sei.

BMW: Es wurde gebeten, in § 3 das Wort „zumutbar" aufzunehmen.

Einigung wurde schließlich darüber erzielt, dass in den Vordergrund die Beschaffung gestellt werden solle, während die Enteignung im Hintergrund stehen möge.

Punkt 2: Rechtsmittel – Dr. Zinkahn: Begründung.

BMJ: Bevor man an eine Änderung des Grundgesetzes gehe, möge man überlegen, ob dies unbedingt erforderlich sei und Aussicht auf Genehmigung bestehe. Zugegeben werde, dass das Grundgesetz Mängel habe. Stichhaltige Gründe, die eine Änderung rechtfertigen würden, seien jedoch nicht vorgetragen worden. Die Argumentation gehe dahin, dass vor allem an die Beschleunigung des Verfahrens gedacht sei. Die gedachte neue Lösung werde jedoch für nicht richtig befunden, da sie gegenüber dem geltenden Recht etwas Einmaliges darstelle. Man möge vor allen Dingen an den weitgehenden Eingriff in das Privatrecht denken, wobei eine Nachprüfung in mindestens zwei Instanzen unbedingt gegeben sein müsse. Da damit gerechnet werden müsse, dass der Grundgesetzänderung nicht zugestimmt werde, würde der Vorschlag gemacht, für diesen Fall an eine andere Lösung zu denken. Hierzu wurde folgende Anregung gegeben: Vorgesehen werden grundsätzlich zwei

Instanzen (Landgericht und Oberlandesgericht). Das bedeute eine Beschneidung des sonstigen Rechtsmittelzuges um die letzte Instanz. Dies sei schon daher gerechtfertigt, da die Feststellungen auf tatsächlichem Gebiete lägen. Bei Spezialfragen sei allerdings zu erwägen, ob eine Klärung durch die Revision zugelassen werden solle. Es sei daran gedacht, bei den Gerichten besondere Kammern einzuführen, wodurch sich schließlich ein Stab von Richtern herausbilden würde, der sich ausschließlich mit diesen Spezialfragen zu befassen habe. Hierdurch, sowie durch eine evtl. Geschäftsanweisung der jeweiligen Gerichtspräsidenten sei unbedingt gewährleistet, dass das Verfahren beschleunigt würde.

Es sei völlig ausgeschlossen, bei Entschädigungsfragen mit einer Instanz auszukommen. Diskutabel dagegen sei die Frage, ob man sich bei der Enteignung als solchen mit einer Instanz begnügen könne.

BMI, Dr. Kratzer: Er bewahre zunächst Zurückhaltung in dieser Frage.

Dr. Schultheiss: Im Plenum würde die Entscheidung über eine Änderung des Grundgesetzes wahrscheinlich anders ausfallen als eine Entscheidung im Bauausschuss. Es sei unbedingt anzunehmen, dass das Justizministerium, das Finanzministerium und evtl. auch das Innenministerium sich gegen eine Änderung des Grundgesetzes aussprechen würden, weshalb es doch unbedingt ratsam erscheine, einen Mittelweg zu wählen.

BMF: Es werde keine Änderung des Grundgesetzes für diesen Einzelfall für erforderlich gehalten.

§§ 2 und 3 des Gesetzentwurfs zur Änderung des Grundgesetzes

BMI: Es werden starke Bedenken dagegen erhoben, dass es erforderlich sei, einen Einzeltatbestand, nämlich die Grunderwerbsteuer aus dem ganzen System des Steuerrechts herauszunehmen. Hierdurch entstehe doch eine Drosselung der Steuerquellen der Gemeinden; vor allem sei es doch auch Sache der Länder, hierüber Entscheidung zu treffen.

Es bestehe nach Ansicht des BMI wenig Aussicht, mit der beabsichtigten Lösung im Bundesrat durchzukommen, da man mit erheblichem Widerstand der Länder rechnen müsse.

Dr. Pergande erwiderte darauf, dass es sehr schwer sei, die gleiche Regelung in allen Ländern durchzusetzen. Bisher hätten nur drei Länder, nämlich *Schleswig-Holstein, Hessen* und *Bayern* ähnliche Regelungen in Ländergesetzen getroffen (Änderung des § 4 GESTG). Den anderen Ländern sei geraten worden, ähnlich zu verfahren. Ein fruchtbares Ergebnis dieses Ratschlages habe sich jedoch nicht gezeigt.

Es wurde Einigung erzielt, die Angelegenheit zunächst mit den Ländern zu besprechen und dann zu überlegen, welcher Weg der richtige sei. Das Finanzministerium stellte eine Unterstützung der hiesigen Absichten in Aussicht.

Die Änderung des Art. 105 Abs. 2 des Grundgesetzes möge auch erst mit den Ländern besprochen werden.

BMI, Dr. Kratzer: Er sehe nicht ein, warum ein Extragesetz zur Änderung des Grundgesetzes erforderlich sein, wo dementsprechende Bestimmungen doch gleich ins Enteignungsgesetz eingebaut werden könnten. Bei der beabsichtigten Lösung des Problems werde der ganze Gesetzesapparat zweimal in Anspruch genommen, während es seiner Ansicht nach doch genüge, im Enteignungsgesetz darauf hinzuweisen, dass die Bestimmungen des § 14 des Grundgesetzes die und die Änderung erfahren würden.

BJM: Juristisch und taktisch beständen keine Bedenken, jedoch würde gegen eine solche Lösung *grundsätzlich* widersprochen.

Punkt 3: Landbeschaffungsamt

BMI: Die Einrichtung von Landesbehörden könne der Bund ohne Verfassungsänderung nicht vornehmen. Es beständen daher starke Bedenken, den Ländern vorzuschlagen, wer Landbeschaffungsbehörde wird. Der Vorschlag gehe dahin, der Landesbehörde zu überlassen, wer Landbeschaffungsamt wird.

In der Frage, wer Landbeschaffungsamt wird, konnte keine Einigung erzielt werden, da die Struktur der einzelnen Verwaltungen verschieden ist und es unbedingt für erforderlich angesehen werde, erst mit den Ländern hierüber Besprechungen zu führen.

Punkt 4: Entschädigung

Dr. Zinkahn: Neue Abfassung der Paragraphen aufgrund der Besprechung vom 6. September 1950.

BMW: Die Besprechungen im Bundestag hätten zu dem Ergebnisse geführt, dass Bauland auch weiterhin preisgebunden bleiben solle. Durch die beabsichtigte Lösung würden bei einer Widmungsänderung bisher landwirtschaftlich genutzte Grundstücke negativ behandelt. Das würde dazu führen, dass die Landwirte sich weigerten, Grundstücke für Bauland herzugeben, da sie für den Fall, dass das bisher landwirtschaftlich genutzte Grundstück als Bauland aufgeschlossen werde, im freien Verkauf einen höheren Preis erzielen würden. Die Enteignungsentschädigung müsse daher so bemessen sein, dass sie in gleicher Höhe liege wie der Preis, der im freien Übergang erzielt werde. Es werde daher beantragt, § 6 Abs. 1 mit dem Zusatz: „Unter Berücksichtigung der bestehenden Gesetze" zu ändern. Abs. 2 könne dann fallen gelassen werden. Die Preisbildungsvorschriften berücksichtigten alle Fälle, auch Widmungsänderungen, wodurch man mit der beantragten Abfassung auskommen würde.

BMfELF: Es erscheine nicht gerechtfertigt, dass ein Landwirt nur den Preis für landwirtschaftlich genutzte Grundstücke bekäme, während der Neuerwerber einen unverdienten Wertzuwachs durch die neue Wertbemessung des Grundstücks erhalte.

BJM: Für § 1 Abs. 3 wurde in Verbindung mit dem Bundeswirtschaftsministerium etwa folgende Fassung vorgeschlagen: „Werden Grundstücke gem. § 1 Abs. 1 enteignet, so richtet sich der Wert hierfür nach dem Wert der angrenzenden Baugrundstücke." Dadurch würde erreicht, dass bei einer verschiedenen Preisbemessung von Grundstücken innerhalb desselben Geländes ein Durchschnittspreis errechnet werden könne.

Zu § 7. BMJ: Der Standpunkt des Justizministeriums gehe dahin, dass die Gemeinde, sofern sie nur Durchgangsstelle sei, auch zahlen solle. Eine Entschädigung ohne bares Geld komme nur dann in Frage, wenn etwas Gleichwertiges dafür geboten werde. Eine Schuldverschreibung habe heute nicht den Wert von barem Geld. Das ergebe sich schon daraus, dass sie im freien Handel mit weit geringerem Werte bemessen werden würde. Schuldverschreibungen könnten daher nicht als eine gerechte Entschädigung angesehen werden. Die einzige Möglichkeit werde in wiederkehrenden Leistungen, die aber erstklassig gesichert sein müssten, gesehen. Wenn eine derartige Sicherung gegeben und dem Betroffenen zumutbar sei, würde man sich mit dieser Regelung einverstanden erklären, wobei jedoch unbedingt Vorsorge getroffen werden müsse, dass die Drittberechtigten entschädigt würden.

BMI: Ergebnis nach Rücksprache mit dem Kommunalreferat: „Soweit (wie im Gesetzentwurf vorgesehen) geht die Liebe mit den Gemeinden nicht."

Das Innenministerium schließe sich dem Standpunkt des Justizministeriums an. – Das *Finanzministerium* schloss sich ebenfalls der Meinung des Justizministeriums an. Seitens des *Justizministeriums* wurde besonders zum Ausdruck gebracht, dass gegen eine Entschädigung in Schuldverschreibungen schärfste Verwahrung eingelegt werden würde. Als gleichwertig mit einer Entschädigung in Geld werde nur eine erstrangige dingliche Sicherung angesehen, so dass der Betroffene von vornherein sagen könne, seine Forderung sei unter allen Umständen auch gesichert. In diesem Falle müsse aber auch noch eine Bestimmung über die Verzinsung mit aufgenommen werden.

BMfELF: Es wurde beantragt, im § 8 anstelle des Wortes „soll" das Wort „muss" zu setzen und „nach Möglichkeit" zu streichen.

BMJ: Mit diesem Vorschlage könne man sich nicht befreunden, da es dadurch ermöglicht werde, demjenigen, der gar kein Ersatzland wünsche, dieses unbedingt aufzuoktroyieren. Es werde daher vorgeschlagen, Ersatzland nur dann zu beschaffen, wenn der Betroffene unbedingt darauf angewiesen sei, d.h., dass 1. an dieser Regelung ein öffentliches Interesse bestehen müsse und 2. die wirtschaftliche Notwendigkeit für den zu Entschädigenden diese Regelung erforderlich mache.

Im Einvernehmen mit den übrigen Ressorts wurde Einigung darüber erzielt, dass § 8 den Zusatz erhält „für landwirtschaftlich genutzte Grundstücke muss Ersatzland zugewiesen werden," (wenn der Betroffene aus Existenzgründen ganz auf das Grundstück angewiesen ist).

BMF: Gegen § 8 Abs. 4 b beständen Bedenken, da die Gemeinde aufgrund dieser Bestimmung gegen den Bund und die Länder vorgehen könne. Es wäre beispielsweise hierdurch möglich, dass die Gemeinde einen ehemaligen Exerzierplatz der Wehrmacht enteignen konne, während der Bund bereits in Verhandlungen über eine anderweitige Verwendung dieses Platzes stände. Es wurde vorgeschlagen, dass die Gemeinden zunächst auf eigene Grundstücke zurückgreifen müssen, ehe sie die Grundstücke des Bundes oder der Länder in Anspruch nähmen. In diesem Punkte müsse noch eine Sicherung im Gesetz vorgesehen werden.

BMJ: Gegen die Abfassung des § 8 Abs. 4 b bestehe insofern Bedenken, als hierunter vor allem die Kirche fiele. Es werde vorgeschlagen, keine Differenzierung in der beabsichtigten Form vorzunehmen.

Es wurde Einigung darüber erzielt, dass es anstelle des Abs. b heißen müsse: „a) Gemeinde, b) Bund, c) Länder, d) Personen." Daraus ergebe sich, dass der Passus a) wegfallen könne.

Punkt 5: Enteignungsbehörde

Es wurde Einigung darüber erzielt, dass folgende Möglichkeiten vorgesehen werden:

Fall 1: Einigung vor dem Landbeschaffungsamt – Widerspruch – Bestätigungsbescheid wird zugestellt.

Fall 2: Gegen Bestätigungsbescheid Klage vor dem Verwaltungsgericht – Urteil wird zugestellt durch Verwaltungsgericht – nochmalige Zustellung durch Landbeschaffungsamt.

Fall 3: Enteignungsbeschluss des Regierungspräsidenten – Klage – Urteil zuzustellen durch den Regierungspräsidenten.

Die Besetzung der Landbeschaffungsämter soll den Ländern vorbehalten bleiben.

Bezüglich des Zinssatzes wurde vom Bundesinnenministerium abschließend noch der Antrag gestellt, folgende Fassung im Gesetz zu berücksichtigen: „Die für Pfandbriefe auf dem Kapitalmarkt im Zeitpunkt der Enteignung üblichen Verzinsung."

V. Zweiter Entwurf des Bundeswohnungsbauministeriums vom 15.9.1950 zu einem Gesetz über die vorläufige Regelung der Baulandbeschaffung

Erster Teil: Baulandumlegung (§§ 1–21, weggelassen)

Zweiter Teil: Die Zusammenlegung von Grundstücken (§ 22, weggelassen)

Dritter Teil: Die Baulandbeschaffung

1. Aufgaben der Landbeschaffung

§ 23. Baulanderwerb

Jedem Bauwilligen soll die Möglichkeit gegeben werden, Bauland zu erwerben.

§ 24. Aufgaben des Landbeschaffungsamtes

Es ist im übertragenen Wirkungskreis Aufgabe der unteren Verwaltungsbehörde (Landbeschaffungsamt)

a) von Amts wegen den Baulandbedarf für das kommende Jahr und die weiteren Jahre sowie die zur Deckung dieses Bedarfs in Betracht kommenden Flächen zu ermitteln,

b) Bauwillige bei der Auswahl und dem Erwerb geeigneten Baulandes zu beraten und zu unterstützen,

c) die Enteignung von Bauland nach Maßgabe der Vorschriften dieses Gesetzes durchzuführen.

2. Zulässigkeit der Enteignung

§ 25. Begriff der Enteignung

(1) Das Eigentum an Grundstücken kann nach Maßgabe der folgenden Vorschriften zum Wohle der Allgemeinheit zugunsten eines anderen entzogen oder beschränkt werden (Enteignung).

(2) Dem Eigentum an Grundstücken stehen die sonstigen dinglichen Rechte an Grundstücken sowie andere Rechte gleich, die zum Besitz oder zur Nutzung von Grundstücken berechtigen oder die Nutzung von Grundstücken beschränken.

§ 26. Zweck und Voraussetzungen der Enteignung

(1) Die Enteignung ist nur zulässig zur Bereitstellung von Bauland für die Errichtung von Gebäuden, die ausschließlich oder zu einem erheblichen Teil Wohnzwecken dienen (Wohngebäude), wenn

a) die Wohngebäude geeignet sind, die Wohnungsnot der Allgemeinheit zu mindern und ein Grundstück, das im Rahmen der geordneten baulichen Entwicklung der Gemeinde für eine den Zwecken des Bauwilligen entsprechende Bebauung geeignet ist, zu angemessenem Preise nicht zur Verfügung steht oder

b) die Wohngebäude in einem Gebiet mit Kriegszerstörungen aufgrund der örtlichen Aufbauplanung errichtet werden sollen.

(2) Die Enteignung ist ferner zulässig zur Bereitstellung

a) von Ersatzland (§ 34),

b) von Flächen für Anlagen, Einrichtungen oder öffentliche Gebäude, die mit den Wohngebäuden (Abs. 1) in Zusammenhang stehen und für die Bedürfnisse der Bewohner erforderlich sind,

c) von Flächen des Gemeinbedarfs (Gemeinbedarfsflächen), nämlich

1. für Ortsstraßen und Ortswege einschließlich der Plätze und Parkflächen nebst den Flächen für die zugehörigen Bauwerke, Anlagen und Einrichtungen (wie Straßenbahnen, Brücken, Stützmauern, Böschungen, Treppen usw.),

2. für öffentliche Grünflächen.

(3) Die Enteignung ist nur insoweit zulässig, als es zur Durchführung des Unternehmens notwendig ist.

§ 27. Gegenstand der Enteignung

(1) Der Enteignung unterliegen

a) Grundstücke, die aufgrund vorhandener Fluchtlinienpläne, Bebauungspläne oder ähnlicher förmlich festgesetzter städtebaulicher Pläne für die Bebauung mit Wohngebäuden vorgesehen oder geeignet sind,

h) Grundstücke an hergestellten, anbaufähigen Straßen, wenn eine Planfestsetzung nicht erfolgt ist, die in Aussicht genommene Errichtung von Wohngebäuden jedoch mit einer geordneten baulichen Entwicklung des Gemeindegebiets vereinbar ist,

c) sonstige Grundstücke, wenn sie nach hinreichender, ortsplanerischer Prüfung im Rahmen einer geordneten baulichen Entwicklung als Bauland in Betracht kommen,

d) Grundstücke mit unvollendeten Gebäuden, wenn ihre Fertigstellung in absehbarer Zeit nicht zu erwarten ist,

e) bebaute Grundstücke, wenn die Bauwerke zerstört oder stark beschädigt sind oder mit dem Bebauungsplan wesentlich im Widerspruch stehen.

(2) Eine nur geringfügige Bebauung steht der Enteignung nicht entgegen. Als geringfügig ist namentlich eine Bebauung anzusehen, die erheblich unter dem Maß der zulässigen oder üblichen Bebauung liegt, ohne Leistung von Anliegerbeiträgen ausgeführt und in einfachster Bauart errichtet oder nur auf Widerspruch genehmigt ist.

(3) In den Fällen des Abs. 1 unterliegen auch Teile von Grundstücken der Enteignung.

§ 28. Ausnahmen

(1) Ein Grundstück darf nicht enteignet werden, wenn der Eigentümer glaubhaft macht, dass er es in nächster Zeit selbst bebauen wird.

(2) Eine Enteignung ist auch im Falle des Abs. 1 zulässig, wenn sie zu einem für den Eigentümer nicht Betracht kommenden Zweck erfolgt oder das Grundstück für ein größeres zusammenhängendes Bauvorhaben benötigt wird.

§ 29. Erwerbsberechtigung

(1) Die Enteignung ist zugunsten jedes Bauwilligen zulässig, der in der Lage ist, das Grundstück alsbald zu bebauen.

(2) Unter mehreren Bauwilligen trifft das Landbeschaffungsamt die Auswahl. Hierbei sind zunächst Personen zu berücksichtigen, denen ein Besitz- oder Nutzungsrecht an dem Grundstück zusteht, sodann Personen, die durch eine Baulandenteignung ohne Zuweisung von Ersatzland ihr Grundstück verloren haben. Im Übrigen ist dem Bauwilligen der Vorzug zu geben, dessen Bauvorhaben in höherem Maße dem Allgemeinwohl dient. Auf die örtlichen Verhältnisse ist dabei besonders Rücksicht zu nehmen.

(3) Die Enteignung ist zugunsten der Gemeinde oder des Kreises auch zulässig, wenn die Voraussetzungen des Abs. 1 nicht vorliegen. Die Gemeinde und der Kreis sind in diesem Fall verpflichtet, das enteignete Land alsbald als Ersatzland oder an Bauwillige zu Eigentum, in Erbbaurecht oder in sonstiger Rechtsform weiterzugeben. Sie können vor der Weitergabe Maßnahmen zur Baureifmachung, wie Aufteilung in geeignete Bauplätze, Einebnung, Erschließung durchführen. Die Enteignung von Land als Ersatzland darf den unmittelbar bevorstehenden Bedarf nicht übersteigen.

3. Entschädigung

§ 30. Entschädigungsberechtigte

Der durch die Enteignung Begünstigte hat an die durch die Enteignung in ihren Rechten Beeinträchtigten eine Entschädigung in Geld oder Land nach Maßgabe der §§ 31 bis 34 zu leisten. Die Entschädigung kann auch in Form einer Rente gewährt werden, wenn und soweit diese Art der Entschädigung unter Abwägung der Interessen des Entschädigungsberechtigten und des Entschädigungspflichtigen der Billigkeit entspricht.

§ 31. Baulanderschließung

(1) In den Fällen des § 26 Abs. 2 c) ist der Eigentümer eines bebauten oder nach den städtebaulichen Plänen (§ 27 Abs. 1 a) bebaubaren Grundstücks verpflichtet, die für den Gemeinbedarf erforderlichen Flächen bis zu 35% seines Grundstücks unentgeltlich und lastenfrei an die Gemeinde abzutreten. Nebeneinander liegende Grundstücke desselben Eigentümers werden als ein Grundstück behandelt, soweit sie im Geltungsbereich desselben städtebaulichen Plans liegen. Früher unentgeltlich abgetretene Flächen sind bei der Berechnung der Abtretung anzurechnen.

(2) Bei Grundstücken, die an ausgebauten örtlichen Verkehrsflächen liegen und die aufgrund städtebaulicher Pläne (§ 27 Abs. 1 a) bebaubar sind, kann zu der im Bebauungsplan festgesetzten Verbreiterung der örtlichen Verkehrsflächen nachträglich eine unentgeltliche und lastenfreie Abtretung von 10% der Grundstücksfläche

verlangt werden, soweit die nachweisbar oder als sicher anzunehmende Gesamtabtretung 35% der Grundstücksfläche nicht übersteigt.

(3) Kommt die Verbreiterung der örtlichen Verkehrsflächen auch Grundstücken zugute, die nach dem Bebauungsplan nicht zur Grundabtretung herangezogen werden, so kann von dem Eigentümer ein Beitrag zur Erwerbung der Verkehrsflächen in Höhe von 10% des gemäß § 32 Abs. 1 festgestellten Grundstückswertes verlangt werden.

(4) Müssen für Bauwerke oder Anlagen, die von einer großen Anzahl von Menschen regelmäßig besucht oder benutzt werden (z. B. Versammlungsräume, Ausstellungsgebäude, Sportanlagen) die Verkehrsflächen in außergewöhnlichem Umfang oder mit besonderem Aufwand angelegt werden, so kann von der Gemeinde verlangt werden, dass die dadurch entstehenden Mehrkosten vom Grundeigentümer oder vom Veranstalter getragen oder ersetzt werden, sofern von ihnen die erforderlichen Maßnahmen nicht auf privaten Grundstücken durchgeführt werden.

(5) Über die Verpflichtung zur Abtretung (Abs. 1, 2) sowie die Höhe der nach Abs. 3 und 4 zu leistenden Zahlungen entscheidet im Streitfalle das Landbeschaffungsamt. Bejaht das Landbeschaffungsamt die Abtretungspflicht, so ordnet es zugleich den Übergang des Eigentums an dem Grundstück oder Grundstücksteil auf die Gemeinde an. Das Eigentum geht in dem Zeitpunkt über, in dem der Beschluss endgültig wird. § 51 findet entsprechend Anwendung.

§ 32. Höhe der Entschädigung

(1) Bei der Bemessung der Entschädigung ist der Betrag zugrunde zu legen, der im gewöhnlichen Geschäftsverkehr bei einer Veräußerung unter Beachtung der geltenden Vorschriften zu erzielen wäre.

(2) Eine Entschädigung für sonstige Nachteile der Enteignung ist dem Beeinträchtigten zu gewähren, wenn sie bei gerechter Abwägung der Interessen des Begünstigen und des Beeinträchtigten der Billigkeit entspricht.

(3) Bei der Enteignung eines Grundstücksteils ist auch der Minderwert zu entschädigen, der für das Restgrundstück durch die Enteignung des Grundstücksteils entsteht. Erwächst dem Restgrundstück durch die Ausführung des Bauvorhabens ein Vorteil, so ist dieser auf die Entschädigung anzurechnen. Entsprechendes gilt, wenn ein Teil des örtlich oder wirtschaftlich zusammenhängenden Grundbesitzes desselben Eigentümers enteignet wird.

(4) Der Eigentümer kann die Übernahme auch des Restgrundstücks verlangen, wenn dieses baulich unverwertbar ist oder nicht mehr zweckmäßig genutzt werden kann. Treffen diese Voraussetzungen nur für einen Teil des Restgrundstücks zu, so kann nur die Übernahme dieses Teils verlangt werden.

(5) Wertsteigernde Veränderungen, die nach der Einleitung des Enteignungsverfahrens vorgenommen werden, sind bei der Bemessung der Entschädigung nicht zu berücksichtigen, wenn das Landbeschaffungsamt der Veränderung nicht zugestimmt hat.

(6) Eine Entschädigung entfällt für Bauwerke oder bauliche Veränderungen, die ohne die vorgeschriebene behördliche Genehmigung durchgeführt oder nur

widerruflich zugelassen worden sind. In diesem Falle ist der Eigentümer oder der Inhaber des Rechts bis zum Übergang des Eigentums auf den Begünstigten berechtigt, die Anlagen auf seine Kosten fortzunehmen. Ist die Genehmigung befristet erteilt und die Frist noch nicht abgelaufen, so ist die Entschädigung nach Maßgabe der bereits abgelaufenen Zeit zu mindern.

(7) Für die Bemessung der Entschädigung ist der Zeitpunkt des Enteignungsbescheids, im Falle einer früheren Inbesitznahme des Grundstücks dieser Zeitpunkt maßgebend.

(8) Der durch die Enteignung Begünstigte hat die von ihm zu zahlende Entschädigung von dem Tage ab, an dem der Enteignungsbescheid dem Beeinträchtigten zugestellt wird, zu verzinsen.

§ 33. Entschädigungsleistung durch Gemeinden und Kreise

(1) Ist eine Gemeinde oder ein Kreis zur Zahlung von Geldentschädigungen verpflichtet, so können diese Entschädigungen durch Hingabe vom Land verbürgter verzinslicher Schuldscheine oder Schuldverschreibungen geleistet werden.

(2) Der Gemeinde oder dem Kreis kann auf Antrag gestattet werden, die Geldentschädigung in Teilzahlungen zu leisten. Die Bezahlung der Entschädigung muss spätestens fünf Jahre nach dem Zeitpunkt des Inkrafttretens des Enteignungsbescheids (§ 51) bewirkt sein. Höhe und Zeitpunkt der Teilzahlungen sind im Enteignungsbescheid festzusetzen.

(3) Von der Genehmigung der Entschädigungsleistung in Teilzahlungen ist abzusehen, wenn sie für den Entschädigungsberechtigten eine unbillige Härte bedeutet. Macht der Entschädigungsberechtigte glaubhaft, dass er den Entschädigungsbetrag für demnächst beginnende Bauarbeiten verwenden will, so kann die Zahlung der Entschädigung in Teilbeträgen nach Maßgabe des Fortschreitens der Bauarbeiten und die Leistung der Zahlung an die Bauhandwerker oder sonstigen Baugläubiger festgesetzt werden.

§ 34. Ersatzland

(1) Die Entschädigung kann ganz oder teilweise in Land gewährt werden (Ersatzland). Ist der Eigentümer eines der Enteignung unterliegenden Grundstücks mit seiner Berufs- oder Erwerbstätigkeit ganz oder zum Teil auf das Grundstück angewiesen, so soll auf Antrag Ersatzland zugewiesen werden. Die Zuweisung von Ersatzland soll nicht erfolgen, wenn die Entschädigung in Land für den Entschädigungsberechtigten eine unbillige Härte bedeutet, insbesondere, wenn es für die Nutzung nicht geeignet ist, die der Entschädigungsberechtigte in Aussicht genommen hat oder die für den Entschädigungsberechtigten voraussichtlich in Betracht kommen wird.

(2) Für einen Minderwert des Ersatzlandes hat der Entschädigungspflichtige eine zusätzliche Geldentschädigung, für einen Mehrwert der Entschädigungsberechtigte eine Ausgleichszahlung zu leisten.

(3) Als Ersatzland sind geeignete Grundstücke zuzuweisen, die dem Entschädigungspflichtigen gehören oder von der Gemeinde aus ihrem Grundbesitz zur

Verfügung gestellt werden. Das Ersatzland kann auch in einem anderen Gemeindebezirk liegen.

(4) Ist Ersatzland gemäß Abs. 3 nicht vorhanden, so können andere geeignete Grundstücke als Ersatzland enteignet werden, wenn

a) der Entschädigungspflichtige Ersatzland freihändig zu angemessenem Preis nicht beschaffen kann und

b) die mit der Enteignung verbundene Beeinträchtigung der Berufs- oder Erwerbstätigkeit des Entschädigungsberechtigten nur durch die Zuweisung von Ersatzland behoben werden kann.

(5) Bei der Enteignung von Ersatzland ist zurückzugreifen auf den Grundbesitz

a) der Gemeinde,

b) des Landes, des Bundes oder sonstiger natürlicher oder juristischer Personen, sofern das Land nicht zur Erfüllung der ihnen obliegenden Aufgaben dringend benötigt wird oder die Personen nicht mit dem Grund und Boden durch ihren Beruf oder ihrer Tätigkeit verbunden sind.

Grundstücke sollen als Ersatzland nicht herangezogen werden, wenn ihre Entziehung für den Eigentümer eine unbillige Härte mit sich bringt.

(6) Sollen Grundstücke, die außerhalb eines im Zusammenhang bebauten Ortsteile liegen und landwirtschaftlich genutzt werden, als Ersatzland enteignet werden, so ist die für die Landwirtschaftsverwaltung zuständige Behörde zu beteiligen.

§ 35. Gemeinsame und gesonderte Entschädigung

(1) Hypotheken-, Grundschuld- und Rentenschuldgläubiger, sowie Reallastberechtigte, ferner Gläubiger von Rückständen öffentlicher Lasten und als öffentliche Last auf dem Grundstück ruhende Renten sind auf die Entschädigung für das Eigentum am Grundstück angewiesen.

(2) Gesondert zu entschädigen sind Altenteilsberechtigte, sowie Inhaber von Dienstbarkeiten oder Erwerbsrechten an dem Grundstück oder von dinglichen oder persönlichen Rechten, die zum Besitz oder zur Nutzung des Grundstücks berechtigen oder die Nutzung des Grundstücks beschränken. Die gesonderte Entschädigung kann in wiederkehrenden Leistungen festgesetzt werden.

(3) Soweit das gesondert zu entschädigende Recht den Wert des Eigentums am Grundstück gemindert hat, ist dies bei der Bemessung der Entschädigung für das Eigentum am Grundstück zu berücksichtigen.

(4) Bei der Gewährung der Entschädigung in Land kann das Landbeschaffungsamt bestimmen, dass Berechtigte, die nach Abs. 1 auf die Entschädigung für das Eigentum am Grundstück angewiesen sind, gesondert zu entschädigen und Berechtigte, die nach Abs. 2 gesondert zu entschädigen sind, auf die Entschädigung für das Eigentum am Grundstück angewiesen sind.

§ 36. Rückgewähr

(1) Hat der durch die Enteignung Begünstigte binnen zwei Jahren seit dem Eintritt der Enteignungswirkungen mit der Durchführung des Bauvorhabens nicht begonnen, oder hat die Gemeinde oder der Kreis die Grundstücke nicht binnen zwei

Jahren gemäß § 29 Abs. 2 weitergegeben, so kann der frühere Grundeigentümer oder sein Gesamtrechtsnachfolger, bei Teilenteignungen der jeweilige Eigentümer des Restgrundstücks von dem Begünstigten durch schriftliche Erklärung die Rückübereignung des Grundstücks (Grundstücksteile) gegen Rückgewähr des entsprechenden Entschädigungsbetrages zuzüglich angemessener Zinsen verlangen. Das Landbeschaffungsamt kann auf Antrag des Begünstigten die Frist aus besonderen Gründen verlängern. Ist die Entschädigung ganz oder zum Teil in Land geleistet oder ist im Falle der Teilenteignung der Eigentümer des Restgrundstücks nicht der Enteignete oder dessen Gesamtrechtsnachfolger, so kann die Rückübereignung nur mit Zustimmung des Landbeschaffungsamts verlangt werden.

(2) Sind nach dem für die Bemessung der Entschädigung maßgebenden Zeitpunkt von dem Begünstigten Verbesserungen des Grundstücks vorgenommen worden, die dessen Wert erhöhen oder sind in dieser Zeit Verschlechterungen des Grundstücks eingetreten, die nicht auf natürlicher Abnutzung beruhen, so ist der Rückerwerber im Falle von Verbesserungen zu einer entsprechenden Zusatzzahlung verpflichtet und im Falle von Verschlechterungen zu einem entsprechenden Abzug von dem Entschädigungsbetrag berechtigt.

(3) Hat der Begünstigte vor der Ausübung des Rechts auf Rückübereignung über das Grundstück verfügt, so ist er auf Verlangen des Rückerwerbers verpflichtet, die dadurch begründeten Rechte Dritter zu beseitigen. Ist er dazu außerstande, so hat er nach den Vorschriften des bürgerlichen Rechts Schadenersatz zu leisten. Diese Verpflichtung entfällt, wenn der Begünstigte vor der Verfügung das Grundstück dem früheren Grundeigentümer oder dessen Gesamtrechtsnachfolger, im Falle der Teilenteignung dem Eigentümer des Restgrundstücks zum Rückerwerb angeboten hat.

(4) Über das Recht über Rückübereignung und die Höhe der Gegenleistung oder eines etwaigen Schadensersatzanspruchs entscheidet im Streitfalle das Landbeschaffungsamt. Bejaht das Landbeschaffungsamt das Recht über Rückübereignung, so ordnet es zugleich den Übergang des Eigentums an dem Grundstück (Grundstücksteil) auf den Berechtigten an; das Eigentum geht in dem Zeitpunkt über, in dem der Beschluss endgültig wird. § 51 findet entsprechende Anwendung.

4. Verfahren vor dem Landbeschaffungsamt

§ 37. Zuständigkeit

(1) Das Enteignungsverfahren wird von dem Landbeschaffungsamt durchgeführt, in dessen Bezirk das zu enteignende Grundstück liegt. Das gilt auch, wenn Ersatzland im Bezirk eines anderen Landbeschaffungsamts liegt und die Enteignung in demselben Enteignungsbescheid ausgesprochen wird. Der Enteignungsbescheid darf in diesem Falle nur mit Einwilligung des anderen Landbeschaffungsamts erlassen werden. Wird die Einwilligung verweigert, so kann sie durch die Einwilligung der gemeinsamen übergeordneten Behörde ersetzt werden.

(2) Das Landbeschaffungsamt entscheidet im Enteignungsverfahren in der Besetzung mit einem Vorsitzenden und zwei Beisitzern. Der Vorsitzende muss entweder die Befähigung zum Richteramt oder die Befähigung zum höheren

Verwaltungsdienst besitzen. Die Beisitzer und ihre Stellvertreter werden von der Kreisvertretung, bei kreisfreien Gemeinden von der Gemeindevertretung gewählt. Ein Beisitzer und sein Stellvertreter müssen dem Kreis der Haus- und Grundbesitzer angehören.

§ 38. Antrag auf Einleitung des Enteignungsverfahrens

(1) Der Antrag auf Einleitung des Enteignungsverfahrens ist von einem Bauwilligen, der Gemeinde oder dem Kreis unter Beifügung erforderlicher Unterlagen bei dem Landbeschaffungsamt einzureichen. Der Nachweis, dass der Antragsteller in der Lage ist, das Grundstück alsbald zu bebauen, kann bei einem Wohnungsunternehmen, das sich satzungsgemäß und tatsächlich mit dem Bau von Wohnungen in eigenem Namen befasst, vereinfacht oder erlassen werden.

(2) In dem Antrag ist die Bezeichnung eines bestimmten Grundstücks nicht erforderlich; die Einleitung des Enteignungsverfahrens setzt jedoch voraus, dass sich der Antragsteller mit einem von dem Landbeschaffungsamt bezeichneten Grundstück einverstanden erklärt hat.

§ 39. Beteiligte

In dem Enteignungsverfahren gelten als Beteiligte

a) der Antragsteller und der Eigentümer des von der Enteignung betroffenen Grundstücks,

b) diejenigen, für welche zur Zeit der Einleitung des Enteignungsverfahrens ein Recht an dem Grundstück im Grundbuch eingetragen oder durch Eintragung gesichert ist,

c) diejenigen, welche ein Recht an dem Grundstück oder an einem das Grundstück belastenden Recht einen Anspruch mit dem Rechte auf Befriedigung aus dem Grundstück oder ein persönliches Recht, das zum Besitz oder zur Nutzung des Grundstücks berechtigt oder die Nutzung des Grundstücks beschränkt, bei dem Landbeschaffungsamt anmeldeten und auf Verlangen des Landbeschaffungsamts glaubhaft machten.

§ 40. Einleitung des Enteignungsverfahrens

(1) Das Landbeschaffungsamt hat den Antrag in einer Verhandlung, nötigenfalls an Ort und Stelle, mit den Beteiligten zu erörtern.

(2) Zu der Verhandlung sind der Antragsteller, der Eigentümer und die sonstigen Beteiligten, soweit sie aus dem Grundbuch ersichtlich oder dem Landbeschaffungsamt bekannt sind, sowie der Bürgermeister der Gemeinde, in deren Bezirk das von der Enteignung betroffene Grundstück liegt, mittels Zustellungsurkunde zu laden. In der Ladung ist darauf hinzuweisen, dass auch bei Nichterscheinen über den Enteignungsantrag entschieden werden kann. Die Beteiligten sind ferner aufzufordern, etwaige Einwendungen gegen den Enteignungsantrag bereits vor der mündlichen Verhandlung bei dem Landbeschaffungsamt schriftlich einzureichen oder zur Niederschrift zu geben.

(3) Der Verhandlungstermin ist öffentlich bekanntzumachen mit der Aufforderung an alle Beteiligten, ihre Rechte in der mündlichen Verhandlung wahrzunehmen.

Bestehen keine Zweifel über die vollständige Erfassung der Beteiligten, so kann von einer öffentlichen Bekanntmachung abgesehen werden.

(4) Steht das Eigentum oder ein die Beteiligung am Enteignungsverfahren begründendes Recht mehreren zu und ist ein gesetzlicher oder rechtsgeschäftlich bestellter Vertreter nicht vorhanden, so hat das Amtsgericht, in dessen Bezirk das Grundstück liegt, für das Enteignungsverfahren auf Ersuchen des Landbeschaffungsamts einen Vertreter zu bestellen, der die Stellung eines gesetzlichen Vertreters hat. Das Gleiche gilt, wenn zweifelhaft ist, wer von mehreren Personen als verfügungsberechtigt anzusehen ist oder wenn der Eigentümer unbekannt oder unerreichbar ist.

§ 41. Benachrichtigung des Grundbuchamts

(1) Das Landbeschaffungsamt ersucht das Grundbuchamt unverzüglich um Eintragung eines Vermerks in das Grundbuch über die Einleitung des Enteignungsverfahrens. Das Grundbuchamt benachrichtigt das Landbeschaffungsamt von allen Eintragungen, die nach dem Zeitpunkt der Einleitung des Enteignungsverfahrens bei dem betroffenen Grundstück im Grundbuch gemacht wurden. Es hat dem Beauftragten des Landbeschaffungsamts die Fertigung der erforderlichen Auszüge aus dem Grundbuch und den Grundakten zu gestatten und dem Landbeschaffungsamt auf Verlangen Auszüge oder Auskünfte über das betroffene Grundstück zu erteilen. Der Vermerk über die Einleitung des Enteignungsverfahrens wird auf Ersuchen des Landbeschaffungsamts gelöscht.

(2) Ist im Grundbuch die Anordnung der Zwangsversteigerung oder der Zwangsverwaltung eingetragen, so gibt das Grundbuchamt dem Vollstreckungsgericht von der Einleitung des Enteignungsverfahrens Kenntnis. Die Anordnung einer Zwangsversteigerung oder Zwangsverwaltung steht der Durchführung des Enteignungsverfahrens nicht entgegen.

§ 42. Mündliche Verhandlung

(1) Das Enteignungsverfahren ist beschleunigt durchzuführen. Der Vorsitzende des Landbeschaffungsamts hat schon vor der mündlichen Verhandlung alle Anordnungen zu treffen, die erforderlich sind, um das Verfahren tunlichst in einer mündlichen Verhandlung zu erledigen.

(2) Das Landbeschaffungsamt hat den gesamten Sachverhalt, soweit er für das Enteignungsverfahren von Bedeutung ist, zu ermitteln. Es kann Sachverständige hinzuziehen und Zeugen vernehmen.

(3) Über den Gang der Verhandlung ist eine Niederschrift aufzunehmen.

§ 43. Einigung

(1) Das Landbeschaffungsamt hat auf eine Einigung zwischen den Beteiligten hinzuwirken.

(2) Wird eine Einigung zwischen den Beteiligten erzielt, so kann das Enteignungsverfahren durch Beurkundung der Einigung beendet werden. Eine Einigung ist auch in der Weise möglich, dass sich die Beteiligten über den Übergang oder die Beschränkung des von der Enteignung betroffenen Rechts, über den Besitzübergang

oder eine sonstige Rechtsänderung einigen, sich im Übrigen jedoch, namentlich hinsichtlich der Entschädigung, die Weiterführung des Verfahrens vorbehalten.

(3) Die Beurkundung der Einigung muss den Erfordernissen eines Enteignungsbescheids (§ 44) entsprechen. Sie muss die Angabe des Ortes, des Tages sowie der anwesenden Beteiligten enthalten und ist von dem Vorsitzenden, den Beteiligten und einem Schriftführer zu unterzeichnen. Aus der Beurkundung muss ersichtlich sein, dass ihr Inhalt den Beteiligten vorgelesen oder zur Durchsicht vorgelegt und von ihnen genehmigt worden ist. Sie hat die Wirkungen eines rechtskräftigen Enteignungsbescheids.

(4) Eine Einigung kann auch außerhalb der mündlichen Verhandlung und ohne Anwesenheit der Beisitzer herbeigeführt und beurkundet werden.

§ 44. Enteignungsbescheid

(1) Das Landbeschaffungsamt entscheidet aufgrund der mündlichen Verhandlung darüber, ob die Voraussetzungen der Enteignung vorliegen. Gibt es dem Antrag auf Enteignung statt, so erlässt es einen mit Gründen versehenen Enteignungsbescheid.

(2) Der Enteignungsbescheid muss die Beteiligten, das Grundstück nach seiner Größe, seiner grundbuchmäßigen, katastermäßigen und sonst üblichen Bezeichnung, die Angabe der Eigentums- und sonstigen Rechtsverhältnisse vor und nach der Enteignung, sowie Art und Höhe der Entschädigung mit der Angabe, von wem und an wen sie zu leisten ist, enthalten. Bei der Enteignung eines Grundstücksteils ist auf die Messurkunde eines Vermessungsamts oder eines vereidigten Landmessers Bezug zu nehmen.

(3) In dem Enteignungsbescheid ist unter Berücksichtigung der Anträge und der Verhältnisse der Beteiligten über das Fortbestehen, die Änderung oder Neubegründung von dinglichen Rechten und solchen persönlichen Rechten an dem Grundstück zu entscheiden, die zum Besitz oder zur Nutzung des Grundstücks berechtigen oder dessen Nutzung beschränken.

(4) Wird als Entschädigung Ersatzland zugewiesen, so ist in dem Enteignungsbescheid auch die Zuweisung des Ersatzlandes auszusprechen. Ein besonderer Bescheid über die Enteignung und Zuweisung des Ersatzlandes soll nur ergehen, wenn es aus Gründen besserer Übersicht erforderlich ist.

§ 45. Zustellung des Enteignungsbescheides

(1) Der Enteigungsbescheid ist mit einer Rechtsmittelbelehrung zu versehen und zuzustellen

a) dem Antragsteller,

b) dem Eigentümer und den sonstigen von der Enteignung betroffenen Beteiligten, soweit sie gegen die Enteignung Einwendungen erhoben oder Ansprüche auf Entschädigung geltend gemacht haben.

(2) Abschrift des Enteignungsbescheides ist dem Bürgermeister der Gemeinde, in deren Bezirk das von der Enteignung betroffene Grundstück liegt, zu übersenden.

§ 46. Vorläufige Besitzeinweisung

(1) Das Landbeschaffungsamt kann aufgrund einer mündlichen Verhandlung den Antragsteller auf seinen Antrag vorläufig in den Besitz des von der Enteignung betroffenen Grundstücks einweisen, wenn dies aus Gründen der Dringlichkeit erforderlich ist. Die vorläufige Besitzeinweisung berechtigt den Antragsteller, auf dem Grundstück die zur Ausführung des Bauvorhabens erforderlichen Maßnahmen durchzuführen.

(2) Das Landbeschaffungsamt kann die vorläufige Besitzeinweisung von der Leistung einer Sicherheit in Höhe der voraussichtlichen Entschädigung und der Erfüllung anderer Bedingungen abhängig machen. Dies muss geschehen, wenn der Besitzer Sicherheitsleistung verlangt.

(3) Der Bescheid über die vorläufige Besitzeinweisung ist dem Antragsteller, dem Eigentümer und einem anderen Besitzer oder Nutzungsberechtigten zuzustellen.

(4) Eine die vorläufige Besitzeinweisung ablehnende Entscheidung ist nicht anfechtbar.

§ 47. Entschädigung bei Besitzeinweisung

(1) Der Antragsteller hat für die durch die vorläufige Besitzeinweisung entstehenden besonderen Nachteile eine Entschädigung zu leisten. Art und Höhe der Entschädigung werden von dem Landbeschaffungsamt spätestens in dem Enteignungsbescheid oder der eine Enteignung abzulehnenden Entscheidung festgesetzt. War der Eigentümer bis zur vorläufigen Besitzeinweisung selbst im Besitz des Grundstücks, so ist ihm mindestens die für die Enteignung zu gewährende Entschädigung vom Tage der vorläufigen Besitzeinweisung an zu verzinsen.

(2) Das Landbeschaffungsamt hat auf Antrag eines Beteiligten den Zustand des Grundstücks in einer Niederschrift festzuhalten, soweit er für die spätere Ermittlung des Wertes oder für die Bemessung der Entschädigung von Bedeutung ist.

5. Rechtsmittel

§ 48. Beschwerde

(1) Gegen die Entscheidungen des Landbeschaffungsamts ist die Beschwerde zulässig. Zur Einlegung der Beschwerde ist jeder Beteiligte berechtigt, der in seinen Rechten durch die Entscheidungen des Landbeschaffungsamts beeinträchtigt ist.

(2) Die Beschwerde ist binnen zwei Wochen nach Zustellung der Entscheidung bei dem Landbeschaffungsamt einzulegen. Die Frist für die Einlegung der Beschwerde gegen die vorläufige Besitzeinweisung beträgt eine Woche. Durch Einlegung bei der Beschwerdestelle (§ 49 Abs. 1) wird die Beschwerdefrist gewahrt.

(3) Die Beschwerde muss einen bestimmten Antrag enthalten und mit einer Begründung versehen sein. Neue Tatsachen und Beweismittel sind in der Beschwerdeschrift anzugeben.

(4) Die Beschwerde gegen die vorläufige Besitzeinweisung hat keine aufschiebende Wirkung.

§ 49. Zuständigkeit

(1) Über die Beschwerde entscheidet als Beschwerdestelle die für das Bauwesen zuständige höhere Verwaltungsbehörde.

(2) Die Beschwerdestelle entscheidet in der Besetzung mit

a) einem Vorsitzenden, der die Befähigung zum Richteramt oder zum höheren Verwaltungsdienst besitzt,

b) einem Mitglied, das die Befähigung zum Richteramt oder zum höheren Verwaltungsdienst besitzt,

c) einem Mitglied, das die Befähigung zum höheren bautechnischen Verwaltungsdienst besitzt,

d) zwei ehrenamtlichen Mitgliedern, von denen eines dem Kreise der Haus- und Grundbesitzer angehören muss.

§ 50. Verfahren vor der Beschwerdestelle

(1) Das Beschwerdeverfahren ist beschleunigt durchzuführen.

(2) Der Vorsitzende der Beschwerdestelle kann die Beschwerde, wenn sie unzulässig oder offenbar unbegründet ist, durch Vorentscheidung ohne mündliche Verhandlung zurückzuweisen. Jeder Beteiligte kann binnen zwei Wochen den Antrag auf Entscheidung durch die Beschwerdestelle stellen.

(3) Der Vorsitzende der Beschwerdestelle hat schon vor der mündlichen Verhandlung alle Anordnungen zu treffen, die erforderlich sind, um das Verfahren tunlichst in einer mündlichen Verhandlung zu erledigen. Der Termin zur mündlichen Verhandlung ist unmittelbar nach Eingang der Beschwerde oder des Antrags nach Abs. 2 anzuberaumen. Der Vorsitzende hat zu der mündlichen Verhandlung Zeugen und Sachverständige, deren Vernehmung ihm erforderlich erscheint, zu laden.

(4) Die Beschwerdestelle kann Tatsachen und Beweismittel, die in der Beschwerdeschrift hätten vorgebracht werden können, zurückweisen, wenn durch deren Zulassung die Erledigung des Verfahrens verzögert werden würde.

(5) Die Beschwerdestelle soll ihre Entscheidungen tunlichst in der mündlichen Verhandlung verkünden. Der Beschwerdebescheid ist schriftlich abzufassen und mit Gründen zu versehen.

(6) Die Entscheidungen der Beschwerdestelle sind unanfechtbar.

6. Inkraftsetzungsbescheid

§ 51. Inhalt und Voraussetzungen des Inkraftsetzungsbescheids

(1) Der unanfechtbar gewordene Enteignungsbescheid wird von dem Landbeschaffungsamt in Kraft gesetzt, wenn der durch die Enteignung Begünstigte nachgewiesen hat, dass

a) im Falle einer Entschädigung in Geld die Entschädigungssumme, soweit nicht im Enteignungsbeschluss eine spätere Leistung zugelassen ist, gezahlt oder zulässigerweise unter Verzicht auf das Recht der Rücknahme hinterlegt,

b) im Falle einer Entschädigung in Land das Ersatzland entsprechend dem Enteignungsbescheid für den Entschädigungsberechtigten bereitgestellt ist.

(2) Das Gleiche gilt, wenn sich die Beteiligten über die Leistung der Entschädigung geeinigt haben.

(3) Der Inkraftsetzungsbescheid ist dem durch die Enteignung Begünstigten und dem Enteigneten zuzustellen. Abschrift des Inkraftsetzungsbescheides ist dem Bürgermeister der Gemeinde zu übersenden, in deren Bezirk das von der Enteignung betroffene Grundstück liegt.

§ 52. Wirkungen des Inkraftsetzungsbescheids

(1) Mit der Zustellung des Inkraftsetzungsbescheids an den Enteigneten treten die in dem Enteignungsbescheid angeordneten Rechtsänderungen ein. Das Grundstück wird frei von allen auf ihm ruhenden Lasten, soweit sie nicht aufrecht erhalten werden. Zugleich erlöschen persönliche Rechte, die zum Besitz oder zur Nutzung des Grundstücks berechtigen oder deren Nutzung beschränken. Neu begründete Rechte gehen im Range den privatrechtlichen Belastungen des Grundstücks vor. Im Einzelnen ist für die neue Rechtslage der Inhalt des Enteignungsbescheids maßgebend.

(2) Der Inkraftsetzungsbescheid schließt die Besitzeinweisung des durch die Enteignung Begünstigten in das Grundstück ein.

(3) An die Stelle des Eigentums am Grundstück tritt die Entschädigung für das Eigentum am Grundstück. An die Stelle der Rechte, für die eine gesonderte Entschädigung zu leisten ist (§ 34 Abs. 2–4), tritt nur diese Entschädigung.

(4) Wird Entschädigung in Land gewährt, so geht das Eigentum am Ersatzland mit der Zustellung des Inkraftsetzungsbescheids an den Enteigneten auf diesen über. Der Bescheid schließt die Besitzeinweisung ein. Zugleich gehen auf das Ersatzland die Rechte derjenigen Entschädigungsberechtigten über, die auf die Entschädigung für das Eigentum am Grundstück angewiesen sind (§ 34 Abs. 1, 4).

§ 53. Benachrichtigung des Grundbuchamts

(1) Nach Zustellung des Inkraftsetzungsbescheids an den Enteigneten ersucht das Landbeschaffungsamt unter Übersendung einer beglaubigten Abschrift des Enteignungsbescheids und des Inkraftsetzungsbescheids das Grundbuchamt um Eintragung der eingetretenen Rechtsänderungen in das Grundbuch und um Löschung des Vermerks über die Einleitung des Enteignungsverfahrens.

(2) In dem Ersuchen ist anzugeben, wann der Inkraftsetzungsbeschluss dem Enteigneten zugestellt worden ist.

7. Hinterlegung und Verteilungsverfahren

§ 54. Voraussetzungen der Hinterlegung

(1) Die Geldentschädigung ist zu hinterlegen, wenn die Entschädigung mehreren Berechtigten haftet und eine Einigung der Beteiligten über die Auszahlung nicht nachgewiesen ist.

(2) Sonst bestehende Vorschriften, nach denen die Hinterlegung geboten oder statthaft ist, werden hierdurch nicht berührt.

§ 55. Hinterlegungsstelle

Die Hinterlegung hat bei dem Amtsgericht zu erfolgen, in dessen Bezirk das von der Enteignung betroffene Grundstück liegt. Liegen von der Enteignung betroffene Grundstück in den Bezirken verschiedener Amtsgerichte, so hat das gemeinsame höhere Gericht eines der Amtsgerichte zur Hinterlegungsstelle zu bestimmen. § 37 ZPO findet entsprechende Anwendung.

§ 56. Verteilungsverfahren

(1) Nach dem Eintritt der in dem Enteignungsbescheid angeordneten Rechtsänderungen kann jeder Beteiligte sein Recht an der hinterlegten Summe gegen einen Mitbeteiligten, der dieses Recht bestreitet, vor den ordentlichen Gerichten geltend zu machen oder die Einleitung eines gerichtlichen Verteilungsverfahrens beantragen.

(2) Für das Verteilungsverfahren ist das Amtsgericht zuständig, bei dem die Entschädigungssumme hinterlegt ist.

(3) Auf das Verteilungsverfahren finden die Vorschriften über die Verteilung des Erlöses im Falle der Zwangsversteigerung sinngemäße Anwendung.

8. Schlussbestimmungen

§ 57. Gebühren und Kosten

(1) Das nach diesem Gesetz durchgeführte Verfahren vor dem Landbeschaffungsamt ist gebühren- und kostenfrei. Das Gleiche gilt für die Beibringung von Grundbuchauszügen und sonstigen für das Enteignungsverfahren notwendigen Unterlagen.

(2) Auf die Entschädigung der Zeugen und Sachverständigen sind die Vorschriften der Reichsgebührenordnung für Zeugen und Sachverständige entsprechend anzuwenden. Die Gebühren eines Zeugen oder Sachverständigen, dessen Ladung auf Antrag eines Beteiligten erfolgt ist, können dem Beteiligten auferlegt werden, wenn das Zeugnis oder das Gutachten einen wesentlichen Beitrag zur Klärung des Sachverhalts nicht erbracht hat.

(3) Für das Verfahren vor der Beschwerdestelle werden Gebühren und Kosten nach den in den Ländern geltenden Vorschriften erhoben.

(4) Die beim Grundbuchamt entstehenden Gebühren und Kosten für die Eintragung der im Enteignungsbescheid enthaltenen Rechtsänderungen sind von dem durch die Enteignung Begünstigten zu tragen.

§ 58. Inkrafttreten und Geltungsdauer des Gesetzes

Das Gesetz tritt am Tage der Verkündung in Kraft.

Es tritt am ... außer Kraft.

2. Gesetz zur Änderung des Grundgesetzes

Der Bundestag und der Bundesrat haben je mit einer Mehrheit von zwei Dritteln folgendes Gesetz beschlossen, das hiermit ... verkündet wird:

§ 1. An Art. 14 Abs. 3 des Grundgesetzes wird als Satz 5 angefügt: „Durch Bundesgesetz kann bei der Enteignung für Zwecke des Städtebaus der Rechtsweg gegen die Entscheidungen der Enteignungsbehörde ausgeschlossen werden."

§ 2. An Art. 74 Nr. 18 werden nach einem Komma die Worte angefügt: „sowie die Befreiung von Steuern, Beiträgen, Gebühren und Abgaben auf dem Gebiet des Wohnungs- und Siedlungswesens, auch bezüglich der in Art. 105 Abs. 2 Nr. 1 ausgenommenen Steuerarten."

§ 3. In Art. 105 Abs. 1 wird hinter 3.) als weitere Nummer eingefügt: „4.) die Abgaben zur Deckung des städtebaulichen Aufwands der Gemeinden mit Ausnahme der Festsetzung der Hebesätze."

VI. Besprechung des Wohnungsbauministeriums mit Vertretern von sechs Bundesministerien und den Länderreferenten am 22.9.1950

1. Niederschrift des Wohnungsbauministeriums über die Besprechung

Der Herr *Staatssekretär* wies in seinen einleitenden Worten auf die Wichtigkeit und Schwierigkeit der zur Behandlung stehenden Gesetzesmaterie hin. Er betonte, dass es sich bei dem Entwurf um eine Regelung handelt, die vorübergehenden Charakter trägt und auf den in Druck gegebenen und in Kürze der Öffentlichkeit zur Verfügung stehenden Entwurf eines Städtebaugesetzes für die Deutsche Bundesrepublik hinleiten solle.

Es wurde zunächst die Frage erörtert, ob die in Teil I und II des Entwurfs enthaltenen Umlegungs- und Zusammenlegungsbestimmungen zum Bestandteil des Baulandbeschaffungsgesetzes gemacht werden sollen. Es wurde dazu wie folgt Stellung genommen:

Dr. Ernst (Nordrhein-Westfalen): Die Aufbaugesetze der Länder enthalten bereits Umlegungs- und Zusammenlegungsbestimmungen. Mit diesen Vorschriften sind bisher keine ungünstigen Erfahrungen gemacht worden. Die Entwurfsbestimmungen bringen eine Verschlechterung gegenüber den Aufbaugesetzen der Länder. Sie sind entbehrlich.

Dr. Dehm (Württ.-Hohenzollern): Im Hinblick auf die bestehenden Ländergesetze werden Teil I und II des Entwurfs für nicht notwendig gehalten.

MR Wambsganz (Bayern): Das Land Bayern wünscht die Aufnahme einer Bestimmung, dass die für das Land Bayern geltenden Umlegungsbestimmungen auch in Altstadtgebieten Anwendung finden können. Damit sei dem Bedürfnis Bayerns genügt.

Dr. Schweizer (Innenmin. Stuttgart): Die Vorschriften über Zusammenlegung und Umlegung sind entbehrlich. Württemberg-Baden hat eine ausreichende landesrechtliche Regelung. Zudem ist § 22 des Gesetzentwurfs durchaus unzureichend.

Weiler (Rheinland-Pfalz): Die Aufnahme der Teile I und II in den Gesetzentwurf wird zu Hemmungen im Vollzug der bereits auf landesrechtlicher Grundlage eingeleiteten Verfahren führen.

Dr. Schultheiß (MdJ): Es ist zweifelhaft, ob für eine Regelung gem. Art. 72 Abs. 2 GG ein Bedürfnis vorliegt. Er schlägt vor, Teil I und II aus dem Gesetzentwurf wieder herauszunehmen.

Dr. v. Spreckelsen (Justizmin.): Der Entwurf darf mit Teil I und II nicht belastet werden.

Der Herr *Staatssekretär* stellt abschließend fest, dass nach einheitlicher Ansicht der Ländervertreter eine bundesrechtliche Regelung für die Zusammenlegung und Umlegung mindestens im Rahmen des Baulandbeschaffungsgesetzes nicht für notwendig gehalten wird. Er forderte die Länder auf, an das Wohnungsbauministerium einen Bericht zu senden, in dem die Handhabung der entsprechenden landesrechtlichen Bestimmungen und die dabei erzielten Erfahrungen dargelegt werden.

Im weiteren Verlaufe der Besprechung wurde *Teil III* des Gesetzentwurfs behandelt.

Dr. Dehm (Württ.-Hohenzollern): Es ist sachlich zweckmäßig, die Regelung der Baulandbeschaffung der Landesgesetzgebung zu überlassen.

Staatssekretär: Überall in Deutschland sind Zerstörungen festzustellen. Eine Differenzierung durch Länderregelung ist unangebracht. Eine bundeseinheitliche Regelung ist wegen der Wichtigkeit der Frage im Interesse der Rechtseinheit unbedingt notwendig. Der Bundestag hat sich einstimmig für eine derartige einheitliche Regelung ausgesprochen. Es handelt sich um eine deutsche Schicksalsangelegenheit.

Dr. Schultheiß (MdI): Die Notwendigkeit einer bundeseinheitlichen Regelung wird bejaht. Es bestehen jedoch folgende Bedenken:

1. Der Rechtsweg darf nicht ausgeschlossen werden.
2. Die Entscheidung darf nicht von der unteren Verwaltungsbehörde ausgesprochen werden, Enteignungsbehörde muss die höhere Verwaltungsbehörde sein.
3. Die in § 31 des Entwurfs vorgesehene unentgeltliche Abtretung von Grundflächen steht im Widerspruch zu § 14 GG.
4. Im Widerspruch zum Grundgesetz steht ferner die Entschädigungsleistung durch Kommunalobligationen. Entweder ist die Gemeinde kreditfähig, dann kann sie bar bezahlen; oder sie ist nicht kreditfähig, dann handelt es sich nicht um eine Entschädigung im Sinne des Art. 14 GG. Sofern Teilzahlungen zugelassen werden, muss für dingliche Sicherung Sorge getragen werden.
5. Die §§ 2 und 3 des Entwurfs zur Änderung des Grundgesetzes sind verfassungswidrig. Sie stellen einen Eingriff in die Ländergesetzgebung dar.

Staatssekretär gibt eine Begründung zum § 31 des Entwurfs. Er verweist auf das Beispiel der Stadt Köln, die nicht in der Lage sei, die für den Wiederaufbau und die Erschließung des zerstörten Stadtkerns erforderlichen riesigen Beträge aufzubringen. Er betont nochmals, dass der Gesetzentwurf eine Regelung bringen muss, die nicht schlechter als die Behebungsverordnung ist, welche im Hinblick auf Art. 14 GG nicht mehr in vollem Umfange angewendet werden kann. Der Abgeordnete Lücke, Vorsitzender des Wohnungsausschusses im Bundestag, hat noch vor wenigen Tagen die Auffassung vertreten, dass sich im Bundestag eine große Mehrheit für die Abänderung des Grundgesetzes finden wird.

Dr. Koch (Nordrhein-Westfalen): Die Notwendigkeit für den Erlass des Baulandbeschaffungsgesetzes wird bejaht. Es darf aber gegenüber der bisherigen Regelung keine Verschlechterung bringen. Eine Verschlechterung ist aber darin zu sehen, dass die Entschädigungsregelung des Entwurfs im Widerspruch zu der Bodenreformgesetzgebung steht. Für beide Sachgebiete kommt eine einheitliche Entschädigungsregelung in Frage.

Dr. Dehm (Württ.-Hohenzollern): Der Ausschluss des Rechtsweges wird abgelehnt. Es wird darauf hingewiesen, dass ggf. auch Art. 19 GG geändert werden muss. (*Dr. Ernst* vertrat die gleiche Auffassung.)

Dr. v. Spreckelsen (Justizmin.): Das Justizministerium hält an seinen schon früher geäußerten Bedenken gegen den Ausschluss des ordentlichen Rechtsweges fest. Er verweist auf das Gesetz über die Errichtung eines Unternehmens Reichsautobahnen, nach dem ebenfalls die ordentlichen Gerichte über die Höhe der Entschädigung zu befinden haben.

Belau (FinMin) folgt der Auffassung des Innenministeriums. Er bittet zu prüfen, ob die in verschiedenen Ressorts vorhandenen Wünsche zu Änderung des Grundgesetzes nicht in einem Entwurf zusammengefasst werden können.

Staatssekretär: Es muss jedem Ressort selbst überlassen bleiben, etwaige Änderungswünsche durchzusetzen. Das Wohnungsbauministerium führt den vom Bundestag erteilten Auftrag aus.

Schweizer (Württ.-Baden): Die Enteignungsgesetze der Länder weisen Mängel auf. Es ist notwendig, dass die Bundesregierung sich auf die Behebung dieser Mängel beschränkt und insbesondere das Verfahren beschleunigt. Ein Ausschluss des ordentlichen Rechtsweges wird begrüßt. Es genügt, wenn das Verwaltungsgericht in einem Rechtszug entscheidet. Er bittet zu klären, welchen sachlichen Anwendungsbereich das Gesetz haben soll, insbesondere ob es sich nur auf den Wohnungsbau beschränkt oder auch städtebauliche Maßnahmen erfassen soll.

Dr. v. Spreckelsen (Justizmin.): Es ist notwendig, den Instanzenzug zu vereinfachen. Zunächst ist zu klären, ob die nach dem Gesetz zulässigen Enteignungsmaßnahmen nur auf den Wohnungsbau oder auch, worauf § 1 des Gesetzentwurfs zur Änderung des Grundgesetzes hindeutet, auf den Städtebau ausgedehnt werden sollen.

Schweizer (Württ.-Baden) ist einverstanden mit einer Vereinheitlichung der bestehenden enteignungsrechtlichen Bestimmungen. Er lehnt die Errichtung neuer Behörden ab. Der Landrat ist gewählter Beamter. Die Enteignungsfreudigkeit der Gemeinden darf nicht gefördert werden. Die Gemeinde ist interessiert, daher keine Delegation der Enteignung auf untere Behörden. Andererseits muss der Bürgermeister an dem Verfahren beteiligt werden. Es muss vermieden werden, dass er erst *nach* Einleitung oder sogar nach Abschluss des Verfahrens von den Vorgängen Kenntnis erhält.

Dr. Ernst (Nordrhein-Westfalen): Es bestehen keine Notwendigkeit, alle enteignungsrechtlichen Fragen durch Bundesgesetz zu regeln. Der Entwurf soll sich auf die Entschädigungsfrage beschränken. Aus rechtsstaatlichen Erwägungen kann der Ausschluss des Rechtsweges nicht gebilligt werden.

Lechner (Staatsmin. d. Innern, München): Ein allgemeines Bundesenteignungsrecht ist wünschenswert. Allerdings ist die Zeit dafür noch nicht reif. Das Baulandbeschaffungsgesetz ist in seinem Geltungsbereich zu beschränken und nur auf die Bedürfnisse des Wohnungsbaus abzustellen.

Staatssekretär: Es ist begrüßenswert, dass sich das Land Bayern für eine bundeseinheitliche Regelung auf dem Gebiete der Enteignung einsetzt.

Dr. Kratzer (MdI): Das Innenministerium stimmt einer Änderung des Grundgesetzes nur insoweit zu, als die ordentlichen Gerichte ausgeschaltet werden.

Belau (FinMin) verweist auf die Tagung des Deutschen Juristentages. Er verlangte, dass alle Streitigkeiten öffentlich-rechtlicher Art den Verwaltungsgerichten zugeordnet werden sollen (Redner in Frankfurt am Main: Prof. Dr. Neumann, Hamburg). Im Übrigen pflichtet das Finanzministerium dem Standpunkt des MDI bei.

Dr. Kratzer (MdI) betont, dass die Sachmaterie eine Angelegenheit des öffentlichen Rechts ist. Der Entwurf stellt die Rückkehr zur Systematik des Gerichtsverfassungsgesetzes dar, wonach öffentlich-rechtliche Angelegenheiten vor die Verwaltungsgerichte gehören.

Weiler (Rheinland-Pfalz): Die Änderung des Grundgesetzes ist notwendig. Sie darf nicht mit den Änderungswünschen anderer Ressorts verbunden werden. Er empfiehlt die Aufnahme einer Bestimmung etwa des Inhalts: „Das Eigentum an Grund und Boden, der bebauungsfähig ist, unterliegt Beschränkungen." Diese Bestimmung wird der Praxis die Handhabung des Gesetzes erleichtern.

Lechner (Bayern) spricht sich gegen den Ausschluss der Verwaltungsgerichte aus rechtsstaatlichen Erwägungen aus.

Staatssekretär betont, dass es sich hierbei um einen Wunsch des Herrn Ministers handelt. Er fasst das bisherige Ergebnis der Besprechung dahin zusammen:

1. Es ist allgemeiner Wunsch, den Entwurf auf die Baulandbeschaffung zu beschränken, und zwar auf Beschaffungsmaßnahmen sowohl für den Wohnungsbau als auch für den Städtebau.

2. Enteignungsbehörde soll die höhere Verwaltungsinstanz sein. Die Gemeinde ist lediglich zu dem Enteignungsantrag zu hören.

3. Der Verwaltungsrechtsweg ist mindestens in einem Rechtszug zu halten. Er erbittet Stellungnahme zur Entschädigungsfrage.

Dr. Koch (Nordrhein-Westfalen): Der Einheitswert ist als Grundlage für die Entschädigungsregelung indiskutabel. Der Verkehrswert macht die Bodenreform tot. Eine generelle Regelung der Bodenwertfrage ist notwendig.

Bormann (WiMin): Die Bodenreformgesetze haben mit der Bewertung des städtischen Bodens nichts zu tun. Bei dem städtischen Boden wird der Einheitswert aus dem Verkehrswert der Jahre 1933/1935 hergeleitet. Bei landwirtschaftlichem Boden wird der Einheitswert aus dem Ertragswert hergeleitet. Daraus ergibt sich die Unmöglichkeit, den veralteten Verkehrswert hier zugrunde zu legen. Die Neufestsetzung des Einheitswerts erfolgt nach dem Stande vom 1.1.1935 unter Berücksichtigung inzwischen vorgenommener städtebaulicher Veränderungen. Es handelt sich also um eine Zurückprojizierung des Preisniveaus auf den 1.1.1935. Die Finanzämter sind mit Rücksicht auf die bestehenden Arbeits- und Bewertungsrückstände nicht in der Lage, die Fortschreibung so schnell vorzunehmen. Die Entwurfsregelung ist daher richtig. Wir treiben auch auf dem Gebiete der Preisbildung insofern Bodenreform, als wir das Preisniveau vom 17.10.1936 (Stopppreis) festhalten, obwohl diese Preise tatsächlich überholt sind. Es besteht die Tendenz, durchweg 150% des Stopppreises zu fordern. Im Bonner Raum ist dieser Satz noch höher.

Nonhoff (Ernährung, Landw. u. Forsten): Die Bodenreformbestrebungen können keine Grundlage für die Entschädigungsregelung abgeben. Er erklärt sich mit dem Entwurf einverstanden.

Lechner (Bayern): Der Einheitswert ist keine geeignete Grundlage für die Entschädigungsregelung. § 32 Abs. 2 des Entwurfs ist zu knapp gefasst. Abs. 3 Satz 1 stellt einen Sonderfall des Abs. 2 dar. Abs. 4 gehört nicht in die Entschädigungsregelung. § 35 ist unglücklich. Es muss streng zwischen objektivem und subjektivem Wert unterschieden werden.

Weiler (Rheinland-Pfalz): Der gemeine Wert muss die oberste Grenze bilden. Von ihm aus ist herunterzugehen. § 32 Abs. 5 ist zu eng. Auch Wertsteigerungen, die durch die Planung entstanden sind, müssen berücksichtigt werden.

Dr. Ernst (Nordrhein-Westfalen): Die Entschädigungsregelung ist eine politische Entscheidung. Auszugehen ist von Art. 14 GG, der die Berücksichtigung des öffentlichen Interesses fordert. Der Einheitswert muss den Anhalt für die Entschädigung bilden. Er ist die untere Grenze. Die obere Grenze ist der Gemeinderat [gemeine Wert?]. Im Einzelfall muss eine Interessenabwägung stattfinden. Gerade auf die Gebiete der Baulandbeschaffung für den Wohnungsbau müssen alle Möglichkeiten für eine Verbilligung des Landpreises ausgeschöpft werden. Das Aufbaugesetz Nordrhein-Westfalen hat diese Gesichtspunkte berücksichtigt.

Dr. Schweizer (Innenmin. Stuttgart): Die Entwurfsregelung ist neuartig und bedarf erst der Auslegung durch die Gerichte. Es ist zweckmäßiger, den in der Rechtsprechung schärfer abgegrenzten Begriff der angemessenen Entschädigung zu verwenden.

Dr. Ehrenforth (Ernährung u. Landwirtschaft): Art. 14 GG hat den Begriff der angemessenen Entschädigung nicht mehr verwandt, weil er zu unklar ist. Das Bodenreformland muss ebenfalls für Wohnbauzwecke in Anspruch genommen werden können. Das Ernährungsministerium stellt daher den Antrag, eine entsprechende Regelung in den Entwurf aufzunehmen. Der Entwurf darf nicht den gemeinen Wert für die Entschädigung zugrunde legen. Es ist besser, den Art. 14 wörtlich zu übernehmen.

Ref. Leiter Bormann (WiMin): Es ist nicht richtig, den Begriff der angemessenen Entschädigung in dem Entwurf wieder zu verwenden. Er schlägt vor, in Abs. 1 die Worte „zugrunde zu legen" durch „ansetzen" auszutauschen. Die Entschädigung darf nicht den Charakter einer Strafe haben. Der Ausgangspunkt in Abs. 1 (objektiver Wert) ist daher richtig.

Dr. Ernst (Nordrhein-Westfalen): Angemessene Entschädigung steht nicht im Widerspruch zu Art. 14 GG. Er schlägt vor, von dem Art. 14 auszugehen und danach eine Entschädigung vorzusehen, die nicht höher als der gemeine Wert ist.

Dr. Schultheiß (MdJ) wendet sich gegen den Begriff der angemessenen Entschädigung.

Lechner (Bayern): Art. 14 fordert eine verstärkte Berücksichtigung des öffentlichen Interesses. Der gemeine Wert kann unter Umständen (so in Berlin) unter dem Einheitswert liegen. Es ist besser, bewegliche Formeln zu verwenden, insbesondere darf keine untere Grenze für den gemeinen Wert vorgeschrieben werden.

Staatssekretär erbittet Stellungnahme zu § 33 (Entschädigungsleistung durch Gemeinden).

Dr. v. Spreckelsen (Justizmin.) hält an dem früher eingenommenen Standpunkt fest.

Staatssekretär begründet den Standpunkt des Herrn Ministers und erwähnt die bevorstehende Chefbesprechung. Bei einem Bedarf von 1 Mio. Wohnungen in 40 Städten reicht das vorhandene Bauland nur für 150.000 Wohnungen aus. Der Rest des Baulandes befindet sich in Privathand. Finanzierungsmittel sind bei den Gemeinden nicht vorhanden. Im Übrigen kommt § 33 Abs. 1 u.U. nicht allzu häufig zum Zuge, da in den Städten größere Umlegungen auf freiwilliger Basis durchgeführt worden sind, bei denen die Entschädigung durch Rentenzahlungen erfolgt.

Dr. Schweizer (Innenmin. Stuttgart) befürchtet, dass die Gemeinden diese Bestimmungen ausnutzen werden, um in zu großem Umfange auf dem Baulandmarkt einzugreifen.

Dr. Ernst (Nordrhein-Westfalen): Die Regelung ist nur dann gerecht, wenn die Papiere pari gehandelt werden. Der Städtetag hat bereits bekannt gegeben, dass die Ausgabe der Papiere zum Nennwert unmöglich sei.

Dr. Schultheiß (MdJ): Es muss noch geprüft werden, ob die Ausgabe der Papiere nach dem Kapitalverkehrsgesetz zulässig ist.

Dr. Ehrenforth (Ernährungsmin.): Art. 14 ist mit § 33 des Entwurfs nicht vereinbar. Die Zinsenfrage ist nicht berücksichtigt. Es müssen die auf dem Kapitalmarkt üblicherweise zu zahlenden Zinsen gewährt werden. Es ist zu erwägen, ob die Gemeinden nicht wenigstens einen Teil in bar zahlen. Ein Anreiz kann vielleicht dadurch gegeben werden, dass die Papiere zur Tilgung von Steuerschulden benutzt werden dürfen.

Lechner (Bayern): § 33 kann nur bei Einbau von Sicherungsklauseln vorbehalten werden

a) Hergabe von Obligationen nur, wenn dies der Billigkeit entspricht,

b) nicht in allen Fällen, sondern nur, wenn eine andere Entschädigung nicht gezahlt werden kann, z.B. eine Hypothek auf dem enteigneten Grundstück nicht eingetragen werden kann.

Hoppe (Schleswig-Holstein): Eine gleichlautende Bestimmung ist in dem Aufbaugesetz für Schleswig-Holstein enthalten. Wir waren uns der Problematik dieser Vorschrift durchaus bewusst. Es ist von ihr nur in Kiel Gebrauch gemacht worden.

Belau (FinMin): Das Finanzministerium behält sich die Stellungnahme vor.

Dr. Schweizer (Innenmin. Stuttgart) hat größte Bedenken, der Regelung zuzustimmen. Sie bedeutet eine Erschütterung des Geldmarktes.

Döscher erbittet eine Äußerung des Bundesfinanzministeriums. *Döscher* übernimmt den *Vorsitz* der Besprechung anstelle des abgerufenen Herrn Staatssekretärs. Er bittet um Stellungnahme zum § 31.

Dr. Ernst: § 31 ist mit Art. 14 GG nicht vereinbar. Er passt auch nicht in den Rahmen des Baulandbeschaffungsgesetzes, sondern gehört in ein Bodenordnungsgesetz.

Dr. von Spreckelsen: § 31 ist mit Art. 14 GG nicht vereinbar. Eine Änderung des Grundgesetzes ist notwendig. Es ist zweifelhaft, ob sie erreicht werden kann.

Dr. Schweizer: § 31 gehört nicht in den Entwurf. Es ist zu erwägen, eine Neuregelung der Anliegerleistungen vorzunehmen.

Muttray (Niedersachsen): Die niedersächsische Regierung hat einen derartigen Entschluss zurückgezogen, da eine solche Regelung vom Landtag – auch seitens der SPD – abgelehnt wurde.

Wambsganz (Bayern): Es handelt sich um ein brennendes Problem des Städtebaus. Die Bestimmung ist notwendig, wenn der Wiederaufbau nicht völlig zum Erliegen kommen soll oder sich in der früheren Form (enge Straßen, wenig Plätze) vollziehen soll. Solche Vorschriften waren bisher üblich. Jede andere Regelung würde einen Rückschritt bedeuten. Keinesfalls kommt eine entschädigungslose Abtretung für Fernverkehrsstraßen in Betracht, sondern nur für solchen Straßen, mit denen das Grundstück an das öffentliche Verkehrsnetz angeschlossen wird.

Dr. Schweizer will eine solche Regelung nur bei der Umlegung gelten lassen.

Wambsganz: Eine Beschränkung auf die Umlegung genügt nicht. Eine Umlegung in Altstädten wird vielfach wegen der vorhandenen Kellerbrandmauern usw. wegen der zu hohen Kosten undurchführbar sein.

Müller (Baden) verweist auf § 22 des Ortsstraßengesetzes vom 30.10.1936.

Dr. Schweizer: Nach einer Entscheidung des Württ. Verwaltungsgerichtshofs bedeutet eine 30%ige Abtretung keine Enteignung.

Dr. Ehrenforth: Wenn Art. 14 eine Verpflichtung des Eigentums beinhaltet, ist eine entschädigungslose Abtretung möglich. Es muss eine höhere Gerichtsentscheidung abgewartet werden.

Lechner: Der Gesetzgeber habe sich bei der Abfassung des Art. 14 von rechtsstaatlichen Erwägungen leiten lassen, die sich gegen die Gesetzgebung des Dritten Reiches wandten. Von diesem Gesichtspunkt ausgehend muss § 31 unter Berücksichtigung der Bedürfnisse des Städtebaus für rechtsgültig gehalten werden.

Dr. v. Spreckelsen: § 31 muss fallen, weil wir das Risiko einer späteren Aufhebung nicht auf uns nehmen können.

Schweizer: Eine Regelung gemäß § 31 ist nur auf dem Weg über die Anliegerbeiträge möglich. Dabei muss zwischen bebauten, unbebauten und Trümmergrundstücken unterschieden werden.

Dr. Ernst schließt sich dieser Auffassung an. Der Landtag hat eine entsprechende Regelung für Nordrhein-Westfalen abgelehnt.

Dr. Schultheiß spricht sich gegen § 31 aus.

Die Aussprache wandte sich dem § 34 zu.

Dr. Schweizer: Eine Entschädigung in Ersatzland ist entbehrlich. Ggf. muss im Gesetz ausdrücklich ausgesprochen werden, dass eine Kettenenteignung nicht zulässig ist.

Wambsganz: Eine Kettenenteignung ist wünschenswert. Ersatzland darf aber nur auf Antrag des Entschädigungsberechtigten zugeteilt werden.

Dr. Schweizer verweist auf die Regelung des Entwurfs Argebau, der in dieser Hinsicht besser sei.

Muttray: Ersatzlandzuteilung ist nur vorzusehen, wenn sie unter Abwägung der beiderseitigen Interessen notwendig ist.

Lechner verweist auf den Entwurf des Bayerischen Baugesetzes. Es wurde nunmehr § 29 Abs. 1 erörtert.

Dr. Schweizer: Die Enteignung darf nur zugunsten einer Gemeinde oder eines gemeinnützigen Wohnungsunternehmens ausgesprochen werden. Eine Enteignung zugunsten eines Privaten ist nur mit Zustimmung der höheren Verwaltungsbehörde zulässig.

Dr. Ernst: Die Enteignung darf nicht zugunsten jedes Bauwilligen ausgesprochen werden. Sie ist nur zulässig im Interesse des Allgemeinwohls.

Dr. Pergande schneidet die Frage des Verhältnisses des Entwurfs zu den Länderaufbaugesetzen an. Es gibt zwei Möglichkeiten:

a) die Ländergesetze werden aufrecht erhalten,

b) die Ländergesetze treten außer Kraft.

Muttray: Die landesrechtlichen Bestimmungen gehen zum Teil weiter als der Entwurf. Dies führt dahin, dass in demselben Gebiet für Wohnbauland nach dem Entwurf für einen rein gewerblichen Bau (Kino) nach dem Aufbaugesetz zu verfahren sei.

Dr. Pade (Bremen): Die Aufbaugesetze der Länder regeln das Städtebaurecht. Sie gehen weiter als der vorliegende Entwurf. Die Länder brauchen den Entwurf nicht. Es genügt, wenn der Bund eine Ermächtigung gibt, den Rechtsweg abzukürzen.

Dr. Schweizer: Der Bund soll sich darauf beschränken, eine Änderung des Grundgesetzes zu erwirken.

Lechner: Der Bund soll sich auf die Normierung der Zulässigkeit der Enteignung beschränken.

Dr. Ehrenforth: Das Nebeneinander von Reichs- und Landesgesetzen auf dem Gebiete des Enteignungsrechts war auch früher üblich. Insoweit bestehen auch keine Bedenken. Es ist nur notwendig, eine einheitliche Entschädigungsregelung vorzunehmen, da sie für die Auslegung des Art. 14 durch die Gerichte bedeutsam ist.

Zu der Frage der zuständigen Enteignungsbehörde wurde von den Ländern einhellig die Auffassung vertreten, dass die Verfahrensregelung den Ländern selbst überlassen bleiben soll. Enteignungsbehörde ist in den Ländern teils die untere, teils die mittlere und teils die obere Verwaltungsbehörde. Es ist nicht angängig, mit dem vorliegenden Entwurf in diese Länderregelung, die sich eingespielt und bewährt hat, einzugreifen. Es wurde gewünscht, in den Entwurf eine Bestimmung aufzunehmen, wonach für die Enteignung die nach dem Landesrecht zuständige obere Verwaltungsbehörde mit der Möglichkeit der Delegation in Frage kommt. Das Vorverfahren (Beratung, Auswahl des Geländes) liegt bei der Gemeinde. Die Gemeinde soll zu dem Enteignungsantrag Stellung nehmen. Es ist aber nicht notwendig, darüber besondere Bestimmungen in das Gesetz aufzunehmen.

Zu § 26 des Entwurfs:

Dr. Ernst: Die Fassung des Abs. 1 a) ist zu eng. Es ist zu bedenken, dass diese Einengungen justitiabel sind und daher die Arbeit der Verwaltungsbehörde erschweren.

Muttray will die Enteignung nur auf das Wohnbauland beschränkt wissen.

Wambsganz: Wohnungsbau kann vom Städtebau nicht getrennt werden. Wohnungen ohne die dazu gehörigen Anlagen sind nicht lebensfähig.

Dr. Schweizer: Die Enteignung hat für den Wohnungsbau und die lebensnotwendigen Folgeeinrichtungen stattzufinden. Beides ist miteinander in Relation zu bringen.

Dr. Ehrenforth verweist auf die Regelung der Kleinsiedlungsverordnung vom 17.10.1936.

Dr. Ernst: Die Zulässigkeit der Enteignung ist von möglichst wenig Voraussetzungen abhängig zu machen. Der Inhalt des § 27 ist im Erlasswege zu behandeln.

Dr. von Spreckelsen wünscht zu wissen, wie viel Instanzen von den Ländern für den Verwaltungsrechtsweg vorgesehen werden.

Muttray: Wenn die Enteignung sich auf Land für Wohnbauten beschränkt, genügt eine Instanz.

Dr. Schweizer: Wenn die Enteignung durch das Ministerium erfolgt, ist nach Landesrecht die Klage nur an den Verwaltungsgerichtshof zulässig.

Dr. Ernst: Es genügt eine Instanz.

Es wurde allgemein festgestellt, dass sich die *Mehrheit der Länder mit einem Rechtszug im Verfahren vor den Verwaltungsgerichten begnügen wird.*

Döscher regte an, den Entwurf in kleinem Kreise weiterzubehandeln. Es wurde vorgesehen, dass zu dieser Besprechung Dr. Ernst, MR Wambsganz, Dr. Lechner, Dr. Schweizer, Dr. Schultheiß, Dr. von Spreckelsen und der Präsident Grapengeter vom Landesverwaltungsgericht Hamburg zuzuziehen sind. Der danach aufgestellte neue Entwurf (Kabinettsvorlage) soll den Ländern als Referentenentwurf zur Kenntnis zugeleitet werden. Eine nochmalige Besprechung des Entwurfs mit den Ländern ist nicht in Aussicht genommen.

2. Vermerk des BMJ über die Ressortbesprechung des am 22.9.1950

Am 22.9.1950 fand im Wohnungsbauministerium eine Ressortbesprechung der am 15.9.1950 übersandten *Neufassung des Gesetzes über die vorläufige Regelung der Baulandbeschaffung unter Vorsitz des Staatssekretärs Wandersleb* statt. An der Besprechung waren die *Bundesministerien des Innern, der Justiz, für Wirtschaft, für Ernährung, der Finanzen und für Vertriebene,* sowie fast *sämtliche Wiederaufbauministerien der Länder* beteiligt. Die Besprechung ergab im Wesentlichen Folgendes:

1. Allgemein bestand die Auffassung, dass die Vorschriften des 1. und 2 Teiles des Entwurfs (Baulandumlegung, Grundstückszusammenlegung) nicht dringend erforderlich und in der vorliegenden Form auch unzureichend seien. Seitens der Länder wurden Bedenken dagegen erhoben, ob eine Kompetenz des Bundesgesetzgebers für den Erlass solcher Vorschriften gegeben sei und darauf hingewiesen, dass die bestehenden landesrechtlichen Vorschriften ausreichend und besser als die Vorschriften des Entwurfs seien.

2. Gegen den Entwurf des Gesetzes zur Änderung des Grundgesetzes wurden von allen Seiten Bedenken erhoben. Allerseits wurde der Standpunkt vertreten, dass es unerwünscht sei, wenn die gerichtliche Nachprüfung der Entschädigungsfestsetzung völlig ausgeschlossen würde. Dagegen setzten sich die *vertretenen Landesministerien*, mit Ausnahme von *Württemberg-Hohenzollern*, für eine Änderung des Art. 14 des Grundgesetzes in der Richtung ein, dass die Möglichkeit geschaffen wurde, die Nachprüfung der Entschädigungsentscheidung im verwaltungsgerichtlichen Verfahren vornehmen zu lassen. Auf den gleichen Standpunkt stellte sich das *Bundesministerium des Innern*, deren Vertreter in den früheren Besprechungen den gegenteiligen Standpunkt eingenommen hatten. Auch der Vertreter des *Bundesministers der Finanzen* erklärte sich nicht mehr gegen eine Änderung des Grundgesetzes, sondern wies darauf hin, dass der verwaltungsrechtliche Ausschuss des letzten deutschen Juristentages eine Entschließung gefasst habe, wonach alle öffentlich-rechtlichen Streitigkeiten, die nach 1879 der Kompetenz der ordentlichen Gerichte zugewiesen wären, in Zukunft den Verwaltungsgerichten überlassen werden sollten. Für das Bundesjustizministerium habe ich die früher erklärte Ablehnung einer Verfassungsänderung wiederholt.

3. Seitens der vertretenen Landesressorts wurde überwiegend der Standpunkt vertreten, dass die enteignungsrechtlichen Vorschriften des Entwurfs zu weit in die Einzelheiten gingen; ein Bedürfnis für bundesrechtliche Regelung bestände nur in gewissen Fragen, insbesondere seien bundesrechtliche Vorschriften über die Bemessung der Entschädigung und über die Anfechtung der Entschädigungsentscheidung im Wege der Verwaltungsgerichtsbarkeit erforderlich. Dagegen seien die übrigen Vorschriften des Entwurfs, insbesondere die über das Enteignungs*verfahren*, unnötig, da die vorhandenen Enteignungsvorschriften der Länder ausreichend seien. Es würden sich auch besondere Schwierigkeiten daraus ergeben, wenn bundesrechtliche und landesrechtliche Vorschriften nebeneinander beständen. Es könne durchaus möglich sein, dass eine Enteignung zum Teil zum Zwecke des Wohnungsbaus, zum Teil für andere öffentliche Zwecke, die nicht durch den Gesetzentwurf gedeckt wurden, durchgeführt werden müsse. Der *Vertreter Bayerns* vertrat die Ansicht, dass es zweckmäßig sei, ein Bundesenteignungsgesetz zu schaffen, das für bundesgesetzliche Enteignungen gelte und zugleich von den Ländern übernommen werden könnte. Dadurch würden sich alle Schwierigkeiten beseitigen lassen, die gegenwärtig aus dem Nebeneinander von verschiedenen Enteignungsgesetzen entständen. Wenn aber die Schaffung eines allgemeinen Bundesenteignungsgesetzes gegenwärtig nicht möglich sei, so sei es zweckmäßig, um Kollisionen mit den landesrechtlichen Bestimmungen möglichst zu vermeiden, die Enteignungsgesetze so eng wie möglich zu begrenzen, insbesondere nicht über die Enteignung für Zwecke des Wohnungsbaus hinauszugehen. Der *Vertreter des Landes Württemberg-Baden* erklärte demgegenüber, das Baulandenteignungsgesetz würde wertlos sein, wenn es sich auf die Enteignung für Zwecke des Wohnungsbaus beschränkte und eine darüber hinausgehende Enteignung für Zwecke des Städtebaus, also insbesondere zur Sanierung der in Trümmer gelegten Stadtteile, nicht vorsehe.

4. Allgemein wurde seitens der Länderressorts geäußert, dass es der Landesgesetzgebung überlassen bleiben müsse, die Enteignungsbehörden zu bestimmen. Die Schaffung besonderer Baulandbeschaffungsämter wurde von den meisten Ländern abgelehnt. Überwiegend ging die Auffassung dahin, dass nur die höhere Verwaltungsbehörde oder ein Ministerium Enteignungsbehörde sein dürfte.

5. Zu § 31 (Baulanderschließung) äußerten sich fast alle Landesressorts ablehnend. Der *Vertreter von Nordrhein-Westfalen* wies darauf hin, dass das Verlangen der unentgeltlichen Abtretung eines Drittels der Fläche mit Art. 14 des Grundgesetzes nicht vereinbar sei. Die Abtretung von Grundstücksteilen ohne besonderes Entgelt könne nur verlangt werden, wenn durch die Schaffung der öffentlichen Anlage eine entsprechende Wertsteigerung des Restgrundstücks im einzelnen Falle nachweisbar sei. Eine dem § 31 entsprechende Bestimmung sei bei Schaffung des nordrhein-westfälischen Aufbaugesetzes erörtert worden, aber im Landtag allerseits, insbesondere auch von der SPD, abgelehnt worden. Auch der *niedersächsische Vertreter* berichtete, dass sein Landtag die Aufnahme einer dem § 31 entsprechenden Bestimmung in das niedersächsische Aufbaugesetz abgelehnt hätte. Die Vorlage sei daher seinerzeit von der niedersächsischen Landesregierung zurückgezogen worden, und zwar schon vor der Schaffung des Grundgesetzes, also ohne Rücksicht auf Art. 14. Der *Vertreter von Württemberg-Baden* bezeichnete den § 31 als unmoralisch und wies darauf hin, dass eine rechtlich einwandfreie Lösung für die Finanzierung der Beschaffung von Flächen des Gemeinbedarfs nur auf dem Wege über Anliegerbeiträge möglich wäre.

Der *bayerische Vertreter* erklärte demgegenüber, die kostenfreie Beschaffung der Flächen des Gemeinbedarfs müsste unbedingt gelöst werden, man könne dieses Problem auch nicht im Wege der Umlegung völlig lösen, weil in Zerstörungsgebieten mit Rücksicht auf die verwertbaren Teile der Grundmauern eine Umlegung der Grundstücke aus wirtschaftlichen Gründen häufig nicht möglich sei. Der *bremische Vertreter* wandte sich gleichfalls gegen die Bestimmung in § 31, vertrat aber auch den Standpunkt, dass die Regelung der dort behandelten Frage nicht allein den Baulandumlegungsvorschriften vorzubehalten wäre, sondern dass ein Spezialgesetz über Anliegerbeiträge erforderlich sei.

6. Zu § 32 des Entwurfs erklärte der *Vertreter von Nordrhein-Westfalen*, es sei unsachgemäß, die Entschädigung nach dem Verkehrswert allein zu berechnen. Würde eine solche Bestimmung aufgenommen, so wäre damit nachträglich die Bodenreformgesetzgebung der Länder, die viel niedrigere Entschädigungen vorgesehen habe, desavouiert. Ähnlich wie in dem Aufbaugesetz Nordrhein-Westfalens müsste die Entschädigung zwischen dem Einheitswert und dem Verkehrswert liegen. Es müssten alle Möglichkeiten ausgeschöpft werden, die das Grundgesetz Art. 14 böte, um die Entschädigung soweit wie möglich zu drücken. Auch der *Vertreter von Rheinland-Pfalz* setzte sich dafür ein, dass die Entschädigung unter dem gegenwärtigen Stopppreis läge. Der Stopppreis dürfe nur die Obergrenze darstellen. Demgegenüber setzte sich der *Vertreter von Württemberg-Baden* dafür ein, eine „angemessene" Entschädigung zu bestimmen. Längere Erörterungen wurden darüber geführt, ob der Begriff „angemessen" genügend bestimmt sei, um wiederum im Gesetz verwendet zu werden. Gegen die Verwertung des Begriffs des Einheitswertes bei der

Bemessung der Entschädigung wandten sich die *Vertreter des Bundeswirtschaftsministeriums*, des *Bundesernährungsministeriums* und *Bayerns* unter Hinweis auf die früheren Ausführungen von Quecke, Reichsenteignungsrecht, und Ehrenforth, Deutsche Rechtszeitschrift 1949. Es wurde darauf hingewiesen, dass Grundlage der Festsetzung des Einheitswertes ein vielfach völlig veralteter Verkehrswert sei und dass angesichts der Arbeitsrückstände der Finanzämter mit einer rechtzeitigen Fortschreibung der Einheitswerte nicht zu rechnen sei. Insbesondere bestand Einverständnis darüber, dass die Entschädigung nicht lediglich nach objektiven Gesichtspunkten bemessen werden dürfte, sondern dass auch subjektive Momente berücksichtigt werden müssten.

7. Zu § 33 (Entschädigungsleistung durch Gemeinden und Kreise) wurden von allen Seiten Bedenken dagegen erhoben, dass die Entschädigung durch Hingabe von Schuldscheinen oder Schuldverschreibungen zugelassen würde. Der *Vertreter von Württemberg-Baden* wies auf die Gefahr hin, dass bei Einführung solcher Vorschriften die Gemeinden keinerlei Hemmung haben würden, in weitestem Umfang Enteignungen vorzunehmen. Der *Vertreter von Nordrhein-Westfalen* erklärte, Schuldverschreibungen könnten nur insoweit als Entschädigung in Rechnung gestellt werden, als ihr Kurswert reicht. Die in § 33 Abs. 1 geregelte Frage sei in Nordrhein-Westfalen bei Schaffung des Aufbaugesetzes erörtert und ausdrücklich abgelehnt worden. Der *Vertreter des Bundesernährungsministers* bemängelte, dass in dem Entwurf nicht vorgesehen wäre, in welcher Höhe die Schuldverschreibungen verzinst werden müssten. Bei der Durchführung der Bodenreform seien von den Ländern vielfach Schuldverschreibungen mit 1 bis 1 ½%iger Verzinsung als Entschädigung gegeben worden. Dadurch würde der Wert der Schuldverschreibungen, der ohnehin durch ihre geringe Sicherheit gedrückt würde, weiterhin beeinträchtigt. Falls die Entschädigung in Schuldverschreibungen in Betracht gezogen würde, müssten Vorschriften gemacht werden, nach denen die Schuldverschreibungen von den öffentlichen Kassen bei Zahlung öffentlicher Abgaben zu pari entgegengenommen werden müssten. Der *Vertreter des Wohnungsbauministers* erklärte, es sei daran gedacht, dass die Schuldverschreibungen zu denselben Zinssätzen wie Pfandbriefe verzinst würden. Der *bayerische Vertreter* wies darauf hin, dass das in § 33 Abs. 1 behandelte Problem auch schon den bayerischen Aufbaurat beschäftigt habe, der indessen zu keinen Ergebnissen gekommen sei. Falls überhaupt eine Entschädigung in Schuldverschreibungen in Betracht gezogen würde, müsste das Gesetz eine Reihe von Einschränkungen vorsehen, damit diese Form der Entschädigung nicht als unbillig empfunden werden könnte. Auf Befragen erklärte der *Vertreter Schleswig-Holsteins*, dass die in § 33 Abs. 2 entsprechende Bestimmung des schleswig-holsteinischen Aufbaugesetzes bisher lediglich in einzelnen Fällen in Kiel angewandt worden sei. Soweit ihm bekannt sei, hätten die Entschädigungsberechtigten gegen die Entschädigung in Schuldverschreibungen nicht opponiert. Der *Vertreter des Bundesministeriums des Innern* unterstützte die Forderung des Bundesjustizministeriums, den § 33 Abs. 1 zu streichen.

8. Zu § 34 (Ersatzland) erklärte der *Vertreter Württemberg-Badens*, dass gegen die Entschädigung mittels Ersatzland erhebliche Bedenken beständen und dass

man sie allenfalls in Ausnahmefällen zulassen könnte. Keinesfalls dürfte der Entschädigungsberechtigte gegen seinen Willen mit Land entschädigt werden und umgekehrt dürfe er keinen Anspruch darauf haben, dass Land als Entschädigung gewährt wird. Bei der Zulassung der Enteignung von Land zum Zwecke der Ersatzlandbeschaffung müssten engste Grenzen gezogen werden, insbesondere müsste vermieden werden, dass an die Enteignung von Ersatzland sich eine dritte oder vierte Enteignung aus demselben Anlass anschlösse. Auch der *Vertreter von Bayern* wandte sich dagegen, dass in dem Entwurf die Möglichkeit vorgesehen würde, den Entschädigungsberechtigten gegen seinen Willen mit Land zu entschädigen. Der *Referent des Wohnungsbauministeriums* erklärte darauf, bei Neufassung des Entwurfs solle vorgesehen werden, dass Entschädigung in Land nur gewährt werden dürfe, wenn der Entschädigungsberechtigte diese Art der Entschädigung beantragt.

9. Der vorliegende Entwurf soll erst überarbeitet werden, wenn über die Grundfragen durch die beabsichtigte Chefbesprechung Klarheit geschaffen ist. Alsdann soll ein engerer Ausschuss die mit der Neufassung zusammenhängenden Fragen erörtern. An diesem Ausschuss sollen beteiligt sein Vertreter von Nordrhein-Westfalen, Hamburg (der frühere Senatssyndikus Dr. Grapengeter), Württemberg-Baden und Bayern (MinRat Wambsganz), ferner Referenten des Justizministeriums und des Innenministeriums.

VII. Chefbesprechung vom 27.9.1950

1. Einladungsschreiben des Wohnungsbauministers vom 19.9.1950 an die Bundesminister der Justiz, des Innern und der Finanzen

Lieber Herr Kollege!

In den Besprechungen der Referenten unserer Ministerien über den Entwurf eines „Gesetzes über die vorläufige Regelung der Baulandbeschaffung" ergaben sich wesentliche Unterschiede in den beiderseitigen Auffassungen über die Fragen

a) der Zuständigkeit der Enteignungsbehörde,

b) des Ausschlusses des ordentlichen Rechtsweges gegen die Entscheidungen der Enteignungsbehörde,

c) der Entschädigungsleistung durch Hergabe von Kommunalobligationen.

Der von meinem Hause vorgelegte Referentenentwurf beruht auf einer am 28. März 1950 vom Bundestag einstimmig, gleichzeitig mit der Verabschiedung des Ersten Wohnungsbaugesetzes, gefassten Entschließung, in der die Bundesregierung ersucht wird:

1. bis zum 30. September 1950 einen Gesetzentwurf über die Enteignung von Grundstücken zugunsten des Wohnungsneubaus und für den Wiederaufbau vorzulegen;

2. in diesem Gesetzentwurf Bestimmungen zu treffen, die gegebenenfalls unter Änderung von Bestimmungen des Grundgesetzes die schnelle, wirksame, endgültige und zu günstigen Preisen mögliche Enteignung von Grundstücken vorsehen.

An der Formulierung dieser Entschließung haben die Vertreter der Regierungsparteien mitgewirkt und ihr, bereits in den Ausschussberatungen, ausdrücklich und vorbehaltlos zugestimmt.

Im Hinblick auf die entscheidende Bedeutung dieser Fragen für eine materiell- und verfahrensrechtlich zweckentsprechende Regelung der Baulandbeschaffung erscheint es mir erstrebenswert, eine grundsätzliche Übereinstimmung unserer Ansichten bereits vor der Vorlage des Gesetzentwurfs an das Kabinett herbeizuführen.

Deshalb wäre ich Ihnen sehr dankbar, wenn ich die angeführten Fragen mit Ihnen persönlich besprechen könnte und darf mich zur Vorbereitung dieser Besprechung auf folgende Hinweise beschränken:

1. Zuständigkeit der Enteignungsbehörde

Die behördlichen Aufgaben auf dem Gebiete der Baulandbeschaffung bestehen in

a) der Feststellung des Baulandbedarfs und der zur Deckung dieses Bedarfs in Betracht kommenden Flächen,

b) der Beratung Bauwilliger bei der Auswahl und dem Erwerb geeigneten Baulandes,

c) der Enteignung von Bauland, soweit Grundstücke in dem nach dem Bebauungsplan für eine Bebauung vorgesehenen Gebiete im freihändigen Verkehr zu angemessenen Preisen nicht zu beschaffen sind.

Die Baulandbeschaffung gehört mithin als ein der Bauordnung und Bauvorbereitung dienendes Rechtsinstitut zu dem Bereich der städtebaulichen Verwaltungstätigkeit. Die Durchführung der Landbeschaffung sollte daher aus sachlichen Erwägungen in die Hand der unteren Verwaltungsbehörde gelegt werden, zu deren Zuständigkeit auch die sonstige Bau ordnende und Bau vorbereitende Tätigkeit – städtebauliche Planung, Baulandumlegung, Baugenehmigung – gehört.

Gegenüber dem Bedenken, bei kreisfreien Städten entscheide die untere Verwaltungsbehörde in Enteignungsangelegenheiten dann gewissermaßen in eigener Sache, darf ich darauf hinweisen, dass nach den Bestimmungen des Entwurfs bei der Entscheidung über Enteignungsanträge Beisitzer mitzuwirken haben, von denen einer den Kreisen der Haus- und Grundbesitzer angehören muss.

Hierin, vornehmlich aber in der Nachprüfung der Entscheidungen durch die höhere Verwaltungsbehörde als Beschwerdeinstanz, dürfte eine ausreichende Sicherung gegen die Gefahr einer Selbstbegünstigung liegen.

2. Ausschluss des Rechtsweges gegen die Entscheidungen der Enteignungsbehörde

Nach Ziff. 2 der oben angeführten Entschließung des Bundestags soll der Gesetzentwurf, gegebenenfalls unter Änderung des Grundgesetzes eine schnelle, wirksame und endgültige Grundstücksenteignung zu günstigen Preisen bringen. Nach dem vorigen Kriege wurde aufgrund ähnlicher Wünsche die Verordnung zur Behebung der dringendsten Wohnungsnot vom 9. Dezember 1919 (Behebungsverordnung) erlassen. Diese Verordnung regelt das Verfahren bei der Enteignung von Bauland in wenigen summarischen Vorschriften. Die Enteignung erfolgt durch formlosen Bescheid des Bezirkswohnungskommissars an den Eigentümer. Der Enteignungsbescheid ist endgültig. Lediglich hinsichtlich der Höhe der Entschädigung kann die Entscheidung einer von der Landeszentralbehörde zu bestimmenden Berufungsbehörde angerufen werden. In dem der Ressortbesprechung am 8. September zugrunde liegenden Entwurf war die Nachprüfung der in der unteren Verwaltungsinstanz ergangenen Entscheidung durch ein bei der höheren Verwaltungsbehörde zu errichtendes Verwaltungssondergericht vorgesehen worden, das unter Ausschluss des ordentlichen Rechtsweges sowohl über die Zulässigkeit der Enteignung wie über die Höhe der Entschädigung entscheiden sollte. Aufgrund von Vorstellungen seitens mehrerer Länder habe ich in der Ihnen zugegangenen neuesten Fassung des Gesetzentwurfs vorgesehen, dass gegen die Entscheidungen der unteren Verwaltungsbehörden in Enteignungssachen lediglich die Beschwerde an die höhere Verwaltungsbehörde gegeben ist, die endgültig entscheidet. Nach den bisherigen Erfahrungen dürfte nur ein so stark abgekürztes Verfahren der Forderung einer schnellen Entscheidung gerecht werden.

3. Entschädigungsleistung durch Hergabe von Kommunalobligationen

Der Entwurf sieht vor, dass eine Gemeinde, die zur Zahlung einer Geldentschädigung verpflichtet ist, diese Entschädigung durch Hingabe von vom Land verbürgter, verzinslicher Schuldscheine oder Schuldverschreibungen leisten kann. Es ist außerdem vorgesehen, dass einer Gemeinde auf Antrag gestattet werden kann, eine Geldentschädigung in Teilzahlungen, die sich auf die Dauer von fünf Jahren erstrecken können, zu leisten.

Die Stadtkerne der stark zerstörten Städte können nur dann wieder aufgebaut werden, wenn die Städte in größerem Umfange in die Lage versetzt werden, das Zerstörungsgebiet zunächst selbst zu erwerben, neue Straßen durchzulegen, bebauungsfähige Parzellen zu bilden und dann an Bauwillige zu veräußern. Zur Barbezahlung der dazu erforderlichen Beträge sind die Städte auf Jahre hinaus nicht in der Lage. Es erscheint gerechtfertigt, dass diese Forderungen gegen die Gemeinden auf mehrere Jahre verteilt oder sofort in Form von Kommunalobligationen geleistet werden. Die Gemeinden könnten dabei angehalten werden, die Kommunalobligationen dann einzulösen, wenn sie das neu erschlossene Baugelände an Bauwillige gegen angemessene Bezahlung abgegeben haben.

Als Zeitpunkt für die oben erbetene Besprechung schlage ich *Mittwoch, den 27. September 1950, 17 Uhr* in meinem Dienstzimmer, Bonn-Duisdorf, Gallwitzkaserne, vor. Der Herr Bundesminister des Innern und der Herr Bundesminister der Finanzen haben ebenfalls eine Einladung erhalten.

2. Niederschrift über die Chefbesprechung vom 27.9.1950

An der Besprechung nahmen teil die Herren: Bundesminister *Wildermuth*, Bundesminister *Dr. Dehler*, Bundesminister *Dr. Dr. Heinemann*, Staatssekretär *Hartmann*, ORR *Belau* (Bundesfinanzministerium).

Es wurden die in dem Einladungsschreiben des Herrn Ministers vom 19. Septemer 1950 aufgeführten Fragen erörtert. Die Besprechung hatte folgendes Ergebnis:

1. Die Herren Bundesminister *Dr. Dehler* und *Dr. Dr. Heinemann* wiesen auf die rechtsinstitutionelle Garantie hin, die dem Eigentumsbegriff in dem Grundgesetz eingeräumt wird. Sie bitten um nochmalige sorgfältige Prüfung, ob der mit dem Baulandbeschaffungsgesetz verfolgte Zweck nicht auf andere Weise, etwa auf dem Wege einer freiwilligen Vereinbarung der Grundeigentümer mit den Bauwilligen zu erreichen sei. Herr Bundesminister Dr. Dr. Heinemann wird in seinem Hause insbesondere die Möglichkeit eines Zwangszusammenschlusses der in Betracht kommenden Eigentümer zu einer öffentlich-rechtlichen Körperschaft prüfen lassen.

2. *Zuständigkeit der unteren Verwaltungsbehörde* (Landrat, kreisfreie Stadt, Gemeinde) *als Enteignungsbehörde*. Herr Bundesminister Dr. Dr. Heinemann hält diese Regelung für bedenklich, da die Gemeinden, soweit sie selbst Bauträger sind, in Enteignungsangelegenheiten in eigener Sache entscheiden würden. Der Herr Bundesminister wird zu diesem Punkt des Entwurfs noch eine endgültige Stellungnahme abgeben.

3. *Ausschluss des Rechtsweges*. Die Herren waren der Auffassung, dass aus rechtsstaatlichen Erwägungen der Rechtsweg tunlichst nicht ausgeschlossen werden solle. Herr Bundesminister Dr. Dehler wird prüfen, auf welche Weise dem Auftrag des Bundestages, für eine Beschleunigung und Vereinfachung des Rechtsmittelverfahrens Sorge zu tragen, genügt werden kann.

4. *Entschädigung durch Hergabe von Kommunalobligationen.* Herr Staatssekretär Hartmann stellte hierzu noch eine Erklärung seines Hauses in Aussicht.

3. Vermerk des zuständigen Referats des Bundesministeriums für Wohnungsbau vom 10.10.1950

In der anliegenden Neufassung des Entwurfs eines Gesetzes über die vorläufige Regelung der Baulandbeschaffung sind die Ergebnisse der bisherigen Besprechungen mit berücksichtigt worden [hier nicht abgedruckt]. Nach einer am 22. Sept. ds. Js. getroffenen Abrede soll der Entwurf am Mittwoch, den 11. d. Mts., mit je einem Vertreter des Justizmin., MdI und der Länder Nordrhein-Westfalen, Bayern, Württemberg-Baden [Sitzung nicht nachweisbar] nochmals besprochen werden.

Die bisher strittigen Fragen

a) der für die Enteignung zuständigen Behörde,

b) des Ausschlusses des ordentlichen Rechtsweges,

c) der Entschädigungsleistung durch Hergabe von Kommunalobligationen

haben auch in den letzten Besprechungen noch keine Klärung gefunden. Es werden folgende Auffassungen vertreten:

Zu a): Bundesmin. f. Wohnungsbau: Enteignungsbehörde ist die Gemeinde (Baugenehmigungsbehörde); *Ressorts außer MdJ:* Enteignungsbehörde ist die höhere Verwaltungsbehörde; *Länder und MdJ:* Die Bestimmung der zuständigen Behörde bleibt der landesrechtlichen Regelung vorbehalten; *Spitzenverbände:* 1. Die Gemeinde ist Enteignungsbehörde (Verbände der Wohnungsunternehmen, Landkreistag, Städtetag, Städtebund, Gemeindetag, Hypothekenbanken). – 2. Die höhere Verwaltungsbehörde ist Enteignungsbehörde (Haus- und Grundbesitzerverbände, Industrie- und Handelstag, Volksheimstättenwerk).

Zu b): Bundesmin. f. Wohnungsbau: Klage an das Verwaltungsgericht unter Ausschluss des ordentlichen Rechtsweges, *Ressorts außer Justiz:* ebenso, *Länder:* ebenso; *Verbände:* ebenso, außer 1. Haus- u. Grundbesitzerverbände, Bauernverband (ordentliches Gericht und Verwaltungsgericht) – 2. Gewerkschaftsbund (keine Klage) (nicht allgemeine Auffassung); *Bundesmin. d. Justiz:* Ordentliches Gericht *und* Verwaltungsgericht.

Anmerkung: Der Deutsche Juristentag forderte auf der diesjährigen Tagung, dass alle Streitigkeiten öffentlich-rechtlicher Natur den Verwaltungsgerichten zugewiesen werden (Redner Prof. Dr. Neumann, Hamburg).

Zu c): Bundesmin. f. Wohnungsbau: Kommunalobligationen zulässig; *Ressorts:* ablehnend; *Länder:* ablehnend; *Verbände:* ablehnend außer Städtetag.

Die Chefbesprechung vom 27. Sept. 1950 hat zu keinem abschließenden Ergebnis geführt. Bundesminister Dr. Dr. Heinemann erwartet die Einladung zu einer neuen Besprechung (Mitteilung von Reg.-Direktor Schultheiß). Bundesminister Dr. Dehler ist der Auffassung, dass in der Chefbesprechung Einigung darüber erzielt worden sei, dass der ordentliche und der Verwaltungsrechtsweg beibehalten werden sollen, der ordentliche Rechtsweg im Wege der Verwaltungsanordnung beschleunigt werden solle (Mitteilung von MinRat *Dr. v. Spreckelsen*).

4. Schreiben des Bundesministers der Justiz vom 12.10.1950 an den Wohnungsbauminister

Im Anschluss an die Besprechung vom 27. September 1950, in der sich ergeben hat, dass die von Ihnen vorgeschlagene Änderung des Art. 14 des Grundgesetzes von den beteiligten Herren Bundesministern nicht gebilligt wird, beehre ich mich nachstehend, einige Anregungen für die gesetzliche Gestaltung des Enteignungsverfahrens zu geben, welche die Beschleunigung der Feststellung der Enteignungsentschädigung ermöglichen sollen:

Eines der wichtigsten gesetzgeberischen Mittel, den Streit über die Höhe der Entschädigung abzukürzen, sehe ich in einer sorgfältigen und klaren Fassung der Grundsätze, nach denen die Entschädigung zu bemessen ist. Diese Grundsätze sollen Zweifel über die Auslegung der Entschädigungsbestimmungen möglichst ausschließen. Je näher das Gesetz diesem Ziel kommt, umso seltener wird Anlass sein, die von der Enteignungsbehörde festgesetzte Entschädigung im Rechtswege nachprüfen zu lassen.

Ebenso beachtlich erscheint es mir, dass das Enteignungsverfahren viel einfacher verläuft, wenn den durch die Enteignung Betroffenen eine von ihnen als gerecht empfundene Entschädigung garantiert wird, als wenn die Entschädigung gesetzlich unter dieses Maß gedrückt wird. Bei Entschädigungsgrundsätzen, die den gerechtfertigten Interessen der Betroffenen genügende Beachtung zukommen lassen, wird die freiwillige Grundabtretung gefördert und nur selten Anlass zur Anwendung des Zwangsmittels der Enteignung bestehen, innerhalb eines Enteignungsverfahrens aber der Anreiz, im Rechtswege die Erhöhung der festgesetzten Entschädigung zu betreiben, sich wesentlich verringern.

Ich halte es für angebracht, diese Gesichtspunkte vorwegzustellen, da sie m.E. bei der bisherigen Behandlung der Angelegenheit noch nicht so gewürdigt worden sind, wie es zu wünschen wäre. Wird ihnen Rechnung getragen, so wird das Bedürfnis, die Entscheidung über die Entschädigung auch durch verfahrensrechtliche Maßnahmen zu beschleunigen, an Dringlichkeit verlieren. Trotzdem verkenne ich nicht, dass auch dann jede Möglichkeit, durch die Gestaltung des Verfahrens zur Beschleunigung beizutragen, ausgenutzt werden sollte.

Schon die geltenden Bestimmungen des Prozessrechts, insbesondere die § 136 (Prozessleitung des Vorsitzenden), § 139 (Aufklärungspflicht des Gerichts), § 272 b (Vorbereitung des Verhandlungstermins), § 279 (Zurückweisung von Angriffs- und Verteidigungsmitteln), § 279 a ZPO (gerichtliche Aufklärungsfrist) und die entsprechenden Vorschriften für die Rechtsmittelinstanzen, geben dem Gericht Mittel zur schnellen Durchführung der Prozesse an die Hand, auf deren Verwendung nötigenfalls durch Maßnahmen der Justizverwaltung hingewirkt werden kann. Darüber hinaus kann durch zweckmäßige Geschäftsverteilung bei den Gerichten viel dazu beigetragen werden, eine schnelle Erledigung der Prozesse zu fördern.

Um die Möglichkeiten für die Einwirkung durch die Justizverwaltung zu vermehren, erscheint es zweckmäßig, die Landesjustizverwaltungen gesetzlich zu ermächtigen, einem Amtsgericht oder einem Landgericht für den Bezirk mehrerer gleichartiger Gerichte die ausschließliche Zuständigkeit zur Entscheidung in Entschädigungssachen zu übertragen. Wird von einer solchen Ermächtigung Gebrauch gemacht, so ergibt sich die Möglichkeit, innerhalb des zuständigen Gerichts einen Richter oder eine Zivilkammer ausschließlich mit Entschädigungsprozessen zu beschäftigen, so dass nicht die Geschäftsbelastung mit Streitsachen anderer Art die schnelle Durchführung von Entschädigungsprozessen hindert. Ein weiterer Vorteil einer solchen Zusammenfassung liegt darin, dass die Richter infolge ständiger Beschäftigung mit diesen Prozessen besondere Kenntnisse auf dem Rechtsgebiet der Enteignungsentschädigung erwerben und dass die Einheitlichkeit der Rechtsprechung gefördert wird. Der Nachteil, dass ein Gericht, bei dem die Entschädigungsprozesse zusammengezogen sind, örtlich von den Parteien weiter entfernt wäre, als das an sich zuständige Gericht, kann wegen dieser wesentlichen Vorteile in Kauf genommen werden.

Über diese Maßnahme hinaus halte ich aber auch weitere gesetzliche Sondervorschriften für Entschädigungsprozesse zur Beschleunigung der endgültigen Entscheidung für erwägenswert. Bei solchen Vorschriften darf jedoch das Hauptziel, eine zutreffende Beurteilung des Entschädigungsfalles zu sichern, nicht zurückgedrängt werden. Ferner müssen die verfassungsrechtlichen Schranken für die Gestaltung des Entschädigungsverfahrens unberührt bleiben, die sich aus der in Art. 14 Abs. 3 des Grundgesetzes enthaltene Garantie des Rechtsweges ergeben. Diese bedeutet zwar nicht, dass für die Festsetzung der Entschädigung das Verfahren der ZPO in allen Stücken maßgebend ist, sie setzt aber der abweichenden Gestaltung des Verfahrens Grenzen, die nicht überschritten werden dürfen. Die in der Entscheidung des Reichsgerichts RGZ 104, 140 im Hinblick auf Art. 153 der Weimarer Reichsverfassung hierzu entwickelten Grundsätze sind m.E. auch auf Art. 14 GG anzuwenden. Danach dürfen die prozessualen Grundlagen des durch die Zivilprozessordnung bestimmten Verfahrens und diejenigen Vorschriften nicht angetastet werden, die wesentliche Unterscheidungsmerkmale des Verfahrens vor den ordentlichen Gerichten im Gegensatz zu dem Verfahren bei den Verwaltungsbehörden und Verwaltungsgerichten aufstellen.

Daher erscheint es mir aus verfassungsrechtlichen Gründen nicht möglich, zur Abkürzung des Verfahrens, wie es vorgeschlagen wurde, so weit zu gehen, dass jede Nachprüfung der erstinstanzlichen gerichtlichen Entscheidung ausgeschlossen wird. Wohl aber dürfte es mit Art. 14 Abs. 3 GG vereinbar sein, wenn im Verfahren vor den Landgerichten das Rechtsmittel der Berufung ausgeschlossen und stattdessen lediglich eine Revision ermöglicht wird. Wird diese Lösung gewählt, so verspreche ich mir davon eine wesentliche Beschleunigung des Verfahrens. Denn wenn die Nachprüfung der tatsächlichen Feststellungen des Landgerichts ausgeschlossen sind, kommt die Anordnung weiterer Sachverständigen-Gutachten, deren

Erstattung erfahrungsgemäß das größte Hindernis für ein schnelles Verfahren ist, nach Abschluss des landgerichtlichen Verfahrens nicht mehr in Betracht.

Eine weitere Beschleunigung könnte erzielt werden, wenn für die Revision nicht der Bundesgerichtshof, sondern das Oberlandesgericht zuständig wäre. Denn der Bundesgerichtshof könnte wegen der bei ihm eintretenden Geschäftsanhäufung die Termine in Entschädigungssachen nicht so kurzfristig ansetzen, wie es bei den Oberlandesgerichten erreichbar wäre. Das Revisionsverfahren vor dem Oberlandesgericht hätte im Übrigen für die Prozesspartei den Vorteil, dass das Revisionsgericht für sie leichter erreichbar wäre als der Bundesgerichtshof. Der Nachteil, dass bei der Entscheidung durch die Oberlandesgerichte die Einheitlichkeit der Rechtsprechung über Enteignungsentschädigungen, an der besonders im Hinblick auf die geplante Schaffung neuer Entschädigungsgrundsätze ein starkes Interesse besteht, nicht gesichert wäre, müsste durch besondere gesetzliche Vorschriften ausgeglichen werden. In dieser Richtung wäre wohl erforderlich, dass der Bundesgerichtshof über Rechtsfragen des materiellen Entschädigungsrechts – im Beschlussverfahren ohne mündliche Verhandlung – entscheidet, in denen ein Oberlandesgericht von der Entscheidung eines anderen Oberlandesgerichts abweichen will.

Weitere Möglichkeiten zur Abkürzung des Entschädigungsverfahrens liegen darin, dass eine Ausschlussfrist für die Klage auf Erhöhung oder Herabsetzung der im Verwaltungswege vorläufig festgesetzten Entschädigung vorgesehen wird und dass die in der Zivilprozessordnung vorgesehenen Fristen für die Einlegung und für die Begründung der Revision abgekürzt werden. Als Ausschlussfrist für die Klageerhebung – unter Ausschluss späterer Erhöhung des Klageantrages – könnte ein Monat vorgesehen werden. Das würde z. B. dem geltenden bayerischen Recht entsprechen, während die in § 30 des Preußischen Enteignungsgesetzes vorgesehene Frist sechs Monate beträgt. Die Revisionsfrist könnte vielleicht auf zwei Wochen, die Revisionsbegründungsfrist ebenfalls auf zwei Wochen (mit Verlängerungsmöglichkeit) abgekürzt werden. Um auch die bei Zustellung der Urteile im Parteibetriebe eintretenden Verzögerungen des Beginns der Revisionsfrist zu vermeiden, wäre in Betracht zu ziehen, ob die Urteile in Entschädigungsprozessen von Amts wegen zugestellt werden sollen.

Ein wirksames Mittel der Beschleunigung der endgültigen Festsetzung der Entschädigung bietet sich schließlich darin, dass ohne Rücksicht, ob die Verwaltungsentscheidung über die Zuständigkeit und den Empfang der Enteignung schon rechtskräftig ist, bereits die Klage auf Erhöhung oder Herabsetzung der Entschädigung zugelassen wird. Bedenken dagegen, dass in diesen Fällen möglicherweise ein verwaltungsgerichtliches Verfahren neben dem Entschädigungsprozess läuft, können m.E. zurückgestellt werden. Eine gerechte Lösung der Kostenfrage für den Fall, dass im verwaltungsgerichtlichen Verfahren sich eine vorher ergangene gerichtliche Entscheidung über die Entschädigung als gegenstandslos erweist, wird zu finden sein. Es dürfte auch angängig sein, dass im Fall des Zusammentreffens des Gerichts- und des Verwaltungsgerichtsverfahrens die Möglichkeit ausgeschlossen wird, dass das ordentliche Gericht die Entscheidung über die Entschädigungsklage bis zur Entscheidung des Verwaltungsgerichts über die Zuständigkeit und den Umfang der Enteignung aussetzt.

Zusammenfassend bin ich der Auffassung, dass bei Ausschöpfung der vorstehend erörterten Möglichkeiten allen berechtigten Wünschen nach einer beschleunigten Entscheidung über die Höhe der Entschädigung entsprochen wird und das gerichtliche Verfahren nicht mehr Zeit erfordert, als ein ordnungsmäßig durchgeführtes Entschädigungsverfahren vor den Verwaltungsgerichten, so dass jeder Anlass wegfällt, eine Änderung des Art. 14 des Grundgesetzes anzustreben. gez. Dehler

VIII. Niederschrift über die Besprechung des Wohnungsbauministers mit den Spitzenverbänden am 28.9.1950

Herr Minister *Wildermuth* eröffnete die Sitzung. Er wies in einleitenden Worten auf die Schwierigkeiten hin, die dem Wohnungsbau aus der entstandenen Baulandnot erwachsen sind. Der Bundestag habe daher bei der Verabschiedung des Ersten Wohnungsbaugesetzes die einstimmige Entschließung gefasst, die Bundesregierung anzuweisen,

a) bis zum 30.9.1950 einen Gesetzentwurf über die Enteignung von Grundstücken zugunsten des Wohnungsneubaus und für den Wiederaufbau vorzulegen und

b) in dieses Gesetz Bestimmungen aufzunehmen, die gegebenenfalls unter Änderung von Bestimmungen des Grundgesetzes die schnelle, wirksame, endgültige und zu günstigen Preisen mögliche Enteignung von Grundstücken ermöglichen.

In Ausführung dieses der Bundesregierung gegebenen Auftrages sei vom Wohnungsbauministerium ein Gesetz für die Bundesrepublik Deutschland ausgearbeitet worden. Dieses Gesetz sei aber derart umfangreich, dass mit einer Verabschiedung so schnell nicht zu rechnen sei. Er habe sich daher entschlossen, dieses Gesetz zu veröffentlichen. Es werde in aller Kürze erscheinen. Als Übergangsregelung sei der zur Beratung vorliegende Gesetzentwurf zur vorläufigen Regelung der Baulandbeschaffung aufgestellt worden. Die Behebungsverordnung vom 9.11.1919 sei zwar noch nicht außer Kraft gesetzt, jedoch sei sie in wesentlichen Teilen (Rechtsmittelverfahren) nicht mehr anwendbar, da sie insoweit den Bestimmungen des Grundgesetzes widerspreche.

Der vorliegende Gesetzentwurf [oben S. 299 ff.] sei bereits mit den Bundesressorts und den Ländern besprochen worden. Dabei habe sich gezeigt, dass vor allem vier Probleme Schwierigkeiten bereiten. Es seien dies folgende Fragen:

1. Muss dieses vorläufige Gesetz Bestimmungen über Baulandumlegung und -zusammenlegung enthalten oder nicht?
2. Wer soll Enteignungsbehörde werden?
3. Soll der Rechtsweg ausgeschlossen oder etwa nur verkürzt werden und
4. wie soll die Entschädigung aussehen?

Zu diesen Problemen bat der Herr Minister um Stellungnahme. Es gelte vor allem, die Wohnraumnot zu beseitigen, und dieses Problem sei nicht nur wirtschaftlicher und verwaltungstechnischer, sondern auch politischer Natur. Aus diesem Grunde sei eben ganz besonders viel an dem Rat der Besprechungsteilnehmer gelegen.

Der Herr Minister konnte der Sitzung infolge anderweitiger Inanspruchnahme nicht weiter beiwohnen. Herr Staatssekretär *Dr. Wandersleb* übernahm den Vorsitz.

Es äußerten:

Dr. Sielk, Hamburg: In Hamburg haben sich ca. 160 Aufbaugesellschaften auf freiwilliger Grundlage gebildet. Nach den bisher mit ihnen gemachten Erfahrungen sind rund 2/3 aller Grundbesitzer zum Wiederaufbau bereit. Schwierigkeiten ergaben sich nur insofern, als die Baubehörde die Enteignungsbestimmungen des Hamburger Wiederaufbaugesetzes mit Rücksicht auf die angekündigte Bundesregelung nicht anwandte. Es wird begrüßt, dass mit der Einbringung des Entwurfs bald zu rechnen ist. Grundsatz muss jedoch bleiben, dass das Baugeschehen zunächst der freien Initiative überlassen bleibt und erst da, wo sich unangebrachte Widerstände zeigen, mit Zwangsmitteln zugefasst wird. Meistens wird schon ein kleiner Druck seitens der Behörde genügen, um zum Ziel zu gelangen. Hauptsache ist heute, dass das Baulandbeschaffungsgesetz *bald* zum Zuge gelangen und der Aufbau nicht durch Versprechen neuer Gesetze behindert wird.

Görlinger (MdB), Oberbürgermeister der Stadt Köln: Das Recht auf Wohnung ist das vornehmste Recht des Menschen. Politische Verhältnisse haben dazu geführt, dass Millionen Menschen aus dem Osten hier eingewandert sind und nur notdürftig untergebracht werden konnten. Es sind daher vom Bund Maßnahmen zu treffen, die dazu angetan sind, unter allen Umständen die Wohnungsnot zu beheben. Es wird vorgeschlagen, als Baulandbeschaffungsämter die Stadt- und Landkreise einzusetzen. Das lebendige Geschehen jeder Demokratie liegt bei der Gemeinde. Welche Sicherung hier eingebaut werden kann, bleibt noch einer genaueren Prüfung vorbehalten. Der Regierungspräsident wird als Landbeschaffungsamt abgelehnt. Bezüglich des Rechtsweges wird vorgeschlagen, die Klage beim Verwaltungsgericht zuzulassen. Evtl. kann hier eine Sonderkammer, die sich ausschließlich mit diesen Fragen zu befassen hat, eingerichtet werden. Der Bürger hat ein Recht auf Sauberkeit des Verfahrens. Es ist darauf hinzuwirken, dass das Verfahren kurz ist und in einer Instanz erledigt werden kann. Wichtig ist auch, dass das Gesetz klare Formulierungen enthält, damit bei der Auslegung keine Schwierigkeiten entstehen.

Wir wollen heute keine Mammutstädte mehr, sondern die Städte sollen mehr dezentralisiert werden. Wollen wir das erreichen, so brauchen wir Ausdehnungsmöglichkeiten. Wir brauchen den Raum, um ihn bebauen zu können. Die Tendenz geht dahin, dass mehr Raum und mehr Luft geschaffen werden sollen. Dann ist der Grundbesitzer auch selbst am Aufbau interessiert. Auch volkswirtschaftlich gesehen ist das Bauland von Wichtigkeit, denn heute fahren täglich Tausende nach Köln hinein und heraus, um ihre Arbeitsstätten zu erreichen. Erstrebenswert aber ist, dass dem Wohnungsbau auch das notwendige Gelände in der Nähe der Arbeitsstätten zur Verfügung gestellt werden kann. Außerordentliche Zeiten erfordern auch außerordentliche Maßnahmen.

Was die Höhe der Entschädigung anbetrifft, so ist der heute herrschende Notstand zu berücksichtigen. Es gibt kein absolutes Eigentum. Als Höchstgrenze der Entschädigung wird der Einheitswert vorgeschlagen. Die Kommunalbehörden sind nicht in der Lage, Vorratswirtschaft durch Landbeschaffung zu betreiben, weil ihnen einfach die Gelder dazu fehlen. Der Haushaltsplan sieht für derartige Zwecke keinerlei Mittel vor. Eine Entschädigungsleistung ohne Verrentung ist nicht möglich, da Köln einen Grunderwerb von 50–60 Mio. DM vorzunehmen hat. Wir müssen eben Vertrauen in die Zukunft haben. Die Banken stehen der Sache keineswegs ablehnend gegenüber.

Das Gesetz muss vor allem eine Möglichkeit geben, in einer Altstadt wie Köln, wo tausende von kleinen Parzellen vorhanden, aber im Grundbuch gar nicht mehr aufzufinden sind, zufassen zu können, denn sonst kommt es nie mehr zu einer neuen Regelung des Städteaufbaus. Oberstes Ziel muss sein: Zurückstellung einzelner Interessen in Anbetracht des Notstandes! – Die Umlegung und Zusammenlegung kann zurückgestellt werden, wenn es sicher ist, dass eine gesetzliche Neuregelung gleich nach Verabschiedung dieses Gesetzes in Angriff genommen wird.

Dr. Hess, Verband freier Wohnungsunternehmen e.V., Hamburg: Die Baulandbeschaffung ist eine Frage, die außerordentliche Maßnahmen erfordert. Der Gesetzentwurf wird daher grundsätzlich begrüßt. Es bestehen jedoch Bedenken gegen den beabsichtigten Ausschluss des Rechtsweges und die Art der Entschädigung. Am zweckmäßigsten wäre die Entschädigung in Land. Es muss jedoch vermieden werden, dass die Gemeinden selbst von der Landbeschaffung allzu großen Gebrauch machen. Die Gemeinden und Länder sind in ihren Bestrebungen meistens zu fiskalisch eingestellt. Zwangsmaßnahmen sind erforderlich, um die Privatinitiative anzukurbeln.

Schütz, Zentralverband der Haus- und Grundbesitzer, Düsseldorf: Der private Grundbesitz will mitmachen. Es wird eingesehen, dass Maßnahmen erforderlich sind, um den Wiederaufbau zu bewerkstelligen. Die Entschließung des Bundestages geht jedoch dahin, dass sie sich auf den Wohnungsneubau erstreckt, während in dem vorliegenden Gesetzentwurf Maßnahmen vorgesehen sind, die darüber hinausgehen. Für großartige Städteplanungen mit verbreiterten Straßen etc. hat man kein Verständnis. Dazu fehlt auch heute das Geld. Es kann auch nicht eingesehen werden, dass eine Verbreiterung der Straße unbedingt eine Wertsteigerung des Grundstücks zur Folge hat. Gerade das Gegenteil ist häufig der Fall. Eine weniger breite Geschäftsstraße ist oft angenehmer als eine breite, da der einzelne doch zwischen den beiden Straßenseiten hin- und herpendelt. Es muss vermieden werden, dass sich die Städte aufgrund neuer Enteignungsbestimmungen größeren Grundbesitz zulegen können. Eine Planung darf heute nicht auf lange Zeit gerichtet sein, denn in einigen Jahren wird die Wohnungsnot behoben sein, und dann sind Maßnahmen, wie sie heute erforderlich scheinen, nicht mehr geboten. Bei allen Maßnahmen muss Rücksicht auf das Eigentum genommen werden. Der Grund und Boden ist keine Ware. Grundeigentum ist heilig. Die ganze westliche Kultur baut sich auf dem Eigentumsbegriff auf.

Im Gesetzentwurf werden Bestimmungen vermisst, wonach zunächst Grundstücke der öffentlichen Hand, die nicht unbedingt für öffentliche Zwecke bestimmt sind, für die Bebauung mit Wohnungen herangezogen werden. Es muss ferner vermieden werden, dass der Grundeigentümer enteignet werden kann, ohne dass ihm vorher die gleichen Vorzüge angeboten werden, die dem neuen Eigentümer zugute kommen sollen, d.h. dass erst enteignet werden darf, wenn bei gleicher Finanzierungsförderung der Eigentümer des Grundstücks nicht bauwillig ist. Bei der Frage, wer Enteignungsbehörde werden soll, muss man auf die rechtsstaatlichen Grundsätze der Dreigewaltenteilung Rücksicht nehmen. Die Gemeinden und Kreise sollen alle vorbereitenden Arbeiten erledigen und mehr oder weniger die Rolle eines

Staatsanwaltes spielen, aber niemals Richter sein. Entscheiden darf nur eine höhere Instanz. Über die Höhe der Entschädigung sollen die ordentlichen Gerichte entscheiden. Wie die Verfahren beschleunigt werden können, soll Sache der Gerichte sein. Es können Sonderkammern eingerichtet werden. Das Verfahren kann auch durch entsprechende Geschäftsverteilung beschleunigt werden und gegebenenfalls kann auch der Instanzenzug verringert werden. Mit der Einschaltung der ordentlichen Gerichte hat der Betroffene auf jeden Fall die Garantie einer objektiven Behandlung der Angelegenheit. Eine Ausschaltung des Rechtsweges ist mit dem Grundgesetz nicht vereinbar. Eingriffe in das Privatrecht dürfen nur gestattet werden, wenn dies aus dem Gesellschaftsleben heraus notwendig wird. Das neue Gesetz muss mit der Verfassung übereingestimmt werden und nicht umgekehrt. Art. 19 Abs. 2 des Grundgesetzes sagt, dass ein Grundrecht in keinem Falle in seinem Wesensinhalt angetastet werden darf.

Ein solches Grundrecht ist aber die Möglichkeit, dass in einem solchen Falle, wie ihn die Enteignung darstellt, unter allen Umständen ein Gericht angerufen werden kann. Darin ändert auch der Umstand nichts, wenn das Baulandbeschaffungsgesetz einen Rechtsweg ausschließen sollte, denn Art. 19 Abs. 4 des Grundgesetzes sagt: Wird jemand durch die öffentliche Gewalt in seinen Rechten verletzt, so steht ihm der Rechtsweg offen. Soweit eine andere Zuständigkeit nicht begründet ist, ist der ordentliche Rechtsweg gegeben. – Im Falle der Enteignung muss daher mindestens die Anrufung eines Verwaltungsgerichtes gegeben sein.

Die Entschädigung soll grundsätzlich in bar geleistet werden, denn sie muss in einer Weise geleistet werden, die auch eine *Entschädigung* darstellt. Eine Rente ist geringwertiger; ganz ausgeschlossen aber sind Obligationen. Bei der heutigen Einstellung der Bürger wird eine Obligation bestimmt nicht für vollwertig genommen. Dass eine Obligation keine Entschädigung ist, ergibt sich daraus, dass man beim Verkauf nur einen Prozentsatz des Nennwerts erhalten würde. Äußerstenfalls kann man sich noch mit Ratenzahlungen einverstanden erklären. Letztere müssen aber fortfallen, wenn der Eigentümer, wenn er nun schon einmal enteignet werden soll, auf dem Geld besteht, dieses auch erhält, damit er es anderweitig anlegen kann.

Der Herr *Staatssekretär* wies grundsätzlich darauf hin, dass der Auftrag des Bundestages sich nicht nur auf den Wohnungsneubau beschränke, sondern auch den Wiederaufbau einbeziehe.

Deutscher Industrie- und Handelstag: Gegen einen Ausschluss des Rechtsweges bestehen große Bedenken. Bei einem derartig einschneidenden Eingriff, wie ihn die Enteignung darstellt, muss der Rechtsmittelweg offen bleiben; evtl. kann man die Verwaltungsgerichte in Erwägung ziehen. Jedoch besteht bei der Bevölkerung größeres Vertrauen zu den ordentlichen Gerichten. Der ordentliche Rechtsweg erscheint aber auch sowieso als der geeignete, da sich die Richter doch ständig mit solchen Fragen zu beschäftigen haben. Die Beschleunigung des Verfahrens ist höchstens eine technische Frage des Justizministeriums.

Richter, Deutscher Städtetag: Das ausgearbeitete Gesetz wird unbedingt benötigt. Es wird im augenblicklichen Stadium der Dinge vorgeschlagen, die Umlegung und Zusammenlegung einer späteren Regelung vorzubehalten. Es ist notwendig, die

Verwaltungsgerichte einzuschalten, da dadurch eine größere Sicherheit geboten wird. Die schon erwähnte Einrichtung von Sonderkammern wäre zu begrüßen. Dass die Verwaltungsjustiz jedoch weniger Vertrauen als die ordentlichen Gerichte genießen, ist unzutreffend. Auch die Verwaltungsgerichte fällen ihre Urteile erst nach einer eingehenden Prüfung der Sach- und Rechtslage. In einem mir bekannten Falle hat das Verfahren drei Jahre gedauert, weil Sachverständige etc. gehört werden mussten. Der ordentliche Rechtsweg muss unter allen Umständen ausgeschlossen werden.

Das Grundgesetz sagt aber nicht nur, dass das Eigentum geschützt wird, sondern es sagt in Art. 14 Abs. 2, dass es auch verpflichtet und sein Gebrauch zugleich dem Wohle der Allgemeinheit zu dienen hat.

Wenn Art. 19 des Grundgesetzes schon mal zitiert und ein Rechtsweg gefordert wurde, so sagt der einzige vorliegende Kommentar zum Grundgesetz von Giese, dass der Rechtsweg auch der Verwaltungsrechtsweg sein kann.

Eine volle Entschädigung hat man nur nach dem Gesetz von 1874 gekannt. Schon die Weimarer Verfassung sah eine „angemessene Entschädigung“ vor. Er muss daher bezüglich der Entschädigung eine Regelung vorgesehen werden, die der Forderung des Bundestages gerecht wird. Vielleicht kann auf dem Kapitalmarkt eine Regelung gefunden werden, dass die Obligationen doch zu einer gerechten Entschädigung führen. Schließlich kommt diese Handhabung ja nicht der Stadt oder der Gemeinde, sondern der Allgemeinheit zugute.

Stenzel, Deutscher Gewerkschaftsbund: Der Entwurf des Gesetzes wird begrüßt. Er ist dringend notwendig, um Maßnahmen des Wohnungsbaus durchführen zu können. Ob im Rahmen dieses Gesetzes die Um- und Zusammenlegung mit hineingehört, mag politischen Erwägungen überlassen bleiben. Wenn sie jedoch jetzt nicht mit aufgenommen wird, dann ist es unbedingt notwendig, dass sofort nach Verabschiedung des vorläufigen Baulandbeschaffungsgesetzes mit der Behandlung dieser Frage begonnen wird. Es wird die Auffassung abgelehnt, dass der Grundbesitz heilig ist. Es ist doch nur der Zufall, der ihn erhalten hat. Wenn der Bundestag einstimmig beschlossen hat, dass ein Enteignungsgesetz dringend notwendig ist, so ergibt sich daraus die Schlussfolgerung, dass die bisherigen Bestimmungen nicht ausreichen. Wenn man sich mit dem Gedanken trägt, den Rechtsweg auszuschalten, so kann das doch nur heißen, dass man mit ihm bisher keine guten Erfahrungen gemacht hat, ja, dass er im Falle der Baulandbeschaffung ein Hemmnis darstellt.

Von gewerkschaftlicher Seite wird der Hinweis gegeben, dass der Einheitswert zu dem Werte gemacht werden soll, der für alle Fälle, handle es sich um Enteignung, Beleihung, Besteuerung oder ähnliches, zugrunde zu legen ist. Es soll dem Eigentümer die Möglichkeit gegeben werden, gegen die Festsetzung des Einheitswerts Einspruch einzulegen. Ist er dann aber einmal mit dessen Zustimmung festgesetzt, so ist er durchaus ein Wertmaßstab, von dem in allen Fällen ausgegangen werden kann.

Dr. Heinrich, Deutscher Bauernverband: An der Gesetzesmaterie ist der Deutsche Bauernverband nur mittelbar interessiert. Es wird jedoch der gleiche Standpunkt eingenommen, wie er vom Zentralverband der Haus- und Grundbesitzer (Schütz) und vom Deutschen Industrie- und Handelstag vertreten sind. Das vorliegende

Gesetz ist das erste Gesetz dieser Art, das auf Bundesebene behandelt wird, und mit diesem ersten Gesetz sollen gleich die Grundgedanken des Grundgesetzes angetastet werden. Diese Tatsache wird für sehr bedenklich gehalten. Es besteht dann die Gefahr, dass die Grundrechte mit dem 2. oder 3. Enteignungsgesetz immer weiter eingeschränkt werden. Das Eigentum ist das Kriterium zweier Weltanschauungen. Es heißt hier, größte Vorsicht obwalten zu lassen, ehe man die Vorschriften der Verfassung antastet. Der Einheitswert kann nicht als Entschädigungswert gelten, da er nur einen Teil des tatsächlichen Wertes darstellt und nur eine Steuerbemessungsgrundlage ist. Wird der Einheitswert zugrunde gelegt, so würde der Grundeigentümer neben dem Verlust des Grundstücks als solchem auch noch eine Minderung der Entschädigung erfahren. Das muss unbedingt vermieden werden. Der Einheitswert kann nur als Teilwert gewertet werden.

Binder, Deutscher Verband für Wohnungswesen, Städtebau und Raumplanung, Frankfurt/Main: Bei dem Erlass des Gesetzes muss vor allem auch an die Masse der Notleidenden (Enteignete aus dem Osten) gedacht werden. Sie können es nicht verstehen, wenn nur sie allein Opfer bringen sollen. Das Gesetz sieht in seinem Entwurf diese Möglichkeit vor. Sie müsste aber noch etwas mehr herausgestellt werden. Es ist nicht zu befürchten, dass aufgrund dieses Gesetzes nun ganz groß enteignet wird. Dafür hat das Gesetz doch allerlei Schranken eingebaut. Will man nun einmal diesen Fragenkomplex regeln, so kann man an der Umlegung nicht vorbeigehen. Durch die Umlegung wird viel Bauland gewonnen werden, was wiederum zur Folge hat, dass Enteignungen unterbleiben können. Der heutige Notstand muss kurz und die Entscheidungen müssen hart sein gegen widerspenstige Elemente. Bezüglich der Entschädigung ist ja nicht nur *eine* Möglichkeit, sondern es sind derer mehrere gegeben. Die Frage verliert daher doch eigentlich an Bedeutung. Es wäre zu begrüßen, wenn die Entschädigungen weitgehend in Land vorgenommen werden würden. Dem Standpunkt des Oberbürgermeisters Görlinger wird zugestimmt. Die Gemeinden sollen in dem Verfahren die Rolle des Staatsanwaltes spielen. Gemeinden, die in der Vergangenheit Bodenvorratswirtschaft betreiben konnten, kann man zählen. Selbstverständlich sollen die Grundstücke der Gemeinden nutzbar gemacht werden. Es darf aber nicht so weit gehen, dass die Gemeinde ihren gesamten Grundbesitz für den Wohnungsbau herzugeben hat; denn ihr obliegen doch noch andere Aufgaben, die dem Wohle der Allgemeinheit dienen und wozu gemeindeeigener Grund und Boden nötig ist. Um das gesteckte Ziel zu erreichen, muss jeder Stand, auch die Gemeinde, aber auch der private Grundbesitz, Opfer bringen.

Zu Landbeschaffungsämtern sollen die Stadt- und Landkreise bestellt werden. Hier muss man etwas mehr Vertrauen in die Demokratie setzen, denn die Demokratie kommt doch gerade von unten her. Die Bevölkerung wird schon von selbst darauf achten, dass hier objektiv geurteilt wird.

Ob die Beschwerde beim Regierungspräsidenten oder in kleinen Ländern beim Minister anzubringen ist, kann überlegt werden. Im Übrigen soll man die Verwaltungsgerichte, die keineswegs schlechter sind als die ordentlichen Gerichte, einschalten. Ein schnelleres Verfahren kann evtl. durch Einrichtung von Sonderkammern erreicht werden.

Dr. Kampfmeyer, DGB, zugleich als Vertreter eines Wohnungsverbandes: Seitens der Bauindustrie besteht größtes Interesse, dass im Frühjahr mit den Bauarbeiten begonnen werden kann. Die Länder haben bis zum 1. Oktober ihre Pläne aufgestellt, nach denen gebaut werden soll. 9/10 dieser Länder haben in ihren Gesetzen Bestimmungen über Um- und Zusammenlegung. Wichtig ist daher zunächst nur, dass das Enteignungsgesetz so schnell wie möglich verabschiedet wird, damit der für die Bebauung notwendige Boden bis zum Frühjahr auch zur Verfügung steht.

Dr. Simon, Deutsches Volksheimstättenwerk: Die Um- und Zusammenlegung kann von der Regelung der Planung nicht getrennt werden. Es wird daher der wiederholten Anregung zugestimmt, sie im Rahmen des Baulandbeschaffungsgesetzes nicht zu behandeln, da letzteres nur vorläufigen Charakter trägt. Würde der gesamte Grundbesitz der öffentlichen Hand herangezogen werden, so könnten hiermit höchstens 12% des Gesamtbedarfs gedeckt werden, denn über mehr Grundbesitz verfügt die öffentliche Hand nicht. Die Enteignung in die untere Instanz zu legen, würde bedeuten, die Gemeinden zum Richter in eigener Sache zu machen. Die gewählten Vertreter haben auch nicht den Mut, so durchzugreifen, wie es vielleicht notwendig wird. Die Mittelinstanz wäre daher die richtige. Sie kann ausgleichen und vermitteln. Eine volle Entschädigung hat es nur nach dem Gesetz von 1874 gegeben. Volle Entschädigung würde bedeuten, dass auch ein evtl. Liebhaberwert zu zahlen wäre. Von dieser Auffassung hat sich aber bereits die Weimarer Verfassung distanziert, so dass wir uns heute nach der Entschädigung zu richten haben, die vom Grundgesetz gewollt ist. Der Einheitswert wäre gut, wenn er einen gerechten Wert darstellen würde. Feststellungen haben jedoch ergeben, dass eine Änderung der Einheitswerte 2–3 Jahre in Anspruch nehmen würde. So lange können wir aber nicht warten. Die im Gesetzentwurf gemachte Formulierung ist daher schon richtig. Die Entschädigung soll sich an den Stopp-Preis von 1936 halten. Diese Regelung muss jedoch bei einer evtl. Aufhebung der Stopp-Preise aufrecht erhalten bleiben. Die Aufhebung jedes Rechtsweges geht zu weit. Der Bürger muss die Möglichkeit haben, den Rechtsweg zu beschreiten. Dies sieht auch Art. 19 des Grundgesetzes vor, wovon nicht abgewichen werden darf. Der Art. 19 Abs. 4 des Grundgesetzes hat institutionelle Wirkung und kann nicht geändert werden. Jedes Misstrauen gegen die Verwaltungsgerichte ist vollkommen unbegründet. Das Verwaltungsgericht soll zugelassen werden. Die Verfahrensregelung soll aber mit Fristen versehen sein, um eine Beschleunigung zu erzielen.

Schlüter, Deutscher Landkreistag: Der Gesetzentwurf wird begrüßt. Es wird davor gewarnt, den Regierungspräsidenten zur Enteignungsbehörde zu machen. Die richtige Stelle hierfür ist die untere Verwaltungsbehörde. Sie handelt nicht nur für sich, sondern für die Interessen der Allgemeinheit. Der Landrat kann ja aufgefordert werden, Mitglieder des Kreisausschusses mit hinzuzuziehen. Eine solche Einrichtung würde in jeder Beziehung für objektive Behandlung bürgen. Gegen die Entschädigung soll die Beschwerde beim Regierungspräsidenten und hiergegen die Klage vor dem Verwaltungsgericht zugelassen werden.

Das Um- und Zusammenlegungsverfahren soll mit diesem Gesetz nicht verknüpft werden. Die Entschädigung soll auf dem Land vornehmlich in Land erfolgen. Im

Übrigen muss ein Weg gefunden werden, der auch die Verrentung zu einer gerechten Entschädigung werden lässt.

Dr. Wendt, Deutscher Industrie- und Handelstag: Der Gesetzentwurf geht über die eigentliche Baulandbeschaffung hinaus. Die Frage, ob dies im heutigen Zeitpunkt schon nötig ist, kann nur verneint werden. Minister Wildermuth hat davon gesprochen, ein Übergangsgesetz zu schaffen, das der Behebung der dringendsten Wohnungsnot dienen soll und nichts mehr. Der letzte Bericht des Wohnungsbauministeriums besagt, dass es möglich sein werde, in Trümmergrundstücken 2 1/4 Millionen Wohnungen zu bauen.

Ob die Um- oder Zusammenlegung in dieses Gesetz gehört, dazu wird sich der Äußerung enthalten. Wenn aber zunächst mal Bauland beschafft werden soll, dann ist in dem Gesetz kein Platz für Obligationsentschädigungen, denn letztlich ist ja der neue Eigentümer und nicht die Gemeinde verpflichtet, die Entschädigung zu zahlen. Es ist niemand da, der sich gegen einen gerechten Lastenausgleich sträubt, aber dem Grundbesitz darf hier nicht noch zum zweiten Male eine Last aufgebürdet werden. Die Last muss von der Allgemeinheit getragen werden.

Die Enteignung ist eine sehr einschneidende Maßnahme. Trotz der Notzeit darf an eine Änderung des Grundgesetzes nicht gedacht werden, denn über allem muss das Vertrauen zu unserem Staatswesen stehen. Gegen die Verwaltungsgerichte bestehen keine Bedenken; jedoch hat die Bevölkerung große Bedenken gegen die Gemeinden als Landbeschaffungsämter. Dies rührt her von den Wohnungsämtern, wo seitens der Gemeinden nicht immer gerade gerecht verfahren worden ist. Es müssen daher Bestimmungen getroffen werden, die eine klare Trennung zwischen richterlichen Funktionen einerseits und reiner Verwaltungstätigkeit andererseits vornehmen. In erster Linie muss der Grundbesitz der Gemeinde herangezogen werden.

Dr. Mewes, Verband Rheinischer Wohnungsunternehmen: Die untere Verwaltungsbehörde ist durchaus geeignet, Landbeschaffungsamt zu werden. Der § 37 des Gesetzentwurfs sieht vor, dass das Landbeschaffungsamt besetzt ist mit einem Vorsitzenden und zwei Beisitzern. Beisitzer können also auch Gemeindevertreter sein, so dass die Interessen der Beteiligten als durchaus gewährt angesehen werden können. Als Rechtsmittel müssen die Beschwerde beim Regierungspräsidenten und die Klage vor den Verwaltungsgerichten zugelassen werden. Die Entschädigung hat in erster Linie in Land und in Geld zu erfolgen.

Deutscher Gemeindetag: Enteignungsbehörde soll bei ländlichen Gemeinden der Kreis sein. Er ist den Gemeinden übergeordnet und daher nicht parteiisch. Ein Rechtsmittelzug muss gegeben sein. Hierfür kommen die Verwaltungsgerichte in Frage. Entscheidend muss sein, dass das Urteil binnen kürzester Frist gefällt werden kann. Die Entschädigung muss angemessen sein. Es darf nicht dazu kommen, dass Grundstücke wohl angeboten werden, aber zu übersetzten Preisen. Diese Gegenwilligen zu erfassen, dazu dient der Entwurf dieses Gesetzes.

Arbeitsgemeinschaft der Hypothekenbanken: In der Vergangenheit ist zu wenig Gebrauch von dem Erbbaurecht gemacht worden. Die Zusammensetzung des Landbeschaffungsamtes, wie sie der Gesetzentwurf vorsieht, ist durchaus als gut zu bezeichnen. Ein Rechtsmittelzug muss aber zugelassen werden. Hierfür kommen die Verwaltungsgerichte in Frage.

Dr. Mewes, Verband Rheinischer Wohnungsunternehmen: Es wird eine Revision des Erbbaurechts vorgeschlagen, da wegen der Kompliziertheit des Verfahrens hiervon zu wenig Gebrauch gemacht wird.

Sprengel, Arbeitsgemeinschaft Deutscher Sparkassenverbände: Die Entschädigung sollte in Form einer Rente, nicht aber in Obligationen gegeben werden. Die Kreditinstitute müssen das bei Ablösung von dinglichen Pfandrechten frei werdende Geld anderweitig unterbringen; das ist bei Obligationen unmöglich.

Staatssekretär: Der Entwurf wird umgearbeitet und den Anwesenden zugeleitet werden. Der Entwurf *Dr. Dittus* wird ebenfalls den Anwesenden amtlich in einem Exemplar zugeleitet werden.

Der Öffentlichkeit wird mitgeteilt werden, dass private Vereinbarungen ruhig weiter getroffen werden können. Der Entwurf steht ihnen nicht im Wege.

Der Wohnungsbau ist vordringlich. Die Enteignung muss schnell erfolgen und entsprechend der Behebungsverordnung den Rechtsweg ausschließen. Die Änderung des Grundgesetzes steht rechtsstaatlichen Belangen nicht entgegen. Nach der allgemeinen Auffassung soll ein Rechtszug vor den Verwaltungsgerichten zugelassen werden. Die gegen die Gemeinden als Enteignungsbehörde vorgebrachten Bedenken werden geprüft werden. Das Gleiche gilt für die Entschädigungsleistung durch Hergabe von Obligationen. Man darf hier die finanzielle Lage der Städte nicht unbeachtet lassen.

Die *Nachmittagssitzung* wurde von Herrn MinRat *Döscher* geleitet.

Dr. Simon, Deutsches Volksheimstättenwerk: Die neu geprägte Bezeichnung „Baulandbeschaffung“ wird begrüßt, da damit das Positive in den Vordergrund gestellt wird. Es wird beantragt, im Gesetz überall anstelle des Wortes „Enteignung“ das Wort „Beschaffung“ zu verwenden.

Dr. Zinkahn: Begründung hierzu und Mitteilung der von den Ressorts eingenommene Stellung.

Sprengel, Arbeitsgemeinschaft Deutscher Sparkassenverbände: Zur Baulandbeschaffung kann man mehrere Wege beschreiten. Es gibt die *gütliche Einigung* und die *Enteignung*, beides Fälle, die Unterbegriffe der Baulandbeschaffung darstellen. Aus diesem Grunde kann man das Wort „Enteignung“ nicht durch „Beschaffung“ ersetzen.

Dr. Sielk, Hamburg: Enteignung soll nicht durch ein anderes Wort ersetzt werden, wo es Enteignung betrifft.

Fiedler, Arbeitsgemeinschaft der Hypothekenbanken: Das Wohl der Allgemeinheit muss herausgestellt werden. Bezüglich der Begriffsbezeichnung wird aber der Vorschlag des *Dr. Sielk* unterstützt.

Deutscher Gewerkschaftsbund: Im § 23 soll das Wort „erwerben“ durch „erlangen“ ersetzt werden.

Zu § 26: Schütz, Zentralverband der Haus- und Grundbesitzer, Düsseldorf: Der § 26 ist zu weit gefasst. Es muss präzise herausgestellt werden, wann die Enteignung zulässig ist und wann nicht. Es muss der Grundsatz geprägt werden, dass nur enteignet werden darf, wenn geeignetes Bauland der öffentlichen Hand nicht vorhanden ist. Für die Fassung des Abs. 2 b wird Einverständnis erklärt. In Trümmergrundstücken wird ebenfalls für die Enteignung plädiert. An der Peripherie soll nur dann gebaut werden dürfen, wenn dies unbedingt nötig ist. Zu Abs. 1 wird beantragt, das Wort „erheblich" durch „überwiegend" zu ersetzen.

Dr. Simon, Deutsches Volksheimstättenwerk: Es geht zu weit, dem Bauwilligen die Beweislast aufzubürden, dass kein anderes Grundstück im freien Ankauf zu erlangen ist. Das muss Aufgabe der Beschaffungsbehörde sein. – Für die Bezeichnung „angemessene Preise" muss eine bessere Formulierung gefunden werden.

Sprengel, Arbeitsgemeinschaft Deutscher Sparkassenverbände: Für die neue Fassung wird vorgeschlagen, folgenden Satz einzubauen: „Wenn nach Feststellung des Baulandbeschaffungsamtes geeignetes Bauland nicht zur Verfügung steht, ..."

Dr. Kampfmeyer, DGB: Es wird vorgeschlagen, die Formulierung „zu angemessenen Preisen" präziser zu fassen, um dadurch unangenehme Verlängerungen im Gerichtsverfahren zu vermeiden.

Richter, Deutscher Städtetag: Die Bezeichnung „zu angemessenen Preisen" muss fallen.

Schütz, Zentralverband der Haus- und Grundbesitzer, Düsseldorf: Wenn die Bezeichnung „zu angemessenen Preisen" weggelassen wird, dann darf es aber nicht zum Gegenteil des Gewollten führen, nämlich dass etwa „billige Preise" daraus entsteht.

Dr. Mewes, Verband Rheinischer Wohnungsunternehmen. Zu Ziffer 2 c: Es ist notwendig, dass diese Flächen mit den anliegenden Wohnungen in näherer Verbindung stehen. Enteignet werden darf nur nach einem feststehenden Plan.

Dr. Simon, Deutsches Volksheimstättenwerk: Das vorläufige Baulandbeschaffungsgesetz soll doch nur eine Interimslösung darstellen. Es kann daher davon abgesehen werden, hier zu viel lösen zu wollen.

Dr. Kampfmeyer, DGB: Das vorläufige Baulandbeschaffungsgesetz soll so eng wie möglich gefasst werden, um anschließend sofort das große Gesetz mit seinen gesamten Lösungen in Angriff zu nehmen.

Bundesverband der Deutschen Industrie: Gegen § 27 Abs. 1 c und *1 e* bestehen Bedenken. Jeder Enteignung muss ein förmliches Planfestsetzungsverfahren vorausgehen. Die Industrie steht häufig im Gegensatz zu der Bebauungsplanung der Gemeinden, da sie vor allem doch die Bodenschätze zu berücksichtigen hat. So haben sich vor allem im Ruhrbergbau Schwierigkeiten ergeben. Es wird gebeten, diese Umstände im Gesetz zu berücksichtigen. Die beanstandeten Absätze 1 c und 1 e müssen präziser formuliert werden.

Binder, Deutscher Verband für Wohnungswesen, Städtebau und Raumplanung: Es ist richtig, die Industrie muss dahin, wo die Bodenschätze sind. Diesem Umstand ist im Gesetz Rechnung zu tragen.

Ministerialrat Döscher: Es muss in diesem Falle geprüft werden, ob die ortsplanerische Prüfung ausreichend ist oder ob sie in diesen Fällen etwa auf eine höhere Ebene verlagert werden muss.

Dr. Schmidt, Deutscher Städtebund: Zu § 28: Es genügt nicht, dass der Eigentümer „glaubhaft macht", sondern er muss *verpflichtet* werden, innerhalb einer befristeten Zeit (2 Jahre) zu bauen. Anstelle von „unterer Verwaltungsbehörde" muss es im Gesetz heißen „Gemeinden und Ämter", da es keine unteren Verwaltungsbehörden mehr gibt. Evtl. kann auch anstelle der bisher verwendeten Bezeichnung „untere Verwaltungsbehörde" die Bezeichnung „Baulandgenehmigungsbehörde" treten. Im § 29 muss „der Kreis" fallen, da er kein Bodenbesitzer im Sinne des § 29 Abs. 3 ist. Die Gemeinden sollen das Land zum Selbstkostenpreis abgeben.

Binder, Deutscher Verband für Wohnungswesen, Städtebau und Raumplanung: Im § 29 Abs. 2 müssen die Flüchtlinge Berücksichtigung finden.

Zu § 31. Dr. Zinkahn: Der § 31 wird wahrscheinlich aus diesem Gesetz herausgenommen werden.

Zu § 32. Dr. Simon, Deutsches Volksheimstättenwerk: Der Stopp-Preis von Oktober 1936 muss die oberste Grenze bilden. Desgleichen müssen die gesamten Vorschriften hierüber Anwendung finden, denn hiernach ist Land noch lange nicht Bauland, wenn ein Bebauungsplan besteht.

Deutscher Gewerkschaftsbund: Das Wünschenswerteste wäre immer noch, wenn der Einheitswert zu einer Ausgangsbasis gemacht würde.

Schütz, Zentralverband der Haus- und Grundbesitzer, Düsseldorf: Der Stopp-Preis darf nicht für alle Zeiten hier verankert werden, denn, wird dieser vom Bundestag aufgehoben, muss er auch hier als aufgehoben gelten. Der Einheitswert kann nur dann eine Ausgangsbasis darstellen, wenn der Eigentümer mit diesem Betrag einverstanden ist. Eine Herabsetzung des Einheitswerts allgemein würde zur Folge haben, dass die steuerlichen Hebesätze herabgesetzt werden müssten, denn der Betrag ist und bleibt doch nun mal derselbe.

Dr. Sielk, Hamburg: In Hamburg sind die Einheitswerte in Trümmergrundstücken um 50% vom Rahmenwert heruntergegangen.

Richter, Deutscher Städtetag: Dem Einheitswert kann als Bemessungsgrundlage nur dann zugestimmt werden, wenn er als tragbarer Ausgangspunkt anzusehen ist. Es wurde festgestellt, dass das Gesetz die Wertsteigerungen nicht erwähnt. Der Deutsche Städtetag hat daher folgende Formulierung für richtig befunden und bittet, sie Berücksichtigung finden zu lassen: „Wertsteigerungen des enteigneten Grundstücks, die durch städtebauliche Planung oder sonstige städtebaulichen Maßnahmen oder durch die Aussichten auf Durchführung der Maßnahmen entstanden sind, die der Enteignung (Beschaffung) dienen, sind nicht zu berücksichtigen."

Dr. Simon, Deutsches Volksheimstättenwerk: Die evtl. Wertsteigerung kann mit dem Stopp-Preis verkoppelt werden. Dann wäre ein solcher Zusatz nicht nötig.

Deutscher Gewerkschaftsbund: Bezüglich der Obligationen wird auf das holländische Aufbaugesetz vom 16.7.1950 verwiesen. Baudirektor *Böhm* wäre in der Lage, hierzu die deutsche Übersetzung zur Verfügung zu stellen.

Schütz, Zentralverband der Haus- und Grundbesitzer: Land, das wieder bebaut wird, soll in bar entschädigt werden. Es wird noch um Berücksichtigung der unter Gesetz 52 [?] fallenden Grundstücke gebeten.

Dr. Sielk, Hamburg: Es muss auch eine Regelung für Ausländergrundstücke und Auslandshypotheken getroffen werden. Schwierigkeiten werden hier in anderen Städten und Gemeinden wohl weniger auftreten. Aber gerade in den Hafenstädten ist dies der Fall.

MinRat Döscher schloss die Sitzung um 17.20 Uhr.

IX. Entwurf eines Gesetzes über die vorläufige Regelung der Bereitstellung von Bauland (Zweites Wohnungsbaugesetz, 2. Fassung vom 24.1.1951) (Bundesratsvorlage 50/51; Bundestagsdrucksache 1/2281) im Vergleich zur Fassung vom 29.11.1950

Erster Abschnitt. Zulässigkeit der Enteignung (§§ 1–5)

§ 1. Begriff der Enteignung

(1) Enteignung im Sinne dieses Gesetzes ist die Entziehung oder Beschränkung von Eigentum an Grundstücken oder Grundstücksteilen zugunsten eines anderen.

(2) Als Enteignung gilt auch die selbständige Entziehung oder Beschränkung von anderen Rechten an Grundstücken sowie von sonstigen Rechten, die zum Besitz oder zur Nutzung von Grundstücken berechtigen oder die Nutzung von Grundstücken beschränken. Die Vorschriften dieses Gesetzes über die Entziehung oder Beschränkung von Eigentum an Grundstücken oder Grundstücksteilen sind sinngemäß anzuwenden.

§ 2. Zweck der Enteignung

(1) Die Enteignung ist zulässig zur Bereitstellung von Gelände für die Errichtung von Gebäuden, die ausschließlich oder zum überwiegenden Teil Wohnzwecken dienen (Wohngebäude), mit dem erforderlichen Garten- und Wirtschaftsland, jedoch nicht von solchen Gebäuden, deren Einrichtung wegen ihrer Aufwendigkeit nicht mit Gründen des Allgemeinwohls gerechtfertigt werden kann.

(2) Die Enteignung eines Grundstücks ist nur zulässig, wenn Gelände, das nach pflichtmäßigem Ermessen der Enteignungsbehörde für die beabsichtigte Bebauung im Rahmen einer geordneten baulichen Entwicklung des Gemeindegebiets geeignet ist, zu einem den Grundsätzen des § 7 entsprechenden Preise auf andere Weise nicht erworben werden kann. Die Zulässigkeit der Enteignung von Grundstücken, auf denen die früher vorhandenen Gebäude zerstört sind, sowie von Gelände an hergestellter und anbaufähiger Straße wird dadurch nicht ausgeschlossen, dass anderes noch unbebautes Gelände vorhanden ist.

(3) Die Enteignung ist auch zulässig zur Bereitstellung von Gelände für örtliche öffentliche Verkehrsflächen, für Grünflächen und von Bauland für öffentliche Gebäude und sonstige öffentliche bauliche Anlagen, wenn die Bereitstellung für die Bewohner von Wohngebäuden, die nach Inkrafttreten dieses Gesetzes errichtet werden, notwendig ist.

(4) Die Enteignung von Ersatzland ist nach Maßgabe des § 12 zulässig.

§ 3. Der Enteignung unterliegende Grundstück

(1) Der Enteignung unterliegen:

a) unbebaute Grundstücke, wenn aufgrund vorhandener Fluchtlinienpläne, Bebauungspläne oder ähnlicher förmlich festgesetzter städtebaulicher Pläne ihre Bebauung mit Wohngebäuden oder ihre Verwendung für die in § 2 Absatz 3 genannten Zwecke vorgesehen oder zugelassen ist,

b) unbebaute Grundstücke an hergestellter und anbaufähiger Straße, auch soweit eine Planfestsetzung noch nicht erfolgt ist, wenn die beabsichtigte Bebauung mit einer geordneten baulichen Entwicklung des Gemeindegebiets vereinbar ist,

c) sonstige unbebaute Grundstücke, wenn sie aufgrund hinreichender ortsplanerischer Prüfung im Rahmen einer geordneten baulichen Entwicklung des Gemeindegebiets nach pflichtmäßigem Ermessen der Enteignungsbehörde für die beabsichtigte Bebauung geeignet sind.

(2) Grundstücke mit geringfügiger Bebauung und Grundstücke, auf denen die früher vorhandenen Gebäude zerstört sind, stehen unbebauten Grundstücken gleich. Als geringfügig ist namentlich eine Bebauung anzusehen, die erheblich unter dem Maß der zulässigen oder üblichen Bebauung liegt, nach ihrem Umfang die Verpflichtung zur Leistung von Anliegerbeiträgen nicht auslöst, in behelfsmäßiger Bauart errichtet oder nur auf Widerruf genehmigt ist.

(3) Grundstücke mit unvollendeten Wohngebäuden unterliegen der Enteignung, wenn ihre Fertigstellung in absehbarer Zeit nicht zu erwarten ist.

(4) Soll ein räumlich oder wirtschaftlich zusammenhängender Grundbesitz nur zu einem Teil enteignet werden, so kann der Eigentümer die Ausdehnung der Enteignung auf den Restbesitz verlangen, wenn dieser baulich nicht mehr verwertet oder nicht mehr zweckmäßig genutzt werden kann. Treffen diese Voraussetzungen nur für einen Teil des Restbesitzes zu, so kann dieses Verlangen nur für diesen Teil gestellt werden.

(5) Soll ein Grundstück im Wege der Enteignung mit einem Erbbaurecht belastet werden, so kann der Eigentümer anstelle dessen die Enteignung des Grundstücks verlangen.

§ 4. Abwendung der Enteignung eines Grundstücks

(1) Die Enteignung eines Grundstücks ist nicht zulässig, wenn der Eigentümer vor Beginn der mündlichen Verhandlung schriftlich oder zur Niederschrift der Enteignungsbehörde der Enteignung widerspricht und wenn er glaubhaft macht, dass er oder ein Dritter das Grundstück in nicht nur geringfügigem Ausmaß bebauen will und mit den Bauarbeiten binnen eines Jahres beginnen wird.

(2) Hat der Eigentümer oder der Dritte binnen eines Jahres seit dem Widerspruch aus von ihm zu vertretenden Gründen mit dem Bau nicht ernsthaft begonnen oder liegt der begonnene Bau aus solchen Gründen länger als ein Jahr still, so kann die Enteignung in einem neuen Verfahren nicht wieder abgewendet werden.

(3) Die Vorschrift des Abs. 1 findet keine Anwendung, wenn die Enteignung zu den in § 2 Abs. 3 genannten Zwecken erfolgen soll oder ein größeres

zusammenhängendes Bauvorhaben ohne Inanspruchnahme dieses Grundstücks nicht ausführbar wäre.

§ 5. Erwerbsberechtigung

(1) Die Enteignung ist zugunsten jedes Bauwilligen zulässig, der in der Lage ist, das Grundstück alsbald mit einem Gebäude im Sinne des § 2 zu bebauen. Die Enteignungsbehörde (§ 13) entscheidet nach pflichtmäßigem Ermessen, ob eine Enteignung, die nach den Vorschriften dieses Gesetzes zulässig wäre, durchgeführt werden soll.

(2) Von mehreren Bauwilligen, welche die Enteignung desselben Grundstücks beantragen, soll bevorzugt berücksichtigt werden, und zwar in der Regel in nachstehender Rangfolge:

a) wer vorher Eigentümer des Grundstücks gewesen war und es durch Enteignung verloren oder zur Vermeidung der Enteignung freihändig abgegeben hat,

b) wer durch Enteignung ein Grundstück ohne Zuweisung von bebaubarem Ersatzland verloren hat,

c) wer durch eine Bausperre oder eine ihr in den Auswirkungen gleichkommende Maßnahme ein ihm gehöriges Grundstück nicht mit einem Wohngebäude bebauen darf,

d) wer zum Besitz oder zur Nutzung des Grundstücks berechtigt ist,

e) wer ein Recht an dem Grundstück inne hat.

Im Übrigen ist dem Bauwilligen der Vorzug zu geben, durch dessen Bauvorhaben am meisten zur Behebung der Wohnungsnot beigetragen wird.

(3) Die Enteignung ist zugunsten einer Gemeinde auch zulässig, wenn die Voraussetzungen des Abs. 1 nicht vorliegen. Die Gemeinde hat, wenn sie nicht selbst baut, das enteignete Gelände spätestens binnen zweier Jahre vom Tage des Besitzüberganges an zu dem Erwerbspreis als Bauland oder als Ersatzland zu veräußern. Anstelle der Veräußerung genügt die Überlassung in Erbbaurecht, wenn der Bauwillige es beantragt und seine Verhältnisse dies erfordern. Die Frist kann von der Enteignungsbehörde aus besonderen Gründen verlängert werden. Sind von der Gemeinde nach dem Erwerb des Geländes Maßnahmen zur Baureifmachung (Aufteilung in geeignete Bauplätze, Einebnung, Erschließung) durchgeführt worden, so können die hierdurch entstandenen Kosten dem Erwerbspreis zugerechnet werden.

Zweiter Abschnitt. Entschädigung (§§ 6–12)

§ 6. Entschädigungspflicht

(1) Der durch die Enteignung Begünstigte hat Entschädigung zu leisten. Diese umfasst nach Maßgabe der §§ 7 und 8 die Entschädigung für:

a) den durch die Enteignung eintretenden Rechtsverlust,

b) andere durch die Enteignung eintretende Vermögensnachteile.

(2) Entschädigungsberechtigt sind diejenigen, die in ihren Rechten durch die Enteignung beeinträchtigt werden.

(3) Für die Bemessung der Entschädigung ist der Zeitpunkt maßgebend, in dem die Entscheidung über sie getroffen wird.

(4) Soweit in diesem Gesetz nicht eine spätere Fälligkeit zugelassen ist, wird die Entschädigung fällig, sobald die sie festsetzende Entscheidung unanfechtbar geworden ist. Der durch die Enteignung Begünstigte hat Geldentschädigungen außer wiederkehrenden Leistungen für die Zeit seit dem Besitzübergang mit dem für zuletzt ausgegebene Hypothekenpfandbriefe auf dem Kapitalmarkt üblichen Nominalzinsfuß zu verzinsen.

§ 7. Entschädigung für den Rechtsverlust

(1) Die Entschädigung für den durch die Enteignung eintretenden Rechtsverlust ist unter gerechter Abwägung der Interessen der Allgemeinheit und der Beteiligten festzusetzen. Sie darf den gesetzlich zulässigen Preis nicht übersteigen.

(2) Besteht ein gesetzlich zulässiger Preis nicht oder ist er höher als der Preis, der im gewöhnlichen Geschäftsverkehr bei einer Veräußerung zu erzielen wäre (gemeiner Wert), so darf die Entschädigung den gemeinen Wert nicht übersteigen. Werterhöhungen, die dem von der Enteignung betroffenen Grundstück lediglich durch die Erwartung der mit der Enteignung angestrebten Bebauung erwachsen sind, bleiben unberücksichtigt.

(3) Für Bauwerke oder bauliche Veränderungen, die ohne die vorgeschriebene behördliche Genehmigung ausgeführt oder nur widerruflich zugelassen worden sind, kann eine Entschädigung gewährt werden, wenn es aus Gründen der Billigkeit geboten ist. Werterhöhende Veränderungen, die nach der Einleitung des Enteignungsverfahrens vorgenommen worden sind, bleiben unberücksichtigt, wenn die Enteignungsbehörde der Veränderung nicht zugestimmt hat.

(4) Die Entschädigung für befristet genehmigte Bauwerke oder bauliche Veränderungen ist, wenn die Frist noch nicht abgelaufen ist, nach dem Verhältnis der noch nicht abgelaufenen Zeit zu der Frist festzusetzen.

(5) Wird eine Hypothek, Grundschuld oder Rentenschuld selbständig enteignet, so ist die Entschädigung nach dem Betrage des dem Entschädigungsberechtigten zustehenden Rechts festzusetzen.

§ 8. Entschädigung für andere Vermögensnachteile

(1) Wegen anderer durch die Enteignung eintretender Vermögensnachteile (§ 6 Abs. 1 Buchst. b) ist, wenn und soweit sich dies aus einer gerechten Abwägung der Interessen der Allgemeinheit und der Beteiligten ergibt, eine Entschädigung insbesondere festzusetzen für:

a) den vorübergehenden oder dauernden Verlust, den der von der Enteignung Betroffene in seinem Erwerb erleidet, soweit der Verlust nicht schon bei der Festsetzung der Entschädigung nach § 7 berücksichtigt ist, jedoch nur bis zu dem Betrag des Aufwands, der erforderlich ist, um ein anderes Grundstück in der gleichen Weise wie das zu enteignende Grundstück zu nutzen oder zu gebrauchen,

b) die Wertminderung des Restgrundstücks oder des Restbesitzes, die durch Enteignung eines Grundstücksteils oder eines Teils eines räumlich oder wirtschaftlich zusammenhängenden Grundbesitzes entsteht, soweit die Wertminderung nicht schon durch Festsetzung der Entschädigung nach § 7 oder Buchstabe a berücksichtigt ist.

(2) Vermögensvorteile, die dem Entschädigungsberechtigten infolge der Enteignung entstehen, sind bei der Festsetzung der Entschädigung zu berücksichtigen.

§ 9. Gemeinsame und gesonderte Entschädigung

(1) Hypotheken-, Grundschuld- und Rentenschuldgläubiger, sowie Reallastberechtigte, ferner Gläubiger von Rückständen öffentlicher Lasten und als öffentliche Last auf dem Grundstück ruhender Renten sind auf die Entschädigung für das Eigentum am Grundstück (§ 7) angewiesen, soweit nicht die Rechte gemäß § 25 aufrecht erhalten werden.

(2) Gesondert zu entschädigen sind Altenteilsberechtigte, sowie Inhaber von Dienstbarkeiten oder Erwerbsrechten an dem Grundstück oder von dinglichen oder persönlichen Rechten, die zum Besitz oder zur Nutzung des Grundstücks berechtigen oder die Nutzung des Grundstücks beschränken.

(3) Soweit das Recht des gesondert zu entschädigenden Berechtigten den Wert des Eigentums am Grundstück mindert, ist dies bei der Festsetzung der Entschädigung für das Eigentum am Grundstück zu berücksichtigen.

(4) Wird Entschädigung in Land festgesetzt, so kann auf Antrag bestimmt werden, dass Berechtigte, die nach Abs. 1 auf die Entschädigung für das Eigentum am Grundstück angewiesen sind, gesondert zu entschädigen und Berechtigte, die nach Abs. 2 gesondert zu entschädigen sind, auf die Entschädigung für das Eigentum am Grundstück angewiesen sind.

§ 10. Entschädigung in Geld

(1) Soweit in diesem Gesetz nichts anderes bestimmt ist, wird die Entschädigung in Geld festgesetzt. Mit Zustimmung der Entschädigungsberechtigten kann die Entschädigung in wiederkehrenden Leistungen oder in Teilzahlungen festgesetzt werden; bei der Entschädigung in wiederkehrenden Leistungen für Altenteilsrechte bedarf es der Zustimmung nicht. Für Erbbaurechte, die im Wege der Enteignung begründet werden, kann die Entschädigung durch einen Erbbauzins festgesetzt werden.

(2) Ist der durch die Enteignung Begünstigte eine Gemeinde, so kann auf ihren Antrag ohne Zustimmung der Entschädigungsberechtigten die Geldentschädigung in Teilzahlungen, die längstens innerhalb von zehn Jahren zu leisten sind, festgesetzt werden. Mindestens ein Zehntel der Geldentschädigung muss fällig werden, sobald die sie festsetzende Entscheidung unanfechtbar geworden ist. Auf Antrag muss bestimmt werden, dass die später fällig werdenden Teilzahlungen durch eine sichere Hypothek oder Grundschuld an einem inländischen Grundstück gesichert werden. Erhält die Gemeinde bei Veräußerung des Geländes den Gegenwert, so werden die noch ausstehenden Teilzahlungen sofort fällig.

(3) Entschädigung in Teilzahlungen darf nicht festgesetzt werden, wenn sie für die Entschädigungsberechtigten eine unbillige Härte bedeutet.

§ 11. Entschädigung in Land

(1) Die Entschädigung kann auf einen vor Beginn der mündlichen Verhandlung gestellten Antrag des durch die Enteignung Begünstigten ganz oder teilweise in Land (Ersatzland) festgesetzt werden, sofern der Entschädigungsberechtigte das in Aussicht genommene Ersatzland anzunehmen bereit ist. Die mangelnde Bereitschaft des entschädigungsberechtigten Eigentümers, das Grundstück als Ersatzland anzunehmen, bleibt außer Betracht, wenn das Recht zur Ablehnung dazu missbraucht wird, die Durchführung der Enteignung wesentlich zu erschweren.

(2) Beantragt der Eigentümer Entschädigung in Land und gehört dem durch die Enteignung Begünstigten geeignetes Gelände, so ist die Entschädigung in Land festzusetzen, soweit dem durch die Enteignung Begünstigten die Hergabe des Geländes zuzumuten ist.

(3) Ist der Eigentümer mit seiner Berufs- oder Erwerbstätigkeit ganz oder zum Teil auf das zu enteignende Grundstück angewiesen, so soll, wenn er es beantragt, nach Möglichkeit Ersatzland zugewiesen werden.

(4) Hat das Ersatzland einen geringeren Wert als das zu enteignende Grundstück, so ist eine dem Wertunterschied entsprechende zusätzliche Geldentschädigung festzusetzen. Hat das Ersatzland einen höheren Wert als das zu enteignende Grundstück, so ist festzusetzen, dass der Entschädigungsberechtigte an den durch die Enteignung Begünstigten eine dem Wertunterschied entsprechende Ausgleichszahlung zu leisten hat.

§ 12. Ersatzlandenteignung

(1) Als Ersatzland können Grundstücke enteignet werden, wenn es erforderlich ist, um einen Antrag nach § 11 Abs. 3 zu entsprechen.

(2) Der Enteignung als Ersatzland unterliegt, und zwar in der Regel in nachstehender Rangfolge, der Grundbesitz

a) der Gemeinden, Gemeindeverbände und sonstiger Körperschaften des öffentlichen Rechts – außer den unter Buchst. b Genannten –, sofern sie den Grundbesitz nicht zur Erfüllung der ihnen obliegenden Aufgaben benötigen,

b) der Länder und des Bundes, sofern nicht die zuständige oberste Landesbehörde, der zuständige Bundesminister oder eine von diesem ermächtigte unmittelbar nachgeordnete Behörde bescheinigt, dass der Grundbesitz zur Erfüllung der ihnen obliegenden Aufgaben benötigt wird,

c) anderer Personen, soweit nicht die Enteignung eine unbillige Härte für sie bedeutet. Eine unbillige Härte liegt insbesondere vor, wenn diese Personen mit ihrer Berufs- oder Erwerbstätigkeit auf das als Ersatzland zu enteignende Grundstück angewiesen sind.

(3) Sollen Grundstücke, die außerhalb eines im Zusammenhang bebauten Ortsteils liegen und landwirtschaftlich genutzt werden, als Ersatzland enteignet werden, so ist der für die Landwirtschaftsverwaltung zuständigen Behörde Gelegenheit zur Äußerung zu geben.

Dritter Abschnitt. Verfahren vor der Enteignungsbehörde (§§ 13–27)

§ 13. Enteignungsbehörde

(1) Das Enteignungsverfahren wird von der höheren Verwaltungsbehörde durchgeführt (Enteignungsbehörde). Die Länder können eine andere staatliche Verwaltungsbehörde als Enteignungsbehörde bestimmen.

(2) Örtlich zuständig ist diejenige Enteignungsbehörde, in deren Bezirk das von der Enteignung betroffene Grundstück liegt.

(3) Wird Antrag auf Entschädigung in Land gestellt (§ 11), das im Bezirk einer anderen Enteignungsbehörde liegt, so bestimmt die gemeinsame übergeordnete Landesbehörde die örtlich zuständige Enteignungsbehörde.

(4) Die Enteignungsbehörde entscheidet in der Besetzung mit einem Vorsitzenden und zwei Beisitzern. Vorsitzender ist der Leiter der Enteignungsbehörde oder ein von ihm bestimmter Beamter seiner Dienststelle; der Vorsitzende muss die Befähigung zum Richteramt oder zum höheren Verwaltungsdienst haben. Die Enteignungsbehörde entscheidet mit Stimmenmehrheit; die §§ 193, 194, 195, 196 Abs. 2, 197, 198 des Gerichtsverfassungsgesetzes sind sinngemäß anzuwenden.

(5) Die Besitzer und ihre Stellvertreter werden auf bestimmte Dauer, mindestens auf zwei Jahre, von der Volksvertretung des Landes, wenn der Bereich der Enteignungsbehörde über den Bezirk eines Kreises nicht hinausgeht, von der Kreisvertretung gewählt. Für jeden Beisitzer müssen mindestens zwei Stellvertreter gewählt werden. Wählbar ist jeder, der nach den landesrechtlichen Vorschriften zum Mitglied der Volksvertretung des Landes gewählt werden kann und die Fähigkeit zu dem Amt eines Schöffen besitzt (§ 32 Gerichtsverfassungsgesetz). Das Amt erlischt, wenn die Voraussetzungen der Wählbarkeit wegfallen. Ein Beisitzer und seine Stellvertreter müssen Grundeigentümer sein.

(6) Die Beisitzer sind bei ihrer ersten Dienstleistung vom Vorsitzenden durch Handschlag zu gewissenhafter Amtsführung und Amtsverschwiegenheit zu verpflichten. Über die Verpflichtung in eine Niederschrift aufzunehmen.

(7) Die Landesregierung kann durch Rechtsverordnung eine von den Vorschriften des Abs. 5 abweichende Regelung treffen.

§ 14. Enteignungsantrag

Der Enteignungsantrag ist bei der Gemeinde unter Bezeichnung des zu enteignenden Grundstücks einzureichen. Dem Antrag sollen die erforderlichen Unterlagen beigefügt werden, insbesondere eine Bauentwurfsskizze, eine Zusammenstellung der überschlägigen Baukosten und der Nachweis, dass der Antragsteller in der Lage ist, das Grundstück alsbald zu bebauen. Von diesem Nachweis kann bei einem Wohnungsunternehmen, das sich satzungsgemäß und tatsächlich mit dem Bau von Wohnungen im eigenen Namen befasst, abgesehen werden. Die Gemeinde hat den Antrag mit ihrer Stellungnahme der Enteignungsbehörde vorzulegen.

§ 15. Beitritt zum Enteignungsverfahren

(1) Ist ein Enteignungsantrag bei der Enteignungsbehörde eingegangen, so gilt ein später eingehender Antrag auf Enteignung desselben Grundstücks als Beitritt zu

dem Enteignungsverfahren, wenn der Antrag spätestens eine Woche vor dem ersten Verhandlungstermin der Enteignungsbehörde zugeht; spätere Anträge werden in dem Verfahren nicht berücksichtigt.

(2) Der wesentliche Inhalt des Enteignungsantrags des Beitretenden ist den Beteiligten mitzuteilen.

§ 16. Beteiligte

(1) In dem Enteignungsverfahren sind Beteiligte:

a) der Antragsteller und die Beitretenden,

b) diejenigen, für welche ein Recht an dem Grundstück im Grundbuch eingetragen oder durch Eintragung gesichert ist,

c) Inhaber eines Rechts an dem Grundstück oder an einem das Grundstück belastenden Recht, eines Anspruchs mit dem Recht auf Befriedigung aus dem Grundstück oder eines persönlichen Rechts, das zum Besitz oder zur Nutzung des Grundstücks berechtigt oder die Nutzung des Grundstücks beschränkt,

d) die Gemeinde.

(2) Die in Abs. 1 Buchst. c bezeichneten Personen werden in dem Zeitpunkt Beteiligte, in dem die Anmeldung ihres Rechts der Enteignungsbehörde zugeht. Die Anmeldung kann spätestens in der letzten mündlichen Verhandlung mit den Beteiligten erfolgen.

(3) Die Enteignungsbehörde kann einer in Abs. 1 Buchst. c bezeichneten Person aufgeben, binnen einer zu bestimmenden Frist glaubhaft zu machen, dass ihr das angemeldete Recht zusteht. Nach fruchtlosem Ablauf der Frist gilt die bezeichnete Person nicht mehr als in dem Enteignungsverfahren beteiligt.

§ 17. Einleitung des Enteignungsverfahrens

(1) Beabsichtigt die Enteignungsbehörde das Enteignungsverfahren einzuleiten, so hat sie die Beteiligten zu ermitteln. Das Grundbuchamt hat den Beauftragten der Enteignungsbehörde die Fertigung von Auszügen aus dem Grundbuch und den Grundakten zu gestatten und der Enteignungsbehörde auf Verlangen Auszüge oder Auskünfte aus dem Grundbuch und den Grundakten zu erteilen. Liegen die Voraussetzungen für die Zulässigkeit der Enteignung offensichtlich nicht vor oder wird ein vom Eigentümer gemäß § 4 Abs. 1 erhobener Widerspruch für begründet erachtet, so kann die Enteignungsbehörde ohne Mitwirkung der Beisitzer den Enteignungsantrag abweisen.

(2) Das Enteignungsverfahren wird durch Anberaumung eines Termins zu einer mündlichen Verhandlung mit den Beteiligten eingeleitet. Zu der mündlichen Verhandlung sind alle Beteiligten mittels Zustellungsurkunde zu laden. Die Ladungsfrist beträgt drei Wochen; ist ein Beitretender nachzuladen, so bedarf es der Einhaltung dieser Frist nicht.

(3) Die Ladung muss enthalten:

a) die Bezeichnung des Antragstellers, der Beitretenden, die ihren Beitritt bereits erklärt haben und des betroffenen Grundstücks,

b) den wesentlichen Inhalt des Enteignungsantrags mit dem Hinweis, dass der Antrag mit den ihm beigefügten Unterlagen bei der Enteignungsbehörde eingesehen werden kann,

c) die Aufforderung, etwaige Einwendungen gegen den Enteignungsantrag bereits vor der mündlichen Verhandlung bei der Enteignungsbehörde schriftlich einzureichen oder nur Niederschrift zu erklären,

d) eine Belehrung des Eigentümers über den Inhalt der die Abwendung der Enteignung betreffenden Vorschriften des § 4 Abs. 1, 3,

e) den Hinweis, dass auch bei Nichterscheinen über den Enteignungsantrag und andere im Verfahren zu erledigende Anträge entschieden werden kann.

(4) Die Enteignungsbehörde hat die Einleitung des Enteignungsverfahrens unter Bezeichnung des betroffenen Grundstücks und des im Grundbuch als Eigentümer Eingetragenen sowie den ersten Termin der mündlichen Verhandlung mit den Beteiligten in einer örtlichen Tageszeitung und in ortsüblicher Weise durch Aushang in der Gemeinde öffentlich bekanntzumachen. In der Bekanntmachung sind alle Beteiligten aufzufordern, ihre Rechte spätestens in der mündlichen Verhandlung wahrzunehmen mit dem Hinweis, dass auch bei Nichterscheinen über den Enteignungsantrag und andere im Verfahren zu erledigende Anträge entschieden werden kann.

(5) Die Enteignungsbehörde teilt dem Grundbuchamt die Einleitung des Enteignungsverfahrens mit. Das Grundbuchamt hat die Enteignungsbehörde von allen Eintragungen zu benachrichtigen, die nach dem Zeitpunkt der Einleitung des Enteignungsverfahrens im Grundbuch des betroffenen Grundstücks vorgenommen sind und vorgenommen werden.

§ 18. Durchführung des Enteignungsverfahrens

Das Enteignungsverfahren ist beschleunigt durchzuführen. Die Enteignungsbehörde hat schon vor der mündlichen Verhandlung alle Anordnungen zu treffen, die erforderlich sind, um das Verfahren tunlichst in einem Verhandlungstermin zu erledigen. Sie hat den gesamten Sachverhalt, soweit er für das Enteignungsverfahren von Bedeutung ist, zu ermitteln und den Behörden, für deren Geschäftsbereich die Enteignung von Bedeutung ist, Gelegenheit zur Äußerung zu geben. Die zuständige Preisbehörde ist über die Höhe des gesetzlich zulässigen Preises für das von der Enteignung betroffene Grundstück zu hören.

§ 19. Bestellung eines Vertreters

(1) Steht das Eigentum oder ein die Beteiligung am Enteignungsverfahren begründetes anderes Recht mehreren zu und ist ein gemeinschaftlicher Vertreter nicht vorhanden, so kann die Enteignungsbehörde diese Beteiligten auffordern, binnen einer zu bestimmenden Frist einen gemeinschaftlichen Vertreter zu bevollmächtigen und der Enteignungsbehörde anzuzeigen. Wird der Aufforderung nicht fristgemäß Folge geleistet, so kann die Enteignungsbehörde einen gemeinschaftlichen Vertreter bestellen. § 1780 des Bürgerlichen Gesetzbuches ist entsprechend anzuwenden.

(2) Abs. 1 gilt sinngemäß, wenn zweifelhaft ist, wer von mehreren Personen berechtigt ist, über ein die Beteiligung am Enteignungsverfahren begründendes

Recht zu verfügen, oder wenn ein in § 16 Abs. 1 Buchst. b bezeichneter Beteiligter unbekannt oder unerreichbar ist.

(3) Der von der Enteignungsbehörde bestellte Vertreter ist zu allen Rechtshandlungen ermächtigt, welche die Vertretungen im Enteignungsverfahren, bei Anfechtung der in diesem Verfahren ergehenden Entscheidungen oder im gerichtlichen Verfahren in Entschädigungssachen vornehmen könnten. Zustellungen sind statt den Vertretern dem von der Enteignungsbehörde bestellten Vertreter gegenüber vorzunehmen. Die Vertretenen sind während der Dauer der Bestellung des Vertreters von der Vornahme dieser Rechtshandlungen ausgeschlossen.

(4) Die Enteignungsbehörde hat den von ihr bestellten Vertreter zu entlassen, wenn der Grund für seine Bestellung wegfällt. Die Vertretungsmacht des bestellten Vertreters endet mit dem Zeitpunkt, in dem ihm die Mitteilung über seine Entlassung zugeht.

§ 20. Mündliche Verhandlung

(1) Die mündliche Verhandlung ist nötigenfalls an Ort und Stelle durchzuführen.

(2) Der ermittelte Sachverhalt (§ 18) und die gestellten Anträge sind mit den Beteiligten zu erörtern. Sachverständige können zugezogen und Zeugen vernommen werden.

(3) Die Enteignungsbehörde hat auf eine Einigung zwischen den Beteiligten hinzuwirken.

(4) Ein Verlangen nach § 3 Absätze 4, 5 und Anträge nach § 9 Abs. 4 und § 10 Abs. 2 können nur bis zum Schluss der mündlichen Verhandlung gestellt werden.

(5) Über den Inhalt der mündlichen Verhandlung, insbesondere über die gestellten Anträge, ist eine Niederschrift aufzunehmen.

(6) Finden mehrere Verhandlungstermine statt, so gelten sie in ihrer Gesamtheit als die mündliche Verhandlung.

§ 21. Einigung über den Eigentumsübergang und die Entschädigung

(1) Einigen sich der Antragsteller und der Eigentümer dahin, dass das Eigentum an dem zu enteignenden Grundstück ohne Enteignung gegen Entschädigung ganz oder teilweise auf den Antragsteller übergehen soll, so hat die Enteignungsbehörde eine Niederschrift, über die Einigung aufzunehmen. Die Niederschrift muss den Erfordernissen des § 26 Abs. 2 entsprechen. Eine Mitwirkung der Beisitzer der Enteignungsbehörde ist nicht erforderlich. Die Niederschrift ist von den Beteiligten, die an der Einigung teilgenommen haben, zu unterschreiben. Ein Bevollmächtigter des Eigentümers bedarf einer öffentlich beglaubigten Vollmacht.

(2) Die Enteignungsbehörde hat den Beteiligten, die an der Einigung nicht teilgenommen haben, eine Ausfertigung der Urkunde über die Einigung zuzustellen. Ist die Einigung in einem Verhandlungstermin beurkundet worden, so bedarf es keiner Zustellung an Beteiligte, die in diesem Termin zugegen waren. Die Beteiligten, die an der Einigung nicht teilgenommen haben, sind über das Recht, Widerspruch zu erheben, zu belehren.

§ 22. Widerspruch gegen die Einigung

(1) Ein Beteiligter, der an der Einigung nicht teilgenommen hat, kann binnen zweier Wochen nach der Zustellung, im Falle des § 21 Abs. 2 Satz 2 binnen zweier Wochen nach dem Termin, bei der Enteignungsbehörde schriftlich oder zu Protokoll gegen die Einigung Widerspruch erheben.

(2) Wird binnen der Frist ein Widerspruch erhoben, so ist das Enteignungsverfahren fortzusetzen. Die Einigung hat zur Folge, dass die Beteiligten, die an der Einigung teilgenommen haben, sowie diejenigen Beteiligten, die binnen der Frist einen Widerspruch nicht erhoben haben, den Enteignungsbeschluss insoweit nicht anfechten können, als er der Einigung entspricht.

§ 23. Ausführung der Einigung

Ist binnen der Frist ein Widerspruch nicht erhoben, so ordnet auf Antrag eines Beteiligten die Enteignungsbehörde die Ausführung der Einigung (Ausführungsanordnung) an. Die Vorschriften der §§ 40 bis 44 finden mit der Maßgabe Anwendung, dass die beurkundete Einigung an die Stelle eines Enteignungsbeschlusses tritt.

§ 24. Einigung über den Eigentumsübertrag

(1) Einigen sich der Antragsteller und der Eigentümer nur dahin, dass das Eigentum an dem zu enteignenden Grundstück ganz oder teilweise auf den Antragsteller übergehen soll, jedoch nicht über die Entschädigung, so ist § 21 Abs. 1 entsprechend anzuwenden.

(2) Die Enteignungsbehörde hat die Einigung den Beteiligten, die an ihr teilgenommen haben, bekanntzumachen. Die Bekanntmachung an Beteiligte, die gemäß § 9 Abs. 2 Anspruch auf gesonderte Entschädigung haben, hat durch Zustellung zu erfolgen. Ist die Einigung in einem Verhandlungstermin beurkundet worden, so bedarf es keiner Zustellung an Beteiligte, die in diesem Termin zugegen waren. Diejenigen Beteiligten, die gegen die Einigung Widerspruch erheben können (Abs. 3), sind über das Widerspruchsrecht zu belehren.

(3) Ein Beteiligter, der gemäß § 9 Abs. 2 Anspruch auf gesonderte Entschädigung hat, kann binnen zweier Wochen nach der Zustellung, im Falle des Abs. 2 S. 3 binnen zweier Wochen nach dem Termin bei der Enteignungsbehörde schriftlich oder zu Protokoll gegen die Einigung Widerspruch erheben.

(4) Nach Ablauf der Widerspruchsfrist ist das Verfahren fortzusetzen; § 22 Abs. 2 S. 2 ist anzuwenden. Wird binnen der Frist ein Widerspruch nicht erhoben, so wird der Inhalt der Einigung dem weiteren Verfahren zugrunde gelegt; der Inhalt der Einigung ist in den Enteignungsbeschluss aufzunehmen.

§ 25. Entscheidung und Enteignungsbehörde

(1) Kommt eine Einigung nicht zustande, so entscheidet die Enteignungsbehörde aufgrund der mündlichen Verhandlung durch Beschluss über den Enteignungsantrag, die übrigen gestellten Anträge sowie über die erhobenen Einwendungen. Zugleich entscheidet die Enteignungsbehörde darüber, ob an dem von der Enteignung betroffenen Grundstück die Rechte der in § 9 Abs. 1 bezeichneten Berechtigten aufrechterhalten oder neue dingliche Rechte an dem Gegenstand der Enteignung begründet werden sollen.

(2) Wird Entschädigung in Geld festgesetzt, so gilt, soweit die Bemessung des gesetzlich zulässigen Preises die Erteilung einer Ausnahmegenehmigung nach § 1 Abs. 3 der Verordnung über die Preisüberwachung und die Rechtsfolgen von Preisverstößen im Grundstücksverkehr vom 7. Juli 1942 (RGBl. I S. 451) erfordert (§ 7 Abs. 1 S. 2), diese Ausnahmegenehmigung als durch die Entscheidung über die Entschädigung erteilt. Die Entscheidung darf in diesem Falle nur im Benehmen mit der zuständigen Preisbehörde getroffen werden.

(3) Wird Entschädigung in Land festgesetzt und muss das Ersatzland enteignet werden, so ist in der Entscheidung über den Enteignungsantrag zugleich über die Enteignung des Ersatzlandes zu entscheiden.

§ 26. Form und Inhalt des Beschlusses, insbesondere des Enteignungsbeschlusses

(1) Der Beschluss der Enteignungsbehörde ist den Beteiligten zuzustellen. Der Beschluss ist mit einer Belehrung über Zulässigkeit, Form und Frist des Einspruchs (§ 28) zu versehen.

(2) Gibt die Enteignungsbehörde dem Enteignungsantrag statt, so muss der Beschluss (Enteignungsbeschluss) enthalten:

a) die Bezeichnung der von der Enteignung Betroffenen und des durch die Enteignung Begünstigten,

b) das durch die Enteignung betroffene Grundstück nach Größe, grundbuchmäßiger, katastermäßiger und sonst üblicher Bezeichnung; im Falle der Enteignung eines Grundstücksteils ist zu seiner Bezeichnung auf die Messurkunde eines Vermessungsamtes oder eines vereidigten Landmessers (amtlicher Veränderungsnachweis) Bezug zu nehmen,

c) Art und Höhe der Entschädigung mit der Angabe, von wem und an wen sie zu leisten sind,

d) die Angabe der Eigentums- und sonstigen Rechtsverhältnisse vor und nach der Enteignung.

(3) Ist im Grundbuch die Anordnung der Zwangsversteigerung oder der Zwangsverwaltung eingetragen, so gibt die Enteignungsbehörde dem Vollstreckungsgericht von dem Enteignungsbeschluss Kenntnis, wenn dem Enteignungsantrag stattgegeben worden ist.

§ 27. Vorzeitige Besitzeinweisung

(1) Die Enteignungsbehörde kann den Antragsteller oder einen Beitretenden auf Antrag vorzeitig in den Besitz des von der Enteignung betroffenen Grundstücks einweisen, wenn die Inangriffnahme des Bauvorhabens nicht aufgeschoben werden kann. Die Besitzeinweisung ist nur zulässig, wenn über sie in der mündlichen Verhandlung verhandelt worden ist. Die Besitzeinweisung wird wirksam in dem von der Enteignungsbehörde bezeichneten Zeitpunkt. Auf Antrag des unmittelbaren Besitzers ist dieser Zeitpunkt auf mindestens zwei Wochen nach Zustellung der Anordnung über die vorzeitige Besitzeinweisung festzusetzen. Die Enteignungsbehörde kann die vorzeitige Besitzeinweisung von der Leistung einer Sicherheit in Höhe der voraussichtlichen Entschädigung und von der vorherigen Erfüllung anderer Bedingungen abhängig machen. Dies hat zu erfolgen, wenn der unmittelbare

Besitzer es verlangt. Die Anordnung ist dem Eigentümer und sonstigen Besitzern oder Nutzungsberechtigten zuzustellen.

(2) Der vorzeitig in den Besitz Eingewiesene darf auf dem Grundstück das von ihm im Enteignungsantrag bezeichnete Bauvorhaben ausführen und die dafür erforderlichen Maßnahmen treffen.

(3) Der Eingewiesene hat für die durch die vorzeitige Besitzeinweisung entstehenden besonderen Nachteile Ersatz zu leisten, soweit die Nachteile nicht durch die Verzinsung der Geldentschädigung (§ 6 Abs. 4 S. 2) ausgeglichen werden. Art und Höhe des Ersatzes werden von der Enteignungsbehörde spätestens in dem in § 27 bezeichneten Beschluss festgesetzt. Wird der Beschluss über Art und Höhe des Ersatzes vorher erlassen, so ist er den in Abs. 1 S. 7 bezeichneten Personen zuzustellen.

(4) Auf Antrag einer der in Abs. 1 S. 7 bezeichneten Personen hat die Enteignungsbehörde den Zustand des Grundstücks vor der Besitzeinweisung in einer Niederschrift feststellen zu lassen, soweit er für die Entschädigung oder den Ersatz von Bedeutung ist. Abschrift der Niederschrift ist den in Abs. 1 S. 7 bezeichneten Personen zu übersenden.

(5) Wird der Enteignungsantrag abgelehnt, so ist die vorzeitige Besitzeinweisung aufzuheben und der unmittelbare vorherige Besitzer wieder in den Besitz einzuweisen.

[Fassung der §§ 19–28 vom 29.11.1950:

§ 19. Bestellung eines Vertreters.

Steht das Eigentum oder ein die Beteiligung am Enteignungsverfahren begründendes Recht mehreren zu und ist ein gemeinschaftlicher Vertreter nicht vorhanden, so hat die Enteignungsbehörde diese aufzufordern, binnen einer zu bestimmenden Frist einen gemeinschaftlichen Vertreter zu bevollmächtigen und der Enteignungsbehörde anzuzeigen; wird der Aufforderung nicht fristgemäß Folge geleistet, so kann die Enteignungsbehörde einen gemeinschaftlichen Vertreter für sie bestellen. Dies gilt entsprechend, wenn zweifelhaft ist, wer von mehreren Personen verfügungsberechtigt über ein die Beteiligung am Enteignungsverfahren begründendes Recht ist oder wenn ein in § 16 Abs. 1 Buchstabe b) bezeichneter Beteiligter unbekannt oder unerreichbar ist. Der von der Enteignungsbehörde bestellte Vertreter hat die Stellung eines gesetzlichen Vertreters. Die Vorschriften der §§ 1780 bis 1787 der Bürgerlichen Gesetzbuches sind entsprechend anzuwenden. Die Vertretungsmacht des von der Enteignungsbehörde bestellten Vertreters endet, wenn der Grund für seine Bestellung wegfällt.

§ 20. Mündliche Verhandlung

(1) Die mündliche Verhandlung ist nötigenfalls an Ort und Stelle durchzuführen.

(2) Der ermittelte Sachverhalt (§ 18) und die gestellten Anträge sind mit den Beteiligten zu erörtern. Sachverständige können zugezogen und Zeugen vernommen werden.

(3) Die Enteignungsbehörde hat auf eine Einigung zwischen den Beteiligten hinzuwirken.

(4) Ein Verlangen nach § 3 Abs. 4, 5 und Anträge nach § 9 Abs. 4 und § 10 Abs. 2 können nur bis zum Schluss der mündlichen Verhandlung gestellt werden.

(5) Über den Inhalt der mündlichen Verhandlung, insbesondere über die gestellten Anträge, ist eine Niederschrift aufzunehmen.

(6) Finden mehrere Verhandlungstermine statt, so gelten sie in ihrer Gesamtheit als die mündliche Verhandlung.

§ 21. Einigung der Beteiligten

(1) Für eine Einigung über das zu enteignende Grundstück, die Entschädigung oder den Übergang des Eigentums ist schriftliche Form erforderlich und genügend.

(2) Einigen sich Beteiligte in der mündlichen Verhandlung, so ist dies in die Niederschrift aufzunehmen. Die Niederschrift ist von den an der Einigung Beteiligten zu unterschreiben. In anderen Fällen kann die Enteignungsbehörde eine Niederschrift über eine Einigung aufnehmen. Bevollmächtigte bedürfen einer öffentlich beglaubigten Vollmacht. Die etwa erforderliche Zustimmung Dritter oder einer Behörde kann nachträglich beigebracht werden.

§ 22. Widerspruch gegen die Einigung

(1) Einer Einigung des durch die Enteignung Begünstigten mit dem von der Enteignung Betroffenen über das zu enteignende Grundstück oder den Übergang des Eigentums können die Berechtigten, die nach § 9 Abs. 2 gesondert zu entschädigen sind, widersprechen.

(2) Der Widerspruch ist binnen zweier Wochen einzulegen. Die Frist beginnt im Falle der Einigung in einem Verhandlungstermin, zu dem der Widersprechende geladen war, mit diesem Termin, anderenfalls mit dem Zeitpunkt, in dem die Enteignungsbehörde den aus dem Grundbuch ersichtlichen oder ihr sonst bekannten Widerspruchsberechtigten die Einigung mitteilt.

§ 23. Zustimmung zu der Einigung

(1) Eine Einigung des durch die Enteignung Begünstigten mit dem von der Enteignung Betroffenen über die Entschädigung von Beteiligten, die nach § 9 Abs. 2 gesondert zu entschädigen sind, bedarf der Zustimmung dieser Beteiligten.

(2) Beteiligte, die nach § 9 Abs. 1 auf die Entschädigung für das Eigentum am Grundstück angewiesen sind, können, soweit die vereinbarte Entschädigung ihre Forderungen nicht deckt, Erhöhung der Geldentschädigung, bei Entschädigung in Land auch Leistung einer zusätzlichen Geldentschädigung beantragen. Über den Antrag entscheidet die Enteignungsbehörde.

§ 24. Bestätigung der Einigung

(1) Die Einigung bedarf zu ihrer Wirksamkeit der Bestätigung durch die Enteignungsbehörde.

(2) Die Bestätigung ist nur zulässig, wenn nicht rechtzeitig Widerspruch erhoben ist; ein Widerspruch hindert die Bestätigung nicht, wenn durch die Einigung berechtigte Interessen des Widersprechenden nicht berührt werden. Ist die Hinterlegung der Geldentschädigung geboten, so darf eine Einigung über den Übergang

des Eigentums nur bestätigt werden, wenn nachgewiesen ist, dass die Geldentschädigung unter Verzicht auf das Recht der Rücknahme hinterlegt wurde.

(3) Der Beschluss, durch den die Bestätigung erteilt oder versagt wird, ist den an der Einigung Beteiligten zuzustellen.

§ 25. Wirkung der Bestätigung

Wird die Einigung über den Übergang des Eigentums bestätigt, so treten mit der Zustellung des Bestätigungsbeschlusses an den Eigentümer des von der Enteignung betroffenen Grundstücks oder mit dem in der Einigung bezeichneten späteren Zeitpunkt die Wirkungen der Enteignung ein (§ 32).

§ 26. Entscheidung der Enteignungsbehörde

(1) Kommt eine Einigung nicht zustande, so entscheidet die Enteignungsbehörde aufgrund der mündlichen Verhandlung durch Beschluss über den Enteignungsantrag, die übrigen gestellten Anträge sowie über die erhobenen Einwendungen. Zugleich entscheidet die Enteignungsbehörde darüber, ob an dem von der Enteignung betroffenen Grundstück die Rechte der in § 19 Abs. 1 bezeichneten Berechtigten aufrechterhalten oder neue dingliche Rechte an dem Gegenstand der Enteignung begründet werden sollen.

(2) Wird Entschädigung in Geld festgesetzt, so gilt, soweit die Bemessung des gesetzlich zulässigen Preises die Erteilung einer Ausnahmegenehmigung nach § 1 Abs. 3 der Verordnung über die Preisüberwachung und die Rechtsfolgen von Preisverstößen im Grundstücksverkehr vom 7. Juli 1942 (RGBl. I S. 451) erfordert (§ 7 Abs. 1 S. 2), diese Ausnahmegenehmigung als durch die Entscheidung über die Entschädigung erteilt. Die Entscheidung darf in diesem Falle nur im Benehmen mit der zuständigen Preisbehörde getroffen werden.

(3) Wird Entschädigung in Land festgesetzt und muss das Ersatzland enteignet werden, so ist in der Entscheidung über den Enteignungsantrag zugleich über die Enteignung des Ersatzlandes zu entscheiden.

§ 27. Form und Inhalt des Beschlusses insbesondere des Enteignungsbeschlusses

(1) Der Beschluss der Enteignungsbehörde ist mit einer Belehrung über den zulässigen Rechtsbehelf zu versehen und den Beteiligten zuzustellen.

(2) Gibt die Enteignungsbehörde dem Enteignungsantrag statt, so muss der Beschluss (Enteignungsbeschluss) enthalten:

a) die Bezeichnung der von der Enteignung Betroffenen und des durch die Enteignung Begünstigten,

b) das durch die Enteignung betroffene Grundstück nach Größe, grundbuchmäßiger, katastermäßiger und sonst üblicher Bezeichnung; im Falle der Enteignung eines Grundstücksteils ist zu seiner Bezeichnung auf die Messurkunde eines Vermessungsamtes oder eines vereidigten Landmessers (amtlicher Veränderungsnachweis) Bezug zu nehmen,

c) Art und Höhe der Entschädigungen mit der Angabe, von wem und an wen sie zu leisten sind,

d) die Angabe der Eigentums- und sonstigen Rechtsverhältnisse vor und nach der Enteignung.

(3) Ist im Grundbuch die Anordnung der Zwangsversteigerung oder der Zwangsverwaltung eingetragen, so gibt die Enteignungsbehörde dem Vollstreckungsgericht von dem Enteignungsbeschluss Kenntnis, wenn dem Enteignungsantrag stattgegeben worden ist.]

Vierter Abschnitt. Anfechtung der Entscheidungen der Enteignungsbehörde (§§ 28–39)

§ 28. Einspruch

(1) Gegen die Entscheidungen der Enteignungsbehörde ist der Einspruch an das Landgericht zulässig. Der Einspruch ist binnen eines Monats seit Zustellung der Entscheidung bei der Enteignungsbehörde schriftlich oder zu Protokoll einzulegen. Der Lauf der Frist wird durch die Gerichtsferien nicht gehemmt.

(2) Der Einspruch muss die Entscheidung, gegen die er sich richtet, bezeichnen. Er soll die Erklärung enthalten, inwieweit die Entscheidung angefochten wird und welche Abänderungen beantragt werden. Er soll die Gründe des Einspruchs sowie die neuen Tatsachen und Beweismittel angeben, die zur Rechtfertigung des Einspruchs dienen.

(3) Die Enteignungsbehörde hat den Einspruch mit ihren Akten unverzüglich dem zuständigen Landgericht vorzulegen. Ist das Verfahren von der Enteignungsbehörde noch nicht abgeschlossen, so sind statt der Akten Abschriften der bedeutsamen Aktenstücke vorzulegen.

(4) Einem Beteiligten, der durch Naturereignisse oder andere unabwendbare Zufälle verhindert worden ist, die Frist nach Abs. 1 einzuhalten, ist auf Antrag vom Landgericht die Wiedereinsetzung in den vorigen Stand zu erteilen, wenn er den Einspruch binnen zweier Wochen nach Beseitigung des Hindernisses eingelegt und die Tatsachen, welche die Wiedereinsetzung begründen, glaubhaft macht. Gegen die Entscheidung über den Antrag findet die sofortige Beschwerde an das Oberlandesgericht statt. Nach dem Ablauf eines Jahres von dem Ende der versäumten Frist an gerechnet, kann die Wiedereinsetzung nicht mehr beantragt werden.

§ 29. Zuständigkeit

(1) Über den Einspruch entscheidet das Landgericht, Kammer für Baulandsachen.

(2) Örtlich zuständig ist das Landgericht, in dessen Bezirk die Enteignungsbehörde ihren Sitz hat.

(3) Die Landesjustizverwaltung kann für die Bezirke mehrerer Landgerichte einem von ihnen die Entscheidung über Einsprüche nach diesem Gesetz zuweisen.

§ 30. Kammer für Baulandsachen

(1) Bei den Landgerichten werden eine oder mehrere Kammern für Baulandsachen gebildet. Die Kammer für Baulandsachen entscheidet in der Besetzung mit drei Richtern des Landgerichts einschließlich des Vorsitzenden sowie zwei beamteten Richtern der Verwaltungsgerichte.

(2) Der Richter der Verwaltungsgerichte und die für den Fall ihrer Verhinderung erforderlichen Vertreter werden von der für die Verwaltungsgerichtsbarkeit zuständigen obersten Landesbehörde auf die Dauer von drei Jahren zur nebenamtlichen Tätigkeit in der Kammer für Baulandsachen abgeordnet.

[Fassung der §§ 29, 30 vom 29.11.1950:

§ 29. Klage bei dem Verwaltungsgericht

(1) Gegen die Entscheidungen der Enteignungsbehörde ist die Anfechtungsklage bei dem unteren Verwaltungsgericht zulässig. Bei dem unteren Verwaltungsgericht sind zur Verhandlung und Entscheidung über Anfechtungsklagen gegen Entscheidungen der Enteignungsbehörden eine und im Bedarfsfalle mehrere Kammern für Baulandsachen zu bilden.

(2) Wenn eine oberste Landesbehörde Enteignungsbehörde ist und wenn nach den Vorschriften über die Verwaltungsgerichtsbarkeit die Klage gegen einen Verwaltungsakt einer obersten Landesbehörde bei dem obersten Verwaltungsgericht des Landes zu erheben ist, so ist die Klage nach Abs. 1 bei diesem Gericht zu erheben.

(3) Auf das Verfahren sind die Vorschriften über die Verwaltungsgerichtsbarkeit mit folgender Maßgabe anzuwenden:

a) die Klage ist binnen zweier Wochen nach Zustellung der angefochtenen Entscheidung zu erheben; ein Einspruch gegen die Entscheidung der Enteignungsbehörde findet nicht statt;

b) in den Fällen, in denen die Klage durch einen mit Gründen versehenen Vorbescheid abgewiesen wird, beträgt die Frist für den Antrag auf mündliche Verhandlung zwei Wochen,

c) sämtliche Beteiligten (§ 16) sind beizuladen,

d) der Vorsitzende hat schon vor der mündlichen Verhandlung alle Anordnungen zu treffen, die erforderlich sind, um das Verfahren tunlichst in einer mündlichen Verhandlung zu erledigen.

e) das Verwaltungsgericht kann die angefochtene Entscheidung aufheben oder ändern; es darf über die gestellten Anträge nicht hinausgehen; § 27 Abs. 2, 3 ist entsprechend anzuwenden,

f) wird die Klage von dem Antragsteller erhoben, so trägt der Antragsteller in jedem Falle die Kosten des Verfahrens. Entsprechendes gilt, wenn die Klage von einem Beitretenden erhoben wird.

§ 30. Revision an das Bundesverwaltungsgericht

(1) Gegen die Endentscheidung des nach § 29 zuständigen Verwaltungsgerichts kann binnen eines Monats nach Zustellung der Endentscheidung Revision an das Bundesverwaltungsgericht eingelegt werden, soweit nach den für das Bundesverwaltungsgericht

geltenden Vorschriften eine Revision gegen Endentscheidungen eines obersten allgemeinen Verwaltungsgerichts eines Landes zulässig ist.

(2) Die Berufung gegen eine Entscheidung des unteren Verwaltungsgerichts ist ausgeschlossen.]

§ 31. Verfahrensgrundsätze

(1) Auf das Einspruchsverfahren sind die für das Verfahren vor den Amtsgerichten bei Klagen in bürgerlichen Rechtsstreitigkeiten geltenden Vorschriften sinngemäß anzuwenden, soweit sich aus diesem Gesetz nicht ein anderes ergibt.

(2) Einspruchsverfahren sollen besonders beschleunigt werden. Sie sind Feriensachen.

(3) Das Gericht hat von Amts wegen die zur Feststellung der Tatsachen erforderlichen Ermittlungen zu veranstalten und die geeignet erscheinenden Beweise aufzunehmen.

(4) Sind gegen die Entscheidung der Enteignungsbehörde mehrere Einsprüche eingelegt, so wird über die Einsprüche gleichzeitig verhandelt und entschieden.

§ 32. Teilnahme am Verfahren

(1) An den Verfahren nehmen die Beteiligten und die Enteignungsbehörde teil. Die für die Parteien geltenden Vorschriften sind auf die Beteiligten und auf die Enteignungsbehörde entsprechend anzuwenden.

(2) Die Einspruchsschrift eines Beteiligten und die schriftlichen Erklärungen eines Beteiligten und der Enteignungsbehörde sind den übrigen Beteiligten und der Enteignungsbehörde zuzustellen.

(3) Hat ein Beteiligter rechtswirksam Einspruch eingelegt, so können sich auch die Beteiligten, die Einspruch nicht eingelegt haben, sowie die Enteignungsbehörde zur Sache schriftlich oder mündlich äußern und in der mündlichen Verhandlung Anträge stellen.

(4) Die §§ 59 bis 77 der Zivilprozessordnung sind nicht anzuwenden.

§ 33. Anfechtung von Ermessensentscheidungen

Soweit die Enteignungsbehörde ermächtigt ist, nach pflichtgemäßem Ermessen zu befinden, kann der Einspruch nur darauf gestützt werden, dass die gesetzlichen Grenzen des Ermessens überschritten seien oder von dem Ermessen in einer dem Zweck der Ermächtigung nicht entsprechenden Weise Gebrauch gemacht worden sei.

§ 34. Einspruch gegen vorzeitige Besitzeinweisung

Hat ein Beteiligter gegen eine vorzeitige Besitzeinweisung Einspruch eingelegt, so sind Zwangsmaßnahmen zu dem Zwecke, dem Antragsteller den tatsächlichen Besitz des Grundstücks zu verschaffen, nur mit Zustimmung der Kammer für Baulandsachen zulässig.

§ 35. Entscheidung über den Anspruch

(1) Das Gericht entscheidet über den Einspruch durch Beschluss. Wird der Einspruch für begründet erachtet, so ist die Entscheidung der Enteignungsbehörde

aufzuheben oder zu ändern. Die angefochtene Entscheidung darf nur insoweit aufgehoben oder abgeändert werden, als eine Aufhebung oder Abänderung von einem Beteiligten oder von der Enteignungsbehörde in der mündlichen Verhandlung beantragt ist.

(2) Hat die Enteignungsbehörde den Enteignungsantrag abgewiesen, weil sie die Voraussetzungen für die Zulässigkeit der Enteignung nicht für gegeben erachtet hat, und wird der Einspruch für begründet erachtet, so hat das Gericht die angefochtene Entscheidung aufzuheben und die Sache an die Enteignungsbehörde zurückzuverweisen. Das Gleiche gilt, wenn der Einspruch für begründet erachtet wird, weil der Enteignungsantrag von der Enteignungsbehörde unter Verletzung der Grundsätze des § 33 abgewiesen worden ist. Ebenso kann das Gericht verfahren, wenn es in anderen Fällen die Voraussetzungen für eine wesentliche Änderung des Enteignungsbeschlusses hinsichtlich des Gegenstandes der Enteignung für gegeben hält. Die Enteignungsbehörde hat die Beurteilung, die der Aufhebung zugrunde gelegt ist, auch ihrer Entscheidung zugrunde zu legen.

(3) Ist von mehreren Anträgen nur der eine oder ist nur ein Teil eines Antrages zur Endentscheidung reif, so darf das Gericht hierüber eine Teilentscheidung nur erlassen, wenn dies zur Beschleunigung des Verfahrens notwendig erscheint.

(4) Wird ein Enteignungsbeschluss abgeändert, so ist § 27 Abs. 2 sinngemäß anzuwenden. Wird ein Enteignungsbeschluss aufgehoben oder abgeändert, nachdem die Enteignungsbehörde dem Vollstreckungsgericht gemäß § 27 Abs. 3 von dem Enteignungsbeschluss Kenntnis gegeben hatte, so gibt das Gericht dem Vollstreckungsgericht von seinem Beschluss Kenntnis.

(5) Der Beschluss ist den Beteiligten von Amts wegen zuzustellen. Bei der Zustellung ist dem Beschluss eine Belehrung über die Zulässigkeit und die Form der sofortigen Beschwerde beizufügen. Im Übrigen sind auf den Beschluss die für Urteile geltenden Vorschriften sinngemäß anzuwenden.

§ 36. Entscheidung bei Ausbleiben einer Beteiligten

Erscheint ein Beteiligter, der Einspruch eingelegt oder in einer mündlichen Verhandlung einen Antrag gestellt hat, im Termin zur mündlichen Verhandlung nicht, so kann jeder Beteiligte oder die Enteignungsbehörde eine Entscheidung nach Lage der Akten beantragen; dem Antrag ist zu entsprechen, wenn der Sachverhalt für eine derartige Entscheidung hinreichend geklärt erscheint. Schriftlich gestellte Anträge des Beteiligten, der Einspruch eingelegt hat, gelten als in der mündlichen Verhandlung vorgetragen, sofern dieser Beteiligte in einer früheren mündlichen Verhandlung Anträge nicht gestellt hat. Die §§ 332 bis 335, 337 der Zivilprozessordnung gelten sinngemäß. Im Übrigen sind die Vorschriften über Versäumnisurteile nicht anzuwenden.

§ 37. Entscheidung über die Kosten des Verfahrens

(1) Über die Kosten ist zugleich mit der Entscheidung in der Hauptsache zu entscheiden. Das Gericht entscheidet nach billigem Ermessen darüber, wer die Kosten zu tragen hat und wie die Kosten zu verteilen sind. Außergerichtliche Kosten sind nur insoweit zu erstatten, als das Gericht es anordnet.

(2) Hat der Antragsteller des Enteignungsverfahrens den Einspruch oder die sofortige Beschwerde allein oder neben anderen Beteiligten erhoben, so trägt er in jedem Falle die Kosten des von ihm veranlassten Rechtzuges. Entsprechendes gilt, wenn der Einspruch oder die sofortige Beschwerde von einem Beitretenden erhoben worden ist.

(3) § 91, §§ 92 bis 97, 101 der Zivilprozessordnung sind nicht anzuwenden.

§ 38. Sofortige Beschwerde

(1) Gegen die Entscheidung des Landgerichts können jeder Beteiligte und die Enteignungsbehörde sofortige Beschwerde einlegen, sofern der Wert des Beschwerdegegenstandes fünfzig Deutsche Mark übersteigt. Hat das Landgericht den Einspruch zurückgenommen, so kann nur der Beteiligte Beschwerde einlegen, der Einspruch eingelegt hat. Hat das Gericht die Sache an die Enteignungsbehörde zurückverwiesen, so findet eine Beschwerde nicht statt.

(2) Über die sofortige Beschwerde entscheidet das Oberlandesgericht, Senat für Baulandsachen, durch Beschluss. Für die Besetzung des Senats gilt § 30 entsprechend.

(3) Die §§ 31 Abs. 2 und 4, 32 bis 37 dieses Gesetzes sowie die §§ 548 bis 566 der Zivilprozessordnung sind entsprechend anzuwenden, jedoch betragen die Beschwerdefrist und die Frist für die Beschwerdebegründung zwei Wochen. Die Enteignungsbehörde und eine beteiligte Gemeinde brauchen sich nicht durch einen Rechtsanwalt vertreten zu lassen.

(4) Hat das Oberlandesgericht bei der Auslegung einer Bestimmung dieses Gesetzes eine Rechtsfrage von grundsätzlicher Bedeutung zu entscheiden, so legt es die sofortige Beschwerde unter Darlegung seiner Rechtsauffassung dem Bundesgerichtshof zur Entscheidung vor. Ebenso ist zu verfahren, wenn das Oberlandesgericht von einer dieses Gesetz betreffenden Entscheidung eines anderen Oberlandesgerichts oder des Bundesgerichtshofs abweichen will. Der Beschluss über die Vorlegung ist den Beteiligten bekanntzumachen. Über die sofortige Beschwerde entscheidet ein Zivilsenat des Bundesgerichtshofs durch Beschluss.

(5) In der Beschwerdeinstanz erhöhen sich die in § 20 des Gerichtskostengesetzes bestimmten Gebühren um die Hälfte.

§ 39. Einigung der Beteiligten

Kommt es während des gerichtlichen Verfahrens zu einer Einigung im Sinne von § 21, so gelten die §§ 21 bis 24 entsprechend. Das Gericht tritt an die Stelle der Enteignungsbehörde. Einer mündlichen Verhandlung bedarf es nicht.

Fünfter Abschnitt. Ausführung des Enteignungsbeschlusses (§§ 40–48)

§ 40. [im 1. Entwurf § 31] Ausführungsanordnung

(1) Ist der Enteignungsbeschluss nicht mehr anfechtbar, so ordnet auf Antrag eines Beteiligten die Enteignungsbehörde seine Ausführung an (Ausführungsanordnung),

wenn der durch die Enteignung Begünstigte die Geldentschädigung, soweit nicht im Enteignungsbeschluss ihre spätere Leistung zugelassen ist, gezahlt oder zulässigerweise unter Verzicht auf das Recht der Rücknahme hinterlegt und die ihm nach § 47 Abs. 3 auferlegten Kosten gezahlt hat. Die Ausführungsanordnung ergeht ohne Mitwirkung der Beisitzer der Enteignungsbehörde.

(2) In der Ausführungsanordnung ist der Tag festzusetzen, mit dessen Beginn die rechtlichen Wirkungen des Enteignungsbeschlusses eintreten.

(3) Die Ausführungsanordnung ist allen Beteiligten zuzustellen, deren Rechtsstellung durch den Enteignungsbeschluss geändert wird. Die Ausführungsanordnung ist der Gemeinde schriftlich mitzuteilen, in deren Bezirk das von der Enteignung betroffene Grundstück liegt.

§ 41. [im 1. Entwurf § 32] Rechtliche Wirkungen der Ausführungsanordnung

(1) Mit dem in der Ausführungsanordnung festgesetzten Tag wird der bisherige Rechtszustand durch den im Enteignungsbeschluss vorgesehenen neuen Rechtszustand ersetzt. Rechte an dem enteigneten Grundstück und persönliche Rechte die zum Besitz oder zur Nutzung des Grundstücks berechtigen oder die Nennung des Grundstücks beschränken, erlöschen, soweit sie nicht aufrechterhalten werden. Die neuen Rechte, die nach dem Enteignungsbeschluss an dem Gegenstand der Enteignung begründet werden sollen, entstehen. Ist die Entschädigung in Land festgesetzt worden, so wird der Entschädigungsberechtigte Eigentümer des Ersatzlandes.

(2) Die Ausführungsanordnung schließt die Besitzeinweisung in das enteignete Grundstück und in das Ersatzland zu dem festgesetzten Tag in sich.

(3) Die Enteignungsbehörde ersucht unter Übersendung einer beglaubigten Abschrift des Enteignungsbeschlusses und der Ausführungsanordnung das Grundbuchamt um Eintragung der eingetretenen Rechtsänderungen in das Grundbuch.

§ 42. [im 1. Entwurf § 33] Hinterlegung

(1) Die Geldentschädigung für das Eigentum am Grundstück (§ 7) ist unter Verzicht auf das Recht der Rücknahme zu hinterlegen, wenn mehrere Personen auf sie Anspruch haben und eine Einigung dieser Personen über die Auszahlung nicht nachgewiesen ist.

(2) Die Entschädigungssumme ist bei dem Amtsgericht zu hinterlegen, in dessen Bezirk das von der Enteignung betroffene Grundstück liegt. Wenn das Grundstück oder, falls mehrere Grundstücke von der Enteignung betroffen sind, diese Grundstücke in den Bezirken verschiedener Amtsgerichte liegen oder wenn es mit Rücksicht auf die Grenzen der Bezirke ungewiss ist, welches Amtsgericht zuständig ist, so hat das im Rechtszug zunächst höhere Gericht eines der Amtsgerichte zur Hinterlegungsstelle zu bestimmen; dieses Amtsgericht soll die übrigen Amtsgerichte von der Anordnung in Kenntnis setzen. § 37 der Zivilprozessordnung ist entsprechend anzuwenden.

(3) Sonst bestehende Vorschriften, nach denen die Hinterlegung geboten oder statthaft ist, werden hierdurch nicht berührt.

§ 43. [im 1. Entwurf § 34] Verteilungsverfahren

(1) Nach dem Eintritt der in dem Enteignungsbeschluss vorgesehenen Rechtsänderungen kann jeder Beteiligte sein Recht an der hinterlegten Summe gegen einen Mitbeteiligten, der dieses Recht bestreitet, vor den ordentlichen Gerichten geltend machen oder die Einleitung eines gerichtlichen Verteilungsverfahrens beantragen.

(2) Für das Verteilungsverfahren ist das Amtsgericht zuständig, bei dem die Entschädigungssumme hinterlegt ist.

(3) Auf das Verteilungsverfahren sind die Vorschriften über die Verteilung des Erlöses im Falle der Zwangsversteigerung mit folgenden Abweichungen sinngemäß anzuwenden:

a) das Verteilungsverfahren ist durch Beschluss zu eröffnen;

b) die Zustellung des Eröffnungsbeschlusses an den Antragsteller gilt als Beschlagnahme im Sinne des § 13 des Zwangsversteigerungsgesetzes; ist das Grundstück schon in einem Zwangsversteigerungs- oder Zwangsverwaltungsverfahren beschlagnahmt, so hat es hierbei sein Bewenden;

c) das Verteilungsgericht hat bei Eröffnung des Verfahrens von Amts wegen das Grundbuchamt um die im § 19 Abs. 2 des Zwangsversteigerungsgesetzes bezeichneten Mitteilungen zu ersuchen; in die beglaubigte Abschrift des Grundbuchblattes sind die zur Zeit des Enteignungsbeschlusses vorhandenen Eintragungen sowie die später eingetragenen Veränderungen und Löstellung des Enteignungsbeschlusses an den Entschungen aufzunehmen;

d) bei dem Verfahren sind die in § 10 des Zwangsversteigerungsgesetzes bezeichneten Berechtigten zu berücksichtigen, wegen der Ansprüche auf wiederkehrende Leistungen jedoch nur bis zum Zeitpunkt der Hinterlegung.

§ 44. [im 1. Entwurf § 35] Aufhebung des Enteignungsbeschlusses

(1) Ist die Ausführungsanordnung noch nicht ergangen, so hat die Enteignungsbehörde den Enteignungsbeschluss auf Antrag aufzuheben, wenn der durch die Enteignung Begünstigte mit fälligen Geldleistungen länger als drei Monate im Verzug ist. Antragsberechtigt ist jeder Beteiligte, dem eine solche Geldleistung zusteht oder der nach § 9 auf sie als Entschädigung angewiesen ist.

(2) Vor der Aufhebung ist der durch die Enteignung Begünstigte zu hören. Bei der Aufhebung wirken die Beisitzer nicht mit. Der Aufhebungsbeschluss ist allen Beteiligten zuzustellen. Der Gemeinde ist der Aufhebungsbeschluss abschriftlich mitzuteilen.

§ 45. [im 1. Entwurf § 36] Rückenteignung

(1) Wer im Wege der Enteignung das Eigentum an einem Grundstück verloren hat, kann innerhalb von fünf Jahren die Rückenteignung beantragen, wenn

a) die Gemeinde im Falle des § 5 Abs. 3 das Land nicht binnen der dort genannten Frist als Bauland oder als Ersatzland veräußert hat,

b) der durch die Enteignung Begünstigte oder sein Rechtsnachfolger aus von ihm zu vertretenden Gründen mit dem Bau nicht binnen eines Jahres ernsthaft begonnen hat oder der begonnene Bau aus solchen Gründen länger als ein Jahr still liegt. Die Frist beginnt mit dem Tage des Besitzerwerbs. Hat der durch die Enteignung

Begünstigte das enteignete Grundstück an einen anderen veräußert und es vorher dem früheren Eigentümer zum Rückerwerb angeboten, so kann die Rückenteignung nicht beantragt werden.

(2) Der frühere Eigentümer kann die Rückenteignung nicht beantragen, wenn er selbst das enteignete Grundstück im Wege der Enteignung erworben hatte. Dasselbe gilt, wenn das Grundstück zugunsten eines anderen Bauwilligen enteignet werden soll und der frühere Eigentümer nicht willens und in der Lage ist, das Grundstück alsbald mit einem Gebäude im Sinne des § 2 zu bebauen.

(3) Sind die Grenzen des Grundstücks verändert worden oder ist ganz oder überwiegend Entschädigung in Land gewährt worden, so entscheidet die Enteignungsbehörde nach pflichtmäßigem Ermessen darüber, ob eine Rückenteignung stattfindet. Deckt das vorhandene Grundstück sich im Wesentlichen mit dem Bestand des früheren Grundstücks, so ist dies zugunsten des Antragstellers zu berücksichtigen.

(4) In anderen als den in Abs. 3 genannten Fällen ist einem zulässigen Antrag auf Rückenteignung stattzugeben.

(5) Die Vorschriften des zweiten bis fünften Abschnitts dieses Gesetzes sind sinngemäß anzuwenden.

§ 46. [im 1. Entwurf § 37] Erweiterung des Anwendungsbereichs

(1) Hat ein Bauherr vor dem Inkrafttreten dieses Gesetzes auf einem ihm nicht gehörenden Grundstück ein Wohngebäude errichtet oder mit seinem Bau begonnen und hat er bisher das Eigentum an seinem Grundstück noch nicht erworben oder ein geeignetes Rechtsverhältnis mit dem Eigentümer nicht begründet, so ist die Enteignung dieses Grundstücks zugunsten des Bauherrn oder seines Rechtsnachfolgers zulässig.

(2) Die Enteignung eines Grundstücks, auf dem ein Behelfsheim errichtet worden ist, ist nur zulässig, wenn das Bauwerk im Einzelfall nach Größe, Ausführung, Stellung und Lage eine ihm folgende Änderung des Eigentums oder des bestehenden Rechtsverhältnisses rechtfertigt. Im Übrigen ist die Enteignung nur zulässig, wenn das Wohngebäude im Hinblick auf ein bereits eingeleitetes oder bevorstehendes Enteignungsverfahren errichtet oder mit seinem Bau begonnen worden ist.

(3) Die Enteignung ist auf die überbaute Fläche und das zugehörige Garten- und Wirtschaftsland, das von den Bewohnern des Wohngebäudes als solches genutzt wird, zu beschränken.

(4) Bei einer Enteignung aufgrund der Absätze 1 und 2 sind die als Belastung an dem durch die Enteignung betroffenen Grundstück bestehenden dinglichen Rechte aufrechtzuerhalten.

(5) Für die Bemessung der Entschädigung ist der Zeitpunkt des Baubeginns maßgebend, jedoch ist die Tatsache, dass die bestehenden dinglichen Rechte aufrechterhalten bleiben, auch insoweit zu berücksichtigten, als sie erst nach diesem Zeitpunkt entstanden sind.

§ 47. [im 1. Entwurf § 38] Gebühren und Kosten

(1) Das Verfahren vor der Enteignungsbehörde ist gebührenfrei. Auf die Ansprüche der Zeugen und Sachverständigen in dem Verfahren vor der Enteignungsbehörde

sind die in bürgerlichen Rechtsstreitigkeiten maßgebenden Vorschriften entsprechend anzuwenden.

(2) Auf die Entschädigung der Beisitzer der Enteignungsbehörde sind die für die Beisitzer im arbeitsgerichtlichen Verfahren maßgebenden Vorschriften entsprechend anzuwenden.

(3) Die einem Entschädigungsberechtigten erwachsenen Kosten sind dem von der Enteignung Begünstigten aufzuerlegen, soweit sie zur zweckentsprechenden Wahrung seiner Rechte erforderlich waren.

(4) Die Erteilung von Grundbuchauszügen und die Fertigung sonstiger für das Enteignungsverfahren notwendiger Unterlagen sind kostenfrei, wenn sie von der Enteignungsbehörde verlangt werden. Die beim Grundbuchamt entstehenden Kosten für die Eintragung der im Enteignungsbeschluss enthaltenen Rechtsänderungen sind von dem durch die Enteignung Begünstigten zu tragen.

§ 48. [im 1. Entwurf § 39] Aufhebung bisheriger Vorschriften

(1) Die §§ 3, 4, 5 und 11 der Verordnung zur Behebung der dringenden Wohnungsnot vom 9. Dezember 1919 (RGBl. S. 1968) werden aufgehoben.

(2) Für die Enteignung zur Bereitstellung von Gelände für Kleingärten findet § 11 Vierter Teil Kapitel II der dritten Verordnung des Reichspräsidenten zur Sicherung von Wirtschaft und Finanzen und zur Bekämpfung politischer Ausschreitungen vom 6. Oktober 1931 (RGBl. I S. 537) in der Fassung der Verordnung zur Änderung von Vorschriften über Kleinsiedlungen und Kleingärten vom 26. Februar 1938 (RGBl. I S. 233) mit der Maßgabe Anwendung, dass für die Entschädigung und das Verfahren die Vorschriften dieses Gesetzes ausschließlich gelten.

(3) Auf die Enteignung zur Bereitstellung von Gelände für Zwecke der Kleinsiedlung sind die Vorschriften dieses Gesetzes anzuwenden. Sollen Grundstücke, die außerhalb eines im Zusammenhang bebauten Ortsteils liegen und landwirtschaftlich genutzt werden, enteignet werden, so ist das Benehmen mit der zuständigen Landwirtschaftsbehörde herbeizuführen. Wird durch die Enteignung der Bestand eines landwirtschaftlich oder gärtnerisch genutzten Familienbetriebes nach Feststellung der Landwirtschaftsbehörde gefährdet, so ist die Enteignung nur zulässig, wenn bei einer Abwägung der Belange des Wohnungsbaus und der Landwirtschaft die Bedürfnisse der Kleinsiedlung eine solche Enteignung zwingend erfordern und wenn Ersatzland nach § 11 zugewiesen wird. [Fassung im 1. Entwurf: „Auf die Enteignung zur Bereitstellung von Gelände für Zwecke der Kleinsiedlung sind die Vorschriften dieses Gesetzes anzuwenden. Wird durch die Enteignung der Bestand eines gärtnerischen oder landwirtschaftlichen Familienbetriebes gefährdet, so ist die Enteignung nur zulässig, wenn bei einer Abwägung der Belange des Wohnungsbaues und der Landwirtschaft die Bedürfnisse der Kleinsiedlung eine solche Enteignung zwingend erfordern."]

(4) § 28 des Reichsheimstättengesetzes in der Fassung der Bekanntmachung vom 25. November 1937 (RGBl. I S. 1291) und § 45 der Verordnung des Reichsministers der Justiz und des Reichsarbeitsministers zur Ausführung des Reichsheimstättengesetzes vom 19. Juli 1940 (RGBl. I S. 1027) werden aufgehoben.

(5) Bei Inkrafttreten dieses Gesetzes eingeleitete Enteignungsverfahren können nach den bisher geltenden Vorschriften zu Ende geführt werden.

Anhang: Entwurf zu einem Gesetz zur Änderung des Art. 14 des Grundgesetzes (November 1950)

Einziger Paragraph: Artikel 14 Abs. 3 Satz 4 erhält folgende Fassung: „Wegen der Höhe der Entschädigung steht im Streitfalle der Rechtsweg vor den ordentlichen Gerichten offen, soweit nicht ein Bundesgesetz für diese Streitigkeiten in Fällen der Enteignung zur Förderung des Wohnungswesens, des Siedlungs- und Heimstättenwesens den Verwaltungsrechtsweg vorsieht."

[Frühere Fassung: „Bei der Enteignung für Zwecke des Wohnungsbaues und des Wiederaufbaues kann die Entscheidung auch über die Höhe der Entschädigung durch Bundesgesetz der Verwaltungsgerichtsbarkeit übertragen werden."]

Begründung zu dem Gesetz zur Änderung des Artikels 14 des Grundgesetzes.

Neben der Möglichkeit, die allgemeine Dienstaufsicht anzurufen, stehen nach geltendem Recht für die Nachprüfung eines Verwaltungsaktes auf dem Gebiete des Enteignungsrechts drei Wege offen:

a) die Verwaltungsbeschwerde, b) der Rechtsweg vor den Verwaltungsgerichten, soweit es sich um die Zulässigkeit der Enteignung handelt, c) der Rechtsweg vor den ordentlichen Gerichten, soweit die Höhe der Entschädigung strittig ist (Art. 14 Abs. 3 GG). Ein solches Nebeneinander mehrerer selbständiger Rechtszüge führt notwendig zu einer erheblichen Verzögerung des Enteignungsverfahrens.

Unter dem Zwang der Nachkriegsverhältnisse hat daher die traditionelle Regelung des Rechtsschutzverfahrens im Enteignungsrecht auf dem Teilgebiet des Wohnungs- und Siedlungswesens seit dem ersten Weltkrieg eine Sonderbehandlung erfahren. Die damalige fühlbare Wohnungsnot und die als ihre Folge allenthalben auftretenden Gefahr drohenden Missstände veranlassten den Gesetzgeber zu einschneidenden Maßnahmen, um das für die Errichtung neuer Wohnstätten erforderlichen Gelände beschleunigt zur Verfügung zu stellen.

Die wichtigste dieser reichsrechtlichen Vorschriften ist die Verordnung vom 15. Januar 1919 (RGBl. S. 69), die durch die Verordnung vom 9. Dezember 1919 (RGBl. S. 1963) in wesentlichen Punkten geändert und ergänzt und alsdann aufgrund des Art. 2 der Verordnung vom 9. Dezember 1919 durch den ehemaligen Reichsarbeitsminister als „Verordnung zur Behebung der dringendsten Wohnungsnot vom 9. Dezember 1919" neu bekannt gemacht worden ist. Nach § 4 dieser Verordnung erfolgt die Enteignung durch formlosen Bescheid an den Eigentümer. Der Enteignungsbescheid des Wohnungskommissars ist endgültig. Lediglich gegen die Festsetzung der Entschädigung konnte gemäß § 4 Abs. 3 S. 2 der ursprünglichen Fassung der Verordnung die Entscheidung des ordentlichen Gerichts angerufen werden. Diese Bestimmung hat sich indessen in der Praxis als unzweckmäßig erwiesen. Es zeigte sich, dass durch die Möglichkeit der Klageerhebung vor den ordentlichen Gerichten die endgültige Feststellung der Höhe der Entschädigung erheblich verzögert wurde.

Dem Erwerber eines enteigneten Grundstücks wurde dadurch jede Berechnung der Wirtschaftlichkeit seines Bauvorhabens so lange unmöglich gemacht, bis ein rechtskräftiges Urteil des Gerichts vorlag. Infolgedessen verzögerte sich auch die Herstellung der Wohnungen selbst in erheblichem Maße. Durch die Änderungsverordnung vom 9. Dezember 1919 wurde daher der ordentliche Rechtsweg ausgeschlossen und an seiner Stelle die Anrufung der Entscheidung einer von der Landeszentralbehörde zu bestimmenden Berufungsbehörde zugelassen.

In entsprechender Weise ist das Rechtsschutzverfahren nach dem Gesetz über Enteignungsrecht von Gemeinden bei Aufhebung oder Ermäßigung von Rayonbeschränkungen vom 27. April 1920 (RGBl. I S. 697) geregelt worden. Nach diesem Gesetz, welches Enteignungsmaßnahmen für Zwecke des gemeinnützigen Siedlungs- und Wohnungswesens vorsieht, kann gegen die Festsetzung der Entschädigung eine von der obersten Landesbehörde zu bestimmende kollegiale Berufungsbehörde angerufen werden, deren Entscheidung endgültig ist.

Noch weiter geht § 11 Vierter Teil Kapitel II der dritten Verordnung des Reichspräsidenten zur Sicherung von Wirtschaft und Finanzen und zur Bekämpfung politischer Ausschreitungen vom 6. Oktober 1931 (RGBl. I S. 537) in der Fassung der Verordnung zur Änderung von Vorschriften über Kleinsiedlungen und Kleingärten vom 26. Februar 1938 (RGBl. I S. 233). Die Bestimmungen dieser Verordnung sind die einschneidendsten Vorschriften, welche die frühere Reichsgesetzgebung auf dem Gebiete der Entziehung von Grundeigentum kennt. Sie lässt nicht nur in Anwendung der Vorschriften der Behebungsverordnung die Enteignung in einem formlosen Verfahren zu, sondern schließt darüber hinaus jegliche Nachprüfung der von der Verwaltungsbehörde festzusetzenden Entschädigung im Rechtswege oder im Verwaltungsverfahren aus. Diese Vorschriften sind in den vergangenen dreißig Jahren ständig angewandt worden und haben nicht zu Beanstandungen geführt. Die Beschränkungen des Rechtsweges sind erst durch § 22 des Gesetzes Nr. 39 über die Verwaltungsgerichtsbarkeit vom 25. September 1946 und die §§ 22, 115 Buchstabe c der Verordnung Nr. 165 Verwaltungsgerichtsbarkeit in der britischen Zone aufgehoben worden. Seit dem Inkrafttreten des Grundgesetzes ist gegen die Entscheidungen der Verwaltungsbehörden die Klage bei dem Verwaltungsgericht (Art. 19 Abs. 4) und wegen der Höhe der Entschädigung die Klage bei dem ordentlichen Gericht (Art. 14 Abs. 3 S. 4) gegeben.

Die hierdurch geschaffene Rechtslage ist in hohem Maße unbefriedigend.

Dieselben rechts- und wirtschaftspolitischen Erwägungen, die nach dem ersten Weltkrieg die Inanspruchnahme von Grundeigentum zur Beseitigung der bestehenden Wohnraumschwierigkeiten in einem beschleunigten und vereinfachten Verfahren notwendig machten, müssen im Hinblick auf die weit größeren Zerstörungen und wirtschaftlichen Erschütterungen, die der zweite Weltkrieg zur Folge hatte, bei einer bundesrechtlichen Regelung des Enteignungsrechts für Bauland in verstärktem Maße Beachtung finden, um die Durchführung des Wohnungsbauprogramms der Bundesregierung nicht ernsthaft zu gefährden. Es kann an der Tatsache nicht vorübergegangen werden, dass die Bebauung der Wohnungsnot, der die Verordnung vom 9. Dezember 1919 dienen sollte, weder in der Zeit der Weimarer Republik noch in der Episode der nationalsozialistischen Staatsführung in ausreichendem Maße gelungen ist, ja dass infolge des Bombenkrieges und der Vertreibung der Bevölkerung des ostdeutschen Raumes das Wohnungsproblem heute dringender ist als je zuvor (OVG Münster, Entsch. v. 20. Mai 1950).

Der Deutsche Bundestag hat daher am 28. März 1950 folgende Entschließung gefasst: „Um die Durchführung des Wohnungsbauprogramms zu ermöglichen, wird die Bundesregierung ersucht:

1. bis zum 30. September 1950 einen Gesetzentwurf über die Enteignung von Grundstücken zugunsten des Wohnungsbaues und für den Wiederaufbau vorzulegen,

2. in diesem Gesetzentwurf Bestimmungen zu treffen, die *gegebenenfalls* unter Änderung von Bestimmungen des Grundgesetzes die schnelle, wirksame, endgültige und zu günstigen Preisen mögliche Enteignung von Grundstücken vorsehen."

Entsprechend dieser Entschließung des Bundestags sind in dem Entwurf eines Gesetzes über die vorläufige Regelung der Bereitstellung von Bauland (Zweites Wohnungsbaugesetz) die notwendigen Vorkehrungen getroffen worden, welche die Beschleunigung des verwaltungsgerichtlichen Verfahrens sicherstellen. Um der Entschließung des Bundestags inhaltlich jedoch in vollem Umfange zu genügen und neben der Verfahrensbeschleunigung auch eine Verfahrensvereinfachung zu erzielen, ist darüber hinaus auch die Nachprüfung der verwaltungsbehördlichen Entscheidungen über die Höhe der Entschädigung den Verwaltungsbehörden zugewiesen worden. Für den Ausschluss des ordentlichen Rechtsweges sprechen noch folgende Gesichtspunkte:

Die Zulässigkeit des ordentlichen Rechtsweges neben der Anfechtungsklage vor dem Verwaltungsgericht ist – wie allgemein anerkannt wird – nicht rechtssystematisch. Sie ist umso schwieriger zu befolgen, wenn, wie dies in dem Entwurf eines Gesetzes über die vorläufige Regelung der Bereitstellung von Bauland (Zweites Wohnungsbaugesetz) vorgesehen ist, nicht nur Geldentschädigung, sondern auch Entschädigung in Land festgesetzt werden kann.

Die Beibehaltung des ordentlichen Rechtsweges bringt auch unbefriedigende Folgen für die Beteiligten mit sich. Durch die gegebenenfalls erst nach längerer Zeit ergehende endgültige Entscheidung über eine wesentliche Erhöhung der Entschädigungssumme kann die Finanzierung des Bauvorhabens nachträglich in Frage gestellt werden. Es muss aber im Hinblick auf die überragende staatspolitische Bedeutung des Wohnungsbaues vermieden werden, dass der Durchführung eines Bauvorhabens aus verfahrensrechtlichen Gründen Hemmnisse erwachsen.

Das Nebeneinander der beiden Rechtsbehelfe führt zu erhöhten Kosten. Es sind Gerichtskosten sowohl bei dem Verwaltungsgericht wie bei dem ordentlichen Gericht zu entrichten, abgesehen davon, dass bei den ordentlichen Gerichten Anwaltszwang besteht.

Um einen Ausweg aus diesen Schwierigkeiten zu finden, ist der Vorschlag gemacht worden, das Verfahren bei den ordentlichen Gerichten gleichzeitig neben dem verwaltungsgerichtlichen Verfahren durchzuführen, d.h. grundsätzlich die Anwendbarkeit des § 148 der Zivilprozessordnung auszuschließen. Der Vorschlag befriedigt indessen nicht. Solange das Verwaltungsgericht über die Frage der Zulässigkeit und des Umfanges der Enteignung noch nicht entschieden hat, befasst sich das ordentliche Gericht gewissermaßen mit einem theoretischen Sachverhalt. Wird nämlich die Enteignung ganz oder zum Teil für unzulässig erklärt, so ist das Urteil des ordentlichen Gerichts zu Unrecht ergangen. Die an sich bereits stark überlasteten Gerichte haben überflüssige Arbeit geleistet, Verwaltungsaufwand ist nutzlos vertan worden und kostspielige Sachverständigengutachten wurden wertlos. Es ergeben sich auch Schwierigkeiten bei der richterlichen Bearbeitung, da die Akten der Enteignungsbehörde, welche die Unterlage des gerichtlichen Verfahrens bilden, nicht gleichzeitig dem Verwaltungsgericht und dem ordentlichen Gericht zugänglich gemacht werden. Unabwendbar sind auch rechtliche Schwierigkeiten für den Fall, dass das ordentliche Gericht über die Höhe der Entschädigung eine rechtskräftige Entscheidung trifft und das Verwaltungsgericht erst danach die Enteignung für unzulässig erklärt.

Die Beschränkung des Rechtsweges auf die Anfechtungsklage vor den Verwaltungsgerichten auch wegen der Höhe der Entschädigung ist nach alledem nicht nur eine rechtspolitische, sondern auch eine wirtschaftspolitische Frage von höchster Wichtigkeit. Mit ihrer Lösung steht und fällt die Durchführung des Ersten Wohnungsbaugesetzes.

Die hierdurch notwendig gewordene Änderung des Grundgesetzes schließt den ordentlichen Rechtsweg bei einem Streit über die Höhe der Entschädigung nur insoweit aus, als es sich um eine Enteignung zur Förderung des Wohnungswesens, des Siedlungs- und Heimstättenwesens handelt. Im Übrigen bleibt es bei der bisherigen Regelung über die Zuständigkeit des Rechtsweges.

X. Protokoll über die Sitzungen des Rechtsausschusses des Bundesrats vom 15. und 21.2.1951*

ORR Dr. Gelbert (Bayern): Der Entwurf sieht die Enteignung von Grund und Boden zur Errichtung von Gebäuden vor. Der 1. Abschnitt regelt die Zulässigkeit der Enteignung, der 2. die Entschädigung, der 3. das Verfahren vor der Enteignungsbehörde, der 4. das Anfechtungsverfahren gegen den die Enteignung aussprechenden Verwaltungsakt, der 5. die Ausführung des Enteignungsbeschlusses und der 6. Übergangs- und Schlussbestimmungen.

Der Entwurf übernimmt es, für einen, wenn auch wichtigen Teil der Enteignungsfälle, eine Sonderregelung zu schaffen, die sich nicht auf die Normen über die Zulässigkeit der Enteignung beschränkt, sondern auch viel allgemeines Enteignungsrecht enthält, ohne es inhaltlich und der Geltung nach umfassend zu regeln. Dadurch wird das schon jetzt unübersichtlich gewordene Enteignungsrecht weiter zersplittert, es wird auch die weitere Landesgesetzgebung auf dem Gebiet des Enteignungsrechts behindert und, wenn nicht rechtlich, so doch tatsächlich die Anwendung abweichender bisheriger Landesvorschriften in Frage gestellt. Nach Art. 74 Nr. 14 GG besteht allerdings Bundeszuständigkeit.

Städtebaulich bringt andererseits der Entwurf gegenüber dem bisherigen Rechtszustand kaum einen Fortschritt. So geht z. B. der Entwurf an dem wichtigen Problem der Verkehrssanierung der Altstädte vorbei. Er beschränkt sich auf die Zulässigkeit der Enteignung und des Verfahrens hinsichtlich der Wohnungsbeschaffung. Der Entwurf gibt Anlass, zu verschiedenen grundsätzlichen Fragen Stellung zu nehmen, so zur Frage der Begrenzung des Enteignungsrechts, zur Frage der Behandlung der Grundstücksbelastungen und zur Frage des Verfahrens.

Wenn ich mich nun zu den Einzelheiten des Gesetzes wende, so möchte ich bezüglich der Überschrift des Gesetzes zur Erörterung stellen, ob nicht die Worte „vorläufige Regelung der" wegfallen sollten; denn der Entwurf enthält bis zum Inkrafttreten einer weiteren Regelung schon endgültige, die Beteiligten bindende Einzelvorschriften. Man könnte, wenn man den Text der Überschrift liest, auf die Idee kommen, dass gewisse Vorschriften einer späteren endgültigen gesetzlichen Überarbeitung bedürften. Das ist aber nach dem Willen des Entwurfs nicht der Fall. Die vorgeschlagene Änderung erscheint daher zweckmäßig.

Der § 1 normiert die Grundsatzfrage der Zulässigkeit der Enteignung. Er bchan delt zweierlei, einmal die Gegenstände, nämlich die Grundstücke, die von der Enteignung betroffen werden, und zweitens die als zulässig zu erachtenden Eingriffe.

* Zu den Beratungsergebnissen – auch der anderen Ausschüsse unter XI.

Von der Enteignung sollen betroffen werden:

a) das Eigentum an Grundstücken und Grundstücksteilen, b) andere (dingliche) Rechte an Grundstücken, c) obligatorische Rechte, die zum Besitz oder zur Nutzung von Grundstücken berechtigen.

Folgende Eingriffe sollen zulässig sein: a) die Entziehung, b) die Beschränkung.

Diese Gliederung ist der Fassung des Entwurfs nur schwer zu entnehmen, weil sie dem Begriff „Beschränkung" einen vom herkömmlichen abweichenden, übrigens auch uneinheitlichen Sinn unterstellt. Während nämlich in Abs. 1 anscheinend an die Begründung von beschränkten dinglichen Rechten durch Verwaltungsakt gedacht ist (z.B. eines Wegerechts oder eines Erbbaurechts – § 3 Abs. 5 -), ist bei der nach Abs. 2 zulässigen Beschränkung obligatorischer Rechte sicher nicht an das Pfandrecht (§§ 1204 ff. BGB), sondern an eine inhaltliche Einschränkung, also eine Teilentziehung solcher Rechte, gedacht.

Hinter diesen terminologischen Unebenheiten verbirgt sich eine sachliche Unklarheit. Der allgemeine Begriff der „Beschränkung" ist unbrauchbar. Denn es ist wie folgt zu unterscheiden:

1. a) Bei der Enteignung von Grundstücken ist denkbar, dass der Enteignungszweck die Entziehung des Eigentums erfordert.

b) Es ist aber auch denkbar, dass eine mildere Maßnahme genügt, nämlich die Belastung mit einer Grunddienstbarkeit (Wegerecht, Wasserleitungsrecht usw.), einem Nießbrauch, einer beschränkten persönlichen Dienstbarkeit oder einem Erbbaurecht.

c) Undenkbar ist aber, dass der Enteignungszweck die Belastung des Grundstücks mit sonstigen beschränkten dinglichen Rechten erfordern kann.

2. Dagegen ist möglich, dass auch solche dinglichen Verwertungsrechte (Kapitalsicherungsrechte) von der Enteignung betroffen werden, wenn nämlich dem Erwerber lastenfreies Eigentum verschafft werden soll. Das geschieht aber in der Weise, dass die Rechte dem Berechtigten ganz oder teilweise entzogen werden. Die Teilentziehung wird aber herkömmlicherweise nicht als Beschränkung bezeichnet. Zu bedenken ist noch der Fall, dass ein Teil des verpfändeten Grundstücks enteignet und damit dem Hypothekengläubiger ein Teil seiner Sicherung entzogen wird. Das ist im § 6 Abs. 1 b und Abs. 2 geregelt, bedeutet aber ebenfalls keine Beschränkung des Rechts im herkömmlichen Sinn.

Bei den obligatorischen Rechten kommt die Belastung mit einem beschränkten dinglichen Recht (nämlich einem Pfandrecht nach §§ 1204 ff. BGB) nicht in Frage. Der Zweck der Enteignung kann nur die ganze oder die Teilentziehung des Rechts erfordern, wobei man die Teilentziehung als Einschränkung, nicht aber als Beschränkung bezeichnen kann.

Unklar ist auch, was der Entwurf unter obligatorischen Rechten versteht, die „die Nutzung von Grundstücken beschränken" und die er in Gegensatz zu den Rechten stellt, die zum Besitz oder zur Nutzung von Grundstücken berechtigen. Es darf angenommen werden, dass dabei an entgeltliche oder unentgeltliche obligatorische Nutzungsberechtigungen (Pachtrechte oder pachtähnliche Rechte) gedacht ist, die eine gewisse dingliche Wirkung äußern können, wenn der Besitz übertragen ist (§ 956 BGB).

Es gibt Beispiele in der Gesetzgebung, die zeigen, mit welchen Formulierungen diese Rechte eindeutig umschrieben werden können (vgl. § 1 Abs. 2 der Reichspachtschutzordnung, § 6 Abs. 2 der Bayer. VO Nr. 127, GVBl. 1947 S. 180, § 2 Abs. 1 der früheren Grundstücksverkehrsbek.).

Es wird daher vorgeschlagen, den § 1 wie folgt zu fassen:

„(1) Enteignung im Sinne dieses Gesetzes ist die Entziehung von Eigentum an Grundstücken oder Grundstücksteilen oder ihre Belastung mit einem Erbbaurecht, einem Nießbrauch, einer Grunddienstbarkeit oder einer beschränkten persönlichen Dienstbarkeit.

(2) Enteignung ist auch die Entziehung oder Teilentziehung von anderen Rechten an Grundstücken sowie von Rechten, die zum Besitz von Grundstücken berechtigen oder den Genuss der Erzeugnisse von Grundstücken zum Gegenstand haben."

Ich darf mich dann dem § 2 zuwenden. Hier liegt ein Vorschlag des Wiederaufbauausschusses vor, der angesichts seiner knappen und deutlicheren Formulierung dem Regierungsentwurf vorzuziehen sind.

Gegenüber der Fassung des Entwurfs schlägt der Unterausschuss folgende Fassung vor: „Die Enteignung ist zum Wohl der Allgemeinheit nur zulässig zur Bereitstellung von Gelände für die Errichtung von Gebäuden, die Wohnzwecken dienen einschließlich des erforderlichen Garten- und Wirtschaftslandes."

Die Begrenzung der Enteignung auf Zwecke des Wohnungsbaues führt mit Rücksicht auf die Notwendigkeit der Sanierung des Kerns der Altstädte zu Schwierigkeiten. Das wird aber wohl kaum im Rechtsausschuss erörtert zu werden brauchen, weil der Rechtsausschuss keine politischen Vorschläge wie die Fachausschüsse zu machen hat.

Vom Agrarausschuss ist vorgeschlagen worden, die Überschrift des § 2 „Zweck der Enteignung" in „Zweck und Voraussetzungen der Enteignung" zu ändern. Ich hätte dagegen keine Erinnerung.

Das Wort „Aufwendigkeit" ist sprachlich nicht schön. An seine Stelle wäre zu setzen: „Ausstattung und Wohnflächengrößen". Das ist die Umschreibung dieses Begriffs auf Seite 7 der Begründung.

§ 2 Abs. 2 kann unverändert nach dem Vorschlag des Wiederaufbauausschusses übernommen werden. Man könnte zur Debatte stellen, ob man die Bestimmungen in § 2 Abs. 2, wonach die Enteignung nur zulässig ist, wenn ein geeignetes Grundstück auf andere Weise nicht erworben werden kann, etwas schärfer und prägnanter dahin fassen sollte, dass der Landbedarf zunächst aus dem nicht zur Erfüllung öffentlicher Aufgaben bestimmten Grundeigentum der öffentlichen Hand zu beschaffen ist. Denn das Erste Wohnungsbaugesetz hat in § 12 Abs. 1 Satz 2 dem Bund, den Ländern usw. und den von ihnen wirtschaftlich abhängigen Gesellschaften, die Aufgabe gestellt, in erster Linie ihnen als Wohnbauland geeigneten Grund zu angemessenen Preisen zu Eigentum oder als Erbbaurecht zu überlassen. Dieser Verpflichtung kann nicht, wie im § 12 Abs. 2 a und b vorgesehen, dadurch genügt werden, dass das fiskalische Grundeigentum – mit der

Folge einer Kettenenteignung – erst für die Beschaffung von Ersatzland vor der Enteignung von Grundstücken Privater herangezogen werden soll.

Der Wiederaufbauausschuss hat zu § 2 Abs. 2 die folgende Fassung vorgeschlagen: „Die Enteignung eines Grundstücks ist nur zulässig, wenn nach dem pflichtgemäßen Ermessen der Enteignungsbehörde Gelände, das für die beabsichtigte Bebauung im Rahmen einer geordneten baulichen Entwicklung des Gemeindegebietes geeignet ist, zu einem den Grundsätzen des § 7 entsprechenden Preise auf andere Weise nicht erworben werden kann."

Mit Rücksicht auf die größere Knappheit und Prägnanz dieser Fassung würde ich vorschlagen, dem Vorschlag des Wiederaufbauausschusses zu folgen.

Abs. 1 c muss dahin eingeschränkt werden, dass eine Enteignung nur zulässig sein darf, wenn das Grundstück für eine geordnete Bebauung „notwendig" (nicht nur „geeignet") ist. Der Ausdruck: „in absehbarer Zeit" in Abs. 3 ist ungenau. Im Abs. 3, der nach dem Vorschlag des Unterausschusses wegfallen soll, ist davon die Rede, dass Grundstücke mit unvollendeten Wohngebäuden der Enteignung unterliegen sollen, wenn die Fertigstellung der Wohngebäude in absehbarer Zeit nicht zu erwarten ist. Diese Bestimmung scheint mir ungenau zu sein. Man sollte sie, weil eine prägnante Fassung umgekehrt wieder zu Schwierigkeiten hinsichtlich der Zeit führen könnte, entsprechend den Vorschlägen des Unterausschusses überhaupt streichen. Nun hat allerdings der Wiederaufbauausschuss diesen Vorschlag des Unterausschusses nicht gebilligt, er will vielmehr die Regierungsvorlage wieder herstellen. Wenn wir uns zu diesem Schritt entschließen sollten, müssten wohl die Worte „in absehbarer Zeit" durch eine prägnantere Zeitbestimmung ersetzt werden, damit die Enteignungsbehörde eine klare Richtlinie hat.

Zu § 3 wäre noch nachzutragen, dass der Abs. 4 nach den Vorschlägen des Unterausschusses geändert werden sollte, dem sich auch der Wiederaufbauausschuss angeschlossen hat, und zwar hat er verlangt, dass bei der Belastung mit einem Erbbaurecht der Eigentümer statt des Erbbauberechtigten die Enteignung verlangen kann, wenn die Belastung mit dem Erbbaurecht für ihn unbillig ist. Juristisch wäre dagegen nichts einzuwenden.

Der § 4 sieht die Abwendung der Enteignung eines Grundstücks vor und normiert die näheren Voraussetzungen. Der Abs. 3 erklärt, dass die Vorschriften des Abs. 1 keine Anwendung findet, wenn die Enteignung zu den in § 2 Abs. 3 genannten Zwecken erfolgen soll oder ein größeres zusammenhängendes Bauvorhaben ohne Inanspruchnahme dieses Grundstücks nicht ausführbar wäre. Hier hat der Unterausschuss vorgeschlagen, hinter Enteignung einzufügen: „aus überwiegenden Gründen des Wohls der Allgemeinheit." Ich glaube, man kann diesen Vorschlag billigen. Nur wäre es vielleicht richtiger, diese Worte nach „§ 2 Abs. 3" zu setzen. Das hätte nur redaktionelle Bedeutung, würde aber zur Klarstellung dieser Bestimmung dienen.

Nun kommt das erste größere Problem des Entwurfs, das vielleicht den Rechtsausschuss näher beschäftigen wird. Es handelt sich darum, ob die Enteignung unter gewissen Voraussetzungen zugunsten jedes Bauwilligen erfolgen kann.

Eine Regelung, bei der sich jedermann ein Grundstück (nach § 3 Abs. 1 c) auch in einem Gelände mit nicht förmlich festgestelltem Bebauungsplan oder mit noch nicht hergestellter und anbaufähiger Straße) heraussuchen kann, das ihm gefällt, würde dem Missbrauch des Enteignungsrechts Tür und Tor öffnen und den sozialen Frieden gefährden. Eine derartige Ausdehnung des Enteignungsrechts wäre mit rechtsstaatlichen Grundsätzen nicht vereinbar. Sie verstieße auch gegen Art. 14 Abs. 3 S. 1 GG; denn das „Wohl der Allgemeinheit" kann einen so überaus schweren Eingriff in die private Rechtssphäre zugunsten eines privaten Wohnungsbaus nicht rechtfertigen. Eine solche Regelung widerspräche dem geschichtlich entwickelten Enteignungsbegriff, wie er auch den Normen des Grundgesetzes entspricht.

Die Entwicklung des Enteignungsrechts war doch die, dass zugunsten der öffentlichen Hand, in erster Linie zugunsten von Gebietskörperschaften oder von öffentlich rechtlichen Unternehmungen (Eisenbahn, Elektrizitätswerke usw.) in Ausnahmefällen der Unwille des Einzelnen durch eine Enteignung mit Entschädigung gebrochen werden sollte. Ich glaube nicht, dass es der geschichtlichen Entwicklung oder dem Sinn des heutigen Enteignungsgedankens entspricht, Privatpersonen ein solches Recht einzuräumen. Man könnte einwenden, die Sozialisierung sei unter gewissen Umständen zulässig. Das bedeutet aber gerade ein Argument zugunsten der von mir vorgetragenen Auffassung; denn die Sozialisierung, wie immer sie geregelt sein mag, ist ein Eingriff zugunsten der öffentlichen Hand und bedeutet gerade nicht die Zerstörung des Einzeleigentums zugunsten einzelner. Es entspricht daher m.E. weder dem Sinn der geschichtlichen Entwicklung des Eigentumsbegriffs noch auch den Normen des Art. 14 GG, wenn man die Enteignung zugunsten eines Einzelnen zulässt. Man wird also das Enteignungsrecht nur den anerkannten Trägern des Wohnungsbaus, nämlich den Gebietskörperschaften, allenfalls den von ihnen zugelassenen Trägern des sozialen Wohnungsbaus gewähren können. Damit wäre wohl dem Zweck des Gesetzes gedient, und zwar insofern sauberer gedient, als eben die verfassungsrechtlichen Grundsätze strikte und unter allen Umständen gewahrt werden.

Ich glaube, es wird genügen, wenn der Rechtsausschuss seine Bedenken zu § 5 vorträgt, ohne den § 5 umzuformulieren, weil möglicherweise, wenn sich die Fachausschüsse anschließen sollten, das Enteignungsrecht zugunsten eines Einzelnen in Wegfall zu bringen, vielleicht der ganze § 5 entbehrlich wird.

Vorsorglich möchte ich zum Abs. 3 Satz 2 vor den Worten „zu dem Erwerbspreis" einfügen das Wort „höchstens". Wenn man sich entschließen sollte, trotz alledem Privatpersonen als Enteignungsberechtigte anzuerkennen, dann müsste wenigstens bestimmt werden, dass Privatunternehmer erst dann enteignungsberechtigt sind, wenn sie die Mittel für die Durchführung des Unternehmens nachgewiesen und sichergestellt haben. Die Formulierung würde dann etwa wie folgt lauten: „Private Unternehmer sind erst dann enteignungsberechtigt, wenn sie die Mittel für die Durchführung des Unternehmens nachweisen und auf Verlangen der Enteignungsbehörde sicherstellen."

Der Agrarausschuss hat zu § 5 Abs. 3 folgende Fassung vorgeschlagen: Die Voraussetzungen nach Abs. 1 Satz 2 gelten bei Gemeinden auch dann als gegeben, wenn eine Gemeinde nachweist, dass die von ihr geplanten Maßnahmen binnen *eines Jahres* in Angriff genommen und in angemessener Frist durchgeführt werden können. Die Gemeinde hat, wenn sie nicht selbst baut, das enteignete Gelände spätestens binnen *eines Jahres* vom Tage des Besitzüberganges an zu dem Erwerbspreis als Bauland oder als Ersatzland zu veräußern. Anstelle der Veräußerung genügt die Überlassung in Erbbaurecht, wenn der Bauwillige es beantragt und seine Verhältnisse es erfordern. Die Frist kann von der Enteignungsbehörde aus besonderen Gründen *um ein weiteres Jahr* verlängert werden ..."

Im Interesse der Klarstellung und Beschleunigung ist es vielleicht zweckmäßig, wenn der Herr Korreferent zu diesen beiden Punkten jetzt Stellung nimmt, damit über diesen Abschnitt zuerst debattiert werden kann.

OLG-Rat Dr. Classen: Zur Überschrift war angeregt worden, das Wort „vorläufig" zu streichen. Um gewissen Wünschen der Industrie- und Handelskammern und des Bundesverbandes der deutschen Industrie Rechnung zu tragen, wäre es vielleicht zweckmäßig, unter Streichung des Wortes „vorläufig" noch einzusetzen den Zusatz „zu Zwecken des Wiederaufbaues", so dass die Überschrift lauten würde: *Gesetz über die vorläufige Regelung der Bereitstellung von Bauland für Zwecke des Wiederaufbaues.*

Die sonstigen Anregungen und Formulierungsvorschläge scheinen mir durchweg tragbar. Zur größeren Klarheit empfiehlt es sich vielleicht, den speziellen Enteignungsbegriff auch im § 1 Abs. 2 nochmals hervorzuheben, um klarzustellen, dass die Definition, die hier gebracht wird, nicht ohne weiteres anwendbar ist auf sonstige Normen mit Enteignungscharakter.

Als dritten Punkt möchte ich folgenden erwähnen: Die grundsätzlichen Bedenken gegenüber der Fassung des § 5 (Erwerbsberechtigung) teile ich nicht. Ich habe nicht die Sorge, dass dann, wenn jedem Bauwilligen die Möglichkeit eingeräumt wird, als Partei in einem Verfahren aufzutreten, das Gesetz missbraucht werden könne. Der Entwurf beruht praktisch ja auf der Annahme, dass der Wiederaufbau als solcher im öffentlichen Interesse liegt. Das öffentliche Interesse wird also gewissermaßen generell bejaht. Demnach soll jeder Bauwillige, der qualifiziert ist, Unternehmer werden können, sofern die Prozedur im Enteignungsverfahren sich abspielt. Nur scheint es mir von Vorteil zu sein, dass die beiden, die sich streiten, der Eigentümer und der Bauwillige, sehr scharf als Parteien hervorgehoben werden; denn das trägt m.E. dazu bei, dass der Streit um die Enteignung in gut geordneten Formen sich abspielt. Es soll also m.E. nicht beanstandet werden, wenn man von einer bestimmten Person, die ein Grundstück haben möchte, verlangt, dass sie ihren Anspruch ausdrücklich begründet und belegt. Das ist schon wesentlich für die ganze Interessenabwägung. Es erscheint mir deshalb auch verfehlt, nun die Legitimation, dieses Verfahren zu betreiben, zu begrenzen auf gemeinnützige Wohnungsbauunternehmen und dergleichen. Es widerspricht m.E. dem Grundsatz der Gleichheit, zu verlangen, dass mein Wille zum Bauen über einen bürokratischen Zusammenschluss verwirklicht werden soll. Es dürfte also m.E. dem Einzelnen Gelegenheit gegeben werden, als Anspruchsteller aufzutreten, Missbräuchen würde m.E. dadurch hinreichend vorgebeugt werden, dass eine Klausel in § 5 aufgenommen würde, die besagt, dass ein Rechtsanspruch auf

Enteignung nicht besteht. Damit wäre klargestellt, dass der Enteignungsanspruch an sich erst durch den konstitutiven Akt zur Entstehung gelangt, dass er also nicht basiert auf einem Rechtsanspruch, den es nur zu verwirklichen gelten würde. Ein solcher Zusatz dürfte m.E. ausreichen, um die Gefahr zu umgehen, die sich aus einer zu weiten Anwendung des § 5 ergeben könnte.

ORR Dr. Gelbert: Um mit dem Letzteren zu beginnen, dass kein Rechtsanspruch des einzelnen auf Enteignung bestehe, so würde das doch vielleicht dem ganzen Verfahren eine andere Note geben. Es besteht wohl schon ein Rechtsanspruch nach dem Entwurf, wenn nämlich die Voraussetzungen gegeben sind; denn es ist gesagt, dass die Verwaltung nach pflichtgemäßem Ermessen entscheidet. Die Verwaltungsakte sind aber mit der Anfechtungsklage anfechtbar. Nun besteht ein Anspruch auf ein verwaltungsmäßiges Verfahren, nämlich darauf, dass die Verwaltungsbehörde von ihrem Ermessen keinen missbräuchlichen Gebrauch macht. Daraus schon ergibt sich, dass in diesem Rahmen ein Rechtsanspruch auf Verwirklichung der Erwerbsberechtigung, wie die Überschrift des § 5 lautet, besteht. Ich glaube also, dass die Gefahren, die ich hervorgehoben habe, nicht behoben werden, und dass sogar der Satz, dass kein Rechtsanspruch auf Enteignung bestehe, der Legalität des Verwaltungsverfahrens, die auch im Grundgesetz normiert ist, widerspricht.

Was nun den Widerspruch zu dem Grundsatz der Gleichheit aller vor dem Gesetz nach dem Grundgesetz angeht, so bedeutet er doch nur die gleiche Behandlung gleich gelagerter Fälle innerhalb eines konkreten Gesetzes. Man wird auch einwenden können, dass dann, wenn man diesen Grundsatz so weit auslegt, wie es der Herr Mitberichterstatter tut, auch schon die Enteignung zugunsten gewisser Unternehmungen, nämlich zugunsten der Körperschaften oder Anstalten des öffentlichen Rechts, diesem Grundsatz widersprechen würde.

Es folgt eine längere Aussprache. – Wegen des Ergebnisses (unten S. 395).

Zum zweiten Abschnitt (Entschädigung)

ORR Dr. Gelbert: Die Regelung des Entschädigungsrechts lehnt sich in der Scheidung zwischen dem durch die Enteignung eintretenden Rechtsverlust und der Entschädigung sonstiger Vermögensnachteile an früheres Recht an, hält aber diese Systematik nicht folgerichtig durch. Namentlich kann die Vorschrift des § 9, wonach u.a. auch Reallastgläubiger ganz auf die Entschädigung aus dem Grundstück angewiesen sind, also offenbar auch hinsichtlich der über den Rechtsverlust hinausreichenden Vermögensschäden, zu Schwierigkeiten führen, da die dingliche Belastung die zusätzlichen Vermögensschäden nicht deckt. Andererseits ist bei den „gesondert" zu entschädigenden Rechten die Frage der Rangfolge im Verhältnis zu den übrigen Grundstücksbelastungen ungeklärt.

Was die Höhe der Entschädigung betrifft, so ist sie im § 7 Abs. 1 zu unbestimmt gehalten. Sie garantiert nicht eine einheitliche Rechtsprechung.

Zu § 6. Im Einzelnen wäre Folgendes zu sagen:

Hierzu schlage ich vor, die Fassung des Regierungsentwurfs zu wählen. Der Vorschlag des Wiederaufbauausschusses scheint mir etwas unklar zu sein.

§ 6 Abs. 3 lautet: Für die Bemessung der Entschädigung ist der Zeitpunkt maßgebend, in dem die Entscheidung über sie getroffen wird.

Stattdessen schlägt der Wiederaufbauausschuss vor: Für die Bemessung der Entschädigung ist der Zeitpunkt des Enteignungsbescheides maßgebend, in dem die Entscheidung über sie getroffen wird.

Zu § 7. Wegen des Ergebnisses der längeren Aussprache hierzu vgl. [unten S. 395].

Zu § 8. (Entschädigung für andere Vermögensnachteile). Hier muss grundsätzlich zur Frage an dem enteigneten Grundstück Stellung genommen werden. – Der Entwurf geht davon aus, dass Rechte an dem zu enteignenden Grundstück mit der Enteignung des Grundstücks erlöschen (vgl. § 41!). Gegen diese Lösung bestehen erhebliche verfassungsrechtliche Bedenken. Wenn auch das Gesetz in § 1 nur die „selbständige Enteignung" von Rechten an Grundstücken vorsieht, so schließt das doch nicht aus, dass nach dem in Wissenschaft und Rechtsprechung entwickelten Begriff der Enteignung (vgl. *Schumacher,* NJW 1951 S. 53) auch der zwangsweise eintretende Wegfall von Rechten an dem zu enteignenden Grundstück eine Enteignung darstellt, die nach Art. 14 Abs. 3 S. 1 GG nur zulässig ist, wenn das Wohl der Allgemeinheit es erfordert. Es geht nicht an, den Wegfall dieser Rechte nur als Reflexwirkung der Enteignung des Grundstücks zu behandeln, wovon die Begründung des Gesetzes, insbesondere zu § 25 auszugehen scheint. Der Rechtscharakter der Enteignung als originärer Rechtserwerb erfordert nicht zwingend das Erlöschen der dinglichen Rechte, wie ja auch nach den zahlreichen landesrechtlichen Enteignungsvorschriften die dinglichen Nutzungsrechte häufig bestehen bleiben (z. B. nach Art. II Nr. 2 des bayerischen Zwangsabtretungsgesetzes). Vgl. auch § 17 der 1. DurchfVO zum Landbeschaffungsgesetz für Zwecke der Wehrmacht vom 21.8.1935 (RGBl. I S. 1097).

Das Gesetz sollte daher von dem Grundsatz des Fortbestands der Rechte am Grundstück ausgehen und das Erlöschen nur unter der Voraussetzung anordnen, dass ihr Fortbestehen mit der Zweckbestimmung des Unternehmens nicht vereinbar ist oder dessen Durchführung wesentlich erschweren würde.

Im Übrigen ist zu § 8 zu bemerken: Es fehlen Vorschriften über die Bewertung von Rechten an Grundstücken, für die schwerlich ein Verkehrswert (als obere Grenze) ermittelt werden kann. Es sollte ferner auch noch der sog. Teilwert eines Grundstücks im steuerrechtlichen Sinn (d.h. die Werterhöhung eines Grundstücks durch seinen Zusammenhang mit einer wirtschaftlichen Einheit) als ersatzpflichtig hervorgehoben werden. – In Abs. 2 sollte zur Vermeidung von Auslegungsschwierigkeiten ausdrücklich darauf hingewiesen werden, dass Vorteile, die mit der Enteignung verbunden sind, nur soweit anrechenbar sind, als dem Betroffenen auf alle Fälle der Mindestbetrag der Entschädigung nach § 7 verbleibt.

Zu § 8 Abs. 1: Die Abgeltung von Nebenschäden hat sich in der Praxis als so bedeutsam herausgestellt, dass sie nicht an eine Interessenabwägung zwischen Allgemeinheit und Beteiligten gebunden werden sollte. Aus der gleichen Erwägung scheint ein Zusatz zu § 8 Abs. 1 b folgenden Inhalts notwendig: „Die Wertminderung besteht aus dem Unterschiedsbetrag, der sich aus der Gegenüberstellung des Wertes des Betriebes vor und nach der Enteignung ergibt."

Zu § 9 (Gemeinsame und gesonderte Entschädigung). 1. Es sollte klar gesagt werden, dass sich die in § 9 Abs. 1 genannten Rechte in ihrem bisherigen Rang an der Entschädigung fortsetzen. – 2. In den Fällen des Abs. 3 darf sich die Minderung der Entschädigung nicht zum Nachteil von Berechtigten auswirken, die den in Abs. 2 genannten Berechtigten im Rang vorgehen. Dies sollte im Gesetz zum Ausdruck gebracht werden.

Zu § 10: 1. Abs. 1 macht die Festsetzung von Teilzahlungen normalerweise von der Zustimmung des Entschädigungsberechtigten abhängig. Abs. 2 gestattet sie jedoch zugunsten von Gemeinden auch ohne diese Zustimmung. – Diese Unterscheidung kann zu unbilligen Härten führen. Sie dürfte in vielen Fällen auch den Bedürfnissen des Wohnungsbaus bei anderen Rechtsträgern als der Gemeinde nicht gerecht werden. Abs. 3 passt im Übrigen nicht zu Abs. 1.

2. Entsprechend § 10 der ErbbaurechtsVO sollte wegen der nach § 25 aaO. eintretenden Folgen bestimmt werden, dass ein Erbbaurecht nur zur ausschließlich ersten Rangstelle bestellt werden kann. Dies würde bedeuten, dass die bestehenden Belastungen vorher selbständig zu enteignen sind . – Es sollte also eine solche Regelung in den Vorschlag des Wiederaufbauausschusses eingearbeitet werden.

OLGR Dr. Classen: Diese Regelung erscheint grob unbillig. Insbesondere erscheint es als besonders hart, wenn für die Bemessung der Entschädigung mit Rücksicht auf die besondere Lage der begünstigten Gemeinde fiskalische Interessen für die Art der Entschädigung maßgebend sein sollen. Der Wiederaufbauausschuss sucht nun diese Privilegierung der Gemeinden dadurch zu beseitigen, dass er Abs. 2 und 3 streichen will und den dort enthaltenen Grundsatz ganz allgemein für anwendbar erklärt. Damit wird die Ungleichheit aufgehoben. Aber es wird kein Recht geschaffen, sondern „gleiches Unrecht für alle". – Das ist eine Regelung, die bedenklich ist. Vom Standpunkt des Rechts müsste man dahin kommen, dass die Absätze 2 und 3 der Regierungsvorlage gestrichen werden und Abs. 1 der Regierungsvorlage bleibt.

ORR Dr. Gelbert: Ich würde mich dem anschließen. Bezüglich der Teilzahlung habe ich verfassungsrechtliche Bedenken. Wenn die Entschädigung unter gerechter Abwägung der Interessen der Allgemeinheit und der Beteiligten bestimmt ist, bedeutet das noch nicht, dass die Entschädigung nicht mehr angemessen sein dürfte. Angemessen ist sie nur dann, wenn sie den vollen objektiven Wert des entzogenen Vermögensgegenstandes erstattet. Ob aber die auf 10 Jahre ausgedehnte Ratenzahlung noch eine angemessene Entschädigung darstellt, muss bezweifelt werden. Das erscheint mir immerhin mit Rücksicht auf Art. 14 GG zweifelhaft. (Wegen des Ergebnisses der weiteren Erörterung vgl. Kurzprotokoll S. 6 Ziffer 12.)

Zu § 11. Die Ersatzlandenteignung ist ein sehr scharfes Instrument, das leicht zu großen Unbilligkeiten führen kann. Es müsste ausdrücklich ausgeschlossen werden, dass nicht wieder Ersatzland für enteignetes Ersatzland enteignet werden darf und dass der Grundsatz der Verhältnismäßigkeit der Schäden zwischen Enteignungspflichtigen und Enteignungsbegünstigten beachtet werden muss.

Die Entschädigung in Land kann zu besonderen Verwicklungen führen, wenn das Ersatzland belastet ist. Die am enteigneten Grundstück dinglich Berechtigten, deren Rechte sich an dem Ersatzland fortsetzen (§ 9 Abs. 4), werden sich dann mit einer schlechteren Rangstelle begnügen müssen, als sie bisher hatten. Dies kann ihnen wegen der Nachteile, denen sie nach §§ 44, 91 Abs. 1 ZVG dadurch ausgesetzt werden, nicht entschädigungslos zugemutet werden.

Rechte, die nur an ausschließlich erster Rangstelle bestehen dürfen, wie z.B. Pfandbriefdarlehen, oder die sich nicht auf ein anderes Grundstück übertragen lassen, z.B. viele Servituten, sind in Geld zu entschädigen, auch wenn der Eigentümer mit Ersatzland entschädigt wird. Dies sollte ausdrücklich bestimmt werden.

Außerdem sollte zur Vermeidung von Verwicklungen die Entschädigung durch Ersatzland von der Zustimmung nicht nur des Eigentümers, sondern auch der Grundpfandgläubiger abhängig gemacht werden. Abs. 1 S. 2 würde wegen seines verschwommenen, missbräuchlicher Anwendung ausgesetzten Tatbestandes besser gestrichen werden.

Abs. 1 S. 2 könnte wohl gestrichen werden. Es ist undenkbar, jemand ein Ersatzgrundstück gegen seinen Willen zu geben; die Entschädigung muss dann eben nach § 10 festgesetzt werden.

Zum dritten und vierten Abschnitt (Verfahren vor der Enteignungsbehörde – Anfechtung der Entscheidungen der Enteignungsbehörde)

Zunächst einige allgemeine Beratungen zum dritten Abschnitt: Der Innenausschuss empfiehlt, das Enteignungsverfahren selbst der Verwaltungsgerichtsbarkeit zu überlassen. Wenn die Mehrheit des Rechtsausschusses sich dieser Auffassung anschließt, könnte man sehr schnell weiterkommen. Es bestehen verfassungsrechtliche Bedenken gegen den Entwurf. Das Wiederaufbauministerium hat eine Änderung des Grundgesetzes in der Richtung der Ersetzung der ordentlichen Gerichtsbarkeit durch die Verwaltungsgerichtsbarkeit angeregt. Damit ist die lange Tradition des Enteignungsrechts durchbrochen. Die Mischform zwischen Zivil- und Verwaltungsgerichtsbarkeit wäre allerdings wohl kein – unzulässiges – Sondergericht, sondern noch eben gerade ein ordentliches Gericht, das den übrigen Gerichten organisatorisch eingegliedert wäre. Ich darf an die Wertpapierbereinigungskammern, an die Wiedergutmachungskammern und die Restitutionskammern erinnern. Eine Sondergerichtsbarkeit wäre das wohl nicht. Würde aber diese Art der Regelung Gesetz werden, so würde damit die bisherige Entwicklung zu einem einheitlichen Verwaltungsverfahren und Verwaltungsprozessrecht aufs schwerste gestört werden, indem für ein Teilgebiet eine eigene rechtlich unzureichend geklärte Mischform des Verfahrensrechts entwickelt wurde. Es liegt darin ein ernstlicher Angriff auf die Verwaltungsrechtspflege in ihrer bisherigen Ausgestaltung, dem im Interesse einer weiteren systematischen Fortbildung des Rechts entgegenzutreten ist.

Die vorgesehene Regelung ist jedoch auch verfassungsrechtlich sehr bedenklich. Nicht nur enthält sie einen tiefen Eingriff in die Kompetenz der Länder und bedürfte daher auf jeden Fall der Zustimmung des Bundesrates (Art. 84 Abs. 1 GG), als Mischform zwischen ordentlicher und Verwaltungsgerichtsbarkeit dürfte sie der Forderung des Art. 14 GG nach Zuständigkeit der ordentlichen Gerichte in der Frage der Entschädigung (Entscheidung durch Urteil, nicht durch Beschluss, Anwendung der gesamten Vorschriften der ZPO) nicht gerecht werden.

Dazu kommt ein innerstaatliches Bedenken, das wohl für alle Länderregierungen gilt: Bestimmungen der Länderverfassungen über die Tätigkeit der Verwaltung und über ihre Abgrenzung gegenüber der Verwaltungsgerichtsbarkeit würden verletzt. Art. 31 GG würde zwar diesen Zwiespalt formal beseitigen, es erscheint aber der Eigenstaatlichkeit der Länder nicht zumutbar, einer auf ein Einzelgebiet beschränkten Regelung zuzustimmen, die mit den Grundsätzen der jeweiligen Landesverfassung in Widerspruch steht. Länderminister, die einer solchen Regelung zustimmen, würden sich parlamentarisch verantworten müssen. Schließlich bedarf es einer sorgfältigen Prüfung im Einzelnen, ob die von der ZPO teilweise abweichende Regelung nicht dem Art. 14 GG widerspricht.

(Wegen der weiteren Aussprache zu diesem Punkt und der weiteren Beratungsergebnisse vgl. Kurzprotokoll vom 21. Februar 1951 S. 3 Ziff. 7 ff.)

[*Kurzprotokoll vom 21.2.1951*]: 7. In seinem nun anschließenden Bericht über die Verfahrensvorschriften (3. und 4. Abschnitt) §§ 13 f. wies der Berichterstatter, Oberregierungsrat Gelbert (Bayern) vor allem auf die Stellungnahme des Bundesratsausschusses für Inneres hin und bringt zum Ausdruck, dass ihm diese Vorschriften des Entwurfes sowohl verfassungsrechtlich bedenklich erscheinen, wie auch, dass sie einen Bruch mit der bisherigen Tradition bedeuten, und dass es endlich wenig zweckmäßig erscheine, eine verfassungsrechtliche Neuregelung gerade für den Bereich eines Sondergesetzes zu schaffen. Der Berichterstatter schlug vor, die Gestaltung des Enteignungsverfahrens der Verwaltungsgerichtsbarkeit der Länder zu überlassen und bezügl. der Entschädigungsfrage auf den ordentlichen Rechtsweg zu verweisen. Der Vertreter des Wohnungsbauministeriums, *Dr. Zinkahn,* brachte demgegenüber vor, dass die vorerwähnten Gesichtspunkte auch seitens seines Ministeriums bei der Erstellung des Entwurfs berücksichtigt worden seien, und dass das Ministerium eine Verfassungsänderung aus diesem Anlass habe vermeiden wollen. Es sei daher zu dem Vorschlag des § 29 gekommen. In der Abstimmung, die der weiteren Debatte über diesen Punkt folgte, wurde mit *8 Ja- gegen 1 Neinstimme* (Hamburg) bei *3 Enthaltungen* (Nordrhein-Westfalen, Niedersachsen, Berlin) der Standpunkt des Rechtsausschusses dahin festgestellt, dass der *3. und 4 Abschnitt* aus dem Gesetzentwurf gestrichen werden sollte.

8. In einer weiteren *Sonder*sitzung erklärte sich der Rechtsausschuss mit *allen Stimmen gegen die Stimme Württemberg-Hohenzollerns* gegen die Einrichtungen der Kammern für Baulandsachen, wie sie der Entwurf in §§ 29–30 vorsieht.

9. Es bestand allgemeines Einverständnis, dass, wie es auch die einstimmige Auffassung des Ausschusses für Inneres gewesen war, das Enteignungsverfahren selbst zwar der Verwaltungsgerichtsbarkeit und das Verfahren über die Höhe der Entschädigung der ordentlichen Gerichtsbarkeit zuzuweisen sei. Gegenüber den hierzu seitens des Vertreters des Wohnungsbauministeriums geltend gemachten

Bedenken, dass hierdurch eine wesentliche Verzögerung des Verfahrens herbeigeführt werde, erklärte sich der Rechtsausschuss nach einer weiteren Debatte mit *10 Ja- gegen 1 Neinstimme* (Hessen) und *1 Enthaltung* (Berlin) grundsätzlich bereit, etwaigen durch die Bundesregierung zu machenden neuen Vorschlägen über eine Verfahrensvereinfachung bezüglich des Entschädigungsverfahrens vor den ordentlichen Gerichten zuzustimmen. Insbesondere hätte der Rechtsausschuss keine Bedenken, wenn zu diesem Zweck eine Instanz eingespart werden könnte, die Verhandlungsmaxime durch die Offizialmaxime ersetzt und gegebenenfalls auf das Versäumnisverfahren verzichtet werde. Es wurden jedoch Bedenken dagegen erhoben, ob es möglich sei, das Entschädigungsverfahren bereits gleichzeitig mit dem Enteignungsverfahren in Lauf zu setzen, da hierfür die notwendigen Voraussetzungen nicht gegeben sein dürften und insbesondere die bisherigen Vorschriften über die vorzeitige Besitzeinweisung hierzu wohl keine genügende Grundlage geben dürften.]

Da das Verfahren einschließlich des Instanzenzugs eine von den Prozessverfahren teilweise abweichende Regelung findet, ist zu prüfen, ob dadurch eine Verkürzung des in Art. 14 GG garantierten Rechtsschutzes eintritt. Die prozessualen Grundlagen des für die ordentlichen Gerichte durch die ZPO bestimmten Verfahren und die Vorschriften, die wesentliche Unterschiedsmerkmale des Verfahrens vor den ordentlichen Gerichten im Gegensatz zu dem Verfahren vor den Verwaltungsgerichten aufstellen, dürfen jedenfalls nicht angetastet werden (vgl. RGZ 104, 137). Eine solche Verkürzung des Rechtsschutzes kann wohl nicht erblickt werden:

a) in der Einführung der Offizialmaxime (§ 31 Abs. 3), die auch die ZPO bei gewissen Prozessen kennt (§§ 606 ff. ZPO),

b) in der von der ZPO abweichenden Regelung der Teilnahme der Beteiligten an dem Verfahren (§ 32); auch die ZPO kennt den Beitritt Dritter sowie die Mitwirkung des Staatsanwalts (§ 607 ZPO),

c) in der Beseitigung des Anwaltszwanges beim Landgericht (§ 31 Abs. 1, vgl. RGZ 104, 140). Allerdings erscheint mir die Abschaffung des Anwaltszwanges bedenklich mit Rücksicht auf die Schwierigkeiten der Entschädigungsfragen. Auch dürfte in der Beseitigung des Anwaltszwanges ein unnötiger Durchbruch des sonst beim Landgericht normierten Grundsatzes liegen,

d) in der Ersetzung des Urteils durch Beschluss (§ 35). Bis zum Vereinheitlichungsgesetz ergingen aufgrund des § 6 der 4. VereinfVO Entscheidungen im Arrestverfahren und im Verfahren bei der einstweiligen Verfügung durch Beschluss anstelle des Urteils,

e) im Ausschluss des Versäumnisverfahrens (§ 36).

Dadurch, dass das Rechtsmittelverfahren abweichend von dem nach der ZPO üblichen geregelt wird, kann der Charakter der Kammer für Baulandsachen als ordentliches Gericht an sich nicht berührt werden. Insbesondere dürfte dem Bedürfnis nach Rechtsschutz an sich dadurch genügt sein, dass der Bundesgerichtshof mit der sofortigen Beschwerde nur befasst wird, wenn eine Rechtsfrage von grundsätzlicher Bedeutung zu entscheiden ist oder das Oberlandesgericht von der Entscheidung eines anderen Oberlandesgerichts oder des Bundesgerichtshofs abweichen will.

Bedenklich erscheint es aber, von einer zweiten Tatsacheninstanz abzusehen, und nur die Rechtsbeschwerde zum Oberlandesgericht zuzulassen. Um der Bestimmung des Art. 14 GG Genüge zu tun, dürfte es richtiger sein, die sofortige Beschwerde nicht auf Rechtsfragen zu beschränken.

Zu Einzelheiten sei noch bemerkt: Dadurch, dass ein Teil der für den Prozess geltenden Verfahrensvorschriften durch andere Bestimmungen abgelöst ist, können sich in der Praxis für das Gericht manche Unklarheiten darüber ergeben, inwieweit die Vorschriften der ZPO „sinngemäß" anzuwenden sind. Vor allem wird klar zum Ausdruck zu bringen sein, dass die Beschwerdefrist mit der von Amts wegen nach § 35 Abs. 5 erfolgenden Zustellung des Beschlusses beginnt. Da § 552 ZPO in § 38 Abs. 3 für entsprechend anwendbar erklärt ist, könnte die Meinung vertreten werden, dass die Beschwerdefrist erst mit einer im Parteibetrieb erfolgenden Zustellung beginnt, während die von Amts wegen erfolgende Zustellung an die Stelle der Verkündung der Entscheidung tritt, von welchem Zeitpunkt ab die Frist von fünf Monaten nach § 552 ZPO in Lauf gesetzt würde.

Da die Entscheidung an mehrere Beteiligte zuzustellen ist, sollten auch alle Zweifel über den Eintritt der Rechtskraft der Entscheidung ausgeräumt werden, indem im Gesetz ausdrücklich bestimmt wird, dass die Rechtswirksamkeit der Entscheidung erst mit dem Ende der zuletzt ablaufenden Beschwerdefrist eintritt.

In § 35 S. 1 und S. 2 wird es jeweils statt „§ 27" heißen müssen: „§ 25".

Bei der Entscheidung nach Aktenlage sollen nach § 36 S. 2 schriftlich gestellte Anträge des Beteiligten, der Einspruch eingelegt hat, nur dann als in der mündlichen Verhandlung vorgetragen gelten, wenn er nicht schon in einer früheren mündlichen Verhandlung Anträge gestellt hat. Es ist aber nicht recht einzusehen, warum nicht Anträge aus einem späteren Schriftsatz, die die in der mündlichen Verhandlung gestellten abändern, Berücksichtigung finden sollen.]

Zum fünften Abschnitt (Ausführung des Enteignungsbeschlusses)

Zu § 40. Die hier vorgesehene „Ausführungsanordnung" der Enteignungsbehörde stellt einen Verwaltungsakt mit bedeutungsvollen Rechtswirkungen für die Beteiligten dar. Gegen diese Anordnung ist im Entwurf eine gerichtliche Nachprüfung nicht vorgesehen. Diese ist indes aufgrund der zwingenden Vorschrift in Art. 19 Abs. 4 GG nicht zu umgehen. Der Rechtsweg ginge mangels anderer Regelung an die Verwaltungsgerichte. Es ergäbe sich hiernach die Merkwürdigkeit, dass nach Abschluss des Verfahrens vor den ordentlichen Gerichten doch wieder ein Verfahren vor den Verwaltungsgerichten abliefe, wodurch der Beginn der Baumaßnahmen erneut gehemmt und damit der Zweck der Neuregelung vereitelt würde. Der Entwurf bedarf in dieser Richtung der Änderung.

Zu § 41. Als Voraussetzung für das Verteilungsverfahren (§ 43) ist zu bestimmen, dass und welche Rechte sich an der Geldentschädigung fortsetzen. – Ferner ist zu bestimmen, dass und welche Rechte auf das Ersatzland übergehen und gleichzeitig mit der Eigentumsänderung (§ 41 Abs. 1 S. 4) im Grundbuch für das Ersatzgrundstück einzutragen sind (§ 41 Abs. 3). Die Entscheidung darüber, welche Rechte sich fortsetzen und in welchem Rang sie auf das Ersatzgrundstück übertragen werden, kann keinesfalls dem Grundbuchamt überlassen werden.

Zu § 43. Die einfache Anwendung des Zwangsversteigerungsrechts reicht wohl für die Fälle nicht aus, in denen Entschädigung durch wiederkehrende Leistungen bewilligt wird, da das ZVG nur Barleistung, nicht aber wiederkehrende Teilleistungen kennt. Eine Vorschrift wie Art. 40 Abs. 4 des Bay. Entwurfs wäre daher vonnöten. Art. 40 Abs. 4 des Bay. Entwurfs zum Enteignungsgesetz lautet: „Wurde Entschädigung durch Renten oder dinglich gesicherte Teilzahlung bewilligt, so sind die auf die einzelnen Rechte am Grundstück oder grundstücksgleichen Recht treffenden Beträge nach ihrem Gegenwartswert festzustellen. Die nach dem Tilgungsplan jeweils fälligen Forderungen der Nebenberechtigten sind aus den anfallenden Rentenzahlungen oder Rententeilzahlungen in der Reihenfolge ihrer Fälligkeit zu befriedigen."

Zu § 44. In § 44 sollte die Aufhebung nicht schematisch für alle Fälle eines längeren Verzugs vorgesehen werden.

Die Vorschrift sollte ferner nähere Bestimmungen über die Rechtsfolgen einer Aufhebung enthalten.

Zu § 45. Die Bezeichnung als „Rückübereignung" erscheint unglücklich. Besser wäre der Ausdruck „Rückgewähr"; damit käme zum Ausdruck, dass die Rechte des Erwerbers des Grundstücks mangelhaft waren. Im Übrigen nach dem Vorschlag des Wiederaufbauausschusses.

§ 45 bedarf noch einer Ergänzung dahin, wie eine Verschlechterung des Grundstücks, die der Enteignungsunternehmer verschuldet hat, sich rechtlich auswirkt, und welche Ansprüche gegen den Unternehmer gegeben sind, wenn er den enteigneten Gegenstand (Grundstück oder Recht) verändert hat, insbesondere auf welche Weise Verwendungen auf das Grundstück zu verrechnen sind.

Zu § 46. Die Regelung in Abs. 1 würde einem Bauherrn die Enteignungsbefugnisse selbst dann und zwar praktisch wohl in erster Linie dann verleihen, wenn er durch eine unerlaubte Handlung den hier vorgesehenen Tatbestand geschaffen hat. Die Regelung des § 46 ist mit rechtsstaatlichen Grundsätzen unvereinbar. Sie sanktioniert das wilde Bauen und führt wirtschaftlich dazu, dass Bauführungen aufgrund obligatorischer Grundbenützungsverträge von den Eigentümern kaum mehr gestattet werden.

Zu § 47. Die Regelung der Verwaltungsgebühren, die bei Landesbehörden anfallen, ist Sache des Landesrechts.

XI. Vorschläge der vier beteiligten Ausschüsse für das Plenum des Bundesrats (BR-Drucks. 50/2/51)

Der federführende Ausschuss für Wiederaufbau (Wohnungswesen) und als mitbeteiligt der Agrarausschuss, der Rechtsausschuss und der Ausschuss für Innere Angelegenheiten empfehlen dem Deutschen Bundesrat, folgende Änderungen zu beschließen, im Übrigen gegen den Entwurf eine Einwendungen zu erheben.

Erläuterung: Der Text des Regierungsentwurfs ist bei den Paragraphen, für die Änderungsvorschläge vorliegen, vorangestellt. Anschließend folgen die Empfehlungen des federführenden Ausschusses und die der mitbeteiligten Ausschüsse.

Abkürzungen:

Reg. = Regierungsentwurf

Woh. = Ausschuss für Wiederaufbau (Wohnungswesen)

Agr. = Agrarausschuss

Inn. = Ausschuss für Innere Angelegenheiten

R. = Rechtsausschuss.

Zum Titel des Gesetzes:

Woh., Agr., Inn.: keine Vorschläge.

R.: Das Wort „vorläufige" ist zu streichen.

Begründung: Die Bezeichnung als „vorläufig" kann zu der missverständlichen Auffassung führen, dass ein endgültiges Gesetz noch zu erwarten steht, während beabsichtigt ist, den in Frage stehenden Komplex bereits mit diesem Gesetz endgültig zu regeln.

§ 1 (1). Woh.: Das letzte Wort „anderen" ist zu ersetzen durch „Anderen".

Agr.: kein Vorschlag. – Inn.: kein Vorschlag.

R.: Zur Bereitstellung von Bauland ist nach Maßgabe dieses Gesetzes die Enteignung (Entziehung oder Belastung) von Eigentum an Grundstücken oder Grundstücksteilen zulässig. *Begründung:* Die Neuformulierung soll den Begriff „Enteignung" durch den Zusatz der Worte „Entziehung oder Belastung" prägnanter fassen und das Wort „Beschränkung" soll als juristisch nicht scharf umrissen vermieden werden.

§ 1 (2). Woh., Agr., Inn.: keine Vorschläge.

R.: Zulässig ist ferner die Enteignung oder Teilenteignung von anderen Rechten an Grundstücken, sowie von Rechten, die zum Erwerb, zum Besitz oder zur Nutzung von Grundstücken berechtigen oder die Nutzung von Grundstücken beschränken. – *Begründung:* Aus demselben Grunde wie zu Abs. 1 soll das Wort „Beschränkung" durch das Wort „Teilenteignung" ersetzt werden. Die Hinzufügung des Begriffs „zum Erwerb" dient der Vervollständigung.

§ 2 Überschrift. Reg.: Zweck der Enteignung.
Woh.: kein Vorschlag.
Agr.: Die Überschrift zu § 2 soll lauten: „Zweck und Voraussetzungen der Enteignung".
Inn.: kein Vorschlag.
R.: In der Überschrift des § 2 sind die Worte: „der Enteignung" zu streichen.

§ 2 (1). Woh.: Die Enteignung ist zum Wohle der Allgemeinheit nur zulässig zur Bereitstellung von Gelände für die Errichtung von Gebäuden, die Wohnzwecken dienen, einschließlich des erforderlichen Garten- und Wirtschaftslandes, jedoch nicht von solchen Gebäuden, deren Einrichtung wegen ihrer Aufwendigkeit nicht mit Gründen des Allgemeinwohls gerechtfertigt werden kann.
Agr., Inn.: keine Vorschläge.
R.: In Abs. 1 sind die Worte „wegen ihrer Aufwendigkeit nicht mit Gründen des Allgemeinwohls gerechtfertigt werden kann" zu streichen und durch die Worte „den Voraussetzungen des Gemeinnützigkeitsgesetzes nicht entspricht" zu ersetzen [Antrag von Hamburg]. *Begründung:* Die Bezugnahme auf das Gemeinnützigkeitsgesetz, das den in § 2 Abs. 1 beabsichtigten Rahmen bereits juristisch enthält, ist vorzuziehen.
§ 2 (2). Woh.: Die Enteignung eines Grundstücks ist nur zulässig, wenn nach dem pflichtgemäßen Ermessen der Enteignungsbehörden Gelände, das für die beabsichtigte Bebauung im Rahmen einer geordneten baulichen Entwicklung des Gemeindegebiets geeignet ist, zu einem den Grundsätzen des § 7 entsprechenden Preise auf andere Weise nicht erworben werden kann. Die Zulässigkeit der Enteignung von Grundstücken, auf denen die früher vorhandenen Gebäude zerstört sind, sowie von Gelände an hergestellter oder anbaufähiger Straße wird dadurch nicht ausgeschlossen, dass anderes, noch unbebautes Gelände vorhanden ist.
Agr., Inn., R.: keine Vorschläge.
§ 2 (4). Woh., Agr., Inn.: keine Vorschläge.
R.: Das Wort „Enteignung ist zu streichen und durch das Wort „Beschaffung" zu ersetzen.
Neuer Abs. (5). Vorschlag Agr.: „(5) Sollen Grundstücke enteignet oder gemäß § 3 Abs. 6 mit einem Erbbaurecht belastet werden, die außerhalb eines im Zusammenhang bebauten Ortes liegen und landwirtschaftlich genutzt sind, so ist das Benehmen der zuständigen Landwirtschaftsbehörde herbeizuführen." *Begründung:* Es besteht die Besorgnis, dass die auf den Erwerb von Bauland gerichteten Wünsche sowohl der Gemeinden wie auch der sonstigen Bauwilligen durch die im Zweiten Wohnungsbaugesetz eröffnete Enteignungsmöglichkeit vornehmlich auf billige, bisher land- oder forstwirtschaftlich genutzte Flächen gelenkt werden, während gleichzeitig in der Ortslage Baulücken und Trümmergrundstück wegen ihres hohen Preises auch weiterhin unbebaut bleiben. Es ist aus diesen Gründen erforderlich, die Enteignungsbehörde an das Benehmen der zuständigen Landwirtschaftsbehörde zu binden.

§ 3 (5). Woh.: Soll ein Grundstück im Wege der Enteignung mit einem Erbbaurecht belastet werden, so kann der Eigentümer anstelle dessen die Enteignung des Grundstücks verlangen, wenn die Belastung mit dem Erbbaurecht für ihn unbillig ist.
Agr., Inn., R.: keine Vorschläge.
Neuer Abs. (6). Vorschlag Agr.: „(6) Land- oder forstwirtschaftlich genutzte Flächen sollen nicht ohne wichtigen Grund ihrer bisherigen Nutzung entzogen werden. Die Zerschlagung land- oder forstwirtschaftlicher Betriebe ist nach Möglichkeit zu vermeiden." *Begründung:* Wenn auch die Enteignungsbehörde über die Zulässigkeit der Enteignung nach pflichtmäßigem Ermessen zu entscheiden und den etwa beteiligten land- oder forstwirtschaftlichen Interessen Rechnung zu tragen hat, so benötigen die am Ortsrand gelegenen Betriebe der Land- und Forstwirtschaft doch eine Gewähr dafür, dass ihre Flächen für den Wohnungsbau erst dann herangezogen werden, wenn eine anderweitige Beschaffungsmöglichkeit nicht besteht.

§ 4 (1). Woh.: Die Enteignung ist nicht zulässig, wenn der Eigentümer
a) sich rechtswirksam verpflichtet, dingliche Rechte zu erstellen, die nach dem pflichtgemäßen Ermessen der Enteignungsbehörde zur Erreichung des Enteignungszwecks ausreichen oder
b) vor Beginn der mündlichen Verhandlung schriftlich oder zur Niederschrift der Enteignungsbehörde den Enteignungswiderspruch unglaubhaft macht, dass er oder ein Dritter das Grundstück in nicht nur geringfügigem Ausmaß in absehbarer Zeit bebauen wird.
Agr.: Zu § 4 Abs. 1 schließt sich der Agrarausschuss ausdrücklich den Empfehlungen des Wiederaufbauausschusses an.
Inn.: kein Vorschlag.
R.: Der Rechtsausschuss stimmt der Fassung des Wiederaufbauausschusses zu.

§ 4 (2). Woh.: Zu Beginn des Absatzes sind hinter dem Wort „Dritte" die folgenden Worte „binnen eines Jahres seit dem Widerspruch" zu ersetzen durch die Worte „innerhalb der vorgesehenen Frist", so dass der Absatz beginnen soll: „Hat der Eigentümer oder ein Dritter innerhalb der vorgesehenen Frist aus von ihm zu vertretenden Gründen ...".
Agr., Inn.: keine Vorschläge.
R.: Der Rechtsausschuss stimmt der Fassung des Wiederaufbauausschusses zu.

§ 4 (3). Woh.: Die Vorschrift des Abs. 1 findet keine Anwendung, wenn die Enteignung aus überwiegenden Gründen des Wohls der Allgemeinheit zu den in § 2 Abs. 3 genannten Zwecken erfolgen soll oder ein größeres zusammenhängendes Bauvorhaben ohne Inanspruchnahme dieses Grundstücks nicht ausführbar wäre.
Agr., Inn.: keine Vorschläge.
R.: In Abs. 3 sind hinter dem Wort „Bauvorhaben" die Worte „nach § 3 Abs. 1" einzufügen. – Vorst. Fassung Woh. – *Begründung:* Es handelt sich um eine redaktionelle Ergänzung.

§ 5 (1). Woh.: Die Enteignung darf erst erfolgen, wenn der Enteignungsberechtigte nachgewiesen hat, dass er das Grundstück alsbald im Sinne des § 2 verwenden kann. Ein Rechtsanspruch auf Enteignung besteht nicht.

Agr., Inn., R.: keine Vorschläge.

§ 5 (2). Woh.: Der Absatz ist zu streichen.

Agr., Inn.: keine Vorschläge.

R.: Am Schluss von Abs. 2 ist folgender [R. für Enteignung zugunsten privater Bauwilliger mit 8:3 Stimmen] Zusatz aufzunehmen: „Private Unternehmen sind erst dann enteignungsberechtigt, wenn sie die Mittel für die Durchführung des Unternehmens nachweisen." [Antrag von Bayern] *Begründung:* Es soll vermieden werden, dass von Privaten Enteignungsanträge gestellt werden, ohne dass durch vorherige und nachgewiesene Bereitstellung der Mittel eine Gewähr für die Durchführung des Bauvorhabens gegeben wäre.

§ 5 (3). Woh.: *Die Voraussetzungen nach Abs. 1 S. 2 gelten bei Gemeinden auch dann als gegeben, wenn eine Gemeinde nachweist, dass die von ihr geplanten Maßnahmen binnen zwei Jahren in Angriff genommen und in angemessener Frist durchgeführt werden können.* Die Gemeinde hat, wenn sie nicht selbst baut, das enteignete Gelände spätestens binnen zweier Jahre vom Tage des Besitzüberganges an zu dem Erwerbspreis als Bauland oder als Ersatzland zu veräußern. Anstelle der Veräußerung genügt die Überlassung in Erbbaurecht, wenn der Bauwillige es beantragt und seine Verhältnisse dies erfordern. Die Frist kann von der Enteignungsbehörde aus besonderen Gründen verlängert werden. Sind von der Gemeinde nach dem Erwerb des Geländes Maßnahmen zur Baureifmachung (Aufteilung in geeignete Bauplätze, Einebnung, Erschließung) durchgeführt worden, so können die hierdurch entstandenen Kosten dem Erwerbspreis zugerechnet werden. Wird bei Streichung von Absatz 2 Reg.: Absatz 2.

Agr.: Die Sätze 1 bis 4 erhalten folgende Fassung: „Die Voraussetzungen nach Abs. 1 Satz 2 gelten bei Gemeinden auch dann als gegeben, wenn eine Gemeinde nachweist, dass die von ihr geplanten Maßnahmen binnen *eines Jahres* in Angriff genommen und in angemessener Frist durchgeführt werden können. Die Gemeinde hat, wenn sie nicht selbst baut, das enteignete Gelände spätestens binnen *eines Jahres* vom Tage des Besitzübergangs an zu dem Erwerbspreis als Bauland oder als Ersatzland zu veräußern. Anstelle der Veräußerung genügt die Überlassung in Erbbaurecht, wenn der Bauwillige es beantragt und seine Verhältnisse es erfordern. Die Frist kann von der Enteignungsbehörde aus besonderen Gründen *um ein weiteres Jahr* verlängert werden." (*Weiter wie bisher – Satz 5 des Regierungsentwurfs -*) *Begründung:* Um Bodenhortungen durch die Gemeinden zu verhindern, erscheint es notwendig, die Voraussetzungen für die Enteignung gegenüber dem Regierungsentwurf einzuengen. Es muss von den Gemeinden verlangt werden, dass sie ihr Wohnungsbauvorhaben zunächst ordnungsgemäß durch Planung und Finanzierung vorbereiten und den Landerwerb erst zuletzt in Angriff nehmen. Bei einem derartigen Vorgehen bedarf es für die Gemeinden aber keiner Frist von zwei Jahren mit einer unbeschränkten Verlängerungsmöglichkeit, vielmehr werden die

Gemeinden mit einer einjährigen Frist und einer gleich langen Verlängerungsmöglichkeit auskommen können.

Inn.: kein Vorschlag.

R.: Der Rechtsausschuss übernimmt hierzu den Formulierungsvorschlag des Agrarausschusses mit der Maßgabe, dass anstelle der Worte „Absatz 1 Satz 2" die Worte „Absatz 1 Satz 1" treten und die Worte „binnen eines Jahres" durch die Worte „binnen zweier Jahre" und das Wort „Besitzübergange" durch das Wort „Eigentumsübergangs" ersetzt werden.

Neuer Abs. (4). Vorschlag R.: „Die Hansestadt Hamburg gilt für die Anwendung des Absatzes 3 als Gemeinde."

§ 6 (2). Woh., Agr., Inn.: keine Vorschläge.

R.: Entschädigung kann verlangen, wer in seinem Recht durch die Enteignung beeinträchtigt wird. Vermögensvorteile, die dem Entschädigungsberechtigten infolge der Enteignung entstehen, sind bei der Festsetzung der Entschädigung zu berücksichtigen. – *Begründung:* Die Neuformulierung soll der Klarstellung dienen, dass § 6 Abs. 2 nicht das materielle Recht auf Entschädigung, sondern die Prozessstandschaft feststellen soll.

§ 6 (3). Woh.: Für die Bemessung der Entschädigung ist der Zeitpunkt *des Enteignungsbescheides* maßgebend, in dem die Entscheidung über sie getroffen wird.

Agr., Inn., R.: keine Vorschläge.

§ 6 (4). Woh., Agr., Inn.: keine Vorschläge.

R.: Die Worte „auf dem Kapitalmarkt" und das Wort „Nominal" bei „Nominalzinsfuß" sind zu streichen.

§ 7 (1). Woh.: Die Entschädigung für den durch die Enteignung eintretenden Rechtsverlust ist unter gerechter Abwägung der Interessen der Allgemeinheit *insbesondere an der Förderung des Wohnungsbaues* und der Beteiligten festzusetzen. *Dabei ist vom Einheitswert auszugehen. Die Entschädigung darf nicht höher sein als der Preis, der im gewöhnlichen Geschäftsverkehr zu erzielen wäre (gemeiner Wert) oder als der gesetzlich zulässige Preis, wenn dieser niedriger als der gemeine Wert ist.*

Agr., Inn.: keine Vorschläge.

R.: übernimmt die Fassung Woh. bis zu dem Wort „festzusetzen".

§ 7 (2). Woh.: Werterhöhungen, die dem von der Enteignung betroffenen Grundstück lediglich durch die Erwartung der mit der Enteignung angestrebten Bebauung erwachsen sind, bleiben unberücksichtigt.

Agr., Inn., R.: keine Vorschläge.

§ 7 (3). Woh.: Für Bauwerke oder bauliche Veränderungen, die ohne die vorgeschriebene behördliche Genehmigung ausgeführt *worden sind, ist keine Entschädigung zu leisten, wenn die zuständige Behörde die Genehmigung nicht nachträglich erteilt hat und nach den bei Errichtung des Bauwerks geltenden Vorschriften nicht erteilt hätte. Bei nur widerruflich zugelassenen Bauten kann eine Entschädigung*

gewährt werden, wenn es aus Gründen der Billigkeit geboten ist. Werterhöhende Veränderungen, die nach der Einleitung des Enteignungsverfahrens vorgenommen worden sind, bleiben unberücksichtigt, wenn die Enteignungsbehörde der Veränderung nicht zugestimmt hat.

Agr., Inn., R.: keine Vorschläge.

§ 7 (5). Woh.: Der Absatz ist zu streichen.

Agr., Inn.: keine Vorschläge.

R.: Der Rechtsausschuss beantragt, Abs. 5 in der Fassung der Regierungsvorlage wiederherzustellen entgegen der Empfehlung des Ausschusses für Wiederaufbau (Wohnungswesen).

§ 8 (1). Woh.: In Ziff. a) sind die Worte „in seinem Erwerb" zu streichen.

Agr., Inn.: keine Vorschläge.

R.: In Abs. 1 werden die Worte „wenn und" gestrichen. *Begründung:* Das Bestehenbleiben dieser Worte könnte Anlass zu verfassungsrechtlichen Bedenken geben, indem durchaus der Schluss gezogen werden kann, dass das Gesetz entgegen den Bestimmungen des Grundgesetzes auch Fälle einer entschädigungslosen Enteignung zulässt.

§ 8 (2). Woh., Agr., Inn.: keine Vorschläge.

R.: Abs. 2 ist zu streichen, da bereits nach § 6 Abs. 2 Satz 2 übernommen.

§ 9 (1). Woh.: In dem Absatz sind die Worte „gemäß § 25" zu streichen.

Agr., Inn., R.: keine Vorschläge.

§ 10. Woh.: Soweit in diesem Gesetz nichts anderes bestimmt ist, wird die Entschädigung in Geld festgesetzt. *Die Entschädigung kann in wiederkehrenden Leistungen* oder in Teilzahlungen *festgesetzt werden, wenn diese Art der Entschädigung unter gerechter Abwägung der Interessen der Beteiligten billig ist.* Für Erbbaurechte, die im Wege der Enteignung begründet werden, kann die Entschädigung durch einen Erbbauzins festgesetzt werden, *wenn diese Art der Entschädigung unter gerechter Abwägung der Interessen der Beteiligten billig ist.* Auf Antrag muss bestimmt werden, dass die später fällig werdenden Teilzahlungen durch eine sichere Hypothek oder Grundschuld an einem inländischen Grundstück gesichert werden.

Agr.: Der Agrarausschuss schließt sich ausdrücklich der Empfehlung des Wiederaufbauausschusses an.

Inn.: kein Vorschlag.

R.: Der Rechtsausschuss stimmt *der Regierungsvorlage* [mit 8 Stimmen] zu mit der Maßgabe, dass in Abs. 2 folgende zwei Zusätze eingefügt werden:

a) „Diese Vorschriften finden entsprechende Anwendung in denjenigen Fällen, in denen der durch die Enteignung Begünstigte eine Privatperson ist, sofern für deren Verpflichtungen eine Gemeinde selbstschuldnerische Bürgschaft übernimmt." [7 Stimmen dafür] *Begründung:* Im Falle einer selbstschuldnerischen Bürgschaft einer Gemeinde ist auch bei einer Privatperson die Zulassung einer Zahlung der Geldentschädigung in Raten berechtigt.

b) „Die Hansestadt Hamburg gilt für die Anwendung des Abs. 2 als Gemeinde."

§ 11 (1). Woh.: *Die Entschädigung kann ganz oder teilweise in Land geleistet werden, wenn diese Art der Entschädigung unter gerechter Abwägung der Interessen der Allgemeinheit und der Beteiligten billig ist.*

Agr.: Abs. 1 erhält folgende Fassung: „Die Entschädigung kann ganz oder teilweise in Land geleistet werden, wenn diese Art der Entschädigung unter gerechter Abwägung der Interessen der Allgemeinheit und der Beteiligten billig ist. Unter der gleichen Voraussetzung muss die Entschädigung in Land gewährt werden, wenn nach Feststellung der zuständigen Landwirtschaftsbehörde durch die Enteignung der Bestand eines landwirtschaftlichen oder gärtnerischen Familienbetriebes gefährdet wird, und der Eigentümer die Entschädigung in Land beantragt. *Begründung:* Eine besondere Bedeutung für den Schutz der landwirtschaftlichen Betriebe ist der Gewährung von Ersatzland zuzumessen. Die im Regierungsentwurf unter § 11 vorgesehenen Bestimmungen genügen den landwirtschaftlichen Bedürfnissen nicht. Vor allem würde hier eine Sollvorschrift das Ermessen der Enteignungsbehörde nicht stark genug binden. Diese ist vielmehr zu verpflichten, die Bereitstellung von Ersatzland dann anzuordnen, wenn der Bestand eines Familienbetriebes gefährdet würde; die Feststellung dieser Tatsache kann nur von der zuständigen Landwirtschaftsbehörde getroffen werden.

Inn.: kein Vorschlag.

R.: Streichung von Satz 2. [mit 5 Stimmen]

§ 11 (3). Woh.: Ist der Eigentümer mit seiner Berufs- oder Erwerbstätigkeit ganz oder zum Teil auf das zu enteignende Grundstück angewiesen, so soll, wenn er es beantragt, nach Möglichkeit Ersatzland, *auf dem er die gleiche Berufs- oder Erwerbsmöglichkeit ausüben kann,* zugewiesen werden.

Agr., Inn., R.: keine Vorschläge.

§ 11 (4) Woh., Agr., Inn.: keine Vorschläge.

R.: In Satz 1 sind die Worte „dem Wertunterschied entsprechende" zu streichen und durch die Worte „nach Maßgabe der §§ 6–8" zu ersetzen.

§ 12. Woh.: Als Ersatzland können Grundstücke enteignet werden, wenn es erforderlich ist, um einem Antrag nach § 11 Abs. 3 zu entsprechen.

Agr., Inn.: keine Vorschläge.

R.: Als Ersatzland können Grundstücke enteignet werden, wenn es erforderlich ist, um einem Antrag nach § 11 Abs. 3 zu entsprechen und die Enteignung von Ersatzland unter gerechter Abwägung aller Interessen der Beteiligten billig ist. *Begründung:* Diese Fassung ist wegen ihrer prägnanteren Formulierung vorzuziehen.

Dritter Abschnitt. Überschrift. Woh.: Verfahren, Entscheidungen und Anfechtung der Entscheidungen der Enteignungsbehörde.

§ 13 Überschrift. Woh.: Entfällt.

§ 13. Woh.: (1) Die Entziehung und Beschränkung des Grundeigentums wird nach den allgemeinen landesrechtlichen Vorschriften über die Durchführung von

Enteignungen und nach Maßgabe des Abs. 2 durchgeführt. Bestehen landesrechtliche Vorschriften über ein vereinfachtes Enteignungsverfahren, so sind diese anzuwenden.

(2) a) Für die Klage gegen die Enteignung der Enteignungsbehörde ist das Verwaltungsgericht auch insoweit zuständig, als sich die Klage gegen Art oder Ausmaß der Entschädigung richtet.

b) Die Landesregierungen können bestimmen

1. dass die Genehmigung über die Feststellung bestimmter Pläne (§ 3 Abs. 1 a) als Feststellung der Zulässigkeit der Enteignung gelten, und dass diese Pläne zugleich als vorläufige Pläne im Sinne der enteignungsrechtlichen Vorschriften gelten,

2. dass eine oberste Landesbehörde oder eine höhere Verwaltungsbehörde die Enteignung für zulässig erklären kann,

3. dass gegen die Entscheidung der Verwaltungsgerichte erster Instanz eine Berufung nur gegeben ist, wenn das Gericht sie mit Rücksicht auf die Bedeutung der Sache oder Rechtslage zulässt,

4. dass die Niederschrift der Enteignungsbehörde über die Einigung der Beteiligten die Kraft einer gerichtlichen oder notariellen Urkunde hat,

5. dass der Enteignungsberechtigte auf Antrag vorläufig in den Besitz eingewiesen werden kann.

Agr.: kein Vorschlag.

Inn.: Der Ausschuss für Innere Angelegenheiten stimmt dem § 13 Abs. 1 der Regierungsvorlage zu. *Begründung:* Auf Anregung von Bayern und Schleswig-Holstein wurde im Einvernehmen mit dem Vertreter des Bundesinnenministeriums klargestellt, dass die Länder durch § 13 Abs. 1 Satz 2 volle Freiheit in der Bestimmung der zuständigen Enteignungsbehörde haben. Sie können also sowohl das Ministerium selbst wie auch zum Beispiel eine untere Verwaltungsbehörde beauftragen. Wesentlich ist lediglich, dass eine *staatliche* und nicht etwa eine kommunale Verwaltungsbehörde bestimmt wird.

R.: Streichung des § 13 wird empfohlen.

§§ 14–44 des Regierungsentwurfs werden nach dem Vorschlag des *Ausschusses für Wiederaufbau (Wohnungswesen)* gestrichen. Daher nunmehr veränderte Paragraphenbezeichnung.

Woh.: Für den Fall, dass die §§ 14–44 nicht gestrichen werden, ist *zu § 30* zu entscheiden, ob Kammern für Baulandsachen errichtet werden sollen, und ob der Fassung des § 30 nach der Regierungsvorlage zugestimmt wird. Das Gleiche gilt, wenn § 30 allein bestehen bleibt.

Inn.: *§ 30 wird abgelehnt und empfohlen,* das Enteignungsverfahren selbst der Verwaltungsgerichtsbarkeit und das Verfahren über die Höhe der Entschädigung der ordentlichen Gerichtsbarkeit zuzuweisen. *Begründung:* Der Ausschuss befürchtet von dieser Aufspaltung der Zuständigkeit keine wesentliche Verzögerung des Verfahrens, zumal bereits nach der Durchführung des Enteignungsverfahrens mit den Bauplanungen und auch der Ausführung begonnen werden kann, während gleichzeitig das Entschädigungsverfahren durchgeführt wird.

Agr.: Kein Vorschlag zu §§ 14–44.

R.: Der Dritte und Vierte Abschnitt (§§ 13–39 ist zu streichen. *Begründung:* Verfassungsrechtliche Bedenken. Enteignungsverfahren sollte den Ländern überlassen bleiben. Es erscheint zudem wenig zweckmäßig, eine verfahrensrechtliche Neuregelung, die mit der bisherigen Tradition bricht, gerade für den Bereich eines Sondergesetzes zu schaffen.

Für den Fall, dass die §§ 13–39 *nicht* gestrichen werden, gibt der Rechtsausschuss folgende *Anregungen:*

Zu § 19: Der letzte Satz des Absatzes 3 ist zu streichen. – *Begründung:* Es würde eine Versagung des rechtlichen Gehörs bedeuten, wenn der Vertretene durch die bloße Tatsache, dass für ihn ein Vertreter bestellt ist, auf dessen Auswahl und Amtsführung er jedoch keinen Einfluss nehmen kann, von der eigenen Anhörung ausgeschlossen wäre.

Zu § 29: Absatz 2 ist wie folgt zu fassen: „Örtlich zuständig ist das Gericht, in dessen Bezirk das Grundstück gelegen ist." – *Begründung:* Die Neufassung entspricht dem überkommenen allgemeinen Enteignungsrecht (für Preußen vgl. § 30 Abs. 3 des Enteignungsgesetzes von 1874). Würde sich die gerichtliche Zuständigkeit nach dem Sitz der Enteignungsbehörde bestimmen, so wäre damit die Konzentration der Baulandbeschaffungssachen bereits praktisch verwirklicht, jedoch ohne Rücksichtnahme auf die praktischen Bedürfnisse und die gerichtorganisatorischen Möglichkeiten. Es würden dann insbesondere häufig Gerichte zuständig sein, die dem Schwerpunkt der Baulandbeschaffungsmaßnahmen räumlich fernliegen. Nach der Regierungsvorlage wären z. B. die Kammern in Detmold und Arnsberg für die im Ruhrgebiet durchgeführten Baulandbeschaffungsmaßnahmen zuständig, über die in Essen und Umgebung belegenen Objekte müsste die Kammer in Düsseldorf entscheiden, obwohl Essen seit jeher gerichtsorganisatorisch zum Oberlandesgerichtsbezirk Hamm gehört hat.

Zu § 33: Hier muss durch eine einschränkende Formulierung klargestellt werden, dass sich die Beschränkung in der Anfechtung von Ermessensentscheidungen nicht auf Ermessensentscheidungen in *Entschädigungs*fragen beziehen kann. Es muss z. B. die Teilzahlungsklausel (§ 10 des Gesetzes) in vollem Umfang anfechtbar bleiben. – *Begründung:* Eine Klarstellung ist schon aus verfassungsrechtlichen Gründen (Offenhaltung des Rechtsweges für den Entschädigungsanspruch) geboten.

§ 14 = § 45. Woh.: Dieser Paragraph soll folgende Fassung erhalten:

„*§ 14 Rückgabe.* (1) Der Enteignete kann die Rückgabe des enteigneten Gegenstandes verlangen, wenn der Enteignungsbegünstigte oder sein Rechtsnachfolger nicht innerhalb von zwei Jahren, nachdem der Enteignungsbeschluss unanfechtbar geworden ist, den Enteignungszweck oder andere Zwecke, für welche die Enteignung nach diesem Gesetz zulässig wäre, verwirklicht hat. Die Enteignungsbehörde kann die Frist auf Antrag des Enteignungsbegünstigten um zwei Jahre verlängern. Der Anspruch auf Rückgabe kann nur innerhalb von fünf Jahren, nachdem der Enteignungsbeschluss unanfechtbar geworden ist, geltend gemacht werden. Der Enteignete hat dem Enteignungsbegünstigten ein Entgelt zu leisten. Für die Bemessung des Entgelts gelten die Vorschriften über die Entschädigung nach den §§ 6 bis 10 entsprechend.

(2) Die Entscheidung über den Rückgabeanspruch und das Entgelt trifft die Enteignungsbehörde durch begründeten Beschluss. Ist der Beschluss unanfechtbar geworden, so hat er dieselben Wirkungen wie ein unanfechtbarer Enteignungsbeschluss. Für die Regelung der Rechte an dem Gegenstand gelten die enteignungsrechtlichen Vorschriften nach diesem Gesetz." (Abs. 3 der Regierungsvorlage wird zugestimmt.)

Agr.: § 14 Abs. 1 Satz 1 und 2 in der Fassung der Empfehlungen des Wiederaufbauausschusses – bisheriger § 45 Abs. 1 des Regierungsentwurfs – erhält folgende Fassung: „(1) Der Enteignete kann die Rückgabe des enteigneten Gegenstandes verlangen, wenn der Enteignungsbegünstigte oder sein Rechtsnachfolger nicht innerhalb von zwei Jahren, nachdem der Enteignungsbeschluss unanfechtbar geworden ist, den Enteignungszweck oder andere Zwecke, für welche die Enteignung nach diesem Gesetz zulässig wäre, verwirklicht hat. Die Enteignungsbehörde kann die Frist auf Antrag des Enteignungsbegünstigten um *ein Jahr* verlängern. – *Begründung:* Der Vorschlag des Wiederaufbauausschusses greift in die Rechte des Enteigneten jedenfalls insoweit zu stark ein, als dem Enteignungsbegünstigten zunächst eine Frist von zwei Jahren zur Verfügung steht und zu dieser Frist von der Enteignungsbehörde dann noch eine Nachfrist von weiteren zwei Jahren gewährt werden kann. Es erscheint durchaus ausreichend, die Nachfrist auf *ein Jahr* zu bemessen. Auf dieser Erwägung beruht die vorstehende, von dem Vorschlag des Wiederaufbauausschusses abweichende Fassung des Absatzes 1 *Satz 2.*

Inn.: Kein Vorschlag.

R.: Der Rechtsausschuss gibt zu § 14 – Reg.Entw. § 45 – folgende *Anregung:*

Die Vorschrift soll beginnen: – Fass. d. Reg.Entw. – „Wer in einem aufgrund dieses Gesetzes durchgeführten Enteignungsverfahren das Eigentum ... verloren hat..." – *Begründung:* Die Neufassung will klarstellen, dass auch im Falle einer Einigung zum Zwecke der Abwendung der Enteignung (§ 21 des Gesetzes) die Möglichkeit der Rückenteignung besteht, wenn die sonstigen Voraussetzungen des § 14 (Reg. § 45) vorliegen.

§ 46. Woh.: Der Ausschuss empfiehlt, § 46 zu streichen.

Agr., Inn., R.: keine Vorschläge.

§ 47 Abs. 1–3. Woh.: Der Ausschuss empfiehlt, Abs. 1–3 zu streichen.

Agr., Inn., R.: keine Vorschläge.

§ 15 = § 47 (4). Woh.: Der Ausschuss empfiehlt folgende Fassung: Vierter Abschnitt. Übergangs- und Schlussbestimmungen. § 15 Gebühren und Kosten. Im Übrigen nach § 47 Abs. 4 des Regierungsentwurfs.

Agr., Inn.: keine Vorschläge.

R.: In Abs. 4 ist das Wort „kostenfrei" zu streichen und durch das Wort „gebührenfrei" zu ersetzen. –*Begründung:* Dem Antragsteller sollen zwar die Gebühren erlassen werden, die Tragung der anderen Kosten (Abschriften usw.) sind ihm jedoch zuzumuten.

§ 16 = § 48 (3). Woh.: § 16 Abs. 3 erhält folgende Fassung: „Auf die Enteignung zur Bereitstellung von Gelände für Zwecke der Kleinsiedlung sind die Vorschriften dieses Gesetzes anzuwenden. Sollen Grundstücke, die außerhalb eines im Zusammenhang bebauten Ortsteils liegen und landwirtschaftlich genutzt werden, enteignet werden, so ist das Benehmen mit der zuständigen Landwirtschaftsbehörde herbeizuführen. Wird durch die Enteignung der Bestand eines gärtnerischen oder landwirtschaftlichen Familienbetriebes nach Feststellung der Landwirtschaftsbehörde gefährdet, so soll die Enteignung nur erfolgen, wenn bei einer Abwägung der Belange des Wohnungsbaues und der Landwirtschaft die Bedürfnisse der Kleinsiedlung eine solche Enteignung zwingend erfordern."

Agr.: Zu § 16 Abs. 3 – bisheriger § 48 Abs. 3 des Regierungsentwurfs – schließt sich der Agrarausschuss ausdrücklich der Empfehlung des Wiederaufbauausschusses an.

Inn., R.: keine Vorschläge.

Neuer § 17. Vorschlag Woh.: *„§ 17. Anwendung landesrechtlicher Vorschriften.*

(1) Soweit für Einzelfälle die Vorschriften dieses Gesetzes nicht ausreichen, finden die landesrechtlichen Enteignungsvorschriften auch für die Enteignung nach diesem Gesetz Anwendung.

(2) Durch die Vorschriften dieses Gesetzes werden weitergehende landesrechtliche Vorschriften über die Zulässigkeit der Enteignungen nicht berührt. Ebenfalls unberührt bleiben landes- oder ortsrechtliche Vorschriften über die Inanspruchnahme oder Abtretung von Gelände für öffentliche Zwecke.

Da der Unterausschuss das Rechtsverfahren vor dem Verwaltungsgericht vorschlägt, ist somit eine Änderung in Artikel 14 des Grundgesetzes notwendig.

a) *Der Unterausschuss empfiehlt,* im Grundgesetz in Artikel 14 Abs. 3 den *Satz 4 zu streichen.*

b) *Der Unterausschuss empfiehlt* ferner, im Grundgesetz Artikel 19 Abs. 4 hinter Satz 2 eine Fassung einzufügen, die etwa wie folgt lauten solle: „Durch Gesetz kann vorgeschrieben werden, dass bei Klage gegen die Zulässigkeit der Enteignung oder gegen die Bemessung der Entschädigung für eine Enteignung zwecks Baulandbeschaffung für den Wohnungsbau der Rechtsmittelzug abgekürzt wird." (Bezug auf die Empfehlung in der 2. Sitzung des Unterausschusses am 14.12.1950 – Seite 2 Nr. 4.)

XII. Beschlüsse des Bundesrats vom 2.3.1951 zur Vorlage 50/51

Zum Titel des Gesetzes: Der Titel des Gesetzes soll lauten: *Entwurf eines Gesetzes über die Bereitstellung von Bauland (Zweites Wohnungsbaugesetz)*

§ 1. Absatz 1 soll folgende Fassung erhalten: „Zur Bereitstellung von Bauland ist nach Maßgabe dieses Gesetzes die Enteignung (Entziehung oder Belastung) von Eigentum an Grundstücken oder Grundstücksteilen zulässig."

Begründung: Die Neuformulierung soll den Begriff „Enteignung" durch den Zusatz der Worte „Entziehung oder Belastung" prägnanter fassen und das Wort „Beschränkung" soll als juristisch nicht scharf umrissen vermieden werden.

§ 1 Absatz 2 soll folgende Fassung erhalten: „Zulässig ist ferner die Enteignung oder Teilenteignung von anderen Rechten an Grundstücken, sowie von Rechten, die zum Erwerb, zum Besitz oder zur Nutzung von Grundstücken berechtigen oder die Nutzung von Grundstücken beschränken."

Begründung: Aus demselben Grunde wie zu Absatz 1 soll das Wort „Beschränkung" durch das Wort „Teilenteignung" ersetzt werden. Die Hinzufügung des Begriffs „zum Erwerb" dient der Vervollständigung.

Zu § 2 soll die Überschrift lauten: „Zweck des Gesetzes." – § 2 Absatz 1 soll folgende Fassung erhalten [gegen 7 Stimmen]: „Die Enteignung ist zum Wohle der Allgemeinheit nur zulässig zur Bereitstellung von Gelände für die Errichtung von Gebäuden, die Wohnzwecken dienen, einschließlich des erforderlichen Garten- und Wirtschaftslandes, jedoch nicht von solchen Gebäuden, deren Errichtung den Voraussetzungen des Gemeinnützigkeitsgesetzes nicht entspricht."

Begründung: Die Bezugnahme auf das Gemeinnützigkeitsgesetz, das den in § 2 Abs. 1 beabsichtigten Rahmen bereits juristisch enthält, ist vorzuziehen.

§ 2 Absatz 2 erhält folgende Fassung: „Die Enteignung eines Grundstückes ist nur zulässig, wenn nach dem pflichtgemäßen Ermessen der Enteignungsbehörden Gelände, das für die beabsichtigte Bebauung im Rahmen einer geordneten baulichen Entwicklung des Gemeindegebiets geeignet ist, zu einem den Grundsätzen des § 7 entsprechenden Preise auf andere Weise nicht erworben werden kann. Die Zulässigkeit der Enteignung von Grundstücken, auf denen die früher vorhandenen Gebäude zerstört sind, sowie von Gelände an hergestellter oder anbaufähiger Straße wird dadurch nicht ausgeschlossen, dass anderes noch unbebautes Gelände vorhanden ist."

Dem § 2 ist der folgende neue Absatz 5 anzufügen: „(5) Sollen Grundstücke enteignet oder gemäß § 3 Absatz 6 mit einem Erbbaurecht belastet werden, die außerhalb eines im Zusammenhang bebauten Ortes liegen und landwirtschaftlich genutzt sind, so ist das Benehmen der zuständigen Landwirtschaftsbehörde herbeizuführen."

Begründung: Es besteht die Besorgnis, dass die auf den Erwerb von Bauland gerichteten Wünsche sowohl der Gemeinden wie auch der sonstigen Bauwilligen durch die im Zweiten Wohnungsbaugesetz eröffnete Enteignungsmöglichkeit vornehmlich auf billige, bisher land- oder forstwirtschaftlich genutzte Flächen gelenkt werden, während gleichzeitig in der Ortslage Baulücken und Trümmergrundstücke wegen ihres hohen Preises auch weiterhin unbebaut bleiben. Es ist aus diesen Gründen erforderlich, die Enteignungsbehörde an das Benehmen der zuständigen Landwirtschaftsbehörde zu binden.

§ 3 Absatz 5 soll wie folgt lauten: „Soll ein Grundstück im Wege der Enteignung mit einem Erbbaurecht belastet werden, so kann der Eigentümer anstelle dessen die Enteignung des Grundstücks verlangen, wenn die Belastung mit dem Erbbaurecht für ihn unbillig ist."

Dem § 3 ist folgender neuer Absatz 6 anzufügen: „(6) Land- oder forstwirtschaftlich genutzte Flächen sollen nicht ohne wichtigen Grund ihrer bisherigen Nutzung entzogen werden. Die Zerschlagung land- oder forstwirtschaftlicher Betriebe ist nach Möglichkeit zu vermeiden."

Begründung: Wenn auch die Enteignungsbehörde über die Zulässigkeit der Enteignung nach pflichtmäßigem Ermessen zu entscheiden und den etwa beteiligten land- oder forstwirtschaftlichen Interessen Rechnung zu tragen hat, so benötigen die am Ortsrand gelegenen Betriebe der Land- und Forstwirtschaft doch eine Gewähr dafür, dass ihre Flächen für den Wohnungsbau erst dann herangezogen werden, wenn eine anderweitige Beschaffungsmöglichkeit nicht besteht.

§ 4 Absatz 1 soll folgende Fassung erhalten: „Die Enteignung ist nicht zulässig, wenn der Eigentümer

a) sich rechtswirksam verpflichtet, dingliche Rechte zu erstellen, die nach dem pflichtgemäßen Ermessen der Enteignungsbehörde zur Erreichung des Enteignungszwecks ausreichen oder

b) vor Beginn der mündlichen Verhandlung schriftlich oder zur Niederschrift der Enteignungsbehörde den Enteignungswiderspruch unglaubhaft macht, dass er oder ein Dritter das Grundstück in nicht nur geringfügigem Ausmaß in absehbarer Zeit bebauen wird."

In § 4 Absatz 2 sind zu Beginn des Absatzes hinter dem Wort „Dritte" die folgenden Worte „binnen eines Jahres seit dem Widerspruch" zu ersetzen durch die Worte „innerhalb der vorgesehenen Frist", so dass der Absatz beginnen soll: „Hat der Eigentümer oder ein Dritter innerhalb der vorgesehenen Frist aus von ihm zu vertretenden Gründen ...".

§ 4 Absatz 3 soll folgende Fassung erhalten: „Die Vorschrift des Absatzes 1 findet keine Anwendung, wenn die Enteignung aus überwiegenden Gründen des Wohls der Allgemeinheit zu den in § 2 Abs. 3 genannten Zwecken erfolgen soll oder ein größeres zusammenhängendes Bauvorhaben nach § 3 Absatz 1 ohne Inanspruchnahme dieses Grundstücks nicht ausführbar wäre."

§ 5 Absatz 1 soll wie folgt lauten [26:13 Stimmen]: „Die Enteignung darf erst erfolgen, wenn der Enteignungsberechtigte nachgewiesen hat, dass er das Grundstück alsbald im Sinne des § 2 verwenden kann. Ein Rechtsanspruch auf Enteignung besteht nicht."

§ 5 Absatz 2 soll folgende Fassung erhalten: „Es ist dem Bauwilligen der Vorzug zu geben, durch dessen Bauvorhaben am meisten zur Behebung der Wohnungsnot

beigetragen wird. Private Unternehmer sind erst dann antragsberechtigt, wenn sie die Mittel für die Durchführung des Unternehmens nachweisen."

In § 5 Absatz 3 erhalten die Sätze 1 bis 4 folgende Fassung: „Die Voraussetzungen nach Absatz 1 Satz 1 gelten bei Gemeinden auch dann als gegeben, wenn eine Gemeinde nachweist, dass die von ihr geplanten Maßnahmen binnen zweier Jahre in Angriff genommen und in angemessener Frist durchgeführt werden können. Die Gemeinde hat, wenn sie selbst baut, das enteignete Gelände spätestens binnen zweier Jahre vom Tage des Eigentumsübergangs [statt wie im Antrag des Agrarausschusses „Besitzübergangs", abgelehnt mit 26:17 Stimmen] an zu dem Erwerbspreis als Bauland oder als Ersatzland zu veräußern. Anstelle der Veräußerung genügt die Überlassung in Erbbaurecht, wenn der Bauwillige es beantragt und seine Verhältnisse es erfordern. Die Frist kann von der Enteignungsbehörde aus besonderen Gründen um ein weiteres Jahr verlängert werden."

§ 6 Absatz 2 soll folgende Fassung erhalten: „Entschädigung kann verlangen, wer in seinem Recht durch die Enteignung beeinträchtigt wird. Vermögensvorteile, die dem Entschädigungsberechtigten infolge der Enteignung entstehen, sind bei der Festsetzung der Entschädigung zu berücksichtigen."

Begründung: Die Neuformulierung soll der Klarstellung dienen, dass § 6 Absatz 2 nicht das materielle Recht auf Entschädigung, sondern die Prozessstandschaft feststellen soll.

§ 6 Absatz 3 soll wie folgt lauten: „Für die Bemessung der Entschädigung ist der Zeitpunkt des Enteignungsbescheides maßgebend, in dem die Entscheidung über sie getroffen wird."

In § 6 Absatz 4 sind die Worte „auf dem Kapitalmarkt" und das Wort „Nominal" bei „Nominalzinsfuß" zu streichen.

§ 7 Absatz 1 soll folgende Fassung erhalten: „Die Entschädigung für den durch die Enteignung eintretenden Rechtsverlust ist unter gerechter Abwägung der Interessen der Allgemeinheit *insbesondere an der Förderung des Wohnungsbaues* [Antrag von Hamburg] und der Beteiligten festzusetzen. Dabei ist vom Einheitswert auszugehen. Die Entschädigung darf nicht höher sein als der Preis, der im gewöhnlichen Geschäftsverkehr zu erzielen wäre (gemeiner Wert) oder als der gesetzlich zulässige Preis, wenn dieser niedriger als der gemeine Wert ist." [keine Streichung des S. 2 nach dem Antrag des RA; 24 gegen 19 Stimmen]

§ 7 Absatz 2 soll wie folgt lauten: „Werterhöhungen, die dem von der Enteignung betroffenen Grundstück lediglich durch die Erwartung der mit der Enteignung angestrebten Bebauung erwachsen sind, bleiben unberücksichtigt."

§ 7 Absatz 3 soll wie folgt gefasst werden: „Für Bauwerke oder bauliche Veränderungen, die ohne die vorgeschriebene behördliche Genehmigung ausgeführt worden sind, ist keine Entschädigung zu leisten, wenn die zuständige Behörde die Genehmigung nicht nachträglich erteilt hat und nach den bei Errichtung des Bauwerks geltenden Vorschriften nicht erteilt hätte. Bei nur widerruflich zugelassenen Bauten kann eine Entschädigung gewährt werden, wenn es aus Gründen der Billigkeit geboten ist. Werterhöhende Veränderungen, die nach der Einleitung des Enteignungsverfahrens vorgenommen worden sind, bleiben unberücksichtigt, wenn

die Enteignungsbehörde der Veränderung nicht zugestimmt hat." [Streichung des Abs. 5 gegen 13 Stimmen abgelehnt.]

[Die Abs. 2 bis 4 sollten nach dem hessischen Antrag lauten: „(2) Ist der Preis, der zur Zeit der Entscheidung im gewöhnlichen Geschäftsverkehr zu erzielen wäre (derzeitiger gemeiner Wert) niedriger als der gemeine Wert am 18. Oktober 1936, so darf die Entschädigung den derzeitigen gemeinen Wert nicht übersteigen.

(3) Ist der gemeine Wert vom 18. Oktober 1936 nicht feststellbar, so darf die Entschädigung den für den 1. Januar 1935 [Wegfall des Datums nach späterem hess. Antrag] festgesetzten Einheitswert des Grundstücks nicht übersteigen. Ist der derzeitige gemeine Wert niedriger als der Einheitswert, so darf die Entschädigung den derzeitigen gemeinen Wert nicht übersteigen.

(4) Als Bauland darf ein unbebautes Grundstück nur dann bewertet werden, wenn es steuerlich als Bauland veranlagt ist. Verbesserungen des Grundstücks, die vom Eigentümer oder vom Nutzungsberechtigten vorgenommen worden sind, oder Verschlechterungen sind zu berücksichtigen. Werterhöhungen, die dem von der Enteignung betroffenen Grundstück lediglich durch die Erwartung der mit der Enteignung angestrebten Bebauung erwachsen sind, bleiben unberücksichtigt." [Mit 20 gegen 20 Stimmen abgelehnt.]

In § 8 Absatz 1 erster Satz sind die Worte „wenn und" zu streichen.

Begründung: Das Bestehenbleiben dieser Worte könnte Anlass zu verfassungsrechtlichen Bedenken geben, indem durchaus der Schluss gezogen werden kann, dass das Gesetz entgegen den Bestimmungen des Grundgesetzes auch Fälle einer entschädigungslosen Enteignung zulässt. – Ferner sind *in § 8* Absatz 1 Ziffer a) die Worte „in seinem Erwerb" zu streichen.

In § 8 ist Absatz 2 zu streichen, da bereits nach § 6 Absatz 2 Satz 2 übernommen.

In § 9 Absatz 1 sind die Worte „gemäß § 25" zu streichen.

Die Absätze 1, 2 und 3 in § 10 des Regierungsentwurfs werden unter Änderung ihrer Fassung zu folgendem § 10 zusammengefasst: „Soweit in diesem Gesetz nichts anderes bestimmt ist, wird die Entschädigung in Geld festgesetzt. Die Entschädigung kann in wiederkehrenden Leistungen oder in Teilzahlungen festgesetzt werden, wenn diese Art der Entschädigung unter gerechter Abwägung der Interessen der Beteiligten billig ist. Für Erbbaurechte, die im Wege der Enteignung begründet werden, kann die Entschädigung durch einen Erbbauzins festgesetzt werden, wenn diese Art der Entschädigung unter gerechter Abwägung der Interessen der Beteiligten billig ist. Auf Antrag muss bestimmt werden, dass die später fällig werdenden Teilzahlungen durch eine sichere Hypothek oder Grundschuld an einem inländischen Grundstück gesichert werden."

§ 11 Absatz 1 erhält folgende Fassung: „Die Entschädigung kann ganz oder teilweise in Land geleistet werden, wenn diese Art der Entschädigung unter gerechter Abwägung der Interessen der Allgemeinheit und der Beteiligten billig ist."

§ 11 Absatz 3 soll wie folgt lauten: „Ist der Eigentümer mit seiner Berufs- oder Erwerbstätigkeit ganz oder zum Teil auf das zu enteignende Grundstück angewiesen, so soll, wenn er es beantragt, nach Möglichkeit Ersatzland, auf dem er die gleiche Berufs- oder Erwerbsmöglichkeit ausüben kann, zugewiesen werden."

In § 11 Absatz 4 Satz 1 sind die Worte „dem Wertunterschied entsprechende" zu streichen und durch die Worte „nach Maßgabe der §§ 6 bis 8" zu ersetzen.

Die Absätze 1 bis 3 des *§ 12* Regierungsentwurf werden zu § 12 folgender Fassung zusammengefasst: (Wortlaut des bisherigen Absatz 1) „Als Ersatzland können Grundstücke enteignet werden, wenn es erforderlich ist, um einem Antrag nach § 11 Absatz 3 zu entsprechen."

Der Dritte Absatz Abschnitt *§§ 13* bis einschließlich *27* sind zu streichen. – Der Vierte Absatz Abschnitt *§§ 28* bis einschließlich *39* sind zu streichen. – Im Fünften Abschnitt sind die *§§ 40* bis einschließlich *44* zu streichen.

[Die Regierungsvorlage soll nicht aufrecht erhalten werden (39:4 Stimmen). Das Enteignungsverfahren soll den Ländern überlassen werden (39 Stimmen). Übernahme nur des § 30 (Antrag von Nevermann-Hamburg; gegen 33 Stimmen abgelehnt).]

Der § 45 des Regierungsentwurfs wird nunmehr *§ 13* und erhält in Absatz 1 und 2 folgende Fassung [mit 39 Stimmen]:

„Rückgabe. (1) Der Enteignete kann die Rückgabe des enteigneten Gegenstandes verlangen, wenn der Enteignungsbegünstigte oder sein Rechtsnachfolger nicht innerhalb von zwei Jahren, nachdem der Enteignungsbeschluss unanfechtbar geworden ist, den Enteignungszweck oder andere Zwecke, für welche die Enteignung nach diesem Gesetz zulässig wäre, verwirklicht hat. Die Enteignungsbehörde kann die Frist auf Antrag des Enteignungsbegünstigten um zwei Jahre verlängern. Der Anspruch auf Rückgabe kann nur innerhalb von fünf Jahren, nachdem der Enteignungsbeschluss unanfechtbar geworden ist, geltend gemacht werden. Der Enteignete hat dem Enteignungsbegünstigten ein Entgelt zu leisten. Für die Bemessung des Entgelts gelten die Vorschriften über die Entschädigung nach den §§ 6 bis 10 entsprechend.

(2) Die Entscheidung über den Rückgabeanspruch und das Entgelt trifft die Enteignungsbehörde durch begründeten Beschluss. Ist der Beschluss unanfechtbar geworden, so hat er dieselben Wirkungen wie ein unanfechtbarer Enteignungsbeschluss. Für die Regelung der Rechte an dem Gegenstand gelten die enteignungsrechtlichen Vorschriften nach diesem Gesetz."

Absatz 3 der Regierungsvorlage wird zugestimmt. Im Sechsten Abschnitt wird *§ 46* gestrichen.

In § 47 des Regierungsentwurfs „Gebühren und Kosten" werden die Absätze 1 bis 3 gestrichen. *§ 47* des Regierungsentwurfs wird nunmehr *§ 14* und erhält folgende Fassung: „Die Erteilung von Grundbuchauszügen und die Fertigung sonstiger für das Enteignungsverfahren notwendiger Unterlagen sind gebührenfrei, wenn sie von der Enteignungsbehörde verlangt werden. Die beim Grundbuchamt entstehenden Kosten für die Eintragung der im Enteignungsbeschluss enthaltenen Rechtsänderungen sind von dem durch die Enteignung Begünstigten zu tragen."

Einzufügen ist der folgende neue *§ 15:* „*§ 15.* Anwendung la*ndesrechtlicher Vorschriften.* (1) Soweit für Einzelfälle die Vorschriften dieses Gesetzes nicht ausreichen, finden die landesrechtlichen Enteignungsvorschriften auch für die Enteignung nach diesem Gesetz Anwendung.

(2) Durch die Vorschriften dieses Gesetzes werden weitergehende landesrechtliche Vorschriften über die Zulässigkeit der Enteignungen nicht berührt. Ebenfalls unberührt bleiben landes- oder ortsrechtliche Vorschriften über die Inanspruchnahme oder Abtretung von Gelände für öffentliche Zwecke."

Einzufügen ist der folgende neue *§ 16:* „Die Hansestadt Hamburg gilt für die Anwendung dieses Gesetzes als Gemeinde."

§ 48 „Aufhebung bisheriger Vorschriften" wird nunmehr *§ 17.*

Absatz 3 erhält folgende Fassung: „(3) Auf die Enteignung zur Bereitstellung von Gelände für Zwecke der Kleinsiedlung sind die Vorschriften dieses Gesetzes anzuwenden. Sollen Grundstücke, die außerhalb eines im Zusammenhang bebauten Ortsteiles liegen und landwirtschaftlich genutzt werden, enteignet werden, so ist das Benehmen mit der zuständigen Landwirtschaftsbehörde herbeizuführen. Wird durch die Enteignung der Bestand eines landwirtschaftlich oder gärtnerisch genutzten Familienbetriebes nach Feststellung der Landwirtschaftsbehörde gefährdet, so ist die Enteignung nur zulässig, wenn bei Abwägung der Belange des Wohnungsbaues und der Landwirtschaft die Bedürfnisse der Kleinsiedlung eine solche Enteignung zwingend erfordern und wenn Ersatzland nach § 11 zugewiesen wird." [Satz 2 in dieser Fassung mit 24:15 Stimmen angenommen.]

Anhang: Stellungnahme der Bundesregierung zu den Vorschlägen des Bundesrats

I. Der Empfehlung des Bundesrats zur Änderung der Überschrift des Gesetzes wird zugestimmt.

II. *Zu § 1:* Der vorgeschlagenen Fassung des § 1 wird zugestimmt. Für diesen Fall wird jedoch empfohlen, Abs. 1 mit den Worten „Zur Förderung des Wohnungsbaues" an Stelle der Worte „Zur Bereitstellung von Bauland" zu beginnen und Abs. 2 Satz 2 der Regierungsvorlage beizubehalten.

Unter entsprechender Änderung der Überschrift würde sich folgender Wortlaut des § 1 ergeben:

„§ 1. Grundsatz. (1) Zur Förderung des Wohnungsbaues ist nach Maßgabe dieses Gesetzes die Enteignung (Entziehung oder Belastung) von Eigentum an Grundstücken oder Grundstücksteilen zulässig.

(2) Zulässig ist ferner die Enteignung oder Teilenteignung von anderen Rechten an Grundstücken sowie von Rechten, die zum Erwerb, zum Besitz oder zur Nutzung von Grundstücken berechtigen oder die Nutzung von Grundstücken beschränken. Die Vorschriften dieses Gesetzes über die Enteignung von Eigentum an Grundstücken oder Grundstücksteilen sind sinngemäß anzuwenden."

Zu § 2 Abs. 1: Sachlich stimmt die Bundesregierung mit der Auffassung des Bundesrats überein, dass die Enteignung nur zum Wohle der Allgemeinheit zulässig ist. Die Entscheidung darüber, welche Enteignungszwecke dem Wohle der Allgemeinheit dienen, kann jedoch nach rechtsstaatlicher Anschauung nicht dem Verwaltungsermessen überlassen werden, sondern muss von dem Gesetzgeber selbst in den Vorschriften des Gesetzes getroffen werden. Dies ist in § 2 geschehen. Der Begriff „zum Wohle der Allgemeinheit" sollte daher in das Gesetz nicht aufgenommen werden.

Die vom Bundesrat vorgeschlagene Formulierung „Gelände für die Errichtung von Gebäuden, die Wohnzwecken dienen" ist mehrdeutig und kann zu Auslegungsschwierigkeiten führen.

Die Verweisung auf das Gemeinnützigkeitsgesetz ist nicht zweckmäßig. Der Anregung des Bundesrats könnte jedoch durch folgende Fassung entsprochen werden: „... jedoch nicht von solchen Gebäuden, deren Errichtung nach pflichtmäßigem Ermessen der Enteignungsbehörde im Interesse der Allgemeinheit nicht vordringlich oder förderungswürdig ist."

Zu § 2 Abs. 2: Dem Änderungsvorschlag des Bundesrats wird zugestimmt. Aus sprachlichen Gründen müsste es indessen heißen: „... wenn nach pflichtmäßigem Ermessen der Enteignungsbehörde ...".

Zu § 2 Abs. 5: Die Bundesregierung stimmt der Anregung des Bundesrats zu, empfiehlt aber, diese Vorschrift mit dem § 3 Abs. 6 zusammenzufassen.

Zu § 3 Abs. 4, 5: § 3 Abs. 4 und Abs. 5 wird durch § 20 Abs. 4 der Regierungsvorlage ergänzt. Da dem Vorschlag des Bundesrats auf Streichung des § 20 Abs. 4 zugestimmt wird, empfiehlt die Bundesregierung, den § 3 Abs. 4 wie folgt zu fassen: „... so kann der Eigentümer bis zum Schluss der mündlichen Verhandlung vor der Enteignungsbehörde ..." Dementsprechend müsste es in § 3 Abs. 5 lauten: „... an Stelle dessen bis zum Schluss der mündlichen Verhandlung vor der Enteignungsbehörde ..."

Zu § 3 Abs. 6: Bei der Übernahme der Anregung des Bundesrats zu § 2 Abs. 5 in diese Vorschrift würde sich etwa folgende Fassung ergeben: „Land- oder forstwirtschaftlich genutzte Grundstücke, die außerhalb eines im Zusammenhang bebauten Ortes liegen, sollen nicht ohne wichtigen Grund und nur im Benehmen mit der zuständigen Landwirtschaftsbehörde enteignet werden. Die Zerschlagung land- und forstwirtschaftlicher Betriebe ist nach Möglichkeit zu vermeiden."

Zu § 4 Abs. 1 und 2: Dem Vorschlag des Bundesrats wird gefolgt. Daraus ergibt sich die Notwendigkeit, an Buchstabe b den Satz: „Wird die Enteignung hiernach für unzulässig erachtet, so hat die Enteignungsbehörde die Frist zu bestimmen, binnen derer mit der Bebauung zu beginnen ist" anzufügen und Abs. 2 folgendermaßen zu beginnen: „Hat der Eigentümer oder ein Dritter binnen der Frist ..." Im Übrigen würde der Vorschlag des Bundesrats wie folgt zu ändern sein: in Abs. 1 Buchstabe a aus sprachlichen Gründen: „erstellen" in „bestellen", „pflichtgemäßen" in „pflichtmäßigen", „Erreichung" in „Verwirklichung"; in Abs. 1 Buchstabe b zur Berichtigung eines offensichtlichen Schreibfehlers: „den Enteignungswiderspruch unglaubhaft macht" in „der Enteignung widerspricht und glaubhaft macht".

Zu § 4 Abs. 3: Dem Vorschlag des Bundesrats kann sich die Bundesregierung aus den zu § 2 Abs. 1 dargelegten Gründen nicht anschließen.

Zu § 5 Abs. 1: Es ist nicht möglich, bereits in diesem Stadium des Enteignungsverfahrens den Nachweis für die Sicherung der vollen Finanzierung zu erbringen. Dem Gedanken des Bundesrats würde daher am besten durch folgende Fassung

Rechnung getragen: „Die Enteignung darf zugunsten eines Bauwilligen nur erfolgen, wenn er in der Lage ist, in absehbarer Zeit das Grundstück im Sinne des § 2 zu verwenden. Ein Rechtsanspruch auf Enteignung besteht nicht."

Zu § 5 Abs. 2: Dem Änderungsvorschlag des Bundesrats wird mit der Maßgabe zugestimmt, dass Abs. 2 lautet: „Von mehreren Bauwilligen, welche die Enteignung desselben Grundstücks beantragen, ist demjenigen der Vorzug zu geben, durch dessen Bauvorhaben am meisten zur Behebung der Wohnungsnot beigetragen wird." Im Übrigen kann der Anregung aus den zu § 5 Abs. 1 dargelegten Gründen nicht zugestimmt werden.

Zu § 5 Abs. 3: Dem Gedanken des Bundesrats, dass durch die Fassung des § 5 Abs. 3 den Gemeinden weitgehende Möglichkeiten einer Bodenbevorratung gegeben sind, könnte durch Streichung des Abs. 3 der Regierungsvorlage Rechnung getragen werden. Die Übernahme der vom Bundesrat vorgeschlagenen Neufassung erscheint jedoch nicht zweckmäßig, weil dem darin enthaltenen Gedanken nach Auffassung der Bundesregierung besser durch die zu § 45 Abs. 2 vorgeschlagene Ergänzung entsprochen werden würde.

Zu § 6 Abs. 2: Dem Änderungsvorschlag des Bundesrats wird zugestimmt.

Zu § 6 Abs. 3: Die Anregung des Bundesrats, dass der Zeitpunkt der Entscheidung der Enteignungsbehörde für die Bemessung der Entschädigung maßgebend sei, wird zugestimmt. Mit Rücksicht auf die besonderen Umstände bei der vorzeitigen Besitzeinweisung würde dieser Gedanke zweckmäßig in folgender Fassung zum Ausdruck gebracht werden: „Für die Bemessung der Entschädigung ist der Zustand des Grundstücks in dem Zeitpunkt (§ 25) maßgebend, in dem die Enteignungsbehörde über den Enteignungsantrag entscheidet. In den Fällen der vorzeitigen Besitzeinweisung (§ 27) ist der Zeitpunkt maßgebend, in dem diese wirksam wird (§ 27 Abs. 1 Satz 3)."

Zu § 6 Abs. 4: Dem Vorschlag des Bundesrats, die Worte „auf dem Kapitalmarkt" zu streichen, wird gefolgt. Das Wort „Nominalzinsfuß" müsste jedoch bestehen bleiben, da sonst Unklarheit darüber besteht, ob der effektive oder der Nominalzinsfuß maßgebend sein soll.

Zu § 7 Abs. 1: Es erscheint aus verfassungsrechtlichen Gründen bedenklich, die Belange des Wohnungsbaues besonders hervorzuheben, da der Verwendungszweck für die Bemessung der Enteignungsentschädigung unerheblich bleiben muss. Der steuerliche Einheitswert ist als Grundlage für die Entschädigungsregelung ungeeignet, da er nicht dem tatsächlichen Grundstückswert entspricht, sondern nur einen fingierten Wert als Grundlage einer zweckmäßigen Besteuerung darstellt. Die Einheitswerte beruhen auch nicht auf Selbsteinschätzung, sondern werden behördlich festgesetzt. – Im Übrigen wird dem redaktionellen Änderungsvorschlag des Bundesrats zugestimmt, so dass § 7 Abs. 1 lauten würde: „Die Entschädigung für den durch die Enteignung eintretenden Rechtsverlust ist unter gerechter Abwägung der Interessen der Allgemeinheit und der Beteiligten festzusetzen. Die Entschädigung darf nicht höher sein als der Preis, der im gewöhnlichen Geschäftsverkehr zu erzielen wäre (gemeiner Wert) oder als der gesetzlich zulässige Preis, wenn dieser geringer als der gemeine Wert ist."

Zu § 7 Abs. 2: Dem Vorschlag des Bundesrats wird zugestimmt.

Zu § 7 Abs. 3: Dem Gedanken des Bundesrats kann dadurch Rechnung getragen werden, dass in der Regierungsvorlage die Worte „kann eine Entschädigung gewährt werden“ ersetzt werden durch „wird eine Entschädigung nur gewährt“. Dem weitergehenden Vorschlag des Bundesrats kann nicht beigetreten werden, da verfassungsrechtliche Bedenken geltend gemacht werden könnten.

Zu § 8 Abs. 1: Dem Vorschlag des Bundesrats, die Worte „wenn und“ zu streichen, wird zugestimmt. – In Buchstabe a müssten indessen die Worte „in seinem Erwerb“ stehen bleiben, da sonst die Vorschrift nur eine Wiederholung des bereits im Vordersatz enthaltenen allgemeinen Gedankens darstellen und daher entbehrlich sein würde.

Zu § 8 Abs. 2: Der Streichung der Vorschrift wird zugestimmt.

Zu § 9 Abs. 1: Dem Vorschlag des Bundesrats wird zugestimmt.

Zu § 9 Abs. 4: § 9 Abs. 4 wird durch § 20 Abs. 4 der Regierungsvorlage ergänzt. Da dem Vorschlag des Bundesrats auf Streichung des § 20 Abs. 4 zugestimmt wird, empfiehlt die Bundesregierung, den § 9 Abs. 4 wie folgt zu fassen: „... so kann auf einen bis zum Schluss der mündlichen Verhandlung vor der Enteignungsbehörde gestellten Antrag bestimmt werden, dass ...“

Zu § 10: Dem Änderungsvorschlag des Bundesrats kann nicht beigetreten werden. Gegen die vorgesehene Regelung, dass die Entschädigung auch ohne Zustimmung des Entschädigungsberechtigten in wiederkehrenden Leistungen oder in Teilzahlungen festgesetzt werden kann, könnten verfassungsrechtliche Bedenken geltend gemacht werden.

Zu § 10 Abs. 2: Aus den zu § 9 Abs. 4 angegebenen Gründen wird empfohlen, dem § 10 Abs. 2 Satz 1 folgende Ergänzung anzufügen: „... wenn die Gemeinde es bis zum Schluss der mündlichen Verhandlung vor der Enteignungsbehörde beantragt“ und § 10 Abs. 2 Satz 3 wie folgt zu beginnen: „Auf einen bis zum Schluss der mündlichen Verhandlung vor der Enteignungsbehörde gestellten Antrag des Entschädigungsberechtigten muss bestimmt werden ...“

Zu § 11 Abs. 1: Dem Vorschlag des Bundesrats kann die Bundesregierung aus den zu § 10 dargelegten Gründen nicht beitreten.

Zu § 11 Abs. 3: Die Bundesregierung stimmt der Anregung des Bundesrats mit der Maßgabe zu, dass es statt „Erwerbsmöglichkeit“ „Erwerbstätigkeit“ heißen müsste.

Zu § 11 Abs. 4: Dem Gedanken des Bundesrats wird grundsätzlich zugestimmt. Es müssten jedoch die beiden in der Vorschrift geregelten Fälle gleichbehandelt werden. Der Regierungsvorlage würde daher zweckmäßig folgender Satz 3 angefügt werden: „Die zusätzliche Geldentschädigung und die Ausgleichszahlung sind nach Maßgabe der §§ 6 bis 8 zu bemessen.“

Zu § 12 Abs. 3: Der Anregung des Bundesrats, die vorgesehene Rangfolge zu beseitigen, kann entsprochen werden. Eine Streichung des Abs. 2 würde aber zu einer völligen Schutzlosigkeit des durch die Ersatzlandenteignung Betroffenen führen. Abs. 2 müsste daher folgendermaßen gefasst werden: „Grundbesitz einer Person, die mit ihrer Berufs- oder Erwerbstätigkeit auf das Grundstück angewiesen ist oder für welche die Enteignung aus anderen Gründen eine unbillige Härte bedeutet, darf nicht als Ersatzland enteignet werden. Der Grundbesitz von Körperschaften des öffentlichen Rechts unterliegt nicht der Enteignung als Ersatzland, wenn er zur Erfüllung der den Körperschaften des öffentlichen Rechts obliegenden Aufgaben benötigt wird."

Zu §§ 13 bis 27: Die Bundesregierung hält es für möglich, dem Vorschlag des Bundesrats auf Streichung des Dritten Abschnitts Rechnung zu tragen, soweit es sich um Vorschriften handelt, die das innere Verwaltungsverfahren und die Einrichtung der Behörden regeln. Außerdem könnte auch auf eine Reihe von Vorschriften verzichtet werden, die zwar nicht das innere Verwaltungsverfahren und die Einrichtung der Behörden betreffen, die aber notfalls als entbehrlich angesehen werden können (z.B. die in § 19 enthaltene Vorschrift über die Bestellung eines Vertreters). Die sich hieraus ergebende Kürzung des Dritten Abschnitts würde zwar zur Folge haben, dass der Entwurf in seiner Gesamtgestaltung an Wert verliert, da dann noch eine Reihe von zusätzlichen landesrechtlichen – gegebenenfalls im Verwaltungswege – Regelungen getroffen werden müssten. Die Bundesregierung wäre aber bereit, dies im Interesse einer alsbaldigen Verabschiedung des Gesetzes in Kauf zu nehmen.

Dagegen kann die Bundesregierung auf keinen Fall der völligen Streichung des Dritten Abschnitts zustimmen, weil damit auch eine Reihe von Vorschriften fortfallen würden, die wegen ihres materiellrechtlichen Gehalts unentbehrlich erscheinen, um einen ausreichenden Rechtsschutz für die Betroffenen zu gewährleisten. Insoweit wäre eine Ergänzung durch materiell-rechtliche landesrechtliche Vorschriften nicht tragbar, da das bestehende Landesrecht unzureichend ist und eine Änderung des Landesrechts, die dann im Anschluss an das Inkrafttreten des Bundesgesetzes im Wege der Landesgesetzgebung erfolgen müsste, zu viel Zeit erfordern würde, bis Enteignungsverfahren nach den neuen gesetzlichen Vorschriften durchgeführt werden können.

Im Einzelnen wird hierzu Folgendes bemerkt: Die Überschrift des Dritten Abschnitts würde bei einer Streichung der Vorschriften über das innere Verwaltungsverfahren und die Einrichtung der Behörden richtiger lauten: *„Durchführung der Enteignung"*

Zu §§ 13 Abs. 2 bis 7, 14 und 15: Unter den vorstehend erörterten Gesichtspunkten könnte auf diese Vorschriften verzichtet werden.

Zu § 16 Abs. 1: Falls § 15 fortfällt, wären in § 16 Abs. 1 Buchstabe a die Worte „und ihre Beitretenden" zu streichen.

Zu § 16 Abs. 3: Um der Beschränkung des Dritten Abschnitts auf Vorschriften mit materiellrechtlichem Gehalt auch in der Form und Diktion Rechnung zu tragen, müsste Abs. 3 folgende Fassung erhalten: „Macht eine in Abs. 1 Buchstabe c bezeichnete Person nicht binnen einer von der Enteignungsbehörde zu bestimmenden Frist glaubhaft, dass ihr das angemeldete Recht zusteht, so ist sie nach fruchtlosem Ablauf der Frist nicht mehr in dem Enteignungsverfahren beteiligt."

Zu § 17: Die Abs. 1 und 5 könnten fortfallen. Im Falle der Streichung des § 15 müssten auch der letzte Halbsatz im Abs. 2 Satz 3 wegfallen und in Abs. 3 Buchstabe a folgende Worte gestrichen werden: „... der Beitretenden, die ihren Beitritt bereits erklärt haben ..." Aus den zu § 16 Abs. 3 angegebenen Gründen müsste Abs. 4 folgendermaßen beginnen: „Die Einleitung des Enteignungsverfahrens ist unter

Bezeichnung des betroffenen Grundstücks und des im Grundbuch als Eigentümer Eingetragenen sowie des ersten Termins der mündlichen Verhandlung mit den Beteiligten in einer örtlichen Tageszeitung ..."

Zu §§ 18 bis 20: Auf diese Vorschrift könnte verzichtet werden.

Zu §§ 21 bis 24: Aus den zu § 16 Abs. 3 angegebenen Gründen würden sich folgende Fassungsänderungen ergeben:

Zu § 21 Abs. 1: In Satz 1 müsste es heißen: „... so ist die Einigung in einer Niederschrift der Enteignungsbehörde aufzunehmen." Satz 3 würde zu streichen sein, falls § 13 Abs. 4 fortfällt.

Zu § 21 Abs. 2: Absatz 2 müsste beginnen: „Den Beteiligten, die an der Einigung nicht teilgenommen haben, ist eine Ausfertigung ..."

Zu § 22 Abs. 2: Satz 1 würde wie folgt zu fassen sein: „Wird binnen der Frist ein Widerspruch erhoben, so nimmt das Enteignungsverfahren seinen Fortgang."

Zu § 24 Abs. 2: Absatz 2 müsste beginnen: „Die Einigung ist den Beteiligten ..."

Zu § 25 Abs. 2: Der letzte Satz kann entfallen. Die Umgestaltung des Dritten Abschnitts hätte zur Folge, dass aus der Einleitungsformel des Gesetzes die Worte „mit Zustimmung des Bundesrats" zu streichen sind.

Aus Gründen der besseren Übersichtlichkeit ist der Gesetzeswortlaut des Dritten Abschnitts in der neuen Fassung, die sich aus den Vorschlägen der Bundesregierung ergeben würde, in der zum Schluss beigefügten Unteranlage wiedergegeben.

Zu §§ 28 bis 39: Dem Vorschlag des Bundesrats, die §§ 28 bis 39 zu streichen, kann nicht gefolgt werden.

Der Kernpunkt des Gesetzes besteht darin, dass entsprechend der Entschließung des Bundestages vom 28. März 1950 ein schneller Abschluss des Rechtsmittelverfahrens gewährleistet sein muss. Denn bei der Eigenart des Wohnungsbaues kann erst nach dem endgültigen Abschluss des Verfahrens mit dem Bau begonnen werden:

a) wie eine Beleihung des Grundstücks und demzufolge die Auszahlung der erforderlichen Kreditmittel an den Bauherrn erst möglich ist, wenn er das Eigentum an dem Grundstück erworben hat, und

b) weil die für die Finanzierung, insbesondere aber für die Beleihung unentbehrliche und auch gesetzlich vorgeschriebene Kalkulation erst vorgenommen werden kann, wenn die Höhe der für das Grundstück zu zahlenden Entschädigung endgültig feststeht.

Würden entsprechend dem Vorschlag des Bundesrats die Vorschriften des Vierten Abschnitts fortfallen, so stünden in jedem Enteignungsverfahren gegen die Entscheidungen der Enteignungsbehörden zwei verschiedene Arten von Rechtsbehelfen zur Verfügung:

a) gegen die Entscheidung über die Zulässigkeit und den Umfang einer Enteignung die Anfechtungsklage bei den Verwaltungsgerichten regelmäßig in 2 Instanzen,

b) gegen die Entscheidung über die Höhe der Entschädigung die Klage bei den ordentlichen Gerichten je nach dem Wert des Streitgegenstandes in 2 oder 3 Instanzen.

Eine solche Doppelgleisigkeit des Rechtsmittelverfahrens würde bei Ausschöpfung der Rechtsbehelfe zu untragbaren Verzögerungen beim Vollzug der Enteignung führen, da eine Entscheidung der ordentlichen Gerichte über die Höhe der Entschädigung in aller Regel erst dann möglich wäre, wenn die Verwaltungsgerichte vorher über die Zulässigkeit der Enteignung und den Enteignungsgegenstand rechtskräftig entschieden haben.

Die notwendige Beschleunigung kann infolgedessen nur durch ein einheitliches Rechtsmittelverfahren erreicht werden. Hierfür stehen zwei Möglichkeiten zur Verfügung:

a) die Nachprüfung der Zulässigkeit und des Umfanges der Enteignung und der Entschädigungsfestsetzung durch die Verwaltungsgerichte,

b) die Nachprüfung dieser Streitgegenstände durch die ordentlichen Gerichte.

Die ausschließliche Übertragung dieser Aufgaben auf die Verwaltungsgerichte würde eine Änderung des Art. 14 des Grundgesetzes voraussetzen. Die Bundesregierung ist mit dem Bundesrat der gleichen Auffassung, dass aus grundsätzlichen Erwägungen von einer Änderung des Grundgesetzes abgesehen werden sollte. Dann bleibt aber nur noch die von der Bundesregierung vorgeschlagene Lösung, nach der diese Aufgaben ausschließlich den ordentlichen Gerichten übertragen werden. Da aber in dem Verfahren vor den ordentlichen Gerichten auch über verwaltungsrechtliche Fragen zu entscheiden ist, ist in dem Vorschlag der Bundesregierung vorgesehen, dass bei den ordentlichen Gerichten besondere Kammern für Baulandsachen gebildet werden, in denen zwei Verwaltungsrichter mitwirken. Gleichzeitig sind eine Reihe von Vorschriften getroffen, die auf eine wesentliche Beschleunigung dieses Verfahrens vor den ordentlichen Gerichten hinzielen. Aus diesen Gründen muss die Bundesregierung auf eine Beibehaltung der §§ 28 bis 39 bestehen.

Zu §§ 40 bis 44: Dem Vorschlag des Bundesrats, die Vorschriften zu streichen, kann nicht gefolgt werden. Zur Begründung wird auf die Ausführungen zu den §§ 13 bis 27 verwiesen.

Zu § 45: Dem Vorschlag des Bundesrats wird zugestimmt, falls entsprechend den Ausführungen zu § 5 nachstehende Vorschrift als Abs. 2 in § 45 eingefügt wird: „(2) Ist eine Enteignung zugunsten einer Gemeinde erfolgt, so kann die Rückgabe nach Abs. 1 nicht verlangt werden, wenn die Gemeinde das Grundstück binnen der Frist des Abs. 1 als Bauland oder als Ersatzland an einen Bauwilligen veräußert hat. An Stelle der Veräußerung des Eigentums genügt die Belastung mit einem Erbbaurecht, wenn der Bauwillige es beantragt und seine Verhältnisse es erfordern. Erzielt die Gemeinde bei der Veräußerung des Grundstücks einen höheren Preis als den Erwerbspreis, so kann der Enteignete von der Gemeinde die Zahlung des Unterschiedsbetrages verlangen. Dies gilt nicht, soweit der Unterschiedsbetrag den Kosten entspricht, welche die Gemeinde nach dem Erwerb zur Erschließung, Aufteilung in geeignete Bauplätze oder für andere Maßnahmen zur Baureifmachung des Grundstücks aufgewendet hat." Bei Einfügung des vorstehenden Absatzes müssten die bisherigen Abs. 2 und 3 die Ziffern 3 und 4 erhalten und in dem nunmehrigen Abs. 4 (bisher Abs. 3) das Wort „Rückenteignung" durch „Rückgabe" ersetzt werden.

Zu § 46: Der Auffassung des Bundesrats, dass die Vorschrift entbehrlich sei, kann nach dem Ergebnis der bisher angestellten Ermittlungen nicht zugestimmt werden. Es wäre unzweckmäßig, diese Regelung einem besonderen Gesetz zuzuweisen.

Zu § 47: Dem Vorschlag des Bundesrats wird zugestimmt mit der Maßgabe, dass es statt „entsprechende Kosten" heißen müsste: „entstehende Kosten".

Zu § 48: Der Vorschlag des Bundesrats (§ 17 des Bundesratsvorschlages) führt zu Unklarheiten darüber, welche Vorschriften anzuwenden sind. Ihm kann daher nicht zugestimmt werden. Dagegen könnte dem in Abs. 2 Satz 2 des Bundesratsvorschlages enthalten Gedanken bei folgender Fassung zugestimmt werden: „*§ 48.* Anwendung landesrechtlicher Vorschriften. Durch die Vorschriften dieses Gesetzes werden landes- oder ortsrechtliche Vorschriften über die Inanspruchnahme oder Abtretung von Gelände für öffentliche Zwecke nicht berührt."

Zu § 49: Dem Vorschlag des Bundesrats auf Einfügung nachstehender Vorschrift wird unter Berücksichtigung der veränderten Paragraphenfolge zugestimmt: „*§ 49.* Rechtliche Stellung der Hansestadt Hamburg. Die Hansestadt Hamburg gilt für die Anwendung dieses Gesetzes als Gemeinde."

Zu § 50: Durch die Neueinfügung der vorerwähnten Vorschriften müsste § 48 der Regierungsvorlage § 50 werden. – Der vom Bundesrat vorgeschlagenen Fassung des Abs. 3 wird zugestimmt.

XIII. Fassung des Entwurfs zu einem Baulandbeschaffungsgesetz vom 1.3.1952 entsprechend den gemeinsamen Beschlüssen der Ausschüsse des Bundestags für Bau- und Bodenrecht sowie für Wiederaufbau und Wohnungswesen nach der 2. Lesung

Erster Abschnitt. Zulässigkeit der Enteignung

§ 1. (1) Zur Förderung des Wohnungsbaues und zur Verbindung breiterer Volksschichten mit dem Grund und Boden sowie zur Erzielung einer geordneten Bebauung kann das erforderliche Gelände, soweit es nicht freihändig oder nach § 12 des Ersten Wohnungsbaugesetzes vom 24. April 1950 (BGBl. S. 83) zu erwerben ist, nach den Vorschriften dieses Gesetzes bereitgestellt werden.

(2) Zu diesem Zwecke ist es zulässig, nach Maßgabe der folgenden Vorschriften durch Enteignung

a) Eigentum an Grundstücken oder Grundstücksteilen zu entziehen oder zu belasten,

b) andere Rechte an Grundstücken sowie Rechte, die zum Erwerb, zum Besitz oder zur Nutzung von Grundstücken berechtigen oder die Nutzung von Grundstücken beschränken, zu entziehen.

§ 2. Die Enteignung ist zulässig zur Bereitstellung

a) von Gelände für Gebäude, deren Nutzfläche ausschließlich oder überwiegend Wohnzwecken dient; dabei darf die einzelne Wohnung keine größere Wohnfläche als 120 qm haben, wenn nicht im Einzelfall die wirtschaftliche Grundrissgestaltung eine Überschreitung rechtfertigt,

b) des für diese Gebäude üblichen Garten- und Wirtschaftslandes sowie der Flächen für die zu ihnen gehörigen Nebenanlagen,

c) von Gelände für öffentliche Gebäude sowie sonstige öffentliche bauliche Anlagen oder örtliche öffentliche Verkehrs- und Grünflächen, sofern das Gelände für diese Zwecke nicht aufgrund landesrechtlicher Vorschriften in Anspruch genommen wird,

d) von Ersatzland nach Maßgabe des § 12.

§ 3. (1) Der Enteignung für die in § 2 Buchstaben a und b genannten Zwecke unterliegen nur

a) unbebaute Grundstücke,

b) Grundstücke, auf denen die früher vorhanden gewesenen Gebäude zerstört oder beschädigt sind,

c) Grundstücke mit geringfügiger Bebauung; als geringfügig ist namentlich eine Bebauung anzusehen, die erheblich unter dem Maß der zulässigen oder üblichen Bebauung liegt oder nach ihrem Umfang die Verpflichtung zur Leistung von Anliegerbeiträgen nicht auslöst oder in behelfsmäßiger Bauart errichtet oder nur auf Widerruf genehmigt ist.

(2) Dabei dürfen an hergestellter und anbaufähiger Straße liegende sowie unerschlossene Grundstücke nur enteignet werden, wenn

a) ihre Verwendung für die in § 2 Buchstaben a und b genannten Zwecke in Fluchtlinienplänen, Bebauungsplänen oder ähnlichen förmlich festgestellten städtebaulichen Plänen vorgesehen oder zugelassen ist oder

b) die beabsichtigte Verwendung nach pflichtmäßigem Ermessen der für die Ortsplanung zuständigen Aufsichtsbehörde mit einer geordneten baulichen Entwicklung des Gemeindegebiets vereinbar ist.

(3) Bei der planerischen Prüfung sollen die beabsichtigte Entwicklung des städtebaulichen Aufbaues der Gemeinde als Ganzes, die sozialen und kulturellen Bedürfnisse der Bevölkerung, die Erfordernisse der Land- und Forstwirtschaft, des Bergbaues, der Energie- und Wasserwirtschaft, des Gewerbes, des Verkehrs und der Landschaftsgestaltung berücksichtigt werden.

(4) Fluchtlinienpläne, Bebauungspläne oder andere förmlich festzusetzende städtebauliche Pläne können auch für Flächen festgesetzt werden, die Anforderungen zum Schutze von Landschaftsteilen nach § 19 des Reichsnaturschutzgesetzes vom 26. Juni 1935 (RGBl. I S. 821) und den zur Ergänzung und Änderung des Reichsnaturschutzgesetzes erlassenen landesrechtlichen Vorschriften unterliegen, wenn die für die Ortsplanung zuständige Aufsichtsbehörde nach Anhörung der Naturschutzbehörde dies für erforderlich hält. Mit der endgültigen Festsetzung dieser Pläne erlöschen in ihrem Geltungsbereich die vorbezeichneten Anordnungen. Dasselbe gilt für die Feststellung der Vereinbarkeit nach Absatz 2 Buchstabe b durch die Aufsichtsbehörde; sie hat sich vorher mit der zuständigen Naturschutzbehörde ins Benehmen zu setzen.

(5) Sollen landwirtschaftlich oder gärtnerisch genutzte Grundstücke, die außerhalb eines im Zusammenhang bebauten Ortsteiles liegen, enteignet werden, so hat sich die Enteignungsbehörde mit der zuständigen Landwirtschaftsbehörde ins Benehmen zu setzen.

§ 3 a. (1) Soll das Eigentum an einem Grundstück entzogen werden, so kann der Eigentümer anstelle der Entziehung die Belastung des Grundstücks mit einem dinglichen Recht verlangen, wenn diese Belastung nach pflichtmäßigem Ermessen der Enteignungsbehörde zur Verwirklichung des Enteignungszwecks ausreicht.

(2) Soll ein Grundstück mit einem dinglichen Recht belastet werden, so kann der Eigentümer anstelle der Belastung, die Entziehung des Eigentums an dem Grundstück verlangen, wenn die Belastung mit dem dinglichen Recht für ihn unbillig ist.

(3) Soll ein räumlich oder wirtschaftlich zusammenhängender Grundbesitz nur zu einem Teil enteignet werden, so kann der Eigentümer die Ausdehnung der Enteignung auf den Restbesitz insoweit verlangen, als dieser nicht mehr baulich verwertet oder wirtschaftlich genutzt werden kann.

§ 3 b. (1) Die Enteignung eines Grundstücks ist nur zulässig, wenn nach pflichtmäßigem Ermessen der Enteignungsbehörde der Nachweis erbracht ist, dass der Bauwillige sich ernsthaft um den freihändigen Erwerb von geeignetem anderen Gelände vergeblich bemüht hat.

(2) Wird die Enteignung von Grundstücken beantragt, deren Bebauung oder Wiederbebauung ohne Kosten für die erste Erschließung möglich ist, so genügt es, wenn sich der Nachweis nach Absatz 1 darauf bezieht, dass kein solches geeignetes Gelände auf andere Weise erworben werden kann.

§ 4. (1) Der Eigentümer kann die Enteignung dadurch abwenden, dass er vor Beginn der mündlichen Verhandlung schriftlich oder zur Niederschrift der Enteignungsbehörde der Enteignung widerspricht und glaubhaft macht, dass er das Grundstück in dem nach den baurechtlichen Festsetzungen zulässigen Ausmaß binnen angemessener Frist bebauen und mit den Bauarbeiten binnen eines Jahres beginnen wird. Dabei ist zu unterstellen, dass der Eigentümer bei Wohnbauten die öffentlichen Förderungsmittel in der zulässigen Höhe erhalten kann.

(2) Hat der Eigentümer binnen der Frist mit dem Bau nicht ernsthaft begonnen oder liegt der begonnene Bau länger als ein Jahr still, so kann die Enteignung in einem neuen Verfahren nicht wieder abgewendet werden, es sei denn, dass der Bauherr die Jahresfrist aus von ihm nicht zu vertretenden Gründen nur unerheblich überschritten hat oder beantragte öffentliche Mittel innerhalb der Jahresfrist noch nicht bewilligt worden sind.

(3) Die Vorschrift des Absatzes 1 findet keine Anwendung, wenn die Enteignung zu den in § 2 Buchstabe c genannten Zwecken erfolgen soll. Die Enteignungsbehörde kann den Antrag auf Abwendung der Enteignung nach Absatz 1 ablehnen, wenn ein größeres zusammenhängendes Bauvorhaben ohne Inanspruchnahme dieses Grundstücks nicht ausführbar ist. Dies gilt insbesondere nicht, wenn der Eigentümer bereit ist, sich mit seinem Grundstück an diesem Bauvorhaben zu beteiligen, die Bebauung des Grundstücks dem Antragsteller überträgt und ihm die Mittel für die Durchführung der Bebauung im Rahmen des Gesamtfinanzierungsplanes zur Verfügung stellt.

§ 5. (1) Die Enteignung darf nur zugunsten eines Bauwilligen erfolgen, der in der Lage ist, das Grundstück binnen eines Jahres im Sinne des § 2 zu verwenden. Ein Rechtsanspruch auf Enteignung besteht nicht.

(2) Entsprechen die Bauvorhaben in gleicher Weise den Zwecken des Gesetzes, so soll tunlichst derjenige Bauwillige berücksichtigt werden, der kein Grundeigentum besitzt.

(3) Die Enteignung zugunsten einer Gemeinde ist auch zulässig, wenn die Gemeinde nachweist, dass sie Gelände der Wiederbebauung zuführen oder baureif

machen will, z.B. Aufteilung in geeignete Bauplätze, Erschließung. Sie hat in diesem Falle das enteignete Gelände spätestens binnen zwei Jahren vom Tage des Eigentumsüberganges an als Bauland an Bauwillige im Sinne des Absatzes 1 oder als Ersatzland ohne Gewinn zu veräußern. Anstelle der Veräußerung genügt die Überlassung in Erbbaurecht, wenn der Bauwillige es beantragt und seine Verhältnisse dies erfordern. Die Frist kann von der Enteignungsbehörde aus besonderen Gründen verlängert werden.

(4) Hat der Bauwillige binnen der Frist mit dem Bau nicht ernsthaft begonnen oder liegt der begonnene Bau länger als ein Jahr still, so findet § 4 Abs. 2 entsprechende Anwendung.

Zweiter Abschnitt. Entschädigung

§ 6. (1) Der durch die Enteignung Begünstigte hat Entschädigung zu leisten. Die Entschädigung für den durch die Enteignung eintretenden Rechtsverlust ist unter gerechter Abwägung der Interessen der Allgemeinheit und der Beteiligten festzusetzen. Sie umfasst nach Maßgabe der §§ 7 und 8 die Entschädigung für

a) den durch die Enteignung eintretenden Rechtsverlust,

b) andere durch die Enteignung eintretende Vermögensnachteile.

(2) Entschädigung kann verlangen, wer in seinem Recht durch die Enteignung beeinträchtigt wird. Vermögensvorteile, die dem Entschädigungsberechtigten infolge der Enteignung entstehen, sind bei der Festsetzung der Entschädigung zu berücksichtigen.

(3) Für die Bemessung der Entschädigung ist der Zustand des Grundstücks in dem Zeitpunkt (§ 25) maßgebend, in dem die Enteignungsbehörde über den Enteignungsantrag entscheidet. In den Fällen der vorzeitigen Besitzeinweisung (§ 27) ist der Zeitpunkt maßgebend, in dem diese wirksam wird (§ 27 Abs. 1 Satz 3).

(4) Der durch die Enteignung Begünstigte hat die Geldentschädigungen außer wiederkehrenden Leistungen von dem Zeitpunkt an, in dem die sie festsetzende Entscheidung unanfechtbar geworden ist, mit dem für zuletzt ausgegebene Hypothekenpfandbriefe auf dem Kapitalmarkt üblichen Nominalzinsfuß zu verzinsen.

§ 7. (1) Bei der Ermittlung des Wertes eines von der Enteignung betroffenen Grundstücks ist von den Wertverhältnissen am 17. Oktober 1936 auszugehen. Die seitdem eingetretenen Änderungen in den Wertverhältnissen sind zu berücksichtigen, jedoch bleiben Werterhöhungen des Grundstücks unberücksichtigt, die durch die Möglichkeit einer Änderung der Nutzung oder die Aussicht hierauf entstanden sind oder entstehen, es sei denn, dass der Eigentümer für diese Werterhöhung Kapital oder Arbeit aufgewendet hat. Nicht zu berücksichtigen sind ferner werterhöhende Veränderungen, die nach der Einleitung des Enteignungsverfahrens vorgenommen werden, wenn die Enteignungsbehörde der Veränderung nicht zugestimmt hat.

(2) Die Entschädigung darf den im Zeitpunkt der Enteignung im gewöhnlichen Geschäftsverkehr zu erzielenden Preis (gemeiner Wert) nicht übersteigen.

(3) Für Bauwerke oder bauliche Veränderungen, die ohne die vorgeschriebene behördliche Genehmigung ausgeführt oder nur widerruflich oder befristet zugelassen worden sind, wird eine Entschädigung nur gewährt, wenn es aus Gründen der Billigkeit geboten ist.

(4) Soweit der Wert des Eigentums an dem Grundstück gemindert wird durch Rechte Dritter, für die eine gesonderte Entschädigung festzusetzen ist oder für die gleiche Rechte an Ersatzland begründet werden oder die aufrechterhalten bleiben, ist dies bei der Festsetzung der Entschädigung für das Eigentum an dem Grundstück zu berücksichtigen.

(5) Bei der Festsetzung der Entschädigung für andere Rechte ist der gemeine Wert zugrunde zu legen.

[Zur *Begründung* vgl. Protokoll der Ausschusssitzung vom 29.2.1952: *Begründung zu § 7* (Vorschlag des Redaktionsausschusses): In § 7 Abs. 1 Satz 1 sind unter „Wertverhältnissen am 17.10.1936" die Wertverhältnisse der Grundstücke gemeint. Dieser Zeitpunkt – das Inkrafttreten des Preisstopps – ist gewählt worden, weil bis dahin ein freier Grundstücksverkehr bestand und der sich damals im gewöhnlichen Geschäftsverkehr zu erzielende Preis für Grundstücke (der gemeine Wert) auch heute noch feststellen lässt. Liegen Kaufpreise in genügendem Umfang für Grundstücke gleicher Art und Lage am 17.10.1936 vor, so entsprechen die Wertverhältnisse diesen Kaufpreisen. Liegen für diesen Zeitpunkt nicht in genügendem Umfang vergleichbare Kaufpreise vor, so ist durch Sachverständige der Wert am 17.10.1936 zu ermitteln.

Die Änderung der Wertverhältnisse bei Grundstücken gegenüber dem Stande vom 17.10.1936 kann neben Umständen, die sich auf das Grundstück selbst beziehen, in erster Linie auf Änderung der inneren Kaufkraft des Geldes beruhen, während Werterhöhungen infolge von Änderungen der Nutzungsmöglichkeiten nicht berücksichtigt werden sollen.

Für die Berücksichtigung der allgemeinen Wertveränderungen liegen eindeutige Maßstäbe nicht vor. Ein Preisindex für Güter und Leistungen der gewerblichen Wirtschaft oder der Ernährungs- und Landwirtschaft kommt als solcher nicht in Betracht. Auch von den Kostensteigerungen kann nicht ausgegangen werden, weil solche bei Grundstücken in nennenswertem Umfang nicht eingetreten sind. Es kann aber die Veränderung der Wechselkurse der Mark im Verhältnis zum Dollar seit 1936 in Betracht gezogen und die durchschnittliche Erhöhung der Stopppreise für Grundstücke berücksichtigt werden.

Bei Beurteilung der Wertverhältnisse sind auch die Veränderungen nach unten (z.B. bei Trümmergrundstücken) zu berücksichtigen. – Eine Begrenzung für die zu berücksichtigenden Wertänderungen ergibt § 7 Abs. 2, der den gemeinen Wert als oberste Grenze setzt. Eine anderweitige Begrenzung erscheint daher nicht erforderlich."

Abg. Jacobi bringt zum Ausdruck, dass die SPD-Fraktion diesem Vorschlage nicht zustimmen könne. Für die Beratung im Plenum behalte sich die SPD-Fraktion die Einbringung von Änderungsanträgen vor. Der letzte Entwurf sei zu unklar. Alle bisher bekannt gewordenen Formulierungen zu § 7 würden eine Verschlechterung gegenüber der Regierungsvorlage darstellen. Nach seiner Ansicht sei die

Regierungsvorlage in Verbindung mit der Bundesratsfassung die beste Formulierung. Es wird dann für § 7 Abs. 1 folgender Vorschlag gemacht: „§ 7 Abs. 1: Die Entschädigung für den durch die Enteignung eintretenden Rechtsverlust ist unter gerechter Abwägung der Interessen der Allgemeinheit *insbesondere an der Förderung des Wohnungsbaues* und der Beteiligten festzusetzen. *Dabei ist vom Einheitswert auszugehen. Die Entschädigung darf nicht höher sein als der Preis, der im gewöhnlichen Geschäftsverkehr zu erzielen wäre (gemeiner Wert), oder als der gesetzlich zulässige Preis am 17.10.1936, wenn dieser niedriger als der gemeine Wert ist.*“

Abg. Wirths beantragt, die Fassung des Redaktionsausschusses anzunehmen und bittet um Abstimmung. Es sprechen sich alsdann 8 Mitglieder für die Fassung des Redaktionsausschusses und 6 Mitglieder gegen diese Fassung aus.]

§ 8. Wegen anderer durch die Enteignung eintretender Vermögensnachteile (§ 6 Abs. 1 Buchstabe b) ist, soweit sich dies aus einer gerechten Abwägung der Interessen der Allgemeinheit und der Beteiligten ergibt und soweit die Vermögensnachteile nicht schon bei der Festsetzung der Entschädigung nach § 7 berücksichtigt sind, eine Entschädigung insbesondere festzusetzen für:

a) den vorübergehenden oder dauernden Verlust, den der von der Enteignung Betroffene in seinem Erwerb erleidet, jedoch nur bis zu dem Betrag des Aufwands, der erforderlich ist, um ein anderes Grundstück in der gleichen Weise wie das zu enteignende Grundstück zu nutzen oder zu gebrauchen,

b) die Wertminderung des Restgrundstücks oder des Restbesitzes, die durch Enteignung eines Grundstücksteiles oder eines Teiles eines räumlich oder wirtschaftlich zusammenhängenden Grundbesitzes entsteht, soweit die Wertminderung nicht schon bei der Festsetzung der Entschädigung nach Buchstabe a berücksichtigt ist.

§ 9. Hypotheken-, Grundschuld- und Rentenschuldgläubiger sowie Reallastberechtigte, ferner Gläubiger von Rückständen öffentlicher Lasten und als öffentliche Last auf dem Grundstück ruhender Renten sind auf die Entschädigung für das Eigentum am Grundstück (§ 7) angewiesen.

§ 9 a. Gesondert zu entschädigen sind:

a) Altenteilsberechtigte sowie Inhaber von dinglichen Rechten, die zum Besitz oder zur Nutzung des Grundstücks berechtigen oder die Benutzung des Grundstücks beschränken, wenn diese Rechte nicht gemäß § 25 aufrechterhalten werden,

b) Inhaber von persönlichen Rechten, die zum Besitz oder zur Nutzung des Grundstücks berechtigen, wenn der Berechtigte im Besitz des Grundstücks ist, sowie Inhaber von persönlichen Rechten, die die Benutzung des Grundstücks beschränken.

§ 9 b. Wird die Entschädigung in Land festgesetzt, so sollen die in § 9 und § 9 a Buchstabe a bezeichneten Inhaber von Rechten ganz oder teilweise durch Begründung gleicher Rechte an dem Ersatzland entschädigt werden. Soweit dies nicht geschieht, ist die Entschädigung in Geld festzusetzen.

§ 10. (1) Soweit dieses Gesetz nichts anderes bestimmt, ist die Entschädigung in einer Kapitalsumme zu leisten.

(2) Für Erbbaurechte ist die Entschädigung in einem Erbbauzins zu leisten.

§ 10 a. (1) Dem Eigentümer eines zu enteignenden Grundstücks kann nach Maßgabe der Absätze 2 und 3 für den Rechtsverlust Ersatz durch Bestellung oder Übertragung von Wohnungseigentum, Teileigentum, Dauerwohnrecht oder Dauernutzungsrecht an diesem oder einem anderen, dem durch die Enteignung Begünstigten gehörenden Grundstück oder von Eigentum an einem mit Eigenheimen oder Kleinsiedlungen bebauten oder zu bebauenden Teil eines solchen Grundstücks gewährt werden.

(2) Die Enteignungsbehörde kann zu diesem Zweck, wenn der Eigentümer es unter Bezeichnung eines in Absatz 1 genannten Rechts beantragt, im Enteignungsbeschluss neben der Festsetzung der Entschädigung dem Begünstigten aufgeben, dem Antragsteller binnen einer bestimmten Frist ein Recht der bezeichneten Art zum Erwerb anzubieten.

(3) Einigt der Begünstigte sich mit dem Antragsteller nicht binnen der bestimmten Frist über die Übertragung eines Rechts der bezeichneten Art, so wird ihm auf Antrag des Antragstellers zu dessen Gunsten ein solches Recht durch Enteignung entzogen. Soweit der Inhalt des Rechts durch Vereinbarung bestimmt werden kann, setzt die Enteignungsbehörde den Inhalt fest. Die Vorschriften dieses Gesetzes über das Verfahren und die Entschädigung sind sinngemäß anzuwenden.

(4) Der Antrag nach Absatz 3 kann nur innerhalb von sechs Monaten nach Ablauf der bestimmten Frist gestellt werden. § 203 Abs. 2 des Bürgerlichen Gesetzbuches gilt entsprechend.

§ 11. (1) Die Entschädigung kann auf Antrag ganz oder teilweise in Land festgesetzt werden, wenn diese Art der Entschädigung unter gerechter Abwägung der Interessen der Allgemeinheit und der Beteiligten nach pflichtmäßigem Ermessen der Enteignungsbehörde billig ist.

(2) Wird durch die Enteignung der Bestand eines landwirtschaftlich oder gärtnerisch genutzten Familienbetriebes gefährdet, so muss auf Antrag Ersatzland zugewiesen werden. Wird ein Familienbetrieb auf Pachtland geführt, so kann der Eigentümer den Anspruch auf Ersatzland nur zu dem Zweck geltend machen, um das Ersatzland dem Pächter als Pachtland zu überlassen.

(3) Hat das Ersatzland einen geringeren Wert als das zu enteignende Grundstück, so ist eine dem Wertunterschied entsprechende zusätzliche Geldentschädigung festzusetzen. Hat das Ersatzland einen höheren Wert als das zu enteignende Grundstück, so ist festzusetzen, dass der Entschädigungsberechtigte an den durch die Enteignung Begünstigten eine dem Wertunterschied entsprechende Ausgleichszahlung zu leisten hat. Die zusätzliche Geldentschädigung und die Ausgleichszahlung sind nach Maßgabe der §§ 6 bis 8 zu bemessen.

§ 12. (1) Soll die Entschädigung eines Eigentümers, der mit seiner Berufs- oder Erwerbstätigkeit ganz oder zum Teil auf das zu enteignende Grundstück angewiesen ist, in Land festgesetzt werden, so können unbebaute Grundstücke als Ersatzland enteignet werden, wenn hierzu geeignetes Gelände weder zu einem den Grundsätzen des § 7 entsprechenden Preise ohne Enteignung erworben werden

kann, noch dem durch die Enteignung Begünstigten zur Verfügung steht. Hierbei gelten die Vorschriften dieses Gesetzes mit Ausnahme der §§ 3 und 5 sinngemäß. Zur Entschädigung des Eigentümers des Ersatzlandes ist derjenige verpflichtet, zu dessen Gunsten das Bauland enteignet wird.

(2) Grundbesitz, auf den der Eigentümer mit seiner Berufs- oder Erwerbstätigkeit angewiesen ist oder dessen Enteignung für ihn aus anderen Gründen eine unbillige Härte bedeutet, darf nicht als Ersatzland enteignet werden.

(3) Grundbesitz von Gebietskörperschaften unterliegt nicht der Enteignung als Ersatzland, wenn er zur Erfüllung der ihnen obliegenden Aufgaben in absehbarer Zeit benötigt wird.

Dritter Abschnitt. Durchführung der Enteignung

§ 13. (1) Die Enteignung wird von der höheren Verwaltungsbehörde durchgeführt (Enteignungsbehörde). Die Länder können eine andere Verwaltungsbehörde als Enteignungsbehörde bestimmen.

(2) Örtlich zuständig ist diejenige Enteignungsbehörde, in deren Bezirk das von der Enteignung betroffene Grundstück liegt. Soll die Entschädigung in Land festgesetzt werden, das im Bezirk einer anderen Enteignungsbehörde liegt, so bestimmt die gemeinsame übergeordnete Landesbehörde die örtlich zuständige Enteignungsbehörde.

(3) Die Enteignungsbehörde entscheidet in der Besetzung mit einem Vorsitzenden und zwei Beisitzern. Vorsitzender ist der Leiter der Enteignungsbehörde oder ein von ihm bestimmter Beamter seiner Dienststelle. Der Vorsitzende muss die Befähigung zum Richteramt oder zum höheren Verwaltungsdienst haben. Die Beisitzer werden von der zuständigen obersten Landesbehörde auf die Dauer von zwei Jahren bestellt. Die Enteignungsbehörde ist an die Weisungen der zuständigen obersten Fachaufsichtsbehörde gebunden. Im Übrigen entscheidet sie mit Stimmenmehrheit; die §§ 193, 194, 195, 196 Abs. 2, 197, 198 des Gerichtsverfassungsgesetzes sind sinngemäß anzuwenden.

§ 14. Der Enteignungsantrag ist bei der Gemeinde, in deren Gemarkung das zu enteignende Grundstück liegt, einzureichen. Die Gemeinde legt ihn mit ihrer Stellungnahme binnen vier Wochen der Enteignungsbehörde vor.

§ 15. Bereits in 1. Lesung gestrichen.

§ 15 a. Die Beauftragten der Enteignungsbehörde sind berechtigt, bereits vor Einleitung eines Enteignungsverfahrens Grundstücke, die für die in § 2 genannten Zwecke in Betracht kommen, zu betreten und dort Vermessungen, Untersuchungen der Bodenbeschaffenheit und sonstige Vorarbeiten vorzunehmen, die für die Entscheidung über die Eignung des Geländes notwendig sind. Dabei entstehende Schäden sind dem Betroffenen von dem Antragsteller, in dessen Interesse die Enteignungsbehörde tätig geworden ist, unverzüglich zu ersetzen. Kommt eine Einigung über Art und Höhe der Entschädigung nicht zustande, so setzt die Enteignungsbehörde diese Entschädigung fest.

§ 16. (1) In dem Enteignungsverfahren sind Beteiligte:

a) der Antragsteller,

b) diejenigen, für welche ein Recht an dem Grundstück oder an einem das Grundstück belastenden Recht im Grundbuch eingetragen oder durch Eintragung gesichert ist,

c) Inhaber eines nicht im Grundbuch eingetragenen Rechts an dem Grundstück oder an einem das Grundstück belastenden Recht, eines Anspruchs mit dem Recht auf Befriedigung aus dem Grundstück oder eines persönlichen Rechts, das zum Erwerb, zum Besitz oder zur Nutzung des Grundstücks berechtigt oder die Nutzung des Grundstücks beschränkt,

d) wenn Ersatzland bereitgestellt wird, der Eigentümer des Ersatzlandes,

e) die Gemeinde.

(2) Die in Absatz 1 Buchstabe c bezeichneten Personen werden in dem Zeitpunkt Beteiligte, in dem die Anmeldung ihres Rechts der Enteignungsbehörde zugeht. Die Anmeldung kann spätestens in der letzten mündlichen Verhandlung mit den Beteiligten erfolgen.

(3) Bestehen Zweifel an einem angemeldeten Recht, so hat die Enteignungsbehörde dem Anmeldenden unverzüglich eine Frist zur Glaubhaftmachung seines Rechts zu setzen. Nach fruchtlosem Ablauf der Frist ist er nicht mehr beteiligt.

(4) Der im Grundbuch eingetragene Gläubiger einer Hypothek, Grundschuld oder Rentenschuld, für die ein Brief erteilt ist, hat auf Verlangen der Enteignungsbehörde eine Erklärung darüber abzugeben, ob diese Hypothek, Grundschuld oder Rentenschuld auf einen anderen übertragen worden ist.

§ 17. (1) Das Enteignungsverfahren wird durch Anberaumung eines Termins zu einer mündlichen Verhandlung mit den Beteiligten eingeleitet. Zu der mündlichen Verhandlung sind der Antragsteller, der Eigentümer des betroffenen Grundstücks, die sonstigen aus dem Grundbuch ersichtlichen Beteiligten und die Gemeinde zu laden. Die Ladung ist zuzustellen. Die Ladungsfrist beträgt zwei Wochen.

(2) Die Ladung muss enthalten:

a) die Bezeichnung des Antragstellers und des betroffenen Grundstücks,

b) den wesentlichen Inhalt des Enteignungsantrages mit dem Hinweis, dass der Antrag mit den ihm beigefügten Unterlagen bei der Enteignungsbehörde eingesehen werden kann,

c) die Aufforderung, etwaige Einwendungen gegen den Enteignungsantrag möglichst vor der mündlichen Verhandlung bei der Enteignungsbehörde schriftlich einzureichen oder zur Niederschrift zu erklären,

d) eine Belehrung des Eigentümers über den Inhalt der die Abwendung der Enteignung betreffenden Vorschriften des § 4 Abs. 1, 3,

e) den Hinweis, dass auch bei Nichterscheinen über den Enteignungsantrag und andere im Verfahren zu erledigende Anträge entschieden werden kann.

(2 a) Die Ladung von Personen, deren Beteiligung auf einem Antrag zum Zwecke der Ersatzlandenteignung beruht, muss außer dem in Absatz 2 vorgeschriebenen Inhalt auch die Bezeichnung des Eigentümers, dessen Entschädigung in Land

beantragt ist, und des Grundstücks, für das die Entschädigung in Land gewährt werden soll, enthalten.

(3) Die Einleitung des Enteignungsverfahrens ist unter Bezeichnung des betreffenden Grundstücks und des im Grundbuch als Eigentümer eingetragenen sowie des ersten Termins der mündlichen Verhandlung mit den Beteiligten in ortsüblicher Weise in der Gemeinde öffentlich bekanntzumachen. In der Bekanntmachung sind alle Beteiligten aufzufordern, ihre Rechte spätestens in der mündlichen Verhandlung wahrzunehmen mit dem Hinweis, dass auch bei Nichterscheinen über den Enteignungsantrag und andere im Verfahren zu erledigende Anträge entschieden werden kann.

(4) Die Enteignungsbehörde teilt dem Grundbuchamt die Einleitung des Enteignungsverfahrens mit. Das Grundbuchamt hat die Enteignungsbehörde von allen Eintragungen zu benachrichtigen, die nach dem Zeitpunkt der Einleitung des Enteignungsverfahrens im Grundbuch des betroffenen Grundstücks vorgenommen sind und vorgenommen werden.

§ 18. Das Enteignungsverfahren soll beschleunigt durchgeführt werden. Die Enteignungsbehörde soll schon vor der mündlichen Verhandlung alle Anordnungen treffen, die erforderlich sind, um das Verfahren tunlichst in *einem* Verhandlungstermin zu erledigen. Sie soll den gesamten Sachverhalt, soweit er für das Enteignungsverfahren von Bedeutung ist, ermitteln und den Behörden, für deren Geschäftsbereich die Enteignung von Bedeutung ist, Gelegenheit zur Äußerung geben. Die zuständige Preisbehörde ist über die Höhe des gesetzlich zulässigen Preises für das von der Enteignung betroffene Grundstück zu hören.

§ 19. (1) Auf Ersuchen der Enteignungsbehörde hat das Vormundschaftsgericht binnen zwei Wochen einen rechts- und sachkundigen Vertreter zu bestellen

a) für einen abwesenden Beteiligten, dessen Aufenthalt unbekannt ist oder dessen Aufenthalt bekannt ist, der aber an der Rückkehr oder der Besorgung seiner Vermögensangelegenheiten verhindert ist,

b) wenn unbekannt oder ungewiss ist, wem an dem Gegenstand der Enteignung ein Recht zusteht, welches die Beteiligung an dem Enteignungsverfahren begründet.

(2) Für die Bestellung des Vertreters ist das Vormundschaftsgericht zuständig, in dessen Bezirk das von der Enteignung betroffene Grundstück liegt.

(3) Für die Bestellung und für das Amt des Vertreters gelten im Übrigen im Falle des Absatzes 1 Buchstabe a die für die Abwesenheitspflegschaft und im Falle des Absatzes 1 Buchstabe b die für die Pflegschaft für unbekannte Beteiligte geltenden Vorschriften.

§ 19 a. Hat ein Beteiligter einen gesetzlichen Vertreter, Vormund, Pfleger oder ist ein Nachlasspfleger bestellt, so bedürfen diese für die von ihnen abzugebenden Erklärungen keiner Genehmigung des Vormundschafts- oder Nachlassgerichts, des Gegenvormundes, des Beistandes oder des Familienrates.

§ 20. Ein Verlangen nach § 3 a und Anträge nach §§ 5 Abs. 2, 10 a Abs. 2 können nur bis zum Schluss der letzten mündlichen Verhandlung gestellt werden.

§ 21. (1) Die Enteignungsbehörde hat auf eine Einigung zwischen den Beteiligten hinzuwirken.

(2) Einigen sich die Beteiligten, so hat die Enteignungsbehörde eine Niederschrift über die Einigung aufzunehmen. Die Niederschrift muss den Erfordernissen des § 26 Abs. 2 entsprechen. Eine Mitwirkung der Beisitzer der Enteignungsbehörde ist nicht erforderlich. Die Niederschrift ist von den Beteiligten zu unterschreiben. Ein Bevollmächtigter des Eigentümers bedarf einer öffentlich beglaubigten Vollmacht.

(3) Die Urkunde über die Einigung hat die Wirkungen eines rechtskräftigen Enteignungsbeschlusses. § 26 Abs. 3 findet entsprechende Anwendung.

§ 22. Einigen sich die Beteiligten nur über den Übergang oder die Belastung des Eigentums an dem zu enteignenden Grundstück, jedoch nicht über die Höhe der Entschädigung, so ist § 21 Abs. 2 entsprechend anzuwenden. Im Übrigen nimmt das Enteignungsverfahren seinen Fortgang.

§ 23 gestrichen.

§ 24 gestrichen.

§ 25. (1) Kommt eine Einigung nicht zustande, so entscheidet die Enteignungsbehörde aufgrund der mündlichen Verhandlung durch Beschluss über den Enteignungsantrag, die übrigen gestellten Anträge sowie über die erhobenen Einwendungen. Zugleich entscheidet die Enteignungsbehörde darüber, ob an dem Gegenstand der Enteignung Rechte der in § 9 Abs. 1 und § 9 a bezeichneten Berechtigten aufrechterhalten und ob an dem Gegenstand der Enteignung oder an dem Ersatzland neue dingliche Rechte begründet werden sollen.

(2) Wird Entschädigung in Geld festgesetzt, so gilt, soweit die Bemessung des gesetzlich zulässigen Preises die Erteilung einer Ausnahmegenehmigung nach § 1 Abs. 3 der Verordnung über die Preisüberwachung und die Rechtsfolgen von Preisverstößen im Grundstücksverkehr vom 7. Juli 1943 (RGBl. I S. 451) erfordert (§ 7 Abs. 1 Satz 2), diese Ausnahmegenehmigung als durch die Entscheidung über die Entschädigung erteilt.

(3) Wird Entschädigung in Land festgesetzt und muss das Ersatzland enteignet werden, so ist in der Entscheidung über den Enteignungsantrag zugleich über die Enteignung des Ersatzlandes zu entscheiden.

§ 26. (1) Der Beschluss der Enteignungsbehörde ist den Beteiligten (§ 16) zuzustellen. Der Beschluss ist mit einer Belehrung über Zulässigkeit, Form und Frist des Einspruchs (§ 28) zu versehen.

(2) Gibt die Enteignungsbehörde dem Enteignungsantrag statt, so muss dieser Beschluss (Enteignungsbeschluss) enthalten:

a) die Bezeichnung der von der Enteignung Betroffenen und des durch die Enteignung Begünstigten,

b) das durch die Enteignung betroffene Grundstück nach Größe, grundbuchmäßiger, katastermäßiger und sonst üblicher Bezeichnung; im Falle der Enteignung eines Grundstücksteiles ist zu seiner Bezeichnung auf die Messurkunde eines Vermessungsamtes oder eines öffentlich bestellten Vermessungsingenieurs (amtlicher Veränderungsnachweis) Bezug zu nehmen,

c) Art und Höhe der Entschädigungen mit der Angabe, von wem und an wen sie zu leisten sind,

d) die Angabe der Eigentums- und sonstigen Rechtsverhältnisse vor und nach der Enteignung.

(3) Ist im Grundbuch die Anordnung der Zwangsversteigerung oder der Zwangsverwaltung eingetragen, so ist dem Vollstreckungsgericht von dem Enteignungsbeschluss Kenntnis zu geben, wenn dem Enteignungsantrag stattgegeben worden ist.

§ 27. (1) Die Enteignungsbehörde kann den Antragsteller auf Antrag vorzeitig in den Besitz des von dem Enteignungsverfahren betroffenen Grundstücks einweisen, wenn die sofortige Ausführung der beabsichtigten Maßnahme aus Gründen des allgemeinen Wohls geboten erscheint. Die Besitzeinweisung ist nur zulässig, wenn über sie in der mündlichen Verhandlung verhandelt worden ist. Die Besitzeinweisung wird in dem von der Enteignungsbehörde bezeichneten Zeitpunkt wirksam. Auf Antrag des unmittelbaren Besitzers ist dieser Zeitpunkt auf mindestens zwei Wochen nach Zustellung der Anordnung über die vorzeitige Besitzeinweisung festzusetzen. Die Enteignungsbehörde kann die vorzeitige Besitzeinweisung von der Leistung einer Sicherheit in Höhe der voraussichtlichen Entschädigung und von der vorherigen Erfüllung anderer Bedingungen abhängig machen. Auf Antrag des Inhabers eines Rechts, das zum Besitze oder zur Nutzung des Grundstücks berechtigt, ist die Einweisung von der Leistung einer Sicherheit in Höhe der ihm voraussichtlich zu gewährenden Entschädigung abhängig zu machen. Die Anordnung ist dem Antragsteller, dem Besitzer und dem Eigentümer zuzustellen.

(2) Der vorzeitig in den Besitz Eingewiesene darf auf dem Grundstück das von ihm im Enteignungsantrag bezeichnete Bauvorhaben ausführen und die dafür erforderlichen Maßnahmen treffen.

(3) Der Eingewiesene hat für die durch die vorzeitige Besitzeinweisung entstehenden besonderen Nachteile Ersatz zu leisten, soweit die Nachteile nicht durch die Verzinsung der Geldentschädigung (§ 6 Abs. 4) ausgeglichen werden. Art und Höhe des Ersatzes werden von der Enteignungsbehörde spätestens in dem in § 26 bezeichneten Beschluss festgesetzt. Wird der Beschluss über Art und Höhe des Ersatzes vorher erlassen, so ist er den in Absatz 1 Satz 6 bezeichneten Personen zuzustellen.

(4) Auf Antrag einer der in Absatz 1 Satz 6 bezeichneten Personen hat die Enteignungsbehörde den Zustand des Grundstücks vor der Besitzeinweisung in einer Niederschrift feststellen zu lassen, soweit er für die Entschädigung oder den Ersatz von Bedeutung ist. Abschrift der Niederschrift ist den in Absatz 1 Satz 6 bezeichneten Personen zu übersenden.

(5) Wird der Enteignungsantrag abgewiesen, so ist die vorzeitige Besitzeinweisung aufzuheben und der vorherige unmittelbare Besitzer wieder in den Besitz

einzuweisen. Der Eingewiesene hat für alle durch die vorzeitige Besitzeinweisung entstandenen Nachteile Ersatz zu leisten. Absatz 3 Satz 2 gilt entsprechend.

Vierter Abschnitt. Anfechtung der Entscheidungen der Enteignungsbehörde

§ 28. (1) Gegen die Entscheidung der Enteignungsbehörde ist der Einspruch an das Landgericht zulässig. Der Einspruch ist binnen zwei Wochen seit Zustellung der Entscheidung bei der Enteignungsbehörde schriftlich oder zu Protokoll einzulegen. Der Lauf der Frist wird durch die Gerichtsferien nicht gehemmt.

(2) Der Einspruch muss die Entscheidung, gegen die er sich richtet, bezeichnen. Er soll die Erklärung enthalten, inwieweit die Entscheidung angefochten wird und welche Abänderungen beantragt werden. Er soll die Gründe des Einspruchs sowie die neuen Tatsachen und Beweismittel angeben, die zur Rechtfertigung des Zinsspruchs dienen.

(3) Die Enteignungsbehörde hat den Einspruch mit ihren Akten unverzüglich dem zuständigen Landgericht vorzulegen. Ist das Verfahren vor der Enteignungsbehörde noch nicht abgeschlossen, so sind statt der Akten Abschriften der bedeutsamen Aktenstücke vorzulegen.

(4) Einem Beteiligten, der durch Naturereignisse oder andere unabwendbare Zufälle verhindert worden ist, die Frist nach Absatz 1 einzuhalten, ist auf Antrag vom Landgericht die Wiedereinsetzung in den vorigen Stand zu erteilen, wenn er den Einspruch binnen zwei Wochen nach Beseitigung des Hindernisses einlegt und die Tatsachen, welche die Wiedereinsetzung begründen, glaubhaft macht. Gegen die Entscheidung über den Antrag findet die sofortige Beschwerde an das Oberlandesgericht statt. Nach Ablauf eines Jahres von dem Ende der versäumten Frist an gerechnet, kann die Wiedereinsetzung nicht mehr beantragt werden.

§ 29. (1) Über den Einspruch entscheidet das Landgericht, Kammer für Baulandsachen.

(2) Örtlich zuständig ist das Landgericht, in dessen Bezirk die Enteignungsbehörde ihren Sitz hat.

(3) Die Landesjustizverwaltung kann für die Bezirke mehrerer Landgerichte einem von ihnen die Entscheidung über Einsprüche nach diesem Gesetz zuweisen.

§ 30. (1) Bei den Landgerichten werden eine oder mehrere Kammern für Baulandsachen gebildet. Die Kammer für Baulandsachen entscheidet in der Besetzung mit drei Richtern des Landgerichts einschließlich des Vorsitzenden sowie zwei beamteten Richtern der Verwaltungsgerichte.

(2) Die Richter der Verwaltungsgerichte und die für den Fall ihrer Verhinderung erforderlichen Vertreter werden von der für die Verwaltungsgerichtsbarkeit zuständigen obersten Landesbehörde auf die Dauer von drei Jahren bestellt.

§ 31. (1) Auf das Einspruchsverfahren sind die für das Verfahren vor den Amtsgerichten bei Klagen in bürgerlichen Rechtsstreitigkeiten geltenden Vorschriften sinngemäß anzuwenden, soweit sich aus diesem Gesetz nicht ein anderes ergibt.

(1 a) Die Beteiligten können das Einspruchsverfahren vor der Kammer für Baulandsachen selbst oder durch jede prozessfähige Person als Bevollmächtigten betreiben.

(2) Zinsanspruchsverfahren sollen besonders beschleunigt werden. Sie sind Feriensachen.

(3) Das Gericht hat von Amts wegen die zur Feststellung der Tatsachen erforderlichen Ermittlungen anzustellen und die geeignet erscheinenden Beweise aufzunehmen.

(4) Sind gegen die Entscheidung der Enteignungsbehörde mehrere Einsprüche eingelegt, so wird über die Einsprüche gleichzeitig verhandelt und entschieden.

§ 32. An den Verfahren nehmen die Beteiligten und die Enteignungsbehörde teil. Die für die Parteien geltenden Vorschriften sind auf die Beteiligten und auf die Enteignungsbehörde entsprechend anzuwenden.

(2) Die Einspruchsfrist eines Beteiligten und die schriftlichen Erklärungen eines Beteiligten und der Enteignungsbehörde sind den übrigen Beteiligten und der Enteignungsbehörde zuzustellen.

(3) Hat ein Beteiligter rechtswirksam Einspruch eingelegt, so können sich auch die Beteiligten, die Einspruch nicht eingelegt haben, sowie die Enteignungsbehörde zur Sache schriftlich oder mündlich äußern und in der mündlichen Verhandlung Anträge stellen.

(4) Die §§ 59 bis 77 der Zivilprozessordnung sind nicht anzuwenden.

§ 33. Soweit die Enteignungsbehörde ermächtigt ist, nach pflichtmäßigem Ermessen zu befinden, kann der Einspruch nur darauf gestützt werden, dass die gesetzlichen Grenzen des Ermessens überschritten seien oder von dem Ermessen in einer dem Zweck der Ermächtigung nicht entsprechenden Weise Gebrauch gemacht worden ist. Dies gilt nicht, soweit die Entscheidung die Höhe der Entschädigung, einer Ersatzleistung oder einer Ausgleichszahlung betrifft.

§ 34. Hat ein Beteiligter gegen eine vorzeitige Besitzeinweisung Einspruch eingelegt, so sind Zwangsmaßnahmen zu dem Zwecke, dem Antragsteller den tatsächlichen Besitz des Grundstücks zu verschaffen, nur mit Zustimmung der Kammer für Baulandsachen zulässig.

§ 35. (1) Das Gericht entscheidet über den Einspruch durch Beschluss. Wird der Einspruch für begründet erachtet, so ist die Entscheidung der Enteignungsbehörde aufzuheben oder zu ändern. Die angefochtene Entscheidung darf nur insoweit aufgehoben oder abgeändert werden, als eine Aufhebung oder Abänderung von einem Beteiligten oder von der Enteignungsbehörde in der mündlichen Verhandlung beantragt ist.

(2) Hat die Enteignungsbehörde den Enteignungsantrag abgewiesen, weil sie die Voraussetzungen für die Zulässigkeit der Enteignung nicht für gegeben erachtet hat, und wird der Einspruch für begründet erachtet, so hat das Gericht die angefochtene Entscheidung aufzuheben und die Sache an die Enteignungsbehörde zurückzuverweisen. Das Gleiche gilt, wenn der Einspruch für begründet erachtet wird, weil der Enteignungsantrag von der Enteignungsbehörde unter Verletzung der Grundsätze des § 33 abgewiesen worden ist. Ebenso kann das Gericht verfahren, wenn es in anderen Fällen die Voraussetzungen für eine wesentliche Änderung des Enteignungsbeschlusses hinsichtlich des Gegenstandes der Enteignung für gegeben hält. Die Enteignungsbehörde hat die Beurteilung, die der Aufhebung zugrunde gelegt ist, auch ihrer Entscheidung zugrunde zu legen.

(3) Ist von mehreren Anträgen nur der eine oder ist nur ein Teil eines Antrages zur Endentscheidung reif, so darf das Gericht hierüber eine Teilentscheidung nur erlassen, wenn dies zur Beschleunigung des Verfahrens notwendig erscheint.

(4) Wird ein Enteignungsbeschluss abgeändert, nachdem die Enteignungsbehörde dem Vollstreckungsgericht gemäß § 26 Abs. 3 von dem Enteignungsbeschluss Kenntnis gegeben hatte, so gibt das Gericht dem Vollstreckungsgericht von seinem Beschluss Kenntnis.

(5) Der Beschluss ist den Beteiligten von Amts wegen zuzustellen. Bei der Zustellung ist dem Beschluss eine Belehrung über die Zulässigkeit und die Form der sofortigen Beschwerde beizufügen. Im Übrigen sind auf den Beschluss die für Urteile geltenden Vorschriften sinngemäß anzuwenden.

§ 36. Erscheint ein Beteiligter, der Einspruch eingelegt oder in einem früheren Termin der mündlichen Verhandlung einen Antrag gestellt hat, in einem Termin oder zur mündlichen Verhandlung nicht, so kann jeder Beteiligte oder die Enteignungsbehörde eine Entscheidung nach Lage der Akten beantragen; dem Antrage ist zu entsprechen, wenn der Sachverhalt für eine derartige Entscheidung hinreichend geklärt erscheint. Bei der Entscheidung nach Lage der Akten sind schriftliche Anträge der Beteiligten, die weder Einspruch eingelegt, noch in der mündlichen Verhandlung einen Antrag gestellt haben, nicht zu berücksichtigen. Die §§ 332 bis 335, 336 Abs. 2 und 337 der Zivilprozessordnung gelten sinngemäß. Im Übrigen sind die Vorschriften über die Versäumnisurteile nicht anzuwenden.

§ 37. (1) Über die Kosten ist zugleich mit der Entscheidung in der Hauptsache zu entscheiden. Das Gericht entscheidet nach billigem Ermessen darüber, wer die Kosten zu tragen hat und wie die Kosten zu verteilen sind. Außergerichtliche Kosten sind nur insoweit zu erstatten, als das Gericht es anordnet.

(2) Ein Antragsteller, der den Einspruch oder die sofortige Beschwerde allein oder neben anderen Beteiligten erhoben hat, trägt in jedem Falle die Kosten des von ihm veranlassten Rechtszuges.

(3) § 91, §§ 92 bis 97, 101 der Zivilprozessordnung sind nicht anzuwenden.

§ 38. (1) Gegen die Entscheidung des Landgerichts können jeder Beteiligte und die Enteignungsbehörde sofortige Beschwerde einlegen, sofern der Wert des

Beschwerdegegenstandes fünfzig Deutsche Mark übersteigt. Hat das Landgericht den Einspruch zurückgewiesen, so kann nur der Beteiligte Beschwerde einlegen, der Einspruch eingelegt hat. Hat das Gericht die Sache an die Enteignungsbehörde zurückverwiesen, so findet eine Beschwerde nicht statt.

(2) Über die sofortige Beschwerde entscheidet das Oberlandesgericht, Senat für Baulandsachen, durch Beschluss. Für die Besetzung des Senats gilt § 30 entsprechend.

(3) Die §§ 31 Abs. 2 und 4, 32 bis 37 dieses Gesetzes sowie die §§ 548 bis 566 der Zivilprozessordnung sind entsprechend anzuwenden, jedoch betragen die Beschwerdefrist und die Frist für die Beschwerdebegründung zwei Wochen. Die Beschwerdefrist beginnt mit der Zustellung des Beschlusses gemäß § 35 Abs. 5 Satz 1. Die Enteignungsbehörde und eine beteiligte Gemeinde brauchen sich nicht durch einen Rechtsanwalt vertreten zu lassen.

(4) Hat das Oberlandesgericht bei der Auslegung einer Bestimmung dieses Gesetzes eine Rechtsfrage von grundsätzlicher Bedeutung zu entscheiden, so legt es die sofortige Beschwerde unter Darlegung seiner Rechtsauffassung dem Bundesgerichtshof zur Entscheidung vor. Ebenso ist zu verfahren, wenn das Oberlandesgericht von einer dieses Gesetz betreffenden Entscheidung eines anderen Oberlandesgerichts oder des Bundesgerichtshofs abweichen will. Der Beschluss über die Vorlegung ist den Beteiligten bekanntzumachen. Über die sofortige Beschwerde entscheidet ein Zivilsenat des Bundesgerichtshofs durch Beschluss.

(5) In der Beschwerdeinstanz erhöhen sich die in § 20 des Gerichtskostengesetzes bestimmten Gebühren um die Hälfte.

§ 39. Kommt es während des gerichtlichen Verfahrens zu einer Einigung zwischen den Beteiligten, so gelten die §§ 21 und 22 entsprechend. Das Gericht tritt an die Stelle der Enteignungsbehörde.

Fünfter Abschnitt Ausführung des Enteignungsbeschlusses

§ 40. (1) Ist der Enteignungsbeschluss nicht mehr anfechtbar, so ordnet auf Antrag eines Beteiligten die Enteignungsbehörde seine Ausführung an (Ausführungsanordnung), wenn der durch die Enteignung Begünstigte die Geldentschädigung, soweit nicht im Enteignungsbeschluss ihre spätere Leistung zugelassen ist, gezahlt oder zulässigerweise unter Verzicht auf das Recht der Rücknahme hinterlegt hat.

(2) In der Ausführungsanordnung ist der Tag festzusetzen, mit dessen Beginn die rechtlichen Wirkungen des Enteignungsbeschlusses eintreten.

(3) Die Ausführungsanordnung ist allen Beteiligten zuzustellen, deren Rechtsstellung durch den Enteignungsbeschluss geändert wird. Die Ausführungsanordnung ist der Gemeinde abschriftlich mitzuteilen, in deren Bezirk das von der Enteignung betroffene Grundstück liegt.

§ 41. (1) Mit dem in der Ausführungsanordnung festgesetzten Tag wird der bisherige Rechtszustand durch den im Enteignungsbeschluss vorgesehenen neuen Rechtszustand ersetzt.

(2) Die Ausführungsanordnung schließt die Besitzeinweisung in das enteignete Grundstück und in das Ersatzland zu dem festgesetzten Tag in sich.

(3) Die Enteignungsbehörde ersucht unter Übersendung einer beglaubigten Abschrift des Enteignungsbeschlusses und der Ausführungsanordnung das Grundbuchamt um Eintragung der eingetretenen Rechtsänderungen in das Grundbuch.

§ 42. (1) Die Geldentschädigung für das Eigentum am Grundstück (§ 7) ist unter Verzicht auf das Recht der Rücknahme zu hinterlegen, wenn mehrere Personen auf sie Anspruch haben und eine Einigung dieser Personen über die Auszahlung nicht nachgewiesen ist.

(2) Die Entschädigungssumme ist bei dem Amtsgericht zu hinterlegen, in dessen Bezirk das von der Enteignung betroffene Grundstück liegt. Wenn das Grundstück oder, falls mehrere Grundstücke von der Enteignung betroffen sind, diese Grundstücke in den Bezirken verschiedener Amtsgerichte liegen oder wenn es mit Rücksicht auf die Grenzen der Bezirke ungewiss ist, welches Amtsgericht zuständig ist, so hat das im Rechtszug zunächst höhere Gericht eines der Amtsgerichte zur Hinterlegungsstelle zu bestimmen; dieses Amtsgericht soll die übrigen Amtsgerichte von der Anordnung in Kenntnis setzen. § 37 der Zivilprozessordnung ist entsprechend anzuwenden.

(3) Sonst bestehende Vorschriften, nach denen die Hinterlegung geboten oder statthaft ist, werden hierdurch nicht berührt.

§ 43. (1) Nach dem Eintritt der in dem Enteignungsbeschluss vorgesehenen Rechtsänderungen kann jeder Beteiligte sein Recht an der hinterlegten Summe gegen einen Mitbeteiligten, der dieses Recht bestreitet, vor den ordentlichen Gerichten geltend machen oder die Einleitung eines gerichtlichen Verteilungsverfahrens beantragen.

(2) Für das Verteilungsverfahren ist das Amtsgericht zuständig, bei dem die Entschädigungssumme hinterlegt ist.

(3) Auf das Verteilungsverfahren sind die Vorschriften über die Verteilung des Erlöses im Falle der Zwangsversteigerung mit folgenden Abweichungen sinngemäß anzuwenden:

a) das Verteilungsverfahren ist durch Beschluss zu eröffnen;

b) die Zustellung des Eröffnungsbeschlusses an den Antragsteller gilt als Beschlagnahme im Sinne des § 13 des Zwangsversteigerungsgesetzes; ist das Grundstück schon in einem Zwangsversteigerungs- oder Zwangsverwaltungsverfahren beschlagnahmt, so hat es hierbei sein Bewenden;

c) das Verteilungsgericht hat bei Eröffnung des Verfahrens von Amts wegen das Grundbuchamt um die im § 19 Abs. 2 des Zwangsversteigerungsgesetzes bezeichneten Mitteilungen zu ersuchen; in die beglaubigte Abschrift des Grundbuchblattes sind die zur Zeit der Zustellung des Enteignungsbeschlusses an den Enteigneten vorhandenen Eintragungen sowie die später eingetragenen Veränderungen und Löschungen aufzunehmen;

d) bei dem Verfahren sind die in § 10 des Zwangsversteigerungsgesetzes bezeichneten Berechtigten zu berücksichtigen, wegen der Ansprüche auf wiederkehrende Nebenleistungen jedoch nur bis zum Zeitpunkt der Hinterlegung.

§ 44. (1) Ist die Ausführungsanordnung noch nicht ergangen, so hat die Enteignungsbehörde den Enteignungsbeschluss auf Antrag aufzuheben, wenn der durch die Enteignung Begünstigte die ihm durch den Enteignungsbeschluss auferlegten Zahlungen nicht innerhalb von einem Monat nach dem Zeitpunkt geleistet hat, in dem der Beschluss unanfechtbar geworden ist. Antragsberechtigt ist jeder Beteiligte, dem eine solche Geldleistung zusteht oder der nach § 9 auf sie als Entschädigung angewiesen ist.

(2) Vor der Aufhebung ist der durch die Enteignung Begünstigte zu hören. Der Aufhebungsbeschluss ist allen Beteiligten zuzustellen. Der Gemeinde ist der Aufhebungsbeschluss abschriftlich mitzuteilen.

§ 45. (1) Der Enteignete kann vom Enteignungsbegünstigten oder seinem Rechtsnachfolger die Rückgabe des Enteignungsgegenstandes oder die erneute Bestellung eines durch die Enteignung beseitigten Rechts verlangen, wenn

a) die Gemeinde im Falle des § 5 Abs. 3 das Land nicht binnen der dort genannten Frist als Bauland oder als Ersatzland veräußert hat,

b) der durch die Enteignung Begünstigte oder sein Rechtsnachfolger mit dem Bau nicht binnen eines Jahres begonnen hat oder der begonnene Bau länger als ein Jahr still liegt. Die Frist beginnt mit dem Tage des Besitzerwerbs. Die Enteignungsbehörde kann die Frist auf Antrag des Enteignungsbegünstigten oder seines Rechtsnachfolgers um ein Jahr verlängern.

(2) Der Enteignete hat dem Enteignungsbegünstigten oder seinem Rechtsnachfolger ein Entgelt zu leisten. Für die Bemessung des Entgelts gelten die Vorschriften über die Entschädigung nach §§ 6 bis 10 entsprechend.

(3) Die Entscheidung über den Rückgabeanspruch und das Entgelt trifft die Enteignungsbehörde durch begründeten Beschluss. Ist der Beschluss unanfechtbar geworden, so hat er dieselben Wirkungen wie ein unanfechtbarer Enteignungsbeschluss. Für die Regelung der Rechte an dem Gegenstand und für das Verfahren gelten die enteignungsrechtlichen Vorschriften dieses Gesetzes entsprechend.

(4) Sind die Grenzen des Grundstücks verändert worden, oder ist ganz oder überwiegend Entschädigung in Land gewährt worden, so entscheidet die Enteignungsbehörde nach pflichtmäßigem Ermessen darüber, ob eine Rückgabe stattfindet. Deckt das vorhandene Grundstück sich im Wesentlichen mit dem Bestand des früheren Grundstücks, so ist dies zugunsten des Antragstellers zu berücksichtigen.

(5) Die Ansprüche des Enteigneten nach Absatz 1 erlöschen, wenn sie nicht binnen vier Jahren, nachdem der Enteignungsbeschluss unanfechtbar geworden ist, bei der Enteignungsbehörde geltend gemacht werden. § 203 Abs. 2 des Bürgerlichen Gesetzbuchs gilt entsprechend.

(6) Das Recht auf Rückübertragung oder erneute Bestellung eines anderen Rechts an einem Grundstück ist auf Ersuchen der Enteignungsbehörde, das mit dem Ersuchen gemäß § 41 Abs. 3 zu verbinden ist, als Belastung dieses Grundstücks in das

Grundbuch einzutragen; dies gilt entsprechend für das Recht auf Rückübertragung eines Erbbaurechts oder des Rechts an einem Erbbaurecht. Auf Antrag des Enteignungsbegünstigten oder seines Rechtsnachfolgers hat die Enteignungsbehörde das Grundbuchamt um Löschung der Eintragung zu ersuchen, wenn das Recht des Enteigneten erloschen ist oder eine Entscheidung, durch die der Rückgabeanspruch abgewiesen ist, unanfechtbar geworden ist.

§ 46. (1) Hat ein Bauherr im Hinblick auf ein bereits eingeleitetes Enteignungsverfahren oder auf eine für zulässig erklärte oder durch besonderes Gesetz zugelassene Enteignung auf einem ihm nicht gehörenden Grundstück vor dem 21. Juni 1948 ein Wohngebäude errichtet, so ist die Enteignung dieses Grundstücks zugunsten des Bauherrn oder seines Rechtsnachfolgers nach den Vorschriften dieses Gesetzes zulässig, wenn das Wohngebäude nach Größe, Ausführung, Stellung und Lage sowie nach Art und Maß der baulichen Nutzung als Dauerbau anzusehen ist und den Erfordernissen einer geordneten Bebauung des Grundstücks sowie des Bauordnungsvorschriften entspricht.

(2) Bei der Festsetzung der Entschädigung bleiben der Wert des auf dem Grundstück errichteten Gebäudes sowie die Werterhöhung des Grundstücks im Zusammenhang mit der Bebauung außer Betracht.

(3) Die Bundesregierung wird ermächtigt, durch Rechtsverordnung die Geltung dieser Vorschrift auf Fälle zu erstrecken,

a) in denen unter den gleichen Voraussetzungen Gebäude errichtet sind, die nicht Wohnzwecken dienen, aber vorwiegend den Bedürfnissen der Bewohner der bezeichneten Wohngebäude zu dienen bestimmt sind,

b) in denen die Voraussetzungen des Absatzes 1 nicht in vollem Umfang gegeben sind, jedoch wegen Vorliegens ähnlicher Verhältnisse ein offensichtliches Bedürfnis nach einer Bereinigung der Eigentumsverhältnisse nach Maßgabe des Absatzes 1 besteht.

§ 47. Die Erteilung von Grundbuchauszügen und die Fertigung sonstiger für das Enteignungsverfahren notwendiger Unterlagen sind kostenfrei, wenn sie von der Enteignungsbehörde verlangt werden.

§ 48. Dieses Gesetz sowie die aufgrund des Gesetzes erlassenen oder zu erlassenen Rechts- und Verwaltungsvorschriften gelten auch in Berlin, sobald das Land Berlin gemäß Artikel 87 Abs. 2 seiner Verfassung die Anwendung dieses Gesetzes in Berlin beschlossen hat.

§ 49. Die Hansestadt Hamburg gilt für die Anwendung dieses Gesetzes als Gemeinde.

§ 49 a. (1) Die Vorschriften dieses Gesetzes über die Entschädigung und das Verfahren gelten auch für die Enteignung zur Bereitstellung von Gelände für Kleingärten nach § 11 Vierter Teil Kapitel II der Dritten Verordnung des Reichspräsidenten zur Sicherung von Wirtschaft und Finanzen und zur Bekämpfung politischer Ausschreitungen vom 6. Oktober 1031 (RGBl. I S. 537) in der Fassung der Verordnung zur

Änderung von Vorschriften über Kleinsiedlungen und Kleingärten vom 26. Februar 1938 (RGBl. I S. 233).

(2) Auf die Enteignung zur Bereitstellung von Gelände für Zwecke der Kleinsiedlung sind die Vorschriften dieses Gesetzes anzuwenden.

§ 50. (1) Die §§ 3, 4, 5 und 11 der Verordnung zur Behebung der dringendsten Wohnungsnot vom 9. Dezember 1919 (RGBl. I S. 1968) werden aufgehoben.

(2) § 28 des Reichsheimstättengesetzes in der Fassung der Bekanntmachung vom 25. November 1937 (RGBl. I S. 1291) erhält folgende Fassung: „Grundstücke, die zur Begründung oder Vergrößerung von Heimstätten erforderlich sind, können nach den Vorschriften des Gesetzes über die vorläufige Regelung der Bereitstellung von Bauland vom ... (BGBl. S. ...) enteignet werden." § 45 der Verordnung des Reichsministers der Justiz und des Reichsarbeitsministers zur Ausführung des Reichsheimstättengesetzes vom 19. Juli 1940 (RGBl. I S. 1027) wird aufgehoben.

§ 51. (1) Vor Inkrafttreten dieses Gesetzes eingeleitete Enteignungsverfahren sind unbeschadet der Vorschriften des § 46 nach den bisher geltenden Vorschriften zu Ende zu führen mit der Maßgabe, dass für die Anfechtung der Entscheidungen der Enteignungsbehörde die Rechtsmittelvorschriften dieses Gesetzes gelten. Bereits rechtshängig gewordene Verfahren bleiben hiervon unberührt.

(2) In den Fällen des § 2 Buchstabe c verbleibt es bei den in den Ländern geltenden Vorschriften über die Anfechtung der Entscheidungen, wenn das Enteignungsverfahren vor Inkrafttreten dieses Gesetzes eingeleitet ist.

XIV. Protokoll der Beratungen des 18. und 36. Bundestagsausschusses vom 3.-6.3.1952 (Besuchsfahrt nach Berlin)

Die Tagung wird am Montag, den 3.3.1952, um 15.11 Uhr, im Abgeordnetenhaus zu Berlin durch den Vorsitzenden des Bundestagsausschusses für Bau- und Bodenrecht, Abg. *Heinz Meyer,* eröffnet, der die Verhandlungen leitet.

Der *Vorsitzende* dankt einleitend dem Senat und dem Abgeordnetenhaus dafür, dass sie den beiden Bundestagsausschüssen Gelegenheit gegeben hätten, die besonderen Schwierigkeiten und die insulare Lage Berlins aus eigener Anschauung kennenzulernen. Bürgermeister *Dr. Schreiber* und Vizepräsident des Abgeordnetenhauses *Amrehn* richten Begrüßungsworte an die Ausschüsse, in denen sie den Verhandlungen einen fruchtbringenden Verlauf wünschen und die politische Bedeutung dieser Tagung betonen.

Darauf nimmt der Berliner Senator für Bau- und Wohnungswesen, *Dr. Mahler,* das Wort zu längeren Darlegungen über allgemeine Berliner Baufragen und dabei zu lösende Probleme. Berlin habe im Gegensatz zu Westdeutschland in den Jahren nach dem Zusammenbruch wenig Geldmittel für den Wiederaufbau zur Verfügung gehabt. Sämtliche Konten der Banken seien 1945 gesperrt gewesen. Die Baufirmen seien völlig ausgeplündert und nach mühsamem Neuaufbau wiederum demontiert worden. Darauf sei die Zeit der Blockade gefolgt. Erst nach der Blockade seien einigermaßen normale Grundlagen für den Beginn eines Wiederaufbaus vorhanden gewesen. Aber auch nach 1949 bis zum heutigen Tage seien infolge der wirtschaftlichen Lage Berlins nur geringe Investitionsmöglichkeiten auf dem Baumarkt gegeben. Der allgemeine Produktionsindex betrage in Berlin heute erst 50% gegenüber 1936, im Bunde dagegen 130, zum Teil 150 und mehr Prozent.

Ferner leide Berlin darunter, dass es Grenzgebiet sei und einen dauernden Zulauf aus dem Ostsektor und der Ostzone habe. 1939 habe ganz Berlin etwa 1500 Baugeschäfte gehabt, heute seien es allein in Westberlin über 2300. Dieser Übersetzung der Baukapazität stehe nur eine geringe Leistungsmöglichkeit in der Bauwirtschaft gegenüber. Der Grund sei der, dass zahlreiche im Osten ansässige Betriebe enteignet und in „volkseigene" Betriebe umgewandelt und ihre geflüchteten Inhaber bestrebt seien, sich in Westberlin wieder eine Existenz aufzubauen. Auch tüchtige Poliere versuchten, sich selbständig zu machen, um nicht arbeitslos zu sein; denn die Arbeitslosigkeit im Bauwesen betrage z. Zt. 26% der Facharbeiter. Nur in geringem Umfange sei die Übersetzung der Baukapazität bisher durch Vergabe von Bauaufträgen aus dem Bunde nach Berlin gemildert worden. In den letzten Monaten sei erfreulicherweise im Westen die Neigung zu solchen Aufträgen gewachsen.

Die Verschiedenheit der Verhältnisse im Bunde und in Berlin zeige sich deutlich in den Arbeitslosenzahlen. Westberlin habe bei 2,1 Millionen Einwohnern über 280.000 Arbeitslose, der Bund bei 47 Millionen etwa 1,5 Millionen Arbeitslose.

Aus Mangel an Kapital und an helfenden Kräften habe Berlin in den ersten Jahren nach dem Zusammenbruch nur schüchterne Versuche der Instandsetzung von Räumen machen können und sich aus dem gleichen Grunde auch nach 1948 im Wesentlichen auf Wohnungsinstandsetzungen und den Ausbau von Ruinen beschränken müssen und sich so gut wie noch gar nicht an irgendwelche Neubauten heranwagen können, während man im Westen neue Siedlungen und Wohnblocks entstehen sehe. Zur Aufschließung neuer Baugebiete am Stadtrande, die erhebliche Mittel erfordere, fehle in Berlin das Geld. Man habe deshalb Wert darauf gelegt, im Stadtkern und im engeren Umkreis Wohnungen zu bauen.

Das Problem der Baulandbeschaffung sei in Berlin im Augenblick noch nicht so dringend. Denn für den inneren Kreis der Stadt lägen genügend Angebote an Wohnungsbauprojekten vor. Aber eines Tages werde auch Berlin ein Baulandbeschaffungsgesetz brauchen, zum Teil schon bald, im größeren Ausmaß erst nach einer gewissen Zeit, wenn man neue Aufschließungsgebiete für den sozialen Wohnungsbau, insbesondere am Rande der Stadt benötige.

Der Verlust der Wohnungen sei in Berlin sehr beträchtlich. Ein Drittel der Wohnungen sei durch Kriegseinwirkungen bis 1945 zerstört worden, darüber hinaus noch zahlreiche Wohnungen durch Verfall. Dem Verfall habe man durch die Instandsetzungen etwas Einhalt geboten. 1939 habe Berlin 980.000 Wohnungen bei 1.008.000 Haushaltungen gehabt, 1945 nach dem Zusammenbruch 650.000 Wohnungen, so dass 330.000 völlig zerstört seien. Die Zahl der Haushaltungen sei durch die Abnahme der Bevölkerung Westberlins auf 748.000 zurückgegangen. Bis 1951 sei die Zahl der Wohnungen wieder auf 712.000 und die der Haushaltungen auf 972.000 gestiegen. Darunter befinde sich eine große Zahl Einzelhaushaltungen, weil sehr viele einzelne Witwen, Pensionäre usw. in Berlin zurückgeblieben seien. Berlin habe neben der großen Zahl der Arbeitslosen eine erhebliche Anzahl Sozialrentner und Pensionäre, die aus ihrem dürftigen Einkommen keine hohen Mieten zahlen könnten. Aus diesem Grunde sei der Bedarf an billigen Kleinwohnungen besonders groß, könne aber bis auf weiteres nicht ausgeglichen werden.

Von 1949 bis 1951 seien etwa 15.000 Wohnungen in Berlin geschaffen worden, im Wesentlichen durch Instandsetzung. In derselben Zeit seien 32.584 bestehende Wohnungen instandgesetzt und 76.132 vor weiterem Verfall geschützt worden.

Durch die Klärung der finanziellen Beziehungen zwischen Bonn und Berlin sowie durch die Bereitstellung amerikanischer Mittel sei es ermöglicht worden, im Herbst 1951 ein größeres Wohnungsbauprogramm einzuleiten, das etwa 5500 bis 6000 kleine Wohnungen umfasse. Infolge des milden Winters sei man mit diesem Programm schon vorangekommen. Bei gleicher Bautätigkeit wie im Westen müsse Berlin aber mindestens 20.000 Wohnungen jährlich bauen. Das würde etwa den 350.000 Wohnungen im Bunde entsprechen. 1952 wolle Berlin ein zusätzliches Bauprogramm von 10.000 Kleinwohnungen durchführen, in erster Linie durch Wiederherstellung von teilzerstörten Häusern, Wiederaufbau von Brandruinen oder auf Trümmern. Durch ein weiteres Instandsetzungsprogramm und den Schutz von Wohnungen erhoffe man einen Zuwachs an 1500 Kleinwohnungen. Insgesamt umfasse das Programm von 1952 also etwa 11.500 Wohnungen. Das erste Viertel dieses Programms sei aufgrund eines Vorgriffs auf den Haushalt 1952 bereits in Vorbereitung.

Im Hinblick auf den Bedarf sei dieses Programm aber noch unbefriedigend. Die Einwohnerzahl Berlins habe sich durch den Flüchtlingsstrom aus dem Osten stark vermehrt. 1951 seien etwa 19.000 Menschen hinzugekommen, die allein 5000 bis 6000 Wohnungen benötigten. Auf den Wohnungsämtern seien etwa 100.000 Wohnungssuchende eingetragen. Das seien aber nicht alle; denn viele verzichteten auf eine solche Eintragung, weil sie sie für zwecklos hielten. Um den dringendsten Bedarf zu befriedigen, werde man etwa 70.000 Kleinwohnungen bauen müssen, was bei dem jetzigen Bauumfang fünf Jahre dauern werde. Man hoffe aber, in den nächsten Jahren ein immer stärker anwachsendes Programm durchführen zu können.

Die hierzu erforderlichen Mittel werde Berlin aus eigener Kraft auf eine gewisse Zeit wahrscheinlich nicht aufbringen können. In den letzten Jahren habe Berlin aus dem Marshallplan und dem ERP-Programm 425 Millionen bekommen. Diese Mittel seien an die Bedingung geknüpft gewesen, in der Zeit, wo man monatlich 20 Millionen bekommen habe, 50.000 Arbeiter und nach der Senkung auf 15 Millionen 45.000 Arbeiter zu beschäftigen. Deshalb habe der durchschnittliche Betrag für das Tagewerk bei 12,50 DM liegen müssen. Infolgedessen habe man einen erheblichen Teil dieser Mittel zur Enttrümmerung und zur Schaffung von Grünanlagen – bei letzteren seien die Tagewerke am billigsten – verwenden müssen, obwohl man lieber Wohnungen dafür gebaut hätte. Man habe dies tun müssen, um wenigstens einen beachtlichen Teil der Mittel für produktive Leistungen einsetzen zu können. Beim Wohnungsbau betrage das Tagewerk infolge des verbauten Materials etwa 40 DM. Die billigen Tagewerke hätten den Ausgleich schaffen müssen. So habe man für die Abräumung oder Enttrümmerung allein 102 Millionen aufgewendet, dazu für die Industrieabräumung 11,5 Millionen, für Grünflächen 62,5 Millionen, für Tiefbau – insbesondere Straßenbau – 46,5 Millionen, für Wohnungsbau 60 Millionen, für soziale Bauten – Altersheime, Jugendheime – 10,5 Millionen und für andere Zwecke – auch gewerbliche Bauten – 19 Millionen, für Verkehr und Betriebe 71 Millionen und für ein Angestelltenprogramm 33 Millionen. Gerade bei den Angestellten sei die Arbeitslosigkeit besonders groß, da Berlin früher hauptsächlich eine Dienstleistungsstadt gewesen sei, während heute viele Verwaltungen ihren Sitz nicht mehr in Berlin hätten. Darum sei die Verlegung von Verwaltungen nach Berlin ein wirksames Mittel zur Bekämpfung der Berliner Arbeitslosigkeit und Berlin habe sich in Bonn immer wieder für solche Verlegungen eingesetzt. Auch einige Privatunternehmungen – IG-Farben, manche Versicherungsgesellschaften – hätten erfreulicherweise ihre Verwaltungen wieder in Berlin aufgebaut. In einigen Fällen seien auch größere öffentliche Verwaltungsstellen wieder nach Berlin gelegt worden, z.B. das Aufsichtsamt für Privatversicherungen und Bausparwesen. Über die Hälfte des Einkommens in Berlin sei früher aus Dienstleistungsaufgaben geflossen, und dieser Ausfall wirke sich natürlich auf die wirtschaftliche Lage und die Arbeitslosigkeit besonders stark aus.

Aus der Abräumung habe man neben dem Ziegelsplitt eine große Zahl von Ziegeln gewonnen. 240 Millionen Ziegelsteine lägen noch gestapelt und warteten auf Verbauung. Bei den mit öffentlichen Mitteln ausgeführten Bauten habe man die Auflage gemacht, dieses Material mitzuverwenden. Die für Berlin in Betracht kommenden Ziegeleien lägen in der Sowjetzone, und von dort könne man die Ziegel einführen. Man müsse deshalb Mittel aus der Arbeitslosenunterstützung zu produktiven Zwecken verwenden, um die gestapelten Ziegel verbauen zu können; sonst würden große Werte verkommen, und das sei nicht zu verantworten. So sei im Großen und Ganzen eine Baustoffnot in Berlin nicht vorhanden. Man suche nach Möglichkeiten, ohne Holz auszukommen, und der vorhandene Ziegelsplitt reiche zur Durchführung der vorgesehenen Bauprogramme aus. In ganz Berlin seien 75 Millionen cbm Trümmerschutt vorhanden gewesen, in Westberlin 45 Millionen. Hiervon sei fast die Hälfte weggeräumt. Man habe aus dem Trümmerschutt verschiedene Hügel aufgeschüttet und darauf Grünanlagen hergerichtet, so den sogenannten Mont Klamotte auf Schöneberger Gelände am Priesterweg, einen Berg in der Hasenheide, ferner zwei Schwimmbäder und eine große Sportanlage daraus hergestellt. Hierzu seien neben geringeren Haushaltsbeiträgen Mittel aus amerikanischer Quelle verwendet worden. Eine große Aufschüttung sei im Grunewald am Teufelssee eingeleitet, die schon Millionen von Kubikmetern Trümmerschutt verschlungen habe. Dieser Berg solle namentlich dem Wintersport dienen, aber auch ein Ausflugsziel für die Berliner werden. Man beseitige dort die sog. Wehrtechnische Fakultät, weil jede Verwendung dieses Baues unrentabel sein würde.

Berlin sei also bemüht, auf allen Gebieten seiner Bauwirtschaft den Erfordernissen seiner Lage Rechnung zu tragen. Leider sei man noch nicht in dem gewünschten Umfange vorangekommen. Aber im Straßen- und Brückenbau z.B. sei schon manches im Interesse des Verkehrs geleistet worden. So habe man mit dem Bau einer großen nordsüdlichen Verkehrsstraße begonnen, die von Reinickendorf nach Teltow geleitet werden solle. Von den zerstörten 84 Brücken Berlins sei die Hälfte wiederhergestellt und eine weitere Anzahl sei im Bau.

Die Frage des Baulandes oder Straßenlandes werde akut werden, wenn es sich um die Verwirklichung größerer Straßenzüge durch Berlin für den Fernverkehr zur Entlastung der Boulevards der Innenstadt handle. Berlin habe zwar von früher her verhältnismäßig gute und breite Straßen und habe auch noch nicht einen so starken Autoverkehr wie manche Städte im Westen, aber es müsse sich auf die kommende Bewältigung eines solchen Verkehrs einstellen. Ein Problem sei dabei auch die Schaffung der notwendigen Parkplätze.

Zur Durchführung des Baus solcher Fernverkehrsstraßen brauche man eine gesetzliche Möglichkeit zu Enteignungen. In diesem Punkte lege Berlin beim Baulandbeschaffungsgesetz des Bundes besonderen Wert darauf, dass die Bezahlung des abgetretenen Landes möglichst nicht auf einmal erfolgen müsse, sondern dass angesichts der wirtschaftlichen Lage Berlins wenigstens die Möglichkeit geschaffen werde – sofern dadurch keine Härten entstünden -, diese Beträge in Raten abzugelten.

Aus den ERP-Mitteln für die Schaffung von Arbeitsplätzen sowie für Investitionszwecke habe man auch Industriebauten errichten können. Größere Industriebetriebe hätten zur Schaffung von Arbeitsplätzen industrielle Anlagen errichten müssen, und daraus sei auch eine Belebung der Bauwirtschaft erwachsen.

Städtebaulich müsse Berlin die Raumvergrößerung und die Zeitverkürzung ins Auge fassen. Die Verkehrsverbindungen müssten kürzer werden. Dadurch trete eine Belastung des Verkehrs ein. Hierauf müsse man heute schon in der Planung Rücksicht nehmen, auch wenn man die Maßnahmen infolge Geldmangels noch nicht praktisch durchführen könne. So könne man die U-Bahn-Strecken noch nicht verlängern und die Straßenbahn noch nicht aus dem Zentrum der Stadt herausnehmen, weil das Geld dazu noch fehle. Man müsse aber diese Dinge vorbereiten.

Die Grundstückspreise in Berlin zeigten durch die Zerschneidung der Stadt eine Entwicklung nach unten. Die im Zentrum der Stadt liegenden wertvollsten Grundstücke seien durch die Nähe der Grenze des Sowjetsektors stark im Wert gesunken. Die Belastungen der ertraglosen Trümmergrundstücke drückten ebenfalls auf den Preis. Nur in den Außenbezirken sei der Grundstückswert noch höher. Das Bodenpreisproblem bedrücke Berlin also im Augenblick noch nicht, werde aber Bedeutung gewinnen, wenn Berlin wieder eine einheitliche Stadt sei.

Durch eine offenere Bauweise bemühe man sich, die Wohngebiete zu entkernen. Dadurch werde die Bebauungsmöglichkeit und mithin auch die Rentenmöglichkeit des Grundstücks geringer, was ebenfalls auf den Preis drücke.

Eine wesentliche Aufgabe sei, in den Stadtteilen auch diejenigen öffentlichen Gebäude zu errichten, die mit dem Wiederaufbau von Wohnungen verbunden seien: Schulbauten, Verwaltungsbauten usw. Bei den öffentlichen einmaligen Baumaßnahmen verfolge Berlin das Prinzip, für die nächsten Jahre gewisse Schwerpunkte der Bautätigkeit festzulegen. Sie beträfen insbesondere Schulbauten, Krankenhäuser und gewisse Verwaltungsbauten. Man wolle auf diesem Gebiete möglichst bald wieder den Zustand von 1936 erreichen. Bei der jetzigen Bautätigkeit würde man mit manchen dringend notwendigen Bauten erst in 18 Jahren zum Ziele kommen. Um die Dinge zu beschleunigen, würden jetzt die Gelder für solche Bauten nicht nur für ein Haushaltsjahr, sondern für mehrere Haushaltsjahre in Bauabschnitten festgelegt, damit die Fortsetzung und Vollendung des Baus gesichert sei. Man wolle damit auch verlustreiche Unterbrechungen der Bauten verhüten.

Abschließend äußert der Redner die Bitte, in den Bundesgesetzen der besonderen Lage Berlins an der Grenze des Ostens Rechnung zu tragen und im Bunde dazu zu helfen, dass Berlin im Wiederaufbau möglichst bald den Weg zur Hauptstadt Deutschlands binde.

Der *Vorsitzende* dankt Senator Dr. Mahler für seine Ausführungen, bittet aber, sich bei weiteren Einzelausführungen zunächst auf das Baulandbeschaffungsprogramm zu beschränken. Die Wohnungsfragen würden im weiteren Kreise des 18. Bundestagsausschusses behandelt werden. Der heutige Besuch habe Gelegenheit geben sollen, vor Beginn der dritten Lesung des Baulandbeschaffungsgesetzes des Bundes im 36. Bundestagsausschuss die Berliner Wünsche hierzu kennenzulernen.

Fürlinger, Dezernent der Abt. Stadtplanung, schildert die Situation Berlins als Planer. Die stärksten Zerstörungen fänden sich in den Industriewerken und vor allem in der inneren Stadt, dem früheren Wirtschaftspotential Berlins. Manche Areale von über 1 qkm Fläche seien aber in ihrer Substanz zwischen 60 und 80% zerstört. Es gehe also in Berlin zum großen Teil um den Wiederaufbau der Innenstadt. Keine der westdeutschen Städte sei so von Dienstleistungen abhängig gewesen wie Berlin wegen seiner Stellung als Hauptstadt. Mehr als die Hälfte der Einwohner Berlins hätten von privaten und öffentlichen Dienstleistungen gelebt. Der innere Stadtteil Berlins müsse in einer neuen Form entstehen; denn er habe sich aus einem Parzellenschnitt in der zweiten Hälfte des vorigen Jahrhunderts entwickelt, der hygienisch und wirtschaftlich nicht mehr für den Wiederaufbau geeignet sei.

Von dem zehn Teile umfassenden Baugesetzentwurf, der in Berlin fertiggestellt sei, hätten zwei Teile bereits Gesetzeskraft: das Planungsgesetz und das Gesetz über die Baulandumlegung. Letzteres stelle der Baulandplanung die Aufgabe, dafür zu sorgen, dass der Ablauf der Produktion und die Schaffung hygienischer Wohnungen und Siedlungen gesichert seien. Hierzu sei eine Neuplanung in Berlin unumgänglich notwendig. Man müsse im Interesse des Verkehrs die tragenden Linien an das Innere der Stadt heranbringen und im Stadtinnern wieder einen Wirtschaftskörper schaffen. Letzteres stoße auf Schwierigkeiten wegen der Baugrenzen in den Katasterplänen. Eine Baulandbeschaffung sei in Berlin eigentlich nicht notwendig, denn das Bauland werde noch für mehr als ein Dezennium reichen. Nur müsse das Bauland an erschlossenen Straßen auch genutzt werden können.

Dieses Baulandbeschaffungsgesetz, das im Entwurf vorliege, sehe allerdings auch vor, Straßen und öffentliche Flächen wie Schulen usw. in die Enteignung einzubeziehen. Die ganze Schwere des Problems liege aber darin, Bauland zu beschaffen, um den wirtschaftlichen Triebkräften die Möglichkeit zu geben, sich auf geeignetem Grund und Boden an geeigneter Stelle zu entwickeln.

Heute versuche jeder, auf eigenem Grund und Boden oder auf solchem, der ihm käuflich angeboten worden ist, so gut er kann, ein Wirtschaftsunternehmen zu errichten, hauptsächlich durch Instandsetzungen, da das Wiederaufbauprogramm für Wohnbauten noch nicht fertig sei. Die Wirtschaft suche Wege, ohne sie finden zu können. Solange Berlin noch eine geteilte, vom Umland abgeschnittene Stadt sei und noch nicht die Funktion habe, die es als Bundeshauptstadt und Weltstadt bekommen muss, trete das Programm in seiner ganzen Schwere noch nicht in Erscheinung. Am Tage der Wiedervereinigung Deutschlands aber werde Berlin als Hauptstadt vor der Katastrophe stehen; denn es habe kein Gesetz, um den wirtschaftlichen Aufbau durchzuführen.

Im inneren Stadtgebiet sei der Grund und Boden meist im Besitz von Menschen, die diesen Besitz durch Vererbung und andere Gründe erworben hätten, um in den Genuss einer Rente zu kommen, wodurch gerade in der City die wirtschaftlichen Voraussetzungen für einen Wiederaufbau großenteils nicht gegeben sind. In den letzten Jahren seien vornehmlich kleine und Mittelbetriebe entstanden, die mit allen Dispensen versucht haben, das in ihrem Besitz befindliche Bauland auszubauen und möglichst noch Baumassen darauf zu packen, um ihren Betrieb auszudehnen. Zum Teil seien sie aber schon in die Außengebiete der Stadt gezogen. Die kleinen und mittleren Betriebe, die nach dem Krieg in der Lage waren, ihren Betrieb wieder aufzuziehen, hätten das innerstädtische Land nicht mehr benutzt, sondern seien mehr in die Randgebiete gegangen, um dort ihren Gewerbetrieb unterzubringen und die Investitionen, die sie dort vorgenommen haben, gestatteten ihnen wegen der langen Laufzeit der Amortisation nicht, wieder in das innerstädtische Gebiet zurückzukehren. Abgesehen davon seien auch ihre wirtschaftlichen Voraussetzungen im Laufe der letzten acht Jahre – die letzten Kriegsjahre eingerechnet – derartig geworden, dass eine Rückkehr ins Innere nicht mehr möglich sei. So bleibe der Boden einfach liegen. Dieser Flecken verwundeter Erde von ungeheurer Ausdehnung könne nur intensiviert werden, wenn ein Gesetz geschaffen wird, das demjenigen, der bauen will und bauen kann, auf geeignetem Grund und Boden die Durchführung seiner Bauwünsche ermöglicht. Dieses Grundproblem müsse gemeistert werden. Berlin müsse, betriebswirtschaftlich gesehen, in das Herz hinein operiert werden; denn es sei nicht eine Stadt, die sich laufend ausdehnt, sondern eine Summe von Wohngebieten, die am Rande liegen, in die auch neue Industrie eingesprengt sei, während in der Mitte die Attraktion des wirtschaftlichen Potentials fehle. Ein Wiederhochkommen sei unmöglich, wenn nur jeder Einzelne nach seinem schwachen Vermögen aufzubauen versuche. Das müsse für die Stadt betriebswirtschaftlich zu schwerem Schaden führen, denn sie müsse für die öffentlichen Zwecke die neuerstellten Leistungen, die Straßenbeleuchtung usw. erhalten und eine ganze Reihe Betriebskosten aufwenden, ohne einen optimalen wirtschaftlichen Nutzen zu erreichen.

Es sei daher notwendig, das Baugeschehen insofern zu lenken, als dem Bauwilligen und Baufähigen am geeigneten Ort in einer Summierung Bauland zur Verfügung gestellt wird. Dazu bedürfe es eines Gesetzes, da die Wirtschaft allein dieses Problem nicht meistern könne. In der südlichen Friedrichstraße beispielsweise habe sich ergeben, dass wohl einzelne Eigentümer aufbauen können, dass aber die Straße selbst dadurch nicht zur Funktion kommt, weil dazwischen der Grund und Boden liegen bleibt. Dies zu verhindern und die Möglichkeit zu schaffen, in kurzer Zeit neue Gebäude nebeneinander entstehen zu lassen, die auch für Menschen einen Attraktivpunkt bilden, sei die hohe Aufgabe des Gesetzes.

Was den Grund und Boden selbst anlangt, so müsse nicht nur der Private seinen Boden, sondern auch die Stadt ihren öffentlichen Boden mit zugeben. Gerade in der City sei aber die Stadt nur in sehr geringem Umfang am Boden beteiligt und habe kaum Flächen, um Schulen und öffentliche Gebäude zu errichten. Die Stadt besitze zwar 47 Prozent des Gesamtareals, aber diese Teile lägen weit draußen im Grunewald, im Tegeler Forst und in Gebieten, die der Erholung vorbehalten bleiben müssen und deshalb nicht der Bebauung zugeführt werden können. Im Innern besitze die Stadt lediglich das Straßenland und das Gelände von öffentlichen Gebäuden. Deshalb sei es z.B. nicht möglich, rund um den Zoo eine Planung mit Austausch städtischer Grundstücke durchzuführen, da nicht ein einziges städtisches Grundstück für diesen Zweck verfügbar ist.

Es gehe also in Berlin vor allem um das im Bodenpreis sehr hochstehende Gelände, das zweierlei Voraussetzungen unterworfen sei, einmal der Planung und andererseits einer eventuellen Minderung, die sich aber nicht aus der Planung ergebe, sondern aus dem Fortschritt des Lebens, weil die Menschen heute nicht mehr im 7. Hinterhof wohnen wollen und auch der durch die Wirtschaftsintensität bedingte Autoverkehr berücksichtigt werden müsse.

Es sei also notwendig, den Grund und Boden zusammenzufassen und neu zu verteilen, wie es früher schon einmal durch große Terraingesellschaften, städtische und private, geschehen sei. Gedacht sei aber nicht an Terraingesellschaft im alten Sinne, die wegen der damaligen Bauordnung schlecht angesehen waren, sondern an eine große Organisation, die den Grund und Boden zusammenfasse und ihn dahin weitergebe, wo dringender Bedarf bestehe, um die Wirtschaft im inneren Teil der Stadt wieder aufbauen zu können, damit dort auch wieder Wohnungen wachsen und Menschen wohnen können, die im inneren Stadtgebiet ihre Betätigung finden. Denn das Hauptmerkmal Berlins sei seine Hauptstadtfunktion und seine geballte Wirtschaftskraft im Zentrum gewesen.

Schulz, Referent in der Senatsverwaltung Bau- und Wohnungswesen, behandelt das Thema: Die Baulandpreise in Berlin und die Gedanken Berlins zur Bemessungsgrundlage für die Entschädigung bei Enteignungen. Aus dem vorgelegten Zahlenmaterial über die Baulandpreise in Berlin sei zu ersehen, wie grundverschieden die Berliner Verhältnisse von denen in der Bundesrepublik sind. Diese Übersicht gebe aber nur ein schematisches Bild der derzeitigen Preise von Bauland und bebaut gewesenen Grundstücken, da sie in unzulässiger Weise die durch die politische und wirtschaftliche Lage Berlins bedingte eigentümliche Entwicklung der Grundstückspreise vereinfache. Man habe versucht zu ermitteln, welche besonderen Umstände den einzelnen Verkaufsfall beeinflussen, und sei sich bewusst, dass eine leichtfertige statistische Verwertung solcher Zahlen ein völlig falsches Gesamtergebnis liefern kann. In dieser Kaufpreissammlung werde die spezielle Lage des Grundstücks, seine Größe, die Kaufpreisbelebung, die Belastung und soweit möglich auch der Anlass des Verkaufsfalles berücksichtigt. Weiter habe man die besonderen Vereinbarungen der Parteien hinsichtlich der Verpflichtung aus dem kommenden Lastenausgleich eliminiert, um vergleichbare Verkaufspreise zu bekommen. Dabei habe man erkannt, wie uneinheitlich die Preisbildung z.Zt. ist.

Die Gründe für das Absinken der Baulandpreise gegenüber 1936 lägen offen zutage. Es bestehe kaum die Möglichkeit, unbebaute Grundstücke ertragsbringend zu verwerten und zu bebauen, weder im Rahmen des allgemeinen Wohnungsbaues, insbesondere des Baues von Eigenheimen in den Außenbezirken, noch bei der Unzahl der Trümmergrundstücke in den völlig zerstörten Stadtvierteln. Wenn die Situation Berlins sich nicht ändere, werde der Grund und Boden auf die Dauer einen so verschwindenden Wert bekommen, dass auch Baulichkeiten auf diesem Boden keinen Wert hätten und die Menschen dort fehl am Platze wären. Zwar könnten die alten Bodenwerte namentlich in den höheren Bodenwertklassen nicht mehr erreicht werden, aber in einem wirtschaftlich erholten Berlin von nicht mehr insularer Lage, würden auch die derzeitigen Kaufpreise der Bodenwerte nicht mehr in das allgemeine volkswirtschaftliche Preisniveau hineinpassen.

Unabhängig von diesen ganz Berlin betreffenden Verhältnissen liege die wirtschaftliche Zukunft dieser zerstörten Gebiete völlig im Ungewissen. Das einzelne Grundstück sei meist infolge seines Schnittes nicht mehr für sich bebaubar und kaum ein Käufer werde sich mit solch einem Objekt belasten. An sich sei es auch gut, dass infolge dieser Lage keine Spekulation mit Trümmergrundstücken betrieben werde. Trümmergrundstücke würden in wenigen Fällen nur dann gekauft, wenn unmittelbarer Anlass zur Bebauung und Nutzung vorliege. Auch die Hypothekengewinnabgabe [vgl. Lastenausgleichsgesetz vom 14.08.1952, BGBl. I S. 446] lähme den Grundstücksverkehr bei bebaut gewesenen Grundstücken. Trotz der Minderung der Schuldgewinnabgabe gemäß § 133 des Gesetzentwurfs bei Kriegsschäden würde sich diese Abgabe, besonders infolge der hohen Mindestwerte für altbebautes Gelände, untragbar gestalten, solange in Käuferkreisen die Wirkungen der §§ 107 und 163, die die weitere Minderung der Hypothekengewinnabgabe betreffen, nicht übersehbar sind. Der Wert des Grund und Bodens habe sich aus vielen miteinander verflochtenen Komponenten gebildet, aus der allgemeinen politischen soziologischen Struktur des Staates, aus wirtschaftlichen Gegebenheiten, dem Hinundherpendeln zwischen statischen Festsetzungen der Einheitswerte und Richtpreise und dem dynamischen Ablauf des Wirtschaftsgeschehens. An der Grenze des östlichen Raumes seien alle Werte auf einmal fragwürdig geworden, und stattdessen habe die rein subjektive Bewertung des Grund und Bodens Platz gegriffen. Der eine baue im Vertrauen auf die Zukunft Berlins, während der andere an diese Zukunft nicht glaube. Ein in Westdeutschland wohnender früherer Berliner habe vielleicht, beeindruckt von den hohen Baulandpreisen in Westdeutschland, sein Grundstück zunächst möglichst hoch zu verkaufen versucht, habe aber mit seiner Preisforderung immer weiter heruntergehen müssen und das Grundstück schließlich zu einem sehr geringen Preis aus der Hand gegeben, um etwas Barkapital in die Hand zu bekommen. Ein Preis bilde sich nur dann, wenn eine genügende Anzahl von Anbietenden einer entsprechenden Anzahl von Nachfragenden für Objekte gleicher oder ähnlicher Art gegenüberstehen, wenn also ein Markt besteht. Ein solcher Markt bestehe in Berlin für gewisse Grundstücksgruppen, vor allen Dingen für Mietwohngrundstücke und kleine Einfamilienhäuser, für die sich auch ein typischer Kaufpreis gebildet habe, nicht jedoch für Bauland, allenfalls für Parzellen, die für die offene Bauweise als Einfamilienhäuser geeignet sind, wenn auch diese Ansätze bei 15 bis 20 Prozent der Vorkriegsjahre liegen. Immerhin könne man hier von einem Verkehrswert sprechen; Bauland der niedersten Preisstufe werde in den Vororten Neukölln und im Norden verhältnismäßig hoch bezahlt. Bei den wertvollen Bauparzellen sinke aber der Kaufpreis rapid, so dass z.B. in Wilmersdorf und Zehlendorf kein Käuferkreis vorhanden ist, der auch nur annähernd gewillt ist, die früheren Werte zu zahlen.

Mit Beendigung der insularen Lage Berlins würden sich diese Verhältnisse schlagartig ändern. Wenn daher das Baulandbeschaffungsgesetz für Berlin zunächst keine so große Bedeutung habe, so habe doch sein § 7 eine eminente Bedeutung, zumal die Entschädigungsfrage ähnlich geregelt werden müsse, wie sie im Baulandbeschaffungsgesetz vorgesehen ist. Deshalb verfolge Berlin mit besonderem Interesse die Formulierung dieses § 7. Die Einheitswerte seien als Bemessungsgrundlage nicht geeignet, wie auch der Präsident des Landesfinanzamts Berlin festgestellt habe, der empfehle, den jeweilig besonders zu ermittelnden Gemeinwert im Sinne des § 10 des Reichsbewertungsgesetzes zugrunde zu legen. Allerdings passe der gemeine Wert aus politischen Gründen auf viele Grundstücksarten in Berlin nicht. Deshalb wäre zu empfehlen, im Gesetz als Bauland nur solches Gelände anzuerkennen, das zum mindesten bei der Einheitsbewertung 1935 steuerlich als Bauland erfasst worden ist. Die Richtpreise, die sich auf die Wertverhältnisse des Jahres 1936 bezogen, seien in Berlin im Allgemeinen niedriger als die Einheitswerte. Auch hiergegen seien in den Beratungen erhebliche Bedenken geäußert worden, aber als Höchstbegrenzung dürften diese Werte in jedem Falle geeignet sein. Die für die Bundesrepublik beabsichtigte Erhöhung um 20 Prozent wäre allerdings für Berliner Verhältnisse völlig ungerechtfertigt. Bekanntlich seien diese Richtpreise bei aller Sorgfalt in den einzelnen Gemeinden Deutschlands sehr unterschiedlich festgelegt worden. Die Berliner Ermittlungen anhand aller statistischen Unterlagen seien zwar relativ gut vorgenommen worden, könnten aber natürlich nicht immer die besonderen Verhältnisse des einzelnen Falles berücksichtigen. Berlin wäre also mit der Formulierung des gemeinen Werts und mit der Höchstpreisbegrenzung des Jahres 1936 am besten gedient.

Das Einzelverfahren werde allerdings mit den notwendigen Sachverständigengutachten immer kompliziert bleiben, denn eine schematische Berechnung nach dem Einheitswert würde sich in jedem Falle für die Allgemeinheit wie für den Betroffenen außerordentlich ungerecht auswirken, so dass man in jedem Falle Ermittlungen über den gemeinen Wert auch aus rechtsstaatlichen Gedanken heraus anstellen müsse.

Zu den Obliegenheiten der Senatsverwaltung Bau- und Wohnungswesen gehöre es auch, in Restitutionsverfahren Gutachten für die Landgerichte zu erstatten. Hier sei es außerordentlich schwer, alle Umstände zu ergründen, um den gemeinen Wert und den angemessenen Kaufpreis zu ermitteln. Denn dieser Kaufpreis hänge auch von der Größe des Landes und von der Möglichkeit einer alsbaldigen oder späteren Erschließung ab. Hier werde noch sehr viel Verwaltungsarbeit zu leisten sein. Weitaus schwieriger sei noch die Bemessung der Entschädigung für den Grund und Boden bebaut gewesener Grundstücke. Hier sei der Wert des Grund und Bodens nach 1914 eigentlich nie mehr für sich in Erscheinung getreten. Grund und Boden sowie Gebäude seien hier seinerzeit mit der Bebauung eine untrennbare wirtschaftliche Einheit für die Lebensdauer des Gebäudes eingegangen. Da nach dem Ersten Weltkrieg die Rentabilität des Grundbesitzes in den altbebauten Gebieten sich völlig geändert habe und Sachwert und Ertragswert keineswegs mehr übereinstimmten, habe sich der Bodenanteil eines solchen Grundstücks nur noch rechnerisch bestimmen lassen. Man habe das seinerzeit möglichst gewissenhaft durchzuführen versucht, ausgehend von den Kaufpreisen und dem Verhältnis der Ertragslage von Neubauten und Altbauten unter besonderer Berücksichtigung der baulichen Ausnutzung, der höheren Geschäftsraummieten usw., um so die Rentabilität der altbebauten Grundstücke zu ermitteln. Diese Werte seien aber nur Erinnerungswerte; denn in den seltensten Fällen werde der Eigentümer sein Grundstück wieder so bebauen können, dass der alte Bodenwert gerechtfertigt wäre, denn der Bodenwertanteil war bedingt durch die Bebauung und Umgebung, vielleicht eine Apotheke oder eine Kneipe, die jetzt zerstört sind. Durch die Zerstörung habe dieser Erinnerungswert keinen Sinn mehr, und es wäre in keinem Falle gerechtfertigt, ihn einer Entschädigung zugrunde zu legen. Beispielsweise sei es äußerst schwierig, den

Wert eines Grundstücks in der Luisenstadt oder in dem total zerstörten Tiergartenviertel zu ermitteln. Früher hätten dort Staatsbehörden, ausländische Vertretungen und repräsentative Firmen ihren Sitz gehabt. Der Bodenwert habe 100 bis 150 Mark pro qm betragen. Heute treffe man dort nach 17 Uhr keinen Menschen mehr an. Die Planung habe diese Gegend zwar als künftiges Diplomatenviertel vorgesehen, aber die Zukunft sei völlig ungewiss.

Die Festlegung einer Entschädigung werde insbesondere schwierig, wenn eine Verrentung in Aussicht genommen sei, weil sich nach einem oder nach zwei Jahren die Verhältnisse schon wieder geändert haben können. Der Eigentümer eines solchen bebaut gewesenen Grundstückes habe also keinen Erwartungswert und hoffe, dass dieser möglichst mit dem Erinnerungswert identisch sei. Die geringe bauliche Ausnutzung bringe einen Wertverlust. Einen weiteren Wertverlust brächten die gestiegenen Baukosten. Die durch öffentliche Mittel subventionierten Baukosten rechtfertigten überhaupt keinen Bodenwert mehr in dem Sinne wie 1914, wo er aus der Wechselwirkung zwischen tragbaren Mieten und Bodenpreisen hervorging. Hieraus sei zweifellos, zunächst nur rechnerisch, eine erhebliche Wertminderung abzuleiten.

Das Verwaltungsgericht Karlsruhe habe in einem bekannten Urteil festgestellt, dass bei der Wiederaufbaugenehmigung für kriegszerstörte Grundstücke eine Landabtretung unter Auflage der Geschosshöhe keinen Eingriff in die Eigentumsrechte darstellt. Die sinngemäße Anwendung dieses Urteils auch auf Landabtretungen kleineren Umfangs in den altbebaut gewesenen Gebieten wäre eine dringende Forderung. Bei einer geringfügigen Landabtretung, beispielsweise bei einer Verschiebung des Vorderlandes nach hinten, könne der Grundstückseigentümer entsprechend der neuen baulichen Ausnutzung das Grundstück genauso bebauen, ohne dass er eine Ertragsminderung hinnehmen müsse. Trotzdem würden ihm die Gerichte nach der augenblicklichen Gesetzgebung für die paar Quadratmeter eine sehr hohe Entschädigung zusprechen. Hier müsste für die Abtretung kleinerer Flächen, die nachweislich keine Minderung des Ertrags entsprechend der neuen Bauordnung bedingen, bis zu einem gewissen Umfang eine kostenlose Abtretung im Gesetz verankert werden. Insoweit werde es nicht zu schwer sein, die Bodenwerte der altbebauten Gebiete herabzusetzen. Auch das erste Wohnungsbaugesetz helfe hier nicht weiter, indem es die neue bauliche Begrenzung anzuwenden gestatte. Der Redner erinnert an die günstige Auswirkung der seinerzeitigen Senkung der Bodenwerte bei den mit Hauszinssteuermitteln gebauten Wohnbauten in der Zeit zwischen den Kriegen. Damals sei die Begrenzung vorgesehen worden, dass der Bodenerwerb einen bestimmten Prozentsatz des Gesamtbauvorhabens nicht übersteigen dürfe. Der Bodenwert habe damals am Stadtrand in den reinen Wohngegenden 90 bis 100 Mark pro qm betragen und sei jetzt natürlich wegen der geringen baulichen Ausnutzung zurückgegangen. Auch das Gelände für den frei finanzierten Wohnungsbau sei in diesen Preisabfall mit hineingerissen worden.

Neben der Berücksichtigung dieses Wertverlustes, den die Masse der Grundstückseigentümer in den altbebaut gewesenen Gebieten erleide, durch entsprechende Formulierung des Gesetzes habe Berlin besonderes Interesse an einer

Wertsteigerungsabgabe in solchen Fällen, die bisher allerdings nur selten akut geworden seien, wo mitten in der Stadt ein großer neuer Platz geschaffen werde, an dessen Begrenzung nun Grundstücke liegen, die bisher nur eine schmale Straßenfront hatten, die aber nun auf einmal mit ihrer ganzen Tiefe an diesem neuen wichtigen Platz liegen und so auf Kosten der Allgemeinheit eine ungeheure Wertsteigerung erfahren. Eine Umlegung lasse sich bei der Schaffung solcher Plätze nicht durchführen, sei auch nicht notwendig. Im Augenblick bestehe keine Möglichkeit für den Eigentümer solcher Grundstücke, diesen auf Kosten der Allgemeinheit erhaltenen Wertzuwachs irgendwie abzuschöpfen. Diese Frage der Wertsteigerungsabgabe führe aber mitten in die Schwierigkeiten hinein, die die Beratung des Baugesetzes so sehr verzögerten.

Dr. Hellriegel, Justiziar in der Senatsverwaltung Bau- und Wohnungswesen, betont einleitend, dass die Formulierung im § 1 des Gesetzes den Berliner Wünschen im Wesentlichen entspricht. Nach § 1 könne das erforderliche Land nicht bloß zur Förderung des Wohnungsbaues, sondern auch zur Erzielung einer geordneten Bebauung enteignet werden. Er bittet, auch von Seiten des zuständigen Ministeriums zu bestätigen, dass diese Formulierung den vorgetragenen Wünschen Rechnung trägt.

Der zweite wichtige Gesichtspunkt sei die Formulierung des § 7 über die Entschädigung, die im Falle der Enteignung zu leisten ist. Wie bereits mitgeteilt worden ist, komme der Einheitswert als Grundlage für die Bemessung der Entschädigung nicht in Frage. Auch das Landesfinanzamt habe bestätigt, dass dieser Einheitswert letzten Endes nur nach steuertechnischen Gesichtspunkten festgesetzt worden ist und bis zu einem gewissen Grade nur einen fingierten Wert darstellt. Die Senatsverwaltung für Bau- und Wohnungswesen stimmt hier mit dem Beschluss des Ausschusses überein, dass die Bemessungsgrundlage die Wertverhältnisse aus dem Jahre 1936 sein sollten. Dass eine Werterhöhung, wie sie der Vorredner anhand eines Beispiels geschildert hat, sich nicht ungünstig für Berlin auswirken werde, ergebe sich aus der Formulierung des zweiten Satzes des § 7, in welchem ausdrücklich festgelegt wird, dass Werterhöhungen im Hinblick auf eine künftige besondere Ausnutzung nicht berücksichtigt werden sollen. Man dürfe sich nicht darüber im Unklaren sein, dass diese Bestimmung letzten Endes bis zu einem gewissen Grade eine Aufhebung des Preisstopps für Grundstücke bedeute. Die zuständigen Preisstellen hätten schon eine Erhöhung bis zu 20 Prozent über den Preisstopp zugelassen, wenn auch noch nicht offen im Gesetz ausgesprochen. Das Ventil für die Wertermittlung im Jahre 1936 bilde mit Rücksicht auf die ungünstigen wirtschaftlichen Verhältnisse Berlins der Abs. 2 des § 7, der letzten Endes als Höchstpreis den gemeinen Wert festlege, der im Zeitpunkt der Enteignung festgestellt wird.

Unter diesen Umständen würden also die Grundstücke praktisch verhältnismäßig billig erworben werden können; das scheitere aber daran, dass das Geld nicht reiche, insbesondere dann nicht, wenn nach § 10 die künftige Abfindung in einer Kapitalsumme geleistet werden soll. Der Städtetag habe in seinem Entwurf vorgeschlagen gehabt, dass sowohl wiederkehrende Leistungen, Renten als auch sonstige Teilzahlungen entgegengenommen werden müssen. Es sei natürlich ein gewaltiger Unterschied, ob derjenige, der enteignet wird, heute eine bestimmte Kapitalsumme in die Hand bekommt oder ob er auf eine Rente oder auf Teilzahlungen mit der Ungewissheit der Entwicklung angewiesen ist. Berlin werde vorläufig nicht in der Lage sein, erhebliche Kapitalsummen aufzuwenden, um in allen Fällen die Entschädigung auszuzahlen. Es sei daher zu überlegen, ob man nicht zum mindesten eine Bestimmung in das Gesetz aufnimmt, die die Möglichkeit von Teilzahlungen oder Rentenzahlungen mit entsprechender Sicherung durch Hypotheken usw. zulässt, um den berechtigten Wünschen der Städte entgegenzukommen. Seiner Erinnerung nach sei im Regierungsentwurf die Bestimmung vorgesehen gewesen, dass in solchen Fällen, in denen es für den Betreffenden zumutbar ist, die Enteignungsverpflichteten, in diesem Falle auch die Gemeinden bzw. die Kommissionen, berechtigt sind, eine Entschädigung in dem Sinne festzusetzen, dass nicht eine Kapitalsumme, sondern eine Teilzahlungsrente als Entschädigung zu leisten ist.

Vom juristischen Standpunkt aus sei insbesondere die Frage wichtig, in welchen Formen das Rechtsmittelverfahren durchgeführt werden soll. Die Senatsverwaltung Justiz stehe grundsätzlich auf dem Standpunkt, man solle die Verwaltungsgerichtsbarkeit zugrunde legen und die Entscheidung den Verwaltungsgerichten überlassen. Man sei sich darüber klar, dass dies eine Abänderung des Grundgesetzes erfordere. Man müsse die Schwierigkeiten notgedrungen in Kauf nehmen. Wenn der Bund beschließe, dass die ordentlichen Gerichte in einer entsprechenden Besetzung die Entschädigung und Enteignung fortsetzen, werde Berlin dem nicht mit Erfolg widersprechen können, zumal es ein Interesse daran habe, das Gesetz zu einem gewissen Abschluss zu bringen. Klarheit bestehe darüber, dass die hier niedergelegten Bestimmungen, wie schon aus der Überschrift hervorgehe, nur eine vorläufige Regelung darstellten und dass die endgültige Frage der Bodenbewertung und Bodensteigerung einem späteren Bundesgesetz vorbehalten bleiben muss. Darüber zu sprechen sei noch nicht der Zeitpunkt gekommen, da man noch gar nicht wisse, ob man im Bund ein einheitliches Bundesgesetz schaffen werde oder ob die Länder nur eine Anregung bekommen werden, sich den Auffassungen der Bundeskommission anzuschließen.

Der *Vorsitzende* dankt für die Referate und stellt Einigkeit darüber fest, dass weitere Vorträge auf später verschoben werden sollen und jetzt zunächst eine Diskussion über das Dargebotene stattfinden soll.

Abg. Wirths (Bundestag) wirft die Frage auf, wie ein Generalbebauungsplan sich in der geteilten Stadt Berlin auswirken würde. Er fragt insbesondere, ob Möglichkeiten einer Verständigung auf diesem Gebiet unter den Planern auf beiden Seiten bestehen und wie man sich in Westberlin auf die spätere Wiedervereinigung der beiden Teile denkt.

Fürlinger, Dezernent der Abteilung Stadtplanung in Berlin, erwidert, einen Generalbebauungsplan für Berlin gebe es noch nicht. Es gebe nur einen Flächennutzungsplan, der die Sanktionierung erfahren hat, der aber noch nicht die Veränderung der baulichen Nutzung in den einzelnen Gebieten zeigt. Schwierigkeiten einer Verständigung zwischen West- und Ostberlin beständen im Großen und Ganzen nicht. Die Planungen deckten sich ungefähr an den Punkten, wo Straßen angeknüpft werden. Die geografische Lage Berlins einschließlich der Bauten lasse eben nur einen gewissen Spielraum zu. Schon vor der Teilung habe Klarheit darüber bestanden, wie gewisse Straßenzüge geführt werden müssen. Die Pläne, die man seinerzeit nach Ende des Krieges gemacht habe und die eine völlige Strukturumformung des gesamten Berliner Areals von 88.000 ha vorsahen, seien nicht verworfen worden, aber ad acta gelegt worden, weil zu viele Werte, nicht bloß oberirdische, sondern auch unterirdische, vorhanden sind, die man nicht unberücksichtigt lassen kann.

Verhandlungen zwischen Ost und West seien offiziell nicht möglich. Die Pläne Ostberlins seien aber genauso bekannt wie die Westberlins. Die Pläne Ostberlins lägen erst im Entwurf vor. Dabei zeichneten sich Maßnahmen ab, die weniger die wirtschaftliche Gestaltung betreffen, als vielmehr die repräsentative Seite festlegen, seien es Aufmarschplätze oder Wohnungsbauschwerpunkte, bei denen der Osten großzügig sei. Die Ausstellung in Ostberlin sei auch genau gesehen und abgezeichnet worden. Durch diese Ostplanung werde natürlich auch das Geschehen im Westen etwas beeinflusst. So habe beispielsweise der Umstand, dass der Osten den Alexanderplatz wieder zum Brennpunkt mache, verkehrspolitische Auswirkungen bis zum Zoo. Im Wesentlichen sei aber im Osten noch nicht allzu viel geschehen. Auch dort habe es sich hauptsächlich um Instandsetzungen gehandelt, da dort das Baumaterial außerordentlich knapp ist. Auch drüben verfolge man stark, was in Westberlin geschehe und hätte gern die Absicht, zu einer Verständigung zu kommen. Das sei aber schwer möglich, weil das vom Osten sofort propagandistisch ausgenutzt werde. Man sei also auf Abtasten im Dunkeln angewiesen. Im Wesentlichen stimmten die Punkte zusammen außer einer einzigen Straßenführung, die die nördliche Abschirmung des inneren Stadtgebiets berührt. Man werde sich aber auch hier zu gegebener Zeit verständigen. Dass die Bevorzugung der repräsentativen und politischen Bauten im Osten Schwierigkeiten bereite, glaube er nicht. Es würden nur wenige Repräsentativbauten erstellt. Schlimmer sei allerdings, dass man drüben den südlichen Teil der City, der geschäftlich der intensivste war, verhältnismäßig stark vernachlässigt und sich nur auf den nördlichen Teil beschränkt, der Verwaltungsrepräsentationsbauten hatte. Dort könnte, wenn das Baugeschehen drüben schnell vorangeht, tatsächlich etwas geschehen, was uns später in der Bebauung schwere Sorgen bereiten könnte. Aber vor einem Dezennium sei damit wohl nicht zu rechnen.

Abg. Jacobi (Bundestag) betont, es sei ihm noch nicht restlos klar geworden, weshalb in Berlin die Auffassung vertreten werde, dass es dort kein Baulandproblem wie sonst in der Bundesrepublik gebe. Die Probleme der Anwendbarkeit und Zweckmäßigkeit eines solchen Gesetzes hinsichtlich der Verbesserung der Möglichkeiten, an den Wiederaufbau des zerstörten Stadtkerns heranzukommen, dürfte in Berlin nicht wesentlich anders sein als in der Bundesrepublik. Auch hier habe sich der Faktor Angst seit Jahren lähmend auf die Initiative ausgewirkt. In der Bundesrepublik tauche immer wieder die Frage auf, ob es volkswirtschaftlich gerechtfertigt sei, kilometerlange Straßen brach liegen zu lassen, an denen Versorgungsleitungen liegen, in denen Millionen und Abermillionen investiert sind. Leider hätten die Beratungen über das Baulandbeschaffungsgesetz gerade in Bezug auf den Wiederaufbau der zerstörten Stadtkerne nicht den gewünschten Stand erreicht. Aber die Problematik dürfte auf beiden Seiten ziemlich die Gleiche sein.

Was die Frage der *Verrentung* anlangt, so brauche damit nicht etwa eine Schlechterstellung für den Betroffenen verbunden zu sein. Die Verrentung könne unter Umständen für den Enteigneten eine sehr viel größere Sicherheit bieten als die einmalige Auszahlung in einer Kapitalsumme, mit der der Betreffende praktisch wenig anfangen kann, da ja die Gefahr bestehe, dass das Geld entwertet werde. Aufgrund der Erfahrungen aus zwei Währungsreformen habe man in Westdeutschland nicht den Mut, auf der Forderung nach Auszahlung in einer Kapitalsumme zu bestehen.

Der Redner stellt die konkrete Frage, ob in Berlin tatsächlich völlig anders geartete Verhältnisse in Bezug auf den zerstörten Stadtkern bestehen als im Westen.

Der *Vorsitzende* fügt die Frage hinzu, wie sich das Baulandbeschaffungsgesetz in seiner heutigen Gestalt auf Berlin anwenden lässt, wenn dort morgen wieder die Möglichkeiten einer einheitlichen Verwertung gegeben werden. Die Frage von Jacobi in Bezug auf die Verrentung versteht er dahin, wie Berlin glaubt, die Möglichkeiten einer solchen Verrentung mit den Bestimmungen des Grundgesetzes in Einklang zu bringen.

Abg. Jacobi bemerkt, dass er in dieser Beziehung keinerlei Bedenken sieht.

Abg. Stierle (Bundestag) hat aus den Berliner Darlegungen den Eindruck, als ob das Baulandbeschaffungsgesetz in der jetzigen Form keinen großen Wert habe. Er fragt deshalb konkret, ob die Berliner noch besondere Wünsche für dieses Gesetz haben, nicht nur hinsichtlich des sozialen Wohnungsbaus, sondern auch hinsichtlich der Errichtung von Geschäftsbauten.

Abg. Glasmeyer (Bundestag) knüpft an die Bemerkung von Jacobi an, dass man zweifellos einer Verrentung zustimmen könnte, wenn gewisse Wertsicherungen eingebaut werden. Im Landwirtschaftlichen Ausschuss des Bundestages habe man eine solche Sicherung vorgesehen, indem man statt des Geldwertes den Pachtzins, ausgedrückt durch Naturalwerte, eingesetzt hat. Er fragt, ob Berlin in diesem Sinne irgendwelche Vorschläge zu machen hat.

In dem Vortrag von Fürlinger sei ein Problem enthalten, das irgendwie bewältigt werden muss. Auf der einen Seite werde erklärt, dass der gemeine Wert von 1936 nicht in allen Teilen angenommen werden könnte, weil die Preise in der City bedeutend gefallen sind. Gleichzeitig sei aber mitgeteilt worden, dass in der Bauklasse 2, also in einem Baugebiet, das von der City entfernt liegt, die Preise für Grundstücke, die als Einfamilienhäuser in Frage kommen, von 3 Mark je qm bis zu 25 Mark gestiegen sind. Er fragt, wie man sich in Berlin die Lösung dieses Problems denkt.

Schulz (Berlin) macht darauf aufmerksam, dass die Verhältnisse für Berlin anders liegen als für die meisten westdeutschen Städte, in denen die offene Bauweise vorhanden war, die pro qm ganz erhebliche Beträge erreichte. In Berlin sei eine Steigerung nicht eingetreten. Lediglich in den niederen Wertklassen würden die früheren Preise noch fast in voller Höhe bezahlt.

Fürlinger (Berlin) betont, auch für Berlin sei das Baulandbeschaffungsgesetz nicht etwa wertlos, sondern man brauche es hier genauso wie die westdeutschen Städte. Für die Wiederingangsetzung der Stadt gehe es aber noch nicht genügend weit. Denn Berlin müsse wegen der Größe seines Areals ganz besondere Wünsche anmelden, die besondere Maßnahmen notwendig machten. In den westdeutschen Städten sehe man, wie im Innern ein Gebäude nach dem anderen hochkommt und das Gebiet, wenn auch unzulänglich und langsam, intensiviert werde. Man könne sich ausrechnen, dass bald eine Grenze erreicht sein müsse, wo in dieses Viertel von Hochhäusern kein Auto mehr hineinkommen kann. So könne die städtebauliche Gestaltung nicht durchgeführt werden, dass man einfach weitere einzelne Kästen errichtet und auf die Abstellung von Kraftwagen bei der Bebauung überhaupt keine Rücksicht nimmt.

Man frage sich in Berlin, wenn die Städte dort schon dem wirtschaftlichen Druck hätten nachgeben müssen, was geschehen werde, wenn eines Tages die Vereinigung erfolge und genau das Gegenteil von dem entstehe, was im Augenblick der Fall sei, nämlich dass Aufgaben, die Berlin erfüllt habe, seien sie wirtschaftlicher, seien sie verwaltungsmäßiger Art, in Westdeutschland erfüllt würden, man frage sich, was geschehe, wenn das Umgekehrte eintrete, weil Berlin wieder als Stadt Bedeutung bekomme. Die Frage sei deswegen besonders akut, weil in Berlin das innerstädtische Gebiet, das große Schadensgebiet, in seiner Ausdehnung wesentlich größer sei als etwa in Hannover mit seinen 570.000 Einwohnern. Dieses Gebiet leide so sehr unter den Kriegsschäden und sei fast überhaupt nicht in Funktion getreten, einerseits wegen der Zerstörungen, andererseits wegen der politischen Verhältnisse der Teilung durch die Zonengrenzen. Wenn das nicht intensiviert werde, entstehe ein Vakuum, ein freier Raum, der in hohem Maße mit unterirdischen Bahnen durchzogen sei, durch den die Menschen von Außengebiet zu Außengebiet transportiert würden. Es sei interessant, dass neben der nebensächlichen Station im Stadtpark Schöneberg zwei früher sehr entscheidende Untergrundbahnstationen lange Zeit nicht in Betrieb gekommen seien: Kaiserhof und Hausvogteiplatz, weil im Innern der Stadt überhaupt kein Leben gewesen sei. Das Herz Berlins, das Geschäftszentrum, sei außerordentlich groß, und davon habe mehr als die Hälfte im Dienst der öffentlichen und privaten Verwaltungen gestanden; von diesem Zentrum aus sei Berlin eigentlich gewachsen. Wenn man die einzelnen Funktionen, die darin gewesen seien, in äußeren Gebieten unterbringe, dann würde das die Zersplitterung der Stadt in viele Einheiten bedeuten; es würde zur Auflösung der Stadt in Einzelbezirke mit ganz besonderen Zentren führen. Der Wert der Metropole würde dadurch geschmälert werden. Wenn man aber neu aufbauen wolle, sei zu bedenken, dass dort der älteste Grundstücksschnitt gewesen und die Schaffung einer modernen City nicht möglich sei, ohne dass Grund und Boden richtig verteilt würden. Denn nicht die Parzelle sei die Fläche, auf der aufgebaut werden solle, nicht sie sei der Ausgang, sondern die wirtschaftliche Bebauung und der Zuschnitt der Grundstücke sei die Folge für die wirtschaftliche Bebauung. Das gelte nicht nur im sozialen Wohnungsbau, sondern auch im Innern der Stadt. Es gehe darum, den potenten wirtschaftlichen Betrieben die Grundstücke zu geben und den Bauwilligen zugunsten der nicht Bauwilligen Land zu überweisen.

Das sei die typische Situation in Berlin. Der Grund und Boden sei im Besitz von vielen anonymen Menschen, die sich zum Teil weit entfernt in Amerika, im

Bundesgebiet und in der Ostzone befänden und aus diesem Grund und Boden eine Rente gezogen hätten und im Augenblick am Aufbau weniger Interesse hätten. Die Innenstadt würde also in einer so großen Abmessung liegen bleiben, dass das wirtschaftliche Potential und der ganze Charakter Berlins gestört würden und Strukturänderungen entständen. Es würden andere Zentren geschaffen werden, die von der Planung aufgenommen und von der öffentlichen Hand mit Verkehrsmitteln ausgestattet werden müssten. Tatsächlich herrsche also im Grundsatz vielleicht das gleiche Problem wie im Westen, wegen der Größe des Problems sei es aber notwendig, das Gesetz zu schaffen. In den westdeutschen Städten habe sich schon eine Anbahnung gezeigt. Man sei zwar nicht immer den erwünschten und erhofften Weg gegangen, man sollte aber aus den Fehlern lernen.

Der *Vorsitzende* deutet die Ausführungen dahin, dass im Baulandbeschaffungsgesetz weitergehende Bestimmungen enthalten sein müssten, um auch diese Problemkreis zu ordnen. Die Grundvorstellung der Beratungen des 36. Ausschusses in Verbindung mit den Mitgliedern des 18. Ausschusses sei die, dass das Baulandbeschaffungsgesetz in seiner vorläufigen Gestaltung lediglich der Beschaffung von Bauland für den Wohnungsbau dienen solle und dass der Heranziehung von Flächen für den Gemeinbedarf oder für Geschäftsgrundstücke irgendwelcher Art nur in den Fällen Raum gegeben werden solle, wo die Enteignung von Grundstücken für diese Zwecke in untrennbarer Verbindung mit der Enteignung von Bauland für Wohnbauzwecke stehe. Man wolle also die Doppelspurigkeit des Verfahrens vermeiden. Wenn die Ausführungen dahin deuteten, dass für Berlin andere Notwendigkeiten bestånden, dann sei zu fragen, warum Berlin diese Frage nicht auf dem Wege der eigenen Gesetzgebung regele.

Prof. Lemmer sagt, er würde es vom Standpunkt des Städtebauers aus bedauern, wenn die Ausschüsse an dieser Auffassung festhielten. Die Hindernisse, die der Berliner Planung entgegenständen, lägen einmal in der prekären politischen Lage, die allerdings in Berlin einmalig sei. Sie lägen zum Zweiten an den Unterlassungen, Landreserven auch im Innern zu schaffen, mit anderen Worten, eine soziale Bodenvorratspolitik zu betreiben in den Zeiten, als es möglich gewesen wäre. Sie lägen zum Dritten in den leeren Kassen des Finanzsenators. Das Rechtsinstrument müsse so erweitert werden, dass auch eine Verrentung möglich sei. Diese sei heute aktueller denn je. Der Redner teilt aus seinen eigenen Erfahrungen als Beigeordneter einer westdeutschen Industriestadt mit, dass sich dort der Finanzdezernent geweigert habe, bei einer dringend notwendigen Stadtsanierung die nötigen Geldmittel zur Verfügung zu stellen, worauf der einzige Ausweg der gewesen sei, dass mehr als die Hälfte des für den Gemeinbedarf notwendigen Geländes auf dem Wege der Verrentung erworben worden sei. Er glaube deshalb, dass man heute erst recht diesen Weg beschreiten sollte.

Abg. Lücke sagt, er sei mit der Aussprache zufrieden. Er betont, dass man das bewusst als vorläufig bezeichnete Gesetz nicht überfordere. Man müsse das *Problem des Wiederaufbaus der Städte mit ihren Wirtschaftszentren von der klaren Baulandbeschaffung für den Wohnungsbau* trennen. Man habe sich auf den Mittelweg geeinigt und gesagt, dass die Grundstücke enteignet würden, wenn sie überwiegend

Wohnzwecken dienten, d.h., wenn z.B. 49% Geschäftsräume und 51% Wohnungen darin seien. Es sei aber unmöglich, den ganzen Fragenkreis zu regeln, der eigentlich in die Landesgesetzgebung gehöre und in anderen Ländern auch weitgehend geregelt sei. Die Frage der *Enteignung von Industriegrundstücken gehöre in das Bundesbaugesetz,* aus dem der vorliegende Teil wegen der Eilbedürftigkeit als vorläufiges Gesetz herausgezogen worden sei.

Die Frage der *Verrentung* sei lange diskutiert, aber abgelehnt worden, weil man nicht zweierlei Recht schaffen könne. Wenn z.B. das Haus der Witwe Müller, das zerstört sei, für die Planung des Allgemeinwohls gebraucht werde, dann werde sie enteignet. Sie wolle aber keine Rente, sondern den Preis. Man könne nicht dieser Frau das Allgemeinwohl auferlegen, da sie schon ihr Haus verloren habe. Man sollte deshalb bei der prinzipiellen Entscheidung bleiben, darüber hinaus aber einen Weg finden, z.B. im Falle der großen Brauerei, die das Geld nicht so nötig brauche, wo kein soziales Anliegen vorliege, zu einer Verrentung zu kommen. Darüber sollte man weiter diskutieren.

Der Redner bittet weiter, etwas mehr über den Rechtsweg zu sagen. Das Gesetz sei z.Zt. im Rechtsausschuss, und die Juristen hätten erhebliche Bedenken wegen der Form der Baulandkammern. Auch hierzu sollte von den Referenten noch einiges gesagt werden.

Der Redner bittet noch einmal, das Gesetz nicht zu überfordern. Er habe die Herren Städteplaner nicht so verstanden, als ob das Gesetz für Berlin baulandbeschaffungsmäßig keine Bedeutung hätte, sondern dass es nicht ausreiche. Das sei auch nicht beabsichtigt gewesen, weil das im Bundesbaugesetz endgültig geregelt werde, während dieses Gesetz nur für den Sektor des sozialen Wohnungsbaues herausgezogen worden sei.

Senator Dr. Mahler betont, dass für Berlin die Baulandbeschaffung für den sozialen Wohnungsbau nicht so brennend sei wie in der Bundesrepublik. Trotzdem werde das Gesetz in Berlin begrüßt, weil es auch hier Fälle gebe, wo man es zur Anwendung bringen müsse, um irgendeine geschlossene Wohnungsbautätigkeit zu erreichen, um irgendeinen Platz abzuschließen. Der Redner verweist auf die Ruinen vor dem Schöneberger Rathaus. Die Frage des gewerblichen Wiederaufbaus sei für Berlin im Augenblick auch noch nicht so brennend, weil dazu noch das Geld und auch die Kreise fehlten, die einen derartigen Wiederaufbau vornehmen könnten. Unter Hinweis auf die am Dienstag erfolgende Fahrt in das vollständig zerstörte frühere Exportviertel sagt Dr. Mahler, dass man den brennenden Wunsch habe, auch dort einen geschlossenen Wiederaufbau vorzunehmen, dass aber die Bauherren dazu fehlten. Die Grundstücksbesitzer seien nicht in der Lage, das zu machen. Selbst wenn sich eine Aufbaugemeinschaft bilden würde, könnte diese wirtschaftlich und finanziell keinen Wiederaufbau durchführen. Es komme aber der Tag, an dem eine solche Aufbaugemeinschaft gegründet werden müsse, und dann müsse man die Möglichkeit haben, einzugreifen, wenn ein geschlossener Aufbau nicht möglich sei. Diese Frage sei aber in diesem Zusammenhang nicht akut. Dr. Mahler erklärt noch einmal, an sich begrüße Berlin das Baulandbeschaffungsgesetz, das man in

Einzelfällen anwenden könne. Im Großen und Ganzen sei es jedoch wegen des großen Angebots an Bauvorhaben nicht brennend für Berlin.

Abg. Mährlein (Berlin) äußert sich als Wohnungswirtschaftler zu der Frage, warum die Baulandbeschaffung für den Wohnungsbau im Augenblick in Berlin nicht als so dringend angesehen werde. Die Bundesrepublik sei Berlin im Wiederaufbau um mindestens drei Jahre voraus. Er habe vor zehn Tagen einen Vortrag eines bekannten Hamburger Wohnungswirtschaftlers gehört, bei dem er als Berliner vor Neid hätte platzen können. In Hamburg sei der Wiederaufbau soweit fortgeschritten, dass die gemeinnützigen Wohnungsunternehmen ihren zerstörten Wohnhausbesitz wiederhergestellt hätten und sich heute schon umsähen, um einen guten Vorrat zu schaffen oder zerstörte Privatgrundstücke aufzukaufen, um Bauland für die nächsten Jahre zu haben. Berlin habe frühestens im Herbst 1949 mit dem Wiederaufbau beginnen können. Heute stecke man mit dem Wiederaufbau zerstörten Wohnraums sowohl bei dem gemeinnützigen als auch bei dem privaten Hausbesitz erst in den Anfängen. Das Wohnungsbaugesetz solle überhaupt erst die Möglichkeit geben, das, was noch zerstört sei und im Besitz der Bauherren liege, wieder herzustellen. Deshalb sei – so hätten es wohl auch die Herren von der Verwaltung gemeint – die Beschaffung von Bauland für Wohnungen im Augenblick in Berlin noch kein Problem. Der Redner sagte, ebenso wie Dr. Mahler begrüße er als Wohnungswirtschaftler das Gesetz und halte es für notwendig. Man brauche, wenn man einmal zu der Bebauung neuen Geländes komme, nicht erst ein solches Gesetz zu schaffen.

Abg. Rosenstein (Berlin) hält es für richtig, die Diskussion vor allem um den § 7 Abs. 2 zu führen, soweit dieser in Berlin anwendbar sei. Er wirft die Frage auf, ob diese Bestimmung nicht für Berlin erhebliche Härten bringe. Weiter lenkt er die Aufmerksamkeit der Ausschüsse auf die Frage, wieweit der Hamburg-Paragraph für Berlin Anwendung finden müsste. Schließlich meint er, die Mitglieder des Abgeordnetenhauses müssten sich darüber klar werden, ob die in dem Gesetz vorgesehenen Fristen für Berlin nicht etwas elastischer gestaltet werden sollten. Er bemerkt, dass Berlin nicht nur in allen bauwirtschaftlichen Fragen zurück sei, sondern auch sonst Schwierigkeiten habe. Deshalb sollten die Fristen für Berlin etwas günstiger sein. Der Redner kündigte an, über diesen Punkt noch Näheres mitzuteilen.

Abg. Wirths (Bundestag) betont, dass das Baulandbeschaffungsgesetz nicht nur zur Beschaffung von Bauland für soziale Wohnungen gedacht sei. Man könne mit dem Gesetz Gelände für alle Wohnungen enteignen, wenn in dem Gebäude 51% Wohnungen vorgesehen seien. Man könne das Gesetz also für eine ganze Reihe von Straßen in Berlin ohne weiteres anwenden. Der Redner sagt, er habe in den Ausschüssen vergeblich versucht zu erreichen, dass der gesamte Komplex der Enteignung geregelt werde. Das würde aber bedeutet haben, dass dann in dem Gesetz auch die schwierigen Fragen der Umlegung und der Zusammenlegung hätten geregelt werden müssen. Andererseits sei gedrängt worden, das Gesetz möglichst bald zu verabschieden, damit Bauland für den Wohnungsbau enteignet werden könne.

Da das Kabinett beschlossen habe, das Bundesbaugesetz noch in dieser Legislaturperiode zu verabschieden, sei zu hoffen, dass die Fragen des Städtelebens schlechthin bis zum nächsten Jahr geregelt würden. Der Redner sagt, er bezweifle allerdings, ob das möglich sei.

Ein weiterer Irrtum müsse richtiggestellt werden: Das Baulandbeschaffungsgesetz sei kein Geldbeschaffungsgesetz für die Gemeinden und kein Kreditbeschaffungsgesetz. Seitens der Vertretungen der Städte und der Verwaltungen werde vielfach geglaubt, dass das Gesetz den Städten die Möglichkeit gebe, Land für Zwecke des Wiederaufbaues, für den Städtebau an sich zu ziehen, und dass es gleichzeitig eine legere Lösung der Bezahlung biete. Das sei leider nicht der Fall.

Mit dem Problem der Verrentung habe man sich sehr stark beschäftigt. Vielleicht könne man es noch einmal nach dem Vorschlag von Jacobi aufgreifen, der die Verrentung mit Prozentsätzen von Beamtengehältern gekoppelt habe. Im Augenblick werde das im freien Grundstücksverkehr sehr stark gehandhabt. In Nordrhein-Westfalen sei es unterbunden worden, die oberste Preisbehörde habe erklärt, es widerspreche den Währungsgesetzen, dazu sei die Genehmigung der Devisenstelle notwendig. Der Redner sagt, er habe die Unterlagen zur Prüfung an das Bundeswirtschaftsministeriums gegeben. Er sehe in dieser Basis eine Möglichkeit. Man könne aber nicht zweierlei machen und dem einen sagen, er bekomme eine Rente nach Prozentsätzen des Beamtengehalts und dem anderen, er bekomme eine ratenweise Zahlung in Mark. Darüber müsse noch einmal gesprochen werden.

Man könne den Berlinern nur gratulieren, dass sie zunächst an den Wiederaufbau herangegangen seien. Die Mitglieder der Ausschüsse hätten stellenweise mit Entsetzen gesehen, dass man am Rande von Städten drei und vier Geschosse gebaut habe und im Inneren nichts. In Köln sehe man das sehr deutlich, wo man sich sehr stark auf den Neubau verlagert und keinen Wiederaufbau gemacht habe. Das gehe auch deutlich aus den Länderprogrammen für dieses Jahr hervor; alle Länder planten mehr Neubauten als Wiederaufbauten, mit Ausnahme von Nordrhein-Westfalen.

Unter Hinweis auf die Ausführungen Dr. Mahlers, dass man für Anregungen dankbar wäre, empfiehlt der Redner, nach dem Vorbild von Nordrhein-Westfalen ein Grunderwerbsteueränderungsgesetz zu beschließen, wie es bereits Schleswig-Holstein, Bayern und Hessen hätten. Man lasse dort in bestimmten Fällen die Grunderwerbsteuerpflicht wegfallen. Nordrhein-Westfalen habe kürzlich ein neues Gesetz verabschiedet, das die Möglichkeit gebe, zu einer gewissen Auflockerung des Grundstücksmarktes zu kommen, eine Senkung der Baukosten in geringem Umfange zu erreichen und Ersterwerber von Eigenheimbauten oder Eigentumswohnungen beim Übergang vom Verfahrensträger von der *Grunderwerbsteuerpflicht auszunehmen.* Der Redner sagt, er empfehle das, weil er als Vater des Wohnungseigentumsgesetzes ein starkes Interesse daran habe, dass versucht werde, auch in der Großstadt Eigentumswohnungen zu bauen, um auf diese Weise das notwendige Eigenkapital in erheblichem Umfang in den Wohnungsbau hineinzuziehen. Er erklärt sich bereit, das in Nordrhein-Westfalen ergangene Gesetz den Berliner Stellen zuzuschicken, das er für das beste auf diesem Gebiet von den Ländern verabschiedete Gesetz halte.

Der *Vorsitzende* dankt allen Damen und Herren für ihre Darlegungen und hebt die offen gebliebenen Fragen hervor. Es wäre interessant zu erfahren, in welchem Verhältnis der Einheitswert der Grundstücke in Berlin zum sog. gemeinen Wert gestanden habe. Von mehreren Rednern sei gesagt worden, dass der Einheitswert keine geeignete Grundlage, dass er ein fingierter Wert sei. Wenn man die Preisdarstellung in der Übersicht prüfe und an den Einfluss der Gründerjahre in Berlin denke, über die es geschichtliche Darstellungen gebe, dann sei die Frage zu stellen, wieweit das keine fingierten Preise seien, die irgendwie zustande gekommen seien, weil das Grundstück in einer bestimmten Lage in einer bestimmten Weise zu nutzen gewesen sei.

Das vorläufige Baulandbeschaffungsgesetz müsse man unter dem Gesichtspunkt sehen, dass es ein Faktum sei, das demnächst der Beschlussfassung im Parlament zugeführt werde. Dass das Bundesbaugesetz noch in diesem Jahr vor den Bundestag kommen solle, wäre sehr zu begrüßen. Man müsse aber zunächst von dem Baulandbeschaffungsgesetz als der einzigen realen Gegebenheit ausgehen und versuchen, damit für die Zukunft die Landbeschaffungspolitik zu regeln.

Im Zusammenhang mit der von einzelnen Rednern angeschnittenen Frage der Verrentung richtet der Redner an die Herren von der Berliner Verwaltung die Frage, welche Flächen sie notwendigerweise innerhalb der nächsten fünf Jahre, evtl. mit Aufwendung öffentlicher Mittel, erwerben müssten und wie groß der finanzielle Bedarf dafür wäre. Die Beantwortung dieser Frage wäre für die weiteren Beratungen des Ausschusses wichtig.

Schließlich begrüßt der Redner die Möglichkeit, sich mit den Berliner Vertretern unterhalten zu können, gibt aber dem Wunsche Ausdruck, dass diese sich auch in Zukunft an den Beratungen in Bonn beteiligten; insbesondere erwartet er ihre Mitarbeit bei der dritten Lesung des Gesetzes im Ausschuss, ähnlich wie im Ausschuss für den Lastenausgleich Berliner Vertreter immer hart am Rande der Beratungen beteiligt seien, wobei es dahingestellt bleibe, ob mit dem notwendigen Erfolg für diese hart geprüfte und unter besonderen wirtschaftlichen Bedingungen ihre Funktionen erfüllende Stadt. Es sei zu hoffen, dass auch in Zukunft von den Berliner Vertretern wertvolle Hinweise für die Beratungen über die grundsätzlichen Fragen der Bodenwirtschaft gegeben würden, die leider sehr stark mit dem historischen Denken des Deutschen und aus der Überlieferung nicht zu lösenden Vorstellungen verbunden seien.

Schluss der Sitzung 18.07 Uhr

Am Dienstag, dem 4. März, wurden auf einer Besichtigungsfahrt durch ganz Westberlin flächenzerstörte Gebiete in den Ortsteilen Lankwitz und Charlottenburg sowie die neuerstellten und wiederaufgebauten Wohnungen in den Bezirken Charlottenburg, Wedding, Neukölln besichtigt. Die Teilnehmer der Besichtigungsfahrt wurden mit den verschiedensten Problemen Berlins beim Wiederaufbau bekanntgemacht. Es wurden weiterhin die Wohnungsbauten aus der Gründerzeit im Bezirk Wedding in Augenschein genommen. Hierbei wurde allseitig der Wunsch geäußert, die mit dem Wiederaufbau und der Neuplanung Berlins zusammenhängenden Fragen an einem späteren Zeitpunkte nochmals eingehend zu studieren und zu beraten.

Am Mittwoch, dem 5. März, fand alsdann im Bundeshaus in der Bundesallee eine weitere Sitzung der beteiligten Ausschüsse mit den Berliner Vertretern statt.

Der *Vorsitzende* des Ausschusses für Bau- und Bodenrecht, *Abg. Heinz Meyer – Bremen,* eröffnet um 10.40 Uhr die Sitzung und bittet wegen der Verzögerung des Beginns um Entschuldigung. Er dankt dem Bundesbevollmächtigten für die Zurverfügungstellung des Sitzungssaales.

Dann ergreift der *Stellvertreter des Bundesbevollmächtigten, Dr. Vockel,* das Wort und wünscht der Tagung einen guten Verlauf. Dr. Vockel wäre von Berlin abwesend und daher leider nicht in der Lage, die Herren persönlich zu begrüßen. Er führt weiter aus, dass die Herren aus Bonn nicht aus dem Grunde im Bundeshaus wären, um ihnen ein Lokal für die Tagung zu geben, sondern das Bundeshaus wäre gewissermaßen nicht nur als Symbol für ein Ziel anzusehen, sondern sei auch ein Stück Wirklichkeit, nicht nur eine Stätte der Legislative, sondern eher der Exekutive. Alle Kreise arbeiteten mit daran, dass Berlin wieder das wird, was es einmal für das Reich war und für den Bund wieder werden soll. Gestern sagte einer der Herren, es ist Klein-Bonn in Groß-Berlin. Das träfe vielleicht nicht ganz zu, wenn auch der gute Wille erkennbar sei. Es sei ein Ansatzpunkt für etwas Neues, Bonn habe ein Bein nach Berlin gesetzt, das Standbein wäre aber noch in Bonn.

Abg. Meyer dankt dem stellvertretenden Bundesbevollmächtigten für die freundliche Begrüßung. Er macht den Vorschlag, dass die Diskussion unter den *Gesichtspunkten* fortgesetzt wird, die sich *erstens* durch die gestrige Besichtigungsfahrt ergeben haben, *zweitens* sich mit den Bestimmungen des § 7 des Baulandbeschaffungsgesetzes insofern zu beschäftigen, als die anwesenden Vertreter Berlins im Besonderen ihr Augenmerk darauf richten müssten, was sie glauben, mit den jetzigen Vorschlägen anfangen zu können und *drittens* einer Anregung von Herrn Abg. Posenstein (Berlin) folgend zu prüfen, ob die Hamburger Bestimmung [?] auch auf Berlin Anwendung finden könnte. Da der *dritte Punkt* keine Schwierigkeit bereite, brauche er wohl nicht eingehend behandelt zu werden. Es wäre sodann noch die Frage an die Berliner Vertreter zu stellen, welche Erfahrungen hier über das Verhältnis des *Einheitswertes zum gemeinen Wert* gemacht worden seien. Die Einheitswerte als bloß fiktive Werte zu bezeichnen, erscheine bedenklich, denn es müsse hierzu u.a. der Hinweis gegeben werden, dass die Berliner Preise wesentlich durch die Gründerjahre beeinflusst worden sind. Es wäre ferner an die Vertreter Berlins die Frage zu stellen, welcher Aufwand erforderlich sein würde, wenn Berlin nach den Bestimmungen des § 7 Abs. 2 des Entwurfs die Preise bezahlen müsse für die Beschaffung von Flächen des öffentlichen Bedarfs, welche Vorstellungen z.B. Berlin betr. den Bezirk Wedding hinsichtlich des finanziellen Aufwandes für die benötigten Grundstücke habe.

Dann ergreift *Abg. Lücke* das Wort und führt Folgendes aus: „Die Besichtigungsfahrt, die außerordentlich interessant war, hat Dinge gezeigt, die Bonn ermutigen, den beschrittenen Weg fortzusetzen. Die Bundestagsabgeordneten sind der Überzeugung, dass das Baulandbeschaffungsgesetz viel besser ist als der Berliner Ruf zu diesem Gesetz. Die Städteplaner hielten allerdings nicht viel von diesem Gesetz. Er glaube jedoch, dass der Bezirk Wedding für die Baulandbeschaffung besonders eindrucksvoll geeignet sei. Der Redner ist der Meinung, dass beim nächsten Besuch der Bezirk Wedding als Musterbeispiel für die Anwendung des Baulandbeschaffungsgesetzes untersucht werden solle. Im Übrigen hätte die völlige Verschiedenheit der Berliner Bezirke sehr beeindruckt gegenüber den Verhältnissen im Westen, insbesondere auch die vielfältigen politischen Schwierigkeiten, die den wirtschaftlichen Notwendigkeiten entgegenstehen. Es wäre sehr gut, dass die Bonner Abgeordneten dies einmal gesehen hätten; künftig sollten die Abgeordneten des Parlaments mehr den Bezirk Wedding und andere Viertel zu Gesicht bekommen, damit sie wissen, welche Probleme noch ungelöst sind, und dass Berlin eigentlich auch heute noch eine moderne Festung darstellt mit den unendlich vielen Arbeitslosen, den vielen Ziegelsteinen ringsherum, wobei sich sogar die Frage ergeben habe, ob diese vielleicht exportiert werden sollten, weil in Berlin nicht genügend gebaut werden könnte. Auf alle Fälle wäre eine völlig andere Situation als im Westen festzustellen. Frage sei, ob auch in Berlin der gemeine Wert die obere Grenze sein solle, weil Berlin ein anderes Gesicht hat. Hier könne der gemeine Wert ein soziales Problem werden. Die Bundestagsabgeordneten hoffen alle, dass Berlin wieder das wird, was es einmal war, also die Bundeshauptstadt, dass es also auch speziell im Wohnungsbau in Berlin einmal anders aussehen wird als jetzt.

Es sei aber eine sehr wichtige Aufgabe, falsche Entwicklungen zu verhindern. Durch die Einstellung der Bonner Bundestagsausschüsse sei Berlin ermutigt, nicht aus der deprimierenden Zwangslage heraus zu glauben, dass dieser Zustand auch so bliebe. Sorge mache nur die Feststellung, dass das Gefühl besteht, zu viele Einraum- und 1 ½-Zimmerwohnungen zu bauen. Im Westen wäre es anders. Bei einem bestimmten Prozentsatz an kleinen Wohnungen müsse Berlin auch einen bestimmten Prozentsatz an Zweiraum-, Dreiraum- und größeren Wohnungen bauen. Sonst würde ein Ghetto an kleinen Wohnungen entstehen. In ferneren Jahren könne dieses Problem ganz anders angesehen werden. Seit vier Jahren seien die Bedürfnisse erheblich gewachsen, auch im Westen wäre dies festzustellen. *Abg. Lücke* sagte zum Schluss seiner Ausführungen, dass die Reise hierher einen ungemein starken Eindruck hinterließe, und dass Berlin unter Bedingungen kämpfe, die man in Bonn nicht kennt. In einigen Monaten sollte der gesamte Ausschuss einmal hierher kommen, um sich ein besseres Bild von den hier anfallenden Problemen machen zu können.

Auch Frau *Abg. Dr. Brökelschen* berichtete von dem großen Eindruck, den die Besichtigungsfahrt auf sie gemacht hätte. Ihr fiel der weite Weg auf, der zurückzulegen ist, um die Menschen mit dem Grund und Boden zu verwurzeln und den täglichen Bedürfnissen, unter denen sie stehen. Zwischen dem fernen Ziel und der gegenwärtigen Not müsste ein Zwischenziel gestellt werden, das menschlich erträglich wäre. Besonders stark war Frau Dr. Brökelschen von den Problemen in Wedding beeindruckt. Hier würde vorbereitet, was sich im Westen als Prinzip vollzieht. Wenn Berlin das Fenster nach dem Osten sein soll, wirtschaftlich und kulturell, dann müsste es dieses Fenster auch wohnungsmäßig haben und den Abstand, der sonst zwischen Westen und Osten besteht, auch hier augenfällig werden lassen. Sehr charakteristisch fand sie eine Äußerung Ulbrichts, der sich dagegen verwahrt, dass an den Stadtgrenzen irgendwelche Wohnsiedlungen entstehen sollten. Wenn nämlich hier Kleinsiedler sesshaft gemacht werden sollen, dann stünden diese Siedler für eine politische Schulung nicht mehr zur Verfügung. Dieser Gesichtspunkt wäre das Problem des Wohnungsbaues. Ihr wäre nicht wohl bei dem Gedanken, nicht von den wirklichen Bedürfnissen der Menschen auszugehen, sondern von der Tatsache einer Unterbringung in 1- und 1 ½-Zimmerwohnungen. Auch sie wäre der Meinung, dass Berlin wieder Hauptstadt wird, aber andererseits sei Berlin durch die fürchterlichen Kriegserlebnisse die einmalige Chance gegeben, auch wieder Hauptstadt zu werden durch Schaffung des Wohnraums und Gestaltung der Kleinsiedlung, wie man sich das in Bonn vorstelle. In London und New York würde mit einer verpassten Chance gerungen. Diese Aufgaben gingen weit über den Augenblick hinaus, darum wäre es eine geschichtliche Aufgabe, mit der wir Deutsche fertig werden müssen.

Weitere Wortmeldungen werden aus Bonner Kreisen nicht gewünscht. Sodann wurde zum zweiten Punkt übergegangen, und zwar die Frage der besonderen Stellungnahme Berlins zum § 7.

Referent Schulz, Abt. Vermessung äußert sich in Beantwortung der Frage des Herrn Vorsitzenden zunächst über die Schwierigkeit der Anwendung des Begriffs „gemeiner Wert von Grundstücken“ auf die Berliner Verhältnisse, einmal ganz allgemein bedingt durch den Mangel zutreffender Vergleichspreise in Stadtvierteln, die ihren Charakter durch die Kriegszerstörungen völlig verändert haben.

Zu den Einheitswerten des Jahres 1935 trug Herr Schulz im Wesentlichen vor: Für das unbebaute Gelände und für Grundstücke, die in der Zwischenkriegszeit bebaut worden sind, stand zur Ermittlung des Einheitswertes für den Grund und Boden eine genügende Anzahl von Kaufpreisen zur Verfügung. Die bei den Katasterämtern, bei den Finanzämtern und bei den städtischen Dienststellen vorhandenen Kaufpreisunterlagen wurden in der üblichen Weise bereinigt und danach die Einheitswerte festgestellt. Die später aufgrund des RdErl. des Reichspreiskommissars, bezogen auf die Wertverhältnisse des Jahres 1936 ermittelten Richtpreise, hatten im Wesentlichen die gleichen Ausgangswerte zur Grundlage. Sie enthalten einmal gegenüber den Einheitswerten die zwischen 1935 und 1936 eingetretenen Preissteigerung und darüber hinaus besondere, in den Grundstücken selbst liegende Bewertungsmerkmale, die hier eingehender berücksichtigt wurden, als dies in der Einheitsbewertung geschehen war.

Daraus ergab sich, dass im Allgemeinen die Einheitswerte etwas niedriger als die Richtpreise liegen, in vielen Fällen jedoch auch nach oben hin abweichen.

Ganz anders liegen die Verhältnisse in den Gebieten, in denen die Bebauung mit Beginn des ersten Weltkrieges im Wesentlichen abgeschlossen war. Hier lagen Kaufpreise für den Grund und Boden aus der Zeit nach dem ersten Weltkrieg im Wesentlichen nicht mehr vor. Vereinzelte Verkäufe unbebauter Grundstücke in diesen altbebauten Gegenden konnten wegen besonderer Zweckbestimmung des Einzelfalles nicht als typisch gelten. Hier wurde bei der Bewertung des Grund und Bodens, der Veränderung der Ertragslage des Miethausbesitzes, der ja hier vorherrschte, in der Einzelbewertung dadurch Rechnung getragen, dass von den Bodenwerten des Jahres 1914 im Allgemeinen ein 50%iger Abschlag vorgenommen wurde. Dieser um 50% liegende Abschlag wurde der Veränderung, die in den vorhergehenden zwei

Jahrzehnten die einzelnen Berliner Stadtteile durchgemacht hatten, nicht gerecht. Er war für Bezirke, die bis zum 1. Weltkrieg besonders hohe Bodenwerte hatten, zu gering (Kreuzberg), für andere Gebiete, die erst kurz vor dem 1. Weltkrieg an Bedeutung gewonnen hatten, zu groß (Neukölln). Dadurch ergab sich, dass die gemäß § 52 Abs. 2 des RBewG anzuhaltenden Bodenwerte für Grundstücke gleicher Art und Lage in den einzelnen Berliner Bezirken völlig unterschiedlich war. Bei der Ermittlung der Bodenwertanteile für die Grundstücke in den altbebauten Gebieten im Rahmen der Preisbindung des Grundstücksverkehrs wurden diese Bodenwertanteile, ausgehend von tatsachlichen Kaufpreisen neubebauter Gebiete in Modifizierung der Verhältnisse bei den altbebauten Gebieten (höhere bauliche Ausnutzbarkeit, anteilige Geschäftsraummieten usw.) erteilt. Diese Bodenwertanteile, die ein für Berlin homogenes Bild geben, lagen teilweise ganz wesentlich, wie sich aus dem Vorhergesagten ergibt, unter den Einheitswerten für den Grund und Boden, teilweise auch darüber. Nach dem 2. Weltkrieg übernahmen die Finanzämter in einigen Bezirken, in denen ihre Unterlagen verloren gegangen waren, diese Bodenwerte für die Wertfortschreibung in der Einheitsbewertung (z.B. Bezirk Wedding, Teile des Bezirks Tiergarten). In anderen Stadtvierteln behielten sie die ursprünglich ermittelten Werte bei. Insoweit erscheinen die Einheitswerte mangels Einheitlichkeit und auch wegen ihrer Höhe als Bemessungsgrundlage gemäß § 7 des Baulandbeschaffungsgesetzes nicht geeignet.

Referent Fürlinger – Abt. Stadtplanung – macht Ausführungen über den Erwerb der erforderlichen Flächen, die für die Durchführung der Neuplanung Berlins einschl. Gebäuden bzw. Gebäuderesten gekauft werden müssten und erklärt, dass es wegen der gleitenden Grundstückspreise und der Ungewissheit, in welcher Zeit die Planung durchgeführt werden kann, außerordentlich schwierig ist, Zahlen anzugeben. Die nachfolgend angegebenen Kosten müssen so verstanden werden, dass ihre Höhe erforderlich wäre, wenn der z.Zt. sanktionierte Flächennutzungsplan sofort durchgeführt werden müsste. Der Aufwand für Verkehrsflächen beträgt etwa 210 Millionen einschl. der Gebäude und Gebäudereste, die auf dem zu erwerbenden Land stehen. Der Wert der Gebäude daran beträgt etwa 123 Millionen DM.

Grünflächen: Hier bestehen große Unterschiede zwischen dem Bedarf der einzelnen Bezirke. Für Kreuzberg, das sehr dicht bebaut ist, betragen die Kosten der zu erwerbenden Flächen etwa 25 Millionen DM, während in Zehlendorf, welches zum größten Teil Villengebiet ist, knapp 2 Millionen DM erforderlich sind. Insgesamt werden für Westberlin ungefähr 185 Millionen DM benötigt. Da die Bereitstellung von Mitteln in so großem Umfange in absehbarer Zeit nicht möglich sein wird, wird zur Reduzierung dieses Aufwandes versucht, die Durchgrünung im Zuge der baulichen Auflockerung durchzuführen und nur an jenen Stellen zusätzlich öffentliche Grünzüge, deren Flächen käuflich erworben werden müssen, auszuweisen, wo das Mittel der baulichen Auflockerung (Zeilenbauten u. dgl.) versagt.

Ein weiteres Problem stellt in Berlin die Schulraumnot dar. Die Schulgebäude sind zu einem großen Teil völlig unzulänglich, besonders im innerstädtischen Gebiet vielfach als hohe Geschossbauten für Grundschulen nicht geeignet ohne die erforderlichen Flächen für Pausenhof oder gar sportliche Betätigungen. Für die Schulen müssen daher, und zwar zu einem erheblichen Teil direkt an ihrem Standort, Grundstücke erworben werden. Für diese Flächen sind rd. 140 Millionen DM erforderlich. Insgesamt wären demnach nach den heute gültigen Richtwerten für Grund- und Bodenpreise und für die zu erwerbende Gebäudesubstanz rd. 540 Millionen DM erforderlich.

Inwieweit eine solche Rechnung überhaupt stichhaltig ist, hängt von den Grund- und Bodenpreisen ab, die auf einer sehr hohen dichten Bebauung aufgebaut sind. Also auch in den Richtpreisen findet die hohe Überbauung einer längst vergangenen Zeit ihren Ausdruck. Die Einsetzung der Grund- und Bodenpreise bei städtebaulichen Berechnungen geschieht also ohne Berücksichtigung der Entwicklungstendenz. Während manche Gebiete unerschüttert blieben, stehen wir im innerstädtischen Gebiet Berlins vor einem Bankrott des Grundeigentums. Wir müssen bei Straßendurchbrüchen und Landerwerb zum Teil mit Grundstückswerten operieren, die gar nicht mehr vorhanden sind. Wie schwierig im Falle einer Enteignung die Preisfestsetzung ist, zeigt das Beispiel Anhalter Bahnhof. An der Ecke Anhalterstraße – Stresemannstraße liegt der Richtpreis bei 580 DM, anschließend fallen die Bodenwerte in den Richtpreisen auf 300, 200 und noch weniger herunter. Der hohe Preis an der Ecke ist nicht durch die Eckausnutzung, sondern auch durch die besondere Art der Nutzung des Gebäudes, die einen hohen Ertrag gestattete, entstanden. Welche wirtschaftliche Nutzung in Zukunft möglich und welcher Grundstückswert infolgedessen angemessen ist, ist z.Zt. nicht vorausbestimmbar. Die entscheidende Frage der Bewertung der Grundstücke bedarf noch einer eingehenden wissenschaftlichen Durchdringung und Klärung.

Abt.-Leiter Unglaube (Stadtplanung) führte aus, dass wir hier in Berlin in der glücklichen Lage wären, Wohnungen nicht nur draußen an der Peripherie zu errichten, sondern damit auch in die innere Stadt hineingehen könnten. Aber auch in den 20er Jahren, wo jährlich etwa 35.000 Wohnungen gebaut worden wären, ist nicht in der City gebaut worden, sondern in den Außenbezirken, weil nur dort der Bodenpreis so niedrig war, dass er für die wirtschaftliche Aufschließung von Wohnungsbauten erträglich war. Das neue Gesetz gibt die Möglichkeit, Gelände für den Wohnungsbau zu beschaffen. Allerdings wären Grundstückspreise in den Innenbezirken – z.B. Anhalter Bahnhof – von damals 500 DM pro qm im Höchstfalle auf solche von 300, 200 heruntergegangen, aber nicht weniger als 50 DM pro qm, welcher Preis jedoch für den Wohnungsbau nicht tragbar ist. In den 20er Jahren kam ein Grundstückspreis von höchstens 20 DM für fünfgeschossige Bebauung in Frage. In den Wiederaufbaugebieten wäre heute eine gegen damals verdoppelte Bausumme zu verkraften, dazu kämen die Enttrümmerungskosten der Grundstücke und alle sonstigen Altbeleihungen. Zu diesen drei Momenten kommt der viel zu hoch gelegene Grundstückspreis. Deshalb hätte der Wohnungsbau in diesen Gebieten keine große Chance; für Geschäftsbauten wären die hohen Grundstückspreise eher tragbar.

Abg. Wirths gibt seiner Verwunderung über die letzten Ausführungen Ausdruck. Einen Grundstückspreis von 20 DM pro qm gibt es im Westen durchweg. Der Grundstücksanteil sei relativ gering, auf die Wohnung bezogen. Grundstückspreise von 12 und 13 DM pro qm bei zweigeschossiger Bebauung ergäbe eine durchaus tragbare

Miete von 1,10 DM pro qm. Selbstverständlich bei Hergabe eines Landesdarlehens. Man hätte in Berlin die Möglichkeit, mit dem vorliegenden Gesetz die Grundstücke zu einem Preis zu bekommen, der für beide Teile tragbar ist. Herr Lücke hätte angedeutet, dass der gemeine Wert eine soziale Härte darstelle, siehe Satz 2 des § 7: „Die Entschädigung darf den im Zeitpunkt der Enteignung im gewöhnlichen Geschäftsverkehr zu erzielenden Preis (gemeiner Wert) nicht übersteigen." Für Vergleichspreise muss geprüft werden, ob der Preis unter irgendeiner Zwangslage entstanden ist. Berlin befände sich generell in einer Zwangslage. Es käme hier auf die Vernunft des Sachverständigen an und die der Enteignungsbehörde; dann würde man zu einer Einigung kommen. Der Vorteil für Berlin stecke in diesem Gesetz in dem abgekürzten Verfahren. Es gäbe in Berlin viele Möglichkeiten, um dieses Gesetz anzuwenden. Der § 7 passe also auch auf Berlin. Die zerstörten Grundstücke könnten mit dem Gesetz saniert werden, nicht dagegen der Bezirk Wedding.

Es wäre im Bund noch ein neuer Gedanke aufgetaucht, ob man nicht durch *Ratenzahlungen* zu Grundbesitz kommen könnte. Der Ausschuss hat sich nicht bereit erklärt, der Regierungsvorlage zu folgen, also der Gemeinde zu gestatten, das Land in Raten oder Renten zu bezahlen. Z.Zt. wäre eine Stagnation durch den Lastenausgleich eingetreten. Wenn z.B. jetzt ein Rentner ein Grundstück verkaufen würde, bekäme er keine Soforthilfe. Wäre erst der Lastenausgleich da, dann wäre diese Frage geklärt. Wenn eine Auflockerung in der Bebauung erfolgt, wäre das erstmal für Berlin ein Anfang wegen der besonderen Notlage und man könnte dann eher eine klare Entscheidung wegen der Entschädigung treffen. Es wäre weiter wichtig festzustellen, wann die Grundstücke verkauft worden sind, wann Zwischenverkäufe erfolgt sind etc. Vor allem wäre es wichtig: Was soll gebaut werden, wie hoch ist der Anteil am Grund und Boden? Eine Entschädigung nach der früheren Bebauung zu zahlen, ginge nicht an, diese Frage ist sehr klar zu beantworten. Es müssten Taxen aufgestellt werden nach dem Gebäude- und Bodenwert abzüglich Absetzung (siehe Wedding), dann bleibe ja überhaupt nichts mehr übrig! Diese Grundstückwerte müssten dann angesetzt werden, um für die gesamte Wohnung einen sehr geringen Nutzungswert zu erhalten. Wenn Siedlungen errichtet würden, wären die Aufwendungen relativ gering. Anders liegen die Verhältnisse bei den gewerblichen Einheiten, hier wäre der Nutzungswert etwas schwieriger festzustellen. Es müsste an ein Auseinanderziehen von Industrie, gewerblichen Bauten und Wohnsiedlungen gedacht werden im Zuge einer sehr großen Umlegung für das ganze Gebiet; die gewerblichen Betriebe wären an einer anderen Stelle unterzubringen. Die Terminfrage wäre für Berlin sehr wichtig.

Frau *Abg. Dr. Barowski* (Berlin) führte aus, dass sie nicht im Klaren sei, weil das Gesetz ein Baulandbeschaffungsgesetz wäre, ob die Verrentung des Kaufpreises so wichtig sei. Wenn sich die Finanzlage einer Gemeinde nach Aufnahme von Darlehen verbessere, dann wäre sie später auch in der Lage, eine kapitalmäßige Ablösung der Renten vorzunehmen. Zu dem Beispiel von Herrn Unglaube, am Anhalter Bahnhof Wohnungen zu errichten, meint Frau Dr. Barowski, dass dies wohl nicht in Frage käme, vor allem nicht für den sozialen Wohnungsbau. Die Bodenwerte hätten sich auch nicht gebildet aus der Nutzung als Wohngebiete, sondern aus der Nutzung als Verkaufszentren und anderer Gewerbe. Ein Wohnungsbau, gemischt mit Gewerbe, wäre zu bevorzugen. Weiter wirft Frau Dr. Barowski die Frage auf, ob der Enteignungswert die alte Nutzung nach alter Bauordnung oder die neue Nutzung nach neuer Bauordnung berücksichtigen soll. Zuwachs im Zusammenhang mit einer Neuplanung soll der Allgemeinheit zugänglich gemacht werden. Tut man das gesetzgeberisch, bestünde keine Notwendigkeit, die alte Nutzung zu annullieren. Das Problem des Wertzuwachses trifft nicht nur den Personenkreis der Enteigneten.

Der *Vorsitzende, Abg. Meyer,* vertritt anschließend die Ansicht des Ausschusses. Er wäre erschüttert über die Berliner Ansicht, dass die Preise von ewigem Wert sein könnten. Aus den Ausführungen der Bundestagsabgeordneten ginge doch sehr stark hervor, dass sich dieses Gesetz auf die Beschaffung von Bauland für den Wohnungsbau erstrecke. Nicht die Cityverhältnisse könnten nach dem Gesetz bewertet werden. Er ist der Ansicht, dass § 7 Abs. 1 in der Fassung vom 29.2.1952 in Verbindung mit Abs. 2 auf die Berliner Verhältnisse anwendbar sei. Es hätte im Bundestagsausschuss eine lange Aussprache darüber stattgefunden, ob man etwa die soziale und wirtschaftliche Situation der armen Witwe zum besonderen Betrachtungspunkt bei der Festsetzung der Entschädigung machen soll. Der Ausschuss sei aber zu der Ansicht gekommen, dass diese Frage nicht im § 7 geregelt werden könne. Er wirft die Frage auf, was für ein Preis im gewöhnlichen Geschäftsverkehr für ein Grundstück heute zu erzielen wäre? Im § 8 wären besondere Regelungen vorgesehen, aber nicht im § 7. Nach dem Ergebnis der Ausschussarbeit hat dieses Gesetz nicht die Aufgabe, den niedrigsten Preis aus der künftigen Nutzung zu erreichen. Sonst kostet heute jeder Quadratmeter Boden im sozialen Wohnungsbau genau 10 DM. Es gibt keine Rechtfertigung des Grund- und Bodenpreises, wenn man die heutigen Baukosten, die mehr als 100% gestiegen sind, zugrunde legen würde. Das Gesetz habe die Aufgabe, vom Tage des Inkrafttretens an zu verhindern, dass irgendwelche Spekulationswerte realisiert werden können. Ob das die letzte Lösung wäre oder ob es weiter gesetzgeberischer Konzeptionen bedarf, um einen gerechten Bodenpreis zu finden, das müsste heute außerhalb der Beratungen bleiben.

Das Problem der Bezahlung der Kosten für Beschaffung von Grund und Boden, der der öffentlichen Nutzung zugeführt werden soll, ist im Rahmen des vorliegenden Gesetzes nicht zu regeln, was den Gedanken einer Wertklausel betrifft, so wäre es eine unmögliche politische Konzeption, dass der Gesetzgeber in irgendeinem Gesetz zur Geltung bringt, dass die heute festgesetzten Preise möglicherweise unter dem Einfluss einer latenten oder akuten Geldentwertung geändert werden können. Keine Enteignungsbehörde und keine Gemeinde wäre aber gehindert, mit den Entschädigungsberechtigten in der Weise zu verhandeln, dass sie ihnen anbieten: a) Ersatzland, b) Wohnungseigentum, c) Kapitalabfindung, d) Ratenzahlung, e) Verrentung. Er möchte den Vertretern der öffentlichen Hand, also den Kommunalpolitikern, einen Rat geben: Bitte überlegt einmal, ob nicht möglicherweise das Problem der sofortigen Zahlung von Kapitalbeträgen durch Gründung von Auffangorganisationen gelöst werden könnte? Besondere Berliner Probleme ließen sich auch ohne Bundeshilfe lösen, da Berlin noch sein eigener Gesetzgeber sei. Es müsste geprüft werden, ob nicht die Bereinigung der Grundstücksverhältnisse auf dem freien Markt möglich wäre. Wenn der § 7 ausreicht, brauche man sich nicht in Einzelheiten zu verlieren. Tabula rasa zu machen, wäre aber nicht möglich. Nach den Erlebnissen im Tausendjährigen Reich wird niemand Wert darauf legen, an den fundamentalen Grundsätzen menschlichen Zusammenlebens etwas zu ändern.

Im weiteren Verlauf führte Referent *Schulz* (Vermessung) aus, dass die Abs. 1 und 2 des § 7 zwar die Grundsätze für die Entschädigungsbemessung geben, dass aber viele Fragen offen bleiben, die der Rechtsprechung bei Anwendung des Gesetzes vorbehalten sind, und dass je nach der Auffassung, die die Gerichte ihren Entscheidungen zugrunde legen, sehr verschiedene Ergebnisse möglich seien. Wenn, wie nach Mitteilung von Herrn Dr. Dittus, dieser § 7 die entsprechende Fassung der Entschädigungsbemessung im künftigen Bundesbaugesetz wiedergeben soll, so bedürfen zweifellos eine Reihe wichtiger Fragen der Klärung.

In Abs. 1 ist nur von Werterhöhungen der Grundstücke die Rede. Die Frage bleibt offen, in welcher Weise Wertminderungen zu berücksichtigen sind. Hier sei wohl zu unterscheiden zwischen a) Wertminderungen, die ein Grundstück treffen infolge besonderer Ausweisungen der Planung und b) Wertminderungen, die jedes früher baulich hoch ausnutzbar gewesene Grundstück, vor allem also in den Innenstädten treffen, weil nach heutiger allgemeiner Anschauung über den Städtebau eine zu hohe bauliche Ausnutzung grundsätzlich vermieden werden muss. Hierbei würden sich naturgemäß zahlreiche Grenzfälle ergeben, besonders im Übergang zwischen Wohn- und Gewerbegebieten.

MinRat Dr. Dittus weist darauf hin, dass bei Nichtanerkennung einer Wertminderung im Falle b) natürlich der Eigentümer des zerstörten Grundstücks nun ein zweites Mal geschädigt werde, da ja der Eigentümer des benachbart gelegenen unzerstörten Grundstücks noch jahrzehntelang den Ertrag der hohen baulichen Ausnutzung behält. Der Redner weist hierbei auf seine Ausführungen bei Anwendung der Reichsgaragenordnung hin, wo er dieses Problem in einem, übrigens für die Planung nicht günstigen Sinne behandelt hat. Er betont, dass gerade über diesen Punkt noch erhebliche Beratungen stattfinden müssen.

Abg. Rosenstein (Berlin) widerspricht der Auffassung von der Selbständigkeit der Berliner Gesetzgebung. Berlin lebe im Glauben, dass das Grundgesetz für Berlin verbindlich sei. Im Übrigen habe er die Auffassung, dass § 7 Abs. 1 und 2 eine völlig genügende Grundlage für Berlin biete, soweit Bauland zu beschaffen ist. Er fände die Lösung, als Entschädigung für Grund und Boden in geeigneten Fällen Wohnungseigentum anzubieten, sehr glücklich. Es wäre sogar denkbar, heute neues Bauland zu erwerben zu einem Preis, der ganz gewaltig unter dem gemeinen Wert liegt, da zu viel zerstörter Hausbesitz vorhanden ist. Wenn Berlin Bundeshauptstadt wird, würden die heutigen Grenzen nicht die Stadtgrenze bleiben, sondern dann würde das Besiedlungsgebiet bis zu dem Autoring Berlins erweitert werden; das müsste die Aufgabe des Berliner Gesetzgebers sein. Die Städteplaner müssten schon heute ihr Augenmerk darauf richten, das Wohngebiet weiter auszudehnen.

Referent *Schulz (Vermessung)* erklärt, dass eine Wertminderung des Bodens durch geringere bauliche Ausnutzung eintreten würde. Durch die große Wohnungsnot bedingt, würden sich aber immer wieder Bevölkerungskreise finden, die in

Wohnungen – wie sie im Bezirk Wedding z.B. gezeigt wurden – zu wohnen gewillt sind. Solche Wohnungen würden bei anderen Verhältnissen sonst schon längst leer stehen und müssten abgerissen werden.

MinRat Dr. Dittus meint, dass diese Frage sehr stark an das Problem der Sanierung rühre. Es wären z.Zt. gesetzgeberische Lösungen vorbereitet worden, um das Sanierungsproblem lösen zu können. Inzwischen wäre es jedoch anders gekommen. Bei vernünftiger Sanierung kommt man dahin, dass, was über die Missbrauchsgrenze vorhanden war, ohne Entschädigung abgerissen werden darf.

Senator Dr. Mahler macht noch zu einigen speziellen Punkten Bemerkungen. Er stellt fest, dass Berlin das Gesetz grundsätzlich begrüßt. Mit der Formulierung des § 7 könnten wir uns einverstanden erklären. Nach grundsätzlicher gesetzlicher Festlegung der Enteignungsmöglichkeit und des Enteignungsverfahrens werde sich ein großer Teil der Fälle auf privatem Wege abwickeln lassen. Die Entwicklung der Rechtsprechung spiele aber dabei eine ganz entscheidende Rolle und damit auch die gerichtliche Zuständigkeit. Das Grundgesetz wird dabei berührt und es müsse eine Änderung des Grundgesetzes vermieden, aber gleichzeitig eine fachgemäße Rechtsprechung gesichert werden. Wenn diese sich entwickelt, könnten leichter private Erledigungen gesichert werden, was sehr zu begrüßen wäre. Es wäre daher wichtig zu erörtern, welche rechtlichen Zuständigkeiten für die Anwendung des Gesetzes vorgesehen werden. Eine Kapital- oder Rentenentschädigung sei vorzusehen unter Berücksichtigung der Zumutbarkeit.

Abg. Wirths hält es für ausreichend, wenn über den letzteren Punkt im Bundeswirtschaftsministerium Klarheit geschaffen würde.

Abg. Mährlein (Berlin) ist derselben Auffassung wie Herr Rosenstein, dass das Gesetz für Berlin brauchbar ist. Der § 7 Abs. 1 und 2 enthielte alles, woran man im Augenblick denken kann. Er sieht demzufolge gar keine Schwierigkeiten, das Gesetz auf Berlin anzuwenden. In drei bis vier Jahren würde man auf ein Baulandbeschaffungsgesetz zurückgreifen müssen. Schwierigkeiten würden sich selbstverständlich immer ergeben, das wäre aber bei allen Gesetzen der Fall, diese müssten eben überwunden werden. Er begrüßt auch die Schaffung einer Grundstücks-Auffanggesellschaft, die vielleicht in großem Umfang zu einem sehr erheblichen Prozentsatz durch private Vereinbarung mit den Grundstückseigentümern das Gelände aufzufangen und für die öffentliche Hand zu erwerben hätte, das für den Wohnungsbau benötigt wird. Jeder Besitz trage ein gewisses Risiko in sich. Der Besitzer müsse also das Risiko auf die eigene Kappe nehmen. Man sollte also der Gesetzesvorlage zustimmen.

Abg. Lücke hält die Diskussion deshalb für so bedeutungsvoll, weil der § 7 – die Entschädigungsfrage – in das endgültige Baugesetz übernommen werden soll und deshalb wahrscheinlich die Säule des Baugesetzes werden wird. Es wäre besonders dringlich, das Baugesetz bald zu verabschieden. Der Entwurf von Herrn Dr. Dittus läge ja vor, hoffentlich kommt er zum 1.4.1952 als Regierungsvorlage heraus. Ein Wohnungsbau auch auf teurem Grund und Boden wäre tragbar, wenn er mit 49% Läden gemischt würde. Ein Laden trägt im Allgemeinen schon die Rente des Bodens. Er wäre dankbar, wenn im Bundeswirtschaftsministerium noch alle die Fragen gelöst werden könnten, was hier bisher noch nicht gelöst werden konnte. Er hofft, mit den Berliner Bundestagsabgeordneten in die Debatte gehen zu können und nimmt an, dass das Baugesetz dann bald verabschiedet werde.

Dann ergreift *Abg. Stierle* das Wort und sagt, dass Herr Lücke erwähnte, dass in der Diskussion zwischen den Herren Dr. Dittus und Schulz eine Reihe von Problemen erörtert worden wäre, die noch offen sind. Sie wären sich doch einig, dass der *allgemeine Nutzungsabstrich und damit die Wertminderung durch geringere bauliche Ausnutzung* nicht entschädigt werden sollen. Das wäre wert, hier noch einmal festgehalten zu werden. Eigentümer eines Grundstücks mit fünfgeschossiger Bauweise müssten mit einer Entschädigung entsprechend einer dreigeschossigen Bauweise zufrieden sein. Es wäre zu überlegen, ob diese Sache noch in das Gesetz hineinkommen müsse. Aus der Diskussion ging hervor, dass einem Eigentümer ein Abstrich zumutbar wäre. Herrn Schulz' Äußerung, dass die Hinterhöfe abgerissen werden sollen, wenn genügend Wohnungen da sind, ist fernste Zukunftsmusik. Es wird sich immer eine Bevölkerungsschicht finden, die in diesen Hinterhöfen wohnen will. Ein Nutzungsabstrich müsste entschädigungslos bleiben.

Abg. Wirths widerspricht diesen Ausführungen. Stehen gebliebene Gebäude würden im Gesetz nicht erfasst. Diese Frage regelt sich durch die Zeit.

Frau *RR Dr. Wolff* vom Bundeswirtschaftsministerium nimmt zu der Zulässigkeit von Indexklauseln bei der Verrentung Stellung. Schon seit langer Zeit beschäftige sich das BMW mit der Frage der Gleitklauseln, nämlich Stoff- und Lohngleitklauseln und reinen Indexklauseln. Die Möglichkeit der Vereinbarung solcher Stoff- und Lohngleitklauseln ist grundsätzlich verankert in der Verdingungsordnung für Bauleistungen (VOB Teil A § 15). Wenn sich Preise ändern, ermöglichen Verträge mit solchen Gleitklauseln eine nachträgliche Veränderung der bei Vertragsabschluss vereinbarten Preise. Daneben gibt es die reinen Indexklauseln, nach denen das Entgelt, z.B. also die auf das jeweilige Grundstück bezogene Rente an den Index gebunden ist. Die Deutsche Mark wird hierbei gebunden an den Wert irgendwelcher Leistungen. Derartige Regelungen bedürfen nach § 3 des Währungsgesetzes der Genehmigung der Devisenstelle. Indexklauseln sind daher nach Auffassung des BMW nicht zulässig und dürfen in keinem Gesetz verankert werden.

Dr. Hellriegel (Justiziar) gibt Erklärungen zu § 7 Abs. 1. Eine neue Bauordnung wäre in Arbeit, in der eine weitere geringere Ausnutzung von Grundstücken festgesetzt werden soll. Ein Anspruch auf Entschädigung besteht nicht. Die Formulierung des § 7 Abs. 1 und 2, die Werterhöhungen des Grundstücks im Hinblick auf eine Änderung der Nutzung nicht zulassen will, lässt den Umkehrschluss zu, dass *Wertminderungen durch städtebauliche Maßnahmen* berücksichtigt werden müssen. Eine Klarstellung erscheint aus diesem Grunde, um etwaigen verschiedenartig ausfallenden Gerichtsentscheidungen vorzubeugen, notwendig.

Demgegenüber verweist der *Vorsitzende*, Herr *Meyer*, auf die Begründung zu § 7, die als Gesetzesmaterial künftig dienen soll.

Referent *Arndt, Vertreter des Justizsenators*, geht auf die Frage des Rechtsmittelverfahrens ein und äußert Bedenken hinsichtlich der vorgesehenen Baulandkammern. Diese müssten zumindest als besondere Gerichte im Sinne des § 14 GVG seitens der Gerichte zugelassen werden. Das Problem könnte gelöst werden, wenn entsprechende Änderungen im Gerichtsverfassungsgesetz geschaffen werden. Zu prüfen bliebe, ob es nicht ausreiche, anstelle der Verwaltungsrichter als Beisitzer Sachverständige beizuziehen.

Nach Ansicht des *Vorsitzenden* wäre eine Änderung des § 14 GVG durch einfache Ergänzung des Baulandbeschaffungsgesetzes möglich. Im Übrigen müssten diese Fragen noch eingehend mit dem Rechtsausschuss erörtert werden.

Abschließend stellte der Vorsitzende fest, dass die Diskussion zweifellos eine Fülle von Material gezeigt hätte. Der Punkt 7 der Tagesordnung wird in der nächsten Ausschusssitzung zur Beratung kommen, ebenso wäre die besondere Berliner Problematik noch zu besprechen.

Abg. Lücke glaubt, dass die offenstehenden Fragen, weil sie noch so umfangreich sind, nicht mehr in dieser Tagung erledigt werden können. Zu Punkt 4 z.B. wäre viel zu sagen. Das Wohnraummangelgesetz liegt noch im Ausschuss und wird beraten und ist im Hinblick auf das Baulandbeschaffungsgesetz zurückgestellt worden. Gerade das Wohnraummangelgesetz [als Wohnraumbewirtschaftungsgesetz unter dem 31.3.1953 erlassen, BGBl. I, 97] wird für Berlin Probleme von erheblicher Bedeutung mit sich bringen. Die Frage der Baukostenzuschüsse ist eine allgemein so interessierende Frage, dass sie zu umfangreich ist, um noch erörtert zu werden. Er ist der Ansicht, dass die Behandlung all dieser Fragen für die im Mai beabsichtigte Sitzung zurückzustellen ist. Dieser Auffassung schließt sich der Vorsitzende an.

Zum Schluss dankt der *Vorsitzende* allen Anwesenden, besonders den Berliner Vertretern für das große Interesse und die Bemühungen um die Vermittlung eines nachhaltigen Eindrucks der Berliner Verhältnisse. Die Bundestagsabgeordneten hätten den dringlichen Wunsch, dass es bald möglich sein würde, alle diejenigen Schritte zu tun, die die Einheit Deutschlands wider zu sichern vermögen, und die Berlin wieder die Stellung gibt, die es durch Tradition der früheren Jahrhunderte erworben hat. Wir sehen Berlin, wie es war, wie es ist und sehen auch, wie es morgen wieder sein müsste. Herr Meyer schließt die Beratung mit dem Wunsch auf baldiges Wiedersehen nicht nur der Ausschussmitglieder, sondern der Gesamtheit Deutschlands in Berlin.

Abg. Mährlein (Berlin) dankt den Bundestagsabgeordneten herzlich für ihren Besuch in Berlin namens des Ausschusses für Bau- und Wohnungswesens des Abgeordnetenhauses Berlin. Trotz der Strapazen der Reise hätten sie gesehen, was noch in Berlin zu tun ist. Mit unendlicher Geduld hätten sie sich alles angehört, was uns bedrückt und wo wir aus eigener Kraft nicht weiterkommen. Er hätte jedoch die Überzeugung gewonnen, dass die Bundestagsabgeordneten die Berliner Wünsche und Sorgen ernst nähmen und auch bereit seien, die Konsequenzen aus dieser Tagung und Besichtigung zu ziehen und uns zu helfen, wo es möglich wäre. Dafür sagen die Berliner heute schon Dank. Das wird alles der Einheit Deutschlands zugutekommen und nicht nur Berlin.

Schluss der Sitzung 13.15 Uhr

XV. Empfehlungen des Ausschusses des Bundestags für Rechtswesen und Verfassungsrecht (20.11.1952)

Betr.: Baulandbeschaffungsgesetz

Der Ausschuss für Rechtswesen und Verfassungsrecht hat in seinen Sitzungen vom 17.3., 28.3., 24.4., 25.4., 2.5., 28.5., 19.9., 2.10. und 11.11.1952 den Entwurf eines Gesetzes über die Vorläufige Regelung der Bereitstellung von Bauland in der Fassung der gemeinsamen Beschlüsse der Ausschüsse für Bau- und Bodenrecht sowie für Wiederaufbau und Wohnungswesen (nach der 2. Ausschusslesung) vom 1. März 1952 beraten. Der Ausschuss hat zunächst die durch den Entwurf aufgeworfenen grundsätzlichen *Rechtsfragen* behandelt und wie folgt dazu Stellung genommen:

I. 1. Ist ein Enteignungsgesetz dieser Art verfassungsrechtlich zulässig? (Beschränkung der Zuständigkeit des Bundes durch Art. 74 Ziff. 14, Hinweis auf Ziff. 18.)

Stellungnahme: Die Materie des Gesetzentwurfs fällt unter Art. 74 Ziff. 18 GG. Die Erlassung des Gesetzes ist daher verfassungsrechtlich zulässig.

2. Bestehen Erinnerungen zu bestimmen, dass auch obligatorische Rechte Enteignet werden können? (Erweiterter Begriff der „Enteignung"!)

Stellungnahme: Die Frage wird bejaht, sofern es sich um obligatorische Rechte handelt, die im Zusammenhang mit dem Grundeigentum (also im Rahmen von § 1 Abs. 2 Buchst. b) stehen.

3. Wie verhält sich das Baulandbeschaffungsgesetz zu den Enteignungsgesetzen der Länder? (Selbständige Rechtsquelle neben den Enteignungsgesetzen der Länder?)

Stellungnahme: Das Baulandbeschaffungsgesetz bezweckt die Beschaffung von Wohnungsbauland. Im Umfang dieser Aufgaben geht das Baulandbeschaffungsgesetz den Enteignungsgesetzen der Länder vor. Diese bleiben in Wirksamkeit, soweit es sich um Verkehrsflächen, Grünflächen, Flächen für öffentliche Gebäude und Anlagen handelt.

4. Wird im Gesetzentwurf die Grenze in Art. 14 Abs. 3 Satz 1 eingehalten, dass die Enteignung nur zum Wohl der Allgemeinheit zulässig ist? (Die Enteignung ist auch zugunsten Privater möglich.)

Genügt die Beschränkung in § 2 Buchst. a (Kleinwohnungen!)? Droht durch solche Eingriffe dem Privateigentum eine Gefahr?

Stellungnahme: In § 2 wird ein „nur" eingefügt, so dass die ersten Worte des § 2 wie folgt lauten: „Die Enteignung ist *nur* zulässig zur Bereitstellung a) ...".

5. Wird auch die Beschaffung von Ersatzland (§ 12) vom Enteignungszweck erfasst?

Stellungnahme: Die Beschaffung von Ersatzland wird vom Enteignungszweck erfasst. Die nähere Regelung der Ersatzlandentschädigung ist strittig.

6. Für die Entschädigung wiederholt der Entwurf im § 6 Abs. 1 den Verfassungsrechtssatz in Art. 14 Abs. 3 Satz 2. Soll nach dem „gemeinen Wert" entschädigt werden? Kann für den gemeinen Wert der 17. Oktober 1936 als Grundlage bestimmt werden? Bestehen rechtliche Bedenken gegen die Bestimmungen über die Abweichungen vom gemeinen Wert gegenüber dem Stand vom 17. Oktober 1936?

Stellungnahme: Zu Satz 1: Zu § 6 werden keine Erinnerungen erhoben. Es wird die Auffassung bekundet, der Gesetzgeber könne bei einem Einzelgegenstand, unter Wahrung der Grundsätze des Art. 14 GG, die Entschädigungsfrage regeln.

Zu Satz 2: Ja.

Zu Satz 3: Nein. Der Ausschuss hält die Anknüpfung an den Wert vom 17.10.1936 für rechtlich verfehlt. Es soll derjenige Preis gewährt werden, der im Zeitpunkt der Enteignung als gemeiner Wert im freien Verkehr erzielt werden kann. § 7 der *Regierungsvorlage* ist wiederherzustellen.

Zu Satz 4: Die Frage ist mit der Entscheidung zu Satz 3 überholt.

7. Bestehen gegen den Ersatz des Rechtsverlustes durch die im § 10 a vorgesehenen Maßnahmen, z. B. die Bestellung von Wohnungseigentum nach § 10 a rechtliche Bedenken? Liegt auch hier eine Entschädigung im geforderten Umfang vor?

Stellungnahme: Die Frage des Ersatzes des Rechtsverlustes durch die im § 10 a vorgesehenen Maßnahmen wird bejaht. Auch hierbei liegt eine Entschädigung im Sinne von Art. 14 Abs. 3 Satz 3 vor.

8. Sollen von Bundes wegen besondere Enteignungsbehörden geschaffen werden? Ist dies verfassungsrechtlich zulässig (Art. 83 GG)? Soll eine neue „Bundeseigenverwaltung" mit eigenem Verwaltungsunterbau geschaffen werden (Art. 87 Abs. 3 Satz 2)? Nach § 13 Abs. 3 des Entwurfs ist die Enteignungsbehörde an die Weisungen der zuständigen obersten Fachaufsichtsbehörde gebunden. Wer ist diese Behörde?

Stellungnahme: An eine Schaffung eigener Enteignungsbehörden von Bundes wegen ist nach Auskunft der Regierung nicht gedacht. Enteignungsbehörden sollen die höheren Verwaltungsbehörden der Länder sein, so wie sie nach der Staatspraxis in den Ländern als höhere Verwaltungsbehörden erachtet werden. Unter „zuständige oberste Fachaufsichtsbehörden" dürfen die für die Materie zuständigen Ministerien der Länder verstanden werden.

9. Liegt „Zweigleisigkeit" (Entscheidung über die Abtretungspflicht und Entscheidung über die Entschädigung) dem Grundgesetz zugrunde?

10. Kommt es den Ländern zur Zeit zu, über die Frage der *Abtretungspflicht* in *ihren* Verwaltungsgerichtsgesetzen zu entscheiden? – Können die Verwaltungsgerichte der Länder in der Entscheidung über die Abtretungspflicht ausgeschaltet werden? (§ 30 des Entwurfs weist die Entscheidung über die Abtretungspflicht den Landgerichten [Kammern für Baulandsachen] zu.) – Liegt hier eine Entziehung der Streitsachen gegenüber den Verwaltungsgerichten vor? Ist dies mit Art. 101 Abs. 1 Satz 2 GG („Niemand darf seinem gesetzlichen Richter entzogen werden") vereinbar? – (Art. 19 Abs. 4 Satz 1 des GG! Nach von Mangoldt Grundgesetz S. 122 Anmerkung 6 zu Art. 19 wird der subsidiäre ordentliche Rechtsweg (der Weg zu

den bürgerlichen Gerichten) ausgeschlossen, wenn der Weg zu den unabhängigen Verwaltungsgerichten besteht.)

11. Liegt dem Art. 14 Abs. 3 Satz 4 GG die Auffassung zugrunde, dass über die Entschädigung nur die bürgerlichen Gerichte in ihrer durch das *GVG gegebenen Zusammensetzung* entscheiden können)? – Ist das Landgericht (Kammer für Baulandsachen) *ordnungsmäßiges* „ordentliches" Gericht? (Nach § 6 GVG werden die Richter auf Lebenszeit ernannt. Die abgestellten Verwaltungsrichter sollen nach § 30 Abs. 3 des Entwurfs nur auf die Dauer von 3 Jahren bestellt werden.) – Sind die Bestimmungen über die sofortige Beschwerde mit dem Ausschluss der Revision an den Bundesgerichtshof zulässig und ausreichend?

12. Die Verwaltungsgerichtspräsidenten vertreten die Anschauung, dass die *Zweigleisigkeit beseitigt* und die Streitsachen in ihrer Gesamtheit (Entscheidung über die Abtretungspflicht und Entscheidung über die Entschädigung) den *Verwaltungsgerichten* zugewiesen werden soll, weil die gesamten Fragen ihrem Wesen nach öffentlich-rechtlicher Natur sind (Vollversammlung vom 11. und 12. Sept. 1951 in Stuttgart). – Soll der dazu notwendige Weg der *Änderung der Verfassung* (Änderung der Worte des Art. 14 Abs. 3 Satz 4 GG) eingeschlagen werden?

II. Der Ausschuss schlägt weiterhin vor, die in den nachstehenden zehn Ziffern aufgeführten Einzelbestimmungen des Entwurfs wie folgt zu ändern:

1. In *§ 2* wird hinter den Worten „Die Enteignung ist ..." das Wort „nur" eingefügt, so dass der Satz lautet: „Die Enteignung ist nur zulässig zur Bereitstellung a) ..." (Siehe auch I. Ziff. 4.)

2. *§ 3* erhält folgende Fassung: „§ 3. Der Enteignung für die in § 2 Buchst. a und b genannten Zwecke unterliegen nach Maßgabe der §§ 3 x, 3 y nur

a) unbebaute Grundstücke,

b) Grundstücke, auf denen die früher vorhanden gewesenen Gebäude zerstört oder beschädigt sind,

c) Grundstücke mit geringfügiger Bebauung; als geringfügig ist namentlich eine Bebauung anzusehen, die erheblich unter dem Maß der zulässigen oder üblichen Bebauung liegt oder nach ihrem Umfang die Verpflichtung zur Leistung von Anliegerbeiträgen nicht auslöst oder in behelfsmäßiger Bauart errichtet oder nur auf Widerruf genehmigt ist."

3. *Hinter § 3* werden folgende Paragraphen als *§ 3 x und 3 y* eingefügt: „*§ 3 x.* (1) An hergestellter und anbaufähiger Straße liegende sowie unerschlossene Grundstücke dürfen für die in § 2 Buchstaben a und b genannten Zwecke nur enteignet werden, wenn

a) die beabsichtigte Verwendung in Fluchtlinienplänen, Bebauungsplänen oder ähnlichen förmlich festgestellten städtebaulichen Plänen vorgesehen oder zugelassen ist oder

b) die beabsichtigte Verwendung nach pflichtmäßigem Ermessen der für die Ortsplanung zuständigen Aufsichtsbehörde mit einer geordneten baulichen Entwicklung des Gemeindegebiets vereinbar ist.

Absätze 3 bis 5 des bisherigen § 3 bleiben als § 3 x Absätze 2 bis 4."

„*§ 3 y.* (1) Die Einleitung des Enteignungsverfahrens für die in § 2 Buchstaben a und b genannten Zwecke ist nur zulässig, wenn die zuständige oberste Landesbehörde im Einzelfall erklärt, dass sie die Enteignung zum Wohle der Allgemeinheit für erforderlich hält.

(2) Einer Erklärung nach Absatz 1 bedarf es nicht,

a) wenn ein größeres zusammenhängendes Bauvorhaben durchgeführt werden soll, an dem sich eine Mehrheit von zwei Drittel der Grundeigentümer, die zugleich auch mehr als die Hälfte der zu dem Bauvorhaben erforderlichen Fläche inne hat, beteiligen will,

b) wenn eine zusammenhängende Fläche, auf der die früher vorhanden gewesenen Gebäude zerstört oder beschädigt sind, wieder bebaut werden soll.

(3) Die Erklärung der Obersten Landesbehörde kann nicht durch ein selbständiges Rechtsmittel angefochten werden. Das Vorliegen der Voraussetzungen der Enteignung unterliegt in jedem Falle der Nachprüfung im Enteignungsverfahren."

4. *§ 4 Abs. 1* erhält folgenden *neuen Satz 3:* „Bedeutet die Enteignung für den Eigentümer eine unbillige Härte, so kann die Enteignungsbehörde dem Antrag auf Abwendung auch stattgeben, wenn für das Grundstück offene Bauweise vorgeschrieben ist und zu erwarten steht, dass der Eigentümer mit den Bauarbeiten binnen einer Frist von fünf Jahren beginnen wird."

5. Für *§ 4* hat das Wohnungsbauministerium die nachfolgende Neufassung vorgeschlagen, die vom Rechtsausschuss wegen sachlicher Unzuständigkeit jedoch nicht beraten wurde:

„*§ 4.* (1) Der Eigentümer kann die Enteignung dadurch abwenden, dass er vor Beginn der mündlichen Verhandlung schriftlich oder zur Niederschrift der Enteignungsbehörde der Enteignung widerspricht und glaubhaft macht, dass er das Grundstück in dem nach den baurechtlichen Feststellungen zulässigen Ausmaß binnen angemessener Frist bebauen und mit den Bauarbeiten binnen eines Jahres beginnen wird. Bedeutet die Enteignung für den Eigentümer eine unbillige Härte, so kann die Enteignungsbehörde dem Antrag auf Abwendung auch stattgeben, wenn für das Grundstück offene Bauweise vorgeschrieben ist und zu erwarten steht, dass der Eigentümer mit den Bauarbeiten binnen einer Frist von fünf (drei?) Jahren beginnen wird.

(2) Widerspricht der Eigentümer der Enteignung, weil er ein Bauvorhaben des öffentlich geförderten sozialen Wohnungsbaus auf dem Grundstück ausführen will, so genügt es für die Abwendung, wenn er glaubhaft macht, dass er unverzüglich die Bewilligung öffentlicher Mittel beantragen wird und keine Gründe vorhanden sind, die nach den für den öffentlich geförderten sozialen Wohnungsbau geltenden Vorschriften einer Bewilligung öffentlicher Mittel entgegenstehen.

(3) Hat der Eigentümer binnen der Frist mit dem Bau nicht ernsthaft begonnen oder liegt der begonnene Bau länger als ein Jahr still, so kann in einem neuen Verfahren die Enteignung nur abgewendet werden, wenn

a) der Bauherr die Jahresfrist aus von ihm nicht zu vertretenden Gründen nur unerheblich überschritten hat, oder

b) er nachweislich einen Antrag auf Bewilligung öffentlicher Mittel gestellt hat, keine Gründe nach den für den öffentlich geförderten sozialen Wohnungsbau geltenden Vorschriften einer Bewilligung öffentlicher Mittel entgegenstehen und die öffentlichen Mittel lediglich deshalb nicht bewilligt sind, weil sie nicht in ausreichendem Maße zur Verfügung standen. Die Enteignungsbehörde kann den Antrag ablehnen, wenn die öffentlichen Interessen an einer alsbaldigen Bebauung des Grundstücks überwiegen.

(4) Die Vorschriften der Absätze 1 und 2 finden keine Anwendung, wenn die Enteignung zu den in § 2 Buchstabe c genannten Zwecken erfolgen soll.

(5) Die Enteignungsbehörde kann den Antrag auf Abwendung der Enteignung ablehnen, wenn ein größeres zusammenhängendes Bauvorhaben ohne Inanspruchnahme dieses Grundstücks nicht ausführbar ist. Dies gilt nicht, wenn der Eigentümer bereit ist, sich mit seinem Grundstück an diesem Bauvorhaben zu beteiligen, die Bebauung des Grundstücks dem Antragsteller überträgt und ihm die Mittel für die Durchführung der Bebauung im Rahmen des Gesamtfinanzierungsplanes zur Verfügung stellt."

6. *§ 7* wird in der Fassung der Regierungsvorlage (Drucksache Nr. 2281) wiederhergestellt. (Siehe auch I. Ziff. 6, Stellungnahme zu Satz 3.)

7. *§ 26 Abs. 1 Satz 2* erhält folgende Fassung: „Der Beschluss ist mit einer Belehrung über Zulässigkeit, Form und Frist des Antrages auf gerichtliche Entscheidung (§ 28) zu versehen."

8. Zum Vierten Abschnitt „Anfechtung der Entscheidungen der Enteignungsbehörde", insbesondere über die Fragen der Entscheidung über die Abtretungspflicht und der Entscheidung über die Entschädigung, die Zulässigkeit der Baulandkammern oder die Notwendigkeit der Zweigleisigkeit wird vom Ausschuss mit Mehrheit empfohlen, den Vierten Abschnitt nach dem nachfolgenden Vorschlag des Bundesjustizministeriums zu fassen:

„Vierter Abschnitt. Anfechtung der Entscheidungen der Enteignungsbehörde.

§ 28. (1) Die Entscheidungen der Enteignungsbehörde können durch Antrag auf gerichtliche Entscheidung angefochten werden. Über den Antrag entscheidet das Landgericht, Kammer für Baulandsachen.

(2) Der Antrag ist binnen zwei Wochen seit Zustellung der Entscheidung bei der Enteignungsbehörde einzureichen. Der Lauf der Frist wird durch die Gerichtsferien nicht gehemmt.

(3) Der Antrag muss von einem Rechtsanwalt unterzeichnet sein und die Entscheidung bezeichnen, gegen die er sich richtet. Er soll die Erklärung enthalten, inwieweit die Entscheidung angefochten wird und welche Änderungen beantragt werden. Er soll die Gründe sowie die Tatsachen und Beweismittel angeben, die zur Rechtfertigung des Antrages dienen.

(4) Die Enteignungsbehörde hat den Antrag mit ihren Akten unverzüglich dem nach § 29 zuständigen Landgericht vorzulegen. Ist das Verfahren vor der Enteignungsbehörde noch nicht abgeschlossen, so sind statt der Akten Abschriften der bedeutsamen Aktenstücke vorzulegen.

§ 28 a. (1) Einem Beteiligten, der durch Naturereignisse oder andere unabwendbare Zufälle verhindert worden ist, die Frist nach § 28 Abs. 1 einzuhalten, ist auf Antrag vom Landgericht die Wiedereinsetzung in den vorigen Stand zu erteilen, wenn er den Antrag auf gerichtliche Entscheidung binnen zwei Wochen nach Beseitigung des Hindernisses einreicht und die Tatsachen, welche die Wiedereinsetzung begründen, glaubhaft macht. Gegen die Entscheidung über den Antrag findet die sofortige Beschwerde an das Oberlandesgericht statt. Nach Ablauf eines Jahres von dem Ende der versäumten Frist an gerechnet, kann die Wiedereinsetzung nicht mehr beantragt werden.

(2) Ist die angefochtene Entscheidung ein Enteignungsbeschluss und ist der bisherige Rechtszustand bereits durch den neuen Rechtszustand ersetzt (§ 41), so kann im Falle der Wiedereinsetzung nicht beantragt werden, dass der Enteignungsbeschluss aufgehoben oder hinsichtlich des Gegenstandes der Enteignung oder der Art der Entschädigung geändert wird.

§ 29. (1) Örtlich zuständig ist das Landgericht, in dessen Bezirk die Enteignungsbehörde ihren Sitz hat.

(2) Die Landesregierungen sind ermächtigt, die Verhandlung und Entscheidung über Anträge auf gerichtliche Entscheidung einem Landgericht für die Bezirke mehrerer Landgerichte zuzuweisen. Die Landesregierungen können diese Ermächtigung auf die Landesjustizverwaltungen übertragen.

§ 30. (1) Bei den Landgerichten werden eine oder mehrere Kammern für Baulandsachen gebildet. Die Kammer für Baulandsachen entscheidet in der Besetzung mit drei Richtern des Landgerichts einschließlich des Vorsitzenden sowie zwei beamteten Richtern der Verwaltungsgerichte.

(2) Die Richter der Verwaltungsgerichte und die für den Fall ihrer Verhinderung erforderlichen Vertreter werden von der für die Verwaltungsgerichtsbarkeit zuständigen obersten Landesbehörde auf die Dauer von drei Jahren bestellt.

§ 31. (1) In den aufgrund dieses Gesetzes bei den Gerichten anhängigen Sachen sind die bei Klagen in bürgerlichen Rechtsstreitigkeiten geltenden Vorschriften sinngemäß anzuwenden, soweit sich aus diesem Gesetz nicht ein anderes ergibt. Die Sachen sind Feriensachen.

(2) Das Gericht hat von Amts wegen die zur Feststellung der Tatsachen erforderlichen Ermittlungen anzustellen und die geeignet erscheinenden Beweise aufzunehmen.

(3) Sind gegen die Entscheidung der Enteignungsbehörde mehrere Anträge auf gerichtliche Entscheidung gestellt, so wird über sie gleichzeitig verhandelt und entschieden.

§ 32. (1) An dem Verfahren nehmen die Beteiligten und die Enteignungsbehörde teil. Die für die Parteien geltenden Vorschriften sind auf die Beteiligten und auf die Enteignungsbehörde entsprechend anzuwenden.

(2) Der Antrag eines Beteiligten auf gerichtliche Entscheidung ist den übrigen Beteiligten und der Enteignungsbehörde zuzustellen.

(3) Die Enteignungsbehörde und eine beteiligte Gemeinde können das Verfahren selbst oder durch jede prozessführende Person betreiben.

§ 33. Soweit die Enteignungsbehörde ermächtigt ist, nach pflichtmäßigem Ermessen zu befinden, kann der Antrag nur darauf gestützt werden, dass die gesetzlichen Grenzen des Ermessens überschritten seien oder von dem Ermessen in einer dem Zweck der Ermächtigung nicht entsprechenden Weise Gebrauch gemacht worden ist. Dies gilt nicht, soweit die Entscheidung die Höhe der Entschädigung, einer Ersatzleistung (§ 27 Abs. 5) oder einer Ausgleichszahlung betrifft.

§ 34. Hat ein Beteiligter gegen eine vorzeitige Besitzeinweisung Antrag auf gerichtliche Entscheidung gestellt, so sind Zwangsmaßnahmen zu dem Zweck, dem in § 16 Abs. 1 Buchstabe a bezeichneten Antragsteller den tatsächlichen Besitz des Grundstücks zu verschaffen, nur mit Zustimmung des Gerichts zulässig, bei dem die Sache anhängig ist.

§ 35. (1) Über den Antrag auf gerichtliche Entscheidung wird durch Urteil entschieden.

(2) Wird der Antrag auf gerichtliche Entscheidung für begründet erachtet, so hat das Gericht die Entscheidung der Enteignungsbehörde aufzuheben oder zu ändern. Es darf in diesem Falle über den Antrag des Beteiligten hinaus, der den Antrag auf gerichtliche Entscheidung gestellt hat, einen Enteignungsbeschluss auch zu ändern, soweit ein anderer Beteiligter oder die Enteignungsbehörde es beantragt hat.

(3) Muss ein Enteignungsbeschluss hinsichtlich des Gegenstandes der Enteignung wesentlich geändert werden, so kann das Gericht den Beschluss aufheben und die Sache an die Enteignungsbehörde zurückverweisen. Die Enteignungsbehörde hat die Beurteilung, die der Aufhebung zugrunde gelegt ist, auch ihrer Entscheidung zugrunde zu legen.

(4) Ist von mehreren Anträgen nur der eine oder ist nur ein Teil eines Antrages zur Endentscheidung reif, so darf das Gericht hierüber ein Teilurteil nur erlassen, wenn es zur Beschleunigung des Verfahrens notwendig erscheint.

(5) Wird ein Enteignungsbeschluss geändert, so ist § 26 Abs. 2 sinngemäß anzuwenden. Wird ein Enteignungsbeschluss aufgehoben oder hinsichtlich des Gegenstandes der Enteignung geändert, so gibt das Gericht im Falle des § 26 Abs. 3 dem Vollstreckungsgericht von seinem Urteil Kenntnis.

(6) Urteile sind den Beteiligten und der Enteignungsbehörde von Amts wegen zuzustellen.

§ 36. (1) Erscheint der Beteiligte, der den Antrag auf gerichtliche Entscheidung gestellt hat, in einem Termin zur mündlichen Verhandlung, so kann auch dann mündlich verhandelt werden, wenn einer der anderen Beteiligten nicht erscheint. Über einen Antrag, den ein nicht erschienener Beteiligter in einer früheren mündlichen Verhandlung gestellt hat, kann nach Lage der Akten entschieden werden.

(2) Erscheint der Beteiligte, der den Antrag auf gerichtliche Entscheidung gestellt hat, in einem Termin zur mündlichen Verhandlung nicht, so kann jeder andere Beteiligte oder die Enteignungsbehörde eine Entscheidung nach Lage der Akten beantragen.

(3) Die §§ 332 bis 335, § 336 Abs. 2 und § 337 der Zivilprozessordnung gelten sinngemäß. Im Übrigen sind die Vorschriften über die Versäumnisurteile nicht anzuwenden.

§ 37. (1) Soweit der Beteiligte, der den Antrag gestellt hat, obsiegt, gilt, wenn keiner der Beteiligten dazu in Widerspruch stehende Anträge in der Hauptsache gestellt hat, bei Anwendung der Kostenbestimmungen der Zivilprozessordnung der in § 16 Abs. 1 Buchstabe a genannte Antragsteller als unterliegende Partei.

(2) Hat der in § 16 Abs. 1 Buchstabe a genannte Antragsteller den Antrag auf gerichtliche Entscheidung gestellt, so trägt er in jedem Falle die Kosten des ersten Rechtszuges, soweit sie nicht durch den Antrag eines anderen Beteiligten auf gerichtliche Entscheidung erhöht sind. § 102 der Zivilprozessordnung bleibt unberührt.

(3) Über die Erstattung der Kosten eines Beteiligten, der zur Hauptsache keinen Antrag gestellt hat, entscheidet das Gericht auf Antrag des Beteiligten nach billigem Ermessen.

§ 38. (1) Über die Berufung entscheidet das Oberlandesgericht, Senat für Baulandsachen. Für die Besetzung des Senats gilt § 30 entsprechen.

(2) Hat das Gericht einen Enteignungsbeschluss geändert, so steht die Berufung jedem Beteiligten und der Enteignungsbehörde zu.

(3) Hat das Gericht die Sache an die Enteignungsbehörde zurückverwiesen, so ist die Berufung ausgeschlossen.

(4) Die Berufungsfrist und die Frist für die Berufungsbegründung betragen zwei Wochen. Die Berufungsschrift und die Berufungsbegründung sind den übrigen Beteiligten und der Enteignungsbehörde zuzustellen.

§ 38 a. (1) Über die Revision entscheidet der Bundesgerichtshof.

(2) Hat das Berufungsgericht einen Enteignungsbeschluss geändert, so steht die Revision nach Maßgabe der Vorschriften der Zivilprozessordnung jedem Beteiligten und der Enteignungsbehörde zu.

(3) Ist die angefochtene Entscheidung ein Enteignungsbeschluss, so ist die Revision ausgeschlossen, soweit sie nicht eine Geldentschädigung, eine Ersatzleistung (§ 27 Abs. 5) oder eine Ausgleichszahlung betrifft. § 38 Abs. 3 gilt entsprechend.

(4) Ist die angefochtene Entscheidung ein Enteignungsbeschluss, so kann die Revision nicht darauf gestützt werden, dass eine andere Art der Entschädigung zu gewähren ist.

(5) Die Revisionsschrift und die Revisionsbegründung sind den übrigen Beteiligten und der Enteignungsbehörde zuzustellen.

§ 39. Einigen die Beteiligten sich während des gerichtlichen Verfahrens, so gelten die §§ 21 und 22 entsprechend. Das Gericht tritt an die Stelle der Enteignungsbehörde."

9. *§ 40 Abs. 1* erhält folgende Fassung: „(1) Ist der Enteignungsbeschluss nicht mehr anfechtbar, so ordnet auf Antrag eines Beteiligten die Enteignungsbehörde seine Ausführung an, wenn der durch die Enteignung Begünstigte die Geldentschädigung, soweit nicht im Enteignungsbeschluss ihre spätere Leistung zugelassen ist, gezahlt oder zulässigerweise unter Verzicht auf das Recht der Rücknahme hinterlegt hat. Dies gilt entsprechend, wenn nur noch Revision möglich ist; in diesem Falle gelten als Geldentschädigung die Beträge, die im Falle der Rechtskraft des Berufungsurteils als Geldentschädigung zu leisten sind."

10. *§ 45* erhält folgende Fassung: „*§ 45.* Rückenteignung. (1) Der enteignete frühere Eigentümer kann verlangen, dass das nach den Vorschriften dieses Gesetzes enteignete Grundstück zu seinen Gunsten wieder enteignet wird (Rückenteignung), wenn

a) im Falle des § 5 Abs. 3 die Gemeinde das Land nicht binnen der dort genannten Frist als Bauland oder als Ersatzland veräußert hat,

b) der durch die Enteignung Begünstigte oder sein Rechtsnachfolger mit dem Bau nicht binnen eines Jahres begonnen hat oder innerhalb eines weiteren Jahres nicht wenigstens das Sockelgeschoss mit Decke fertig gestellt worden ist. Die Frist beginnt mit dem Tage, an dem der durch die Enteignung Begünstigte den Besitz erworben hat.

(2) Die Rückenteignung kann nicht verlangt werden,

a) wenn der Enteignete selbst das Grundstück im Wege der Enteignung nach diesem Gesetz erworben hatte,

b) wenn das Grundstück zugunsten eines anderen Bauwilligen enteignet werden soll und bei dem enteigneten früheren Eigentümer die in § 4 bestimmten Voraussetzungen für die Abwendung dieser Enteignung nicht vorliegen.

(3) Der Antrag auf Rückenteignung ist binnen vier Jahren, nachdem der Enteignungsbeschluss unanfechtbar geworden ist, bei der zuständigen Enteignungsbehörde einzureichen. § 203 Abs. 2 des Bürgerlichen Gesetzbuchs gilt entsprechend.

(4) Die Enteignungsbehörde kann die Rückenteignung ablehnen, wenn

a) die Grenzen des Grundstücks erheblich verändert worden sind, oder

b) ganz oder überwiegend Entschädigung in Land gewährt worden ist.

(5) Der frühere Inhaber eines Rechts, das durch Enteignung nach den Vorschriften dieses Gesetzes aufgehoben ist, kann unter den in Absatz 1 bezeichneten Voraussetzungen verlangen, dass ein gleiches Recht an dem früher belasteten Grundstück zu seinen Gunsten durch Enteignung wieder begründet wird. Die Vorschriften über die Rückenteignung gelten sinngemäß.

(6) Die Vorschriften der Abschnitte II, III, IV und V dieses Gesetzes sind sinngemäß anzuwenden."

III. Gegen die übrigen Bestimmungen des Entwurfs werden keine Erinnerungen erhoben.

gez. Dr. Laforet, Vorsitzender

XVI. Beratungen der Ausschüsse des Bundestages für Wiederaufbau und Wohnungswesen (18. Ausschuss) sowie für Bau- und Bodenrecht (36. Ausschuss) vom Januar 1953

1. Beratungen vom 8.1.1953

Vorsitzender: Wirths (vormittags), *Meyer (Bremen)* nachmittags

Zu Beginn der Sitzung bittet der *Vorsitzende,* Abg. Wirths, um Mitteilung, zu welchem besonderen Punkt Herr Bundeswirtschaftsminister Prof. Dr. Erhard sprechen soll.

Der *Ausschuss-Assistent* teilt mit, dass aufgrund einer Vereinbarung zwischen den Vorsitzenden der beiden Ausschüsse Herr Minister Dr. Erhard gebeten werden soll, auf dieser Sitzung zu der Frage Stellung zu nehmen, ob im Bundeswirtschaftsministerium die Absicht besteht, in absehbarer Zeit die Preise für unbebaute Grundstücke aufzuheben, nachdem die bebauten Grundstücke und die Trümmergrundstücke bereits freigegeben worden sind. Diese Frage stehe im Zusammenhang mit der endgültigen Klärung des § 7 des Baulandbeschaffungsgesetzes.

Bundeswirtschaftsminister Prof. Dr. Erhard (Bundeswirtschaftsministerium) erklärt, dass er mit der Fassung des § 7 in dem vorliegenden Entwurf eines Baulandbeschaffungsgesetzes nicht einverstanden sei, da die hier vorgesehene Bestimmung sich starr an einen bestimmten Stichtag, nämlich den 17.10.1936, halte. Man müsse auf dem Gebiete der unbebauten Grundstücke zu einer größeren Freizügigkeit gelangen, d.h. eine gewisse Auflockerung durchführen. Die Pläne des Bundeswirtschaftsministeriums gingen jedoch nicht so weit, dass eine völlige Preisfreigabe für unbebaute Grundstücke beabsichtigt sei.

Auf die Frage des *Abg. Dr. Brönner* (CDU/CSU), wie eine Auflockerung der Preise gedacht sei, erklärt Bundesminister Dr. Erhard, dass seiner Meinung nach der Gemeinwert angesetzt werden sollte und nicht irgendein Stoppwert, denn die Erfahrung zeige, dass der Stopppreis praktisch unzulänglich sei.

MinRat Dr. Ernst (Bundesrat) wirft die Frage auf, was diese Lockerung in Bezug auf die sogenannten unverdienten Wertsteigerungen bedeuten solle, wenn z.B. das Grundstück seit 1936 aus einem Ackerland zum Bauland geworden sei. Solle ein solches Grundstück nunmehr zum Baulandwert enteignet werden oder zum Ackerlandwert von 1936 zuzüglich einer Aufbesserung infolge der Verschlechterung der Mark? Das sei für die Enteignungspraxis die Kardinalfrage. In der Praxis sei es so geregelt gewesen, dass die Entschädigung nach dem Stande von 1936 erfolgt, wobei es nicht interessiere, was inzwischen aus dem Grundstück geworden sei.

ORR Bormann (Bundeswirtschaftsministerium) weist demgegenüber darauf hin, dass man bei dem sogenannten jungfräulichen Boden, der aus der landwirtschaftlichen in die Baulandsphäre übergehe, keineswegs den reinen Ertragswert für landwirtschaftliche Grundstücke angehalten habe, sondern den peripheren Baulandpreis, d.h. den Baulandpreis aus der letzten Stufe. Es bestehe gar kein Bedenken, dieses Verfahren, das auch schon vor 1914 bzw. vor 1936 so gehandhabt worden sei, beizubehalten.

Bei der beabsichtigten Auflockerung sei daran gedacht, den starren Stopppreis vom 17.10.1936 in doppelter Hinsicht aufzulockern. Erstens sei einer seit diesem Datum eingetretenen Änderung der Zweckbestimmung des Baulandes Rechnung zu tragen, d.h. wenn beispielsweise durch Änderung der Bebauungsordnung aus einem Wohngebiet für Einfamilienhäuser ein Wohngebiet für vier- oder fünfstöckige Wohnhausbauten oder für Geschäftsgrundstücke in bevorzugter Geschäftslage geworden sei. Daraus ergebe sich ganz zwangsläufig eine Erhöhung des Baulandpreises. Die starre Fixierung der baulichen Nutzungswerte vom 17.10.1936 gehe an den tatsächlichen Verhältnissen der Entwicklung der Bebauung und der neuen Städteplanung vorbei und führe zu ungesunden Verhältnissen. Es sei auch die Frage zu stellen, nach welchen Gesichtspunkten überhaupt die Auslese innerhalb der Bewerber für ein Grundstück erfolgen solle, wenn nicht nach dem Gesichtspunkt des Preises, da es sonst eine Art Lotteriespiel werden könne. – Als zweiter Gesichtspunkt sei bei der Auflockerung zu berücksichtigen, dass man der Veränderung des allgemeinen Preisniveaus seit 1936 auch in den Baulandpreisen Rechnung tragen müsse. Hierfür seien in internen Diskussionen Erhöhungen von 20 bis 30%, ja teilweise sogar von 66 2/3%, gegenüber dem Niveau von 1936 genannt worden.

MinRat Dr. Ernst (Bundesrat) erklärt sich einverstanden mit der Berücksichtigung der Veränderungen infolge der Verschlechterung der Mark, will jedoch als Sprecher für den Bundesrat den erstgenannten Gesichtspunkt nicht gelten lassen. Das Baulandbeschaffungsgesetz habe über seinen eigentlichen Bereich hinaus grundsätzliche Bedeutung als erstes Bundesgesetz aufgrund Art. 14 GG. Die Länder hätten nach 1945 Entschädigungsregeln getroffen, die sich mit der hier vorgetragenen Auslegung des Art. 14 nicht deckten, indem sie solche Wertsteigerungen bei der Entschädigung nicht berücksichtigen. Man sei dabei von dem Wortlaut des Art. 14 ausgegangen, der für die Entschädigung eine „gerechte Abwägung der Interessen der Allgemeinheit und der Beteiligten“ verlange, und habe daher dem Enteigneten nicht auf Kosten der Allgemeinheit ein Geschenk machen wollen, denn der Betreffende selbst habe die Wertsteigerung gar nicht herbeigeführt.

MinRat Dr. Ernst erklärte, er glaube nicht, dass der Bundesrat jetzt bereit sein werde, eine Bundesregelung zu akzeptieren, die praktisch dazu zwingen würde, die in den Ländergesetzen getroffenen Entschädigungsregelungen aufzuheben. Andererseits sei eine einheitliche Regelung der Entschädigung notwendig. Im freien Verkehr und beim Verkauf an Private könne man selbstverständlich so verfahren, wie hier vorgeschlagen; aber die Enteignungsentschädigung brauche nicht unter allen Umständen mit dem freiwillig gezahlten Kaufpreis identisch zu sein, da man sonst dem Eigentümer auf Kosten der Allgemeinheit ein zusätzliches Geschenk machen würde.

Auf die Frage des Ministers, wer das Geschenk bekommen solle, erwidert der *Vorsitzende,* dass nach dem Vorschlage von Herrn MinRat Dr. Ernst derjenige das Geschenk erhält, der baut und zu dessen Gunsten enteignet wird. Der Vorsitzende glaubt nicht, dass sich eine Kollision mit den Enteignungsgesetzen der Länder ergeben würde, jedenfalls nicht in der Praxis.

MinDir. Prof. Dr. Müller-Armack (Bundeswirtschaftsministerium) weist auf die Vorteile hin, die eine Auflockerung der Preisbindung für die städtischen Planungen zur Folge haben werde. Die städtische Planung werde augenblicklich durch die Störung der Mobilität des Grundstücksverkehrs infolge falscher Werte viel mehr behindert, als sie möglicherweise in Zukunft durch die Entstehung einer anderen Preisbildung behindert werden dürfte. Der Redner warnt insbesondere vor der Annahme, dass die Preisbewegungen bei den Grundstücken dauernd aufwärts gehen würden. Man werde gerade bei den Trümmergrundstücken angesichts der bisher stark übersteigerten Wertvorstellungen große Überraschungen erleben.

Abg. Meyer (SPD; Bremen) verweist auf die Regelung für die Reichsheimstätten und geförderten Kleinsiedlungen, die nach einer Vorschrift des Reichsheimstättengesetzes darin besteht, dass der betreffende Grundstücksbesitzer lediglich auf den von ihm selbst gezahlten Bodenpreis zuzüglich der von ihm vorgenommenen Wertverbesserungen einen Anspruch hat. Eine analoge Regelung schlägt der Redner grundsätzlich für die Entschädigung vor. Er gibt im Übrigen seinem Bedauern darüber Ausdruck, dass die Preise der Trümmergrundstücke freigegeben worden seien, bevor das Baulandbeschaffungsgesetz verabschiedet worden sei; er schlägt vor, nachträglich noch gewisse Einschränkungen vorzunehmen, die zwar die Preise nicht mehr unmittelbar genehmigungspflichtig machen, die es aber andererseits in Form von allgemeinen Weisungen an die Preis- und Grundstücksbehörden verhindern, dass hier die Preise davonlaufen. Die Annahme, dass sich die Preise unter der Wirkung der Freigabe auspendeln würden, möge richtig sein; das könne aber erst die Praxis erweisen.

Der Redner weist sodann insbesondere auf die Höhe der Preise bei solchen bebauten Grundstücken hin, in denen gleichzeitig frei werdende Wohnungen mit zur Verfügung gestellt werden. Aus der Praxis seiner Heimatstadt Bremen schildert der Redner die Schwierigkeiten, Trümmergrundstücke in die städtische Planung einzubeziehen, weil die Besitzer dieser Grundstücke keinerlei Angebote akzeptieren, da sie ihren eigenen Wertvorstellungen nicht entsprachen. Hinzu komme das ideelle Interesse, einen Sachwert in der Hand zu behalten, welches das materielle Interesse am Preise überlagere. Man werde jetzt möglicherweise zu einer Diskrepanz zwischen den Preisen kommen, wie sie das Baulandbeschaffungsgesetz zulasse und wie sie vielleicht im freien Grundstücksverkehr gezahlt würden; und darin liege eine große Gefahr.

Bundesminister Prof. Dr. Erhard (Bundeswirtschaftsministerium) erklärt, es gebe doch erst jetzt einen Preis für Trümmergrundstücke; bisher habe es gar keinen gegeben. Es sei ganz richtig, was Abg. Meyer sage: Niemand hat ein Trümmergrundstück hergegeben, weil er keine Vorstellung von dem Wert hatte, und wenn man etwas anderes dafür angeboten habe, habe er keinen Vergleichsmaßstab. Das Vergleichen-Können und Vergleichen-Müssen sei schon zwingende Voraussetzung, um zu einem Tausch oder Kauf oder Verkauf bereit zu sein. – Er sei auch der Meinung von Prof. Dr. Müller-Armack, dass wir sehen werden, dass hier in Bezug auf die Trümmer- und bebauten Grundstücke Überraschungen auftreten werden, weil nämlich die Erwartungen, die hier manchmal gehegt worden seien, sich unmöglich erfüllen könnten. Aber wir würden jetzt endlich dazu kommen, dass wir unsere Städte an den entscheidenden Stellen wieder bebauen könnten, was bisher aufgrund der Preisverordnung nicht möglich gewesen sei oder nur unter Nebenerscheinungen, die alles andere als schön seien.

Gegenüber der Kritik an der Freigabe der Trümmergrundstücke weist der *Vorsitzende* ebenfalls darauf hin, dass die Preise für Trümmergrundstücke heruntergehen würden, und er glaube nicht, dass sich aus der Freigabe in der Praxis Schwierigkeiten ergeben werden. Bei Trümmergrundstücken, die enteignet werden müssten, werde man den Preis im Sachverständigenverfahren feststellen, falls für das betreffende Grundstück kein bestimmter gemeiner Wert oder Marktpreis bestehe. Dieses Verfahren habe in Nordrhein-Westfalen ganz gut funktioniert.

MinDir. Prof. Dr. Müller-Armack (BMW) bringt erneut zum Ausdruck, dass man bei der Freigabe der Trümmergrundstücke vor allem an die Herstellung der Mobilität des Grundstücksverkehrs gedacht habe. Die zerstörten Innenbezirke der Städte würden praktisch durch die falschen Wertvorstellungen der bisherigen Eigentümer blockiert. Diese Wertvorstellungen würden jetzt auf eine sehr heilsame Weise abgebaut. Sollten dabei die Eigentümer einen Gewinn übrig behalten, so sei auch dies aus sozialen Gründen als ein nachträglicher Ausgleich für den erlittenen Schaden zu vertreten.

Abg. Meyer (Bremen) stimmt dem Vorredner hinsichtlich der Trümmergrundstücke zu, hat jedoch wegen der Auswirkung auf den sozialen Wohnungsbau nach wie vor erhebliche Bedenken. Das Baulandbeschaffungsgesetz sollte die ultima ratio sein und einen möglichst freien Verkehr ermöglichen. Auch er und seine Freunde hätten kein Interesse daran, dem Grundstücksbesitzer das Letzte zu nehmen zu einem Preis, der nicht tragbar sei. Er richtet an den Herrn Bundeswirtschaftsminister die Bitte, eine stärkere Übereinstimmung zwischen den Preisbemessungen des Baulandbeschaffungsgesetzes und denen, die sich nach Einführung des freien Marktes ergeben, herbeizuführen, indem man gewisse Sicherungen dazwischenschalte.

MinRat Dr. Ernst (Bundesrat) weist darauf hin, dass man eine völlige Gleichsetzung des Entschädigungswertes mit dem Verkehrswert nicht einmal in der Weimarer Verfassung nach Art. 153 vorgesehen habe. Damals sei man sich darüber einig gewesen, dass eine angemessene Entschädigung im Sinne der Weimarer Verfassung nicht unter allen Umständen Bezahlung des jeweiligen Verkehrswertes bedeute. Auch der Sachverständige könne nur anhand von Vergleichskäufen feststellen, dass dieser oder jener Preis gezahlt worden sei, ganz gleichgültig, ob er völlig übersteigert sei und in einer Überschätzung und Verkennung der Entwicklungsmöglichkeiten des jeweiligen Stadtgebiets beruhe. Ein solches Entschädigungsrecht habe man schon unter der Weimarer Verfassung nicht akzeptiert, und man habe sich geweigert, solche Wertsteigerungen anzuerkennen, die nur in der Vorstellung des Grundstückseigentümers, aber nicht in den Realitäten eine Stütze finden. Das Grundgesetz wolle eine gerechte Entschädigung, aber es wolle nicht mehr geben als in der Weimarer Verfassung; sonst hätte man einfach den Verkehrswert in die Verfassung einbauen können. Man habe aber auch den Wortlaut der Weimarer Verfassung nicht übernommen. Wenn man nun aber bei einer Entschädigung den Verkehrswert bezahlen wolle, dann berücksichtige man die „Interessen der Allgemeinheit" nicht. Man könne dem zwar entgegenhalten, es sei ungerecht, zwischen Verkehrswert und Entschädigungswert einen Unterschied zu machen; aber die Länder hätten aus Art. 14 diese Konsequenz gezogen. Wenn man nun die Regelung der Entschädigung bedingungslos an den Verkehrswert anhängen wolle, so bedeute das einen Rückschritt hinter die Weimarer Verfassung auf die Entschädigungsregelung vom Jahre 1875, in der es hieß: „der volle Wert, d.h. mindestens der Verkehrswert".

Der Redner erklärt erneut ausdrücklich für den Bundesrat, dass eine solche Regelung für ihn nicht akzeptabel sei, da dadurch alle bisherigen Regelungen zerschlagen würden. Auch bei den Umlegungsverfahren bezahle man keineswegs den Verkehrswert, da ja der Eigentümer nicht für die Umlegung geschaffene städtebauliche Verbesserung verantwortlich sei.

MinDir. Prof.Müller-Armack (BMW) gibt gegenüber den Befürchtungen des Vorredners, dass die Vorstellungen der Bodenbesitzer für die Preisbemessung entscheidend sein würden, erneut seiner Überzeugung Ausdruck, dass diese individuellen Vorstellungen bei der Freigabe der Preise abgebaut würden und sich dann ein Markt herausbilden werde, auf den keinesfalls mehr gewisse übersteigerte Vorstellungen der letzten Jahre zutreffen würden. Auch in Fällen eines gestörten Marktes werde, so erklärt der Redner mit Bezug auf die von Abg. Meyer angeführten Beispiele aus Bremen, sehr bald eine Nivellierung eintreten; denn der Markt sei nicht bereit, für verschiedenartige Güter einen gleichen Preis zu zahlen. Es werde sich auch für den sozialen Wohnungsbau vorteilhaft auswirken, dass der Markt verschiedenartige Preise nehme, und der Markt werde gerade den Bedürfnissen des sozialen Wohnungsbaues nach einem vernünftigen Bodenpreis entgegenkommen.

Bezüglich der von MinRat Dr. Ernst erwähnten „Interessen der Allgemeinheit" (GG Art. 14) erklärt Prof. Dr. Müller-Armack, dieses Interesse der Allgemeinheit müsse man nach zwei Richtungen sehen. Die Allgemeinheit spare zwar an den Aufwendungen für die Beschaffung des Baulandes, aber sie verliere durch die Immobilität und den Widerstand, der, ausgehend von den falschen Preisen, die Planung in den Städten so sehr erschwere. Gerade die Notwendigkeit der Stadtplanung sei mit richtigen Bodenwerten unabdingbar verknüpft.

Abg. Görlinger (SPD) hält es für verhängnisvoll, dass die Freigabe der Trümmergrundstücke vor Verabschiedung des Baulandbeschaffungsgesetzes verfügt worden sei. Der Begriff des Trümmergrundstücks sei in der Auslegung sehr weit gefasst. Der Redner wendet sich grundsätzlich dagegen, dass man beim Bauland von einem „Markt" spreche. Bei den Grundstücken dürfe man marktwirtschaftliche Gesichtspunkte nicht anwenden.

Der *Vorsitzende* weist demgegenüber darauf hin, dass die Freigabeverordnung für Trümmergrundstücke in Kraft sei und nur durch ein entsprechendes Gesetz des Bundestages geändert werden könne.

Abg. Meyer (Bremen) hält die Verordnung auch in rechtlicher Hinsicht für sehr umstritten, weil sie gleichzeitig die Genehmigungspflicht, die nicht Bestandteil der Preisverordnung sei, beseitigt habe. Es gehe jetzt darum, nach der vom BMW erlassenen Aufhebung der Preisverordnung die Preise wenigstens so in der Hand zu halten, dass man sich bereits dann, wenn drohende Momente sichtbar werden, einschalten könne und nicht erst dann eine Diskussion darüber beginne, ob die jeweilige individuelle Preisbeobachtung richtig sei; man müsse sich dann auf verlässliches Material stützen können, das irgendwo amtlich gesammelt worden sei. In diesem Zusammenhang stellt der Redner die Frage, ob die von Prof. Dr. Müller-Armack genannte Stelle in Münster in ihrer Tätigkeit von bestimmten Stellen in den Ländern und Gemeinden unterstützt werde, ob die Preisbehörden hierzu noch die Möglichkeit haben, nachdem sie ausgeschaltet seien, oder welche anderen Grundstücksbehörden die tatsächlich gezahlten Preise nach Münster berichteten.

MinDir. Prof. Dr. Müller-Armack (BMW) erklärt zu den grundsätzlichen Äußerungen der Abgeordneten Görlinger und Meyer (Bremen), dass hier insofern doch ein Markt vorliege, als sich ein bestimmtes Preisniveau herausstelle und man abkomme von den individuellen Preisforderungen derjenigen, die irgendwelche Vorstellungen von Sachwertstabilität haben. Das Einpendeln der Marktgrößen müsse sich erst einmal zeigen, und man müsse bereit sein, dieses Vorlaufrisiko eine gewisse Zeit auf sich zu nehmen, sonst werde man in Schwierigkeiten kommen.

Die Frage der unberechtigten Wertsteigerung sei noch völlig unvorentschieden. Es sei möglich, diese Frage in einem zweiten Prozess zu lösen, anstatt gleichsam schon bei der Einkommensbildung einzugreifen. Entscheidend sei, dass überhaupt erst einmal ein Markt entstehe. Gegenüber den geäußerten Bedenken müsse man auch die Illegalität des bisherigen Marktes berücksichtigen, die darin gelegen habe, dass größtenteils fiktive Käufe getätigt wurden, die mit den verbrieften Preisen nichts zu tun hatten.

Abg. Meyer (Bremen) bemerkt hierzu, dass es durch entsprechende Maßnahmen durchaus möglich gewesen wäre, die Illegalität zu verhindern.

Der *Vorsitzende* bittet um Überlegung, ob die Regierungsvorlage gemäß Vorschlag des Rechts- und Verfassungsausschusses wiederhergestellt werden solle oder ob der Ausschuss nach wie vor an den Beschlüssen in der 2. Lesung festhalte.

Abg. Görlinger erklärt, dass die Preisverordnung nicht gebilligt werden könne. Er behalte sich eine Ablehnung im Falle, dass ein entsprechender Antrag im Plenum eingereicht werde, vor.

Abg. Meyer (Bremen) spricht sich gegen die Fassung des § 7 in der Vorlage des Regierungsentwurfs aus und hält den Beschluss in der 2. Lesung für richtig, da diese Fassung besser sei als die der Regierung. Er beantragt, den Antrag des Rechtsausschusses abzulehnen.

Abg. Wirths spricht sich für die Fassung des Rechtsausschusses aus und bittet, eine Abstimmung über den Antrag des Abg. Meyer erst in der kommenden Woche vorzunehmen.

Der *Ausschuss* ist hiermit einverstanden.

Alsdann wird in die Einzelberatung zu der Stellungnahme des Rechtsausschusses eingetreten.

Von den Entscheidungen des Rechtsausschusses unter I nimmt der Ausschuss Kenntnis. Dem Antrage unter II, Ziffer 1 und 2 wird entsprochen. *§ 2* erhält folgenden Eingangssatz: „Die Enteignung ist nur zulässig zur Bereitstellung ...".

§ 3 erhält folgende Fassung:

„§ 3. Der Enteignung für die in § 2 Buchst. a und b genannten Zwecke unterliegen nach Maßgabe der §§ 3 x, 3 y nur

a) unbebaute Grundstücke,

b) Grundstücke, auf denen die früher vorhanden gewesenen Gebäude zerstört oder beschädigt sind,

c) Grundstücke mit geringfügiger Bebauung; als geringfügig ist namentlich eine Bebauung anzusehen, die erheblich unter dem Maß der zulässigen oder üblichen Bebauung liegt oder nach ihrem Umfang die Verpflichtung zur Leistung von Anliegerbeiträgen nicht auslöst oder in behelfsmäßiger Bauart errichtet oder nur auf Widerruf genehmigt ist."

Der Hinzufügung eines weiteren *§ 3 x* stimmt der Ausschuss zu. Dieser neue Paragraph erhält folgende Fassung: „§ 3 x. (1) An hergestellter und anbaufähiger Straße liegende sowie unerschlossene Grundstücke dürfen für die in § 2 Buchstaben a und b genannten Zwecke nur enteignet werden, wenn

a) die beabsichtigte Verwendung in Fluchtlinienplänen, Bebauungsplänen oder ähnlichen förmlich festgestellten städtebaulichen Plänen vorgesehen oder zugelassen ist oder

b) die beabsichtigte Verwendung nach pflichtmäßigem Ermessen der für die Ortsplanung zuständigen Aufsichtsbehörde mit einer geordneten baulichen Entwicklung des Gemeindegebiets vereinbar ist.

Absätze 3 bis 5 des bisherigen § 3 bleiben als § 3 x Absätze 2 bis 4."

Gegen den Vorschlag des Rechtsausschusses, unter § 3 y eine besondere, im bisherigen Entwurf nicht vorhandene Bestimmung aufzunehmen, sprechen sich die *Abgeordneten Görlinger, Meyer und Wirths* aus. Die vorgesehene Bestimmung soll verhindern, dass eine Enteignung durchgeführt wird, die nicht im Interesse der Allgemeinheit liegt.

MinRat Dr. Ernst (Bundesrat) äußert starke Bedenken, da die Zentralinstanz erneut beschäftigt wird, was auf jeden Fall verhindert werden muss. Diese Bestimmung habe keinen wesentlichen Sinn und sei nicht mit dem beabsichtigten Verwaltungsabbau in Einklang zu bringen.

Dem Antrage des *Abg. Wirths*, den § 3 y zu streichen, wird grundsätzlich zugestimmt, jedoch soll eine endgültige Entscheidung erst in der nächsten Woche gefällt werden.

Einer Erweiterung des *§ 4 Abs. 1* durch einen neuen Satz 3 kann der Ausschuss nicht ohne weiteres zustimmen. *Abg. Meyer* äußert gewisse Bedenken, da die Bestimmung generell gilt und sehr hinderlich sein kann. Der Eigentümer müsste mit gewisser Wahrscheinlichkeit den Nachweis führen, dass er mit den Bauarbeiten bis zu einer noch festzusetzenden Frist beginnt.

Abg. Görlinger spricht sich gegen den Zeitraum von fünf Jahren aus. Gegen den Vorschlag des *Abg. Graf Spreti* im § 4 Abs. 1 Satz 1, die Frist von einem Jahr zu verlängern, spricht sich *Abg. Kalbfell* aus.

RegDir. Dr. Zinkahn (BuWoMin) weist in diesem Zusammenhang darauf hin, dass diese Frist von einem Jahre genügen dürfte.

Abg. Wirths möchte dem Antrage des Rechtsausschusses unter der Voraussetzung entsprechen, dass die hier vorgesehene Frist von fünf Jahren verkürzt wird.

MinRat Dr. Ernst (Bundesrat) gibt zu bedenken, dass der bisherige Standpunkt verbessert werden soll. Durch den neuen Satz 3 würden doch die bisherigen Bestimmungen verschlechtert. Er bittet, den Antrag des Rechtsausschusses abzulehnen.

Da sich *Abg. Kalbfell* (SPD) ebenfalls gegen jede Erweiterung ausspricht, regt *Abg. Wirths* an, die Frist in § 4 Abs. 1 Satz 1 auf zwei Jahre zu verlängern und dann den Antrag des Rechtsausschusses abzulehnen. Evtl. könne man durch einen Zusatz mit folgendem Wortlaut auch die Frist von einem Jahre erweitern: „Die Enteignungsbehörde kann in besonders gelagerten Fällen nach pflichtgemäßem Ermessen die Frist angemessen verlängern."

Von *Abg. Meyer* wird angeregt, evtl. das Verfahren für die Dauer von drei Monaten – *Abg. Wirths* schlägt sechs Monate vor – auszusetzen.

Der *Ausschuss* kann sich hiermit jedoch nicht einverstanden erklären. Es wird beschlossen: § 4 Satz 2 in der Fassung vom 1. März wird gestrichen.

Abs. 2 wird vom Wohnungsbauministerium neu bearbeitet; Neuformulierung wird zur nächsten Sitzung vorgelegt.

Die Beratung der Abs. 3, 4 und 5 wird zurückgestellt.

(Die Sitzung wird von 12.00 bis 15.00 Uhr unterbrochen.)

Zu Beginn der Nachmittagssitzung machte *MinRat Dr. von Spreckelsen* zum 4. Abschnitt des Entwurfes „Anfechtung der Entscheidungen der Enteignungsbehörde" folgende Ausführungen zu der Neufassung der §§ 28–40:

1. Der Regierungsentwurf geht davon aus, dass die Beibehaltung eines geteilten Rechtsweges für die Anfechtung der Entscheidungen über Zulässigkeit und Umfang der Enteignung einerseits und über die Enteignungsentschädigung andererseits die Durchführung der Enteignung zu sehr verzögern würde. Mit Rücksicht darauf, dass Art. 14 Abs. 3 GG die Zuständigkeit der ordentlichen Gerichte für die Entscheidung über die Entschädigung vorsieht, konnte ein einheitlicher Rechtsweg nur dadurch geschaffen werden, dass die Zuständigkeit der ordentlichen Gerichte auch für die Entscheidung über die Anfechtung des Enteignungsbeschlusses hinsichtlich der Zulässigkeit und des Umfangs der Enteignung vorgesehen wird, für die ohne besondere Bestimmung sonst die Verwaltungsgerichte zuständig wären. Diesen Weg ist

der Regierungsentwurf gegangen. Er sieht in §§ 30, 38 Abs. 2 mit Rücksicht auf die Erweiterung der Zuständigkeit der ordentlichen Gerichte für verwaltungsrechtliche Fragen die Zuziehung von je zwei Richtern der Verwaltungsgerichte sowohl beim Landgericht wie beim Oberlandesgericht vor.

Zur weiteren Beschleunigung des Verfahrens sieht der Entwurf Abkürzung der prozessualen Fristen und insbesondere die Abkürzung des gerichtlichen Instanzenzuges auf zwei Instanzen, nämlich das Landgericht und das Oberlandesgericht vor, wobei das Oberlandesgericht lediglich Rechtsinstanz sein soll. Der Regierungsentwurf sieht ferner gewisse Abweichungen von den allgemeinen prozessualen Vorschriften mit Rücksicht darauf vor, dass das Gericht auch über Fragen des Verwaltungsrechts zu entscheiden hat und dass eine Gegenüberstellung der Beteiligten als Kläger und Beklagte nicht in allen Fällen möglich ist. In diesem Zusammenhang ist vorgesehen, dass das Landgericht nach den sonst für das Amtsgericht geltenden Verfahrensvorschriften zu verfahren hat, dass insbesondere kein Anwaltszwang vor dem Landgericht besteht und dass der Rechtsbehelf, mit dem das Gericht angegangen werden kann, ein Einspruch, die Entscheidung des Gerichts ein Beschluss und das Rechtsmittel gegen den Beschluss des Gerichtes eine Beschwerde ist.

2. Bei den Erörterungen des Ausschusses für Rechtswesen und Verfassungsrecht hat sich ergeben, dass sich für den im Regierungsentwurf vorgesehenen einheitlichen Rechtsweg für die verwaltungsrechtlichen und die Entschädigungsfragen eine Mehrheit nur finden ließ, wenn an den oben bezeichneten Vorschriften des Regierungsentwurfs verschiedene Änderungen vorgenommen würden. Die Einwendungen richteten sich hauptsächlich gegen die Beschränkung des Instanzenzuges auf zwei Instanzen mit nur einer Tatsacheninstanz, auf den Wegfall des Anwaltszwanges vor den Landgerichten, auf die Bezeichnungen Einspruch, Beschluss und Beschwerde sowie darauf, dass über die Kosten des Rechtsstreites nach billigem Ermessen entschieden werden sollte.

Auf Veranlassung des Ausschusses für Rechtswesen und Verfassungsrecht hat das *Bundesjustizministerium* die jetzt vorliegenden *Neufassungen* der §§ 28 bis 40 ausgearbeitet, die die im Rechtsausschuss geäußerten Bedenken beseitigen sollten und auch die Billigung des Rechtsausschusses gefunden haben.

3. a) Die wichtigste Änderung gegenüber dem Regierungsentwurf besteht darin, dass in § 38 a ein dritter Rechtszug vorgesehen ist, in dem der Bundesgerichtshof als Rechtsinstanz entscheidet. Bei unbeschränkter Eröffnung des dritten Rechtszuges hätte sich der Nachteil ergeben, dass die Vollziehung der Enteignung, d.h. der Eigentumsübergang auf den Enteignungsbewerber, verzögert würde. Denn § 40 sieht in seiner bisherigen Fassung vor, dass die Enteignung erst nach rechtskräftigem Abschluss des gerichtlichen Verfahrens vollzogen werden kann. Um nun eine Verzögerung der Vollziehung der Enteignung zu vermeiden, ist folgender Weg eingeschlagen: Die Vollziehung der Enteignung wird gemäß § 40 Abs. 1 Satz 2 bereits ermöglicht, wenn die Entscheidung des Oberlandesgerichts ergangen ist. Der in dieser Entscheidung festgesetzte Betrag der Geldentschädigung wird vorläufig zugrunde gelegt unter Vorbehalt späterer Nachzahlungen oder Rückzahlungen entsprechend dem Ergebnis des Revisionsverfahrens. Diese vorzeitige Vollziehung

der Enteignung vor Rechtskraft der Entscheidung des Oberlandesgerichts ist nur möglich, wenn die Anrufung der dritten Instanz so beschränkt wird, dass weder an der Tatsache der Enteignung noch an ihrem Umfang noch an der Art der Entschädigung etwas geändert werden kann. § 38 a Abs. 3 sieht vor, dass die Revision ausgeschlossen ist, soweit sie nicht eine Geldentschädigung, eine Ersatzleistung oder eine Ausgleichsleistung betrifft. Aus § 38 ergibt sich, dass nunmehr das Oberlandesgericht eine zweite Tatsacheninstanz sein soll. Auf diese Weise werden die beiden Gesichtspunkte, einerseits die Vollziehung der Enteignung nicht zu verzögern und andererseits für Entschädigungsfragen das normale dreiinstanzliche Verfahren beizubehalten, miteinander in Einklang gebracht.

3. b) Die Neufassung des § 31 hat zur Folge, dass das Landgericht nicht, wie im Regierungsentwurf vorgesehen, nach den Vorschriften über das amtsgerichtliche Verfahren, sondern nach den allgemeinen Regeln des Zivilprozessrechts zu verfahren hat. Diese Regelung ergibt, dass im landgerichtlichen Verfahren die Vertretung der Parteien durch Rechtsanwälte geboten ist. Dementsprechend ist auch im § 38 Abs. 3 vorgesehen, dass der Antrag auf gerichtliche Entscheidung von einem Rechtsanwalt unterzeichnet sein muss. Um der Enteignungsbehörde und einer beteiligten Gemeinde zu ermöglichen, das gerichtliche Verfahren selbst oder durch eine für sie tätige Person zu betreiben, ohne einen Rechtsanwalt zuzuziehen, ist in § 32 Abs. 3 eine entsprechende neue Vorschrift aufgenommen.

3. c) Um den Bedenken gegen die im Regierungsentwurf verwendeten Ausdrücke Einspruch, Beschluss, Beschwerde zu beseitigen, sind in den neuen Vorschriften die Ausdrücke Antrag auf gerichtliche Entscheidung, Urteil und Berufung gewählt. Insoweit handelt es sich um bloße Fassungsänderungen, die den rechtlichen Inhalt der Vorschriften nicht ändern.

3. d) In § 37 ist für die Kosten des gerichtlichen Verfahrens eine Neuregelung vorgesehen. Danach sollen grundsätzlich die Vorschriften der §§ 91 ff. ZPO angewendet werden. § 37 sieht lediglich für einzelne Fragen, die sich aus der Besonderheit der vorliegenden Verfahren ergeben, eine ergänzende und zum Teil abweichende Regelung vor, die sachlich dem Inhalt des § 37 der Regierungsvorlage entspricht.

3. e) Schließlich enthalten die §§ 28 bis 40 noch einige kleine rechtstechnische Änderungen gegenüber der Regierungsvorlage, die teils durch die erwähnten Neuerungen notwendig geworden sind und teils der Verbesserung des Entwurfs dienen.

Abg. Meyer spricht sich gegen eine generelle Vertretung durch einen Anwalt aus und macht den Vorschlag, den Anwaltszwang nur für revisionsfähige Sachen festzulegen.

Abg. Odenthal (SPD) stellt fest, dass durch die jetzt vorgesehene Regelung das Verfahren nicht beschleunigt, sondern stark verzögert würde. Er ist ebenfalls für Anwaltszwang, jedoch nur für wichtige Fragen, sonst sollte man die Beauftragung eines Anwalts in das Ermessen der Betroffenen stellen.

Abg. Wirths weist auf die Schwierigkeiten hin, die durch den Fortfall des Anwaltszwanges entstehen würden. Seiner Ansicht nach würden bei der jetzigen Lösung weniger Verfahren anhängig werden.

Abg. Jacobi (SPD) wünscht, dass insbesondere die Antragstellung (§ 28 Abs. 3) ohne Anwalt möglich gemacht wird.

MinRat Dr. Ernst (Bundesrat) weist darauf hin, dass auch die bezüglich der Frage „Zulässigkeit der Enteignung“ auftretenden Streitigkeiten nunmehr vor der Kammer für Baulandsachen mit einem Anwalt verhandelt werden müssten.

Abg. Wirths begrüßt den Antrag des *Abg. Meyer*, eine Kompromisslösung dahingehend vorzusehen, dass bis zu einer bestimmten Höhe des Streitwertes kein Anwaltszwang besteht, im Übrigen aber grundsätzlich Anwaltszwang festgelegt werden soll.

Nachdem *RegDir. Dr. Zinkahn* den Regierungsentwurf, wonach kein Anwaltszwang vorgesehen war, im Einzelnen begründet hat, erklärt *Abg. Meyer* namens der SPD-Fraktion, dass der vorgesehenen Regelung bei Beibehaltung des Anwaltszwanges nicht zugestimmt werden kann. Es sei eine wesentliche Verfahrenserschwerung; anderenfalls würde es richtiger sein, Art. 14 des Grundgesetzes zu ändern.

Abg. Dr. Brönner (CDU/CSU) spricht sich ebenfalls gegen den Anwaltszwang aus.

Abg. Wirths bittet Vertreter des Bundeswohnungsministeriums, zur nächsten Sitzung eine Formulierung vorzulegen, wonach bei einem höheren Streitwert der Anwaltszwang vorgeschrieben wird. Der *Vorsitzende* bittet alsdann den Ausschuss, folgende Fragen zu beantworten:

1. Soll uns das Ministerium eine Neuformulierung vorlegen und zwar a) Anwaltszwang generell, b) Anwaltszwang nur von einer bestimmten Höhe des Streitwerts an?

2. Soll der Beschluss des Ausschusses in der 2. Lesung aufrecht erhalten bleiben, wonach kein Anwaltszwang für den ersten Rechtszug vorgesehen ist?

Eine endgültige Abstimmung über diese Fragen erfolgt nicht. Grundsätzlich neigen die anwesenden Mitglieder des Ausschusses zur Beantwortung der Frage 2. Endgültige Abstimmung soll in der Sitzung am 13./14.1. erfolgen.

2. Beratungen vom 9.1.1953

Vorsitzender: Abg. Meyer (Bremen)

Tagesordnung: Beratung der Stellungnahme des Rechtsausschusses zum Entwurf eines Baulandbeschaffungsgesetzes (Drucksachen Nr. 2281 und 2300).

Alsdann wird in die weitere Beratung der Stellungnahme des Rechtsausschusses zum Baulandbeschaffungsgesetz eingetreten.

Abg. Wirths bittet die Vertreter des Bundesjustiz- und Bundeswohnungsministeriums, die Stellungnahmen ihrer Herren Minister zu § 28 in der Vorlage des Rechtsausschusses einzuholen und diese in der nächsten Sitzung bekanntzugeben.

MinRat Dr. von Spreckelsen erklärt, dass die jetzige Fassung vom Bundesjustizministerium auf Wunsch des Rechtsausschusses ausgearbeitet sei. Es sei nunmehr eine politische Entscheidung zu treffen, ob der ursprünglichen Fassung in der Regierungsvorlage oder dieser neu vorgelegten Fassung der Vorzug zu geben sei.

Zu §§ 28 a, 29 und 30 werden keine Bedenken erhoben, da diese Bestimmungen gegenüber der Fassung des Ausschusses vom 1. März unverändert sind bzw. nur unwesentliche redaktionelle Änderungen vorgenommen wurden.

Zu §§ 31 und 32: Die Beratung wird mit Rücksicht auf die Entscheidung zu § 28 zurückgestellt.

Zu §§ 31 und 34: Die hier aufgenommenen Bestimmungen entsprechen den Beschlüssen des 36. Ausschusses. Somit keine Bedenken.

Zu § 35: Grundsätzliche Bedenken gegen diesen Paragraphen werden nicht geäußert. Die Beratung kann als erledigt angesehen werden. Es ist lediglich noch eine Überprüfung im Zusammenhang mit den §§ 28 und 31 vorzunehmen.

Zu § 36: Keine Bedenken.

Zu § 37: Es wird hier die Frage untersucht, ob die Kosten des ersten Rechtszuges auch dann vom Antragsteller zu zahlen sind, wenn der Antragsteller obsiegt.

Abg. Görlinger führt aus, dass die Enteignungsbehörden nicht als Partei bezeichnet werden sollten, wenn die Frage der Zulässigkeit des Verfahrens geprüft wird.

Der *Vorsitzende* äußert erhebliche Bedenken gegen die hier vorgesehene Regelung. Nach seiner Ansicht wird der Weg der Grundstücksenteignung durch die hier vorgesehene Kostenregelung vollkommen verbaut.

MinRat Dr. von Spreckelsen meint, dass die Frage nicht so wichtig sei, wie sie im Augenblick erscheine. Der Bundesrat würde voraussichtlich starke Bedenken gegen eine anderweitige Regelung äußern. Im Übrigen handle es sich hier nur um zwei Spezialfälle, während sonst die Bestimmungen der Kostenordnung Geltung haben.

Der *Ausschuss* beschließt: Die Beratung wird zurückgestellt und bei der Beratung der §§ 28 und 31 wieder aufgenommen.

Zu § 38: Da keine wesentlichen Änderungen, bedenkenlose Zustimmung.

Zu § 38 a: Auch hier wird die Beratung zurückgestellt.

Zu § 39: Keine Bedenken.

Im Anschluss hieran wird der *§ 26 Abs. 1 Satz 2* beraten. Gegen den Vorschlag des Rechtsausschusses unter Ziffer 7 (*S. 5 der Stellungnahme*) werden Bedenken nicht erhoben.

Zu § 40: Der *Vorsitzende* bittet die Ministerien um Prüfung, wie lange ein Verfahren mit drei Instanzen dauern könne, also um Angabe der kürzesten und der längsten Frist. Die Beratung wird bis zur nächsten Sitzung zurückgestellt.

Zu § 45: Hier wird festgestellt, dass der Rechtsausschuss die Regierungsvorlage wiederhergestellt hat. Gegenüber der vom 36. Ausschuss beschlossenen Fassung sei hier eine rechtstechnische Änderung vorgenommen worden.

Abg. Pfender (CDU/CSU) bringt zum Ausdruck, dass eine Weiterveräußerung eines enteigneten Grundstückes ausgeschlossen werden müsse.

Abg. Wirths stellt fest, dass seinerzeit diese Frage eingehend geprüft worden sei und Bedenken damals nicht erhoben wurden. Er macht den Vorschlag, eine Bestimmung dahingehend aufzunehmen, dass im Falle eines Grundstücksverkaufs durch den Begünstigten dieser zunächst das Grundstück dem Enteignungsverpflichteten wieder anbieten müsse.

Abg. Graf von Spreti (CDU/CSU) spricht sich für den Vorschlag des Herrn Abg. Wirths aus und empfiehlt die Eintragung eines Vorkaufsrechtes.

MinRat Dr. von Spreckelsen weist auf den Nachteil dieses Vorschlages hin, wonach die vorzunehmende Grundbucheintragung das Verfahren verzögert. Im Übrigen würden in diesem Falle Schwierigkeiten bei der Kredithergabe auftreten.

Der *Ausschuss* erklärt sich alsdann mit der vorgeschlagenen Fassung einverstanden.

Alsdann unterrichtet *RegDir. Dr. Zinkahn* den Ausschuss über den Stand der Vorarbeiten zum Bundesbaugesetz. [...]

3. Beratungen vom 13.1.1953

Vorsitzender: Abg. Meyer (Bremen)

Tagesordnung: Der *Vorsitzende* gibt bekannt, dass in dieser Sitzung alle diejenigen Punkte behandelt werden sollen, die in den vorausgegangenen Sitzungen offen geblieben sind.

Zu § 3 y nimmt *RegDir. Dr. Zinkahn* (BuWoMin) wie folgt Stellung: „*Dem Vorschlag des Rechtsausschusses* auf Einfügung eines § 3 y kann aus nachstehenden Erwägungen nicht gefolgt werden:

1. Nach dem Beschluss des Bundestages vom 28. März 1950 soll der Entwurf des Baulandbeschaffungsgesetzes „die schnelle ... Enteignung von Grundstücken vorsehen". Es wird also eine möglichste Beschleunigung des Enteignungsverfahrens gefordert. – Mit dieser Zielsetzung des Entwurfs ist es nicht vereinbar, wenn in jedem Einzelfall vor der Einleitung eines Enteignungsverfahrens die Erklärung der obersten Landesbehörde beigebracht werden muss, dass die Enteignung zum Wohle der Allgemeinheit erforderlich ist. Eine entsprechende Regelung findet sich lediglich in einigen älteren allgemeinen landesrechtlichen Enteignungsgesetzen (vgl. z. B. §§ 2, 3 des Pr. Gesetzes über die Enteignung von Grundeigentum vom 11.6.1874). Sie hat sich wegen der damit verbundenen Verzögerungen bei Enteignungen für Zwecke der Baulandbeschaffung als ungeeignet erwiesen und ist daher insbesondere weder in die Verordnung zur Behebung der dringendsten Wohnungsnot, noch in die Aufbaugesetze der Länder – den wichtigsten zurzeit für die Baulandbeschaffung maßgeblichen Rechtsvorschriften – aufgenommen worden. Es wäre im Hinblick auf die Dringlichkeit des Baulandbeschaffungsproblems wenig sinnvoll, wenn das Enteignungsverfahren des Baulandbeschaffungsgesetzes gegenüber dem gegenwärtigen Rechtszustand erschwert würde. Die Aufnahme des § 3 y würde mit Sicherheit eine beträchtliche Verzögerung mit sich bringen, da die oberste Landesbehörde vor Abgabe oder Versagung der Erklärung entweder die Stellungnahme der ortsnäheren nachgeordneten Verwaltungsbehörden einholen oder selbst an Ort und Stelle die Verhältnisse des Einzelfalles prüfen muss.

2. Die Konzentration aller Enteignungsfälle bei der obersten Landesbehörde würde nicht nur zu einer Überbelastung der Behörde führen und damit die schnelle und ordnungsgemäße Erledigung der Anträge erschweren. Sie würde auch den namentlich in den größeren Ländern erkennbaren Bestrebungen zuwiderlaufen,

bisher von den Zentralinstanzen wahrgenommene Befugnisse in möglichst großem Umfange auf nachgeordnete Dienststellen zu verlagern.

3. Rechtsstaatliche Grundsätze werden bei einem Verzicht auf die Regelung des § 3 y nicht verletzt. Auch die Enteignungsbehörde (§ 13) hat in jedem Einzelfall zu prüfen, ob die Voraussetzungen des allgemeinen Wohls gegeben sind. Ihre Entscheidungen können auch insoweit vor den ordentlichen Gerichten (§§ 28 ff.) angefochten werden."

Abg. Görlinger schließt sich dem *Vorschlag des Ministeriums* an und bittet, den Antrag des Rechtsausschusses, eine zusätzliche Bestimmung als § 3 y aufzunehmen, abzulehnen.

Der *Ausschuss* beschließt entsprechend.

Zu § 4: Aufgrund eines früheren Beschlusses legt das *Bundesministerium für Wohnungsbau zu § 4 eine Neuformulierung vor.*

Der *Ausschuss* beschließt, dem Abs. 1 die folgende Fassung zu geben. „(1) Der Eigentümer kann die Enteignung dadurch abwenden, dass er vor Beginn der mündlichen Verhandlung schriftlich oder zur Niederschrift der Enteignungsbehörde der Enteignung widerspricht und glaubhaft macht, dass er das Grundstück in dem nach den baurechtlichen Festsetzungen zulässigen Ausmaß binnen angemessener Frist bebauen und mit den Bauarbeiten binnen eines Jahres beginnen wird. Die Enteignungsbehörde kann nach ihrem pflichtmäßigen Ermessen die Abwendung auch dann zulassen, wenn Tatsachen die sichere Annahme rechtfertigen, dass der Eigentümer mit den Bauarbeiten binnen dreier Jahre beginnen wird."

Zu Abs. 2: Der *Vertreter des Bundesministeriums für Wohnungsbau* empfiehlt, dem Abs. 2 folgende Fassung zu geben. „(2) Widerspricht der Eigentümer der Enteignung, weil er ein Bauvorhaben des öffentlich geförderten sozialen Wohnungsbaues auf dem Grundstück ausführen will, so genügt es für die Abwendung, wenn er für ein Bauvorhaben, das nach den für den öffentlich geförderten sozialen Wohnungsbau geltenden Vorschriften förderungswürdig ist, die Bewilligung öffentlicher Mittel beantragt hat und die öffentlichen Mittel lediglich deshalb nicht bewilligt sind, weil sie nicht in ausreichendem Maße zur Verfügung stehen. Hat der Eigentümer die Bewilligung öffentlicher Mittel noch nicht beantragt, so hat die Enteignungsbehörde ihm auf seine Antrag für die Führung des Nachweises gemäß Satz 1 eine angemessene Frist von in der Regel nicht länger als drei Monaten zu setzen; in diesem Falle ist über den Abwendungsantrag erst nach Ablauf der Frist zu entscheiden."

MinRat Dr. Ernst (Bundesrat) spricht sich gegen die hier vorgesehene Bestimmung aus.

Abg. Meyer bringt zum Ausdruck, dass jeder Grundstückseigentümer das Vorrecht erhalten muss, sobald er nachweisbar selbst bauen will.

Abg. Lücke (CDU/CSU) wünscht keine Bestimmung, die eine weitere Verzögerung bedeutet. Nach seiner Ansicht müsse jeder Antrag innerhalb von drei Monaten geprüft und entschieden werden.

Für die Fassung des Regierungsvorschlages zu Abs. 2 sprechen sich die *Abgeordneten Wirths* und *Görlinger* aus.

Abg. Meyer macht den Vorschlag, folgenden Zusatz aufzunehmen: „Der Enteignungsverpflichtete muss von der Gemeinde im Zeitpunkt der Einleitung des Verfahrens mit der erforderlichen Belehrung unterrichtet werden."

Notfalls müsse der Satz 2 im Abs. 2 gestrichen und der § 14 entsprechend ergänzt werden.

Mit diesem Vorschlag ist *Abg. Wirths* einverstanden, wenn § 14 entsprechend geändert wird.

Auf Vorschlag von *MinRat Dr. Ernst* (Bundesrat) wird beschlossen, den Abs. 2 zu streichen und den Abs. 1 entsprechend zu ergänzen.

Das *Ministerium* wird aufgefordert, zur nächsten Sitzung eine entsprechende Neuformulierung vorzulegen. Der *Vorsitzende* bringt hierbei zum Ausdruck, dass selbstverständlich der Enteignungsverpflichtete schnellstens unterrichtet werden müsse.

Es wird alsdann die Frage untersucht, welche Stelle diese erste Mitteilung an den Enteignungsverpflichteten geben soll.

Abg. Wirths meint, dass hierzu die Gemeinde im Zeitpunkt der Antragstellung verpflichtet sei, spätestens jedoch bei Absendung der Stellungnahme an die Enteignungsbehörde.

Abg. Kalbfell (SPD) vertritt die Ansicht, dass die Bestimmung des § 17 genügen müsse; man dürfe jedoch das Vertrauen des Bürgers auf keinen Fall missbrauchen.

Abg. Wirths macht den Vorschlag, § 4 Abs. 1 Satz 1 wie folgt abzuändern: „Der Eigentümer kann die Enteignung dadurch abwenden, dass er vor oder während der mündlichen Verhandlung schriftlich ..."

Außerdem solle der § 18 wie folgt geändert werden: Im Satz 2 sollen nach dem Wort „ermitteln" folgende Worte eingefügt werden: „und den Beteiligten sowie ...".

MinRat Dr. Ernst (Bundesrat) hat gegen diesen Abänderungsvorschlag grundsätzlich keine Bedenken. Er regt jedoch an, den Satz 2 des § 18 wie folgt zu fassen: „Sie soll den gesamten Sachverhalt, soweit er für das Enteignungsverfahren von Bedeutung ist, ermitteln, den Eigentümer des betreffenden Grundstücks sowie den Behörden, für deren Geschäftsbereich die Enteignung von Bedeutung ist, Gelegenheit zur Äußerung zu geben."

Eine endgültige Beschlussfassung über die vorgenannten Vorschläge erfolgt nicht. Das *Wohnungsbauministerium* wird beauftragt, die angeschnittenen Probleme noch einmal zu überprüfen und zur nächsten Sitzung *entsprechende Vorschläge* zu unterbreiten.

Die Absätze 3, 4 und 5 des § 4 erhalten die folgende Fassung, nachdem gegen den Vorschlag des Wohnungsbauministeriums Bedenken nicht erhoben werden: „(3) Hat der Eigentümer binnen der Frist des Abs. 1 mit dem Bau nicht ernsthaft begonnen oder liegt der begonnene Bau länger als ein Jahr still, so kann in einem neuen Verfahren die Enteignung nur abgewendet werden, wenn der Bauherr die Jahresfrist aus von ihm nicht zu vertretenden Gründen nur unerheblich überschritten hat.

(4) Die Vorschriften der Abs. 1 und 2 finden keine Anwendung, wenn die Enteignung zu den in § 2 Buchst. c genannten Zwecken erfolgen soll.

(5) Die Enteignungsbehörde kann den Antrag auf Abwendung der Enteignung ablehnen, wenn die öffentlichen Interessen an einer alsbaldigen Bebauung des Grundstücks überwiegen oder ein größeres zusammenhängendes Bauvorhaben ohne Inanspruchnahme dieses Grundstücks nicht ausführbar ist. Dies gilt nicht, wenn der Eigentümer bereit ist, sich mit seinem Grundstück an diesem Bauvorhaben zu beteiligen, die Bebauung des Grundstücks dem Antragsteller überträgt und ihm die Mittel für die Durchführung der Bebauung im Rahmen des Gesamtfinanzierungsplans zur Verfügung stellt."

Zu § 7 berichtet der *Vorsitzende* über den Stand der bisherigen Beratungen. Ein Beschluss war bisher nicht gefasst worden, so dass heute die Frage zu entscheiden ist, ob der Ausschuss zu seiner Fassung vom 1. März 1952 steht oder ob dem Antrage des Rechtsausschusses auf Wiederherstellung der Regierungsvorlage stattgegeben werden soll.

Abg. Wirths beantragt, die Regierungsvorlage wiederherzustellen, da diese seiner Ansicht nach die bessere ist.

Abg. Dr. Glasmeyer (CDU/CSU) spricht sich für die Fassung in der 2. Lesung aus.

Der *Vorsitzende* bringt zum Ausdruck, dass der Bodenpreis keiner Veränderung zugänglich sein soll. Die Entschädigungsbemessung solle völlig frei von den Erfahrenswerten der Vergangenheit sein. Er widerspricht dem Antrage des Abg. Wirths.

Der *Ausschuss* beschließt mit 10 Stimmen gegen 3 Stimmen, den Antrag des Abg. Wirths abzulehnen.

Damit verbleibt es bei der Beschlussfassung in der 2. Lesung.

Zu § 18: Abg. Wirths greift noch einmal die Frage der Erstbenachrichtigung des Enteignungsverpflichteten auf. Er macht den Vorschlag, den Satz 2 des § 18 wie folgt zu fassen: „Sie soll den gesamten Sachverhalt, soweit er für das Enteignungsverfahren von Bedeutung ist, ermitteln und den Eigentümer des betroffenen Grundstücks sowie den Behörden, für deren Geschäftsbereich die Enteignung von Bedeutung ist, Gelegenheit zur Äußerung geben. Dabei ist der Eigentümer über die Möglichkeit der Abwendung der Enteignung zu belehren."

Gegen diesen Vorschlag sprechen sich die *Abgeordneten Pfender* und *Meyer* aus.

Abg. Kalbfell regt an, zustimmendenfalls die Bestimmung in § 17 Abs. 2 unter d) zu streichen und eine Umstellung der §§ 18 und 17 vorzunehmen, so dass der jetzige § 18 als § 17 vorgezogen und der jetzige § 17 § 18 wird.

Gegen die Umstellung der Paragraphen werden keine Bedenken vorgetragen. Es wird demgemäß beschlossen.

Schluss der Sitzung 17.55 Uhr

4. Beratungen vom 14.1.1953

Beginn der Sitzung 9.45

Es wird die Aussprache über die Neuformulierung des *§ 18* fortgesetzt.

Abg. Wirths bringt zum Ausdruck, dass eine allgemeine Formulierung nicht genügt. Er möchte eine Beschleunigung erreichen und erwartet aus diesem Grunde eine Neuformulierung aufgrund der vortägigen Aussprache.

Abg. Pfender weist auf die neuen Bestimmungen des § 4 hin und stellt fest, dass die jetzige Fassung viel günstiger für den Eigentümer sei als bisher.

MinRat Dr. Ernst (Bundesrat) bringt zum Ausdruck, dass man den Enteignungsverpflichteten zu einem möglichst frühen Zeitpunkt unterrichten müsse, nachdem man ihm einen Abwendungsanspruch eingeräumt habe.

Der *Vorsitzende* empfiehlt, die Beratung über § 18 bis zur Vorlage einer Neuformulierung auszusetzen. In der Zwischenzeit bittet er zu überlegen, ob nicht doch noch in den §§ 17 und 18 eine besondere Frist vorgesehen werden solle.

Zu §§ 28 ff.: Der *Vorsitzende* setzt die Anwesenden kurz über den Stand der Beratungen in Kenntnis. Er nimmt insbesondere Bezug auf die von Herrn *MinRat Dr. von Spreckelsen (BJM)* in der Vorwoche abgegebene Erklärung. Er empfiehlt, das bisherige Verfahren zu belassen und die Kostenfreiheit in erster Instanz festzulegen.

Abg. Kalbfell weist darauf hin, dass die Kostengrenze in den meisten Fällen erreicht würde. Dadurch würde der Anwaltszwang festgelegt, der eine Verzögerung bedeuten könnte.

Abg. Wirths erklärt, dass er persönlich zu dem Beschluss in der 2. Lesung stehe, er möchte jedoch die Entscheidung über die hier anstehenden Probleme den Fraktionen überlassen.

Abg. Lücke glaubt, dass das Gesetz nur dann einen Sinn habe, wenn es schnell wirksam werde. *Ein Anwaltszwang bedeute eine Verzögerung und eine Verteuerung.* Er spricht sich für die Fassung in der 2. Lesung aus.

MinRat Dr. von Spreckelsen (BJM) erklärt, dass das Bundesjustizministerium die im Regierungsentwurf enthaltene Lösung für möglich halte. Es würde jedoch begrüßt werden, wenn der federführende Ausschuss dem Vorschlage des Rechtsausschusses folgen würde.

RegDir. Dr. Zinkahn (BuWoMin) spricht sich namens des Bundeswohnungsbauministeriums gegen *die Aufhebung des Anwaltszwanges* aus. Bei der in den §§ 28 ff. geregelten Anfechtung der Entscheidungen der Enteignungsbehörden handele es sich um ein Verfahren vor den ordentlichen Gerichten mit den Besonderheiten, die sich aus der Einrichtung besonderer Kammern für Baulandsachen und der Notwendigkeit einer Verfahrensbeschleunigung ergeben. Im Übrigen würden die für das Verfahren vor den Landgerichten geltenden Vorschriften der ZPO Anwendung finden. Nach Auffassung des Bundesministeriums für Wohnungsbau sollte von diesen Verfahrensvorschriften auch nicht durch Aufhebung des Anwaltszwanges abgewichen werden.

Abg. Jacobi weist darauf hin, dass eine Ausnahmeregelung möglich ist.

MinRat Dr. Ernst (Bundesrat) glaubt, dass die Anwälte in den meisten Fällen in Unkenntnis der Materie selten zur Förderung des Verfahrens beitragen würden. Er spricht sich *gegen den Anwaltszwang* aus.

Abg. Kalbfell weist auf die Eingabe der Verwaltungsgerichtspräsidenten. Das Ergebnis der 2. Lesung sei ein echter Kompromiss, so dass nach seiner Ansicht der Antrag des Rechtsausschusses abzulehnen sei.

Abg. Lücke stellt fest, dass der Art. 14 des Grundgesetzes nicht geändert werden sollte; die Regierungsvorlage habe dieser Forderung Rechnung getragen. Er spricht sich ebenfalls *gegen den Anwaltszwang* aus und empfiehlt dem Bundesministerium für Wohnungsbau, sich mit dem Rechtsausschuss auseinanderzusetzen und die Regierungsvorlage zu verteidigen.

Es wird der Antrag gestellt: Der Ausschuss billigt grundsätzlich den Beschluss in der 2. Lesung.

Abg. Dr. Trischler gibt zur Kenntnis, dass die Mitglieder der FDP-Fraktion sich bei der Abstimmung im Ausschuss der Stimme enthalten, sich jedoch in der Fraktion für die Ausschussfassung gemäß Vorlage vom 1. März 1952 einsetzen werden.

Der *Vorsitzende* erklärt, dass die SPD-Fraktion sich für die Baulandkammern entschieden habe, lehne jedoch ein weiteres Entgegenkommen ab.

Der *Ausschuss* beschließt alsdann mit 10 Stimmen bei 3 Stimmenthaltungen, den Vorschlag des Rechtsausschusses abzulehnen.

Abg. Lücke richtet an den Vorsitzenden die Bitte, Herrn Bundesminister Neumayer und Herrn Staatssekretär Dr. Wandersleb zur nächsten Sitzung einzuladen und in Gegenwart dieser Herren die Frage zu besprechen. Der Herr Minister müsse aufgefordert werden, sich hinter den Ausschuss-Beschluss zu stellen.

Zu §§ 28 a, 29 und 30 in der Fassung des Rechtsausschusses vom 20.11.1952: Keine Bedenken.

Zu § 31: Der Fassung des Rechtsausschusses wird mit folgender Änderung zugestimmt: Im Abs. 1 wird nach dem Wort „Vorschriften“ folgender Zusatz eingefügt: „und zwar bei den Landgerichten unter Ausschluss des § 78 Abs. 1 der Zivilprozessordnung die Vorschriften über das Verfahren bei den Amtsgerichten“.

Zu § 32: Der *Ausschuss* beschließt folgende Fassung: „(1) An dem Verfahren nehmen die Beteiligten teil. Als Beteiligter gilt auch die Enteignungsbehörde. Die für die Parteien geltenden Vorschriften sind auf die Beteiligten entsprechend anzuwenden. – (2) Der Antrag eines Beteiligten auf gerichtliche Entscheidung ist den übrigen Beteiligten zuzustellen. Einer Zustellung an die Enteignungsbehörde bedarf es nicht.“ – Der Absatz 3 wird gestrichen.

Zu §§ 33 und 34 in der Vorlage des Rechtsausschusses: Keine Bedenken.

Zu § 35 in der Fassung des Rechtsausschusses: Keine Bedenken. Abs. 6 erhält lediglich folgenden zweiten Satz: „Bei der Zustellung ist dem Urteil eine Belehrung über die Zulässigkeit, Form und Frist der Berufung beizufügen.“

Zu § 36 in der Fassung des Rechtsausschusses: Keine Bedenken.

Zu § 37: Gegen die in der Vorlage des Rechtsausschusses vorgesehene Regelung werden allseitig starke Bedenken erhoben.

Staatssekretär Dr. Wandersleb (BuWoMin) bringt zum Ausdruck, dass eine evtl. Kostenübernahme durch den Staat vorgesehen werden sollte. Große Schwierigkeiten durch den Bundesrat dürften nicht auftreten.

Abg. Pfender regt an, die Kostenfrage in Anlehnung an das Arbeitsgerichtsverfahren zu regeln. Er spricht sich grundsätzlich gegen die Bestimmungen im Abs. 2 aus.

MinRat Dr. Ernst (Bundesrat) glaubt, dass es recht und billig sei, der Enteignungsbehörde die Kosten aufzuerlegen, wenn sie den Prozess verliere. Man sollte jedoch bezüglich der Kostenfrage keine einheitlichen Vorschriften, sondern getrennte Vorschriften festlegen.

MinRat Dr. von Spreckelsen (BJM) bringt zum Ausdruck, dass grundsätzlich Bedenken von Seiten des Bundesjustizministeriums nicht bestehen, jedoch müsste man die Enteignungsbehörde als Beteiligte bezeichnen.

Abg. Lücke spricht sich für den Vorschlag der Herren Staatssekretär Dr. Wandersleb und MinRat Dr. Ernst aus.

Die Ministerien werden gebeten, entsprechende Formulierungsvorschläge zu machen.

Der *Ausschuss* beschließt: Die Kostenverteilung soll sich in den Verfahren über Art und Umfang sowie die Zulässigkeit der Enteignung nach den Grundsätzen des Verwaltungsgerichtsverfahrens und in den Verfahren über die Höhe der Entschädigung nach den Grundsätzen der ZPO richten.

Zu § 38: Nach kurzer Begründung der Entscheidung des Rechtsausschusses durch *MinRat Dr. von Spreckelsen (BJM)* bringt *MinRat Dr. Ernst (Bundesrat)* zum Ausdruck, dass jede Verzögerung vom Bundesrat missbilligt werden dürfte. Die vorläufige Besitzeinweisung genüge nicht und würde auch in den seltensten Fällen wirksam. Dr. Ernst spricht sich gegen den Vorschlag des Rechtsausschusses und für den Beschluss in der 2. Lesung aus.

Abg. Lücke weist nochmals darauf hin, dass jede Verzögerung vermieden werden muss. Die Berufungsinstanz sei dazu geeignet, das Verfahren nicht zu verkürzen. Es wird die Fassung des Rechtsausschusses abgelehnt.

Alsdann unterrichtet der *Vorsitzende* den inzwischen erschienenen *Bundesminister Neumayer* über den Stand der Beratungen, insbesondere über die Ansicht des Ausschusses zu den §§ 28 ff.

Bundesminister *Neumayer* gibt seine Ansicht zu der Frage des Anwaltszwanges bekannt. Er glaubt, dass die befürchtete Verzögerung nicht eintritt; die erhöhten Kosten dürften nicht von ausschlaggebender Bedeutung sein. *Der Minister spricht sich für den ordentlichen Rechtszug, Berufung und Revision,* also für drei Instanzen, aus und verweist auf die Sprungrevision, wodurch eine Beschleunigung erreicht werden könne.

Nach Ansicht des Herrn Bundesministers Neumayer dürfte sich auch Bundesminister Dr. Dehler seiner Meinung anschließen.

Abg. Kalbfell stellt fest, dass alles das, was die Baufachleute wünschen, nämlich ein schnelles und möglichst billiges Verfahren, durch die hier vorgesehene Regelung zerschlagen wird. Er weist insbesondere auf die Schwierigkeiten hin, die sich aus den §§ 38 bis 40 ergeben.

Abg. Lücke ruft noch einmal die Vorgeschichte zu diesem Gesetzentwurf in Erinnerung. Die vom *Rechtsausschuss* vorgeschlagene Regelung *verzögere den Vollzug* und nütze in der Praxis nichts. Die Frage, ob das Gesetz so wirksam sei, wie es gebraucht würde, wird verneint.

Zur Frage des Anwaltszwanges wird ausgeführt, dass der federführende Ausschuss keinen Anwaltszwang wünscht, weil in erster Linie verwaltungsrechtliche Fragen zu behandeln seien, von denen die meisten Anwälte keine Kenntnisse aufweisen würden. Er bittet den Minister, die Regierungsvorlage zu vertreten. Sollte jedoch der Herr Minister hierzu nicht in der Lage sein, dann müssten zunächst die Fraktionen gehört werden, bevor das Gesetz zur 2. und 3. Lesung dem Plenum vorgelegt würde.

Bundesminister Neumayer (BuWoMin) glaubt, dass bezüglich des Anwaltszwanges eine Einigung mit dem Rechtsausschuss möglich sei. Bezüglich des Rechtsweges empfiehlt er, über die Zulässigkeit und den Umfang der Enteignung in der ersten Instanz zu entscheiden, jedoch für die Höhe der Entschädigung auch die zweite und dritte Instanz vorzusehen.

Abg. Jacobi erklärt, dass die SPD-Fraktion der Vorlage nach der 2. Lesung zustimme, um das Verfahren zu beschleunigen. Die Änderungen des Rechtsausschusses würden nicht mehr dem ursprünglichen Beschluss vom 28. März 1950 dienen. Die Baulandkammern seien etwas Besonderes und deshalb könne man auch ohne Bedenken von den Bestimmungen des Gerichtsverfassungsgesetzes abgehen. Die Vorschläge des Rechtsausschusses könnten von der SPD-Fraktion nicht in allen Fällen angenommen werden. Es hänge von der Haltung des Bundesministers für Wohnungsbau ab, welchen Standpunkt die SPD-Fraktion zu der jetzigen Vorlage einnehmen werde.

Abg. Lücke bittet, die Beratung abzubrechen, um mit dem Herrn Bundesminister für Wohnungsbau die aufgetretenen Fragen innerhalb der Koalitionsparteien zu besprechen.

(Die Sitzung wird daraufhin von 12.45 Uhr bis 15.30 Uhr unterbrochen)

Nach Wiederaufnahme der Sitzung um 15.35 Uhr beantragt *Abg. Lücke* zu den §§ 28 und 38, die Regierungsvorlage wiederherzustellen, wobei etwaige Beschlüsse in der 2. Lesung berücksichtigt werden sollen. Namens der CDU/CSU-Fraktion lehnt der Redner den Vorschlag des Rechtsausschusses ab und spricht sich eindeutig *für die Fassung nach der 2. Lesung* aus. Es wird hierbei zum Ausdruck gebracht, dass eine Einigung mit dem Bundesrat jetzt eher möglich sein dürfte. Die ursprüngliche Regierungsvorlage stelle zur Abwendung einer Änderung des Art. 14 GG eine gute Lösung dar.

Der *Vorsitzende* empfiehlt, die Abstimmung zurückzustellen.

Die Frage des *Abg. Jacobi,* ob bei Annahme des Vorschlages des *Abg. Lücke* noch die Möglichkeit einer Sprungrevision bestehe, wird von *MinRat Dr. von Spreckelsen (BJM)* dahingehend beantwortet, dass nur noch eine sofortige Beschwerde möglich sei.

RegDir. Dr. Zinkahn (BuWoMin) empfiehlt, im § 38 den Begriff „sofortige Beschwerde" in „Revision" abzuändern.

Abg. Jacobi spricht sich ebenfalls für die Vorlage in der Fassung vom 1. März 1952 aus, wobei jedoch noch zu überlegen sei, ob nicht der Fassung des Rechtsausschusses ohne Festlegung des Anwaltszwanges der Vorzug zu geben ist.

MinRat Dr. von Spreckelsen (BJM) empfiehlt, die Vorlage des Rechtsausschusses in abgeänderter Form anzunehmen.

Der *Ausschuss* beschließt nunmehr einstimmig die Fassung der §§ 28, 28 a, 29, 30 und 31 wie folgt [wie unter XVII.; letzte Änderungen in den §§ 32, 37, 38 und 45].

Zu § 37 wird nach eingehender Diskussion der Antrag gestellt, das Justizministerium um eine Neuformulierung zu ersuchen. Die Kostenfrage soll dahingehend festgelegt werden, dass *der Antragsteller keine Kosten zu tragen hat, falls er obsiegt.* Im Übrigen soll das Gericht über die Kostenfrage nach billigem Ermessen entscheiden.

Zu § 38 empfiehlt *RegDir. Dr. Zinkahn (BuWoMin)*, dem Wunsch des Herrn *Bundeswohnungsbauministers* zu entsprechen, anstatt der Bezeichnung *„Berufung"* die Bezeichnung *„Revision"* und gleichzeitig an Stelle von *„Beschluss"* den Begriff *„Urteil"* zu wählen.

Außerdem wird beantragt, den letzten Halbsatz des Abs. 3 im § 38 zu streichen.

Gegen diese Vorschläge sprechen sich die *Abgeordneten Pfender (CDU), Kalbfell (SPD) und Lücke (FDP)* aus. – Das Bundeswohnungsbauministerium wird gebeten, zur nächsten Sitzung eine Neuformulierung zu § 38 vorzulegen.

Dem Vorschlage des Rechtsausschusses, einen neuen § 38 a einzufügen, wird nicht entsprochen, da nach Ansicht des Ausschusses durch eine dritte Instanz eine weitere Verzögerung des Verfahrens herbeigeführt wird.

§ 39 erhält folgende Fassung: „Einigen sich die Beteiligten während des gerichtlichen Verfahrens, so gelten die §§ 21 und 22 entsprechend. Das Gericht tritt an die Stelle der Enteignungsbehörde."

Zu § 40: Dem Vorschlage des Rechtsausschusses, § 40 Abs. 1 eine neue Fassung zu geben, wird nicht entsprochen. Der Ausschuss spricht sich für die bereits in der Vorlage vom 1. März 1952 festgelegte Fassung aus.

Zu § 45 beantragt *Abg. Jacobi*, den Begriff „Aufschließung" im Abs. 1 unter a) zu berücksichtigen. Nach seiner Ansicht reicht die jetzige Formulierung nicht aus.

Der *Vorsitzende* bringt zum Ausdruck, dass nach seiner Ansicht der § 5 Abs. 3 geändert werden müsste.

Der *Ausschuss* erhebt keine grundsätzlichen Bedenken gegen die Bestimmung des § 45, bittet jedoch um eine Neuformulierung zur nächsten Sitzung.

Der inzwischen erschienene *Bundesminister Neumayer* wird vom *Vorsitzenden* über die in der Nachmittagssitzung gefassten Beschlüsse unterrichtet.

Bundesminister Neumayer erklärt sich bereit, die Beschlüsse des federführenden Ausschusses den Mitgliedern des Rechtsausschusses zur Kenntnis zu bringen und sich für die nunmehr beschlossene Fassung einzusetzen. Eine endgültige Stellungnahme müsse er sich jedoch noch vorbehalten.

Die *Abgeordneten Kalbfell und Jacobi* richten einen dringenden Appell an den Herrn Bundesminister und bitten ihn, alles zu tun, dass der vom federführenden Ausschuss dem Plenum vorgelegte Gesetzentwurf die Zustimmung des Hauses findet. Falls Schwierigkeiten bei den Verhandlungen mit dem Rechtsausschuss auftreten, solle man den federführenden Ausschuss *vor* einer evtl. Besprechung im Kabinett unterrichten.

Es wird nunmehr die *Eingabe des Verbandes Deutscher Kleingärtner e.V., Hamburg,* beraten [weggelassen].

XVII. Beschlüsse der Ausschüsse für Bau- und Bodenrecht sowie für Wiederaufbau und Wohnungswesen des Bundestags zu den Vorschlägen des Ausschusses für Rechtswesen (12.2.1953)

§ 2. Der Einfügung des Wortes „nur“ wird *zugestimmt.*
§ 3. Gegen den § 3 werden *Bedenken nicht erhoben.*

Dem Vorschlag zu *§ 3 x* wird *zugestimmt.*

Gegen *§ 3 y* werden große Bedenken geäußert, die zu einer *Ablehnung* dieses Paragraphen führen.

§ 4. (1) Der Eigentümer kann die Enteignung dadurch abwenden, dass er vor Beginn der mündlichen Verhandlung schriftlich oder zur Niederschrift der Enteignungsbehörde der Enteignung widerspricht und glaubhaft macht, dass er das Grundstück in dem nach den baurechtlichen Festsetzungen zulässigen Ausmaß binnen angemessener Frist bebauen und mit den Bauarbeiten binnen eines Jahres beginnen wird. Dabei ist zu unterstellen, dass der Eigentümer bei Wohnbauten die öffentlichen Förderungsmittel in der zulässigen Höhe erhalten kann, wenn keine Gründe ersichtlich sind, die nach für den öffentlich geförderten sozialen Wohnungsbau geltenden Vorschriften einer Bewilligung öffentlicher Mittel entgegenstehen. Die Enteignungsbehörde kann nach ihrem pflichtmäßigen Ermessen die Abwendung auch dann zulassen, wenn Tatsachen die sichere Annahme rechtfertigen, dass der Eigentümer mit den Bauarbeiten binnen dreier Jahre beginnen wird.

(2) Hat der Eigentümer binnen der Frist des Absatzes 1 mit dem Bau nicht ernsthaft begonnen oder liegt der begonnene Bau länger als ein Jahr still, so kann die Enteignung in einem neuen Verfahren nicht wieder abgewendet werden, es sei denn, dass der Eigentümer die Frist aus von ihm nicht zu vertretenden Gründen nur unerheblich überschritten hat oder über einen rechtzeitig und ordnungsgemäß gestellten Antrag auf Bewilligung öffentlicher Mittel noch nicht entschieden ist.

(3) Die Vorschrift des Absatzes 1 findet keine Anwendung, wenn die Enteignung zu den in § 2 Buchst. c genannten Zwecken erfolgen soll.

(4) Die Enteignungsbehörde kann den Antrag auf Ablehnung der Enteignung ablehnen, wenn die öffentlichen Interessen an einer alsbaldigen Bebauung des Grundstücks überwiegen oder ein größeres zusammenhängendes Bauvorhaben ohne Inanspruchnahme dieses Grundstücks nicht ausführbar ist. Dies gilt nicht, wenn der Eigentümer bereit ist, sich mit seinem Grundstück an diesem Bauvorhaben zu beteiligen und die Bebauung des Grundstücks dem Antragsteller überträgt.

§ 7. (1) Bei der Ermittlung des Wertes eines von der Enteignung betroffenen Grundstücks ist von den Wertverhältnissen am 17. Oktober 1936 auszugehen. Die seitdem eingetretenen Änderungen in den Wertverhältnissen sind zu berücksichtigen,

jedoch bleiben Werterhöhungen des Grundstücks unberücksichtigt, die durch die Möglichkeit einer Änderung der Nutzung oder die Aussicht hierauf entstanden sind oder entstehen, es sei denn, dass der Eigentümer für diese Werterhöhung Kapital oder Arbeit aufgewendet hat. Nicht zu berücksichtigen sind ferner werterhöhende Veränderungen, die nach der Einleitung des Enteignungsverfahrens vorgenommen werden, wenn die Enteignungsbehörde der Veränderung nicht zugestimmt hat.

(2) Die Entschädigung darf den im Zeitpunkt der Enteignung im gewöhnlichen Geschäftsverkehr zu erzielenden Preis (gemeiner Wert) nicht übersteigen.

(3) Für Bauwerke oder bauliche Veränderungen, die ohne die vorgeschriebene behördliche Genehmigung ausgeführt oder nur widerruflich oder befristet zugelassen worden sind, wird eine Entschädigung nur gewährt, wenn es aus Gründen der Billigkeit geboten ist.

(4) Soweit der Wert des Eigentums an dem Grundstück gemindert wird durch Rechte Dritter, für die eine gesonderte Entschädigung festzusetzen ist oder für die gleiche Rechte an Ersatzland begründet werden oder die aufrechterhalten bleiben, ist dies bei der Festsetzung der Entschädigung für das Eigentum an dem Grundstück zu berücksichtigen.

(5) Bei der Festsetzung der Entschädigung für andere Rechte ist der gemeine Wert zugrunde zu legen

Dem Vorschlag zu *§ 26 Abs. 1 S. 2* wird *zugestimmt.*

§ 28. Im Abs. 3 werden im ersten Satz die Worte „von einem Rechtsanwalt unterzeichnet sein und" gestrichen. Sonst zu § 28 keine Bedenken.

Dem Vorschlag zu *§§ 28 a bis 30* [oben S. 473 f.] wird *zugestimmt.*

§ 31. (1) In den aufgrund dieses Gesetzes bei den Gerichten anhängigen Sachen sind die bei Klagen in bürgerlichen Rechtsstreitigkeiten geltenden Vorschriften, und zwar bei den Landgerichten unter Ausschluss des § 78 Abs. 1 der Zivilprozessordnung, die Vorschriften über das Verfahren vor den Amtsgerichten sinngemäß anzuwenden, soweit sich aus diesem Gesetz nicht ein anderes ergibt. Die Sachen sind Feriensachen.

(2) Das Gericht hat von Amts wegen die zur Feststellung der Tatsachen erforderlichen Ermittlungen anzustellen und die geeignet erscheinenden Beweise aufzunehmen.

(3) Sind gegen die Entscheidung der Enteignungsbehörde mehrere Anträge auf gerichtliche Entscheidung gestellt, so wird über sie gleichzeitig verhandelt und entschieden.

§ 32. (1) An dem Verfahren nehmen diejenigen Beteiligten (§ 16) teil, deren Rechte und Pflichten durch die Entscheidung unmittelbar betroffen werden können. Als Beteiligte gilt auch die Enteignungsbehörde. Die für die Parteien geltenden Vorschriften sind auf diese Beteiligten entsprechend anzuwenden.

(2) Der Antrag auf gerichtliche Entscheidung ist den übrigen in Absatz 1 bezeichneten Beteiligten, soweit sie bekannt sind, zuzustellen. Einer Zustellung des Antrages an die Enteignungsbehörde bedarf es nicht.

Zu *§§ 33–36.* Den Vorschlägen wird *zugestimmt.*

§ 37. (1) Soweit der Beteiligte, der den Antrag auf gerichtliche Entscheidung gestellt hat, obsiegt, gilt, wenn keiner der Beteiligten dazu im Widerspruch stehende Anträge in der Hauptsache gestellt hat, bei Anwendung der Kostenbestimmungen der Zivilprozessordnung die Enteignungsbehörde als unterliegende Partei.

(2) Über die Erstattung der Kosten eines Beteiligten, der zur Hauptsache keinen Antrag gestellt hat, entscheidet das Gericht auf Antrag des Beteiligten nach billigem Ermessen.

§ 38. (1) Gegen das Endurteil des Landgerichts findet die Revision statt. Die Revision ist unzulässig, wenn der Wert des Beschwerdegegenstandes fünfzig Deutsche Mark nicht übersteigt. Hat das Landgericht die Sache an die Enteignungsbehörde zurückverwiesen, so ist die Revision ausgeschlossen.

(2) Über die Revision entscheidet das Oberlandesgericht, Senat für Baulandsachen. Für die Besetzung des Senats gilt § 30 sinngemäß.

(3) Die §§ 548 bis 566 der Zivilprozessordnung sind entsprechend anzuwenden, jedoch betragen die Revisionsfrist und die Frist für die Revisionsbegründung zwei Wochen.

(4) Hat das Oberlandesgericht bei der Auslegung einer Bestimmung dieses Gesetzes eine Rechtsfrage von grundsätzlicher Bedeutung zu entscheiden, so legt es die Revision unter Darlegung seiner Rechtsauffassung dem Bundesgerichtshof zur Entscheidung vor. Ebenso ist zu verfahren, wenn das Oberlandesgericht von einer dieses Gesetz betreffenden Entscheidung eines anderen Oberlandesgerichts oder des Bundesgerichtshofes abweichen will. Der Beschluss über die Vorlegung ist den Beteiligten bekanntzugeben. Über die Revision entscheidet ein Zivilsenat des Bundesgerichtshofs durch Urteil.

(5) In der Revisionsinstanz erhöhen sich die in § 20 des Gerichtskostengesetzes bezeichneten Gebühren um die Hälfte.

Die Einsetzung der dritten Instanz nach *§ 38 a* wird *abgelehnt.*

Dem Vorschlag zu *§ 39* wird *zugestimmt.*

Zu *§ 40:* Die vorgesehene *Erweiterung* des Absatzes 1 *entfällt, da § 38 a abgelehnt* wird

§ 45. Rückenteignung: Es wird *lediglich eine Änderung des Buchst. a im Absatz 1 wie folgt beschlossen:*

„(1) ... a) im Falle des § 5 Abs. 3 die Gemeinde nicht binnen der dort genannten Frist das enteignete Gelände, soweit es nicht den in § 2 Buchst. c bezeichneten Zwecken zugeführt worden ist, als Bauland oder Ersatzland veräußert hat."

XVIII. Ausschusssitzungen vom 19.3.1953

1. Gemeinsame Sitzung des 18. und 36. Ausschusses des Bundestags mit dem Wiederaufbauausschuss des Bundesrates am 19.3.1953

Vorsitzender: Bürgermeister Dr. Nevermann (Hamburg)

Zu Beginn der Sitzung um 9.45 Uhr dankt der Vorsitzende des Bundestagsausschusses für Bau- und Bodenrecht, Herr *Abg. Meyer* (Bremen), insbesondere den *Mitgliedern des Bundesratsausschusses* für ihre Bereitwilligkeit, gemeinsam mit den Mitgliedern der beiden Bundestagsausschüsse den *Entwurf eines Baulandbeschaffungsgesetzes* vor der 3. Lesung zu beraten. Es wird empfohlen, die Diskussion nur auf die wesentlichsten Punkte der Vorlage zu beschränken und den Versuch zu machen, in den strittigen Punkten eine gemeinsame Lösung zu finden. Herr Abg. Meyer bittet Herrn Bürgermeister Dr. Nevermann, den Vorsitz zu übernehmen.

Bürgermeister Dr. Nevermann (Hamburg) dankt für die ergangene Einladung und bringt zum Ausdruck, dass auch der Bundesrat daran interessiert sei, das Baulandbeschaffungsgesetz recht bald zu verabschieden, vorausgesetzt, dass eine für alle Teile tragbare Lösung gefunden würde. Er hofft, dass es möglich ist, eine Verständigung in den wenigen Punkten, in denen die Ausschüsse verschiedene Meinungen vertreten, zu erreichen.

Alsdann berichtet *MinRat Dr. Ernst* (Bundesrat, NRW) als Vorsitzender des Bundesrats-Unterausschusses „Baulandbeschaffungsgesetz" über das Ergebnis der bisherigen Beratungen.

Zu § 1 Abs. 1 wird namens des Bundesratsausschusses vorgeschlagen, die Worte „sowie zur Erzielung einer geordneten Bebauung" zu ersetzen durch die Worte „im Rahmen einer geordneten Bebauung", da die jetzige Formulierung die Möglichkeit offen lasse, dass enteignet würde, nicht, um Wohnungen zu bauen, sondern um beispielsweise Baulücken zu schließen.

Abg. Lücke (CDU/CSU) ist zunächst nicht bereit, dem Antrage des Bundesrates zu entsprechen. Nachdem jedoch Abg. Meyer und Minister Neumayer Bedenken gegen den Vorschlag nicht erhoben haben, lässt Abg. Lücke ebenfalls seine Bedenken fallen.

Der *Vorsitzende* stellt fest, dass in diesem Punkte eine Einigung möglich ist und empfiehlt den Ausschüssen, eine entsprechende Beschlussfassung herbeizuführen.

Zu § 2 Satz 1 wird von *MinRat Dr. Ernst* (Bundesrat) vorgeschlagen, hinter dem Wort „ist" die Worte „zum Wohle der Allgemeinheit" einzufügen. Der Bundesratsausschuss hat die Meinung vertreten, dass „das Wohl der Allgemeinheit" in jedem Falle geprüft werden müsse. Allgemein kann man sich der Ansicht des Bundesrates nicht anschließen. Der beantragten Einfügung wird nicht zugestimmt. Es wird lediglich empfohlen, im schriftlichen Ausschussbericht ausdrücklich darauf hinzuweisen, dass auch bei Vorliegen der in § 2 a-d genannten Gründe im Einzelfalle geprüft werden muss, ob die Enteignung dem Wohle der Allgemeinheit dient oder nicht.

Zu § 3 Abs. 1 berichtet *MinRat Dr. Ernst* (Bundesrat) über die von Seiten der Stadt Hamburg geäußerten Bedenken. Die Bestimmung: „sich ernsthaft um den freihändigen Erwerb von geeignetem anderen Gelände vergeblich bemüht hat" sei unerfüllbar, wenn es sich um Enteignung von einzelnen Grundstücken handle, die zur Durchführung größerer zusammenhängender Bauvorhaben erforderlich seien. MinRat Dr. Ernst meint, dass dieser Forderung die Berechtigung nicht abzusprechen ist.

Der *Vorsitzende* glaubt, nicht auf eine Abänderung dieser Bestimmung verzichten zu können.

Gegen die Streichung des Wortes „anderen" werden Bedenken erhoben, da diese Änderung nicht ausreichen dürfte.

Abg. Lücke vertritt die Ansicht, dass im Normalfall sich jeder um den freihändigen Erwerb bemüht haben muss. Es wird zum Ausdruck gebracht, dass die nach eingehender Beratung gefundene Lösung alle Möglichkeiten in sich schließt.

Für die Streichung des Wortes „anderen" sprechen sich *RegDir. Dr. Zinkahn* (BuWoMin), *MinRat Dr. Ernst* (Bundesrat) und die *Abgeordneten Lücke* und *Kalbfell* aus. Abg. Kalbfell weist hierbei darauf hin, dass in diesem Falle an eine Enteignung nur im Gesamtrahmen der Bebauung eines Gebietes gedacht sei; ein Ermessensmissbrauch müsse von dem Betroffenen nachgewiesen werden.

Der *Vorsitzende* lässt seine Bedenken fallen unter der Voraussetzung, dass bei der Berichterstattung im Plenum auf Folgendes hingewiesen wird: Der Nachweis kann sich nur darauf beschränken, dass die zur Arrondierung bestimmter Grundstücke freihändig nicht zu erwerben sind.

Es wird alsdann vom *Vorsitzenden* festgestellt, dass grundsätzlich gegen die Streichung des Wortes „anderen" Bedenken nicht erhoben werden.

Zu § 4 Abs. 4 berichtet *MinRat Dr. Ernst* (Bundesrat) über die Bedenken des Bundesratsunterausschusses, wonach sich bei der vorgeschlagenen Formulierung Verzögerungen im Enteignungsverfahren daraus ergeben könnten, dass zur Abwendung die Bereitwilligkeit des Eigentümers genüge, sich der tatsächliche Abschluss der erforderlichen Vereinbarungen über die Beteiligung an dem Bauvorhaben und die Bauträgerschaft des Antragstellers jedoch erheblich hinausschieben könnte. Der Bundesratsausschuss empfiehlt, eine Formulierung vorzusehen, die nicht auf die Bereitwilligkeit, sondern auf die tatsächliche Beteiligung abgestellt wird. Dem Vorschlage des Unterausschusses, § 4 Abs. 4 Satz 2 folgende Fassung zu geben: „Dies gilt nicht, wenn der Eigentümer sich mit seinem Grundstück an diesem Bauvorhaben beteiligt und die Bebauung des Grundstücks dem Antragsteller überträgt." -, wird grundsätzlich gefolgt. Das Wohnungsbauministerium wird jedoch gebeten, noch eine bessere Formulierung zu erarbeiten.

Zu § 7 gibt *MinRat Dr. Ernst* (Bundesrat) davon Kenntnis, dass vom Bundesratsunterausschuss vorgeschlagen wird, die vorgesehene Fassung zu belassen. Nur bezüglich des Absatzes 3 wird vorgeschlagen, die Bundesratsfassung wiederherzustellen, da nach der jetzigen Fassung in vielen Fällen für die sogenannten illegalen Bauten und die Widerrufsbauten eine Entschädigung in der Praxis gezahlt werde, obwohl dies sachlich nicht berechtigt ist.

Von den anwesenden *Ländervertretern* kann keine verbindliche Erklärung dahingehend abgegeben werden, dass die Länderkabinette mit dem von den Bundestagsausschüssen erarbeiteten § 7 einverstanden sind.

Minister Dr. Schmidt (Nordrhein-Westfalen) setzt sich als Fachminister in vollem Umfange für § 7 ein.

Bundesminister Neumayer (BuWoMin) glaubt darauf hinweisen zu müssen, dass zwischen dem Ausschuss für Bau- und Bodenrecht und dem Ausschuss für Rechtswesen und Verfassungsrecht eine grundsätzliche Meinungsverschiedenheit über den § 7 bestehe.

Abg. Meyer (Bremen) bringt zum Ausdruck, dass im Plenum die Ansicht des federführenden Ausschusses vorgetragen werden muss, wobei jedoch die mit dem Rechtsausschuss bestehende Meinungsverschiedenheit zu erwähnen ist.

ORR Bormann (BuWoMin) stellt fest, dass eine Freigabe der Preise für unbebaute Grundstücke oder Bauland nicht in Erwägung gezogen ist. Er nimmt Bezug auf den Erlass vom 19. Februar 1953, der sich mit der Ermittlung des Bodenwertes im Zusammenhang mit der künftigen Einheitsbewertung befasst. Die unter Nr. 2 des Erlasses den Preisbehörden empfohlen, Aufstellung von Richtpreisplänen baue sich auf dem bisher geltenden Grundstückspreisrecht auf; sie trage auch im Übrigen sowohl den bisherigen Grundsätzen des Grundstückspreisrechts als auch den allgemein anerkannten Grundsätzen hinsichtlich der Berücksichtigung von Kaufkraftzuschlägen Rechnung. Die Berücksichtigung von Widmungsänderungen entspreche der ständigen Auffassung der amtlichen Grundstückspreispolitik von ihren ersten Anfängen an. Seitens des Bundeswirtschaftsministeriums sei nicht beabsichtigt, eine Neuregelung des Baulandpreisrechts vor Herbst dieses Jahres im Wege einer Rechtsverordnung in Angriff zu nehmen. Im Interesse einer kontinuierlichen Verwaltungspraxis sei jedoch das Ministerium gezwungen, zu den jeweils anfallenden Fragen, wie z. B. einer Zusammenarbeit zwischen Preisbehörden und Finanzbehörden zur Vorbereitung der Einheitsbewertung, Stellung zu nehmen. Zu den Grundsätzen der Grundstückspreispolitik gehörten allerdings nicht nur die Anerkennung gewisser Kaufkraftveränderungen seit 1936, die ja auch der Ausschuss für Bau- und Bodenrecht in der von ihm vorgeschlagenen Fassung anerkannt habe, sondern auch die Berücksichtigung sogenannter Widmungsänderungen.

Abg. Lücke weist auf die bisherigen Verhandlungen hin und bringt zum Ausdruck, dass der § 7 in seiner jetzigen Fassung sowohl in den Fraktionen als auch im Parlament auf größte Schwierigkeiten stoßen dürfte. Er hofft, bei Verabschiedung des Baulandbeschaffungsgesetzes noch das Baulandbewertungsgesetz einbringen zu können, das zur gegebenen Zeit den § 7 ablösen solle. – Abg. Lücke spricht sich für § 7 Absätze 1, 2, 4 und 5 aus und wünscht, dass mit großer Einmütigkeit dem Gesetz zugestimmt wird.

Abg. Jacobi äußert gegen die Ausführungen von ORR Bormann starke Bedenken. Die Widmungsänderungen solle man nicht berücksichtigen. Der Redner kündigt eine Große Anfrage der SPD an und ist überrascht über die Behandlung dieser wichtigen Frage durch das Bundesministerium für Wirtschaft in dem augenblicklichen Zeitpunkt. Die Verabschiedung des Baulandbeschaffungsgesetzes würde durch dieses Vorgehen stark gefährdet. Die Länder hätten bisher die Widmungsänderungen nicht berücksichtigt. Durch den Vorschlag des Bundeswirtschaftsministeriums falle der Bund bei einer anderen Fassung des § 7 den Ländern in den Rücken.

MinRat Dr. Ernst (Bundesrat) weist auf die Bestimmung der Weimarer Verfassung hin und glaubt, dass eine Änderung des § 7 einen Rückschritt gegenüber der Weimarer Verfassung bedeuten würde.

Der *Vorsitzende* stellt fest, dass von den Ländervertretern Bedenken gegen den § 7 unter Ausschluss des Absatzes 3 nicht erhoben worden sind. Er glaubt, dass eine Aussicht auf eine gemeinsame Lösung vorhanden sei. Bezüglich des Absatzes 3 wird vorgeschlagen, eine Überarbeitung der Formulierung mit dem Ziel vorzunehmen, zu vermeiden, dass eine zu große Entschädigungsverpflichtung festgelegt wird. Das Bundesministerium für Wohnungsbau möge eine bessere Formulierung vorschlagen.

Abg. Lücke erklärt sich mit dieser Lösung einverstanden.

Zu den §§ 13 ff. berichtet *MinRat Dr. Ernst* (Bundesrat), dass nach Ansicht der Vertreter einiger Länder die landesrechtlichen Enteignungsverfahrensvorschriften völlig ausreichend seien. Das in diesen Ländern geltende Enteignungsrecht ermögliche ein kürzeres, besseres und schnelleres Verfahren. Im Übrigen wünschten die Länder ein für alle Fälle von Enteignungen einheitliches Verfahren. Falls die Bundestagsausschüsse nicht bereit wären, die Verfahrensvorschriften in den §§ 13–27 und 40–44 zu streichen, so solle man den Landesregierungen die Befugnis erteilen, anstelle dieser bundesrechtlichen Vorschriften die landesrechtlichen Vorschriften in Kraft zu setzen und zu ändern.

Der *Vorsitzende* weist in diesem Zusammenhang auf die Initiativanträge der Stadt Hamburg zu Art. 14 des Grundgesetzes [unten S. 513 ff.] hin. Falls die Möglichkeit des Art. 14 GG gegeben sei, solle man schnellstens diese Gesetze verabschieden. Sollte jedoch eine Änderung nicht möglich sein, dann müsste, um das Baulandbeschaffungsgesetz nicht zu gefährden, ein anderer Weg gesucht werden.

Bundesminister Neumayer (BuWoMin) glaubt, dass nach Abtrennung der Verfahrensvorschriften das Baulandbeschaffungsgesetz nur ein Torso sein würde. Der Minister spricht sich für einheitliche Verfahrensvorschriften auf Bundesebene aus, da nicht in allen Ländern entsprechende Vorschriften bestehen. Er bittet die Vertreter des Bundesrates, der vorliegenden Fassung zuzustimmen. Die Einsetzung der Baulandkammern stelle keine Verfassungsverletzung dar.

Minister Dr. Schmidt (Nordrhein-Westfalen) stellt fest, dass nach einhelliger Meinung des Bundesrates die Verfahrensvorschriften aus diesem Gesetz ausgeschieden werden sollten. Im Übrigen bestehe die Frage, ob bei den Ländern ein Bedürfnis für ein einheitliches Verfahren vorliege. Viel stärker sei das Rechtsbedürfnis aller Rechtsuchenden. Es sei gleichgültig, ob die Verfahrensvorschriften auf Bundesebene einheitlich seien.

Auf die Frage, ob in einigen Ländern das Bedürfnis bestehe, besondere Enteignungsvorschriften zu erlassen, stellt der *Vorsitzende* fest, dass mit Ausnahme von Niedersachsen, wo in verschiedenen Gebieten noch verschiedene Vorschriften bestehen, in allen Ländern gute Verfahrensvorschriften Geltung haben. Bremen und Hessen möchten nicht auf ihre Vorschriften verzichten, da diese schneller zum Ziele führten.

Abg. Lücke spricht sich für ein bundeseinheitliches Verfahren aus. Falls es in einigen Ländern schnellere Verfahren gebe, dann sollte man diese überprüfen und erforderlichenfalls übernehmen. Eine Änderung des Grundgesetzes sei in diesem Bundestag nicht mehr möglich, wenngleich auch im Ausschuss die Ansicht vertreten ist, dass Art. 14 GG geändert werden müsse. Der Redner spricht sich gegen den Vermittlungsvorschlag aus, wonach den Ländern die Befugnis erteilt werden soll, eigene Vorschriften zu erlassen. Er empfiehlt, die besten Ländervorschriften in dieses Gesetz einzubauen.

RegDir. Dr. Zinkahn (BuWoMin) stellt fest, dass es im Augenblick kein einheitliches Verfahrensrecht für alle möglichen denkbaren Enteignungszwecke weder im Bund noch in den Ländern gibt. Eine Rechtsvereinheitlichung sei deshalb sehr erwünscht.

Abg. Meyer (Bremen) erklärt, dass es in den beiden Bundestagsausschüssen über diese Bestimmungen keinerlei Meinungsverschiedenheiten gegeben habe. Die Frage der Notwendigkeit der Vereinheitlichung des Verfahrens sei als eine dringende Aufgabe anerkannt worden. Es sei dringend erwünscht, bundeseinheitliches Recht zu schaffen. Die Vereinheitlichung für das Bundesgebiet habe größere Vorteile als die bestehenden Ländergesetze. Für den gesamten Bereich der Beschaffung von Bauland solle man ein einheitliches Verfahrensrecht festlegen.

MinDirig. Dr. Böhm (Bayern) äußert ernste Bedenken gegen bundeseinheitliche Verfahrensvorschriften. Entscheidend sei nicht, ob das Enteignungsverfahren bundeseinheitlich, aber für jedes Enteignungsgebiet getrennt, sondern dass das Enteignungsverfahren in jedem Lande landeseinheitlich geregelt wird. Im Übrigen handle es sich um ein Zustimmungsgesetz, so dass empfohlen wird, sich der Ansicht des Bundesrates anzuschließen.

Abg. Wirths bringt zum Ausdruck, dass es bei der vorliegenden Fassung verbleiben muss, wenn das Gesetz noch in den nächsten Monaten verabschiedet werden soll. Im Übrigen könnten die Länder – falls dem Alternativvorschlag zugestimmt würde – nur durch Gesetz eine Änderung vornehmen. Das bedeute jedoch eine weitere Verzögerung.

Der *Vorsitzende* macht den Vorschlag, eine Bestimmung dahingehend aufzunehmen, dass die Länder das Recht haben, aufgrund eines Landesgesetzes abweichende Verfahren neu zu beschließen.

Abg. Kalbfell spricht sich gegen die vom Bundesrat vorgeschlagene Streichung aus. Er begrüßt eine bundeseinheitliche Regelung und unterstützt den Vorschlag von Bürgermeister Dr. Nevermann.

Minister Dr. Schmidt (Nordrhein-Westfalen) empfiehlt, unter keinen Umständen diese Frage für Bund und Länder zu einer Prestigefrage zu machen. Man solle versuchen, eine Einigung herbeizuführen. Es wird der Vermittlungsvorschlag gemacht dahingehend, dass jedes Land in einem einheitlichen Enteignungsverfahren alle Fragen selbst regeln kann.

Dem Vorschlage von Minister Dr. Schmidt stimmen die *Vertreter von Baden-Württemberg* und *Niedersachsen* zu.

Abg. Meyer (Bremen) sieht in dem Vorschlag von Minister Dr. Schmidt eine echte Möglichkeit zu einer Einigung, vorausgesetzt, dass auch eine Einigung über den IV. Abschnitt möglich ist.

MinDirig. Dr. Böhm (Bayern) spricht sich gegen den Vorschlag von Minister Dr. Schmidt aus.

Die Frage von *Minister Dr. Schmidt,* ob das Land Bayern auch gleiche Enteignungsvorschriften für das Bodenreformverfahren habe, bejaht *MinDirig. Dr. Böhm* mit dem erneuten Hinweis auf die laufenden Verbesserungen des grundlegenden Gesetzes. Es bestehe landeseigenes Verfahrensrecht für alle Enteignungsfälle.

Bundesminister Neumayer gibt erneut zu bedenken, welche Zeit vergehe und wie viel Hindernisse zu überwinden wären, wenn für alle Enteignungszwecke ein einheitliches Verfahren gefunden werden soll. Hier handle es sich doch nur um die Baulandbeschaffung für den Wohnungsbau.

Der Vorschlag von *Minister Dr. Schmidt* wird von MinRat Dr. Ernst (Bundesrat) wie folgt formuliert: „Die Länder haben die Befugnis, anstelle der Vorschriften der §§ 13–27 und 40–44 Verfahrensvorschriften zu erlassen, wenn diese für alle der Landesgesetzgebung unterliegenden Enteignungszwecke, die sich auf den Grund und Boden beziehen, einheitlich gelten."

Bundesminister Neumayer wünscht eine Erklärung, ob die Länder voraussichtlich dem III. Abschnitt zustimmen würden, wenn der Bundestag den Ergänzungsvorschlag annehme.

Der *Vorsitzende* und *Minister Dr. Schmidt* (Nordrhein-Westfalen) halten einen positiven Beschluss für möglich.

Minister Dr. Schmidt bringt zum Ausdruck, dass, falls dem Ergänzungsvorschlag zugestimmt wird, keine Abänderungswünsche zu den einzelnen Paragraphen gestellt würden.

MinRat Dr. von Spreckelsen (BuJuMin) erhebt Einwendungen. Zu prüfen sei im Einzelnen, inwieweit es sich noch um Verfahrensvorschriften oder schon um materielles Recht handle.

ORR Gruger (Baden-Württemberg) weist auf die Bestimmungen in § 13 Abs. 3 Satz 1 hin. „Weisungsgebundene Ausschüsse" seien ungewöhnlich.

MinRat Dr. Ernst (Bundesrat) vertritt die Auffassung, dass diese Bindung sich kaum werde vermeiden lassen.

MinDirig. Dr. Bellinger (Nordrhein-Westfalen): Bedenken habe auch § 21 Abs. 2 Satz 3 hervorgerufen. Danach sei eine „Mitwirkung der Beisitzer der Enteignungsbehörde nicht erforderlich".

Nach eingehender *Aussprache* wird als überwiegende Auffassung festgestellt:
1. Richtlinien an Enteignungsbehörden (Vorschlag Abg. Meyer) genügen nicht.

– 2. Auf ein Weisungsrecht kann verzichtet werden. – 3. Eine Änderung des § 21 Abs. 2 Satz 3 wird nicht empfohlen.

Bei der Erörterung über die Baulandkammern spricht sich der *Vertreter des Landes Bayern* gegen die Einführung aus. Es bestünden verfassungsrechtliche Bedenken. Der doppelte Rechtszug sei das geringere Übel.

MinRat Dr. Ernst (Bundesrat) erläutert nochmals das Ergebnis der Beratungen zu § 28 im Unterausschuss. Die überwiegende Mehrheit habe den bayerischen Antrag nicht unterstützt. Sehr von Vorteil wäre die Weiterverfolgung des Hamburger Initiativgesetzentwurfs zur Änderung des Art. 14 GG, da nur auf diesem Wege die anzustrebende Eingleisigkeit erreicht werden könne, ohne dass man Baulandkammern schaffen müsse.

Abg. Meyer (Bremen) befürchtet eine Gefährdung der Verabschiedung des Baulandbeschaffungsgesetzes noch in dieser Legislaturperiode, wenn der Initiativantrag dem Bundestag zugeleitet werde. Man sei zwar auch im Ausschuss für Bau- und Bodenrecht gleichfalls davon überzeugt, dass die Änderung des Art. 14 GG die beste Lösung darstelle, glaube jedoch nicht, dass sich im Plenum des Bundestages eine Zweidrittelmehrheit finde.

Bundesminister Neumayer: Das Problem der Zweigleisigkeit sei ebenso sorgfältig geprüft worden wie die Errichtung der Baulandkammern. Man habe sich letztlich zu der im Entwurf vorgesehenen Regelung aus den von Abg. Meyer genannten Gründen entschließen müssen.

Minister Dr. Schmidt (Nordrhein-Westfalen) hält gleichfalls die rasche Verabschiedung des Baulandbeschaffungsgesetzes für vordringlich.

Der *Vorsitzende* wendet ein, das Problem stelle sich so eindeutig dar, dass sich die Ausschüsse des Bundestages in kürzester Zeit entscheiden könnten. Man solle doch den Versuch nicht unterlassen. Ergebe sich keine Zweidrittelmehrheit, dann könne man immer noch wieder auf die Baulandkammern zurückkommen.

Abg. Meyer (Bremen) teilt mit, der Rechtsausschuss des Bundestages sei überlastet. Man könne nicht erwarten, dass er sich rechtzeitig genug mit dem Initiativgesetzentwurf befassen werde.

Der *Vorsitzende* empfiehlt eine weitere Beratung in den Länderkabinetten und die Herbeiführung von Beschlüssen, ob man einer Lösung durch Änderung des Art. 14 GG oder einer Notlösung nach § 28 des Entwurfs den Vorzug gebe.

Minister Dr. Schmidt (Nordrhein-Westfalen) hält die Fassung des § 2 Buchst. a für zu weitgehend. Es sei zu überlegen, ob man es bei 120 qm belassen und auch den letzten Halbsatz nicht ändern solle.

Zu § 3 b wird empfohlen, hinter dem Wort „Gelände“ die Worte „zu einem den Grundsätzen des § 7 entsprechenden Preis“ einzufügen.

Der *Vorsitzende* stellt abschließend fest, dass die Möglichkeit einer Einigung über den Vorschlag des Herrn Minister Dr. Schmidt bezüglich der Verfahrensvorschriften besteht.

Schluss der Sitzung 13.10 Uhr

2. Sitzung des Bundesratsausschusses für Wiederaufbau und Wohnungswesen am 19.3.1952 (Vermerk des WoBauMin.)

... Wegen anderweitiger Inanspruchnahme der Abgeordneten musste dann die gemeinsame Sitzung abgebrochen werden. Der Bundesratsausschuss für Wiederaufbau und Wohnungswesen verhandelte darauf in Anwesenheit der Vertreter der Bundesregierung über den gleichen Sachgegenstand weiter. Anwesend waren Abg. *Meier* und zeitweise Abg. *Wirths.* – Herr Minister gab seiner Ansicht Ausdruck, dass der Vermittlungsvorschlag von Herrn Minister *Dr. Schmidt* vom BT nicht werde angenommen werden können. BM [Bürgermeister] *Nevermann* betonte demgegenüber, dass auch an dieser Frage das Gesetz nicht scheitern solle. *Dr. Schmidt* richtete an MinDgt. *Dr. Böhm* die Frage, nachdem er betont hatte, dass in Nordrhein-Westfalen zurzeit etwa 6 verschiedene Enteignungsverfahren durch ein Gesetz landeseinheitlich zusammengefasst werden müssten, ob in Bayern auch das Enteignungsverfahren zur Durchführung der Bodenreform nach den Grundsätzen des allgemeinen Enteignungsgesetzes durchgeführt werden. MinDgt. *Dr. Böhm* gab hierauf keine eindeutige Antwort. Der Vertreter des Landes Niedersachsen hielt die Vereinheitlichung des Enteignungsrechts in seinem Lande für unmöglich, trat aber für den Vermittlungsvorschlag von *Dr. Schmidt* ein. Herr Minister erklärte, dass s.E. ein einheitliches Enteignungsverfahren überhaupt niemals zu erreichen sein werde. MR *Dr. Ernst* schlug dann folgende Kompromissformel vor, die den anwesenden Ländervertretern als geeignete Verhandlungsunterlage erschien: „Die Länder haben die Befugnis, anstelle der Vorschriften der §§ 13 bis 27, 40 bis 44 Verfahrensvorschriften zu erlassen, wenn diese für alle der Landesgesetzgebung unterliegenden Enteignungszwecke, die sich auf den Grund und Boden beziehen, einheitlich gelten."

Der *Vorsitzende, BM Nevermann,* stellt fest, dass auf der Grundlage dieser Kompromissvorschläge eine Entscheidung der Bundestagsausschüsse herbeigeführt werden soll. Gegen Einzelheiten der Verfahrensvorschriften bestehen keine Bedenken.

Eine längere Aussprache entspinnt sich schließlich über die Möglichkeit, gemäß § 13 Abs. 3 des Baulandbeschaffungsgesetzes den Enteignungsausschüssen Weisungen zu erteilen. Es wird beschlossen, an dieser Bestimmung nichts zu ändern.

MR *Dr. Ernst* berichtet dann über die Baulandkammern. Er weist auf die verfassungsrechtlichen Bedenken gegen die Entrichtung hin, ebenso auf die Tatsache, dass nach seiner Unterrichtung bei den Verwaltungsrichtern keine Neigung bestehe, an den Baulandkammern mitzuwirken. Doch ist er der Ansicht, dass die Einführung der Baulandkammern gegenüber dem gegenwärtigen Zustand vorzuziehen sei. MinDgt. *Dr. Böhm* spricht sich ausdrücklich gegen die Einrichtung von Baulandkammern aus. Minister *Dr. Schmidt* wirft die Frage auf, was materiell gegen die Baulandkammern einzuwenden sei. S.E. handele es sich um eine politische Frage, bei der sich auch die Richter der politischen Entscheidung des Gesetzgebers beugen müssten. Abg. *Meyer* spricht sich gegen das Initiativgesetz Hamburgs zur Abänderung des Art. 14 GG aus, da dieses Gesetz nur im Bundestag verzögerlich wirke. S.E. sei es zweckmäßiger, das

Baulandbeschaffungsgesetz in der gegenwärtig vorliegenden Form zu verabschieden und evtl. im neuen Bundestag durch eine Novelle zum Baulandbeschaffungsgesetz, wenn die Voraussetzungen dafür gegeben seien, die Verwaltungsgerichte anstelle der ordentlichen Gerichte zuständig zu machen.

Die Beratung des Bundesratsausschusses kehrte dann nochmals zu *§ 3 b,* soweit er nicht erledigt war, zurück. Es wird Übereinstimmung darin erzielt, dass eine Abänderung dieser Bestimmung dahin erreicht werden müsse, dass der Enteignungsbegünstigte nur nachweisen müsse, dass er kein geeignetes Gelände zu dem nach § 7 zulässigen Preis erhalten könne.

Minister *Dr. Schmidt* kam dann nochmals auf *§ 2* Buchstabe a zurück und bat um Prüfung, ob die Grenze von 120 qm für die Wohneinheit aufrechterhalten werden könne. Nach längerer Erörterung wurde auch mit Abg. *Meier* Übereinstimmung dahin erzielt, dass eine Abänderung dieser Bestimmung erforderlich sei und dass aus sozialen Gründen (kinderreiche Familien) die Größe einer Wohneinheit heraufgesetzt werden müsse. Die Übereinstimmung wurde insbesondere in Anbetracht der Tatsache erzielt, dass nach der gegenwärtigen Fassung zwar wegen wirtschaftlicher Gestaltung des Grundrisses, aber nicht aus sozialen Gründen ein Überschreiten des Richtmaßes von 120 qm erreicht werden könne. Eine Formulierung dieser Bestimmung wurde nicht vorgenommen. [...]

Anhang: Antrag Hamburgs vom 8.10.1952: Entwurf eines Gesetzes zur Änderung des Grundgesetzes (BR-Ds. Nr. 402/52)

Artikel 1: Artikel 14 Abs. 3 Satz 4 GG erhält folgende Fassung: „Über die Zulässigkeit der Enteignung und die Höhe der Entschädigung entscheiden die Verwaltungsgerichte."

Begründung: Nach § 22 der Verordnung Nr. 165 der Militärregierung unterliegt ein Verwaltungsakt, der eine Enteignung zum Gegenstande hat, hinsichtlich der Zulässigkeit der Enteignung der Nachprüfung durch die Verwaltungsgerichte. Art. 14 Abs. 3 Satz 4 GG weist jedoch die Nachprüfung der Entscheidung über die Höhe der Entschädigung den Zivilgerichten zu. Diese Spaltung des Rechtsschutzes führt bei Maßnahmen der Bau- und Bodenordnung zu einer allgemein anerkannten unerträglichen Behinderung des Aufbaues. Die Vorschläge, die in der Vorlage des Entwurfs eines Gesetzes über die Baulandbeschaffung gemacht sind, um ohne Änderung des Grundgesetzes die Schwierigkeiten zu mildern, führen, wie die Beratung der Vorlage hat erkennen lassen, zu keinem rechtspolitisch und praktisch befriedigenden Ergebnis. Die Gründe hierfür sind eingehend im Schrifttum und auch in dem unter dem 29. April 1952 auf Veranlassung des Bundesministers für Wohnungsbau erstatteten Gutachten über die Erfordernisse der Bau- und Bodengesetzgebung (Schriftenreihe des Bundesministers für Wohnungsbau, Band 1, Heft 1) erörtert worden.

Die bestehenden Hemmnisse können nur dadurch beseitigt werden, dass beide Rechtszüge zusammengefasst werden. Da es sich bei der Enteignung um Fragen des öffentlichen Rechts handelt, sind hierfür die Verwaltungsgerichte zuständig und nach Selbständigkeit und Unabhängigkeit auch geeignet. Dazu bedarf es einer Änderung des Grundgesetzes. Diese hat keine materiell-rechtliche, sondern nur formellrechtliche Bedeutung. Die Zuständigkeit des Bundes ist aus der Natur der Sache gegeben.

BR Ds. 402/1/52 vom 11.2.1953:

I. 1. Der federführende *Rechtsausschuss* empfiehlt dem Bundesrat, den Gesetzentwurf *nicht* als Initiativgesetzentwurf des Bundesrats beim Deutschen Bundestag einzubringen.

Begründung: Das Grundgesetz sollte nur dann geändert werden, wenn zwingende Gründe eine Änderung unabweisbar fordern. Das ist für Art. 14 Abs. 3 Satz 4 nicht der Fall. Die sogenannte „Zweispurigkeit" des Verfahrens (Nachprüfung der Zulässigkeit der Enteignung durch die Verwaltungsgerichte; Nachprüfung der Entscheidung über die Höhe der Entschädigung durch die ordentlichen Gerichte) hat bisher wesentliche Unzuträglichkeiten nicht zur Folge gehabt. Eine Änderung von Art. 14 Abs. 3 Satz 4 GG ist daher nicht zwingend geboten.

Die von der Freien und Hansestadt Hamburg vorgeschlagene Änderung von Art. 14 Abs. 3 Satz 4 GG würde den Verwaltungsgerichten die Entscheidung über Fragen zuweisen, die weitgehend Ermessensfragen sind. Die Entscheidung solcher Fragen fällt aus dem Rahmen der bisherigen Tätigkeit der Verwaltungsgerichte heraus und ist ihnen fremd. Den Verwaltungsgerichten steht weiterhin bisher im Wesentlichen die Aufgabe zu, kassatorische Entscheidungen zu fällen. Auch insofern würden den Verwaltungsgerichten nunmehr Aufgaben übertragen werden, die andersartig sind als ihre bisherigen Aufgaben. – Die Annahme des Antrags der Freien und Hansestadt Hamburg würde schließlich möglicherweise zu einer Rechtszersplitterung führen, da dem Bund keineswegs die Befugnis zusteht, für alle Enteignungen das Verfahren zu regeln und die Länder verschiedenartige Regelungen treffen können.

2. Der *Agrarausschuss* und der *Ausschuss für Wiederaufbau und Wohnungswesen* empfehlen dem Bundesrat, den Gesetzentwurf als Initiativgesetzentwurf des Bundesrats beim Deutschen Bundestag einzubringen.

II. Der federführende Rechtsausschuss (R) und der Ausschuss für Innere Angelegenheiten (In) – beide Ausschüsse jedoch nur für den Fall, dass der Bundesrat eine Änderung von Art. 14 Abs. 3 Satz 4 GG für notwendig erachten sollte – sowie der Agrarausschuss (A) empfehlen, den Gesetzentwurf wie folgt zu ändern:

1. Die Eingangsformel zum Gesetz ist wie folgt zu fassen (R): „Der Bundestag hat mit Zustimmung des Bundesrats unter Einhaltung der Vorschrift des Art. 79 Abs. 2 des Grundgesetzes das folgende Gesetz beschlossen:"

Begründung: Anpassung an die Fassung der Eingangsformel des Gesetzes zur Einfügung eines Art. 120 a in das Grundgesetz vom 14.8.1952 (BGBl. I S. 445).

2. *Zu Art. 1.*

a) Fassung von Art. 1 wie von der Freien und Hansestadt Hamburg vorgeschlagen (In).

b) Art. 1 erhält folgende Fassung: (R, A; In [für den Fall der Ablehnung von a)]): „Art. 14 Abs. 3 Satz 4 des Grundgesetzes wird gestrichen."

Begründung: Zur Erzielung eines einheitlichen Rechtszuges im Enteignungsverfahren genügt es, wenn für die Entscheidung über die Höhe der Entschädigung auch der Rechtsweg vor den Verwaltungsgerichten vom Grundgesetz zugelassen wird. Die Bundes- und die Landesgesetzgebung haben dann die Möglichkeit, bei den einzelnen Enteignungsgesetzen alle Entscheidungen im Enteignungsverfahren entweder den ordentlichen Gerichten oder den Verwaltungsgerichten zuzuweisen. Die völlige Ausschließung der ordentlichen Gerichte für Entscheidungen über die Höhe der Entschädigung durch Verfassungsbestimmungen ist weder aus grundsätzlichen noch aus praktischen Gründen geboten. Will man dem Bundes- und Landesgesetzgeber die Regelung der Zuständigkeit freigeben, so bedarf es lediglich der Streichung von Art. 14 Abs. 3 Satz 4 GG. Denn nach Streichung dieser Bestimmung ist allein Art. 19 Abs. 4 Satz 2 GG maßgebend, wonach – soweit eine andere Zuständigkeit nicht begründet ist – der ordentliche Rechtsweg gegeben ist.

XIX. Protokoll der gemeinsamen Sitzung des 18. und 36. Ausschusses des Bundestages vom 14.4.1953

Vorsitz: Abg. Heinz Meyer

Der *Vorsitzende* setzt die Anwesenden zunächst davon in Kenntnis, dass in dieser Sitzung lediglich zu den *Empfehlungen der gemeinsamen Sitzung vom 19. März* zum Entwurf eines Baulandbeschaffungsgesetzes [unten S. 520] beschlossen werden soll.

RegDir. Dr. Zinkahn (BMWo) wird gebeten, die einzelnen Empfehlungen vorzutragen und dabei zum Ausdruck zu bringen, ob und gegebenenfalls welche Bedenken von Seiten des Ministeriums geltend gemacht werden.

Zu § 1 Abs. 1: Gegen den Vorschlag, die Worte „sowie zur Erzielung einer geordneten Bebauung" zu ersetzen durch die Worte „im Rahmen einer geordneten Bebauung" werden Bedenken nicht erhoben. – Der *Ausschuss* beschließt, dem Vorschlage zuzustimmen.

Zu § 2 Abs. 1: Es wird beschlossen, hinter dem Wort „ist" die Worte „zum Wohle der Allgemeinheit" [nicht?] einzufügen. Im schriftlichen Bericht soll ausdrücklich darauf hingewiesen werden, dass auch bei Vorliegen der im § 2 a-d genannten Gründe im Einzelfalle geprüft werden muss, ob die Enteignung dem Wohle der Allgemeinheit dient oder nicht.

Zu § 3 x: Der *Ausschuss* beschließt, den Absatz 2 als selbständigen Absatz zu streichen und dem Absatz 1 b anzuhängen. Im Übrigen soll der Redaktionsausschuss überlegen, ob der ganze § 3 x nicht in den § 3 eingebaut werden kann.

Zu § 3 b Abs. 1 [oben S. 419]: Der *Ausschuss* hat gegen die vorgeschlagene Formulierung keine Bedenken. Es wird daher beschlossen, dem Absatz 1 folgende Fassung zu geben: „Die Enteignung eines Grundstückes ist nur zulässig, wenn nach pflichtmäßigem Ermessen der Enteignungsbehörde der Nachweis erbracht ist, dass der Bauwillige sich ernsthaft um den freihändigen Erwerb von geeignetem Gelände zu einem den Grundsätzen des § 7 entsprechenden Preis vergeblich bemüht hat." Bei der Berichterstattung im Plenum soll im Übrigen darauf hingewiesen werden, dass der Nachweis sich nur darauf beschränken kann, dass die zur Arrondierung bestimmten Grundstücke freihändig nicht zu erwerben sind.

Zu § 4 Abs. 4: Gegen den Vorschlag, dem Satz 2 folgende Fassung zu geben: „Dies gilt nicht, wenn der Eigentümer sich mit seinem Grundstück an diesem Bauvorhaben beteiligt und die Bebauung des Grundstückes dem Antragsteller überträgt.", werden Bedenken nicht geltend gemacht. – Der *Ausschuss* stimmt der Neufassung zu [im Gesetz nicht enthalten].

Zu § 7 Abs. 3: Dem Vorschlage, die Bundesratsfassung wiederherzustellen, kann der *Ausschuss* nicht zustimmen.

Der *Vertreter des BMJ* regt an, dem Abs. 3 folgende Fassung zu geben: „Eine Entscheidung ist nicht zu gewähren für Bauwerke, deren entschädigungsloser Abbruch nach dem jeweils geltenden Recht gefordert werden kann."

Abg. Wirths spricht sich gegen diesen Vorschlag aus und bittet, es bei der bisherigen Fassung zu belassen.

RegDir. Dr. Zinkahn (BMWo) macht folgenden Vermittlungsvorschlag: Der vom Bundesjustizministerium vorgeschlagenen Fassung ist folgender zweiter Satz anzufügen: „Bei einem widerruflich oder befristet zugelassenen Bauwerk kann eine Entschädigung gewährt werden, wenn es aus Gründen der Billigkeit geboten ist."

Der *Ausschuss* beschließt alsdann, dem Abs. 3 folgende Fassung zu geben: „Eine Entschädigung ist nicht zu gewähren für Bauwerke, deren entschädigungsloser Abbruch nach dem jeweils geltenden Recht gefordert werden kann. Bei einem widerruflich oder befristet zugelassenen Bauwerk kann eine Entschädigung gewährt werden, wenn es aus Gründen der Billigkeit geboten ist."

Zu §§ 13–27 und 40–44: Der *Vorsitzende* empfiehlt, dem Vorschlage auf Abnahme einer Zusatzbestimmung stattzugeben.

Auf die Frage des *Abg. Lücke,* wie sich diese Zusatzbestimmung zum künftigen Bundesbaugesetz verhält, vertritt *RegDir. Dr. Zinkahn* die Ansicht, dass das Baulandbeschaffungsgesetz später im Bundesbaugesetz aufgehen soll und damit die hier vorgesehene Bestimmung entfällt.

Der *Ausschuss* ist einmütig damit einverstanden, dass folgende Bestimmung in das Gesetz aufgenommen wird: „Die Länder haben die Befugnis, anstelle der Vorschriften der §§ 13–27 und 40–44 Verfahrensvorschriften zu erlassen, wenn diese für alle der Landesgesetzgebung unterliegenden Enteignungszwecke, die sich auf den Grund und Boden beziehen, einheitlich gelten."

Zu § 13 Abs. 3: Der Vorsitzende des Bundesratsausschusses, Bürgermeister Dr. Nevermann, hat in seinem Schreiben vom 19. März 1953 vorgeschlagen, entweder die Bestimmung, wonach in der Enteignungsbehörde zwei Beisitzer mitwirken, zu streichen, oder dem Wort „Beisitzer" die Worte „mit beratender Stimme" anzufügen.

Der *Vorsitzende* stellt fest, dass der Ausschuss seinerzeit durch diese Bestimmung die Mitwirkung von Vertretern der Bevölkerung festlegen wollte. Es sei in den ersten Beratungen ausdrücklich abgelehnt worden, die Beisitzer nicht an Weisungen zu binden.

Abg. Lücke möchte dem Antrage des Bundesrates nicht entsprechen, wogegen *RegDir. Dr. Zinkahn* (BMWo) keine Bedenken gegen die Festlegung „Beisitzer mit beratender Stimme" hat.

Abg. Dr. Handschumacher (CDU/CSU) bringt zum Ausdruck, dass durch die Weisungen die Beisitzer auf ganzer Linie gebunden sind. Die jetzige Bestimmung könne auf keinen Fall bestehen bleiben.

Der *Vorsitzende* empfiehlt, eine Bestimmung dahingehend zu treffen, dass die Enteignungsbehörden nicht an Weisungen gebunden werden sollen. Im Streitfalle könne die Aufsichtsbehörde das Verfahren an sich ziehen.

Abg. Pfender (CDU/CSU) spricht sich ebenfalls gegen die Weisungen aus.

Abg. Lücke bittet, den Vorschlag des Vorsitzenden zu formulieren, wobei zum Ausdruck kommen soll, dass eine echte Mitarbeit der Bevölkerung sichergestellt ist.

Der *Vorsitzende* stellt alsdann folgenden Antrag: Anstelle des Satzes 4 im Abs. 3 tritt folgende Bestimmung: „Die Entscheidungen der Enteignungsbehörde unterliegen der Nachprüfung der Obersten Fachaufsichtsbehörde."

Für diesen Vorschlag sprechen sich die Abg. Dr. Brönner und Dr. Handschumacher aus.

Der *Ausschuss* beschließt: Die Bestimmung des § 13 Abs. 3 wird bei der 3. Lesung noch einmal überprüft. Endgültige Formulierung bleibt vorbehalten.

Der *Vorsitzende* teilt mit, dass nach Ansicht mehrerer Länder das Hamburger Initiativgesetz auf Änderung des Art. 14 GG doch baldigst dem Bundestag übermittelt werden solle. Weiterhin hätten einige Länder zum Ausdruck gebracht, dass wegen der Baulandkammern evtl. doch noch der Vermittlungsausschuss angerufen werden dürfte.

Abg. Lücke ist sehr erstaunt über diese Mitteilungen, da nach der gemeinsamen Sitzung der Bundestags- und Bundesratsausschüsse angenommen werden konnte, dass eine Einigung in allen Punkten erzielt sei. Wenn nunmehr einige Länder Schwierigkeiten bereiten, so lasse das darauf schließen, dass sie anscheinend das Baulandbeschaffungsgesetz nicht benötigen. Art. 14 GG könne im jetzigen Stadium nicht mehr geändert werden. Es komme der Verdacht auf, dass hier von einigen Ländern böswillig etwas unternommen werde, um die Verabschiedung des Baulandbeschaffungsgesetzes zu verhindern. Der Redner richtet an den Vorsitzenden die Bitte, umgehend mit Herrn Bürgermeister Dr. Nevermann zu verhandeln, damit auf alle Fälle die Anrufung des Vermittlungsausschusses verhindert würde.

Abg. Dr. Handschumacher bittet festzustellen, welche Länder diese abweichende Ansicht vertreten haben, damit erforderlichenfalls mit diesen Verhandlungen aufgenommen werden könnten. Im Übrigen müsse der Wiederaufbauausschuss des Bundesrates entscheiden und nicht einzelne Länder.

Der *Vorsitzende* schließt sich der Ansicht seiner Vorredner an und ist bereit, sofort mit Herrn Bürgermeister Dr. Nevermann die Verhandlungen aufzunehmen. Nach seiner Ansicht müsse es gelingen, den Bundesrat zu bewegen, den Hamburger Initiativgesetzentwurf zu Art. 14 GG vorerst nicht dem Bundestag zuzuleiten.

Der *Ausschuss* erklärt sich damit einverstanden, dass zunächst Verhandlungen mit Herrn Dr. Nevermann geführt werden.

Der *Vorsitzende* weist alsdann auf ein vom Oberlandesgericht Celle ergangenes Urteil hin, wonach die Preisstoppverordnung auch für unbebaute Grundstücke nicht mehr anwendbar sei, da dies dem Grundgesetz widerspreche. Das Bundesjustizministerium sei der Ansicht, dass das Urteil falsch sei. Es beabsichtige, evtl. eine Entscheidung des Bundesverfassungsgerichtes herbeizuführen. Im Übrigen dürfte die Entscheidung zu § 7 des Baulandbeschaffungsgesetzes durch dieses Urteil nicht beeinflusst werden.

Abschließend richtet *Abg. Lücke* an das Ministerium die Bitte, recht bald verschiedene Artikel über das Baulandbeschaffungsgesetz, die kurz und populär sind, zu schreiben und sie alsdann allen Abgeordneten und den führenden Tageszeitungen zur Verfügung zu stellen, damit für die kommenden Beratungen im Plenum die Öffentlichkeit unterrichtet würde.

Auf Vorschlag des *Vorsitzenden* wird alsdann ein Redaktionsausschuss „Baulandbeschaffungsgesetz" gebildet, der sich aus den Abgeordneten Dr. Brönner, Jacobi und Wirths sowie den Vertretern des Bundeswohnungsbauministeriums und Bundesjustizministeriums zusammensetzt.

Empfehlungen aufgrund der gemeinsamen Sitzung der Bundestagsausschüsse mit dem Bundesrat (19.3.1953) zum Entwurf eines Baulandbeschaffungsgesetzes: *Zu § 1 Abs. 1:* Es wird vorgeschlagen, die Worte „sowie zur Erzielung einer geordneten Bebauung" zu ersetzen durch die Worte „im Rahmen einer geordneten Bebauung".

Zu § 2 Satz 1 wird vom Bundesratsausschuss beantragt, hinter dem Wort „ist" die Worte „zum Wohle der Allgemeinheit" einzufügen. Da diesem Antrage nicht entsprochen werden kann, wird empfohlen, im schriftlichen Bericht ausdrücklich darauf hinzuweisen, dass auch bei Vorliegen der im § 2 a-d genannten Gründe im Einzelfall geprüft werden muss, ob die Enteignung dem Wohle der Allgemeinheit dient oder nicht.

Zu § 3 x wird empfohlen, den Abs. 2 als selbständigen Absatz zu streichen und an Abs. 1 b anzuhängen. Im Übrigen wird zu überlegen sein, ob der ganze § 3 x nicht in den § 3 eingebaut werden kann.

Zu § 3 b Abs. 1: Dem Antrage des Bundesratsausschusses, den Satz „... sich ernsthaft um den freihändigen Erwerb von geeignetem anderen Gelände vergeblich bemüht hat" zu streichen, wird nicht entsprochen. Es wird vielmehr folgende Formulierung empfohlen: „... sich ernsthaft um den freihändigen Erwerb von geeignetem Gelände zu einem den Grundsätzen des § 7 entsprechenden Preis vergeblich bemüht hat."

Im Übrigen soll bei der Berichterstattung im Plenum darauf hingewiesen werden, dass der Nachweis sich nur darauf beschränken kann, dass die zur Arrondierung bestimmten Grundstücke freihändig nicht zu erwerben sind.

Zu § 4 Abs. 4: Es wird vorgeschlagen, dem Satz 2 folgende Fassung zu geben: „Dies gilt nicht, wenn der Eigentümer sich mit seinem Grundstück an diesem Bauvorhaben beteiligt und die Bebauung des Grundstücks dem Antragsteller überträgt."

Das Bundesministerium für Wohnungsbau wird gebeten, evtl. noch eine bessere Formulierung vorzulegen.

Zu § 7 [oben S. 420]: Gegen die Fassung der Absätze 1, 2, 4 und 5 werden Bedenken nicht erhoben. – Bezüglich des Abs. 3 wird vorgeschlagen, die Bundesratsfassung [oben S. 405] wiederherzustellen, wobei das Wohnungsbauministerium eine Überarbeitung der Formulierung mit dem Ziel vornehmen soll, dass die Festlegung einer zu großen Entschädigungsverpflichtung vermieden wird.

Zu §§ 13–27 und 40–44: Dem Vorschlage auf Streichung der Verfahrensvorschriften wird nicht zugestimmt. Es wird lediglich empfohlen, folgende Zusatzbestimmung in das Gesetz aufzunehmen: „Die Länder haben die Befugnis, anstelle der Vorschriften der §§ 13–27 und 40–44 Verfahrensvorschriften zu erlassen, wenn diese für alle der Landesgesetzgebung unterliegenden Enteignungszwecke, die sich auf den Grund und Boden beziehen, einheitlich gelten."

XX. Beratungen des 18. und 36. Ausschusses des Bundestages vom Mai 1953

1. Sitzung vom 20.5.1953 (Vorsitz: Meyer/Bremen)

Gegen die Überschrift „Entwurf eines Baulandbeschaffungsgesetzes" werden Bedenken nicht erhoben. [Paragraphenzählung wie im Gesetz]

Zu §§ 1, 2, 3 und 4 sind Änderungsanträge nicht gestellt. Der Fassung dieser Paragraphen wird bedenkenlos zugestimmt.

Zu § 5 Abs. 1: Abg. Dr. Glasmeyer (CDU/CSU) spricht sich für die vorgelegte Fassung aus, wogegen *Abg. Lücke* (CDU) auf den § 10 Bezug nehmen möchte. *Abg. Wirths* (FDP) bittet, die Preisbestimmungen zu streichen. Diesem Vorschlage schließt sich *Abg. Jacobi* (SPD) an. – Die Abg. *Dr. Brönner* (CDU/CSU) und *Dr. Handschumacher* (CDU/CSU) sprechen sich für die vorliegende Fassung und gegen die Vorschläge der Abgeordneten Wirths und Lücke aus. *Abg. Dr. Brönner* bringt zum Ausdruck, dass für das ganze Gesetz ein einheitlicher Preis festgesetzt werden sollte. Er beantragt, das Wort „angemessen" zu streichen und durch die Worte zu ersetzen „den Grundsätzen des § 10 entsprechenden ...".

Der Antrag des Abg. Dr. Brönner wird mit 4:3 Stimmen des 36. Ausschusses angenommen, während die Mitglieder des 18. Ausschusses den Antrag mit 7:6 Stimmen ablehnen.

Auf Antrag des *Abg. Jacobi* wird das Wort „Bauwillige" durch „Antragsteller" ersetzt. *§ 5 Abs. 1* lautet demnach wie folgt: „Die Enteignung ist nur zulässig, wenn nach pflichtmäßigem Ermessen der Enteignungsbehörde der Nachweis erbracht ist, dass der Antragsteller sich ernsthaft um den freihändigen Erwerb von geeignetem Gelände zu einem den Grundsätzen des § 10 entsprechenden Preis vergeblich bemüht hat."

Zu § 5 Abs. 2 keine Bedenken.

Zu § 6 Abs. 1 und 2 keine Bedenken.

Zu Abs. 3 beantragt *Abg. Jacobi*, die Worte „wenn die Gemeinde nachweist" zu ersetzen durch die Worte „wenn die Gemeinde glaubhaft darlegt". Gegen diesen Antrag sprechen sich die *Abg. Dr. Handschumacher* und *Lücke* aus. Gegen den Vorschlag des Abg. Dr. Brönner, statt „glaubhaft darlegt" die Fassung „beschlossen hat" zu wählen, äußert *Abg. Jacobi* starke gemeindeverfassungsrechtliche Bedenken. – Der *Ausschuss* lehnt alsdann die Anträge der Abg. Jacobi und Dr. Brönner mit 9:5 Stimmen ab. Es verbleibt also bei der vorgeschlagenen Fassung.

Zu Abs. 4 keine Bedenken.

Zu §§ 7, 8 und 9 keine Bedenken.

Zu § 10: Nach Ansicht von *Abg. Dr. Handschumacher* entspricht die vorliegende Fassung des § 10 nicht den Bestimmungen des Grundgesetzes. – *Abg. Wirths* beantragt, die Regierungsvorlage wiederherzustellen. – *Abg. Jacobi* spricht sich gegen den Antrag des Abg. Wirths aus und bringt zum Ausdruck, dass der § 10 vollends im Einklang mit dem Grundgesetz stehe. Die von Herrn Dr. Handschumacher geäußerten Bedenken werden nicht geteilt. Es wird die unveränderte Annahme der Vorlage beantragt.

Abg. Lücke spricht sich ebenfalls gegen den Antrag des Abg. Wirths aus, da durch die Regierungsvorlage praktisch der Preisstopp auch für unbebaute Grundstücke aufgehoben wird. Bis zur Verabschiedung eines Bodenbewertungsgesetzes müsse eine Zwischenlösung gefunden werden, die in der jetzigen Formulierung des § 10 gefunden worden sei. – *Abg. Dr. Handschumacher* spricht sich für den Antrag des Abg. Wirths aus.

MinRat Dr. von Spreckelsen (BJM) erklärt, dass nach Prüfung durch das Bundesministerium der Justiz sich dieses Gesetz noch im Rahmen des Art. 14 GG hält.

Der *Vorsitzende* weist darauf hin, dass die im § 10 gefundene Lösung eine Kompromisslösung darstellt. Wenn man Kleineigentum schaffen wolle, dann müsse auch zu einem billigen Preise Bauland beschafft werden können. Die verfassungsrechtlichen Bedenken werden nicht geteilt. – *Abg. Dr. Handschumacher* führt im Einzelnen aus, welche Entschädigung nach seiner Ansicht zu gewähren ist. Es dürfe nicht vom Grundgesetz abgegangen werden.

Abg. Lücke bringt nochmals zum Ausdruck, dass diese Frage in den vergangenen Jahren oft geprüft worden sei, und dass die Mehrheit die Ansicht vertrete, dass § 10 verfassungstreu ist.

Die *Abstimmung* ergibt Folgendes: § 10 Abs. 1 und 2 werden in der vorliegenden Fassung von den Mitgliedern des 36. Ausschusses mit 5:2 Stimmen angenommen. Die Mitglieder des 18. Ausschusses stimmen der Ausschussvorlage vom 23.4.1953 mit 10:5 Stimmen bei einer Stimmenthaltung zu. Damit ist der Antrag des Abg. Wirths auf Wiederherstellung der Regierungsvorlage abgelehnt. – Zu *Abs. 3* erläutert *Abg. Wirths* den Vorschlag des Redaktionsausschusses.

Abg. Dr. Mücke (SPD) spricht sich für die ursprüngliche Fassung in der zweiten Lesung aus. Hierbei wird er von den Abg. *Jacobi* und *Lücke* unterstützt. – Der *Vorsitzende* weist auf die gemeinsame Sitzung mit dem Bundesratsausschuss hin. Damals sei von dieser Seite eine Änderung des Abs. 3 in der vorgeschlagenen Form gewünscht worden.

MinRat Dr. von Spreckelsen (BJM) bringt zum Ausdruck, dass die Vorlage in der zweiten Lesung zu weit gehe.

Nach längerer Aussprache erhält Abs. 3 folgende Fassung: „Eine Entschädigung für Bauwerke, deren entschädigungsloser Abbruch nach dem jeweils geltenden Recht gefordert werden kann, ist nur zu gewähren, wenn es aus Gründen der Billigkeit geboten ist. Ist bei befristet zugelassenen Bauwerken, deren Abbruch nach Ablauf der Frist verlangt werden kann, die Frist noch nicht abgelaufen, so ist die Entschädigung für das Bauwerk nach dem Verhältnis der restlichen Frist zu der Gesamtfrist zu berechnen."

Zu Abs. 4: Auf Vorschlag von *MinRat Dr. von Spreckelsen* (BMJ) werden die Worte „oder durch Begründung gleicher Rechte an dem Ersatzland" gestrichen. – Sonst zu § 10 keine Bedenken.

Zu §§ 11 und 12 keine Bedenken.

Zu § 13 wird folgende redaktionelle Änderung vorgenommen: „Bei der Enteignung eines Grundstücks haben Entschädigungsberechtigte, die nicht gesondert entschädigt werden, Anspruch auf ...".

Zu §§ 14, 15, 16 und 17 keine Bedenken.

Zu § 18 Abs. 2 wird auf Anregung des Bundesministeriums für Wohnungsbau redaktionell eine Erweiterung vorgenommen, so dass § 18 Abs. 2 nunmehr wie folgt lautet: „(2) Örtlich zuständig ist diejenige Enteignungsbehörde, in deren Bezirk das von der Enteignung betroffene Grundstück liegt. Wenn das zu enteignende Grundstück in den Bezirken mehrerer Enteignungsbehörden liegt oder die Entschädigung in Land festgesetzt werden soll, das nach § 8 beschafft werden muss, so bestimmt die gemeinsame übergeordnete Landesbehörde die örtlich zuständige Enteignungsbehörde."

Zu §§ 19 bis 47 keine Bedenken.

Zu § 48: Im Abs. 3 werden unter Buchst. d die Worte „bis zum Zeitpunkt der Hinterlegung" ersetzt durch die Worte „für die Zeit bis zur Hinterlegung".

Zu §§ 49 und 50 keine Bedenken.

Zu § 51: Die Überschrift „Rückenteignung" wird gestrichen. *Abs. 6* erhält folgende Fassung: „Die Vorschriften des Zweiten bis Fünften Abschnittes sind sinngemäß anzuwenden."

Zu § 52: Auf Vorschlag des *Abg. Jacobi* erhält § 52 folgende Fassung: „Werden in einem Lande einheitliche Vorschriften über den Verfahrensgang bei Enteignungen von Grund und Boden für alle der Landesgesetzgebung unterliegenden Enteignungszwecke erlassen, so kann die Landesgesetzgebung die Vorschriften auf Enteignung nach diesem Gesetz erstrecken. Den Vorschriften entgegenstehende verfahrensrechtliche Vorschriften dieses Gesetzes sind insoweit nicht anzuwenden."

Zu § 53 keine Bedenken.

Zu § 54 wird eine Ergänzung insoweit vorgenommen, als es heißen muss: „Die Freie und Hansestadt Hamburg".

Zu § 55 keine Bedenken.

Zu § 56: Abg. Wirths beantragt, die Bestimmungen dieses Paragraphen zu streichen.

Abg. Dr. Handschumacher spricht sich für die Fassung des § 56 aus, wogegen *Abg. Jacobi* gewisse Einschränkungen vorsehen möchte.

Abg. Dr. Trischler spricht sich gegen die hier vorgesehene Ermächtigung der Bundesregierung aus, durch Rechtsverordnung bestimmte Vorschriften vorzusehen. Er möchte lieber die hier noch in Frage kommenden Fälle gesetzlich verankert wissen bzw. durch eine Entschließung die Bundesregierung festlegen.

Abg. Brönner schließt sich dem Antrag des Abg. Wirths auf Streichung des Paragraphen an.

Abg. Wirths zieht seinen Antrag auf Streichung des gesamten Paragraphen zurück. Er ist damit einverstanden, wenn die Abs. 1, 2 und 3 a bestehen bleiben, jedoch müsse die Bestimmung unter 3 b gestrichen werden.

RegDir. Dr. Zinkahn (BuWoMin) äußert starke Bedenken gegen die Streichung des Paragraphen.

Der *Ausschuss* beschließt: Abs. 3 Buchst. b wird gestrichen. Im Übrigen soll das Bundesministerium für Wohnungsbau eine Neuformulierung des § 56 [die Neufassung (im Gesetz § 56) wurde am 21.5.1953 vom Ausschuss beschlossen] zur nächsten Sitzung am 21. Mai vorlegen.

2. Sitzung vom 21.5.1953

Neufassung des § 56 nach dem Vorschlag des BuWoMin. Die Beratungen am 21.5.1953 führten zu folgenden Ergebnissen:

Zu §§ 57, 58 und 59 werden keine Bedenken geäußert.

Auf Antrag von *Abg. Dr. Brönner* wird § 60 gestrichen.

Zu § 53 wird auf Vorschlag des Bundesministeriums für Wohnungsbau beschlossen, im zweiten Satz nach dem Wort „Anordnungen" das Wort „insoweit" einzufügen.

Zu § 5 wird weiterhin beschlossen, im Abs. 1 nach dem Wort „Gelände" die Worte „für das Bauvorhaben" einzufügen.

XXI. Baulandbeschaffungsgesetz vom 3.8.1953*

Erster Abschnitt. Zulässigkeit der Enteignung (§§ 1–8)

§ 1. (E § 1) (1) Zur Förderung des Wohnungsbaues und zur Verbindung breiter Volksschichten mit dem Grund und Boden im Rahmen einer geordneten Bebauung kann das erforderliche Gelände nach den Vorschriften dieses Gesetzes beschafft werden, soweit es nicht freihändig oder nach § 12 des Ersten Wohnungsbaugesetzes vom 24. April 1950 (Bundesgesetzbl. S. 38) zu erwerben ist.

(2) Zu diesem Zwecke ist es nach Maßgabe der folgenden Vorschriften zulässig, durch Enteignung

a) Eigentum an Grundstücken oder Grundstücksteilen zu entziehen oder zu belasten,

b) andere Rechte an Grundstücken sowie Rechte, die zum Erwerb, zum Besitz oder zur Nutzung von Grundstücken berechtigen oder die Benutzung von Grundstücken beschränken, zu entziehen.

Die Enteignung muss dem Wohle der Allgemeinheit dienen.

(3) Die für das Eigentum an Grundstücken geltenden Vorschriften dieses Gesetzes gelten sinngemäß für die anderen in Absatz 2 Buchstabe b bezeichneten Rechte.

§ 2. (E § 2) Die Enteignung ist nur zulässig zur Beschaffung

a) von Gelände für Gebäude, deren Nutzfläche ausschließlich oder überwiegend Wohnzwecken dient; dabei darf die einzelne Wohnung keine größere Wohnfläche als 120 qm haben, wenn nicht im Einzelfall die wirtschaftliche Grundrissgestaltung eine größere Wohnfläche rechtfertigt,

b) des für diese Gebäude üblichen Garten- und Wirtschaftslandes sowie der Flächen für die zu ihnen gehörigen Nebenanlagen,

c) von Gelände für öffentliche Gebäude, andere öffentliche bauliche Anlagen oder örtliche öffentliche Verkehrs- und Grünflächen; das Gelände für diese Zwecke kann auch aufgrund landesrechtlicher Vorschriften beschafft werden.

d) von Ersatzland nach Maßgabe des § 8.

§ 3. (E § 3) (1) Die Enteignung für die in § 2 Buchstaben a und b genannten Zwecke unterliegen nur

a) unbebaute Grundstücke,

b) Grundstücke, auf denen die früher vorhandenen Gebäude zerstört oder beschädigt sind,

c) Grundstücke mit geringfügiger Bebauung; als geringfügig ist namentlich eine Bebauung anzusehen, die erheblich unter dem Maß der zulässigen oder üblichen Bebauung liegt oder nach ihrem Umfang die Verpflichtung zur Leistung von Anliegerbeiträgen nicht auslöst oder in behelfsmäßiger Bauart errichtet oder nur auf Widerruf genehmigt ist.

---

* In Klammern Hinweis auf die Bestimmungen des Entwurfs vom 24.1.1952.

(2) Die Enteignung ist in diesen Fällen nur zulässig, wenn

a) die beabsichtigte Verwendung in Fluchtlinienplänen, Bebauungsplänen oder ähnlichen förmlich festgestellten städtebaulichen Plänen vorgesehen oder zugelassen ist oder

b) die beabsichtigte Verwendung nach pflichtmäßigem Ermessen der für die Ortsplanung zuständigen Aufsichtsbehörde mit einer geordneten baulichen Entwicklung des Gemeindegebiets vereinbar ist. Bei der planerischen Prüfung sollen die beabsichtigte Entwicklung des städtebaulichen Aufbaues der Gemeinde als Ganzes, die sozialen und kulturellen Bedürfnisse der Bevölkerung sowie die Erfordernisse der Land- und Forstwirtschaft, des Bergbaues, der Energie- und Wasserwirtschaft, des Gewerbes, des Verkehrs und der Landschaftsgestaltung berücksichtigt werden.

§ 4. (1) Soll das Eigentum an einem Grundstück entzogen werden, so kann der Eigentümer anstelle der Entziehung die Belastung des Grundstücks mit einem dinglichen Recht verlangen, wenn diese Belastung zur Verwirklichung des Enteignungszweckes ausreicht.

(2) Soll ein Grundstück mit einem dinglichen Recht belastet werden, so kann der Eigentümer anstelle der Belastung die Entziehung des Eigentums an dem Grundstück verlangen, wenn die Belastung mit dem dinglichen Recht für ihn unbillig ist.

(3) Soll ein räumlich oder wirtschaftlich zusammenhängender Grundbesitz nur zu einem Teil enteignet werden, so kann der Eigentümer die Ausdehnung der Enteignung auf den Restbesitz insoweit verlangen, als dieser nicht mehr baulich verwertet oder wirtschaftlich genutzt werden kann.

§ 5. (1) Die Enteignung ist nur zulässig, wenn nach pflichtmäßigem Ermessen der Enteignungsbehörde der Nachweis erbracht ist, dass der Antragsteller sich ernsthaft um den freihändigen Erwerb von geeignetem Gelände für das Bauvorhaben zu einem den Grundsätzen des § 10 entsprechenden Preise vergeblich bemüht hat.

(2) Wird die Enteignung von Gelände beantragt, dessen Bebauung oder Wiederbebauung ohne Kosten für die erste Erschließung möglich ist, so genügt es, wenn sich der Nachweis nach Absatz 1 darauf bezieht, dass solches geeignetes Gelände nicht auf andere Weise erworben werden kann.

§ 6. (E § 5) (1) Die Enteignung ist nur zugunsten eines Bauwilligen zulässig, der in der Lage ist, das Grundstück binnen eines Jahres für einen im § 2 bezeichneten Zweck zu verwenden. Dienen die Bauvorhaben mehrerer Bauwilliger in gleicher Weise den durch dieses Gesetz geförderten Zwecken, so soll nach Möglichkeit derjenige Bauwillige berücksichtigt werden, der kein Grundeigentum besitzt.

(2) Ist binnen der Frist mit dem Bau nicht ernsthaft begonnen oder liegt der begonnene Bau länger als ein Jahr still, so kann der durch die Enteignung Begünstigte oder sein Rechtsnachfolger der Enteignung zugunsten eines anderen nicht widersprechen (§ 7).

(3) Die Enteignung zugunsten einer Gemeinde ist auch zulässig, wenn die Gemeinde nachweist, dass sie Gelände der Wiederbebauung zuführen oder baureif machen wird. Sie hat in diesem Falle das enteignete Gelände, soweit es nicht für

die in § 2 Buchstabe c genannten Zwecke benötigt wird, binnen zwei Jahren nach der Besitzeinweisung als Bauland an Bauwillige im Sinne des Absatzes 1 oder als Ersatzland ohne Gewinn zu veräußern. Anstelle der Veräußerung genügt die Bestellung eines Erbbaurechtes, wenn der Bauwillige sie beantragt und seine wirtschaftlichen Verhältnisse dies erfordern. Die Frist kann von der Enteignungsbehörde aus besonderen Gründen bis zur Gesamtdauer von vier Jahren verlängert werden; der Enteignete ist vor der Entscheidung über die Verlängerung zu hören.

(4) Ein Rechtsanspruch auf Enteignung besteht nicht.

§ 7. (E § 4) (1) Der Eigentümer kann die Enteignung dadurch abwenden, dass er vor Beginn der mündlichen Verhandlung (§ 23) schriftlich oder zur Niederschrift der Enteignungsbehörde der Enteignung widerspricht und glaubhaft macht, dass er das Grundstück in dem nach den baurechtlichen Festsetzungen zulässigen Ausmaß binnen angemessener Frist bebauen und mit den Bauarbeiten binnen eines Jahres beginnen wird. Dabei ist zu unterstellen, dass der Eigentümer bei Wohnbauten die öffentlichen Förderungsmittel in der zulässigen Höhe erhalten kann, wenn keine Gründe ersichtlich sind, die nach für den öffentlich geförderten sozialen Wohnungsbau geltenden Vorschriften einer Bewilligung öffentlicher Mittel entgegenstehen. Die Enteignungsbehörde kann nach ihrem pflichtmäßigen Ermessen die Abwendung auch dann zulassen, wenn Tatsachen die sichere Annahme rechtfertigen, dass der Eigentümer mit den Bauarbeiten binnen dreier Jahre beginnen wird.

(2) Hat der Eigentümer binnen der nach Absatz 1 maßgebenden Frist mit dem Bau nicht ernsthaft begonnen oder liegt der begonnene Bau länger als ein Jahr still, so kann die Enteignung in einem neuen Verfahren nicht wieder abgewendet werden, es sei denn, dass der Eigentümer die Frist aus von ihm nicht zu vertretenden Gründen nur unerheblich überschritten hat oder über einen rechtzeitig und ordnungsmäßig gestellten Antrag auf Bewilligung öffentlicher Mittel noch nicht entschieden ist.

(3) Die Vorschrift des Absatzes 1 ist nicht anzuwenden, wenn die Enteignung zu den in § 2 Buchstabe c genannten Zwecken erfolgen soll.

(4) Die Enteignungsbehörde kann den Widerspruch des Eigentümers zurückweisen, wenn

a) die öffentlichen Interessen an einer alsbaldigen Bebauung des Grundstücks überwiegen oder

b) ein größeres zusammenhängendes Bauvorhaben ohne dieses Grundstück nicht ausführbar ist; der Widerspruch kann nicht zurückgewiesen werden, wenn der Eigentümer sich mit seinem Grundstück an diesem Bauvorhaben beteiligt und die Bebauung des Grundstücks dem Antragstellter überträgt.

§ 8. (E § 12) (1) Soll die Entschädigung eines Eigentümers, der mit seiner Berufs- oder Erwerbstätigkeit ganz oder zum Teil auf das zu enteignende Grundstück angewiesen ist, in Land festgesetzt werden, so können unbebaute Grundstücke als Ersatzland enteignet werden, wenn hierzu geeignetes Gelände weder zu einem den Grundsätzen des § 10 entsprechenden Preise ohne Enteignung erworben werden kann, noch dem durch die Enteignung Begünstigten zur Verfügung steht. Hierbei gelten die Vorschriften dieses Gesetzes mit Ausnahme der §§ 3 und 6 sinngemäß.

Zur Entschädigung des Eigentümers des Ersatzlandes ist derjenige verpflichtet, zu dessen Gunsten das Bauland enteignet wird.

(2) Grundbesitz auf den der Eigentümer mit seiner Berufs- oder Erwerbstätigkeit angewiesen ist oder dessen Enteignung für ihn aus anderen Gründen eine unbillige Härte bedeutet, darf nicht als Ersatzland enteignet werden.

(3) Grundbesitz von Körperschaften des öffentlichen Rechts unterliegt nicht der Enteignung als Ersatzland, wenn er zur Erfüllung der ihnen obliegenden Aufgaben benötigt wird.

Zweiter Abschnitt. Entschädigung (§§ 9–17)

§ 9. (E § 6) (1) Der durch die Enteignung Begünstigte hat Entschädigung zu leisten. Die Entschädigung ist unter gerechter Abwägung der Interessen der Allgemeinheit und der Beteiligten festzusetzen. Sie umfasst nach Maßgabe der §§ 10 und 11 die Entschädigung für

a) den durch die Enteignung eintretenden Rechtsverlust,

b) andere durch die Enteignung eintretende Vermögensnachteile.

(2) Entschädigung kann verlangen, wer in seinem Recht durch die Enteignung beeinträchtigt wird. Vermögensvorteile, die dem Entschädigungsberechtigten infolge der Enteignung entstehen, sind bei der Festsetzung der Entschädigung zu berücksichtigen.

(3) Für die Bemessung der Entschädigung ist der Zustand des Grundstücks in dem Zeitpunkt maßgebend, in dem die Enteignungsbehörde über den Enteignungsantrag entscheidet (§ 29). In den Fällen der vorzeitigen Besitzeinweisung ist der Zustand in dem Zeitpunkt maßgebend, in dem sie wirksam wird(§ 31 Abs. 1 Satz 3).

(4) Der durch die Enteignung Begünstigte hat Geldentschädigungen außer wiederkehrenden Leistungen von dem in Absatz 3 bezeichneten Zeitpunkt an mit dem für zuletzt ausgegebene Hypothekenpfandbriefe auf dem Kapitalmarkt üblichen Nominalzinsfuß zu verzinsen.

§ 10. (E § 7) (1) Bei der Ermittlung des Wertes eines von der Enteignung betroffenen Grundstücks ist von den Wertverhältnissen am 17. Oktober 1936 auszugehen. Die seitdem eingetretenen Änderungen in den Wertverhältnissen sind zu berücksichtigen, jedoch bleiben Werterhöhungen des Grundstücks unberücksichtigt, die durch die Möglichkeit einer Änderung der Nutzung oder die Aussicht hierauf entstanden sind oder entstehen, es sei denn, dass der Eigentümer für diese Werterhöhung Kapital oder Arbeit aufgewendet hat. Nicht zu berücksichtigen sind ferner werterhöhende Veränderungen, die nach der Einleitung des Enteignungsverfahrens vorgenommen werden, wenn die Enteignungsbehörde der Veränderung nicht zugestimmt hat.

(2) Die Entschädigung darf den im Zeitpunkt der Enteignung im gewöhnlichen Geschäftsverkehr zu erzielenden Preis (gemeiner Wert) nicht übersteigen.

(3) Eine Entschädigung für Bauwerke, deren entschädigungsloser Abbruch nach dem jeweils geltenden Recht gefordert werden kann, ist nur zu gewähren, wenn es aus Gründen der Billigkeit geboten ist. Ist bei befristet zugelassenen Bauwerken,

deren Abbruch nach Ablauf der Frist verlangt werden kann, die Frist noch nicht abgelaufen, so ist die Entschädigung für das Bauwerk nach dem Verhältnis der restlichen Frist zu der gesamten Frist zu bemessen.

(4) Wird der Wert des Eigentums an dem Grundstück durch Rechte Dritter gemindert, die aufrechterhalten oder die gesondert entschädigt werden, so ist dies bei der Festsetzung der Entschädigung für das Eigentum an dem Grundstück zu berücksichtigen.

(5) Bei der Festsetzung der Entschädigung für andere Rechte ist der gemeine Wert zugrunde zu legen.

§ 11. (E § 11) Wegen anderer durch die Enteignung eintretender Vermögensnachteile (§ 9 Abs. 1 Buchstabe b) sind Entschädigungen insbesondere festzusetzen für

a) den vorübergehenden oder dauernden Verlust, den der von der Enteignung Betroffene in seinem Erwerb erleidet, jedoch nur bis zu dem Betrag des Aufwands, der erforderlich ist, um ein anderes Grundstück in der gleichen Weise wie das zu enteignende Grundstück zu nutzen oder zu gebrauchen,

b) die Wertminderung, die durch Enteignung eines Grundstücksteiles oder eines Teiles eines räumlich oder wirtschaftlich zusammenhängenden Grundbesitzes bei dem anderen Teil oder durch Enteignung eines Rechtes an einem Grundstück bei einem anderen Grundstück entsteht, soweit die Wertminderung nicht schon bei der Festsetzung der Entschädigung nach Buchstabe a berücksichtigt ist.

§ 12. (E § 9) Bei der Enteignung eines Grundstücks sind gesondert zu entschädigen:

a) Altenteilsberechtigte sowie die Inhaber von Dienstbarkeiten, wenn ihre Rechte nicht gemäß § 29 aufrechterhalten werden,

b) Inhaber von persönlichen Rechten, die zum Besitz oder zur Nutzung des Grundstücks berechtigen, wenn der Berechtigte im Besitz des Grundstücks ist.

§ 13. (E § 9) Bei der Enteignung eines Grundstücks haben Entschädigungsberechtigte, die nicht gesondert entschädigt werden, Anspruch auf Ersatz des Wertes ihres Rechtes aus der Geldentschädigung für das Eigentum an dem Grundstück, soweit sich ihr Recht auf dieses erstreckt. Das gilt entsprechend für die Geldentschädigungen, die für den durch die Enteignung eintretenden Rechtsverlust in anderen Fällen oder für Wertminderungen des Restbesitzes nach § 11 Buchstabe b festgesetzt werden.

§ 14. (1) (E § 10) Soweit dieses Gesetz nichts anderes bestimmt, ist die Entschädigung in einer Kapitalsumme zu leisten.

(2) Für Erbbaurechte ist die Entschädigung in einem Erbbauzins zu leisten.

§ 15. (1) Dem Eigentümer eines zu enteignenden Grundstücks kann nach Maßgabe der Absätze 2 und 3 für den Rechtsverlust Ersatz durch Bestellung oder Übertragung von Wohnungseigentum, Teileigentum, Dauerwohnrecht oder Dauernutzungsrecht an diesem oder einem anderen Grundstück, das dem durch die Enteignung Begünstigten gehört, oder vom Eigentum an einem mit Eigenheimen oder Kleinsiedlungen bebauten oder zu bebauenden Teil eines solchen Grundstücks gewährt werden.

(2) Die Enteignungsbehörde kann zu diesem Zweck, wenn der Eigentümer es unter Bezeichnung eines in Absatz 1 genannten Rechtes beantragt, im Enteignungsbeschluss neben der Festsetzung der Entschädigung dem Begünstigten aufgeben, dem Antragsteller binnen einer bestimmten Frist ein Recht der bezeichneten Art zum Erwerb anzubieten.

(3) Einigt der Begünstigte sich mit dem Antragsteller nicht binnen der bestimmten Frist über die Übertragung eines Rechtes der bezeichneten Art, so wird ihm auf Antrag des Antragstellers zu dessen Gunsten ein solches Recht durch Enteignung entzogen. Soweit der Inhalt des Rechtes durch Vereinbarung bestimmt werden kann, setzt die Enteignungsbehörde den Inhalt fest. Die Vorschriften dieses Gesetzes über das Verfahren und die Entschädigung sind sinngemäß anzuwenden.

(4) Der Antrag nach Absatz 3 kann nur innerhalb von sechs Monaten nach Ablauf der bestimmten Frist gestellt werden. § 203 Abs. 2 des Bürgerlichen Gesetzbuchs gilt entsprechend.

§ 16. (E § 11) (1) Die Entschädigung kann auf Antrag ganz oder teilweise in Land festgesetzt werden, wenn diese Art der Entschädigung unter gerechter Abwägung der Interessen der Allgemeinheit und der Beteiligten nach pflichtmäßigem Ermessen der Enteignungsbehörde billig ist.

(2)Wird durch die Enteignung der Bestand eines landwirtschaftlich oder gärtnerisch genutzten Familienbetriebes gefährdet, so muss auf Antrag Ersatzland zugewiesen werden. Wird ein Familienbetrieb auf Pachtland geführt, so kann der Eigentümer den Anspruch auf Ersatzland nur zu dem Zwecke geltend machen, das Ersatzland dem Pächter als Pachtland zu überlassen.

(3) Auf Antrag muss ferner Ersatzland an geeigneter Stelle zugewiesen werden, wenn ein im Eigentum einer Religionsgesellschaft des öffentlichen Rechtes stehendes Trümmergrundstück (§ 3 Abs. 1 Buchstabe b) enteignet wird und das früher vorhanden gewesene Gebäude bis zur Zerstörung unmittelbar kirchlichen Zwecken gedient hatte. Sind in einem Bebauungsplan oder in einem ähnlichen förmlich festgestellten städtebaulichen Plan Flächen für die gleichen Zwecke, denen das zerstörte Gebäude gedient hatte, an anderer geeigneter Stelle vorgesehen, so kann die Zuweisung dieser Flächen als Ersatzland verlangt werden.

(4) Wird im Wege der Enteignung ein Pachtverhältnis über kleingärtnerisch dauernd genutztes Land aufgehoben, so finden hinsichtlich der Bereitstellung von Ersatzland die Bestimmungen des § 3 der Verordnung über Kündigungsschutz und andere kleingartenrechtliche Vorschriften in der Fassung der Verordnung vom 15. Dezember 1944 (Reichsgesetzbl. I S. 347) sinngemäß mit der Maßgabe Anwendung, dass die in dieser Bestimmung vorgesehenen behördlichen Entscheidungen durch die Enteignungsbehörde getroffen werden.

(5) Anträge nach den Absätzen 1 bis 4 müssen vor Beginn der mündlichen Verhandlung schriftlich oder zur Niederschrift der Enteignungsbehörde gestellt werden.

(6) Hat das Ersatzland einen geringeren Wert als das zu enteignende Grundstück, so ist eine dem Wertunterschied entsprechende zusätzliche Geldentschädigung festzusetzen. Hat das Ersatzland einen höheren Wert als das zu enteignende

Grundstück, so ist festzusetzen, dass der Entschädigungsberechtigte an den durch die Enteignung Begünstigten eine dem Wertunterschied entsprechende Ausgleichszahlung zu leisten hat. Die zusätzliche Geldentschädigung und die Ausgleichszahlung sind nach Maßgabe der §§ 9 bis 11 zu bemessen.

§ 17. Wird die Entschädigung in Land festgesetzt, so sollen die Inhaber dinglicher Rechte ganz oder teilweise durch Begründung gleicher Rechte an dem Ersatzland entschädigt werden. Soweit dies nicht möglich ist oder nicht ausreicht, ist eine gesonderte Entschädigung in Geld festzusetzen; das gilt für die in § 13 bezeichneten Berechtigten nur, soweit ihre Rechte nicht durch eine dem Eigentümer gemäß § 16 Abs. 6 zu gewährende zusätzliche Geldentschädigung gedeckt werden.

Dritter Abschnitt. Durchführung der Enteignung (§§ 18–31)

§ 18. (E § 13) (1) Die Enteignung wird von der höheren Verwaltungsbehörde durchgeführt (Enteignungsbehörde). Die Länder können eine andere Verwaltungsbehörde als Enteignungsbehörde bestimmen.

(2) Örtlich zuständig ist diejenige Enteignungsbehörde, in deren Bezirk das von der Enteignung betroffene Grundstück liegt. Wenn das zu enteignende Grundstück in den Bezirken mehrerer Enteignungsbehörden liegt oder die Entschädigung in Land festgesetzt werden soll, das nach § 8 beschafft werden muss, so bestimmt die gemeinsame übergeordnete Landesbehörde die örtlich zuständige Enteignungsbehörde.

(3) Die Enteignungsbehörde entscheidet in der Besetzung mit einem Vorsitzenden und zwei Beisitzern. Vorsitzender ist der Leiter der Enteignungsbehörde oder ein von ihm bestimmter Beamter seiner Dienststelle. Der Vorsitzende muss die Befähigung zum Richteramt oder zum höheren Verwaltungsdienst haben. Die Beisitzer werden von der zuständigen obersten Landesbehörde auf die Dauer von zwei Jahren bestellt. Die Enteignungsbehörde ist an die Weisungen der zuständigen obersten Fachaufsichtsbehörde gebunden. Im Übrigen entscheidet sie mit Stimmenmehrheit; §§ 193,194, 195, 196 Abs. 2, §§ 197, 198 des Gerichtsverfassungsgesetzes sind sinngemäß anzuwenden.

§ 19. (E § 14) Der Enteignungsantrag ist bei der Gemeinde, in deren Gemarkung das zu enteignende Grundstück liegt, einzureichen. Die Gemeinde legt ihn mit ihrer Stellungnahme binnen vier Wochen der Enteignungsbehörde vor.

§ 20. Die Beauftragten der Enteignungsbehörde sind berechtigt, bereits vor Einleitung eines Enteignungsverfahrens nach schriftlicher Benachrichtigung des Besitzers Grundstücke, die für die in § 2 genannten Zwecke in Betracht kommen, zu betreten und dort Vermessungen, Untersuchungen der Bodenbeschaffenheit und sonstige Vorarbeiten vorzunehmen, die für die Entscheidung über die Eignung des Geländes notwendig sind. Für dabei entstehende Schäden ist der Betroffene von dem Antragsteller, in dessen Interesse die Enteignungsbehörde tätig geworden ist, unverzüglich

zu entschädigen. Kommt eine Einigung über Art und Höhe der Entschädigung nicht zustande, so setzt die Enteignungsbehörde diese Entschädigung fest.

§ 21. (E § 16) (1) In dem Enteignungsverfahren sind Beteiligte

a) der Antragsteller,

b) diejenigen, für welche ein Recht an dem Grundstück oder an einem das Grundstück belastenden Recht im Grundbuch eingetragen oder durch Eintragung gesichert ist,

c) Inhaber eines nicht im Grundbuch eingetragenen Rechtes an dem Grundstück oder an einem das Grundstück belastenden Recht, eines Anspruchs mit dem Recht auf Befriedigung aus dem Grundstück oder eines persönlichen Rechtes, das zum Erwerb, zum Besitz oder zur Nutzung des Grundstücks berechtigt oder die Benutzung des Grundstücks beschränkt,

d) wenn Ersatzland bereitgestellt wird, die Inhaber der in Buchstaben b und c genannten Rechte hinsichtlich des Ersatzlandes,

e) die Gemeinde.

(2) Die in Absatz 1 Buchstabe c bezeichneten Personen werden in dem Zeitpunkt Beteiligte, in dem die Anmeldung ihres Rechtes der Enteignungsbehörde zugeht. Die Anmeldung kann spätestens in der letzten mündlichen Verhandlung mit den Beteiligten erfolgen.

(3) Bestehen Zweifel an einem angemeldeten Recht, so hat die Enteignungsbehörde dem Anmeldenden unverzüglich eine Frist zur Glaubhaftmachung seines Rechtes zu setzen. Nach fruchtlosem Ablauf der Frist ist er nicht mehr zu beteiligen.

(4) Der im Grundbuch eingetragene Gläubiger einer Hypothek, Grundschuld oder Rentenschuld, für die ein Brief erteilt ist, hat auf Verlangen der Enteignungsbehörde eine Erklärung darüber abzugeben, ob diese Hypothek, Grundschuld oder Rentenschuld auf einen anderen übertragen worden ist.

§ 22. (E § 18) (1) Das Enteignungsverfahren soll beschleunigt durchgeführt werden. Die Enteignungsbehörde soll schon vor der mündlichen Verhandlung alle Anordnungen treffen, die erforderlich sind, um das Verfahren tunlichst in einem Verhandlungstermin zu erledigen. Sie soll insbesondere den Eigentümer des betroffenen Grundstücks schon vor der Ladung zur mündlichen Verhandlung unter Mitteilung des Wortlautes des § 7 über das Widerspruchsrecht belehren. Sie soll den gesamten Sachverhalt, soweit er für das Enteignungsverfahren von Bedeutung ist, ermitteln und dem Eigentümer sowie den Behörden, für deren Geschäftsbereich die Enteignung von Bedeutung ist, Gelegenheit zur Äußerung geben. Die zuständige Preisbehörde ist über die Höhe des gesetzlich zulässigen Preises für das von der Enteignung betroffene Grundstück zu hören.

(2) Sollen landwirtschaftlich oder gärtnerisch genutzte Grundstücke, die außerhalb eines im Zusammenhang bebauten Ortsteils liegen, enteignet werden, so hat sich die Enteignungsbehörde mit der zuständigen Landwirtschaftsbehörde ins Benehmen zu setzen.

§ 23. (E § 17) (1) Das Enteignungsverfahren wird durch Anberaumung eines Termins zu einer mündlichen Verhandlung mit den Beteiligten eingeleitet. Zu der mündlichen Verhandlung sind der Antragsteller, der Eigentümer des betroffenen Grundstücks, die sonstigen aus dem Grundbuch ersichtlichen Beteiligten und die Gemeinde zu laden. Die Ladung ist zuzustellen. Die Ladungsfrist beträgt zwei Wochen.

(2) Die Ladung muss enthalten

a) die Bezeichnung des Antragstellers und des betroffenen Grundstücks,

b) den wesentlichen Inhalt des Enteignungsantrages mit dem Hinweis, dass der Antrag mit den ihm beigefügten Unterlagen bei der Enteignungsbehörde eingesehen werden kann,

c) die Aufforderung, etwaige Einwendungen gegen den Enteignungsantrag möglichst vor der mündlichen Verhandlung bei der Enteignungsbehörde schriftlich einzureichen oder zur Niederschrift zu erklären,

d) den Hinweis, dass auch bei Nichterscheinen über den Enteignungsantrag und andere im Verfahren zu erledigende Anträge entschieden werden kann.

(3) Die Ladung von Personen, deren Beteiligung auf einem Antrag zum Zwecke der Ersatzlandenteignung beruht, muss außer dem in Absatz 2 vorgeschriebenen Inhalt auch die Bezeichnung des Eigentümers, dessen Entschädigung in Land beantragt ist, und des Grundstücks, für das die Entschädigung in Land gewährt werden soll, enthalten.

(4) Die Einleitung des Enteignungsverfahrens ist unter Bezeichnung des betroffenen Grundstücks und des im Grundbuch als Eigentümer Eingetragenen sowie des ersten Termins der mündlichen Verhandlung mit den Beteiligten in ortsüblicher Weise in der Gemeinde öffentlich bekanntzumachen. In der Bekanntmachung sind alle Beteiligten aufzufordern, ihre Rechte spätestens in der mündlichen Verhandlung wahrzunehmen mit dem Hinweis, dass auch bei Nichterscheinen über den Enteignungsantrag und andere im Verfahren zu erledigende Anträge entschieden werden kann.

(5) Die Enteignungsbehörde teilt dem Grundbuchamt die Einleitung des Enteignungsverfahrens mit. Das Grundbuchamt hat die Enteignungsbehörde von allen Eintragungen zu benachrichtigen, die nach dem Zeitpunkt der Einleitung des Enteignungsverfahrens im Grundbuch des betroffenen Grundstücks vorgenommen sind und vorgenommen werden.

§ 24. (E § 19) (1) Auf Ersuchen der Enteignungsbehörde hat das Vormundschaftsgericht binnen zwei Wochen einen rechts- und sachkundigen Vertreter zu bestellen

a) für einen abwesenden Beteiligten, dessen Aufenthalt unbekannt ist oder dessen Aufenthalt bekannt ist, der aber an der Rückkehr oder der Besorgung seiner Vermögensangelegenheiten verhindert ist,

b) wenn unbekannt oder ungewiss ist, wem an dem Gegenstand der Enteignung ein Recht zusteht, welches die Beteiligung an dem Enteignungsverfahren begründet.

(2) Für die Bestellung des Vertreters ist das Vormundschaftsgericht zuständig, in dessen Bezirk das von der Enteignung betroffene Grundstück liegt.

(3) Für die Bestellung und für das Amt des Vertreters gelten im Übrigen im Falle des Absatzes 1 Buchstabe a die für die Abwesenheitspflegschaft und im Falle des Absatzes 1 Buchstabe b die für die Pflegschaft für unbekannte Beteiligte geltenden Vorschriften.

§ 25. Hat ein Beteiligter einen gesetzlichen Vertreter, Vormund, Pfleger oder ist ein Nachlasspfleger bestellt, so bedürfen diese für die von ihnen abzugebenden Erklärungen keiner Genehmigung des Vormundschafts- oder Nachlassgerichts, des Gegenvormundes, des Beistandes oder des Familienrates.

§ 26. Ein Verlangen nach § 4 und Anträge nach § 15 Abs. 2 können nur schriftlich oder zur Niederschrift der Enteignungsbehörde und nur bis zum Schluss der letzten mündlichen Verhandlung gestellt werden.

§ 27. (E § 21) (1) Die Enteignungsbehörde hat auf eine Einigung zwischen den Beteiligten hinzuwirken.

(2) Einigen sich die Beteiligten, so hat die Enteignungsbehörde eine Niederschrift über die Einigung aufzunehmen. Die Niederschrift muss den Erfordernissen des § 30 Abs. 2 entsprechen. Eine Mitwirkung der Beisitzer der Enteignungsbehörde ist nicht erforderlich. Die Niederschrift ist von den Beteiligten zu unterschreiben. Ein Bevollmächtigter des Eigentümers bedarf einer öffentlich beglaubigten Vollmacht.

(3) Die beurkundete Einigung steht einem rechtskräftigen Enteignungsbeschluss gleich. § 30 Abs. 3 ist entsprechend anzuwenden.

§ 28. (E § 24) Einigen sich die Beteiligten nur über den Übergang oder die Belastung des Eigentums an dem zu enteignenden Grundstück, jedoch nicht über die Höhe der Entschädigung, so ist § 27 Abs. 2 entsprechend anzuwenden. Im Übrigen nimmt das Enteignungsverfahren seinen Fortgang.

§ 29. (1) Soweit eine Einigung nicht zustande kommt, entscheidet die Enteignungsbehörde aufgrund der mündlichen Verhandlung durch Beschluss über den Enteignungsantrag, die übrigen gestellten Anträge sowie über die erhobenen Einwendungen. Zugleich entscheidet die Enteignungsbehörde darüber, ob an dem Gegenstand der Enteignung Rechte der in § 12 Buchstabe a und § 13 bezeichneten Berechtigten aufrechterhalten und ob an dem Gegenstand der Enteignung oder an dem Ersatzland neue dingliche Rechte begründet werden.

(2) Bei Feststellung des gesetzlich zulässigen Preises ist eine Ausnahmegenehmigung der Preisbehörden nicht erforderlich.

(3) Wird Entschädigung in Land festgesetzt und wird das Ersatzland durch Enteignung beschafft, so ist in der Entscheidung über den Enteignungsantrag zugleich über die Enteignung des Ersatzlandes zu entscheiden.

§ 30. (E § 26) (1) Der Beschluss der Enteignungsbehörde ist den Beteiligten zuzustellen. Der Beschluss ist mit einer Belehrung über Zulässigkeit, Form und Frist des Antrages auf gerichtliche Entscheidung (§ 32) zu versehen.

(2) Gibt die Enteignungsbehörde dem Enteignungsantrag statt, so muss der Beschluss (Enteignungsbeschluss) bezeichnen:

a) die von der Enteignung Betroffenen und den durch die Enteignung Begünstigten,

b) das durch die Enteignung betroffene Grundstück nach Größe, grundbuchmäßiger, katastermäßiger oder sonst üblicher Bezeichnung; im Falle der Enteignung eines Grundstücksteiles ist zu seiner Bezeichnung auf die Messurkunde eines Vermessungsamtes oder eines öffentlich bestellten Vermessungsingenieurs (amtlicher Veränderungsnachweis) Bezug zu nehmen,

c) die Eigentums- und sonstigen Rechtsverhältnisse vor und nach der Enteignung,

d) Art und Höhe der Entschädigungen mit der Angabe, von wem und an wen sie zu leisten sind; Geldentschädigungen, aus denen andere Entschädigungsberechtigte nach § 13 zu befriedigen sind, müssen von sonstigen Geldentschädigungen getrennt ausgewiesen werden.

(3) Ist im Grundbuch die Anordnung der Zwangsversteigerung oder der Zwangsverwaltung eingetragen, so ist dem Vollstreckungsgericht von dem Enteignungsbeschluss Kenntnis zu geben, wenn dem Enteignungsantrag stattgegeben worden ist.

§ 31. (E § 27) (1) Ist die sofortige Ausführung der beabsichtigten Maßnahme aus Gründen des allgemeinen Wohls geboten, so kann die Enteignungsbehörde den Antragsteller auf Antrag durch Beschluss in den Besitz des von dem Enteignungsverfahren betroffenen Grundstücks einweisen. Die Besitzeinweisung ist nur zulässig, wenn über sie in einer mündlichen Verhandlung verhandelt worden ist. Die Besitzeinweisung wird in dem von der Enteignungsbehörde bezeichneten Zeitpunkt wirksam. Auf Antrag des unmittelbaren Besitzers ist dieser Zeitpunkt auf mindestens zwei Wochen nach Zustellung der Anordnung über die vorzeitige Besitzeinweisung an ihn festzusetzen.

(2) Die Enteignungsbehörde kann die vorzeitige Besitzeinweisung von der Leistung einer Sicherheit in Höhe der voraussichtlichen Entschädigung und von der vorherigen Erfüllung anderer Bedingungen abhängig machen. Auf Antrag des Inhabers eines Rechtes, das zum Besitze oder zur Nutzung des Grundstücks berechtigt ist, ist die Einweisung von der Leistung einer Sicherheit in Höhe der ihm voraussichtlich zu gewährenden Entschädigung abhängig zu machen. Die Anordnung ist dem Antragsteller, dem Besitzer und dem Eigentümer zuzustellen.

(3) Durch die Besitzeinweisung wird dem Besitzer der Besitz entzogen und der Eingewiesene Besitzer. Der Eingewiesene darf auf dem Grundstück das von ihm im Enteignungsantrag bezeichnete Bauvorhaben ausführen und die dafür erforderlichen Maßnahmen treffen.

(4) Der Eingewiesene hat für die durch die vorzeitige Besitzeinweisung entstehenden Vermögensnachteile Entschädigung zu leisten, soweit die Nachteile nicht durch die Verzinsung der Geldentschädigung (§ 9 Abs. 4) ausgeglichen werden. Art und Höhe der Entschädigung werden durch die Enteignungsbehörde spätestens in dem in § 30 bezeichneten Beschluss festgesetzt. Wird der Beschluss über Art und Höhe der Entschädigung vorher erlassen, so ist er den in Absatz 2 Satz 3

bezeichneten Personen zuzustellen. Die Besitzeinweisungsentschädigung ist ohne Rücksicht darauf, ob ein Antrag auf gerichtliche Entscheidung gestellt wird, zu dem in Absatz 1 Satz 3 bezeichneten Zeitpunkt fällig.

(5) Auf Antrag einer der in Absatz 2 Satz 3 bezeichneten Personen hat die Enteignungsbehörde den Zustand des Grundstücks vor der Besitzeinweisung in einer Niederschrift feststellen zu lassen, soweit er für die Besitzeinweisungs- oder die Enteignungsentschädigung von Bedeutung ist. Den Beteiligten ist eine Abschrift der Niederschrift zu übersenden.

(6) Wird der Enteignungsantrag abgewiesen, so ist die vorzeitige Besitzeinweisung aufzuheben und der vorherige unmittelbare Besitzer wieder in den Besitz einzuweisen. Der Eingewiesene hat für alle durch die vorzeitige Besitzeinweisung entstandenen besonderen Nachteile Entschädigung zu leisten. Absatz 4 Satz 2 gilt entsprechend.

Vierter Abschnitt. Anfechtung der Entscheidungen der Enteignungsbehörde (§§ 32–44)

§ 32. (E § 28) (1) Die Entscheidungen der Enteignungsbehörde können durch Antrag auf gerichtliche Entscheidung angefochten werden. Über den Antrag entscheidet das Landgericht, Kammer für Baulandsachen.

(2) Der Antrag ist binnen zwei Wochen seit Zustellung der Entscheidung bei der Enteignungsbehörde einzureichen. Der Lauf der Frist wird durch die Gerichtsferien nicht gehemmt.

(3) Der Antrag muss die Entscheidung bezeichnen, gegen die er sich richtet. Er soll die Erklärung enthalten, inwieweit die Entscheidung angefochten wird und welche Änderungen beantragt werden. Er soll die Gründe sowie die Tatsachen und Beweismittel angeben, die zur Rechtfertigung des Antrages dienen.

(4) Die Enteignungsbehörde hat den Antrag mit ihren Akten unverzüglich dem nach § 34 zuständigen Landgericht vorzulegen. Ist das Verfahren vor der Enteignungsbehörde noch nicht abgeschlossen, so sind statt der Akten Abschriften der bedeutsamen Aktenstücke vorzulegen.

§ 33. (E § 28) (1) Einem Beteiligten, der durch Naturereignisse oder andere unabwendbare Zufälle verhindert worden ist, die Frist nach § 32 Abs. 2 einzuhalten, ist auf Antrag vom Landgericht die Wiedereinsetzung in den vorigen Stand zu erteilen, wenn er den Antrag auf gerichtliche Entscheidung binnen zwei Wochen nach Beseitigung des Hindernisses einreicht und die Tatsachen, welche die Wiedereinsetzung begründen, glaubhaft macht. Gegen die Entscheidung über den Antrag findet die sofortige Beschwerde an das Oberlandesgericht statt. Nach Ablauf eines Jahres von dem Ende der versäumten Frist an gerechnet, kann die Wiedereinsetzung nicht mehr beantragt werden.

(2) Ist die angefochtene Entscheidung ein Enteignungsbeschluss und ist der bisherige Rechtszustand bereits durch den neuen Rechtszustand ersetzt (§ 46), so kann im Falle der Wiedereinsetzung nicht beantragt werden, dass der Enteignungsbeschluss

aufgehoben oder hinsichtlich des Gegenstandes der Enteignung oder der Art der Entschädigung geändert wird.

§ 34. (E § 29) (1) Örtlich zuständig ist das Landgericht, in dessen Bezirk die Enteignungsbehörde ihren Sitz hat.

(2) Die Landesregierungen sind ermächtigt, die Verhandlung und Entscheidung über Anträge auf gerichtliche Entscheidung einem Landgericht für die Bezirke mehrerer Landgerichte zuzuweisen. Die Landesregierungen können diese Ermächtigung auf die Landesjustizverwaltungen übertragen.

§ 35. (E § 30) (1) Bei den Landgerichten werden eine oder mehrere Kammern für Baulandsachen gebildet. Die Kammer für Baulandsachen entscheidet in der Besetzung mit drei Richtern des Landgerichts einschließlich des Vorsitzenden sowie zwei beamteten Richtern der Verwaltungsgerichte.

(2) Die Richter der Verwaltungsgerichte und die für den Fall ihrer Verhinderung erforderlichen Vertreter werden von der für die Verwaltungsgerichtsbarkeit zuständigen obersten Landesbehörde auf die Dauer von drei Jahren bestellt.

§ 36. (E § 31) (1) In den aufgrund dieses Gesetzes bei den Gerichten anhängigen Sachen sind die bei Klagen in bürgerlichen Rechtsstreitigkeiten geltenden Vorschriften, und zwar bei den Landgerichten unter Ausschluss des § 78 Abs. 1 der Zivilprozessordnung die Vorschriften über das Verfahren vor den Amtsgerichten sinngemäß anzuwenden, soweit sich aus diesem Gesetz nicht ein anderes ergibt. Die Sachen sind Feriensachen.

(2) Das Gericht hat von Amts wegen die zur Feststellung der Tatsachen erforderlichen Ermittlungen anzustellen und die geeignet erscheinenden Beweise aufzunehmen.

(3) Sind gegen die Entscheidung der Enteignungsbehörde mehrere Anträge auf gerichtliche Entscheidung gestellt, so wird über sie gleichzeitig verhandelt und entschieden.

§ 37. (E § 32) (1) An dem Verfahren nehmen diejenigen Beteiligten (§ 21) teil, deren Rechte und Pflichten durch die Entscheidung unmittelbar betroffen werden können. Als Beteiligte gilt auch die Enteignungsbehörde. Die für die Parteien geltenden Vorschriften sind auf diese Beteiligten entsprechend anzuwenden.

(2) Der Antrag auf gerichtliche Entscheidung ist den übrigen in Absatz 1 bezeichneten Beteiligten, soweit sie bekannt sind, zuzustellen. Einer Zustellung des Antrages an die Enteignungsbehörde bedarf es nicht.

§ 38. (E § 33) Soweit die Enteignungsbehörde ermächtigt ist, nach pflichtgemäßem Ermessen zu befinden, kann der Antrag nur darauf gestützt werden, dass die gesetzlichen Grenzen des Ermessens überschritten seien oder von dem Ermessen in einer dem Zweck der Ermächtigung nicht entsprechenden Weise Gebrauch gemacht worden sei. Dies gilt nicht, soweit die Entscheidung die Höhe einer Entschädigung oder einer Ausgleichszahlung betrifft.

§ 39. (E § 39) Hat ein Beteiligter gegen eine vorzeitige Besitzeinweisung Antrag auf gerichtliche Entscheidung gestellt, so sind Zwangsmaßnahmen zu dem Zweck, dem in § 21 Abs. 1 Buchstabe a bezeichneten Antragsteller den tatsächlichen Besitz des Grundstücks zu verschaffen, nur mit Zustimmung des Gerichts zulässig, bei dem die Sache anhängig ist.

§ 40. (E § 35) (1) Über den Antrag auf gerichtliche Entscheidung wird durch Urteil entschieden.

(2) Wird der Antrag auf gerichtliche Entscheidung für begründet erachtet, so hat das Gericht die Entscheidung der Enteignungsbehörde aufzuheben oder zu ändern. Es darf in diesem Falle über den Antrag des Beteiligten hinaus, der den Antrag auf gerichtliche Entscheidung gestellt hat, einen Enteignungsbeschluss auch zu ändern, soweit ein anderer Beteiligter oder die Enteignungsbehörde es beantragt hat.

(3) Muss ein Enteignungsbeschluss hinsichtlich des Gegenstandes der Enteignung wesentlich geändert werden, so kann das Gericht den Beschluss aufheben und die Sache an die Enteignungsbehörde zurückverweisen. Die Enteignungsbehörde hat die Beurteilung, die der Aufhebung zugrunde gelegt ist, auch ihrer Entscheidung zugrunde zu legen.

(4) Ist von mehreren Anträgen nur der eine oder ist nur ein Teil eines Antrages zur Endentscheidung reif, so soll das Gericht hierüber ein Teilurteil nur erlassen, wenn es zur Beschleunigung des Verfahrens notwendig erscheint.

(5) Wird ein Enteignungsbeschluss geändert, so ist § 30 Abs. 2 sinngemäß anzuwenden. Wird ein Enteignungsbeschluss aufgehoben oder hinsichtlich des Gegenstandes der Enteignung geändert, so gibt das Gericht im Falle des § 30 Abs. 3 dem Vollstreckungsgericht von seinem Urteil Kenntnis.

(6) Urteile sind den Beteiligten und der Enteignungsbehörde von Amts wegen zuzustellen.

§ 41. (E § 36) (1) Erscheint der Beteiligte, der den Antrag auf gerichtliche Entscheidung gestellt hat, in einem Termin zur mündlichen Verhandlung, so kann auch dann mündlich verhandelt werden, wenn einer der anderen Beteiligten nicht erscheint. Über einen Antrag, den ein nicht erschienener Beteiligter in einer früheren mündlichen Verhandlung gestellt hat, kann nach Lage der Akten entschieden werden.

(2) Erscheint der Beteiligte, der den Antrag auf gerichtliche Entscheidung gestellt hat, in einem Termin zur mündlichen Verhandlung nicht, so kann jeder andere Beteiligte oder die Enteignungsbehörde eine Entscheidung nach Lage der Akten beantragen.

(3) §§ 332 bis 335, § 336 Abs. 2 und § 337 der Zivilprozessordnung gelten sinngemäß. Im Übrigen sind die Vorschriften über die Versäumnisurteile nicht anzuwenden.

§ 42. (E § 37) (1) Soweit der Beteiligte, der den Antrag auf gerichtliche Entscheidung gestellt hat, obsiegt, gilt, wenn keiner der Beteiligten dazu im Widerspruch stehende Anträge in der Hauptsache gestellt hat, bei Anwendung der Kostenbestimmungen der Zivilprozessordnung die Enteignungsbehörde als unterliegende Partei.

(2) Über die Erstattung der Kosten eines Beteiligten, der zur Hauptsache keinen Antrag gestellt hat, entscheidet das Gericht auf Antrag des Beteiligten nach billigem Ermessen.

§ 43. (E § 38) (1) Gegen das Endurteil des Landgerichts findet die Revision statt. Die Revision ist unzulässig, wenn der Wert des Beschwerdegegenstandes fünfzig Deutsche Mark nicht übersteigt. Hat das Landgericht die Sache an die Enteignungsbehörde zurückverwiesen, so ist die Revision ausgeschlossen.

(2) Über die Revision entscheidet das Oberlandesgericht, Senat für Baulandsachen. Für die Besetzung des Senats gilt § 35 sinngemäß.

(3) Die §§ 548 bis 566 der Zivilprozessordnung sind sinngemäß anzuwenden, jedoch betragen die Revisionsfrist und die Frist für die Revisionsbegründung zwei Wochen.

(4) Hat das Oberlandesgericht bei der Auslegung einer Bestimmung dieses Gesetzes eine Rechtsfrage von grundsätzlicher Bedeutung zu entscheiden, so legt es die Revision unter Darlegung seiner Rechtsauffassung dem Bundesgerichtshof zur Entscheidung vor. Ebenso ist zu verfahren, wenn das Oberlandesgericht von einer dieses Gesetz betreffenden Entscheidung eines anderen Oberlandesgerichts oder des Bundesgerichtshofes abweichen will. Der Beschluss über die Vorlegung ist den Beteiligten bekanntzugeben. Über die Revision entscheidet ein Zivilsenat des Bundesgerichtshofes durch Urteil.

(5) In der Revisionsinstanz erhöhen sich die in § 20 des Gerichtskostengesetzes bezeichneten Gebühren um die Hälfte.

§ 44. (E § 21) Einigen die Beteiligten sich während des gerichtlichen Verfahrens, so gelten die §§ 27 und 28 entsprechend. Das Gericht tritt an die Stelle der Enteignungsbehörde.

Fünfter Abschnitt. Ausführung des Enteignungsbeschlusses (§§ 45–51)

§ 45. (E § 40) (1) Ist der Enteignungsbeschluss nicht mehr anfechtbar, so ordnet auf Antrag eines Beteiligten die Enteignungsbehörde seine Ausführung an (Ausführungsanordnung), wenn der durch die Enteignung Begünstigte die Geldentschädigung gezahlt oder zulässigerweise unter Verzicht auf das Recht der Rücknahme hinterlegt hat.

(2) Die Ausführungsanordnung ist allen Beteiligten zuzustellen, deren Rechtsstellung durch den Enteignungsbeschluss betroffen wird. Die Ausführungsanordnung ist der Gemeinde abschriftlich mitzuteilen, in deren Bezirk das von der Enteignung betroffene Grundstück liegt. § 30 Abs. 3 gilt sinngemäß.

§ 46. (E § 41) (1) Mit dem in der Ausführungsanordnung festzusetzenden Tag wird der bisherige Rechtszustand durch den im Enteignungsbeschluss vorgesehenen neuen Rechtszustand ersetzt.

(2) Die Ausführungsanordnung schließt die Besitzeinweisung in das enteignete Grundstück und in das Ersatzland zu dem festgesetzten Tag in sich.

(3) Die Enteignungsbehörde ersucht unter Übersendung einer beglaubigten Abschrift des Enteignungsbeschlusses und der Ausführungsanordnung das Grundbuchamt um Eintragung der eingetretenen Rechtsänderungen in das Grundbuch.

§ 47. (E § 42) (1) Geldentschädigungen, aus denen andere Entschädigungsberechtigte nach § 13 zu befriedigen sind, sind unter Verzicht auf das Recht der Rücknahme bei dem nach § 48 Abs. 2 für das Verteilungsverfahren zuständigen Amtsgericht zu hinterlegen, soweit mehrere Personen auf sie Anspruch haben und eine Einigung dieser Personen über die Auszahlung nicht nachgewiesen ist.

(2) Andere Vorschriften, nach denen die Hinterlegung geboten oder statthaft ist, werden hierdurch nicht berührt.

§ 48. (E § 43) (1) Nach dem Eintritt des im Enteignungsbeschluss vorgesehenen neuen Rechtszustandes kann jeder Beteiligte sein Recht an der hinterlegten Summe gegen einen Mitbeteiligten, der dieses Recht bestreitet, vor den ordentlichen Gerichten geltend machen oder die Einleitung eines gerichtlichen Verteilungsverfahrens beantragen.

(2) Für das Verteilungsverfahren ist das Amtsgericht zuständig, in dessen Bezirk das von der Enteignung betroffene Grundstück liegt; in Zweifelsfällen gilt § 2 des Zwangsversteigerungsgesetzes sinngemäß.

(3) Auf das Verteilungsverfahren sind die Vorschriften über die Verteilung des Erlöses im Falle der Zwangsversteigerung mit folgenden Abweichungen sinngemäß anzuwenden:

a) Das Verteilungsverfahren ist durch Beschluss zu eröffnen;

b) die Zustellung des Eröffnungsbeschlusses an den Antragsteller gilt als Beschlagnahme im Sinne des § 13 des Zwangsversteigerungsgesetzes; ist das Grundstück schon in einem Zwangsversteigerungs- oder Zwangsverwaltungsverfahren beschlagnahmt, so hat es hierbei sein Bewenden;

c) das Verteilungsgericht hat bei Eröffnung des Verfahrens von Amts wegen das Grundbuchamt um die im § 19 Abs. 2 des Zwangsversteigerungsgesetzes bezeichneten Mitteilungen zu ersuchen; in die beglaubigte Abschrift des Grundbuchblattes sind die zur Zeit der Zustellung des Enteignungsbeschlusses an den Enteigneten vorhandenen Eintragungen sowie die später eingetragenen Veränderungen und Löschungen aufzunehmen;

d) bei dem Verfahren sind die in § 13 bezeichneten Entschädigungsberechtigten nach Maßgabe des § 10 des Zwangsversteigerungsgesetzes zu berücksichtigen, wegen der Ansprüche auf wiederkehrende Nebenleistungen jedoch nur für die Zeit bis zur Hinterlegung.

§ 49. Grundbuchauszüge und andere für das Enteignungsverfahren notwendige amtliche Unterlagen werden kostenfrei erteilt, wenn die Enteignungsbehörde sie verlangt.

§ 50. (E § 44) (1) Ist die Ausführungsanordnung noch nicht ergangen, so hat die Enteignungsbehörde den Enteignungsbeschluss auf Antrag aufzuheben, wenn der durch die Enteignung Begünstigte die ihm durch den Enteignungsbeschluss auferlegten Zahlungen nicht innerhalb von einem Monat nach dem Zeitpunkt geleistet

hat, in dem der Beschluss unanfechtbar geworden ist. Antragsberechtigt ist jeder Beteiligte, dem eine nicht gezahlte Entschädigung zusteht oder der nach § 13 aus ihr zu befriedigen ist.

(2) Vor der Aufhebung ist der durch die Enteignung Begünstigte zu hören. Der Aufhebungsbeschluss ist allen Beteiligten zuzustellen. Der Gemeinde ist der Aufhebungsbeschluss abschriftlich mitzuteilen.

§ 51. (E § 45) (1) Der enteignete frühere Eigentümer kann verlangen, dass das nach den Vorschriften dieses Gesetzes enteignete Grundstück zu seinen Gunsten wieder enteignet wird (Rückenteignung), wenn

a) im Falle des § 6 Abs. 3 die Gemeinde nicht binnen der nach dieser Vorschrift maßgebenden Frist das enteignete Gelände, soweit es nicht den in § 2 Buchstabe c bezeichneten Zwecken zugeführt worden ist, als Bauland oder Ersatzland veräußert hat;

b) der durch die Enteignung Begünstigte oder sein Rechtsnachfolger mit dem Bau nicht binnen eines Jahres begonnen hat oder innerhalb eines weiteren Jahres nicht wenigstens das Sockelgeschoss mit Decke fertig gestellt worden ist. Die Frist beginnt mit dem Tage an dem der durch die Enteignung Begünstigte den Besitz erworben hat.

(2) Die Rückenteignung kann nicht verlangt werden,

a) wenn der Enteignete selbst das Grundstück im Wege der Enteignung nach diesem Gesetz erworben hatte,

b) wenn zugunsten eines anderen Bauwilligen ein Enteignungsverfahren nach diesem Gesetz eingeleitet worden ist und bei dem enteigneten früheren Eigentümer die in § 7 bestimmten Voraussetzungen für die Abwendung dieser Enteignung nicht vorliegen.

(3) Der Antrag auf Rückenteignung ist binnen vier Jahren, im Falle des § 6 Abs. 3 Satz 4 binnen fünf Jahren, nachdem der Enteignungsbeschluss unanfechtbar geworden ist, bei der zuständigen Enteignungsbehörde einzureichen. § 203 Abs. 2 des Bürgerlichen Gesetzbuchs gilt entsprechend.

(4) Die Enteignungsbehörde kann die Rückenteignung ablehnen, wenn die Grenzen des Grundstücks erheblich verändert worden sind oder ganz oder überwiegend Entschädigung in Land gewährt worden ist.

(5) Der frühere Inhaber eines Rechtes, das durch Enteignung nach den Vorschriften dieses Gesetzes aufgehoben ist, kann unter den in Absatz 1 bezeichneten Voraussetzungen verlangen, dass ein gleiches Recht an dem früher belasteten Grundstück zu seinen Gunsten durch Enteignung wieder begründet wird. Die Vorschriften über die Rückenteignung gelten sinngemäß.

(6) Die Vorschriften des Zweiten bis Fünften Abschnittes sind sinngemäß anzuwenden.

Sechster Abschnitt. Zusatz-, Übergangs- und Schlussbestimmungen (§§ 52–59)

§ 52. Werden in einem Lande einheitliche Vorschriften über den Verfahrensgang bei Enteignungen von Grund und Boden für alle der Landesgesetzgebung unterliegenden Enteignungszwecke erlassen, so kann die Landesgesetzgebung die Vorschriften auf Enteignungen nach diesem Gesetz erstrecken. Den Vorschriften entgegenstehende verfahrensrechtliche Vorschriften dieses Gesetzes sind insoweit nicht anzuwenden.

§ 53. Fluchtlinienpläne, Bebauungspläne oder andere förmlich festzusetzende städtebauliche Pläne können auch für Flächen festgesetzt werden, die Anordnungen zum Schutze von Landschaftsteilen nach § 19 des Reichsnaturschutzgesetzes vom 26. Juni 1935 (Reichsgesetzbl. I S. 821) und den zur Ergänzung und Änderung des Reichsnaturschutzgesetzes erlassenen landesrechtlichen Vorschriften unterliegen, wenn die für die Ortsplanung zuständige Aufsichtsbehörde nach Anhörung der Naturschutzbehörde dies für erforderlich hält. Mit der endgültigen Festsetzung dieser Pläne treten in ihrem Geltungsbereich die vorbezeichneten Anordnungen insoweit außer Kraft. Dasselbe gilt, wenn die Aufsichtsbehörde (§ 3 Abs. 2 Buchstabe b) die Vereinbarkeit der beabsichtigten Verwendung mit einer geordneten baulichen Entwicklung des Gemeindegebietes feststellt; sie hat sich vorher mit der zuständigen Naturschutzbehörde ins Benehmen zu setzen.

§ 54. Die Freie und Hansestadt Hamburg gilt für die Anwendung dieses Gesetzes auch als Gemeinde.

§ 55. (E § 46) (1) Die Vorschriften dieses Gesetzes über die Entschädigung und das Verfahren gelten auch für die Enteignung von Gelände für Kleingärten nach § 11 Vierter Teil Kapitel II der Dritten Verordnung des Reichspräsidenten zur Sicherung von Wirtschaft und Finanzen und zur Bekämpfung politischer Ausschreitungen vom 6. Oktober 1931 (Reichsgesetzbl. I S. 537) in der Fassung der Verordnung zur Änderung von Vorschriften über Kleinsiedlungen und Kleingärten vom 26. Februar 1938 (Reichsgesetzbl. I S. 233).

(2) Auf die Enteignung zur Bereitstellung von Gelände für Zwecke der Kleinsiedlung sind die Vorschriften dieses Gesetzes anzuwenden.

§ 56. (1) Hat ein Bauherr im Hinblick auf ein bereits eingeleitetes Enteignungsverfahren oder auf eine für zulässig erklärte oder durch besonderes Gesetz zugelassene Enteignungen vor dem 21. Juni 1948 Maßnahmen im Sinne des § 2 Buchstaben a bis c durchgeführt, so ist die Enteignung des hierfür in Anspruch genommenen Teiles dieses Grundstücks zugunsten des Bauherrn oder seines Rechtsnachfolgers nach den Vorschriften dieses Gesetzes unter den Voraussetzungen des § 3 Abs. 2 zulässig.

(2) Hat ein Bauherr in anderen als den in Absatz 1 genannten Fällen aufgrund einer behördlichen Anordnung auf einem ihm nicht gehörenden Grundstück vor dem 21. Juni 1948 ein Wohngebäude errichtet, so ist die Enteignung des mit dem Gebäude bebauten Teiles dieses Grundstücks einschließlich des erforderlichen Garten- und

Wirtschaftslandes zugunsten des Bauherrn oder seines Rechtsnachfolgers nach den Vorschriften dieses Gesetzes zulässig, wenn das Wohngebäude nach Größe, Ausführung, Stellung und Lage sowie nach Art und Maß der baulichen Nutzung als Dauerbau anzusehen ist und den Erfordernissen einer geordneten Bebauung des Grundstücks sowie den Bauordnungsvorschriften entspricht.

(3) Bei der Festsetzung der Entschädigung bleiben der Wert des auf dem Grundstück errichteten Gebäudes sowie die Werterhöhung des Grundstücks im Zusammenhang mit der Bebauung außer Betracht.

§ 57. Vor Inkrafttreten dieses Gesetzes eingeleitete Enteignungsverfahren sind unbeschadet der Vorschrift des § 56 nach den bisher geltenden Vorschriften zu Ende zu führen. Für das Verfahren bei Anfechtung der Entscheidung der Enteignungsbehörde gelten jedoch die Vorschriften des Vierten Abschnittes, wenn nicht ein Rechtsstreit beim Inkrafttreten dieses Gesetzes bereits anhängig ist oder das Enteignungsverfahren einem nach § 2 Buchstabe c bezeichneten Zweck dient.

§ 58. (1) Die §§ 3, 4, 5 und 11 der Verordnung zur Behebung der dringendsten Wohnungsnot vom 9. Dezember 1919 (Reichsgesetzbl. S. 1968) werden aufgehoben.

(2) § 28 des Reichsheimstättengesetzes in der Fassung der Bekanntmachung vom 25. November 1937 (Reichsgesetzbl. I S. 1291) erhält folgende Fassung: „Grundstücke, die zur Begründung oder Vergrößerung von Heimstätten erforderlich sind, können nach den Vorschriften des Baulandbeschaffungsgesetzes vom 3. August 1953 (Bundesgesetzblatt I S. 720) enteignet werden."

§ 45 der Verordnung des Reichsministers der Justiz und des Reichsarbeitsministers zur Ausführung des Reichsheimstättengesetzes vom 19. Juli 1940 (Reichsgesetzbl. I S. 1027) wird aufgehoben.

§ 59. Dieses Gesetz gilt nach Maßgabe des § 13 Abs. 1 des Dritten Überleitungsgesetzes vom 4. Januar 1952 (Bundesgesetzbl. I S. 1) auch im Land Berlin. Rechtsverordnungen, die aufgrund der in diesem Gesetz enthaltenen Ermächtigung erlassen werden, gelten im Land Berlin nach § 14 des Dritten Überleitungsgesetzes.

Vierter Teil. Entwurf des Bundesinnenministeriums zu einem Bundesenteignungsgesetz (Fassung vom Februar/ Dezember 1958)

(Die Paragraphenfolge des Entwurfs vom 27.10.1955 ist der besseren Vergleichbarkeit halber beibehalten worden. Weggefallene Paragraphen und Absätze erhalten den Zusatz „entfällt", neu eingefügte Paragraphen werden hinter der Paragraphenzahl mit einem Buchstaben versehen.)

Erster Abschnitt. Allgemeine Vorschriften (§§ 1–10 b)

§ 1. (1) Wo nach einer bundesrechtlichen Vorschrift die Enteignung von Sachen und Rechten der in § 2 bezeichneten Art zulässig ist, gelten für ihre Durchführung die Vorschriften dieses Gesetzes.

(2) Ist auf Sachgebieten, für die der Bund das Recht hat, Rahmenvorschriften zu erlassen (Art. 75 des Grundgesetzes), in einer bundesrechtlichen Vorschrift die Enteignung zulässig, so gelten die Vorschriften dieses Gesetzes insoweit, als sie für anwendbar erklärt werden.

§ 2. (1) Dieses Gesetz gilt für die Enteignung von

1. Eigentum und Besitz an Grundstücken,
2. sonstigen dinglichen Rechten an Grundstücken,
3. persönlichen Rechten, die zum Erwerb, zum Besitz oder zur Nutzung von Grundstücken berechtigen oder deren Benutzung beschränken.

Grundstücksteile gelten als Grundstücke im Sinne dieser Vorschrift.

(2) Grundstücken (Abs. 1 Nr. 2 und 3) und dem Eigentum an Grundstücken (Abs. 1 Nr. 1) stehen die grundstücksgleichen Rechte gleich.

(3) Der Enteignung unterliegen auch Berechtigungen öffentlich-rechtlicher Art, die sich auf ein Grundstück beziehen.

(4) Wird das Zubehör eines Grundstücks zur Verwirklichung des Zweckes des Vorhabens, für das die Enteignung durchgeführt werden soll, benötigt, so kann die Enteignung auf das Zubehör ausgedehnt werden.

(5) Durch Enteignung können die in Abs. 1 bezeichneten Rechte entzogen, übertragen, geändert, mit einem dinglichen Recht belastet oder sonst beschränkt werden. Durch Enteignung können ferner Rechtsverhältnisse begründet werden, die Rechte der in Abs. 1 Nr. 3 bezeichneten Art gewähren. Vorschriften, die Inhalt und Schranken des Eigentums bestimmen, werden hierdurch nicht berührt.

§ 2 a. Die Vorschriften dieses Gesetzes über das Eigentum an Grundstücken gelten, wenn nichts anderes bestimmt ist, sinngemäß für die anderen Rechte nach § 2 Abs. 1 Nr. 2 und 3, Abs. 2 und 3.

§ 3. (1) Enteignungsbegünstigter ist derjenige, für dessen Vorhaben ein Enteignungsverfahren durchgeführt wird.

(2) Enteignungspflichtiger ist der Eigentümer des zu enteignenden Grundstücks oder der Inhaber des zu enteignenden Rechts.

(3) Nebenberechtigte im Sinne dieses Gesetzes sind die Gläubiger von Pfandrechten am Enteignungsgegenstand und Personen, denen andere dingliche oder persönliche Rechte am oder in Bezug auf den Enteignungsgegenstand zustehen, sowie Inhaber von Berechtigungen öffentlich-rechtlicher Art.

§ 4 entfällt (gegenüber E. 1955).

§ 5. Die Enteignung ist nur in dem Umfang und der Art zulässig, wie es der Zweck des Vorhabens erfordert.

§ 6. (1) Der Enteignungspflichtige kann statt der Belastung oder anderen Beschränkungen die Entziehung des Eigentums verlangen, wenn und soweit die Belastung oder Beschränkung für ihn unbillig ist. Unbillig ist die Belastung oder Beschränkung für den Eigentümer insbesondere dann, wenn die Benutzung des Grundstücks nach seiner bisherigen Bestimmung wesentlich beeinträchtigt werden würde.

(2) Sollen räumlich oder wirtschaftlich zusammenhängende Grundstücke nur zu einem Teil enteignet werden, so kann der Eigentümer die Übernahme der Restgrundstücke gegen Entschädigung insoweit verlangen, als diese nicht mehr nach ihrer bisherigen Bestimmung zweckmäßig verwendet oder genutzt werden können.

(3) Wird ein Grundstück durch die Enteignung eines Rechts an einem anderen Grundstück in seiner Wirtschaftlichkeit wesentlich beeinträchtigt, so kann der Eigentümer die Übernahme des Grundstücks gegen Entschädigung verlangen.

(4) Ist ein Grundstück Gegenstand der Enteignung, so können der Eigentümer, der Nießbraucher und der Pächter die Übernahme des Zubehörs gegen Entschädigung verlangen, wenn und soweit sie es infolge der Enteignung nicht mehr wirtschaftlich verwerten können.

§ 7. (1) Ist nach diesem Gesetz die Entschädigung in Land festzusetzen (§ 21 Abs. 1), so können Grundstücke als Ersatzland enteignet werden, wenn weder der Enteignungsbegünstigte geeignete Grundstücke hat noch solche Grundstücke ohne Enteignung zu angemessenen Bedingungen (§ 22 Abs. 2) erworben werden können (Ersatzlandenteignung). Grundstücke des Enteignungsbegünstigten, die nach Abs. 3 von der Ersatzlandenteignung ausgeschlossen sind, gelten nicht als geeignet im Sinne des Satzes 1.

(2) In erster Linie soll auf Grundstücke der Körperschaften des öffentlichen Rechts (Bund, Länder, Gemeinden, Gemeindeverbände usw.) sowie der Stiftungen und sonstigen zweckgebundenen Vermögen mit und ohne Rechtspersönlichkeit, die der Aufsicht des Bundes oder der Länder unterliegen oder ihrer Verwaltung

unterstehen, zurückgegriffen werden. Grundstücke juristischer Personen des Privatrechts, an deren Kapital die öffentliche Hand überwiegend beteiligt ist, stehen Grundstücken der Körperschaften des öffentlichen Rechts gleich.

(3) Zum Zwecke der Entschädigung in Land dürfen nicht enteignet werden:

1. a) Grundstücke, die unmittelbar öffentlichen Zwecken, der Erfüllung der Aufgaben der Sozialversicherungsträger und ihrer Verbände oder der Wohlfahrtspflege, dem Gesundheitswesen, dem Unterricht, der Forschung, der Erziehung, der Jugendertüchtigung und der Körperertüchtigung dienen oder zu dienen bestimmt sind;

b) Grundstücke, die selbst oder deren Ertrag ausschließlich der Erfüllung gemeinnütziger, mildtätiger oder kirchlicher Zwecke öffentlicher Körperschaften dienen oder zu dienen bestimmt sind;

c) Grundstücke von Betrieben des Verkehrs und der Versorgung mit Elektrizität, Gas und Wasser,

Grundstücke mit Wassergewinnungsanlagen für die öffentliche Versorgung mit Wasser,

Grundstücke mit Anlagen der Abwasserwirtschaft und der öffentlichen Müllbeseitigung und -verwertung,

Grundstücke mit Anlagen des Bergbaus und

Grundstücke in Wasserschutzgebieten und in geschützten Forsten;

d) Grundstücke, auf denen sich künstlerisch oder geschichtlich wertvolle Bauwerke oder Naturdenkmäler befinden, oder die in Natur- oder Landschaftsschutzgebieten liegen, wenn bei ihrer Enteignung der Kultur-, Natur- oder Landschaftsschutz dieser Grundstücke gefährdet wäre;

2. Grundstücke, auf die der Eigentümer wegen seiner Berufs- und Erwerbstätigkeit angewiesen ist; dies gilt entsprechend für Grundstücke, die durch Pacht oder ein ähnliches Nutzungsverhältnis an Vertriebene oder Sowjetzonenflüchtlinge übergeben worden sind.

(4) Die Enteignung zum Zwecke der Entschädigung eines Eigentümers, dessen Grundstück zur Beschaffung von Ersatzland enteignet wird, ist unzulässig. [Siehe außer §§ 21 und 22 §§ 67 und 71 b bis 71 d.]

§ 8. Die Beauftragten der Enteignungsbehörde sind befugt, schon vor Einleitung des Enteignungsverfahrens Grundstücke, deren Enteignung in Betracht kommt, mit Ausnahme von Wohnungen zu betreten und zu vermessen sowie auf den Grundstücken andere Vorarbeiten vorzunehmen, die notwendig sind, um die Eignung der Grundstücke für das Vorhaben beurteilen zu können. Die gleiche Befugnis steht dem Träger des Vorhabens, dessen Durchführung eine Enteignung erfordern kann, zu, wenn die Enteignungsbehörde die Genehmigung hierzu erteilt.

§ 8 a. (1) Die Genehmigung nach § 8 Satz 2 darf dem Träger des Vorhabens nur befristet erteilt werden. Sie hat den Berechtigten zu bezeichnen.

(2) Die Genehmigung kann unter Bedingungen und mit Auflagen erteilt werden. Insbesondere kann verlangt werden, dass für die Erfüllung der Verbindlichkeiten gegenüber dem Eigentümer oder Nutzungsberechtigten aus Maßnahmen nach § 8 Sicherheit zu leisten ist; auf Antrag muss Sicherheitsleistung verlangt werden.

Sicherheitsleistung kann nicht verlangt werden, wenn Träger des Vorhabens der Bund, ein Land oder eine Gemeinde (Gemeindeverband) ist.

(3) Die Genehmigung ist dem Eigentümer und, wenn dieser nicht unmittelbar Besitzer ist, auch dem Besitzer zuzustellen.

(4) Über die Freigabe einer gestellten Sicherheit entscheidet die Enteignungsbehörde.

§ 8 b. (1) Ist der Träger des Vorhabens der Bund oder im Auftrage des Bundes ein Land (Art. 85 des Grundgesetzes), so ist die Genehmigung nach § 8 S. 2 auf Antrag zu erteilen. Durch Rechtsverordnung der Bundesregierung kann bestimmt werden, dass auch bundesunmittelbaren Körperschaften und Anstalten des öffentlichen Rechts die Genehmigung zu erteilen ist.

(2) Der Landesgesetzgebung bleibt vorbehalten zu bestimmen, dass die Genehmigung nach § 8 S. 2 auf Antrag zu erteilen ist, wenn eine Gemeinde (Gemeindeverband) Träger des Vorhabens ist.

§ 8 c. (1) Auf Verlangen des Trägers des Vorhabens oder des Eigentümers oder Nutzungsberechtigten ist von der Enteignungsbehörde anzuordnen, dass durch einen oder mehrere Sachverständige der Zustand des Grundstücks vor Maßnahmen nach § 8 festgestellt und die durch solche Maßnahmen entstandenen Schäden zu schätzen sind. Die Sachverständigen werden durch die nach Landesrecht zuständige Behörde bestimmt.

(2) Wird eine Genehmigung nach § 8 S. 2 erteilt, so sind, wenn ein Verlangen nach Abs. 1 S. 1 gestellt wird, die Feststellung des Zustands des Grundstücks und die Schätzung der Schäden bei Erteilung der Genehmigung anzuordnen.

§ 8 d. (1) Der Eigentümer und der Nutzungsberechtigte sind verpflichtet, Maßnahmen nach § 8 und zur Durchführung von Schätzungen nach § 8 c zu dulden. Das Betreten von Grundstücken kann auch im Falle des § 8 S. 2 im Verwaltungswege erzwungen werden.

(2) Eigentümer und Nutzungsberechtigte sind vor dem Betreten der Grundstücke zu benachrichtigen; dies gilt nicht, wenn bei ihnen die Voraussetzungen für die öffentliche Zustellung vorliegen (§ 15 Abs. 1 des Verwaltungszustellungsgesetzes vom 3. Juli 1952 – BGBl. I S. 379 -).

§ 8 e. (1) Für Vermögensnachteile, die durch Maßnahmen nach § 8 entstehen, ist dem Betroffenen eine Entschädigung in Geld zu leisten. Für entgangenen Gewinn, der über den Ausfall des gewöhnlichen Verdienstes oder Nutzungsentgelte hinausgeht, und für Vermögensnachteile, die nicht in unmittelbarem Zusammenhang mit den Maßnahmen nach § 8 stehen, ist eine Entschädigung zu leisten, wenn und soweit dies zur Abwendung oder zum Ausgleich unbilliger Härten geboten erscheint.

(2) Hat bei der Entstehung des Schadens ein Verschulden des Entschädigungsberechtigten mitgewirkt, so ist das Mitverschulden bei der Festsetzung der Entschädigung zu berücksichtigen.

(3) Zur Leistung der Entschädigung ist der Träger des Vorhabens verpflichtet, wenn er die Maßnahmen nach § 8 durchgeführt hat, im Übrigen das Land.

(4) Wird auf Verlangen des Betroffenen der nach § 8 c Abs. 1 geschätzte Schadensbetrag, bei Schätzung durch mehrere Sachverständige der rechnerische Mittelbetrag, nicht unverzüglich ausgezahlt, so erlischt die Befugnis nach § 8. Das Verlangen des Betroffenen hat auf das Ausmaß der endgültigen Entschädigung nach Abs. 1 keinen Einfluss.

§ 8 f. (1) Kommt eine Einigung über die Entschädigung nicht zustande, so setzt die Enteignungsbehörde die Entschädigung fest. Hierbei hat sie auch zu bestimmen, wer die Leistung zu erbringen hat und an wen sie zu bewirken ist. § 287 der Zivilprozessordnung ist sinngemäß mit der Maßgabe anzuwenden, dass eine eidliche Vernehmung auf Ersuchen der Enteignungsbehörde durch das Amtsgericht stattfindet, in dessen Bezirk die Enteignungsbehörde ihren Sitz hat.

(2) Der Beschluss ist zu begründen und mit einer Belehrung über Form und Frist des zulässigen Rechtsbehelfs (§ 107 a) zu versehen. Er ist dem betroffenen Beteiligten zuzustellen.

(3) Im Falle der Einigung vor der Enteignungsbehörde ist § 65 b S. 1, 3 und 4 anzuwenden. Abs. 1 S. 2 gilt entsprechend.

§ 8 g. (1) Aus dem unanfechtbar gewordenen Beschluss über die Festsetzung der Entschädigung und aus der Niederschrift über eine Einigung über Ansprüche und Verpflichtungen nach § 8 e Abs. 1 und 2 findet die Zwangsvollstreckung nach den Vorschriften der Zivilprozessordnung über die Vollstreckung von Urteilen in bürgerlichen Rechtsstreitigkeiten statt.

(2) Die vollstreckbare Ausfertigung wird vom Urkundsbeamten der Geschäftsstelle des Amtsgerichts erteilt, in dessen Bezirk die Enteignungsbehörde ihren Sitz hat. Wo in den Vorschriften der Zivilprozessordnung das Prozessgericht erwähnt ist, tritt an seine Stelle das Amtsgericht, in dessen Bezirk die Enteignungsbehörde ihren Sitz hat.

§ 9. (1) Sind infolge der Enteignung eines Grundstücks oder seiner neuen Verwendung zur Sicherung gegen Gefahren und Nachteile für die Nachbargrundstücke oder die dem Eigentümer verbleibenden Grundstücke Vorkehrungen auf dem enteigneten Grundstück erforderlich, so hat sie der Enteignungsbegünstigte zu treffen. Sind Vorkehrungen der in Satz 1 bezeichneten Art außerhalb des enteigneten Grundstücks erforderlich, so hat sie der durch die Vorkehrung Begünstigte zu treffen, sofern nicht gesetzlich etwas anderes bestimmt ist.

(2) Die Kosten, die aufgewandt werden müssen, um die für die Vorkehrungen notwendigen Einrichtungen durchzuführen und zu unterhalten, trägt der Enteignungsbegünstigte unter Berücksichtigung der Vorteile, die dem durch die Vorteile, die dem durch die Vorkehrung Begünstigten durch sie erwachsen, die Kosten der Unterhaltung jedoch nur, soweit sie über den Umfang der bestehenden Verpflichtungen zur Unterhaltung der bisherigen Einrichtungen hinausgehen.

(3) Vorkehrungen im Sinne des Abs. 1 und 2 sind die Herstellung, Veränderung oder Verlegung von Wirtschaftswegen, Gräben, Vorflutanlagen, Stützmauern,

Einfriedigungen und ähnlichen Einrichtungen sowie die Anlage von Sicherheitsvorrichtungen.

§ 10. (1) Ist infolge der Enteignung eines Grundstücks oder seiner neuen Verwendung der Ersatz oder die Verlegung von öffentlichen Verkehrs-, Fernmelde-, wasserwirtschaftlichen oder Versorgungseinrichtungen und –anlagen sowie von öffentlichen Anstalten des Unterrichts-, Erziehungs-, Gesundheits- und Wohlfahrtswesens, die Änderung einer öffentlichen Anlage oder eine neue Einrichtung oder Anlage erforderlich, so hat der Enteignungsbegünstigte dem Träger der Aufgabe, zu deren Erfüllung die Errichtung und Unterhaltung der bezeichneten Einrichtungen und Anlagen gehören, die notwendigen Kosten des Ersatzes oder der Verlegung, der Änderung der Anlage oder der neuen Einrichtung oder Anlage zu erstatten. Vorteile und Nachteile, die dem Träger der Aufgabe im Zusammenhang mit dem Ersatz oder der Verlegung, der Änderung oder der neuen Einrichtung oder Anlage entstehen, sind angemessen auszugleichen. Die Kosten der Unterhaltung der neu erstellten Einrichtungen oder Anlagen hat der Enteignungsbegünstigte dem Träger der Aufgabe zu erstatten, soweit sie über den Umfang der bestehenden Verpflichtungen zur Unterhaltung der bisherigen Einrichtungen hinausgehen.

(2) Ist infolge der Enteignung eines Grundstücks oder seiner neuen Verwendung die Änderung oder Neuordnung von Gemeinde- oder Schul- oder Kirchenverhältnissen erforderlich, so trägt der Enteignungsbegünstigte die Kosten der Änderung oder Neuordnung insoweit, als die den betroffenen öffentlich-rechtlichen Körperschaften, Anstalten und Stiftungen entstehenden Lasten und Nachteile nicht durch Vorteile ausgeglichen werden. Den Kirchen stehen die anderen Religionsgesellschaften des öffentlichen Rechts gleich.

§ 10 a. (1) Ansprüche aus §§ 9, 10 können nur in einem Enteignungsverfahren und außerhalb des Enteignungsverfahrens nur in einem gesetzlich geregelten Planfeststellungsverfahren, in dem eine für alle Beteiligten verbindliche Entscheidung über die Zulässigkeit und die Art der Verwirklichung eines Vorhabens herbeigeführt werden soll, oder zur Abwendung eines Enteignungsverfahrens geltend gemacht werden.

(2) Soweit über Ansprüche aus §§ 9, 10 im Enteignungsbeschluss (§ 86 Abs. 2) nicht befunden wird, bleibt die Geltendmachung von Ansprüchen nach anderen gesetzlichen Vorschriften vorbehalten.

§ 10 b. Urkunden, die für die Verwendung des enteigneten Gegenstandes oder Rechts von Bedeutung sind, hat der Enteignungspflichtige an den Enteignungsbegünstigten herauszugeben, wenn der Enteignungsbeschluss unanfechtbar geworden ist.

Zweiter Abschnitt. Entschädigung (§§ 11–47)

1. Kapitel. Allgemeine Vorschriften

§ 11. (1) Für die Enteignung ist eine Entschädigung zu leisten.

(2) Die Entschädigung wird gewährt für

1. den Rechtsverlust nach Maßgabe der §§ 26 bis 32,
2. andere Vermögensnachteile nach Maßgabe des § 33.

§ 12. Entschädigungsberechtigt ist, wer durch die Enteignung in seinem Recht beeinträchtigt wird.

§ 13. Zur Leistung der Entschädigung ist der Enteignungsbegünstigte verpflichtet. Wird Ersatzland enteignet, so ist zur Leistung der für die Enteignung des Ersatzlandes zu gewährenden Entschädigung der Enteignungsbegünstigte des Erstverfahrens verpflichtet.

§ 14. Für die Bewertung des Gegenstandes der Enteignung ist der Zeitpunkt der abschließenden Entscheidung über die Entschädigung maßgebend. Hierbei ist, wenn ein Grundstück enteignet werden soll, dessen tatsächlicher Zustand in diesem Zeitpunkt oder, wenn der Enteignungsbegünstigte vorher den Besitz an dem Grundstück erlangt hat, im Zeitpunkt der Besitzerlangung zu berücksichtigen.

§ 14 a. (1) Wertsteigernde Veränderungen am Gegenstand der Enteignung, die nach Eröffnung des Enteignungsverfahrens (§ 60 b Abs. 1 S. 1) vorgenommen werden und die nicht nur der Erhaltung oder der ordnungsmäßigen Bewirtschaftung dienen, werden nicht berücksichtigt, außer wenn die Enteignungsbehörde der Veränderung zugestimmt hat. Vermindert eine ohne Zustimmung der Enteignungsbehörde vorgenommene Veränderung den Wert, so kann die Enteignungsbehörde auf Antrag des Enteignungsbegünstigten die Wiederherstellung des früheren Zustandes anordnen oder selbst auf Kosten des Enteignungspflichtigen, der die Veränderung vorgenommen hat, den früheren Zustand wiederherstellen; das gilt auch, wenn die Veränderung zwar nicht den Wert des Gegenstandes der Enteignung mindert, jedoch für dessen neuen Verwendungszweck nachteilig ist, und dieser Umstand dem Enteignungspflichtigen, der die Veränderung vorgenommen hat, bekannt war.

(2) Abs. 1 gilt nicht für Veränderungen, die nach Ablauf eines Jahres nach Eröffnung des Enteignungsverfahrens vorgenommen werden.

§ 14 b. Wird nach Eröffnung des Enteignungsverfahrens ein Rechtsverhältnis begründet, das einen Dritten zum Gebrauch oder zur Nutzung des Enteignungsgegenstandes berechtigt, so wird in Ansehung dieses Rechtsverhältnisses eine Entschädigung nicht gewährt, außer wenn die Enteignungsbehörde der Begründung des Rechtsverhältnisses zugestimmt hat. Das Gleiche gilt, wenn die Annahme gerechtfertigt ist, dass ein solches Rechtsverhältnis mit Rücksicht auf ein in Vorbereitung befindliches Enteignungsverfahren begründet wurde und ohne Kenntnis oder Vermutung des bevorstehenden Enteignungsverfahrens nicht oder mit einem anderen Inhalt begründet worden wäre.

§ 15. Geldentschädigungen und Ausgleichszahlungen, die nicht in wiederkehrenden Leistungen bestehen, sind mit zwei vom Hundert über dem Diskontsatz der Deutschen Bundesbank zu verzinsen, und zwar

Enteignungsentschädigungen und Ausgleichszahlungen von dem Zeitpunkt an, in dem der Enteignungsbeschluss unanfechtbar geworden ist,

Besitzeinweisungsentschädigungen von dem Zeitpunkt an, in dem der Besitzeinweisungsbeschluss wirksam geworden ist.

2. Kapitel. Arten der Entschädigung

§ 16. Die Entschädigung ist, sofern sich die Beteiligten nicht über die Art der Entschädigung einigen oder die Entschädigung nicht nach §§ 21, 22 in Land oder nach §§ 23 bis 25 in anderen Leistungen zu gewähren ist, in Geld zu entrichten (§§ 17 bis 19).

1. Titel. Entschädigung in Geld

§ 17. Grundsätzlich sind Geldentschädigungen, wenn im Wege der Enteignung ein Erbbaurecht oder ein anderes Nutzungsrecht begründet oder dem Eigentümer oder sonstigen Nutzungsberechtigten eine mit einem dauernden Nutzungsausfall verbundene Beschränkung oder ein anderer, sich ständig erneuernder Nachteil auferlegt wird, in wiederkehrenden Leistungen (Erbbauzins, Pachtzins, Naturalwertrente oder anderen wiederkehrenden Leistungen), im Übrigen in einer Kapitalsumme zu entrichten.

(2) Soll die Entschädigung nach Abs. 1 in wiederkehrenden Leistungen festgesetzt werden, und werden durch diese die zu entschädigenden Vermögensnachteile nicht abgegolten, so ist insoweit die Entschädigung in einer Kapitalsumme zu leisten.

§ 18. (1) Abweichend von dem Grundsatz des § 17 Abs. 1 ist die Entschädigung ganz oder teilweise in wiederkehrenden Leistungen statt in einer Kapitalsumme oder umgekehrt festzusetzen, wenn

1. es sich sowohl der Enteignungsbegünstigte als auch der Enteignungspflichtige und die Nebenberechtigten über die Zahlungsweise der Geldentschädigung einig sind und die vereinbarte Regelung den Interessen der Allgemeinheit nicht entgegensteht, oder

2. der Enteignungspflichtige oder der Enteignungsbegünstigte dies beantragt und die beantragte Regelung dem anderen und den Nebenberechtigten zugemutet werden kann und den Interessen der Allgemeinheit nicht entgegensteht.

(2) Abweichend vom Grundsatz des § 17 Abs. 1 kann die Entschädigung ganz oder teilweise in wiederkehrenden Leistungen statt in einer Kapitalsumme oder umgekehrt festgesetzt werden, wenn dies unter Berücksichtigung der Interessen der Allgemeinheit zweckdienlich ist und dem Enteignungspflichtigen, dem Enteignungsbegünstigten und den Nebenberechtigten zugemutet werden kann.

(3) Eine Entschädigung für Vermögensnachteile gemäß § 33 Abs. 2 Nr. 4 und 5 kann nur in einem einmaligen Geldbetrag festgesetzt werden.

§ 19. In den Fällen des § 18 Abs. 1 Nr. 2 und Abs. 2 kann dem Enteignungspflichtigen und den Nebenberechtigten eine Entschädigung in wiederkehrenden Leistungen nicht zugemutet werden, wenn

1. das Eigentum an einem Grundstück entzogen oder ein Erbbaurecht entzogen oder nicht aufrecht erhalten wird,

2. ein anderes dingliches Recht entzogen oder nicht aufrecht erhalten wird und die wiederkehrenden Leistungen nicht dinglich gesichert werden sollen, oder

3. die Laufzeit der wiederkehrenden Leistungen, sofern diese nicht in einem Erbbauzins bestehen, mehr als zehn Jahre betragen soll.

§ 20. (1) In einer Naturalwertrente kann die Entschädigung nur festgesetzt werden, wenn der Entschädigungsberechtigte dies beantragt und

1. das Eigentum an einem Grundstück entzogen werden soll und dadurch die Fortführung eines persönlich bewirtschafteten landwirtschaftlichen oder gärtnerischen Betriebes unmöglich wird, oder

2. der Nießbrauch an einem Grundstück oder das Recht aus der Pacht eines Grundstücks entzogen oder nicht aufrecht erhalten werden soll und dadurch die Fortführung eines persönlich bewirtschafteten landwirtschaftlichen oder gärtnerischen Betriebes unmöglich wird, sofern bei Eröffnung des Enteignungsverfahrens für den Nießbrauch oder die Pacht noch eine Laufzeit von mindestens zehn Jahren vorgesehen war.

(2) Auf Antrag des Entschädigungsberechtigten ist die Entschädigung in einer Naturalwertrente festzusetzen, wenn der Entschädigungsberechtigte einen Antrag nach § 21 Abs. 1 S. 1 deswegen nicht stellt, weil er wegen Alters oder Arbeitsunfähigkeit zur persönlichen Bewirtschaftung des Ersatzlandes nicht in der Lage wäre, die Entschädigung aber im Falle eines solchen Antrags in Land festgesetzt werden würde.

(3) Die Festsetzung der Naturalwertrente bedarf der Genehmigung nach § 3 S. 2 des Ersten Gesetzes zur Neuordnung des Geldwesens – Währungsgesetz – (Gesetz- und Verordnungsblatt des Wirtschaftsrates des Vereinigten Wirtschaftsgebietes, Beilage Nr. 5 S. 1).

2. Titel. Entschädigung in Land

§ 21. (1) Auf Antrag des Enteignungspflichtigen ist die Entschädigung ganz oder teilweise in Land (Ersatzland) festzusetzen, wenn

1. das Eigentum an einem Grundstück entzogen werden soll,

2. durch die Enteignung der Bestand eines persönlich bewirtschafteten landwirtschaftlichen oder gärtnerischen Betriebes gefährdet wird und

3. entweder der Enteignungsbegünstigte selbst geeignete Grundstücke hat oder solche Grundstücke freihändig oder im Wege der Enteignung zu angemessenen Bedingungen erworben werden können.

Dies gilt auch dann, wenn ein Betrieb im Sinne des S. 1 Nr. 2 ganz oder teilweise vorübergehend verpachtet ist und der Eigentümer das Pachtverhältnis an dem Ersatzland fortgesetzt oder dem Pächter die Fortsetzung zu angemessenen Bedingungen angeboten hat.

(2) Auf Antrag des Enteignungspflichtigen kann die Entschädigung ganz oder teilweise in Land festgesetzt werden, wenn

1. das Eigentum an einem Grundstück entzogen werden soll,

2. im Einzelfall diese Art der Entschädigung unter gerechter Abwägung der Interessen der Allgemeinheit und der Beteiligten nach pflichtmäßigem Ermessen der Enteignungsbehörde billig ist und

3. entweder der Enteignungsbegünstigte selbst geeignete Grundstücke hat oder solche Grundstücke zu angemessenen Bedingungen ohne Enteignung beschafft werden können.

(3) Grundstücke des Enteignungsbegünstigten, die nach § 7 Abs. 3 von der Ersatzlandenteignung ausgeschlossen sind, gelten nicht als geeignet im Sinne des Abs. 1 S. 1 Nr. 3 und des Abs. 2 Nr. 3.

§ 22. (1) Wird die Entschädigung in Land festgesetzt, so kann dem Enteignungsbegünstigten von der Enteignungsbehörde auferlegt werden, das Ersatzland in bestimmter Weise herzurichten.

(2) Die Bedingungen für die Beschaffung von Ersatzland sind angemessen im Sinne des § 21 Abs. 1 S. 1 Nr. 3 und Abs. 2 Nr. 3, wenn die Kosten der Beschaffung und einer notwendigen Herrichtung des Ersatzlandes in einem vertretbaren Verhältnis zum Wert des zu enteignenden Grundstücks stehen. Die Herrichtung des Ersatzlandes ist notwendig, wenn und soweit ohne sie der Zweck der Entschädigung in Land nicht erreicht werden würde.

3. Titel. Entschädigung in anderen Leistungen

§ 23. Der Eigentümer eines zu enteignenden Grundstücks kann auf seinen Antrag ganz oder teilweise durch Übertragung oder Bestellung von Wohnungseigentum, Teileigentum, eines Dauerwohnrechts oder Dauernutzungsrechts (§ 1 Abs. 2 und 3, § 31 Abs. 1 und 2 des Wohnungseigentumsgesetzes vom 15. März 1951 – BGBl. I S. 175 -) entschädigt werden.

§ 24. (1) Wird das Recht aus der Miete eines Grundstücks oder eines Raumes entzogen oder nicht aufrecht erhalten und hat der Enteignungsbegünstigte selbst geeignete Grundstücke oder Räume, so soll der Mieter auf seinen Antrag durch Begründung eines Mietverhältnisses an einem solchen Grundstück oder Raum entschädigt werden.

(2) Dem Enteignungsbegünstigten kann von der Enteignungsbehörde auferlegt werden, zum Zwecke der Entschädigung von Mietern gemäß Abs. 1 geeignete Wohnungen oder sonstige Baulichkeiten zu erstellen und sie zu angemessenen Bedingungen an entschädigungsberechtigte Mieter zu vermieten.

(3) Hat der Enteignungsbegünstigte selbst keine geeigneten Grundstücke oder Räume, so soll erst dann davon abgesehen werden, den Mieter durch Begründung eines Mietverhältnisses zu entschädigen, wenn dem Enteignungsbegünstigten eine

Auflage nach Abs. 2 nicht zugemutet werden kann und zur Vermietung geeignete Grundstücke oder Räume nicht ermittelt wurden.

(4) Wohnt der Eigentümer oder Pächter eines von der Enteignung betroffenen Grundstücks in einem Gebäude auf diesem Grundstück, so gilt er als Mieter im Sinne der Vorschriften der Abs. 1 und 2 des § 71 g.

§ 25. Wird das Recht aus der Pacht eines Grundstücks, das zu einem persönlich bewirtschafteten landwirtschaftlichen oder gärtnerischen Betrieb gehört, entzogen oder nicht aufrecht erhalten und wird der Bestand dieses Betriebes durch die Enteignung gefährdet, so kann der Pächter auf seinen Antrag ganz oder teilweise durch Begründung eines Nutzungsverhältnisses an einem Grundstück entschädigt werden.

3. Kapitel. Ausmaß der Entschädigung

1. Titel. Bestandteile der Entschädigung

I. Entschädigung für den Rechtsverlust (§ 11 Abs. 2 Nr. 1)

§ 26. (1) Die Entschädigung für den Rechtsverlust (§ 11 Abs. 2 Nr. 1) bemisst sich, soweit nichts anderes bestimmt ist, nach dem Verkehrswert des Enteignungsgegenstandes.

(2) Der Verkehrswert wird durch den Preis bestimmt, der im gewöhnlichen Geschäftsverkehr für den Enteignungsgegenstand bei einer Veräußerung zu erzielen wäre. Dabei sind alle Umstände, die den Preis beeinflussen, zu berücksichtigen, bei einem Grundstück auch seine Beschaffenheit, seine Lage und die allgemeinen sozialen Bindungen, die es belasten. Werterhöhungen und Wertminderungen, die der Enteignungsgegenstand erst durch die Aussicht auf die Durchführung des die Enteignung erfordernden Vorhabens erfährt, sind nicht zu berücksichtigen.

§ 27. Ist bei befristet zugelassenen Bauwerken, deren Abbruch nach Ablauf der Frist entschädigungslos verlangt werden kann, die Frist noch nicht abgelaufen, so ist die für das Bauwerk nach § 11 Abs. 2 Nr. 1 zu gewährende Entschädigung im Verhältnis der rechtlichen Frist zur gesamten Frist zu bemessen.

§ 28. Soweit der Wert des Enteignungsgegenstandes durch Rechte Dritter gemindert wird, die aufrecht erhalten werden (§ 44) oder für die eine gesonderte Entschädigung festzusetzen ist (§ 45 Nr. 1 und Nr. 2 Satz 3), ist dies bei der Ermittlung der Entschädigung nach § 11 Abs. 2 Nr. 1 zu berücksichtigen.

§ 29. Die Entschädigung für ein Recht, das zum Gebrauch, zu Nutzungen oder zu Leistungen berechtigt, bemisst sich vorbehaltlich der Vorschrift des § 30 nach dem Interesse, das der Berechtigte an der Fortsetzung des Rechtsverhältnisses bis zu dessen mutmaßlicher Beendigung hatte.

§ 30. Die Entschädigung für ein mit einem Grundstück verbundenen Recht bemisst sich nach dem Minderwert, den das Grundstück des Berechtigten infolge des Wegfalls oder der Beschränkung des Rechts haben wird.

§ 31. Dem Berechtigten aus einem Vorkaufsrecht, das infolge der Enteignung nicht ausgeübt werden kann, ist der Betrag des Interesses zu entschädigen, das er an der Geltendmachung seines Rechts hatte.

§ 32. Wird ein Grundstück oder ein Recht mit einem dinglichen Recht belastet oder das Eigentum an einem Grundstück oder ein Recht in anderer Weise beschränkt, so bemisst sich die Entschädigung des Berechtigten nach dem Minderwert, den sein Grundstück oder Recht infolge der Belastung oder sonstigen Beschränkung haben wird.

II. Entschädigung für andere Vermögensnachteile (§ 11 Abs. 2 Nr. 2)

§ 33. (1) Dem Enteignungspflichtigen und den Nebenberechtigten ist eine Entschädigung auch für die über den Rechtsverlust hinausgehenden, nicht vermeidbaren Vermögensnachteile zu gewähren, die sie infolge der Enteignung erleiden.

(2) Zu den Vermögensnachteilen im Sinne des Abs. 1 gehören insbesondere

1. der Verlust, den der Enteignungspflichtige oder ein Nebenberechtigter vorübergehend oder dauernd an seinem Erwerb erleidet; die Entschädigung hierfür darf jedoch den Betrag des Aufwandes nicht übersteigen, der erforderlich ist, um ein anderes Grundstück oder Recht mit Aussicht auf den gleichen Ertrag wie das zu enteignende Grundstück oder Recht zu nutzen, zu gebrauchen oder auszuüben,
2. der Verlust, der dadurch entsteht, dass der Enteignungsgegenstand aus seinem räumlichen oder wirtschaftlichen Zusammenhang mit anderen Vermögensgegenständen des Entschädigungsberechtigten gelöst wird, soweit er nicht schon bei der Entschädigung für den Verlust nach Nr. 1 berücksichtigt ist,
3. die Kosten des Wiederaufbaus eines Betriebes an einer anderen Stelle,
4. die Umzugskosten und, soweit sie das übliche Maß nicht überschreiten, die Aufwendungen für die Erlangung einer Ersatzwohnung,
5. die Mehraufwendungen für eine höhere Miete, soweit der Mieter gleichwertige Räume nicht zum bisherigen Mietpreis erlangen kann.

(3) Der Liebhaberwert sowie der Spekulationsgewinn und ein sonstiger entgangener Gewinn werden nicht entschädigt. Spekulationsgewinn ist der über den Verkehrswert (§ 26) hinausgehende Betrag, der sich aus der vom Enteignungspflichtigen oder einem Nebenberechtigten für die Zukunft erwarteten Wertsteigerung des Enteignungsgegenstandes ergibt.

2. Titel. Festsetzung der Entschädigung

§ 33 a. Die Entschädigung ist gemäß den Vorschriften der §§ 34 bis 42 und unter gerechter Abwägung der Interessen der Allgemeinheit und der Beteiligten festzusetzen.

§ 34. Soll die Entschädigung in einer Kapitalsumme entrichtet werden, so sind für deren Höhe die Ermittlungen nach §§ 26 bis 33 maßgebend.

§ 35. Soll die Entschädigung in wiederkehrenden Leistungen entrichtet werden, so gilt für die Festsetzung der Entschädigung Folgendes:

1. Bestehen die wiederkehrenden Leistungen in einem im Wirtschaftsverkehr üblichen Entgelt, so ist dieses unter Berücksichtigung der örtlichen Verhältnisse als Entschädigung festzusetzen.

2. Ist ein übliches Entgelt nicht zu ermitteln, so ist von dem Betrag auszugehen, der sich ergeben würde, wenn die Entschädigung in einer Kapitalsumme zu leisten wäre.

§ 36. Soll die Entschädigung teilweise in einer Kapitalsumme, teilweise in wiederkehrenden Leistungen entrichtet werden, so ist bei der Festsetzung der Entschädigung nach § 34 entsprechend zu berücksichtigen, was der Entschädigungsberechtigte als Entschädigung nach § 35 erhält, und umgekehrt.

§ 37. (1) Für die Bewertung des Ersatzlandes (§§ 21, 22) gegenüber dem Enteignungspflichtigen gelten die Vorschriften der §§ 26 und 28 entsprechend. Hierbei kann eine Werterhöhung berücksichtigt werden, die das übrige Grundvermögen des Enteignungspflichtigen durch den Erwerb des Ersatzlandes über dessen Wert nach Satz 1 hinaus erfährt.

(2) Hat das Ersatzland einen geringeren Wert als das zu enteignende Grundstück, so ist eine dem Wertunterschied entsprechende zusätzliche Geldentschädigung festzusetzen. Hat das Ersatzland einen höheren Wert als das zu enteignende Grundstück, so ist zu bestimmen, dass der Entschädigungsberechtigte an den Enteignungsbegünstigten eine dem Wertunterschied entsprechende Ausgleichszahlung zu leisten hat. Die zusätzliche Geldentschädigung und die Ausgleichszahlung sind nach Maßgabe der §§ 26 bis 33 zu bemessen. Die Ausgleichszahlung wird mit dem in der Ausführungsanordnung (§ 90 Abs. 1) festgesetzten Tage fällig.

§ 38. Wird die Entschädigung in Land festgesetzt, so sollen auf ihren Antrag die Inhaber dinglicher und persönlicher Rechte, soweit diese Rechte nicht an dem zu enteignenden Grundstück aufrecht erhalten werden, ganz oder teilweise durch Begrundung gleichartiger und gleichwertiger Rechte an dem Ersatzland oder durch Begründung eines Rechtsverhältnisses entschädigt werden, das ein Recht gleicher Art und gleichen Wertes in Bezug auf das Ersatzland gewährt; dies gilt auch für ein Recht, das zum Erwerb des zu enteignenden Grundstücks berechtigt. Soweit dies nicht möglich ist oder nicht ausreicht oder dem Berechtigten oder dem Verpflichteten nicht zugemutet werden kann, sind die Inhaber der Rechte gesondert in Geld zu entschädigen; dies gilt für die in § 45 Nr. 2 bezeichneten Berechtigten nur, soweit ihre Rechte nicht durch eine dem Eigentümer gemäß § 37 Abs. 2 S. 1 zu gewährende zusätzliche Geldentschädigung gedeckt werden.

§ 39. (1) Werden Grundstücke oder Grundstücksteile zur Entschädigung in Land erworben, so gelten die Vorschriften der §§ 1, 2 und 4 des Gesetzes zur Ergänzung des Reichssiedlungsgesetzes vom 4. Januar 1935 (RGBl. I S. 1) über den Ausschluss des Kündigungsrechts der Gläubiger, die Unterverteilung der Grundpfandrechte

(Hypotheken, Grund- und Rentenschulden) und Reallasten und die Eintragung der Rechtsänderungen in das Grundbuch.

(2) Grundpfandrechte können von dem Erwerber innerhalb eines Jahres nach dem Erwerb ohne Einhaltung einer Kündigungsfrist zur sofortigen Rückzahlung gekündigt werden. Dient das gekündigte Recht zur Deckung von Schuldverschreibungen eines Kreditinstituts, das nicht berechtigt ist, die Schuldverschreibungen zurückzukaufen, so wird die Kündigung erst zum nächsten zulässigen Rückzahlungstermin wirksam.

(3) Die Aufgaben der Siedlungsbehörden nach den §§ 1, 2 und 4 des Gesetzes zur Ergänzung des Reichssiedlungsgesetzes nimmt die Enteignungsbehörde wahr.

§ 40. Wird die Entschädigung in anderen Leistungen (§§ 23 bis 25) festgesetzt und ergeben sich Unterschiede in der Bewertung dieser Leistungen und des Enteignungsgegenstandes, so ist § 37 Abs. 2 sinngemäß anzuwenden.

§ 41. (1) Entstehen einem Entschädigungsberechtigten durch die Enteignung Vermögensnachteile, die sich im Zeitpunkt des Enteignungsbeschlusses nicht abschätzen lassen, so ist auf seinen Antrag, sofern eine Einigung nicht zustande kommt, eine Ergänzungsentschädigung in Geld festzusetzen. Der Antrag ist nach Ablauf von fünf Jahren, nachdem der Enteignungsbeschluss unanfechtbar geworden ist, unzulässig. Für den Festsetzungsbescheid gilt § 88 sinngemäß.

(2) Lassen sich die durch die Enteignung entstehenden Vermögensnachteile im Zeitpunkt des Enteignungsbeschlusses nicht abschätzen, so kann die Enteignungsbehörde auf Antrag des Entschädigungsberechtigten anordnen, dass der Enteignungspflichtige Sicherheit zu leisten hat; § 8 a Abs. 4 gilt entsprechend.

§ 42. Besondere Vermögensvorteile, die einem Entschädigungsberechtigten infolge der Enteignung erwachsen, sind bei der Festsetzung der Entschädigung zu berücksichtigen.

§ 43 entfällt (gegenüber E 1955)

4. Kapitel. Behandlung der Rechte der Nebenberechtigten

§ 44. (1) Rechte am Enteignungsgegenstand und persönliche Rechte, die zum Besitz oder die zur Nutzung des Enteignungsgegenstandes berechtigen oder den Verpflichteten in der Benutzung des Enteignungsgegenstandes beschränken, können aufrecht erhalten werden, soweit ihre Aufrechterhaltung dem Zweck des Vorhabens nicht entgegensteht.

(2) Pfandrechte am Enteignungsgegenstand werden nicht aufrecht erhalten, wenn dieser dem Eigentümer oder sonstigen Rechtsinhaber durch die Enteignung entzogen werden soll.

(3) Abs. 1 gilt auch für Berechtigungen öffentlich-rechtlicher Art und öffentliche Lasten; die Hypothekengewinnabgabe ist wie ein Grundpfandrecht zu behandeln.

(4) Als Ersatz für ein Recht an einem Grundstück, das nicht aufrecht erhalten wird, kann mit Zustimmung des Inhabers das Ersatzland oder ein anderes Grundstück des Enteignungsbegünstigten mit einem gleichen Recht belastet werden.

Als Ersatz für ein persönliches Recht, das nicht aufrecht erhalten wird, kann mit Zustimmung des Inhabers ein Rechtsverhältnis begründet werden, das ein Recht gleicher Art in Bezug auf das Ersatzland oder auf ein anderes Grundstück des Enteignungsbegünstigten gewährt; dies gilt auch für ein Recht, das zum Erwerb des zu enteignenden Grundstücks berechtigt.

§ 45. Soweit Rechte der in § 44 bezeichneten Art nicht aufrecht erhalten werden, gilt Folgendes:

1. Erbbauberechtigte, Altenteilsberechtigte und Inhaber von Dienstbarkeiten oder Erwerbsrechten an einem Grundstück sind gesondert zu entschädigen. Das Gleiche gilt für Inhaber von persönlichen Rechten, die zum Erwerb, zum Besitz oder zur Nutzung eines Grundstücks berechtigen oder die Benutzung eines Grundstücks beschränken, wenn sie den ihrem Recht entsprechenden Besitz schon erlangt oder mit der Nutzung begonnen haben.

2. Andere Berechtigte haben Anspruch auf Ersatz des Wertes ihres Rechts aus der Geldentschädigung, die

a) für den Rechtsverlust,

b) für Vermögensnachteile nach § 33 Abs. 2 Nr. 2

gewährt wird, soweit sich ihr Recht

im Falle zu a) auf den enteigneten Gegenstand,

im Falle zu b) auf andere Vermögensgegenstände des Enteignungspflichtigen erstreckt. Für die Befriedigung gilt die bisherige Rangfolge. Wird der Enteignungspflichtige in wiederkehrenden Leistungen oder in anderen Leistungen im Sinne der §§ 23 bis 25 entschädigt, so sind die Nebenberechtigten gesondert zu entschädigen.

§ 46. Wird eines von mehreren mit einem Grundpfandrecht oder einer Reallast belasteten Grundstücken oder ein Teil eines so belasteten Grundstücks enteignet, so wird das Grundpfandrecht oder die Reallast mit dem Teil in das Enteignungsverfahren einbezogen, der dem Verhältnis des Wertes des enteigneten Grundstücks zu sämtlichen belasteten Grundstücken entspricht.

§ 47. (1) Wird ein Grundstück durch die Enteignung mit einem Erbbaurecht belastet, so können die Inhaber von Rechten, die im Rang zurücktreten müssen, die Übernahme ihrer Rechte verlangen.

(2) Das Gleiche gilt, wenn ein Grundstück durch Enteignung mit einer Dienstbarkeit belastet oder wenn das Eigentum an einem Grundstück in anderer Weise beschränkt werden soll, sofern die Belastung oder die Beschränkung den Wert des zurücktretenden Rechts erheblich vermindert oder seine Ausübung erheblich erschwert.

Dritter Abschnitt. Verfahren vor der Enteignungsbehörde (§§ 56–95)

1. Kapitel. Enteignungsbehörde

§ 56. Die Enteignungsbehörde wird durch die Landesregierung bestimmt.

§ 56 a. (1) Örtlich zuständig ist die Enteignungsbehörde, in deren Bezirk das Grundstück liegt, auf das sich die von der Enteignung betroffenen Rechte beziehen. Liegt es im Bezirk mehrerer Enteignungsbehörden oder sind mehrere Grundstücke von der Enteignung betroffen, die in den Bezirken verschiedener Enteignungsbehörden liegen, so bestimmt die gemeinsame übergeordnete Behörde die zuständige Enteignungsbehörde. Das Gleiche gilt, wenn Ersatzland im Bezirk einer anderen Enteignungsbehörde im Wege der Enteignung beschafft werden soll.

(2) Liegen die Grundstücke in verschiedenen Ländern, so wird die örtliche Zuständigkeit durch Vereinbarung der beteiligten Landesregierungen geregelt. Einer solchen Vereinbarung bleibt auch eine Regelung darüber vorbehalten, welches Landesrecht die hiernach zuständige Behörde anwendet.

2. Kapitel. Vorverfahren

§ 57. Der Antrag auf Durchführung eines Enteignungsverfahrens ist mit den zur Beurteilung des Vorhabens erforderlichen Unterlagen bei der Enteignungsbehörde schriftlich zu stellen. Ist der Antragsteller eine Körperschaft des öffentlichen Rechts oder eine ihr gleichstehende juristische Person, so hat er darzutun, dass eigene Grundstücke oder sonstige Vermögensgegenstände, die zur Verwirklichung des beabsichtigten Vorhabens ausreichen und geeignet sind, nicht vorhanden sind.

§ 57 a. (1) Ist eine Enteignung nicht offensichtlich unzulässig, so führt die Enteignungsbehörde eine Stellungnahme aller Behörden, deren Aufgabengebiet von der Durchführung des Vorhabens berührt wird, herbei; sie klärt insbesondere, ob öffentlich-rechtliche Vorschriften oder öffentliche Belange dem Vorhaben im Wege stehen.

(2) Ist zwischen den beteiligten Behörden eine Einigung nicht zu erzielen, so entscheidet die gemeinsame übergeordnete Stelle. Meinungsverschiedenheiten zwischen Bundes- und Landesbehörden werden durch Verhandlungen – erforderlichenfalls zwischen den Regierungen – geklärt.

§ 58. (1) Nach Abschluss der Ermittlungen holt die Enteignungsbehörde eine Weisung der Landesregierung oder der von ihr bestimmten Stelle darüber ein, ob das Verfahren eröffnet werden soll, sofern sich die Enteignung für das geplante Vorhaben nicht als ungerechtfertigt erwiesen hat.

(2) Der Vorlage nach Abs. 1 bedarf es nicht, wenn

1. die Zulässigkeit der Enteignung für das geplante Vorhaben durch Gesetz festgestellt ist,

2. die Entscheidung über die Eröffnung des Enteignungsverfahrens durch gesetzliche Vorschrift ausdrücklich der Enteignungsbehörde übertragen ist.

(3) Ist der Träger des Vorhabens der Bund oder eine bundesunmittelbare Körperschaft oder Anstalt, so kann die Bundesregierung die Landesregierung anweisen, die Eröffnung des Enteignungsverfahrens zu veranlassen, wenn dies erforderlich ist, um die Durchführung einzelner wichtiger Vorhaben sicherzustellen.

§ 59. Ausnahmen. (1) Das Vorverfahren nach §§ 57 a, 58 entfällt, wenn

1. dem Enteignungsverfahren ein Verfahren zum Ausgleich der öffentlichen Interessen nach besonderen Gesetzen bereits vorangegangen ist,

2. ein gesetzlich geregeltes Planfeststellungsverfahren stattgefunden hat, in dem eine für alle Beteiligten verbindliche Entscheidung über die Zulässigkeit und die Art der Verwirklichung des Vorhabens herbeigeführt worden ist.

(2) Für die Anwendung des Abs. 1 ist es erforderlich, dass in der bundesrechtlichen Vorschrift nach § 1 bestimmt ist, ob das darin vorgesehene Verfahren ein solches im Sinne des Abs. 1 Nr. 1 oder ein Planfeststellungsverfahren im Sinne des Abs. 1 Nr. 2 ist.

(3) Von dem Vorverfahren nach §§ 57 a, 58 kann abgesehen werden, wenn der nach dem Antrag zu erwartende Enteignungseingriff (§ 2 Abs. 5) von unbedeutendem Ausmaß und geringer Tragweite ist und öffentliche Belange es offensichtlich nicht erfordern.

§ 60. (1) Liegen die Voraussetzungen für die Eröffnung des Enteignungsverfahrens (§§ 58, 59) vor, so hat der Antragsteller auf Aufforderung der Enteignungsbehörde seinen Antrag zu ergänzen. Er hat die für die Enteignung in Betracht kommenden Rechte und Beteiligten (§ 61) sowie die betroffenen Grundstücke anzugeben und die erforderlichen Unterlagen, insbesondere Pläne, Grundbuch und Katasterauszüge, beizubringen.

(2) Der Antragsteller hat glaubhaft zu machen, dass er sich ernsthaft um eine rechtsgeschäftliche Erledigung zu angemessenen Bedingungen vergeblich bemüht hat.

§ 60 a. (1) Die Enteignungsbehörde kann jederzeit die Durchführung des Verfahrens davon abhängig machen, dass

1. die Mittel für die Verwirklichung des Vorhabens nachgewiesen und, soweit es die Behörde für erforderlich hält, sichergestellt sind;

2. etwaige für das Vorhaben erforderliche behördliche Genehmigungen, Erlaubnisse oder Zustimmungen beigebracht werden.

(2) § 8 a Abs. 4 gilt entsprechend.

3. Kapitel. Eröffnung des Enteignungsverfahrens

§ 60 b. (1) Die Enteignungsbehörde eröffnet das Enteignungsverfahren durch eine öffentliche Bekanntmachung im Amtsblatt. Die Bekanntmachung ist den bereits bekannten Beteiligten auszustellen. Die Gemeinden, in denen die Grundstücke liegen, auf die sich die von der Enteignung betroffenen Rechte beziehen, haben die Eröffnung des Verfahrens ortsüblich bekanntzumachen.

(2) Die Bekanntmachung muss enthalten

1. den Enteignungsbegünstigten,

2. das Vorhaben,

3. die allgemeine Beschreibung des Gegenstandes der Enteignung, erforderlichenfalls unter Hinweis auf die auszulegenden Unterlagen (§ 64),

4. die Aufforderung, Einwendungen gegen den Enteignungsantrag unverzüglich bei der in der Bekanntmachung anzugebenden Stelle zu erheben,

5. die Aufforderung, Rechte, die nicht aus dem Grundbuch ersichtlich sind (§ 61 Abs. 1 Nr. 4), und Ansprüche nach §§ 9, 10 unverzüglich bei der in der Bekanntmachung anzugebenden Stelle anzumelden,

6. den Hinweis auf die Folgen der Veränderungen an einem Grundstück nach Eröffnung des Verfahrens (§ 14 a).

(3) Der Enteignungsbegünstigte hat einen Vorschuss in Höhe der Kosten der Bekanntmachung zu leisten.

§ 61. (1) Im Enteignungsverfahren sind Beteiligte

1. der Enteignungsbegünstigte (§ 3 Abs. 1),

2. der Enteignungspflichtige (§ 3 Abs. 2),

3. derjenigen, für welche ein Recht an dem von der Enteignung betroffenen Grundstück oder Recht oder an einem das Grundstück oder Recht belastenden Recht im Grundbuch eingetragen oder durch Eintragung gesichert ist, oder deren Rechtsnachfolger,

ferner nach Maßgabe des Abs. 2

4. Inhaber eines nicht im Grundbuch eingetragenen Rechts an dem von der Enteignung betroffenen Grundstück oder Recht oder an einem das Grundstück oder Recht belastenden Recht,

Inhaber eines Anspruchs mit dem Recht auf Befriedigung aus dem Grundstück,

Inhaber eines persönlichen Rechts, das zum Erwerb, zum Besitz oder zur Nutzung des Grundstücks berechtigt oder die Benutzung des Grundstücks beschränkt,

5. Personen, die Ansprüche nach §§ 9, 10 geltend machen.

(2) Die in Abs. 1 Nr. 4 und 5 bezeichneten Personen werden in dem Zeitpunkt Beteiligte, in dem der Enteignungsbehörde die Anmeldung ihres Rechts oder von Ansprüchen nach §§ 9, 10 zugeht.

(3) Bestehen Zweifel an einem angemeldeten Recht, so hat die Enteignungsbehörde dem Anmeldenden unverzüglich eine Frist zur Glaubhaftmachung seines Rechts zu setzen. Nach fruchtlosem Ablauf der Frist ist er nicht mehr zu beteiligen.

(4) Der im Grundbuch eingetragene Gläubiger einer Hypothek, Grundschuld oder Rentenschuld, für die ein Brief erteilt ist, sowie jeder seiner Rechtsnachfolger hat auf Verlangen der Enteignungsbehörde eine Erklärung darüber abzugeben, ob ein anderer die Hypothek, Grundschuld oder Rentenschuld oder ein Recht daran erworben hat; die Person eines Erwerbers hat er dabei zu bezeichnen. § 65 S. 2 bis 4 gilt entsprechend.

§ 61 a. (1) Ist ein Vertreter nicht vorhanden, so hat auf Ersuchen der Enteignungsbehörde das Vormundschaftsgericht, in dessen Bezirk das Grundstück liegt, auf das sich die von der Enteignung betroffenen Rechte beziehen, einen rechts- und sachkundigen Vertreter zu bestellen

1. für einen Beteiligten, dessen Person unbekannt, oder für eine Person, deren Beteiligung ungewiss ist;

2. für einen abwesenden Beteiligten, dessen Aufenthalt unbekannt ist oder dessen Aufenthalt zwar bekannt ist, der aber an der Besorgung seiner Vermögensangelegenheiten verhindert ist;

3. für einen Beteiligten, dessen Aufenthalt sich nicht innerhalb des Geltungsbereichs dieses Gesetzes befindet, wenn er der Aufforderung der Enteignungsbehörde, einen Vertreter zu bestellen, innerhalb der ihm gesetzten Frist nicht nachgekommen ist;

4. für Gesamthandseigentümer oder Eigentümer nach Bruchteilen sowie für mehrere Inhaber eines sonstigen von der Enteignung betroffenen Rechte, wenn sie der Aufforderung der Enteignungsbehörde, einen gemeinsamen Vertreter zu bestellen, innerhalb der ihnen gesetzten Frist nicht nachgekommen sind;

5. bei herrenlosen Grundstücken zur Wahrung der aus dem Eigentum sich ergebenden Rechte und Pflichten.

Für die Bestellung und für das Amt des Vertreters gelten die Vorschriften des Bürgerlichen Gesetzbuches über die Pflegschaft entsprechend.

(2) Die durch die Bestellung entstehenden Kosten sind Kosten des Enteignungsverfahrens.

§ 62 entfällt.

§ 63. Ist das Eigentum oder ein anderes Recht an einem Grundstück Gegenstand der Enteignung, so teilt die Enteignungsbehörde dem Grundbuchamt die Eröffnung des Enteignungsverfahrens mit. Das Grundbuchamt hat die Enteignungsbehörde von allen Eintragungen zu benachrichtigen, die nach der Eröffnung des Enteignungsverfahrens im Grundbuch der von der Enteignung betroffenen Grundstücke vorgenommen sind und vorgenommen werden.

§ 64. (1) Die Unterlagen für das Vorhaben sind bei der Enteignungsbehörde öffentlich auszulegen. Außerdem sind die für die Unterrichtung der Beteiligten erforderlichen Unterlagen bei den Gemeinden öffentlich auszulegen, in deren Gebiet die Grundstücke liegen, auf welche sich die von der Enteignung betroffenen Rechte beziehen. Die Auslegungsfrist beträgt zwei Wochen.

(2) Der Auslegung bedarf es nicht, wenn

1. dem Enteignungsverfahren ein Planfeststellungsverfahren (§ 59 Abs. 1 Nr. 2) vorausgegangen ist, oder

2. der nach dem Antrag zu erwartende Enteignungseingriff (§ 2 Abs. 5) von unbedeutendem Ausmaß und geringer Tragweite ist.

Der § 65 in der Fassung vom 27.10.1955 entfällt.

§ 65. Die Enteignungsbehörde kann anordnen, dass

1. Beteiligte persönlich erscheinen,

2. Beteiligte die in ihrem Besitz befindlichen, zur Aufklärung notwendigen Urkunden und sonstige Unterlagen vorlegen,

3. Hypotheken-, Grundschuld- und Rentenschuldgläubiger die in ihrem Besitz befindlichen Hypotheken-, Grundschuld- und Rentenschuldbriefe vorlegen.

Für den Fall der Zuwiderhandlung kann ein Zwangsgeld bis zu eintausend Deutsche Mark angedroht und festgesetzt werden. Ist Beteiligter eine juristische Person oder eine nicht rechtsfähige Personenvereinigung, so ist das Zwangsgeld dem nach Gesetz oder Satzung Vertretungsberechtigten anzudrohen und gegen ihn festzusetzen. Androhung und Festsetzung können wiederholt werden.

4. Kapitel. Gütliche Einigung

§ 65 a. Die Enteignungsbehörde hat in jeder Lage des Verfahrens auf eine Einlegung zwischen den Beteiligten hinzuwirken.

§ 65 b. Einigen sich die Beteiligten über alle Streitpunkte, so hat die Enteignungsbehörde eine Niederschrift über die Einigung aufzunehmen. Die Niederschrift muss den Erfordernissen des § 86 entsprechen. Sie ist von den Beteiligten zu unterschreiben. Ein Bevollmächtigter bedarf einer öffentlich beglaubigten Vollmacht.

§ 65 c. (1) § 65 b gilt entsprechend, wenn sich die Beteiligten oder ein Teil von ihnen über einzelne Streitpunkte einigen, die im Falle des Erlasses eines Enteignungsbeschlusses Gegenstand eines solchen nach § 86 Abs. 1 und Abs. 2 S. 1 und 2 wären.

(2) Einigen sich die Beteiligten oder ein Teil von ihnen über andere Streitpunkte, so soll die Enteignungsbehörde eine Niederschrift über die Einigung aufnehmen, wenn sie dies für zweckmäßig hält. § 65 b Abs. 1 S. 3 und 4 ist anzuwenden.

§ 65 d. (1) In den Fällen des § 65 b steht die beurkundete Einigung einem nicht mehr anfechtbaren Enteignungsbeschluss gleich.

(2) Die Anfechtung eines Enteignungsbeschlusses ist insoweit ausgeschlossen, als ihm eine Einigung gemäß § 65 c zugrunde liegt.

§ 65 e. (1) In den Fällen des § 65 b und des § 65 c Abs. 1 findet aus der Niederschrift über die Einigung die Zwangsvollstreckung nach den Vorschriften der Zivilprozessordnung über die Vollstreckung von Urteilen in bürgerlichen Rechtsstreitigkeiten insoweit statt, als sie aus einem Enteignungsbeschluss nach § 89 a möglich wäre.

(2) § 8 g Abs. 2 gilt entsprechend.

5. Kapitel. Mündliche Verhandlung

§ 66. (1) Nach Ablauf der Auslegungsfrist (§ 64 Abs. 1 S. 3) ist der Enteignungsantrag in mündlicher Verhandlung mit den Beteiligten, nötigenfalls an Ort und Stelle, zu erörtern.

(2) Die Verhandlung muss sich erstrecken

1. auf die Enteignungspflicht
2. auf Art und Ausmaß der Entschädigung.

Hierbei ist auch darüber zu verhandeln, ob Rechte von Nebenberechtigten aufrecht erhalten werden sollen (§ 44).

(3) Über die Verpflichtungen des Enteignungsbegünstigten nach §§ 9, 10 ist zu verhandeln, wenn ein entsprechender Antrag gestellt wird oder die Enteignungsbehörde die Verhandlung über Ansprüche und Verpflichtungen nach §§ 9, 10 für sachdienlich hält.

§ 66 a. (1) Zum Verhandlungstermin sind zu laden

1. die Beteiligten;
2. die Gemeinden und die Landkreise, in denen die Grundstücke liegen, auf die sich die von der Enteignung betroffenen Rechte beziehen;
3. die Behörden, deren Aufgabengebiet von der Durchführung der Enteignung berührt wird;
4. wer Einwendungen gegen den Enteignungsantrag erhoben hat.

Die Frist zur Ladung zum ersten Termin beträgt zwei Wochen. Die Ladung zum Termin kann mit der Zustellung der Bekanntmachung der Eröffnung des Enteignungsverfahrens (§ 60 Abs. 1 S. 2) verbunden werden.

(2) Über den Enteignungsantrag und andere im Verfahren zu erledigende Anträge kann auch bei Nichterscheinen der zum Termin Geladenen verhandelt und entschieden werden.

(3) Die Ladung muss enthalten

1. bei den Beteiligten den Hinweis auf die Bekanntmachung der Eröffnung des Enteignungsverfahrens;
2. bei den nach Abs. 1 S. 1 Nr. 2 und 3 zu ladenden Behörden die in § 60 b Abs. 2 bezeichneten Angaben;
3. den Hinweis auf die Vorschrift des Abs. 2;
4. den Hinweis auf die Vorschrift des § 67.

(4) Die Ladung von Personen, deren Beteiligung auf einem Antrag zur Ersatzlandenteignung beruht, muss außer dem in Abs. 3 vorgeschriebenen Inhalt auch die Bezeichnung des Eigentümers, der in Land entschädigt werden soll, und des Grundstücks, für das die Entschädigung in Land gewährt werden soll, enthalten.

(5) Tag und Ort des ersten Termins sind im Amtsblatt der Enteignungsbehörde und in den Gemeinden ortsüblich bekanntzumachen, in denen die Grundstücke liegen, auf die sich die von der Enteignung betroffenen Rechte beziehen. Hierbei sind diejenigen, deren Rechte durch das Enteignungsverfahren beeinträchtigt werden, aufzufordern, ihre Rechte im Termin wahrzunehmen; sie sind ferner auf die Vorschriften des Abs. 2 und des § 67 hinzuweisen.

§ 67. (1) Einwendungen gegen den Enteignungsantrag, Rechte und Ansprüche im Sinne des § 61 Abs. 1 Nr. 4, ein Verlangen nach § 6 Abs. 1 S. 1 Abs. 2 und 3 und nach § 47, Anträge nach § 18 Abs. 1 Nr. 2, § 20 Abs. 1 und 2, § 21 Abs. 1 und 2, § 23, § 24 Abs. 1, § 25 und Ansprüche nach §§ 9, 10 sind bis zum Schluss des ersten Termins geltend zu machen oder vorzubringen. Einwendungen gegen den Enteignungsantrag und Ansprüche nach §§ 9, 10 sollen schriftlich begründet werden.

(2) Nach dem ersten Termin vorgebrachte Einwendungen und Begehren im Sinne des Abs. 1 S. 1 werden nicht mehr berücksichtigt; dies gilt auch für das gerichtliche Verfahren.

§ 68 entfällt (§ 68 des Entwurfs vom 27.10.1955 wird § 61 a)

§ 69 des Entwurfs vom 27.10.1955 entfällt ersatzlos

§ 70 des Entwurfs vom 27.10.1955 entfällt (nunmehr in § 67 aufgegangen).

§ 70 a. Der in einem Planfeststellungsverfahren (§ 59 Abs. 1 Nr. 2) festgestellte Plan ist bei der Feststellung der Enteignungspflicht zugrunde zu legen und für die Enteignungsbehörde bindend.

(§ 71 des Entwurfs vom 27.10.1955 ist teils in § 66 Abs. 2 aufgegangen, teils entfällt er im Hinblick auf die Zusammenfassung des Kapitels über die Enteignungspflicht und über die Entschädigungsfestsetzung in einem Kapitel.)

§ 71 a. (1) Über die Verhandlung ist eine Niederschrift aufzunehmen.

(2) Die Niederschrift muss enthalten

1. die mündlich erhobenen Einwendungen,
2. in welchem Umfang über Ansprüche und Verpflichtungen nach §§ 9, 10 verhandelt wurde,
3. welche Geldentschädigung der Entschädigungsberechtigte fordert,
4. ob und in welcher Höhe der Entschädigungsberechtigte eine zusätzliche Geldentschädigung fordert (§ 37 Abs. 2 S. 1),
5. ob und in welcher Höhe der Enteignungsbegünstigte eine Ausgleichszahlung fordert (§ 37 Abs. 2 S. 2),
6. welche Geldentschädigung oder zusätzliche Geldentschädigung der Enteignungsbegünstigte und welche Ausgleichszahlung der Entschädigungsberechtigte zu leisten bereit ist (Anerkenntnisbetrag).

(3) Wer eine Erklärung nach Abs. 2 Nr. 6 abgibt, hat den sie enthaltenden Teil der Niederschrift zu unterschreiben.

§ 71 b. Wird ein Antrag auf Entschädigung in Land gestellt (§§ 21, 67 Abs. 1) und liegen die Voraussetzungen des § 21 Abs. 1 S. 1 Nr. 1 und 2 oder des § 21 Abs. 2 Nr. 1 und 2 vor, so hat der Enteignungsbegünstigte der Enteignungsbehörde auf Verlangen Auskunft über die in seinem Eigentum stehenden Grundstücke zu erteilen. Die Enteignungsbehörde bestimmt den Umfang der Auskunftspflicht.

§ 71 c. Hat der Enteignungsbegünstigte Ersatzland, so ermittelt die Enteignungsbehörde ein, erforderlichenfalls mehrere geeignete Grundstücke und fordert den Enteignungspflichtigen zur Erklärung auf, ob er diese Grundstücke als Entschädigung anzunehmen bereit ist. Weigert sich der Enteignungspflichtige aus ungerechtfertigten Gründen, so wird er in Geld entschädigt; erklärt er sich zur Annahme der Grundstücke bereit, so werden diese in das Verfahren einbezogen. Lehnt der Enteignungsbegünstigte es ab, die Entschädigung des Enteignungspflichtigen durch Übereignung der Grundstücke zu leisten, so hat hinsichtlich dieser Grundstücke der Enteignungsbegünstigte die Stellung eines Enteignungspflichtigen, der Enteignungspflichtige die eines Enteignungsbegünstigten; die Vorschriften der §§ 5, 6 Abs. 2 und 4, der §§ 8 bis 8 g, die Vorschriften über die Bewertung des Gegenstandes

der Enteignung und über die Behandlung der Nebenberechtigten und die Vorschriften der §§ 56 a, 60 b, 61, 61 a, 63, 64, 65, 65 a bis 65 e, 66, 66 a, 67, 71 a sind sinngemäß anzuwenden.

§ 71 d. (1) Hat der Enteignungsbegünstigte kein Ersatzland, so hat die Enteignungsbehörde nach Maßgabe des § 7 Abs. 2 zu ermitteln, ob geeignetes Ersatzland vorhanden ist. Die Siedlungsunternehmen des Landes (§ 1 des Reichssiedlungsgesetzes) haben der Enteignungsbehörde auf deren Ersuchen Auskunft darüber zu erteilen, ob Ersatzland vorhanden ist und beschafft werden kann.

(2) Werden im Verfahren nach Abs. 1 für die Entschädigung in Land geeignete Grundstücke ermittelt, die nur im Wege der Enteignung beschafft werden können, und liegen die Voraussetzungen für eine Ersatzlandenteignung vor (§ 7 Abs. 1), so fordert die Enteignungsbehörde den Enteignungspflichtigen des Erstverfahrens zur Erklärung auf, ob er diese Grundstücke als Entschädigung anzunehmen bereit ist. Weigert sich der Enteignungspflichtige aus ungerechtfertigten Gründen, so wird er in Geld entschädigt. Erklärt er sich zur Annahme der Grundstücke bereit, so hat der Enteignungsbegünstigte des Erstverfahrens bei Meidung der Ablehnung seines Enteignungsantrags auf Aufforderung der Enteignungsbehörde die Enteignung der Grundstücke zum Zwecke der Entschädigung des Enteignungspflichtigen des Erstverfahrens zu beantragen. Für die Enteignung des Ersatzlandes gelten die Vorschriften dieses Gesetzes sinngemäß mit der Maßgabe, dass das Vorverfahren nach §§ 57 a bis 59 nicht stattfindet und die Entschädigung nicht in Land gewährt wird.

§ 71 e. Wird ein Antrag nach § 23 gestellt, so hat der Enteignungsbegünstigte der Enteignungsbehörde auf Verlangen Auskunft über die ihm zustehenden Rechte der in § 23 bezeichneten und vom Entschädigungsberechtigten beantragten Art und über die ihm gehörenden Grundstücke zu erteilen, die für die Bestellung eines solchen Rechts in Betracht kommen. Die Enteignungsbehörde bestimmt den Umfang der Auskunftspflicht.

§ 71 f. (1) Wird ein Antrag nach § 24 gestellt, so ermittelt die Enteignungsbehörde, ob der Enteignungsbegünstigte oder ein Dritter in der Lage und bereit ist, Grundstücke oder Räume an entschädigungsberechtigte Mieter zu vermieten oder Wohnungen oder sonstige Baulichkeiten zu erstellen, um sie entschädigungsberechtigten Mietern zu vermieten. Der Enteignungsbegünstigte hat der Enteignungsbehörde auf Verlangen die zu den Ermittlungen nach Satz 1 erforderlichen Auskünfte zu erteilen; die Enteignungsbehörde bestimmt den Umfang der Auskunftspflicht.

(2) Lehnt der entschädigungsberechtigte Mieter die Entschädigung durch Begründung eines Mietverhältnisses an geeigneten Grundstücken oder Räumen oder an geeigneten zu erstellenden Wohnungen oder sonstigen Baulichkeiten aus ungerechtfertigten Gründen ab, so wird er in Geld entschädigt.

§ 71 g. Wird ein Antrag nach § 25 gestellt und liegen die Voraussetzungen dieser Vorschrift vor, so ermittelt die Enteignungsbehörde, ob der Enteignungsbegünstigte oder ein Dritter in der Lage und bereit ist, dem entschädigungsberechtigten Pächter

die Nutzung eines geeigneten Grundstücks zur Fortführung seines landwirtschaftlichen oder gärtnerischen Betriebes zu überlassen. Die Vorschriften des § 71 f Abs. 1 S. 2 und Abs. 2 und des § 71 d Abs. 1 S. 2 gelten sinngemäß.

6. Kapitel. Enteignungsbeschluss

§ 85. (1) Aufgrund der Ergebnisse der mündlichen Verhandlung erlässt die Enteignungsbehörde den Enteignungsbeschluss, sofern der Enteignungsantrag nicht abzulehnen ist.

(2) Der Enteignungsbeschluss ersetzt eine Ausnahmegenehmigung der Preisbehörde.

(3) Im Falle des § 71 d Abs. 2 S. 3 kann der Beschluss über die Enteignung des Ersatzlandes vor oder gleichzeitig mit dem Enteignungsbeschluss des Erstverfahrens ergehen.

§ 86. (1) Der Enteignungsbeschluss muss enthalten:

1. die Bezeichnung des Enteignungspflichtigen und des Enteignungsbegünstigten sowie des Zwecks der Enteignung,

2. die Bezeichnung des Gegenstandes der Enteignung; hierbei ist anzugeben

a) soweit das Eigentum an einem Grundstück Gegenstand der Enteignung ist, das Grundstück mit Flurstücknummer, Lage, Nutzungsart und Fläche; bei einem Grundstücksteil ist zu seiner Bezeichnung auf die für die Abschreibung eines Grundstücksteils nach der Grundbuchordnung erforderlichen Unterlagen Bezug zu nehmen,

b) soweit ein anderes Recht an einem Grundstück Gegenstand einer selbständigen Enteignung ist, dieses nach Inhalt und grundbuchmäßiger Bezeichnung,

c) soweit ein persönliches Recht Gegenstand einer selbständigen Enteignung ist, dieses nach seinem Inhalt und dem Grund seines Bestehens,

d) soweit die Enteignung auf das Zubehör ausgedehnt wird, die hiervon betroffenen Sachen,

3. die Rechtsänderung (§ 2 Abs. 5 S. 1), die durch den Enteignungsbeschluss hinsichtlich des Gegenstandes der Enteignung bewirkt werden soll; sie ist ihrem Inhalt nach im Einzelnen zu bestimmen,

3 a. bei Begründung eines Rechtsverhältnisses, das ein Recht der in § 2 Abs. 1 Nr. 3 bezeichneten Art gewährt (§ 2 Abs. 5 S. 2), die Bezeichnung des Rechtsverhältnisses, der daran Beteiligten und der für das Rechtsverhältnis maßgebenden Vertragsbedingungen,

4. die Entscheidung darüber, welche Rechte aufrecht erhalten werden (§ 44); bei unveränderter Aufrechterhaltung kann, wenn das Recht im Grundbuch eingetragen ist, auf dieses Bezug genommen werden; bei seiner Veränderung ist die Rechtsänderung zu bezeichnen,

5. bei Ersatz eines Rechts an einem Grundstück (§ 44 Abs. 4 S. 1) Art, Inhalt und Rang des neuen Rechts sowie die Bezeichnung des Berechtigten,

5 a. bei Ersatz eines persönlichen Rechts (§ 44 Abs. 4 S. 2) Art und Inhalt des neuen Rechtsverhältnisses sowie die Bezeichnung der daran Beteiligten,

6. die Festsetzung der Entschädigung, und zwar

a) bei Entschädigung in einer Kapitalsumme (§ 17 Abs. 1) den Betrag,

b) bei Entschädigung in wiederkehrenden Geldleistungen (§ 17 Abs. 1) die Höhe und Fälligkeit der Beträge und die Laufzeit,

c) bei Entschädigung in Land (§ 21) die Bezeichnung des Ersatzlandes in der in Nr. 2 Buchst. a angegebenen Weise,

d) bei Entschädigung durch Übertragung oder Bestellung von Wohnungseigentum, Teileigentum, eines Dauerwohnrechts oder Dauernutzungsrechts (§ 23) die Bezeichnung des Rechts nach Art und Inhalt, soweit nicht § 86 a Abs. 1 anzuwenden ist,

c) bei Entschädigung durch Begründung eines Mietverhältnisses nach § 24 oder eines Nutzungsverhältnisses nach § 25 die für dieses maßgebenden Vertragsbedingungen,

f) in den Fällen der Buchstaben c bis e auch die Beträge einer zusätzlichen Geldentschädigung oder Ausgleichszahlung,

7. die Angabe der Anerkennungsbeträge (§ 71 a Abs. 2 Nr. 6),

8. bei einer Auflage nach § 22 Abs. 1 die Anordnung darüber, wie das Ersatzland herzurichten ist.

(2) Im Falle des § 66 Abs. 3 muss der Enteignungsbeschluss auch eine Entscheidung über die Ansprüche und Verpflichtungen nach §§ 9, 10 enthalten. Hierbei ist

1. in den Fällen des § 9

a) die Vorkehrung näher zu bezeichnen,

b) anzugeben, wer die Vorkehrung zu treffen hat,

c) die Kostentragungspflicht des Enteignungsbegünstigten dem Grunde nach festzustellen,

2. in den Fällen des § 10

a) der Anspruchsberechtigte anzugeben,

b) die Verpflichtung des Enteignungsbegünstigten dem Grunde nach festzustellen.

Die Enteignungsbehörde ist an Anträge nicht gebunden. Sie kann die Leistung einer Sicherheit für die Erfüllung der festgesetzten Verpflichtungen verlangen; § 8 a Abs. 4 gilt entsprechend. Soweit die Sach- und Rechtslage eine Entscheidung über Ansprüche und Verpflichtungen nach §§ 9, 10 nicht zulässt, ist die Geltendmachung solcher Ansprüche im Enteignungsbeschluss vorzubehalten. Die Enteignungsbehörde bleibt für die Entscheidung auch insoweit zuständig, als über die Ansprüche und Verpflichtungen nach §§ 9, 10 nicht entschieden wurde.

(3) In den Fällen des Abs. 1 Nr. 6 ist zu bestimmen, wer die Leistung zu erbringen hat und an wen sie zu bewirken ist. Geldentschädigungen, aus denen andere Entschädigungsberechtigte nach § 45 Nr. 2 zu befriedigen sind, müssen als solche kenntlich gemacht und von den übrigen Geldentschädigungen getrennt ausgewiesen werden.

(4) Soll eine in wiederkehrenden Leistungen zu entrichtende Entschädigung dinglich gesichert werden (§ 19 Nr. 2), so ist der Rang der dinglichen Sicherung (z.B. Rentenschuld, Reallast) so zu bestimmen, dass die bestehenden oder aufrecht erhaltenen Rechte keine Rangverschlechterung gegenüber dem Stand vor

der Enteignung erleiden. Im Falle der Bestellung einer Rentenschuld sind der Ablösungsbetrag (§ 1199 Abs. 2 des Bürgerlichen Gesetzbuchs) und der Zeitpunkt zu bestimmen, vor dem die Rentenschuld nicht abgelöst werden kann.

(5) Im Enteignungsbeschluss ist anzugeben, welche Leistungen nach Abs. 1 und 2 vor Erlass der Ausführungsanordnung (§ 91) erbracht sein müssen.

§ 86 a. (1) Soll dem Antrag nach § 23 entsprochen werden und ist der Enteignungsbegünstigte Inhaber eines übertragbaren Rechts der in § 23 bezeichneten und vom Entschädigungsberechtigten beantragten Art oder Eigentümer eines für die Bestellung eines solchen Rechts geeigneten Grundstücks, ist aber die Übertragung, Bestellung oder die Bewertung eines solchen Rechts im Zeitpunkt des Erlasses des Enteignungsbeschlusses noch nicht möglich, so kann die Enteignungsbehörde im Enteignungsbeschluss neben der Festsetzung der Entschädigung in Geld dem Enteignungsbegünstigten aufgeben, binnen einer bestimmten Frist dem Enteignungspflichtigen ein Recht der bezeichneten Art zu angemessenen Bedingungen anzubieten.

(2) Bietet der Enteignungsbegünstigte binnen der im Enteignungsbeschluss bestimmten Frist ein Recht der bezeichneten Art nicht an oder einigt er sich mit dem Enteignungspflichtigen nicht, so wird ihm ein solches Recht auf Antrag des Enteignungspflichtigen durch Enteignung entzogen. Die Enteignungsbehörde setzt den Inhalt des Rechts fest, soweit dessen Inhalt durch Vereinbarung bestimmt werden kann; im Übrigen sind die Vorschriften dieses Gesetzes über die Entschädigung und das Verfahren sinngemäß anzuwenden.

(3) Der Antrag nach Abs. 2 kann nur innerhalb von sechs Monaten nach Ablauf der im Enteignungsbeschluss bestimmten Frist gestellt werden.

§ 87 des Entwurfs vom 27.10.1955 und § 87 a des Entwurfs vom Februar 1958 entfallen. (§ 87 ist in § 86 aufgegangen)

§ 87 a. Im Falle einer Minderung einer Entschädigung gemäß § 39 Abs. 1 sind in der Begründung des Enteignungsbeschlusses die Beträge, um die sich die nach §§ 16 bis 36 errechnenden Werte und die nach §§ 37, 38 zu ermittelnden Beträge mindern, anzugeben. [Endgültige Formulierung hängt von Formulierung des § 39 ab.]

§ 88. (1) Der auf den Enteignungsantrag ergehende Beschluss ist zu begründen und mit einer Belehrung über Form und Frist des zulässigen Rechtsbehelfs (§ 107 a) zu versehen.

(2) Der Beschluss ist den Beteiligten zuzustellen. Die Zustellung eines den jeweiligen Beteiligten betreffenden Auszuges genügt. Der Teil des Beschlusses über die Entschädigung ist jedem, der einen Anspruch hat oder geltend gemacht hat, zuzustellen.

§ 89. Ist im Grundbuch die Anordnung der Zwangsversteigerung oder der Zwangsverwaltung eingetragen, so gibt die Enteignungsbehörde dem Vollstreckungsgericht von dem Enteignungsbeschluss Kenntnis.

§ 89 a. (1) Aus einem unanfechtbar gewordenen Enteignungsbeschluss findet die Zwangsvollstreckung nach den Vorschriften der Zivilprozessordnung über die Vollstreckung von Urteilen in bürgerlichen Rechtsstreitigkeiten statt

1. hinsichtlich einer festgesetzten Ausgleichszahlung (§ 86 Abs. 1 Nr. 6 Buchst. f), wenn die Ausführungsanordnung erlassen und dem Enteignungspflichtigen des Erstverfahrens zugestellt ist (§ 91 Abs. 1 und Abs. 4 S. 1),

2. hinsichtlich einer Anordnung nach § 86 Abs. 1 Nr. 8,

3. hinsichtlich der Entscheidung über die Verpflichtung des Enteignungsbegünstigten, nach § 9 Abs. 1 S. 1 eine Vorkehrung zu treffen (§ 86 Abs. 2 S. 2 Nr. 1 Buchst. a und b),

4. hinsichtlich der weiteren Entscheidung über Verpflichtungen nach §§ 9 und 10, wenn die zu bewirkenden Leistungen im Enteignungsbeschluss in einer für die Vollstreckung ausreichenden Weise bestimmt sind,

5. soweit dem Enteignungsbegünstigten der Besitz an dem enteigneten Grundstück verschafft werden soll, wenn die Ausführungsanordnung erlassen und dem Enteignungspflichtigen zugestellt sowie der Enteignungsbeschluss wirksam geworden ist (§ 91 Abs. 1).

(2) § 8 g Abs. 2 gilt entsprechend.

§ 89 b. (1) Ist die Entschädigung in einer Kapitalsumme festgesetzt worden, so ist diese in Höhe des Anerkenntnisbetrages (§ 71 a Abs. 2 Nr. 6), mindestens jedoch in Höhe von siebzig vom Hundert, Zug um Zug gegen Überlassung der Nutzung der zu enteignenden Sache oder der Ausübung des zu enteignenden Rechts an den Enteignungsbegünstigten zu leisten, wenn

1. der Enteignungspflichtige auf die Anfechtung des Enteignungsbeschlusses verzichtet oder einen Antrag auf gerichtliche Entscheidung (§ 107 a) oder die Revision (§ 107 m) zurücknimmt und

2. der Enteignungsbegünstigte seinen Antrag auf gerichtliche Entscheidung auf die Anfechtung des Teils des Enteignungsbeschlusses beschränkt, in dem die Höhe der Entschädigung festgesetzt ist, oder einen weitergehenden Antrag zurücknimmt.

(2) Aus dem Enteignungsbeschluss findet hinsichtlich des in Abs. 1 bezeichneten Betrages die Zwangsvollstreckung nach den Vorschriften des Zivilprozesses über die Vollstreckung von Urteilen in bürgerlichen Rechtsstreitigkeiten statt, wenn die Voraussetzungen des Abs. 1 erfüllt sind. § 8 g Abs. 2 gilt entsprechend.

(3) Ist die Entscheidung in Höhe des in Abs. 1 bezeichneten Betrages geleistet, so hat die Enteignungsbehörde eine vorzeitige Ausführungsverordnung zu erlassen. Die Vorschriften des § 91 Abs. 1 Nr. 1, Abs. 2 bis 4 und der §§ 91 d bis 95 gelten entsprechend.

(4) Ficht auch ein Nebenberechtigter oder ein anderer Beteiligter wegen der Entscheidung über Ansprüche oder Verpflichtungen nach §§ 9, 10 den Enteignungsbeschluss an, so ist die vorzeitige Ausführungsanordnung erst zu erlassen, wenn eine von der Enteignungsbehörde zur Sicherung der Ansprüche des Anfechtenden für erforderlich erachtete Sicherheit gestellt ist. Für die Freigabe der Sicherheit gilt § 8 a Abs. 4 entsprechend.

§ 89 c. Nach Ablauf eines Monats, nachdem der Enteignungsbeschluss unanfechtbar geworden ist, und nach Erlass einer vorzeitigen Ausführungsanordnung (§ 89 b Abs. 3, §§ 91 a bis 91 c) kann der Antrag auf Durchführung des Enteignungsverfahrens nicht mehr zurückgenommen werden.

§ 89 d. (1) Hat der nach § 13 zur Leistung der Entschädigung Verpflichtete die Geldentscheidung oder die zusätzliche Geldentschädigung, sofern diese in einer Kapitalsumme bestehen, nicht innerhalb eines Monats nach dem Zeitpunkt, in dem der Enteignungsbeschluss unanfechtbar geworden ist, nebst den fälligen Zinsen gezahlt oder zulässigerweise unter Verzicht auf das Recht der Rücknahme hinterlegt, so kann die Aufhebung des Enteignungsbeschlusses beantragt werden. Antragsberechtigt ist jeder Beteiligte, der Anspruch auf eine Geldentschädigung oder eine zusätzliche Geldentscheidung hat, diese in einer Kapitalsumme bestehen, oder der nach § 45 Nr. 2 aus der Geldentscheidung oder der zusätzlichen Geldentschädigung zu befriedigen ist. Dem Antrag ist stattzugeben, wenn der Anspruch des Antragstellers nicht innerhalb eines Monats nach Bekanntgabe des Antrags an den Entschädigungspflichtigen befriedigt ist. Die aus Anlass des Antrags entstandenen Kosten hat der Entschädigungspflichtige zu tragen.

(2) Vor der Aufhebung des Enteignungsbeschlusses ist der Entschädigungspflichtige zu hören. Der Aufhebungsbeschluss ist allen Beteiligten zuzustellen.

§ 89 e. (1) Wird der Enteignungsantrag zurückgenommen oder abgelehnt oder der Enteignungsbeschluss aufgehoben, so hat der Antragsteller für die Vermögensnachteile, die durch die Einleitung oder Durchführung des Enteignungsverfahrens entstanden sind, eine Entschädigung in Geld zu leisten. § 8 e Abs. 1 S. 2 und Abs. 2 gilt entsprechend.

(2) Wird der Enteignungsbeschluss durch die Entscheidung eines Gerichts aufgehoben, so tritt die Entschädigungspflicht nicht ein, wenn die Sache gleichzeitig an die Enteignungsbehörde oder den Vorderrichter zurückverwiesen wird.

§ 89 f. Die Höhe der Entschädigung nach § 89 e ist von der Enteignungsbehörde in einem besonderen Beschluss festzusetzen. § 8 f Abs. 1 S. 2 und 3, Abs. 2 und 3 gilt entsprechend.

§ 89 g. (1) Aus dem unanfechtbar gewordenen Beschluss über die Festsetzung der Entschädigung nach § 89 e und aus der Niederschrift über eine Einigung über eine solche Entschädigung findet die Zwangsvollstreckung nach den Vorschriften der Zivilprozessordnung über die Vollstreckung von Urteilen in bürgerlichen Rechtsstreitigkeiten statt.

(2) § 8 g Abs. 2 gilt entsprechend.

§ 90 des Entwurfs vom 27.10.1955 entfällt im Hinblick auf den Wegfall der Aufgliederung des Bundesenteignungsgesetzes in Teil A und Teil B

§ 90 a des Zwischenentwurfs vom 30.4.1957 ist nunmehr § 89 b

7. Kapitel. Vorzeitige Besitzeinweisung

§ 90 b. (1) Ist die sofortige Ausführung des die Enteignung erfordernden Vorhabens aus Gründen des allgemeinen Wohls geboten und die Besitzeinweisung für die Durchführung der beabsichtigten Maßnahmen notwendig, so kann die Enteignungsbehörde nach Eröffnung des Enteignungsverfahrens den Enteignungsbegünstigten auf Antrag in den Besitz des für die Enteignung vorgesehenen Grundstücks einweisen (Besitzeinweisungsbeschluss). Die vorzeitige Besitzeinweisung ist auch nach Erlass des Enteignungsbeschlusses zulässig, wenn nicht eine gerichtliche Entscheidung ergangen ist, die die Enteignung als unzulässig erklärt.

(2) Der Enteignungspflichtige kann in den Besitz des Ersatzlandes vorzeitig eingewiesen werden, wenn ihm der Besitz an dem zu enteignenden Grundstück durch Besitzeinweisung entzogen wird und ohne die vorzeitige Besitzeinweisung seine wirtschaftliche Daseinsgrundlage gefährdet wäre.

(3) Der Besitzeinweisung muss eine mündliche Verhandlung mit dem Eigentümer und, wenn ein anderer durch die Besitzeinweisung betroffen wird, auch mit diesem vorausgehen. Bei ordnungsmäßiger Ladung kann jedoch auch bei Nichterscheinen des Eigentümers oder eines anderen durch die Besitzeinweisung Betroffenen verhandelt und über den Antrag auf vorzeitige Besitzeinweisung entschieden werden; hierauf ist in der Ladung zur mündlichen Verhandlung hinzuweisen. Die Verhandlung kann im Termin zur mündlichen Verhandlung nach § 66 Abs. 1 stattfinden, wenn in der Ladung zu diesem Termin ein entsprechender Hinweis enthalten war.

(4) § 71 a Abs. 1 und Abs. 2 Nr. 1 und 3 gilt entsprechend.

§ 90 c. Die Besitzeinweisung wird in dem von der Enteignungsbehörde bezeichneten Zeitpunkt wirksam. Auf Antrag des unmittelbaren Besitzers ist dieser Zeitpunkt auf mindestens zwei Wochen nach Zustellung des Besitzeinweisungsbeschlusses an ihn festzusetzen. Sind auf dem Grundstück bewohnte Gebäude vorhanden, so ist dieser Zeitpunkt so festzusetzen, dass die angemessene anderweitige Unterbringung der Betroffenen durch den Enteignungsbegünstigten gesichert ist; entsprechendes gilt für die auf dem Grundstück ansässigen Betriebe und die auf dem Grundstück vorhandenen Verkehrs-, Fernmelde- und Versorgungseinrichtungen und –anlagen sowie Einrichtungen und Anlagen der Abwasserwirtschaft.

§ 90 d. (1) Die Enteignungsbehörde kann den Besitzeinweisungsbeschluss unter Bedingungen oder mit Auflagen erlassen.

(2) Auf Antrag eines Betroffenen hat die Enteignungsbehörde die Wirksamkeit der Besitzeinweisung davon abhängig zu machen, dass der Enteignungsbegünstigte bis zu einem von ihr zu bestimmenden Termin eine den Umständen entsprechende Sicherheit oder Abschlagzahlung auf die Enteignungsentschädigung leistet. Art und Höhe der Sicherheit sowie die Verteilung der Abschlagzahlung bestimmt die Enteignungsbehörde. § 8 a Abs. 4 gilt entsprechend.

§ 90 e. (1) Der Enteignungsbegünstigte hat die Betroffenen für die Vermögensnachteile, die durch die vorzeitige Besitzeinweisung entstehen, zu entschädigen (Besitzeinweisungsentschädigung).

(2) Die Besitzeinweisung kann in Geld (einmaliger Geldbetrag oder wiederkehrende Leistungen) und in der Zuweisung eines angemessenen Ersatzraumes bestehen. Weigert sich der Betroffene aus ungerechtfertigten Gründen, den zugewiesenen Ersatzraum anzunehmen, so wird er in Geld entschädigt.

(3) Eine Geldentschädigung, bei wiederkehrenden Leistungen die erste Rate, ist in dem Zeitpunkt fällig, in dem die Besitzeinweisung wirksam wird.

§ 90 f. Auf Antrag des Enteignungsbegünstigten oder eines durch die Besitzeinweisung Betroffenen hat die Enteignungsbehörde den Zustand des Grundstücks vor der Besitzeinweisung in einer Niederschrift feststellen zu lassen, soweit er für die Besitzeinweisungs- oder die Enteignungsentschädigung von Bedeutung ist. Der Zustand des Grundstücks kann auch von Amts wegen festgestellt werden. Den in Satz 1 genannten Beteiligten ist eine Abschrift der Niederschrift zu übersenden.

§ 90 g. (1) Der Besitzeinweisungsbeschluss muss enthalten

1. die Bezeichnung der durch die Besitzeinweisung Betroffenen und des Enteignungsbegründeten sowie des Zwecks, für den die Enteignung vorgesehen ist,
2. die Bezeichnung des Grundstücks mit Flurstück-Nummer, Lage, Nutzungsart und Fläche; wenn die Enteignung eines Grundstücksteils vorgesehen ist, ist die Begrenzung dieses Teils zu beschreiben,
3. im Falle des § 90 d Abs. 2 Art und Höhe der Sicherheitsleistung oder Abschlagzahlung und die Angabe des Leistungstermins,
4. die Festsetzung der Besitzeinweisungsentschädigung (§ 90 e); hierbei ist auch zu bestimmen, wer sie zu leisten hat und an wen die Leistung zu bewirken ist,
5. den Zeitpunkt, in dem die Besitzeinweisung wirksam wird (§ 90 c), sofern die Festsetzung des Zeitpunkts nicht ausdrücklich vorbehalten bleibt.

(2) Der Besitzeinweisungsbeschluss ist zu begründen und mit einer Belehrung über Form und Frist des zulässigen Rechtsbehelfs (§ 107 a) zu versehen. Er ist den betroffenen Beteiligten zuzustellen.

§ 90 h. In dem Zeitpunkt, in dem der Besitzeinweisungsbeschluss wirksam wird, wird dem Eigentümer, und wenn ein anderer unmittelbarer Besitzer ist, auch diesem das Recht zum Besitz entzogen und auf den Enteignungsbegünstigten übertragen. Der Enteignungsbegünstigte darf auf dem Grundstück das im Enteignungsantrag bezeichnete Vorhaben ausführen und die dafür auf dem Grundstück erforderlichen Maßnahmen treffen. Durch die Besitzeinweisung wird ein Recht zur Nutzung des Grundstücks insoweit ausgeschlossen, als die Ausübung der Nutzung mit dem Zweck der Besitzeinweisung nicht vereinbart ist.

§ 90 i. (1) Aus einem unanfechtbar gewordenen Besitzeinweisungsbeschluss findet die Zwangsvollstreckung nach den Vorschriften der Zivilprozessordnung über die Vollstreckung von Urteilen in bürgerlichen Rechtsstreitigkeiten statt.

(2) Solange das Gericht die sofortige Vollziehung des Besitzeinweisungsbeschlusses nicht ausgesetzt hat (§ 107 b Abs. 3), findet die Zwangsvollstreckung aus einem noch nicht unanfechtbar gewordenen Besitzeinweisungsbeschluss insoweit statt, als dem Enteignungsbegünstigten der Besitz an dem Grundstück, in das er eingewiesen wurde, verschafft werden soll.

(3) § 8 g Abs. 2 gilt entsprechend.

(4) Solange der Besitzeinweisungsbeschluss noch nicht unanfechtbar geworden ist und das Gericht seine sofortige Vollziehung nicht ausgesetzt hat, kann die Duldung der Inangriffnahme des Vorhabens im Verwaltungswege erzwungen werden.

§ 90 k. (1) Die vorzeitige Besitzeinweisung ist aufzuheben, wenn

1. der Antrag auf Durchführung der Enteignung zurückgenommen wird,

2. der Antrag auf Durchführung der Enteignung abgelehnt wird und der Beschluss über die Ablehnung unanfechtbar geworden ist,

3. der Enteignungsbeschluss wegen Unzulässigkeit der Enteignung aufgehoben wird und die Entscheidung über die Aufhebung unanfechtbar geworden ist,

4. die Enteignungsbehörde feststellt, dass die für einen Besitzeinweisungsbeschluss nach § 90 b Abs. 1 S. 1 und Abs. 2 erforderlichen Voraussetzungen nicht mehr gegeben sind,

5. der Enteignungsbeschluss nicht binnen eines Jahres, nachdem die Besitzeinweisung wirksam geworden ist, erlassen wird.

(2) Die Enteignungsbehörde kann die in Abs. 1 Nr. 5 bestimmte Frist bis zu einem weiteren Jahr verlängern, wenn der Enteignungsbeschluss aus besonderen, durch das Verfahren bedingten Umständen nicht binnen dieser Frist ergehen kann.

(3) In den Fällen des Abs. 1 Nr. 4 kann statt der Aufhebung der Besitzeinweisung der Besitzeinweisungsbeschluss geändert werden. Das Gleiche gilt, wenn im Falle des Abs. 2 Nr. 3 der Enteignungsbeschluss wegen Unzulässigkeit der Enteignung nur teilweise aufgehoben wird.

(4) § 90 g Abs. 2 gilt entsprechend.

(5) In dem Zeitpunkt, in dem der Beschluss über die Aufhebung der vorzeitigen Besitzeinweisung unanfechtbar geworden ist, wird dem in den Besitz vorzeitig Eingewiesenen das Recht zum Besitz entzogen und auf denjenigen wieder übertragen, der vorher unmittelbarer Besitzer war.

§ 90 l. Wird die vorzeitige Besitzeinweisung aufgehoben oder der Besitzeinweisungsbeschluss geändert, so hat der Enteignungsbegünstigte für die Vermögensnachteile, die durch die Besitzeinweisungsentschädigung nicht abgegolten sind, eine Entschädigung in Geld zu leisten oder auf Verlangen den früheren Zustand wieder herzustellen. § 8 e Abs. 1 S. 2 und Abs. 2 und § 89 e Abs. 2 gilt entsprechend.

§ 90 m. (1) Die Höhe der Entschädigung und die Verpflichtung zur Wiederherstellung des früheren Zustandes ist in einem besonderen Beschluss festzusetzen.

(2) § 8 f Abs. 1 S. 2 und 3, Abs. 2 und 3 gilt entsprechend.

§ 90 n. (1) Aus dem unanfechtbar gewordenen Beschluss, der die vorzeitige Besitzeinweisung aufhebt oder den Besitzeinweisungsbeschluss ändert oder der die Höhe der Entschädigung festsetzt oder die Wiederherstellung des früheren Zustandes anordnet, und aus der Niederschrift über eine Entschädigung nach § 90 l findet die Zwangsvollstreckung nach den Vorschriften über die Vollstreckung von Urteilen in bürgerlichen Rechtsstreitigkeiten statt.

(2) § 8 g Abs. 2 gilt entsprechend.

8. Kapitel. Ausführung der Enteignung

§ 91. (1) Sobald der Enteignungsbeschluss unanfechtbar geworden ist, bestimmt die Enteignungsbehörde den Tag, mit dessen Beginn der Enteignungsbeschluss wirksam wird (Ausführungsanordnung), wenn

1. im Falle der Festsetzung der Entschädigung in einer Kapitalsumme diese nebst den zur Zeit der Zahlung fälligen Zinsen gezahlt oder zulässigerweise unter Verzicht auf Rücknahme hinterlegt ist,

2. im Falle der Festsetzung der Entschädigung in wiederkehrenden Leistungen ein gemäß dem Enteignungsbeschluss zur Sicherung der Entschädigungsforderung bestimmtes dingliches Recht bestellt ist,

3. im Falle der Festsetzung der Entschädigung in Land die Voraussetzungen für die Eintragung des Eigentumswechsels im Grundbuch beim Ersatzland erfüllt sind, der Entschädigungsberechtigte den Besitz an diesem erlangt hat und eine festgesetzte zusätzliche Geldentschädigung gezahlt oder zulässigerweise unter Verzicht auf Rücknahme hinterlegt ist,

4. im Falle der Festsetzung der Entschädigung durch Übertragung oder Bestellung eines Rechts nach § 23 die Voraussetzungen für die Eintragung des Rechts im Grundbuch erfüllt, der Entschädigungsberechtigte den Besitz an den Räumen erlangt hat und eine festgesetzte zusätzliche Geldentschädigung gezahlt oder zulässigerweise unter Verzicht auf Rücknahme hinterlegt ist, sofern nicht im Enteignungsbeschluss § 86 a angewandt worden war,

5. im Falle der Festsetzung der Entschädigung durch Begründung eines Rechtsverhältnisses nach §§ 24, 25 der Entschädigungsberechtigte den Besitz an den Räumen oder dem Grundstück erlangt hat und eine festgesetzte zusätzliche Geldentschädigung gezahlt oder zulässigerweise unter Verzicht auf Rücknahme hinterlegt ist

sowie die weiteren gemäß § 86 abs. 5 im Enteignungsbeschluss bezeichneten Leistungen erbracht sind.

(2) Müssen infolge der Enteignung Wohnungen frei gemacht werden, so kann die Enteignungsbehörde die Ausführungsanordnung erst erlassen, wenn die angemessene anderweitige Unterbringung gesichert und eine angemessene Räumungsfrist abgelaufen ist.

(3) Hat der Enteignungsbeschluss nur die Enteignung von Ersatzland zum Gegenstand, so kann die Enteignungsbehörde die Ausführung dieses

Enteignungsbeschlusses erst anordnen, wenn der Enteignungsbeschluss, in dem die Entschädigung in Land festgesetzt ist, unanfechtbar geworden ist.

(4) Die Ausführungsanordnung ist den Beteiligten zuzustellen. § 89 gilt entsprechend.

§ 91 a. (1) Ist der Enteignungsbegünstigte vorzeitig in den Besitz des zu enteignenden Grundstücks eingewiesen und die sofortige Ausführung des Enteignungsbeschlusses zur Durchführung des Vorhabens erforderlich und wird der Enteignungsbeschluss vom Enteignungsbegünstigten oder vom Enteignungspflichtigen nur wegen der Festsetzung der Entschädigung in einer Kapitalsumme oder in wiederkehrenden Leistungen angefochten, so hat die Enteignungsbehörde eine vorzeitige Ausführungsanordnung zu erlassen, wenn

1. im Falle der Festsetzung der Entschädigung in einer Kapitalsumme der Anerkenntnisbetrag (§ 71 a Abs. 2 Nr. 6) gezahlt oder zulässigerweise unter Verzicht auf Rücknahme hinterlegt und der Unterschiedsbetrag zwischen diesem und der festgesetzten Entschädigung hinterlegt,

2. im Falle der Festsetzung der Entschädigung in wiederkehrenden Leistungen ein gemäß dem Enteignungsbeschluss zur Sicherung der Entschädigungsforderung bestimmtes dingliches Recht bestellt ist.

(2) Ficht auch ein Nebenberechtigter oder ein anderer Beteiligter wegen der Entscheidung über Ansprüche oder Verpflichtungen nach §§ 9, 10 den Enteignungsbeschluss an, so kann die Enteignungsbehörde die Ausführungsanordnung erst erlassen, wenn eine von ihr zur Sicherung der Ansprüche des Anfechtenden für erforderlich erachtete Sicherheit geleistet ist. Für die Freigabe einer Sicherheit gilt § 8 a Abs. 4 entsprechend.

§ 91 b. (1) Ist die Entschädigung in Land festgesetzt worden und wird der Enteignungsbeschluss vom Enteignungsbegünstigten oder vom Enteignungspflichtigen nur wegen der Festsetzung einer zusätzlichen Geldentschädigung oder einer Ausgleichszahlung oder einer Auflage nach § 22 a Abs. 1 angefochten, so hat die Enteignungsbehörde eine vorzeitige Ausführungsanordnung zu erlassen, wenn

1. der Betrag der festgesetzten zusätzlichen Geldentschädigung oder Ausgleichszahlung hinterlegt oder im Falle einer Anfechtung wegen einer Auflage nach § 52 a Abs. 1 gezahlt oder zulässigerweise unter Verzicht auf Rücknahme hinterlegt ist und

2. die Voraussetzungen zur Eintragung des Eigentumswechsels im Grundbuch beim Ersatzland erfüllt sind und der Entschädigungsberechtigte den Besitz an diesem erlangt hat.

(2) Die Vorschriften des § 91 Abs. 2 und 4 und des § 91 a Abs. 2 gelten entsprechend.

§ 91 c. (1) Ficht nur ein Nebenberechtigter oder ein anderer Beteiligter wegen der Entscheidung über Ansprüche oder Verpflichtungen nach §§ 9, 10 den Enteignungsbeschluss an, so hat die Enteignungsbehörde eine vorzeitige Ausführungsanordnung zu erlassen, wenn eine von ihr zur Sicherung der Ansprüche des Anfechtenden für erforderlich erachtete Sicherheit geleistet ist und

1. im Falle der Festsetzung der Entschädigung in einer Kapitalsumme die für die nicht anfechtenden Entschädigungsberechtigten bestimmte Beträge gezahlt oder zulässigerweise unter Verzicht auf Rücknahme hinterlegt sind,

2. im Falle der Festsetzung der Entschädigung in wiederkehrenden Leistungen ein gemäß dem Enteignungsbeschluss zur Sicherung der Entschädigungsforderung der nicht anfechtenden Entschädigungsberechtigten bestimmtes dingliches Recht bestellt ist,

3. im Falle der Festsetzung der Entschädigung in Land die Voraussetzungen für die Eintragung des Eigentumswechsels im Grundbuch beim Ersatzland erfüllt sind, der Entschädigungsberechtigte den Besitz an diesem erlangt hat und eine festgesetzte zusätzliche Geldentschädigung oder Ausgleichszahlung gezahlt oder zulässigerweise unter Verzicht auf Rücknahme hinterlegt ist,

4. im Falle der Festsetzung der Entschädigung durch Übertragung oder Bestellung eines Rechts nach § 23 oder durch Begründung eines Rechtsverhältnisses nach §§ 24, 25 eine von der Enteignungsbehörde zur Sicherung der Ansprüche der nicht anfechtenden Entschädigungsberechtigten für erforderlich erachtete Sicherheit geleistet ist.

(2) Die Vorschriften des § 91 Abs. 2 bis 4 gelten sinngemäß. Für die Freigabe einer Sicherheit gilt § 8 a Abs. 4 entsprechend.

§ 91 d. Mit Beginn des in der Ausführungsverordnung bestimmten Tages treten die im Enteignungsbeschluss vorgesehenen Rechtsänderungen ein und wird dem Eigentümer oder sonstigen Berechtigten das Recht zum Besitz des enteigneten Gegenstandes entzogen und auf den Enteignungsbegünstigten übertragen, sofern dieser nicht schon nach § 90 b Abs. 1 und 2 vorzeitig in den Besitz eingewiesen worden ist. Gleichzeitig entstehen Rechtsverhältnisse, die im Wege der Enteignung (§ 2 Abs. 5 S. 2, § 86 Abs. 1 Nr. 3 a) begründet werden; sie gelten von diesem Zeitpunkt an als zwischen den an dem Rechtsverhältnis Beteiligten vereinbart. Das Gleiche gilt für Rechtsverhältnisse, die als Ersatz für ein persönliches Recht (§ 44 Abs. 4 S. 2) begründet werden.

§ 92. Ist ein Recht an einem Grundstück Gegenstand der Enteignung, so ersucht die Enteignungsbehörde unter Übersendung einer beglaubigten Abschrift des Enteignungsbeschlusses und der Ausführungsanordnung das Grundbuchamt um Eintragung der eingetretenen Rechtsänderungen in das Grundbuch; dabei hat sie dem Grundbuchamt den Zeitpunkt der Zustellung des Enteignungsbeschlusses an den Enteignungspflichtigen mitzuteilen. Bei Enteignung eines Grundstücksteils sind dem Ersuchen die bei Abschreibung eines Grundstücksteils nach der Grundbuchordnung erforderlichen Unterlagen beizufügen.

§ 93 entfällt (§ 93 des Entwurfs von 1955 ist nunmehr in § 91 d aufgegangen)

§ 94. (1) Geldentschädigungen, aus denen andere Entschädigungsberechtigte nach § 45 Nr. 2 zu befriedigen sind, sind unter Verzicht auf das Recht der Rücknahme zu hinterlegen, soweit mehrere Personen auf sie Anspruch haben und eine Einigung

unter ihnen über die Auszahlung nicht nachgewiesen ist. Die Hinterlegung erfolgt bei dem Amtsgericht, in dessen Bezirk das von der Enteignung betroffene Grundstück liegt; § 2 des Zwangsversteigerungsgesetzes gilt sinngemäß.

(2) Andere Vorschriften, nach denen die Hinterlegung geboten oder statthaft ist, werden hierdurch nicht berührt.

§ 95. (1) Nach Eintritt der Rechtsänderungen kann jeder Beteiligte sein Recht an der hinterlegten Summe gegen einen Mitbeteiligten, der dieses Recht bestreitet, vor den ordentlichen Gerichten geltend machen oder die Einleitung eines gerichtlichen Verteilungsverfahrens beantragen.

(2) Für das Verteilungsverfahren ist das Amtsgericht zuständig, in dessen Bezirk das von der Enteignung betroffene Grundstück liegt; § 2 des Zwangsversteigerungsgesetzes gilt sinngemäß.

(3) Ist eine vorzeitige Ausführungsanordnung ergangen, so findet das Verteilungsverfahren erst statt, wenn der Enteignungsbeschluss unanfechtbar geworden ist.

(4) Auf das Verteilungsverfahren sind die Vorschriften des Zwangsversteigerungsgesetzes über die Verteilung des Erlöses bei der Zwangsversteigerung mit folgenden Abweichungen sinngemäß anzuwenden:

1. Das Verteilungsverfahren ist durch Beschluss zu eröffnen.
2. Die Zustellung des Eröffnungsbeschlusses an den Antragsteller gilt als Beschlagnahme im Sinne des § 13 des Zwangsversteigerungsgesetzes; ist das Grundstück schon in einem Zwangsversteigerungs- oder Zwangsverwaltungsverfahren beschlagnahmt, so hat es hierbei sein Bewenden.
3. Das Verteilungsgericht hat bei der Eröffnung des Verfahrens von Amts wegen das Grundbuchamt um die in § 19 Abs. 2 und 3 des Zwangsversteigerungsgesetzes bezeichneten Mitteilungen zu ersuchen; in die beglaubigte Abschrift des Grundbuchblattes sind die zur Zeit der Zustellung des Enteignungsbeschlusses an den Enteigneten vorhandenen Eintragungen sowie die später eingetragenen Veränderungen und Löschungen aufzunehmen.
4. Bei dem Verfahren sind die in § 45 Nr. 2 bezeichneten Entschädigungsberechtigten nach Maßgabe des § 10 des Zwangsversteigerungsgesetzes zu berücksichtigen, wegen der Ansprüche auf wiederkehrende Leistungen jedoch nur für die Zeit bis zur Hinterlegung.

(5) Soweit aufgrund landesrechtlicher Vorschriften die Verteilung des Erlöses im Falle einer Zwangsversteigerung nicht von dem Vollstreckungsgericht, sondern von einer anderen Stelle wahrzunehmen ist, kann durch Landesrecht bestimmt werden, dass diese andere Stelle auch für das Verteilungsverfahren nach den Abs. 1 bis 4 zuständig ist. Wird die Änderung einer Entscheidung dieser anderen Stelle verlangt, so ist die Entscheidung des Vollstreckungsgerichts nachzusuchen. Die Beschwerde findet gegen die Entscheidung des Vollstreckungsgerichts statt.

Die §§ 96 bis 102 des Entwurfs vom 27.10.1955 entfallen (den ehemaligen §§ 96 bis 101 – Rechtsweg – entsprechen nunmehr die §§ 107 a bis 107 p – gerichtliches Verfahren -; der ehemalige § 102 ist nunmehr § 89 d).

Vierter Abschnitt. Rückgängigmachung der Enteignung (§§ 103–106 c)

§ 103. (1) Vorbehaltlich des § 105 Abs. 1 hat die Enteignungsbehörde auf Antrag des früheren Enteignungspflichtigen die durch den Enteignungsbeschluss bewirkten Rechtsänderungen rückgängig zu machen,

1. wenn der Enteignungsbegünstigte oder sein Rechtsnachfolger mit der Durchführung des Vorhabens, dessentwegen das Grundstück oder Recht enteignet wurde, nicht bis zur Antragstellung, die frühestens zwei Jahre nach dem in der Ausführungsanordnung bestimmten Tag zulässig ist, begonnen hat, oder
2. wenn der Enteignungsbegünstigte oder sein Rechtsnachfolger das begonnene Vorhaben aufgegeben und innerhalb einer von der Enteignungsbehörde auf Antrag des früheren Enteignungspflichtigen zu setzenden angemessenen Frist nicht wieder fortgeführt hat, oder
3. soweit das enteignete Grundstück oder Recht zur Durchführung des Vorhabens nicht mehr benötigt wird.

Die Rückgängigmachung ist ausgeschlossen, wenn das Grundstück oder Recht einem Zweck zugeführt wird, der die Enteignung gerechtfertigt hätte.

(2) Vom Enteignungspflichtigen eines Ersatzlandenteignungsverfahrens kann die Rückgängigmachung nicht beantragt werden.

(3) Der Antrag auf Rückgängigmachung ist nach Ablauf von fünf Jahren nach dem in der Ausführungsanordnung bestimmten Tag unzulässig.

(4) Die nach Abs. 1 S. 1 Nr. 2 von der Enteignungsbehörde zu setzende Frist darf nicht kürzer als zwei Monate und nicht länger als ein Jahr sein.

(5) Der Erwerb des enteigneten Gegenstandes durch einen Dritten steht der Rückgängigmachung nicht entgegen.

§ 104. Der Antrag auf Rückgängigmachung ist bei der Enteignungsbehörde einzureichen. Diese hat dem Enteignungsbegünstigten oder dessen Rechtsnachfolger eine Abschrift zuzustellen.

§ 105. Die Enteignungsbehörde kann, auch wenn die Voraussetzungen des § 103 Abs. 1 S. 1 vorliegen, den Antrag des früheren Enteignungspflichtigen ablehnen, wenn

1. Ersatzlandentschädigung gewährt worden war,
2. soweit dieses wesentlich verändert wurde, oder
3. die Rückgängigmachung der Enteignung infolge der seit der Ausführung des Enteignungsbeschlusses eingetretenen tatsächlichen und rechtlichen Verhältnisse unter Berücksichtigung der Rechtsverhältnisse der von der Rückgängigmachung Betroffenen wirtschaftlich nicht vertretbar wäre.

§ 106. Wird der Antrag auf Rückgängigmachung nicht nach § 105 abgelehnt, so gestaltet die Enteignungsbehörde die sich auf den Enteignungsgegenstand beziehenden Rechtsverhältnisse der am ursprünglichen Verfahren Beteiligten und deren Rechtsnachfolger sowie der hinzugekommenen Nebenberechtigten nach billigem Ermessen. Hierbei hat sie, wenn die Sach- und Rechtslage dies zulässt, im Verhältnis

zwischen dem Enteignungsbegünstigten oder dessen Rechtsnachfolger und dem früheren Enteignungspflichtigen für die Rückgewähr der empfangenen Leistungen die Vorschriften der §§ 346, 347 des Bürgerlichen Gesetzbuches sinngemäß anzuwenden; als Eintritt der Rechtshängigkeit gilt der Zeitpunkt der Zustellung der Abschrift des Antrags auf Rückgängigmachung (§ 104). Die Rückgewähr der Entschädigung ist nicht anzuordnen, soweit diese für Vermögensnachteile gewährt worden war, die durch die Rückgängigmachung nicht beseitigt werden.

§ 106 a. Werden die durch den Enteignungsbeschluss bewirkten Rechtsänderungen rückgängig gemacht und sind dem früheren Enteignungspflichtigen durch die Einleitung oder Durchführung des Enteignungsverfahrens Vermögensnachteile entstanden, die durch eine Entschädigung der in § 106 S. 3 bezeichneten Art nicht abgegolten sind, so hat der Enteignungsbegünstigte eine Entschädigung in Geld zu leisten. Die Vorschriften des § 8 e Abs. 1 S. 2 und Abs. 2 gelten entsprechend. Die Höhe der Entschädigung ist in dem Beschluss über die Rückgängigmachung festzusetzen; im Übrigen gelten die Vorschriften des § 8 f Abs. 1 S. 2 und 3, Abs. 2 und 3 entsprechend.

§ 106 b. Auf das Verfahren über die Rückgängigmachung finden die Vorschriften des 3. bis 6. und des 8. Kapitels sinngemäß mit folgender Maßgabe Anwendung:

1. Die öffentliche Bekanntmachung nach § 60 b findet nicht statt. Das Verfahren auf Rückgängigmachung wird durch die Zustellung der Abschrift des Antrags auf Rückgängigmachung (§ 104 S. 2) eröffnet.
2. Die öffentliche Auslegung nach § 64 findet nicht statt.

§ 106 c. (1) Aus dem unanfechtbar gewordenen Beschluss über die Rückgängigmachung und aus der Niederschrift über eine Einigung über die Rückgewähr findet die Zwangsvollstreckung nach den Vorschriften der Zivilprozessordnung über die Vollstreckung von Urteilen in bürgerlichen Rechtsstreitigkeiten statt.

(2) § 8 g Abs. 2 gilt entsprechend.

§ 107 entfällt (aufgegangen in § 106 b)

Fünfter Abschnitt. Gerichtliches Verfahren (war im Entwurf vom 30.4.1957 das 9. Kapitel des III. Abschnitts) (§§ 107 a–107 p)

§ 107 a. (1) Die nach diesem Gesetz erlassenen Verwaltungsakte der Enteignungsbehörde können durch Antrag auf gerichtliche Entscheidung angefochten werden; die Verwaltungsgerichtsordnung ist nicht anzuwenden. Über den Antrag entscheidet das Landgericht, Kammer für Enteignungssachen.

(2) Der Antrag ist binnen eines Monats seit Zustellung oder Bekanntgabe des Bescheides über den Verwaltungsakt bei der Enteignungsbehörde einzureichen.

(3) Der Antrag muss den Verwaltungsakt bezeichnen, gegen den er sich richtet. Er soll die Erklärung enthalten, inwieweit der Verwaltungsakt angefochten wird und welche Änderungen beantragt werden. Er soll die Gründe sowie die Tatsachen und

Beweismittel angeben, die zur Rechtfertigung des Antrags dienen. Der Beschluss über die Rückgängigmachung der durch den Enteignungsbeschluss bewirkten Rechtsänderungen (§§ 103, 106) kann angefochten werden, ohne dass eine Rechtsverletzung behauptet wird oder vorliegt.

(4) Die Enteignungsbehörde hat den Antrag mit ihren Akten unverzüglich dem nach § 107 e zuständigen Landgericht vorzulegen. Ist das Verfahren vor der Enteignungsbehörde noch nicht abgeschlossen, so können statt der Akten Abschriften der bedeutsamen Aktenstücke vorgelegt werden.

§ 107 b. (1) Die Anfechtung hat aufschiebende Wirkung. Dies gilt nicht, wenn ein Besitzeinweisungsbeschluss angefochten wird.

(2) Die Enteignungsbehörde kann die sofortige Vollziehung von Maßnahmen nach § 8 anordnen oder genehmigen, wenn sie eine solche im öffentlichen Interesse oder im überwiegenden Interesse eines der Beteiligten für geboten hält. Das Interesse ist im Bescheid besonders zu begründen.

(3) Auf Antrag kann das Gericht die sofortige Vollziehung eines Besitzeinweisungsbeschlusses oder von Maßnahmen nach § 8 aussetzen. Der Antrag ist innerhalb der Frist des § 107 a Abs. 2 zu stellen; er ist schon vor dem Antrag auf gerichtliche Entscheidung zulässig. Die Aussetzung der sofortigen Vollziehung bewirkt nicht, dass die bis zur Aussetzung vollzogenen Maßnahmen rückgängig zu machen sind.

(4) Der Beschluss über einen Antrag nach Abs. 3 S. 1 ist unanfechtbar. Er kann jederzeit geändert oder aufgehoben worden.

(5) In dringenden Fällen kann statt de Gerichts der Vorsitzende entscheiden. Gegen seine Entscheidung kann innerhalb von zwei Wochen nach Bekanntgabe das Gericht angerufen werden.

§ 107 c. Soweit in diesem Gesetz eine Belehrung über zulässige Rechtsbehelfe vorgeschrieben ist, hat ihre Unterlassung oder unrichtige Erteilung ausschließlich die Wirkung, dass die Frist, innerhalb derer von dem Rechtsbehelf Gebrauch zu machen ist, nicht in Lauf gesetzt wird. In diesem Falle kann von dem Rechtsbehelf nur innerhalb eines Jahres seit Zustellung oder Bekanntgabe des Bescheides über den Verwaltungsakt Gebrauch gemacht werden, dies gilt nicht, wenn eine schriftliche Belehrung dahin gelautet hat, dass ein Rechtsbehelf nicht gegeben sei.

§ 107 d. (1) Einem Beteiligten, der durch Naturereignisse oder andere unabwendbare Zufälle verhindert worden ist, die Frist nach § 107 a Abs. 2 einzuhalten, ist auf Antrag vom Landgericht die Wiedereinsetzung in den vorherigen Stande zu erteilen, wenn er den Antrag auf gerichtliche Entscheidung binnen zweier Wochen nach Beseitigung des Hindernisses einreicht und die Tatsachen, welche die Wiedereinsetzung begründen, glaubhaft macht. Die Entscheidung über den Antrag ist den Beteiligten von Amts wegen zuzustellen. Gegen sie findet die sofortige Beschwerde an das Oberlandesgericht statt. Nach Ablauf eines Jahres, von dem Ende der versäumten Frist an gerechnet, kann die Wiedereinsetzung nicht mehr beantragt werden.

(2) Ist der angefochtene Verwaltungsakt ein Enteignungsbeschluss, und ist der bisherige Rechtszustand bereits durch den neuen Rechtszustand ersetzt (§ 91 d), so kann im Falle der Wiedereinsetzung die Entscheidung nicht dahin gehen, dass der Enteignungsbeschluss aufgehoben oder hinsichtlich des Gegenstandes der Enteignung oder der Art der Entschädigung geändert wird.

§ 107 e. (1) Örtlich zuständig ist das Landgericht, in dessen Bezirk die Enteignungsbehörde ihren Sitz hat.

(2) Die Landesregierungen werden ermächtigt, durch Rechtsverordnung einem Landgericht die Verhandlung und Entscheidung über Anträge auf gerichtliche Entscheidung gegen Verwaltungsakte auch solcher Enteignungsbehörden zuzuweisen, die nicht im Bezirk dieses Landgerichts ihren Sitz haben, wenn die Zusammenfassung für eine Förderung oder schnellere Erledigung der Verfahren sachdienlich ist.

§ 107 f. (1) Bei den Landgerichten werden eine oder mehrere Kammern für Enteignungssachen gebildet. Die Kammer für Enteignungssachen entscheidet in der Besetzung mit drei Richtern des Landgerichts einschließlich des Vorsitzenden sowie zwei beamteten Richtern der Gerichte der Verwaltungsgerichtsbarkeit.

(2) Die Richter der Gerichte der Verwaltungsgerichtsbarkeit und die für den Fall ihrer Verhinderung erforderlichen Vertreter werden von der für die Verwaltungsgerichtsbarkeit zuständigen obersten Landesbehörde auf die Dauer von drei Jahren bestimmt.

§ 107 g. (1) In den aufgrund dieses Abschnitts bei den Gerichten anhängigen Sachen sind die bei Klagen in bürgerlichen Rechtsstreitigkeiten geltenden Vorschriften sinngemäß anzuwenden, soweit sich aus diesem Abschnitt nichts andere ergibt.

(2) Das Gericht kann auch von Amts wegen die Aufnahme von Beweisen anordnen und nach Anhörung der Beteiligten auch solche Tatsachen berücksichtigen, die von den Beteiligten nicht vorgebracht sind.

(3) Vor dem Landgericht kann für eine Behörde ein Bediensteter mit der Fähigkeit zum Richteramt oder zum höheren Verwaltungsdienst auftreten. § 510 c der Zivilprozessordnung gilt sinngemäß. Sind gegen den Verwaltungsakt der Enteignungsbehörde mehrere Anträge auf gerichtliche Entscheidung gestellt, so wird über sie gleichzeitig verhandelt und entschieden.

(4) § 84 Abs. 2 S. 1 und 3 des Gerichtskostengesetzes ist nicht anzuwenden.

§ 107 h. (1) An dem Verfahren nehmen diejenigen Beteiligten (§ 61 Abs. 1) teil, deren Rechte und Pflichten durch die Entscheidung betroffen werden können. Als Beteiligter gilt auch die Enteignungsbehörde. Die für die Parteien nach der Zivilprozessordnung geltenden Vorschriften sind auf diese Beteiligten entsprechend anzuwenden.

(2) Der Antrag auf gerichtliche Entscheidung ist den übrigen in Abs. 1 bezeichneten Beteiligten, soweit sie bekannt sind, zuzustellen. Einer Zustellung des Antrages an die Enteignungsbehörde bedarf es nicht.

§ 107 i. (1) Über den Antrag auf gerichtliche Entscheidung wird durch Urteil entschieden.

(2) Ist der Antrag begründet, so ist der Verwaltungsakt der Enteignungsbehörde aufzuheben oder zu ändern. Das Gericht soll ihn ändern, wenn die Sach- und Rechtslage es zulässt. Vor einer Änderung sind die betroffenen Beteiligten zu hören. Einen Enteignungsbeschluss kann das Gericht nur ändern, wenn die Enteignungsbehörde zustimmt; dies gilt nicht, wenn sich die Änderung bezieht

1. auf die Entschädigung,
2. darauf, ob Rechte aufrecht erhalten werden oder erlöschen,
3. darauf, wie bei einer Auflage nach § 22 a Abs. 1 das Ersatzland herzurichten ist,
4. auf die Entscheidung über Ansprüche oder Verpflichtungen nach §§ 9, 10.

Das Gericht ist im Falle einer Änderung des Verwaltungsaktes an Anträge nicht gebunden; bei einer Änderung des Enteignungsbeschlusses hat es sich im Rahmen des Enteignungsantrags zu halten.

(3) Das Gericht kann einen Verwaltungsakt auch dann ändern, wenn er zwar nicht rechtlich fehlerhaft ist, sich aber im gerichtlichen Verfahren eine geeignetere Regelung ergibt. Abs. 2 Satz 3 bis 5 gilt entsprechend.

(4) Ist der Antrag auf gerichtliche Entscheidung auf die Anfechtung der Höhe der Entschädigung beschränkt, so kann das Gericht den Verwaltungsakt in seinem sonstigen Inhalt nicht ändern.

(5) Wird mit der Aufhebung des Verwaltungsaktes die Sache an die Enteignungsbehörde zurückverwiesen, so hat diese die Beurteilung, die der Aufhebung zugrunde gelegt ist, dem neuen Verwaltungsakt zugrunde zu legen.

(6) Sind von mehreren Anträgen nicht alle oder ist nur ein Teil eines Antrags zur Endentscheidung reif, so soll das Gericht hierüber ein Teilurteil nur erlassen, wenn es zur Beschleunigung des Verfahrens notwendig erscheint.

(7) Wird ein Besitzeinweisungs- oder ein Enteignungsbeschluss geändert, so sind § 90 g Abs. 1 und § 86 sinngemäß anzuwenden. Wird ein Enteignungsbeschluss aufgehoben oder hinsichtlich des Gegenstandes der Enteignung geändert, so gibt das Gericht im Falle des § 89 dem Vollstreckungsgericht von seinem Urteil Kenntnis.

(8) Urteile sind den Beteiligten und der Enteignungsbehörde von Amts wegen zuzustellen.

§ 107 k. (1) Erscheint der Beteiligte, der den Antrag auf gerichtliche Entscheidung gestellt hat, in einem Termin zur mündlichen Verhandlung, so kann auch dann mündlich verhandelt werden, wenn ein anderer Beteiligter nicht erscheint. Über einen Antrag, den ein nicht erschienener Beteiligter in einer früheren mündlichen Verhandlung gestellt hat, kann nach Lage der Akten entschieden werden.

(2) Erscheint der Beteiligte, der den Antrag auf gerichtliche Entscheidung gestellt hat, in einem Termin zur mündlichen Verhandlung nicht, so kann jeder andere Beteiligte oder die Enteignungsbehörde eine Entscheidung nach Lage der Akten beantragen.

(3) §§ 332 bis 335, § 336 Abs. 2 und § 337 der Zivilprozessordnung gelten sinngemäß. Im Übrigen sind die Vorschriften über die Versäumnisurteile nicht anzuwenden.

§ 107 l entfällt im Hinblick auf § 107 z (demzufolge ist in § 107 m Abs. 3 das Zitat „§ 107 l" zu streichen).

§ 107 l. Obsiegt der Beteiligte, der den Antrag auf gerichtliche Entscheidung gestellt hat, und hatten die anderen Beteiligten zur Hauptsache keine oder keine zu diesem Antrag im Widerspruch stehende Anträge gestellt, so entscheidet das Gericht über die Kosten unter Berücksichtigung der Sach- und Rechtslage nach billigem Ermessen. § 91 a Abs. 1 S. 2 und Abs. 2 der Zivilprozessordnung gilt entsprechend.

§ 107 m. (1) Gegen das Endurteil des Landgerichts findet die Revision statt. Die Revision ist unzulässig, wenn der Wert des Beschwerdegegenstandes fünfzig Deutsche Mark nicht übersteigt; § 546 Abs. 3 der Zivilprozessordnung gilt sinngemäß.

(2) Über die Revision entscheidet das Oberlandesgericht, Senat für Enteignungssachen. Für die Besetzung des Senats gilt § 107 f sinngemäß.

(3) Die Vorschriften des § 107 h Abs. 1, des § 107 i Abs. 7 S. 2 und Abs. 8 und der § 107 k gelten entsprechend, im Übrigen sind die §§ 548 bis 559 und 561 bis 566 der Zivilprozessordnung sinngemäß anzuwenden.

(4) Hat das Oberlandesgericht bei der Auslegung einer gesetzlichen Vorschrift eine Rechtsfrage von grundsätzlicher Bedeutung zu entscheiden, so legt es die Revision unter Darlegung seiner Rechtsauffassung dem Bundesgerichtshof zur Entscheidung vor. Ebenso ist zu verfahren, wenn das Oberlandesgericht von einer Entscheidung eines anderen Oberlandesgerichts oder des Bundesgerichtshofs abweichen will. Der Beschluss über die Vorlegung ist den Beteiligten bekanntzugeben. Über die Revision entscheidet der Senat für Enteignungssachen durch Urteil. Der Senat für Enteignungssachen entscheidet in der Besetzung mit fünf Richtern des Bundesgerichtshofs einschließlich des Vorsitzenden sowie zwei Richtern des Bundesverwaltungsgerichts; die Richter des Bundesverwaltungsgerichts und die für den Fall ihrer Verhinderung erforderlichen Vertreter werden vom Bundesminister des Innern auf die Dauer von drei Jahren bestimmt.

§ 107 n. Über eine im Verfahren nach §§ 107 a bis 107 m erhobene Beschwerde entscheidet das Beschwerdegericht ohne Zuziehung von Verwaltungsrichtern.

§ 107 o. Das Gericht hat die Enteignungsbehörde unverzüglich von der rechtskräftigen Erledigung des gerichtlichen Verfahrens zu benachrichtigen.

§ 107 p. Einigen sich die Beteiligten während des gerichtlichen Verfahrens, so gelten die §§ 65 a bis 65 d entsprechend. Das Gericht tritt an die Stelle der Enteignungsbehörde.

Sechster Abschnitt. Kosten (§§ 107 q–107 z)

1. Kapitel. Kosten des Verfahrens vor der Enteignungsbehörde

§ 107 q. (1) Kosten im Sinne dieses Kapitels sind

1. die im Verfahren vor der Enteignungsbehörde entstehenden Gebühren und Auslagen,
2. die den Beteiligten aus Anlass des Verfahrens entstehenden Kosten.

(2) Die Gebührenpflicht, die Höhe der Gebühren, die Festsetzung der Auslagen und das Kostenverfahren richten sich nach Landesrecht, soweit im Folgenden nichts anderes bestimmt ist.

§ 107 r. Der Bund ist im Verfahren vor der Enteignungsbehörde von Gebühren befreit.

§ 107 s. (1) Der Enteignungsbegünstigte hat die Kosten des Verfahrens zu tragen, insbesondere die den anderen Beteiligten erwachsenen Kosten zu erstatten, soweit sie zur zweckentsprechenden Rechtsverfolgung notwendig waren. § 91 Abs. 1 S. 2 und Abs. 2 der Zivilprozessordnung gelten sinngemäß.

(2) Die Enteignungsbehörde entscheidet auf Antrag der Beteiligten durch Beschluss, ob die Zuziehung eines Rechtsanwalts oder eines Rechtsbeistandes oder die Einholung eines Gutachtens über den Wert des Enteignungsgegenstandes durch einen Beteiligten zur zweckentsprechenden Rechtsverfolgung notwendig ist.

§ 107 t. Soweit für die Berechnung von Gebühren (§ 107 q Abs. 1 Nr. 1 und 2) der Gegenstandswert oder ein diesem gleichlautender Wert (Streitwert, Geschäftswert) maßgebend ist, wird er auf Antrag von der Enteignungsbehörde nach billigem Ermessen durch Beschluss festgesetzt. § 9 der Bundesgebührenordnung für Rechtsanwälte vom 26. Juli 1957 (BGBl. I S. 907) gilt entsprechend.

§ 107 u. Soweit Kosten durch grobes Verschulden oder durch Anträge, die zum Zwecke der Verzögerung gestellt worden sind, oder durch Säumnis eines Beteiligten verursacht werden, können sie dem betreffenden Beteiligten auferlegt werden.

§ 107 v. (1) Die Entscheidung über die Kosten kann einem besonderen Beschluss vorbehalten werden. Über die Kosten soll in einem besonderen Beschluss entschieden werden, wenn dies beantragt und ein berechtigtes Interesse daran dargetan wird.

(2) Der Anspruch auf Erstattung der einem Beteiligten erwachsenen Kosten kann nur aufgrund eines unanfechtbar gewordenen besonderen Beschlusses nach Abs. 1 oder eines unanfechtbaren Beschlusses in der Hauptsache, in dem über die Kosten entschieden ist, geltend gemacht werden.

(3) Der Betrag der zu erstattenden Kosten wird auf Antrag von der Enteignungsbehörde in einem Kostenfestsetzungsbeschluss festgesetzt. Die Vorschriften des § 103 Abs. 2, des § 104 Abs. 1 S. 2 bis 4 und Abs. 2, des § 105 Abs. 2 und des § 107 der Zivilprozessordnung gelten sinngemäß.

§ 107 w. Die nach den Vorschriften dieses Kapitels ergehenden Beschlüsse sind nach Maßgabe der §§ 107 a bis 107 p anfechtbar, ein Kostenfestsetzungsbeschluss jedoch erst, nachdem gegen ihn erfolglos bei der Enteignungsbehörde Erinnerung erhoben worden ist. Die Vorschriften des § 104 Abs. 3 S. 2 bis 4 der Zivilprozessordnung sind sinngemäß anzuwenden.

§ 107 x. Aus einem unanfechtbar gewordenen Kostenfestsetzungsbeschluss findet die Zwangsvollstreckung nach den Vorschriften der Zivilprozessordnung über die Vollstreckung von Kostenfestsetzungsbeschlüssen statt. § 8 g Abs. 2 gilt entsprechend.

§ 107 y. Die Vorschriften der §§ 107 q bis 107 x gelten sinngemäß auch für das Verfahren vor der Enteignungsbehörde nach §§ 8 bis 8 g (Betretungsrecht), nach §§ 103 bis 106 c (Rückgängigmachung der Enteignung) und nach § 109 b (Übernahmeverfahren) mit folgender Maßgabe:

1. An die Stelle des Enteignungsbegünstigten tritt im Verfahren nach §§ 8 bis 8 g der Träger des Vorhabens, im Verfahren nach §§ 103 bis 106 c der Antragsgegner des früheren Enteignungspflichtigen.
2. Im Verfahren nach § 109 b hat der unterliegende Teil die Kosten zu tragen. § 92 der Zivilprozessordnung gilt sinngemäß; an Stelle des § 107 v sind die Vorschriften der §§ 103 bis 107 der Zivilprozessordnung sinngemäß anzuwenden.
3. Die Enteignungsbehörde entscheidet auf Antrag durch Beschluss, ob weitere Sachverständige für eine Schätzung nach § 8 c Abs. 1 S. 1 zuzuziehen sind.
4. Hat der frühere Enteignungspflichtige die Rückgängigmachung der Enteignung unzulässigerweise oder ohne dass deren Voraussetzungen vorgelegen haben, beantragt, so sind ihm die Kosten des Verfahrens über die Rückgängigmachung der Enteignung aufzuerlegen. § 107 u bleibt unberührt.

2. Kapitel. Kosten des gerichtlichen Verfahrens

§ 107 z. Für die Kosten des gerichtlichen Verfahrens gelten die Vorschriften der Zivilprozessordnung. § 107 n gilt sinngemäß.

Siebenter Abschnitt. Sonstige und Schlussvorschriften (§§ 109–130)

§ 108 entfällt (Im Entwurf vom 27.10.1955 sah die Vorschrift vor, dass für Grunderwerbsgeschäfte, die mit Mitteln der Entschädigung getätigt werden und für die nach dem Grundstücksverkehrsrecht eine Genehmigung erforderlich ist, diese Genehmigung unter bestimmten Voraussetzungen zu erteilen ist. Der Bundesrat hat beim Entwurf des Landbeschaffungsgesetzes vorgeschlagen, künftig das Grundstücksverkehrsgesetz maßgebend sein zu lassen. Das Landbeschaffungsgesetz vom 23.2.1957 kennt eine dem früheren § 108 des vorliegenden Entwurfs entsprechende Vorschrift nicht).

§ 109. Gesetzliche Vorschriften, behördliche Anordnung oder Satzungen, die Kreditinstituten die Anlage ihres Vermögens in Grundpfandrechten oder Reallasten

außerhalb eines bestimmten Bezirks untersagen, sind nicht anzuwenden, wenn die Grundpfandrechte oder Reallasten nach §§ 38, 44 Abs. 3 S. 1 an einem außerhalb des Bezirks liegenden Grundstück neu begründet werden.

§ 109 a. (1) Das Vorkaufsrecht nach dem Reichssiedlungsgesetz kann auch zum Zwecke des Erwerbs von Grundstücken zur Entschädigung in Land ausgeübt werden, unabhängig davon, ob ein Enteignungsverfahren anhängig ist. Das Vorkaufsrecht kann auch ausgeübt werden, wenn der Eigentümer das Grundstück an eine Körperschaft des öffentlichen Rechts verkauft hat; diese ist vor der Ausübung des Vorkaufsrechts zu hören.

(2) Die Siedlungsunternehmen und Landlieferungsverbände im Sinne des Reichssiedlungsgesetzes können von den für das Siedlungswesen zuständigen obersten Landesbehörden oder der von diesen bestimmten Stellen angewiesen werden, das Vorkaufsrecht für den in Abs. 1 genannten Zweck auszuüben und über das durch Ausübung des Vorkaufsrechts erlangte Grundstück in bestimmter Weise zu verfügen. Ein Siedlungsunternehmen (Landlieferungsverband) ist an die Weisung nicht gebunden, wenn es das Vorkaufsrecht für Siedlungszwecke ausübt und dies der anweisenden Behörde (Stelle) nachweist. Befolgt das Siedlungsunternehmen (Landlieferungsverband) die Weisung, so dürfen ihm weder rechtliche noch wirtschaftliche Nachteile entstehen.

(3) § 20 des Reichssiedlungsgesetzes sowie die landesrechtlichen Vorschriften über Verfügungsbeschränkungen bei Siedlerstellen sind auf Umsiedlerstellen nicht anzuwenden. Dies gilt nicht, wenn in einem Enteignungsverfahren oder im Hinblick auf eine bevorstehende Enteignung ein Enteignungspflichtiger als Entschädigung ein Grundstück erhielt, das mit einer Beschränkung im Sinne des § 20 des Reichssiedlungsgesetzes oder einer entsprechenden landesrechtlichen Vorschrift belastet war. Ob eine Stelle als Umsiedlerstelle anzusehen ist, entscheidet in Zweifelsfällen die von der Landesregierung bestimmte Behörde.

§ 109 b. (1) In den Fällen, in denen nach gesetzlicher Vorschrift außerhalb eines Enteignungsverfahrens die Übernahme (Entziehung) einer Sache oder eines Rechts verlangt werden kann, findet ein Übernahmeverfahren statt, wenn dem Verlangen nicht entsprochen wird.

(2) Für das Übernahmeverfahren gelten die Vorschriften dieses Gesetzes sinngemäß mit folgender Maßgabe:

1. Der Antrag auf Durchführung des Übernahmeverfahrens ist bei der nach § 56 a zuständigen Enteignungsbehörde zu stellen. Der Antrag tritt an die Stelle des Antrags nach § 57.
2. Die Vorschriften der §§ 57 a bis 59, 60 a sind nicht anzuwenden.
3. Die öffentliche Bekanntmachung (§ 60 b) findet nicht statt. Die Enteignungsbehörde hat Abschrift des Antrags auf Durchführung des Übernahmeverfahrens demjenigen zuzustellen, an den das Verlangen auf Übernahme (Entziehung) gerichtet wurde; durch die Zustellung wird das Übernahmeverfahren eröffnet.
4. Die öffentliche Auslegung nach § 64 findet nicht statt.

5. Bei der Festsetzung der Entschädigung bleibt die Wertminderung außer Betracht, die durch die Einwirkung verursacht worden ist, deren Folgen das Verlangen auf Übernahme (Entziehung) rechtfertigen.

6. Die Vorschrift des § 21 Abs. 2 ist nicht anzuwenden.

7. Die Zwangsvollstreckung nach § 89 a findet auch hinsichtlich der in einer Kapitalsumme festgesetzten Entschädigung statt, sofern nachgewiesen ist, dass die gemäß § 86 Abs. 3 S. 2 bezeichneten Berechtigten mit der Vollstreckung einverstanden sind.

8. Eine vorzeitige Besitzeinweisung ist ausgeschlossen.

9. Die Vorschriften über die Rückgängigmachung der Enteignung (§§ 103 bis 106 c) sind nicht anzuwenden.

§ 110 entfällt (jetzt § 89 e bzw. § 106 a)

§ 111. Die Vorschriften über das gerichtliche Verfahren gelten auch für Enteignungen nach Landesrecht.

§ 111 a. Bundesrechtliche Vorschriften außerhalb dieses Gesetzes sind nicht anzuwenden, soweit sie einer Übernahme der Vorschriften dieses Gesetzes in das Landesenteignungsrecht entgegenstehen.

§§ 112 bis 117 weggelassen.

§ 118. (1) Die Vorschriften des zweiten Abschnittes sind mit Ausnahme der §§ 21, 22, 37–39, 46 auf die Entschädigung für land- und forstwirtschaftliche Grundstücke und Moor- und Ödland, die aufgrund der in den Ländern oder ehemaligen Zonen geltenden Bodenreformgesetze enteignet werden, entsprechend anzuwenden.

(2) Die bestehenden Bodenreformgesetze bleiben im Übrigen unberührt.

Siehe auch Alternativvorschlag in der Begründung zu § 118.

§§ 118 a bis 127 b weggelassen.

§ 127 c. Die den Kirchen oder anderen Religionsgesellschaften und religiösen Vereinen aufgrund des Art. 140 des Grundgesetzes und aufgrund von Verträgen zustehenden Rechte bleiben unberührt.

§§ 128, 129 weggelassen.

§ 130. Es treten in Kraft

§ 56 am Tage nach der Verkündung,

§ 111 ein Jahr nach der Verkündung,

die übrigen Vorschriften drei Jahre nach der Verkündung.

Sach- und Personenregister

D

E

Quellennachweis

S. 3 ff. StA Hamburg, Senatskanzlei, 131–1II, 6041
S. 28 f. StA Hamburg, Senatskanzlei, 131–1II, 6041
S. 29 f. StA Hamburg, Senatskanzlei, 131–1II, 6041
S. 30 ff. HStA Stuttgart E 151/05 Bü 16
S. 34 ff. HStA Stuttgart E 151/05 Bü 16
S. 45 ff. StA Hamburg, 131–1II, 6041
S. 47 ff. StA Hamburg, 131–1II, 6041
S. 53 ff. BA Berlin, NS 6/310
S. 85 ff. BA Berlin, R 3901/20882
S. 170 ff. *W. Dittus,* Entwurf zu einem Baugesetz für Berlin, 1949, S. 5–7
S. 179 ff. BayrStA StK-GuV 0802
S. 250 ff. *Dittus,* Entwurf zu einem Baugesetz für die Bundesrepublik Deutschland, 1950
S. 269 ff. BA Koblenz, B 134/6231
S. 275 ff. BA Koblenz, B 134/154–1
S. 287 ff. BA Koblenz, B 134/153
S. 293 ff. BA Koblenz, B 134/153
S. 299 ff. BA Koblenz, B 134/154–1
S. 315 ff. BA Koblenz, B 134/153
S. 323 ff. BA Koblenz, B 141/6790
S. 329 ff. BA Koblenz, B 134/153
S. 337 ff. BA Koblenz, B 134/153
S. 349 ff. BA Koblenz, B 134/154–2
S. 377 ff. Parlamentsarchiv (Deutscher Bundestag), Materialien zum Baulandbeschaffungsgesetz vom 3.8.1953
S. 391 ff. Parlamentsarchiv aaO.
S. 403 ff. Parlamentsarchiv aaO.
S. 408 ff. Parlamentsarchiv aaO.
S. 417 ff. Parlamentsarchiv aaO.
S. 437 ff. Parlamentsarchiv aaO.
S. 469 ff. Parlamentsarchiv aaO.
S. 479 ff. Parlamentsarchiv aaO.
S. 501 ff. Parlamentsarchiv aaO.
S. 505 ff. Parlamentsarchiv aaO.
S. 512 f. Parlamentsarchiv aaO.
S. 513 ff. Bundesratsdrucksache 402/52
S. 517 ff. Parlamentsarchiv aaO.
S. 521 ff. Parlamentsarchiv aaO.
S. 525 ff. BGBl. I 1953, 720
S. 545 ff. BA Koblenz B 106/44123

Im Sach- und Personenregister werden die Bestimmungen der abgedruckten Gesetze und Entwürfe zum Enteignungsrecht und die Bestimmungen über die Rechtsmittel gegen die Entscheidungen der Enteignungsbehörden jeweils im Zusammenhang erschlossen.

RECHTSHISTORISCHE REIHE

Die nachfolgende Liste führt die Titel der "Rechtshistorischen Reihe" ab Band 300 auf.
Eine vollständige Übersicht aller bisher in der Reihe erschienenen Bücher
finden Sie auf www.peterlang.com

Band 300 Jan Kohlmann: Der Marsch zu den Gräbern von Karl und Rosa. Geschichte eines Gedenktages. 2004.

Band 301 Christian Rainer Schlicht: Die kumulative Schuldübernahme in der Rechtsprechung des Reichsgerichts und in der zeitgenössischen Literatur. 2004.

Band 302 Hans Peter Glöckner: Positive Vertragsverletzung. Die Geburt eines Rechtsinstituts. 2006.

Band 303 João Manuel Azevedo Alexandrino Fernandes: Die Theorie der Interpretation des Gesetzes bei Francisco Suárez. 2005.

Band 304 René Funk: Die Wahlprüfung der volksgewählten Abgeordneten der Volksvertretungen im Frühkonstitutionalismus. Eine Untersuchung der Wahlprüfung in den Kammern der Abgeordneten des Großherzogtums Baden, des Königreichs Württemberg und des Großherzogtums Hessen. 2005.

Band 305 Carolin O'Sullivan. Die Ahndung von Rechtsbrüchen der Seeleute im mittelalterlichen hamburgischen und hansischen Seerecht (1301-1482). 2005.

Band 306 Martin Jürgens: Staat und Reich bei Ernst Rudolf Huber. Sein Leben und Werk bis 1945 aus rechtsgeschichtlicher Sicht. 2005.

Band 307 Florian G. Dürselen: Franz Beyerle (1885-1977). Leben, Ära und Werk eines Rechtshistorikers. 2005.

Band 308 Kai Bandilla: Urheberrecht im Kaiserreich. Der Weg zum Gesetz betreffend das Urheberrecht an Werken der Literatur und Tonkunst vom 19. Juni 1901. 2005.

Band 309 Stefan Mieth: Die Entwicklung des Denkmalrechts in Preußen 1701-1947. 2005.

Band 310 Catharina Lodemann: Die Geschichte des französischen *acte de gouvernement*. 2005.

Band 311 Christina Wicke: Kodifikationsbestrebungen und Wissenschaft in Hessen-Darmstadt im vorkonstitutionellen Zeitalter. Zu der Beteiligung der Gießener Rechtsprofessoren an den Gesetzgebungsarbeiten in Hessen-Darmstadt in der Zeit zwischen 1769 und 1820. 2005.

Band 312 Christiane Chlosta: Nur dem Gesetz unterworfen? Eine rechtsgeschichtliche Untersuchung zu Idee und Wirklichkeit richterlicher Gesetzestreue unter besonderer Berücksichtigung der Aufwertungsrechtsprechung und des richterlichen Prüfungsrechts. 2005.

Band 313 Kathrin Dirr: Hoheitsrechtliche Streitigkeiten zwischen den Kölner Erzbischöfen und der Stadt Köln auf Grundlage reichskammergerichtlicher Verfahren des 16. und 17. Jahrhunderts. 2005.

Band 314 Michael Racky: Die Diskussion über Gewaltenteilung und Gewaltentrennung im Vormärz. 2005.

Band 315 Petra Thiemrodt: Die Entstehung des Staatshaftungsgesetzes der DDR. Eine Untersuchung auf der Grundlage von Materialien der DDR-Gesetzgebungsorgane mit zeitgeschichtlichen Bezügen. 2005.

Band 316 Julius F. Reiter: Entstehung und staatsrechtliche Theorie der italienischen *Carta del Lavoro*. 2005.

Band 317 André Book: Die Justizreform in der Frühzeit der Bundesrepublik. Die Beratungen der Kommission zur Vorbereitung einer Reform der Zivilgerichtsbarkeit in den Jahren 1955 bis 1961. 2005.

Band 318 Frank Zentz: Das amerikanische Strafverfahren als Element der Besatzungspolitik in Deutschland. Erziehung zur Demokratie durch den *Court of Appeals* 1948-1955. 2005.

Band 319 Friederike Quaisser: Mietrecht im 19. Jahrhundert. Ein Vergleich der mietrechtlichen Konzeptionen im Allgemeinen Landrecht für die Preußischen Staaten von 1794 und dem gemeinen Recht. 2005.

Band 320 Stefan Burghard: Professor Dr. Wilhelm Kahl – Leben zwischen Wissenschaft und Politik. 2005.

Band 321 Günter Baranowski: Die *Russkaja Pravda* – ein mittelalterliches Rechtsdenkmal. 2005.

Band 322 Christina Schneider: Die SS und das „Recht". Eine Untersuchung anhand ausgewählter Beispiele. 2005.

Band 323 Werner Schubert (Hrsg.): Zivilprozessreform in der Weimarer Zeit. Quellen zur Emminger-Zivilprozessverordnung vom 13.2.1924 und zu den Arbeiten der Zivilprozesskommission des Reichsjustizministeriums (1922-1930). Eingeleitet und herausgegeben von Werner Schubert. 2005.

Band 324 Felix Gaul: Der Jurist Rudolf Isay (1886-1956). Ein verantwortungsbewusster Vermittler im Spannungsfeld zwischen dynamischer Rechtsschöpfung, ökonomischem Wandel und technischem Fortschritt. 2005.

Band 325 Konstanze Braun: Dr. Otto Georg Thierack (1889-1946). 2005.

Band 326 Eckart Klein / Stefan Chr. Saar / Carola Schulze (Hrsg.): Zwischen Rechtsstaat und Diktatur. Deutsche Juristen im 20. Jahrhundert. 2006.

Band 327 Stefan Botor: Das *Berliner Sühneverfahren* – Die letzte Phase der Entnazifizierung. 2006.

Band 328 Andreas Köhler: Die Sorgerechtsregelungen bei Ehescheidung seit 1945. Scheidungsstrafe und verordnete Gemeinsamkeit. 2006

Band 329 Lars Düwel: Die Nichtigkeit und Anfechtbarkeit der Ehe in der Rechtsprechung des Reichsgerichts zwischen 1900 und 1945. 2006.

Band 330 Katalin Polgar: Das Oberappellationsgericht der vier freien Städte Deutschlands (1820-1879) und seine Richterpersönlichkeiten. 2007.

Band 331 Julia Schweitzer: Schiffer und Schiffsmann in den Rôles d'Oléron und im Llibre del Consolat de Mar. Ein Vergleich zweier mittelalterlicher Seerechtsquellen. 2007.

Band 332 Diana-Catharina Kurtz: Das Institut der Adoption im preußischen Allgemeinen Landrecht und im französischen Code civil zwischen Rezeption römisch-rechtlicher Prinzipien und verändertem Familienverständnis. 2006.

Band 333 Dino Joakim Duderstadt: Spiel, Wette und Differenzgeschäft (§§ 762-764 BGB) in der Rechtsprechung des Reichsgerichts und in der zeitgenössischen Literatur. 2007.

Band 334 Ronald Hoffmann: Die Domänenfrage in Thüringen. Über die vermögensrechtlichen Auseinandersetzungen mit den ehemaligen Landesherren in Thüringen nach dem Ersten Weltkrieg. 2006.

Band 335 Joachim Windmüller: *Ohne Zwang kann der Humanismus nicht existieren...* – „Asoziale" in der DDR. 2006.

Band 336 Sven Christian Gläser: Die Mediatisierung der Grafschaft Wertheim. Der juristische Kampf eines kleinen Reichsstandes gegen den Verlust der Landesherrschaft und seine Folgen. 2006.

Band 337 Benjamin Schleyer: Friedrich Wilhelm Bornemann (1798-1864). Eine Juristenkarriere im Preußen des 19. Jahrhunderts. 2006.

Band 338 Die Reform des Ehescheidungsrechts von 1976. Quellen zum Ersten Gesetz vom 14.6.1976 zur Reform des Ehe- und Familienrechts (Parlamentarische Ausschussprotokolle – Anglikanische Denkschrift von 1966 zur Scheidungsrechtsreform – Schlussabstimmung 1969 in der Eherechtskommission des Bundesministeriums der Justiz). Eingeleitet und herausgegeben von Werner Schubert. 2006.

Band 339 Andreas Feld: Das Bayerische Gesetz zum Schutz des Eigentums an Erzeugnissen der Literatur und Kunst gegen Nachdruck vom 15.04.1840. Vorgeschichte und Zustandekommen. 2007.

Band 340 Bernd Wörner: Adelbert Düringers Einfluß als Richter am Reichsgericht in Leipzig auf dem Gebiet des Personengesellschaftsrechts. 2007.

Band 341 Jan Jelle Kähler: Französisches Zivilrecht und französische Justizverfassung in den Hansestädten Hamburg, Lübeck und Bremen (1806-1815). 2007.

Band 342 Jörn Eckert / Pia Letto-Vanamo / Kjell Modéer (Hrsg.): Juristen im Ostseeraum. Dritter Rechtshistorikertag im Ostseeraum 20.-22. Mai 2004. 2007.

Band 343 Ferdinand von Weyhe: A.E. Wassermann. Eine rechtshistorische Fallstudie zur „Arisierung" zweier Privatbanken. 2007.

Band 344 Martin Klaus Römermann: Kündigungen und Kündigungsschutz im Franquismus. 2007.

Band 345 Thomas Hoffmann: Der Landrechtsentwurf David Hilchens von 1599. Ein livländisches Rechtszeugnis polnischer Herrschaft. 2007.

Band 346 Ingo Ullmann: Die rechtliche Behandlung holsteinischer Leibeigener um die Mitte des 18. Jahrhunderts. Dargestellt unter besonderer Berücksichtigung der Schmoeler Leibeigenschaftsprozesse von 1738 bis 1743 sowie von 1767 bis 1777. 2007.

Band 347 Petra Fischer-Langosch: Die Entstehungsgeschichte des Familiengesetzbuches der DDR von 1965. 2007.

Band 348 Lasse O. Johannsen: Die rechtliche Behandlung ausreisewilliger Staatsbürger in der DDR. 2007.

Band 349 Ralf Schlottau: Deutsche Kolonialrechtspflege. Strafrecht und Strafmacht in den deutschen Schutzgebieten 1884 bis 1914. 2007.

Band 350 Hartwig Brandt / Ewald Grothe (Hrsg.): Rheinbündischer Konstitutionalismus. 2007.

Band 351 Nora Lutze: Der Verwandtenunterhalt nach den §§ 1601 bis 1603 und §§ 1610 bis 1612 BGB in der Rechtsprechung des Reichsgerichts. Unter Berücksichtigung der Entstehung des BGB. 2007.

Band 352 Frank Thiäner: Das Verhältnis von Aufsichtsrat und Abschlussprüfern in der rechtshistorischen Entwicklung bis 1937. 2007.

Band 353 Britta Heymann: Ernst Melsheimer (1897-1960). Eine juristische Karriere in verschiedenen staatlichen Systemen. Mitarbeiter im Preußischen Justizministerium in der Weimarer Republik, im Justizministerium Preußens und des Reiches sowie Richter am Kammergericht in der NS-Zeit und Erster Generalstaatsanwalt der Deutschen Demokratischen Republik. 2007.

Band 354 Susanne Adlberger: Wilhelm Kisch – Leben und Wirken (1874-1952). Von der Kaiser-Wilhelms-Universität Straßburg bis zur nationalsozialistischen Akademie für Deutsches Recht. 2007.

Band 355 Moritz Waibel: Josef Berchtold (1833-1894). Ein Leben gegen den Ultramontanismus. 2007.

Band 356 Aline Levin: Erinnerung? Verantwortung? Zukunft? Die Beweggründe für die gemeinsame Entschädigung durch den deutschen Staat und die deutsche Industrie für historisches Unrecht. 2007.

Band 357 Ferdinand Krause: Die hergebrachten Grundsätze des Berufsbeamtentums. Eine rechtshistorische Analyse. 2008.

Band 358 André Tiebel: Die Entstehung der Schutztruppengesetze für die deutschen Schutzgebiete Deutsch-Ostafrika, Deutsch-Südwestafrika und Kamerun (1884-1898). 2008.

Band 359 Holger Ruff: Sittenwidrige Rechtsgeschäfte in der späten Kaiserzeit. Die Entwicklung der reichsgerichtlichen Rechtsprechung zu § 138 BGB von 1900 bis 1914. 2007.

Band 360 Frank Rohrer: Strafjustiz im Dritten Reich und in der SBZ/DDR. Die personelle und organisatorische Neuordnung des Justizapparates in den totalitären Diktaturen (1933-1955) mit ihren Auswirkungen auf die Rechtsprechung zum politischen Strafrecht. 2007.

Band 361 Hans-Georg Knothe / Marc Liebmann (Hrsg.): Gerichtskultur im Ostseeraum. Vierter Rechtshistorikertag im Ostseeraum. 18.-20. Mai 2006 in Greifswald. 2007.

Band 362 Christina Meß: Das Vertragsrecht bei Adam Smith. 2008.

Band 363 Quellen zur dänischen Rechts- und Verfassungsgeschichte (12.-20. Jahrhundert). Herausgegeben von Ditlev Tamm, Werner Schubert und Jens Ulf Jørgensen. 2008.

Band 364 Günter Baranowski: Die Gerichtsurkunde von Pskov. 2008.

Band 365 Mark Spengler: Die Entstehung des Scheckgesetzes vom 11. März 1908. 2008.

Band 366 Ivan Biliarsky / Radu G. Păun (eds./éds.): The Biblical Models of Power and Law. Les modèles bibliques du pouvoir et du droit. Papers of the International Conference, Bucharest, New Europe College 2005. Actes du colloque international, Bucarest, New Europe College 2005. 2008.

Band 367 Thomas A. Roth: Ausgestaltungen der Rechtsfähigkeit im 19. und 20. Jahrhundert. Zur Rechtspersönlichkeit natürlicher Personen in den bedeutenden deutschen Zivilrechtsordnungen. 2008.

Band 368 Björn Alexander Rautenberg: Der Fiskal am Reichskammergericht. Überblick und exemplarische Untersuchungen vorwiegend zum 16. Jahrhundert. 2008.

Band 369 Thorsten Miederhoff: *Man erspare es mir, mein Juristenherz auszuschütten.* Dr. iur. Kurt Tucholsky (1890-1935). Sein juristischer Werdegang und seine Auseinandersetzung mit der Weimarer Strafrechtsreformdebatte am Beispiel der Rechtsprechung durch Laienrichter. 2008.

Band 370 Philipp Nordloh: Kölner Zunftprozesse vor dem Reichskammergericht. 2008.

Band 371 Judith Freund: Die Wechselverpflichtung im 19. Jahrhundert. 2008.

Band 372 Hans-Michael Empell: Gutenberg vor Gericht. Der Mainzer Prozess um die erste gedruckte Bibel. 2008.

Band 373 Rainer Schröder: Die DDR-Ziviljustiz im Gespräch – 26 Zeitzeugeninterviews. 2008.

Band 374 Christian Neschwara: Ein österreichischer Jurist im Vormärz. „Selbstbiographische Skizzen" des Freiherrn Karl Josef Pratobevera (1769-1853). 2009.

Band 375 Stefan Ullrich: Untersuchungen zum Einfluss des lübischen Rechts auf die Rechte von Bergen, Stockholm und Visby. 2008.

Band 376 Johanna Gertrude Schmitzberger: Das nationalsozialistische Nebenstrafrecht 1933 bis 1945. 2008.

Band 377 Christian Brom: Urteilsbegründungen im „Hoge Raad van Holland, Zeeland en West-Friesland" am Beispiel des Kaufrechts im Zeitraum 1704-1787. 2008.

Band 378 Christian Böse: Die Entstehung und Fortbildung des Reichserbhofgesetzes. 2008.

Band 379 Tobias Röhnelt: Timm Kröger. Leben und Werk. 2009.

Band 380 Andrea Elisabeth Sebald: Der Kriminalbiologe Franz Exner (1881-1947). Gratwanderung eines Wissenschaftlers durch die Zeit des Nationalsozialismus. 2008.

Band 381 Angela Kriebisch: Die Spruchkörper Juristenfakultät und Schöppenstuhl zu Jena. Strukturen, Tätigkeit, Bedeutung und eine Analyse ausgewählter Spruchakten. 2008.

Band 382 Nana Ozawa: Louis Adolphe Bridel – Ein Schweizer Professor an der juristischen Fakultät der Tokyo Imperial University. Die geschichtliche Bedeutung der Yatoi zur späten Meijizeit. 2010.

Band 383 Christian Weißhuhn: Alfred Hueck 1889-1975. Sein Leben, sein Wirken, seine Zeit. 2009.

Band 384 Andreas Hunkel: Eduard Dietz (1866-1940) – Richter, Rechtsanwalt und Verfassungsschöpfer. 2009.

Band 385 Meike Guskow: Entstehung und Geschichte der Europäischen Charta der Regional- oder Minderheitensprachen. 2009.

Band 386 Markus J. Jahnel: Das Bodenrecht in „Neudeutschland über See". Erwerb, Vergabe und Nutzung von Land in der Kolonie Deutsch-Südwestafrika 1884-1915. 2009.

Band 387 Matthias Günter Steiner: Die Klöster und ihr Wirken – eine der Wurzeln des Stiftungswesens? 2009.

Band 388 Cornelia Staats: Die Entstehung des Bundes-Immissionsschutzgesetzes vom 15. März 1974. 2009.

Band 389 Cai Niklaas E. Harders: Das Bundesjagdgesetz von 1952 sowie die Novellen von 1961 und 1976. Vorgeschichte, Entstehung des Gesetzes sowie Problemfelder. 2009.

Band 390 Matthias Pohlkamp: Die Entstehung des modernen Wucherrechts und die Wucherrechtsprechung des Reichsgerichts zwischen 1880 und 1933. 2009.

Band 391 Sebastian Baur: *Vor vier Höllenrichtern*... Die Lizentiats- und Doktorpromotionen an der Juristischen Fakultät der Universität Heidelberg. 2009.

Band 392 Christoph Salmen-Everinghoff: Zur *cautio damni infecti*: Die Rückkehr eines römischrechtlichen Rechtsinstituts in das moderne Zivilrecht. 2009.

Band 393 Till Meno Sellschopp: Der Weg zum Revokationsrecht der Ehegatten nach § 1368 BGB. Zugleich ein Beitrag zur Geschichte des ehelichen Güterrechts. 2009.

Band 394 Marc Biermann: Das Staatseigentum an öffentlichen Sachen im Gemeingebrauch in der ersten Hälfte des 19. Jahrhunderts. Die Theorie des reinen Hoheitsrechts an den öffentlichen Sachen von Rudolph von Jhering und Friedrich Ludwig Keller im Zusammenhang mit dem Baseler Schanzenstreit von 1859/62. 2009.

Band 395 Markus Tüxen: Kollegialprinzip oder Einzelrichter. Die Entwicklung des zivilrechtlichen Spruchkörpers bei den Landgerichten sowie den Oberlandesgerichten seit 1879 unter besonderer Berücksichtigung der Reformen von 1974 und 1976. 2009.

Band 396 Adam Polkowski: Die polnische Zivilprozessordnung von 1930/33. Unter Berücksichtigung des deutschen, österreichischen, russischen und französischen Rechts. 2009.

Band 397 Barbara Riedi: Die Porten der Unteren Strasse, ihr Ladungsrecht und der Strassenunterhalt. Rechtshistorische Betrachtungen zur Verkehrs- und Wirtschaftsgeschichte Graubündens. 2009.

Band 398 Stefanie Jessica Loroch: Zeitungsrubrik: Gerichtssaal. Strafprozessberichterstattung in Münster im 19. Jahrhundert (1848-1890). 2009.

Band 399 Dirk Henning Hofer: Karl Konrad Werner Wedemeyer (1870-1934). Ein Juristen- und Gelehrtenleben in drei Reichen. Eine Biographie. 2010.

Band 400 Thomas Simon (Hrsg.): Hundert Jahre allgemeines und gleiches Wahlrecht in Österreich. Modernes Wahlrecht unter den Bedingungen eines Vielvölkerstaates. 2010.

Band 401 Dörte Mentz: Die Beweislastumkehr in der Rechtsprechung des Reichsgerichts. 2010.

Band 402 Werner Schubert (Hrsg.): Oberster Gerichtshof für die Britische Zone (1948-1950). Nachschlagewerk Strafsachen – Nachschlagewerk Zivilsachen. Präjudizienbuch der Zivilsenate. Eingeleitet und herausgegeben von Werner Schubert. 2010.

Band 403 Yong Lei: Auf der Suche nach dem modernen Staat. Die Einflüsse der allgemeinen Staatslehre Johann Caspar Bluntschlis auf das Staatsdenken Liang Qichaos. 2010.

Band 404 Andreas Schwenk: Die Formbestimmung des § 313 BGB a. F. (§ 311 b Abs. 1 BGB n. F.) bei Verträgen über Grundstücke in der Rechtsprechung des Reichsgerichts. 2010

Band 405 René Schorsch: Eberhard Georg Otto Freiherr von Künßberg (1881-1941). Vom Wirken eines Rechtshistorikers. 2010.

Band 406 Ulrike Köbler: Werden, Wandel und Wesen des deutschen Privatrechtswortschatzes. 2010.

Band 407 Björn Florian Faulenbach: Rolle und Bedeutung der Lehre in der Rechtsprechung der Internationalen Gerichtshöfe im zwanzigsten Jahrhundert. 2010.

Band 408 Guangyu Fu: Das Causaproblem im deutschen Bereicherungsrecht. Eine rechtshistorische Untersuchung. 2010.

Band 409 Andreas Kimmelmann: Die Folter im Beweisverfahren der Leges Visigothorum. Chindasvinths Gesetzgebung im Spiegel der westgotischen Rechtsentwicklung. 2010.

Band 410 Jacqueline Schmaltz: Die Entwicklung der Industrie- und Handelskammern. Zwischen Pflicht und Kür. 2010.

Band 411 Hermann Nehlsen: Bayerische Rechtsgeschichte vom frühen Mittelalter bis zum 20. Jahrhundert. 2011.

Band 412 Kathrin Spoerr: Recht und Revolution. Deutsche Ökonomen und ihr Einfluss auf das Recht der Weimarer Republik – eine Zeitschriftenschau 1917-1920. 2011.

Band 413 Moritz von Köckritz: Die deutschen Oberlandesgerichtspräsidenten im Nationalsozialismus (1933-1945). 2011.

Band 414 Annika Lillemor Lara Rabaa: Die Ehe als Rechtsinstitut im Badischen Landrecht von 1810. Unter besonderer Berücksichtigung der gesellschaftlichen Entwicklungen im 19. Jahrhundert. 2011.

Band 415 Christian Hattenhauer / Klaus-Peter Schroeder (Hrsg.): 200 Jahre Badisches Landrecht von 1809/1810. Jubiläumssymposium des Instituts für geschichtliche Rechtswissenschaft der Ruprechts-Karls-Universität Heidelberg und der Heidelberger Rechtshistorischen Gesellschaft vom 23. bis 26. September 2009. 2011.

Band 416 Tobias Alexander Krammerbauer: Die Ministerverantwortlichkeit und die Vorformen sonstiger Verfassungsgerichtsbarkeit in Württemberg zwischen 1815 und 1918. 2011.

Band 417 Werner Schubert (Hrsg.): Quellen zur GmbH-Reform von 1958 bis zum GmbH-Änderungsgesetz von 1980. Eingeleitet und herausgegeben von Werner Schubert. 2011.

Band 418 Gisela Emling: Johannes Heckel. Leben und Wirken (1889-1963). 2011.

Band 419 Jochen Kirschbaum: Die Etablierung der Historischen Rechtsschule an der Ludoviciana (1814-1824). 2011.

Band 420 Sören Koch: Unaufgeforderte Hilfeleistung in Notsituationen. Eine rechtshistorische und rechtsvergleichende Studie zu den zivilrechtlichen Aspekten der Nothilfe mit besonderer Berücksichtigung des Rechts der Geschäftsführung ohne Auftrag. 2011.

Band 421 Friedrich Carl von Savigny: Die Prinzipienfragen in Beziehung auf eine neue Strafprozeß-Ordnung. Ausgearbeitet im Justizministerium für die Gesetzrevision. Eingeleitet und herausgeben von Werner Schubert. 2011.

Band 422 Stephan Faulwetter: Von der Zunft zur Handelskammer. Zur Entwicklung des Gewerberechts in thüringischen Staaten. 2011.

Band 423 Moritz Eisenhardt: Sanierung statt Liquidation. Die Geschichte des Vergleichs zur Abwendung des Konkurses unter besonderer Berücksichtigung der Vergleichsordnung von 1927 und 1935. 2011.

Band 424 Gerd Kleinheyer: Beiträge zur Strafrechtsgeschichte. Herausgeben von Franz Dorn, Mathias Schmoeckel und Jan Schröder. 2011.

Band 425 Ralf Maertens: Das Landgericht Altona (1879-1937) und die Anfänge des Landgerichts Itzehoe (1937-1945). Unter besonderer Berücksichtigung ihrer Tätigkeitsberichte und rechtspolitischen Stellungnahmen. 2011.

Band 426 Mark Friedrich: Ferdinand von Martitz (1839-1921). Rechtshistoriker, Staatsrechtler und Völkerrechtler zwischen dem Ende des Deutschen Bundes und dem Beginn der Weimarer Republik. 2012.

Band 427 Sebastian Krusche: Die Bundesrechtsanwaltsordnung vom 1. August 1959. Vorgeschichte und Entstehung. 2012.

Band 428 Marju Luts-Sootak / Sanita Osipova / Frank L. Schäfer (Hrsg./eds.): Einheit und Vielfalt in der Rechtsgeschichte im Ostseeraum. Unity and Plurality in the Legal History of the Baltic Sea Area. Sechster Rechtshistorikertag im Ostseeraum, 3.-5. Juni 2010 in Tartu (Estland) / Riga (Lettland). 6th Conference in Legal History in the Baltic Sea Area, 3rd-5rd June 2010 Tartu (Estonia) / Riga (Latvia). 2012.

Band 429 Margret R. I. Bootz: Die Hamburger Rechtsprechung zum Arbeitsrecht im Nationalsozialismus bis zum Beginn des 2. Weltkriegs. 2012.

Band 430 Heiko Zech: Die soziale Frage im Konkursrecht 1879-1900. 2012.

Band 431 Jan C. Lorenzen: Das Bundesnaturschutzgesetz vom 20. Dezember 1976. Die Entwicklung des Naturschutzrechtes in Deutschland von den Anfängen bis zur Neukodifikation des Bundesnaturschutzgesetzes von 1976. 2012.

Band 432 Ulrike Ingrid Bernhardt: Geschichte des Weinrechts im Deutschen Kaiserreich (1871-1918). Mit einem Überblick zur Vorgeschichte und Weiterentwicklung bis zur Gegenwart. 2012.

Band 433 Elisabeth Otto: Das Verwaltungsrecht in der SBZ / DDR bis zur Verwaltungsneugliederung im Jahr 1952. 2012.

Band 434 Werner Schubert: Zur Geschichte der Justizverfassung in Schleswig-Holstein im 19. und 20. Jahrhundert. Quellen und Studien. 2012.

Band 435 Stefan Ellenberg: Herrschaft und Reform. Zur Diskussion um die Aktienrechtsreform und den Konzern in der Weimarer Zeit. 2012.

Band 436 Jasmin Sonntag: Gesetzgebung und Verwaltung im Dalbergstaat 1802-1810. 2012.

Band 437 Martin Komusiewicz: Die Diskussion um das Verhältnis von Rechtsanwaltschaft und Notariat seit dem Ende des 18. Jahrhunderts bis zum Erlass der Bundesnotarordnung. 2012.

Band 438 Henriette von Breitenbuch: Karl Neumeyer – Leben und Werk (1869-1941). 2013.

Band 439 Günter Baranowski: Russische Rechtsgeschichte: Texte und Erläuterungen. Teil 1: Von den Anfängen bis 1612/13. 2013.

Band 440 Werner Schubert (Hrsg.): Staatsanwaltschaftsrecht (1934-1982). Quellen zu den Reformprojekten (Organisation – Innerer Dienstbetrieb – Ermittlungsverfahren – Verhältnis der Staatsanwaltschaft zur Polizei) und zur Anordnung über Organisation und Dienstbetrieb der Staatsanwaltschaft (OrgStA). Eingeleitet und herausgegeben von Werner Schubert. 2013.

Band 441 York Zieren: Das Schiedsverfahrensrecht der ZPO (1877-1933) unter Berücksichtigung der Genfer Übereinkommen von 1923 und 1927 sowie der Rechtsprechung des Reichsgerichts. 2013.

Band 442 Stefan Wolf: Das Jenaer Studium der Rechte im Dritten Reich. Zwischen Tradition und nationalsozialistischer Ideologie. 2013.

Band 443 Bernhard Klose: Das Verblassen eines Makels. Das Nichtehelichenrecht der DDR als Teil der gesamtdeutschen Entwicklung. 2013.

Band 444 Peter Opitz-von Bardeleben: Das Generalgouvernement Niederrhein. 2013.

Band 445 Nadine Göppner: Vorgeschichte und Entstehung des Atomgesetzes vom 23.12.1959. 2013.

Band 446 Frank L. Schäfer / Werner Schubert (Hrsg./eds.): Justiz und Justizverfassung / Judiciary and Judical System. Siebter Rechtshistorikertag im Ostseeraum, 3.-5. Mai 2012 Schleswig-Holstein / 7th Conference in Legal History in the Baltic Sea Area, 3rd-5th May 2012 Schleswig-Holstein. 2013.

Band 447 Sandy Schenker: Gegen Täuschungen und Gesundheitsgefährdungen durch schlechte Nahrung. Zur Entwicklung des Nahrungsmittelrechts durch Rechtsprechung und Gesetzgebung zwischen 1871 und 1927. 2013.

Band 448 Youn Seok Choi: Der Besitzerwerb des Erben. Historische Entwicklungen, die Lösung des § 857 BGB und ihre Anwendungsprobleme. 2013.

Band 449 Johannes Kalb: Die innerstädtische Auseinandersetzung in Regensburg am Ende der Reichsunmittelbarkeit. Eine historische und rechtliche Untersuchung. 2014.

Band 450 Thomas Habbe: Lastenausgleich. Die rechtliche Behandlung von Kriegsschäden in Deutschland seit dem 30jährigen Krieg. 2014.

Band 451 Günter Baranowski: Russische Rechtsgeschichte: Texte und Erläuterungen. Teil 2: Von 1613 bis 1682. 2015.

Band 452 Wilhelm Brauneder (Hrsg): Landrechtsentwurf für Österreich unter der Enns 1526. 2015.

Band 453 Maximilian Elsner von der Malsburg: „Arisierung" von Privatbanken am Beispiel des Bankhauses E. J. Meyer in Berlin. 2015.

Band 454 Tanja Claussen: Johann Julius Wilhelm Planck (1817-1900). Leben und Werk. 2015.

Band 455 Werner Schubert (Hrsg.): Das Reichsjustizministerium und die höheren Justizbehörden in der NS-Zeit (1935-1944). Protokolle und Mitschriften der Arbeitstagungen der Reichsjustizminister mit den Präsidenten der Oberlandesgerichte, des Volksgerichtshofs, des Reichsgerichts sowie mit den Generalstaatsanwälten. Eingeleitet und herausgeben von Werner Schubert. 2015.

Band 456 Christian Vahl: Die gesetzliche Regelung des Seefrachtvertrags im deutschen Recht. Eine rechtshistorische Betrachtung unter besonderer Berücksichtigung der Beratungen des Seerechtsausschusses der Akademie für Deutsches Recht (1934-1942). 2015.

Band 457 Ruomeng Yang: Die Rezeption der europäischen Privatrechte in China und die konfuzianische Tradition. Das Beispiel des Deliktsrechts im frühen 20. Jahrhundert. 2015.

Band 458 Piotr Wittmann: „Der da sein Practic auß Teutschen Tractaten will lernen". Rechtspraktiker in deutschsprachiger Praktikerliteratur des 16. Jahrhunderts. 2015.

Band 459 Georg Rasche: Richter, Sachverständige, Handelskammern. Preußische Justizverwaltung und kaufmännische Interessen zwischen 1879 und 1907. 2015.

Band 460 Daniel Hupe: Von der Hierarchie zur Egalität in den Zivilrechtskodifikationen des 19. Jahrhunderts vor dem BGB. 2015.

Band 461 Wilhelm Brauneder (Hrsg.): Landrechtsentwurf für Österreich unter der Enns 1573. 2015.

Band 462 Tunay Sürek: Die Verfassungsbestrebungen der Tanzimât-Periode. Das *Kanun-i Esasî* – Die osmanische Verfassung von 1876. 2016.

Band 463 Takashi Izumo: Die Gesetzgebungslehre im Bereich des Privatrechts bei Christian Thomasius. 2016.

Band 464 Werner Schubert (Hrsg.): Quellen zum Bau- und Enteignungsrecht (1940-1958). Entwürfe zu einem Reichsbaugesetz (1940/41) – Vorentwurf zu einem Deutschen Baugesetzbuch von 1942 – Entwürfe zu einem Baugesetzbuch (1949/50) – Baulandbeschaffungsgesetz vom 3.8.1953 – Entwurf zu einem Bundesenteignungsgesetz von 1958. Eingeleitet und herausgegeben von Werner Schubert. 2016.

www.ingramcontent.com/pod-product-compliance
Ingram Content Group UK Ltd.
Pitfield, Milton Keynes, MK11 3LW, UK
UKHW021123041026
8980IPUK00026B/251

9 783631 643907